Dirk Kuttenkeuler
Einführung in die Volkswirtschaftslehre

Dirk Kuttenkeuler

Einführung in die Volkswirtschaftslehre

Mit Marx, Menger und Marshall durch die Grundlagen der Ökonomie

DE GRUYTER
OLDENBOURG

ISBN 978-3-11-133124-9
e-ISBN (PDF) 978-3-11-133160-7
e-ISBN (EPUB) 978-3-11-133170-6

Library of Congress Control Number: 2024944661

Bibliografische Information der Deutschen Nationalbibliothek
Die Deutsche Nationalbibliothek verzeichnet diese Publikation in der Deutschen Nationalbibliografie;
detaillierte bibliografische Daten sind im Internet über http://dnb.dnb.de abrufbar.

© 2025 Walter de Gruyter GmbH, Berlin/Boston
Einbandabbildung: NatBasil/iStock/Getty Images Plus
Satz: Integra Software Services Pvt. Ltd.

www.degruyter.com
Fragen zur allgemeinen Produktsicherheit:
productsafety@degruyterbrill.com

Vorwort

Die weltweite Finanzkrise von 2007/8 markiert einen Einschnitt, der den wirtschaftspolitischen Liberalismus in die Defensive gedrängt hat. Diese epochale Entwicklung
haben Einführungen in die Volkswirtschaftslehre bislang gar nicht oder nur ansatzweise aufgegriffen. Dazu passt, dass diese Lehrbücher zumeist auf Wirtschaft und Wirtschaftspolitik blicken, als ereigneten sich diese im historisch und gesellschaftspolitisch
luftleeren Raum. Und als genieße die Neoklassik, jenseits eines Kapitels zu den ökonomischen Denkschulen, monopolistischen Bestandsschutz.

Vor diesem Hintergrund bietet das vorliegende Buch einen etwas anderen Einstieg
in die volkswirtschaftliche Materie. Zunächst haben wir uns gegen die traditionelle
Einteilung in Mikro- und Makroökonomie entschieden, um eine Zweiteilung des Wirt-
schaftslebens erst gar nicht zu suggerieren. Vielmehr möchten wir, in einem mikro- und
makroökonomischen Zickzackkurs, die fließenden Übergänge zwischen diesen zwei
Teilbereichen unserer Disziplin hervorheben.

Auch wollen wir dem Einsteiger nicht allein das erste Effizienzkonzept vorstellen,
um ihm – wie meist üblich – die beiden anderen bis zum Vertiefungsstudium vorzuent-
halten. Indem wir frühzeitig in die Betriebsgrößeneffizienz und die dynamische Effizienz einführen, kommen wir überdies quasi von selbst zu netzbasierten Branchen und
dem Außenhandel. Letzterer eignet sich, zumal nach der jüngsten Wiederentdeckung
von Zöllen, außerdem bestens, um einige jahrhundertalte Streitlinien nachzuzeichnen.

Das zentrale Anliegen dieses Buches ist es aber, die konventionelle Perspektive
der Neoklassik durch die Anschauungen der Österreichischen Schule und des Marxismus zu ergänzen. Unter anderem gelingt es uns damit, den Lösungsraum hinsichtlich
grundlegender volkswirtschaftlicher Herausforderungen – etwa bei den Marktver-
sagensdiskussionen – zu erweitern. Auf diese Weise soll der Leser, die Leserin nicht
zuletzt dazu befähigt werden, Maßnahmen der praktischen Wirtschaftspolitik belastbar zu beurteilen.

Last, but not least haben wir in diesem Lehrbuch die Thematik der asymmetrischen Informationen als Ausgangspunkt für ein fundiertes Verständnis des Geld- und
Bankenwesens gewählt, auch und gerade weil dies eine reibungslose Überleitung zur
Staatsverschuldung ermöglicht – einem makroökonomischen Thema, dem sich die ein-
führende Literatur ungeachtet seiner globalen Relevanz bisher allenfalls stiefmütterlich widmet.

$$* * *$$

Das vorliegende Buch ist aus meinen Vorlesungen an der Rheinischen Hochschule in
Köln hervorgegangen. Daher gebührt allen meinen Studentinnen und Studenten Dank,
die meinen Blick auf die Dinge in unzähligen Diskussionen immer wieder hinterfragt
und erweitert haben und mir so an den verschiedensten Stellen dieses Textes halfen,
meine Gedanken zu schärfen.

https://doi.org/10.1515/9783111331607-202

Ebenfalls danken möchte ich meinen Professoren-Kollegen Dr. rer. pol. Patrik Berend, Dr. rer. silv. habil. Peter Deegen und Dr.-Ing. Wilfried Saxler, die die Entstehung dieses Lehrbuchs mit hilfreichen Hinweisen und vielfältigen Anregungen begleitet haben. Mein besonderer Dank gilt in diesem Zusammenhang Prof. Dr.-Ing. Michael Seidel für seine großzügige Unterstützung.

Mein Wissen zur Biene und deren Bestäubungskünsten beruht auf dem Austausch mit Sven Büchner, der als Bioland-Imker tätig ist. Auch ihm möchte ich herzlich danken. Darüber hinaus bedanke ich mich bei Finn Förster für das sorgfältige Korrekturlesen. Für alle verbliebenen Fehler und Mängel bleibe selbstredend nur ich verantwortlich.

Köln, den 02. Januar 2025

Inhalt

Teil C: **Reale Widerspenstigkeit und dogmatisches Marktversagen**

Teil D: **Der Einzug des Monetären**

Teil A: **Allgemeine Grundlagen**

Dem Umfang und der Vielschichtigkeit des Fachgebiets entsprechend, verfügt auch die Volkswirtschaftslehre über mehr als einen Zugang. Es kann dabei nicht verwundern, dass die verschiedenen Eintrittsmöglichkeiten auf variierbaren Blickwinkeln fußen, welche die ökonomische Materie als Untersuchungsgegenstand bietet.

Eine erste, eingeschwungene Zutrittsweise besteht heute in der Makroökonomie, in der die Prozesse innerhalb einer Volkswirtschaft von einer sehr hohen Warte betrachtet werden. Hier erlangen beispielsweise Fragen rund um den Außenhandel Relevanz: Welcher Anteil der inländischen Warenproduktion wird exportiert, welcher Anteil des inländischen Konsums importiert? Und wie entwickeln sich dieser Anteile über die Zeit mit welchen Konsequenzen?

Auch das durchschnittliche Pro-Kopf-Einkommen und dessen Entwicklung rücken regelmäßig in den Mittelpunkt des makroökonomischen Interesses. Im Rahmen ihrer Analysen bedient sich die Makroökonomie dabei stets sogenannter *Aggregate* wie der Einfuhr, dem Inlandsprodukt oder der gesamtwirtschaftlichen Arbeitslosigkeit.

Ein alternativer Einstieg in die Volkswirtschaftslehre besteht in der Mikroökonomie. Hier beginnt man beim Individuum und seinem wirtschaftlichen Verhalten, also auf einem niedrigeren Abstraktionsniveau als in der Makroökonomie. Ob man nun makro- oder mikroökonomisch startet, darf weitgehend als eine Frage des persönlichen Geschmacks angesehen werden. Am Ende sind beide Bestandteile der gleichen wissenschaftlichen Disziplin![1]

Unser Zugangsweg fällt insofern etwas unorthodox aus, als wir die beiden ökonomischen Teilgebiete in diesem Lehrbuch nicht sukzessive behandeln, sondern sie wiederholt kreuzen lassen. Dazu blicken wir in Lektion 1 auf die Grundtatbestände des Wirtschaftens. Anschließend verbleiben wir nicht – wie sonst üblich – auf mikroökonomischen Terrain, sondern springen in Lektion 2 unverzüglich auf die makroökonomische Ebene, um uns frühzeitig ein fundiertes Bild zum Wirtschaftswachstum zu verschaffen. Da das langfristige Wachstum stets Ausfluss eines vielschichtigen, sozialen Prozesses ist, leuchten wir nicht nur seine wesentlichen Bestimmungsfaktoren aus, sondern zeichnen auch dessen Komplexität im historischen Kontext der frühen industriellen Revolutionen nach.

Dass der Pfad der wirtschaftlichen Entwicklung von temporären Rückschlägen gepflastert ist, er also unstet verläuft, ist anderen Einführungen *zuweilen* Anlass, *eine* Wirtschaftskrise – zumeist die jüngste oder die aus dem Jahr 1929 – zu besprechen. Entgegen diesem Ansatz werfen wir in Lektion 5 einen gezielten Blick auf den Ursprung der modernen, grenzüberschreitenden Krisen. Dieses eher atypische Vorgehen hat zwei gewichtige Vorteile. Zum einen eröffnet die wirtschaftshistorische Perspektive ganz allgemein die Möglichkeit, schon erste Muster in den wiederkehrenden Krisen zumindest

---

1 Erst nach dem zweiten Weltkrieg wird zwischen Mikro- und Makroökonomie *begrifflich* unterschieden. Darüber hinaus sei angemerkt, dass die beiden nicht die einzigen Teilgebiete der Volkswirtschaftslehre sind. Ein weiteres ist zum Beispiel die Finanzwissenschaft.

https://doi.org/10.1515/9783111331607-001

konturenhaft zu erkennen. Diese Erkenntnis scheint uns beim Einstieg in die Volkswirtschaftslehre von erheblich größerem Wert als das Wissen über die spezifischen Details einer Einzelkrise. Zum anderen ebnet diese dezidierte Rückschau den Boden, um uns in der anschließenden Lektion 6 mit der Lehre von Karl Marx erstmalig auseinanderzusetzen. Dessen Werk verstehen zu wollen, kann ohne die Einsicht um das Erscheinen neuartiger Krisen und Krisensymptome schließlich nur begrenzt gelingen.

In den Lektionen 3 und 4 gehen wir zwischenzeitlich auf die Funktionsweise von Märkten ein, denen im evolutorischen Wachstumsprozess die Eigenschaft einer mitunter verkannten institutionellen Rahmenbedingung zukommt. Dabei führen wir in Lektion 3 schrittweise in das ökonomische Standardmodell von Angebot und Nachfrage ein. Mit Unterstützung dieses Modells setzen wir in Lektion 4 mit weiteren Aspekten unsere Diskussion zur grundlegenden Marktfunktionsweise fort, bevor wir diese schließlich im zweiten Teil von Lektion 6 mit manch überraschender Erkenntnis zum Abschluss bringen.

Zum Ende des Teils A werden wir mit diesen sechs Lektionen auf einem soliden Fundament stehen. Einem, das uns bereits befähigt, erste Streitlinien in ökonomischen Diskursen erkennen, einordnen und interpretieren zu können, von denen – mal mehr, mal weniger gut erkennbar – nahezu alle wirtschaftspolitischen Themenfelder durchzogen sind, denen wir täglich begegnen. Ferner, und für unser Anliegen entscheidender, werden wir am Ende dieses Abschnitts sowohl eine technisch-methodische als auch eine wirtschafts- und dogmengeschichtliche Basis erworben haben, mit der wir gut gerüstet sind, in die anspruchsvollen Themen der Teile B bis D eintauchen zu können.

Lektion 1
Mikroökonomische Grundlagen

1.1 Einführung

Im nachfolgenden, zweiten Kapitel blicken wir ausführlich auf wesentliche Grundtatbestände des Wirtschaftens. Daran anknüpfend wollen wir eine *erste* Antwort auf die Frage geben, worum es in der Volkswirtschaftslehre im Kern eigentlich geht (Kapitel 1.3). Danach verschaffen wir uns noch einen Überblick über zentrale Denkschulen innerhalb der Ökonomik (Kapitel 1.4), bevor wir mit einem knappen Fazit und Ausblick diese erste Lektion beenden (Kapitel 1.5).

1.2 Grundtatbestände des Wirtschaftens

In diesem fünfgliedrigen Abschnitt geht es darum, dass wir uns für die kommenden Erörterungen eine robuste, gemeinsame Grundlage verschaffen. Begriffliche Einordnungen und Abgrenzungen sowie fundamentale Zusammenhänge stehen infolgedessen im Mittelpunkt dieses Kapitels.

    Mit der Betrachtung menschlicher Bedürfnisse starten wir (Kapitel 1.2.1.). Dabei werden allen voran verschiedene Bedürfnisarten identifiziert und Abgrenzungen zu nahestehenden Begriffen vorgenommen. Daran anknüpfend erfolgt eine ausführli-

https://doi.org/10.1515/9783111331607-002

che Darstellung zu den Gütern – nicht zuletzt deshalb, weil sich menschliche Bedürfnisse mit diesen befriedigen lassen (Kapitel 1.2.2.). Gerade den unterschiedlichen Klassifizierungsmöglichkeiten von Gütern gewähren wir hier einen größeren Raum. Diese Vorgehensweise bietet sich auch schon deshalb an, weil sie uns für spätere mikroökonomische Untersuchungen den Weg ebnet bzw. den dortigen Einstieg erleichtert.

Da eine Vielzahl an Gütern erst mit Hilfe menschlicher Arbeit hergestellt wird, lohnt im Anschluss ein kurzer Blick auf die Produktion bzw. das Produktionsverständnis der Ökonomen sowie deren produktionsbezogene Fachbegriffe (Kapitel 1.2.3.). Schließlich thematisieren wir zwei Phänomene, die *allen voran* im modernen Wirtschaftsleben auf das Engste miteinander verbunden sind – die Arbeitsteilung (Kapitel 1.2.4.) und den Tausch (Kapitel 1.2.5.).

1.2.1 Bedürfnisse

Menschen haben **Bedürfnisse**. Wiederkehrend möchten sie beispielsweise etwas essen, sich bekleiden, in einem geschützten Rahmen die Nachtruhe verbringen, sich beruflich entfalten oder ihre Freizeit auf die eine oder andere Weise unterhaltsam gestalten. Diese und weitere Bedürfnisse sind nichts anderes als **abstrakte Wünsche**, die der Mensch bei einem Mangelgefühl zu befriedigen trachtet.[2]

Innerhalb der Ökonomik finden sich verschiedene Ansätze, menschliche Bedürfnisse zu klassifizieren, etwa nach der **Dringlichkeit** (i. S. v. *gegenwärtigen* und *zukünftigen* Bedürfnissen) oder nach der **Bewusstseinslage**. Hierbei unterscheidet man zwischen *offenen* und *versteckten* – auch als latent bezeichneten – Bedürfnissen. Eine andere Einteilung berücksichtigt die Bedürfnis**herkunft** und trennt *primäre*, also angeborene, triebhafte Bedürfnisse von *sekundären*, die sich erst aus sozialer Interaktion ergeben.[3]

Überdies besteht die Möglichkeit, Bedürfnisse hierarchisch zu ordnen, also in **Ebenen** zu unterteilen. Der von Maslow eingebrachte Vorschlag dürfte unter diesen Versuchen wohl den größten Bekanntheitsgrad erlangt haben.[4] In seinem fünfschichtigen Pyramidenmodell bilden die *Grundbedürfnisse* das Fundament,[5] während die *Ent-*

---

2 Vgl. z. B. Herdzina, 1999, S. 1 f.

3 In welchem Maße „Bedürfnisse angeboren sind bzw. in welchem Umfang sie durch Werbung [...] oder durch die Lebensumstände verändert werden [können], ist nicht genau bekannt." Vgl. Baßeler/Heinrich/Utrecht, 2010, S. 15.

4 Abraham Maslow (1908–70) war mitnichten der Erste, der eine solche Einteilung vornahm. Es sei an dieser Stelle nur an den „Versuch einer Theorie der Bedürfnisse" (1908) von Lujo Brentano (1844–1931) erinnert.

5 Heinsohn und Steiger merken an, dass bereits *Aristoteles* an den *menschlichen Grundbedürfnissen* in seiner ökonomischen Analyse ansetzt. Vgl. Heinsohn/Steiger, 2010, S. 99.

wicklungsbedürfnisse (insb. die Selbstverwirklichung) die Spitze formen. Dazwischen befinden sich in aufsteigender Folge die *Sicherheitsbedürfnisse*, die *sozialen Bedürfnisse* und die *Wertschätzungsbedürfnisse*.[6] Zu beachten gilt, dass diese fünf Bedürfnisebenen aufeinander aufbauen, sie untereinander also in einem Zusammenhang stehen.[7]

Trotz der vielfältigen Bemühungen, Bedürfnisse zu kategorisieren, leiden diese Ansätze allesamt darunter, dass eine *exakte* Abgrenzung der Bedürfnisarten unmöglich ist. Anhand des Restaurantbesuchs mit Freunden wird dieses Dilemma allzu leicht ersichtlich: An den Maßstab der maslowschen Pyramide angelegt, lässt dieses Ereignis nämlich die Interpretation zu, eine Kombination aus dem existenziellen Essensbedürfnis und dem sozialen Kontaktbedürfnis zu sein. Unter Beachtung beteiligter Bedürfnisse ist unser Beispiel also mehrdeutig, womit der Weg zu einer zweifelsfreien Zuordnung zu *einer* Bedürfnisart verbaut wird.

An dieser grundlegenden Problematik mangelnder Eindeutigkeit und fehlender Trennschärfe ändert sich nichts, wenn man die Systematik von Maslow modifiziert und nur noch zwischen *Defizit-* und *Wachstumsbedürfnissen* unterscheidet. Kurzum, allen Bedürfnisarten fehlt bei näherer Betrachtung die scharfe Kontur, sie sind nicht fest umrissen.[8]

Ebenso wenig sind Bedürfnisse endgültig vorgegeben, sondern hängen „vom Alter und Geschlecht der Person, von der sozialen Stellung, vom Einkommen und vom Vermögen, aber auch von den angebotenen bzw. bekannten Befriedigungsmöglichkeiten [...] ab."[9] Diese Vorstellung stößt auf breite, vermutlich sogar auf uneingeschränkte Akzeptanz bei Ökonomen.[10]

Unter Volkswirten hat sich darüber hinaus eine geschlossene Auffassung zu drei weiteren Aspekten in Bezug auf die Bedürfnisse entwickelt: *Erstens*, dass die Existenz von Bedürfnissen ein **Grundtatbestand** des Wirtschaftens darstellt und diese die Triebfeder menschlichen Handelns bilden.[11] *Zweitens*, dass sich die menschlichen Bedürfnisse (z. B. nach Nahrung oder Unterhaltung) über die **verschiedenen Kulturen** hinweg nicht sonderlich voneinander unterscheiden, sie sich also vielfach **gleichen**, während die Mittel zu ihrer jeweiligen Befriedigung erheblich variieren können.[12] Und schließlich *drittens*, „dass die **Bedürfnisse praktisch unbegrenzt** sind, zumal die Befriedigung alter Bedürfnisse nur zu oft vom Entstehen neuer Wünsche begleitet wird."[13]

---

6 Vgl. Baßeler/Heinrich/Utecht, 2010, S. 14 ff. oder Mussel, 1999, S. 77 f.
7 Vgl. Baßeler/Heinrich/Utecht, 2010, S. 15.
8 Vgl. z. B. Herdzina, 1999, S. 2.
9 Herdzina, 1999, S. 2.
10 Vgl. z. B. Mussel, 1999, S. 78 oder auch Baßeler/Heinrich/Utecht, 2010, S. 15.
11 Vgl. Baßeler/Heinrich/Utecht, 2010, S. 14 f. und/oder Herdzina, 1999, S. 1 f.
12 Vgl. z. B. Baßeler/Heinrich/Utrecht, 2010, S. 15.
13 Herdzina, 1999, S. 2 – hervorgehoben durch uns. Vgl. auch Baßeler/Heinrich/Utecht, 2010, S. 15 oder Mussel, 1999, S. 78. Diese Ansicht findet sich im Übrigen schon bei Menger, der vor über 150 Jahren von der „Entwicklungsfähigkeit menschlicher Bedürfnisse" sprach. Vgl. Menger, 2018, S. 38.

Während unter einem Bedürfnis ein abstrakter Wunsch verstanden wird, begreifen Ökonomen dessen Konkretisierung als **Bedarf**.[14] Ein subjektiv empfundenes Erholungsbedürfnis lässt sich zum Beispiel durch eine Urlaubsreise, ein Schwimmbadbesuch, einen Waldspaziergang, das Lesen eines Buchs oder möglicherweise sogar mit einem Ausmalbuch bedienen. Bei einem Hungergefühl verhält es sich nicht anders; auch dieses Grundbedürfnis kann auf mannigfaltige Weisen befriedigt werden.

Der hungrige Herr Lehmann, der ein italienisches Restaurant mit dem Wunsch nach einer Lasagne betritt, hat sein abstraktes Essensbedürfnis bereits konkretisiert: Er hat folglich *Bedarf* nach einer *Lasagne*. Verändert an diesem konkreten Wunsch auch der Blick in die Tageskarte nichts, wird der Bedarf nach einer Lasagne zur **Nachfrage**, sobald Herr Lehmann diese bestellt. Nachfrage entfaltet sich also aus dem Bedarf, *wenn* dieser *marktwirksam* wird. Dieser Anforderung wegen lässt sich Nachfrage auch „als ein mit Kaufkraft ausgestatteter Bedarf"[15] definieren.

In Analogie hierzu kann festgestellt werden, dass Herr Vargas, der zum örtlichen Getränkehändler aufbricht, um Kisten an einer bestimmten *Limonade* zu erwerben, die er für die Familie im Keller bevorraten möchte, einen konkreten Bedarf, aber noch keine Nachfrage ausgeübt hat. Sollte sich beim Händler später herausstellen, dass das geschätzte Brausegetränk im ganzen Stadtgebiet vergriffen ist, mag Herr Vargas weiterhin Bedarf nach diesem spezifischen Produkt haben, gleichwohl wird er jetzt ein Ersatzprodukt, etwa Traubensaft, nachfragen müssen, um das für den kommenden Monat antizipierte Trinkbedürfnis der Familie befriedigen zu können. Der Saft mag Familie Vargas weniger Genuss als ihr angestammtes Limonadengetränk bereiten, gleichwohl wird auch dieses Substitut ihr einen **Nutzen** stiften.

1.2.2 Güter

Nachdem wir uns ein Bild zum Wesen und den Arten menschlicher Bedürfnisse verschafft haben, wenden wir uns jetzt den Objekten zu, mit denen sich diese Bedürfnisse befriedigen lassen – den Gütern.

Die folgende Darstellung wird von der Unterscheidbarkeit von sogenannten freien Gütern auf der einen (Kapitel 1.2.2.2) und knappen Gütern (Kapitel 1.2.2.3) auf der anderen Seite geleitet. Bevor wir diese zweigeteilte Güterwelt mit ihren Facetten erkunden, bedarf es zur Vermeidung späterer Missverständnisse jedoch kurzer, allgemeiner Vorbemerkungen. Dazu adressieren wir im nun folgenden Abschnitt (Kapitel 1.2.2.1) zunächst die Frage, was ein Gut eigentlich vom Ding unterscheidet? Indem wir anschließend noch einen klärenden Blick auf das Knappheitsphänomen werfen, haben wir uns

---

14 Vgl. Baßeler/Heinrich/Utecht, 2010, S. 14 oder Herdzina, 1999, S. 2
15 Mussel, 1999, S. 78 f. Vgl. aber auch Herdzina, 1999, S. 2.

eine solide Wissensgrundlage erarbeitet, mit der wir sodann in die Welt der Güter eintauchen können.

1.2.2.1 Vorbemerkungen zum Wesen von Gütern und zum Knappheitsphänomen

Spätestens auf Carl Menger (1871) geht die Feststellung zurück, dass ein Ding vier Anforderungen zu erfüllen hat, damit es zum Gut wird. Diese sind:
- ein menschliches Bedürfnis
- Eigenschaften zu haben, die es das Ding tauglich machen, in ursächlichem Zusammenhang mit der Befriedigung dieses Bedürfnisses gesetzt zu werden
- die Erkenntnis dieses Kausalzusammenhanges seitens des Menschen
- die Verfügung über dieses Ding, damit es zur Befriedigung jenes Bedürfnisses tatsächlich herangezogen werden kann

„Nur wo diese Voraussetzungen zusammentreffen, kann ein Ding zum Gute werden, wo immer aber auch nur eine derselben mangelt, kann kein Ding die Güterqualität erlangen; besäße es aber bereits dieselbe, so müsste sie doch sofort verloren gehen, wenn auch nur eine jener vier Voraussetzungen entfallen würde."[16]

Aus diesem Begriffsverständnis zum Gut leitet sich eine unverrückbare, elementare Erkenntnis ab: Der **Gut-Charakter** ist *keine* natürliche Eigenschaft bzw. **keine inhärente Objekteigenschaft**, so dass sich die Güterqualität stets erst **aus der Beziehung** der Dinge **zum Menschen** ergeben kann.[17]

Diese Einsichten gesetzt, lässt sich mit Bezug auf die Bedarfsmenge an einem bestimmten Gut zur Befriedigung heutiger und/oder zukünftiger Bedürfnisse sowie der verfügbaren Quantität an ihm schlussfolgern, dass dieses Verhältnis sachlogisch nur ein dreifacher sein kann:
- Der Bedarf ist größer als die verfügbare Quantität.
- Der Bedarf und die Quantität sind in Deckung.
- Der Bedarf ist kleiner als die verfügbare Quantität.

Das erste Verhältnis lässt sich bei den weitaus meisten Gütern „**fortdauernd** beobachten."[18] Anders ausgedrückt bedeutet dies, dass Güter regelmäßig knapp sind. Man denke an ganz gewöhnliche Gegenstände wie Wohnungen, Lebensmittel oder Textilien und verliere sich gedanklich nicht allein im Luxussegments!

Knappheit ist dabei zu verstehen „als Differenz zwischen der gewünschten Gütermenge einerseits und der vorhandenen bzw. erreichbaren Gütermenge andererseits, zwi-

---

16 Menger, 2018, S. 3. Angemerkt sei noch, dass Menger von *Nützlichkeiten* spricht, wenn die beiden ersten Voraussetzungen erfüllt sind. Zum Gut wird eine Nützlichkeit also erst durch das Erkennen des Kausal-Zusammenhangs und der Verfügungsmacht. Vgl. Menger, 2018, S. 1 f.

17 Vgl. Menger, 2018, S. 3.

18 Menger, 2018, S. 51 – hervorgehoben durch uns.

schen Bedürfnissen und Bedürfnisbefriedigungsmöglichkeiten."[19] Mit diesem **Differenzverständnis** von **Knappheit** geht einher, dass diese stets **relativ** zu interpretieren ist: Knapp ist ein Gut einzig und allein in Bezug auf die Bedürfnisse bzw. die Nachfrage nach ihm. Im Umkehrschluss bedeutet dies, dass mit dem Begriff der Knappheit **kein absoluter Mangel** im Sinne einer objektiven Seltenheit von Gütern verstanden werden darf.

Dieses **Knappheitsphänomen** hat weitreichende Konsequenzen. Zum Beispiel zerstört es – vielleicht schmerzhaft, aber auf jeden Fall unweigerlich – die **Illusion** vom omnipräsenten **Schlaraffenland**! Zugleich bildet es den **Ausgangspunkt** des menschlichen **Wirtschaftens**!

Mit diesem geht wiederum einher, dass der Einzelne, der seine Bedürfnisse zu befriedigen anstrebt, eine Wahl zwischen ihm wichtigeren und unwichtigeren Bedürfnissen zu treffen hat. Wo will er sich bescheiden, wo gegebenenfalls ganz verzichten? Anders formuliert: Jedes wirtschaftende Individuum, und sei es das reichste im Lande, muss *wegen der Knappheit* innerhalb seiner eigenen, subjektiven „Bedürfnislandschaft" priorisieren. Es muss beantworten, welche seiner individuellen Bedürfnisse ganz oder teilweise unbefriedigt bleiben sollen. Kurzum, das Individuum muss sich entscheiden.[20]

Eine weitere Konsequenz betrifft die Rückseite der gleichen Medaille des menschlichen Wirtschaftens: Wie sollen die vorhandenen Mittel aufgeteilt werden, damit die knappen Güter produziert werden, die man zur Befriedigung seiner Bedürfnisse zu konsumieren wünscht?

Auf die letzte Frage werden wir in den kommenden Lektionen zurückkommen. Zunächst wollen wir die Aufmerksamkeit auf das dritte, oben genannte Verhältnis lenken, in dem die vorhandene Quantität an Gütern die Bedarfsmenge *erheblich* überschreitet. Mit derartigen Gütern, die als freie, nicht-ökonomische Güter bezeichnet werden, sollte in konsequenter Fortführung aller bisherigen Überlegungen ein-

---

19 Herdzina, 1999, S. 7.
20 Vgl. Grass/Stützel, 1983, S. 115 und vgl. Menger, 2018, S. 51 f. Gewiss, die Wahlhandlung ist *nicht* die einzige Möglichkeit, mit der Konkurrenz der eigenen Wünsche umgehen zu können. Vielmehr lässt sich diese zwischen zwei weiteren, extremen Optionen im Umgang mit inneren Konflikten verorten: der *Selbstbescheidung* auf der einen und der *Verewigung* auf der anderen Seite. Durch die Selbstbescheidung wird der innere Konflikt aufgehoben. Diametral zu diesem Ansatz steht der Versuch, den Konflikt dadurch zu lösen, dass man zunächst immer mehr Ressourcen hortet, allein in der Absicht, seine bestehenden Wünsche *alle* zu befriedigen. Mit der Mehrung der Ressourcen nehmen zugleich aber auch immer die eigenen Bedürfnisse erheblich zu. Im Ergebnis führt dies dazu, dass „durch immerwährende Vermehrung der Ressourcen [...] der Konflikt grundsätzlich nie erledigt [wird], er wird verewigt." Grass/Stützel, 1983, S. 115. Im Zusammenhang mit der Verewigung des inneren Konflikts verweisen die beiden Autoren auf das bekannte Märchen der Gebrüder Grimm „Vom Fischer und seiner Frau." Dieses Drama, „den Mund nicht vollgenug zu bekommen", behandelt auch Lew Tolstoi in der Erzählung „Wie viel Erde braucht der Mensch?" Hier erliegt der Bauer Pachom seiner schier endlosen Gier. Der Text ist frei verfügbar unter: https://www.plough.com/de/themen/kultur/kurzgeschichten/wieviel-erde-braucht-der-mensch, zuletzt abgerufen am 04.03.2024.

hergehen, dass sich der Mensch bei ihnen *nicht* bescheiden muss. Wahlhandlungen sind folglich nicht notwendig! Oder doch? Schauen wir uns diese Güter nun etwas näher an!

1.2.2.2 Freie, nicht-ökonomische Güter

Freie bzw. nicht-ökonomische Güter[21] zeichnet aus, dass die von ihnen *verfügbaren* Quantitäten *erheblich größer* sind als der *Bedarf* nach ihnen. Sie sind in solchem Überfluss vorhanden sind, dass sie *keinen Preis* haben.[22] Carl Menger illustrierte das Phänomen dieser Güter vor anderthalb Jahrhunderten anhand des Wasserbedarfs einer kleinen Dorfgemeinde, durch die ein Gebirgsbach fließt. Zu keinem Tag im Jahr überragt der Bedarf der Dorfbewohner an Nutz- und Trinkwasser ein halbes Prozent der Menge, die der Fluss an Quellwasser trägt. Zu Spitzenzeiten, allen voran bei Schneeschmelze, liegt die menschliche Wasserentnahme sogar noch deutlich unter dem zuvor genannten Prozentwert. Kurzum: Wasser ist für diese dörfliche Gemeinde alles, nur nicht knapp. Kein Bewohner käme unter diesen Umständen auf die Idee, sich beim Konsum von Wasser zu bescheiden, also zu begrenzen. Denn die Dorfbewohner sind noch nicht einmal als Kollektiv im Stande, die verfügbaren Quantitäten an Wasser bei vollständiger Befriedigung ihrer individuellen Bedürfnisse aufzubrauchen. Eine Wahlhandlung wird damit für jeden Einzelnen mit Blick auf das Gut Wasser sinnlos.[23]

Zugleich wird in diesem geografischen Raum kein Individuum versuchen, wirtschaftlich in Bezug auf das Wasser tätig zu werden. Salopp gefragt: Warum sollte der Krämer unserer Gemeinde deren Einwohnern Wasser feilbieten? Auch ohne ökonomische Fachexpertise dürfte man auf Basis eines gesunden Menschenverstandes schnell und intuitiv erahnen, dass ein solches Bemühen relativ fruchtlos, kurzum überflüssig sein dürfte.[24]

Analoges haben die ersten europäischen Siedler in Nordamerika beim Bau- und Brennmaterial Holz erlebt. An Wäldern bestand kein Mangel. Holz war ein freies Gut – damals. Und damit – wie Menger sich ausdrückt – kein Objekt der Wirtschaft.[25] Für angeschwemmten Seetang, der in früheren Zeiten etwa auf bretonischen und norman-

---

21 In der älteren Literatur wurde noch von nicht-ökonomischen (= freien) und ökonomischen (=knappen) Gütern gesprochen. Vgl. Menger, 2018, S. 57 ff.

22 Vgl. z. B. Blum, 2017, S. 8.

23 Vgl. Menger, 2018, S. 58.

24 Und wenn eine nähere Betrachtung nun doch hervorbringt, dass unser Dorfkrämer Quellwasser verkauft? Ist er dann ein blutiger Anfänger, ein sachverstandsloser, närrischer Unternehmer? Mit dieser Beurteilung sollte man vorsichtig sein, denn er könnte als gewiefter Geschäftsmann das *Prinzip der Opportunitätskosten* erkannt haben, der sich für *das Abfüllen* des Wassers von anderen Dorfbewohnern bezahlen lässt. Diese Möglichkeit hat auch Menger an dieser Stelle übersehen. Vgl. Menger, 2018, S. 57 f. Auf die Opportunitätskosten gehen wir in Lektion 3 näher ein.

25 Vgl. Menger, 2018, S. 58.

nischen Feldern als Dünger ausgebracht wurde und der heute mitunter zu gesundheitlichen oder kulinarischen Zwecken verwendet wird, gilt in Küstenregionen das Gleiche – er ist *prinzipiell* frei![26]

Warum *prinzipiell*? Nun, in unseren Beispielen klingt es bereits an, dass Wirtschaften in Zeit und Raum stattfindet. Diese Tatsache bedingt, dass die Existenz nicht-ökonomischer Güter zeitlichen und räumlichen Beschränkungen unterliegen kann. Anders formuliert: *Nicht jedes* freie Gut darf wie das Sonnenlicht prompt als ubiquitär verstanden werden: Holz, das den frühen europäischen Siedlern in Nordamerika im Überfluss zur Verfügung stand, war *zur gleichen Zeit* in England knapp geworden, denn dort hatte der jahrhundertlange Holzeinschlag bereits merkliche Spuren hinterlassen, die Wälder schwanden.[27]

Der Wüstensand, die Meeresströmung, der Wind und die Sonnenwärme sind weitere, gängige Beispiele für freie Güter;[28] ebenso die Luft, bei der wie beim Süßwasser allen voran die verfügbare Menge an *unbedenklicher* Qualität abnehmen *kann*. Eine für die Menschheit relevante, qualitative Verschlechterung wird auch für die Weltmeere und das Weltall nicht auszuschließen sein, sofern beide weiterhin als *freie Mülldeponie* fungieren.

Aus all dem lassen sich folgende Schlüsse ziehen. Erstens, mit freien Gütern sind – unter Vernachlässigung sogenannter Opportunitätskosten – kleinparadiesische Zustände verbunden. Zumindest temporär! Denn das irdische Schlaraffenland ist, zweitens, mitnichten auf alle Ewigkeit garantiert, da nicht-ökonomische Güter selbstverständlich knapp werden können, nicht zuletzt durch (zu) starke Ausbeutung.[29] Die neue Knappheit betritt dann nicht selten allein die regionale Bühne.

Was also auf den ersten Blick paradiesisch anmutet, erweist sich bei näherer Betrachtung – zu der die *qualitative Dimension* freier Güter gehört – schnell als Fata Morgana: Nicht wenige dieser Güter sind infolgedessen aus einer dynamischen, längerfristigen Systemperspektive nur scheinbar frei.

1.2.2.3 Ökonomische, knappe Güter

Da die meisten Güter knapp sind, wollen wir uns jetzt einen Eindruck davon verschaffen, wie sich diese aus volkswirtschaftlicher Sicht klassifizieren lassen (Kapitel 1.2.2.3.1).

---

26 Vgl. zu diesem Beispiel allein das Bild des Malers Claude-Émile Schuffenecker (1888) „Tangsammlerinnen in der Bretagne" in Schaefer, 2021, S. 141.

27 Vgl. hierzu die Ausführungen zur Kohlerevolution in Lektion 2, Kapitel 1.2.2.1.3.

28 Vgl. Blum, 2017, S. 8.

29 Hohe Bestände können auch durch natürliche Umweltfaktoren zerstört werden, etwa durch Waldbrände, Vulkanausbrüche und/oder Überflutungen. Offen lassen wir hier, ob Umweltdynamiken wie diese erst durch menschliche Eingriffe in die Natur ausgelöst wurden. Derartige Zusammenhänge vollkommen auszuschließen, halten wir für ebenso vermessen wie die Vorstellung, dass solche Naturereignisse stets menschengemacht sind.

Daran anschließend beleuchten wir einige relevante, wiederkehrende Güterbeziehungen (Kapitel 1.2.2.3.2.).

1.2.2.3.1 Arten knapper Güter

Der ökonomischen Fachliteratur mangelt es nicht an Kriterien, anhand derer Güter systematisiert werden können. Im Gegenteil! Über die Zeit ist eine derartige Fülle an Unterscheidungsmerkmalen herausgearbeitet worden, dass die folgende Betrachtung nicht den Anspruch erheben kann, alle bekannten Güterarten erschöpfend darzustellen. Die geläufigsten unter ihnen wollen wir an dieser Stelle indes einführen, so dass uns später nur noch die Aufgabe obliegt, bei Bedarf ergänzende Arten aufzugreifen.

Eine erste Möglichkeit knappe (bzw. ökonomische) Güter nach ihrer *physischen Beschaffenheit* zu unterteilen, beruht auf der **Daseinsform**. Hierbei werden materielle Güter, die man auch als **Sachgüter**, Waren oder Produkte bezeichnet, von immateriellen unterschieden. Unter immateriellen Gütern versteht man zuvorderst **Dienstleistungen** wie diese von den Anbietern des Gaststättengewerbes und in der Hotellerie, des Transport- und Logistikwesens, der Unterhaltungs- und der Finanzdienstleistungsbranche, also von Banken und Versicherungen, typischerweise erbracht werden.

In Ergänzung zu diesen beiden grundlegenden Daseinsformen lassen sich **besondere Rechte** beobachten, z. B. Eigentums- und Forderungsrechte, die wie die Dienstleistungen einen immateriellen Charakter haben.[30]

Ähnlich unserer Beobachtung bei den Bedürfnisarten muss eingeräumt werden, dass die güterartige Trennung in Sachgüter und Dienstleistungen zuweilen Schwierigkeiten bereitet, allen voran im praktischen Wirtschaftsleben reifer Volkswirtschaften, weil dort sog. **Mischgüter** in zahlreichen Branchen wachsende Bedeutung erlangen. So mag es für einen Hersteller von Traktormotoren, der sich als Problemlöser seiner Kunden versteht, heute nicht mehr genügen, allein das Sachgut, den Motor, zeit-, mengen- und qualitätsgerecht zu liefern. Zur Bewahrung seiner Wettbewerbsfähigkeit wird dieses Unternehmen möglicherweise seine Motoren mithilfe eigener Mitarbeiter im Traktorenwerk, also beim Kunden, für diesen in die Traktoren einbauen müssen.

Ähnlich kann es einem Produzenten von Pfandrücknahmeautomaten ergehen. Reichte es ihm bis gestern, einzig seine Anlagen an den Lebensmitteleinzelhandel zu verkaufen, verlangen die ersten anspruchsvollen Kunden nun Instandhaltungs-, Wartungs- und Finanzierungskonzepte. Beabsichtigt unser Produzent, wettbewerbsfähig zu bleiben, dann wird er sich diesem Trend nicht widersetzen: Er baut das Servicegeschäft auf und bietet künftig Mischgüter an. Damit hat sich die traditionelle Grenze zwischen Sachgut und Dienstleistung auch in dieser Branche aufgelöst.

---

30 Vgl. z. B. Blum, 2017, S. 8 oder Herdzina, 1999, S. 2 f.

Steht der *vorwiegende* **Zweck** bzw. der **Einsatzort** des Gutes im Mittelpunkt der Betrachtung, stößt man auf die Begriffe des **Konsum-** und des **Produktionsgutes**. Nach allgemeinem Verständnis fragen private Haushalte einzig Konsumgüter und der Unternehmenssektor stets Produktionsgüter nach. Bei dieser Zweiteilung von Gütern leuchtet ein, dass ein bestimmtes Gut, etwa Strom, sowohl Produktionsgut als auch Konsumgut sein kann. Für die jeweilige Zuordnung eines Gutes in dieses bipolare Begriffsschema wird also der Nachfrager unfreiwillig verantwortlich.

Mit der **Dauer** der **Güterverwendung** durch ihn lässt sich ein weiteres Differenzierungsmerkmal bilden. Hierbei trennt man Gebrauchs- und Verbrauchsgüter.[31] Zu den **kurzlebigen Verbrauchsgütern** privater Haushalte gehören allen voran Lebensmittel, Waschmittel, Pflege- und Toilettenprodukte des täglichen Bedarfs sowie Wasser oder der zuvor schon erwähnte Strom. In Unternehmen gehen Verbrauchsgüter wegen ihrer Kurzlebigkeit in die Gewinn- und Verlustrechnung ein oder schlagen sich im Umlaufvermögen der Bilanz nieder, sofern sie wie Schmierstoffe und Verpackungsmaterial lagerfähig sind.

Kühlschränke, Waschmaschinen, TV-Anlagen und Möbel sind Beispiele **langlebiger Gebrauchsgüter** privater Haushalte. Für Produktionsunternehmen stellen Werkzeugmaschinen (z. B. Drehbänke, Fräsen oder Pressen) und Produktionsgebäude gängige Fälle von Gebrauchsgütern dar. Der langfristige Charakter dieser Güter manifestiert sich nicht zuletzt durch ihre Position in der Unternehmensbilanz: Sie stehen im Anlagevermögen. Unbenommen der Richtigkeit dieser Feststellung wird – das wollen wir eingestehen – im unternehmerischen Kontext zumeist von langfristigen **Investitionsgütern** statt von Gebrauchsgütern gesprochen.

Vier weitere Arten von Gütern entspringen dem Ansatz, zu ihrer Klassifizierung die personelle **Aneignungsmöglichkeit** zu berücksichtigen. Da im Verlaufe dieser Einführung jede unter ihnen Bedeutung erlangt, wollen wir die Unterschiede zwischen Privat-, Maut-, Gemeinschafts- und öffentlichen Gütern hier kurz vorstellen. Dabei beginnen wir mit den privatwirtschaftlichen Gütern, da diese bereits bei allen vorherigen Arten der Kategorisierung unausgesprochen betrachtet worden waren.

Privatwirtschaftliche Güter wie Bücher zeichnen sich dadurch aus, dass bei ihrem Tausch am Markt zwischen den Tauschbeteiligten Rechtstitel gehandelt werden. So geben Verkäufer stets das Eigentum am betreffenden Handelsgut auf, der Buchhändler etwa an seinem Buch. Für die *Preis*gabe dieses Eigentums erwerben die Verkäufer im Gegenzug die Verfügungsmacht über das vereinbarte Tauschäquivalent, das heute in nahezu allen Gesellschaften zumeist aus Geldmitteln besteht. Aus Käuferperspektive gestalten sich Tauschhandlungen entsprechend spiegelbildlich: In Höhe des vereinbarten Preises tauschen sie ihr Eigentum an *gesetzlich anerkannten Zahlungsmitteln* gegen das Verfügungsrecht am gewünschten Gut ein.

---

31 Vgl. z. B. Blum, 2017, S. 8.

Käufer, die unwillens sind, den vom Verkäufer aufgerufenen Marktpreis zu leisten, lassen sich bei privatwirtschaftlichen Gütern vom Konsum ausschließen: Wenn Herr Lehmann bei einem *Hai*mspiel[32] nicht bereit ist, für eine Arenawurst den notwendigen Obolus zu zahlen, weil der Veranstalter seiner Ansicht nach Mondpreise verlangt, dann wird er während des Spiels keine Wurst genießen können. Als Zahlungs*un*williger kann Herr Lehmann also von der Aneignung gegrillter Köstlichkeiten und damit vom Konsum ausgeschlossen werden. Diese **Möglichkeit der Ausschließbarkeit** ist das *erste* Merkmal eines *privatwirtschaftlichen* Gutes.

Dieses charakterisiert darüber hinaus eine *zweite* Eigenschaft. Um im Beispiel zu bleiben: Ist eine Grillbratwurst soeben an Herrn Zickermann verkauft worden, kann *diese* Wurst von Herrn Lehmann nicht mehr konsumiert werden, selbst wenn dieser mit zunehmendem Hungergefühl seine anfängliche Zahlungsverweigerungshaltung aufgegeben haben sollte. Für Herrn Lehmann wird diese Tatsache allen voran dann zum Problem, wenn an Herrn Zickermann nicht nur *eine*, sondern zugleich die letzte Wurst verkauft wurde. Bei privatwirtschaftlichen Gütern herrscht also auch noch **Rivalität im Konsum**, wie Volkswirte sagen.[33]

Unter Bezugnahme der beiden eben eingeführten Kriterien der Ausschließbarkeit und der Rivalität ergeben sich kombinatorisch grundsätzlich vier Gütertypen (siehe Tabelle 1.1).

Tabelle 1.1: Güterkategorien unter Verwendung der Kriterien Ausschließbarkeit und Nutzungsrivalität.

		Rivalität im Konsum/Konkurrenzprinzip	
		Ja	Nein
Ausschluss-prinzip	Ja	**Private Güter**, z. B.: – Lebensmittel – Möbel – Kleidung – Autos	**Maut- oder Clubgüter**, z. B.: – gebührenpflichtige Straßen *ohne* Stau – gebührenpflichte Nationalparks – Pay-TV-Dienste – Museumsausstellung, Opernaufführung – Konzerte und Sportveranstaltungen (live im Stadion) – vereinseigene Tennis-/Golfplätze – Vorlesungen an Hochschulen – Sicherheit in umzäunten Wohnanlangen

---

32 Heimspiele bestreiten alle Sportvereine, *Hai*mspiele nur besondere.
33 Dass Rivalität um Güter herrscht, deren verfügbare Menge geringer ist als der Bedarf nach ihnen, sollte nicht wirklich verwundern (siehe Kapitel 1.2.2.1.).

Tabelle 1.1 (fortgesetzt)

		Rivalität im Konsum /Konkurrenzprinzip	
		Ja	Nein
Ausschluss-prinzip	**Nein**	**Gemeingüter**, z. B.: – öffentliche Straßen *mit* Stau – Fischgründe – *überfüllte* Küsten- und/oder Bergwanderwege – *überfüllte* Wälder (in Zeiten der Pandemie) für Spaziergänger – Weideland der Dorfgemeinschaft	**Rein öffentliche Güter**,[34] z. B.: – öffentliche Straßen *ohne* Stau – öffentliche Gehwege, öffentliche Parks – Öffentlicher Rundfunk – öffentliche Denkmäler oder Feuerwerke – Leuchttürme und/oder Staudämme – Straßenbeleuchtung, -reinigung – Seuchenschutz[35] – Innere Sicherheit, insb. Polizei, Justiz, Feuerwehr – Außen- und Sicherheitspolitik/nationale Verteidigung – Preisstabilität

Im scharfen Kontrast zu den privatwirtschaftlichen Gütern zeichnen sich **rein öffentliche Güter** durch **Nichtrivalität im Konsum** und durch **Nichtausschließbarkeit** aus: Eine öffentliche Skulptur zu Ehren eines Seefahrers, ein Monument wie die Cheopspyramide in Ägypten oder der Trevi-Brunnen in Rom können allesamt von mehreren bestaunt und genossen werden, ohne dass es zu einer Beeinträchtigung „im Konsum" der jeweiligen Sehenswürdigkeit für die weiteren oder nachfolgenden Betrachter kommt. Der Genuss derartiger Attraktionen ist also prinzipiell nicht rivalisierend.

Analog verhält es sich im Wohngebiet mit der *Straßenbeleuchtung*. Auch wenn Ihr Nachbar diese mit Dämmerungseinbruch am heutigen Tage schon in Anspruch genommen hat, können Sie die gleiche Anlage *ohne* qualitative *Einbußen* noch zu einem mitternächtlichen Lichtbad nutzen.

---

34 Der Begriff des öffentlichen Gutes gehört noch nicht lange zum Vokabular der Ökonomen. Er geht auf Paul A. Samuelson (1915–2009) zurück. Vgl. Samuelson, 1954, S. 387. Die Nichtausschließbarkeit des Gutes kann technisch, ökonomisch und/oder sozial begründet sein. So gibt es in Deutschland privaten Waldbesitz, der aber für die Allgemeinheit zugänglich bleiben muss. Zur Abwehr von Spaziergängern darf der Privateigentümer sein Waldstück also nicht einzäunen. Vgl. zu diesem und anderen Beispielen auch Grass/Stützel, 1983, S. 43. Der Gegenstand des rein öffentlichen Gutes wird uns in Lektion 13 beschäftigen.
35 Im Kontext der Covid-19-Pandemie hat ein Staatsoberhaupt in einer UN-Generalversammlung gefordert, Impfstoffe als *globales öffentliches Gut* zu betrachten. Vgl. Hermsdorf, 24.09.2021, S. 7. Ein kurzes Nachdenken macht schnell klar, dass ein einmal verabreichter Impfstoff anderen nicht mehr zur Verfügung stehen kann. Mehr Rivalität im Konsum geht nicht! Was einen öffentlichen Gutscharakter hat, ist die allgemeine Abwehr einer Infektionsgefahr, die sich möglicherweise einstellt, wenn eine ausreichende Grundgesamtheit geimpft ist.

Zur fehlenden Rivalität im Konsum kommt hinzu, dass es technisch, ökonomisch und/oder sozial schwer bis unmöglich ist, bestimmte Personengruppen oder Mitglieder der Gesellschaft von der Nutzung dieser Güter auszuschließen, sobald diese einmal errichtet sind.[36]

Neben privatwirtschaftlichen und rein öffentlichen Gütern ergeben sich aus der Methode, Güter über die Kriterien der Rivalität und der Ausschließbarkeit zu klassifizieren, die **Gemeingüter**, die auch **Allmende-Güter** genannt werden, als dritte Kategorie. Diese sind durch die Kombination der Rivalität und dem fehlenden Ausschluss charakterisiert. Fischgründe sind hierfür ein passendes Beispiel. Verbindet sich hingegen die Ausschließbarkeit mit der Nichtrivalität, dann spricht man von einem **Maut-** oder **Clubgut**.

Dass die Zuordnung eines nicht-privatwirtschaftlichen Gutes zu einer der drei anderen Kategorien schon rein theoretisch nicht immer eindeutig gelingt, sondern **kontextabhängig** zu beantwortet ist, lässt sich leicht einsehen: Beispielsweise kann eine Autobahn bis zu einem bestimmten Punkt von mehreren genutzt werden, ohne den Konsum anderer einzuschränken. In diesen Momenten kann also von einem *rein öffentlichen Gut* gesprochen werden. Wenn sich allerdings Staus bilden, wird der Konsum der Autobahn zumindest *zeitweise* rivalisierend, womit sie zu einem temporären *Allmende-Gut* mutiert.

Fallweise können Brücken, Fern- und Passstraßen aber auch *Maut- oder Clubgüter* sein. Bereits der Blick nach Frankreich, Italien, Österreich und/oder in die Schweiz lässt hieran keinen Zweifel: Die Nutzung der Autobahnen ist in all diesen Ländern mit einer Gebühr (= Maut) verbunden. Durch die Installation technischer Vorrichtungen kommen dort also nur Zahlungswillige in den Genuss der meisten Schnellstraßen. In Deutschland war hingegen die Nutzung der Bundesautobahnen für alle Verkehrsteilnehmer lange Zeit gebührenfrei möglich. Seit dem Jahr 2005 besteht nun auch hier eine Mautpflicht für Lastkraftwagen.

Gerade das Beispiel der Mautstraßen zeigt, dass *trotz* der technischen Möglichkeit, Zahlungsunwillige von der Nutzung eines Gutes ausschließen zu können, von dieser Option nicht immer Gebrauch gemacht wird – entweder aus Kostengründen oder weil der Ausschluss gesellschaftlich unerwünscht ist.

Ein Unterscheidungsmerkmal von Gütern, das wir an dieser Stelle zuletzt aufgreifen möchten, betrifft die **Informiertheit** der Marktteilnehmer über das potenzielle Tauschgut. Liegen den abschlusswilligen Vertragspartnern *alle* Informationen zu den *relevanten* Eigenschaften des Gutes *ohne* weiteren Informationsgewinnungsbedarf vor, dann wird von einem **neoklassischen** Gut in der Ökonomik gesprochen.[37] Im Stahlhan-

---

36 Ebenso profitiert der Pazifist von einer *Landesverteidigung*. Und von bereits getätigten Maßnahmen zur Umweltverbesserung haben alle betroffenen Bürger einen Nutzen, nicht nur Umweltaktivisten.
37 Warum ein solches Gut neoklassisch bezeichnet wird, wird sich im weiteren Verlauf besser erschließen. Vorab: Es hängt mit den Modellannahmen einer ökonomischen Denkrichtung zusammen – der Neoklassik.

del darf man eine solche Konstellation getrost annehmen;[38] ebenso für die Beteiligten an Rohstoffbörsen, wo mineralische oder agrarische Rohstoffe in einer *standardisierten* Qualität als sogenannte Commodity-Güter gehandelt werden.

Können Tauschwillige ihre anfänglichen Informationsdefizite zu maßgeblichen Eigenschaften eines Gutes bis zum Kontraktabschluss noch relativ einfach, d. h. kostengünstig, weitgehend bis vollständig beheben, handelt es sich um ein **Inspektionsgut**. Aus Sicht privater Haushalte sind Smartphones, Möbel, Kühlschränke, Waschmaschinen und andere Haushaltsgeräte passende Beispiele.

Kann ein Vertragspartner wesentliche Informationen über den Tauschgegenstand erst *nach dem Tausch* und damit nur „im Laufe der Nutzung [gewinnen], so spricht man von einem **Erfahrungsgut**. Sind diese Informationen auch dann nicht vollständig verfügbar, handelt es sich um ein **Vertrauensgut**."[39]

Attraktive Vertrauensgüterbeispiele sind Gold und Diamanten. Beiden gelingt es, Schmuckaffine zu verzücken, ohne dass deren Mehrheit wirklich beurteilen könnte, wie viel Karat der eine hat und wie hoch der Edelmetallanteil des anderen ist. Zumeist vertraut man und frau den wohlfeilen Worten des Verkäufers, dessen Kompetenz und Redlichkeit stillschweigend vorausgesetzt wird – vielfach gewiss nicht unberechtigt, mitunter aber auch erfrischend naiv.

Ein Ihnen bislang unbekanntes Hotel an Ihrem nächsten Urlaubsort ist ein Paradebeispiel für ein Erfahrungsgut. Zu dieser Güterart zählt auch die Taucheruhr eines Herstellers, der diese mit einer Wasserdichtigkeit bis einhundert Meter Tiefe anpreist. Ob das Produkt am Ende tatsächlich dem Wasserdruck von 10 bar standhält, wird der Käufer erst im Einsatz der Uhr *erfahren*.

Nicht anders ergeht es dem Käufer bei Unternehmensübernahmen, in sogenannten *M&A-Transaktionen*. Trotz sorgfältiger Prüfung im Rahmen einer sogenannten Due Diligence im Vorfeld, wird das akquirierende Unternehmen die tatsächliche Qualität des Übernahmeobjektes erst *nach* dem Fusionsvollzug vollständig erkennen. Gemessen an den jeweils hoch gesteckten Erwartungen an sie, sind in den letzten Jahrzehnten zahlreiche Unternehmensübernahmen gescheitert, nicht zuletzt grenzüberschreitende. Es sei an dieser Stelle lediglich an die kurze Ehe von Daimler und Chrysler erinnert.[40]

---

38 Allein in Europa existieren rund 2.000 Stahlsorten, die in deutschen und europäischen Normen gelistet sind. Mit Hilfe dieses Normensystems kann sich jeder Marktteilnehmer zu jedem dieser Stähle rasch informieren.

39 Blum, 2017, S. 10.

40 Der Zusammenschluss der beiden Unternehmen begann im November des Jahres 1998 nach dem im Mai zuvor der Fusionswille bekanntgegeben worden war. Nach lediglich neun Jahren verkündete Daimler im Mai 2007 den Verkauf von gut 80 Prozent der Chrysler Group an den Finanzdienstleister Cerberus. Im April 2009 gab die Daimler AG dann ihre verbliebenen Anteile in Höhe von 19,9 Prozent an Chrysler auf. Vgl. z. B. https://www.daimler.com/konzern/tradition/geschichte/1995-2007.html oder https://de.wikipedia.org/wiki/Daimler_AG#DaimlerChrysler_AG_(1998%E2%80%932007); beide Quellen abgerufen am 18.07.2021; Die schnelle Scheidung dieser zwei Unternehmen kann im Übrigen nicht den Anspruch erheben, ein wirtschaftshistorischer Sonderfall, ein echtes Unikat, zu sein. Im Gegenteil!

Hier musste allen voran der deutsche Bräutigam im nachvertraglichen Integrationsprozess einsehen, dass sich eine gängige Gefahr für erfolgreiche Fusionen auch in seinem Fall *maßgeblich* Raum genommen hatte – die Unvereinbarkeit der beteiligten Unternehmenskulturen. Dass den Lackmustest zu diesem „weichen" Erfolgsfaktor erst die tägliche Zusammenarbeit *nach vollzogenem* Zusammenschluss erbringen kann, liegt in der Natur der Sache.[41]

Den meisten weitaus näher als das zuletzt genannte Fusionsbeispiel dürften vermutlich *Banken- und Versicherungsdienstleistungen* sein. Im Fall von derartigen Finanzdienstleistungen kann nicht davon ausgegangen werden, dass diese für die Mehrheit der privaten Haushalte neoklassische Güter oder Inspektionsgüter darstellen. Ob es sich bei Kreditverträgen, Finanzanlageprodukten und anderen Diensten hingegen um Erfahrungs- oder vielmehr um Vertrauensgüter handelt, lässt sich pauschal nicht beantworten. Festhalten lässt sich allein, dass mit den beiden letztgenannten Güterarten, also den Erfahrungs- und Vertrauensgütern, ein Phänomen einhergeht, das in der volkswirtschaftlichen Literatur unter der Rubrik Marktversagen diskutiert wird. Hierauf werden wir zu gegebener Zeit zurückkommen (Lektion 14).

Nachdem wir uns jetzt einen ersten Eindruck von der Vielfalt an Arten knapper Güter verschafft haben, wollen wir im nächsten Abschnitt auf drei Formen von Güterbeziehungen blicken.

1.2.2.3.2 Güterbeziehungen

Güter können zueinander in einer substitutiven oder komplementären Beziehung stehen. Treffen Nachfrager zur Befriedigung eines bestimmten Bedürfnisses beim Gütererwerb eine *Entweder-oder-Entscheidung*, dann handelt es sich bei den zur Auswahl stehenden Gütern um **Substitutionsgüter**.

Beispielsweise lässt sich Wintersport prinzipiell mit Skiern und Snowboards ausüben. Insofern verwundert es nicht, wenn mancher Wintersportler ein Faible für beide Arten des Pistensports entwickelt hat. Zu diesen gehört der Schüler Martin, der im Begriff steht, erstmalig ein eigenes Wintersportgerät zu erwerben. Obwohl er mit Leihequipment in der Vergangenheit Ski und Snowboard mit gleicher Leidenschaft gefahren ist, muss er sich jetzt aufgrund seines begrenzten Budgets entscheiden – für das eine *oder* das andere. Egal wie seine Wahl ausfällt, aus seiner *subjektiven* Perspektive stehen Skier und Snowboard im Moment des Kaufes in einem substitutiven Verhältnis.

Verallgemeinernd lässt sich also festhalten, dass ein Konsument, der sich für ein Gut wie Skier, Butter oder einen Mähroboter entscheidet, sich damit mehr oder weniger bewusst *gegen* den *zeitgleichen* oder *zeitnahen* Erwerb eines entsprechenden Substitutionsgutes wie einem Snowboard oder auch vielleicht einem Schlitten ausgesprochen hat.

---

41 Diese Feststellung gilt ungeachtet der Tatsache, dass im Rahmen der Due Diligence die Kompatibilität der Unternehmenskulturen zumeist nur stiefmütterlich, also nachrangig beachtet wird. Ein sich *anbahnendes Arbeitsverhältnis* ist ein weiteres Beispiel für ein Erfahrungsgut – auf beiden Seiten des Tisches!

Ersatzprodukte begrenzen sich selbstredend nicht allein auf den Bereich der Konsumgüter. Man denke bei der Industrieproduktion nur an die Möglichkeit, halb- bzw. vollautomatisierte Anlagen oder unterschiedliche fossile Energieträger zur Befeuerung eines Hochofens einsetzen zu können. Auch hier gilt: Entscheidet sich ein Unternehmen für ein spezifisches Verfahren, schließt es in diesem Fertigungsbereich produktionstechnische Alternative einstweilen aus.[42]

Von dieser Beobachtung weicht das Kaufverhalten bei **Komplementärgütern** diametral ab, bei denen Nachfrager es gewohnt sind, *Sowohl-als-auch-Entscheidungen* zu treffen. In diesen Fällen bleibt es vielfach daher nicht beim Kauf eines einzigen Gutes. Vielmehr wird ein zweites Gut *zeitgleich* bzw. *zeitnah* miterworben, weil ohne dieses weitere Gut das erste in seinem Nutzen beschränkt, wenn nicht gar funktionslos bleibt.

Klassische Lehrbuchbeispiele für komplementäre Konsumgüter sind Tennisschläger und Tennisbälle, Rennräder und Fahrradhelme oder Autofelgen und Autoreifen. Mittels dieser Beispiele leuchtet zugleich ein, dass zwischen Skiern und Snowboards *keine* Komplementarität besteht,[43] denn keines der beiden Sportgeräte verliert ohne das andere seine ihm angedachte Bestimmung. Allerdings wären Skischuhe und Skier bzw. Snowboards und Snowboard-Boots zueinander komplementär.

Eine Komplementärbeziehung kann selbstredend auch aus einem Sachgut und einer Dienstleistung resultieren. So hat im Fall der Elektromobilität die fehlende Abdeckung mit Ladesäulen dazu beigetragen, die Begeisterung für Elektrofahrzeuge unter privaten Haushalten länger einzubremsen als von manchem politischen Akteur erhofft.[44] Unabhängig von der Frage nach der Antriebstechnik stehen im Zusammenhang mit der Individualmobilität Autos und Abstellgelegenheiten für diese in komplementärer Beziehung. Der Blick in europäische Großstädte zeugt davon, dass das vormals freie Gut des Parkplatzes längstens zu einem äußerst knappen mutiert ist.

Auf die Tatsache, dass auch Produktionsgüter zueinander komplementär sein können, gehen wir am Ende dieses Kapitals nochmal gesondert ein, wenn wir die dritte Beziehungsform von Gütern betrachten.

Eine *zweite* Beziehungsform betrifft die qualitative Beschaffenheit von Gütern aus dem Blickwinkel ihrer **Vergleichbarkeit** mit Wettbewerbsprodukten der *gleichen Klasse*. Mit anderen Worten: Der Grad der Gleichartigkeit rückt in den Mittelpunkt des Interesses. Ökonomen unterscheiden in diesem Zusammenhang allein zwischen homo-

---

42 Für den Beginn der Industrialisierung lässt sich feststellen, dass in der Textilherstellung plötzlich eine Wahl zwischen manuellem und mechanischem Webstuhl, im Bergbau eine zwischen Holz- und Eisenbahnschienen bestand. In der Eisenverhüttung wie auch in anderen energieintensiven Branchen bildet die Steinkohle nun einen Ersatz für die soweit gängige Holzkohle. Und schließlich ergab sich mit der Entwicklung der Eisenbahn gegenüber der Pferdekutsche erstmals eine Alternative für die Nachrichtenübermittlung auf der Fernstrecke.

43 Das darf man zumindest für den typischen Wintersportler unterstellen. Das schließt nicht aus, dass irgendwo auf der Welt ein paar verwegene Artisten beide Geräte sogar zeitgleich einsetzen.

44 Vgl. Stratmann, 15.12.2020, S. 11.

genen (= gleichartigen) und heterogenen (= verschiedenartigen) Gütern. Als **homogen** werden Güter bezeichnet, wenn sie *tatsächlich* und/oder *nach Auffassung der Käufer* völlig gleich sind – wie dies etwa bei Leuchtmitteln (z. B. 40-Watt-Glühbirnen) oder bei Äpfeln denkbar ist. Für private Haushalte mag es im ersten Fall technisch betrachtet einerlei sein, von welchem Hersteller nun das Produkt bezogen wird, während sie im zweiten Fall der Sorte (z. B. Braeburn, Gala oder Jonagold) keine Bedeutung beimessen könnten. Auch die an einer Börse handelbaren Aktien oder Anleihen *eines bestimmten* Unternehmens sind homogen,[45] womit aus der reinen *Produktperspektive* der eingeschaltete Broker beim Wertpapierkauf bedeutungslos wird.[46]

In analoger Weise ist es für metallverarbeitende Unternehmen nachrangig von welchem Händler sie ihre genormten Stähle beziehen oder für Mühlen von welchem Bauern sie ihr Korn einer bestimmten Qualitätsklasse (gemessen z. B. in Korngröße und Verunreinigung) erwerben.[47] Aus dieser Beobachtung lässt sich ableiten, dass es sich bei den weiter oben eingeführten neoklassischen Gütern (Kapitel 1.2.2.3.1) zugleich um homogene Güter handelt.

Im Abgleich zu diesen Beispielen unterscheiden sich **heterogene Güter** voneinander – wenn nicht tatsächlich, so zumindest in der *Wahrnehmung* ihrer Käufer. So „können Waschmittel verschiedener Hersteller in ihrer chemischen Zusammensetzung durchaus unterschiedlich sein, sie sind dann heterogene Güter. Es ist aber ebenso gut möglich, dass sie sich chemisch überhaupt nicht unterscheiden (also technisch homogene Güter sind), durch die Werbung aber in der Meinung der Käufer sich unterscheiden,"[48] womit sie zu verschiedenartigen Gütern aus Kundensicht geworden sind.

Konsequenterweise ist es vorstellbar, dass die verschiedenen Honigsorten wie Tannen-, Wald- oder Rapshonig von einem Teil der Kunden als homogene Güter – etwa als alternative Süßmittel zum Zucker – und von einem anderen Teil sehr wohl als heterogene Produkte für den Brotaufstrich *wahrgenommen* werden.

---

45 Unternehmen der Rechtsform Aktiengesellschaft *können* zwei Formen von Aktien an ihre Gesellschafter, die Aktionäre, ausgeben: Stamm- und Vorzugsaktien. Blendet man diese Tatsache und die mit ihr einhergehenden kleineren Unterschiede einmal aus, dann lässt sich davon sprechen, dass die einzelnen Wertpapiere einer jeden Aktiengesellschaft gleichartig sind.

46 Im Umkehrschluss bedeutet dies, dass sich die Broker untereinander nur anhand weiterer Dienstleistungen im Zusammenhang mit dem Wertpapiergeschäften differenzieren können, etwa durch das Ausmaß und die Qualität an Beratung.

47 Bei Stahlprodukten hat dies Dillmann durch eine Kundennutzenanalyse unter metallverarbeitenden Betrieben eindrucksvoll bestätigt. Vgl. Dillmann, 2021, S. 19 ff. Zu beachten gilt, dass Nachfrager in der Praxis regelmäßig *mehrere* kaufentscheidende Kriterien haben. Für die Entscheidung einer Schlosserei zugunsten eines bestimmten Lieferanten mag die Produktqualität wegen ihrer Homogenität sogar schon ganz bedeutungslos geworden sein. Die tatsächliche Entscheidung für einen bestimmten Stahlhändler mag dann an ergänzende Dienstleistungen gebunden sein, etwa an Finanzierungs- und Logistikangebote. Siehe hierzu auch die Diskussion oben zu den Misch- bzw. Hybridgütern.

48 Füth/Blasberg, 1978, S. 11.

Im Unterschied zu den meisten Lehrbüchern wollen wir zuletzt auf eine *dritte* Güterbeziehung eingehen, die bei den Güterarten (Kapitel 1.2.2.3.1) schon implizit angeklungen war: die **hierarchische**.[49] Indem wir an dieser Stelle auf das Wesen und die Konsequenzen aus dieser Beziehungsform noch einmal *explizit* blicken, eignen wir uns frühzeitig eine Perspektive an, die im Wettstreit der ökonomischen Ideen mitunter Bedeutung erlangt, etwa in der Geld- und/oder Zinspolitik.

Für den Moment genügt es gleichwohl, dass wir uns mit Carl Menger (1871) – dem Begründer der sogenannten Österreichischen Schule – klar machen, dass mit dem Wirtschaften ein *zeitlicher* Transformations*prozess* einhergeht. Dieser vollzieht sich zumeist über *mehrere Stufen* bis an seinem Ende Güter stehen, mit denen sich die Bedürfnisse privater Haushalte *unmittelbar* befriedigen lassen, etwa Pullover, Brot, Schlittschuhe oder Fahrräder. Derartige Güter bezeichnet Menger als Güter *erster Ordnung*; höherer Ordnung sind hingegen alle Produktionsgüter, die stets nur *mittelbar, d. h. indirekt bzw. über Umwege* zur Befriedigung menschlicher Bedürfnisse beitragen.[50]

Dieser hierarchische Blickwinkel auf die Welt der knappen Güter hat zwei Vorteile: Zum einen lässt sich jetzt nicht mehr übersehen, dass „bei einer mehrstufigen Produktion [...] die Güter einer Produktionsstufe die Inputs der folgenden Produktionsstufe"[51] sind. Gewiss, diesen Zusammenhang dürfte man weiter oben bei der Einführung der Begriffe Konsum- und Produktionsgüter bereits erahnt haben. Weniger offensichtlich ist aber eine weitere, wertvolle Einsicht: Alle Güter zweiter und höherer Ordnung, die für die Produktion eines bestimmten Gutes niedriger Ordnung benötigt werden, sind auf ihrer jeweiligen Ebene zueinander stets *komplementär*. Neben der erstgenannten vertikalen Beziehung besteht also auf höherer Ordnung – bei den Produktionsgütern – auch eine horizontale Verbindung, die sich wiederum auf die vertikale Güterverflechtung rückwirkt.

Menger illustrierte diese Tatsache anhand eines Individuums, das zur Befriedigung seines antizipierten Essensbedürfnisses einen Brotlaib backen möchte. Hierzu benötigt der betreffende Haushalt verschiedene Zutaten, Werkzeuge und Vorrichtungen – darunter Mehl, Salz, Gärstoffe, Wasser, einen Backofen, Brennmaterial sowie Arbeitsleistung.

Für den Fall, dass nun das Weizenmehl ausgegangen ist, könnte unser Wirtschaftssubjekt dieses durch eine andere Sorte ersetzen, etwa mit Dinkel-, Mais- oder Kastanienmehl.[52] Im Ergebnis kann unser Haushalt wie geplant sein Brot backen, wenn auch nicht sein favorisiertes. Fehlt unserem Backwilligen allerdings das Wasser, so büßen mit Rücksicht auf sein Bedürfnis nach Brotnahrung alle übrigen Einsatzstoffe und Ins-

---

49 Stellvertretend sei auf Herdzina verwiesen, der von *zwei* wichtigen Güterbeziehungen spricht und dabei die hier zuvor besprochenen Formen abhandelt. Vgl. Herdzina, 1999, S. 3.

50 Vgl. Menger, 2018, S. 8 ff. oder auch Baßeler/Heinrich/Utecht, 2010, S. 16. Kolb verweist darauf, dass die von Menger gewählte hierarchische Betrachtung sich im Grunde schon bei Hermann Heinrich Gossen (1810–1858) in seinem 1854 erschienen, aber beinahe ein Vierteljahrhundert unbeachtetem Buch, findet: Gossen sprach „von 'Gegenständen' erster, zweiter und dritter Klasse." Kolb, 1997, S. 122.

51 Blum, 2017, S. 10.

52 Auf Korsika hatte Kastanienmehl große Bedeutung; in Teilen Italiens das Maismehl!

trumente ihre Funktion als Güter (zweiter Ordnung) prompt ein.[53] Ein aufkommendes Hungergefühl muss er jetzt auf andere Weise als vorgesehen stillen.

Auf der vorgelagerten Verarbeitungsstufe wiederholen sich diese Verquickungen selbstredend. Für den auf die Vermahlung von Getreide spezialisierten Müller verlieren beispielsweise die Mühle, die Silos und die Abfüllsäcke ihre Gutseigenschaft, sobald die Getreidebauern hohe Ernteausfälle landesweit vermelden. Um seine Produktionsgüter (= sein Kapital) nicht brach liegen zu lassen, wird der Müller die Umrüstungsmöglichkeit der Mühle auf die Vermahlung von Ölsaaten prüfen lassen, wenn er zu befürchten hat, Störungen seines Geschäftsbetriebes wegen fehlenden Getreides werden zukünftig eher Norm statt Ausnahme sein. Neben einer etwaigen Produktionsumstellung – für die er sich in Abhängigkeit der technischen Machbarkeit und der Investitionskosten erwärmt – wird der Müllermeister aber auch die Liquidierung seines Betriebes erwägen. Sollte er sich schließlich für die Geschäftsaufgabe entscheiden, kann er seine Silos und alle anderen Gerätschaften, die nun die Eigenschaft Güter höherer Ordnung *für ihn* endgültig verloren haben, an andere Unternehmen zu verkaufen versuchen. Dort, im neuen Kontext, gewinnen sie dann wieder ihre Gutseigenschaft.

Diese vermeintlich triviale Betrachtungsweise ermöglicht es, dass wir uns ein tieferes Verständnis von den Dimensionen und Konsequenzen einer in sich verketteten und verflochtenen Wirtschaft verschaffen: Jetzt können wir nicht mehr übersehen, dass der *Ausfall* eines *nicht substituierbaren* Gutes höherer Ordnung einen Dominosteineffekt über alle nachgelagerten Produktionsstufen auszulösen vermag, der schließlich zu einer *steigenden Verknappung* bei Konsumgütern (bzw. Gütern erster Ordnung, um in Mengers Nomenklatur zu bleiben) führen kann.

Praktisches Anschauungsmaterial zur empfindlichen Abhängigkeit von einzelnen Bauteilen, also Gütern höherer Ordnung, lieferte im Jahr 2021 beispielsweise die Automobilindustrie, als viele Erstausrüster bzw. OEMs[54] über mehrere Wochen unfreiwillig die Produktionsbänder wegen eines Mangels an relativ einfachen Halbleitern anhalten mussten.[55] Zur selben Zeit vermeldeten aber auch zahlreiche andere Branchen Lieferengpässe infolge von Rohstoffknappheit, etwa die deutsche Holzindustrie. Hier war unter anderem die sibirische Lärche zur Mangelware geworden. In der Folge fehlte es in der Bauwirtschaft an hochwertigen Dachlatten und Bauherren hatten mit der Fertigstel-

---

53 Vgl. Menger, 2018, S. 11; analog verweist Menger auf den Ackerbauern, für den das Grundstück, das Saatgut, Vieh und Ackerwerkzeug komplementäre Güter zweiter Ordnung darstellen. Vgl. Menger, 2018, S. 42.
54 Als OEM wird in der Automobilbranche ein Unternehmen wie BMW, Tesla oder Volkswagen bezeichnet, das fremdbezogene und selbstgefertigte Komponenten zu kompletten Fahrzeugen kombiniert und diese im Markt selbständig vertreibt. Das Akronym OEM steht dabei für engl. original equipment manufacturer.
55 Vgl. z. B. o. V., 26.07.2021, S. 25. Dort ist u. a. zu lesen, dass „wegen des Halbleitermangels […] in der deutschen Autobranche tausende Fahrzeuge nicht produziert [werden]." Zudem seien „die Zeiten, als man durch clevere Beschaffungsstrategien Engpässe ausgleichen konnte, […] inzwischen vorbei." Durch den Chipmangel korrigierte der Branchenverband VDA das Produktionswachstum in Deutschland von vormals acht Prozent auf drei Prozent für das Jahr 2021 herunter. Vgl. hierzu Fröndhoff/Knitterscheidt, 19.07.2021, S. 17.

lung ihrer Häuser zu warten. Ein Grund, wenn auch nicht der einzige, für diese Engpässe waren die im Gefolge der Covid-19-Pandemie außer Tritt geratenen Lieferketten.[56]

Nutzstiftend kann die hierarchische Denkweise auch vorwärtsgerichtet sein, allen voran um wechselseitige Abhängigkeiten frühzeitig zu erkennen. So geht mit dem politisch angestrebten Ausbau der Elektromobilität der Bedarf an Batteriezellen einher. Zu deren Herstellung werden nun Basismaterialien wie Lithium, Kobalt und Nickel benötigt; und zwar in bislang unbekannten Mengen.

Melden nun die Bergbaukonzerne, die benötigten Rohstoffe in den gewünschten Quantitäten bei weitem nicht stellen zu können, werden hierdurch die Wachstumspläne der Automobilindustrie in Bezug auf die Elektromobilität torpediert. Auch die entsprechenden Prognosen der Politik lösen sich in Luft auf, werden zur Makulatur.[57]

Schwerwiegende Engpässe drohen aber allen Beteiligten noch an andrer Stelle: der Stromversorgung. Mit wachsendem Anteil der Elektromobilität im Straßenverkehr nimmt zwangsläufig der Strombedarf allein für Mobilität zu. Da zugleich die Energiewirtschaft mitten in einer Transformation steht, in deren Zuge zur Dekarbonisierung der Wirtschaft bestehende Kohle- und Gaskraftwerke abgebaut und durch Windkraft- und Solaranlagen ersetzt werden sollen, ist ein die gesamtwirtschaftliche Entwicklung beeinträchtigender Strommangel nicht auszuschließen, allen voran nicht temporär.

Um das Szenario von multiplen, wiederkehrenden Blackouts zu vermeiden, bedarf es daher einer belastbaren Prognose des Strombedarfs über *alle Produktionsstufen* und Privathaushalte hinweg, so dass auf der Grundlage einer erkennbaren Bedarfslücke auf allen Ebenen entsprechende Maßnahmen rechtzeitig ergriffen werden – etwa neue Windkraftanlagen zu genehmigen und Stromtrassen zu bauen.[58]

Fazit: Ist ein Gut höherer Ordnung nicht oder nicht zeitnah substituierbar, kann sein Ausfall hohe Wellen schlagen und die Versorgung der privaten Haushalte mit Konsumgütern beeinträchtigen. Zugleich verlieren alle komplementären Produktionsgüter dieses Gutes – ganz oder teilweise – ihre angedachte Bestimmung. Damit werden sie zumindest vorübergehend im Produktionsprozess ganz oder teilweise wertlos.

Mit dieser Erkenntnis stellt sich unweigerlich die Frage, wie das komplexe Geflecht an wirtschaftlichen Aktivitäten koordiniert bzw. gesteuert werden kann, um *einerseits* schwerwiegende **Störungen** in der Güterversorgung und *andererseits* kostspielige Fehlinvestments entlang der Produktionsprozesse zu **verhindern**? Beginnend mit Lektion 3 beleuchten wir diese, für die Volkswirtschaftslehre so zentrale Frage nach einem tragfähigen Koordinationsmechanismus tiefer.

---

56 Vgl. hierzu Fröndhoff/Knitterscheidt, 19.07.2021, S. 17.
57 Im Jahr 2021 prognostiziert man bereits für das Jahr 2023 eine Mangel an Millionen von Batteriezellen. Vgl. z. B. o. V., 14.07.2021a, S. 1.
58 Es sei erwähnt, dass im Jahr 2021 die Auffassung zwischen der Bundesregierung und der Energiewirtschaft über den deutschen Strombedarf in 2030 *im besten Falle* uneinheitlich ausgefallen war, obgleich der damalige Wirtschaftsminister seine bisherige Annahme gerade um mehr als zehn Prozent auf 645 bis 665 TWh nach oben korrigiert hatte. Vgl. o. V., 14.07.2021b, S. 1.

Zunächst haben wir jedoch noch auf weitere Grundtatbestände des Wirtschaftens zu blicken. Daher gehen wir im nächsten Schritt auf die Produktion und die Produktionsfaktoren ein. Das folgende Kapitel dient vorwiegend dazu, die ökonomische Fachterminologie kennenzulernen: Das Ausmaß des inhaltlich Neuen dürfte sich auch für den volkswirtschaftlichen Neueinsteiger in beschaulichen Grenzen halten.

1.2.3 Produktion und Produktionsfaktoren

Knappe Güter müssen hergestellt bzw. produziert werden. Unter **Produktion** verstehen Volkswirte dabei einen durch Menschen gelenkten Prozess, aus dem ein materielles oder immaterielles Gut hervorgeht.[59]

Einsatzstoffe, die in diesen Erstellungs- bzw. Transformationsprozess einfließen, werden in der Ökonomik als Produktionsgüter (siehe Abschnitt 1.2.2.3.1) oder auch als Produktionsmittel bezeichnet. Sofern diese *nicht* wie Material, Schrauben und Klebstoffe in ein zu erstellendes Gut *eingehen oder* wie Kühlwasser, Strom und Schmierstoffe im Produktionsprozess *verbraucht* werden, spricht man von **Produktionsfaktoren**.[60]

Diese Produktionsfaktoren zeichnet somit aus, dass sie der Erstellung von Sachgütern und Dienstleistungen über längere Zeiträume zur Verfügung stehen: Fließbänder, Werkzeugmaschinen, Hallen und PCs sind konkrete Beispiele.[61] Gleichwohl begnügen sich die Ökonomen traditionell damit, die Produktionsfaktoren in **Arbeit, Kapital** und **Boden** einzuteilen, weil jede dieser drei Formen eine spezifische Einkommensart erzielt: Lohn, Zins und Grundrente.[62]

Im **Boden** als Produktionsfaktor sind hierbei nicht nur die Böden als Standort der Produktion bzw. als Fläche für Anbau in der Landwirtschaft, sondern auch die abbaubaren Bodenschätze berücksichtigt.[63]

Dem **Kapital** ordnen Volkswirte wiederum alle Arten von **Sach-** bzw. **Realkapital** zu, die im Produktionsprozess eingesetzt werden. Die Vorstellung, hinter dem Kapitalbegriff verberge sich vorwiegend, wenn nicht gar ausschließlich Finanz- und Geldkapital, ist insofern unzutreffend.[64]

---

59 Damit geht dieses volkswirtschaftliche Produktionsverständnis über die betriebsprozessuale, enge Interpretation des Begriffs hinaus, mit der die Produktion als Synonym zur Fertigung ihren Platz zwischen Beschaffung und Absatz findet.

60 Vgl. z. B. Baßeler/Heinrich/Utrecht, 2010, S. 18.

61 Vgl. z. B. Baßeler/Heinrich/Utrecht, 2010, S. 18.

62 Vgl. z. B. Blum, 2017, S. 10 f. Blum merkt zu Recht an, dass „diese klassische Unterscheidung [...] in erster Linie den Verteilungsgesichtspunkt hervor[hebt], ohne die Entstehungsseite zu berücksichtigen." Blum, 2017, S. 11.

63 Das Wohngrundstück und der Garten eines privaten Haushalts sind kein Bestandteil des Produktionsfaktors Boden, sondern ein Konsumgut. Vgl. z. B. Herdzina, 1999, S. 4.

64 Eine Abhandlung über den vieldeutigen Kapitalbegriff findet sich bei Leidinger, 2008. S. 9 ff. und insb. S. 12 f.

Zum besseren Verständnis, warum der Kapitalbegriff regelmäßig mit Sachkapital interpretiert wird, mögen sich betriebswirtschaftlich Geschulte an den Aufbau einer Bilanz erinnern: Die Passiva beinhaltet bekanntermaßen die Quellen der Mittelherkunft. Dort finden wir neben dem Eigenkapital das lang- und kurzfristige Fremdkapital, ggf. noch die hybride Form des Mezzanine-Kapitals. Die Aktiva weist demgegenüber die *Mittelverwendung* in den beiden Unterkategorien des Umlauf- und Anlagevermögens aus. Nach Fristigkeit werden in Letzterem die Werte aller Objekte aufgeführt, die ein Unternehmen auch zukünftig wiederholend in seinem Produktionsprozess einzusetzen beabsichtigt, u. a. Gebäude, Werkzeugmaschinen, Förderbänder und/oder Fahrzeuge. Diese und alle weiteren Gegenstände des *Sachkapitals* – die über mehrere Jahre im unternehmerischen Wertschöpfungsprozess zum Einsatz kommen – haben Volkswirte im Kopf, wenn sie von Kapital sprechen. Dass diese Kapitalgüter angeschafft und finanziert werden müssen, rückt damit *aus Produktionssicht* in den Hintergrund. Salopp formuliert: Geld allein stellt keine Güter her!

Stattdessen bedarf es zur Güterherstellung noch des Produktionsfaktors **Arbeit**, zu dem nicht nur die manuelle bzw. körperliche Tätigkeit, sondern auch die geistige bzw. planende, leitende zählt.[65] Mitunter begegnet man mit der explorativen, forschenden Tätigkeit noch einer dritte Unterkategorie dieses Produktionsfaktors.[66]

Weitaus geläufiger als diese letzte Differenzierung ist mittlerweile die Berücksichtigung des sogenannten **Humankapitals** als viertem Produktionsfaktor geworden. Dessen zunehmende Beachtung ab den 1960er Jahren geht die Einsicht voraus, dass man Äpfel und Birnen unter Produktionsgesichtspunkten nicht länger „in einen Sack packen" könne. Insofern habe man qualifizierte, wissensträchtige Tätigkeiten von einfacher Arbeit zu trennen – gehen von diesen beiden doch unterschiedliche Impulse auf die volkswirtschaftliche Wohlfahrt aus.[67] In empirischen Studien grenzt man diese zwei Arten von Arbeit üblicherweise über den formalen Bildungsgrad ab: Wer die Hochschulreife erlangt hat, wird zumeist unter das Humankapital subsumiert.[68]

Obwohl die eben dargelegte Perspektive auf Produktion, Produktionsmittel und -faktoren weit über die Standardlehrbücher hinaus in der Ökonomik gängig ist, dürfen wir nicht übersehen, dass diese Betrachtungsweise – wenn sie nicht schon selbst Aus-

---

65 Vgl. z. B. Herdzina, 1999, S. 4.

66 Vgl. Blum, 2017, S. 11.

67 Die Geburt des Begriffs *Humankapital* und sein anschließender Einzug in die Ökonomik steht im Zusammenhang mit dem sogenannten Leontieff-Paradoxon (1954). Die Notwendigkeit, einen solchen vierten Produktionsfaktor zu berücksichtigen, prophezeite kurioserweise schon über einhundert Jahre zuvor Friedrich Engels: „Was hat der Ökonom mit dem Erfindungsgeist zu schaffen? Sind ihm nicht alle Erfindungen ohne sein Zutun zugeflogen gekommen? [...] Die Wissenschaft geht ihn nichts an. [...] Aber für einen vernünftigen Zustand [...] gehört das geistige Element allerdings mit zu den Elementen der Produktion und wird auch in der Ökonomie seine Stelle unter den Produktionskosten finden." Engels, 1844, S. 6.

68 Vgl. hierzu sowie zu einer kritischen Würdigung dieser Verfahrensweise z. B. Kuttenkeuler, 2007, S. 72 ff.

druck eines **konstruktivistisch-technomorphen** Weltverständnisses ist – zumindest latent zu einem solchen beiträgt.[69]

1.2.4 Arbeitsteilung – Produktionsmethode zur Verringerung der Knappheit

Die bisherigen Ausführungen haben uns verdeutlicht, dass ökonomische Güter, die der Befriedigung menschlicher Bedürfnisse dienen, in einem gelenkten Prozess unter Einsatz von Produktionsfaktoren hergestellt werden müssen. Dabei haben wir der *dominierenden* Verfahrensweise, mit der in den heutigen Gesellschaften die schier endlos erscheinende Zahl an knappen Gütern produziert wird, bislang noch gar keine explizite Aufmerksamkeit geschenkt: der Arbeitsteilung. Auf diese, die sich als eine **kooperative Produktionsmethode** zur Reduzierung der **Güterknappheit** interpretieren lässt, haben wir daher im Folgenden zu blicken.

Als Arbeitsteilung wird die organisatorische Zerlegung eines Produktionsprozesses (z. B. der Brot- oder der Automobilherstellung) in verschiedene Einzelaktivitäten verstanden. Hierdurch entstehen *Teilprozesse*, die *nacheinander* und/oder *nebeneinander* von Statten gehen können. Das Lackieren zuvor gestanzter Bleche oder das Bearbeiten von Gussteilen mögen für die Automobilproduktion als Beispiele für eine sequenzielle Abfolge von Teilprozessen dienen.[70] In der Agrarwirtschaft verläuft wiederum das Säen, das Düngen und das Einholen der Ernte zeitlich hintereinander. Naturgemäß lassen sich diese Aktivitäten der landwirtschaftlichen Produktion nicht parallelisieren. Hingegen kann später, beim Brotbacken, der Backofen vorgewärmt werden, *während* der Teig geknetet wird.

Angemerkt sei, dass selbst eine **Einzelwirtschaft** wie Robinson Crusoe „bereits ... eine **Vorstufe** der Arbeitsteilung an[wendet], indem er seine Arbeit in mehrere nacheinander gelagerte Einzelaktivitäten zerlegt."[71] In der Subsistenzwirtschaft, dem

---

69 Der Hang zu einer konstruktivistischen-technomorphen Vorstellung, deren Basisparadigma die Maschine im Sinne der klassischen Mechanik ist, tritt in der Volkswirtschaftslehre nur allzu offen in der *neoklassischen Wachstumstheorie* – mit der sich zu beschäftigen einem Vertiefungsstudium vorbehalten sein muss – zu Tage.

Ein zweiter, theoretisch denkbarer Ansatz, über ökonomische Phänomene wie die wirtschaftliche Entwicklung nachzudenken, rückt damit zwangsläufig in den Hintergrund: der evolutionäre bzw. *systemisch-evolutorische Ansatz.* Dessen Basisparadigma ist nicht die Maschine, sondern die spontan, sich selbst generierende Ordnung.

Hier werden auch sog. weiche Faktoren wie die Rechtsprechung, die Durchsetzung von Eigentumsrechten und das Unternehmertum beachtet. Vgl. z. B. Malik, 2008a, S. 32 ff.

70 Vgl. z. B. Herdzina, 1999, S. 17.

71 Herdzina, 1999, S. 17. Hervorgehoben durch uns! Als Einzelwirtschaft wird prinzipiell ein Wirtschaftssubjekt bezeichnet, das alle Güter, die es benötigt selbständig herstellt und sich damit automatisch der kooperativen Arbeitsteilung entzieht. Vgl. Herdzina, 1999, S. 17. Es mag so sein, dass es auch heute noch Eremiten bzw. Aussteiger gibt, die ein Leben wie der gestrandete Robinson Crusoe führen –

beispielsweise von Nomadenstämmen praktizierten Wirtschaftssystem der Selbstversorgung, das heute noch in ländlichen Gebieten von Schwellen- und Entwicklungsländern vorzufinden ist, findet bereits eine Arbeitsaufteilung unter den Mitgliedern dieser autarken (Dorf-)Gemeinschaften statt: Hier wirtschaftet nicht mehr der Einzelne autark, sondern die Familie oder der Stamm.[72] Kurzum, „eine gewisse Spezialisierung gehört zu den Archetypen menschlichen Wirtschaftens."[73]

Arbeitsteilung als realexistierendes Phänomen ist also mitnichten eine Erscheinung der Neuzeit. Umso erstaunlicher mag es erscheinen, dass es keine dreihundert Jahre her ist, dass erstmalig Adam Smith (1723–1790) die Aufmerksamkeit der Ökonomen auf diese Methode lenkte und in ihr nichts weniger als die **Mutter des Wohlstands** verortete.[74]

Anschaulich illustriert Smith (1776) den wohlfahrtsteigernden Effekt der arbeitsteiligen Produktion am Beispiel der auch damals relativ belanglosen Stecknadelindustrie – von der man gleichwohl gut lernen könne: Indem sich jeder der zehn Arbeiter einer Stecknadelfabrik auf Teilarbeiten in der Nadelproduktion konzentriert, stellen sie zusammen täglich gut 48.000 Nadeln her. Im Schnitt produziert infolgedessen jeder Arbeiter 4.800 Nadeln pro Tag. Würde nun jeder von ihnen eigenständig ganze Stecknadeln anfertigen, so brächte nach Einschätzung von Smith kein Arbeiter zwanzig Nadeln im gleichen Zeitraum hervor.[75]

Zu beachten gilt, dass in unseren modernen Gesellschaften neben der im Fall der Stecknadelfabrik artikulierten **innerbetrieblichen** Arbeitsteilung diese auch in **zwi-**

---

bevor dieser auf Freitag traf. Ein neuzeitlicher, tragischer Fall wurde cineastisch von Sean Penn verewigt. Sein Film „Into the Wild" (2007) schildert das Leben des US-Amerikaners Christopher McCandless, der nach seinem Collegeabschluss – von der kapitalistischen Konsumgesellschaft angewidert – nach Alaska ging, um dort alleine in den Wäldern autark zu leben. So bemerkenswert Fälle wie diese sein mögen, so wenig können sie als repräsentativ für unsere Gesellschaften gelten. Das Zeitalter der Einzelwirtschaft ist – wenn es je existiert hat – längst passé!

72 Bleiben in diesen Ländern kleinere Familien- bzw. Stammeseinheiten unter sich und betreiben Subsistenzwirtschaft (= tauschfreie Wirtschaft), so lässt sich ebenfalls von Einzelwirtschaften sprechen.

73 Ruch, 2021, S. 157.

74 Während das Verständnis von der Arbeitsteilung als einem Konzept zur Steigerung der Produktivität auf Adam Smith zurückgeht, dürfte der Begriff selbst (engl. „division of labor") vermutlich von Bernard Mandeville (1670–1733) eingeführt worden sein. „Da Arbeitsteilung – so Mandeville – Arbeit für andere ist (aber für Zwecke der eigenen Subsistenz), kann Arbeit für andere aus eigenem Interesse nur entstehen, wenn andere diese Arbeit auch brauchen. Daher setzt eine funktionierende Gesellschaft eine Vielzahl verschiedener Bedürfnisse voraus." Baader, 2021, S. 97.

75 Vgl. ausführlicher zur Stecknadelproduktion Baßeler/Heinrich/Utecht, 2010, S. 22 f. bzw. Bofinger, 2015, S. 28 f.; Streeck merkt an, dass Smith in diesem viel zitierten Beispiel *nur die funktionale, horizontale Teilung der Arbeit* beschrieben hat. Damit habe er den Fabrikbesitzer, das Management, ausgeschwiegen. Diesen Fehler machte sich Marx zu eigen und brachte anhand der „unsichtbare Figur des Kapitalisten" die Machtfrage in diesem arbeitsteiligen System aufs Tableau! Vgl. Streeck, 2017, S. 111 ff.

schenbetrieblicher Form auftritt. Darüber hinaus wird von **internationaler** Arbeitsteilung gesprochen, wenn diese grenzüberschreitend erfolgt.[76]

Was erklärt nun derartige Produktivitätssteigerungen aus arbeitsteiliger Produktion? Was sind die **Gründe** für diese **produktiven Sprünge**, mit denen sich die Knappheit der Güter nur allzu offensichtlich verringern lässt?

Die durch Arbeitsteilung freigesetzten Potenziale stammen aus unterschiedlichen Quellen. Eine *erste* ist darin zu sehen, dass nun „die Menschen nach Maßgabe ihrer jeweiligen *natürlichen Fertigkeiten* im Produktionsprozess eingesetzt werden können und nicht mit Arbeiten konfrontiert werden, für die sie weniger befähigt sind."[77] Dieses Argument, die individuelle Geschicklichkeit der Arbeitskraft bestmöglich zu nutzen, geht auf Adam Smith zurück und hat bis heute nicht an Aktualität verloren, allen voran nicht für eine wirksame Unternehmensführung.[78]

Spezialisierung ermöglicht darüber hinaus *Zeitersparnisse*, etwa durch die Verringerung und/oder den Wegfall von Umstellungs- und Umrüstkosten. Mit anderen Worten: Das Ausmaß an Leerzeiten lässt sich verringern. Außerdem reduzieren sich Anlern- und Ausbildungszeiten, während sich individuelle Lerneffekte aus der jeweiligen Tätigkeit („Learning by Doing") schneller heben lassen.[79]

Schließlich eröffnet Arbeitsteilung die Möglichkeit, (weiteres) *Sachkapital* zum Einsatz zu bringen, insbesondere von innovativen Spezialmaschinen. Diese erleichtern sodann die Arbeit des Einzelnen. Weitaus wichtiger ist jedoch, dass sie ihn zugleich in die Lage versetzen, eine Ausbringungsmenge zu realisieren, für die vormals noch viele Arbeitskräfte benötigt wurden.[80] Im Stecknadelbeispiel sank durch arbeitsteilige Produktion der Bedarf an Arbeitskräften um über zweitausend, ohne dass das Konsumniveau beeinträchtigt worden wäre. Im Gegenteil! Die eingesparten Arbeitskräfte konnten andere Wirtschaftsaktivitäten nachgehen und somit die allgemeine Wohlfahrt sogar erhöhen.

Es kann und darf aber nicht übersehen werden, dass mit der Arbeitsteilung – insbesondere mit einer sehr weit fortgeschrittenen – auch **Nachteile** verbunden sind.[81]

---

76 Vgl. z. B. Baßeler/Heinrich/Utecht, 2010, S. 23 und/oder Herdzina, 1999, S. 17. Herdzina weist zudem darauf hin, dass sich Smith wegen ihrer Vorteilhaftigkeit auch für die *weltweite Arbeitsteilung* ausgesprochen hat. Hierauf kommen wir in Lektion 7 zurück, wenn wir den Außenhandel thematisieren. Vgl. Herdzina, 1999, S. 18.

77 Herdzina, 1999, S. 18; vgl. aber auch Baßeler/Heinrich/Utecht, 2010, S. 24 oder Bofinger, 2015, S. 29.

78 Vgl. z. B. Bofinger, 2015, S. 29. Das Argument von Smith ist nicht aus der Zeit gefallen, wie man der Literatur von Management-Büchern entnehmen kann. Vgl. Malik, 2019, S. 117 ff.

79 Vgl. z. B. Baßeler/Heinrich/Utecht, 2010, S. 23 oder Herdzina, 1999, S. 18 bzw. Bofinger, 2015, S. 29.

80 Vgl. z. B. Herdzina, 1999, S. 18 bzw. Bofinger, 2015, S. 29 oder Baßeler/Heinrich/Utecht, 2010, S. 23. Baßeler et al. sehen in der Möglichkeit mit Sachkapital eine kostengünstige Massenproduktion anstoßen zu können, den zentralen Vorteil der Arbeitsteilung. Sie benennen diesen Grund unter den Vorzügen der Arbeitsteilung entsprechend an erster Stelle, während die anderen Autoren das Argument jeweils an letzter Stelle aufführen!

81 Vgl. z. B. die Ausführungen bei Baßeler/Heinrich/Utecht, 2010, S. 24 oder Herdzina, 1999, S. 18.

Diese Nachteile können das Individuum, also die einzelne Arbeiterin, als auch eine Volkswirtschaft als Ganzes betreffen.

So kann die arbeitsteilige Produktion physische und psychische Störungen **beim Einzelnen** verursachen. Schon Karl Marx (1818–1883) geißelte die Eintönigkeit der individuellen Arbeit, die sich in Konsequenz der gesellschaftlichen Arbeitsteilung seiner Ansicht nach auftat. Da jeder nur noch Teile fertige, gehe das Verhältnis zum Arbeitsprodukt verloren. Es komme zur Entfremdung und Unlust entsteht,[82] wodurch die Arbeitsproduktivität sinken kann. Zugleich fordert die Arbeitsteilung eine strenge Disziplin vom Einzelnen und macht ihn von anderen in einem hohen Maße abhängig.[83]

Abhängigkeiten entstehen selbstredend auch auf **gesellschaftlicher Ebene**. Die Covid-19-Pandemie und die Begleiterscheinungen aus ihrer Bekämpfung haben dies in den Jahren 2020 und 2021 nur zu offensichtlich gemacht, als es durch die unvorhergesehene Unterbrechung von weltumspannenden Lieferketten in Europa bei vielfältigen Produkten zu zeitweiligen Versorgungsengpässen kam, etwa bei Tintenpatronen und Medikamenten. Krisenhafte Über- und Unterproduktionen können bei einer weitreichenden Arbeitsteilung aber auch schon allein deshalb eintreten, dass die Pläne der Unternehmen untereinander und in Bezug auf die Pläne der privaten Haushalte nicht miteinander abgestimmt sind. Angesichts allseitiger Interdependenzen wirft dies erneut die *Frage nach dem Koordinationsmechanismus* auf.[84]

Abschließend sei angemerkt, dass Arbeitsteilung nicht gleichbedeutend ist, „dass auch jedes Individuum in einer Gesellschaft arbeiten, also etwas herstellen müsste, um Güter verbrauchen zu können."[85] Es sei an die Rentner erinnert, die von den Früchten vergangener Arbeit leben. Oder an die Erben eines ausreichenden Vermögens.

1.2.5 Tausch – *Friedliche* Form der Zuteilung knapper Güter

In der tauschlosen Subsistenzwirtschaft „produzier[t]en die Menschen das, was sie konsumier[t]en im Wesentlichen selbst und das, was sie produzier[t]en, konsumier[t]en sie im Wesentlichen selbst."[86]

---

82 Vgl. Marx, 1872, S. 114 oder auch Bofinger, 2015, S. 30.
83 Vgl. ggf. Baßeler/Heinrich/Utecht, 2010, S. 24.
84 Herdzina, 1999, S. 18.
85 Grass/Stützel, 1983, S. 21.
86 Baßeler/Heinrich/Utecht, 2010, S. 22 f. Wie in Kapitel 1.2.4. adressiert, ist die Subsistenzwirtschaft insofern als eine tauschlose Einzelwirtschaft interpretierbar als mit Dritten – d. h. mit Individuen außerhalb der Familie bzw. Sippe – kein Tausch stattfindet. In dieser Wirtschaftsform befriedigt der Mensch nach Aristoteles seine Bedürfnisse auf fünf Wegen: durch Viehzucht, Ackerbau, Jagd, Fischfang und Raub. Vgl. Heinsohn/Steiger, 2010, S. 99. Nach Heinsohn setzt das menschliche Wirtschaften erst mit Zins und Eigentum ein. Somit wurde in der Subsistenzwirtschaft nicht gewirtschaftet, sondern produziert! Vgl. hierzu Heinsohn, 2000, S. 88 ff.

Später mag „der kleine Bauer zunächst […] seinen eigenen Bedarf erzeugt und nur den Überschuss gegen andere Produkte um[ge]setzt"[87] haben. Doch wäre es, um einen Vergleich Röpkes zeitgenössisch auszulegen, eine etwas seltsame Vorstellung, dass Elon Musk zunächst Elektrofahrzeuge und Batterien für den eigenen Hausgebrauch erzeugt, um dann den unverwendbaren Rest an andere abzulassen.[88]

Wenn aber ein Wirtschaftssubjekt in einer arbeitsteiligen Gesellschaft, die ein Mindestmaß an Tauschbereitschaft ja zwingend voraussetzt, nun „Güter herstellt, die es selbst nicht verbraucht, dann müssen diese Güter irgendwie in die Hände anderer Wirtschaftssubjekte gelangen."[89]

Infolge dieser unumstößlichen Tatsache verschaffen wir uns im nächsten Schritt zuerst eine Übersicht zu den Formen der Zuteilung, derer sich die Menschen prinzipiell bedienen können (Kapitel 1.2.5.1.). Anschließend rückt die Frage ins Zentrum, wie lange die Menschen den auf Freiwilligkeit beruhenden Tausch betreiben. Setzen sie ihn, wie Adam Smith meinte, endlos fort oder findet die menschliche Neigung zum freiwilligen Tausch eine Grenze (Kapitel 1.2.5.2.)? Zuletzt kommen wir knapp darauf zu sprechen, dass Tauschverhältnisse Preise darstellen (Kapitel 1.2.5.3.).

1.2.5.1 Allgemeine Zuteilungsformen

Die „Güterwanderung" zwischen Wirtschaftssubjekten kann auf verschiedenen Pfaden erfolgen. Gleichwohl beruhen alle ihrer Spielarten auf zwei Grundformen – auf der der Freiwilligkeit oder auf der des Zwanges.

Diese zweitgenannte, auf der Anordnung fußende Form des Abgebens und Empfangens knapper Güter setzt selbstredend eine obrigkeitliche Instanz voraus. Für archaische Stammesgesellschaften ist es beispielsweise vorstellbar, dass zuvor arbeitsteilig produzierte Güter durch eine institutionalisierte Autorität den einzelnen Mitgliedern zugeteilt wurden, etwa durch einen spirituellen Würdenträger, den Stammesältesten oder den Ältestenrat.

Obrigkeitliche Verordnung bei der Güterzuteilung ist gleichwohl kein Alleinstellungsmerkmal vergangener Gesellschaftsformen. Allen voran die **Zentralverwaltungswirtschaft** zeugt davon. In dieser ist bereits der Produktionsprozess vergesellschaftet und der Güteraustausch wird vorwiegend von einer staatlichen Behörde geplant, geregelt und überwacht.[90] Darüber hinaus ist es der Regierungsform der Despotie, ob ideologisch aufgeladen oder nicht, ganz allgemein gelungen, bis heute unter den Artenschutz der Menschheit gestellt worden zu sein: Die tyrannische Gewaltherrschaft, wo

---

87 Grass/Stützel, 1983, S. 20.

88 Das betreffende Röpke-Zitat, in dem dieser von Herrn Krupp, Lokomotiven und Geschützen spricht, haben wir gefunden bei Grass/Stützel, 1983, S. 20.

89 Grass/Stützel, 1983, S. 21.

90 Vgl. Grass/Stützel, 1983, S. 22. Zu einer ausführlicheren Darstellung der Funktionsweise der Zentralverwaltungswirtschaft siehe etwa Baßeler/Heinrich/Utecht, 2010, S. 67 ff. und insbesondere S. 76 ff. oder auch Bofinger, 2015, S. 54 ff.

die Zuweisung knapper Gütern wahlweise von einer Clique hochrangiger Militärs oder vom allmächtigen Despoten und seinen Schergen gewissenhaft willkürlich organisiert wird, ist mitnichten flächendeckend verschwunden. Als traurige Belege für die fortwährende Existenz von im besten Falle grenzwertigen Staats- und Regierungsformen seien stellvertretend Venezuela und die ehemalige Kornkammer des südlichen Afrikas, Zimbabwe, in den ersten zwei Dekaden des 21. Jahrhunderts genannt.

Bei aller Irritation über die politische und wirtschaftliche Entwicklung solcher Länder wird allzu leicht übersehen, dass auch in *allen* parlamentarischen Demokratien, in denen die Regierenden durch freie Wahlen legitimiert sind und in denen das Gesetz (statt der Willkür) herrscht, staatlich organisierter Produktion- und Austauschzwang besteht: Per Gesetz ist hier das einzelne Wirtschaftssubjekt einer Steuerpflicht unterworfen, die an so verschiedenen Tatbeständen wie dem Umsatz, Gewinn, Einkommen oder Vermögen anknüpfen kann. Zugleich ist gesetzlich geregelt, wie Studienplätze, Arbeitslosengeld und Subventionen innerhalb der Gesellschaft verteilt werden.[91]

Das Ausmaß dieses staatlicherseits angeordneten Austauschzwangs mag unter den demokratischen Ländern variieren. Nichtsdestotrotz herrscht er selbst in den kapitalistischsten unter ihnen vor. Um es mit einem Bonmot Benjamin Franklins zu goutieren: „Nichts in dieser Welt ist sicher, außer dem Tod und den Steuern."[92]

Auf *bilateraler* Freiwilligkeit beruht hingegen der Gütertausch. Das trifft auf all seine Arten zu, sei er nun geldbasiert oder geldlos. Hierauf gehen wir gleich etwas näher ein.

Zuvor sei aber noch das *selbst-* bzw. *bedingungslose* Geschenk genannt. Auch dieses ist freiwillig: Bei ihm erwartet der Schenkende keine Gegenleistung vom Beschenkten.[93] Überwiegend oder gar einzig auf diesen Ansatz setzen zu wollen, um in einer bevölkerungsreichen Gesellschaft den notwendigen Güterfluss zu erwirken, mit der sich die individuellen Bedürfnisse aller möglichst gut befriedigen lassen, dürfte jenseits von Utopia zum Scheitern verurteilt sein.

Neben dem selbstlosen Geschenk gibt es auch noch jenes, mit dem zumindest ein latenter Druck hinsichtlich einer späteren Gegenleistung auf den „Beschenkten" ausgeübt wird: So finden sich unter denjenigen, die studierenden Freunden beim Umzug *unentgeltlich* helfen, nicht wenige, die damit die *Hoffnung* verbinden, ihnen werde perspektivisch vom jetzt umziehenden Freund auf vergleichbare Weise unter die Arme gegriffen. Eine tatsächliche Gegenleistung wird man als vormals freiwilliger Umzugshelfer jedoch nicht wirklich einfordern, geschweige einklagen können. Nichtsdestotrotz mag manch einer aus der Geste eines Geschenks auch den „*Anspruch* auf eine zukünftige Gegenleistung [ableiten]."[94] Hierbei sei auf die (ursprüngliche) Idee des

---

91 Vgl. z. B. Grass/Stützel, 1983, S. 22.

92 Vgl. https://gutezitate.com/zitat/208407, zuletzt abgerufen am 25.06.2024.

93 Vgl. Grass/Stützel, 1983, S. 22.

94 Grass/Stützel, 1983, S. 22. Unausgesprochen setzt der Schenkende also auf den Zwang zur Reziprozität – eine altbekannten Phänomen, das darauf baut, dass Menschen es schlecht aushalten in der Schuld anderer zu stehen. Vgl. z. B. Dobelli, 2011, S. 25 ff. oder auch Ariely, 2010, S. 75 ff.

Generationenvertrags verwiesen, wonach zunächst die Eltern für ihre heranwachsenden Kinder sorgen, bevor sich diese später als erwachsene Kinder um ihre greisen Eltern kümmern.[95]

Wie immer man diese *feine* Art des Gebens einordnen möchte, als Standardlösung für einen ausreichenden Güterfluss unter Arbeitsteilung betreibenden Menschen ist das *bedingte* Schenken *jenseits* engster Familienbande und Freundschaften ebenfalls ungeeignet. Für große Gesellschaften wird gar zu erwarten sein, dass sich erste Mitglieder bald nur noch *unter offenem Zwang* am kollektiven Dauerwichteln beteiligen (lassen).[96]

Eine gesellschaftlich tragfähige Form des gegenseitigen Hergebens und Empfangens ist hingegen der Tausch. In ihm „hat eine Leistung weder Geschenkcharakter, noch wird sie von der Obrigkeit oktroyiert: Eine Leistung erfolgt nur unter der Voraussetzung einer gemäßen Gegenleistung. Die Menschen geben das, was sie haben, nur her, wenn sie etwas anderes im Austausch dafür erhalten, was ihnen gemäß ihrer eigenen *subjektiven Wertschätzung* wertvoll*er* erscheint. Zum Tausch gelangen nur Menschen, die das Gut des jeweils anderen begehrenswert*er* finden als ihr eigenes.“[97]

Zur Vermeidung von Missverständnissen sei an dieser Stelle frühzeitig angemerkt, dass diese Feststellung sowohl für den Naturaltausch als auch für die moderne Geldwirtschaft gilt. Zugleich verliert diese Erkenntnis nicht ihre Richtigkeit, wenn zwischen der Leistung und der Gegenleistung eine von beiden Tauschpartnern akzeptierte zeitliche Verzögerung liegt, der Abnehmer meiner Felle das von mir gewünschte Holz beispielsweise erst später liefern kann.[98]

Tauschbeziehungen, die auf Naturalien beruhen, fristen in den heutigen Industrieländern gewiss ein marginalisiertes Dasein – ohne dass man sich dort sogleich um seine Existenz zu sorgen bräuchte: Der Naturaltausch wird auch hier nicht aussterben! Ungleich bedeutsamer ist er – zum Erstaunen mancher – weiterhin in Schwellen- und Entwicklungsländern, etwa in Sambia. Und dort allen voran in ländlichen Gebieten.

Hier kompensiert der Kleinbauer, der Gemeindemitglieder tageweise als Erntehelfer engagiert, diese noch immer *nicht* monetär – schon gar nicht überwiegend. In der Regel trägt er stattdessen einen ersten Teil seiner Schuld mit dem Erntegut, etwa dem Mais, ab. Den verbleibenden Rest begleicht er zu einem späteren Zeitpunkt nicht selten allein durch Dienste. So unterstützt er den einen Helfer beim Hausbau, dem anderen verleiht er Kleingerät und einem dritten hilft er auf dessen Feld. Gewiss, es ist auch möglich, dass der Bauer nach dem Verkauf der Ernte an einen Großhändler einen Teil seiner Geldeinnahmen den „Tagelöhnern“ für ihre erbrachte Vorleistung zukommen lässt.

---

95 Vgl. Grass/Stützel, 1983, S. 22 Auch der Vasall versicherte sich durch Geschenke des militärischen Schutzes seines Herren.

96 Um den Aderlass an Mitspielern zu verhindern, haben manche Länder Mauern gebaut und andere Kollektivversicherungen eingeführt.

97 Grass/Stützel, 1983, S. 22 – kursiv durch uns.

98 Das Beispiel ist entnommen Ruch, 2021, S. 157.

Kurzum, es hieße damit einem weitverbreiteten Ammenmärchen zu erliegen, glaubte man, in der geldlosen Wirtschaft müsste stets zeitgleich das eine Gut gegen das andere getauscht werden bzw. getauscht worden sein. Einmal auf diesem Holzweg, flaniert es sich – bedauerlicherweise – zum nächsten Trugschluss mit großer Leichtigkeit: Der Mensch habe das Geld willentlich eingeführt. Quasi um das Feuer sitzend, haben unsere sinnierenden Vorfahren bemerkt, dass der ungelenke Tausch Kuh gegen Schuhe mit der Innovation[99] des Geldes maßgeblich erleichtert wird. Heureka![100]

Es ist und war mitnichten so! Auf neudeutsch: Es wurde überall „angeschrieben". Die Glattstellung der eigenen Schulden beim Tauschpartner erfolgte zeitversetzt, sprich: später! Das war die Regel.[101]

Nun erfordern allerdings *alle* Tauschbeziehungen, in denen das Gegengeschäft *nicht* direkt erbracht wird oder erbracht werden kann, ein wichtiges Gut – **Vertrauen**. Dieses ist regelmäßig knapp; und stets *emergent*, weil es sich bei emergenten Phänomenen um *Systemeigenschaften* handelt, die erst aus der Interaktion der Einzelteile dieses Systems entstehen, hier also der Wirtschaftssubjekte einer Gesellschaft.[102]

Irgendwann in grauer Vorzeit trug zur Vertrauensbildung unter Tauschparteien bei, dass der Schuldner seinem in Vorleistung gegangenen Partner ein „Zettelchen" ausstellte, mit dem der Anspruch auf Gegenleistung verbrieft war. Mit dieser „Gutscheinausgabe" war die Tür zum Gelde den ersten Spalt geöffnet.

Damit es zum Geld kommen konnte, wie wir es heute kennen, waren allen voran noch zwei Schritte notwendig. Zum einen, dass der Inhaber eines solchen Zettels, diesen zur Begleichung einer eigenen Gegenleistung an Dritte weitergeben durfte und der Zettelausgeber seine Leistungsverpflichtung auch gegenüber diesem Dritten anerkannte und einlöst.[103] Außerdem hat es der Einsicht bedurft, dass derartige Dreiecksgeschäfte durch die Standardisierung von Zettelchen erleichtert werden.

Fazit: Tausch – in welcher Gestalt er auch immer in Erscheinung treten mag – ist tragfähig, den notwendigen Güterfluss zwischen den Wirtschaftssubjekten zu gewährleisten. Auch wenn die Tauschpartner sich stets zu übervorteilen versuchen, „ihr Vorteil muss [...] immer vom anderen durch Abschluss des Geschäftes noch bestätigt und anerkannt werden."[104] Insofern lässt sich sogar argumentieren, dass „Tausch [...] regelmäßig friedenstiftend [wirkt]."[105]

---

99 Der Begriff Innovation beinhaltet den Aspekt der Markteinführung. Die Innovation ist insofern nicht mit der Invention, der Erfindung, zu verwechseln.

100 In Bezug auf diese irrige Vorstellung sprechen Heinsohn und Steiger von „wirtschaftswissenschaftlicher Folklore." Vgl. Heinsohn/Steiger, 2010, S. 84.

101 Die Tatsache, dass reziproke, einen Zeit*raum* umspannende Tauschbeziehungen von hoher Bedeutung waren und sind, wurde in der Ökonomie lange übersehen.

102 Weitere Beispiele für emergente Phänomene sind die PS- oder KW-Leistung des Autos, die Temperatur oder die Unternehmenskultur.

103 Im Zusammenhang mit Depositengeschäften werden wir hierauf in Lektion 14 zurückkommen.

104 Grass/Stützel, 1983, S. 23.

105 Grass/Stützel, 1983, S. 23.

1.2.5.2 Grenzen der Tauschneigung

Nachdem wir uns ein erstes Verständnis über das Wesen des Tausches bilden konnten, liegt die Anschlussfrage nicht fern, wie weit denn die Tauschneigung des Einzelnen reicht.

Adam Smith war diesbezüglich noch der Auffassung, dass uns Menschen eine triebhafte Tauschbereitschaft charakterisiere, die schlichtweg grenzenlos sei.[106] Gut ein Jahrhundert später trat Carl Menger (1840–1921) dieser Meinung jedoch entschieden entgegen. Nach Menger tauscht der wirtschaftende Mensch einzig zu dem Zwecke, sich in seiner Lebensführung zu verbessern. Sein Ziel der Wohlfahrtsverbesserung erreicht das tauschende Individuum aber nur, solange der mit dem nächsten Tausch einhergehende *Nutzen* die hierbei anfallenden *Kosten* – die sich aufgrund der Verpflichtung zu einer Gegenleistung bei jedem Tauschgeschäft ergeben – nicht überschreitet.

Dieser Logik folgend, dürfte die Tauschbereitschaft des Einzelnen also (spätestens) dann enden, wenn seine *Zusatzkosten* den *zusätzlichen* Nutzen aus dem Tausch übersteigen. Technisch mit den Ökonomen gesprochen, findet kein Tausch mehr statt, sobald die **Grenzkosten** über dem **Grenznutzen** liegen.[107]

Zur weiteren Ausführung des Gedankens, dass der Mensch **nicht endlos** tauscht, greifen wir im Folgenden auf die ursprüngliche Illustration von Menger maßgeblich zurück. Auch wenn dessen Darstellung mittlerweile (mehr als) eineinhalb Jahrhunderte alt ist, hat sie – bei aller zum Teil antiquiert erscheinenden Sprache – nicht an Kraft verloren, um die vormalige Ansicht als Irrmeinung entlarven zu können. Ebenso wird – wie wir zuvor in Abschnitt 1.2.5.1 dargelegt haben – der Erkenntnisgewinn aus der folgenden Ausführung nicht dadurch geschmälert, dass Mengers Argumentation auf einem Naturaltausch mit unverzögertem Gegengeschäft fußt.

In seinem Beispiel führt Menger zwei benachbarte Landwirte mit einem unterschiedlichen Bestand an Nutztieren an. Der eine Bauer verfügt anfänglich über sechs Pferde, der andere über die gleiche Anzahl an Kühen. Vom jeweils anderen Viehzeug haben die zwei Nachbarn jeweils nur eines.

Unterstellen wir – mit Menger – für den Besitzer der zahlreichen Pferde weiter, dass diesem ein erstes Pferd unumgänglich für die Feldarbeit ist, um auf dieser Grundlage seine Familie zu ernähren. Ein zweites Pferd erhöht die Produktivität bei der Bearbeitung des Ackers, was dem Bauern einen vermarktbaren Überschuss ermöglicht. Der Landwirt wertschätzt auch ein drittes Pferd, welches das Herantragen von Bau- und Brennmaterial bei der Waldarbeit erleichtert. Doch schon das vierte Pferd dient der Familie zum reinen Vergnügen. Daher wird ein fünftes Tier auch nur noch zur Reserve

---

106 In Smiths eigenen Worten: „It is the necessary [...] consequence of a certain propensity in human nature [...] to truck, barter, and exchange one thing for another." Smith, 2007, S. 15. Zur Kritik an einem „biologischen Tauschhang" siehe z. B. Heinsohn/Steiger, 2010, S. 24 und S. 97 ff.

107 Den Begriff des *Grenznutzens* hatte nicht Carl Menger, sondern sein Schüler Friedrich von Wieser im Jahr 1884 in den wissenschaftlichen Diskurs eingebracht. Vgl. z. B. Taghizadegan, 2017, S. 23 oder Kolb, 1997, S. 123.

gehalten, falls ein anderes leistungsunfähig werden sollte. Für das sechst Pferd fehlt es dem Landmann schlichtweg an Verwendung.

Auf Basis dieser Schilderung lässt sich ableiten, dass der Bauer dem einzelnen Pferd in seiner Herde einen unterschiedlichen Nutzen zuschreibt: Während das letzte Tier ihm keinen Nutzen mehr stiftet, verbindet er mit dem ersten Pferd unübersehbar den höchsten.

Diese Idee, dass der Bauer den Nutzen des Einzeltieres mit jedem weiteren Pferd herabstuft, ist in Tabelle 1.2 verankert. Es tut der Illustration unseres Gedankens keinen Abbruch, dass die dort gewählten Nutzenwerte der Einfachheit halber gewählt und damit willkürlich sind.

Tabelle 1.2: Ausgangssituation bei Landwirt A – subjektiver Grenznutzen und Gesamtnutzen.

Anzahl (max.) je Tierart	Landwirt A
Tieranzahl	Pferd
1	50
2	40
3	30
4	20
5	10
6	*0*
Gesamtnutzen aus Viehbestand	150

Da die Bauernfamilie auch einen Bedarf an Milch und Milchprodukten hat, stiftet die einzige Kuh, die unser Landwirt im Stall hat, ihm einen ebenso hohen Nutzen wie sein erstes Pferd (siehe Tabelle 1.3).

Tabelle 1.3: Ausgangssituation der beiden Landwirte an Viehbestand und subjektivem Nutzen.[108]

Anzahl (max.) je Tierart	Landwirt A		Landwirt B	
Tieranzahl	Pferd	Kuh	Pferd	Kuh
1	50	50	50	50
2	40			40
3	30			30
4	20			20
5	10			10
6	*0*			*0*
Gesamtnutzen aus Viehbestand		200		200

---

108 Das Zahlenbeispiel ist entnommen Menger, 2018, S. 163 ff.

Für den benachbarten Kuhbauern nehmen wir nun noch an, dass sich dessen abstufende Nutzeneinschätzung in Bezug auf das einzelne Vieh analog verhält (siehe Tabelle 1.4 rechts). Damit haben wir – wer wollte das bestreiten – für die benachbarten Landwirte eine Ausgangssituation, in der „die Grundlagen ökonomischer Tauschoperationen vorhanden [sind].“[109] Ein erster Tausch, in dem der Landwirt A nun sein sechstes Pferd gegen die sechste Kuh des Landwirt B eintauscht (und Bauer B entsprechend spiegelbildlich), stellt beide Nachbarn besser – ihr individueller Nutzen erhöht sich (siehe Tabelle 1.4):

Tabelle 1.4: Nutzensituation nach dem ersten Tausch.

Anzahl (max.) je Tierart	Landwirt A		Landwirt B	
	Pferd	Kuh	Pferd	Kuh
1	50	50	50	50
2	40	40	40	40
3	30			30
4	20			20
5		*10*		*10*
Gesamtnutzen aus Viehbestand		240		240

Gleichwohl wird „[n]iemand [...] in diesem Falle behaupten, dass [...] schon durch den Austausch eines Pferdes des A gegen eine Kuh des B die [...] Tauschoperationen zwischen A und B [...] erschöpft sein müssten.“[110] Denn vielleicht – mutmaßt Menger weiter – könnte Landwirt A „seine Bedürfnisse besser befriedigen [...], falls er ein, zwei, oder vielleicht selbst drei seiner Pferde gegen Kühe des B umtauschen würde.“[111]

Für Landwirt A folge hieraus jedoch nicht, so Menger, „dass er nothwendigerweise auch dann einen ökonomischen Nutzen aus dem Tauschgeschäfte ziehen würde, falls er seine sämmtlichen Pferde gegen die sämmtlichen Kühe des B im Tausche hingeben würde.“[112] Stattdessen könnte das Tauschen zwischen den beiden dann soweit getrieben worden sein, dass „die Bedürfnisse beider Contrahenten nach Vollzug desselben sogar schlechter versorgt wäre[n], als vor demselben.“[113] Aus dieser Einsicht, dass es einerseits ein *zu viel* und andererseits ein *zu wenig* an Tauschaktivität zu geben scheint, leitet Menger ab, dass für jedes Wirtschaftssubjekt ganz offensichtlich eine **optimale Tauschintensität** bestehen muss.

---

109 Menger, 2018, S. 160 f.
110 Menger, 2018, S. 161.
111 Menger, 2018, S. 161.
112 Menger, 2018, S. 161.
113 Menger, 2018, S. 161.

Greifen wir diesen Gedanken auf und führen ihn anhand des eingeführten Beispiels fort. Dabei richtet sich unser Blick auf die Wohlfahrtseffekte, die sich mit jedem Tausch weiterer Nutztiere für die beiden Landwirte einstellt bzw. potenziell einstellen würde.

Tabelle 1.5: Situation nach dem zweiten Pferd-gegen-Kuh-Tausch.

Anzahl (max.) je Tierart	Landwirt A		Landwirt B	
	Pferd	Kuh	Pferd	Kuh
1	50	50	50	50
2	40	40	40	40
3	30	30	30	30
4	*20*			*20*
Gesamtnutzen aus Viehbestand		260		260

Die Tabelle 1.5 legt nahe, dass sich jeder der beiden Nachbarn durch einen zweiten Tausch abermals in seinem Gesamtnutzen verbessert: Erneut überwiegt der individuelle Zusatzgewinn, der aus dem Erwerb eines dritten Tieres resultiert, die *Last*, die jeder mit der Hergabe eines fünften Tieres aus dem eigenen Bestand verbindet. Im Saldo verbessert sich somit die Wohlfahrt für jeden der zwei Landwirte. Man wird infolgedessen davon ausgehen dürfen, dass sich die beiden bei dieser Ausgangslage schnell handelseinig werden.

Nicht übersehen wollen wir, dass der individuelle Gesamtnutzen durch den zweiten Tausch mit einer *kleineren Rate* gewachsen ist als beim vorangegangenen. Da der *zusätzliche* Nutzen aus einem dritten Tier geringer eingeordnet wird als der, den man mit dem Erwerb des zweiten Tieres dieser Art zuvor verspürte, darf diese Beobachtung schon aus der isolierten Perspektive der mit dem Tausch erhaltenen Leistung nicht überraschen. Ergänzend kommt noch hinzu, dass die *zusätzliche Last*, die mit der Preisgabe des fünften Tieres – also mit dem Gegengeschäft – verbunden ist, schwerer wiegt als die vorangegangene Aufgabe des sechsten. Zusammenfassend kann man somit sagen, dass der *zusätzliche Gesamt*nutzen mit jedem weiteren Tausch stets von den beiden Tauschseiten, also von der Leistungs- als auch von der Gegenleistungsseite, „angeknabbert" wird, so dass er sinkt.

„Setzen wir nun [...] den Fall, A und B würden nichtsdestoweniger einen dritten Tausch eingehen, so ist klar, dass, falls die Effectuirung desselben keine nennenswerthen ökonomischen Opfer erfordern würde [...], durch einen solchen Tausch die ökonomische Lage der beiden Contrahenten zwar nicht verschlechtert, aber auch nicht verbessert werden würde."[114] Die Lage nach diesem dritten Tausch wäre nämlich wie folgt:

---

114 Menger, 2018, S. 165.

Tabelle 1.6: Individueller Nutzen nach Durchführung eines dritten Pferd-gegen-Kuh-Tausch.

Anzahl (max.) je Tierart	Landwirt A		Landwirt B	
	Pferd	Kuh	Pferd	Kuh
1	50	50	50	50
2	40	40	40	40
3	*30*	30	30	*30*
4		20	20	
Gesamtnutzen aus Viehbestand	260		260	

Auf den ersten Blick mag es erscheinen, dass die beiden Landwirte einem dritten Tausch gegenüber indifferent sein könnten. Doch das bliebe allein die Sicht des Theoretikers! Wenn man nämlich – wie Menger sich ausdrückt – die „Verkehrskosten"[115] bedenkt, die ein solches Tauschgeschäft verschlingt, dann ist dieses zur Diskussion stehende Geschäft aus praktischen Erwägungen heraus zweifelsfrei unökonomisch: Warum sollte man in einen Handel einschlagen, der einem per Saldo keinen Nutzen stiftet? Kurzum: Ein weiterer Tausch wäre in einer Lage wie dieser „zwecklos in Bewegung gesetzt [worden]."[116]

Damit ist die **Grenze der Tauschneigung eindeutig bestimmt**. Einzig zur Vollständigkeit blicken wir noch auf die individuelle Wohlfahrtsentwicklung, die sich bei fortwährender Tauschaktivität einstellte.

Der *Zusatznutzen* aus einem vierten Tausch ist für jeden der beiden Bauern negativ. Beide stellten sich mit diesem nicht nur *nicht besser*, sondern *schlechter*. Der Einzelne empfände dieses Tauschgeschäft, so Menger, „als wäre ein Gut von einem Werthe gleich 20 ohne jede Gegenleistung seinem Vermögen entzogen worden."[117]

Tabelle 1.7: Individuelle Nutzwerte nach einem vierten Tausch.

Anzahl (max.) je Tierart	Landwirt A		Landwirt B	
	Pferd	Kuh	Pferd	Kuh
1	50	50	50	50
2	*40*	40	40	*40*
3		30	30	
4		20	20	
5		10	10	
Gesamtnutzen aus Viehbestand	240		240	

---

115 Heute spricht man von Transaktionskosten.
116 Menger, 2018, S. 165.
117 Menger, 2018, S. 166.

Dieser Trend eines sinkenden Gesamtnutzens setzt sich – wir ahnen es mittlerweile – mit einem fünften oder besonders schildbürgerhaften sechsten Tausch natürlich fort. Tabelle 1.8 und Tabelle 1.9 illustrieren diese Entwicklung entsprechend.

Tabelle 1.8: Individuelle Gesamtnutzen nach dem fünften Tausch.

Anzahl (max.) je Tierart	Landwirt A		Landwirt B	
	Pferd	**Kuh**	**Pferd**	**Kuh**
1	*50*	50	50	*50*
2		40	40	
3		30	30	
4		20	20	
5		10	10	
6		0	0	
Gesamtnutzen aus Viehbestand		200		200

Bei einem fünften Tausch (siehe Tabelle 1.8) hätten die beiden Landwirte ihre ursprünglichen Verhältnisse von sechs zu eins in ihren jeweiligen Tierbeständen wieder erlangt. Der individuelle Gesamtnutzen wäre damit auf das Ausgangsniveau abgesackt, das vor Beginn des ersten Tausches vorlag. Der sechste Tausch, der die Einseitigkeit im Viehbestand des einzelnen Landwirts erhöht, verschlechtert nochmal die individuelle Wohlfahrt (siehe Tabelle 1.9). Ein solcher Tausch wäre ein Schildbürgerstreich!

Tabelle 1.9: Situation nach (einem abwegigen) sechsten Tausch – der mit der Vorstellung von Smith noch vereinbar ist.

Anzahl (max.) je Tierart	Landwirt A		Landwirt B	
	Pferd	**Kuh**	**Pferd**	**Kuh**
1		50	50	
2		40	40	
3		30	30	
4		20	20	
5		10	10	
6		0	0	
7		0	0	
Gesamtnutzen aus Viehbestand		150		150

Halten wir fest: Unsere möglicherweise antiquiert anmutende Schilderung vom Naturaltausch zweier Landwirte hat zwei wesentliche Kenntnisse zu Tage gefördert. Zum einen, dass es beim Tausch für *jedes* Individuum stets eine **subjektive Grenze** gibt, über die hinaus der Einzelne **keine weitere Menge** mehr zu tauschen bereit ist. Die Menschen tauschen – in Mengers Worten – infolgedessen „nicht ins Unbestimmte und Unbegrenzte hinein,"[118] wie es Adam Smith noch suggeriert hatte.

Diese Grenze der subjektiven Tauschbereitschaft lässt sich mit dem Begriff des Nutzens erfassen: Da der handelnde Mensch seine Lebenssituation zu verbessern trachtet, tauscht er nur so lange, wie dies der Befriedigung seiner Bedürfnisse nützt. Der *zusätzliche* Nutzen, der sich aus einem weiteren Tausch ergibt, muss seine *subjektive Gesamtlage* verbessern. Mit anderen Worten: Keiner willigt einer Tauschgelegenheit zu, die ihn nach dem Tausch wissentlich schlechter stellt als zuvor! Diese Bedingung wird erfüllt, solange der *zusätzliche* Nutzen bzw. der sog. **Grenznutzen positiv** ist.

Zum anderen haben wir bemerkt, dass dieser zusätzliche Nutzen keine Konstante ist. Vielmehr mindert er sich stufenweise; der **Grenznutzen sinkt mit** jeder **weiteren Tauscheinheit**. Ökonomen sprechen hierbei auch vom ersten **Gossenschen Gesetz**. Aus dieser Beobachtung lässt sich rückschließen, dass der vorteilhafteste Tausch für jedes Individuum der erste einer jeden Art sein muss.[119]

Diese beiden Erkenntnisse **verlieren in** einer **geldbasierten Wirtschaft nichts** von ihrer **Gültigkeit**!

1.2.5.3 Tauschverhältnisse als Preise

Im oben illustrierten Beispiel der beiden Landmänner wurde ein Nutztier gegen eines der jeweils anderen Art getauscht. Der Tauschwert für *ein* Pferd war insofern *eine* Kuh und umgekehrt. Bei solchen Tauschrelationen spricht man auch von **Preisen im weiteren Sinne**. Sie drücken die Relationen aus, die sich ergeben, wenn Menschen miteinander zu tauschen beginnen.[120]

Demgegenüber bezeichnet man „[a]ls ‚**Preise im engeren Sinne**' [...] alle Austauschrelationen, die zwischen zwei konkreten Partnern in einem formalisierten Tauschvertrag bestehen. Da arbeitsteilige Wirtschaftssysteme meistens auch Geld kennen, lauten solche Verträge regelmäßig auf bestimmte Geldeinheiten."[121] Sie kommen beispielsweise auf folgende Weise zum Ausdruck: Euro pro Liter, Schweizer Franken pro Kilogramm oder US-Dollar pro Arbeitsstunde. Gewiss, die Preise im engeren Sinne überwiegen in unseren heutigen Gesellschaften ganz eindeutig.

Unabhängig davon, ob es nun Preise im weiteren oder engeren Sinne sind, kommen sie entweder aufgrund vertraglicher Vereinbarungen von Wirtschaftssub-

---

118 Menger, 2018, S. 168.
119 Vgl. Menger, 2018, S. 169.
120 Vgl. z. B. Grass/Stützel, 1983, S. 23. Zur Definition des Tauschwerts, der immer relativ ist, weil er den Wert einer Sache immer in Bezug zu einer anderen Sache zum Ausdruck bringt, siehe auch Marshall, 1920, S. 51.
121 Grass/Stützel, 1983, S. 23 – hervorgehoben durch uns.

jekten im Rahmen der Privatautonomie zustande oder werden durch hoheitliche Instanzen zwangsweise festgelegt. In diesem Fall spricht man auch von oktroyierten Preisen.[122]

Mit Blick auf die Knappheit der Güter lässt sich schließlich noch konstatieren, dass „alle entgeltlichen Güter [...] knapp [sind], d. h. wo immer ein Gut einen Preis hat, sind die Bedürfnisse danach größer als die vorhandenen Mengen, aber nicht jedes knappe Gut ist deswegen auch schon entgeltlich, wie das Beispiel ‚Freibier' zeigt."[123] Mit anderen Worten: Preislose Güter sind nicht automatisch freie Güter.

1.3 Worum geht es in der Volkswirtschaftslehre? – Eine *erste* Antwort

Zum Einstieg in das volkswirtschaftliche Denken haben wir uns im vorangegangenen Kapitel mit den fünf elementaren Bestandteilen des Wirtschaftens eingehend beschäftigt: den Bedürfnissen der menschlichen Spezies, den Gütern, der Produktion, der Arbeitsteilung und dem Tausch.

Im Rahmen des Untersuchungsganges haben wir hinter die Oberfläche jedes dieser Begriffe geblickt und – quasi als Kollateralschaden unserer Analyse – einen ersten Einblick in die volkwirtschaftliche Taxonomie erhalten. Überdies haben wir erkannt, dass diese Schlüsselbegriffe – genauer, die sich hinter ihnen verbergenden Inhalte – in einem logischen, inneren Zusammenhang stehen.

Zu erkennen war beispielsweise, dass mit der Arbeitsteilung die Notwendigkeit einhergeht, die Früchte dieser *kooperativen* Produktionsweise anschließend über einen Mechanismus unter den Gesellschaftsmitgliedern verteilen zu müssen – etwa über den auf Freiwilligkeit beruhenden Tausch. Mit der Betrachtung der Arbeitsteilung haben wir also einen generellen Interaktionsbedarf des Einzelnen mit anderen Gesellschaftsmitgliedern en passant identifiziert. Insofern lässt sich festhalten, dass das **Wirtschaften** schon **qua Definition sozial** ist und die Sozialwirtschaft keine Erfindung moderner Gesellschaften.[124]

Diese Erkenntnisse bieten jetzt eine gute Gelegenheit, uns ein erstes Bewusstsein darüber zu verschaffen, worum es in der Ökonomik eigentlich gehen könnte. Anders formuliert: Was lässt sich nach all den bisherigen Ausführungen als zentrales Anliegen der Volkswirtschaftslehre ableiten? Ist ihr Untersuchungsgegenstand das gesellschaftliche Wirtschaften in einer Welt voller Knappheiten?

So prägnant und präzise diese Formulierung auf den ersten Blick erscheinen mag, so fehlerhaft entpuppt sie sich beim zweiten Hinsehen! Denn bei Lichte betrachtet hat

---

122 Vgl. Grass/Stützel, 1983, S. 23 f.
123 Vgl. Grass/Stützel, 1983, S. 35.
124 Vgl. Grass/Stützel, 1983, S. 21.

sich die Ökonomik mit den **Bedingungen** zu beschäftigen, unter denen **gesellschaftliches Wirtschaften in einer Welt von Knappheiten** stattfindet (positive Theorie) bzw. stattfinden sollte (normative Theorie),[125] um den Mangel – verstanden als Differenz zwischen Bedürfnissen und Befriedigungsmöglichkeiten – so gering wie möglich zu halten.[126]

Würden sich die Ökonomen nämlich stattdessen mit dem gesellschaftlichen Wirtschaften selbst beschäftigen, dann ließen sie sich unweigerlich dazu herab, dem Einzelnen Handlungsempfehlungen zum Wirtschaften zu geben. Das wäre anmaßend und verstörend zugleich.

Während die hier erläuterte sprachliche Modifizierungsnotwendigkeit des volkswirtschaftlichen Kernanliegens also klein ist, bedeutet ihre inhaltliche Konsequenz alles, nur keine Petitesse! Das wusste schon Carl Menger.[127]

Da es im Fachgebiet der Volkswirtschaftslehre also um die Gestaltung von Bedingungen geht, mit deren Hilfe ein *geringstmöglicher* Versorgungs*mangel* bzw. eine *bestmögliche Erfüllung* bestehender Wünsche erreicht werden kann, rücken nun folgende Anschlussfragen in den Vordergrund:
- Welche Güter sollen in welchen Mengen unter Nutzung welcher Ressourcen auf welche Weise produziert werden?
- Wie sollen die hergestellten Güter auf die Gesellschaftsmitglieder zu möglichst geringen Kosten verteilt werden?[128]

Die erste Frage ist unweigerlich mit der Herausforderung verknüpft, *wie* die **Zuteilung** bzw. die **Allokation** der knappen Produktionsfaktoren und der Güter höherer Ordnung auf die zahlreichen Produktionsprozesse erfolgen soll, so dass sich die favorisierten Güter *erster* Ordnung schließlich fertigen lassen. Da nicht jedes Gesellschaftsmitglied *Roggen*brot, *Holz*stühle oder *Alu*fahrräder wünscht und nicht alle Skateboards, Fahrradhelme, Brettspiele oder Brillen benötigen, haben wir es hier also mit einem komplexen Unterfangen zu tun. Zumal ein sparsamer, das heißt **effizienter Mitteleinsatz** bei der Güterproduktion zu wahren ist. Konflikte sind bei der Bewältigung dieser anspruchsvollen Aufgabe nahezu vorprogrammiert![129]

Neben der Allokation enthält unsere erste Frage zumindest latent eine zweite Dimension, das Wachstum. Denn es lässt sich fragen, wie die Rahmenbedingungen aus-

---

125 Positive Theorien beschäftigen sich stets mit der Frage, *wie* es um den jeweiligen Untersuchungsgegenstand bestellt *ist*, während sich normative Theorien damit auseinandersetzen, *wie* etwas *sein sollte*. Damit ist den normativen Theorien ein Werturteil über die Welt des Analyseobjekts zu eigen! Zu weiteren Details vgl. z. B. Krugman/Wells, 2010, S. 39 f. bzw. Acemoglu et al., 2020, S. 40 f.

126 Vgl. z. B. Herdzina, 1999, S. 7.

127 Vgl. z. B. Menger, 2018, S. IX.

128 Alternativ kann man auch knapp fragen: Was soll wie für wen produziert werden? Vgl. hierzu z. B. auch Mankiw/Taylor, 2016, S. 1 oder Albers et al., 2006, S. 13 f.

129 Vgl. z. B. Blum, 2017, S. 13.

gestaltet werden können, um *momentane* Knappheiten *über die Zeit* zu verringern. Mit anderen Worten: Indem wir in die obige Frage die bis dato unterdrückte Zeitdimension integrieren und zugleich einen längeren Zeithorizont in Betracht ziehen, erhält auch der Aspekt des **Wirtschaftswachstums** bzw. der **wirtschaftlichen Entwicklung** sein Recht: Bestehende Bedürfnisse lassen sich möglicherweise nicht heute, aber (über-) morgen befriedigen – wenn es die Bedingungen zulassen!

Die zweite Frage adressiert die **Verteilungs-** bzw. **Distributionsdimension** des Wirtschaftens. Wer soll die produzierten Güter erhalten? Beziehungsweise auf welche Weise sollen die hergestellten Güter an die Individuen verteilt werden, so dass die Belange der Gesellschaftsmitglieder angemessen berücksichtigt werden? Abermals kommt damit dem dahinterliegenden Mechanismus Bedeutung zu.

Den hier dargelegten Erörterungen entsprechend, können wir also einstweilen festhalten, dass es in der Volkwirtschaftslehre um die Bedingungen geht, unter denen gesellschaftliches Wirtschaften mit dem Ziel einer größtmöglichen Bedürfnisbefriedigung der Beteiligten stattfindet. Bei der Gestaltung dieser Bedingungen ist der Allokation, dem Wachstum und der Distribution Beachtung zu schenken.

1.4 Zentrale ökonomische Schulen – Eine Übersicht

Nachdem wir das Wesen der Ökonomik soeben eingegrenzt haben, wollen wir uns zum Ende dieser ersten Lektion noch kurz der Frage widmen, ob sich alle ihre Vertreter in ihrem Denken – von individuellen Nuancen einmal abgesehen – entlang einer allgemein anerkannten Bahn bewegen. Anders gefragt: Gibt es ein von allen Volkswirten akzeptiertes Lehrgebäude, unter dessen Dach sie sich bei der Analyse ihres Untersuchungsgegenstandes versammeln?

Bringen wir zu diesem Zeitpunkt unserer Einführung also ein erstes Licht ins Dunkle, um so frühzeitig zumindest den Rahmen zu kennen.

Die Geburtsstunde der modernen Volkswirtschaftslehre als Wissenschaft wird gemeinhin auf das Jahr 1776 datiert, in dem das Buch *An Inquiry into the Nature and Causes of the Wealth of Nations* (deutsch: „Der Wohlstand der Nationen") von Adam Smith erschienen ist. Smith legte mit dieser Schrift den Grundstein für eine Denkschule, die sich von der herrschenden Lehrmeinung der damaligen Zeit, dem Merkantilismus, substanziell absetzt und die man später als die englische Klassik der Nationalökonomie bezeichnen wird (siehe Abbildung 1.1). Zu ihren prominentesten Vertretern neben Smith gehören David Ricardo (1772–1823), Thomas Robert Malthus (1766–1834) und John Stuart Mill (1806–1873).

Von dieser traditionellen, englischen Denkweise, allen voran von Ricardo, wird auch Karl Marx beeinflusst. Gleichwohl begründet Marx mit seiner Kritik an der klassischen Lehre ein eigenes, einflussreiches Dogma, den nach ihm benannten

Marxismus. *Das Kapital* aus dem Jahr 1867 wird dabei als das Hauptwerk von Marx betrachtet.[130]

Nur wenig später werden in den frühen 1870er Jahren in etwa zeitgleich drei Werke an drei verschiedenen Orten publiziert, die ebenfalls mit der Klassik insofern brechen, als sie deren *objektive* Wertlehre ablehnt und eine *subjektive* Wertlehre zu vertreten beginnt. Die Autoren dieser Schriften waren der Österreicher Carl Menger (1840–1921), der Engländer William Stanley Jevons (1835–1882) und der in Lausanne lehrende Franzose Léon Walras (1834–1910).[131]

Alle drei begründen eine Theorierichtung, die man als Grenznutzenschule bezeichnet. Mit ihren Arbeiten bereiten sie zugleich den Boden für ein Dogma, das mit dem Erscheinen von Alfred Marshalls *Principles of Economics* (1890) als das neoklassische bezeichnet wird. Die *Neo*klassik, die bis heute die Einführungslehrbücher der Volkswirtschaftslehre zweifelsfrei dominiert, zeichnet nämlich aus, dass sie klassische Vorstellungen mit den neuen Gedanken der Grenznutzenschule verbindet.

In Bezug auf die drei neoklassischen Wegbereiter fand allerdings eine Ausdifferenzierung statt. Carl Menger und seine Schüler schlugen methodisch einen anderen Weg ein als die Neoklassiker. Rückblickend darf Menger als der geistige Vater der Österreichischen Schule verstanden werden, die gelegentlich auch als Wiener Schule bezeichnet wird, da ihre ersten Vertreter – etwa Friedrich von Wieser (1851–1922) und Eugen Böhm von Bawerk (1851–1914) – aber auch Ludwig von Mises (1881–1973) alle an der Universität Wien tätig waren.

Damit haben wir für das Erste erkannt, dass sich neben dem **Hauptstrom** der Klassik/Neoklassik noch zwei weitere, zentrale Dogmen innerhalb der Volkswirtschaftslehre finden lassen. Viele weitere Verfeinerungen hat es bis heute gegeben, so dass neue Denkrichtungen wie der deutsche Ordoliberalismus entstanden sind. Ungeachtet dessen, gehen alle jüngeren bzw. neueren Dogmen auf eine der hier dargestellten drei großen Hauptlinien zurück, die ihre Wurzeln allesamt im 19. Jahrhundert haben.

Entgegen der eingeschwungenen Praxis, sich in einführenden Vorlesungen zur Volkswirtschaftslehre auf die Neoklassik zu konzentrieren, werden wir diese im weiteren Verlauf dieser Einführung explizit mit den Lehren von Marx und mit den Vorstellungen der Österreichischen Schule flankieren.

---

130 Korrekterweise ist anzumerken, dass es sich bei dem Werk von 1867 lediglich um den ersten Band des *Kapitals* handelt. Nur dieser ist noch zu Lebzeiten von Marx veröffentlicht worden. Der zweite und dritte Band wurde posthum von Friedrich Engels (1820–95) editiert und herausgebracht.

131 Nach Ansicht dieser drei „Väter der Neoklassik" wird der Preis eines Gutes von der *subjektiven Wertschätzung* des Konsumenten bestimmt (siehe Kapitel 1.2.5.) und nicht durch den *objektiven* Maßstab der zur Güterherstellung benötigten Arbeitsleistung – einer Auffassung die auch Karl Marx teilte.

Merkantilismus/Kameralistik

Klassik

Smith
(1723–1790)

Ricardo
(1772–1823)

**Marxistische
Theorie**

Marx
(1818–1883)

Hilferding
(1877–1941)

Mandel
(1923–1995)

Neoklassik

Marshall
(1842–1924)

**Ordo-
Liberalismus**

Eucken
(1891–1950)

**Österreichische
Schule**

Menger
(1840–1921)

v. Mises
(1881–1973)

Rothbard
(1926–1995)

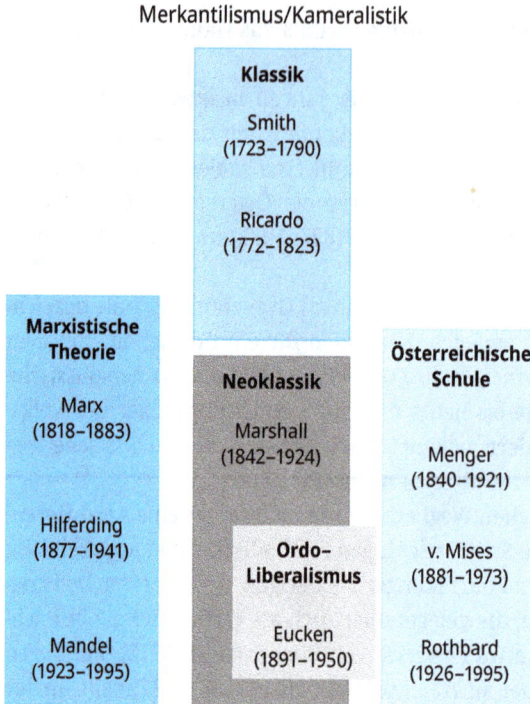

Abbildung 1.1: Stammbaum der Ökonomen bzw. ökonomischer Dogmen.

1.5 Fazit und Ausblick

Mit dieser ersten Lektion haben wir ein grundlegendes Verständnis zum Wirtschaften erworben, mit dem wir uns im nächsten Schritt nun die Funktionsweise eines Marktes ansehen *könnten*. Schließlich scheint den Märkten zur Bewältigung der Allokations- und Distributionsaufgabe eine Schlüsselrolle in modernen Volkswirtschaften zuzukommen: Die Allokationsfunktion geht unübersehbar mit der Marktangebotsseite – der Produktion – einher, während die Distributionsdimension an der Nachfrageseite anknüpft.

Ungeachtet dieser in sich schlüssigen Vorgehensweise verlassen wir das mikroökonomische Terrain für einen Moment und verschaffen uns in der folgenden Lektion 2 zunächst ein Verständnis über das komplexe Phänomen der wirtschaftlichen Entwicklung, bevor wir in die Thematik der Märkte in Lektion 3 einsteigen.

Kontrollfragen

– Was unterscheidet das Bedürfnis vom Bedarf?
– Was braucht es noch, um aus Bedarf Nachfrage werden zu lassen?

– Gibt es nicht-ökonomische Güter? Wenn ja, wo findet man sie? Wie lange haben sie Bestand?
– Welche Güterbeziehungen kennen Ökonomen?
– Warum ist Arbeitsteilung kein neuzeitliches Phänomen?
– Welche Formen von Arbeitsteilung kennen die modernen Gesellschaften?
– Auf wen geht die Vorstellung zurück, dass der Mensch triebbedingt nicht tauschmüde wird? Wer korrigierte diese irrtümliche Idee?
– An welchem Punkt endet nach heutiger Anschauung die Tauschneigung des Menschen?
– Zu wann wird der Beginn der Volkswirtschaftslehre als Wissenschaft datiert und mit welchem Namen ist das verbunden?
– Welche zentralen Denkschulen (Dogmen) haben sich im 19. Jahrhundert innerhalb der Volkswirtschaft herausgebildet?

Lektion 2
Langfristiges Wachstum und wirtschaftliche Entwicklung

https://doi.org/10.1515/9783111331607-003

2.1 Einführung

Lektion 1 hat uns verdeutlicht, dass in der Befriedigung menschlicher Bedürfnisse ein elementarer Tatbestand des Wirtschaftens zu sehen ist. Außerdem haben wir erkannt, dass in den Bedingungen, unter denen das gesellschaftliche Wirtschaften erfolgt, die Essenz der Ökonomen liegt und sich aus dieser heraus der volkswirtschaftliche Blick unverzüglich auf die Allokation, die Distribution und das Wachstum richtet.

Letzterem wollen wir unsere Aufmerksamkeit nun schenken. Dazu blicken wir in Kapitel 2.2 auf erste Fakten zum Wirtschaftswachstum, nicht zuletzt auf dessen Anfänge. Unser Vorgehen wird dabei von zwei Motiven geleitet. Erstens, frühzeitig zu sensibilisieren, dass das Phänomen des wirtschaftlichen Wachstums für das Gros der Menschheit kaum mehr als eine Unbekannte gewesen sein konnte, bevor Jahrhunderte alte Krusten aufgebrochen werden und eine nachhaltige Wende einzusetzen beginnt. Zweitens, eine *Idee* von der Vielschichtigkeit der Zusammenhänge und deren Verwobenheit zu vermitteln, welche bereits das Kinderzimmer des Wachstums ausgezeichnet haben.

Daran anknüpfend gehen wir auf die heute bekannten Bestimmungsfaktoren der wirtschaftlichen Prosperität noch einmal in strukturierter Weise ein (Kapitel 2.3), bevor wir anschließend klären, warum wirtschaftliches Wachstum regelmäßig zum makroökonomischen Zielekanon einer Gesellschaft gehört (Kapitel 2.4). Am Ende runden wir die Lektion mit einem Kurzfazit ab (Kapitel 2.5).

2.2 Wirtschaftsentwicklung – die historische Perspektive

Im Folgenden blicken wir zunächst auf das Phänomen der wirtschaftlichen Entwicklung aus einer langfristigen, historischen Perspektive (Kapitel 2.2.1.). Da wir auf Basis weniger Daten zum Pro-Kopf-Einkommen schnell erkannt haben werden, dass sich das Wohlstandswachstum weder über die Zeit einheitlich noch über den geografischen Raum homogen entwickelt hat, verschaffen wir uns im Anschluss (Kapitel 2.2.2.) einen tieferen Einblick über die Elemente und Zusammenhänge, die der Initiation des Wachstums zugrunde lagen und der Menschheitsgeschichte damit einen epochalen Umbruch bescherten. Erste allgemeine Schlussfolgerungen zum Wirtschaftswachstum halten wir dann in Kapitel 2.2.3. fest.

2.2.1 Erste Fakten zur Entwicklung des wirtschaftlichen Wohlstands in säkularer Sicht

In der Epoche der Frühen Neuzeit, d. h. von Beginn des 16. Jahrhunderts bis zum Ausklang des 18. Jahrhunderts, ist nirgendwo auf der Welt das Pro-Kopf-Einkommen (PKE) substanziell gewachsen. Stattdessen herrschte – zumal aus dem Erleben eines Normalsterblichen – mehr oder weniger Stillstand hinsichtlich der persönlichen Wohlstandsentwicklung (siehe Tabelle 2.1). Ferner gilt zu bedenken, dass *bittere Armut* unter der damaligen Weltbevölkerung noch *alles außer selten* war.[132]

Diese Lebensumstände ändern sich im Übergang zur Moderne wahrnehmbar, denn das globale Durchschnittseinkommen beginnt anzusteigen und vormals unerreichte Wachstumsraten etablieren sich auch über die unmittelbare Umbruchsphase zwischen dem 18. und 19. Jahrhundert hinaus (siehe Tabelle 2.1).

Tabelle 2.1: Durchschnittliche jährliche Wachstumsrate des *globalen* Pro-Kopf-Einkommens (in %) von 1500 bis 1998.[133]

	1500–1820	1820–1870	1870–1913	1913–1950	1950–1973	1973–1998
Welt	0,05	0,53	1,30	0,91	2,93	1,33

Die Vorstellung nun, der Wohlstand könne sich über alle Weltregionen im Gleichschritt ausgebreitet haben, wäre gewiss erfrischend zu nennen, aber letztlich naiv und falsch: Wie sonst erklärten sich die heutigen Einkommensunterschiede zwischen den Nationen der Welt *außer* durch divergierende Wachstumsraten in und über die Zeit?[134]

Einen ersten Einblick über regionale Einkommensentwicklungen und interregionale Unterschiede entlang der oben eingeführten Perioden bietet die nachfolgende Tabelle 2.2.

Tabelle 2.2: Durchschnittliche jährliche Wachstumsrate des Pro-Kopf-Einkommens (in %) in ausgewählten Regionen von 1500 bis 1998.[135]

	1500–1820	1820–1870	1870–1913	1913–1950	1950–1973	1973–1998
Welt	0,05	0,53	1,30	0,91	2,93	1,33
Westeuropa	0,15	0,95	1,32	0,76	4,08	1,78
Osteuropa	0,10	0,63	1,31	0,89	3,79	0,37
USA	0,36	1,34	1,82	1,61	2,45	1,99
Japan	0,09	0,19	1,48	0,89	8,05	2,34
Asien (ohne Japan)	0,00	−0,11	0,38	−0,02	2,92	3,54
Lateinamerika	0,15	0,10	1,81	1,43	2,52	0,99
Afrika	0,01	0,12	0,64	1,02	2,07	0,01

---

132 Es wird geschätzt, dass der Anteil der Menschen, der im Jahr 1820 weltweit in extremer Armut lebte, bei neunzig Prozent lag. Dieser Wert ist heute auf unter zehn Prozent geschrumpft. Vgl. Zitelmann, 21.10.2021 oder Niemietz, der auch Daten zum Zeitpunkt des Mauerfalls (1990) anführt. Demnach belief sich die globale Armutsrate zu dieser Zeit auf 36 Prozent und die absolute Anzahl an Menschen in extremer Armut hatte seit ca. zehn Jahren auf einem Plateau mit 1,9 Mrd. Menschen gelegen. Vgl. Niemietz, 2021, S. 248.
133 Vgl. zur Tabelle Jäger/Springler, 2015, S. 161.
134 Zur groben Orientierung reicht es hier, festzustellen, dass das Pro-Kopf-Einkommen in den ärmsten Ländern der Welt gegenwärtig (2020) auf einem Niveau um 400 USD liegt, während in den reichsten Nationen dieser Wert deutlich über dem hundertfachen – also über 40.000 USD – liegt.
135 Vgl. zur Tabelle Jäger/Springler, 2015, S. 161.

Die Tabellenwerte (oben) legen unter anderem offen, dass die Wachstumsraten in **Westeuropa** regelmäßig überdurchschnittlich ausgefallen sind. Von dieser Feststellung ausgenommen ist allein der Zeitraum von 1913 bis 1950 – einer bekanntermaßen kriegerischen und politisch instabilen Periode. Auch für die USA lassen sich Einkommenszuwächse beobachten, die mehrheitlich – das heißt konkret in fünf unserer sechs Teilperioden – über dem Weltdurchschnitt liegen.

Aus den Daten springt darüber hinaus hervor, dass sich die Einkommen in **Afrika** – undifferenziert nach einzelnen Ländern – im Quervergleich zu den anderen Weltregionen zumeist langsamer entwickelt haben und das zum Teil auch noch erheblich – etwa zwischen 1973 und 1998.

Mit Blick auf die wirtschaftliche Entwicklung des Kontinents lassen sich allein unter Beachtung weniger historischer Tatsachen verschiedene, erste Fragen formulieren. Zum Beispiel, welchen Einfluss die Verschleppung von mehr als 10 Mio. Afrikanern (bis 1820) und weiteren 2,5 Mio. (bis 1870) nach Süd-, Mittel- und Nordamerika auf die kontinentale Wirtschaftsentwicklung ausgeübt hat? Oder, wie hoch hätte das afrikanische Wachstum ohne die ausbeuterische Kolonialisierung der Europäer ab 1885 ausfallen können?[136] Und schließlich ließe sich fragen, warum das Wachstum nach 1973 auf dem Kontinent implodiert und die afrikanischen Länder die wirtschaftliche Dynamik nicht ansatzweise bewahren konnten, die sich in der Periode breit machte, in der sie mehrheitlich ihre Unabhängigkeit zurückgewannen (1950–73).[137]

---

136 Im November 1884 begann in Berlin unter Beteiligung von zwölf europäischen Nationen, der USA und dem Osmanischen Reich die sogenannte *Kongokonferenz*. Anlass für diese war, dass der belgische König Leopold II. in den Vorjahren über einen amerikanischen Mittelsmann die Ländereien von 400 Häuptlingen gegen allerlei Tand und in Teilen unter Einsatz von Gewalt systematisch Land aufgekauft hatte, so dass Leopold II. nun eine zusammenhängende Fläche besaß, die fast die achtzigfache Größe Belgiens umfasste. Auf der Konferenz in Berlin galt es nun, die Anerkennung seiner Vorherrschaft im Kongo durch die anderen Mächte zu erhalten. Dass bei dieser Konstellation kein Afrikaner am Verhandlungstisch saß – selbstredend. Leopold II. erreichte sein Ziel und der Kongo wurde zu seinem *Privateigentum* erklärt. Das Schlussdokument der Konferenz, die Kongoakte, bildete außerdem die Grundlage für die weitere Aufteilung Afrikas unter den europäischen Nationen, wodurch diese mit der rücksichtslosen Ausbeutung des Kontinents beginnen. Die Geschehnisse im Kongo entwickeln sich dabei in einer an Verbrechen ohnehin reichen Kolonialzeit zu deren schändlichstem Kapitel. Die Gräueltaten, die Leopold II. an der heimischen Bevölkerung in den kommenden Jahren verüben ließ, setzen ihn ab dem Jahr 1903 nicht nur international unter Druck. Auch zuhause wird er als Herrscher über den Kongo untragbar. Gegen eine Zahlung von 45 Mio. Francs überlässt er seine Kolonie Ende 1908 schließlich dem belgischen Staat. Später wird eine Volkszählung ergeben, dass sich die Zahl der Kongolesen infolge Leopolds brutaler Regentschaft halbierte. Zur Brutalität seines Regimes gehörte, dass Einheimische, die ihre monatlichen Steuerverpflichtung in Form einer Abgabe von Naturkautschuk nicht haargenau erfüllten, prompt die Hände abgehackt bekamen. In jener Zeit war die Nachfrage nach Naturkautschuk nahezu explodiert, weil der aufblasbare Fahrradschlauch aus Kautschuk erfunden worden war; da bot es sich für Leopold II. an, neben Elfenbein auch ein Export-Monopol auf Kautschuk einzuführen! Er verfügte, dass alle Einheimischen ohne Lohn ihre Erzeugnisse abzuliefern hatten. Vgl. u. a. Fries, 2019, S. 88.
137 Die Unabhängigkeit *vor* 1950 hatten erlangt: Liberia (1847), Südafrika (1910), Ägypten (1922) und Äthiopien (1941); die Entlassung in die Unabhängigkeit von ihren ehemaligen Kolonialmachten *nach*

Ungeachtet dessen, dass diese und ähnliche Fragen zu Afrika einer differenzierten Antwort bedürfen, lässt sich konstatieren, dass die heutige Einkommenskluft zwischen Afrika und anderen Regionen, etwa Westeuropa, *nicht* auf einer – historisch betrachtet – *kurzzeitigen Schwächephase* afrikanischen Wirtschaftswachstums beruht, sondern auf einem Phänomen, das tendenziell als *persistent* zu bezeichnen ist.

Von einer besonders starken Bremswirkung in seiner Wirtschaftsentwicklung wurde im Zeitraum von 1973 bis 1998 auch **Osteuropa** erfasst. Dort wuchs das durchschnittliche Pro-Kopf-Einkommen gerade mal noch mit einem Zehntel seines Vorperiodenwertes (1950–73). Gegenüber Westeuropa und der dortigen Dynamik gelang Osteuropa bezüglich der Wohlstandssteigerung unzweifelhaft ins Hintertreffen. Hätte man vor dem Hintergrund des Mauerfalls (1989) divergierende Wachstumsraten in West- und Osteuropa für diese Periode nicht vermuten dürfen – zumindest tendenziell? Oder bestand zwischen dem Zusammenbruch der DDR, der UdSSR sowie allen anderen Ostblockstaaten und deren (jeweiliger) wirtschaftlicher Entwicklung ab Mitte der 1970er Jahre kein Zusammenhang?[138]

Für **Lateinamerika** deuten die Daten schließlich darauf hin, dass sich die dortige Wohlfahrt bis 1820 zwar überdurchschnittlich entwickelt hat, diese Entwicklung im direkten Vergleich mit den Vereinigten Staaten jedoch maßgeblich zurückhängt. Bedenkt man, dass mit der Ankunft von Kolumbus in Amerika (1492) der gesamte Kontinent in seiner anschließenden Entwicklung von Europäern einschneidend geprägt wurde, könnte man geneigt sein zu fragen, wie sich die regionalen Wachstumsunterschiede zwischen Nord- und Südamerika vor der Kulisse historischer Gemeinsamkeiten erklären lassen!

Bevor in Lateinamerika *nach* 1870 ein schwungvolles Wachstum einsetzt, hatte die Region noch ein halbes Jahrhundert zu durchschreiten, in dem sie nach Asien die zweitkleinste Wohlstandssteigerung der Welt verzeichnete. Historisch Geschulten fällt auf, dass dieser Zeitraum, in dem Lateinamerika seine niedrigsten Wachstumsraten (1820–1870) aufweist, mit den Anfangsjahren der Unabhängigkeit seiner Länder zusammenfällt.[139] Zufall? Und wenn nein, auf welche Ursachen lässt sich dann das schwächelnde Wachstum dieser Periode zurückführen? Überdies legen

---

1973 erhielten: Guinea-Bissau (1974), Angola, Mosambik, Kap Verde, Komoren, Sao Tomé (alle 1975), Seychellen (1976), Dschibuti (1977) und schließlich Simbabwe (1980).

138 Unterstellt man, dass in Ost- und Westdeutschland Ende 1949 ein einheitliches Pro-Kopf-Einkommen (PKE) existiert hat und nimmt man ferner an, dass die in der Tabelle genannten Wachstumsraten für Ost- und Westeuropa genau denen entsprechen, die in der DDR bzw. in der BRD realisiert wurden, dann hätte sich in Bezug auf die Entwicklung der PKEs folgendes in den beiden Teilen Deutschlands zugetragen: Im Jahr 1973 wäre die Ost-West-Abweichung mit sechs Prozent noch relativ schmal ausgefallen, während zum Zeitpunkt des Mauerfalls das PKE eines DDR-Bürgers gerade noch 75 Prozent eines BRD-Bürgers betragen hätte.

139 Die Unabhängigkeit erlangten: Haiti (1804), Paraguay (1811), Vereinigte Provinzen von Südamerika (1816), Chile (1818), Großkolumbien (1819), Peru und Mexiko (beide 1821), Brasilien (1822), die Zentralamerikanische Konföderation (1823) sowie Uruguay und Bolivien (beide 1825).

die lateinamerikanischen Wachstumswerte offen, dass die Region im Vergleich zum Weltdurchschnitt ab 1950 nur noch unterproportional wächst, so dass das Niveau des lateinamerikanischen Pro-Kopf-Einkommens (PKE) in seiner Entwicklung gegenüber Westeuropa zurückfällt.

Wie wir gesehen haben, lassen sich bereits auf Basis weniger Daten gehaltvolle Fragen zum langfristigen Wachstum in den verschiedenen Wirtschaftsräumen formulieren. Diese alle beantworten zu wollen, würde nicht nur das Maß dieser Einführung in die Volkswirtschaftslehre, sondern auch deren Anspruch sprengen. Allerdings wollen wir uns die Mühe machen, zumindest die Anfänge dieses Umwälzungsprozesses zu verstehen, der an der Wende vom 18. zum 19. Jahrhundert zunächst in Großbritannien Fahrt aufnimmt, bevor er auf andere europäische Länder überschwappt.

2.2.2 Die große Transformation

Die Veränderungen, die über Europa im Übergang zur Moderne hinwegfegen, sind gravierend und mehrdimensional. Sie betreffen das Wirtschaftliche, gehen aber weit darüber hinaus.

Insofern beginnen wir die folgenden Erörterungen mit dem üblichen Blick auf zentrale Ereignisse innerhalb der wirtschaftlich-technischen Sphäre (Kapitel 2.2.2.1.). Im Anschluss daran erlauben wir uns aber – zur Vermeidung eines verkürzten, einseitigen Zerrbilds – fundamentale Umbrüche auf der institutionen-ökonomischen Ebene (Kapitel 2.2.2.2.) auszuleuchten.

Da die dort zu betrachtenden Änderungen – etwa auf dem Gebiet des Rechtswesens – untrennbar mit der Wirtschaft bzw. mit der wirtschaftlichen Entwicklung verflochten sind, driften wir mit unserer relativ ausführlichen Untersuchung mitnichten ins Unbedeutende ab. Stattdessen geben wir der Vielschichtigkeit und Komplexität dieser epochalen Umwälzung den notwendigen Raum, um ein fundiertes Verständnis von ihr zu erhalten.

2.2.2.1 Fundamentaler Wandel in der wirtschaftlich-technischen Sphäre

Von der industriellen Revolution haben auch Einsteiger in das Fach Volkswirtschaftslehre bereits gehört: James Watt und die Erfindung der Dampfmaschine, als vermeintliche Initialzündung dieses historischen Prozesses, sind aus dem Schulunterricht haften geblieben und werden mit ihr verknüpft.

Damit hat sich das Wissen über dieses revolutionäre Ereignis allerdings zumeist schon erschöpft. Das ist bedauerlich. Denn dadurch geht dem allgemeinen Erfahrungsschatz nicht nur eine Vorstellung vom wahren Ausmaß der Kaskade an technischen Erfindungen, sondern auch von den dynamischen Verkettungen bei deren Entstehung und deren wirtschaftlicher Durchsetzung verloren.

Bei dieser Beobachtung darf es nun nicht sonderlich erstaunen, dass aus dem generellen Bewusstsein auch die Kenntnis gerückt ist, dass sich die technischen Innovationen des 18. Jahrhunderts *nicht voraussetzungslos* Bahn brechen konnten und sie stattdessen auf eine substanzielle Steigerung der landwirtschaftlichen Produktivität angewiesen waren.

Dieses weitverbreitete, löchrige Wissen ist uns nun Argument genug, die nebulös verschwommenen Vorgänge, die sich hinter dem allseits bekannten Schlagwort der industriellen Revolution verbergen, nochmal aufzufrischen und zu ordnen. Der folgende historische Streifzug startet mit der Darstellung der Agrarrevolution (Kapitel 2.2.2.1.1.), bevor er im Zusammenhang mit der Mechanisierung in der Textilindustrie auf die Anfänge der industriellen Revolution einschwenkt (Kapitel 2.2.2.1.2.) und schließlich auf den frühindustriellen Dreiklang von Kohle, Stahl und Eisenbahn zu sprechen kommt (Kapitel 2.2.2.1.3.).

Im Laufe des nachfolgenden Untersuchungsgangs wird es uns immer wieder gelingen, den Bogen zu einzelnen Aspekten zu spannen, denen wir in den mikroökonomischen Grundlagen (Lektion 1) bereits begegnet sind.

2.2.2.1.1 Die erste Agrarrevolution der Moderne als Wiege und Wegbereiter

Die Menschheit blickt bereits auf drei agrarische Revolutionen zurück,[140] als sich zwischen dem 15. und 18. Jahrhundert die erste Agrarrevolution der Moderne in Europa vollzieht. Ihr Ausgangspunkt liegt in Flandern, wenngleich sie sich am schnellsten in England entfaltet. Gekennzeichnet ist diese Agrarrevolution von der Einführung des **Fruchtwechselsystems**. Mit diesem gelingt es, die Brache[141] abzuschaffen, die die bestehende Zwei- und Dreifelderwirtschaft prägt.[142] Gegenüber der traditionellen Methodik setzt sich die neue Technik bis zum Ende des 19. Jahrhunderts in weiten Teilen West- und Nordeuropas durch, etwa in Frankreich, Deutschland, Italien und in den skandinavischen Ländern.[143]

Die Tatsache, dass die Abkehr von der Dreifelderwirtschaft relativ rasch und flächendeckend in England erfolgt, erklärt sich maßgeblich mit den spezifischen Rahmenbedingungen des damaligen Königreichs. Einzelne dieser Aspekte wie die Eigentumsordnung und die Kultur eines Unternehmertums werden wir weiter unten bei

---

140 Zu den vorangegangenen Revolutionen zählen etwa die der neolithischen, die den Übergang vom Jagen und Sammeln zur Agrargesellschaft markiert. Ebenso gehört die Einführung der Bewässerung in der antiken Landwirtschaft Ägyptens zu den vormodernen Agrarrevolutionen. Eine umfangreiche Besprechung jeder dieser antiken Agrarrevolutionen befindet sich in dem monumentalen Werk von Mazoyer/Roudart, 2006, S. 71–100 bzw. S. 143–188.

141 Unter der Brache versteht man Ackerland, das vorübergehend nicht kultiviert wird. Das Feld bekommt eine Pause, um sich bis zur erneuten Bepflanzung generieren zu können.

142 Vgl. Mazoyer/Roudart, 2006, S. 313 u. Krausmann/Fischer-Kowalski, 2010, S. 40 und Leidinger, 2008, S. 53.

143 Vgl. Mazoyer/Roudart, 2006, S. 314.

der Diskussion um die Bestimmungsfaktoren des Wachstums *implizit* aufgreifen (siehe Kapitel 2.3.3. zum Sozialkapital). An dieser Stelle begnügen wir uns einstweilen mit der Feststellung, dass in England ein ganzes Bündel an Faktoren den Beteiligten die notwendigen Anreize schuf, der traditionellen Anbaumethode den Rücken zu kehren;[144] die englische Landwirtschaft wurde – das ist unbestritten – deutlich früher als irgendwo anders in Europa „weitgehend marktorientiert betrieben."[145]

Mit der Einführung der Fruchtfolgewirtschaft nahmen „die Erträge der britischen Landwirtschaft [...] im 17. und in der ersten Hälfte des 18. Jahrhunderts stark zu. Gegen Ende des 18. Jahrhunderts lagen sie, pro Flächeneinheit gerechnet, rund **doppelt so hoch wie** in **Frankreich**."[146] Da dieser erhebliche Produktivitätsvorsprung der englischen Landwirtschaft sich nicht auf den Einzelfall zu Frankreich begrenzte,[147] wirft dies die Frage auf, welches Geheimnis sich hinter der Fruchtwechselwirtschaft verbirgt? Auf welche Weise entfaltet sie ihre wundersame Wirkung?

Eine zentrale, gleichwohl auch überraschende Einsicht, die sich aus der neuen Ackerbaumethode ergibt, lautet: Die Futterpflanzenproduktion musste gesteigert werden, um das Getreideangebot zu erhöhen.[148] Mit anderen Worten: Die erste Agrarrevolution der Moderne ist *nicht* durch den Versuch gekennzeichnet, die Nahrungsmittelproduktion durch eine *direkte* Umwandlung von Brachland in Getreideland zu steigern. Vielmehr gelang es, das Nahrungsmittelangebot auf *indirektem* Wege zu steigern, indem auf vormals stillgelegten Flächen fortan Klee, Raps, Rüben und/oder Hülsenfrüchte angebaut wurden.

Diese Anbauweise fruchtete, weil man bemerkte, dass diese Pflanzen nicht nur als Tierfutter dienen können, sondern darüber hinaus auch noch die Eigenschaft besitzen, die Fruchtbarkeit der Böden *trotz* Bewirtschaftung zu erhöhen. Damit konnte das Brachliegen entfallen.

Die Menschheit bemächtigte sich also bestimmter biochemischer Eigenschaften der Natur in dieser Agrarrevolution, deren eigentlicher, **unmittelbarer Vorteil** für die vorindustriellen Gesellschaften darin bestand, die **Anzahl** an **Vieh** grob **verdoppeln** zu können.

Der höhere Viehbestand war begleitet von zwei „Neben"-Wirkungen größter Tragweite: Zum einen stand für die Feldarbeit jetzt genügend Vieh zur Verfügung, um es „flächendeckend beim Pflügen einzusetzen. Die Bodenkrume konnte nun viel tiefer umgegraben werden,"[149] was für sich genommen der Getreideernte bereits dienlich

---

144 Die Dreifelderwirtschaft hat ihrerseits zur Produktivitätssteigerung beigetragen, als sie sich gegenüber älteren Anbaumethoden im Hochmittelalter durchsetzte. Vgl. Buchheim, 1997, S. 62.

145 Buchheim, 1997, S. 33.

146 Buchheim, 1997, S. 33.

147 Herrmann konstatiert zwischen England und Österreich bzw. Deutschland ein ähnliches Gefälle für diese Zeit. Vgl. Herrmann, 2013, S. 37.

148 Vgl. Mazoyer/Roudart, 2006, S. 317 ff.

149 Herrmann, 2013, S. 38.

war. Zum anderen wurde mehr Mist produziert, der zur Düngung der Böden genutzt werden konnten. Diese Möglichkeit einer erhöhten Nährstoffzugabe im Getreideanbau unterstützte die Landwirtschaft ebenfalls, ihre Erträge zu steigern.

Darüber hinaus waren die Äcker jetzt spürbar länger verfügbar. Das Rotationsprinzip führte nämlich dazu, dass über den Zeitraum von drei Jahren die fruchtbaren Böden nun für 32 Monate – statt wie zuvor in der Dreifelderwirtschaft für 13 Monaten – für den Getreide- bzw. Kulturpflanzenanbau genutzt werden konnten.[150] Das war eine gewaltige Verbesserung.[151]

Man mag mit Herrmann an dieser Stelle feststellen, dass diese Agrarrevolution rückblickend simpel wirkt. Gleichwohl stellt sie „einen epochalen Durchbruch [...] in einer Welt [dar], die bis dahin mit zwei absoluten Grenzen gekämpft hatte: Es gab nicht genug Getreide, um alle Menschen ausreichend zu ernähren, und es gab nicht genug Futter, um die eigentlich nötigen Last- und Zugtiere durchzubringen.“[152] Dank der Qualität verschiedener Feldfrüchte wie Klee, Raps, Rüben, Mais, Bohne und Erbsen waren diese Fesseln nun gesprengt, wenn auch zunächst noch nicht überall![153]

Dort wo die Limitationen beseitigt wurden, machten sich drei Entwicklungen bemerkbar: ausfallende Hungersnöte, ein steigender Wohlstand und ein zumindest *relativ* sinkender Arbeitsbedarf in der Landwirtschaft.

So traten in England – ebenso wie in den Niederlanden – wegen der schnellen Entfaltung der Fruchtwechselwirtschaft früher als andernorts **keine Hungersnöte** mehr auf.[154] Dieser revolutionäre Umbruch zu dauerhaft ausreichendem Ernährungsangebot lässt sich für England auf die Jahre 1648 und 1650 datieren: Nach zwei schweren Missernten stiegen die Todeszahlen erstmals nicht mehr an.[155]

Darüber hinaus brachte es die Agrarrevolution mit sich, dass sich in England ein **Wohlstand** entfaltete, der „kontinentale Besucher zutiefst erstaunte.“[156] Berücksichtigt man das damalige Wohlstandsniveau, das gegenüber dem heute in Europa erreichten, geradezu bescheiden wirkt, dann überrascht es nicht wirklich, dass unter den „archai-

---

150 Vgl. Mazoyer/Roudart, 2006, S. 323. Auf den Seiten 323 ff. beschreiben die Autoren verschiedene Fruchtwechsel-Regime. Kurz: Es gab nicht nur ein „Modell“ in Europa, sondern unterschiedliche Spielarten. Es wurde mit verschiedenen Feldfrüchten an verschiedenen Stellen experimentiert.

151 Mit anderen Worten: Die Verfügbarkeit der Flächen erhöhte sich von 33 Prozent auf knapp 90 Prozent. Vgl. Buchheim, 1997, S. 62.

152 Herrmann, 2013, S. 38.

153 Selbst im Jahr 2010 war diese Erkenntnis noch nicht global verbreitet, wie wir uns selbst ein Bild davon in Sambia machen konnten. Dort waren wir im Rahmen eines NGO-Projektes beauftragt, Kleinbauern zu überzeugen, zur Erhöhung der Mais- und Baumwollernte die Sojabohne in die Fruchtfolge zu integrieren.

154 Auf die Thematik der Hungersnöte in Europa gehen wir in Lektion 5 noch einmal separat ein.

155 Vgl. Herrmann, 2013, S. 36 – dort zugleich: „Allerdings war das Ärmste Fünftel noch immer unterernährt.“

156 Herrmann, 2013, S. 38 und weiter auf S. 39: „Die Briten lebten besser als fast jedes andere Volk in Europa.“

schen" Verhältnissen jener Zeit sich allen voran ein Bedarf nach zusätzlicher *Kleidung* unter der englischen (Land-)Bevölkerung herausbildete.[157]

Da kommt es gelegen, dass mit der gestiegenen Produktivität im Agrarsektor nun ein gewisser Anteil der Bevölkerung nicht mehr zur Bewirtschaftung der Felder benötigt wird und sich diese **freigesetzten Arbeitskräfte** stattdessen in der aufkeimenden Industrie verdingen können – wo sie benötigt wurden: Bis zu dieser Agrarrevolution war es wegen der äußerst geringen sektoralen Produktivität unumgänglich, dass der allergrößte Teil der Bevölkerung in der Landwirtschaft (bzw. in der Lebensmittelproduktion) beschäftigt war. Es wird geschätzt, dass dieser Sektor bis zu neunzig Prozent aller Arbeitskräfte bis dahin absorbiert hatte.[158]

Bevor wir im nächsten Schritt nun auf die industrielle Revolution zu sprechen kommen, sei mit Blick auf die Landwirtschaft abschließend die Bemerkung erlaubt, dass dieser Sektor seit Einführung der Fruchtwechselwirtschaft selbstredend weitere große Veränderungen erlebt hat. Stellvertretend für die technische Weiterentwicklung in vielen landwirtschaftlichen Bereichen sei hier auf den Einsatz motorisierter Geräte wie dem Traktor oder dem Mähdrescher, die Nutzung von synthetischem Dünger und/oder die Verwendung von resistentem Saatgut hingewiesen. Auch die Digitalisierung hat vor dem Agrarsektor nicht Halt gemacht, wie der Einsatz von Drohnen erkennen lässt.

2.2.2.1.2 Die Anfänge der ersten industriellen Revolution

Die erste Industrierevolution[159] betrat die Weltbühne nicht mit einem Knall, also mit einem schlagartigen, spektakulären Ereignis, das zudem noch genau datiert werden könnte. Andernfalls hätten Zeitgenossen wie Adam Smith und David Ricardo von ihr Notiz genommen.[160] Stattdessen zeichnet sie sich als ein auf wenige Dekaden verdichteter Prozess „stetige[r], aber beschleunigte[r] [technologischer] Veränderungen"[161] aus.

Zweifelsfrei hat dieser von England im 18. Jahrhundert ausgehende Vorgang weltgeschichtliche Bedeutung.[162] Die **geografische Verbreiterung** der ersten industriellen Revolution zog sich – ähnlich der Entwicklung bei der bereits beschriebenen Agrarrevolution – allerdings einige Zeit hin: Sie schwappte zunächst nach Kontinentaleu-

---

157 Vgl. Herrmann, 2013, S. 39.

158 Vgl. Buchheim, 1997, S. 62 – dort weiter: „Man erntete nämlich über weite Strecken im Durchschnitt nur etwa das ‚dritte Korn', d. h. die dreifache Menge der Aussaat, was ungefähr fünf Doppelzentnern Getreide pro Hektar entsprach. Heute dagegen beläuft sich die Erntemenge auf mehr als das Zehnfache. Getreide, vor allem Roggen, Weizen, Gerste und Hafer, war das wichtigste Agrarerzeugnis."

159 Den Begriff der industriellen Revolution prägte englische Historiker Arnold Toynbee im Jahr 1867 – also erst gut einhundert Jahre nach ihrem zarten Anfang. Vgl. Walter, 2006, S. 179.

160 Vgl. z. B. Herrmann, 2013, S. 35. Diese Tatsache wird untermauert, dass Kritiker Smith als „letzten Ökonomen des Manufaktur-Zeitalters" zu verunglimpfen versuchen.

161 Leidinger, 2008, S. 66.

162 Vgl. Buchheim, 1997, S. 17.

ropa, d. h. insbesondere nach Belgien, Frankreich und Deutschland, bevor sie sich auch global ausdehnte.[163]

Ein wichtiger – wenn nicht gar *der* – Ausgangspunkt dieses Transformationsprozesses liegt in der im Jahre 1733 durch John Kay patentierten Erfindung des **Handwebstuhls** *Flying Shuttle*, zu dessen Bedienung man jetzt nur noch einen Weber benötigte. Dadurch ging das Weben so schnell, dass die Spinner auf der vorgelagerten Produktionsstufe mit der Garnherstellung nicht mehr hinterherkamen.[164] Vor diesem Hintergrund versteht es sich, zumal nachträglich, dass die anschließende Phase der **Frühindustrialisierung** von der Entwicklung dreier **Spinnmaschinen** entscheidend geprägt wurde: der *Spinning Jenny* (1764), der *Water Frame* (1769) und der *Mule* (1779) – einer Kreuzung der Erstgenannten.[165]

Mithilfe dieser ständig verbesserten Maschinen gelang es den Spinnern nun, bis dato unbekannte Mengen an Garn auf den Markt zu werfen, deren **Weiterverarbeitung** jetzt allerdings die Einführung eines **mechanischen Webstuhls** verlangte.[166] Da kam die Erfindung des *Power Loom* (1785), einer mit Dampfkraft angetriebenen **Webmaschine**, gerade recht.

Im Zusammenhang mit der *Power Loom* wird deutlich, dass die zwischenzeitlich von James Watt patentierte Weiterentwicklung einer stationären Dampfmaschine (1769),[167] die nicht selten als Symbol und *unzulässigerweise* auch als Auslöser der industriellen Revolution betrachtet wird,[168] ein konkretes Einsatzgebiet in Form einer Textilmaschine gefunden hatte.

---

163 Vgl. Buchheim, 1997, S. 17.

164 Vgl. Herrmann, 2013, S. 43.

165 Die *Spinning Jenny* war eine Konstruktion des Webers Hargreaves; sie „war schon achtmal so produktiv wie das herkömmliche Spinnrad." Herrmann, 2013, S. 42. Nach Braun waren „um 1790 [...] allein in Schottland bereits um 200.000 ‚Jennys' in Betrieb. [...] Der Produktivität handgetriebener Spinnmaschinen waren jedoch enge Grenzen gesetzt, und die Nachfrage nach Garn überstieg das Angebot." Braun, 2005, S. 49. Da kam die Erfindung der *Water Frame* durch den Perückenmacher Arkwright gerade recht. Mit ihr gelang der eigentliche Durchbruch: Sie wurde anfänglich noch mit Wasserkraft betrieben, schon bald jedoch mit Dampf. „Jetzt reichte ein Hilfsarbeiter, um hunderte von Spindeln zu überwachen." Herrmann, 2013, S. 43. Die *Mule* wiederum, erfunden vom Weber Samuel Crompton, „stellte Baumwollgarn von großer Feinheit und Gleichmäßigkeit her." Braun, 2005, S. 49.

166 Vgl. Leidinger, 2008, S. 66.

167 James Watt erhielt 1769 ein Patent für eine stationäre Dampfmaschine, 1784 für eine bewegliche; 1804 bauten die englischen Ingenieure Vivian und Trevethik die erste brauchbare Dampflokomotive. Vgl. hierzu Schatt, 1993, S. 131.

168 Die Vorstellung, dass die Erfindung der Dampfmaschine durch James Watt die wesentliche Ursache der industriellen Revolution sei, gehört zu den populären Trugschlüssen. Gegen diese Vorstellung „spricht, dass es Dampfmaschinen schon früher gab. Z.B. wurde die Newcomen'sche Dampfmaschine bereits in der ersten Hälfte des 18. Jahrhunderts in Bergwerken zum Pumpen von Wasser benutzt. James Watt hat diese Maschine allerdings nach 1760 in vielfältiger Weise verbessert, indem er [...] ihren *Wirkungsgrad* erhöhte und ihr *Anwendungsgebiet* durch Umsetzung der Pump- in eine Drehbewegung mithilfe einer Pleuelstange enorm erweiterte. Trotzdem haben noch um 1800 Watt'sche Dampfmaschinen nur eine verschwindend geringe Rolle in der Volkswirtschaft und Industrie Großbritanniens gespielt."

Es lässt sich also festhalten, dass *erstens* die Anfänge der industriellen Revolution unübersehbar von der **Textilindustrie** als einzigem **Leitsektor** getragen waren. *Zweitens*, dass diese Entwicklung von **technischen Erfindungen** geprägt war, die zu einer **sektoralen Produktivitätssteigerung** beitrugen. Darüber hinaus zeigte sich *drittens*, dass sich der technische Fortschritt innerhalb der Textilbranche entlang angrenzender Wertschöpfungsaktivitäten entfaltete und von **Rückkoppelungseffekten** zwischen diesen Produktionsstufen begleitet war. Außerdem wurden schon damals technische Entwicklungen aus anderen Bereichen (Dampfmaschine) aufgegriffen.[169]

Bei Lichte betrachtet, dauerte es allerdings vierzig bis fünfzig Jahre, bis nach der Baumwollspinnerei die Baumwollweberei mechanisiert wurde.[170] Im Jahr „1818 gab es in ganz Großbritannien 2.000, zwölf Jahre später hingegen bereits 60.000 dampfangetriebene Webstühle."[171]

Die fortschreitende Mechanisierung der Textilindustrie hatte (weitreichende) wirtschaftliche Konsequenzen: Zum einen fielen „die Preise für Baumwollstoffe [...] dramatisch. 1850 kosteten sie weniger als ein Fünftel im Vergleich zum Jahr 1800, während die Preise für Getreide und Nahrungsmittel in dieser Zeit nur um ein Drittel sanken."[172]

Mit den sinkenden Preisen ging einher, dass Baumwolle nun für jedermann erschwinglich wurde, d.h. sie „wurde von einem Luxusgut zur **Massenware**. Selbst Unterwäsche und Geschirrtücher wurden nun aus Baumwolle hergestellt."[173] Darüber hinaus sanken die Kosten der Technik beständig, so dass es „ab 1820 [...] auch auf dem europäischen Kontinent profitabel [wurde], eine Textilindustrie zu starten. Ab 1850 waren die Maschinen so billig, dass sie selbst in Niedriglohnländern wie *Mexiko* oder *Indien* rentabel wurden."[174]

Spätestens die fortschreitende Industrialisierung hatte zur Folge, dass mehr **Energie** benötigt wurde, etwa für die Verhüttung von Eisenerz oder für das Betreiben von Dampfmaschinen. Bis dahin waren Holz und Holzkohle die Energieträger der Menschheit. Mit der Zeit war Holz allerdings knapp und knapper geworden – allen

---

Buchheim, 1997, S. 29. Braun bestätigt all dies und ergänzt, dass Watt durch konstruktive Verbesserungen den Kohleverbrauch auf ein Viertel der Maschine Newcomens reduzieren konnte! Vgl. Braun, 2005, S. 51.

169 Diese Beobachtung ist vor dem Hintergrund der in Lektion 12 zu führenden Diskussion um Subventionen aufgrund positiver Externalitäten interessant.

170 Vgl. Buchheim, 1997, S. 42 dort direkt weiter: „Bei feinen Stoffen zögerte sich der Prozess der Mechanisierung der Weberei noch länger hinaus, ebenso bei anderen Textilfasern wie Wolle oder Seide, wo er teilweise erst in der zweiten Hälfte des 19. Jahrhunderts erfolgte."

171 Leidinger, 2008, S. 66.

172 Herrmann, 2013, S. 43.

173 Herrmann, 2013, S. 46 – hervorgehoben durch uns.

174 Herrmann, 2013, S. 44.

voran in England, wo raubbauähnliche Eingriffe bereits „verschiedene Maßnahmen zur Schonung der Wälder erforderlich"[175] gemacht hatten.[176]

Da traf es sich gut, dass England Kohle hatte. Viel Kohle, die zudem noch leicht erschließbar war und mit Schleppkähnen aus den im Nordosten des Landes um Newcastle gelegenen Bergwerken über den Tyne transportiert werden konnte,[177] so dass sich erste energieintensive Zünfte wie die Glasereien schon an der Schwelle zum 17. Jahrhundert anschickten, sie im Produktionsprozess einzusetzen.[178] Dessen unbenommen blieb die Dominanz der Holzkohleschmelzöfen bis ins 18. Jahrhundert jedoch bestehen. Erst dann kam die Kohle in größerem Stil für industrielle Zwecke zum Einsatz.[179]

Auf ihrem Wege zum wichtigsten Primärenergieträger erhielt sie mit dem Bau des ersten **Steinkohlehochofen** durch Abraham Darby (1709) einen entscheidenden Impuls. Damit konnte erstmals Steinkohlekoks in der Verhüttung von Eisenerz eingesetzt werden.[180] Auch wenn dieses Verfahren in den nachfolgenden Dekaden noch verbessert werden musste, setzte es sich bis zur Erfindung des Puddelverfahrens (1784) unbestreitbar durch.

Vor diesem Hintergrund lässt sich mit Fug und Recht behaupten, dass England weit **vor Beginn** der **industriellen Revolution** nicht nur eine Agrarrevolution, sondern auch eine **Kohlerevolution** erlebt hat, die seine Abhängigkeit vom Holz reduziert, wenn nicht gar beendet hatte.[181]

---

175 Schumpeter, 2010, S. 253.

176 Vgl. Schumpeter, 2010, S. 253. Und Herrmann ergänzt: „Angeblich trieb sich Robin Hood zwar im Sherwood Forest herum [...] doch tatsächlich war diese Legende auch deswegen so beliebt, weil sie eine Landschaft beschwor, die im realen England kaum noch existierte. [...] Der wilde Wald war nur noch eine romantische Projektion auf eine längst verschwundene Vergangenheit." Herrmann, 2013, S. 45. Auch Braun konstatiert in ähnlicher Weise: „Die Eisenverhüttung des Mittelalters war eng mit der Erzeugung von Holzkohle verknüpft und trug maßgeblich zum Verschwinden großer Waldflächen Europas bei." Braun, 2005, S. 60.

177 Aus diesem Grund spricht Schumpeter von englischer *Seekohle*. Vgl. Schumpeter, 2010, S. 253. Dass die Eigenschaft der Steinkohle als Energieträger in der Tat schon lange bekannt war, deren Ausbeutung sich aber wegen der hohen Transportkosten in den vorangegangenen Jahrhunderten aber zumeist nicht lohnte, bemerkt auch Herrmann, 2013, S. 45 f. Diese Feststellung steht nicht im Widerspruch zu Hinweisen auf erste Kohlebergwerke in Deutschland ab 1535. Vgl. hierzu Schatt, 1993, S. 130.

178 Auch bei der Salzgewinnung aus Meerwasser, beim Raffinieren von Zucker, dem Brauen von Bier und dem Härten von Backsteinen fand die Steinkohle im britischen Zunftwesen Verwendung. Vgl. Herrmann, 2013, S. 45 f. Ebenfalls findet die Kohle in der häuslichen Energieversorgung in England schon relativ früh Eingang, nämlich während der Regentschaft von König Jakob I. (1603–1625). Vgl. Schumpeter, 2010, S. 253.

179 Vgl. Schumpeter, 2010, S. 253.

180 Die Befeuerung mit Holzkohle war in der Eisenverhüttung um das Jahr 1300 eingeführt worden. Vgl. Braun, 2005, S. 60.

181 Braun sieht die Abhängigkeit Englands vom Holz mit Darbys Erfindung als beendet. Vgl. Braun, 2005, S. 60. Die These von der Kohlerevolution und dem Ausmaß des englischen Vorsprungs auf diesem Terrain lässt sich mit folgenden Beobachtungen eindrucksvoll untermauern. Zum einen wird geschätzt, dass um das Jahr 1800 in England „bereits 900 Kilogramm Kohle pro Kopf und Jahr genutzt [wurden]." Krausmann/Fischer-Kowalski, 2010, S. 45. Zum anderen damit, dass der englische Anteil an der weltwei-

Weltweit ermöglicht diese energietechnische Wende „ein[en] ganz neue[n] Entwicklungspfad"[182] und Englands Aufstieg zur führenden Industrienation in der Anschlussperiode.[183]

2.2.2.1.3 Der frühindustrielle Dreiklang: Kohle, Stahl und Eisenbahn

Ab Mitte des 19. Jahrhunderts lässt sich diese imposante **Evolution** nur im Dreiklang von Kohle, Stahl und Eisenbahnbau verstehen, da diese drei Sektoren über den Zeitraum einiger Jahrzehnte unübersehbar miteinander verflochten waren und sich in ihrer jeweiligen Entwicklung wechselseitig begünstigten (bzw. verstärkten).

Dazu muss man wissen, dass bereits die Wiege der modernen Schienenbahn im Bergbau steht – nicht nur im englischen.[184] Zwischen Steinbrüchen, Gruben und Häfen verkehren auch dort Spurbahnen auf Holzschienen, „die mit hölzernen Dübeln auf Holzschwellen befestigt waren."[185] Das allein genommen unterscheidet die englische Bergbautechnik im 17. Jahrhundert nicht von der in anderen Regionen, etwa in Kontinentaleuropa.

Für das damalige England belegen Quellen allerdings ein paar bemerkenswerte Details, die eine Brückenkopffunktion in der Entwicklung von der Holz- zur Eisenschiene einnehmen und die andernorts unbekannt sind: Das englische Unikum im Jahre 1650 besteht darin, dass „[b]esonders beanspruchte Stellen [...] schon mit Eisen benagelt [waren], und die von Pferden gezogenen Wagen [...] sich auf gusseisernen Rollen mit einem Spurkranz [bewegten]."[186]

Kurioserweise verstrichen noch über einhundert Jahre, bis sich die retroperspektiv nahezu banale Erfindung einer Schiene aus Eisen – sprichwörtlich – bahnbrechen konnte. Deren Geburt haftet dabei etwas zutiefst Zufälliges und zugleich äußerst Unternehmerische an:

---

ten Steinkohleförderung in dieser Zeit etwa neunzig Prozent betrug, wovon „ein nicht unerheblicher Teil in andere europäische Länder exportiert [wurde]." Krausmann/Fischer-Kowalski, 2010, S. 45. Für die deutsche Eisenindustrie stellt Herrmann fest, dass diese noch weit bis ins 19. Jahrhundert hinein „auf dem technischen Stand des späten Mittelalters gewesen [war]. 1835 wurde das Roheisen zu 95 Prozent mit Holzkohle hergestellt, nur ganze 4,5 Prozent stammten aus modernen Kokshochöfen." Herrmann, 2013, S. 53. Der Quelle ist nicht entnehmbar, wie sich die Differenz von 0,5 Prozentpunkten zu 100 Prozent erklärt. Möglich, dass diese auf Rundungsfehler zurückgeht.

182 Krausmann/Fischer-Kowalski, 2010, S. 45. Bei Wala, 2018, S. 224: Die USA importierte zu dieser Zeit Teile ihres Eisenbedarfs aus England, weil es dort günstiger hergestellt werden konnte als im Inland: Die heimische US-Kohle hatte einen hohen Schwefelgehalt, was eine Verkokung schwierig machte.

183 Herrmann, 2013, S. 38 und auf S. 39: „Die Briten lebten besser als fast jedes andere Volk in Europa."

184 Vgl. Schatt, 1993, S. 130. Passend hierzu: „Im deutschen Bergbau lassen sich für das 16. Jahrhundert hölzerne Spurbahnen nachweisen, auf denen ‚Hunde' kleine zweiachsige Wagen – Kohle transportierten." Braun, 2005, S. 54. Ähnlich Erkenntnisse geben zu Deutschland wieder Susemihl/Schubert, 1899, S. 1.

185 Schatt, 1993, S. 130; analog Susemihl/Schubert, 1899, S. 1–13.

186 Schatt, 1993, S. 130; analog Susemihl/Schubert, 1899, S. 1.

Mr. Reynolds, der Mitbesitzer der Colebrook-Dale-Eisenwerke, machte im Jahr 1767, als die Hüttenwerke ohnehin keinen Absatz für ihr Roheisen hatten, den Vorschlag, starke muldenartige Eisen-
platten zu gießen und dieselben einstweilen an die Stellen der der stetigen Zerstörung ausgesetz-
ten, hölzernen Langschwellen in die Spurbahnen zu legen. Die ersten solchen Platten wurden am
18. October 1767 gegossen, und noch in demselben Jahre ein großer Theil derselben verlegt. Da
sich diese neue Bahn, trotz ihres gegen die Beschaffungskosten der Holzschwellen hohen Preises,
äußerst vorteilhaft erwies, so fand dieses System sehr rasch weitere Verbreitung.[187]

Nachdem die Vorteile der Eisenbahnschiene erkannt worden waren, begannen Ingenieure in der Folgezeit, deren Form zu optimieren. Kernanliegen war, bei möglichst
wenig Materialbedarf eine besonders hohe Traglast zu gewährleisten. Unter anderem
wurden sogenannte Winkelschienen (1776) und Fischbauchschienen (1789) entwickelt;
im Jahr 1830 wurde dann die symmetrische Doppelkopfschiene in England eingeführt.
Diese fand rasch vielseitige Aufnahme und wurde nur wenige Jahre später auch auf
dem Festland erstmals verlegt – im Jahr 1838 bei der Taunusbahn.[188] Dieser Schienen-
typ entwickelte sich für lange Zeit in England zur Standardschiene. Dort ist er, wie auch
in Frankreich und Irland, auf gering belasteten Strecken noch heute im Einsatz.[189]

Mit dem von Henry Cort erfundenen **Puddelverfahren** (1784) war es zwischenzeitlich gelungen, Roheisen in der Schmelze unter Rühren mit langen Stäben zu Entkohlen.
Auf diese Weise konnten nun größere Stahlmengen hergestellt werden, wenngleich
die Mengensteigerungen gegenüber den bestehenden Verfahren noch vergleichsweise
bescheiden ausfielen.[190] Entscheidender gleichwohl war, dass sich mit dieser innovativen Methode die **Güte** des **Stahls** fortlaufend verbesserte, was beispielsweise das
anschließende Walzen von Stahl ermöglichte.[191]

Da gewalzte Eisenschienen aufgrund ihrer höheren Festigkeit eine höhere Traglast
für den Transport ermöglichten, überrascht es nicht, dass bald Anstrengungen unternommen wurden, die **Dampfmaschine** für den **Schienenverkehr** nutzbar zu machen, um

---

187 Susemihl/Schubert, 1899, S. 2. Die „Eisen-Bahn" begann also als innerbetriebliche Verbesserungs-
maßnahme in einem britischen Eisenwerk! Anfänglich waren „die Schienenstücke erst 1 - 1,5 m lang
und aus Gusseisen, ab 1808 aus dem belastbareren Schmiedeeisen, und etwa 1820 treten die ersten
gewalzten Schienen auf, die etwa 4,5 m lang und schon von großer Haltbarkeit und den Betriebsbedin-
gungen angepasst waren." Schatt, 1993, S. 131. Vgl. auch Braun, 2005, S. 54.
188 Vgl. Susemihl/Schubert, 1899, S. 3.
189 Vgl. https://de.wikipedia.org/wiki/Schiene_(Schienenverkehr)#Doppelkopfschiene abgerufen am
01.08.2019.
190 Vgl. Braun, 2005, S. 61. Braun erwähnt zudem, dass das Puddelverfahren äußerst beschwerlich gewesen sei. Herrmann berichtet davon, dass Eberhard Hoesch das Verfahren in England kennenlernte,
ehe er es in Deutschland anwendete. Vgl. Herrmann, 2013, S. 52.
191 Um das Jahr 1810 begann man in England mit dem Kaltwalzen von Weißblechen; Eisenbahnschienen zu walzen, gelang dann erstmals zwischen 1820 und 1830 bei Durham. Vgl. Susemihl/Schubert,
1899, S. 3. Durch die erhöhten Stahlmengen und dessen *verbesserter Qualität* empfahlen sich neue An-
wendungen und Einsatzgebiete – etwa in der Landwirtschaft, wo John Deere (1837) den ersten *vollständigen* Eisenpflug entwickelt hat.

damit das traditionelle System des Pferdezugs abzuschaffen. Dank James Watt gehörte die Funktionsweise einer Dampfmaschine mittlerweile zwar zum allgemeinen Wissensrepertoire, doch fehlte es ihr für einen Fahrzeugeinsatz noch an einem weiteren Entwicklungsschritt – einer hinreichend kompakten Größe, ohne Verlust an Leistungsfähigkeit.

Richard Trevithick[192] gehörte zu den englischen Ingenieuren, die sich frühzeitig daran machten, die Dampfmaschine von James Watt in diese Richtung hin zu verbessern. Im Jahre 1802 ließ er sich schließlich ein Patent auf eine **Lokomotive** erteilen, die er anschließend mit seinem Kollegen Vivian baute. Als diese zwei Jahre später in den Dienst genommen wird, ist die erste brauchbare Dampflokomotive geboren.[193]

Vorwiegend der Umstand, dass sich diese Lokomotive ohne Zahnräder auf glatten Schienen bewegte, rief Skepsis hervor: Man wollte nicht glauben, dass diese Konstruktion genügend Adhäsion (= Haftungskraft) besäße, um stärkere Lasten ziehen zu können.[194] Doch Stephenson gelang es durch praktische Versuche „die skeptische Öffentlichkeit davon [zu] überzeugen, dass glatte Räder auf glatten Schienen genug Reibung haben, um große Lasten zu bewegen"[195] – das war im Jahr 1814.

Stephenson war es dann auch vorbehalten, im Nordosten Englands – auf der 39 km langen Strecke zwischen Darlington und Stockton, die das Kohlerevier rund um Durham mit dem Meer verband – die erste öffentliche Dampfeisenbahn der Welt für den *Güterverkehr* im Jahr 1825 einzurichten und in Betrieb zu nehmen.[196] Fünf Jahre später, im September 1830, eröffnete Stephenson auf der Strecke Liverpool-Manchester die erste Personenbahn.[197]

Die Bedienung des höheren Stahlbedarfs, der sich im Besonderen mit dem allgemeinen Bedürfnis nach einem Ausbau des Eisenbahnwesens in der Folgezeit artikulierte, gelang wenige Jahre später durch eine Innovation in der Stahlindustrie: dem **Bessemer-Verfahren**. Sein Erfinder, der Brite Henry Bessemer, hatte es im Jahre 1856 zum Patent angemeldet.[198]

---

192 Neuere Quellen schreiben zumeist Trevithick! In älteren findet man auch die Schreibweise Trevethick
193 Vgl. Susemihl/Schubert, 1899, S. 5. Vgl. auch Schatt, 1993, S. 130 ff. Diese erste Eisenbahn wies „fast alle Merkmale moderner Konstruktionen auf." Schatt, 1993, S. 131.
194 Susemihl/Schubert, 1899, S. 5.
195 Schatt, 1993, S. 134.
196 Vgl. Braun, 2005, S. 54.
197 Vgl. Schatt, 1993, S. 134 bzw. Herrmann, 2013, S. 46 f. und/oder Braun, 2005, S. 54. In Deutschland fuhr die erste Eisenbahn auf einer sechs Kilometer langen Strecke zwischen Nürnberg und Fürth am 07.12.1835. Vgl. dazu etwa Braun, 2005, S. 55. Auf dem europäischen Festland fuhr die erste Dampfeisenbahn allerdings schon ein paar Monate früher, nämlich am 05.05.1835 von Brüssel nach Mecheln. Vgl. z. B. Driessen, 2019, S. 58.
198 Vgl. Herrmann, 2013, S. 56. Die Verfahrensinnovation bestand darin, dass „Sauerstoff von unten in einen mit Roheisen gefüllten Gusstiegel [ge]blasen [wurde], wodurch der Kohlenstoff im Schmelzgut fast vollständig verbrannte." Braun, 2005, S. 61. Gemäß Schumpeter führte erstmals in Deutschland die Firma Krupp das Bessemer-Verfahren im Jahr 1861 ein, also gut zehn Jahre vor Reichsgründung. Vgl. Schumpeter, 2010, S. 367.

Seine Methode, die ohne Übertreibung spektakulär und wegweisend bezeichnet werden darf, ermöglichte es, Stahl als **Massenprodukt** herzustellen: Es ließ sich fortan „in 20 Minuten die gleiche Menge an Stahl herstellen, für die man vorher 24 Stunden benötigt hatte."[199] Eine sensationelle Produktivitätssteigerung.[200]

Daraufhin lässt sich eine „Transformation" in der Eisen- und Stahlindustrie beobachten, die uns bereits in der Textilindustrie ein halbes Jahrhundert zuvor begegnet ist: Es breiten sich wellenartige Impulse auf andere Sektoren aus – nicht zuletzt entlang der Wertschöpfungskette.

Mit anderen Worten: Die nachfolgenden Branchen, etwa die Walzwerke, bleiben von der Entwicklung in der Stahlindustrie nicht unberührt. Da jeder Hochofen jetzt deutlich mehr Stahl produziert, ergibt sich für die Eigentümer der Walzwerke ein Anreiz (oder die Notwendigkeit) ihre Kapazitäten zu erweitern.[201] Es kommt entsprechend zu Folgeinvestitionen in angrenzenden bzw. komplementären Sektoren – nicht zuletzt im Kohlebergbau, denn der Bedarf an Kohle „wuchs durch neue Hüttenwerke und den Bahnbetrieb."[202]

Die drei Sektoren Kohle, Stahl und Eisenbahnbau schaukeln sich also für einige Zeit gegenseitig nach oben. Analogien zu der Entwicklung in der Industrialisierung der Textilbranche sind unübersehbar. Allerdings unterscheidet sich die jetzige Entwicklung von der frühindustriellen in einem zentralen Punkt – der **Dimension**!

Denn „anders als bei der Mechanisierung der Textilindustrie wurde jetzt **Kapital** benötigt, und zwar in ungeheuren Mengen."[203] Bereits durch das Bessemer-Verfahren waren „die Investitionskosten so rasant [gestiegen], dass nur noch große Unternehmen diese Mittel aufbringen konnten."[204] Außerdem verlangte die Verlegung der Eisenbahnschienen enorme Kapitalien: „Für den Bau der Bahnen waren Investitionen in einer Größe nötig, wie man sie bis dahin nicht kannte. [...] Die Möglichkeiten einzelner oder

---

199 Herrmann, 2013, S. 56.

200 Gleichwohl hatte das Bessemer-Verfahren einen (großen) Nachteil: Es konnte nur auf phosphorarmes Eisen angewendet werden. Daher war es nicht überall einsetzbar, etwa in Deutschland. Mit dem *Thomasverfahren*, erfunden von Sidney Thomas und Percy Gilchrist in 1878/79, bestand ein Verfahren, welches nun auch mit phosphathaltigem Eisen funktionierte. Vgl. z. B. Braun, 2005, S. 61. Nach Braun kleideten die beiden Erfinder „den Bessemerkonverter mit kalkhaltigem Dolomit aus und banden so den Phosphor, der den Stahl brüchig machte. Die Phosphorschlacke konnten außerdem zu einem wertvollen Düngemittel verarbeitet werden." Braun, 2005, S. 61. Erstmals zum Einsatz kam das Thomasverfahren im Mai 1879 in England und im September 1879 bereits in Deutschland. Vgl. hierzu Herrmann, 2013, S. 258. Schumpeter konstatiert, dass die deutsche Stahlindustrie erst mit der Einführung des Thomasverfahrens wirkliche Fortschritte machen konnte. Vgl. Schumpeter, 2010, S. 366 f.

201 Herrmann, 2013, S. 56.

202 Schatt, 1993, S. 141.

203 Herrmann, 2013, S. 47.

204 Herrmann, 2013, S. 56.

kleiner Gruppen von Kapitalisten waren damit überfordert. Deshalb begann mit dem Aufstieg der Eisenbahn auch der Siegeszug der Aktiengesellschaften."[205]

Kurzum: Das Bessemer-Verfahren veränderte nicht nur die Stahlindustrie, sondern den gesamten Kapitalismus. Zugleich wurde die **Epoche der Konzerne** eingeläutet.[206]

2.2.2.2 Einschneidende Änderungen auf der institutionen-ökonomischen Ebene

Es wäre jetzt ein gewaltiger Trugschluss zu glauben, man habe mit den zuvor beschriebenen Geschehnissen nun ein angemessen scharfes Bild vom Wesen des epochalen Umbruchs einfangen können, der am Ende des 18. Jahrhunderts in Europa einsetzt: Man hätte damit nicht weniger als die kolossale Vielschichtigkeit dieser gewaltigen Transformation schlichtweg übersehen.

Von deren Komplexität und der Verwobenheit ihrer zahlreichen Dimensionen detailliert Auskunft zu erteilen, hat zweifelsfrei den Historikern vorbehalten zu sein. Unbenommen dessen erscheint es uns geboten, bedeutsame Aspekte der Umwälzung auf der politischen, sozialen oder – wie Volkswirte vielfach zu sagen pflegen – auf der institutionen-ökonomischen Ebene in knapper Form hier noch aufzugreifen.

Diese Vorgehensweise bietet sich schon deshalb an, weil die anzusprechenden institutionellen Veränderungen einem umfassenden Verständnis zu den Bestimmungsfaktoren der wirtschaftlichen Entwicklung Rechnung tragen (siehe Kapitel 2.3). Darüber hinaus kann die Beachtung der folgenden Themengebiete dazu beitragen, die ökonomische Dogmengeschichte und deren Verlauf besser einzuordnen.

Im Anschluss schenken wir zunächst dem **Staat** und der **Gesellschaft** (Kapitel 2.2.2.2.1.), dann dem **Rechtswesen** (Kapitel 2.2.2.2.2.) unsere Aufmerksamkeit. Die getrennte Abhandlung dieser Themen dient einzig der analytischen Klarheit. Tatsächlich ist die Separierung dieser Felder in der Praxis unmöglich. Abschließend kommen wir auf Veränderungen bei der **Staatsverschuldung** sowie der neuen Bedeutung des **Arbeitsmarktes** und der Geldwirtschaft zu sprechen (Kapitel 2.2.2.2.3.).

2.2.2.2.1 Staat und Gesellschaft

Die Französische Revolution (1789) läutet die Auflösung der mittelalterlichen Ständegesellschaft und damit das Ende des Feudalismus in *Europa* ein; sie ist Götterdämmerung des absolutistischen Fürstenstaats und Wiege des **modernen Staates** zugleich; mit ihr geht einher, dass der Adel – der zweite Stand – seine bisherigen Privilegien verliert und

---

205 Schatt, 1993, S. 138.
206 Vgl. Herrmann, 2013, S. 56.

die kontinentaleuropäischen Bauern ihre Freiheit gewinnen:[207] zunächst in Frankreich (1789), später in Preußen (1814) und zuletzt in Russland (1861).[208]

Die Bauernbefreiung[209] geht mit tiefgreifenden **Agrarreformen** einher, die sich zumeist in mehreren Etappen über einige Jahrzehnte hinweg erstrecken. Bei der Ingangsetzung dieser Reformen spielten beispielsweise im Königreich Preußen ein konkreter Zwang als Reaktion auf wirtschaftliche Notlagen, politischer Druck und eine schematische Zielvorstellung von einer künftigen Marktgesellschaft zusammen. Kurzum: Allein die Reformen der Agrarwirtschaft bilden für sich genommen überall einen vielschichtigen Komplex,[210] auf den wir in Kapitel 2.2.2.2.2. zurückkommen werden.

Zuvor sei daran erinnert, dass der damalige Gesellschaftsumbau auch das Zurückdrängen des **Kircheneinflusses** beinhaltet. Kirchenbesitz wurde bereits in Frankreich (1789) im großen Stil konfisziert.[211] Inspiriert durch dieses Vorbild kam es im Rahmen der **Säkularisierung** auch andernorts zur Enteignung von Kirchengütern – etwa in Italien, Österreich und Deutschland. Im deutschen Kontext verwendet Wehler in diesem Zusammenhang den Begriff *Massenannexion* und untermauert dessen inhaltlichen Anspruch mit der Feststellung, dass „ohne Widerstand der Bevölkerung und der Kurie

---

207 In England setzte die Bauernbefreiung schon deutlich früher ein, nämlich nach dem Aufstand der Lollarden im Jahr 1381. Dieser war einer von zahlreichen Bauernaufständen, die in Europa – bedingt durch die Kleine Eiszeit, die im Jahr 1303 einsetzte – nach Ernteausfällen von Leibeigenen ausgelöst wurden. Vgl. Heinsohn/Steiger, 2010, S. 111 f. Auch Marx stellte fest: „In England war die Leibeigenschaft im letzten Teil des 14. Jahrhunderts tatsächlich verschwunden. Die ungeheure Mehrzahl der Bevölkerung bestand damals und noch mehr im 15. Jahrhundert aus freien, selbstwirtschaftenden Bauern." Marx, 2018, S. 662.

208 Details zur Lage der Bauern in Russland im 17. und 18. Jahrhundert und der dortigen Bauernbefreiung finden sich bei Pipes, 2008, S. 113 ff. insb. S. 122 ff. Dort erfährt man unter anderem, dass die russischen Gutsherren im 18. Jahrhundert nahezu unbeschränkte Gewalt über ihre Leibeigenen erlangt hatten. Ihre einzige Verpflichtung gegenüber den Leibeignen bestand im Wesentlichen darin, diese in Notzeiten, also bei Ernteausfällen und Nahrungsmittelknappheit, nicht verhungern zu lassen. Dem gegenüber standen weitreichende Rechte der Gutsherren, z. B. die Arbeitskraft der Knechte nach Belieben auszubeuten, die Leibeigenen zu verkaufen (bis 1843), diese körperlich züchtigen zu können und/oder diese gegen ihren Willen zu verehelichen. Vor diesem Hintergrund verwundert es dann auch nicht, dass man bei Heilbroner einem Zitat von de Tocqueville begegnet, wonach das zaristische Russland jener Tage „ein Eckpfeiler des Despotismus in Europa" gewesen sei. Vgl. Heilbroner, 2006, S. 137. Niemand Geringeres als Marx hatte schon konstatiert, dass ein Edikt von Boris Godunof (1552–1605) „die russische Bauernschaft in ein Zubehör des Bodens verwandelt hatte." Marx, 2018, S. 668. Die Agrarreformen und die Bauernbefreiung im Königreich Preußen beschreibt umfangreich und detailliert Wehler, 2008a, S. 409–428. Die Agrarreformen in Süddeutschland handelt er auf den Seiten 378–380 ab. Vgl. auch Walter, 2011, S. 86 ff.

209 Der Begriff der *Bauernbefreiung* ist von Georg Friedrich Knapp in den 1880er Jahren geprägt worden. Vgl. Wehler, 2008a, S. 378. Als sprachliche Alternative für die damaligen Vorgänge nutzt Wehler auf Seite 409 das Wort *Bauernvertreibung*. Hieraus wird bereits ersichtlich, dass es aus der Perspektive einiger, mit der gewonnenen Freiheit nicht so weit her geholt gewesen sein mag.

210 Vgl. Wehler, 2008a, S. 409.

211 Vgl. z. B. Schmoeckel/Maetschke, 2016, S. 193 und/oder Wehler, 2008a, S. 365.

[...] allein 10.000 qkm bislang Geistlicher Herrschaftsgebiete mit 3,2 Mill. Einwohnern, einem Siebtel der reichsdeutschen Bevölkerung, ihren Herrscher [wechselten]."[212] Nach tausendjähriger Existenz hatte dieser Säkularisierungsorkan von wenigen Ausnahmen abgesehen alle Geistlichen Fürstentümer auf dem vormaligen Territorium des Heiligen Römischen Reichs Deutscher Nation hinweggefegt.[213] Damit hatte „die katholische Kirche [...] ihr gesamtes weltliches Herrschaftsgebiet [verloren]."[214]

Diese schlagartige Entkirchlichung wird von einer vielfach übersehenen gesellschaftlichen Konsequenz begleitet, die ihren Widerhall bis in die Gegenwart findet: die Entstehung des Sozialstaats. Um diese Entwicklung auch nur im Groben verstehen zu können, muss man sich vergegenwärtigen, dass den damaligen Gesellschaften mit der Konfiskation der Kirchengüter zugleich ein Stützpfeiler der **sozialen Fürsorge** wegbrach. Schließlich war die Kirche neben den Zünften und den vermögenden Familien (z. B. den Fuggern in Augsburg) ein wichtiger institutioneller Träger der mittelalterlichen Armenpflege gewesen. Sie hatte beispielsweise Waisenhäuser, Hospitäler und Altenheime betrieben – allen voran in den *katholisch* geprägten Territorien.[215]

Möglicherweise in dem Wissen um das bereits entstandene oder in Vorahnung um das fortan erwartbare **Vakuum** auf dem Terrain der sozialen Fürsorge, wird in Frankreich in der ersten republikanischen Verfassung (1793) die „soziale Aufgabe des Staates [ausdrücklich] anerkannt."[216] In Artikel 21 wurde dort unmissverständlich deklariert, dass die öffentliche Unterstützung eine heilige Pflicht sei! „Die Gesellschaft schuldete danach ihren armen Mitbürgern nicht nur finanzielle Unterstützung, sondern auch den Zugang zur Bildung und Wahrung der Rechte (Art. 22, 23). Allerdings blieben dies Programmsätze, weil sowohl das Geld als auch die Initiativen fehlten, um diese Ansätze zu entfalten."[217]

---

212 Wehler, 2008a, S. 364. Bei diesem findet sich auf den Seiten 363–368 eine detailliertere Darstellung über die Säkularisation in Deutschland.
213 Vgl. Wehler, 2008a, S. 366. Von der Säkularisation ausgenommen war der Deutsche Orden und der Johanniter-Orden und das Kurfürstentum des Mainzer Erzkanzlers, der nach Regensburg verpflanzt wurde. Vgl. Wehler, 2008a, S. 364. Das Heilige Römische Reich deutscher Nation ist faktisch mit der Entstehung des Rheinbundes im Jahr 1806 aufgelöst.
214 Wehler, 2008a, S. 366.
215 Vgl. hierzu auch Schmoeckel/Maetschke, 2016, S. 193 und die dort angegebenen Literaturhinweise. Die Autoren merken zudem an, dass in den protestantischen Gebieten die Armenfürsorge und die Bildung bereits im 17. Jahrhundert im Aufgabengebiet des Staates lag. Gleichwohl „auf einem rudimentären Niveau." Diese „Ansätze einer allgemeinen Fürsorge ließen die protestantischen Staaten gegenüber den katholischen als fortschrittlich erscheinen." Schmoeckel/Maetschke, 2016, S. 193. Den Zusammenhang zwischen der Enteignung von Kirchengütern und dem wegbrechenden, traditionellen Fürsorgesystem hebt *Marx* schon für das England des 16. Jahrhunderts hervor: „Das gesetzlich gewährleistete Eigentum verarmter Landleute an einem Teil der Kirchenzehnten ward stillschweigend eingezogen." Marx, 2018, S. 666. In der Folge stieg das Elend in der Bevölkerung an und Königin Elisabeth I. führte mit den Armengesetzen (1601) eine Armensteuer ein, durch die der Pauperismus im Land anerkannt worden sei. Vgl. Marx, 2018, S. 666 f.
216 Schmoeckel/Maetschke, 2016, S. 193.
217 Schmoeckel/Maetschke, 2016, S. 193.

Während sich die französischen Bürger die staatliche Fürsorgepflicht in ihrer ersten republikanischen Verfassung selbst auferlegten, erkannte König Friedrich Wilhelm II. von Preußen im wenig später in Kraft getretenen Allgemeine Landrecht (1794) – welches die ständische Ordnung als Gesellschaftsideal bewahrte – die soziale Fürsorgepflicht des Staates ebenfalls an. Die Erfüllung dieser Aufgabe oblag dabei den Gemeinden.[218]

2.2.2.2.2 Rechtswesen

Auch die Materie des Rechts und der Rechtsordnung war einer Transformation unterworfen. Zum Grundverständnis über die substanzielle Umwälzung auf diesem Gebiet gehört, dass der post-absolutistische Staat nun auch eine *antiständische Gesetzgebung* benötigte, die das vormalige Feudalrecht mit seinen zahlreichen Adelsprivilegien ablöst und durch *egalitäre* bürgerliche Grundsätze ersetzt.[219] Zu diesem Zwecke führt Napoleon in Frankreich mit dem **Code Civil** (1804) das ‚erste Gesetzbuch eines ständefreien Staates‘ ein. In ihm waren die „neu errungenen bürgerlichen Freiheitsrechte für Person und Eigentum [verankert]."[220]

Das somit geborene Zivilrecht verbreitete sich in den Folgejahren über Europa rasch aus – nicht zuletzt wegen der napoleonischen Kriege.[221] Wehler konstatiert, dass „im gesamten Geltungsbereich des **französischen Rechtsimports** [...] die Bevölkerung seine freiheitlichen Elemente bis 1900, als das Bürgerliche Gesetzbuch in Kraft trat, zu schätzen gewusst und entschieden verteidigt [hat]."[222]

Von einschneidenden Veränderungen auf dem Gebiet der Rechtsordnung war auch das angestammte **Zunftwesen** betroffen, nachdem die Gewerbefreiheit mit dem Ende der ständischen Gesellschaft mancherorts früher, mancherorts später Einzug hielt. Infolgedessen versanken die althergebrachten Zunftverfassungen mit ihrem Zunftzwang im See der Bedeutungslosigkeit.

Die Impulse zu dieser Entwicklung gingen auf dem europäischen Kontinent abermals von Frankreich aus, das „die Zünfte schon 1791 aufgehoben [hatte]."[223] Knapp zwanzig Jahre später wurde das Zunftwesen im Herrschaftsgebiet Preußens zwar nicht aufgelöst, doch wurden dort die Zünfte jetzt zu privaten Vereinen herabgestuft, die

---

218 Vgl. Schmoeckel/Maetschke, 2016, S. 193. Dort auch: Bayern führte 1817 ein staatliches Armenwesen ein.

219 Vgl. Wehler, 2008a, S. 378.

220 Wehler, 2008a, S. 377. Dort weiter: „[...] mit einem durchaus patriarchalischen Autoritätsprinzip, aber dieses war bürgerlicher, nicht aristokratischer Natur."

221 Der *Code Civil* „sollte auf Wunsch Napoleons als Assimilationsmittel der französischen Hegemonialpolitik eingesetzt werden, um in der mitteleuropäischen Einflusssphäre eine staatenübergreifende Homogenität der Rechtsverhältnisse zu erzielen." Wehler, 2008a, S. 377.

222 Wehler, 2008a, S. 378.

223 Schmoeckel/Maetschke, 2016, S. 73.

„damit ihren öffentlich-rechtlichen Charakter als Zwangskorporationen [verloren]."[224] Von bestimmten Ausnahmen abgesehen, konnte man im preußischen Königreich fortan einen Gewerbeschein erhalten, ohne Mitglied einer Zunft sein zu müssen.[225] Außerdem planierte das Königreich den vormaligen „Rechtsunterschied zwischen Stadt und Land [...] [ein]. Insofern galten Freizügigkeit und Niederlassungsfreiheit jetzt überall."[226]

Um die Effekte der eingeführten **Gewerbefreiheit** annähernd ermessen zu können, sei mit Wehler für Preußen festgestellt, dass man im Jahr 1840 dort 616.000 Handwerker (d. h. 336.000 Meister und 280.000 Gesellen) registriert hatte. Nicht mal eine Dekade später war diese Zahl um nahezu vierzig Prozent angeschwollen. Bedenkt man noch, dass in dieser bemerkenswerten Entwicklung die initiale Wirkung der aufgehobenen Zunftbindung (1810) bis 1839 gar nicht erfasst ist, lässt sich erahnen, warum Wehler das Bild von einer ‚springflutartigen Expansion' im Handwerk verwendet.[227]

Der preußischen Pionierarbeit bei den Gewerbeordnungsreformen zum Trotz, lebt in einigen deutschen Staaten das alte Zunftsystem noch bis Ende der 1860er Jahre fort, etwa in Sachsen.[228]

In Bezug auf das Rechtsgebiet wollen wir abschließend auf eine Änderung ausdrücklich aufmerksam machen, die sowohl *wirtschaftlich* als auch *dogmengeschichtlich* von eminenter Tragweite sein sollte: die Formierung einer **Privateigentumsgesellschaft**.[229] Diese entsteht aus der Abkehr von der mittelalterlichen, feudalistischen Besitzordnung. Der private Erwerb *konfiszierter Kirchengüter* ist dabei nur ein Bestandteil dieser Transformation. Zu ihr gehört auch die *Umwandlung* von *vormaligen Gemeingütern*[230] wie Ackerland oder Wäldern in Privatbesitz.

An dieser Stelle muss zum allgemeinen Verständnis unterschiedlicher polit-ökonomischer Positionen daran erinnert werden, dass Karl Marx die Debatten zu einem „Holzdiebstahlsgesetz" (1842) im Landtag der Preußischen Rheinprovinz erzürnten. In diesen Debatten ging es um die Frage, ob die bis dahin auf dem Gewohnheitsrecht beruhende Entnahme von Bruchholz aus dem Wald – auf welches zuvorderst die Armen angewiesen waren – nun als Diebstahl einzuordnen sei. Marx, der in der Privatisierung von Wäldern eine widerrechtliche Aneignung des Gemeindelandes sah, zeigte

---

224 Wehler, 2008a, S. 429. Relevant für den Bedeutungsverlust des Zunftwesens auf der einen Seite und das Fundament einer Wirtschaftsverfassung auf der anderen Seite waren das *Gewerbesteueredikt* vom 28.10.1810 und das *Gewerbepolizeiedikt* vom 07.09.1811. Vgl. auch Schmoeckel/Maetschke, 2016, S. 73 ff.

225 Vgl. Schmoeckel/Maetschke, 2016, S. 74 und vgl. Wehler, 2008a, S. 429. Dieser spricht an dieser Stelle von „drei Dutzend Ausnahmen wie Ärzte, Apotheker, Gastwirte usw." bei denen weiter ein Qualifikationsnachweis notwendig blieb.

226 Wehler, 2008a, S. 429.

227 Vgl. Wehler, 2008b, S. 648.

228 Im Königreich Sachsen „setzte sich die Gewerbefreiheit erst mit der Gewerbeordnung des Norddeutschen Bundes von 21.6.1869 [durch], die nach dem Vorbild der preußischen Gewerbeordnung von 1845 gestaltet war." Schmoeckel/Maetschke, 2016, S. 75.

229 Vgl. z. B. Schmoeckel/Maetschke, 2016, S. 67 oder auch Heinsohn/Steiger, 2010, S. 111 ff.

230 Zum Wesen der Gemeingüter siehe auch Lektion 1, Kapitel 2.2.2.

sich besonders von der „Kaltschnäuzigkeit, mit der die früher feudalen, jetzt bürgerlich gewordenen Waldbesitzer ihre Landtagsmehrheit zur Durchsetzung ihrer Interpretation der Rechtslage nutzten. Dahinter erkannte Marx die klassenpolitische Logik eines bürgerlichen Rechtsfortschritts."[231]

Diesen Prozess der Umwidmung von einer Besitz- in eine Eigentumsgesellschaft hat Marx später im *Kapital* (1867) am Beispiel der Einhegungen (*„enclosures"*) in England akribisch aufgearbeitet, erkennt er doch zwischen den Debatte um diese und den Vorkommnissen im Rheinland Parallelen.[232] Er hält unter anderem fest, dass die unabhängige Bauernschaft („Yeomanry") ungefähr um das Jahr 1750 „verschwunden [war], und in den letzten Jahrzehnten des 18. Jahrhunderts die letzte Spur vom Gemeindeeigentum der Ackerbauer."[233] Damit sei der *Agrarkapitalismus* voll durchgebrochen.

Der Vollständigkeit halber und zur frühzeitigen Vermeidung von Missverständnissen sei hier noch erwähnt, dass die Ökonomen der juristisch notwendigen Unterscheidung von **Besitz** und **Eigentum** lange Zeit keine Bedeutung beigemessen haben. Diese Ignoranz ist erstaunlich, denn damit haben die Volkswirte über eine weite Strecke ihrer modernen Geschichte die Relevanz der spezifischen Nutzungsrechte verkannt, die am Eigentum aber nicht am Besitz haften – z. B. die Möglichkeit der Besicherung. Marx stellt diesbezüglich *keine* Ausnahme dar![234]

Abschließend sei festgestellt, dass zum vielschichtigen Wandel auf dem Rechtsgebiet auch die aufkommende Anerkennung des immateriellen Eigentums zu zählen ist. Obwohl das erste, im heutigen Sinne moderne **Patentgesetz** schon im Jahr 1474 in Venedig entstanden war, erlangt der Schutz des geistigen Eigentums erst mit dem Inkrafttreten des ‚Statue of Monopolies' (1624) in England an Bedeutung,[235] wie sich unschwer an der stetig steigenden Anzahl an Patenten mit Beginn der industriellen Revolution belegen lässt.[236] Von daher verwundert es nicht, dass unmittelbar nach der Französischen Revolution auch in Frankreich ein Patentgesetz (1792) verabschiedet wurde.[237]

---

231 Streeck, 2017, S. 122.

232 Vgl. z. B. Streeck, 2017, S. 122. Und Marx selbst: „Die parlamentarische Form des Raubs ist die der ‚Gesetze für Einhegung des Gemeindelandes', in andren Worten Dekrete, wodurch die Grundherren Volkseigentum sich selbst als Privateigentum schenken, Dekrete der Volksenteignung." Marx, 2018, S. 669.

233 Marx, 2018, S. 667.

234 Vgl. z. B. Streeck, 2017, S. 122. Dezidierte Kritik an Marx und seinem (Miss-)Verständnis vom Eigentum üben Heinsohn/Steiger, S. 94. Die beiden Autoren halten wenig später fest, dass es keineswegs verwundert, „dass es die Jurisprudenz und nicht die Wirtschaftslehre ist, die von der römischen Begriffsschärfe etwas festgehalten hat: ‚Besitz und Eigentum sind zwei verschiedene Begriffe und niemals miteinander zu verwechseln.'" Heinsohn/Steiger, 2010, S. 100. In Westeuropa seit Jahrhunderten bekannt, wird der Begriff des Eigentums in Russland interessanterweise erst im Jahr 1767 eingeführt. Vgl. hierzu Pipes, 2008, S. 119.

235 Vgl. z. B. Schmoeckel/Maetschke, 2016, S. 78 oder auch Rothbard, 2006, S. 87.

236 Buchheim sieht in der stark steigenden Anzahl an Patenten einen Indikator dafür, dass der technische Fortschritt nach 1750 zunahm – zumal ‚zahlreiche Schlüsselinnovationen' patentiert wurden. Zu diesen zählt er Hargraeves *Spinning Jenny*, Arkwrights *Waterframe* und Cromptons *Mule* (1779). Vgl. Buchheim, 1997, S. 30.

237 Deutschland führte erst unter Bismarck im Jahre 1877 – also 85 Jahre nach Frankreich – ein Patentgesetz ein. Hier gab es eine differenzierte Haltung zum Patentschutz, vermag das Patent doch den

2.2.2.2.3 Staatsschuld, Arbeitsmarkt und Geldwirtschaft

Der Vollständigkeit halber und zur frühzeitigen Vermeidung von Missverständnissen wollen wir hier abschließend noch grundlegende Veränderungen auf dem Gebiet der Staatsfinanzen, dem Arbeitsmarkt und der Geldwirtschaft aufgreifen, die sich in Konsequenz zu den zuvor beschriebenen Ereignissen ergeben haben bzw. ergeben mussten und die im weiteren Verlauf dieser Einführung noch Bedeutung erlangen.

Nach der Abschaffung der feudalen Tributpflichtigkeit und der schrittweisen Einführung eines neuen **Abgabensystems,**[238] steht in der Epoche des großen Umbruchs auch die Wiege der **modernen Staatsverschuldung.** Schließlich war im Feudalismus zumindest *de jure* die staatliche Verschuldung eine *Privatschuld* des Regenten: Allein dieser war für die Leistung des Kapitaldienstes[239] bei seinen Gläubigern verantwortlich. Mit der Abschaffung der absolutistischen Monarchien in Europa haftet also fortan das Volk auch qua Gesetz für staatliche Schulden. Kurzum: Die formal-juristische **Kollektivhaftung** war geboren.

Gewiss, das Volk hatte schon zuvor über die Anhebung oder Einführung von Steuern und Abgaben für fürstliche Schulden *de facto* immer wieder einzustehen – wie allein die Französische Revolution (1789) zu lehren vermag.[240] Allerdings sollte nicht übersehen werden, dass es die mittelalterlichen Herrscher teilweise gut verstanden, ihre Schulden auf anderen Wegen als über das Eintreiben *direkter* Zwangsabgaben bei den Untertanen zu begleichen. Nicht zuletzt die drei Habsburger Könige Maximilian I. (1459–1519), Karl V. (1500–1558) und Philipp II. (1527–1598),[241] von denen sich jeder in ständigen Geldverlegenheiten befand, müßten sich zum Stopfen der Finanzlöcher

---

Wettbewerb zu beschränken. Philosophisch ist ein Anspruch auf geistiges Eigentum u. a. von John Locke (1632–1704) naturrechtlich aus dem „Eigentumsrecht aus Arbeit" abgeleitet worden; eine Interpretation, die auch die katholische Soziallehre Ende des 19. Jahrhunderts vertrat. Vgl. hierzu etwa Rhonheimer, 2017, S. 21. *Gegen* das Privileg eines Patents sprach sich im liberal-libertären Lager explizit Rothbard aus. Vgl. Rothbard, 2006, S. 87 ff.

238 Vgl. z. B. Schmoeckel/Maetschke, 2016, S. 193.

239 Zum Kapitaldienst gehört nach einem heute weitverbreiteten Verständnis neben der Tilgung des Kredits auch die Zinszahlung. Es sei daran erinnert, dass im europäischen Mittelalter ein *Zinsverbot* für Christen bestand. Ein weltliches Zinsverbot hatte Karl der Große im Jahr 789 erlassen; eine Lockerung von diesem Verbot trat allmählich ab dem Jahr 1500 ein; als gänzlich abgeschafft galt es allerdings erst mit dem Westfälischen Frieden (1648), der das Ende des 30-jährigen Krieges besiegelte.

240 Schon im mittelalterlichen Frankreich herrschte „ein straffes, auf Paris ausgerichtetes Regierungssystem. Die französischen Landesfürsten waren dem König tributpflichtig, weshalb dieser über beträchtliche Steuereinnahmen verfügte. Größere Projekte wie Kriege oder den Bau von prachtvollen Schlössern pflegten die französischen Könige seit jeher mit Hilfe von *Zwangsanleihen* zu finanzieren, denen sich kein Ritter und kein Kaufmann entziehen konnte. Ähnlich wirkungsvoll hatte Englands König Heinrich VII. sein Finanzwesen organisiert." Ogger, 1979, S. 100 – hervorgehoben durch uns.

241 Karl bestieg aufgrund des frühen Todes seines Vaters Philipp I. von Kastilien (1482–1504) den spanischen Thron als Carlos I. mit 16 Jahren. Von seinem Großvater Maximilian I. übernahm er nach dessen Tod (1519) das Erzherzogtum Österreich. Zum römisch-deutschen König Karl V. wurde er im Jahr 1520 in Aachen gekürt.

immer wieder Einnahmen durch den *Verkauf* von Adelstiteln oder Lehen (sog. Pfründenhandel) zu generieren.[242] Außerdem räumten sie – wie andere Monarchen auch – ihren Bankiers regelmäßig **Privilegien** ein, etwa das alleinige Recht zur temporären Ausbeutung von Kupferminen, die sich auf dem von ihnen beanspruchten Territorium befanden. Diese Art der monarchischen Schuldbegleichung kam einer Verpfändung von Vermögensgegenständen, die sich im Eigentum der Krone befanden, an die fürstlichen Geldgeber gleich.[243]

Zu einem besseren Geschichtsverständnis bietet es sich an dieser Stelle an, kurz daran zu erinnern, dass die spanische Krone zwischen dem 16. und 17. Jahrhundert binnen 90 Jahren sage und schreibe sechs Mal bankrottierte – erstmalig unter Philipp II. im Jahr 1557. Der Fairness halber sei bemerkt, dass Philipps Regentschaft nach der Abdankung seines Vaters Karl V. von Beginn an mit finanziellen Altlasten beladen war. Ungeachtet dessen schickte sich Philipp II. an, das prinzipielle Unverständnis seiner Vorfahren über das Wesen der Staatsfinanzen zu bewahren, so dass er nach zwei weiteren Staatsbankrotten (1575; 1596) mit dem zweifelhaften Ruf als erster monarchischer Serienpleitier in die Wirtschaftshistorie einging.[244]

Mit dem beschriebenen Finanzgebaren der Habsburger erklärt es sich dann auch, wenn Galeano hinsichtlich der gigantischen Silberfunde, die die Spanier in Lateinamerika ab dem 16. Jahrhundert allen voran in Potosí (Bolivien) machten, feststellt, dass dieses Edelmetall „nur zu einem winzigen Teil [...] der spanischen Wirtschaft zugute [kam]."[245] Auch wenn das amerikanische Silber offiziell in Sevilla registriert wurde, waren beachtliche Teile dieser Silberladungen im Voraus an deutsche, genuesische und

---

242 Eine weitere Einnahmequelle stellte im Mittelalter nicht nur für geistliche Herrscher der Ablasshandel dar, also „das traditionsreiche Geschäft mit der Angst der Gläubigen vor dem Fegefeuer." Ogger, 1979, S. 83. Diese Form der der Einnahmenerzielung hat in Frankreich im 11. Jahrhundert begonnen. Nachdem sich die Päpste von den Erträgen der Ablässe angetan zeigten, wurden sie zu jeder passenden und unpassenden Gelegenheit genutzt, um die Gläubigen zu Kasse zu bitten. Später sorgten die weltlichen Herrscher dafür, dass auch sie von diesen Einnahmen profitierten. Vgl. Ogger, 1979, S. 83 f.

243 So erkaufte sich Jakob Fugger im Jahr 1499 für ein Darlehen in Höhe von 70.000 Gulden an Maximilian I., dessen Billigung, die Tiroler Kupferminen ausbeuten zu können. Vgl. Ogger, 1979, S. 93. Ein Vierteljahrhundert später, im Jahr 1524, hatte Jakob Fugger dann von Karl V. im Gegenzug zu einem Darlehen im Umfang von 200.000 Dukaten ein weiteres Quasimonopol in Form eines dreijährigen Pachtvertrags über die Quecksilberminen von Almadén erhalten. Vgl. Ogger, 1979, S. 208 f.

244 In einen größeren historischen Rahmen zur Staatsverschuldung eingebettet, werden wir in Lektion 16 hierauf nochmals eingehen.

245 Galeano, 2019, S. 40. Offiziell sind 16 Mio. Kilogramm Silber (und 185.000 Kilogramm Gold) zwischen 1503 und 1660 nach Spanien (Sevilla) verschifft worden. Schmuggelware ist in diesen Zahlen demnach nicht enthalten! Diese offiziell Einfuhrmenge an Silber stellte das Dreifache der europäischen Silberreserven dar. Vgl. Galeano, 2019, S. 39. Vgl. auch Zöttl, 29.08.2021. Die Silberminen von Potosí im heutigen Bolivien sind erst im Jahr 1545 zufällig entdeckt worden.

flämische Bankiers übertragen worden.[246] Metaphorisch formuliert: „Spanien hatte die Kuh, aber andere tranken die Milch."[247]

Durch die Abschaffung des Feudalismus und der Ständegesellschaft keimt nicht nur ein neues Regime der Staatsfinanzierung auf. Mit dem Ende der Leibeigenschaft geht auch einher, dass sich die **Institution** des modernen, freien **Arbeitsmarktes** als „spontane Ordnung" zu formen beginnt. An dieser Stelle wollen wir es mit der reinen Benennung dieser historischen Tatsache belassen, da wir die arbeitsmarktliche Entwicklung im Frühkapitalismus in Lektion 6 noch detailliert betrachten.[248]

2.2.3 Erste Schlussfolgerungen

Unsere bisherigen Untersuchungen haben offengelegt, dass für den Sprung in der wirtschaftlichen Entwicklung, der an der Wende zum 19. Jahrhundert einsetzt, dem **technischen Fortschritt** Bedeutung beizumessen ist – nicht zuletzt solchen Innovationen, die man als **Schlüssel-** oder **Basisinnovationen** bezeichnet.

Es kann bei Lichte betrachtet wenig überraschen, dass keine dieser Innovationen – die stets menschlicher Experimentierfreude und damit *unternehmerischem Verhalten* im weitesten Sinne entspringen – prompt weltumspannend auftrat. Stattdessen stand und steht die Wiege des Fortschritts im kleinen Raum.[249]

Diese vermeintlich triviale Einsicht ist für ein solides Verständnis zur Entstehung und Entwicklung von globalen Wohlstandsunterschieden nicht unerheblich, denn erst von hier gelangt man zur Erkenntnis, dass für die Verbreitung von technischem Fortschritt, und damit letztlich von Wohlstand, zwei weitere Faktoren von Belang sind: die **Diffusionsgeschwindigkeit** und die **Absorptionsfähigkeit**.[250]

Mit technischem Fortschritt ist darüber hinaus eine sektorale **Produktivitätssteigerung** verbunden. Diese lässt sich auch als **Zeitgewinn** interpretieren: die *gleiche Menge* an Korn oder Stoffen kann infolge der technischen Errungenschaft fortan mit geringerem zeitlichem Aufwand hergestellt werden; und die Befriedigung bestehender Bedürfnisse damit schneller bzw. leichter! Hieraus lässt sich ableiten, dass ein durch

---

246 Vgl. Galeano, 2019, S. 40.
247 Vgl. Galeano, 2019, S. 38 ff.
248 Dass mit dem Ende der Leibeigenschaft die Geburtsstunde des modernen Arbeitsmarktes zusammenfällt, dürfte unstrittig sein. Vgl. z. B. Wehler, 2008a, S. 412 und Pierenkemper, 2015, S. 41 ff. bzw. Marx: „[...] wodurch große Menschenmassen plötzlich und gewaltsam [...] als vogelfreie Proletarier auf den Arbeitsmarkt geschleudert werden. Die Enteignung der Arbeiter von Grund und Boden bildet die Grundlage des ganzen Prozesses." Marx, 2018, S. 661.
249 Obwohl diese Erkenntnis wahrlich nicht neu sein sollte, haben Innovationscluster (=regionalen Innovationskerne) um die Jahrtausendwende ein starkes Interesse in Politik und Wissenschaft entfacht. Einen maßgeblichen Impuls hat dieser Trend durch das Silicon Valley und seine Entwicklung erhalten.
250 Gerade die Absorptionsfähigkeit wird in diesem komplexen Prozess in ihrer Relevanz leicht übersehen bzw. in ihrer bremsenden Eigenschaft vielfach unterschätzt.

Innovationen induzierter Zeitgewinn zu veränderten **Verzichts-** bzw. **Opportunitäts-kosten** führen *muss*.

Von einer nur leicht veränderten Warte aus betrachtet, lässt sich außerdem konstatieren, dass mit Innovationen die **Freisetzung** von **Arbeitskräften** einhergeht. Wie wir anhand der Agrarrevolution gesehen haben, war die *initiale* Freisetzung von Beschäftigten in der englischen Landwirtschaft sogar eine notwendige Voraussetzung für die Genese der ersten Industrierevolution.[251]

Bei aller Bedeutung des technischen Fortschritts für die Wohlstandsentwicklung darf nicht übersehen werden, dass **relevante Impulse** für diesen und seine Verbreitung von **institutionen-ökonomische Arrangements** und dortigen Veränderungen ausgehen. Das haben wir sichtbar gemacht.

Aufbauend auf unserem kleinen wirtschaftshistorischen Rundflug und den hieraus erworbenen Erkenntnissen drängt es sich jetzt geradezu auf, die vielfältigen Bestimmungsfaktoren des langfristigen Wirtschaftswachstums noch einmal in strukturierter Form zu betrachten. Diesem Ansinnen wollen wir im nächsten Abschnitt nachkommen.

2.3 Determinanten der langfristigen Wohlstandsentwicklung

Demnach verschaffen wir uns mit der anschließenden Darstellung einen Überblick zur Gesamtheit der heute bekannten Determinanten des Wirtschaftswachstums. Die Novizen des Fachs mag hierbei die Tatsache verwundern, dass sich die Ökonomik noch keine hundert Jahre mit dem Phänomen des Wachstums *explizit* beschäftigt. Entsprechende Theorien sind erstmals nach dem Zweiten Weltkrieg vorgelegt worden. Jeder dieser Modellansätze hat sich dabei mit *einzelnen* Bestimmungsfaktoren des langfristigen Wachstums beschäftigt. Gleichwohl mangelt es bis heute an einem Modell, das alle Determinanten in sich vereint. Ungeachtet dessen, lässt sich aus den unterschiedlichen Theoriensträngen ableiten, dass Wirtschaftswachstum alles außer monokausal ist.

Da die verschiedenen Faktoren letztlich drei großen Bereichen zugeordnet werden können, gliedern wir die folgende Diskussion auf analoge Weise.[252] Beginnen werden wir dabei mit der Besprechung der Größen, die das **Arbeitsvolumen** beeinflussen (Kapitel 2.3.1.). Anschließend handeln wir die Kräfte ab, die die **Arbeitsproduktivität** verändern (Kapitel 2.3.2.), bevor wir auf das sogenannte **Sozialkapital** mit seinen Bestandteilen eingehen (Kapitel 2.3.3.).

Im Folgenden werden wir zur Vermeidung lästiger Redundanzen auf diejenigen Wachstumsfaktoren, die wir wie den technischen Fortschritt in Kapitel 2.2 schon kennengelernt haben, nur kurz eingehen. Außerdem machen wir fortan vom Pro-Kopf-Ein-

---

251 Zu deren zeitverzögertem Durchbruch in Deutschland oder in den Vereinigten Staaten sieht Wehler in der Agrarrevolution hingegen schon *keine* Voraussetzung mehr! Vgl. Wehler, 2008b, S. 51 f.
252 Vgl. z. B. Bofinger, 2015, S. 597 und/oder Clement/Terlau/Kiy, 2013, S. 495.

kommen (PKE) als gängigen Wohlstandsindikator Gebrauch. Das PKE berechnet sich dabei aus der Division des Bruttoinlandsprodukts (BIP) mit der Einwohnerzahl eines Landes.[253]

2.3.1 Das Arbeitsvolumen

Das Ausmaß des nationalen Produktionsergebnisses und damit der materielle Wohlstand eines Landes hängt zunächst einmal vom gesellschaftlich geleisteten Arbeitseinsatz ab, der sich aus der durchschnittlichen Arbeitszeit der im Produktionsprozess beteiligten Personen zusammensetzt. Damit haben wir bereits die beiden Hebel des Arbeitsvolumens identifiziert, die wir nun etwas genauer betrachten. Bevor wir dabei im zweiten Schritt auf die Arbeitszeit blicken (Kapitel 2.3.1.2.) beginnen wir mit unserer Untersuchung bei der Anzahl der Erwerbstätigen (Kapitel 2.3.1.1.).

2.3.1.1 Die Anzahl an Erwerbstätigen

Die Erwerbstätigenzahl ist in keiner realen Gesellschaft eine Konstante, allen voran nicht über einen längeren Zeithorizont hinweg. Vielmehr kann sie zu- oder abnehmen. Folglich wirkt die Anzahl der Beschäftigten auf das gesellschaftliche Arbeitsvolumen und dessen Veränderung ein, insbesondere wenn wir zunächst unterstellen, dass die durchschnittliche Arbeitszeit je Erwerbstätigen stabil bleibt.

Vor diesem Hintergrund rücken nun zwei Faktoren in den Fokus, die maßgeblich Einfluss auf die Zahl der Beschäftigten nehmen, die aber unübersehbar auf unterschiedliche Zeitachsen einwirken: die *eher* langfristige Bevölkerungsentwicklung (Kapitel 2.3.1.1.1.) und die *eher* kurzfristige Integration von Personen, die bis dato dem heimischen Arbeitsmarkt noch nicht zur Verfügung standen (Kapitel 2.3.1.1.2.).

2.3.1.1.1 Bevölkerungsentwicklung

Mit der tendenziell *langfristig* wirkenden demografischen Entwicklung eines Landes verändert sich ceteris paribus[254] das dortige **Arbeitsangebot**. Beispielsweise verzeichnen Japan, Deutschland und Italien seit geraumer Zeit sinkende Einwohnerzahlen, die vor allem auf rückläufigen Geburtenraten beruhen. Hier droht also der Wohlstand allein durch fehlende Arbeitskräfte zu sinken.[255]

---

253 Das BIP stellt wiederum den Gesamtwert der im Inland produzierten Güter dar.

254 Der lateinische Ausdruck ceteris paribus bedeutet *alles übrige gleich* bzw. *unter sonst gleichen Bedingungen*.

255 Vgl. Demircan/Peer/Specht, 27.09.2022, S. 12.

Auf der anderen Seite sehen wir zahlreiche Schwellenländer, deren Bevölkerung stark zunimmt, zum Teil gar explosionsartig.[256] Diese Länder stehen u. a. vor der Schwierigkeit, genügend Arbeitsplätze für die wachsende Einwohnerzahl zu schaffen – nicht zuletzt um politische Stabilität zu gewährleisten.[257]

Zu beachten gilt, dass eine stark zunehmende Bevölkerung kein Spezifikum der Entwicklungsländer ist. So verzeichnen neben den Vereinigten Staaten auch Kanada und Australien noch immer ein Bevölkerungswachstum – vorwiegend gespeist durch Einwanderung.[258]

Mit Blick auf das Wohlstandsniveau stellt sich nun die Frage, wie sich eine *schnell* wachsende Bevölkerung auf die Entwicklung des Pro-Kopf-Einkommens auswirkt? Für eine Zunahme des Pro-Kopf-Einkommens spräche, dass fortan mehr „fleißige Hände" in die arbeitsteilige Güterproduktion eingebunden und bislang unausgeschöpfte Spezialisierungseffekte gehoben werden können. Ganz im Sinne von Adam Smith, wonach die Mutter des Wohlstands die Arbeitsteilung sei, kann auf dieser neuen Produktionsgrundlage nicht nur ein höherer gesamtwirtschaftlicher Output realisiert werden, sondern zugleich ein Anstieg des durchschnittlichen Einkommens (PKE).

Wenngleich dieser Vorstellung eine gewisse Plausibilität nicht abzusprechen ist, lässt sich doch relativ schnell eine Gegenthese formulieren. Nach dieser führt ein starker Zuwachs der Bevölkerung zu einem Schrumpfen des Pro-Kopf-Einkommens, weil die inländische Wirtschaft den Anstieg an Arbeitswilligen überhaupt nicht absorbieren kann, so dass die Wirtschaftsleistung des Landes im Abgleich zur demografischen Entwicklung nur unterproportional zulegt.

Müssen wir – wie im vorliegenden Fall – zur Kenntnis nehmen, dass theoretische Überlegungen zu *keinem* eindeutigen Ergebnis führen, so lässt sich die zur Diskussion stehende Frage nur **empirisch** beantworten, also durch praktische Beobachtung!

Diese fördert im Zusammenhang mit unserem Gedankenexperiment zu Tage, dass das negative Szenario das weitaus häufigere Muster ist: Länder mit einem starken Bevölkerungsanstieg haben *tendenziell* (!) ein geringeres Pro-Kopf-Einkommen, weil die Wirtschaft nicht im gleichen Tempo wie die Bevölkerung wächst.[259]

---

256 Beispielsweise lag in Kenia die Fruchtbarkeit bei 6,5 Kindern je Frau (2016). Vgl. Drechsler, 27.02.2017, S. 14. Dieser Wert lag in Nigeria für das Jahr 2013 bei 5,7 Kindern pro Frau. Vgl. o. V., 29.04.2017, S. 29.
257 Der indische Regierungschef Modi hat beispielsweise seinen Wählern 100 Millionen neue Jobs versprochen. Vgl. Spohr, 11.07.2016, S. 11.
258 Veritable Ein- und Auswanderungswellen gehören zur Menschheit, sie sind ein wiederkehrendes Phänomen und damit geradezu ‚normal'. Zu denken sei an Iren, Italiener und Deutsche, die aufgrund von Hungersnöten im 18./19. Jhdt. ihren Heimatländern den Rücken kehrten und allen voran nach Nordamerika auswanderten.
259 Vgl. z. B. Mankiw, 2024, S. 270 ff.

2.3.1.1.2 (Re-)Integration potenzieller Arbeitskräfte

Bei Bedarf kann die Anzahl Erwerbstätiger wider den trägen Trend der Bevölkerungsentwicklung *relativ schnell* mit Hilfe der Integration und Reintegration potenzieller Arbeitskräfte erhöht werden. Ein solches Vorhaben lässt sich insbesondere mit dem isolierten
oder kombinierten Einsatz der folgenden wirtschaftspolitischen Maßnahmen erwirken:
– der Anwerbung von **ausländischen Arbeitskräften**
– einer intensiveren Einbindung von **Frauen** und/oder **Rentenberechtigten**
– der Eingliederung von ehemals **Arbeitslosen** in den Erwerbsprozess
– der Verkürzung von **Ausbildung**szeiten

Bevor wir diese Ansatzpunkte sogleich eingehender erörtern, wollen wir vorausschicken, dass die Arbeitsmigration mit der zuvor behandelten demografischen Entwicklung eines Landes *nicht* überschneidungsfrei ist, wenn die zugezogenen Arbeitskräfte
im Inland sesshaft werden. Bei den übrigen Stellhebeln existiert jedoch *kein unmittelbarer* Zusammenhang zur Bevölkerungsentwicklung.

In der Integration von Ausländern besteht also ein erster Hebel, um das Arbeitsvolumen in einer Gesellschaft zu erhöhen. Dieser Ansatz ist weit davon entfernt, ein
neuzeitlicher zu sein. So hat das Königreich Preußen in den 1720er Jahren zur Entwäs-
serung der Havelbrüche wasserbaukundige Holländer eingesetzt und die Seidenpro-
duktion in Berlin mit Arbeitern aus Lyon in Gang gebracht.[260] Bereits ein paar Jahre
zuvor hatte Peter der Große unter tatkräftiger Mithilfe zahlreicher Handwerker aus
Deutschland, Holland und Italien mit der Erbauung von St. Petersburg begonnen; zu
einer Zeit, in der im badischen Pforzheim schon häufig französische Emigranten die
lokalen Unternehmen der Schmuckindustrie leiteten.[261]

Blicken wir in die Gegenwart! Etwa nach Australien, wo seit vielen Jahren ausländische Arbeitskräfte verschiedenartig angeworben werden. Während die Regierung
mit „Work & Travel"-Visa jüngeren Menschen einen Anreiz für einen maximal *einjäh-
rigen* Aufenthalt verschafft, bei dem die Reisenden zur Finanzierung ihrer Aufenthalte
mal hier bei der Ernte, mal da in der Gastronomie aushelfen, werden parallel hierzu
berufserfahrene Ausländer auch *dauerhaft* ins Land gelenkt.

Ebenso ist ein Land wie Katar auf fremde Arbeiter angewiesen. Und auch hierzulande
wird ein Arbeitskräftemangel in zahlreichen Branchen verspürt, weshalb die Diskussion um die gezielte Anwerbung von Fachkräften gerade wieder aufflammt, etwa in der
IT-Branche oder im Gesundheitssektor, wo Pflegekräfte händeringend gesucht werden.[262]

---

260 Vgl. Dettelbacher, 1986, S. 183 und S. 185.
261 Vgl. Dettelbacher, 1986, S. 190 f.
262 Gegenwärtige Schätzungen kommen zu dem Ergebnis, dass Deutschland eine jährliche *Netto*zu-
wanderung von 400.000 Menschen benötigt, um seinen Wohlstand zu erhalten. Insofern versteht sich,
dass der deutsche Gesetzgeber die Rahmenbedingungen für die Arbeitsmigration mit dem im März 2020
in Kraft getretenen *Fachkräfteeinwanderungsgesetz* zu erleichtern versucht. Vgl. Demircan/Peer/Specht,
27.09.2022, S. 12.

Für die jüngere Vergangenheit der Bundesrepublik Deutschland lässt sich zudem konstatieren, dass das ökonomisch wieder erstarkende Land ab Mitte der 1950er Jahre zahlreiche Abkommen mit anderen Staaten zur Anwerbung sogenannter Gastarbeiter abgeschlossen hat.[263] Erst als im Gefolge der ersten Erdölkrise die bundesrepublikanische Arbeitslosenzahl zu steigen begann, beendete die westdeutsche Regierung ihre Maßnahmen zur aktiven Anwerbung ausländischer Arbeitskräfte – und zwar jäh.[264]

Eine zweite Stoßrichtung, weitere Personen für den Arbeitsmarkt zu gewinnen, zielt auf bislang ungenutzte inländische Potenziale ab. Dieses Ansinnen kann beispielsweise mit einer stärkeren Einbindung von **Frauen** und/oder **Rentenberechtigten** erwirkt werden, indem diesem Personenkreis vermehrt Teilzeitangebote unterbreitet werden. Gewiss, auch gesellschaftliche Wertevorstellungen und sonstige Rahmenbedingungen (Stichwort: Kindergärten/-betreuung) spielen gerade im Zusammenhang mit einer intensiveren arbeitsmarktlichen Integration der Frauen eine Rolle.

Mit Blick auf das **Renteneintrittsalter** hat die jüngere Vergangenheit deutlich aufgezeigt, dass es auch in Deutschland nicht in Stein gemeißelt ist, mit 65 Jahren das gesetzliche Rentenalter erreicht zu haben.[265] Sieht man sich den Aspekt **verkürzter Ausbildungszeiten** an, so wird man zügig feststellen, dass hierbei in der Bundesrepublik in der jüngeren Vergangenheit verschiedene Maßnahmen ergriffen wurden: die Einführung des G8-Abiturs und die Neustrukturierung des Studiums.

Unbestreitbar war diesen beiden Initiativen die Einsicht vorausgegangen, dass Deutsche im Abgleich mit anderen Industrienationen, etwa den Angelsachsen, zu spät ins

---

263 Am 22. Dezember 1955 wurde in Rom das erste Anwerbeabkommen mit Italien geschlossen. Es folgten Spanien (1960), Griechenland (1960), Türkei (1961), Marokko und Südkorea (1963), Portugal (1964), Tunesien (1965) und Jugoslawien (1968).

264 Wie sehr der Arbeitsmarkt in Westdeutschland in der genannten Zeitspanne einem ausgetrockneten See glich veranschaulichen folgende Fakten: Die Arbeitslosenquote, die 1954 – also im Jahr, in dem Deutschland erstmals Fußballweltmeister wurde – noch bei 7,1 Prozent lag, war bei kontinuierlichem Rückgang im Jahr 1961 erstmals *unter* 1,0 Prozent gefallen. Von den beiden Rezessionsjahren 1967/68 abgesehen, blieb sie bis einschließlich 1971 *neunmal* unter dieser Schwelle, bevor die amtliche Quote im Jahr 1972 auf 1,1 Prozent sprang. Die Erwerbstätigenzahl hatte im Zeitraum von 1954 bis 1972 dabei um ein Fünftel bzw. um gut 4,5 Mio. Arbeitskräfte zugenommen. Am Anfang der Periode (1954) machten ausländische Erwerbstätige 0,3 Prozent aller Beschäftigen aus; und am Ende (1972) über 8,6 Prozent. Mehr als 2,2 Mio. angeworbene Ausländer waren hierbei in den Arbeitsmarkt integriert worden. Auf Zugewanderte, die dem Angebot der westdeutschen Regierung gefolgt waren, ging also die Hälfte des Arbeitskräftezuwachs zwischen 1954 und 1972 zurück. Zu den entsprechenden Zahlen vgl. z. B. Dürr, 1977, S. 231. Ein anderes Beispiel für einen leergefegten Arbeitsmarkt stellten die Niederlande Mitte der 1990er Jahre dar als man im Nachbarland gerne auf Arbeitskräfte aus dem benachbarten Ausland (sprich Deutschland) zurückgriff.

265 Die sukzessive Erhöhung des Renteneintrittsalters auf 67 Jahren ist kein deutsches Unikum. Von analogen Entwicklungen sind prinzipiell alle Industrieländer mit einer alternden und zugleich schrumpfenden Bevölkerung betroffen, etwa Frankreich – wo in 2023 ein Gesetz in Kraft getreten war, dem gemäß das Renteneintrittsalter schrittweise um zwei Jahre auf 64 Jahre bis 2030 angehoben wird. Seit dem Jahr 2020 verschiebt sich auch in Russland das Renteneintrittsalter; in 2028 wird es bei 65 Jahren (für Männern) bzw. bei 60 Jahren (für Frauen) liegen. Vgl. hierzu https://ostexperte.de/russland-rentenalter/ zuletzt abgerufen am 06.02.2024.

Erwerbsleben eintreten. Insofern kann die Verkürzung der Abiturzeit bereits dazu beitragen, dass die betroffenen jungen Menschen dem Arbeitsmarkt früher zur Verfügung stehen. Von ähnlichen Überlegungen war die Diskussion um die Transformation des traditionellen Diplom- bzw. Magisterstudiums in ein Bachelor- und Masterstudium begleitet.

2.3.1.2 Die durchschnittliche Arbeitszeit

Bei *gegebener Erwerbstätigenzahl* lässt sich das in einer Periode geleistete Arbeitsvolumen auch über eine Anpassung der mittleren Arbeitszeit variieren. Gewiss, eine Ausdehnung des durchschnittlichen Arbeitseinsatzes wird bei den Werktätigen tendenziell auf wenig Gegenliebe stoßen – zumal sie in den Industrieländern dem langfristigen Trend widerspricht. Gleichwohl besteht auch diese Option noch immer. In Bezug auf die Arbeitszeit können wirtschaftspolitische Maßnahmen grundsätzlich an der **Wochenarbeitszeit**, am **Urlaubsanspruch** und/oder der Anzahl an **Feiertagen** ansetzen.

Sehen wir uns kurz den Zustand in den genannten Kategorien aus dem Blickfeld Deutschlands an.

Eine Untersuchung der arbeitnehmernahen Hans-Böckler-Stiftung hat ergeben, dass sich die **tarifliche Wochenarbeitszeit** in Deutschland im Jahr 2022 durchschnittlich auf 37,7 Stunden belief. Dabei wurde in Ostdeutschland tariflich gut eine Stunde länger gearbeitet als in Westdeutschland mit 37,5 Stunden.[266] Nicht ganz überraschend brachten etwas ältere Studien darüber hinaus zu Tage, dass es beträchtliche sektorale Unterschiede gibt: Die tarifliche Wochenarbeitszeit schwankte in den untersuchten Branchen und Tarifbereichen zwischen 34 und 40 Stunden.[267]

Selbst eine 40-Stunden-Woche ist historisch betrachtet dabei eine Errungenschaft, wenn man bedenkt, dass auf gewerkschaftlichen Druck der *10-Stunden-Arbeitstag* (in einer Sechs-Tage-Woche) *erstmalig* in Deutschland im Jahre 1900 gesetzlich geregelt wurde. In den folgenden Jahrzehnten gelang es den Gewerkschaften dann weitere Reduktionen bei der Arbeitszeit schrittweise auszuhandeln.[268] Zuletzt kam es für einige Branchen im Jahr 1990 in der Bundesrepublik zu einer weiteren Arbeitsverkürzung (35-Stunden-Woche), die wenig später vielerorts jedoch zurückgenommen wurde. Die wöchentliche Arbeitszeit wurde teilweise auf bis zu 42 Stunden angehoben, etwa für Beamte in Bayern, Thüringen und Hessen.

Bei der Anzahl der **Feiertage** gibt es in Europa nur wenige Länder, die mehr gesetzliche oder kirchliche Feiertage als Deutschland haben. Zumeist durch Arbeitgeberverbände angestoßen, tritt daher in rezessiven Phasen wiederkehrend die Diskussion

---

266 Die Wert für Gesamtdeutschland darf seit dem Jahr 1998 als konstant bezeichnet werden. Die entsprechenden Daten finden sich unter https://www.wsi.de/de/wochenarbeitszeit-15326.htm, zuletzt abgerufen am 06.02.2024.

267 Es wurden 25 Branchen und Tarifbereiche untersucht. Vgl. Absenger et al., 2014, S. 15 ff.

268 Nach dem Ersten Weltkrieg wurde der *Acht-Stunden-Arbeitstag* gesetzlich verankert (bei weiterhin sechs Arbeitstagen pro Woche). Ab dem Jahre 1955 wurde in der Bundesrepublik die Fünf-Tage-Woche schrittweise realisiert. Vgl. https://de.wikipedia.org/wiki/Arbeitszeit, zuletzt abgerufen am 06.02.2024.

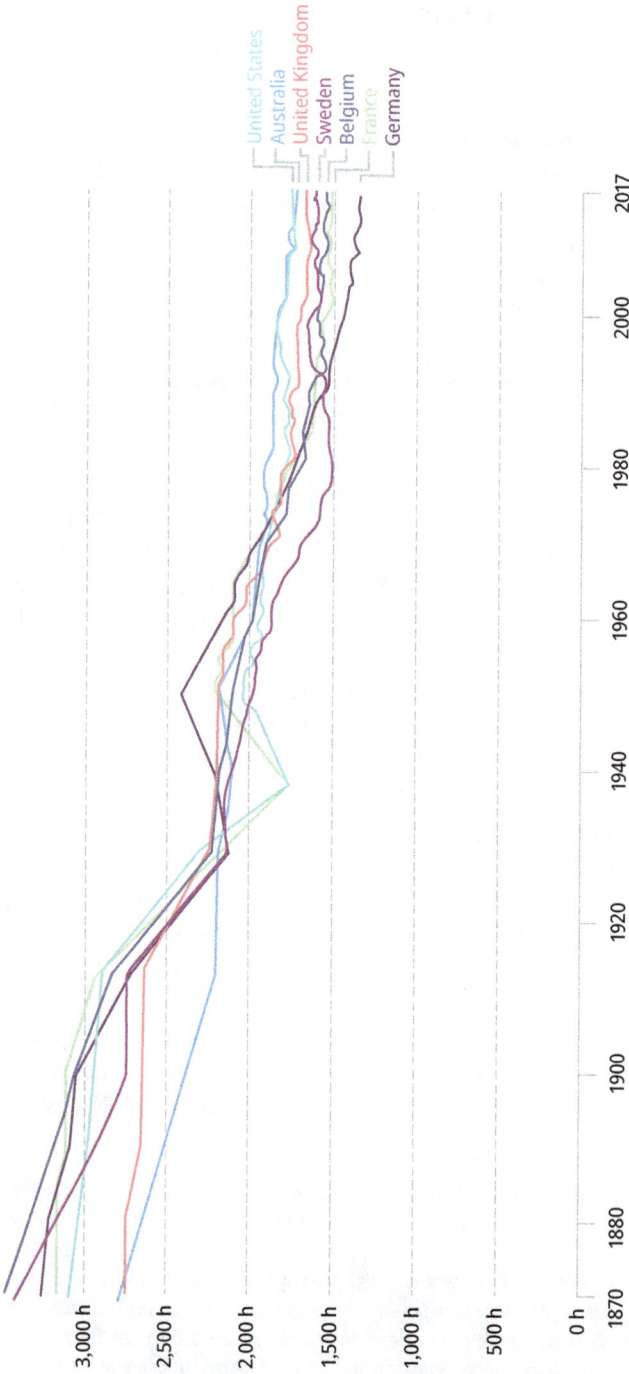

Abbildung 2.1: Entwicklung der durchschnittliche Jahresarbeitszeit in ausgewählten Ländern, 1870–2017.[269]

269 Die Abbildung ist entnommen ILO, 2022, S. 8. Die Daten vor 1950 berücksichtigen nur Vollzeitbeschäftigte außerhalb der Landwirtschaft.

hervor, ob man den einen oder anderen Feiertag in der Bundesrepublik nicht abschaffen könne. Ähnlich gut sieht es für Arbeitnehmerinnen und Arbeitnehmer in punkto gesetzlichen **Urlaubsanspruchs** in Deutschland aus: Sie müssten in dieser Dimension nahezu überall auf der Welt mit zum Teil erheblichen Einbußen rechnen.

Mit Blick auf die **internationale Vergleichbarkeit** des Pro-Kopf-Einkommens ist zu beachten, dass in seine Berechnung die Anzahl der geleisteten Arbeitsstunden *nicht* einfließt. Bedenkt mal vor diesem Hintergrund, dass in den Vereinigten Staaten die durchschnittliche Arbeitszeit regelmäßig um 25 Prozent höher als in Deutschland ausfällt, dann relativiert sich der Abstand zwischen dem offiziell ausgewiesenen PKE-Wert der USA und dem mit gleicher Elle gemessenen Wert für Deutschland.

Analoges lässt sich auch zum Verhältnis deutsches vs. französisches PKE sagen. In Frankreich wurden mit Beginn der 1990er Jahre maßgeblich weniger *Jahresarbeitsstunden* von der Bevölkerung geleistet als hierzulande (siehe Abbildung 2.1.). Insofern war der „Wohlfahrtsabstand" zwischen Frankreich und Deutschland deutlich geringer, wenn man *Äpfel mit Äpfeln vergleicht – sprich das französische und deutsche PKE* mit der Arbeitsleistung normiert.

Allerdings verlangt es die wissenschaftliche Redlichkeit hier nochmal auf die Forderung einzugehen, doch bitte Äpfel mit Äpfeln zu vergleichen. Dass dies nämlich nicht so ohne weiteres möglich ist, machen internationale Studien deutlich. Selbst die OECD verweist darauf, dass die von ihr publizierten Daten keine Grundlage für internationale Vergleiche sind. So werden in manchen Erhebungen lediglich die Werte der Vollzeitbeschäftigten zum Vergleich herangezogen. In anderen Studien werden wiederum Teilzeit- und Vollzeitbeschäftigte betrachtet. Ein weiterer Aspekt betrifft die Dimension tariflich vereinbart vs. de-facto geleisteten Stunden, d. h. inklusive Überstunden und abzüglich Ausfallzeiten, die sich etwa krankheitsbedingt ergeben.[270]

2.3.2 Die Arbeitsproduktivität

Der nationale Wohlstand lässt sich ganz offensichtlich nicht nur über eine Anpassung des reinen Arbeitsvolumens, sondern auch über eine verbesserte Produktivität anheben. Mit anderen Worten: wenn in der gleichen Zeit mehr Output erreicht wird!

Treibende Kräfte hinter einer verbesserten Arbeitsproduktivität sind der *Umfang* des Kapitelstocks und die *qualitative* Weiterentwicklung der Produktionsfaktoren. Diesen beiden Aspekten schenken wir nun in der skizzierten Reihenfolge unsere Aufmerksamkeit.

---

[270] Vgl. hierzu z. B. Walterskirchen, 2006, S. 8 ff. Blanchard/Illing weisen darauf hin, dass der PKE-Unterschied zwischen den USA und Deutschland zu einem Großteil „daran liegt, dass in Deutschland insgesamt weniger gearbeitet wird." Blanchard/Illing, 2014, S. 314 und die dortigen Angaben.

2.3.2.1 Investitionen in den physischen Kapitalstock

Es ist leicht nachvollziehbar, dass die Produktivität einer *gegebenen* Zahl von Erwerbstätigen bei *unveränderter* mittlerer Arbeitszeit auch an die vorhandene Kapitalausstattung gebunden ist.[271] Man mag sich diesen Umstand anhand des folgenden, einfachen Beispiels illustrieren: Steht den Arbeitern eines Landes für den Bau von Überlandstraßen lediglich eine Hand voll schwerer Geräte wie Bagger, Lader, Asphaltfertiger und Walzen zur Verfügung, dürften sie für die Errichtung eines Straßennetzes erheblich mehr Zeit benötigen als wenn sie *zusätzliche* Maschinen der eben genannten Art hätten. Die Höhe des Kapitalstocks, hier die Anzahl an Baumaschinen, sollte demnach die Produktivität in einer Raumwirtschaft positiv beeinflussen – und damit das betreffende Pro-Kopf-Einkommen!

Aus dieser Überlegung lässt sich ableiten, dass Investitionen zur Erhöhung des volks*wirtschaftlichen* Sachkapitals einen Erklärungsbeitrag für das langfristige Wachstum liefern sollten. Tatsächlich bestätigen empirische Studien die *tendenzielle* Richtigkeit dieses Zusammenhangs (siehe Abbildung 2.2): Investitionen in den physischen Kapitalstock spielen eine tragende Rolle für Produktivitätssteigerungen, und damit am langen Ende auch für das Wachstum.

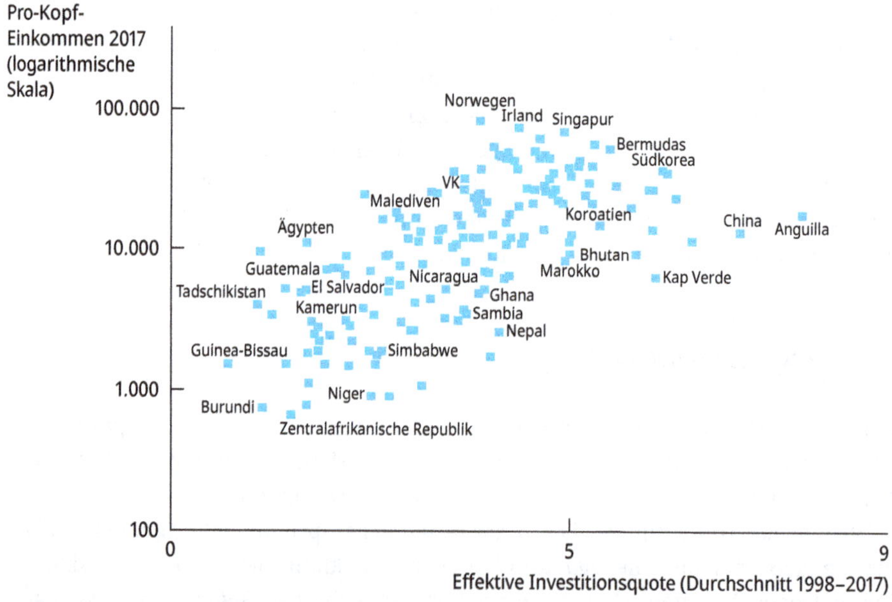

Quelle für die Daten: Robert C. Feenstra, Robert Inklar und Marcel P. Timmer: Penn World Table Version 9.0, The Center for International Data at the University of California, Davis, and Groningen Growth and Development Center at the University of Groningen, Dezember 2018.

Abbildung 2.2: Investitionsquote und PKE im internationalen Vergleich.[272]

---

271 Was aus volkswirtschaftlicher Perspektive unter *Kapital* zu verstehen ist, haben wir in Lektion 1, Kapitel 2.2.3 erläutert.
272 Die Abbildung basiert auf Mankiw, 2024, S. 302.

Nichtsdestotrotz sind Investitionen in den Kapitalstock **keine alleinige Erklärung** für dauerhaftes Wachstum. Schon Robert Solow musste bei empirischen Überprüfungen seiner *neoklassischen* Wachstumstheorie anhand der USA feststellen, dass 78 Prozent (!) des US-Wachstums in der ersten Hälfte des 20. Jahrhunderts durch den technologischen Wandel zu erklären ist. Anders ausgedrückt: Investitionen in den Kapitalstock, die diesen nur *rein quantitativ* erhöhen, vermögen nur einen begrenzten Beitrag zur Erklärung des Wirtschaftswachstums zu leisten.[273]

Diese Erkenntnisse lassen sich durch anekdotische Evidenzen aus verschiedenen Entwicklungsländern besonders leicht untermauern. So beschreibt Easterly ein desillusionierendes Beispiel aus Tansania, wo in den 1970er Jahren eine Schuhfabrik mit dem Ziel errichtet worden war, den heimischen Markt mit Schuhen zu bedienen und darüber hinaus noch Produkte nach Europa zu exportieren. Letztlich lag die Auslastung dieser Fabrik nie über vier Prozent der errichteten Kapazitäten, bevor in den 1990er Jahren die Produktion schließlich stillgelegt wurde.[274] Investitionen zur Erweiterung des *quantitativen* Kapitalstocks können also wie das Wasser im Wüstensand unproduktiv versickern! Somit entfaltet zusätzliches Sachkapital mitnichten einen automatischen Wachstumsimpuls. Es ist stattdessen notwendig, dass eine betreffende Investition zu den Rahmenbedingungen passt.

Was nützen – um mit einem fiktiven Beispiel abzuschließen – umfangreiche Investitionen in staatliche Bildungsstätten, wenn es noch am qualifizierten Lehrpersonal mangelt?[275]

2.3.2.2 Das Qualitätsniveau der Produktionsfaktoren

Nachdem wir eben festgestellt haben, dass eine rein quantitative Erhöhung des Kapitalstocks das Wirtschaftswachstum nur begrenzt erklären kann, liegt es nahe, die Aufmerksamkeit auf *qualitative* Verbesserung im Produktionsprozess zu lenken. Unter Beachtung der klassischen Einteilung der Produktionsfaktoren in Boden, Kapital und Arbeit springen hier schnell zwei Aspekte ins Auge: zum einen der technische Fortschritt, der in Form *verbesserter* Maschinen und Anlagen (sprich *Kapital*) physisch erkennbar gerinnt und zum anderen das vermehrte Wissenskapital der Arbeitskräfte.

Die Bedeutung von **Innovationen** und **technischem Fortschritt** für das Wirtschaftswachstum haben wir oben in Kapitel 2.2 im historischen Kontext ausreichend beleuchtet. Daher wollen wir in diesem Zusammenhang hier lediglich ergänzen, dass Nikolai Kondratjew (1892–1938) der Erste war, der die *wellenförmige* Entwicklung der Wirtschaft mit der *Erfindung* und *Verbreitung* von **Basistechnologien** in Verbindung brachte. Aber auch andere Ökonomen wie Schumpeter haben die Bedeutung der Innovationsleistung für die wirtschaftliche Entwicklung frühzeitig erkannt.

---

273 Vgl. z. B. Easterly, 2001, S. 47.
274 Vgl. Easterly, 2001, S. 68 f.
275 Vgl. Stratmann, 07.11.2017, S. 10.

Mit der Anreicherung und Verbreitung von neuem Wissen erlangt auch der Produktionsfaktor Arbeit eine qualitative Verbesserung. Bereits in Lektion 1, Kapitel 2.2.3. haben wir darauf hingewiesen, dass man seit den 1960er Jahren explizit vom **Humankapital** spricht und dieses von weniger qualifizierter Arbeit mithilfe des Ausbildungsabschlusses abgrenzt, den ein Erwerbstätiger formal erreicht hat.

So bedeutsam das Qualifikationsniveau der Arbeitskräfte für das Wirtschaftswachstum und die Höhe des Pro-Kopf-Einkommens zunächst erscheinen mag, so sehr möge man sich mit einfachen, schnellen Schlussfolgerungen abermals zurückhalten. Denn eine langjährige Ausbildung mit einem hohen formalen Abschluss reicht allein nicht aus. Das kann und darf bei Lichte betrachtet nicht verwundern.

Ernüchternde Belege bringt in diesem Zusammenhang erneut Easterly zu Tage, der für eine Reihe an Entwicklungsländer beobachtete, dass deren Pro-Kopf-Einkommen zwischen den Jahren 1960 und 1985 nicht geschlossen angestiegen ist, obwohl es ihnen in dieser Zeit allen gelungen war, die mittlere Ausbildungszeit maßgeblich zu erhöhen. Während Ostasien in diesem Zusammenhang eine gute Bilanz aufweisen kann, sind die Bildungsinvestitionen in den afrikanischen Ländern südlich der Sahara unter Wachstumsgesichtspunkten besonders enttäuschend. Easterly fragte zurecht: Educated for what?[276]

Fazit: Es kommt auch bei der Bildung und dem erworbenen Wissenskapital darauf an, was man im Anschluss an die Ausbildung daraus macht bzw. machen kann!

2.3.3 Das Sozialkapital

Neben den soweit diskutierten Determinanten des Arbeitsvolumens und der Arbeitsproduktivität gibt es weitere Faktoren, die Einfluss auf das langfristige Wirtschaftswachstum eines Landes ausüben und die in der Literatur unter dem Begriff des *Sozialkapitals* diskutiert werden. Diese Art von *Kapital* umfasst Faktoren wie die Qualität der Institutionen eines Landes, die Wirtschaftsordnung, das Investitionsklima und die Leistungsbereitschaft („Fleiß") der Gesellschaftsmitglieder.

Die Vielzahl dieser Aspekte umfassend beleuchten zu wollen, würde das Anliegen einer Einführung in die Volkswirtschaftslehre sprengen. Insofern blicken wir im Folgenden lediglich auf eine Auswahl dieser Faktoren entlang ihrer üblichen Kategorisierung in materielle, institutionelle und personelle Infrastruktur.

2.3.3.1 Materielle Infrastruktur
Schienen- und Straßennetze, Brücken, Bahnhöfe, Wasserstraßen, Schleusen, Häfen und Flugplätze, sowie Kommunikations- und Versorgungsnetze, etwa für Energie und

---

276 Vgl. Easterly, 2001, S. 75. Hier kritisiert Easterly auch Mankiws Thesen zum langfristigen Wachstum unter Beachtung des Entwicklungskontextes stark.

Wasser werden gemeinsam mit den Einrichtungen des Bildungswesens regelmäßig zur materiellen Infrastruktur einer Volkswirtschaft gezählt, obwohl man diese Elemente prinzipiell zum Kapitalstock einer Gesellschaft rechnen könnte.

Da diese Dinge in den meisten Ländern gleichwohl von der öffentlichen Hand bereitgestellt werden und sie Vorleistungen für die Produktion und den Konsum erbringen, separiert man sie aus analytischen Gründen vom privatwirtschaftlichen Kapitalstock.[277]

Ein angemessener Bestand an diesen Formen der physischen Infrastruktur ist für die wirtschaftliche Entwicklung einer Gesellschaft von elementarer Bedeutung. Zum Teil sind Investitionen in sie Begleiterscheinung, zum Teil aber auch *notwendige Voraussetzung* zur Initiierung eines Wachstumsprozesses.[278] Denn mitunter halten sich private Unternehmen mit ihren Investitionen in einer bestimmten Raumwirtschaft zurück, weil es dort an den eingangs aufgeführten Infrastrukturelementen (noch) mangelt. Das lässt sich relativ leicht nachvollziehen, wenn wir uns die folgende rhetorische Frage ansehen:

> Wer würde in einem Entwicklungsland wie Sambia in eine Produktionsstätte investieren, die auf stabile Stromversorgung angewiesen ist, wenn jedermann weiß, dass die dortigen Netze beinahe täglich einmal zusammenbrechen und sich eine autonome, netzunabhängige Energieversorgung zugleich noch nicht wirtschaftlich darstellen lässt?

Über einen infrastrukturellen Bremsklotz in Form maroder Netze zu verfügen, ist wahrlich *kein* Alleinstellungsmerkmal von Entwicklungsländern. Eine solche Vorstellung wäre ein gehöriges Missverständnis, das sich mit einem unverstellten Blick auf deutsche Autobahnen und -brücken oder viele Schulgebäude im Land leicht korrigieren lassen sollte: Auf diesen Gebieten ist ein Investitionsrückstau auch in Deutschland nicht zu übersehen.[279]

2.3.3.2 Institutionelle Infrastruktur

Zum Sozialkapital einer Gesellschaft gehört neben der materiellen Infrastruktur auch die institutionelle. Unter dieser wird die Summe aller gesellschaftlichen Normen und Verfahrensweisen verstanden. Damit umfasst sie Aspekte wie die Funktionsweise der *Verwaltung* oder die *Wirtschafts-, Rechts-, Berufs- und Eigentumsordnung*.[280]

---

277 In Lektion 13 handeln wir die öffentlichen Güter ab. Dabei kommen wir dann auch auf die gängige Begründung für die öffentliche Finanzierung von Verkehrswegen und ähnlichen Gütern zu sprechen.
278 So hat der Bau der Eisenbahn zu Beginn der Industrialisierung bedingt, dass die Kohle- und Stahlindustrie wuchs (siehe oben Kapitel 2.2).
279 Zum Zustand der Straßen in Deutschland vgl. Hessami, 2017, S. 36 ff. Zu den Schulen vgl. Becker et. al, 04.08.2017, S. 45 ff.
280 Die Bedeutung der Wirtschaftsordnung für das langfristige Wachstum hebt etwa Buchheim für Deutschland hervor. Vgl. Buchheim, 1997, S. 96 ff.

In der Griechenland-Krise (2010/11) war zu erfahren, dass dort die *Eigentumsverhältnisse* von Grundstücken nicht wie in Deutschland in einem Kataster klar hinterlegt sind. Ein solcher Umstand bleibt nicht ohne wirtschaftliche Konsequenzen, beschneidet er doch bei Investitionsvorhaben die Fähigkeit des Unternehmers, Fremdkapital aufzunehmen. Denn bei Kreditanfragen werden Banken und Finanzinstitute bei fehlender Eigentumsklarheit Grundstücke nicht als Sicherheit akzeptieren. Unter solchen Rechtsbedingungen darf also erwartet werden, dass die Investitionstätigkeit im Unternehmenssektor tendenziell niedriger und damit das nationale Pro-Kopf-Einkommen geringer ausfällt.

Die Bedeutung der Rechts- und Eigentumsordnung für eine gedeihliche Wirtschaftsentwicklung geht über den eben adressierten Zusammenhang hinaus und umfasst naheliegenderweise auch den Aspekt des *Eigentumsschutzes* vor staatlicher Enteignung. In der jüngeren Vergangenheit haben Länder wie Bolivien und allen voran Venezuela unter den Präsidenten Chavez und Maduro mehrfach ausländische Unternehmen enteignet und verstaatlicht. Dass diese Praxis der wirtschaftlichen Entwicklung eines Landes abträglich sein dürfte, ist naheliegend, zumal diese Enteignungen zumeist willkürlich erfolgen. Unter solchen Bedingungen wird also manche Investition gewiss unterbleiben.

Weitere Elemente der institutionellen Infrastruktur mit maßgeblichem Einfluss auf die langfristige Wirtschaftsentwicklung betreffen das Ausmaß der *Vetternwirtschaft* und der *Korruption*. Studien, wie eine jüngere zu Spanien, zeigen, dass die Wirtschaftsakteure umso weniger investieren, je korrupter ein System ist. Denn Schmiergelder zahlen zu müssen, erhöht die Kosten der potenziellen Investoren. Kurzum: Korruption senkt die Wirtschaftsleistung und damit den potenziellen Wohlstand.[281]

Schließlich ist zur institutionellen Infrastruktur die **grundlegende Wirtschaftsordnung** und mit ihr das Regime im Außenhandel zu zählen. Mit anderen Worten: In welchem Maß wird der Kraft der Märkte vertraut und wie offen sind diese dem Ausland gegenüber? Der Grad der **außenwirtschaftlichen Offenheit** wirkt sich unter anderem auf die Diffusion von Innovationen aus dem Ausland aus.[282]

2.3.3.3 Personelle Infrastruktur

Dem Sozialkapital ordnet man schließlich noch die sogenannte personelle Infrastruktur zu, die weiche, kulturelle Aspekte wie die **Leistungsmotivation** oder die allgemeine Gesundheit der Erwerbstätigen umfasst (Stichwort: durchschnittliche Fehltage). Auch

---

281 Vgl. Louven/Höhler/Krieger, 06.10.2016, S. 12. Dort weiter: „Die spanische Wettbewerbsaufsicht geht davon aus, dass durch die Vergabe von öffentlichen Aufträgen an Amigos die Politik in Spanien rund 48 Milliarden Euro Schaden pro Jahr entstehen [...] das sind 4,6 Prozent des Bruttoinlandsprodukts." Zu den negativen Effekten der Korruption auf den Entwicklungsprozess afrikanischer Länder siehe z. B. auch Seitz, 2010, S. 100 f.

282 Vgl. o. V., 17.06.2017, S. 59. Den Aspekt der Offenheit einer Wirtschaft bzw. die Außenwirtschaftspolitik behandeln wir in Teil B, allen voran in den Lektionen 7 und 8.

die gesellschaftliche Haltung zum **Unternehmertum** und die Affinität zur **Gründung** eines eigenen Unternehmens zählen zu ihr.

Zu beachten gilt, dass nicht jedes Land eine Gründer- und/oder Unternehmerkultur kennt, die diesen Namen verdient. So hat Heumann im Jahr 2016 darauf hingewiesen, dass der anstehende Umbau der saudi-arabischen Wirtschaft auch eine hohe kulturelle Hürde nehmen muss, da in diesem Land eine Unternehmenskultur westlichen Verständnisses noch nicht zu beobachten ist.[283]

Saudi-Arabien ist aber wahrlich kein Einzelfall. Zum Teil zwar zu anderen Zeiten, hatte die unternehmerische Tätigkeit auch in anderen Ländern keine große soziale Anerkennung erfahren. Allen voran in einem ausgeprägt unternehmensfeindlichen Umfeld strebt die gesellschaftliche Elite stets an, ihre besten Köpfe in den Staatsdienst statt in die Wirtschaft zu lenken. Diese Feststellung gilt etwa für das mittelalterliche China oder das zaristische Russland wie das Zitat aus Dostojewskis Roman „Die Dämonen" aus dem Jahr 1870 anzuklingen vermag:

> Andréi Antónowitsch hatte die Ehre, in einer jener anspruchsvollen russischen Lehranstalten erzogen zu werden, die in der Regel nur die Söhne solcher Familien aufnehmen, die mit günstigen Beziehungen oder mit Reichtum versehen sind. Die Zöglinge dieses Instituts wurden fast unmittelbar nach Absolvierung ihrer Studien dazu ausersehen, recht ansehnliche Ämter in einem der Ressorts des Staatsdienstes zu übernehmen.[284]

Die belletristische Randnotiz zum Zarenreich erhält zusätzliches Gewicht, sobald man bedenkt, dass dieses gegenüber Westeuropa wirtschaftlich rückständige Reich nach der Oktoberrevolution im Jahr 1917 von den Bolschewiken abgelöst wurde und diese während ihrer sieben Jahrzehnte dauernden Regentschaft in der UdSSR eine unternehmensfeindliche Gesinnung par exellence etabliert hatten. Dass eine abschätzige Attitüde gegenüber dem Unternehmertum in ganz Osteuropa vom Ende des Zweiten Weltkriegs bis zum Mauerfall im Jahr 1989 vorgeherrscht hat, sei an dieser Stelle nur noch der Vollständigkeit halber erwähnt.

Darüber hinaus wirkt sich auch die **Streikkultur** auf die gesellschaftliche Produktionsleistung aus. Wird eine Volkswirtschaft durch Streiks zahlreicher Splittergewerkschaften fortlaufend lahmgelegt oder sind die Gewerkschaften so organisiert, dass es regelmäßig nur für wenige Tage zu einer Arbeitsniederlegung von landesweiter Strahlkraft kommt? Die Antwort auf diese Frage wird sich zweifelsfrei auch auf das Investitions*klima* im Land auswirken.[285]

---

283 Vgl. Heumann, 09.05.2016, S. 17.
284 Dostojewski, 1996, S. 426.
285 Vgl. z. B. Baßeler/Heinrich/Utecht, 2010, S. 848. Da Streiks im Verkehrswesen, etwa bei der Bahn oder bei Fluggesellschaften, hohe Belastungen für Dritte erzeugen, wurde zum Beispiel vorgeschlagen, das deutsche Streikrecht dahingehend zu ändern, dass jedem Streik ein Schlichtungsverfahren vorgeschaltet sein muss. Vgl. auch Rürup, 05.12.2016, S. 12.

Offen bleibt in allen vorgenannten Dimensionen, wie stark der jeweilige Impuls tatsächlich ist. Dies empirisch zu messen bzw. messen zu wollen, ist nicht immer einfach.

2.4 Wachstum als wirtschaftspolitisches Ziel – Begründung und Kritik

Nachdem wir uns mit den Bestimmungsfaktoren des Wirtschaftswachstums beschäftigt haben, müssen wir uns zum Abschluss dieser Lektion noch der Frage zuwenden, warum die Ausrichtung auf Wachstum zum wirtschaftspolitischen Zielkanon einer jeden Regierung zu gehören scheint?[286] Womit lässt sich dieser empirische Befund ökonomisch begründen (Kapitel 2.4.1.)? Und welche Argumente tragen Wachstumskritiker vor, die in dem ostentativen Wachstumseifer wenig mehr als eine allseits fehlgeleitete Wachstumsmanie zu erkennen vermögen (Kapitel 2.4.2.)?

2.4.1 Gründe für Wachstum als gesellschaftliches Ziel

Unter die verschiedenen Begründungen *für* Wirtschaftswachstum reihen sich allen voran diese drei Argumente ein: ein konsumorientiertes (Kapitel 2.4.1.1.), ein arbeitsplatzorientiertes (Kapitel 2.4.1.2.) sowie ein verteilungsbasiertes (Kapitel 2.4.1.3.).[287] Schauen wir uns diese im Einzelnen an!

2.4.1.1 Erhöhung des materiellen Wohlstands

Durch ein *angemessenes* Wachstum soll der Wohlstand eines Landes allgemeint erhöht werden. Mit anderen Worten: Für die verschiedenen Schichten der Gesellschaft verbessert sich mit Wachstum die **Möglichkeit** zu privatem und/oder öffentlichem **Konsum**. Dabei wird in dem steigenden Wohlstand *auch* ein Schmiermittel zur Lösung weiterer gesellschaftlicher und ökonomischer Herausforderungen gesehen. So befand schon Erhard: „Mit der Sicherheit des sozialen Seins wird es *gewiss zu einer stärkeren Besinnung kommen*, die Gut und Böse, Wert und Unwert besser zu unterscheiden mag."[288]

---

286 Vgl. z. B. Lutz, 2022, S. 268. Zahlreiche Beispiele aus den 1960er und 1970er Jahren, die verdeutlichen, wie in Industrie- *und* Schwellenländern die jeweiligen Regierungen ihre Wachstumsziele damals quantifiziert und vorgebracht haben, finden sich bei Dürr, 1977, S. 20 ff.
287 Vgl. zu den hier beleuchteten Argumenten z. B. Baßeler/Heinrich/Utecht, 2010, S. 843 und/oder Dürr, 1977, S. 23 f. bzw. Lutz, 2022, S. 268 ff.
288 Erhard, 1964, S. 227. Nur ein paar Zeilen weiter äußerst sich Erhard dann noch wie folgt: „Kein Einwand wird mich davon abbringen, daran zu glauben, dass die *Armut* das *sicherste Mittel* ist, um den Menschen in den kleinen Sorgen des Alltags *verkümmern zu lassen.*" Erhard, 1964, S. 227 f.

Kurz – **im Wachstum liegt die Lösung!**[289] Da es sich beim Wachstum um einen exponentiellen Verlauf handelt, kann man mittel- und langfristig schon mit relativ geringen Zuwachsraten starke Veränderungen erzielen: Legt etwa die Wirtschaftsleistung – bei konstanter Bevölkerung – jährlich um zwei Prozent zu, verdoppelt sich das Pro-Kopf-Einkommen bereits nach 35 Jahren.[290]

Die nachfolgende Tabelle 2.3 verdeutlicht wie sich die Rate des Wachstums auf die Geschwindigkeit der allgemeinen Wohlstandsverbesserung auswirkt. Es kann nicht übersehen werden, dass ein Prozentpunkt Unterschied im Wachstum eine Menge bewirken kann.

Tabelle 2.3: Wachstumsrate des BIP und Einkommensentwicklung.[291]

Durchschnittliche Wachstumsrate pro Jahr (in %)	Anzahl der Jahre für die Verdoppelung des Einkommens
0,1	700
0,5	140
1,0	70
2,0	35
3,0	23
4,0	18
5,0	14
6,0	12
7,0	10
8,0	9
10,0	7

Mit Blick auf die historische Faktenlage zum Wirtschaftswachstum, die wir in Kapitel 2.2.1. präsentiert haben, sind die meisten Wachstumsraten der Tabelle 2.3 – von

---

289 „Die Lösung liegt nicht in der Division, sondern in der Multiplikation des Sozialprodukts." Erhard, 1964, S. 216.

290 Es ist üblich, den Wohlstand einer Gesellschaft anhand ihres Pro-Kopf-Einkommens (PKE), das sich aus der Teilung des Bruttoinlandsproduktes mit der Anzahl der Bevölkerung ergibt, zu bemessen. Auch wenn das PKE als Vergleichsmaßstab gängig ist, darf man dessen Schwäche nicht verkennen: Jeder eindimensionale Indikator wie das PKE muss unweigerlich an seine Grenze stoßen, wenn mit ihm ein mehrdimensionales, vielschichtiges Phänomen wie der Wohlstand und/oder die Zufriedenheit angemessen abgebildet werden soll. Seine eingeschränkte Tauglichkeit betrifft Zeitreihenvergleiche in Bezug auf ein einziges Land (etwa für die BRD zwischen 1970 und heute) und Ländervergleiche (=Querschnittsvergleichen) gleichermaßen. Ein Umstand, dem kaum ein Ökonom widersprechen dürfte!

291 Eine ähnliche Tabelle findet sich im Lehrbuch von Stiglitz/Walsh, 2013, S. 130. Schon der Bericht *Grenzen des Wachstums* von Meadows und anderen Autoren, auf den wir in Kapitel 2.4.2. noch einmal separat eingehen, beinhaltet eine Tabelle wie die unsrige. Vgl. hierzu Meadows et al., 1972, S. 30.

kurzen Perioden einmal abgesehen – nichts anderes als kontrafaktisch. Falsch eingeord-net erwecken sie unhaltbare Illusionen! Gleichwohl legen die Tabellenwerte offen, dass es bei einer anvisierten Verdoppelung des Wohlstands noch dann zu einem großen zeit-lichen Unterschied kommt, wenn sich das tatsächliche mittlere Wachstum am oberen statt am unteren Rand des realistischen Korridors von 0,5 und 2,0 Prozent bewegt – nämlich in Höhe von gut einem Jahrhundert!

2.4.1.2 Sicherung und Steigerung des Arbeitsplatzangebots

Wenn die Arbeits*produktivität* in einer Volkswirtschaft jährlich zunimmt, weil die Beschäftigten aufgrund zunehmender Erfahrung Arbeitsprozesse reibungsfreier bewältigen als zuvor,[292] bedeutet dies, dass es bei einem unveränderten – sprich sta-bilen – Niveau der Gesamtproduktion Jahr für Jahr zu einem Rückgang der *absolu-ten* Beschäftigung kommt: Aufgrund der gestiegenen Effizienz werden für die gleiche Ausbringungsmenge sukzessiver weniger Arbeitskräfte benötigt – einfach weil man gesamtwirtschaftlich „besser" wird.

Um also ein bestimmtes *absolutes* Beschäftigungsniveau über die Gesamtwirtschaft halten zu können, braucht es ein durchschnittliches Wachstum des realen BIP. In den Industrieländern liegt seit einiger Zeit die Zunahme der *jährlichen* Arbeitsproduktivität bei rund 1 Prozent.

Liegen die Wachstumsraten des Bruttoinlandsprodukts unter diesem Wert von 1 Prozent, kommt es folglich zu einem *Rückgang der Beschäftigung*.

Wie in anderen Ländern gibt es auch in Deutschland *keine* Definition für „angemes-senes" Wirtschaftswachstum. Allerdings ist unter Ökonomen unstrittig, dass es aus den eben genannten Gründen mindestens 1 Prozent *sein muss.*[293]

Hat die Arbeitslosigkeit ein (prekäres) Niveau erreicht, wie zuletzt etwa in Grie-chenland, Portugal und Spanien, so dass diese *abgebaut werden muss*, benötigt man aus den gleichen zuvor genannten Argumenten *über mehrere Jahre hinweg* Wachstumsra-ten von rund 2 Prozent. Um ein Gespür zu entwickeln, wie leicht oder schwer ein solches Ziel zu erreichen ist, mag der Einzelne nochmal auf die historischen Wachstumsraten im Einleitungsabschnitt blicken – und dann seine eigenen Schlussfolgerungen ziehen!

2.4.1.3 Erleichterung der Umverteilung

Im ersten Schritt sehen wir uns das Standardargument an (Kapitel 2.4.1.3.1.). Daran anknüpfend haben wir einen Aspekt zu beleuchten, der im Zusammenhang mit der üblichen Argumentation doch allzu oft übersehen wird, der aber zeitlich versetzt zur irrtümlichen Schlussfolgerung neigen lässt, politische Umverteilungsmaßnahmen

---

292 Diese Effekte werden mit den Begriffen Lernkurven- bzw. Erfahrungskurveneffekte versehen!
293 Vgl. Bofinger, 2015, S. 254. Im Jahre 1967 bestand in Deutschland die Vorstellung, das Kriterium der Angemessenheit sei bei einem realen (!) BIP-Wachstum von 4 bis 4,5 Prozent erreicht. Vgl. Dürr, 1977, S. 20 f.

hätten versagt und müssten daher intensiviert werden! Uns geht es mit dieser kurzen Abhandlung vorwiegend darum, sozialpolitischen Desillusionierungen vorzubeugen, die auf der Unkenntnis des Phänomens des Basiseffekts beruhen (Kapitel 2.4.1.3.2.).

2.4.1.3.1 Das gängige Argument

Auch wenn Ludwig Erhard (und mit ihm im Grunde alle Ordoliberalen) der Mehrung des Sozialprodukts weitaus stärkere Beachtung als seiner Verteilung schenkten, so ist es nicht von der Hand zu weisen, dass verteilungspolitische Maßnahmen in Phasen des Wachstums leichter durchzusetzen sind als bei Stagnation: Beabsichtigt man politisch eine bestehende Einkommenslücke zwischen „oben" und „unten" zu verkleinern, dann geht dies schon in einer stagnierenden – ganz zu schweigen bei einer schrumpfenden – Wirtschaft unweigerlich damit einher, dass die Einkommen der Wohlhabenden *absolut* gekürzt werden müssen! Ein Umstand, der nicht lange unentdeckt bleibt und sich in politischem Unmut artikulieren wird![294]

Wächst stattdessen eine Wirtschaft, kann man den „Reichen" von ihrem *Zugewinn* etwas nehmen, ohne dass diesen den Eindruck haben müssten, sie träten auf der Stelle: Auch ihnen geht es ungeachtet ihrer steuerlichen Belastung *absolut* besser. Kurzum: Wachstumsphasen erlauben es einer Regierung, dass alle Betroffenen sich gut fühlen – *trotz* oder gerade *wegen* der Umverteilung! Zumindest darf man davon ausgehen, dass sich der negative Anreizeffekt für die „geschröpften" Oberschichten in Grenzen hält.

Soweit also die Standardargumentation, die die weit verbreitete Ansicht zum Ausdruck bringt, dass wirtschaftliches Wachstum gerade für die weniger wohlhabenden Schichten eines Landes von Bedeutung ist – auch um die gesellschaftliche Solidarität und Stabilität nicht zu gefährden.

2.4.1.3.2 Der übersehene Basiseffekt – Ein Gedankenexperiment

Was von den Verfechtern dieser gängigen Argumentation allerdings nur allzu oft übersehen wird, ist, dass die *absolute Lücke* immer größer wird, wenn die Einkommen an beiden Enden der Pyramide mit *gleichen* Raten wachsen! Wer also für eine „weiche" Umverteilung mit dem Ziel der Verkleinerung der *absoluten* Lücke eintritt, muss neben einem Einkommenswachstum aller Gesellschaftsmitglieder auch für *höhere* Wachstumsraten bei den Einkommen am *unteren Ende* als bei den Privilegierten am oberen Ende sorgen bzw. eintreten.

---

[294] Wir sehen von einer schuldenfinanzierten Umverteilung an dieser Stelle ab. Ein interessantes, hypothetisches Gedankenexperiment in diesem Zusammenhang findet sich bei Pierenkemper. Für die vorindustrielle Zeit zeigt dieser auf, dass eine Umverteilung von oben nach unten keinen breitenwirksamen Effekt gehabt hätte: Die Menschheit wäre trotz Umverteilung weiterhin absolut arm geblieben. Vgl. Pierenkemper, 2015, S. 11 f. Zur umverteilungsorientierten Wachstumsnotwendigkeit moderner Gesellschaften siehe auch Lutz, 2022, S. 296 f.

Dabei gilt es zu beachten, dass diese zweite Anforderung *notwendig aber nicht hinreichend* ist, um die absolute Lücke zwischen den Reichsten und Ärmsten zu reduzieren: Selbst ein deutlich kleineres prozentuales Wachstum am oberen Ende der Skala kann reichen, dass die Kluft zwischen den Wohlhabendsten und den am wenigsten Begüterten absolut zunimmt.

Für ein besseres Verständnis dieser Problematik, wollen wir den entsprechenden Gedanken jetzt noch einmal genauer beleuchten! Zur Illustrierung wählen wir aber jetzt nicht die oberen und unteren Einkommensschichten *eines* Landes, sondern wählen ein Beispiel auf der Ebene zweier Länder: einem Industrie- und einem Entwicklungsland.

Dazu nehmen wir ein einfaches Beispiel. Im Jahr 2013 gab der Internationale Währungsfonds (IWF) grob folgende Werte für das Pro-Kopf-Einkommen (PKE) in Niger und Deutschland bekannt: Niger 400 USD, Deutschland 44.000 USD. Auf Basis dieser Werte betrug also die absolute Differenz im PKE der beiden Länder 43.600 USD im Jahr 2013!

Unterstellen wir, dass das Durchschnittseinkommen in Niger im Jahr 2014 um bemerkenswerte zehn Prozent und Deutschland in Höhe von einem Prozent gewachsen wäre, dann hätten sich für das Folgejahr (2014) die in Tabelle 2.4. ausgewiesenen PKE-Werte ergeben.

Tabelle 2.4: Pro-Kopf-Einkommen von Niger und Deutschland (2014) im Rahmen des Fallbeispiels.

Land	PKE (in US-Dollar)
Niger	440
Deutschland	44.440

Die absolute PKE-Lücke zwischen diesen beiden Ländern wäre in diesem Zeitraum also gestiegen, *trotz* eines beeindruckend starken Wachstums in Niger und einer gemächlich wachsenden deutschen Wirtschaft!

Unterstellt man nur des Gedankenexperimentes wegen, dass es bei den jeweiligen Wachstumsraten in beiden Ländern auf Dauer bleibt, nach wie vielen Jahren würde es Niger dann gelungen sein, das gleiche Pro-Kopf-Einkommen wie Deutschland zu erwirtschaften?[295] Und wie viele Jahre würde es brauchen, bis sich die Schere beim durchschnittlichen Einkommensniveau zu schließen beginnt?

---

295 Wir wollen nicht der Eindruck vermitteln, dass es per se anzustreben ist, dass beide – hier willkürlich gewählten Länder – ein identisches PKE erzielen. An dieser Stelle geht es allein darum, zu verdeutlichen, wie herausfordernd es für die Regierungen von Schwellen- und Entwicklungsländern ist, die PKE-Lücke zu den Industrieländern zu schließen, zumal rasch! Mitunter sind ja in Industrieländern Stimmen zu vernehmen, die darauf hindeuten, die Entwicklungsländer täten nicht genug! Das mag partiell so sein. Doch selbst wenn sie in den Augen ihrer Kritiker genügend täten, braucht es – wie wir dargelegt haben – enorm viel Zeit, bis das trübe Bild der absoluten Einkommenslücke sich aufzuklaren

Die erstaunlichen Antworten lauten, dass es 58 Jahre dauern würde bis in dem skizzierten Fall die Pro-Kopf-Einkommen auf gleichem Niveau sind. Darüber hinaus würden sich unter den getroffenen Annahmen die absoluten Einkommen zwischen Niger und Deutschland noch weitere 31 Jahre lang auseinanderspreizen, bevor die absolute Lücke Jahr für Jahr enger wird. Der größte absolute Unterschied erreicht dabei nach 32 Jahren die Höhe von 52.373 USD.

Wie wahrscheinlich es ist, dass ein Land für knapp 60 Jahre Wachstumsraten von zehn Prozent aufweist, kann sich jeder ausmalen, der nochmal einen Blick auf die in der Einleitung dargelegten historischen Wachstumsraten wirft: Es ist damit *nicht* zu rechnen!

2.4.2 Kritik an der Wachstumsforderung

Es sollte uns erstaunen, wenn die vorgenannten Argumente, die wirtschaftliches Wachstum nicht nur wünschenswert, sondern zum Teil auch als zwingend notwendig erachten lassen, widerspruchslos geblieben wären.[296] Dem Wachstumszwang zum Erhalt des Arbeitsplatzangebots ist beispielsweise mit dem Verweis begegnet worden, dass eine steigende Arbeitsproduktivität keineswegs mit einer Arbeitskräftefreisetzung einhergehen müsse. Auch die Länge des mittleren Arbeitstages ließe sich prinzipiell kürzen.[297]

Insgesamt wurden die Einwände am ökonomischen Wachstumsziel spätestens in den 1960er Jahren vernehmbarer. Drei Kritikpunkte standen dabei im Vordergrund.

Ein erster Wachstumseinwand richtete sich an die weit verbreitete Vorstellung, dass sich mit einem Anstieg der *materiellen* Wohlfahrt auch der allgemeine Wohlstand unaufhörlich verbessert. Konsum also mit Wohlergehen gleichgesetzt wird!

Doch dies sei eine trügerische, verkürzte Sicht auf das Leben und die Lebensgestaltung. Auch würden die Wachstumsbefürworter übersehen, dass die Zeit, die zum Konsum materielle Güter zur Verfügung steht, begrenzt ist. Schon deshalb kann man nicht unentwegt konsumieren. Zudem kann die latente Aufforderung zum Konsum bei Individuen zu Frustration und anderen negativen Gefühlen führen,[298] da sich soziale Anerkennung und andere immaterielle Bedürfnisse nur begrenzt durch den Erwerb von Gütern, etwa Statussymbolen, *wirklich* befriedigen lassen – zumal dauer-

---

beginnt! Ein Umstand, den auch die ehrbarsten Politiker vielfach übersehen, wenn in Migrationsdebatten der Blick auf die Bekämpfung von Fluchtursachen geworfen wird. Analoges gilt selbstredend auch für einen wie auch immer gearteten politischen Wunsch festzustellen, die Einkommensdisparitäten zwischen Arm und Reich in den Industrieländern einzuschmelzen!

296 Neben den von uns behandelten Gründen werden noch weiter zugunsten des wirtschaftlichen Wachstums vorgebracht. So wurde ein Wachstumszwang aufgrund der menschlichen Gier genauso abgeleitet wie eine Wachstumsnotwendigkeit wegen des Zinsdienstes, der bei schuldenfinanzierten Investitionen anfällt. Vgl. hierzu etwa die Ausführungen bei Lutz, 2022, S. 297 ff.

297 Vgl. z. B. Lutz, 2022, S. 302.

298 In Bezug auf die latente Aufforderung zum Konsum sei angemerkt, dass beispielsweise Erhard vom *Willen zum Verbrauch* spricht. Vgl. Erhard, 1964, S. 221.

haft. Ferner sei zu bedenken, dass mittlerweile Güter produziert werden, die nicht zur Befriedigung bestehender Bedürfnisse dienten, sondern erst durch Werbung und Marketing neue erzeuge.[299]

Kurzum: Die Ausrichtung der Wirtschaft auf Wachstum und maximalen Konsum blendet wichtige Dimensionen eines gelingenden Lebens durch eine einseitige Betonung des Materiellen aus.

Ein zweiter Kritikpunkt betrifft die mit einer auf Wachstum und Konsum ausgerichteten Produktionsweise, die ein Höchstmaß an Arbeitsteilung bedingt und menschliche Arbeit damit zunehmend fremdbestimmt und monoton macht.[300] Indem die produktive Betätigung irrigerweise noch als reines Leid im Sinne eines Zeitopfers verstanden wird, zieht man eine Befriedigung durch die Arbeit selbst erst gar nicht in Erwägung. Das ist umso unverständlicher als Menschen mit zunehmend formaler Qualifizierung Sinn in der beruflichen Tätigkeit suchen.

Spätestens mit dem Erscheinen des Berichts *Grenzen des Wachstums* von Meadows et al. für den Club of Rome (1972) erlangte der *dritte* Einwand an einer wachstumsorientierten Wirtschaftspolitik, die Endlichkeit natürlicher Umweltgüter, eine breite öffentliche Aufmerksamkeit.[301] Hierbei wurden der „Verbrauch und [die] destruktive Modifikation"[302] von Naturalfaktoren gleichermaßen adressiert.[303]

Nachdem wir die drei gängigsten Kritikpunkte eines auf Wachstum ausgerichteten Gesellschaftsmodells benannt und aufgezeigt haben, sei betont, dass eine generelle Abwägung der Wünschbarkeit von Wirtschaftswachstum hier nicht erfolgen kann; eine derartige Entscheidung lässt sich allein auf politischer Ebene treffen. Ungeachtet dessen

---

299 Vgl. hierzu beispielsweise schon Dürr, 1977, S. 28 ff.

300 Das „Monotonie"-Argument ist schon zu Beginn der industriellen Revolution als Kritikpunkt an der industriellen Arbeitsorganisation vorgebracht worden. Insofern weist etwa Kolb darauf hin, dass „die als Nachteil erkannte Abstumpfung der Arbeiter bereits zu den traditionellen Standards bei der Erörterung der Arbeitsteilung [gehört]." Kolb, 1997, S. 56.

301 Vgl. hierzu Lutz, 2022, S. 266 ff. sowie der Bericht von Meadows et al., 1972, S. 17 ff. Der Meadows-Bericht wurde gerade von Ökonomen immer wieder stark kritisiert, auch weil seine Prognosen, etwa zum zeitlichen Versiegen der Erdölreserven, nicht eingetroffen sind. Vgl. hierzu etwa Weizsäcker und Wijkman, 2017, S. 39 ff., die als Ko-Präsidenten mit weiteren Mitgliedern des Clubs of Rome einen Bericht zu dessen 50-jährigen Bestehen vorgelegt haben. Eine Kritik an der konventionellen Kritik der Ökonomen am Meadows-Bericht findet sich bei Lutz, 2022, S. 269 ff.

302 Lutz, 2022, S. 266.

303 Es sei beispielsweise an das Abholzen von Regenwäldern, den Raubbau an nicht-nachwachsenden Rohstoffen, an die Schädigung der Weltmeere durch die Entsorgung nichtabbaubarer Materialen wie Plastik oder an die Zerstörung vormals unberührter Landstriche durch Massentourismus erinnert. Vgl. z. B. Dürr, 1977, S. 28 ff. oder auch Meadows et al., 1972. Eine umfangreiche Abhandlung zur Kritik am ökonomischen Wachstumsziel aufgrund ökologischer Begrenzungen bietet Lutz, 2022, S. 266 ff. In Lektion 12 werden wir bei der Diskussion um die sog. negativen Externalitäten sehen, dass sich die Ökonomik mit dem Thema der Umweltbelastung bereits im frühen 20. Jahrhundert zu beschäftigen begann. Wir werden dann auch auf wirtschaftspolitische Umgangsmöglichkeiten bei Umweltbelastungen aus wirtschaftlicher Aktivität eingehen.

sollte bei aller berechtigten Kritik an einem kruden Wachstumsverständnis und einer wahnhaften Wachstumsausrichtung („Wachstumsmanie") *nicht* übersehen werden, dass die *Freiheit von materieller Not* bei allen historischen Erfolgen noch immer ein *unerreichtes Ziel* für einen Großteil der Menschheit ist.[304]

Vor diesem Hintergrund wird im Folgenden in einem erhardschen Sinne davon ausgegangen, dass Wachstum ein sinnvolles Ziel der Wirtschaftspolitik auf dem Weg zur individuellen und gesellschaftlichen Entwicklung ist und bleibt.[305] Erhard schrieb:

> Die Wohlstandsvergrößerung schafft [...] die Grundlage, den Menschen einer primitiven, nur materialistischen Denkweise zu entreißen –; sie sollte es jedenfalls tun. Und ich vertraue auch darauf, weil in meiner Schau die Menschen nur so lange materialistisch gebunden sein werden, als sie in den Kümmernissen des Alltags gefangen sind und sich in solcher Armut nicht über die Niederungen des Lebens erheben können.[306]

Mit dieser Auffassung stand Erhard ganz in der Tradition von Marshall, nach dem die Ökonomie „ihre Legitimation aus dem Kampf gegen die ‚Armut der Armen' [bezog]."[307]

2.5 Fazit

Die relativ junge Erscheinung des wirtschaftlichen Wachstums ist *nicht* monokausal; langfristig wird dieses vielmehr durch ein Bündel an Faktoren bestimmt. Eine Wirtschaftspolitik, die diesem Umstand keine Rechnung trägt, indem sie in ihrer programmatischen Ausrichtung einseitige Schwerpunkte auf einzelne dieser Faktoren legt, darf sich infolgedessen nicht wundern, wenn gesamtwirtschaftliche Wachstumsziele verfehlt bleiben.

Die industrielle Revolution hat wesentliche Wachstumsdeterminanten sichtbar gemacht, allen voran den technischen Fortschritt und die Ausstattung mit Sachkapital. Die Wachstumsforschung hat lange Zeit die „weichen" Faktoren vernachlässigt, die nicht minder bedeutsam für die wirtschaftliche Entwicklung sind. Vergleichsweise wenig Aufmerksamkeit wurde beispielsweise dem Sozialkapital eines Landes geschenkt. Zu diesem gehört mit der institutionellen Infrastruktur die grundlegende Wirtschaftsordnung, in der sich die gesellschaftliche Haltung zu den Märkten spiegelt.

Bevor wir an dieser Stelle anknüpfen und die Funktionsweise von Märkten in Lektion 3 nun zu untersuchen beginnen, seien noch zwei abschließende Bemerkungen erlaubt.

---

304 Eine Einordnung, die z. B. geteilt wird von Baßeler/Heinrich/Utecht, 2010, S. 846.

305 Ein stetiges und angemessenes Wachstum ist auch ein Baustein im sog. magischen Viereck, in dem Ende der 1960er Jahre für die Bundesrepublik Deutschland makroökonomische Zielvorstellungen verankert wurden. Vgl. hierzu Lektion 5, Kapitel 2.2.3.

306 Erhard, 1964, S. 222 f.

307 Oltmanns, 1993, S. 32.

Über eine Postwachstumsgesellschaft zu sinnieren, wie das in den Industrieländern in manchen Gesellschaftskreisen nicht unpopulär ist, darf aus einer globalen Perspektive noch immer als eine Luxusdebatte von Salonlöwen betrachtet werden, die sich
offensichtlich dann besonders gut führen lässt, wenn man weitestgehenden Abstand
zu den realen Lebensverhältnissen in Schwellen- und Entwicklungsländern hat. Bei
dieser Feststellung übersehen wir nicht, dass Entwicklung immer mehrdimensional
ist und über das monodimensionale Wachstums*ergebnis* in Form eines steigenden
Pro-Kopf-Einkommens hinausgeht.

An den Rand der Seriosität sind in den Industrieländern aber auch Politiker gekommen, die heute Wachstumsraten wie zu Zeiten des sog. Wirtschaftswunders in den
1950er Jahren versprechen.

Kontrollfragen

– An welche Voraussetzung war die industrielle Revolution geknüpft?
– In welchem Land steht die Wiege der industrielle Revolution?
– Welche Branchen waren von der frühen Industrierevolution betroffen?
– Wann setzt das Eisenbahnzeitalter ein?
– Welche Bedeutung kommt dem Bessemer-Verfahren für die Entwicklung des Kapi-
  talismus zu?
– Welche Konsequenz haben die politischen Änderungen in Kontinentaleuropa am
  Ende des 18. bzw. Anfang des 19. Jahrhunderts hinsichtlich der Staatsschuld?
– Was sind die Gründe für das wirtschaftspolitische Wachstumsziel?
– Welchen Determinanten bestimmten das langfristige Wirtschaftswachstum?
– Wie lässt sich das Arbeitsvolumen in einer Gesellschaft steigern?
– Welche Wirkung hat die Industrierevolution auf die Entwicklung des weltweiten
  Wohlstands bis heute entfaltet?
– Eine gängige Ansicht ist, dass die einsetzende industrielle Revolution zunächst die
  Armut erhöht hat. Wie ordnen Sie diese Vorstellung ein?
– Wie haben sich die Wachstumsraten in West- und Osteuropa zwischen 1945 und
  1990 entwickelt?

Lektion 3
Einführung in die Funktionsweise von Märkten, Teil 1

https://doi.org/10.1515/9783111331607-004

3.1 Einführung – Wesen und Bedeutung von Märkten in unseren Gesellschaften

Nach dem Zweiten Weltkrieg haben sich die Gründerväter der Bundesrepublik bei der Gestaltung der Wirtschaftsordnung für das *Leitbild* der Sozialen Marktwirtschaft entschieden. Auf dem theoretischen Fundament des Ordoliberalismus beruhend, lag diesem Konzept die Idee zugrunde, dass zunächst die **Marktwirtschaft** das *ordnende Prinzip* in wirtschaftlichen Angelegenheiten der Gesellschaft sein sollte.[308]

Neben West-Deutschland haben sich auch alle anderen westlichen Industrieländer nach 1945 im Grundsatz zu einer solchen Marktwirtschaft bekannt.

Im scharfen Kontrast dazu richteten sich im gleichen Zeitraum die Staaten des damaligen Ostblocks, angeführt von der UdSSR, an einem anderen Wirtschaftsordnungskonzept aus: an dem der Zentralverwaltungswirtschaft. Deren theoretisches Fundament bildet der *wissenschaftliche Sozialismus*, auf den wir in Lektion 6 eingehen.

Inzwischen hat die Geschichte gezeigt, dass sich diese vormaligen Ostblockländer mit dem Mauerfall im Jahr 1989 von der sozialistischen Idee verabschiedet haben und das Ordnungsprinzip des Marktes dort heute einen Stellenwert genießt, der sich kaum von dem in Westeuropa unterscheidet.

Diese kurze historische Einordnung ist uns Grund genug, die Frage zu stellen, was es mit den Märkten auf sich hat, die eine so bedeutende Rolle in unseren modernen Gesellschaften einnehmen. Wie funktionieren sie und wie verschafft sich das *ordnende Prinzip* ihres Wesens Ausdruck?[309]

Der Einstieg in die Funktionsweise von Märkten erfolgt in den Standardlehrbüchern seit Jahrzehnten über das neoklassische Grundmodell von Angebot und Nachfrage, dem sogenannten Marshall'schen Kreuz. Durch diese traditionelle Toröffnung werden auch wir schreiten (Kapitel 3.3). Zumindest wollen wir diesen gängigen Pfad als Option zu einem Marktverständnis anbieten. Schließlich hat dieser orthodoxe Zugang gewisse Vorzüge, allen voran methodische. Genau aus diesem Grunde wirkt er aber zugleich sehr technisch bzw. formalistisch – was gerade auf manchen Ökonomieanfänger abschreckend wirkt. Dies ist uns Anlass genug, einen schnörkelloseren Zugang zum Marktverständnis zu wählen, indem wir uns mit der Frage beschäftigen, was den Marktpreis bestimmt (Kapitel 3.2). Mit diesem „Schnelleinstieg" wird es uns – gerade

---

308 Zu den bekanntesten Vertretern des Ordoliberalismus gehören Walter Eucken (1891–1950), Franz Böhm (1895–1977) und Leonhard Miksch (1901–1950). Diese frühen Impulsgeber lehrten alle an der Universität Freiburg (Breisgau), weshalb auch von der *Freiburger Schule der Nationalökonomie* gesprochen wird. Der Begriff *Soziale Marktwirtschaft* geht nicht – wie vielfach geglaubt wird – auf Ludwig Erhard (1897–1977), den Vater des deutschen „Wirtschaftswunders", sondern auf Armin Müller-Armack (1901–1978) zurück. Vgl. z. B. Klein, 26.04.1997, S. 15.

309 Selbstredend haben Märkte auch *in* und *für* Schwellen- und Entwicklungsländer Bedeutung. Mit passenden Beispielen werden wir dies über den Fortgang unserer Lektionen immer wieder erkennbar machen.

für den weiteren Verlauf – darüber hinaus gelingen, *erste Unterschiede* zwischen zwei ökonomischen Denkschulen *einzuleiten*: der österreichischen und der vielfach als Hauptstrom bezeichneten Neoklassik. Außerdem zeigen wir damit, dass der gängige Einstieg in die Ökonomie nicht alternativlos ist. Mit einer abschließenden Betrachtung schließen wir diese Lektion (Kapitel 3.4).

3.2 Was bestimmt die Marktpreise? – Ein etwas unkonventioneller Direkteinstieg

Ökonomen verstehen unter einem Markt einen **institutionalisierten Ort des Tausches**: Hier treffen also grundsätzlich Tausch*willige* – mit anderen Worten Anbieter und Nachfrager – aufeinander und loten aus, ob sie ein von ihnen gewünschtes Gut gegen ein entsprechendes Äquivalent letztendlich zu tauschen bereit sind.

Für die tatsächliche Bereitschaft zum freiwilligen Tauschakt erlangen nun die Tausch*verhältnisse* für *jedes Individuum* Bedeutung: das tauschende Wirtschaftssubjekt erhält stets durch den Tausch etwas, was ihm offensichtlich einen **Nutzen** bereitet. Um nun in den Genuss des Gutes zu gelangen, von dem es sich einen Nutzen verspricht, muss das gleiche Wirtschaftssubjekt jedoch der am Tausch beteiligten Gegenpartei etwas anbieten – das Tauschäquivalent. Mit der Hergabe eines solchen Äquivalents an den Tauschpartner entstehen ihm aber zugleich **Kosten**. Insofern wird jeder Tauschwillige aus seiner *subjektiven Perspektive* abwägen, in welchem Verhältnis Kosten und Nutzen bei einem möglichen Tausch für ihn stehen (siehe Lektion 1, Kapitel 3.2.5).

Das Äquivalent zum Handelsgut bildet in den modernen Gesellschaften zumeist das Geld. Dessen Erhalt muss dem Verkäufer ganz offensichtlich den notwendigen Nutzen stiften, der die Kosten kompensiert, die ihm mit der Hergabe des Gutes entstehen. Ansonsten würde er einer Tauschofferte nicht zustimmen! Beim Käufer gestalten sich die Verhältnisse entsprechend spiegelbildlich. Hier sind mit der Geldaufgabe individuelle Kosten verbunden, die durch den Nutzen aufgewogen sein müssen, den der Käufer aus dem Erwerb des Handelsgutes zieht.

Diese schlichte Tatsache, dass sich hinter jeder Markttransaktion *subjektive* Entscheidungen der Beteiligten befinden, bringt uns der Antwort auf die Frage nahe, was eigentlich die Preise für ein beliebiges Gut – etwa von Kaffee, Schokoladeneis, Socken, Kinokarten oder Feingold – bestimmt. In prägnanter Form lässt sich formulieren, dass zwei grundlegende Faktoren, nämlich Angebot und Nachfrage, der Preisbildung am Markt zu Grunde liegen.

Dass ritualisierten Tänzen zur Walpurgisnacht oder anderen verwegenen Methoden *keine* Funktion zukommt, darüber sind sich auch die Ökonomie-Einsteiger bewusst. Nichtsdestotrotz fällt es diesen nicht uneingeschränkt leicht, die beiden oben genannten Elemente spontan zu benennen, die das Räderwerk der Preisbildung am Laufen halten. Das ist umso erstaunlicher, als wir alle – und somit auch die bis dahin von der

Ökonomie Verschonten – tagtäglich auf Märkten aktiv sind, sei es beim Bäcker, im Supermarkt, im Modegeschäft oder auf Shopping-Portalen im Internet.

Wie groß das individuelle Vorwissen auch sein mag, es erscheint für den Einstieg in das Fach Volkswirtschaftslehre – wenn nicht zwingend notwendig – so doch geboten, die Gesetzmäßigkeiten, die bei der Preisbildung greifen, aufzufrischen, abzusichern oder erstmalig kennenzulernen.

Dazu betrachten wir das Verhalten repräsentativer Akteure zunächst für jede Marktseite isoliert (Kapitel 3.2.1.), bevor wir Anbieter und Nachfrager der Praxis entsprechend auf einem Markt interagieren lassen (Kapitel 3.2.2.). Abschließend gehen wir der Frage nach, welche Auswirkungen es auf die Preisbildung hat, wenn sich auf einer der beiden Marktseiten die Pläne der handelnden Akteure ändern (Kapitel 3.2.3.).

3.2.1 Angebot und Nachfrage – Eine isolierte Betrachtung

Blicken wir hierzu beispielhaft auf den Handel mit Kaffee in einem bestimmten Wirtschaftsraum, etwa einer deutschen Metropole mit 500.000 Einwohnern.[310] Damit wir keine beliebigen, sondern belastbare Einsichten über das Verhalten der Marktakteure erhalten, müssen wir jetzt noch den Faktor Zeit bedenken. Der Einfachheit halber wählen wir zunächst den recht kurzen Zeitraum von einem Tag.

Zu Tagesbeginn verfügen die Händler unserer Metropole über einen gewissen Bestand an Kaffeebohnen, der darauf wartet, vermarktet zu werden. Nehmen wir an, diese anfängliche Menge belaufe sich auf 10.000 Kilogramm.[311] Von Bestandsänderungen durch angelieferte Neuware oder Vorratszerstörung, etwa durch Brand, *während* der Beobachtungsperiode sehen wir im Moment ab.

Mit diesen rudimentären Informationen können wir bereits ein einfaches Diagramm zeichnen, in welchem wir auf der horizontalen Achse – der Abszisse – die Mengeneinheit unseres Gutes abtragen. Im gewählten Beispiel also Kilogramm Kaffee. Entlang dieser Achse nimmt die Menge von links nach rechts zu. Dabei werden nur positive Werte betrachtet, die Abszisse beginnt folglich im Ursprung. Auf ihr lässt sich nun bei 10.000 Kilogramm der von uns identifizierte Bestand an Kaffee als Vertikale abtragen. Diese Gerade repräsentiert somit die Angebotsmenge der ortsansässigen

---

310 Das Kaffeebeispiel ist entlehnt Rothbard, 2008, S. 15 ff.; man könnte selbstredend andere Beispiele wählen, etwa den Markt für Mietwohnungen, auf dessen Situation wir in Lektion 9 detaillierter zu sprechen kommen.

311 Für das gewählte Metropolen-Beispiel ist eine tägliche Handelsmenge in Höhe von 10 Tonnen Kaffee nicht aus der Luft gegriffen: Im Jahr 2020 hat in Deutschland jeder Einwohner im Schnitt 4,8kg Kaffee pro Jahr konsumiert. Dies bedeutet für unsere Kommune mit 500.000 Einwohnern ein durchschnittlicher Monatsbedarf von 200.000 Kilogramm. Unterstellt man nun noch bei zwanzig Handelstagen einen gleichverteilten Nachkauf durch die Verbraucher, werden pro Tag 10.000 Kilogramm benötigt.

Händler für den betrachteten Handelstag (siehe Abbildung 3.1). Man kann insofern auch von einer Angebotskurve sprechen.

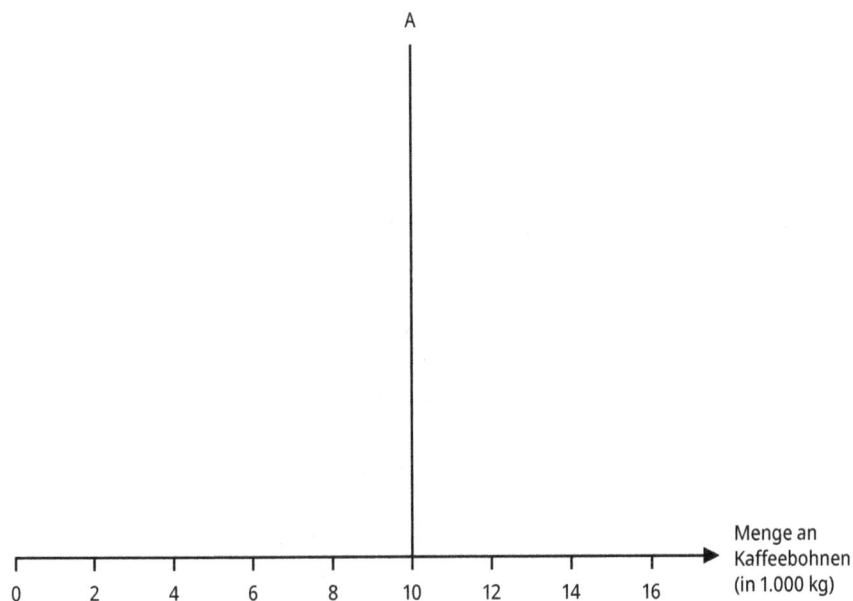

A

Menge an
Kaffeebohnen
(in 1.000 kg)

| 0 | 2 | 4 | 6 | 8 | 10 | 12 | 14 | 16 |

Abbildung 3.1: Kurzfristige Angebotsmenge an Kaffeebohnen in einer bestimmten Wirtschaftsregion.

Die Nachfrage nach Kaffeebohnen, die sich über diesen Tag in der betreffenden Großstadt durch Privathaushalte und Gewerbetreibende wie Bar- und Restaurantbesitzer entfaltet, kann **nicht** wie der Anfangsbestand, also das Angebot, zu Beginn der Zeitperiode **objektiv** gemessen werden. Auf unseren *konkreten* Fall lassen sich gleichwohl zwei *grundsätzliche Einsichten* zum Nachfrageverhalten übertragen. Zu diesen gehört die allgemeine Beobachtung, dass die Nachfrage nach einem Gut umso *geringer* ausfällt, je *höher* der Preis dieses Gutes ist. Umgekehrt zeigt sich immer wieder, dass die nachgefragte Menge nach einem Gut steigt, wenn sich sein Preis reduziert.[312]

---

312 Bei der Herleitung dieser prinzipiellen Beobachtungen haben wir der Einfachheit halber unterstellt, dass *alles andere*, was auf die Nachfrage Einfluss nehmen kann, zum Beispiel das verfügbare Einkommen der privaten Haushalte, *einstweilen unverändert* bleibt. Diese anfängliche Prämisse erscheint uns vertretbar – allen voran, wenn wir die gewählte Zeitperiode von einem Tag zum Ausgang unserer Darstellung bedenken. Bei diesem methodischen Kniff, alles andere einzufrieren, sprechen Volkswirte auch von *ceteris paribus* (siehe Lektion 2, Kapitel 3.3.1.1.1.).

In dem Bewusstsein um dieses generelle Verhaltensmuster von Nachfragern wollen wir nun annehmen, dass das Kilogramm Kaffeebohnen aus irgendeinem Grund in besagter Kommune zu dem „sportlichen" Preis von 200 Euro verkauft wird. Unter diesen Bedingungen dürften sich vom Kaffeemarkt viele, vielleicht gar alle, Nachfrager verabschieden – wenn auch mitunter mit schwerem Herzen. Es darf erwartet werden, dass ein Teil derer, die sich vom Markt abwenden, nun zu anderen Gütern wechselt, etwa zu Tee oder Kakao, die als Substitute zu Kaffee gedeutet werden können.

Sollten bei einem Bohnenpreis von 200 Euro pro Kilogramm noch nicht alle Haushalte ihre Nachfrage eingestellt haben, so lassen sich mindestens zwei Schlüsse ziehen: erstens, dass diejenigen, die das Produkt weiterhin käuflich erwerben, relativ „tiefe Taschen" und/oder eine ausgeprägte Leidenschaft für Kaffee entwickelt haben – sie also veritable „Coffee-Junkies" sind.

Außerdem lässt sich schließen, dass der sogenannte **Prohibitivpreis** noch nicht erreicht ist, also derjenige Preis, bei dem die Nachfrage nach einem Gut vollständig versiegt. Anders formuliert: Mit dem Prohibitivpreis geht die Nachfragemenge von null Einheiten einher. Der Preis hat in diesen Fall also eine derart schwindelerregende Höhe erklommen, dass auch dem Allerletzten der Kaffeegenuss vergällt wird. Zu Illustrationszwecken wollen wir annehmen, dass dieser Punkt in unserem Gedankenexperiment bei einem Bohnenpreis von 250 Euro pro Kilogramm erreicht sei.

Wenn wir uns andererseits vorstellen, der Kaffeepreis käme plötzlich im Bonsai-Format in Höhe von märchenhaften 50 Cent je Kilo um die Ecke, dann dürften die Kaffeehändler mit einem wahren Ansturm zu rechnen haben: Bei einem Schnäppchenpreis wie diesem wächst unter den Konsumenten die Bereitschaft, Tee, Kakao und sonstigen Ersatzgetränken adieu zu sagen und stattdessen größere Quantitäten an Bohnenkaffee zu erwerben.

Dieses allzu vertraute Reaktionsmuster unter Konsumenten lässt sich mit dem Einkommens- *oder* dem Substitutionseffekts erklären. Betrachten wir zunächst den Einkommenseffekt.

Indem der Preis pro Kilogramm fällt, sind Kaffeebohnen bei unverändertem Einkommen für jeden Haushalt weniger kostspielig. Für Kaffeegenuss muss vom verfügbaren Einkommen fortan also weniger aufgebracht werden. Bestandskunden werden durch diesen Preisrückgang ermuntert, *zusätzliche* Mengen nachzufragen, während bisherige Nichtkunden einen Anreiz erhalten, erstmalig ihre Nachfrage nach Kaffeebohne entfalten zu können. In seiner Wirkung gleicht der Preisrückgang bei Kaffee damit einer *indirekten* Einkommenserhöhung, weshalb vom **Einkommenseffekt** gesprochen wird.

Dass bei sinkendem Preis die Nachfrage nach dem betreffenden Gut steigt, kann aber auch aus einer anderen Perspektive abgeleitet werden: Im *Vergleich zu* seinen *Substitutionsgütern* wird das Gut mit der absoluten Preissenkung nämlich auch *relativ* günstig. Dieser Umstand wird private Haushalte und/oder Unternehmen bewegen, ihre bisherigen (ex-ante) Nachfrage*pläne* anzupassen: Fortan wenden sie sich vom Erwerb potenzieller Substitutionsgütern ab, dem absolut und relativ günstiger gewordenem

Gut hingegen zu. Die Nachfrager nehmen also eine Umschichtung, die Ausdruck des **Substitutionseffekts** ist, in den von ihnen konsumierten Güterbündeln vor. Mit dieser Anpassung geht schließlich ein *höherer Nutzen* für sie einher (wie auch eine indirekte Einkommenserhöhung einen Nutzen darstellt).

Unabhängig von der argumentativen Einflugschneise, erhalten wir im Ergebnis eine **fallende Nachfragekurve**. Diese schneidet, den bisherigen Ausführungen entsprechend, die Preisachse (= Ordinate) beim Prohibitivpreis (siehe Abbildung 3.2). Am unteren Ende der Preisskala, also bei einem Preis von Null, trifft sie bei der sogenannten **Sättigungsmenge** auf die Abszisse (= Mengenachse). Dieser Punkt markiert die maximale Konsummenge. Mit anderen Worten: Selbst wenn die Ware verschenkt werden würde, wird es zu keiner höheren Nachfrage als genau dieser Sättigungsmenge kommen. Jeder weitere Konsum über diesen Punkt hinaus, stiftet keinem einzigen Nachfrager einen weiteren Nutzen. Im Gegenteil! Jedem Nachfrager entstünden mit der *nächsten* Mengeneinheit zusätzliche Kosten, etwa Lagererweiterungs- und/ oder Entsorgungskosten, die er größer als den Vorteil einschätzt, der vom Erwerb einer weiteren, gleichwohl geschenkten Einheit dieses Gutes begleitet wird. Kurzum: Weitere Mengeneinheiten *jenseits* der Sättigungsmenge erzeugen bei jedem Nachfrager einen *negativen Zusatz*nutzen, weshalb alle auf einen weiteren Konsum von diesem Gut verzichten.

Für unser Beispiel mit den Kaffeebohnen wollen wir annehmen, dass die Sättigungsmenge bei 12.000 Kilogramm am Tag erreicht wird (siehe Abbildung 3.2).

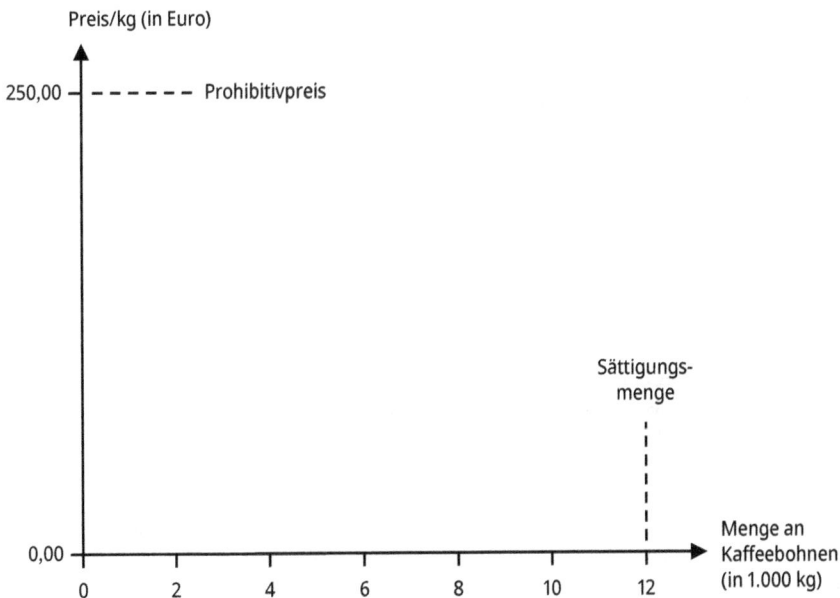

Abbildung 3.2: Prohibitivpreis und Sättigungsmenge als Eckpunkte einer fallenden Nachfragekurve.

Mit der Kenntnis um diese Menge und dem Wissen zum Prohibitivpreis haben wir nun die beiden äußeren Punkte der fallenden Nachfragekurve. Offen ist jetzt einzig, welche konkrete Gestalt unsere Kurve zwischen diesen Eckwerten einnimmt.

Kaskadenförmige Nachfragekurven dürften in der Realität die Norm sein. Gleichwohl wird in einführenden Ökonomie-Lehrbüchern ein linearer Verlauf der Nachfrage der Einfachheit halber unterstellt. Bei aller berechtigten Kritik an dieser Vereinfachung, werden auch wir im Weiteren lineare Nachfragekurven verwenden, obgleich wir in ihnen nur eine grobe Approximation an reale Gegebenheiten erkennen können![313]

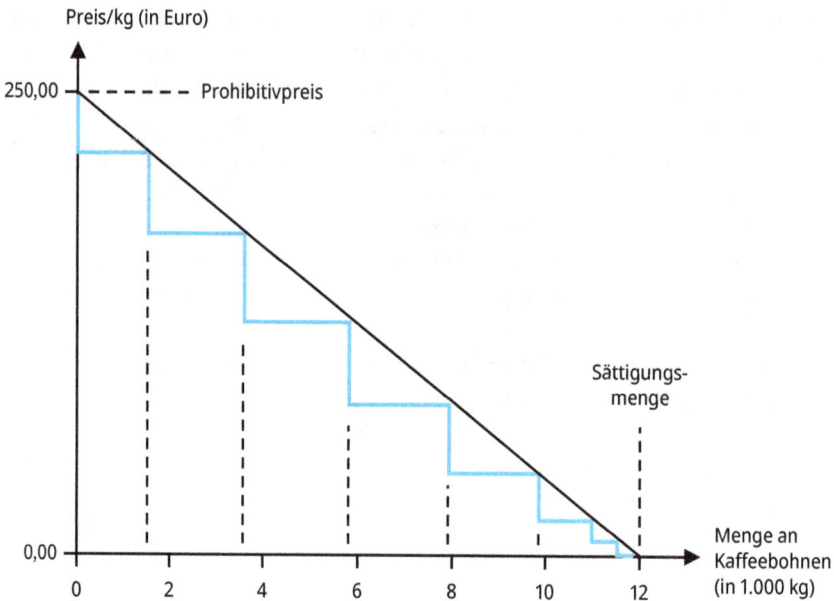

Abbildung 3.3: Nachfragekurve – kaskadenförmig und linear.

---

313 Mit der Annahme einer linearen Nachfragekurve geht einher, dass bei einem Preis von Null mehr konsumiert werden muss als bei einem höheren Preis, etwa bei 10 Cent oder gar einem Cent. Es gibt jedoch empirische Belege dafür, dass dies nicht der Fall ist. „Null" ist nicht nur ein geringerer Preis als 1 Cent, sondern verändert offensichtlich bei vielen Menschen die Betrachtungsebene. Es wird in eine „außerökonomische", soziale Perspektive gewechselt. Und daher halten wir uns bei einem Preis von Null aus Anstand zurück. Tatsächlich gibt es Hinweise, dass die Nachfragemenge bei einem Preis von Null sogar gegenüber einem absurd niedrigen Preis von 1 Cent zurückgeht. Die Veränderung um lediglich einem Cent kann unsere Denk- und Verhaltensweise am unteren Ende des Preisspektrums also substantiell verändern. Auch aus diesem Grund ist die Vorstellung einer linearen Nachfragekurve nicht unproblematisch. Vgl. aus-führlich. Vgl. ausführlich hierzu Ariely 2010, S. 104–112. Zur Kritik an der Vorstellung einer linearen Nachfragekurve siehe auch Rothbard, 2008, S. 17.

Fassen wir das Wichtigste nochmal zusammen: Aus der isolierten Betrachtung der Nachfrageseite geht hervor, dass sich die Konsum*pläne* der privaten Haushalte bei unterschiedlichen, hypothetischen Preisen für ein bestimmtes Konsumgut durch eine fallende Nachfragekurve abbilden lassen. Die an einem *bestimmten Preispunkt* artikulierte Nachfrage*menge*, ist stets das *kumulierte* Ergebnis *subjektiver* Wertschätzungen, welche die einzelnen Akteure eines Wirtschaftsraums in Bezug auf ein bestimmtes Gut (z. B. Kaffeebohnen) als Nachfrager haben.

Auf der anderen Marktseite unterliegt die anbietbare Menge gerade kurzfristig der *objektiven* Tatsache, wie viele Güter – etwa Kaffeebohnen – überhaupt bei den Unternehmen vorrätig sind. In der kurzen Frist ist diese verfügbare Menge oftmals nicht veränderbar, weshalb sich die (sehr) kurzfristige Angebotskurve als Vertikale darstellen lässt.

3.2.2 Preisbestimmung auf dem Markt durch das Interagieren von Angebot und Nachfrage

Kommen wir nun auf die Eingangsfrage zurück, wie sich denn die Marktpreise bestimmen. Zu ihrer Beantwortung können wir auf unsere Vorarbeiten aus Kapitel 3.2.1. zurückgreifen. Notwendig wird jetzt allein noch sein, dass wir die isolierten Kurvendarstellungen von Angebot und Nachfrage in ein Preis-Mengen-Diagramm zusammenführen (siehe Abbildung 3.4).

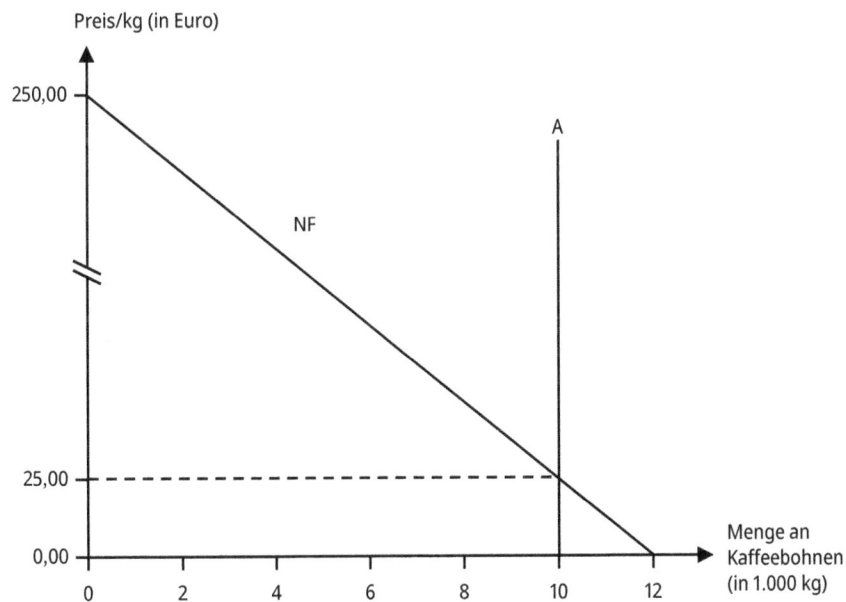

Abbildung 3.4: Marktdiagramm mit Nachfrage- und Angebotskurve in der kurzen Frist.

Was sich mit den bisherigen Illustrationen und Erörterungen bereits angedeutet haben und mit Abbildung 3.4 untermauert worden sein dürfte, lässt sich in Worten bestätigen: Auf freien Märkten hat der beobachtbare Preis für jedes beliebige Gut die **Tendenz**, den imaginären Schnittpunkt von Angebots- und Nachfragekurve wider-zuspiegeln. Auf unserem Markt für Kaffeebohnen wird also zu erwarten sein, dass sich der Marktpreis auf 25 Euro pro Kilogramm einschwingt – dem Punkt, wo sich die Angebots- und Nachfragekurve in unserer Grafik schneiden. Der Preis, der mit dem Schnittpunkt der beiden Kurven einhergeht, wird auch als **Gleichgewichtspreis** bezeichnet.

Um zu verstehen, warum sich dieser Preis tendenziell einstellen wird, wollen wir uns vorstellen, dass der Marktpreis bei vierzig Euro pro Verkaufseinheit liegt – also *oberhalb* dieses Gleichgewichtspreises (siehe Abbildung 3.5). Bei einem solchen Preis wird die nachgefragte Menge an Kaffee geringer sein als die Angebotsmenge, so dass sich ein **Angebotsüberschuss** ergibt. Haben die Kaffeehändler kein Interesse, eine solche Überschussmenge an Kaffeebohnen am Tagesende in ihren Lägern zu bevorra-ten, beispielsweise weil sie Neuware am kommenden Morgen erwarten, bleibt ihnen wenig anderes übrig, als den Preis zu senken.

Mit jedem Preisschritt, mit dem sich die Händler dem Gleichgewichtspreis **tastend** nähern, reduziert sich der Angebotsüberschuss. Verschwinden wird er allerdings erst, wenn sich beim bestehenden Bedarf, das Kilogramm Kaffee zum Preis von 25 Euro angeboten wird. Nur in diesem Fall wird der **Markt geräumt**.

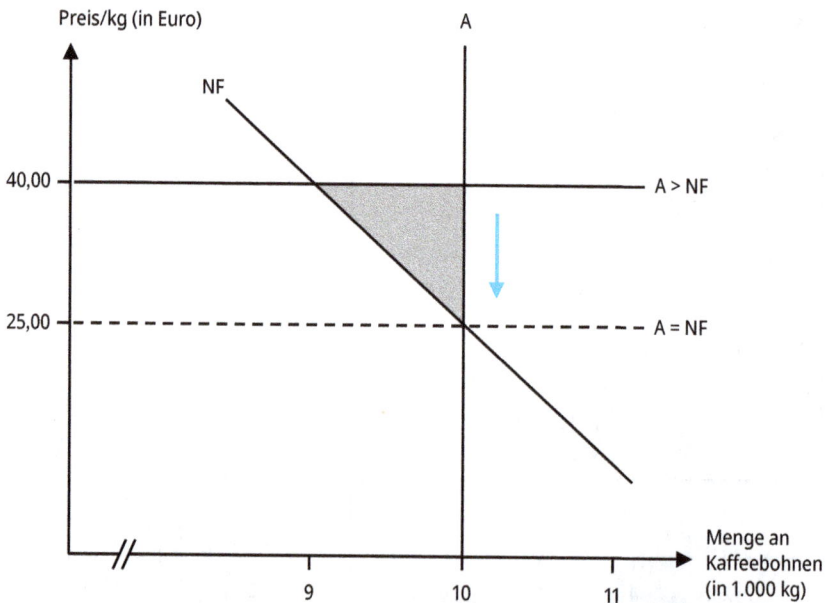

Abbildung 3.5: Angebotsüberschuss im Ausgangspunkt infolge eines zu hohen Marktpreises.

Festhalten wollen wir, dass jeder Angebotsüberschuss *früher oder später* Druck auf die Marktpreise ausübt: technische Produkte veralten, Textilien geraten aus der Mode und Lebensmittel verderben. Bevorratete Güter – die allesamt Kapitalbindungskosten verursachen – können also ab einem bestimmten Zeitpunkt unverkäuflich werden und dem Geschäftsmann Verluste bescheren.[314] Unternehmen, die mit knappen Ressourcen – darunter Geldmitteln – zu wirtschaften haben, können es sich also dauerhaft *nicht* leisten, übervolle Läger vor- und damit den Marktpreis hochzuhalten. Kurzum: von jedem Angebotsüberschuss geht in freien Märkten eine preissenkende Wirkung aus. Bemerkenswerterweise verbirgt sich hinter dieser Beobachtung das schnöde und viel gescholtene Gewinnmotiv der Unternehmen. Ob der Preis von den Kaffeehändlern noch während des Handelstags gesenkt wird, den wir in unserem Gedankenexperiment unterstellt haben, muss gleichwohl offenbleiben. Die preisliche Entwicklungs*richtung* ist nichtsdestotrotz vorgegeben.

Wenn wir uns andererseits vorstellen, dass zu irgendeinem Ausgangspunkt der beobachtbare Marktpreis auf einem Niveau *unterhalb* eines noch unbekannten Gleichgewichtspreises liegt, beispielsweise bei zehn Euro pro Kilogramm Kaffee (siehe Abbildung 3.6), dann wird sich unter den Nachfragern ein Bedarf entfalten, der mit dem vorhandenen Kaffeeangebot nicht befriedigt werden kann. Der Kaffeevorrat mag bei den Händlern zwar **nicht absolut knapper** geworden sein, gleichwohl **aber relativ**: relativ zu den Konsumwünschen bei diesem Marktpreis. Es klafft insofern eine Lücke zwischen artikuliertem Kaufinteresse und vorhandener Angebotsmenge. Ökonomen sprechen in diesem Fall auch von einem **Nachfrageüberschuss** oder **Nachfrageüberhang**.

In Situationen wie dieser sind die bestehenden Kaffeevorräte schnell vermarktet. Entsprechend erhalten die Händler nun einen Anreiz, den Marktpreis anzuheben – winken doch höhere Gewinne. Unabhängig davon, ob sie die Preise noch während der laufenden oder erst ab der kommenden Periode anheben, mit **steigenden Kaffeepreisen** beginnt die **Knappheit** bei diesem Genussmittel zu **schwinden**: Einige Konsumenten begehren nun weniger Quantitäten, andere stellen ihre Nachfrage nach Kaffeebohnen möglicherweise gänzlich ein. Erneut lässt sich ausmalen, dass sich die Händler bei ihrer Preisgestaltung tastend vorwärtsbewegen und sich die ursprüngliche Überschussnachfrage dadurch schrittweise auflöst. Sollten die Händler an der Preisschraube zu kräftig drehen und den Kaffeepreis auf ein Niveau heben, das oberhalb des Gleichgewichtspreises zu verorten ist, wird auch der Dümmste unter ihnen es bald bemerken: Kaffee mutiert zu Blei in den Regalen und verflüchtigt sich *ohne* eine Preissenkung *nicht* von dort. Einzig aus **Eigeninteresse** werden sich die Händler auch diesmal nicht sperren, diese nächste Spielrunde – früher oder später – einzuläuten!

---

314 Diese mögen im einfachsten Fall nur die Miete für den Lagerraum ausmachen. Viele Waren benötigen gleichwohl eine entsprechende Behandlung, müssen aufgrund spezifischer Gütereigenschaften angemessen gelagert werden – was Kosten verursacht, die über die reine Raummiete hinausgehen.

Preis/kg (in Euro)

A

NF

40,00 ·· A > NF

25,00 – – – – – – – – – – – – – – – A = NF

10,00 · A < NF

Menge an
Kaffeebohnen
(in 1.000 kg)

9   10   11

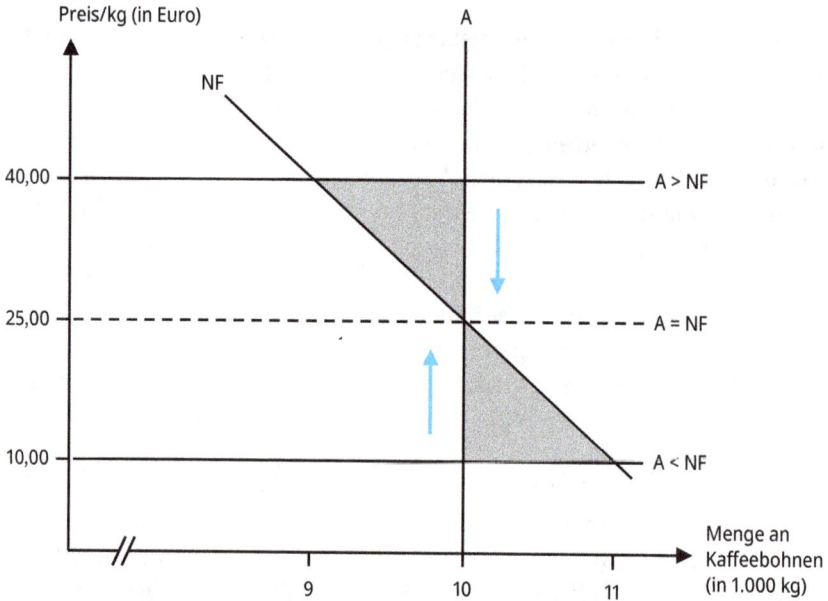

Abbildung 3.6: Marktgleichgewicht und Überschüsse auf der Angebots- bzw. der Nachfrageseite.

Mit dieser Illustration zum Kaffeemarkt konnten wir auf vergleichsweise einfache Weise entdecken, wie der Preismechanismus auf freien Märkten funktioniert. Erfahren haben wir, dass der Marktpreis infolge der Marktkräfte dazu neigt, sich in seinem Gleichgewichtspreis einzuschwingen. Das **egoistische** Gewinn- bzw. Verlustvermeidungsmotiv der Unternehmer auf der Angebotsseite sowie der nicht minder egoistische Wunsch der Nachfrager, ihren Nutzen zu mehren, **erzeugen unabsichtlich**, d. h. **ohne explizite Abstimmung** untereinander, für dieses Ergebnis. Mit anderen Worten: eine **spontane Ordnung** stellt sich auf Märkten ein. Zugleich erkannten wir, dass weder ein Angebotsüberschuss noch ein Nachfrageüberhang lange währen kann, da eine **systemimmanente Tendenz** zur Markträumung besteht – *unabhängig* vom betrachteten Gut. Auf Basis dieser Erkenntnis lässt sich schließlich ableiten, dass es bei sich einstellenden Gleichgewichtspreisen zu **keiner dauerhaften Verschwendung**[315] knapper Ressourcen kommt.

Gerade dieser letzte Schluss erscheint im Lichte realer Gegebenheiten gewagt; er provoziert die Anschlussfrage, ob sich die Güterpreise auf den Märkten nicht langsam eingeschwungen haben und sich konsequenterweise nicht mehr „bewegen" sollten. Anders formuliert: Steht die These vom sich einschwingenden Gleichgewichtspreis nicht im eklatanten Widerspruch zu der Beobachtung, dass sich auf zahlreichen Gütermärkten die Preise immer wieder – wenn nicht gar ständig – ändern?

---

315 Es sei an dieser Stelle der Hinweis erlaubt, dass Verschwendung nicht mit Übernutzung gleichzusetzen ist. Auf Letztere kommen wir in Lektion 12 zu sprechen.

Wie dieses unbestreitbare Faktum mit unserer Erkenntnis aus der Modellwelt in Einklang gebracht werden kann, wollen wir jetzt klären.

3.2.3 Preisbewegungen aufgrund veränderter Wirtschaftspläne

Dass sich viele Güterpreise *trotz* der bisherigen Einsichten in schöner Regelmäßigkeit auch auf reifen, sprich vertrauten Märkten ändern, beruht im Kern auf einem einzigen Grund – der Veränderung individueller Wirtschafts*pläne*. Gleichwohl kann er in drei Spielarten Gestalt annehmen: veränderter Nachfragepläne, neuer Angebotssituationen oder einem Zusammenspiel aus diesen beiden Faktoren.

Nehmen wir für unser eingeführtes Gedankenexperiment etwa an, dass der Kaffeenachschub in der Großstadt durch eine dürrebedingte Missernte in Brasilien – dem weltweit bedeutsamsten Exporteur von Kaffee – plötzlich beeinträchtigt wird.[316] Hierdurch können die Händler der Stadt nicht mehr wie bisher Neuware im Umfang von 10.000 Kilogramm vor Beginn eines neuen Handelstages beziehen. Stattdessen stehen ihnen jetzt handelstäglich nur noch 8.500 Kilogramm Kaffeebohnen zur Verfügung.

Bei unveränderten Nachfrageplänen wird sich dieser angebotsseitige Impuls in Form eines Preisanstiegs im Kaffeemarkt niederschlagen. Diese Aufwärtsbewegung des Kaffeepreises ist leicht erklärt: Beim ursprünglichen Marktpreis in Höhe von 25 Euro sind 10.000 kg Kaffeebohnen täglich verkauft worden. Wollten es die Unternehmer bei diesem Marktpreis *trotz* der reduzierten Angebotsmenge belassen, entstünde ein täglicher Nachfrageüberschuss im Ausmaß von 1.500 Kilogramm. Beim Ursprungspreis sind die zum Angebot bereiten Quantitäten an Kaffeebohnen also schlichtweg zu knapp, um die bestehenden Nachfragepläne zu befriedigen.

Da es sprichwörtlich in der Natur der Dinge liegt, dass diesem Nachfrageüberschuss nicht mit einer schnellen Anpassung der Angebotsmenge begegnet werden kann, bereinigt sich der eingetretene Angebotsmangel einzig über eine Preisänderung, die allen Marktteilnehmern die gestiegene Knappheit von Kaffeebohnen signalisiert. Entsprechend korrigieren die eigennützigen Händler den Preis nach oben. Annehmen wollen wir, dass sich der Nachfrageüberhang bei einem Marktpreis in Höhe von 45 Euro auflöst. Mit anderen Worten: beim *neuen* Gleichgewichtspreis.

---

316 Der Anteil Brasiliens am weltweiten Kaffeeexport betrug 2019/20 mehr als ein Drittel. Damit ist das Land zugleich der größte Kaffeebohnen-Exporteur der Welt. Allein Deutschland importiert aus Brasilien in 2019 fast 41 Mio. Säcke (á 60 Kilogramm). Dort existieren ungefähr 300.000 Kaffeefarmen, die bis zu 25.000 Hektar groß sind. Die Bohnen werden in Brasilien von Mai bis November zumeist in Handarbeit geerntet und in der Regel direkt in der Sonne getrocknet. Kaffee gehört zu den wichtigsten Export-Gütern des Landes. Fast die Hälfte ihrer Kaffee-Produktion trinken die Brasilianer allerdings selbst. Vgl. https://www.coffee-perfect.de/kaffeewissen/kaffee-export-weltweit.html zuletzt abgerufen am 06.02.2024.

Diesen marktlichen Anpassungsprozess illustriert die Abbildung 3.7. Die ursprüngliche Angebotskurve A_0 ist hier um die 15 Prozent geringere Handelsmenge nach links verschoben worden. Die Angebotskurve A_1 schneidet die unveränderte Nachfragekurve im neuen Gleichgewichtspreis!

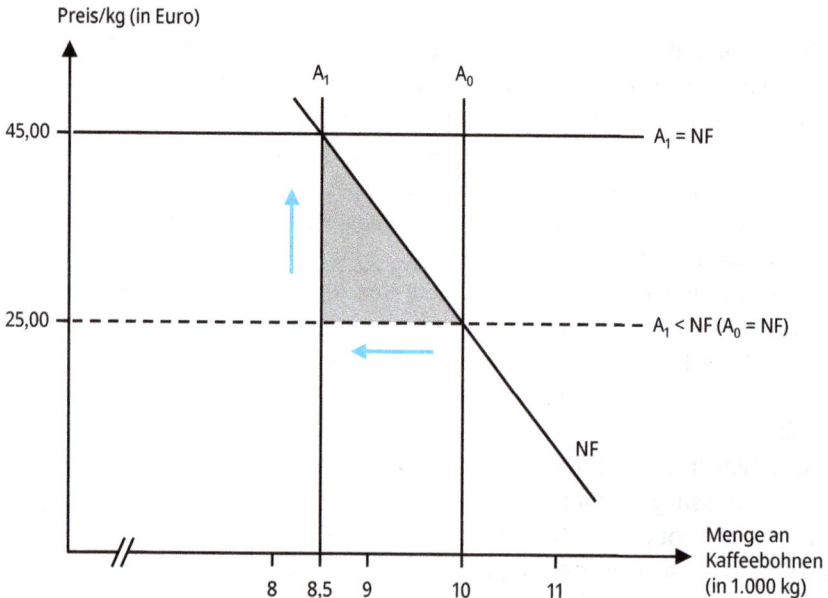

Abbildung 3.7: Verknappung von Kaffeebohnen durch eine Missernte.

Im umgekehrten Fall, dass die klimatischen Bedingungen zuletzt vortrefflich waren und den brasilianischen Kaffeebauern eine üppige Ernte beschert haben, können in unserer Großstadt jetzt täglich 11.000 Kilogramm des Gutes angeboten werden. Diese Entwicklung lässt sich grafisch als eine Rechtsverschiebung der Angebotskurve darstellen (siehe Abbildung 3.8). Beim ursprünglichen Marktpreis von 25 Euro gehen diese höheren Quantitäten nun mit einem täglichen Angebotsüberschuss in Umfang von 1.000 Kilogramm Kaffeebohnen einher. Zur dessen Beseitigung bedarf es daher einer Preissenkung. Sobald die Händler ihre Ware zu einem Preis von 15 Euro pro Kilogramm anbieten, gelangen die unveränderten Nachfragepläne mit der erhöhten Angebotsmenge wieder in Einklang. Selbstverständlich ist nicht auszuschließen, dass sich die erneute Markträumung erst über einen iterativen Prozess einstellt.

Wenn sich die Nachfragepläne zu einem betreffenden Gut ändern, werden damit ebenfalls marktliche Anpassungsprozesse ausgelöst. Um dies zu verstehen, wollen wir uns vorstellen, dass eine neue wissenschaftliche Studie folgende Einsicht ans Licht brachte: Eine signifikante Stärkung des Herz-Kreislaufsystems geht erst mit einem täglichen Kaffeekonsum von vier bis sechs Tassen einher. Frühere Untersuchungen waren

Preis/kg (in Euro)

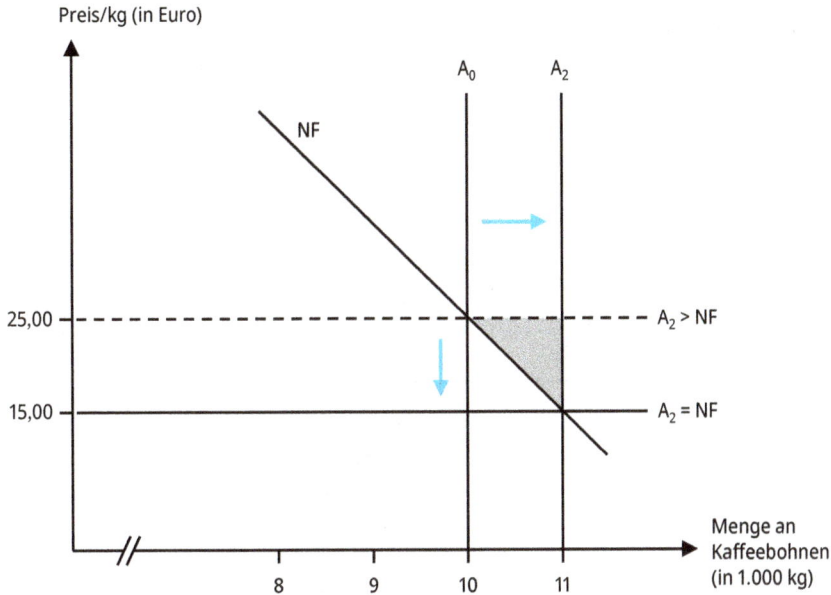

Abbildung 3.8: Angebotsausdehnung bei Kaffeebohnen infolge einer Rekordernte.

noch davon ausgegangen, dass diese positive Begleiterscheinung bereits bei zwei Tassen Kaffee pro Tag in Erscheinung tritt.

Solche und ähnliche Nachrichten schlagen sich in den Konsumplänen der privaten Haushalte nieder. Es kann erwartet werden, dass unter ihnen zumindest *einzelne* eine höhere Kaffeemenge fortan nachfragen, so dass sich am Markt insgesamt ein höherer Kaffeebedarf artikuliert.[317] Diese Ausdehnung der Nachfrage geht bei einem *unveränderten* Marktpreis zwingend mit einem (wachsenden) Nachfrageüberschuss einher. Das Gut wird, sofern zuvor der Gleichgewichtspreis bestand, erstmals wieder knapp oder – falls zuvor ein (noch nicht aufgelöster) Nachfrageüberschuss existiert hatte – noch knapper!

In unserem Beispiel hat das untrüglich zur Konsequenz, dass zur Beseitigung der entstandenen Knappheit der Kaffeepreis steigen muss. Diese Preisentwicklung wird erste Haushalte, unbenommen ihres Wissens um die vorteilhaften Gesundheitswirkungen von Kaffee, dazu bewegen, ihren Kaffeekonsum einzuschränken. Andere verzichten jetzt vielleicht gar gänzlich auf den Kaffeegenuss, schließlich – so die allgemeine Erkenntnis – gehen positive Gesundheitswirkungen auch vom Verzehr von Gemüse und Obst aus! Von Gütern, die jetzt *relativ* günstiger geworden sind.

---

317 Bewusst sprechen wir von *Einzelnen* und nicht von *allen*. Denn es kann in diesem – wie auch jedem anderen Fall – nicht davon ausgegangen werden, dass derartige Nachrichten jeden Konsumenten in seinem Verhalten bzw. hinsichtlich seiner Konsumpläne beeinflussen.

Die beschriebenen Zusammenhänge illustriert Abbildung 3.9: die gestiegene Präferenz für Kaffeebohnen kommt einer Rechtsverschiebung der ursprünglichen Nachfragekurve gleich.

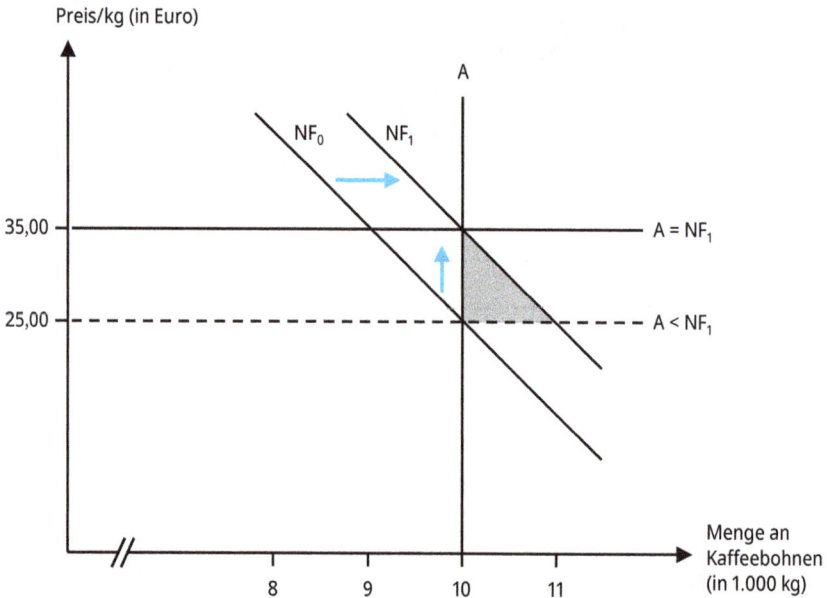

Abbildung 3.9: Gestiegene Wertschätzung für Kaffee infolge einer neuen Gesundheitsstudie.

Selbstredend können vormalige Konsumpläne auch in die andere Richtung eine Anpassung erfahren (siehe Abbildung 3.10). Rückläufige Nachfragemengen könnten etwa durch Gehaltseinbußen ausgelöst werden, etwa in Zeiten steigender Kurzarbeit. Schränken sich in einem solchen Fall die Betroffene in ihrem „normalen" Kaffeekonsum nun ein, so entsteht bei unverändertem Marktpreis ein Angebotsüberschuss. Liegt den Händlern zugleich daran, *keine* Kaffeebestände aufzubauen, weil sie gerade langfristige Lieferverträge mit den brasilianischen Exporteuren über zehn Tonnen Kaffeebohnen pro Tag abgeschlossen haben, müssen sie prompt den Kaffeepreis senken.

Sollte sich dieser am Markt einstweilen nicht ermäßigen, dann scheinen die Kaffeehändler nicht nur über ausreichende Lagerkapazitäten zu verfügen, sondern auch darauf zu setzen, dass es sich bei der spürbaren Kaufzurückhaltung bei Kaffeebohnen lediglich um ein kurzlebiges Phänomen handelt. Für den Fall, dass sich diese negative Entwicklung jedoch verfestigt, wächst der Druck auf die Händler, den Bohnenpreis nach unten zu korrigieren. Nur so lösen sie ihre Bestände auf und bringen den Kaffeemarkt wieder ins Gleichgewicht.

Preis/kg (in Euro)

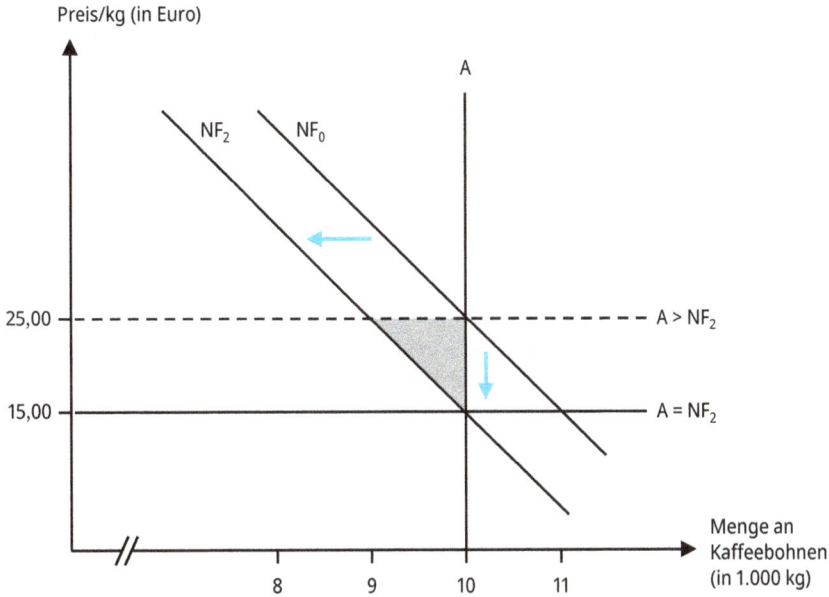

Abbildung 3.10: Kaufzurückhaltung bei Kaffeebohnen aufgrund temporärer Einkommenseinbußen.

Die Abbildungen 3.8 und 3.10 bringen zu Tage, dass eine Preissenkung bei Kaffeebohnen sowohl auf einer Angebotserweiterung durch eine „Jahrhundernternte" als auch auf einem Rückgang der Nachfrage infolge von Einkommenseinbußen beruhen kann. Ein Zusammenspiel dieser beiden Einflüsse, auf die wir in Lektion 4 noch einmal detaillierter eingehen, führt – wenig überraschend – ebenfalls zu solchen preissenkenden Tendenzen.

Zusammenfassend können wir festhalten, dass es am Markt zu Preisbewegungen wegen veränderter Wirtschaftspläne kommen kann. Welche Faktoren im Einzelnen auf die Wirtschaftspläne von Nachfragern und Anbietern Einfluss nehmen, wollen wir nun in Kapitel 3.3 systematisch ausleuchten.

3.3 Auf dem Weg zum mikroökonomischen Standardmodell

Im Quervergleich zu den vielen Ökonomielehrbüchern muss sich der bisherige Einstieg in die Funktionsweise von Märkten vorwerfen lassen, unorthodox zu sein.

Gegenüber dem konventionellen Angang hat der hier gewählte, hemdsärmelige Einstieg mindestens zwei gewichtige Vorzüge: *Zum einen*, dass wir ohne einen ermüdenden, vielfach den Einsteiger auch verwirrenden Strauß an Annahmen schnörkellos mit der Materie beginnen konnten. Auf schlanke, realitätsnahe Weise gelang es uns damit, den Marktmechanismus zu illustrieren, der letztlich auf der Interaktion von Angebots- und Nachfrageplänen beruht.

Zum anderen hatte unsere Vorgehensweise den Vorteil, dass wir uns frühzeitig einen Eindruck davon verschaffen konnten, dass die *Angebotskurve* zumindest in der sehr kurzen Periode ihre grafische Entsprechung als *Vertikale* findet. Dieses Wissen wird uns in späteren Teilen gute Dienste erweisen, etwa beim Wohnungsmarkt.[318]

Bei allen Vorteilen, sind mit dem gewählten Angang selbstredend Nachteile verbunden. Zum Beispiel haben wir noch nicht die Gesamtheit aller Bestimmungsfaktoren der Nachfrage herausgearbeitet bzw. benannt. Unternehmerische Verhaltensweisen, die sich in der angebotenen Marktmenge niederschlagen, waren aufgrund des gewählten kurzen Zeitraums allenfalls angestimmt, jedoch nicht systematisch katalogisiert worden. Diese Schwächen haben wir soweit bewusst akzeptiert.

Da es für die späteren Diskussionen über die Funktionsweise von Märkten gleichwohl unumgänglich ist, das mikroökonomische Standardmodell zu kennen, tut es jetzt Not, die Räume zu öffnen und zu durchschreiten, die uns vom „neoklassischen Basislager" noch trennen.

Auf diesem Wege werden wir sehen, dass es von unserem bisherigen Modellverständnis bis zum neoklassischen Standardmodell rein visuell ein Katzensprung ist. Die inhaltlichen Aspekte dürften ebenfalls weitgehend ohne große Überraschungen bleiben, dienen gerade die ersten beiden Kapitel 3.3.1 und 3.3.2. der Vervollständigung und der Systematisierung. In Kapitel 3.3.3. gehen wir dann explizit auf das Besondere der neoklassischen Modellwelt ein.

3.3.1 Angebot und Nachfrage – Notwendige Differenzierungen und Komplettierungen

Der gewählte Zeitrahmen in Kapitel 3.2 erlaubte es uns, die Angebotsmenge als objektiv gegeben zu bezeichnen, so dass wir diese Marktseite nur relativ kurz behandeln mussten. Da reale Unternehmen selbstredend über einen deutlich höheren Dispositionsspielraum als reine Preisanpassungen verfügen, blicken wir zunächst auf die bislang stiefmütterlich betrachtete Anbieterseite (Kapitel 3.3.1.1.), bevor wir spiegelbildlich auf der Nachfrageseite offene Punkte abhandeln (Kapitel 3.3.1.2.).

3.3.1.1 Das Marktangebot jenseits der sehr kurzen Frist

Begrenzen wir die Untersuchung über das Anbieterverhalten nicht auf die sehr kurze Frist, so lässt sich unzweifelhaft erkennen, dass Unternehmen auf Impulse aus dem Marktumfeld mit einer Anpassung ihrer Angebotsmenge reagieren. Im Folgenden wenden wir uns zunächst diesen Faktoren zu, die in einer Raumwirtschaft auf die angebotene Menge eines Gutes Einfluss nehmen (Kapitel 3.3.1.1.1.). Daran anknüpfend

---

318 Mitunter nehmen Standardlehrbücher vom „Phänomen" der vertikalen Angebotskurve gar keine Notiz oder reichen es zu einem späteren Zeitpunkt nonchalant zur allgemeinen Verwunderung nach.

beantworten wir die Frage, was diese neuen Einsichten in Bezug auf die grafische Darstellung der Angebotskurve bedeuten (Kapitel 3.3.1.1.2.). Mit anderen Worten: Nimmt die Angebotskurve noch jenseits der sehr kurzen Frist die Form einer Vertikalen ein?

3.3.1.1.1 Determinanten der Angebotsmenge

Variablen, welche die angebotene Menge beeinflussen, lassen sich nach verschiedenen Kriterien klassifizieren. Unter Ökonomen ist es dabei nicht unüblich, die jeweiligen Bestimmungsfaktoren in zwei Gruppen einzuteilen: zum einen in Faktoren, die den einzelnen Akteur betreffen, und zum anderen in solche, die auf der Ebene ganzer Gesellschaften mit zahlreichen Individuen eine *ergänzende* Rolle spielen. Indem wir uns von diesen Determinanten nun einen Überblick verschaffen, folgen wir der gängigen Strukturierung. Anschließend gehen wir auf die inhaltliche Substanz der einzelnen Größe ein.

Wenn wir die Annahme akzeptieren, dass Unternehmer prinzipiell danach streben, Gewinn zu machen,[319] dann hängt die von einem **einzelnen Anbieter** in einem bestimmten Zeitraum angebotene Menge eines Gutes
- vom erzielbaren Preis dieses Gutes,
- von den Produktionskosten (= den *Inputpreisen* der Produktionsfaktoren),[320]
- vom Stand des technischen Wissens (= Technologien),
- vom Preis der übrigen Güter und
- von den Erwartungen des einzelnen Anbieters ab.

Zusätzlich zu den eben genannten Variablen wird die Höhe des **gesamtwirtschaftlichen Angebots** *aller* Anbieter einer Volkswirtschaft bestimmt von
- der Anzahl der Anbieter,
- den natürlichen Rahmenbedingungen und
- gesellschaftlichen Faktoren.

Schauen wir uns die genannten Determinanten zum besseren Verständnis ein wenig genauer an.

Da sich der unternehmerische Gewinn aus der Differenz von Angebotspreis und Kosten ergibt, kann es uns nicht überraschen, dass der **erzielbare Absatzpreis** eines bestimmten Gutes das Verhalten eines Unternehmers – und somit die angebotene Menge – beeinflusst. Gewiss, in Kapitel 3.2 war das Tages*angebot* an Kaffeebohnen *starr*,

---

319 Das ist per se kein Widerspruch zu dem unternehmerischen Anliegen, seinen Kunden einen Nutzen zu stiften.

320 Zu den Produktionsfaktoren gehören Sachkapital, Arbeitskräfte, Energie und Rohstoffe sowie sonstige Vorprodukte. Damit erlangen Zinsen, Löhne und andere Beschaffungspreise für die individuelle Angebotsbereitschaft Bedeutung. Zu den Produktionsfaktoren siehe auch Lektion 1, Kapitel 3.2.3.

so dass wir in den dortigen Diagrammen eine Vertikale als Angebotskurve verwendet haben, die den objektiven Bestand an Kaffee für die *sehr kurze Periode* repräsentierte.

Unbenommen dessen reagieren Anbieter auf Preissignale mit Mengenanpassungen – früher oder später. Ein einfaches Beispiel mag dieses Verhalten verdeutlichen: ein Landwirt, der seine Apfelernte eingebracht hat, entscheidet in Abhängigkeit des erzielbaren Apfelpreises, welchen Ernteanteil er für den Eigenkonsum verwendet und welchen er am Markt zu veräußern bereit ist. Je höher der Marktpreis für Äpfel ausfällt, desto stärker ist der *Anreiz* für den Bauern einen hohen Ernteanteil zu vermarkten. Umgekehrt gilt: Je niedriger der erzielbare Apfelpreis, desto ausgeprägter die Neigung, die Äpfel für den Eigenkonsum zu nutzen.

Die Angebotsmenge des Landwirts fällt also mit niedrigerem Marktpreis entsprechend gering(er) aus! Wenn der Marktpreis ein bestimmtes Niveau unterschritten hat, wird der Landwirt den Anteil der Apfelernte, der er über den persönlichen Eigenbedarf hinausgeht, *vielleicht* für die Tierfütterung verwenden, so dass er schlussendlich gar keine Menge mehr auf dem Markt anbietet. Dass ein solches Verhalten wirtschaftlich vernünftig sein kann, wird offensichtlich, wenn man den weiteren Gedanken zulässt, dass die potenziellen Erlöse am Apfelmarkt geringer als die Kosten für Viehfutter sein könnten – bezogen auf den gleichen Nährwert. Sofern der Landwirt dem Nutzvieh im Tierfutter Äpfel beimischen kann, stellt er sich also besser, wenn er seine Apfelernte gar nicht vermarktet.

Ähnlich verhalten sich auch Industrieunternehmen. Hier wird sich das Management überlegen, ob es infolge gestiegener Absatzpreise die bestehenden Produktionskapazitäten – zum Beispiel durch die Umstellung auf Dreischichtbetrieb – stärker als zuvor auslastet. Bei permanent erhöhten Preisen könnte die Unternehmensleitung sogar eine Erweiterungsinvestition erwägen, um das eigene Angebot noch stärker auszudehnen. Umgekehrt werden Unternehmer bei unveränderten Produktionskosten und sinkenden Absatzpreisen ihr spezifisches Angebot zurückfahren, wenn nicht gar einstellen. Fällt zum Beispiel der Ölpreis pro Barrel auf dem Weltmarkt unter ein bestimmtes Niveau (ca. 50 USD pro Barrel), dann deckt der Verkaufserlös nicht mehr die Kosten der Produzenten, die Öl in den USA mittels der Fracking-Methode fördern.[321]

Da der unternehmerische Gewinn neben dem Absatzpreis von den **Produktionskosten** abhängt, beeinflussen auch diese die Entscheidung des einzelnen Anbieters hinsichtlich seiner Ausbringungsmenge. Insofern werden im Fall unseres landwirtschaftlichen Betriebes die Kosten für Saatgut, Düngemittel, Erntemaschinen und Erntehelfer die Angebotsmenge bestimmen. Analog dazu fließen bei einem metallverarbeitenden Unternehmen die Stahlkosten und die Facharbeiterlöhne in die Produktionsplanung ein, während in den energieintensiven Branchen der Papier- und Chemieindustrie die

---

321 Auf die Thematik einer temporären oder dauerhaften Produktionseinstellung gehen wir in Lektion 6 ein.

Kosten für Strom und (mineralische) Rohstoffe für die individuellen Produktionsmengen relevant sind.

Das individuelle Angebot eines Unternehmers wird zudem vom **Stand des technischen Wissens** bestimmt: erweitert sich das Wissen bzw. erhöht sich der Fortschritt, dann lässt sich das ökonomisch analog zu einer Kostenreduktion interpretieren, etwa in Form von Zeiteinsparung. Mit der ersten Agrarrevolution der Moderne *verdoppelte* sich die Ausbringungsmenge pro Hektar. Zugleich stand den Landwirten mit der Bewirtschaftung der Brache fortan eine größere Nutzungsfläche zur Verfügung. Beide Effekte resultierten in einem höheren Angebot des einzelnen Bauern. Ähnlich gelang es durch das Bessemer-Verfahren (1856), die Produktivität eines Hüttenwerkes massiv zu erhöhen: In zwanzig Minuten konnte nun so viel Eisen gefertigt werden, wie zuvor an einem ganzen Tag. Für eine Eisenhütte, in der das Bessemer-Verfahren zum Einsatz kam, ging diese Entwicklung mit einer Ausdehnung des Eisen- bzw. Stahlangebots einher.[322]

Man wird vermutlich nur wenige Fälle finden, in denen man global betrachtet von einem Rückschritt des Wissens sprechen kann. Gleichwohl lässt sich auf lokaler und regionaler Ebene immer wieder ein Verlust von Know-how beobachten. Der Grund für einen derartigen Rückgang an Wissen und Know-how mag im wirtschaftlichen Strukturwandel liegen, etwa in Form einer De-Industrialisierung. Aber auch politische Verwerfungen wie (Bürger-)Kriege können einen solchen Rückschritt verursachen.

Eine weitere, nicht weniger wichtige Determinante der individuellen Angebotsmenge sind die **Erwartungen** des einzelnen Anbieters. Dabei sind diese Erwartungen schlussendlich als Gewinnerwartungen zu verstehen, die sich ihrerseits aus der prognostizierten Entwicklung der Absatzmärkte ergeben bzw. ableiten lassen. Die kurz zuvor genannte Erweiterungsinvestition eines produzierenden Unternehmens ist bereits mit der Erwartung verknüpft gewesen, dass sich die gestiegenen Marktpreise auf dem aktuellen Niveau längerfristig etablieren.

Nicht minder wird auch das Verhalten eines Landwirts von dessen Vorstellung zur Marktentwicklung geprägt: Ein Weizenbauer, der eine überaus hohe Ernte im kommenden Sommer landesweit erwartet, will sein eigenes Getreide dann nicht zu von ihm befürchteten Tiefstpreisen am *Spotmarkt* feilbieten müssen! Zur Absicherung seines Einkommens verkauft er daher schon heute, kurz nach Ausbringung der Saat, einen Teil seiner prognostizierten Erntemenge an der *Warenterminbörse* zu Konditionen, die ihn ruhiger schlafen lassen.[323]

---

322 Zur Agrarrevolution und zum Bessemer-Verfahren siehe auch die Ausführungen in Lektion 2, Kapitel 3.2.2.

323 Unternehmerische Erwartungen können natürlich auch die Finanz- bzw. Kapitalmärkte und die dortigen Entwicklungen betreffen. So ist ein Börsengang (IPO) als alternative Form zu einer Kreditaufnahme gewiss auch abhängig von den Erwartungen über die Entwicklung der Kapitalmärkte. Gleichwohl nimmt ein Unternehmen Kapital nur auf, wenn man positive Erwartungen über die eigenen Absatzmärkte hat. Anders: Letztlich bleiben einzig die Erwartungen zu den Absatzmärkten relevant.

Während die bisherigen Bestimmungsfaktoren des individuellen Angebots meist intuitiv verständlich sind, erzeugt das letzte Kriterium, **die Preise der übrigen Güter**, nicht selten für Stirnrunzeln – zumal bei Personen, denen das Denken der Ökonomen noch nicht vertraut ist. Bringen wir also Licht ins Dunkle!

Für den Einzelnen hängt sein Angebot an einem bestimmten Gut allein deshalb von den Preisen bzw. der Preisentwicklung *aller übrigen* Güter ab, weil *jeder* Anbieter sogenannte **Opportunitätskosten** hat. Lassen sich etwa steigende Preise auf dem Markt für Gewerbeimmobilien beobachten, dürfte sich diesem Segment mancher bis dato auf Wohnimmobilien spezialisierte Makler zeitnah zuwenden. Mit seiner geschäftlichen Neuausrichtung bringt ein solcher Immobilienmakler zum Ausdruck, dass er fortan bei der Vermarktung von Gewerbeobjekten höhere Gewinnchancen als bei Wohnimmobilien sieht und er zugleich *nicht* bereit ist, auf diese Gelegenheit zu verzichten – die Kosten für einen derartigen Verzicht wären aus seiner Sicht schlichtweg zu hoch.

Selbstredend können Anbieter sich auch über das hier gewählte Beispiel enger Segmente (Gewerbe- und Wohnimmobilien) hinwegbewegen. Nachhaltige Preissteigerungen im Immobilienmarkt werden tendenziell auch Anbieter anlocken, die bis dato in gänzlich anderen Branchen tätig waren, etwa in der Gastronomie oder in der Versicherungswirtschaft – um landläufige Klischees zu bedienen.[324]

Auch unser zuvor erwähnter Apfelbauer wird sich bei steigenden Birnenpreisen und unveränderten Preisen für Äpfel überlegen, sein Produktprogramm – zumindest allmählich – umzustellen und alte Apfel- durch neue Birnbäume zu ersetzen. In gleicher Weise verhalten sich Kleinbauern in der Elfenbeinküste und in Ghana. Dort lässt sich beobachten, dass Kleinbauern alte Kakaobäume in ihren Plantagen nicht mehr durch Kakaosetzlinge austauschen, wenn der Weltmarktpreis für Kakao zu stark gesunken ist. Stattdessen wenden sich die Bauern in solchen Zeiten vermehrt der Produktion anderer Agrargüter zu – bis der Kakaopreis wieder steigt und das Spiel von vorne beginnt!

Die **gesellschaftliche** Angebotsmenge wird durch die **Anzahl der Anbieter** beeinflusst: Je mehr Unternehmen in einer Branche tätig sind, desto mehr wird von den entsprechenden Produkten angeboten. Verändert sich die Anbieterzahl durch Ein- oder Austritte schlägt sich das ceteris paribus auf die Angebotsmenge nieder. In diesem Zusammenhang sei nur an ein paar prominente Insolvenzfälle der jüngeren deutschen Wirtschaftsgeschichte erinnert, etwa an die von Schlecker oder die der Baumarktketten Praktiker und Max Bahr. In all diesen Fällen kam es trotz Übernahme vieler Filialen durch Wettbewerber zu Standortschließungen – allen voran im ländlichen Raum und in sogenannten innerstädtischen B-Lagen. Man kann also erwarten, dass Marktaustritte die Angebotsmenge negativ beeinflusst.

---

[324] Dieses Anbieterverhalten illustriert ganz nebenbei, warum es über alle Branchen hinweg zu einer *Tendenz* aufeinander zulaufender Renditen gibt.

Relevant für das gesellschaftliche Angebot sind darüber hinaus auch die **natür-lichen Rahmenbedingungen**, etwa das Vorkommen an *mineralischen* Rohstoffen. Bekanntermaßen ist die wirtschaftliche Förderung von Rohöl auf eine überschau-bare Anzahl an Ländern begrenzt. Zu den rohstoffreichsten Ländern überhaupt zählt die Demokratische Republik Kongo, wo unter anderem Diamanten, Gold, Coltan und Mangan sowie bedeutsame Mengen an Kupfer abgebaut werden können.

Neben mineralischen Rohstoffen gibt es noch *agrarische*. Zahlreiche von diesen gedeihen nur unter bestimmten klimatischen Bedingungen, etwa Ananas, Bananen, Kaffee, Reis und Zitronen. Ein kommerzieller Anbau dieser Agrarprodukte ist infolge-dessen nicht überall auf der Welt möglich, so in Deutschland.

Schließlich üben **gesellschaftliche Faktoren** wie die Offenheit einer Wirtschaft, das Ausmaß an Korruption oder die Berufs- und Gewerbefreiheit einen Impuls auf das gesellschaftliche Angebot aus.[325] An dieser Stelle darf daran erinnert werden, dass mit der Französischen Revolution (1789) die mittelalterliche Zunftordnung zuerst in Frankreich abgeschafft und damit in Kontinentaleuropa erstmals **Gewerbefreiheit** formal eingeführt wurde. Auf Details zu der „springflutartigen Explosion" an selbstän-digen Handwerkern im Königreich Preußen, welche die dort eingeführte Gewerbefrei-heit auszulösen vermochte, verweisen wir auf die Darstellung in Lektion 2, Abschnitt 3.2.2.2.2.[326]

3.3.1.1.2 Ansteigende Angebotskurve – Visualisierung der Produzentenpläne

Der grafischen Darstellung der Angebotskurve, welche die Pläne der Anbieter *jenseits* der sehr kurzen Frist abzubilden beabsichtigt, nähern wir uns im Folgenden in zwei Schritten. Dazu beginnen unsere Überlegungen erneut bei den Produktionsplänen des individuellen Anbieters, bevor wir darauf aufbauend erläutern, wie sich aus einer statt-lichen Zahl individueller Produzenten die gesellschaftliche Angebotskurve visualisie-ren lässt.

---

325 Auf die Offenheit der Wirtschaft kommen wir in den Lektionen 7 und 8 zurück. Hinsichtlich der Korruption muss uns klar sein, dass „die Schäden, die durch Korruption entstehen, [...] erheblich [sein können]. Korruption erhöht die Transaktionskosten beim Aushandeln von Preisen für Güter und Dienst-leistungen, Korruption verhindert marktkonforme Preisbildung, die im Ergebnis Knappheitspreise wi-derspiegeln sollen." Seitz, 2010, S. 100.

326 Zu weiten Teilen im Dritten Reich außer Kraft gesetzt, ist heute die Gewerbefreiheit in der Bundes-republik grundsätzlich garantiert. Art. 12 Abs. 1 des Grundgesetzes beginnt mit: „Alle Deutschen haben das Recht, Beruf, Arbeitsplatz und Ausbildungsstätte frei zu wählen." Mit dieser Formulierung griffen die Väter des Grundgesetzes nicht zuletzt den Geist der Weimarer Reichsverfassung wieder auf. Dort gewährleistete Art. 151 Abs. 3 „die Freiheit des Handels und des Gewerbes." Heute steht auch in der deutschen Gewerbeordnung (GewO) in § 1 Abs. 1 zu lesen: „Der Betrieb eines Gewerbes ist jedermann gestattet, soweit nicht durch dieses Gesetz Ausnahmen oder Beschränkungen vorgeschrieben oder zu-gelassen sind."

Sehen wir uns zu diesem Zwecke also zunächst die 16-jährige Schülerin Lucia an, die nach dem Rezept ihres italienischen Onkels Luigi hin und wieder Schokoladeneis herstellt, um mit den erwarteten Erlösen ihr Taschengeld aufzubessern.

Tabelle 3.1: Individueller Angebotsplan für Schokoladeneis.

Preis von Schokoladeneis *(in € je Kugel)*	Angebotsmenge von Schokoladeneis *(Kugeln pro Monat)*
0,00	0
0,50	0
1,00	4
1,50	8
2,00	12
2,50	16
3,00	20

Tabelle 3.1 bringt zum Ausdruck, was wir zuvor in Kapitel 3.3.1.1.1. bei der Diskussion um die Bedeutung des Preises für das individuelle Angebot beschrieben haben: **je höher der Preis, desto größer die Angebotsmenge.** Lucias „Produktionsplan" legt nahe, dass sie erstmalig an die Herstellung und den Verkauf von Schokoladeneis denkt, wenn der Preis pro Kugel einen Euro beträgt. Bei jedem Preis darunter verbringt sie ihre Freizeit lieber mit Freundinnen! Sollte der Eiskugelpreis hingegen steigen, wird Lucia ihre Angebotsmenge sukzessive bis auf 20 Kugeln ausweiten.

Aus diesem tabellarischen Angebotsplan lässt sich nun Lucias *individuelle Angebotskurve* als **steigende Gerade** darstellen. Analog zu unserer Vorgehensweise in Kapitel 3.2 nehmen wir der Einfachheit halber einen linearen Kurvenverlauf an (siehe Abbildung 3.11), obgleich sich in der Praxis überwiegend treppenförmige Angebotsverläufe finden lassen dürften.

Wenn wir annehmen, dass alle Determinanten des Angebots mit Ausnahme des Preises für das betreffende Gut (hier Schokoladeneis) unverändert bleiben,[327] so lässt sich die Reaktion des Angebots auf eine derartige Preisänderung als eine **Bewegung entlang der Angebotskurve** interpretieren.

Frieren wir hingegen den erzielbaren Preis für ein bestimmtes Gut (hier z. B. für die Kugel Eiscreme) ein und verändern *eine* der anderen Determinanten des Angebots, so lässt sich die damit einhergehende Reaktion auf der Angebotsseite als eine **Verschiebung der** ursprünglichen Kurve auslegen (siehe Abbildung 3.12). Je nach Veränderung der einzelnen Determinanten verschiebt sich die individuelle Angebotskurve nach innen (bzw. links) oder nach außen (bzw. rechts).

---

327 Diese Methodik haben wir schon oben in Kapitel 3.2 kennengelernt! Sie hat den unbestreitbaren Vorteil, den Einfluss der Input-Variable (hier den Preis) auf die Untersuchungsvariable (hier die Angebotsmenge) *isoliert* untersuchen zu können.

Preis/Kugel (in Euro)

Angebot

3,00 — — — — — — — — — — — D

C

1,50 — — — — — —

0,50

Menge
(Eiskugeln)

8   20

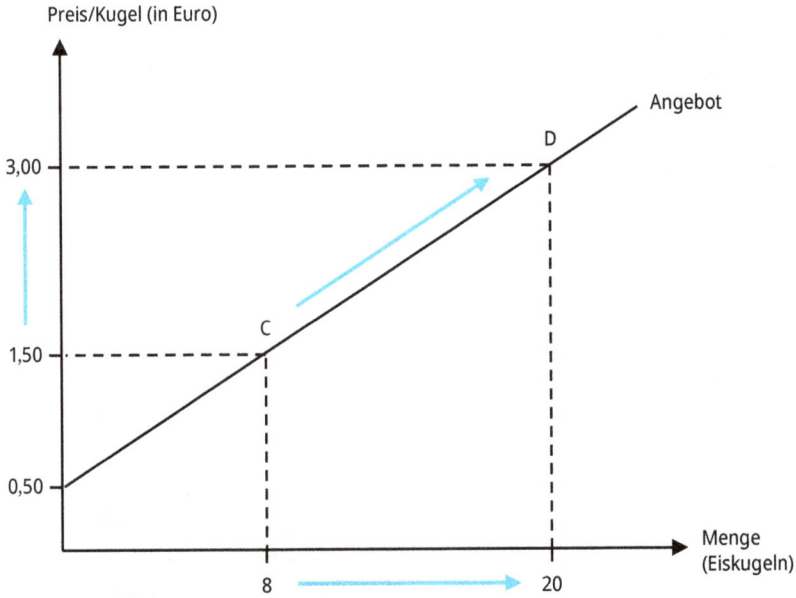

Abbildung 3.11: Steigende Angebotskurve eines Anbieters.

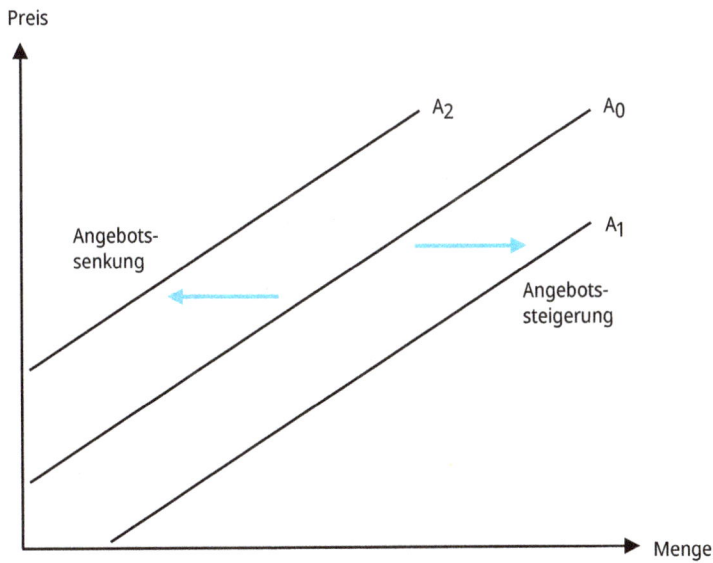

Preis

A_2 A_0

Angebots-
senkung

A_1

Angebots-
steigerung

Menge

Abbildung 3.12: Verschiebung der Angebotskurve.

Jedes Ereignis, das bei *gegebenen Preisen* zu einer Erhöhung der Angebotsmenge führt, verschiebt die Angebotskurve nach rechts. Im Umkehrschluss muss gelten, dass Ereignisse, die bei gegebenen Preisen zu einer Verringerung des Angebotes beitragen, die Angebotskurve nach links verschieben.

Wenn Lucia zu Weihnachten von ihrem Patenonkel eine Eismaschine geschenkt bekommt und sich damit die Produktionszeit einer Kugel Eis gegenüber der vorherigen manuellen Herstellweise halbiert, hat Lucia trotz unverändertem Preis für Schokoladeneis einen Anreiz ihre Produktionsmenge auszudehnen. Grafisch bedeutet dieser Fall, dass sich Lucias Angebotskurve wegen der *gesunkenen* Produktionskosten nach *rechts* verschiebt. Sollten sich gegenüber der Ausgangssituation hingegen die Preise für Milch und Kakaopulver erhöht haben, wird Lucias Angebotskurve sich nach innen bzw. nach links verschieben: Bei unverändertem Verkaufspreis von Schokoladeneis reduziert sich durch die gestiegenen Produktionskosten das zusätzliche Einkommen, was Lucias Interesse am Eisverkauf trübt.

Mit der gleichen Logik lässt sich erwarten, dass die staatliche Subventionierung von Saatgut und/oder Düngemittel bei einem Bauern *tendenziell* zu einer Ausweitung seiner Angebotsmenge führt, die grafisch als Verschiebung seiner individuellen Angebotskurve nach außen dargestellt wird.

Nachdem wir den Verlauf der Angebotskurve einer *einzelnen* Anbieterin untersucht haben, ist jetzt noch zu klären, wie sich aus der Vielzahl von Unternehmern die **gesamtwirtschaftliche Angebotskurve** ergibt. Schließlich erscheint es bereits in unserem einfachen Fallbeispiel alles andere als abwegig, dass weitere Verkäufer an Lucias Wohnort Eiscreme feilbieten.

Zu Illustrationszwecken wollen wir hier der Einfachheit halber annehmen, es gäbe neben Lucia lediglich einen zweiten Eisverkäufer namens Martin. Wenn nun bei einem Marktpreis von einem Euro pro Bällchen Lucia vier und Martin zehn Stück anzubieten beabsichtigen, dann planen die beiden Eisverkäufer bei diesem Preis ganz offensichtlich ein Gesamtangebot von 14 Kugeln zu unterbreiten. Das ist unschwer zu verstehen.

Die Abbildung 3.13 zeigt, wie sich das geplante Marktangebot aus den *individuellen* Angebotsplänen grafisch zusammensetzen lässt. Technisch gesprochen: das gesamtwirtschaftliche Angebot kann **durch Horizontaladdition** der Kurven aller individuellen Anbieter hergeleitet werden. Das ist, gelinde gesagt, eine relativ einfache Methodik, der wir später auch auf der Nachfrageseite begegnen werden.

In nahezu allen Ökonomiebüchern erfolgt die Komposition der gesellschaftlichen Angebotskurve durch das eben benannte Verfahren der Horizontaladdition. Man kann gewiss argumentieren, dass man auf diese Weise die tatsächliche Marktangebotskurve einer Raumwirtschaft *näherungsweise* bestimmt hat. Bei Lichte betrachtet muss man aber mit Grass und Stützel konstatieren, dass sich wegen des **Konkurrenzparadoxon** „die Gesamtangebotskurve *nicht* aus der einfachen Addition der individuellen

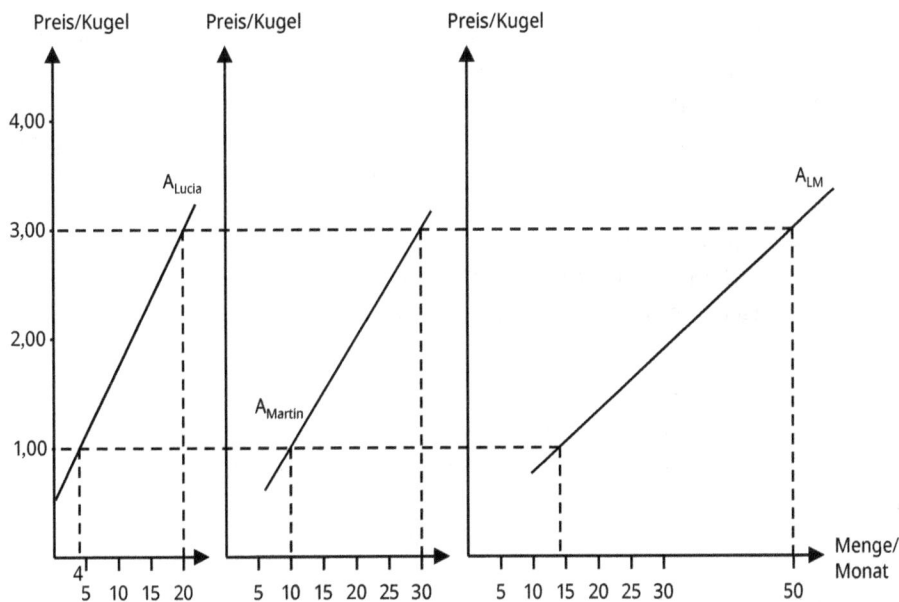

Abbildung 3.13: Gesellschaftliche Angebotskurve als Horizontaladdition der individuellen Kurven.[328]

Angebotskurven gewinnen"[329] lässt. Gleichwohl verläuft trotz dieses berechtigten Einwands auch die gesellschaftliche Angebotskurve steigend. Unter Beachtung des Konkurrenzparadoxons darf man allerdings erwarten, dass die Kurve des Marktangebots steiler (!) verläuft als die Kurve, die sich durch die Horizontaladdition der individuellen Angebotskurven ergäbe.

Fazit: Wir können festhalten, dass die gesellschaftlich angebotene Menge jenseits der sehr kurzen Frist keine unveränderliche Größe ist. Durch unternehmerisches Engagement kann das Angebot mit der Zeit angepasst werden. Die Visualisierung der Angebotskurve als Vertikale lässt sich daher in den *allermeisten* Fällen nur für sehr kurze Zeiträume rechtfertigen. Umfasst die marktliche Betrachtung eine darüberhinausgehende Zeitspanne, lässt sich das Marktangebot in Form einer steigenden Kurve abbilden.

3.3.1.2 Die Marktnachfrage – Ergänzungen für ein abgerundetes Verständnis

Im Abgleich zum marktlichen Angebot waren wir in Kapitel 3.2 auf die Nachfrageseite schon relativ ausführlich eingegangen. So wissen wir mittlerweile, dass der Preis eines Gutes für die nachgefragte Menge nach ihm bedeutsam ist und die gesellschaftliche

---

328 Diese Abbildung ist angelehnt an Herdzina, 1999, S. 40. Zur Horizontaladdition des Angebots siehe auch Roth, 2014, S. 103 sowie Neumann, 1991, S. 33.
329 Grass/Stützel, 1983, S. 129 – kursiv durch uns hervorgehoben. Zum Konkurrenzparadoxon siehe zudem Grass/Stützel, 1983, S. 150 ff.

Nachfragekurve fallend verläuft. Ebenso haben wir schon *punktuelle* Bekanntschaft mit weiteren Determinanten der Nachfrage gemacht, etwa dem Einkommen der privaten Haushalte (siehe Kapitel 3.2.3.).

Insofern dient der folgende Abschnitt zunächst dem Zweck, uns übersichtsartig mit der *Gesamtheit* der Bestimmungsfaktoren der Nachfragemenge vertraut zu machen. Im Unterschied zu unserer Vorgehensweise auf der Angebotsseite werden wir hier aber nur die Determinanten eingehender besprechen, denen wir soweit noch nicht begegnet sind (Kapitel 3.3.1.2.1.). Anschließend werfen wir auf die Komposition der gesellschaftlichen Nachfragekurve einen knappen Blick (Kapitel 3.3.1.2.2.).

3.3.1.2.1 Determinanten der Nachfragemenge – Die vollständige Aufstellung

Die nachgefragte Menge nach einem x-beliebigen Gutes beeinflussen verschiedene Faktoren. Diese lassen sich erneut in individuelle und gesellschaftliche Determinanten gruppieren.[330]

Die Nachfragemenge eines **einzelnen** Haushalts hängt ab
- vom Preis des betreffenden Gutes (siehe Kapitel 3.2),
- vom Preis **verwandter** Güter,
- von seiner Nutzeneinschätzung[331] hinsichtlich des betreffenden Gutes,
- von seinem Einkommen,
- vom seinem Vermögen und
- von seinen Erwartungen.

Auf **gesamtwirtschaftlicher** Ebene wird die **Nachfragemenge**, d. h. die gewünschte Menge *aller* privaten Haushalte in einer Volkswirtschaft nach einem konkreten Gut, *zudem* von folgenden Determinanten bestimmt:
- der Bevölkerungszahl/-vermehrung
- der Bevölkerungsstruktur
- der Einkommens- und Vermögensverteilung

Analysieren wir nun die Bestimmungsfaktoren, die wir in Kapitel 3.2 noch nicht adressiert haben, und beginnen hierbei mit den **verwandten Gütern**, unter denen **Substitutions-** und **Komplementärgüter** verstanden werden. Diese beiden Typen von Güterbeziehungen haben wir bereits zuvor anhand von Beispielen eingeführt und

---

330 Wenn Ökonomen von individueller Nachfrage sprechen, dann fallen in diesem Zusammenhang als Synonyme die Begriffe der Einzelperson bzw. des privaten Haushalts. Ein privater Haushalt kann selbstverständlich aus mehr als einer Person bestehen. Der Einfachheit halber unterstellen wir hier, dass ein Mehrpersonen-Haushalt auf Märkten als „eine Einheit" auftritt, so dass wir unter privatem Haushalt auch eine Familie einordnen. Diese Vereinfachung nimmt nichts vom Erklärungsgehalt!

331 Ökonomen sprechen auch von *Präferenzen*, was so viel bedeutet wie Geschmack, Vorlieben.

erläutert.[332] Allerdings hatten wir dort noch nicht die wechselseitigen Mengenreaktionen bei der Nachfrage im Gefolge veränderter Preise bedacht. Das holen wir somit an dieser Stelle explizit nach.

Bei Gütern, die wie Butter und Margarine für viele Haushalte in **substitutiver Beziehung** stehen, verursacht der Preisrückgang des einen Gutes (z. B. von Butter) einen **Rückgang** der Nachfrage**menge** beim jeweils **anderen** Gut (hier also von Margarine). Bei **Komplementärgütern** wie Autofelgen und Autoreifen verhält es sich hingegen umgekehrt: Sinkt der Preis des einen Gutes (z. B. von Autofelgen), mündet das in einer **höheren Nachfragemenge** beim komplementären Gut.

Neben dem Preis verwandter Güter spielt auch die **Nutzeneinschätzung** eines privaten Haushalts eine Rolle für dessen Kaufentscheidung. Auf diesen Umstand hatten wir bereits in Kapitel 3.2 aufmerksam gemacht, als wir dort das Beispiel von einer neuen wissenschaftlichen Studie zu den Gesundheitswirkungen des täglichen Kaffeekonsums einführten. An besagter Stelle haben wir verdeutlicht, dass sich die Einschätzungen der Nachfrager in Bezug auf das Konsumgut Kaffee mit den neuen Erkenntnissen verändern und schließlich in einer gestiegenen Nachfragemenge kulminieren.

In analoger Weise passen sich die Präferenzen der privaten Haushalte auch bei der Wahl ihrer Finanzprodukten an. So mag vielen von ihnen der Erwerb von relativ niedrigverzinslichen Staatsanleihen als Instrument des Vermögensaufbau prinzipiell nützlich erscheinen, allein um sich mit alternativen, risikoreicheren Anlageformen nicht auseinandersetzen zu müssen. In dem Moment, wo die jährlichen Kuponzahlungen von risikoarmen Staatsbonds über längere Zeit auf null Prozent herabfallen, wird es bei den Betroffenen allerdings zu einer Neubewertung der Situation kommen. Infolgedessen werden zumindest einige Haushalte auf andere Anlageformen ausweichen.

Selbstverständlich wird die nachgefragte Menge eines individuellen Haushalts – wie wir es ebenfalls schon in Kapitel 3.2 gezeigt haben – nach einem bestimmten Gut *auch* von seinem verfügbaren **Einkommen** bestimmt. Neben dem laufenden Einkommen wird auch das **Vermögen** eines privaten Haushalts seine Kaufentscheidung prägen. Wer beispielsweise als Schüler, Student oder Rentner kein Einkommen bezieht, mag dennoch in der Lage sein, sich seine Konsumwünsche zu erfüllen, sofern er über Vermögen verfügt.[333]

Bezüglich des Vermögens sei angemerkt, dass mit ihm vielfach nur das Geldvermögen in Verbindung gebracht wird. Obwohl auch wir zuvor auf das Geldvermögen abgestellt haben, darf auf dieses der Vermögensbegriff *nicht* verkürzt werden. Bereits Carl Menger hat darauf verwiesen, dass es um das Vermögen aller ökonomischen Güter

---

332 Vgl. zu den Güterbeziehungen Lektion 1, Abschnitt 2.2.3.2. Dort dienten uns u. a. Skier vs. Snowboards bzw. Skier und Skischuhe als Beispiele.

333 Die Vorstellung *alle* Rentner würden ein Einkommen in Form einer Rente erhalten, ist schon nicht für alle Rentner in den Industrieländern korrekt, geschweige denn in Schwellen- und Entwicklungsländern. In der Bundesrepublik Deutschland sind etwa die Selbständigen nicht verpflichtet, Beiträge an die Gesetzliche Rentenversicherung (GRV) zu leisten.

geht, über die ein Wirtschaftssubjekt verfügt.[334] Kurzum: Auch Sachvermögen trägt zu Nachfrage auf *mittelbare* oder *unmittelbare* Weise bei. So sind Grundstücke, Häuser und Firmenanteile prinzipiell veräußerbar und/oder mit Krediten belastbar. Ein Haushalt, der über derartiges, unbelastetes Sachvermögen verfügt, kann daher eine tendenziell höhere Nachfrage nach Konsumgütern entfalten als ein Sachvermögensloser mit gleichem Einkommen. In diesem Fall wäre also der Einfluss des Vermögens auf die Nachfrage des Einzelnen indirekter Natur.

Von dieser Beziehung zwischen Vermögen und Nachfrage wissen auch Unternehmen zu berichten, allen voran kleine Mittelständler und Startups, bei denen *fehlendes* Sachvermögen schnell zum Flaschenhals für kreditfinanzierte Investitions- und Wachstumspläne werden kann.

Einen unmittelbaren Einfluss übt das Sachvermögen auf die Nachfrage aus, wenn Dienste Dritter zu seiner Nutzung oder Verwaltung in Anspruch genommen werden. Hierzu braucht man beispielsweise nur an ein Immobilienvermögen zu denken, wo der Bedarf an Handwerkern und gegebenenfalls an einer Hausverwaltung entstehen kann. Auch Gold und Silber, über die manch ein Haushalt in Form von Barren und Münzen verfügt, liegen nicht ausschließlich unter dem Kopfkissen, sondern werden in Banktresoren verwahrt.

Schließlich bestimmen die **Erwartungen** eines privaten Haushalts dessen Konsum- und Nachfrageverhalten – mitunter sogar ganz erheblich. Beispielsweise können Personen, die stattliche Erbschaften erwarten, leichter und freizügiger ihren Konsumbedürfnissen nachgehen als weniger gut gebettete Zeitgenossen. Manche Menschen befüllen im häuslichen Keller ihre Öltanks, weil sie geopolitische Spannungen mit steigenden Ölpreisen erwarten. Wiederum andere Haushalte decken sich in Erwartung der gleichen geopolitischen Spannungen mit Gold ein. Kurz – Erwartungen sind relevant für unser Verhalten! Das wird nicht zuletzt jeder Börsianer bestätigen können!

Die in einer freien Gesellschaft entfaltete absolute Nachfragemenge nach einem bestimmten Konsumgut hat gewiss etwas mit der **Einwohnerzahl** und deren Entwicklung zu tun. Bekanntermaßen gibt es bevölkerungsreiche und -ärmere Länder. Zu den bevölkerungsstarken Staaten gehören China, Indien, die USA aber auch Brasilien, Indonesien und Nigeria. Dem gegenüber stehen Kleinstaaten wie Liechtenstein oder Andorra, die durch eine geringe Bevölkerungsanzahl charakterisiert sind. Kurzum: Beobachtbare Nachfrageunterschiede zwischen zwei Volkswirtschaften *können* auf unterschiedliche Einwohnerzahlen zurückgehen. Zugleich mögen verschiedene Nachfragemengen zu zwei bestimmten Zeitpunkten, etwa im Jahr 1960 und im Jahr 2000, auf die *Bevölkerungsentwicklung* in dem betrachteten Land zurückzuführen sein. Vermehrt sich die Bevölkerung eines Wirtschaftsraumes, kommt es hier – unter sonst gleichen Verhältnissen – zu einer Verknappung wirtschaftlicher Güter.

---

334 Vgl. Menger 2018, S. 70 ff.

Neben der schieren Anzahl an Einwohnern wirken weitere demografische Faktoren auf die gesamtwirtschaftliche Nachfrage ein, etwa die **Bevölkerungsstruktur.** Naturgemäß werden in „Greisen-Nationen" wie Deutschland und Japan von Teilen der Bevölkerung ganz andere Produkte nachgefragt wie in vielen Schwellen- und Entwicklungsländern mit einem (sehr) hohen Anteil an jungen Menschen.

Schließlich kann auch die **Einkommens-** und **Vermögensverteilung** in der Bevölkerung Einfluss auf die Nachfragemenge und Nachfragestruktur nehmen. In Gesellschaften, in denen nahezu alle gleich arm sind, werden wenig bis gar keine Dienstleistungen und Produkte zur persönlichen Sicherheit und/oder dem Objektschutz benötigt: Was außer dem Nichts wollte einem ein anderer schon stehlen? Ganz anders dagegen die Situationen in Gesellschaften, in denen es eine starke Ungleichheit bei der Vermögensverteilung gibt und sich der wohlhabende – kleine – Teil der Bevölkerung vor dem „Mob" schützen muss, sei es durch gepanzerte Fahrzeuge, hohe Befestigungsanlangen oder Wachpersonal. Die Verteilung von Einkommen und Vermögen kann insofern eine Wirkung auf die Art (= Qualität) und/oder die Menge (= Quantität) der gesellschaftlichen Güternachfrage entfalten.[335]

3.3.1.2.2 Die gesellschaftliche Nachfragekurve – Komposition aus Einzelplänen

Da wir in Kapitel 3.2.1. die gesamtwirtschaftliche Nachfrage als fallende Kurve *und* bei der grafischen Herleitung der Marktangebotskurve das Verfahren der Horizontaladdition bereits kennengelernt haben (Kapitel 3.3.1.1.2.), können wir es uns an dieser Stelle einfach machen: auch die Marktnachfrage lässt sich durch **Horizontaladdition** gewinnen. Die in der Nachfragekurve verankerten Pläne einer ganzen Gesellschaft in Bezug auf ein bestimmtes Gut ergeben sich somit aus *der Summe der einzelnen Haushaltspläne* ihrer Mitglieder.

Die Abbildung 3.14 illustriert dies am einfachen Fall von zwei Haushalten: Bei einem Preis von einem Euro pro Eiskugel fragt der erste Haushalt, Leon, die monatliche Menge von 16 Stück nach; das individuelle Bedürfnis nach Eiscreme ist bei Paco, dem zweiten Nachfrager, noch ausgeprägter: Paco möchte bei einem Kugelpreis von einem Euro ganze 32 Eiskugeln monatlich kaufen und genießen. Aus dem Konsumverhalten der beiden Einzelkurven lässt sich also ableiten, dass die gesellschaftliche Marktnachfrage beim Preis von einem Euro genau 48 Einheiten im Monat beträgt. Die Anzahl der privaten Haushalte kann beliebig erweitert werden, ohne dass sich an der Logik der Horizontaladdition etwas ändert, um die **gesamtwirtschaftliche Nachfragekurve** zu erhalten.

---

335 Angemerkt sei, dass in der ungleichen Vermögensverteilung, die sich nach dem Ersten Weltkrieg in den Vereinigten Staaten von Amerika entwickelt hat, *eine* wesentliche Zutat für den Ausbruch und die Schwere der Weltwirtschaftskrise von 1929 gesehen wird. Dieser Zusammenhang wird insbesondere von keynesianisch geprägten Ökonomen vorgetragen.

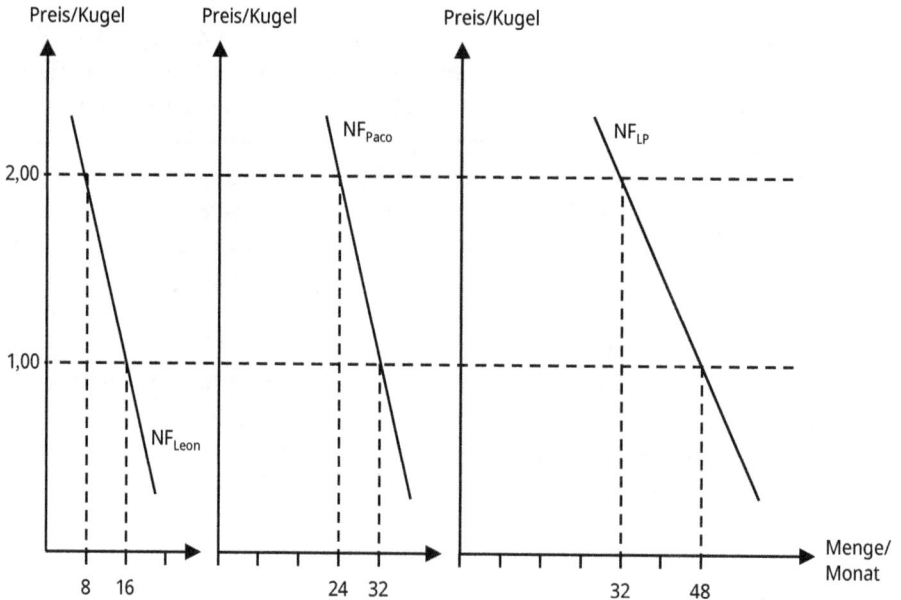

Abbildung 3.14: Gesellschaftliche Nachfragekurve als Horizontaladdition der individuellen Kurven.

Der Vollständigkeit halber sei daran erinnert, dass **Preisveränderungen** bei einem Gut – also ein **Preisverfall** oder ein **Preisanstieg** – in einer *Bewegung entlang* der **bestehenden Nachfragekurve** resultieren. Das verhält sich analog zu den Beschreibungen auf der Angebotsseite (Kapitel 3.3.1.1.2.).

Wenn sich *bei unverändertem* Preis des betrachteten Gutes (z. B. von Schokoladeneis) eine der **anderen Determinanten** der Nachfrage **verändert**, dann kommt es – wie schon oben in Kapitel 3.2.3. illustriert – auch auf der Seite der Nachfrage zu einer **Verschiebung** der Kurve (siehe Abbildung 3.15).

In diesen Fällen muss allerdings die *Richtung* der **Verschiebung** (nach links bzw. nach rechts) noch bestimmt werden. Hierbei ist stets der Einzelfall zu betrachten. Ein Beispiel wollen wir uns exemplarisch ansehen.[336]

Ereignet es sich, dass Schokoladenriegel günstiger werden, so stellt sich diese Entwicklung auf die gesellschaftliche Nachfrage nach Schokoladeneis als eine Verschiebung der Nachfragekurve *nach links* (bzw. nach innen) dar: bei *unverändertem Preis* für Schokoladeneis werden Leon und Paco wegen des reduzierten Preises beim Substitutionsgut Schokoladenriegel *weniger Eiskugeln* als zuvor nachfragen; stattdessen konsumieren sie jetzt den einen oder anderen Schokoriegel *zusätzlich*. Das leuchtet unmittelbar ein. Offen mag allein bleiben, wie stark sich die Kurve verschiebt.

---

336 Eine tabellarische Zusammenfassung zu allen Determinanten der Nachfrage und des Angebots sowie ihrer jeweiligen Verschiebungsrichtung durch exogene Impulse findet sich im Anhang A dieses Kapitels.

Preis

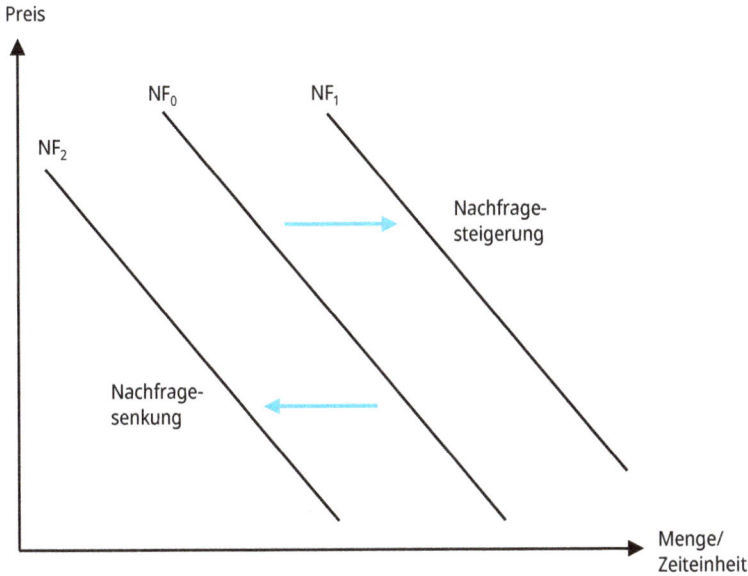

Abbildung 3.15: Verschiebung der Nachfragekurve.

3.3.2 Der Markt *jenseits* der sehr kurzen Frist in Interaktion: Angebot trifft Nachfrage

Bevor wir in Kapitel 3.3.3. auf das spezifisch neoklassische Marktverständnis eingehen, müssen wir in einem kurzen Zwischenschritt die in Kapitel 3.3.1. gewonnen Erkenntnisse noch miteinander verbinden. In Bezug auf unsere bisherigen Kernbotschaften zur Funktionsweise von Märkten (siehe Kapitel 3.2) werden in der Tat *nur geringfügige Modifikation* vorzunehmen sein. In Kapitel 3.3.2.1. präsentieren wir dazu das bekannte Marktdiagramm, das erstmals Alfred Marshall (1890) eingeführt hat. Auf die Frage nach der Stabilität des Gleichgewichts blicken wir in Kapitel 3.3.2.2.

3.3.2.1 Das konventionelle Marktdiagramm

Überführt man die Ergebnisse der Einzelanalysen von oben in ein Schaubild, dann erhält man nun das sog. Scherendiagramm, welches mitunter auch als Marshall'sches Kreuz bezeichnet wird. Auch in diesem setzen die beiden Kurven **Preise** sowie nachgefragte und angebotene **Mengen** in Beziehung zueinander (siehe Abbildung 3.16). An der Grundlogik aus Kapitel 3.2 hat sich also nichts geändert. Einzig die Angebotskurve hat eine andere Gestalt angenommen.

Auch jetzt stellt der **Schnittpunkt** der aufsteigenden Angebotskurve mit der fallenden Nachfragekurve das **Marktgleichgewicht** dar. Dieses Marktgleichgewicht ist weiterhin durch einen Gleichgewichts**preis** P^* und eine Gleichgewichts**menge** M^* charakteri-

Preis

NF

A

P*

M*

Menge/
Zeiteinheit

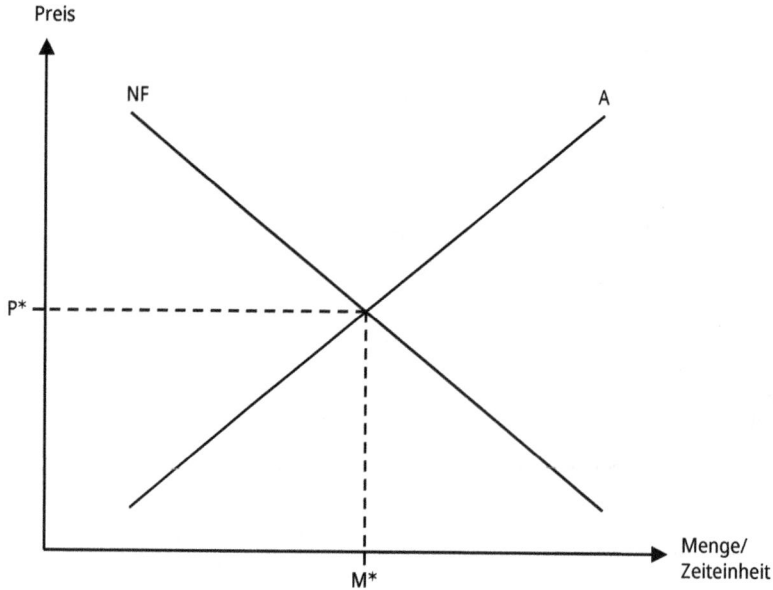

Abbildung 3.16: Marktangebot, Marktnachfrage und Marktgleichgewicht.

siert. Der **Gleichgewichtspreis** ist dabei der Preis, bei dem die nachgefragte Menge der angebotenen Menge entspricht: Angebots- und Nachfragemenge kommen in Deckung. D. h. jeder zu diesem Preis P* kaufbereite Nachfrager findet einen oder mehrere Verkäufer, die ihm seine gewünschte Menge veräußern. Umgekehrt gilt, dass kein Anbieter der das betreffende Gut zum Preis P* feilzubieten bereit ist, auf seiner Ware sitzen bleibt. Damit sind hier, beim Preis P*, und nur hier Angebot und Nachfrage im Gleichgewicht!

3.3.2.2 Fehlende Gleichgewichte im Ausgangspunkt

Was, wenn zu irgendeinem Zeitpunkt im Markt kein Gleichgewichtszustand vorherrscht, der Startpunkt also außerhalb des Marktgleichgewichts zu suchen ist. Mit anderen Worten, was passiert, wenn sich der im Markt beobachtbare Preis **oberhalb** des bis dato für alle Marktteilnehmer unbekannten Gleichgewichtspreises befindet und damit im Ausgangspunkt ein **Angebotsüberschuss** vorliegt (Kapitel 3.3.2.2.1.) oder ein **Nachfrageüberhang** existiert, weil der Marktpreis **unterhalb** des Gleichgewichtspreises liegt (Kapitel 3.3.2.2.2.)? Verändert sich an den Einsichten aus Kapitel 3.2 zur marktlichen Funktionsweise irgendetwas, weil wir den zeitlichen Horizont geöffnet haben und über die sehr kurzfristige Perspektive hinausblicken? Diesen Fragen wollen wir kurz nachgehen.

3.3.2.2.1 Initialer Angebotsüberschuss

Auch bei einer Betrachtungsperiode, die von Beginn an über die sehr kurze Frist hinausgeht, kommt es bei einem Preis P_1 zu einem **Überangebot**, wenn dieser über dem

Gleichgewichtspreis P* liegt. Die Abbildung 3.17 verdeutlicht, dass die Verkäufer aufgrund des *relativ* hohen Preises die Menge M_A auf dem Markt anbieten, also eine Menge, die größer ist als die im Marktgleichgewicht (M*) gehandelte. Aus Sicht der Nachfrager ist der Preis P_1 auf einem zu hohen Niveau, so dass sie insgesamt eine geringere Menge (M_{NF}) zu konsumieren wünschen als beim Gleichgewichtspreis.

Passiert nichts, haben die Anbieter zu viel produziert und bleiben auf der Ware sitzen! Um das zu verhindern, treten sie *früher oder später* in einen **Unterbietungswettbewerb** ein, d. h. *erste* Verkäufer beginnen, den Preis zu verringern.[337] Mit dem reduzierten Preis stimulieren die Anbieter den Absatz, d. h. die Nachfrage steigt. **Gleichzeitig** werden einige Anbieter ihre ursprüngliche **Angebotsmenge** (bei P_1) nun einschränken, da sich der Verkauf weiterer Einheiten aus ihrer Sicht bei einem reduzierten Preis nicht mehr lohnt.

Diese Verhaltensweisen auf der **Angebots-** *und* **Nachfrageseite** initiieren eine **Bewegung** in **Richtung** des **Gleichgewichts** (siehe Abbildung 3.17). Kommt es zwischenzeitlich zu keinen Störungen *kann* am Ende dieses Prozesses der Gleichgewichtspreis P* erreicht werden; der Markt wäre dann erneut geräumt.

All diese Feststellungen decken sich mit den zentralen Einsichten aus Kapitel 3.2. Die Einführung einer steigenden Angebotskurve hat ihnen nichts genommen.

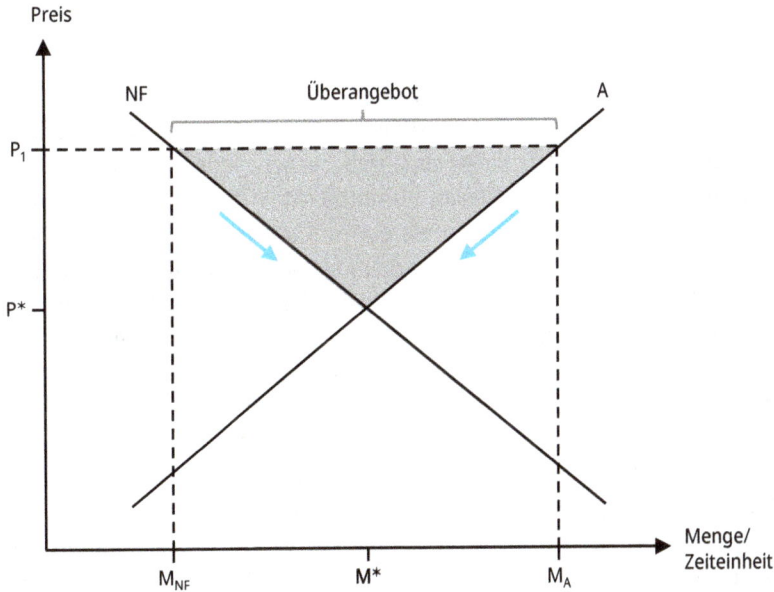

Abbildung 3.17: Überangebot tendiert – auch im Standarddiagramm – zum Gleichgewicht.

---

337 Vgl. hierzu Kapitel 3.2.2., wo wir u. a. auf anfallende Lagerhaltungskosten der Anbieter hingewiesen haben.

Da es nicht auszuschließen ist, dass es bei einem anfänglichen Angebotsüberschusses im Laufe des eintretenden Unterbietungswettbewerb zu einem „Überschießen" bei der Preissenkung kommt, die Anbieter also den Marktpreis versehentlich unter den Gleichgewichtspreis senken, blicken wir jetzt noch kurz auf dieses Szenario.

3.3.2.2.2 Initialer Nachfrageüberhang

Bei einem niedrigeren Preis als P* kommt es zu einem **Überhang der Nachfrage** (siehe Abbildung 3.18). Es ist dabei nebensächlich, ob sich ein Preis wie P_2 in Unkenntnis des Gleichgewichtspreises schon anfänglich oder erst im Gefolge eines Unterbietungswettbewerbs eingestellt hat.

Wie die Grafik verdeutlicht, haben bei einem ursprünglichen Preis P_2 die Verkäufer nur ein begrenztes Interesse, das betreffende Gut anzubieten. Tatsächlich liegt die Menge M_A, welche die Anbieter zum Preis von P_2 zu verkaufen bereit sind, unter der Gleichgewichtsmenge M*. Gleichzeitig lockt der relativ niedrige Preis P_2 nun Nachfrage an, die sich beim Gleichgewichtspreis P* nicht entfalten oder artikulieren würde.

In einer solchen Ausgangssituation werden viele Käufer nicht zum Zuge kommen, d. h. sie werden keinen Verkäufer finden. Die gewünschte Menge wird einfach nicht angeboten.

In Momenten wie diesen werden *willige Käufer* den Anbietern von sich aus höhere Preise offerieren. Diese Nachfrager signalisieren mit ihrer höheren Zahlungsbereitschaft, dass ihnen das betreffende Gut einen Nutzen auch dann verspricht, wenn sie tiefer in die Tasche greifen müssen. Die Konsumenten treten also in einen **Überbietungswettbewerb** ein. Dies hat zur Folge, dass sich bei steigendem Marktpreis das Angebot ausweitet: Erste Anbieter finden es nun attraktiv ihre bisherige **Angebotsmenge** auszudehnen. *Gleichzeitig* verlieren die ersten Kaufsuchenden das Interesse, das Produkt zu einem höheren Preis zu erwerben; sie steigen als Käufer aus oder schränken ihre Nachfragemenge ein: In jedem Fall liegt der steigende Marktpreis nun über dem Grenznutzen, den sie der letzten Einheit dieses Produkts zuvor beigemessen haben. In Summe nimmt die gesamte Marktnachfrage ab.

Alternativ kann der Mechanismus auch über die Anbieter ausgelöst werden: Sie erhöhen die Preise aufgrund der hohen Nachfrage – wohlwissend, dass einige Nachfrager lieber einen höheren Preis zahlen als auf das Produkt gänzlich zu verzichten.

Als Resümee lässt sich festhalten, dass auch bei einem **anfänglichen Nachfrageüberschuss** eine **Tendenz** zur **Markträumung** einsetzt. Die **relative Knappheit** des Gutes am Markt sorgt dafür, dass die Marktkräfte – d. h. die Anbieter und die Nachfrager mit ihren individuellen, gegenläufigen Interessen – den oben beschriebene Anpassungsprozess ungewollt anstoßen und über diesen Prozess die **ursprünglich** beobachtbare **Angebotslücke sukzessive** geschlossen wird. Es ist denkbar, das **Marktgleichgewicht** (wieder) erreicht wird, sofern der Anpassungsprozess ungestört bleibt.

Preis

NF

A

P*

P₂

Nachfrageüberhang

Menge/
Zeiteinheit

M_A

M*

M_NF

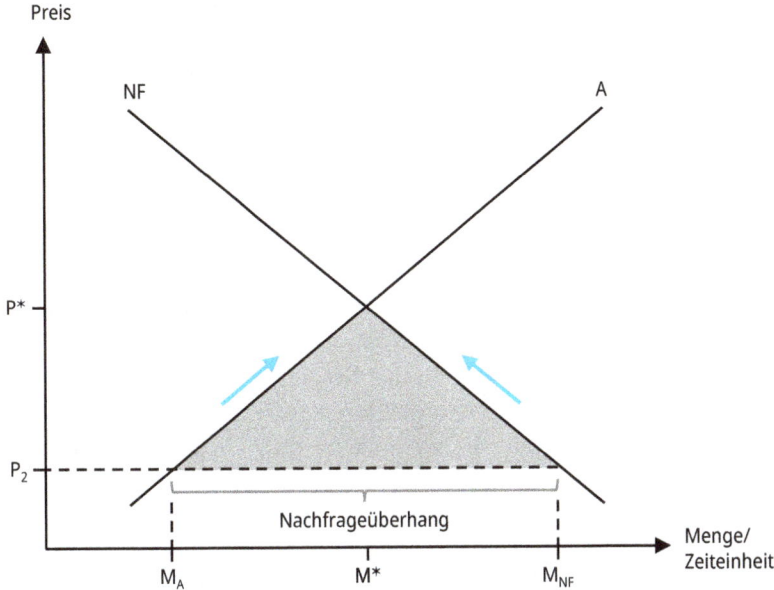

Abbildung 3.18: Überschussnachfrage tendiert – auch im Standarddiagramm – zum Gleichgewicht.

3.3.2.3 Zwischenresümee

Fassen wir mit Blick auf unseren erweiterten Zeithorizont nochmal die wesentlichen Erkenntnisse zusammen: ausgenommen beim Gleichgewichtspreis erzeugt der Marktmechanismus bei *jedem anderen Preis* weiterhin für einen *gewissen Druck*, der in Abhängigkeit der konkreten Ausgangslage auf der Käufer- oder Verkäuferseite zu spüren sein wird.

Aufgrund dieser Tatsache lässt sich logisch ableiten, dass der Markt *unabhängig vom Ausgangspunkt* stets zu seinem **Gleichgewicht tendiert**. Denn nach dem Gesetz von Angebot und Nachfrage führen **Preisanpassungen**, die sich durch das **Verhalten** einzelner Akteure bei einem Angebots- oder einem Nachfrageüberhang ergeben, zur Angleichung angebotener und nachgefragter Gütermengen. Über das **Informationsinstrument** des Preises werden die **Pläne** der vielen Individuen einer Gesellschaft unter Wahrung der Entscheidungssouveränität jedes Einzelnen **dezentral koordiniert**.

Da wir uns in diesem Kapitel 3.3 darauf eingelassen haben, einen längeren Zeitraum als den sehr kurzfristigen zu berücksichtigen, sollte schon aus rein theoretischen Erwägungen heraus die Wahrscheinlichkeit steigen, dass sich ein in Bewegung geratener Markt über iterative Preis- und Mengenanpassungen tatsächlich in sein Gleichgewicht einschwingen *kann*. Denn dieser Prozess wird auf nicht wenigen Märkten eine gewisse Zeit benötigen. Zumal in der Praxis gerade für die sehr kurze Frist erwartet werden kann, dass mancher Marktteilnehmer einen spontan entstandenen Druck abwettern kann. Möglicherweise wollen einige Akteure kurzfristig sogar Stand halten, weil es ihnen noch an relevanten Informationen mangelt, etwa einem Marktausblick, bevor sie – im wahrsten Sinne des Wortes – zu handeln beginnen. Mit anderen Worten: Trotz eines latenten Drucks können Marktakteure vorübergehend untätig bleiben, so dass sich das entstandene Marktungleichgewicht nicht im Nu auflöst. Somit stehen die Aussichten auf ein Marktgleichgewicht bzw. zum Ausgleich gebrachte Angebots- und Nachfragepläne *jenseits* der sehr kurzen Frist regelmäßig besser.

Wie zügig der marktliche Anpassungsprozess *in der Realität* in Gang gesetzt wird, ist nicht zuletzt vom betrachteten Gut abhängig. Bei verderblichen Lebensmitteln mag die Anpassung zum Marktgleichgewicht schnell verlaufen. Bei lagerfähigen Gütern wie Rundstahl mag es deutlich länger dauern. Gleichwohl wird auch bei unverderblichen, lagerfähigen Gütern die Geduld der Anbieter nicht unendlich sein. Denn füllen sich die Läger oder bleiben gefüllt, entstehen den Unternehmen Kosten, allen voran sogenannte Kapitalbindungskosten, die auch kein (Stahl-)Verkäufer ewig zu tragen bereit ist.[338] Folglich wird auch hier der Zeitpunkt erreicht werden, zu dem der erste Unternehmer „zuckt" und der oben beschriebene Anpassungsprozess in Gang kommt.

Nichtsdestotrotz ist vor allzu großem Optimismus zu warnen, dass sich ein Gleichgewicht auf *realen* Märkten tatsächlich einpendelt. Denn dies setzt voraus, dass der zeitbedürftige Anpassungsprozess nicht immer wieder von neuen Störungen begleitet wird.

Aber selbst im schlechtesten Szenario, in dem dieser Prozess durch wiederkehrende Schocks verewigt wird und das Marktgleichgewicht somit nie erreicht wird, können wir uns mit der Gewissheit trösten, dass die Marktkräfte zum Gleichgewicht hintendieren. Insofern lässt sich mit Friedrich August von Hayek der Marktmechanismus auch als **Entdeckungsverfahren** deuten.

An unseren bisherigen Schilderungen und Schlüssen dürfte es unter den meisten Ökonomen keine Dissonanzen geben. Darüber hinaus stehen die zentralen Aussagen zur Funktionsweise des Marktes auch nicht im Widerspruch zur Beobachtung von Friedrich Engels, dem Erfinder des Marxismus, der in seinem berühmten Essay *Umrisse zu einer Kritik der Nationalökonomie* (1844) – also gut ein halbes Jahrhundert vor Einführung des Scherendiagramms durch Marshall – monierte,

> dass Nachfrage und Zufuhr sich [...] nie ergänzen. [...] Die Zufuhr ist immer gleich hinter der Nachfrage, kommt aber nie dazu, sie genau zu decken; sie ist entweder zu groß oder zu klein, nie der Nachfrage entsprechend, weil in diesem bewusstlosen Zustande der Menschheit kein Mensch weiß, wie groß diese oder jene ist.[339]

---

338 Finanzwirtschaftlich Vorgeprägte werden erkennen, dass sich der *operative* Cashflow mit dem Aufbau von Beständen verschlechtert: Er sinkt oder wird gar negativ. Das wiederum hat negative Auswirkungen auf die Finanzierung von Investition und/oder das Eigenkapital bzw. die Eigenkapitalquote.
339 Engels, 1844. In Engels „Umrissen" wird heute das Gründungsdokument des wissenschaftlichen Sozialismus gesehen. Vgl. hierzu etwa https://marx-engels-revisited.de/2021/06/05/engels-umrisse-zu-einer-kritik-der-nationaloekonomie/ abgerufen 20.09.2022. Auf den wissenschaftlichen Sozialismus gehen wir in Lektion 6 ein.

Allen voran die liberalsten Ökonomen – die zumeist mit der Österreichischen Schule in Verbindung gebracht werden – würden dem jungen Engels hier posthum nicht widersprechen. Im Gegenteil! Aber auch keynesianisch geprägte Ökonomen sowie die Vertreter der Neoklassik sollten beipflichten können. Letztere, *sofern* sie sich *nicht* im restriktiven Annahmedschungel ihrer Modellwelten verheddert *haben*.

Was das neoklassische Standardmodell auszeichnet, was sein Alleinstellungsmerkmal ist, betrachten wir jetzt!

3.3.3 Markt und Marktverständnis in der neoklassischen Modellwelt

Worin genau zeigt sich also das spezifisch Neoklassische im mikroökonomischen Zugang? Darauf gehen wir nun in Kapitel 3.3.3.1. ein, bevor wir hieran anknüpfend in Kapitel 3.3.3.2. eine erste Würdigung vornehmen. Im abschließenden Kapitel 3.3.3.3. stellen wir grundlegende Unterschiede zwischen dem neoklassische Dogma und dem der Österreichischen Schule gegenüber.

3.3.3.1 Marktergebnis im und Annahmen des neoklassischen Grundmodells

Abweichend zu unseren bisherigen Erläuterungen zur Natur der Märkte kommt es im neoklassischen *Modell* nun dazu, dass sich auf jedem Gütermarkt ein *stabiles* Gleichgewicht *zügig* einstellt. Stört ein Schock diese stabile Ordnung, findet sich der markträumende Preis prompt wieder; die marktliche Instabilität ist infolgedessen nur von kurzer Dauer. Außerdem bildet sich auf jedem Markt zu jedem Zeitpunkt genau *ein* Preis – und damit kein zweiter.

Wenn auch der Unterschied zwischen dem allgemein akzeptierbaren Verständnis und der neoklassischen Vorstellung an dieser Stelle äußerst gering zu sein scheint, so ist die Frage doch zu beantworten, wie die Neoklassiker zu diesen prägnanten, zugespitzten und prima facie phantastisch anmutenden Schlussfolgerungen kommen können?

Die Antwort auf diese Frage liegt in der Wahl ihrer Modellannahmen. Sehen wir uns die Prämissen an, die dem neoklassischen Standardmodell zugrunde liegen:

– Betrachtet wird ein **homogener Markt**, d. h. die sachliche Gleichartigkeit der Güter aus Sicht der Nachfrager wird unterstellt.[340]
– Angenommen wird, dass **jeder** Marktteilnehmer über **vollständige Information** verfügt. Hierbei gilt zu beachten, dass es stets nur um Informationen geht, die im Zusammenhang mit einer geplanten Markttransaktion *entscheidungsrelevant* sind – und somit nicht um eine generelle Allwissenheit der Individuen.[341]

---

340 Zur Homogenität von Gütern siehe auch die Erörterung in Lektion 1, Kapitel 3.2.2.3.
341 Welche Effekte es hat und welche wirtschaftspolitischen Schlussfolgerungen zu ziehen sind bzw. gezogen werden können, wenn man die strikte Annahme vollständiger Information aufgibt, werden wir in der Lektion 14 zu asymmetrischen Informationen eingehend beleuchten.

- Es existieren **keine Transportkosten.**
- Es bestehen **unendlich schnelle Anpassungsreaktionen**, d. h. es gibt keine Verzögerungen (auch „time-lags" genannt) im Handeln der Einzelnen. Dies bedeutet etwa, dass Käufer sofort zu einem weiteren Anbieter wechseln können, wenn ihnen ein *Einzelner* ein individuelles Angebot unterbreitet, bei dem der Preis über dem allgemeinen Gleichgewichtspreis liegt. Mit anderen Worten: es gibt weder für Käufer noch für Verkäufer längere Vertragsbindungen und ähnliches, die eine schnelle Ausweichreaktion der Beteiligten verhindern. Das annahmebedingte Fehlen von Transportkosten trägt ein Übriges zum schnellen Handeln der Akteure bei.
- Darüber hinaus beziehen sich alle ökonomischen Entscheidungen und Aktivitäten auf die gegebene Periode, d. h. es müssen/werden **keine Investitionsentscheidungen** getroffen.[342]
- Es bestehen insofern keine Unsicherheiten und keine Finanzierungsschwierigkeiten (weder auf der Angebots- noch auf der Nachfrageseite).
- Darüber hinaus **wird rationales Verhalten** aller Wirtschaftssubjekte unterstellt, d. h. jeder **Marktakteur** handelt *zielgerichtet* ohne Rückwirkungen seines Handelns auf andere ins Kalkül zu ziehen. Dabei wird vereinfachend angenommen, dass die privaten Haushalte als Nachfrager das Ziel der **Nutzenmaximierung** und die **Anbieter** das der **Gewinnmaximierung** verfolgen. Mit dieser Annahme fühlt sich unsere in Kapitel 3.3.1.1. eingeführte Eisverkäuferin Lucia niemals falsch verpflichtet – etwa aus freundschaftlichem oder familiärem Grund – ihr Produkt günstiger abzugeben als nötig. D. h. sie wird unterschiedslos von jedem Kunden den Marktpreis verlangen.
- Schließlich wird im Standardmodell eine einstufige Produktion angenommen und vorausgesetzt, dass auf beiden Marktseiten eine **große Anzahl** an Akteuren teilnimmt.

3.3.3.2 Konsequenzen und *erste* Würdigung

Unsere vormalige Überzeugung, dass der Markt systemimmanent zu seinem Gleichgewicht *tendiert*, hat die Neoklassik leichtfüßig in eine *modellierte* Existenzgewissheit transformiert: ihrer Vorstellung zufolge stellt sich unverzüglich der markträumende Preis ein und beschert uns damit eine Welt stabiler Märkte.[343]

Darüber hinaus haben die Neoklassiker die Figur des **homo oeconomicus** en passant kreiert und damit ein Zerrbild vom wirtschaftenden Individuum im Allgemeinen und vom Unternehmer im Besonderen in die Wirtschaftswissenschaften einge-

---

342 Man beachte, dass sich mit diesen Vereinfachungen ableiten lässt, dass der einzelne Unternehmer *kein Investitionsrisiko* hat. Auch wenn eine Welt ohne Investitionsrisiko *vollkommen illusorisch* ist, wollen wir diese restriktive Annahme *einstweilen* akzeptieren.

343 Damit ist die Neoklassik nicht in der Lage, das Auftreten von Wirtschaftskrisen (siehe Lektion 5) zu erklären.

bracht.[344] Denn die Vorstellung, reale Unternehmer würden sich gewinnmaximierend verhalten, ist zu kurz gesprungen – um nicht zu sagen: blanker Unsinn! Von Einzelfällen abgesehen, entbehrt sie jeder praktischen Grundlage.[345] Tatsächlich orientieren sich Unternehmen über die gegenwärtige Periode hinaus. Sie müssen ihre Leistungs- und Wettbewerbsfähigkeit im Blick behalten. Das gelingt ihnen nachhaltig nur, wenn sie dem wandelnden Bedarf ihrer Kunden Rechnung tragen. Genau in diesem Zusammenhang werden nun **wiederkehrend Investitionen** notwendig, unter denen der Praktiker die risikofreien noch immer vergebens sucht. Mit anderen Worten: Echte Unternehmer leben selbstredend in einer von Unsicherheit geprägten Welt. Daher suchen *effektive* Führungskräfte auch nicht nach dem imaginären Maximum des Gewinns, sondern sie stellen sich stattdessen die Frage nach dem **Gewinnminimum**: Welchen Gewinn brauchen wir mindestens, um morgen noch im Geschäft sein zu können?[346]

Hinterfragt man die neoklassische Modellwelt weiter, scheint die Entdeckung abenteuerlicher Merkmale bzw. bemerkenswerter Eigentümlichkeiten nicht enden zu wollen. So schrumpft das modellierte Marktgeschehen durch die Prämisse fehlender Transportkosten de facto auf einen Punktraum zusammen, die Raumwirtschaft verschwindet. Zur Fairness gehört, einzugestehen, dass auch wir von dieser Annahme in Kapitel 3.2 im Beispiel unserer Großstadt unausgesprochen Gebrauch gemacht haben. Für das modellierte Marktgeschehen mögen aus didaktischen Gründen Kosten der Raumüberwindung zu vernachlässigen sein, doch in der realen Welt sind

---

344 Den beiden frühen englischen Klassikern Adam Smith und David Ricardo war die Figur des *homo oeconomicus* unbekannt. Diese „unselige Kreatur" – wie sich Kirzner ausdrückt – hat erst John Stuart Mill in den 1830er Jahren erschaffen. Vgl. Kirzner, 2017, S. 66 ff. oder auch Hayek, 2005, S. 80. Dass der homo oeconomicus für die ökonomische Theoriebildung keine alternativlose Spezies ist, wie es die Standardökonomie allzu fahrlässig suggeriert, zeigt sich an der sog. Österreichischen Schule. Die Fiktion des homo oeconomicus ablehnend, geht diese vom handelnden Menschen aus, d. h. vom kreativen Entrepreneur. Zuweilen wird vom *homo agens* gesprochen. Vgl. Huerta de Soto, 2020b, S. 60 bzw. derselbe, 2014, S. 14 und Kirzner, 2017, S. 151 ff.

345 Ungeachtet der Richtigkeit unserer Feststellung hält sich die Vorstellung unter angestellten Führungskräften und Top-Managern hartnäckig, der Zweck des Unternehmens sei die Gewinnmaximierung. Vor diesem Hintergrund wird man konstatieren müssen, dass die neoklassische Lehre der Menschheit durch kommunikative Unzulänglichkeiten einen Bärendienst erwiesen hat. Zumindest scheint es Generationen von Ökonomiegelehrten offensichtlich nicht oder nicht ausreichend gelungen zu sein, allgemeinverständlich den Anspruch eines gewinnmaximierenden Unternehmerverhaltens *einzig und allein* auf die Ebene des *Marktmodells* einzudampfen; bzw. zu erläutern, dass die Existenz dieses Unternehmertyps *als methodische Innovation* lediglich dem Zweck theoretischer Gedankenspiele dienen kann.

346 Vgl. Malik, 2007, S. 164. Zugegeben, auch die Betriebswirtschaftslehre hat dem Irrsinn mit der auf Gewinnmaximierung beruhenden Unternehmensführung Vorschub geleistet sei. Es nur an Alfred Rappaports sogenannten Shareholder-Value-Ansatz (1986) erinnert. Zu dessen weitreichendem Einfluss auf ein verschlimmbessertes Verständnis von wirksamer Unternehmensführung siehe allen voran die Diskussion bei Malik, 2007, S. 143 ff.

Transportkosten *nicht* bedeutungslos. Stattdessen können sie – zumindest in Teilen – bei ein und demselben Gut zeitgleich auftretende, örtliche Preisunterschiede erklären.

Indem die Wirtschaftssubjekte unter den restriktiven Annahmen der Neoklassik lediglich Entscheidungen für die laufende Periode treffen, kann es in dieser ohnehin unsicherheitsfreien Zone auch keine Warenterminbörsen geben. Das neoklassische Universum besteht aus **Spotmärkten** allein. Räumlichen und/oder zeitlichen Differenzierungen gewährt diese Modelllandschaft kein Platz!

De facto verkümmert der Zeitraum durch die Annahme der unendlich schnellen Anpassungsreaktion im neoklassischen Marktmodell sogar vollständig. Er mutiert zum Zeitpunkt, wodurch dynamische Anpassungsprozesse in der Zeit „wegdefiniert" sind. In der Grundanlage haben wir es infolgedessen mit einer **statischen Modellwelt** in der Neoklassik zu tun. Das Dynamische im Marktgeschehen begrenzt sich in diesem Rahmen letztlich auf das Aneinanderketten von ereignisarmen Zeitpunkten.

Es ist diese kuriose, auf äußerst restriktiven und unbestreitbar realitätsfernen Annahmen beruhende Modellwelt der Neoklassik, die den „ökonomischen Mainstream" wiederkehrend Unverständnis und Spott ernten lässt. Unter Verweis auf die unrealistischen Modellannahmen stellen Kritiker mitunter ökonomische Erkenntnisgewinne gar gänzlich in Frage.

Bedauerlicherweise erwecken manche Kritiker (oftmals die lautesten) dabei den Eindruck, nicht verstanden zu haben, warum Ökonomen im Allgemeinen und Neoklassiker im Besonderen derartige Annahmen treffen. Der Punkt ist nicht, dass sie glauben, die *reale* Welt funktioniere genau wie die Modellwelt.[347] Gleichwohl, wer über wirtschaftliche Phänomene Einsichten gewinnen will, steht vor dem Problem, dass er wegen der umfassenden gegenseitigen Beeinflussung aller Größen irgendwo Schnitte durch das allgemeine Beziehungsgeflecht legen muss. Daher werden „wenig wichtig gehaltene Einflüsse erst einmal aus[geschlossen]. Erst dann kann es gelingen, die Beziehungen zu erklären oder zumindest abzuschätzen. Indem man weite Bereiche der Welt ausklammert, gelingt der **Informationsgewinn** durch einen **gezielten Informationsverlust**."[348] Mithilfe der Annahmen werden also Einflussfaktoren bewusst isoliert, um deren Wirkungen zu verdeutlichen. Außerdem wird das Denken in greifbaren Szenarien mit dieser Methode maßgeblich erleichtert, wenn *schrittweise* einzelne Annahmen aufgegeben werden.[349]

---

347 Es liegt in der Natur von Modellen, dass sie keine 1:1 Abbildung der realen Welt sein können. Diese Tatsache begrenzt sich *nicht* auf die Ökonomie!

348 Grass/Stützel, 1983, S. 11.

349 Angemerkt sei, dass gerade die *ceteris paribus* Technik weder ein Alleinstellungsmerkmal noch eine Erfindung der Neoklassik ist. Zwar führte Marshall (1890) den Ausdruck *ceteris paribus* als Erster ein, doch war die damit einhergehende Methode schon zuvor keine Unbekannte mehr. Menger verwendete beispielsweise die sprachliche Figur „unter sonst gleichen Verhältnissen." Vgl. z.B. Menger 2018, S. 178. Und Marx bediente sich des methodischen Kniffs mithilfe der Formulierung „nebst sonst gleichbleibenden Umständen." Vgl. z.B. Marx, 2018, S. 564. Gegenüber den Klassikern und hier insb. ge-

Gewiss, am Ende muss bei der Herleitung wirtschaftspolitischer Schlussfolgerungen den Annahmen, die der Analyse zugrunde liegen, Rechnung getragen werden. Aber zu behaupten, dass die Einsichten wegen der restriktiven Prämissen *per se* wertlos seien, zeugt von kleinmütigem Geist.

Zu einem besseren Verständnis sei angemerkt, dass die Methodik, die wir in den kommenden Abschnitten tiefer kennenlernen werden, der britische Ökonom **Alfred Marshall** vor über 130 Jahren in seinem Buch *Principles of Economics (1890)* eingeführt hat. Angemessen würdigen kann man diese Leistung dabei nur mit Hilfe einer zeitgenössischen Brille: Erst der Blick durch diese legt offen, dass sich bis ins Jahr 1890 zwei Dogmen *unverbunden* gegenüberstanden. Neben der Schule der **Klassik** (insb. Smith, Ricardo, Mill), die den Schwerpunkt auf *produktionsorientierte* Ansätze legt, war seit Mitte des 19. Jahrhunderts ein neues Lehrgebäude entstanden, die **Grenznutzenschule**,[350] die den Blick auf die *Nachfrageseite* richtete. Marshalls Verdienst ist es, die beiden großen Theorielinien seiner Zeit zusammengeführt zu haben, so hat er allen voran Angebot und Nachfrage verbunden. Was Ökonomen und angehenden Wirtschaftswissenschaftlern heute so selbstverständlich erscheint, war den Zeitgenossen Marshalls also alles andere als bekannt und geläufig. Marshall betrat Neuland! Heute gilt er als der *erste Neoklassiker!*[351]

Ungeachtet dieser respektablen Lebensleistung und dem Nutzen, den die Neoklassik für ein ökonomisches Verständnis bieten kann, ist es unserer Ansicht nach wichtig, zu einem frühen Zeitpunkt dem etwaigen Eindruck entschieden entgegenzutreten, die mikroökonomische Standardtheorie der Neoklassik könne von jeder Kritik erhaben sein. Die oben benannten Eigentümlichkeiten dieses Dogmas weisen bereits in die gegenteilige Richtung! Weitere Schwächen werden wir zu benennen

---

genüber Ricardo gebührt Marshall allerdings das Verdienst explizit seine Prämissen benannt zu haben. Vgl. hierzu Kolb, 1997, S. 64 f.

350 Als Vorläufer der Grenznutzenschule wird Hermann Heinrich Gossen betrachtet, dessen Buch (1854) mit seinen beiden „Gossenschen Gesetzen" nahezu 25 Jahre unbeachtet blieb. In den 1860/70er Jahren entstanden zeitgleich an drei unterschiedlichen Orten wissenschaftliche Arbeiten, die später alle unter das Dach der *Grenznutzenschule* eingeordnet wurden. Heute unterscheidet man eine Österreichische Schule mit ihrem Hauptvertreter Carl Menger, eine Lausanner Schule mit Léon Walras als wichtigstem Vertreter und einer englischen Grenznutzenschule (Cambridge) mit ihrem Begründer William Stanley Jevons. Der Begriff des Grenznutzens selbst wurde erst 1884 eingebracht. Vgl. Kolb, 1997, S. 119 ff.

351 Der Begriff *Neo*klassik lässt bereits erahnen, dass es inhaltliche Bezüge zur klassischen Schule der Ökonomie geben muss. Zugleich deutet der Begriff aber auch auf eine Absetzbewegung zu diesem Lehrgebäude hin. Ein zentraler *inhaltlicher Unterschied* zwischen Klassik und Neoklassik ist im sog. *Wertgesetz* zu sehen. Während die Klassiker (Smith, Ricardo) wie auch Marx davon ausgingen, dass Marktpreise sich *objektiv* aus dem Einsatz menschlicher Arbeit, die in den gehandelten Gütern steckt, ableiten lassen, geht die Grenznutzenschule und die Neoklassik von *subjektiven* Preisen aus. Hiernach bestimmt der individuelle Nutzen, den ein bestimmtes Gut einer Person stiftet, dessen Wert und damit die individuelle Zahlungsbereitschaft.

haben, wenn wir uns – wie alle Standardlehrbücher – in den kommenden Lektionen gerade wegen seiner methodischen Stärken des neoklassischen Instrumentariums bedienen.

In Bezug auf diese Aussicht, dass auch wir auf den neoklassischen Modellrahmen im weiteren Verlauf unserer volkswirtschaftlichen Einführung zurückgreifen, sei zur Vermeidung falscher Vorstellungen der Vollständigkeit halber betont, dass andere Denkschulen wie der Keynesianismus, der Monetarismus und/oder der deutsche Ordoliberalismus gar kein eigenständiges Theoriegebäude in der Teildisziplin der Mikroökonomie entwickelt haben. Ordoliberalismus und Monetarismus dürfen ohnehin als neoklassische Ableger mit besonderen Schwerpunktthemen interpretiert werden; und die Unterschiede zwischen Neoklassik und Keynesianismus treten auf der makroökonomischen Ebene zu Tage.

Wenn man jetzt noch berücksichtigen, dass Karl Marx von der klassischen Ökonomie geprägt wurde, dann stehen also alle nicht-marxistischen Ökonomen mehr oder weniger in der Tradition in der von Marshall (1890) begründete neoklassischen Mikroökonomie. Wirklich alle?

3.3.3.3 Neoklassisches Dogma und Österreichische Schule – Eine Gegenüberstellung

Die Rolle der Gallier auf dem Terrain der neoklassischen Mikroökonomie hat die Österreichische Schule übernommen. Anzunehmen, diese sei die Ausgeburt des Antagonismus ist jedoch falsch. Bedenkt man allein, dass Marshalls Leistung gerade darin bestand, die Ideen der Grenznutzenschule seiner Zeit mit den Ideen der Klassiker zu verbinden. Kurzum: Ein gewisses Quantum an Menger (1871), dem Begründer der Österreichischen Schule, finden wir auch bei Marshall. Es gibt unstrittig überlappende Anschauungen, Gemeinsamkeiten. Die offensichtlichste ist, dass die Vertreter beider Schulen der Auffassung sind, dass der Staat prinzipiell erstmal nicht in die Märkte einzugreifen habe, weil sie beide vom Selbstorganisationsprinzip des Marktes überzeugt sind.[352]

Trotzdem finden sich zwischen beiden Schulen bedeutsame Unterschiede, worauf allen voran die österreichisch geprägten Ökonomen verweisen, um deutlich zu machen, dass sie sich vom „Mainstream" der Disziplin absetzen. An dieser Stelle wollen wir einen ersten Einblick in die dogmatische Verschiedenartigkeit von Neoklassik und Österreichischer Schule gewähren (Tabelle 3.2).

---

352 Beide Schulen vertreten auch die subjektive Wertlehre. Die englischen Klassiker (d. h. insb. David Ricardo) vertraten ebenso wie Karl Marx noch eine objektive Wertlehre.

Tabelle 3.2: Zentrale Unterschiede zwischen Neoklassik und Österreichischer Schule.[353]

Aspekt	Neoklassisches Paradigma	Österreichisches Paradigma
Wissenschaftliche Zugehörigkeit der Volkswirtschaftslehre	Erfahrungswissenschaft	Handlungswissenschaft (Praxeologie)
Konzept des Ökonomischen	Entscheidungstheorie: Restriktionen unterliegende Maximierung; d. h. *enges* Konzept der „Rationalität"[354]	Theorie des menschlichen Handelns, verstanden als *dynamischer* Prozess
Formalismus	Mathematischer Formalismus	Verbale Logik
Die Hauptfigur sozialer Prozesse	Homo oeconomicus	Entrepreneur bzw. der kreative Unternehmer („homo agens")[355]
Modellrahmen	Gleichgewichtsmodelle; es wird zwischen Mikro- und Makroökonomie unterschieden	Allgemeiner Prozess mit sich selbst koordinierender Tendenz. Es wird *nicht* zwischen Mikro- und Makroökonomie unterschieden; alle wirtschaftlichen Probleme werden in Relation zueinander untersucht
Produktionsprozess	Einstufig	Explizit mehrstufig[356]
Konzept der „Kosten"	Objektiv und konstant (können einem Dritten bekannt sein und gemessen werden)	Subjektiv (hängt von unternehmerischer Findigkeit ab, neue, alternative Ziele zu entdecken)
Konzept der Information	Informationen sind objektiv und konstant; es wird *nicht* zwischen wissenschaftlichem und praktischem, unternehmerischem Wissen unterschieden. Es wird überwiegend von *vollständiger* Information (in Bezug auf Ziele und Mittel) ausgegangen	Informationen sind *subjektiv*, *verstreut* und unterliegen einem *ständigen Wandel* (unternehmerischer Kreativität). Es wird streng zwischen wissenschaftlichem (objektiven) und praktischem (subjektiven) Wissen unterschieden.

---

353 Vgl. z. B. Huerta de Soto, 2014, S. 14 f. bzw. Huerta de Soto, 2020a, S. 582.

354 Vgl. zur Volkswirtschaftslehre als Entscheidungstheorie z. B. Acemoglu et al., 2020, S. 38 ff.

355 *Ein* Beispiel für die gesellschaftliche Bedeutung des *erfinderischen Unternehmertums* bilden im Kontext der Agrarrevolution (siehe Lektion 2) die verschiedenen Fruchtwechsel-Regime, bei denen an unterschiedlichen Orten mit diversen Feldfrüchten experimentiert wurde. Kurzum: Es kristallisierte sich in Europa nicht nur ein erfolgreiches Regime heraus, sondern eine facettenreiche Bandbreite. Vgl. Mazoyer/Roudart, 2006, S. 323 ff.

356 Vgl. Lektion 1 zu den Gütern und dort die Gütertaxonomie von Menger.

Tabelle 3.2 (fortgesetzt)

Aspekt	Neoklassisches Paradigma	Österreichisches Paradigma
Bedeutung von Unsicherheit	Per Annahme im Standardmodell wegdefiniert	Spielt infolge des mehrstufigen Produktionsprozesses schon eine Rolle; so verlassen sich die Hersteller von Vorprodukten darauf, dass auch alle anderen Komplementärgüter in ausreichender Menge produziert werden, so dass ihre eigenen Güter weiterhin Nachfrager finden
Konzept der „Konkurrenz"	Situation oder Modell der „vollständigen Konkurrenz" (als Referenzpunkt)	Prozess der unternehmerischen Rivalität
Wesen von Märkten	Märkte sind überall im Gleichgewicht („Gleichgewichts-Fetisch"); statisch	Der Markt stellt ein Entdeckungsverfahren dar; er ist eine spontane Ordnung; Märkte sind dynamisch; freie Märkte haben eine Tendenz zum Gleichgewicht

3.4 Schlussbetrachtung

In diesem Schlussabschnitt fassen wir zunächst die zentralen Einsichten zusammen, die wir zur Funktionsweise der Märkte in den vorangegangenen Abschnitten gewonnen haben (Kapitel 3.4.1.) Anschließend blicken wir noch einmal explizit auf die Rolle des Staates im Marktsystem (Kapitel 3.4.2.).

3.4.1 Zentrale Einsichten über den Markt und seine Funktionsweise

In der Bundesrepublik Deutschland, in den Ländern der Europäischen Union sowie zahlreichen weiteren Länder der Welt basiert die **Wirtschaftsordnung** auf der **Idee freier Märkte**, kurz: auf der Marktwirtschaft.[357] Wie Märkte der **Theorie** nach funktionieren, was sie zu leisten vermögen, wurde in der Abhandlung dieses Kapitels illustriert. Es wurde deutlich, dass der Markt *ein* **Zuteilungsverfahren** ist. In diesem koordiniert der Preis die **individuellen Pläne** der zahlreichen Mitglieder einer Gesell-

---

[357] Der Umstand, dass das Leitbild der Wirtschaftsordnung in der Bundesrepublik Deutschland die *Soziale* Marktwirtschaft ist, ändert an dieser Feststellung prinzipiell nichts! Den Allerwenigsten dürfte heute bewusst sein, dass für Ludwig Erhard die Marktwirtschaft primär dann sozial ist, wenn alle einen Arbeitsplatz haben.

schaft – **dezentral**. Nach dieser Vorstellung, die auf die Klassiker wie Adam Smith bzw. die Neoklassiker wie Alfred Marshall zurückgeht, braucht es zur Preisfindung auf einem bestimmten Markt **keinen Staatseingriff** – weder durch einen wohlmeinenden Politiker („Leviathan") noch durch eine zentrale Planungsbehörde.[358]

Es braucht selbst dann keinen Staatseingriff, falls zu Beginn der Gleichgewichtspreis nicht direkt vorherrscht, etwa nach einer besonders hohen Ernte. Früher oder später erzeugen Ungleichgewichte auf mindestens einer Marktseite einen Anreiz zur Verhaltensänderung. Durch diese stoßen einzelne Marktteilnehmer einen **Anpassungsprozess** hin zum Gleichgewichtspreis und zur **Markträumung** an! Der Markt ist seiner Natur nach also **selbstkorrigierend**, weil die Reaktionen von Angebot und Nachfrage auf „normalen"[359] Gütermärkten bei Preisänderungen stets **gegenläufig** sind.

Der funktionierende Preismechanismus bzw. die „unsichtbare Hand"[360] des Marktes lenkt also die **knappen Ressourcen** in ihre **effiziente Verwendung**: Dauerhafte Unterversorgung wird ebenso wie chronische Verschwendung vermieden. Viele Ökonomen sprechen flexiblen Preisen in freien Märkten daher die Funktion zu, dass sie zu einer **effizienten Allokation** der Ressourcen führen.[361]

Aus historischer Perspektive darf nicht übersehen werden, dass zu einer Zeit, in der sich in Europa das feudale Gesellschaftssystem zwar zunehmend auflöste, die gesellschaftlichen Verhältnisse von ihm gleichwohl noch unbestritten bestimmt werden, der Schotte Adam Smith postuliert, dass das **eigennützige bzw. egoistische Handeln** der Individuen eine **positive gesellschaftliche Wirkung** entfaltet!

Schumpeter resümierte nahezu zweihundert Jahre später, dass „das Hauptverdienst der Klassiker darin [bestünde], dass sie [...] auch die naive Vorstellung zum Verschwinden gebracht haben, die wirtschaftliche Tätigkeit in der kapitalistischen Gesellschaft müsse, weil sie sich um das Gewinnmotiv dreht, schon allein kraft dieser

---

358 Um vorzugreifen: Zum gegenteiligen Ergebnis kommt Karl Marx (siehe Lektion 6). Nach ihm braucht es die koordinierende Institution des Staates bzw. eine staatliche Planungsbehörde. Im Buch „Politische Ökonomie des Sozialismus – und ihrer Anwendung in der DDR" werden im Kapitel „Die staatliche Planung und Regelung des sozialistischen Preissystems" (S. 388–399) auch die drei Funktionen der Güterpreise im Rahmen der Planwirtschaft explizit benannt und erläutert. Preise sind demnach: Messinstrument des gesellschaftlichen Arbeitsaufwandes, ökonomischer Hebel und Verteilungsinstrument. Explizit wird den Preisen damit keine Koordinationsaufgabe zugesprochen. Vgl. o. V., 1969, S. 389 ff.

359 Zwei bekannte Fälle von Anomalien, die die Volkswirtschaftslehre kennt, sind in Anhang B dargestellt.

360 Die Metapher der „unsichtbaren Hand" (englisch: „invisible hand") geht auf Adam Smith zurück, der diesen Begriff in seinem Werk „Wohlstand der Nationen" (1776) verwendet hat. Smith-Kenner verweisen darauf, dass Smith dieses Bild in seiner Schrift weit weniger häufig verwendet hat, als es heute mitunter suggeriert wird.

361 Auf die Bedeutung der Allokation im Rahmen der Volkswirtschaftslehre haben wir in Lektion 1, Kapitel 3.3 hingewiesen.

Tatsache mit Notwendigkeit den Konsumenteninteressen zuwiderlaufen; oder, um es anders auszudrücken: das Geldverdienen lenke mit Notwendigkeit die Produktion von ihrem sozialen Ziel ab."[362] Das war und ist für manch einen noch immer nichts Geringeres als eine ungeheuerliche Behauptung.[363]

Diese Vorstellung von der Leistungsfähigkeit der Märkte ist es, wenn etwa der Anfang 2017 neu ins Amt gewählte Präsident Ghanas mehr Marktwirtschaft anstrebt bzw. ein ehemaliger deutscher Wirtschaftsminister sich zitieren lässt: Mehr Markt, weniger Staat.[364]

Festzustellen gilt abschließend noch – um sich keine Illusion zu machen – dass bei allen Vorteilen, die das Marktsystem haben mag,

> nichts sicherer [ist], als dass die Bedürfnisse eines Theiles der Mitglieder dieser Gesellschaft nicht, oder doch nur in unvollständiger Weise zur Befriedigung gelangen. Da findet denn der menschliche Egoismus einen Antrieb, sich geltend zu machen, und es wird jedes Individuum bemüht sein, dort, wo die verfügbare Quantität nicht für Alle ausreicht, seinen eigenen Bedarf mit Ausschluss der Anderen möglichst vollständig zu decken.[365]

3.4.2 Die Rolle des Staats im Marktsystem zwischen Theorie und Praxis

Um gängigen Missverständnissen entgegenzutreten, wollen wir hier noch einmal gesondert auf die Rolle des Staats im Zusammenhang mit dem Marktsystem blicken.

Auf Basis der neoklassischen Markttheorie lässt sich formal und elegant ableiten, was Adam Smith und die englischen Klassiker im Grundsatz schon ab dem Jahr 1776 formuliert hatten: Der Staat möge sich aus der Wirtschaft heraushalten bzw. sich aus ihr zurückziehen; seiner aktiven Mithilfe bedarf es nicht, um die ökonomischen Belange seiner Bürger bestmöglich zu organisieren.[366]

Diese unter liberalen Ökonomen prinzipiell geteilte Auffassung, blieb nicht ohne Widerspruch. Von einer entschieden anderen Vorstellung zur staatlichen Rolle legt in einem einzigen, blumigen Begriff bereits der „**Nachtwächterstaat**" Zeugnis ab, mit dem Ferdinand Lassalle im Jahr 1862 das liberale Ideal vom Minimalstaat zu diskreditieren versuchte.[367] Auch Marx und Engels opponierten. Das zeichnete

---

362 Schumpeter, 2005, S. 126.

363 Damit reiht sich Smith (1723–1790) in den Liberalismus ein, dessen geistiger Urvater Locke (1632–1704) war.

364 Vgl. Flauger et al., 20.01.2016, S. 1. Die entsprechende Äußerung stammte vom ehemaligen deutschen Wirtschaftsminister Sigmar Gabriel (SPD).

365 Menger, 2018, S. 55.

366 Die Regenten sollen, philosophisch betrachtet, den Bürgern also ihr Recht auf Selbstbestimmung gewähren, da der Markt die wirtschaftliche Freiheit sichert. Vgl. hierzu z. B. Balling, 2013, S. 125 ff.

367 Für Baader gehört die Vorstellung von einem real-existierenden Nachtwächterstaat zu den fünf tragischen Ammenmärchen, mit denen es gelang, den Liberalismus im Kontext der industriellen Revolution zu diffamieren. Vgl. Baader, 2021, S. 300 ff. und insb. 312 ff.

sich nicht erst im „Kapital" (1867), sondern bereits im „Kommunistischen Manifest" (1848) ab.

Die Vorstellung, dass die Wirtschaft gänzlich ohne staatliches Engagement auskommen könnte, ist jedoch gewagt, denn in allen denkbaren Wirtschaftsordnungen – außer im Anarchismus – übernimmt der Staat eine **dreifache Rolle** auf dem Gebiet des Marktes.[368]

In seinen **Institutionen** wird der Markt zunächst durch den Staat gebildet: erst kodifizierte Regeln, Verordnungen und/oder Gesetze, die allesamt abstrakt sind, stecken das Spielfeld ab, auf dem Markt stattfindet oder stattfinden kann.[369] Die marktlichen **Rahmenbedingungen** wie ein *gewerblicher Rechtsschutz* werden infolgedessen vom Staat in einem nicht zu vernachlässigenden Maße geprägt, zumal in unseren modernen Gesellschaften! Dieser Umstand „lässt sich besonders an den Rechtsgebieten Urheberrecht, Patentrecht [...] und Markenrecht nachweisen."[370]

Auch als **Schiedsrichter** gestaltet der **Staat** den Markt und dessen Evolution mit. Allen voran an seinen Gerichten klärt der Staat, ob die abstrakten Spielregeln von den Akteuren beim Wirtschaften eingehalten oder übertreten werden. Diese gerichtlichen Einzelfallklärungen können Einfluss auf die Dynamik von Märkten nehmen, etwa durch Verbote. Man denke hierbei an Kinderarbeit, die der deutsche Staat mit § 134 BGB auf seinem Hoheitsgebiet gesetzlich verbietet. „Der Staat kann Geschäfte [...] sogar inhaltlich in Bezug auf Preis, Modalitäten und Vertragspartner modifizieren."[371] Damit erzeugt die staatliche Schiedsrichterrolle zweifelsohne Rückkoppelungseffekte auf den Markt. Wechselwirkungen zwischen den vermeintlich getrennten Sphären des Staats und des Marktes sind also unübersehbar.

Schließlich nimmt der Staat – ob man es will oder nicht – als **Mitspieler** am Marktgeschehen **direkt** teil, zumindest auf einzelnen Märkten: Alle Staatsdiener – egal ob bei Gericht, in der Verwaltung, der Polizei oder beim Militär – benötigen zur Erfüllung ihrer hoheitlichen Aufgaben stets Verbrauchs- und Gebrauchsgüter. Indem der Staat

---

368 Vgl. Schmoeckel/Maetschke, 2016, S. 118 f.

369 Die Bedeutung des Rechtsstaats für eine funktionsfähige Wirtschaft bzw. funktionsfähige Märkte wurde von klassischen Liberalen wie Friedrich August von Hayek, Walter Eucken und/oder Milton Friedman stets betont. Vgl. z. B. Hayek, 2014, S. 62 f. bzw. Hayek, 2005, S. 28 ff. und S. 263 ff. oder Klein, 26.04.1997, S. 15 bzw. Baader, 2021, S. 312 f. und Balling, 2013, S. 124 ff. Man sollte allerdings nicht übersehen, dass die Marktteilnehmer auch untereinander allgemein verbindlich Regeln – also eigenständig – vereinbaren können. Wenn man davon überzeugt ist, dass von dieser selbstorganisierenden Möglichkeit so umfassend Gebrauch gemacht werden kann, dass auf den Staat gänzlich verzichtet werden kann, steht man im Lager der Anarchisten.

370 Schmoeckel/Maetschke, 2016, S. 119. Aufgrund der Bedeutung von Gesetz und Ordnung für einen effektiven Verlauf des Wirtschaftsprozesses sprechen Juristen in Anlehnung an die „unsichtbare Hand" von Adam Smith vom „unsichtbaren Handschlag" (invisible handshake). Vgl. Schmoeckel/Maetschke, 2016, S. 117.

371 Schmoeckel/Maetschke, 2016, S. 117.

diese Güter – etwa Gebäude, Ausrüstungen, Fahrzeuge und Büromaterialien – für seine Beschäftigen auf Märkten einkauft, tritt er dort als Nachfrager auf.

Doch seine Rolle als Mitspieler begrenzt sich nicht auf die Teilnahme an Gütermärkten! Der Staat tritt auch auf dem Arbeitsmarkt als Arbeitgeber und als Kreditsuchender auf dem Kapitalmarkt (siehe Lektion 16) in Erscheinung.

Es wäre unter Rückgriff auf das neoklassische Grundmodell also ein Missverständnis, wenn unter „freien Märkten" die vollkommene Abwesenheit des Staates verstanden würde. Wie dargelegt, bedarf es erst einer „Fülle juristischer Institutionen und Normen des Staates,"[372] um den Markt zu schaffen. „Das von Lassalle begründete Bild des ‚Nachtwächterstaats' ist also eine unzutreffende Charakterisierung selbst für den liberalsten aller Staaten."[373]

Zur allgemeinen Einordnung sei in diesem Zusammenhang abschließend festgehalten, dass in den westeuropäischen Ländern der Staat heute einen Anteil von grob fünfzig Prozent an der Wirtschaftsleistung hält. Von einem *kleinen* Staat lässt sich bei dieser Faktenlage also wahrlich nicht mehr sprechen!

Kontrollfragen

- Wie nennen Ökonomen den Preis, zu dem sich keine Nachfrage mehr entfaltet?
- Was bestimmt in freien Märkten den Güterpreis?
- Wie erklärt sich über den Einkommenseffekt, dass bei sinkenden Preisen die Nachfragemenge üblicherweise steigt?
- Welche Determinanten bestimmen neben dem Marktpreis die Nachfragepläne?
- Wann kommt es grafisch zu einer Bewegung entlang der Nachfragekurve, wann zu ihrer Verschiebung?
- Was rechtfertigt die Angebotskurve als Vertikale darzustellen?
- Wenn auf einem freien Markt ein Angebotsüberschuss feststellbar ist, was wird mit der Zeit geschehen? Warum?
- Welche Akteure verfolgen auf den Märkten ganz egoistisch ihre Ziele?
- Wieso lässt sich im freien Markt ein effizienter Zuteilungsmechanismus entdecken?

---

372 Schmoeckel/Maetschke, 2016, S. 119.

373 Schmoeckel/Maetschke, 2016, S. 119. Die Behauptung Adam Smith und die Klassiker hätten den passiven „Nachtwächterstaat" gefordert, entbehrt jeder Grundlage! „Die Liste der von Smith für gerechtfertigt erachteten Staatseingriffe ist lang. Sie reicht von der Regulierung des Bankgeschäfts und der Kontrolle der Zinsen über Steuern zur Eindämmung des Alkoholkonsums bis hin zur Förderung von Kunst und Kultur. Der ‚unsichtbaren Hand' ist eine deutlich sichtbare zur Seite gestellt." Kurz, 1993, S. 1. Für Smith gehörten zum hoheitlichen Auftrag nicht zuletzt für Bildung, funktionstüchtige Verkehrswege sowie innere und äußere Sicherheit zu sorgen. Vgl. hierzu auch Hayek, 2005, S. 80.

- Welche Rolle nimmt der Staat im Zusammenhang mit funktionierenden, freien Märkten ein?
- Welche ökonomische Schule sieht Gleichgewichte und welche vermag nur Tendenzen zu diesen erkennen?
- Halten alle ökonomischen Schulen dem Homo oeconomicus die Stange? Wenn ja, warum? Wenn nein, wessen Produkt ist diese Kunstfigur und was stellen die Abweichler ihr entgegen?

Anhang A: Tabellarische Zusammenfassung zu den Determinanten von Angebot und Nachfrage

Tabelle 3.3: Die grafischen Wirkungen veränderter Bestimmungsfaktoren auf die Angebotskurve.

Angebotsart	Determinante	Impuls auf das Angebot von Gut x	
		Steigerung des Angebots, d. h. Rechtsverschiebung ($A_0 \rightarrow A_1$)	Senkung des Angebots, d. h. Linksverschiebung ($A_0 \rightarrow A_2$)
Individuelles Angebot (von Gut x)	**Produktionskosten** (= Inputpreise)	Inputgüter werden günstiger	Inputgüter werden teurer
	Stand des **technischen Wissens**	Verbesserung des angewandten technischen Wissens (= technischer Fortschritt)	Verminderung des angewandten technischen Wissens (= technischer Rückschritt)
	Preise anderer Güter	Sinken	Steigen
	Erwartungen	Verbessern sich/ hellen sich auf	Trüben sich ein/verschlechtern sich
Gesellschaftliches Angebot (von Gut x)	Anzahl der Anbieter	Steigt	Sinkt
	Natürliche Rahmenbedingungen	Ex-ante indeterminiert	Ex-ante indeterminiert
	Gesellschaftliche Faktoren	Ex-ante indeterminiert	Ex-ante indeterminiert

Tabelle 3.4: Die grafischen Wirkungen veränderter Bestimmungsfaktoren auf die Nachfragekurve.

Nachfrageart	Determinante	Impuls auf die Nachfrage nach Gut x	
		Steigerung der Nachfrage, d. h. Rechtsverschiebung ($NF_0 \rightarrow NF_1$)	Senkung der Nachfrage, d. h. Linksverschiebung ($NF_0 \rightarrow NF_2$)
Individuelle Nachfrage (nach Gut x)	**Preisänderung** beim Substitutionsgut	Preis des Substitutionsgutes steigt (d. h. das Ersatzgut wird teurer)	… sinkt
	Preisänderung beim Komplementärgut	Preis des Komplementärgutes fällt (d. h. das Komplementärgut wird billiger)	… teurer
	Nutzeneinschätzung des Gutes x	Steigt/ nimmt zu	Sinkt/ nimmt ab
	Einkommen/ Vermögen	Ex-ante indeterminiert; abhängig von der Güterkategorie	Ex-ante indeterminiert; abhängig von der Güterkategorie
	Erwartungen bezüglich dem Gut X	Positive, i. S.v. zeitnaher Wertsteigerung bzw. größer werdender Knappheit	Negative, i. S.v. zeitnaher Wertverlust bzw. geringer werdender Knappheit
Gesellschaftliche Nachfrage (nach Gut x)	Anzahl der Nachfrager	Steigt	Sinkt
	Bevölkerungsstruktur	Ex-ante indeterminiert	Ex-ante indeterminiert
	Vermögensverteilung	Ex-ante indeterminiert	Ex-ante indeterminiert

Anhang B: Besonderheiten bzw. Anomalien auf der Nachfrageseite

Mit steigendem Preis wird ceteris paribus weniger Menge von dem betreffenden Gut nachgefragt. Das ist der ökonomische Normalfall, aus dem sich eine fallende Nachfragekurve ableiten lässt.

Abweichend von diesem Standardmuster gibt es – zumindest theoretisch – Ausnahmen (Anomalien), bei denen die Nachfrage nach einem Gut *trotz* steigender Preise zunimmt. Ein derartiger Sonderfall führt zu einer steigenden Nachfragekurve (siehe Abbildung 3.19).

Preis

NF

P_1

P_0

M_0 M_1

Menge/
Zeiteinheit

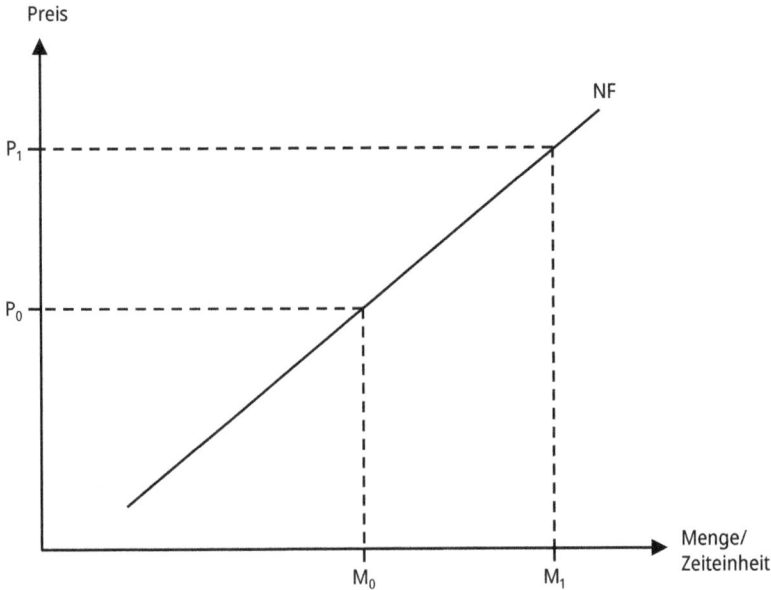

Abbildung 3.19: Ansteigende Nachfragekurve.

Die Diskussion um diese Anomalien kennt zwei Unterfälle: **Veblen-** und **Giffen-Güter**. Beide Fälle sind weit davon entfernt, einzig dem Anspruch akademischer Fingerübung gerecht werden zu können.

Bei **Veblen-Güter**, die auch **Snob-Güter** genannt werden, geht es beim Konsum maßgeblich um die Demonstration des sozialen Status: die Nachfrage steigt (erst), wenn der Preis steigt. Dieses Phänomen lässt sich im Umfeld von Haushalten (oder sozialen Schichten) beobachten, deren Haushaltseinkommen am oberen Ende der Einkommensskala liegt: Snob kann nur sein, wer es sich leisten kann!

Für Haushalte am anderen Ende der Einkommensskala (bzw. in den unteren sozialen Schichten) ist die zweite Anomalie von Bedeutung. Allen voran Grundnahrungsmitteln mutieren (bei steigenden Preisen) in Haushalten mit niedrigen Einkommen zu **Giffen-Gütern**. Ein Beispiel mag dies illustrieren.

Nehmen wir an, im sambischen Hinterland, lassen sich folgende Preise im Zeitpunkt t_0 beobachten:
- Maniok[374] (kg): 0,50 USD
- Fleisch (kg):   2,00 USD

---

374 Maniok (auch Kassava genannt) ist ein stärkehaltiges Wurzelgewächs, das in den Tropen weit verbreitet ist; die Ernährung der Landbevölkerung Sambias beruhte im Jahr 2010 zu grob 80 Prozent auf dem Brei, der aus der Wurzel gewonnen wird.

Zusätzlich wollen wir annehmen, dass das Einkommen des (typischen) Haushalts pro Woche bei 3 USD liegt und eine Verschuldung nicht möglich ist.[375]

Im Ausgangszeitpunkt hat ein (repräsentativer) Haushalt folgende Nachfrage.

2kg Maniok:	2* 0,50 USD	=	1,00 USD
1kg Fleisch:	1* 2,00 USD	=	2,00 USD
Summe (3kg Lebensmittel)			**3,00 USD**

Verdoppelt sich im Zeitpunkt t_1 der Preis von Maniok auf 1,00 USD/kg, lässt sich der wöchentliche Konsumbedarf von 3kg Lebensmitteln mit einem Einkommen von 3 USD nicht mehr in der vertrauten Mengenkombination bewältigen: für 2kg Maniok und 1kg Fleisch müsste der Haushalt jetzt 4 USD bezahlen.

Für die Beibehaltung der Konsumgewohnheiten könnten die Betroffenen ihr Einkommen erhöhen. Eine Einkommenssteigerung um 33 Prozent wird aber – wenn überhaupt – nur wenigen Haushalten möglich sein (und das auch außerhalb Sambias). Unter diesen Rahmenbedingungen hat der typische Haushalt nur eine Wahl: Er muss mit seinem Geld „haushalten" und seinen Speiseplan ändern, auch wenn dieser von nun an noch eintöniger ausfällt. Die neue Nachfrage wird folgendermaßen für viele Betroffene aussehen:

3kg Maniok:	3* 1,00 USD	=	3,00 USD
1kg Fleisch:	0* 2,00 USD	=	0,00 USD
Summe (3kg Lebensmittel)			**3,00 USD**

Fazit: Das Phänomen des Giffen-Guts dürfte in Industrieländern heute keine (wirkliche) Rolle mehr spielen. Gleichwohl darf die Relevanz dieser „Anomalie" für die unteren Einkommensschichten in Schwellen- und Entwicklungsländern nicht unterschätzt werden. In Deutschland ist davon allerdings nur selten etwas mitzubekommen. Einem breiteren Publikum könnte ggf. aufgefallen sein, dass in Mexiko vor einigen Jahren die Maispreise stark gestiegen waren. Als Grund dafür wurde genannt, dass große Maismengen für die Herstellung von Ethanol verwendet werden würden und somit als Lebensmittel nicht mehr zur Verfügung stünden.

---

[375] Im Jahr 2010 lag der Zins im Grenzgebiet Sambia/Malawi für einen Kleinbauern bei 100 Prozent *in der Woche* (!). Unter solchen Bedingungen ist die im Text getroffene Annahme, dass Verschuldung nicht möglich sei, alles andere als weltfremd! Die hier gewählten Güterpreise sind gleichwohl fiktiv.

Anhang C: Fehlende Marktgleichgewichte – Konstellationen ohne positive Gleichgewichtsmenge

Im gängigen Scheren-Diagramm wird beim markträumenden Preis eine positive Menge gehandelt. Vor dem Hintergrund dieser Standard-Illustration darf man sich aber nicht darüber hinwegtäuschen lassen, dass es in der Realität auch Konstellationen gibt bzw. geben kann, in denen sich die Konsumenten- und Produzentenpläne wie Sonne und Mond verhalten: Angebot und Nachfrage wollen nicht zusammenkommen – zumindest lässt sich für einen *bestimmten Beobachtungszeitraum* überhaupt keine positive Schnitt- bzw. Marktmenge ausmachen. Technisch gesprochen: Steigende Angebots- und fallende Nachfragekurve schneiden sich nicht im Preis-Mengen-Diagramm! Wollen wir uns die beiden Fälle sowie ihre grafischen Darstellungen exemplarisch ansehen.

Fall 1: Ein Marktgleichgewicht kommt *wegen zu geringer Nachfrage* bei hohen Opportunitätskosten nicht zustande (siehe Abbildung 3.20).

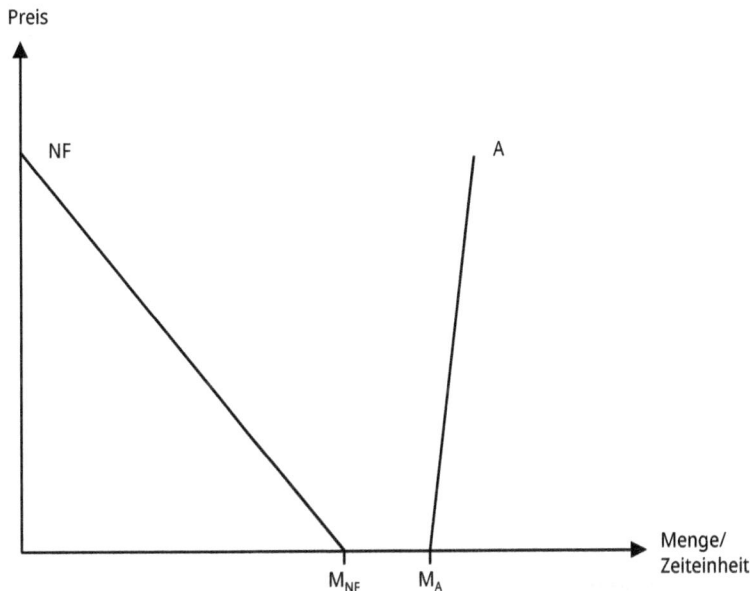

Abbildung 3.20: Geringe Nachfrage bei hohen Opportunitätskosten der Anbieter.

Übersetzt: Eine Nachfrage nach dem entsprechenden Produkt (bzw. der Dienstleistung) besteht prinzipiell. Allerdings ist die gesamte Nachfragemenge selbst bei einem Niedrigstpreis (= von nahezu null) so schwach, dass es für die Angebotsseite unattraktiv ist, diese Nachfrage zu bedienen. Damit sich auf der Angebotsseite Aktivität entfaltet braucht es eine Mindestmenge M_{Min}. Andernfalls sind die Opportunitätskosten der Anbieter zu hoch, um tätig zu werden. Ein fiktives Beispiel könnte den Markt für Heimaquarien auf den Malediven sein.

Sollte sich die Nutzeneinschätzung der Konsumenten positiv ändern (was grafisch einer Rechtsverschiebung der Nachfragekurve gleichkäme), kann ein Markt zustande kommen. Rein technisch betrachtet mag man auf die Idee kommen, dass auch eine Linksverschiebung der Angebotskurve zu einem Resultat mit positiver Marktgleichgewichtsmenge führt. Bei näherer Betrachtung unter Anwendung des bisher Kennengelernten erscheint das aber nicht wirklich plausibel. Deklinieren wir die Fälle durch, die derartige Verschiebung auslösen – etwa eine Erhöhung der Produktionskosten, ein Verlust an technischem Wissen oder dem Austritt an Anbietern – dann erkennen wir, dass diese Konstellation ohne Relevanz in der Realität sein dürfte.

Fall 2: Erneut treffen sich steigende Angebotskurve und sinkende Nachfragekurve nicht (siehe Abbildung 3.21). Der gegenwärtig von den Konsumenten als Prohibitivpreis wahrgenommene Preis P_{Max} ist geringer als der Preis P_{Min}, den die Produzenten – etwa wegen hoher Fixkosten – haben, um erste Einheiten tatsächlich anzubieten.

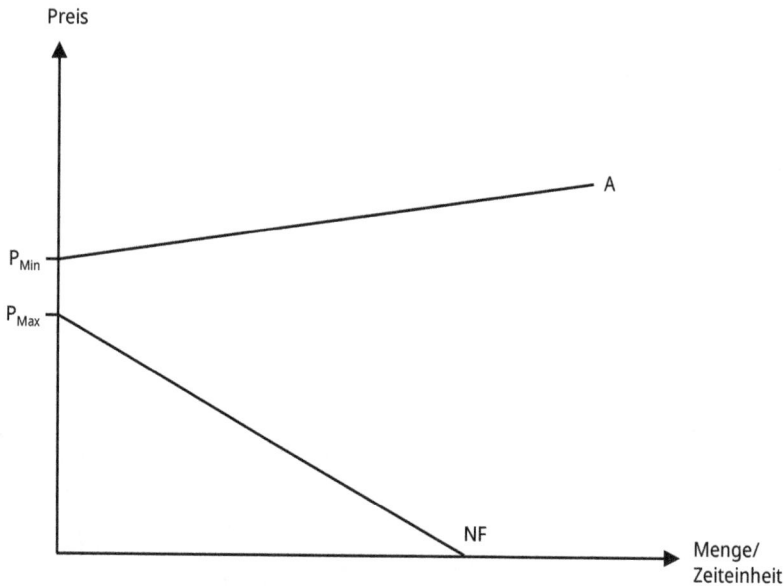

Abbildung 3.21: Prohibitivpreis der Nachfrage unterschreitet den minimalen Angebotspreis.

Übersetzt: Der minimale Angebotspreis, der sich aufgrund der Kostenstrukturen ergibt, liegt deutlich über dem maximalen Preis, den irgendein Nachfrager zu zahlen bereit ist. Ein latentes Interesse an dem Produkt existiert allerdings! Dieses könnte bedient werden, wenn sich:

- die **Angebotskurve nach rechts** verschiebt, etwa durch technischen Fortschritt in der Produktion. Beispielhaft sei hier auf die in den zurückliegenden Dekaden stark gesunkenen Preise für Solarzellen hingewiesen. Die Gründe für diese Preisentwicklung mögen nicht monokausal sein, aber technischer Fortschritt und Prozessoptimierungen in der Produktion haben unbestritten ihren Teil dazu beigetragen. Es sind keine seltenen Fälle, dass neue Technologien am Tage ihrer Entdeckung „astronomisch" teuer erscheinen, mit zunehmender Erfahrung mit den Technologien die Kosten aber exponentiell sinken.[376]

– die **Nachfrage nach rechts** oben verschiebt, etwa durch eine höhere Wertschätzung des Gutes, die sich (allein) durch technischen Fortschritt bei Komplementärgütern dieses Gutes ergibt. Ein Beispiel für ein solches Ereignis kann bei der E-Mobilität gefunden werden. Das grundsätzliche Interesse an Elektroautos steigt, wenn die notwendige Infrastruktur wie Ladestationen etc. erstmal (flächendeckend) errichtet ist. Das Gleiche war auch im Bereich der Mobiltelefonie zu beobachten. Solange eine komplementäre Netzinfrastruktur fehlte, bestand am Handy nur eine latente Nachfrage *(etwa im Jahr 1970)*.

– ein Mix aus beiden oben beschriebenen Effekten einstellt, es also zu einer Rechtsverschiebung beider Kurven kommt.

Es soll an dieser Stelle noch explizit zum Ausdruck gebracht werden: Kein Marktgleichgewicht ist nicht gleichbedeutend mit Marktversagen!

Anhang D: Kapital- und Arbeitsmarkt – zwei Märkte mit kleinen Besonderheiten

Auf der linken Seite der Abbildung 3.22 ist der Kapitalmarkt, auf der rechten der Arbeitsmarkt dargestellt. Auch diese Märkte beruhen auf der grundsätzlichen Logik von Angebot und Nachfrage. Gleichwohl zeichnet beide Märkte gewisse Besonderheiten aus.

Beginnen wir mit dem Kapitalmarkt. Hier begegnet man Unternehmen oder privaten Haushalten als Nachfrager. Die einen suchen Finanzmittel für eine Investition, die anderen beispielsweise für den Erwerb einer Immobilie (Gebrauchsgut). Den Kapitalsuchenden stehen Anbieter gegenüber, die grundsätzlich bereit sind, Teile ihrer Kapitalreserven gegen einen Zins zeitlich zur Verfügung zu stellen. Im Preis-Mengen-Diagramm dieses Marktes ändert sich insofern nur die Bezeichnung der Ordinate. Hier wird statt des üblichen Preises jetzt der Zins bzw. der Zinssatz pro Zeiteinheit abgetragen.

Auf dem Arbeitsmarkt kommt es zum Tausch von Arbeitsleistung. In modernen Gesellschaften wird hier für die erbrachte Arbeitsleitung ein Lohn (pro Zeiteinheit) bezahlt. Das erklärt, warum auch hier die Ordinate eine andere Bezeichnung als im Diagramm des Standard-Güterfalls erhält. Hinzu kommt auf dem Arbeitsmarkt eine spezifische – aber leicht verständliche – Eigentümlichkeit: Die Nachfrager sind hier nicht mehr die privaten Haushalte, sondern die Unternehmen. Die Betriebe benötigen Arbeitsleistung, um Güter produzieren zu können. Auf der anderen Seite sind es die

---

376 Es sei hier auf den weithin beobachtbaren Erfahrungskurveneffekt hingewiesen. Vgl. Kuttenkeuler, 2007.

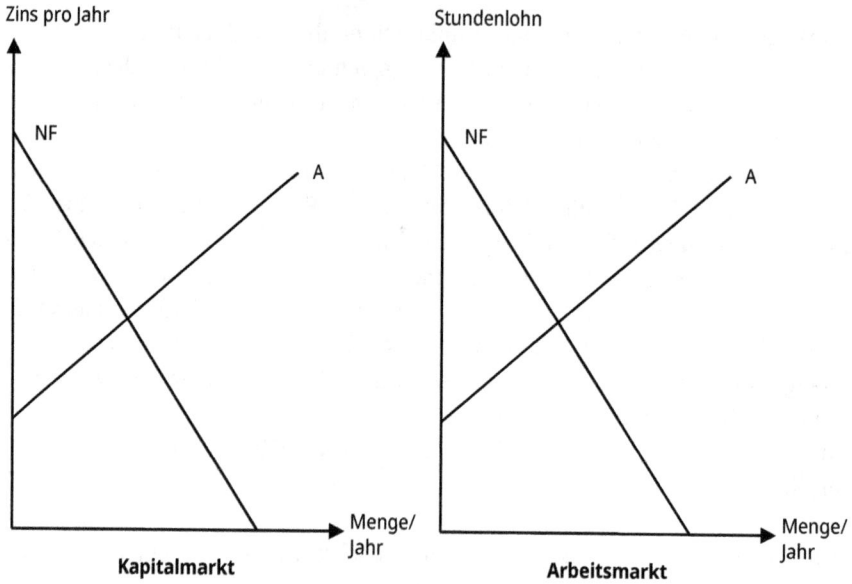

Abbildung 3.22: Kapital- und Arbeitsmarkt.

privaten Haushalte, die ihre Arbeitskraft anbieten! Es kommt – mit anderen Worten – auf dem Arbeitsmarkt zu einem Rollen-/Funktionswechsel zwischen den Unternehmen und den Haushalten.

Abschließend sei bemerkt, dass diese arbeitsmarktliche Darstellung grundsätzlich im Einklang mit der Theorie von Karl Marx ist. Nach ihm sind die Arbeiter die eigentlichen Produzenten, während die Fabrikanten, die Bourgeoisie, als Eigentümer der Produktionsmittel Arbeitskräfte nachfragen (hierauf gehen wir in Lektion 6 nochmal eingehender ein).

Lektion 4
Einführung in die Funktionsweise von Märkten, Teil 2

4.1 Einführung

Nachdem wir in Lektion 3 ein Verständnis über das Verhalten von Anbietern und Nachfragern entwickelt und damit die prinzipielle Funktionsweise von Märkten kennengelernt haben, müssen wir in dem hierzu korrespondierenden Marktmodell nun ein paar technische Details näher beleuchten. Unsere Aufmerksamkeit gilt ausschließlich Aspekten, denen wir im Verlauf der kommenden Lektionen immer wieder begegnen.

Bei unserem Vorgehen knüpfen wir zunächst an einem Punkt an, den wir bereits berührt haben – den Störungen (Kapitel 4.2). In der betreffenden Diskussion liegt jetzt das Augenmerk auf der Erweiterung und Systematisierung des soweit erlangten Verständnisses. Am Ende wird es uns damit gelungen sein, die *qualitative* Wirkung aller denkbaren Störung auf ein ursprüngliches Marktgleichgewicht einordnen zu können.

https://doi.org/10.1515/9783111331607-005

Da eine rein qualitative Einordnung von Schockwirkungen auf das Marktgefüge und das potenzielle Marktgleichgewicht mitunter unbefriedigend sein kann, wenden wir uns im anschließenden Kapitel 4.3 dem Instrumentarium der Elastizitäten zu, mit dessen Hilfe sich die Impulsstärke eines Schocks *quantitativ* ermitteln lässt. Auf das Konzept der gesamtwirtschaftlichen Wohlfahrt blicken wir in Kapitel 4.4. Die Lektion beenden wir mit einer weiteren kritischen Würdigung der neoklassischen Methode und einem kurzen Ausblick (Kapitel 4.5).

4.2 Marktstörungen

Im Folgenden wollen wir uns ein umfassendes Bild darüber verschaffen, wie Märkte mit externen Schocks oder Störungen umgehen. Weiter oben (in Lektion 3) hatten wir uns bereits mit der Frage auseinandergesetzt, welche Wirkung eine Veränderung in der marktlichen Umwelt, etwa eine Einkommensänderung bei den privaten Haushalten, auf das Marktgleichgewicht ausübt. Im Mittelpunkt dieser Diskussionen stand soweit eine einzelne Störung.

Diesen Gedanken wollen wir jetzt weitertragen und uns fragen, was passiert, wenn es mehr oder weniger zeitgleich zu Impulsen kommt, die grafisch eine Verschiebung *beider* Kurven bedeuten.

Aus didaktischen Gründen beginnen wir zunächst nochmal mit der Betrachtung *isolierter* Störungen (Kapitel 4.2.1.). Hierbei steht die Systematisierung der bereits erlangten Einsichten im Vordergrund. Im Anschluss daran gehen wir auf die Wirkung *simultaner* Impulse ein, d. h. auf Ereignisse, bei denen es gleichzeitig zu einer Verschiebung von Angebots- und Nachfragekurve kommt (Kapitel 4.2.2.). Zuletzt fassen wir die Resultate in tabellarischer Form nochmal zusammen (Kapitel 4.2.3.).

4.2.1 Isolierte Störungen

Das nachfolgende Kapitel beinhaltet – wie angedeutet – keine wirklich neuen Inhalte. Eher versteht es sich zu großen Teilen als ein Systematisierungsansatz von bestehendem Wissen. Als markantes Fazit sollte am Ende allerdings mitgenommen worden sein, dass ein isolierter Impuls auf das Marktgefüge *keine Zweideutigkeit* in der Frage zulässt, wohin sich das Marktgleichgewicht im Anschluss an die Störung bewegt.

4.2.1.1 Verschiebung der Nachfragekurve
Nehmen wir dem Kaffeebeispiel aus Lektion 3, Kapitel 4.2.3. ähnelnd an, Wissenschaftler hätten die außerordentlich hohe antioxidantische Wirkung von Mate-Tee in einer Langzeituntersuchung erstmalig belegen können. Unter den bestehenden

und latenten Konsumenten dieses Gutes ändert sich prompt die Nutzeneinschätzung zu diesem – sie steigt: Schließlich wird die genannte Wirkung mit positiven Eigenschaften für das Wohlempfinden und die menschliche Gesundheit in Verbindung gebracht. Auf dem Markt wird sich konsequenterweise bei *zunächst unverändertem Marktpreis* eine höhere Nachfrage nach Mate-Tee artikulieren. Bei unveränderten Plänen der Anbieter wird damit dieser Tee jetzt knapper, was letztlich zu einer Erhöhung seines Preises führt. Im **neuen** Marktgleichgewicht wird infolgedessen eine **größere Menge** zu einem **höheren Preis** gehandelt. Der Preisanstieg **signalisiert** dabei allen Marktteilnehmern, dass sich die relative Verfügbarkeit dieses Gutes reduziert hat. Zu beachten gilt, dass der Preisanstieg die zusätzliche Nachfrage nach Mate-Tee dämpft, die sich mit der erhöhten Nutzeneinschätzung *ohne* Verteuerung entfaltet hätte.

Diese Phänomene lassen sich mit Hilfe des uns mittlerweile vertrauten Standarddiagramms visualisieren. Der „Schock" der höheren Nutzeneinschätzung stellt sich dabei als **Rechtsverschiebung** der ursprünglichen Nachfragekurve dar (siehe Abbildung 4.1). Die verschobene Nachfragekurve schneidet die unveränderte Angebotskurve jetzt in einem Punkt, der – im Abgleich mit dem ursprünglichen Marktgleichgewicht – weiter außen und höher liegt. Mit anderen Worten: Im neuen Gleichgewicht sind sowohl der Gleichgewichtspreis als auch die Gleichgewichtsmenge höher als im Ausgangsstadium. Damit ergibt sich grafisch das gleiche Ergebnis, das wir bereits zuvor verbal hergeleitet hatten.

Ein Impuls auf die gesellschaftliche Nachfragekurve eines betreffenden Guts kann selbstredend auch derart sein, dass es zu einer **Linksverschiebung** der Kurve kommt, etwa durch eine verminderte Nutzeneinschätzung des Gutes wegen veränderter Modetrends bzw. durch einen Rückgang der verfügbaren Einkommen im Zuge gestiegener Arbeitslosigkeit. Eine Verschiebung der Nachfragekurve nach innen führt dazu, dass sowohl der Gleichgewichts*preis* als auch die *-menge* im neuen Marktgleichgewicht niedriger als im Ausgangsstadium sind (siehe Abbildung 4.2).

Damit lassen sich zwei Erkenntnisse als Zwischenfazit hervorheben. Erstens, dass die Interaktion der Nachfrage- und Angebotspläne durch einen Schock *nicht* beeinträchtigt wird und sich damit auch für diesen Fall ein neues Marktgleichgewicht bzw. die Tendenz zu diesem einstellt. Ersichtlich wurde zweitens, dass sich bei einer isolierten Störung auf der Nachfrageseite *beide* Gleichgewichts*dimensionen* (d. h. Preis und Menge) in die *gleiche Richtung anpassen*: Bei einer Linksverschiebung nehmen beide ab, während bei einer Rechtsverschiebung beide zulegen.

4.2.1.2 Verschiebung der Angebotskurve

Betrachten wir nun einen isolierten Impuls auf der Angebotsseite. Zumindest tendenziell wird es auch hier in der Interaktion mit den in der Nachfragekurve geronnenen Plänen der Konsumenten zu einem neuen Marktgleichgewicht kommen. Diese Tatsa-

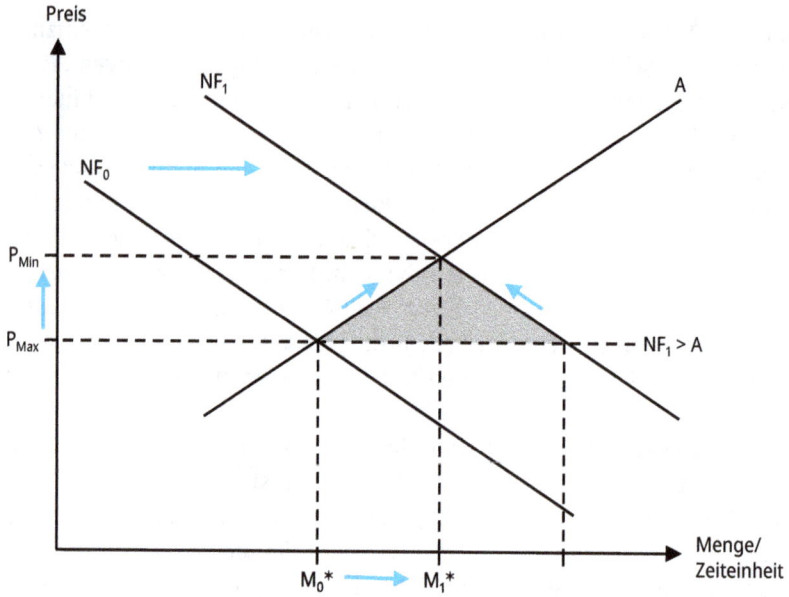

Abbildung 4.1: Rechtsverschiebung der Nachfragekurve und Wirkung auf das Marktgleichgewicht.

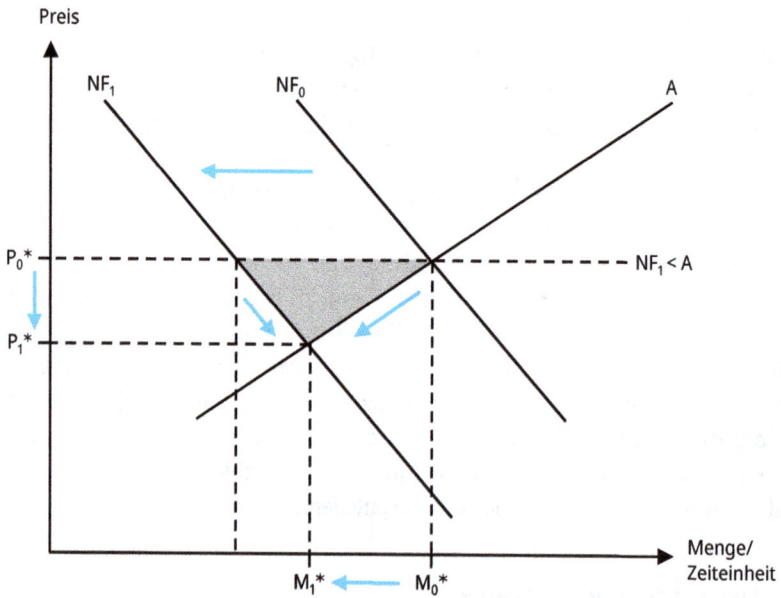

Abbildung 4.2: Linksverschiebung der Nachfragekurve und Wirkung auf das Marktgleichgewicht.

che allein darf uns nun nicht mehr überraschen! Anders als zuvor entwickeln sich bei einer Angebotsverschiebung allerdings Preis und Mengen zwischen altem und neuem Gleichgewicht *gegenläufig*. So erhöht sich bei einer Verschiebung der Angebotskurve nach innen (bzw. links) der Gleichgewichtspreis, während die Gleichgewichtsmenge sinkt (siehe Abbildung 4.3).

Exemplarisch mag man sich eine *Linksverschiebung* der Angebotskurve durch eine Erhöhung der Produktionskosten vorstellen, ausgelöst von gestiegenen Rohstoffpreisen oder Transportkosten.[377]

Unabhängig vom genauen Auslöser, ziehen sich in einem Fall dauerhaft gestiegener Kosten die *ersten* Anbieter aus dem Markt zurück, weil sie nicht mehr profitabel sind. Damit **verknappt** sich das Angebot bei *unveränderten* Nachfrage*plänen*. Infolgedessen steigt der Marktpreis an. Wäre das Ausscheiden bzw. der Rückzug einiger Anbieter *nicht* von einer Erhöhung des Marktpreises begleitet, käme es auf dem betreffenden Markt für einen mehr oder weniger langen Moment zu einem Nachfrageüberhang. Dass ein solcher auf freien Märkten ceteris paribus nicht lange Bestand haben kann und steigende Marktpreise nach sich zieht, wurde bereits in Lektion 3 erläutert (dort z. B. in Kapitel 4.2.2. und 4.3.2.2.2.). Kurzum – nach einem Schock auf der Angebotsseite, der das Angebot der Unternehmen einschränken lässt, fällt im *neuen* Marktgleichgewicht der Preis höher und die gehandelte Menge geringer als im ursprünglichen aus.

Spektakuläre Insolvenzfälle von Branchengrößen und/oder der Ausfall einer Schar von kleinen Unternehmen, etwa im Friseurhandwerk oder im Gastronomie- und/oder Hotelgewerbe, lassen sich ebenfalls als Linksverschiebung der Angebotskurve im jeweiligen Markt deuten. Auf Agrarmärkten kann Trockenheit oder intensiver Niederschlag zu reduzierten Erntemengen bzw. Ernteverlusten führen. Auch diese Ereignisse haben Einfluss auf die Marktverhältnisse und münden grafisch in einer nach links verschobenen Angebotskurve.

Bei einer **Verschiebung** der Angebotskurve **nach rechts (**bzw. nach unten) verhält es sich spiegelverkehrt: Jetzt erhöht sich die Gleichgewichtsmenge während der -preis sinkt. Beispiele, die eine Rechtsverschiebung der Angebotskurve auslösen, haben wir zuvor immer wieder anklingen lassen (siehe z. B. Lektion 3, Kapitel 4.3.1.), weshalb wir hier auf eine enervierende Wiederholung dieses Falles und seiner grafischen Darstellung verzichten.

---

377 Volkswirte interpretieren den Begriff Produktionskosten weit. Dieser umfasst – wie im Text skizziert – alle Kosten, die dem Unternehmen bei der Erstellung des am Markt verkauften Gutes anfallen. Eine Verkürzung des Begriffs auf reine Fertigungskosten ist damit im Kontext der Volkswirtschaftslehre unzulässig.

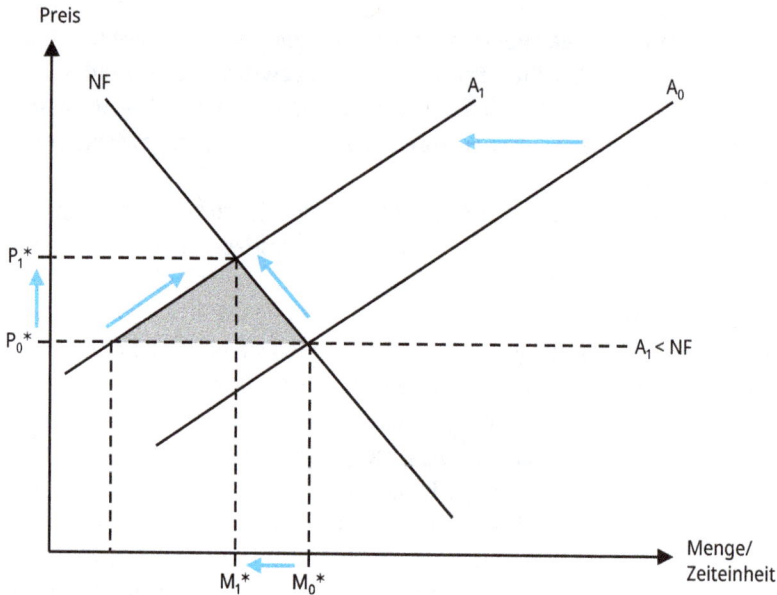

Abbildung 4.3: Linksverschiebung der Angebotskurve und Wirkung auf das Marktgleichgewicht.

4.2.2 Simultane Störungen

Für den Fall, dass Störungen beide Kurven gleichzeitig betreffen, sind folgende Unterfälle vorstellbar: Beide Kurven verschieben sich gleichzeitig in die *gleiche* Richtung, d. h. beide nach rechts bzw. nach links. Alternativ dazu können Impulse ausgelöst werden, welche Angebots- und Nachfragekurve in *unterschiedliche* Richtungen verschieben lassen. Diese Fälle wollen wir jetzt kurz beleuchten.

4.2.2.1 Gleichzeitige Verschiebung in eine Richtung

Verschieben sich beide Kurven in die gleiche Richtung, dann ist der Impuls hinsichtlich der neuen Gleichgewichts*menge* eindeutig! Wenn sich beispielsweise Angebots- und Nachfragekurve simultan nach rechts verschieben (siehe Abbildung 4.4), muss sich im neuen Marktgleichgewicht die Menge M_1 gegenüber dem ursprünglichen Marktgleichgewicht M_0 erhöhen.

Theoretisch indeterminiert (= nicht eindeutig) bleibt hingegen, ob der neue Gleichgewichts*preis* im Vergleich zur Ausgangssituation steigt, fällt oder gar unverändert bleibt. Die Änderung des Gleichgewichtspreises hat etwas mit der Stärke der jeweiligen Schocks zu tun. Die beiden gleichgerichteten Impulse können selbstredend unterschiedlich kräftig ausfallen. Zugleich beeinflussen die Steigungen der Kurven den neuen Gleichgewichtspreis. Um diese fehlende Eindeutigkeit hinsichtlich des neuen Gleichgewichtspreises zu verstehen, mag man vor seinem geistigen Auge in der Abbildung 4.4

die Nachfragekurve noch etwas stärker nach außen verschieben. Schon erkennen wir, dass es einen Schnittpunkt zwischen neuen Angebots- und neuen Nachfragekurve geben kann, der einen mit P_0 identischen Gleichgewichtspreis P_1 ermöglicht. Sollte der Impuls auf die Nachfragekurve gar noch intensiver ausfallen, kann der neue Gleichgewichtspreis auch oberhalb des ursprünglichen in Höhe von P_0 liegen. Analoge Gedankenspiele lassen sich auch auf der Angebotsseite machen.

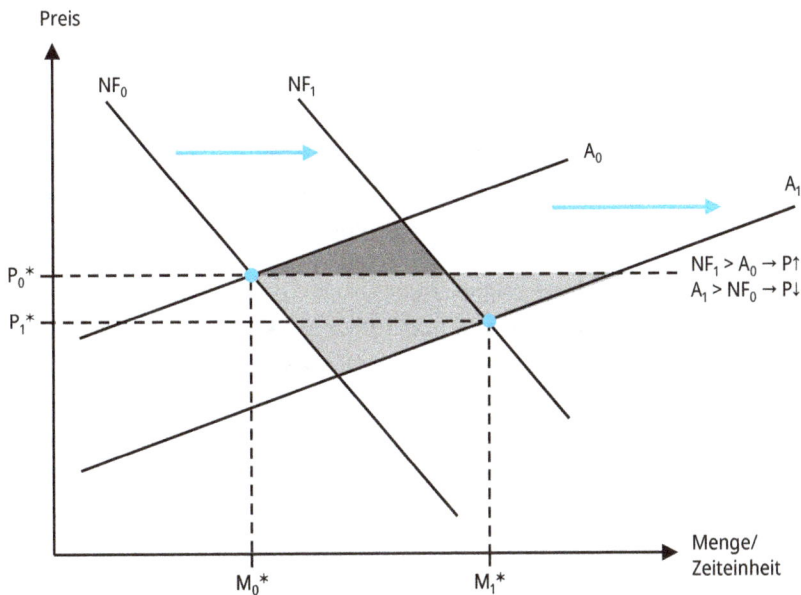

Abbildung 4.4: Simultane Rechtsverschiebung von Angebots- und Nachfragekurve.

Zerlegt man zu analytischen Zwecken die simultane Verschiebung der beiden Kurven in zwei isolierte Rechtsverschiebungen, wird die fehlende Gewissheit hinsichtlich des neuen Gleichgewichtspreises offensichtlich. Der Preissteigerungstendenz des Nachfrageimpulses steht die Preissenkungstendenz des ausgeweiteten Angebots entgegen. Das Gesamtergebnis aus diesen beiden gegenläufigen Effekten muss in Bezug auf den neuen Gleichgewichtspreis theoretisch also unbestimmt bleiben.

Betrachten wir zur Veranschaulichung des Genannten den **Stahlmarkt** aus historisch vereinfachter Perspektive! Hier hat die Einführung des **Bessemer-Verfahrens** (1856) wie auch kurze Zeit darauf das **Thomas-Verfahren** (1878/79) einen massiven Impuls auf die Produktionsmenge der Hüttenwerke erzeugt. Diese Entwicklung können wir im Marktdiagramm als Verschiebung der Stahlangebotskurve nach rechts visualisieren. In der Folge erfuhr das Produktionsmaterial Eisen bzw. Stahl eine *neue Wertschätzung* (Nutzen), was sich grafisch als Rechtsverschiebung der Nachfragekurve seitens der eisenverarbeitenden Industrie interpretieren lässt.

Kombiniert man diese beiden Einzelschocks, dann wird ersichtlich, dass die gehandelte **Stahlmenge** sich mit der Zeit durch diese Ereignisse **erhöht** haben muss. Wie die geschilderten Entwicklungen auf der Angebots- und Nachfrageseite letztlich die Knappheitsverhältnisse auf dem Stahlmarkt beeinflussten, kann und muss empirisch bestimmt werden.

Für den Fall der Vereinigten Staaten von Amerika lässt sich feststellen, dass sich die Stahlschienenpreise zwischen den Jahren 1870 und 1930 um gut 60 Prozent ermäßigt haben.[378]

Mit dem gleichen, groben Pinsel wollen wir noch kurz auf die Entwicklung am frühindustriellen Arbeitsmarkt blicken. Dabei erinnern wir uns zunächst, dass erst die gestiegene Produktivität in der Landwirtschaft die Voraussetzung für die industrielle Revolution geschaffen hatte, denn dadurch benötigte der Agrarsektor fortan **weniger Arbeitskräfte** – zumindest **relativ**.[379] Die in der Landwirtschaft nicht mehr benötigten Landarbeiter konnten oder mussten sich damit andere Betätigungsfelder suchen – etwa in der aufkeimenden Industrie. Auf dem **Arbeitsmarkt**, auf dem die **privaten Haushalte** die **Anbieter** von Arbeitsleistung sind (siehe Lektion 3, Anhang D), verschob sich in der Logik des Scherendiagramms nun die **Angebotskurve** nach **rechts**: Neue **Teilnehmer** waren eingetreten und erhöhten damit das Marktangebot.

Parallel dazu suchten die Industriellen in den aufkeimenden Gewerbebetrieben händeringend Arbeitskräfte; ein Impuls, der sich zweifelsfrei als Rechtsverschiebung der Nachfrage auf dem Arbeitsmarkt darstellen lässt. Insgesamt wurde das Gleichgewicht auf dem Arbeitsmarkt gegenüber der vorindustriellen Phase also durch zwei simultane Entwicklungen in Schwingung gebracht.

Durch die gleichgerichtete Verschiebung der beiden Marktkurven wurde im neuen Gleichgewicht nun eine größere Menge an geleisteten Arbeitsstunden gehandelt. Hierzu dürfte es auch unter Wirtschaftshistorikern keine zwei Meinungen geben.

Um ein Gespür von den Kräften zu erhalten, die auf den frühindustriellen Arbeitsmärkten wirkten, geben wir hier mit Leidinger nur einen kurzen Einblick von den britischen Verhältnissen jener Zeit: „Zwischen 1750 und 1830 wechselten [in Großbritannien] mehr als 700.000 Arbeitskräfte vom Agrar- zum Industriesektor.“[380] Und wenig weiter konstatiert Leidinger: „[D]ie Populationszunahme eingerechnet [...] [stieg] die Zahl der Industriearbeiter von 1,4 auf 5,3 Millionen an.“[381]

Während also bei der Gleichgewichtsmenge und deren Veränderung über die Zeit schon rein theoretisch Eindeutigkeit herrscht, bleibt der Impuls auf den Gleichgewichts-

---

378 In den letzten Jahren des 19. Jahrhunderts waren diese Preise in den USA sogar auf weniger als ein Fünftel ihres ursprünglichen Werts im Jahr 1870 gefallen. Vgl. Freeman, 1998, S. 140.
379 In *absoluten* Zahlen blieb die *Landbevölkerung* konstant. Ihre Produktivität in der Lebensmittelerzeugung hat sich im Zeitraum von 1750 bis 1900 gleichwohl mindestens verdoppelt. Vgl. Mazoyer/ Roudart, 2006, S. 330 f.
380 Leidinger, 2008, S. 67.
381 Leidinger, 2008, S. 67.

lohn auf Basis reiner Logik unbestimmt: Dem lohnsteigernden Trend einer gestiegenen Nachfrage nach Arbeitskräften, steht der lohnsenkende Effekt einer Angebotsausdehnung entgegen. Damit muss die tatsächliche **Entwicklung** des **Gleichgewichtslohns** zwischen den beiden oben genannten Zeitpunkten **theoretisch unbestimmt** bleiben. Eine solche Antwort kann nur die empirische Wirtschaftsforschung liefern.

Ein anschauliches **Beispiel einer simultanen** Verschiebung von Angebots- und Nachfragekurve nach *links* findet sich im Lehrbuch von Krugman und Wells. Die Autoren greifen auf den Fall von **Hurrikan Katrina und dessen Auswirkung auf den Immobilienmarkt in New Orleans zurück.** Der Hurrikan hat sowohl das Angebot als auch die Nachfrage nach Immobilien nach innen verschoben. Während das Angebot an Immobilien aufgrund von Zerstörung und Verwüstung sank, reduzierte sich gleichzeitig die Nachfrage nach Immobilien, weil Menschen aus der Krisenregion wegzogen und der Zustrom an neuen Menschen in die Region zudem abnahm.

Auch in diesem Beispiel wissen wir, dass die neue Gleichgewichts*menge* auf dem Immobilienmarkt von New Orleans niedriger sein wird als vor Hurrikan Katrina. Ohne genauere Informationen über die Verschiebung und die Steigung der Angebots- und Nachfragekurven können wir aber nicht vorab mit Sicherheit sagen, was mit dem Gleichgewichts*preis* passiert.

Weitere Beispiele gleichgerichteter Verschiebungen mit wirtschaftshistorischem Bezug zu den Ereignissen des 18./19. Jahrhunderts, finden sich zu Übungs- und Verständniszwecken in Anhang A.

4.2.2.2 Gleichzeitige Verschiebung in gegenläufige Richtungen

Bei einer *simultanen* Verschiebung beider Kurven in *unterschiedliche* Richtungen ist der Impuls auf den Gleichgewichts*preis* klar, nicht hingegen auf die Gleichgewichtsmenge.

Exemplarisch mag man sich vorstellen, dass große Bestände an **Kakaobäumen** in **Westafrika** (insb. in Ghana und der Elfenbeinküste) aus ungeklärten Gründen von einem neuartigen Virus befallen sind. In der Konsequenz sinken die Ernteerträge an Kakao in dieser Region, die in normalen Zeiten mehr als zwei Drittel der Angebotsmenge auf dem Weltkakaomarkt stellt. Da Kakaosetzlinge erst nach vier Jahren ihre volle Ertragspotenzial entfalten, kann die entstandene Angebotslücke nicht durch Neuanpflanzungen in anderen Kakaoanbaugebieten unverzüglich geschlossen werden.

Diese Ereignisse, von denen die Kakaoproduzenten betroffen sind, lassen sich mit unserem Werkzeug als **Linksverschiebung** der **Angebotskurve** visualisieren. Alleine genommen, machen diese Ereignisse schon deutlich, dass Kakaobohnen auf dem Weltmarkt knapper werden, der Preis muss ceteris paribus steigen. Dieser Umstand wird im linken Bereich der Abbildung 4.5 illustriert, in der wir die simultanen Impulse auf einen nicht näher bestimmten Markt aus didaktischen Gründen abermals in Einzelschritte zerlegt haben.

Spinnen wir das Kakao-Beispiel weiter und unterstellen, dass wegen der Hiobsbotschaft aus Westafrika die Großhändler in den Industrieländern, die den größten

Anteil an Kakaobohnen auf dem Weltmarkt abnehmen, eine Verknappung an Kakao über Jahre hinweg befürchten und ihre Lagerbestände daher prompt zu erhöhen wünschen. Mit anderen Worten: Die modifizierten Erwartungen der Kakaoimporteure führen zu einer **Rechtsverschiebung** der **Nachfrage** auf dem Weltmarkt. Schon bei unveränderten Angebotsplänen hätte dieses Ereignis auf der Nachfrageseite zu **steigenden Preisen** geführt – wie dem rechten Teil in der Abbildung 4.5 entnommen werden kann.

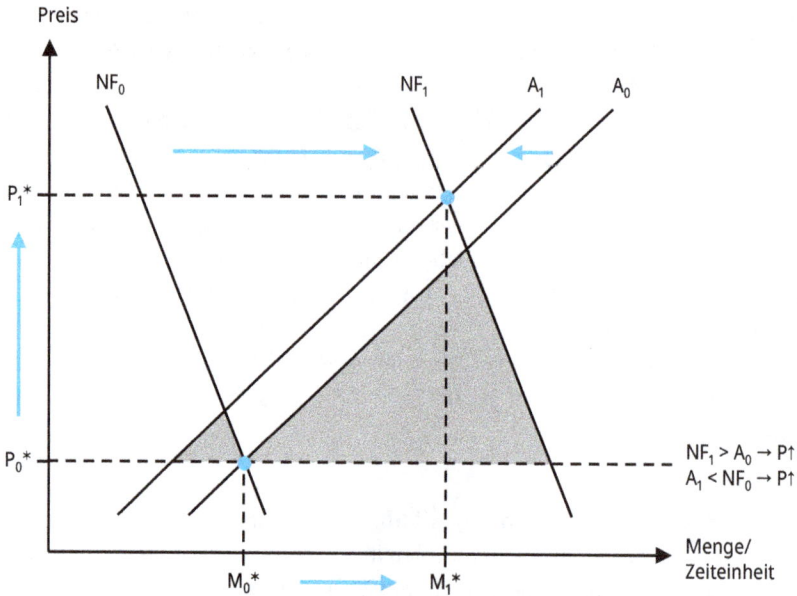

Abbildung 4.5: Einzeleffekte und gemeinsame Wirkung zweier gegenläufiger Störungen.

Treten – wie hier unterstellt – diese beiden Störungen gleichzeitig auf, so muss der neue Gleichgewichtspreis über dem vorherigen liegen. Denn jeder der beiden Schocks „befeuert" die zunehmende Knappheit – die sich in Form steigender Preise auf dem Markt artikuliert – einzeln (siehe Abbildung 4.5). Welche Mengen im neuen Gleichgewicht schließlich gehandelt werden, bleibt theoretisch unbestimmt. Diese fehlende Bestimmbarkeit liegt abermals daran, dass mit den zwei Störungen auch zwei gegenläufige Einzelwirkungen auf die Menge einhergehen (Abbildung 4.5).

4.2.3 Tabellarische Zusammenfassung isolierter und simultaner Störungen

Die beiden nachfolgenden Tabellen fassen die in den beiden vorangegangenen Kapiteln erörterten Zusammenhänge noch einmal knapp zusammen.

Tabelle 4.1: Die Wirkung einfacher, d. h. isolierter Schocks auf Gleichgewichtsmenge und -preis.

Es verschiebt sich die ...	Richtung der Verschiebung	Auswirkung auf Gleichgewichts-	
		Preis	Menge
Nachfragekurve	nach **rechts** (= Anstieg der Nachfrage)	Steigt	Steigt
	nach **links** (= Rückgang der Nachfrage)	Sinkt	Sinkt
Angebotskurve	nach **rechts** (= Anstieg des Angebots)	Sinkt	Steigt
	nach **links** (= Rückgang des Angebots)	Steigt	Sinkt

Die Eindeutigkeit der Wirkung auf das Gleichgewicht ist bei isolierten Schocks nicht zu übersehen (siehe Tabelle 4.1). Anders verhält es sich bei simultaner Verschiebung beider Kurven. Hier ist das neue Marktgleichgewicht vorab (= ex-ante) nie eindeutig bestimmbar (siehe Tabelle 4.2). Gleichwohl weiß man auch in diesen Fällen für eine Dimension – d. h. für die Menge oder den Preis – wie sich diese entwickelt.

Tabelle 4.2: Die Wirkung gleichzeitiger Schocks auf Gleichgewichtsmenge und -preis.

		Angebotskurve	
		Zunahme	Abnahme
Nachfragekurve	Zunahme	Preis: Ungewiss Menge: Steigt	Preis: Steigt Menge: Ungewiss
	Abnahme	Preis: Sinkt Menge: Ungewiss	Preis: Ungewiss Menge: Sinkt

4.3 Elastizitäten

Maßgebliche Determinanten der beiden Marktseiten, d. h. von Angebot und Nachfrage, haben wir soweit identifiziert. Zudem haben wir erste Hypothesen bezüglich ihrer Wirkungs*richtungen* formuliert. Somit mangelt es uns nur noch an einem Verständnis über die Wirkungs*stärke*, die einzelne Impulse auslösen bzw. auszulösen vermögen. Dass die Wirkungsstärke, etwa einer bestimmten Preisänderung, ganz unterschiedlich ausfallen kann, illustriert die folgende Abbildung 4.6 anhand von zwei verschiedenen Nachfragekurven.

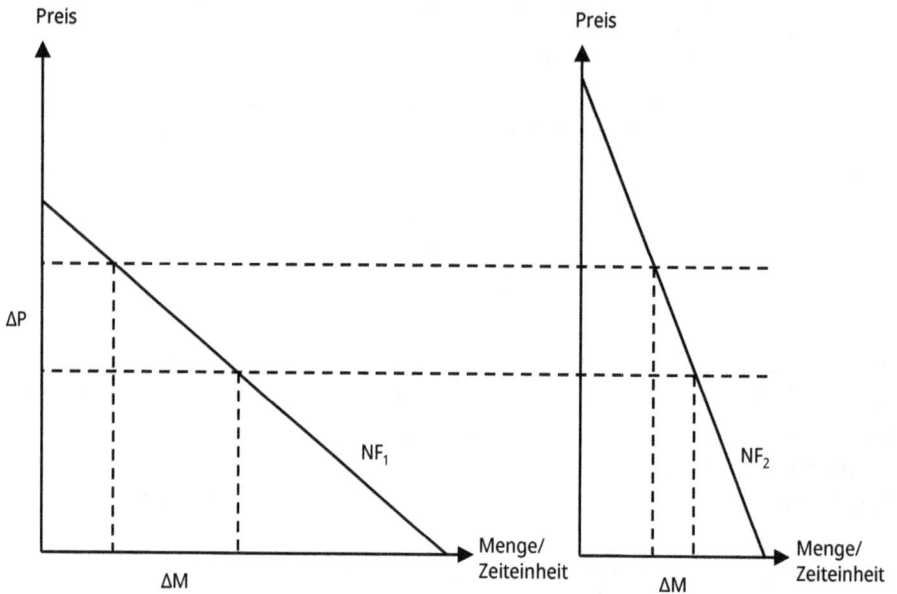

Abbildung 4.6: Starke und weniger starke Mengenwirkung auf den gleichen Preisimpuls.

Insofern bedarf es eines Ansatzes, mit dem wir die **Stärke** eines Impulses zum Ausdruck bringen und mit dem wir verschiedene Impulse miteinander adäquat vergleichen können. Hierzu dient Ökonomen das Konzept der sog. Elastizitäten.[382] In Kapitel 4.3.1. wollen wir zunächst definieren, was unter Elastizitäten verstanden wird. Zudem geben wir eine Übersicht über die uns im Weiteren interessierenden Arten von Elastizitäten, bevor im anschließenden Kapitel 4.3.2. die direkten Preiselastizitäten der Nachfrage und des Angebots näher beleuchten. Danach blicken wir kurz auf die Kreuzpreis- und Einkommenselastizität der Nachfrage (Kapitel 4.3.3.). Den Abschnitt schließen wir mit den praktischen Herausforderungen im Umgang mit dem Konzept der Elastizität (Kapitel 4.3.4.).

---

382 Das Konzept geht auf Alfred Marshall zurück, der es in seinem Hauptwerk *Principles of Economics* (1890) in Bezug auf die Güternachfrage der privaten Haushalte eingeführt hat. Vgl. Marshall, 1997, S. 102–116.

4.3.1 Definition und Arten

Eine Elastizität (E) ist grundsätzlich definiert als die *prozentuale* Änderung der abhängigen Variablen bezogen auf die *prozentuale* Änderung der unabhängigen Variablen (siehe Formel 4.1).

$$E = \frac{prozentuale\ \ddot{A}nderung\ der\ abh\ddot{a}ngigen\ Variable}{prozentuale\ \ddot{A}nderung\ der\ unabh\ddot{a}nigen\ Variable}$$

Formel 4.1: Allgemeingültige Berechnungsweise einer Elastizität.

Damit ist jede Elastizität **ein einheitsloses Maß**, mit der sich Aussagen über die Wirkungsstärke gewinnen lassen,[383] die eine veränderte Determinante (= Ursache) auf die untersuchte Variable (= Wirkung) auslöst.[384] Da es in der wirtschaftlichen Wirklichkeit unendlich viele Beziehungen zwischen unabhängigen und abhängigen Variablen gibt, lassen sich grundsätzlich unendlich viele Elastizitäten ermitteln. Gleichwohl konzentrieren wir uns – wie die meisten in die Volkswirtschaftslehre einführenden Lehrbücher – hier auf die für uns wichtigsten (siehe Abbildung 4.7).[385]

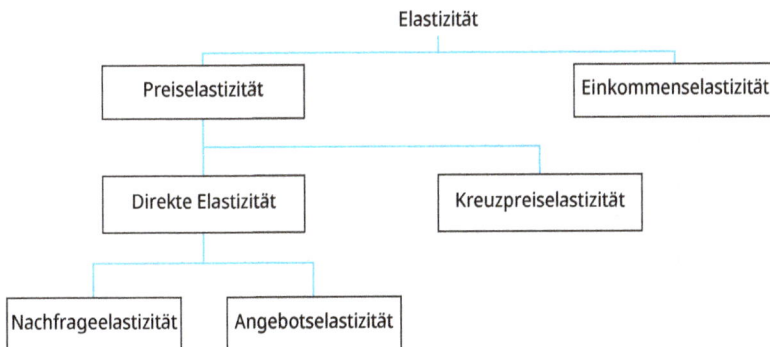

Abbildung 4.7: Übersicht wichtiger Elastizitätsarten.[386]

---

[383] Zu den Vorteilen dieses einheitslosen Maßes gehört, dass man etwa die Mengenreaktionen der Nachfrager auf Preisänderungen für unterschiedliche Produkte miteinander vergleichen kann. Vgl. Goolsbee/Levitt/Syverson, 2014, S. 54.

[384] Insofern lautet eine andere Formulierung der Elastizität: E = relative Änderung der *Wirkung* (in %)/ relative Änderung der *Ursache* (in%). Vgl. etwa Baßeler/Heinrich/Utecht, 2010, S. 97.

[385] Auch Marketing- und Preismanagement-Lehrbücher greifen Elastizitäten auf, reduzieren diese Diskussion aber zumeist auf die Preiselastizität der Nachfrage. Vgl. Meffert et al., 2019, S. 495 ff. bzw. Simon/Fassnacht, 2016, S. 116 ff. und S. 234 ff. bzw. Kotler/Keller/Bliemel, 2007, S. 599.

[386] Eigene Darstellung in Anlehnung an Woll, 2011, S. 87.

4.3.2 Direkte Preiselastizitäten

Die Untersuchungen zur direkten Preiselastizität beginnen wir mit der Nachfrageseite (Kapitel 4.3.2.1). Dann wechseln wir die Marktseite und blicken auf die Angebotselastizität (Kapitel 4.3.2.2.).

4.3.2.1 Die Preiselastizität der Nachfrage und ihre Bestimmungsfaktoren

Wie wir bereits wissen, ist der Preis eines Gutes eine wesentliche Determinante seiner nachgefragten Menge. Zugleich bestimmen die Verkaufsmenge und der Verkaufspreis die unternehmerischen Erlöse (siehe Abbildung 4.8). Insofern kann es wenig verwundern, dass es zahlreiche Interessenten – darunter Marketing-Experten, Vertriebsleute, das Top-Management einer Firma und/oder Wirtschaftspolitiker – in Theorie und Praxis gibt, die belastbare Einschätzungen hinsichtlich der Nachfragereaktion auf geplante Preisänderungen wünschen oder benötigen.[387]

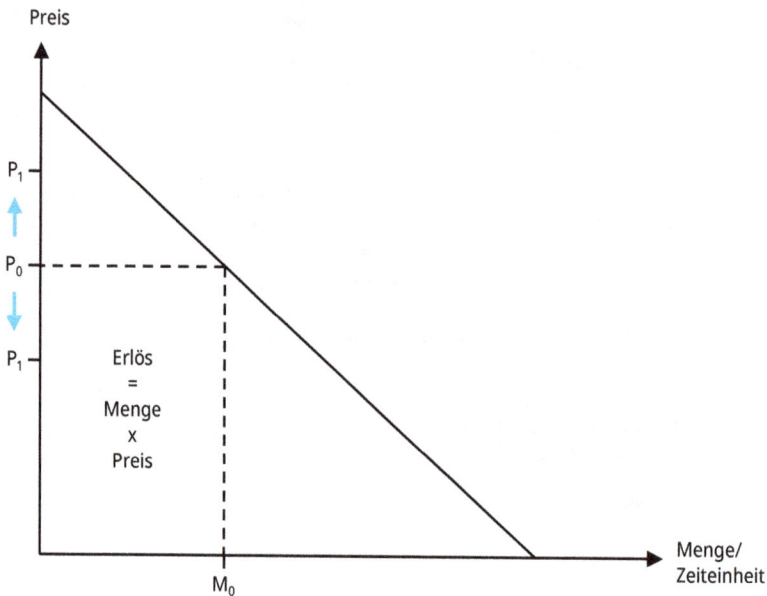

Abbildung 4.8: Der Marktumsatz als Produkt aus Marktmenge und Marktpreis.

---

[387] In der realen Welt, d. h. außerhalb unserer soweit einfachen Modellwelt, wird aus unternehmerischer Sicht beispielsweise die Frage relevant sein, welchen Effekt die Preisstrategie auf die Umsatzerlöse mit sich bringt: Erhöhen oder reduzieren sich die Erlöse? Insofern darf es nicht verwundern, wenn das hier vorgestellt Konzept im Marketing wie auch für die Unternehmensstrategie entsprechend Verwendung findet. Vgl. z. B. Meffert et al., 2019, S. 495 ff. oder Kotler/Keller/Bliemel, 2007, S. 599 ff.

Übertragen wir das allgemeine Elastizitäten-Konzept aus Kapitel 4.3.1. auf das uns hier interessierende Phänomen der direkten **Preiselastizität der Nachfrage**, so ergibt sich, dass diese als die *prozentuale* Änderung der nachgefragten Menge nach einem bestimmten Gut (= Wirkung) infolge einer *prozentualen* Preisänderung bei diesem Produkt (= Ursache) definiert ist (siehe Formel 4.2):

$$E^{NF} = \frac{\%\Delta M^{NF}}{\%\Delta P}$$

Formel 4.2: Direkte Preiselastizität der Nachfrage.

Da auf der Nachfrageseite die Preis- und Mengenveränderung in einem inversen Verhältnis stehen, muss die Preiselastizität der Nachfrage in normalen Fällen, d.h. bei fallender Nachfragekurve, **negativ** sein.[388]

Sehen wir uns zum besseren Verständnis ein Beispiel an. Dazu wählen wir im nachstehenden Fall einen Preis von 12 Euro und eine Verkaufsmenge von zwanzig Einheiten zum Ausgangszeitpunkt. Kommt es nun zu einer Senkung des Marktpreises auf 10 Euro, dehnen die Konsumenten ihre nachgefragte Menge entlang der Nachfragekurve auf dreißig Einheiten aus (siehe Abbildung 4.9). D.h. der *prozentualen* Preisänderung von -1/6, die sich aus dem Preisrückgang von 2 Euro und dem Ursprungspreis von 12 Euro berechnet, steht ein *prozentualer* Mengeneffekt in Höhe von 0,50 gegenüber: Die Nachfrager beziehen aufgrund des gesunkenen Preises nun zehn Einheiten des Produkts zusätzlich, was einer Erhöhung von 50 Prozent gegenüber der ursprünglichen Konsummenge entspricht. Die direkte Preiselastizität der Nachfrage lässt sich mit diesen Zwischenwerten nun leicht errechnen (E^{NF} = 0,5/(-1/6) = 0,5 *(-6/1) = -3,0).

Der Wert der direkten Nachfrageelastizität von -3,0 bringt zum Ausdruck, dass der Impuls auf die Nachfragemenge an diesem Punkt der Nachfragekurve stärker als die Preisänderung ist. Die Nachfrage reagiert also recht **empfindlich** auf den veränderten Preis.

Der nachfolgenden Abbildung 4.9 kann zudem entnommen werden, dass sich die sektoralen Gesamterlöse pro Periode durch diese Preisreduktion erhöhen (von ehemals 240 Euro auf 300 Euro): Gegenüber der Ausgangssituation fällt im neuen Gleichgewicht die Fläche A zwar weg, doch dieser Verlust wird durch den Zugewinn der Fläche B überkompensiert. Mit anderen Worten: Der positive Mengeneffekt, repräsentiert durch

---

[388] Mehrheitlich lässt sich in den einschlägigen Lehrbüchern allerdings eine andere Darstellungsweise beobachten: Der Einfachheit halber verwenden viele Ökonomen positive Werte; sie nehmen den *Betrag* der Nachfrageelastizität. Vgl. etwa Mankiw/Taylor, 2016, S. 101 ff. oder Krugman/Wells, 2010, S. 139 ff. bzw. Woll, 2011, S. 81 ff. oder Herdzina, 1999, S. 43. In diesem Punkt folgen wir allerdings der Vorgehensweise der Autoren Goolsbee, Levitt und Syverson beziehungsweise Pindyck und Rubinfeld. Beide Autorenteams nutzen jeweils die (richtige) Schreibweise mit negativen Werten für die Nachfrageelastizität. Vgl. Goolsbee/Levitt/Syverson, 2014, S. 60 ff. und Pindyck/Rubinfeld, 2013, S. 66 ff.

das Rechteck B, ist größer als der negative Preiseffekt, der sich hinter dem Rechteck A verbirgt.[389]

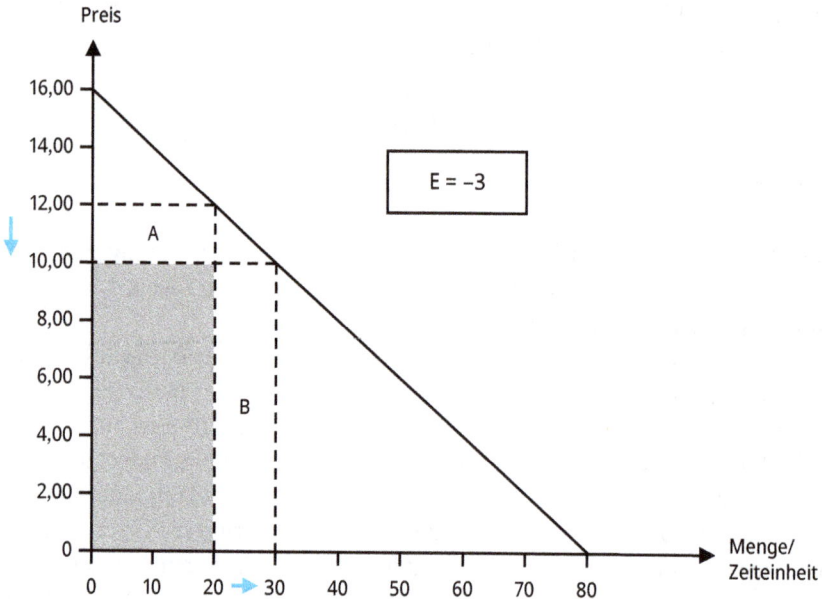

Abbildung 4.9: Mengen- und Preiseffekt einer Preissenkung mit umsatzerhöhender Gesamtwirkung.

Wenden wir uns nun einer Situation am anderen Ende der Nachfragekurve zu und betrachten hier eine Preis*steigerung*. Konkret wollen wir unterstellen, der Preis habe sich von ursprünglich 2 Euro auf 4 Euro pro Einheit verdoppelt. Dieser Preisimpuls korrespondiert mit einer Einschränkung der nachgefragten Menge von vormals siebzig auf nun sechzig Einheiten (siehe Abbildung 4.10). Feststellen lässt sich, dass sich die Nachfrageelastizität verändert hat: Sie hat einen Wert von -1/7 und ist damit größer als -1. Anders formuliert: Der Mengeneffekt – weiterhin illustriert durch das Rechteck B – ist jetzt weitaus geringer als der positive Preiseffekt (Rechteck A); die Nachfrage ist an dieser Stelle der Nachfragekurve recht unelastisch – und beschert der Branche damit höhere Erlöse.

Blicken wir auf die nachfolgende Abbildung 4.11 und halten zusammenfassend fest: Bei einer linearen Nachfragekurve verändert sich der Wert der Elastizität entlang

---

[389] Man beachte die Effekte, wenn man für die soweit genannten Werte die umgekehrte Richtung einschlägt, d. h. wenn man von einem ursprünglichen Preis von zehn Euro ausgeht und nun den Effekt einer Preissteigerung auf 12 Euro betrachtet. Die direkte Preiselastizität der Nachfrage wäre in diesem Falle -2,67. Der Wert hat sich verändert, ist aber erneut kleiner als -1. D. h. weiterhin ist der Mengeneffekt größer als der Preiseffekt. Da wir jetzt das Gedankenexperiment einer Preiserhöhung durchgespielt haben, bedeutet dies, dass die Umsatzerlöse sich reduzieren: Der negative Mengeneffekt übertrifft den positiven Preiseffekt.

Preis

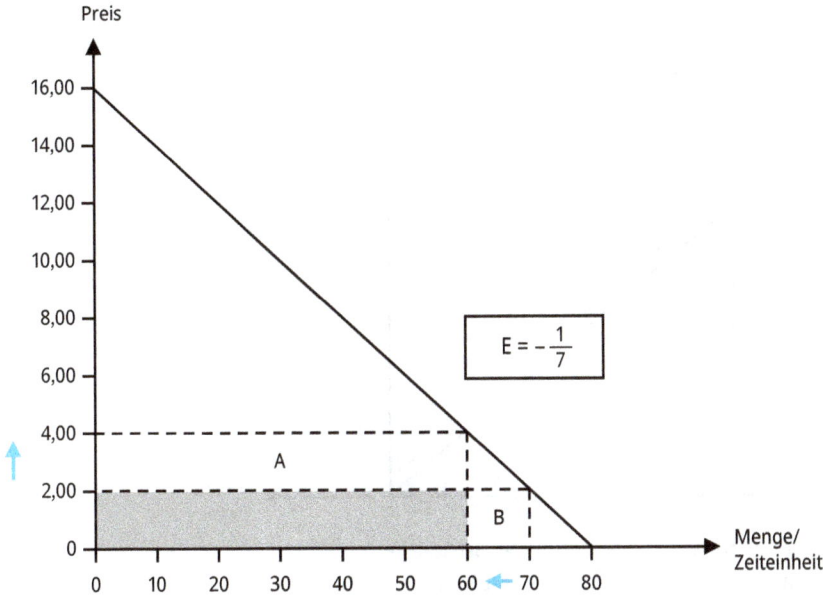

$$E = -\frac{1}{7}$$

Abbildung 4.10: Mengen- und Preiseffekt einer Preiserhöhung mit umsatzsteigernder Gesamtwirkung.

der Kurve. Je weiter wir uns von oben links nach rechts unten bewegen, desto größer ist der Wert der direkten Preiselastizität der Nachfrage: Sie beginnt mit dem Wert von -∞ beim Prohibitivpreis und endet am Sättigungspunkt mit dem Wert von Null.[390] Zwischen diesen beiden Achsenschnittpunkten erreicht sie – bei linearem Kurvenverlauf – stets im Halbierungspunkt der aufgespannten Strecke den Wert -1.

Links von diesem Halbierungspunkt befindet sich der sog. elastische Bereich (siehe Abbildung 4.11): Hier dominiert der Mengeneffekt (ME) über den Preiseffekt (PE). Die Werte der Preiselastizität der Nachfrage sind in diesem Bereich daher alle kleiner als -1. Im unelastischen Bereich, d. h. rechts vom Halbierungspunkt einer linearen Nachfragekurve, sind die Verhältnisse umgekehrt: Der Preiseffekt (PE) überwiegt den Mengeneffekt (ME).

Aus Anbietersicht lässt sich mit dieser Darstellung ableiten, dass der unternehmerische *Erlös- bzw. Umsatzeffekt* einer Preissenkung davon abhängig ist, wo wir uns auf der (linearen) Nachfragekurve befinden: Während sinkende Preise im elastischen Bereich eine Umsatzsteigerung mit sich bringen, führen sie im unelastischen Bereich zu Umsatzeinbußen. Diese Feststellungen gelten selbstverständlich spiegelbildlich für Preissteigerungen. Lediglich an einem Punkt (mit E = -1) hat eine Preisänderung keinen

---

390 Auf die beiden Extremfälle, d. h. einer direkten Nachfrageelastizität von Null bzw. -∞, gehen wir im Anhang mit Beispielen nochmal besonders ein.

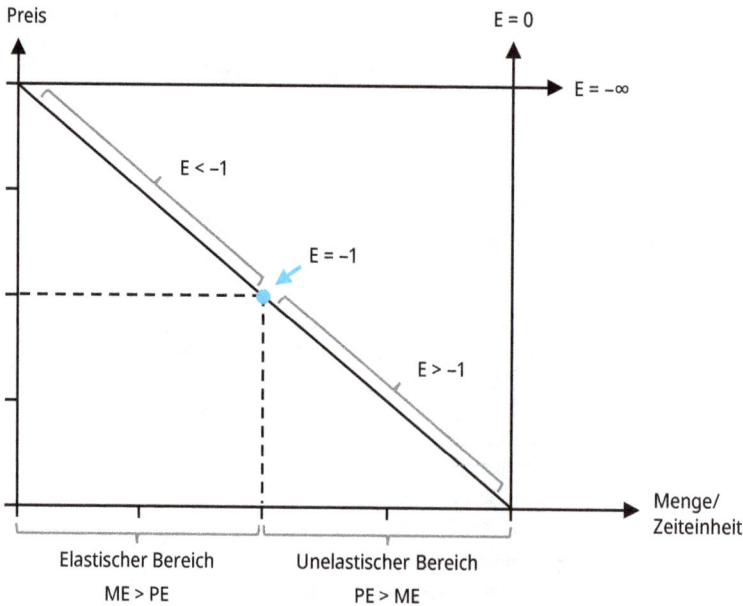

Abbildung 4.11: Elastizitätsbereiche entlang der linearen Nachfragekurve.

Einfluss auf den monetären Umsatz.[391] Diese Überlegungen fasst Tabelle 4.3 nochmal zusammen:[392]

Tabelle 4.3: Umsatzwirkung von Preisänderungen in Abhängigkeit vom Elastizitätsbereich.

	E < –1	**E = –1**	**E > –1**
Bereich	*Elastisch*	*Einheitselastisch*	*Unelastisch*
Mengen- vs. Preiseffekt	ME > PE	ME = PE	PE > ME
Preissteigerung	Umsatzreduzierung	Umsatz konstant	Umsatzsteigerung
Preissenkung	Umsatzsteigerung	Umsatz konstant	Umsatzreduzierung

Um ein erstes Gespür dafür zu entwickeln, wie unterschiedlich die Nachfrage auf Preisänderungen in Abhängigkeit des jeweils betroffenen Gutes reagieren kann, wollen

---

391 Hält man sich diese Einsichten über die vollkommen unterschiedlichen Wirkungsmöglichkeiten von Preissenkungen vor Augen, versteht sich nahezu von selbst, warum Unternehmen mit Blick auf ihre preisstrategischen Überlegungen ein gewichtiges Interesse daran haben, den gegenwärtigen Punkt auf ihrer Nachfragekurve genau zu kennen!

392 Die tabellarische Darstellung ist entlehnt dem Marketing-Lehrbuch von Meffert et al. Vgl. Meffert et al., 2019, S. 498; aus volkswirtschaftlichen Lehrbüchern deutschsprachiger Autoren sind uns ähnliche Illustrationen *unbekannt*; gleichwohl findet man sie in (älteren) nordamerikanischen Lehrbüchern. Vgl. z. B. Case/Flair, 1989, S. 123.

wir auf vier Fälle blicken, bei denen wir eine einheitliche Preissteigerung in Höhe von zehn Prozent unterstellen. Wenngleich es sich bei den in der Tabelle 4.4 angegebenen Werten für die Änderungen der Nachfragemenge um Schätzungen handelt (d. h. den Werten liegen keine konkreten empirischen Erhebungen zugrunde), verdeutlichen sie das Wesentliche: Die Empfindlichkeit der Nachfrage auf Preisänderung variiert von Gut zu Gut.

Tabelle 4.4: Denkbare Preiselastizitäten der Nachfrage bei verschiedenen Produkten.[393]

Produkt	Preisänderung (in %)	Änderung der Nach- fragemenge (in %)	Elastizität	Ökonomische Interpretation
Insulin	+10,0	0,0	0	Vollkommen unelastisch
Telefonieren (Basistarif)	+10,0	−1,0	−0,1	Unelastisch
Fleisch	+10,0	−10,0	−1,0	Einheitselastisch
Bananen	+10,0	−30,0	−3,0	Elastisch

Nach diesen Fallbeispielen sollten wir uns fragen, welche Faktoren die Preiselastizität der Nachfrage beeinflussen. Die Sensitivität der Nachfrage auf eine direkte Preisänderung bei einem bestimmten Produkt kann in der Realität gewiss an zahlreichen Faktoren hängen. Unbestritten gehören zu den bedeutendsten Einflussfaktoren die vier folgenden:[394]

–   die Erhältlichkeit von Substituten
–   die Bedeutung bzw. der Stellenwert des Produktes
–   der Zeithorizont
–   der Einkommensanteil des betreffenden Gutes am Gesamtbudget

Bevor wir auf diese Aspekte im Einzelnen blicken, sei erwähnt, dass diese Determinanten sowohl für die Reaktion der Nachfrage privater Haushalte nach Konsum- und Gebrauchsgütern (sog. B2C-Geschäft) als auch für Nachfragereaktion von Unternehmen nach Vorprodukten (sog. B2B-Geschäft) grundsätzlich relevant sind. Gleichwohl begrenzen sich die folgenden Ausführungen auf die Nachfrage privater Haushalte. Sehen wir uns diese Aspekte nun eingehender an.

Es kann nicht überraschen, dass sich als eine erste *Grundregel* ableiten lässt, dass die Nachfrage preiselastisch ist, wenn (viele) **Substitutionsgüter** existieren. Beispiele für Lebensmittel, für die es keine nahen Ersatzprodukte gibt, sind Eier, Kakaobohnen

---

393 Die Beispiele sind dem Lehrbuch von Case/Fair, 1989, S. 117 entnommen.
394 In Marketing-Lehrbüchern lässt sich oftmals eine umfangreichere Auflistung an Bestimmungsfaktoren als in Ökonomie-Büchern finden. Kotler, Keller und Bliemel listen beispielsweise folgende Zusatzaspekte auf: die Vergleichskomplexität, einen Kostenteilungs-, einen Folgekosten- sowie einen Lagerbarkeitseffekt. Vgl. Kotler/Keller/Bliemel, 2007, S. 600.

und Vanilleschoten. Bei diesen Produkten dürften die Konsumenten auf Preisänderungen relativ schwach reagieren.[395] Hingegen kann von den Verbrauchern ein Gut wie Butter leicht für ein anderes, etwa Margarine, aufgegeben werden – zumal bei Preissteigerungen. Auch bei alkoholfreien Getränken gibt es Alternativen. Insofern dürfte man hier (wie auch bei Butter) erwarten, dass preisstrategische Anpassungen bei dieser Produktgruppe zu einem Mengeneffekt führen, der den Preiseffekt überwiegt; mit anderen Worten, bei Limonadengetränke ist die Wahrscheinlichkeit hoch, dass man sich als Anbieter einer elastischen Nachfrage gegenübersteht.[396]

Mit dieser Überlegung vergegenwärtige man sich die Wirkung des Preissprungs in Höhe von 30 Prozent pro Flasche bei Bionade zum 01. Juli 2008. „Ein Desaster für das öffentliche Bild der Marke;"[397] zugleich eine ökonomische Bauch- bzw. Bruchlandung, wie man sich selbst unter zu Hilfenahme der öffentlich zugänglichen Daten leicht ausrechnen kann.[398]

Ein *zweiter Aspekt*, der die Preiselastizität der Nachfrage nach einem bestimmten Produkt beeinflusst, dreht sich um dessen **Bedeutung** bzw. dessen **Stellenwert**. So wird die Nachfrageelastizität bei lebensnotwendigen Gütern vergleichsweise niedrig sein, während man bei Luxusgütern eine tendenziell größere Preiselastizität erwarten darf.[399] Steigen etwa die Preise für Strom und Gas, so werden die nachgefragten Mengen – zumindest kurzfristig – unwesentlich zurückgehen, da private Haushalte beides, d. h. Strom und Gas, etwa zum Kochen und Heizen benötigen und diese Gewohnheiten nicht prompt einschränken oder gar aufgeben. Entweder weil sie es nicht können oder nicht

---

395 Eine Studie für die USA aus dem Jahre 2000 kommt zu dem Ergebnis, dass die Preiselastizität der Nachfrage nach Eiern (auf Basis von Erhebungsdaten aus den späten 1980er Jahren) bei -0,1 liegt. Die Eier-Nachfrage der amerikanischen Haushalte reagierte im Untersuchungszeitraum also relativ schwach – und damit konsistent zu unserer Hypothese – auf Preisänderungen. Vgl. Krugman/Wells, 2010, S. 141.
396 Empirische Studienergebnisse zur Preiselastizität der Nachfrage befinden sich in Anhang C.
397 Weiguny, 2009, S. 231.
398 Auf Basis der Umsatzdaten, die auf Wikipedia erhältlich sind, kann man eine Preiselastizität der Nachfrage von Bionade von grob -1,92 berechnen. D. h. der Mengeneffekt ist nahezu doppelt so groß wie der Preiseffekt! Der Wert von -1,92 errechnet sich, wenn man die 200 Mio. verkauften Flaschen aus dem Jahr 2007 mit den 85 Mio. verkauften Flaschen im Jahr 2009 in Bezug zur benannten Preissteigerung um 30 Prozent setzt. Da die Preiserhöhung Mitte des Jahres 2008 erfolgte, ist es von außen schwer abzuschätzen, wie schnell der Abwanderungseffekt innerhalb der ersten Monate eingeschlagen hat. Daher bedienten wir uns zur Berechnung der Nachfrageelastizität der Verkaufszahlen für das letzte volle Kalenderjahr mit den ursprünglichen Preisen und setzten diese zu denen in Bezug, die im ersten vollen Kalenderjahr mit dem erhöhten Preis erzielt wurden. Nicht verschweigen wollen wir, dass diese Berechnungsweise lediglich eine grobe – fehleranfällige – Messung darstellen kann. Auf diese Problematik gehen wir im Kapitel 4.3.4. nochmal gesondert ein.
399 Bereits Marshall greift auf den Begriff Luxusartikel („luxuries") bei seiner Erläuterung des Konzepts der Nachfrageelastizität zurück. Bei Luxusgütern sei gerade die Nachfrage der „middle class" sehr elastisch. Bei den Reichen wie bei den Armen hingegen unelastisch: Die einen haben bereits ihre Nachfrage befriedigt, für die anderen ist der Preis noch immer zu hoch. Im Anschluss daran beleuchtet Marshall Güter, die zur Deckung menschlicher Grundbedürfnisse („necessaries") dienen, etwa Weizen. Bei diesen besonderen Gütern sei, so Marshall, auch die Nachfrage der „middle class" unelastisch. Vgl. Marshall, 1997, S. 105 f.

wollen! Legen hingegen die Preise für Segelyachten merklich zu, kann die Nachfrage nach ihnen abrupt einbrechen:[400] Selbst unter den privaten Haushalten, die ein solch hochpreisiges Produkt überhaupt zu kaufen erwägen können, dürfte die Mehrheit eine Yacht tendenziell (noch) als Luxus wahrnehmen, auf den zu verzichten möglich ist.[401]

Ein *dritter*, unbestrittener Bestimmungsfaktor der Nachfrageempfindlichkeit betrifft den **Zeithorizont.** Ein gängiges Argument lautet, dass über einen längeren Zeitraum hinweg betrachtet, die Preiselastizität nachgefragter Güter *allgemein* größer sein wird, weil Konsumenten auf lange Sicht besser auf veränderte Preise reagieren können. Nehmen die Strom- oder Gaspreise wie oben bereits skizziert bzw. die Treibstoffpreise (wie in der ersten und zweiten Ölkrise) zu, so wird sich die Nachfragemenge nach diesen Gütern aufgrund eingeschwungener Gewohnheiten und Verhaltensmuster *kurzfristig* kaum ändern: Steigende Benzinpreise veranlassen private Haushalte in nur ganz begrenztem Maße, auf das Fahrrad oder Bus und Bahn umzusteigen bzw. Fahrgemeinschaften zu bilden. Mittel- bis langfristig werden die Konsumenten allerdings auf dauerhaft erhöhte Benzinpreise reagieren. Beispielsweise steigen sie beim nächsten Autokauf auf Modelle mit sparsamerem Verbrauch um, erwerben ermäßigte Monatsbzw. Jahreskarten für Bus und Bahn (etwa die Bahncard legen sich ein Fahrrad zu und/oder verlegen ihren Wohnsitz näher an den Arbeitsort. Nach einigen Jahren werden also Preissteigerungen bei Treibstoffen einiges an Nachfragerückgang auslösen.

So zutreffend die eben beschriebene Verhaltensweise der Menschen bei vielen Konsumgütern über die Zeit sein mag, so wichtig ist allerdings zu verstehen, dass **kein Automatismus** in dem Sinne besteht, dass die direkte Preiselastizität der Nachfrage langfristig stets von geringerer Empfindlichkeit ist als kurzfristig. Bei *langlebigen Gebrauchsgütern* wie Kraftfahrzeugen, Wasch- und Spülmaschinen oder Kühlschränken wären gegenteilige Verhältnisse nicht ungewöhnlich: Kurzfristig reagieren die privaten Haushalte empfindlich auf Preisanpassungen (zumal nach oben), d. h. die Nachfrage ist auf kurze Sicht (sehr) elastisch. Beispielsweise dürften zahlreiche Haushalte bei steigenden Waschmaschinenpreisen mit einer spontanen Kaufzurückhaltung reagieren. Der eingeplante Erwerb dieses Gebrauchsguts wird mit der Hoffnung zurückgestellt, dass sich die Preise wieder ermäßigen und/oder das Einkommen in der Zwischenzeit steigt (bzw. beides eintritt).

---

400 Sollte die Nachfrage nach Segelyachten trotz steigender Preise zunehmen, dann handelt es sich – in der jeweils betrachteten Gesellschaft – bei Segelyachten um ein sogenanntes Veblen- bzw. Snob-Gut. Zu Anomalien der Nachfrage siehe Lektion 3, Anhang B!
401 Grass und Stützel machen zu Recht darauf aufmerksam, dass die Wirtschaftswissenschaft keinen Dienst bei der Grenzziehung zwischen einem *lebensnotwendigen Gut* und einem *Luxusgut* erweisen kann. Was ein Luxusgut ist, obliegt einem *subjektiven* Werturteil! Vgl. Grass/Stützel, 1983, S.37 f. Gleichwohl findet man in der Diskussion um die relevanten Bestimmungsfaktoren der Preiselastizität der Nachfrage bis heute dieses Begriffspaar in den Lehrbüchern der Volkswirtschaftslehre. Vgl. z. B. Mankiw/Taylor, 2016, S. 100 und/oder Krugman/Wells, 2010, S. 150.

Wenngleich die Kaufzurückhaltung bei verschiedenen Haushalten kurzfristig gestaltbar sein mag, auf Dauer muss auch bei diesen das bestehende Gerät ersetzt werden. Insofern wird bei langlebigen Gebrauchsgütern wie Wasch- und Spülmaschinen die Nachfrage mittel- bis langfristig wesentlich unelastischer als in der kurzen Sicht sein![402]

Als ein *vierter Einflussfaktor* der direkten Preiselastizität der Nachfrage werden die **Einkommensanteile**[403] angeführt, die für die betrachteten Produkte anfallen. Die Argumentation lautet, dass die Nachfrage umso unelastischer auf Preissteigerungen reagiert, je geringer die Bedeutung des betreffenden Gutes am gesamten Haushaltseinkommen einer Periode ist. Mit anderen Worten: bei Speiseeis, das in den Monats- oder Jahresbudgets der meisten privaten Haushalte ein geringe bis untergeordnete Rolle spielt, dürfe die Nachfrage relativ unempfindlich gegenüber einer Preissteigerung von zwanzig Prozent reagieren. Die verteuerte Kugel Eis mag zwar ärgerlich sein, aber letztendlich werden die wenigsten Konsumenten an einem heißen Sommertag auf den Genuss verzichten, weil das „Bällchen" zwanzig Cent mehr als früher kostet.

Ganz anders wird eine Erhöhung der Preise um zwanzig Prozent auf die Nachfrage nach Fernreisen bzw. Langstreckenflügen wirken. In diesen Fällen darf man mit einer elastischen Nachfrage rechnen, da das Urlaubsbudget in vielen Privathaushalten nicht den Anspruch erheben kann, einen ähnlich unauffälligen Fußabdruck wie das zuvor benannte Speiseeis im Kontor zu hinterlassen.[404]

An dieser Stelle sei mit Mankiw und Taylor noch auf ein fünftes, technisches Argument hingewiesen, welches *implizit* schon weiter oben zur Sprache kam: die Marktabgrenzung (auch Marktbreite genannt).[405] Der Markt für Schokoladeneis ist enger abgegrenzt als der für Eiscreme aller Geschmacksrichtungen; zugleich bilden diese beiden wiederum einen engeren Markt als Süßwaren generell. Analoge Überlegungen gelten

---

402 Weitere Beispiele zum kurz- bis langfristigen Verhalten der Nachfrage auf Preisänderungen beim bestimmten Produkt finden sich bei Pindyck/Rubinfeld, 2013, S. 72 ff.

403 Im Schrifttum findet sich für dieses vierte Argument kein einheitlicher Begriff. Dabei handelt es sich nicht um eine (klassische) Uneinheitlichkeit zwischen Betriebs- und Volkswirten. Meffert et al. umschreiben das vorliegende Phänomen mit der „‚Leichtigkeit' der Nachfragebefriedigung". Vgl. Meffert et al., 2019, S. 499. Kotler, Keller und Bliemel sprechen wiederum vom *Ausgabengrößeneffekt*. Diesem Autorenteam mag man zu Gute halten, dass ihr Begriff gar treffender ist, wenn man berücksichtigt, dass auch Unternehmen Nachfrager sind: Im Einkauf von Vorprodukten (im B2B-Geschäft) ist der Begriff Ausgabengrößeneffekt gewiss treffender als Einkommensanteil. Vgl. Kotler/Keller/Bliemel, 2007, S. 600.

404 Empirische Studienergebnisse zur Preiselastizität der Nachfrage befinden sich in Anhang C. Ein alternatives Beispiel zu Fernreisen können Möbel darstellen. Vgl. Mankiw/Taylor, 2016, S. 108 oder den eben benannten Anhang. Das Beispiel (Polster-)Möbel hat unserer Ansicht nach gegenüber dem Beispiel Fernreise den Nachteil, dass eine wie auch immer beobachtbare Nachfrageelastizität auch mit dem dritten, hier vorgebrachten Argument – dem Zeitfaktor – versehen werden kann. Fernreisen verhalten sich unserem Verständnis nach aber anders als langlebige Gebrauchsgüter. Eher wäre noch an eine Überschneidung mit dem zweiten Argument, der Stellung des Produktes zu denken: Fernreise interpretiert als Luxusgut! Anhand dieser Überlegungen wird das „Elend" mit den Argumenten zur Nachfrageelastizität sichtbar: Die Aspekte sind nicht überschneidungsfrei!

405 Vgl. Mankiw/Taylor, 2016, S. 100 f.

für zuckerfreie Limonade vs. der Gesamtheit aller alkoholfreien Getränke.[406] Kurzum: Die Empfindlichkeit der Nachfrage in Bezug auf einen veränderten Produktpreis hängt letztlich auch von Abgrenzung des betreffenden Markts ab. Je enger die Märkte abgegrenzt sind, desto elastischer reagiert die Nachfrage nach Preisänderungen.

4.3.2.2 Die Preiselastizität des Angebots und ihre Bestimmungsfaktoren

Auf der Angebotsseite gelten mit Blick auf das Konzept der Preiselastizität prinzipiell ähnliche Überlegungen wie auf der Nachfrageseite. Es geht also um die Frage, wie wirkt sich eine Preisänderung bei einem bestimmten Produkt auf dessen Angebotsmenge aus. Unter Anwendung der oben eingeführten allgemeinen Elastizitätsdefinition (Kapitel 4.3.1.) handelt es sich bei der **Preiselastizität des Angebots also** um die *prozentuale* Änderung der angebotenen Menge infolge einer *prozentualen* Preisänderung (siehe Formel 4.3):

$$E^A = \frac{\%\Delta M^A}{\%\Delta P}$$

Formel 4.3: Direkte Preiselastizität des Angebots.

Da die Anbieter auf eine Erhöhung (Senkung) der Preise üblicherweise mit einer Ausdehnung (Reduktion) der Angebotsmenge reagieren, sind Preis- und Mengenänderung auf der Angebotsseite gleichgerichtet. Daraus ergibt sich, dass der Wert der Angebotselastizität **positiv** ist.

Die Abbildung 4.12 verdeutlich, dass der Wert der Elastizität am Schnittpunkt der Angebotskurve mit der vertikalen Achse bei +∞ liegt. Dieser Wert nimmt entlang einer linearen Angebotskurve nach oben hin sukzessive ab.[407]

Nach diesen grundlegenden Überlegungen blicken wir entsprechend unserer Vorgehensweise auf der Nachfrageseite nun darauf, welche Faktoren die Angebotselastizität bestimmen.[408]

Unbestritten spielt der betrachtete **Zeithorizont** auch auf der Angebotsseite eine bedeutende Rolle für die Reaktionsstärke auf veränderte Preise bei bestimmten Produkten. Weit geteilte Auffassung hierbei ist, dass das Angebot langfristig *in der Regel*

---

[406] Das Auffinden relevanter Marktabgrenzungen bildet in der empirischen Wirtschaftsforschung ebenso wie im Kartellrecht ein sehr schwieriges Problem. Das gilt auch für den Einsatz des Konzepts im Marketing.

[407] Das trifft für eine lineare Angebotskurve zu, die *keine* Ursprungsgerade darstellt! Die Darstellung ist angelehnt an Goolsbee/Levitt/Syverson, 2014, S. 60 f.

[408] In Lehrbüchern deutschsprachiger Autoren liegt der Fokus oftmals auf der Nachfrageelastizität, d.h. der Aspekt der Angebotselastizität wird mitunter nicht einmal stiefmütterlich behandelt; er ist ausgeklammert! Unter den amerikanischen Lehrbuchautoren ist die Darstellung der Elastizität auf der Angebotsseite wesentlich inhomogener als bei der Nachfrage.

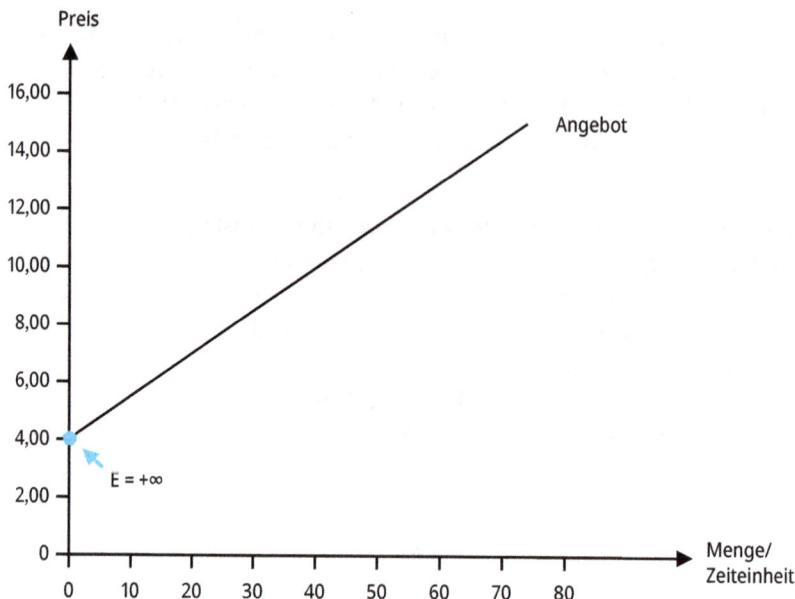

Abbildung 4.12: Angebotselastizität.

elastischer als kurzfristig ist: In vielen Branchen sind die Unternehmer innerhalb ganz kurzer Zeiträume oft überhaupt nicht in der Lage, mit der Anpassung der Produktionsmenge auf Preisänderungen zu reagieren. Hingegen können die Anbieter durch den Auf- bzw. den Abbau von Kapazitäten die Produktionsmenge mittel- bis langfristig deutlich leichter anpassen. Somit sollte die Preiselastizität des Angebots über die Zeit zunehmen.[409]

Neben diesem Zeitaspekt werden in den einschlägigen Lehrbüchern weitere Bestimmungsfaktoren aufgeführt, die allerdings alle darunter leiden, dass sie unmöglich vom eben vorgebrachten Argument der Zeit getrennt werden können – allen voran nicht wirklich scharf! Es handelt sich insofern um ergänzende, teilweise differenzierende Zusatzaspekte (aber eben nicht um gänzlich eigenständige, neue Aspekte).

Als eine zweite Determinante kann beispielsweise der **Auslastungsgrad der bestehenden Produktionskapazitäten** betrachtet werden. Wie aus den ersten Überlegungen zum Zeithorizont ableitbar, sind Unternehmen kurzfristig nahezu ausnahmslos an eine feste Kapazitätsobergrenze gebunden. In welchem Maße diese Kapazitätsgrenzen von den Unternehmen zu einem bestimmten Zeit*punkt* ausge-

---

[409] In dieser Kernaussage sind sich alle (amerikanischen) Lehrbuchautoren einig. Vgl. z. B. Mankiw/Taylor, 2016, S. 113 und Goolsbee/Levitt/Syverson, 2014, S. 58 bzw. Pindyck/Rubinfeld, 2013, S. 77 und/oder Krugman/Wells, 2010, S. 157.

schöpft sind, hängt nicht zuletzt vom Zustand der Konjunktur ab: in der Hochkonjunktur bewegen sich viele Unternehmen aus dem produzierenden Gewerbe nahe ihrer Kapazitätsgrenze. Entfaltet sich nun bei einzelnen Industriegütern ein besonders intensiver Konjunkturimpuls, so kann es für ganze Branchen trotz steigender Preise schwierig werden, die zusätzliche Nachfrage mit einer weiteren Produktionsausdehnung (kurzfristig) zu befriedigen. Das (inländische) Angebot wird nahezu unelastisch.[410] Umgekehrt verhält es sich, wenn die Konjunktur gerade das Tal einer Rezession durchschritten hat: Viele Unternehmen sind in dieser Phase weit entfernt von der Ausschöpfung ihrer kurzfristigen Kapazitätsobergrenzen, so dass es ihnen leichtfällt, bei anziehenden Preisen die Produktion auszuweiten. Bei einer solchen konjunkturellen Ausgangslage reagiert die gesamtwirtschaftliche Angebotsmenge also auch kurzfristig (noch) relativ elastisch.

Man kann zu dem Schluss kommen, dass das zweite Argument eine zusätzliche, ggf. feinere und differenzierende Perspektive zur Anpassungsfähigkeit des Angebots auf Preisänderungen erlaubt. Gleichwohl wird es streng logisch nicht gelingen, das Argument des Auslastungsgrades von der ersten Determinante, dem Zeithorizont, gänzlich zu entketten, da im Konjunkturbegriff schon rein definitorisch die Zeit eine Rolle spielt.[411]

Ähnliche Schwierigkeiten betreffen zwei weitere Faktoren, die die Preiselastizität des Angebots beeinflussen: die **Mobilität der Produktionsfaktoren** und die **Möglichkeit der Lagerhaltung**. Beide Aspekte können unter- bzw. miteinander verzahnt sein; zudem können sie mit den vorgenannten Bestimmungsgrößen überlappen.

Gleichwohl darf man festhalten, dass mit Blick auf die **Mobilitätsfähigkeit** der Produktionsfaktoren **sektorale** Unterschiede akzentuiert werden, die bisher noch keinen Anklang in unseren Überlegungen fanden. So dauert es naturbedingt, bis Anpassungen auf der Angebotsseite in der Landwirtschaft vorgenommen werden können. Ein Fruchtwechsel im Ackerbau findet seinen Niederschlag in einem erhöhten Angebot der entsprechenden Feldfrucht regelmäßig erst nach einem Jahr. Unterdessen sind die Reaktionszeiten – auch bei guter Planung – bei Kakao und Kaffee deutlich länger: drei bis fünf Jahre dauert es, bis es bei entsprechenden Neupflanzungen zur ersten (nennenswerten) Ernte kommt.

Von diesen Rahmenbedingungen unterscheiden sich die Verhältnisse im produzierenden Gewerbe grundlegend. Hier gelingt es gerade internationalen Konzernen mitunter schnell auf veränderte regionale oder gar kontinentale Nachfragemengen

---

410 Ähnliche Überlegungen können in konjunkturell starken Zeiten für das Baugewerbe angestellt werden. Auf das kurzfristig starre Immobilienangebot kommen wir in der Lektion 9 zum Interventionismus zurück.

411 Das Wort „Konjunktur" bedeutet „Lage der Dinge" bzw. „Zeitverhältnisse". In der Kaufmannssprache wird als „Konjunktur" das Auf und Ab der Geschäfte bezeichnet. Mit diesem Begriffsverständnis geht also eine schwankende Kapazitätsauslastung über die Zeit zweifelsfrei hervor. Vgl. Assenmacher, 1996, S. 73 f.

zu reagieren. Man denke etwa an die Chemie-, Chip- oder die Automobilindustrie. Bei letzterer ist es seit längerem auf Basis der Plattform-Produktion sogar möglich, Chassis und andere Bauteile über Konzernmarken hinweg (so bei Audi, VW, Skoda und Seat) auszutauschen. Dieser hohe Flexibilitätsgrad – der seinen Preis etwa in einer hohen Abhängigkeit von wenigen Zulieferern hat – erlaubt es Unternehmen aber in manch einer Branche des verarbeitenden Gewerbes schnell die Produktionsfaktoren zu mobilisieren, wenn die Bedarfe sich ändern.

Eine rasche Anpassung der Angebotsmenge an Preisänderungen kann auch durch **Lagerhaltung** ermöglicht bzw. unterstützt werden. Der unternehmerischen Flexibilität dienen dabei Einkaufs- oder Rohstofflager gleichermaßen wie solche für Endprodukte.[412] Die Möglichkeit der Lagerhaltung steht dabei selbstverständlich nur für Waren offen, die über den Einlagerungszeitraum keinen Qualitätsverlust erleiden. Dies macht deutlich, dass gerade bei Lebensmitteln die Möglichkeit der Lagerung eingeschränkt ist – zuweilen ausgesprochen stark.

Zuletzt sei noch ein struktureller Faktor benannt, die **Unternehmensgröße**. Kleine Unternehmen reagieren in der Regel schneller als große auf Nachfrageänderungen. Mit anderen Worten, das Angebot kleiner und mittlerer Unternehmen ist vergleichsweise elastisch, das von Großunternehmen hingegen relativ unelastisch. Daraus lässt sich ableiten, dass eine von Kleinunternehmen geprägte Branche in ihrer Gesamtheit eine andere, kürzere Reaktionszeit aufweisen wird als eine, die sich durch wenige Konzerne charakterisiert.[413]

4.3.3 Kreuzpreis- und Einkommenselastizität der Nachfrage

An dieser Stelle wollen wir uns damit begnügen, auf zwei weitere Elastizitäten kurz einzugehen, die für die Nachfrage von besonderer Bedeutung sind: die Kreuzpreis- und Einkommenselastizität.

Dabei misst die **Kreuzpreiselastizität** der Nachfrage die prozentuale Änderung der nachgefragten Menge eines Gutes in Folge einer prozentualen Änderung des Preises eines vermeintlich oder tatsächlich *verwandten* Gutes, d. h. eines Komplementär- oder Substitutionsgutes.

Bei **Komplementärprodukten** (z. B. Autos und Reifen) ist die Kreuzpreiselastizität der Nachfrage **negativ**: steigen die Preise für Autos, sinkt die Nachfragemenge nach Reifen. Bei **Substitutionsgütern** (z. B. Butter und Margarine) erhält man für die Kreuzpreiselastizität der Nachfrage **positive** Werte: sinkt (steigt) der Preis für Butter, sinkt (steigt) die Nachfragemenge nach Margarine.

---

412 Vor diesem Hintergrund erstaunt nicht, dass auch Kotler/Keller/Bliemel, 2007, S. 600 den Aspekt der Lagerhaltung als Determinante des Angebots aufgreifen.
413 Vgl. Mankiw/Taylor, 2016, S. 113 f.

Die **Einkommenselastizität** der Nachfrage misst hingegen die prozentuale Änderung der Nachfragemenge nach einem Gut in Folge einer prozentualen Veränderung des Einkommens. Entsprechend dem Wert ihrer Einkommenselastizität spricht man jetzt von Sättigungsgütern, inferioren oder superioren Gütern. Es gilt hierbei, dass:

– eine **negative** Einkommenselastizität ein inferiores Gut charakterisiert, weil bei einer Einkommenssteigerung weniger, bei einer Einkommensreduktion mehr erworben wird.[414]

– eine Einkommenselastizität von **Null** auf ein Sättigungsgut wie Seife, Zahnpasta, Waschmittel, Toilettenpapier oder ein Grundnahrungsmittel hindeutet.

– eine **positive** Einkommenselastizität der Nachfrage für ein superiores Gut steht. Ist die Einkommenselastizität größer eins, wächst die Nachfrage nach dem betreffenden Gut überproportional. In diesem Fall bezeichnet man dieses Gut als stark superior. In allen anderen Fällen spricht man von einem schwach superioren Gut.

Aus dem Blickwinkel des gesamtwirtschaftlichen Wachstums und der damit einhergehenden Zunahme der Einkommen breiter bzw. bestimmter Bevölkerungsschichten, ist mitunter die Einkommenselastizität der Nachfrage für Wirtschaftspolitiker und Unternehmen gleichermaßen interessant. Denn beide möchten vielfach frühzeitig ein Gespür dafür entwickeln, welche Produkte aufgrund der allgemeinen Einkommensveränderung zukünftig stärker bzw. weniger nachgefragt werden. Welche Änderung erfährt also die Nachfragestruktur aufgrund steigender Einkommen – und welche Implikation hat dies auf die Struktur der Volkswirtschaft?

Beispielsweise ist bei **landwirtschaftlichen Erzeugnissen** die Einkommenselastizität der Nachfrage zumeist < 1.[415] Dies bedeutet, dass bei steigenden Durchschnittseinkommen und einer konstanten inländischen Bevölkerung die (inländischen) Landwirte tendenziell keine zusätzlichen Mengen an Agrarerzeugnissen an die heimischen Konsumenten verkaufen werden. Ceteris paribus fallen die Landwirte also zurück, es sei denn sie exportieren weitere Mengen und/oder werden produktiver als andere Sektoren, die einer deutlich elastischeren Nachfrage bei steigenden Einkommen gegenüberstehen.

---

414 Ein inferiores Gut kann beispielsweise ein No-Name-Getränk sein, dass bei steigendem Einkommen durch ein entsprechendes Markenprodukt wie Coca-Cola, Pepsi oder Red Bull ersetzt wird. Ebenso ist denkbar, dass Fleisch aus Massentierhaltung bei höherem Einkommen durch Bio-Fleisch substituiert wird. Das inferiore Gute *kann* von geringerer Qualität sein, *muss* dies aber nicht zwangsläufig sein. Seine sinkende Nachfrage beruht einzig und allein auf den subjektiven Präferenzen der Konsumenten.

415 Vgl. z.B. Brand, 1991, S. 241.

4.3.4 Das Konzept der Elastizität und die Schwierigkeiten der Praxis

Das in den vorangegangenen Kapiteln vorgestellte Konzept der Elastizität kann – mit Blick auf sein Anliegen, die Wirkungsstärke eines Impulses ermitteln zu wollen – gewiss überzeugen. Zudem ist es leicht verständlich. Daraus abzuleiten, dass diese Methode in der Praxis einfach anzuwenden sei, wäre allerdings verfrüht: Dem Praktiker begegnen regelmäßig verschiedenste Herausforderungen bei der Anwendung. Eine erste Schwierigkeit besteht darin, dass der Praktiker oftmals nur über Datensätze – etwa Preis-Mengen-Kombinationen – verfügt, die zu zwei verschiedenen Zeitpunkten erhoben wurden.

Will man etwa die direkte Preiselastizität der Nachfrage eines bestimmten Produktes ermitteln (wie wir das oben in Kapitel 4.3.2.1. für Bionade exerziert haben), dann ist zu prüfen, ob die ceteris-paribus-Bedingung erfüllt war oder nicht. Mit anderen Worten: haben sich über den Beobachtungszeitraum möglicherweise andere Determinanten der Nachfrage geändert, etwa das Einkommen der privaten Haushalte und/oder die Preise von Substitutionsgütern?[416] Im Falle einer zusätzlich geänderten Bestimmungsgröße, etwa des Einkommens, hätte der Praktiker nun einen Mischeffekt ermittelt, hier etwa aus der Kombination einer Einkommens- und einer Preisänderung, nicht aber die direkte Preiselastizität der Nachfrage. Die beiden Erhebungspunkte lägen in diesem Falle auch *nicht* auf *einer*, sondern auf *zwei verschiedenen* Nachfragekurven. Kurzum, die Herausforderung des Praktikers liegt darin, die Preisreaktion der Nachfrage von anderen Einflussgrößen zu isolieren. Diese Herausforderung wird mit statistischen Methoden versucht, zu begegnen.[417]

Auf eine zweite Herausforderung in der Praxis wollen wir hier nur kurz verweisen. Hat man Grund zur Annahme, dass über den Beobachtungszeitraum, für den die Preis-Mengen-Daten vorliegen, die übrigen Determinanten unverändert blieben, kann man also davon ausgehen, dass beide Punkte auf *einer* Nachfragekurve liegen. Jetzt stellt sich dem Praktiker die Frage, ob es sich dabei um eine lineare oder nicht-lineare Nachfragekurve handelt.[418]

---

416 In dem angesprochenen Bionade-Beispiel haben wir einfach unterstellt, dass sich keine andere Variable verändert hat. Aufgrund dieser Annahme, kann daher nicht ausgeschlossen werden, dass wir einen Mischeffekt – wie im Text angesprochen – berechnet haben. Zu Recht verweist Herdzina darauf, dass die Prüfung der ceteris-paribus-Bedingung im Einzelfall sehr schwer sein kann. Vgl. Herdzina, 1999, S. 46 f.

417 Vgl. Krugman/Wells, 2010, S. 141 bzw. Herdzina, 1999, S. 46 f.

418 Es sei nochmal erlaubt darauf hinzuweisen, dass es sich in unserem Fall um eine Einführungsveranstaltung in die Volkswirtschaftslehre (für Nicht-Volkswirte) handelt. Daher gehen wir hier stets von linearen Nachfragekurven aus. Selbstverständlich können (angehende) Volkswirte auch mit nicht-linearen Nachfrage- und Angebotskurven umgehen. Der Vollständigkeit halber sei erwähnt, dass wir bei linearen Kurven, Punktelastizitäten erheben! Bei nicht-linearen Nachfrage- und Angebotskurven, die es in der Realität gibt, bedient man sich dann des Konzepts der Bogenelastizität. Für weitere methodische Details hierzu siehe etwa Krugman/Wells, 2010, S. 139 ff. oder Herdzina, 1999, S. 45.

Halten wir also fest: die geschilderten Sachverhalte machen ersichtlich, dass der Einsatz des theoretisch überzeugenden Konzepts in der Empirie mit Schwierigkeiten verbunden ist und es leicht möglich ist, (erhebliche) Fehlschlüsse bzw. Falschinterpretation zwischen einem (schnell) ermittelten und einem „echten" Elastizitäten-Wert zu ziehen. So sehr diese Bemerkung aus volkswirtschaftlich, theoretischer Sicht richtig und angemessen ist, so sehr überrascht, dass das Konzept in der unternehmerischen Praxis, allen voran in der Strategiearbeit, relativ stiefmütterlich Verwendung findet. Würde es frei nach dem Motto „grob richtig, ist besser als konkret falsch" bei preispolitischen Entscheidungen standardmäßig eingesetzt werden, hätte manches Unternehmen finanziellen Schaden von sich abgewendet! Der benannte Bionade-Fall darf dazu als ein Lehrbeispiel unbedachter Preispolitik dienen.[419]

4.4 Das Konzept der gesamtwirtschaftlichen Wohlfahrt

Die gesamtwirtschaftliche Wohlfahrt, die wahlweise auch gesellschaftliche, ökonomische und soziale Wohlfahrt genannt wird, ist definiert als die **Summe** aus **Konsumenten- und Produzentenrente**!

Bevor wir das Geheimnis lüften, was sich inhaltlich hinter diesen Begriffe verbirgt, wollen wir zum besseren Verständnis zunächst festhalten, dass dieses Wohlfahrtskonzept seinen Ausgangspunkt im *geräumten Markt hat*: Hier, im Marktgleichgewicht, werden die Pläne der Anbieter und Nachfrager zum Ausgleich gebracht und die **knappen Ressourcen** sind mithilfe des Preismechanismus effizient eingesetzt: Aus der partialanalytischen Perspektive eines bestimmten Gütermarktes ist eine **optimale Ressourcenallokation** erreicht.

Zur Bestimmung der sozialen Wohlfahrt ist nun *das potenzielle Verhalten* der Marktakteure *links vom Marktgleichgewicht bedeutend*. An diesem potenziellen Verhalten haften die beiden Rentenbegriffe.

Die **Konsumentenrente** ergibt sich aus der Tatsache, dass unter den Nachfragern eines bestimmten Gutes solche sind, die willens waren, für eine (erste) Einheit dieses Gutes einen höheren Preis als den Marktpreis zu zahlen. Das von ihnen faktisch aufge-

---

[419] Wenn das Management die geschilderte Preiserhöhung in der Erwartung durchgeführt hat, dass diese nicht von einer Umsatzeinbuße begleitet wird, dann hätte das Management wirklich angenommen, die Nachfrage nach dem Getränk reagiere gegenüber der Verteuerung unelastisch. Die Vermessenheit dieser Annahme, hätten man erkennen können. Hätte das Management die zuvor genannte Erwartung nicht gehabt, dann war seine preispolitische Entscheidung von Beginn an töricht. Wie man es drehen und wenden will: Eine einsame Entscheidung, die dazu beitrug, den damaligen Siegeszug des Getränks jäh ins Stocken zu bringen. Zur Ehrenrettung der Gründerfamilie sei angemerkt, dass diese merkwürdige Entscheidung gegen ihren ausdrücklichen Wunsch erfolgte – durch Druck aus dem Aktionärskreis. Vgl. Weiguny, 2009, S. 231 ff.

brachte Opfer, die Zahlung des Marktpreises, lag – um es nochmal in anderen Worten auszudrücken – unterhalb des Wertes, den diese Konsumenten dem Gut aus **subjektiver Wertschätzung** heraus beimessen.[420]

In der Zahlungsbereitschaft des Einzelnen manifestiert sich somit der persönliche Grenznutzen. Denn bei einem Preis, der über diese Zahlungsbereitschaft hinausgeht, würde sich der Einzelne mit einem solchen Tausch schlechter stellen als ohne diesen. Der freiwilligen Natur des Tausches wegen, würde der Betreffende folglich auf ein solches Geschäft verzichten.[421]

Ungeachtet dessen stellt die positive Differenz aus persönlicher Zahlungsbereitschaft bzw. individuellem Grenznutzen und dem Marktpreis eine Ersparnis für den einzelnen Nachfrager da, die im Fachjargon als individuelle Konsumentenrente bezeichnet wird. Addiert man diese über alle am Markt auftretende Nachfrager auf, gelangt man schließlich zur gesellschaftlichen Konsumentenrente.

Im Marktdiagramm lässt sich diese grafisch leicht verorten: Sie umfasst die Fläche unterhalb der Nachfragekurve und oberhalb Marktpreises bzw. des Gleichgewichtspreis (siehe Abbildung 4.13).

Angemerkt sei, dass im Markt*gleichgewicht* die Konsumentenrente des *letzten* Käufers **null** ist! Von seiner Warte aus decken sich der Gleichgewichtspreis und der *individuelle* Grenznutzen, den er dem Gut zubilligt. Salopp gesagt: Dieser letzte Kunde ist mit dem Preis-Leistungsverhältnis gerade noch einverstanden! Denn niemand tauscht – wie erwähnt – mit einem anderen etwas, wenn er sich durch den Tausch wissentlich schlechter stellt! Mit Menger kann man selbstredend argumentieren, dass die Vorstellung, der *letzte* Käufer erzielte beim Gleichgewichtspreis einen Zusatzvorteil in Höhe von Null, weil sich bei ihm Grenznutzen und -kosten gerade aufwiegen, nur eine rein akademische sein kann.[422]

Wenn wir die Marktseite wechseln, lässt sich beobachten, dass *einige* Hersteller infolge ihrer niedrigen Produktionskosten in der Lage wären, das betreffende Gut güns-

---

420 Dass sich die *subjektive Wertschätzung* unter den Nachfragern in Bezug auf ein und dasselbe Gut unterscheidet, darf nicht wirklich überraschen. So variiert bereits der angedachte *Verwendungszweck* eines Gutes unter den potenziellen Kunden nicht selten; und daran angelehnt die Frage nach einem möglichen Ersatzgut. Während der eine ein Rennrad gelegentlich zum Freizeitvertreib verwendet, ist es einem anderen tägliches Fortbewegungsmittel. Ein Dritter sieht darin wiederum ein Trainingsgerät, betreibt er doch seriös Triathlon. Diese Illustration genügt, um zu erahnen, dass die Bedeutung eines Gutes unter den Nachfragern auseinanderklaffen kann und wird. Der Umstand uneinheitlicher Nutzenempfinden unter den Kunden findet in der praktischen Unternehmensführung in Instrumenten wie dem Kano-Modell, dem Lead-User-Ansatz oder einer sog. Kundennutzenanalyse ihren Widerhall. Vgl. z. B. Malik, 2007, S. 210 und insb. Orengo, 2017, S. 25 ff.
421 Diesen Zusammenhang haben wir mit Menger bereits in Lektion 1 (Abschnitt 2.5.) für die Naturalwirtschaft herausgearbeitet. Die dortige Feststellung hat ihre Gültigkeit selbstredend auch für die Geldwirtschaft!
422 Siehe Lektion 1, Kapitel 4.2.5.2. und die dortige Anmerkung zur Sinnhaftigkeit eines dritten Viehtauschs zwischen zwei Landwirten.

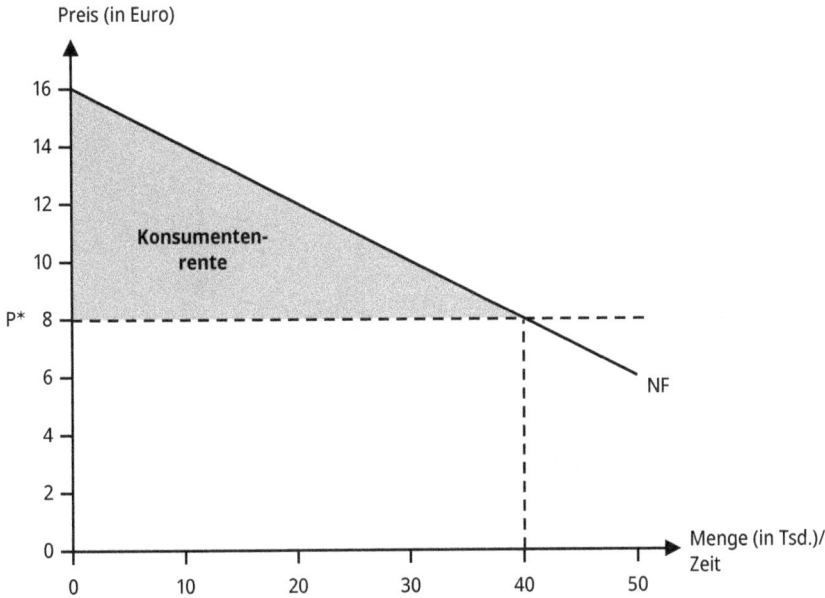

Abbildung 4.13: Grafische Verortung der Konsumentenrente.

tiger als zum herrschenden Marktpreis anzubieten; somit haben auch auf der Angebotsseite einige Akteure Grund zur Freude: Sie machen gegenwärtig einen individuellen **Extra-Gewinn**, der gleichbedeutend mit der **Produzentenrente** ist.

Die Produzentenrente aller am Tausch teilnehmenden Anbieter lässt sich auf jedem Gütermarkt als Fläche oberhalb der Angebotskurve und unterhalb des Markt- bzw. Gleichgewichtspreises visualisieren (siehe Abbildung 4.14).[423] Nicht übersehen wollen wir, dass aus Anbietersicht der Marktpreis P^* im geldwirtschaftlichen Tauschgeschäft den Grenznutzen GN_A bildet.

Dass die Produzentenrente mit **Extra-Gewinn** bzw. **Überrendite** umschrieben wird, hat seinen Grund: Die Ökonomen unterstellen nämlich, dass in den Grenzkosten der Anbieter ein „normaler" Gewinn enthalten ist. Insofern kann der *letzte* zum Marktpreis *Anbietende* mit den erzielten Erträgen seinen geplanten kalkulatorischen Unternehmergewinn realisieren, einen *darüberhinausgehenden* Gewinn jedoch nicht. Seine individuelle Produzentenrente ist **null** (siehe Abbildung 4.15).

---

423 Da wir einzig aus Gründen der Einfachheit die Angebots- und zuvor bereits die Nachfragekurve als Gerade dargestellt haben, bilden Konsumenten- und Produzentenrente jeweils Dreiecke. An dem Konzept der beiden Renten ändert sich nichts, wenn die beiden Kurven – praxisnah – eine treppenförmige Gestalt haben.

Preis (in Euro)

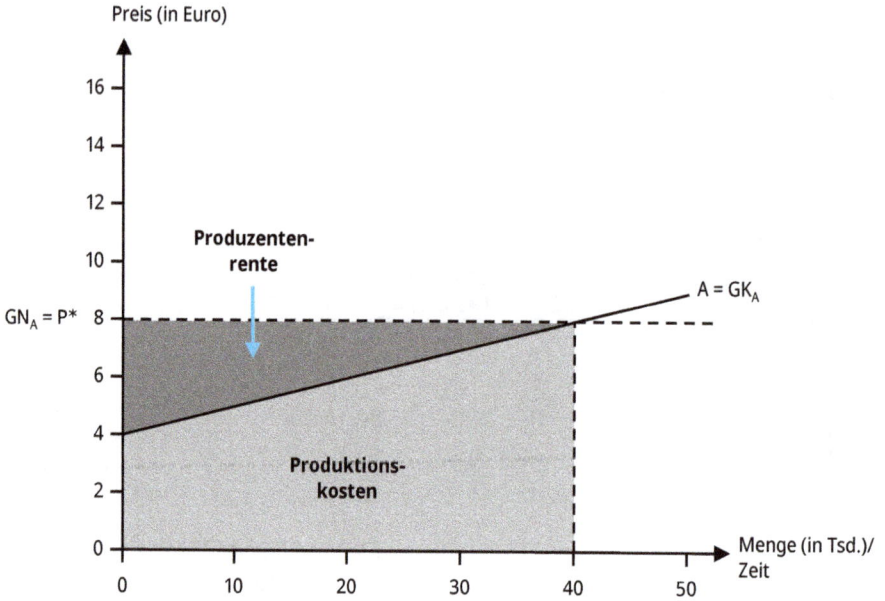

Abbildung 4.14: Grafische Verortung der Produzentenrente.

Preis (in Euro)

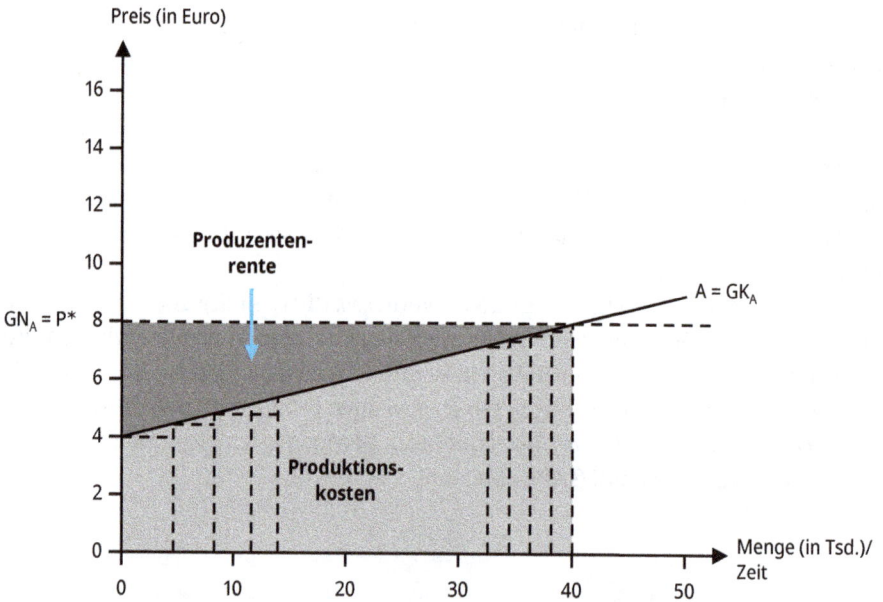

Abbildung 4.15: Abweichende Produktionskosten und Produzentenrenten unter den Anbietern.

Der Abbildung 4.15 ist zudem zu entnehmen, dass die höchste Produzentenrente das Unternehmen generiert, das sich mit den niedrigsten Produktionskosten ganz links unterhalb der ansteigenden Angebotskurve einreiht.[424] Bringt man nun Konsumenten- und Produzentenrente zusammen, so erhält man die **ökonomische Wohlfahrt** (siehe Abbildung 4.16).

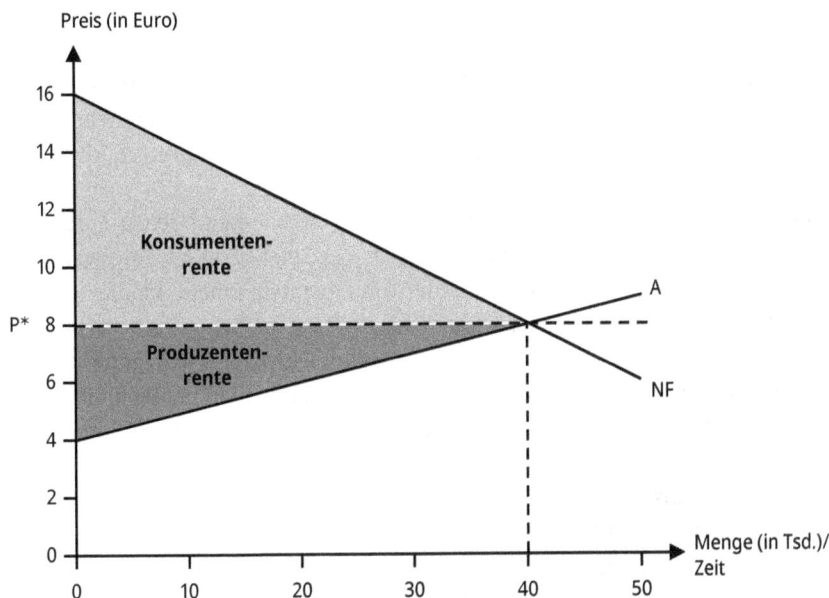

Abbildung 4.16: Die gesamtwirtschaftliche Wohlfahrt und ihre beiden Komponenten.

Zur Sicherheit sei nochmal darauf aufmerksam gemacht, dass in einer Situation, in der sich das Marktgleichgewicht eingestellt hat, auf *jeder* Marktseite *ein Letzter* mit einer Rente von Null zu finden ist! *Allein grafisch* stehen sich diese beiden Wirtschaftssub-jekte *direkt gegenüber*. Dass dieser letzte Anbieter und dieser letzte Nachfrager in der

---

424 Es dürfte in reifen (!) Märkten zugleich zu erwarten sein, dass der Anbieter mit den niedrigsten Pro-duktionskosten den größten Marktanteil für sich veranschlagen kann. Das „Geheimnis" hinter diesem Zusammenhang beruht auf der empirisch beobachtbaren *Erfahrungskurve*, die aus der strategischen Unternehmensführung bekannt ist. Nach diesem Konzept lassen sich die realen Stückkosten mit jeder Verdoppelung der kumulierten Ausbringungsmenge um 20–30 Prozent reduzieren. Da der Marktanteil eines Unternehmens eine gute Indikation für gesammelte Erfahrung darstellt, tendiert der Marktführer dazu, die niedrigsten Kosten zu haben. Da sich dieser Kosteneffekt nicht automatisch einstellt, lässt sich sein ganzes Potenzial allerdings nur durch bewusstes Management heben. Fazit: Es besteht eine Wech-selwirkung zwischen der Höhe des Marktanteils und den Produktionskosten. Vgl. ausführlich hierzu Gälweiler, 1990, S. 37 ff. oder Henderson, 2000, S. 569 bzw. Malik, 2007, S. 191 ff.

Praxis aufeinanderstoßen und miteinander Handel betreiben, kann nicht ausgeschlossen werden. Es wäre aber rein zufällig.

Dass die gesellschaftliche Wohlfahrt im Marktgleichgewicht am höchsten ist, lässt sich leicht zeigen.

Betrachten wir hierzu beispielsweise die Situation bei einem Marktpreis von sechs Euro, bei dem zwanzig Einheiten des betreffenden Gutes über den Ladentisch gehen (siehe Abbildung 4.17 oben). In dieser Marktsituation manifestiert sich die ökonomische Wohlfahrt gemäß den obigen Definitionen in der schraffierten Fläche, die sich links der gehandelten Menge, unterhalb der Nachfragekurve und oberhalb der Angebotskurve aufspannt. Sie ist unzweifelhaft kleiner als die beim markträumenden Preis; im Vergleich hierzu fällt die *gegenwärtige* Gesamtwohlfahrt um das Dreieck ABC niedriger aus.

Analoges lässt sich für einen zweiten Fall attestieren, bei dem sich im Ausgangspunkt ein Marktpreis oberhalb des imaginären Gleichgewichtspreises eingestellt hat (siehe Abbildung 4.17 unten). Die ökonomische Wohlfahrt fiele erneut um das Dreieck ABC geringer aus als im Marktgleichgewicht.

Unschwer ist außerdem zu erkennen, dass in beiden Fällen eine Bewegung in Richtung des markträumenden Preises die schraffierte Fläche und damit die Wohlfahrt vergrößert. Diese erreicht, wie eingangs behauptet, im Marktgleichgewicht schließlich ihr Maximum.

Analysiert man unsere beiden Fälle tiefer, dann stellt sich eine weitere, interessante – letztlich aber wenig überraschende – Einsicht ein: Außerhalb des Marktgleichgewichts ist auf der „kürzeren" Marktseite beim letzten Akteur der individuelle Grenznutzen mit den individuellen Grenzkosten schon in Deckung gebracht, während auf der „längeren" Marktseite die Grenzkosten und der Grenznutzen des letzten Marktteilnehmers noch auseinanderklaffen. In unseren exemplarischen Ausgangsfällen jeweils im Umfang der Strecke AB.

Sehen wir uns zum Verständnis dieser Zusammenhänge kurz den ersten Fall an. Hier taxiert der Marktpreis bei sechs Euro. Dass dieser deutlich unter dem Gleichgewichtspreis liegt, wird im Markt anhand des sich einstellenden Nachfrageüberhangs bemerkt. Die „kürzere" Marktseite lässt sich in dieser Situation also zweifelsfrei im Angebot erblicken.

Unter den Unternehmen, die zu diesem Marktpreis eine Menge anzubieten bereit sind, findet sich bereits ein letztes, für das sich ein Angebot gerade noch so lohnt: Es ist der Grenzanbieter, dessen Grenzkosten (am Punkt B) vom Marktpreis gerade noch gedeckt werden. Da der Marktpreis seinem Grenznutzen entspricht, könnte man auch schreiben: $GN_{\text{letzter Anbieter}} = GK_{\text{letzter Anbieter}}$. Bei steigendem Marktpreis werden weitere Anbieter hinzutreten und/oder bestehende ihre angebotene Menge ausdehnen. Beispielsweise in dem sie die Produktion von Zweischicht- auf Dreischichtbetrieb umstellen. Ungeachtet der Frage, wer welche Zusatzmengen bei steigenden Preisen auf den Markt bringt, bleibt es dabei: Ein Letzter wird unter den Anbietern sein, bei dem die

Preis (in Euro)

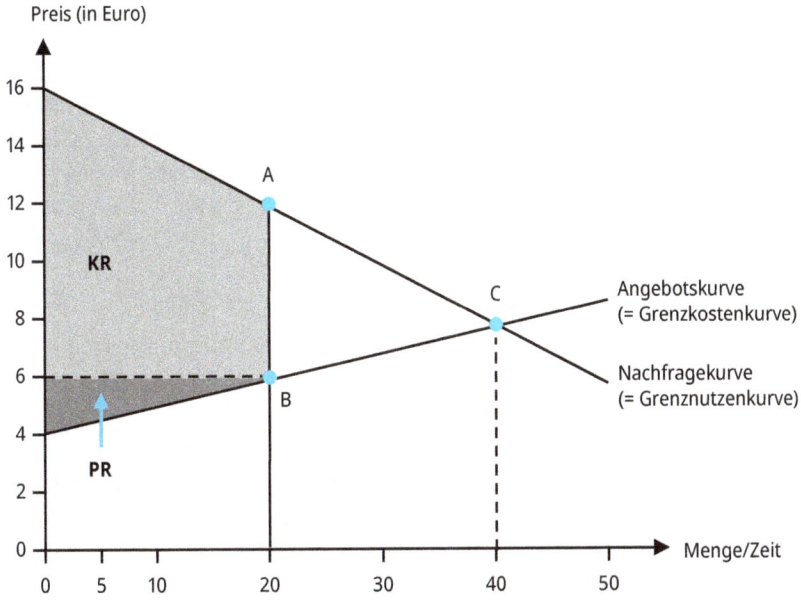

Preis (in Euro)

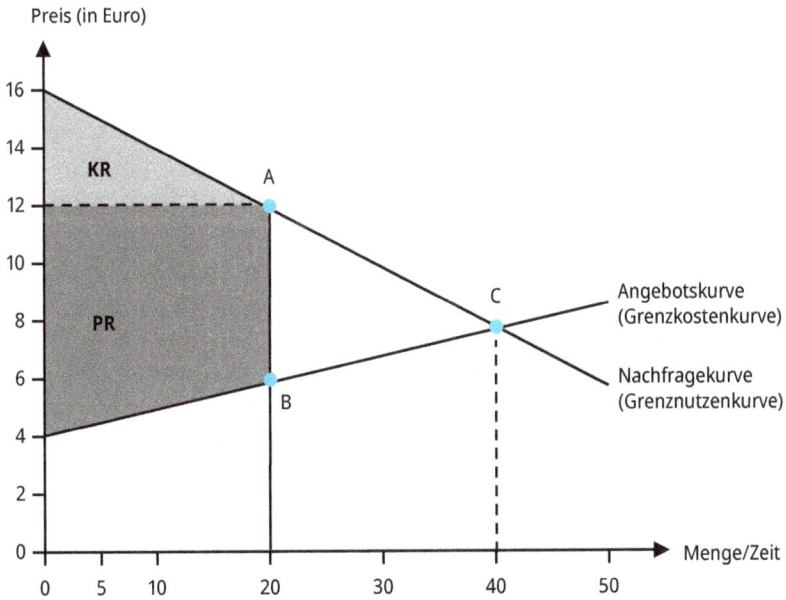

Abbildung 4.17: Wohlfahrtsverlust außerhalb des Marktgleichgewichts.

individuellen Grenzkosten annähernd dem individuellen Grenznutzen in Höhe des Marktpreises entsprechen.

Auf der Nachfrageseite liegt bei einem Marktpreis von sechs Euro der *individuelle* Grenznutzen des letzten Käufers bei zwölf Euro – seiner maximalen Zahlungsbereitschaft. Auf der „längeren" Marktseite klaffen also Grenznutzen und Grenzkosten beim letzten Käufer auseinander (GN $_{\text{letzter Nachfrager}}$ > GK $_{\text{letzter Nachfrager}}$), so dass auch dieser eine von Null abweichende, positive Rente erzielt. In der Abbildung 4.17 (oben) repräsentiert die Strecke AB diese Konsumentenrente.

Erst beim markträumenden Preis, also im Marktgleichgewicht, wird auf der vormals (!) „längeren" Marktseite beim letzten Nachfrager die Konsumentenrente auf null abgerieben sein, so dass für ihn dann gilt: GN $_{\text{letzter Nachfrager}}$ = GK $_{\text{letzter Nachfrager}}$

Da sich im zweiten Fall die Verhältnisse spiegelbildlich zu dem eben Beschriebenen verhalten (siehe Abbildung 4.17 unten), können wir konstatieren, dass **außerhalb** des **Marktgleichgewichts** auf *einer* Marktseite **Grenzkosten** und **Grenznutzen** beim letzten Akteur tatsächlich noch **nicht in Deckung** sind. Damit verbunden ist, dass die gesellschaftliche Wohlfahrt geringer als im Gleichgewicht ausfällt.

Fazit: Im Marktgleichgewicht stimmen sozialer Grenznutzen und soziale Grenzkosten überein; die gesamtwirtschaftliche Wohlfahrt ist maximiert und das Gleichgewichtsergebnis ist effizient!

4.5 Die neoklassische Methodik – Eine weitere Anmerkung

Märkte sind robust. Ausgehend vom Einzelnen konnten wir mithilfe plausibler Annahmen über dessen Verhalten als Anbieter bzw. Nachfrager von Gütern darlegen, dass sich ein freier Markt – als institutionalisierter Ort eines freiwilligen Gütertausches – in seiner Funktionsweise selbst von Schocks, seien es isolierte oder gleichzeitige, nicht beeinträchtigen lässt: Der Markt kann mit derartigen Einflüssen umgehen! Er tendiert zu einem neuen Gleichgewicht. **Steigende Gleichgewichtspreise** bringen dabei **größer werdende Knappheit** zum Ausdruck!

Unbenommen dessen wollen wir nicht übersehen, dass die gewählte Methodik **komparativ** ist: In Bezug auf die grundlegende Funktionsweise von Märkten stehen in der Mikroökonomie stets zwei Zustände im Vordergrund: altes und neues Gleichgewicht. Im Ansatz, diese beiden miteinander zu vergleichen, unterscheiden sich die von der österreichischen Lehre inspirierten Ökonomen nicht von den Neoklassikern. Durch deren restriktive Annahmen wächst die Methode in der neoklassischen Modellwelt allerdings zu einer **komparativ-statischen** aus.[425]

---

[425] Angemerkt sei, dass sich Marshall gegen den Vorwurf verwehrt hat, seine Methode sei statisch. Im Vorwort zur achten Auflage seines Buches schreibt er: „[...] and frequent use is made of the term ‚equilibrium,' which suggests somthing of statical analogy. This fact [...] has suggested the notion that its

Kommt es beispielsweise auf einem bestimmten Markt zu einem isolierten Angebotsschock, der zu einer Angebotsausdehnung führt (siehe Abbildung 4.18), so lässt sich mit unserem Instrument feststellen, dass sich im neuen Marktgleichgewicht – verglichen mit dem alten – eine höhere am Markt gehandelte Menge und ein geringerer Gleichgewichtspreis einstellt.

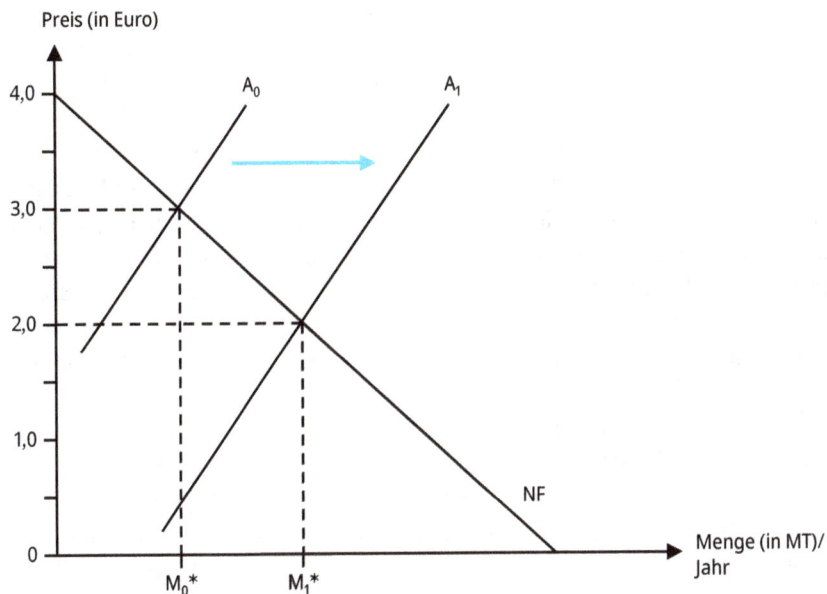

Abbildung 4.18: Altes und neues Marktgleichgewicht nach einem isolierten Impuls auf die Angebotskurve.

So sehr es diese vergleichende Analyse vermag, bedeutsame Einsichten zu vermitteln, so sehr schweigt sie sich zugleich über relevante Fragen aus, etwa darüber wie lange der Prozess von altem zu neuem Gleichgewicht dauert.[426] Darüber hinaus erlaubt die vergleichende Analyse keine Antworten darauf, welche negativen bzw. positiven Begleiterscheinungen für die Gesellschaft bzw. betroffenen Unternehmer und Konsumenten mit der Anpassung verbunden sind.[427] Und wie dieser Wandel – zumal ein tiefgreifender – von den Beteiligten und Betroffenen bewältigt werden kann.

---

central idea is ‚statical‘, rather than ‚dynamical‘. But in fact it is concerned throughout with the forces that cause movement: and its key-note is that of dynamics, rather than statics." Marshall, 1920, S. XX.

426 Über die optimistische Grundhaltung der Neoklassik, wonach sich ja langfristig alles in Wohlgefallen auflöse, spöttelte niemand Geringeres als John Maynard Keynes (1883–1946), indem er feststellte, dass wir langfristig alle tot seien („In the long-run we are all dead"). Vgl. Keynes, 1923, S. 80.

427 Roth spricht etwa davon, dass auf dem Weg vom einen zum anderen Marktgleichgewicht regelmäßig Zeit benötigt wird und „unterschiedliche Verwerfungen" in Kaufgenommen werden. Vgl. Roth, 2014, S. 141.

Um im Beispiel der Abbildung 4.18 zu bleiben, wollen wir uns vorstellen, dass sich die Angebotserweiterung von A_0 auf A_1 dadurch begründet, dass im betroffenen Markt ein relevanter **technischer Fortschritt** eingetreten ist. Denken wir zunächst an die erste Agrarrevolution der Moderne! Durch die verbesserte Anbautechnik konnte die Produktivität in der Landwirtschaft gegenüber der vormaligen Zwei- bzw. Dreifelderwirtschaft in einem Umfang erhöht werden, dass fortan weniger Arbeitskräfte für die Bewirtschaftung der Äcker benötigt wurden. Heute wissen wir, dass dieser *relativ* sinkende Bedarf an Arbeitskräften in der Primärwirtschaft eine – wenn nicht *die* – *Voraussetzung* für die anschließende industrielle Entwicklung war, denn dazu wurden Arbeitskräfte benötigt, die nach Maßgabe der traditionellen Agrarwirtschaft gar nicht zur Verfügung gestellt werden konnte!

Nicht vergessen wollen wir dabei, dass der Umstellungsprozess in der landwirtschaftlichen Produktionsweise *alles andere als ruckartig* erfolgte, schon gar nicht flächendeckend in ganz Europa. Somit hat es einige *Zeit gedauert*, bis die erhöhte Angebotsmenge an Getreide und der geringere Bedarf an Arbeitskräften in der Breite wahrgenommen wurde. Rückblickend wissen wir gleichwohl, dass die Agrarpreise in Europa zwischen 1820 und 1900 massiv gefallen sind – bei einer rapid steigenden Einwohnerzahl.

Aus den Anfängen der Industrialisierung ist uns zudem bekannt, dass traditionelle Berufsstände durch technischen Fortschritt ihre *Arbeit verlieren* können, wie damals etwa die Weber. Deren Qualifikationen waren mit der Erfindung und später mit der Weiterentwicklung des mechanischen Webstuhls nicht mehr benötigt. Sie wurden durch billigere, ungelernte Arbeitskräfte ersetzt. Es muss nicht sonderlich betont werden, dass es in diesem Zusammenhang zu Weberaufständen kam – in ganz Europa. Kurzum: Stets verspüren Teile der Gesellschaft die Schattenseiten des technischen Fortschritts ganz persönlich! Durch Arbeitsplatz- und Einkommensverluste entstehen beim Einzelnen Ängste und Nöte, auf gesellschaftlicher Ebene möglicherweise soziale Spannungen.

Diese vor- und frühindustriellen Beobachtungen lassen sich problemlos auf die heutige Zeit übertragen: So wird die fortschreitende Automatisierung und Vernetzung der Maschinen in der industriellen Produktion weitere Impulse auf der Angebotsseite auslösen, die vom Wegfall bestehender Arbeitsplätze begleitet wird. Ob die verlorengegangenen Beschäftigungsverhältnisse durch neue Tätigkeitsfelder in anderen Sektoren ausgeglichen oder gar überkompensiert werden, vermag die (neoklassische) Mikroanalyse nicht zu beantworten. Diese und viele weitere Aspekte des marktlichen und sozialen Wandels bleiben ohne Betrachtung. Das ist und mag bedauerlich sein. Andererseits sollte man die Ökonomie aber auch nicht überfordern bzw. mit Ansprüchen überfrachten! Denn auch in anderen Wissenschaftsdisziplinen hat die eierlegende Wollmilchsau bislang noch keine Heimat gefunden!

Dieser Befund rechtfertig selbstverständlich nicht, dass wir mit der neoklassischen Methode im Schlepptau die irrige Idee blühen lassen könnten, Wirtschaftskrisen – zumal gravierende – hätten mit der Praxis nichts zu tun. Vielmehr lohnt es sich genau aus diesem Grunde, sich in der nächsten Lektion dem Phänomen wirtschaftlicher Instabilitäten einmal aus historischer Perspektive zu nähern!

Kontrollfragen

– Was können Sie in Bezug auf das neue, sich tendenziell einstellende Marktgleichgewicht wissen, wenn auf das Bestehende Impulse einwirken, die beide Marktkurven zeitgleich nach rechts verschieben lassen? Was bleibt unbestimmt?
– Wie verändert sich die Preiselastizität entlang der linearen Nachfragekurve?
– Wie verändern sich die Einnahmen der Gesamtheit der Anbieter, wenn es im elastischen Bereich der Nachfragekurve zu einer Preissteigerung kommt? Wie erklärt sich das Ergebnis?
– Welchen Einfluss hat eine steigende Anzahl an Substitutionsgütern ceteris paribus auf die Preiselastizität der Nachfrage?
– Lebensnotwendige Güter, etwa Grundnahrungsmittel oder Insulin, liegen tendenziell in welchem Elastizitätsbereich der Nachfragekurve?
– Was verstehen Ökonomen unter dem Begriff der Produzentenrente? Und wo lässt sich diese im Standarddiagramm verorten?

Anhang A: Wirtschaftshistorische Ereignisse im Standarddiagramm

Den folgenden vier Beispielen wollen wir vorausschicken, dass wir in keiner Weise den Eindruck erwecken, geschweige denn den Anspruch erheben wollen, dass sich die behandelten Phänomene mit ihren Marktresultaten *ausschließlich* durch die von uns angeführten Ereignisse („Schocks") erklären lassen – schon gar nicht monokausal. Gleichwohl sind wir davon überzeugt, dass die Fallbeispiele wegen ihrer Vereinfachung einen didaktischen Mehrwert gerade denjenigen liefern können, die mit der Ökonomie soweit noch keine intensive Berührung hatten. Die Verknüpfung historischer Wirtschaftsentwicklungen mit dem mikroökonomischen Standarddiagramm mag zugleich dazu beitragen, eine kaum noch diskutierte Zeit epochaler Transformation greifbarer zu machen.

Beispiel 1: Frühphase in der industriellen Revolution – Textilproduktion und Baumwollpreise

In Lektion 2 haben wir die Anfänge der industriellen Revolution in England beleuchtet. Zu unserem Erkenntnisgewinn gehört, dass die Textilindustrie die Frühphase der Industrialisierung geprägt hat. Die verschiedensten Erfindungen (z. B. „Spinning Jenny" oder „Power Loom") erzeugten eine ganze Kaskade an Produktivitätsschüben, die mal mehr, mal weniger gewaltig ausfielen. Aus der Perspektive des Markts für Baumwollstoffe, lässt sich dieses Phänomen serieller Erfindungen als eine kontinuierliche *Rechtsverschiebung* der Angebotskurve interpretieren. Damit muss es bei unveränderten Nachfrageplänen zu sinkenden Baumwollpreisen kommen. Unter zur Hilfenahme dieser ceteris paribus-Annahme können wir dieses Ergebnis bequem mit dem Werkzeug des Scherendiagramms grafisch ableiten.

In einem zweiten Schritt sollten wir allerdings nicht vergessen, dass in der betrachteten Zeit die Bevölkerungszahlen stiegen und sich ein erster leichter Wohlstand entfaltete. Beide Aspekte dürften die Nachfrage nach Textilien erhöht haben. Nun haben wir es mit einer *simultanen Verschiebung* beider Kurven nach rechts zu tun, womit wir zwar eine Vorstellung über die neue Gleichgewichtsmenge entwickeln können, der neue Preis – theoretisch – aber indeterminiert bleibt. Der Blick in die Empirie verrät uns, dass in dieser Zeit „die Preise für Baumwollstoffe [...] dramatisch [fielen]. 1850 kosteten sie weniger als ein Fünftel im Vergleich zum Jahr 1800.“[428]

Beispiel 2: Angebots- und Nachfrageschock auf Agrarmärkten

Ebenfalls haben wir in Lektion 2 von der ersten Agrarrevolution der Moderne, die von der Einführung der Dreifelderwirtschaft in Europa charakterisiert ist, gesprochen. Gegenüber der bestehenden Bewirtschaftungsmethode bedeutete die neue Anbautechnik einen technischen Fortschritt. Betrachten wir diese Entwicklung als einen isolierten Schock unter ceteris-paribus-Bedingungen, können wir leicht schlussfolgern, welche Reaktion diese Innovation auf den betroffenen Märkten hinsichtlich der Gleichgewichte bewirkt haben muss: Eine Ausdehnung der Handelsmenge bei gesunkenen Preisen. Selbstredend kommen wir zu diesem Resultat auch über den Weg der grafischen Darstellung dieses Phänomens als isolierte *Rechtsverschiebung* der Angebotskurve. Blicken wir nun in diesem Zusammenhang auf empirische Erkenntnisse zu Frankreich, dem damals größten Land Europas, stellen wir folgendes fest: Bevor die Agrarrevolution nach Frankreich schwappte, umfasste das Brachland in der Mitte des 18. Jahrhunderts von insgesamt 24 Millionen Hektar fruchtbaren Bodens zehn Millionen Hektar. Mit der Bewirtschaftung der Brache ging diese Fläche kontinuierlich zurück. Im Jahr 1900 waren daher nur noch 2,5 Mio. Hektar des fruchtbaren Bodens stillgelegt. Damit einher ging, dass die Getreideproduktion zwischen 1800 und 1900 um den Faktor 2,1 erhöht werden konnte. Zudem verdoppelte sich über den gleichen Zeitraum die Milchproduktion, während die Fleischproduktion sich sogar verdreifachte.[429]

Wie weit die Preise auf den Märkten der genannten agrarischen Rohstoffe (Getreide, Milch, Fleisch) sanken, können wir hier nicht belegen. Gleichwohl wollen wir unter Verzicht auf dieses Detail den nächsten Aspekt in der Entwicklung dieses epochalen Wandels integrieren – einen „Schock" auf der Nachfrageseite: das Bevölke-

---

428 Herrmann, 2013, S. 43.
429 Vgl. Mazoyer/Roudart, 2006, S. 329 f.

rungswachstum. Tatsächlich wuchs die Bevölkerung Frankreichs in dieser Zeit von 27 Millionen auf 39 Millionen Einwohner an, nicht zuletzt *wegen* des verbesserten Ernährungsangebots.[430]

Kombinieren wir diese isolierten Überlegungen in Form von zwei Störungen in einer Grafik, so sehen wir beide Kurven nach *rechts* verschoben. Eine *simultane Verschiebung* beider Kurven in die *gleiche Richtung* führt – wie wir im Hauptteil dieser Lektion 4 gesehen haben – zu einer höheren Gleichgewichtsmenge bei indeterminierter Preisänderung.

Beispiel 3: Die gesellschaftliche Transformation zu Beginn des Industriezeitalters und ihre Implikation auf den Arbeitsmarkt

Die gestiegene Produktivität in der Landwirtschaft schaffte die Voraussetzung für die industrielle Revolution, denn der Agrarsektor benötigte jetzt weniger Arbeitskräfte – zumindest relativ.[431] Die fortan in der Landwirtschaft weniger benötigten Landarbeiter konnten oder mussten sich jetzt andere Betätigungsfelder suchen – etwa in der aufkeimenden Industrie. Auf dem Arbeitsmarkt, auf dem die privaten Haushalte die Anbieter von Arbeitsleistung sind, verschob sich in der Logik des Scherendiagramms nun die Angebotskurve nach rechts: Neue Teilnehmer waren eingetreten und erhöhten damit das Marktangebot.

Gegenüber der vorindustriellen Phase kam es auf diesem Markt ceteris paribus also zu einem neuen Gleichgewicht, welches sich durch eine größere Menge (an geleisteten Arbeitsstunden) und einem geringeren Lohn – dem Preis auf dem Arbeitsmarkt – auszeichnet.

Um ein Gespür für den Druck zu erhalten, der auf den frühindustriellen „Arbeitsmärkten" durch freigewordene Landarbeiter ausgeübt wurde, geben wir hier nur einen kurzen Einblick auf die britischen Verhältnisse jener Zeit: „Zwischen 1750 und 1830 wechselten [in Großbritannien] mehr als 700.000 Arbeitskräfte vom Agrar- zum Industriesektor."[432] Und weiter: „[D]ie Populationszunahme eingerechnet [...] [stieg] die Zahl der Industriearbeiter von 1,4 auf 5,3 Millionen an."[433]

---

430 Vgl. Mazoyer/Roudart, 2006, S. 329 f. Dort findet sich auch der Hinweis, dass die Bevölkerung in Zentraleuropa zwischen 1750 und 1900 um 190 Mio. Einwohner auf 300 Mio. Einwohner anwuchs. Kurzum: Das hier geschilderte Phänomen des Bevölkerungswachstums war kein auf Frankreich begrenzter Einzelfall.

431 In absoluten Zahlen blieb die *Land*bevölkerung konstant. Ihre Produktivität in der Lebensmittelerzeugung hat sich im Zeitraum von 1750 bis 1900 gleichwohl mindestens verdoppelt. Vgl. Mazoyer/Roudart, 2006, S. 330 f.

432 Leidinger, 2008, S. 67. Für Kontinentaleuropa dürfen wir feststellen, dass mit der Französische Revolution im Jahr 1789 das Ende des Feudalismus und damit die Zeit der Bauernbefreiung begann. Als letztes europäisches Land hat – bezeichnenderweise – das zaristische Russland seine Bauern im Jahre 1861 befreit.

433 Leidinger, 2008, S. 67.

Dieser beeindruckende Anstieg an Industriearbeiter um vier Millionen, ist selbstredend auch eine Konsequenz aus einer erhöhten Nachfrage nach Arbeitskräften durch die Industriellen. Kurzum: Wenn wir diese historischen Umbrüche auf dem frühindustriellen Arbeitsmarkt grafisch darstellen wollten, hätte neben der Angebotskurve auch die Nachfragekurve eine Rechtsverschiebung erfahren. Die tatsächliche Entwicklung des Gleichgewichtslohns zwischen den beiden Zeitpunkten muss damit *theoretisch unbestimmt* bleiben.

Abbildung 4.19 deutet darauf hin, dass der Reallohn für qualifizierte Arbeitskräfte zwischen 1750 und 1830 in England tatsächlich gesunken ist. Sein Ausgangsniveau hat der Reallohn für diese Gruppe erst einhundert Jahre später, also um das Jahr 1850 herum, wieder erreicht. Vorsichtig ableiten lässt sich daraus, dass in diesem Zeitraum (1750–1830) der Reallohn auch für unqualifizierte Arbeiter gesunken ist – also genau für jenen Arbeitskräfte, die zu dieser Zeit ganz mehrheitlich von der Industrie absorbiert wurden.

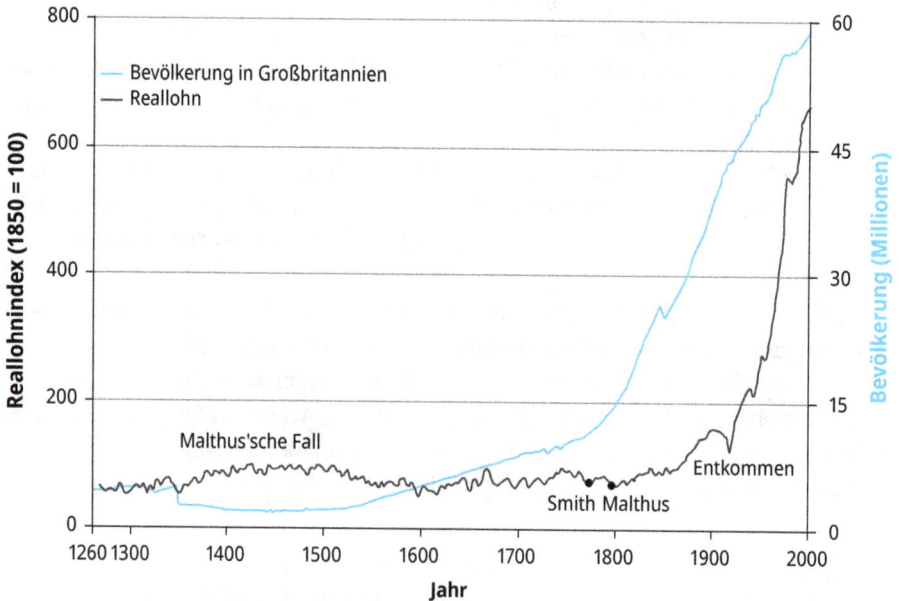

Abbildung 4.19: Reallohnentwicklung in England zwischen 1260 und 2000.
Quelle: Core Economics Education, 2024, S. 52

Anhang B: Extremfälle von Elastizitäten

Preiselastizitäten können im Extremfall vollkommen unelastisch oder vollkommen elastisch sein. Grundsätzlich können beide Marktseiten betroffen sein. Wie die Beispiele zeigen werden, dürfte es sich insgesamt eher um Ausnahmen (oder Grenzsituationen) als um Regelfälle handeln.

Preis

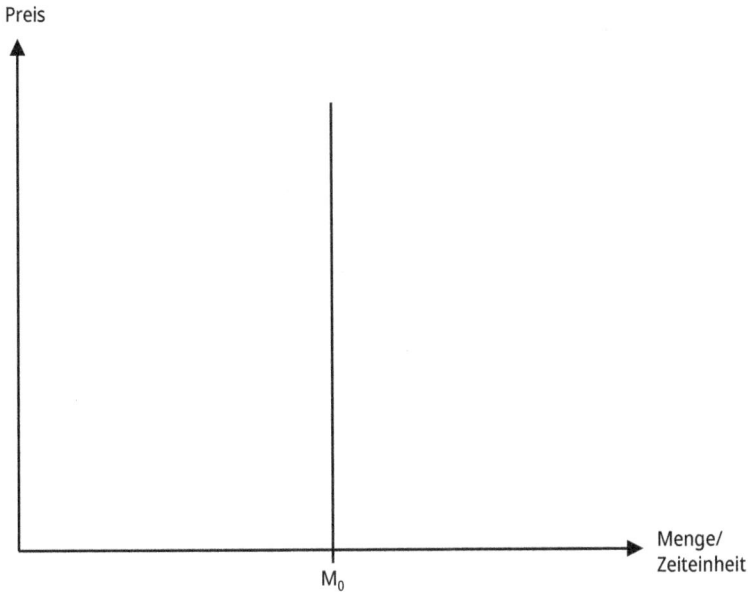

M_0 Menge/Zeiteinheit

Abbildung 4.20: Vollkommen unelastische Nachfrage- und/oder Angebotskurve.

Bei einer vertikalen Nachfragekurve (siehe Abbildung 4.20) wird unabhängig vom Preis immer genau die Menge M_0 nachgefragt. Beispiele könnten sein:

- Ein Immunserum als Gegengift (sog. Antivenin) nach dem Biss einer Giftschlange
- Eine Beatmungstherapie aufgrund akuter Atemnot, etwa bei Covid-19
- Ein lebensrettender kardiologischer Eingriff
- Die Befreiung von Gekidnappten (unabhängig von der Lösegeldforderung der Entführer)

Bei einer *starren* Angebotskurve (siehe Abbildung 4.20) reagiert das Angebot nicht auf den Preis: Unabhängig vom Preis wird nur die eine Menge M_0 angeboten (mit anderen Worten, das Angebot kann trotz steigenden Preisen nicht erhöht werden bzw. bei sinkenden Preisen nicht reduziert werden). Beispiele für langfristig starres Angebot:

- Land (keine Vermehrung möglich!)
- Kunstobjekte, etwa Mona Lisa: Es gibt nur das eine Original!
- Andenkenindustrie (z. B. es gibt nur einen Ball des WM-Finales 2022 etc.)

Ein Beispiel für eine kurzfristig starre Angebotsmenge betrifft Konzerte und sonstige (Kultur-) Veranstaltungen. Auch wenn die Preise auf dem Schwarz- bzw. Graumarkt steigen, die Kartenanzahl (= Angebotsmenge) kann nicht erweitert werden, zumindest nicht legal.

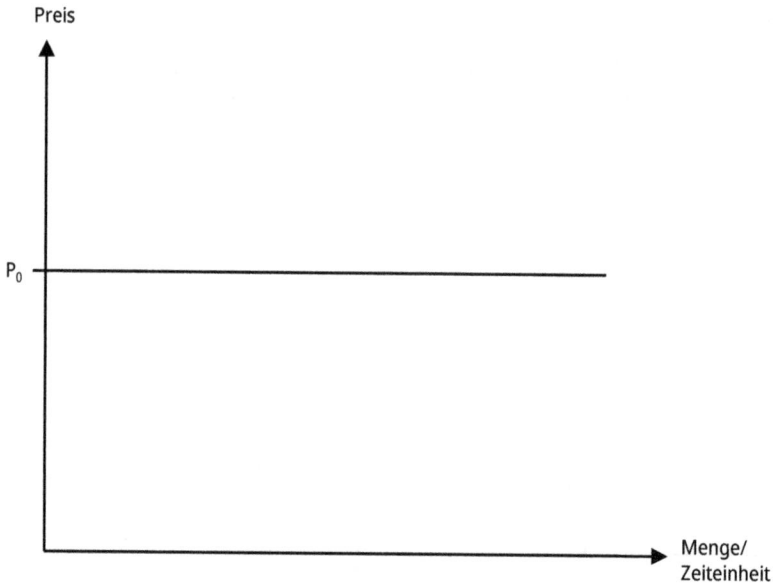

Preis

P_0

Menge/
Zeiteinheit

Abbildung 4.21: Vollkommen elastische Nachfrage- und/oder Angebotskurve.

Auf der Nachfrageseite: Bei der kleinsten Abweichung (siehe Abbildung 4.21) vom Preis P_0 wird nichts gekauft; liegt der Preis bei P_0 (oder darunter) wird „unendlich viel" (d. h. sehr viel bzw. sehr hohe Mengen) gekauft. Beispiel könnte sein: Einkäufer von (mineralischen oder agrarischen) Rohstoffe bzw. Basischemikalien, der alternative Angebote vergleicht.

Vollkommen elastische Angebotskurven waren – zumindest theoretisch – im Rahmen sogenannter „Buffer Stock"-Abkommen (sog. Ausgleichslager) im Kontext des internationalen Kakaoabkommens (1973–80) oder internationalen Zinnabkommen (1954–77) vertraglich fixiert worden.[434] In all diesen Fällen sollte ab einem bestimmten Höchstpreis das Angebot vollkommen elastisch werden, d. h. die in den Pufferlagern eingelagerte Ware sollte ab diesem Preispunkt solange wie nötig „auf den Markt" geworfen. Selbstverständlich kommt in der Praxis jedes Lager mit physischen Gütern auch an seine Grenzen – wenn die Läger leer sind!

Ähnliche Fälle vollkommen elastischer Angebotskurven gibt es im geldpolitischen Kontext von Notenbanken, etwa zur Stabilisierung eines Wechselkurses (hierbei kann von der *eigenen* Währung grundsätzlich „unendlich" viel auf den Markt geworfen).

---

[434] Vgl. Lachmann, 1994b, S. 100 ff.

Anhang C: Empirische Erkenntnisse zur Preiselastizität der Nachfrage

Tabelle 4.5: Geschätzte Verteilung der Preiselastizität der
Nachfrage nach Konsumgütern aus aktuellen Metastudien.[435]

Elastizitätsbereich	Wert	Anteil (in %), ca.
Unelastische Nachfrage	> –1,0	ein Sechstel
Elastische Nachfrage	< –1,0	fünf Sechstel
Davon:	bis < –3,99	zwei Drittel
	ab < –4,0	ein Sechstel

Erkenntnis: Das Gros der Konsumgüter ist von einer elastischen Preisnachfrage geprägt.
Eine hohe Elastizität (hier verstanden als einen Wert von kleiner als -4,0) ließ sich in
etwa genauso häufig wie eine unelastische Nachfrage beobachten! Der Median der Preiselastizität der Nachfrage lag in den ausgewerteten Studien in Höhe von -2,2 bemerkenswert nahe beieinander.

Tabelle 4.6: Geschätzte Preiselastizitäten der Nachfrage
nach verschiedenen kurzlebigen Verbrauchsgütern.[436]

Produkt	Preiselastizität der Nachfrage
Brot	0,25
Milch	0,3
Tabak	0,4
Wein	0,6
Schuhe	0,7
Kino	0,9

Erkenntnis: Die o. g. Werte deuten darauf hin, dass die (der Studie zugrunde liegenden)
Konsumenten auf Preisänderungen nur relativ schwach reagieren. D. h. eine Preissen-
kung geht mit einer lediglich geringfügigen, d. h. unterproportionalen Ausdehnung der
Nachfragemenge einher, während im umgekehrten Falle einer Preiserhöhung die Kon-

---

435 Es wurden zwei Metastudien aus den Jahren 2005 und 2014 ausgewertet, in denen zusammen über
2.700 Preiselastizitäten berücksichtigt worden waren. In beiden Metastudien standen ganz überwiegend Konsumverbrauchsgüter im Mittelpunkt der Untersuchung. Vgl. Simon/Fassnacht, 2016, S. 116 ff.
436 Die Werte sind entnommen Mankiw/Taylor, 2016, S. 108. Die Quelle lässt *vermuten*, dass die Schätzwerte sich auf die Vereinigten Staaten beziehen und dass es sich um *kurzfristige* Elastizitäten handelt. Zu welchem *Zeitpunkt* diese Schätzungen vorgenommen wurden, bleibt hingegen unklar. Die Autoren vermerken, dass die hier abgebildeten Werte aus verschiedenen Forschungsarbeiten zusammengetragen wurde.

sumenten ihre Nachfragemenge nur unterproportional einschränken. Kurz: Die Nachfrage ist relativ preisunelastisch.

Tabelle 4.7: Geschätzte Preiselastizitäten der Nachfrage nach grünen Kaffeebohnen in europäischen Ländern Mitte der 1950er Jahre.[437]

Land	Preiselastizität der Nachfrage
West-Deutschland[438]	0,9
Italien	0,9
Frankreich	0,5
Belgien	0,5
Österreich	0,5
Schweden	0,5
Dänemark	0,5

Erkenntnis: Die Werte variieren zwischen den Untersuchungsländern. Die Unterschiede erklären sich zu einem wesentlichen Teil mit den länderspezifischen Konsumniveaus an Kaffee (pro Kopf) in der damaligen Zeit. So lag im Jahr 1956 der jährliche Pro-Kopf-Konsum an Kaffee in Frankreich bei 4,2kg, in West-Deutschland bei 2,5kg und in Italien bei 1,6kg. Unter den o. g. Ländern war der jährliche Pro-Kopf-Konsum an Kaffee in Schweden mit 8kg am höchsten, gefolgt von Dänemark (7,0kg) und Belgien (6,8kg). Dass das erreichte Niveau an Kaffeekonsum *nicht* die einzige Erklärung für die unterschiedlichen Nachfrageelastizitäten sein kann, erkennt man an Österreich, das den geringsten Kaffeekonsum zur damaligen Zeit unter den o. g. Ländern mit gerade einmal 1kg pro Kopf auswies.[439]

Tabelle 4.8: Geschätzte Preiselastizitäten der Nachfrage nach Automobilen, ohne weitere Angaben nach Erhebungszeitraum und -ort.[440]

Produktdetails	Preiselastizität der Nachfrage
Autos	1,9
Spezielle Automarken[441]	4,0

---

437 Vgl. GATT, 1958, S. 110 f.

438 Im August 1953 sank für den Import von grünen Kaffeebohnen der Zoll von 10 auf 3 Mark pro Kilogramm. Im Folgejahr hat sich daraufhin die Kaffeeeinfuhr in Deutschland nahezu verdoppelt. Zu beachten gilt, dass auch Strukturmerkmale wie erhöhte Einkommen eine Rolle spielten. Gleichwohl hat die Zollsenkung eine starken Nachfrageanstieg ausgelöst. Vgl. GATT, 1958, S. 109 f.

439 Vgl. GATT, 1958, S. 109 f. und insbesondere die Angaben in Tabelle E im Anhang.

440 Vgl. Mankiw/Taylor, 2016, S. 108. Die Werte dürften sich auf die USA beziehen.

441 Was genau unter Spezialmarken subsumiert wurde, ist unklar. Ohne Differenzierung nach Segmenten findet sich für Automobile eine Nachfrageelastizität zwischen -1,0 und -2,2 bei Kotler/Keller/Bliemel, 2007, S. 601.

Erkenntnis: Die hier widergegebenen Werte deuten darauf hin, dass sich das Gebrauchsgut Auto durch eine relativ elastische Nachfragelastizität auszeichnet. Dabei scheint es grundsätzlich nicht ganz unplausibel, dass die Nachfrageelastizität nach Premiumfahrzeugen, die vermutlich in die Kategorie „Spezielle Automarken" fallen, höher ist als die von Klein- und Mittelklassefahrzeugen.

Tabelle 4.9: Geschätzte Preiselastizitäten der Benzinnachfrage nach Zeithorizonten.[442]

Autoren/ Quelle	Kurzfristig	Langfristig
Goolsbee/Levitt/Syverson[443]	0,2	0,8
Pindyck/Rubinfeld[444]		1,4

Anhang D: Einkommenselastizität der Nachfrage – Alternative Darstellung und empirische Erkenntnisse

Die Reaktion der nachgefragten Menge nach einem Gut bei auftretender Einkommensänderung lässt sich auf *zwei* unterschiedliche Weisen darstellen. In einigen Lehrbüchern findet man eine Visualisierung, die methodisch an unsere Ausführung oben in Kapitel 4.2.1.1. anknüpft, d. h. die Nachfragekurve wird im üblichen Preis-Mengen-Diagramm verschoben. In diesem Sinne illustriert Abbildung 4.22. eine rückläufige Nachfrage bei einem normalen Gut infolge eines allgemeinen Einkommensrückgangs – bedingt etwa durch gestiegene Arbeitslosigkeit.

Ein Nachteil dieser Darstellungsart ist, dass sich Abbildung 4.22 auch als die Wirkung einer Einkommens*steigerung* auf die Nachfrage bei einem inferioren Gut interpretieren lässt: Mit steigendem Einkommen wird das betreffende Gut weniger wertgeschätzt, weil die Konsumenten zu einem qualitativ höherwertigen Gut abwandern, wodurch sich die Nachfragekurve im Preis-Mengen-Diagramm nach links verschiebt.

---

442 Die Werte sind entnommen Mankiw/Taylor, 2016, S. 108. Die Quelle lässt *vermuten*, dass die Schätzwerte sich auf die Vereinigten Staaten beziehen und dass es sich um *kurzfristige* Elastizitäten handelt. Zu welchem *Zeitpunkt* diese Schätzungen vorgenommen wurden, bleibt hingegen unklar. Die Autoren vermerken, dass die hier abgebildeten Werte aus verschiedenen Forschungsarbeiten zusammengetragen wurde.

443 Vgl. Goolsbee/Levitt/Syverson, 2014, S. 57 f.

444 Vgl. Pindyck/Rubinfeld, 2013, S. 189. Die Autoren greifen auf eine Studie aus dem Jahr 2012 zurück. Der Wert bezieht sich auf die USA. Das Ergebnis in Höhe von 1,4 ist bemerkenswert. Es bringt nämlich zum Ausdruck, dass der Benzinverbrauch pro Kopf in den USA *langfristig* eindeutig zurückgeht, wenn die Regierung den Benzinpreis – etwa aus umweltpolitischen Überlegungen heraus – durch eine höhere Steuer belastet. Anmerkung: Die Steuer auf Benzin ist in den USA im Vergleich zu anderen Industrieländern sehr niedrig, weshalb regelmäßig gefordert wird, die US-Regierung solle für den Klimaschutz die Benzinsteuer erhöhen.

Wegen dieses Nachteils begegnet man daher auch einer alternativen Illustration. Bei dieser stellt die Ordinate (= die vertikale Achse) jetzt anders als üblich das Ein-

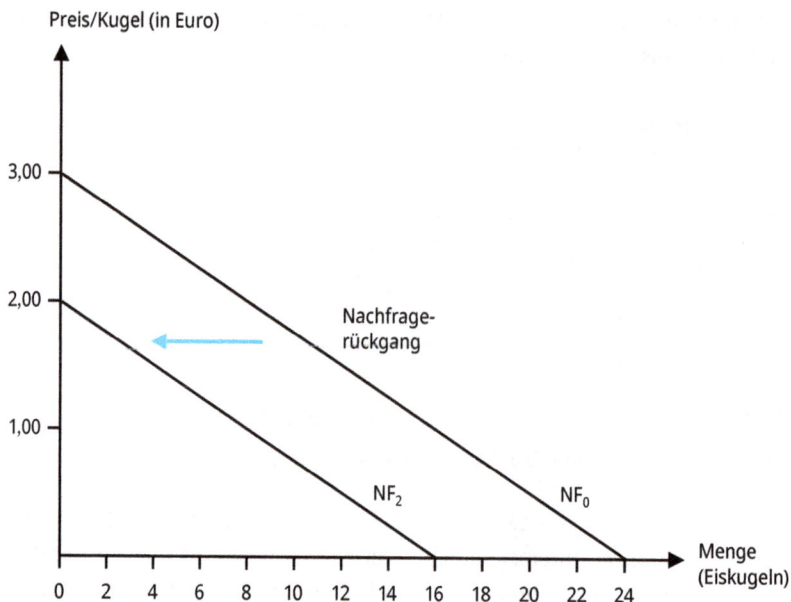

Preis/Kugel (in Euro)

Abbildung 4.22: Verhalten der Nachfrage bei einer Einkommensminderung bei einem normalen Gut.

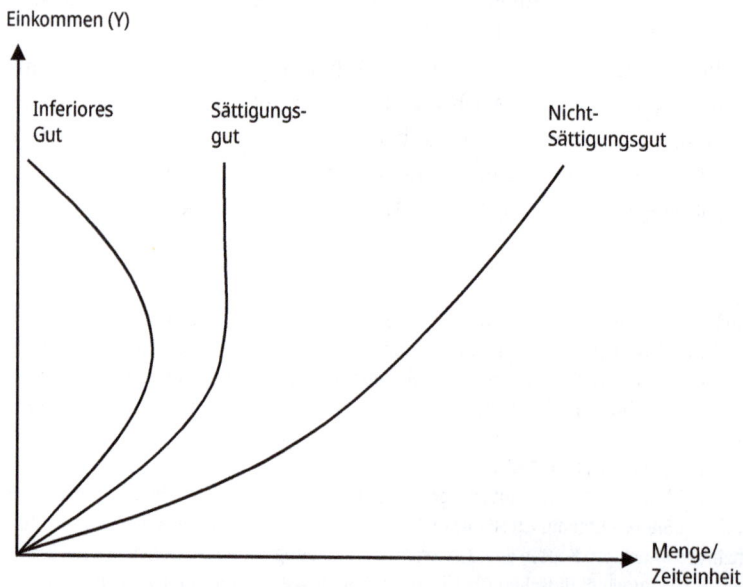

Einkommen (Y)

Abbildung 4.23: Einkommensänderung und Nachfragemenge bei unterschiedlichen Gütern.

kommen (meist mit Y abgekürzt) dar. Damit erhalten inferiore Güter, Sättigungs- und Nichtsättigungsgüter bei sich verändernden Einkommen ihrem Charakter entsprechend unmissverständliche Kurvenverläufe (siehe Abbildung 4.23).

Tabelle 4.10: Geschätzte Einkommenselastizitäten der Nachfrage nach *Wohnraum* (Konkret: Nachfrage nach einer Wohnung mit einem *zusätzlichen Zimmer* nach demografischen Gruppen).[445]

	Einkommenselastizität
Alleinlebend	0,21
Verheiratete, Haushaltsvorstand jünger als 30, 1 Kind	0,06
Verheiratete, Haushaltsvorstand 30–39, 2 oder mehr Kinder	0,12
Verheiratete, Haushaltsvorstand 50 oder älter, 1 Kind	0,19

Erkenntnis: Bei Alleinstehenden ist die Einkommenselastizität der Wohnraumnachfrage am höchsten. Unter den Verheirateten steigt die Einkommenselastizität der Wohnraumnachfrage mit steigendem Alter des Familienvorstands. Gleichwohl ist die Nachfrage nach einem größeren Wohnraum *relativ einkommensunelastisch*.

Tabelle 4.11: Geschätzte *Einkommenselastizitäten* der Nachfrage für *öffentliche Dienstleistungen* in den USA und in der Schweiz.[446]

Öffentliche Dienstleistung	Einkommenselastizität
In US-Einzelstaaten (1962)	
Höhere Bildung	0,30
Autobahnen	0,30
Krankenhäuser	0,50
Lokale Schulen	0,95
Polizei	1,21
Parks und Erholung	1,29
Feuerwehrwesen	1,61
Schweizerische Gemeinden (1968–72)	
Allgemeine Verwaltung	1,39
Umweltschutz	2,00
Gemeindestraßen	2,03
Gesundheit, Krankenhäuser	3,93

---

445 Die Werte sind entnommen Pindyck/Rubinfeld, 2013, S. 187 ff.
446 Vgl. Blankart, 2011, S. 194.

Anhang E: Empirische Erkenntnisse zur Preiselastizität des Angebots

Tabelle 4.12: Geschätzte Preiselastizitäten des Angebots verschiedener Güter.[447]

Dienstleistung/ Produkt	Preiselastizität des Angebots (geschätzt)
ÖPNV in Schweden	0,44–0,66
Arbeitskraft in Südafrika	0,35–1,75
Wohnraum (**langfristig**), in	
– Dallas	38,6
– San Francisco	2,4
– New Orleans	0,9
Rindfleisch in	
– Simbabwe	2,0
– Brasilien	0,11–0,56
– Argentinien	0,67–0,96
Mais, **kurzfristig** in den USA	0,96

Tabelle 4.13: Angebotselastizität bei bestimmten Agrarprodukten in Afrika: Veränderung der Produktion in %, bei einem Preisanstieg von 10 Prozent.[448]

Produkt	Preiselastizität des Angebots
Weizen	3,1–6,5
Mais	2,3–24,3
Sorghum	1,0–7,0
Erdnüsse	2,4–16,2
Baumwolle	2,3–6,7
Tabak	4,8–6,7
Kakao	1,5–18,0
Kaffee	1,4–15,5

---

447 Die Werte sind entnommen Mankiw/Taylor, 2016, S. 115. Es geht aus der Quelle nicht hervor, wer die Schätzung zu welchem Zeitpunkt vorgenommen hat. Die Autoren listen Preiselastizitäten des Angebots zu weiteren Produkten wie Erdgas, recyceltes Aluminium, Geschäftsflächen und Austern auf. In allen diesen Fällen bleibt unklar, für welches Land diese Werte gelten sollen.
448 Vgl. Jungfer, 1991, S. 282.

Lektion 5
Instabilitäten im Wirtschaftsverlauf

5.1 Einführung

Ungeachtet unserer vorherigen Beobachtung, dass zu Beginn des 19. Jahrhunderts eine säkuläre Trendwende beim Wirtschaftswachstum eintritt (siehe Lektion 2), die von prinzipiell höheren Wachstumsraten geprägt ist, kommt es bei der wirtschaftlichen Entwicklung in modernen Volkswirtschaften zu kurzfristigen Störungen. Anders formuliert: Keine reale Gesellschaft ist in der Lage, einen stetigen Zuwachs beim Wohlstand zu verzeichnen; keiner Nation gelingt es, sich friktionslos entlang eines imaginären, langfristigen Wachstumspfades zu bewegen. Stattdessen „[oszilliert] die moderne Wirtschaft zwischen Aufschwung und Abschwung [...]; [...] es [...] herrscht eine launische Dynamik, die zwischen Krise und Boom pendelt."[449]

Vor dem Hintergrund dieser Erfahrung lohnt es sich nun, mit den Wirtschaftskrisen einmal explizit auseinanderzusetzen (Kapitel 5.2). Mit einem knappen Ausblick endet diese Lektion (Kapitel 5.3).

---

449 Herrmann, 2013, S. 155.

https://doi.org/10.1515/9783111331607-006

5.2 Tiefpunkte im Wirtschaftsverlauf: Ökonomische Krisen

Je nach Lebensalter blickt jeder, der in das Fach der Ökonomik eintaucht, bereits auf die eine oder andere Wirtschaftskrise zurück, die er selbst miterlebt hat. Darüber hinaus dürften die meisten schon einmal von den Krisen gehört haben, die sich in den ersten Dekaden des 21. Jahrhunderts ereignet hatten; namentlich also vom Platzen der Dot. com-Blase (2001) oder von der weltweiten Wirtschafts- und Finanzkrise, die im Jahr 2007 ausgebrochen war und damit die spekulativen Übertreibungen am US-amerikanischen Immobilienmarkt jäh zum Erliegen brachte. Im weiteren Verlauf dieser Misere hatte dann die traditionsreiche Investmentbank Lehman Brothers mit gut 28.000 Mitarbeitern im September 2008 Insolvenz zu beantragen – wodurch weiteres Öl ins bestehende Krisenfeuer gekippt wurde. Die zwei Jahre später auftretende, maliziöse Eurokrise ist insofern alles, aber *nicht* verbindungslos zum Untergang dieser Bank – sie ist deren Verlängerung.[450]

Verkehrt wäre es nun zu meinen, Wirtschafs- und Gesellschaftskrisen seien einzig ein neuzeitliches Phänomen. Nein! Sie hat es schon immer gegeben. Allerdings hat sich in einer recht genau bestimmbaren Periode der Menschheitsgeschichte ihr Charakter geändert.

Um diesen Wandel angemessen einordnen zu können, blicken wir anfangs kurz auf das Naturell der traditionellen Krisenform (Kapitel 5.2.1.) bevor wir uns den Anfängen der modernen Finanz- und Wirtschaftskrisen intensiver widmen (Kapitel 5.2.2.). Mit wichtigen Schlussfolgerungen zu diesen Krisenverläufen runden wir den Abschnitt ab (Kapitel 5.2.3.).

5.2.1 Vormoderne Krisen – Krisen vom „alten Typ"

Die Erfahrung einer periodisch instabilen Wirtschaft macht die Menschheit ab dem Altertum. Immer wieder stellen sich **Hungersnöte** infolge von Missernten ein, die auf Natureinflüssen – allen voran auf den Wetterbedingungen – beruhen. Bedenkt man, dass die meisten Menschen lange Zeit nur knapp über dem Existenzminimum lebten (siehe Lektion 2, Kapitel 5.2), wird leicht ersichtlich, dass eine durch Kälte, Hitze, Trockenheit und/oder üppigen Niederschlag ausgelöste Nahrungsmittelknappheit schnell zu einer gesellschaftlichen Krise mutieren konnte.[451]

---

450 In Bezug auf die Krisen der jüngeren Wirtschaftsgeschichte lässt sich unter Ökonomen eine neue Lust entdecken, diese in ihren Lehrbüchern aufzugreifen und vor allem eingehender zu besprechen. Vgl. zur globalen Finanzkrise 2007–2009 zum Beispiel die Abhandlungen bei Mankiw/Taylor, 2016, S. 1103 ff. und Bofinger, 2015, S. 522 ff. oder Clement/Tirau/Kiy, 2013, S. 456 ff.
451 Die Witterungsverhältnisse als Auslöser variierender Ernteerträge thematisiert Pierenkemper, 2015, S. 165 ff. bzw. S. 167. Zum Klimaeinfluss gehört die im Jahr 1303 einsetzende Kleine Eiszeit, die „in Grönland und Nordisland zum Ende der Landwirtschaft sowie zu Menschenverlusten [führte]. In

In diesem Zusammenhang wollen wir hier festhalten, dass auch Europa bis in die Mitte des 19. Jahrhunderts von schweren Hungerskrisen heimgesucht wurde: Die letzte europaweite Hungersnot, die Irland am schlimmsten getroffen hatte, datiert auf die Jahre 1846/47.[452] Danach sind die Agrarkrisen vom „alten Typ"[453] verschwunden.[454]

Ausgangspunkt gesellschaftlicher und wirtschaftlicher Krisen waren darüber hinaus Krankheiten und **Seuchen**, allen voran die Pest. Diese erreicht Europa erstmalig im Jahr 1347 und rafft innerhalb weniger Jahre mindestens ein Viertel der europäischen Bevölkerung dahin.[455]

Schließlich gab es schon erste Krisen, die durch Spekulationen an der Börse ausgelöst wurden, etwa die **Tulpenspekulation** in Holland im 17. Jahrhundert (1637).[456] Gut achtzig Jahre später platzen im Jahr 1720 gleich zwei Blasen: zunächst die **Mississippi-Blase** und dann die **Südseeblase**.[457] Beide Krisen, die aufgrund von Kapitalbewegungen zwischen Frankreich und England schon miteinander verwoben waren,[458] hatten für die Gesamtwirtschaft allerdings nur begrenzte Bedeutung; vorwiegend wurde eine kleine Schicht gesellschaftlich Bessergestellter finanziell getroffen.[459]

Zusammenfassend lässt sich konstatieren, dass Wirtschaftskrisen schon aus vorindustriellen Zeiten bekannt sind. Die Vorstellung von einem schwankungsfreien, ste-

---

England fällt die Weinanbaugrenze um 600 km nach Süden (vom südlichen Schottland nach Cornwall). In fast ganz Europa fallen die Erträge." Heinsohn/Steiger, 2010, S. 111 f.

452 Vgl. z. B. Pierenkemper, 2015, S. 167 oder Herrmann, 2013, S. 154. Erinnert sei hier, dass zu jener Zeit die letzte Hungersnot in England schon 200 Jahre zurückliegt. Zu beachten ist bei dieser Beobachtung allerdings auch, um allzu vereinfachenden Schlussfolgerung vorzubeugen, dass sich das Bevölkerungswachstum in den beiden Perioden unterscheidet. Ausgangspunkt der Nahrungsmittelknappheit Ende der 1840er Jahre sind in Deutschland schlechte Ernten bei Getreide und die aus Frankreich eingedrungene *Kartoffelfäule*. Kartoffeln bildeten zu jener Zeit die Haupternährungsgrundlage der unteren und mittleren Schichten in Deutschland. Vgl. Wehler, 2008b, S. 642 ff. und insb. S. 647.

453 Den Begriff vom „alten Typ" („typ ancien") hat der französische Sozial- und Wirtschaftshistoriker Labrousse für vormoderne Krisen bzw. für agrarisch determinierte Instabilitäten geprägt. Vgl. Pierenkemper, 2015, S. 167.

454 Der Wirtschaftshistoriker James macht darauf aufmerksam, dass die europäischen Hungerskrisen der 1840er Jahre treffenderweise als *Krisen des Übergangs* bezeichnet wurden, da sie unzweifelhaft Elemente des alten Typs auszeichnet, sie aber zugleich Bestandteile eines „moderne[n] Konjunkturabschwung[s] mitsamt Finanz- und Bankenkrise [tragen]." Vgl. James, 2022, S. 48.

455 Möglicherweise starb sogar ein Drittel der damaligen Bevölkerung. Es ist bemerkenswert, dass an manchen Orten wie in Avignon fast die Hälfte der Bevölkerung starb, während Nürnberg, Würzburg und Prag im Reich sowie Mailand in Italien von der Pest verschont geblieben sind. Vgl. Walter, 2006, S. 74 ff. Konsistent hierzu auch Heinsohn/Steiger, 2010, S. 111 ff.

456 Die Tulpenblase platze im Jahr 1637. Aufgebaut hatte sie sich schon 1634. Amsterdam war damals zum Finanzzentrum der Welt geworden. Diese Stellung hatte zuvor Antwerpen innegehabt. Vgl. Pierenkemper, 2015, S. 169.

457 Zur Südseeblase vgl. auch Mankiw/Taylor, 2016, S. 1108.

458 Mit dem Platzen der Blase in Paris wird Kapital an den Finanzplatz London transferiert und verschärft dort die bereits angespannte Lage. Bis auch dort die Börsenkurse purzeln.

459 Vgl. Pierenkemper, 2015, S. 169.

tigen Verlauf der mittelalterlichen Wirtschaft bei – zugegebenermaßen – mickrigen Wachstumsraten wäre somit verklärt und muss schlichtweg als unzutreffend bezeichnet werden.[460] Die *vormodernen* Perioden der Instabilität waren *überwiegend* durch **exogene** Faktoren wie Wettereinflüsse hervorgerufen, Hungersnöte ihre Symptome.

5.2.2 Moderne, endogene Finanz- und Wirtschaftskrisen

Für die Zeitgenossen noch eher diffus als scharf erkennbar, wandelte sich mit der einsetzenden Industrialisierung auch die Gestalt der wirtschaftlichen Ein- und Rückschläge. Im Folgenden unternehmen wir einen kleinen Ausflug in diese Welt der modernen Wirtschaftskrisen, die sich alle dadurch auszeichnen, dass ihr auslösendes Moment in der Wirtschaft selbst liegt; ihre Ursachen sind also nicht mehr exogen, sondern endogen![461]

Die historisch ersten Krisen dieser Art führen uns in das 19. Jahrhundert zurück. Dabei konzentrieren wir uns auf Krisen von ausschließlich internationalem Format (Kapitel 5.2.2.1.). Daran anknüpfend rücken wir zeitlich einige Jahrzehnte vor und blicken auf die Weltwirtschaftskrise von 1929 – und damit auf die wirtschaftlich bedeutendste Erschütterung des 20. Jahrhunderts (Kapitel 5.2.2.2.).

5.2.2.1 Länderübergreifende Krisen des 19. Jahrhunderts

Beim anschließenden Untersuchungsgang liegt der Fokus auf den Krisen des 19. Jahrhunderts, von denen zeitgleich mehrere Staaten betroffen waren. Daher blicken wir zu Beginn auf die allererste dieser Krisen – die aus 1825/26. Diese wird zwar mitunter als eine vorwiegend englische betrachtet,[462] doch ist dies – wie wir sehen werden – unzutreffend (Kapitel 5.2.2.1.1.).[463] Danach beleuchten wir die beiden ersten Weltwirtschaftskrisen, deren globale Bedeutung schon ihr Name widerspiegelt (Kapitel 5.2.2.1.2. und Kapitel 5.2.2.1.3.). Abschließend richtet sich unser Augenmerk auf die europäische Agrarkrise von 1875/76 (Kapitel 5.2.2.1.4.).

5.2.2.1.1 Die fast vergessene Krise von 1825/26

Die englische Wirtschaft hatte sich von den napoleonischen Kriegen und deren Nachgang ab dem Jahr 1821 endgültig erholt und zu vormaliger Prosperität zurückgefunden,

---

460 Von einem „bemerkenswerten Maß an Instabilität" für diese Zeit spricht Pierenkemper, 2015, S. 171.
461 „Die periodische Wiederkehr der Krisen [...] beweist, dass sie nicht aus den äußeren Umständen, sondern *aus dem inneren Wesen der modernen Wirtschaftsordnung* selbst herstammen. Zur Zeit einer allgemeinen Prosperität, während des größten Aufschwungs des Handels und der Industrie, brach wie ein Gewitter eine Handelskrisis mit allen ihren Folgen aus." Tugan-Baranowsky, 1901, S. 66 f.
462 Vgl. Huerta de Soto, 2020, S. 483.
463 Vor diesem Hintergrund erklärt es sich, dass manche Autoren in Bezug auf diese Krise von einem „globalen Ereignis" sprechen. Vgl. zum Beispiel Bordo, 1998, S. 79 und Kaminsky/Vega-García, 2012, S. 8.

bis sie im Jahr 1825 ohne externen Auslöser, also *erstmalig* vom traditionellen Krisenmuster *abweichend*, zusammenbrach. Bankenpleiten, Unternehmensinsolvenzen und Arbeitslosigkeit waren ihre unmittelbaren Begleiterscheinungen, aber auch Staatspleiten – in Lateinamerika.[464] Wie konnte es dazu kommen?

Im Sommer 1825 erhöhte die Bank von England, die damals eine öffentliche, gleichwohl aber noch *keine Zentralbank* war,[465] ihren Diskontsatz, um dem Kapitalabfluss entgegenzuwirken, der anfangs des Jahres mit einem sich verstetigenden britischen Importüberschuss einzusetzen begann.[466] Infolge der im Anschluss rückläufigen Liquiditätsversorgung der englischen Wirtschaft kam es im Oktober zu einem Börsenkrach, der im Dezember in einer handfesten Bankpanik kulminierte.[467] Die Wellen der Unruhe schwappen hinüber zum europäischen Festland. Auch hier gehen Bankhäuser pleite, etwa in Amsterdam, Wien und Sankt Petersburg. Ebenso in Deutschland und Italien.

Indem britische Kapitalgeber sich im Auge des Sturms von den Finanzmärkten zurückziehen, erfasst die Krise nur wenige Monate später die eben unabhängig gewordenen Länder Lateinamerikas: Einem Dominoeffekt gleich, erklären sich zwischen April 1826 und Januar 1828 in chronologischer Abfolge Peru, Großkolumbien, Chile, Mexico und zuletzt Argentinien für zahlungsunfähig.[468] Dabei ist es nicht lange her, teilweise nur wenige Monate, dass alle diese Länder am Finanzplatz London erstmalig

---

464 Vgl. Bordo, 1998, S. 77 f. bzw. sehr detailliert zu dieser Krise – jedoch ausschließlich aus englischer Perspektive – Tugan-Baranowsky, 1901, S. 69–85. Dieser stellt etwa fest, dass „die Bankrotte [...] erst bei den Banken [begannen]." Tugan-Baranowsky, 1901, S. 79 f.

465 Vgl. Bordo, 1998, S. 80. Mit einer Zentralbank verbindet man gemeinhin die Funktion des Kreditgebers der letzten Instanz und das landesweite Monopol der Notenausgabe. Dieses Privileg hat die Bank von England erst durch den Peel Act von 1844 erhalten. Auf das Zentralbankwesen kommen wir in Lektion 16 zurück.

466 Zu Beginn des Jahres 1825 waren die Warenpreise schnell angestiegen, insbesondere die für Rohbaumwolle. Britische Händler und Fabrikanten kauften – zu Spekulationszwecken – enorme Warenvorräte auf, welche bei weitem ihre gewöhnliche Nachfrage übertrafen. Dadurch vermehrte sich die englische Einfuhr stark, während die eigenen Exporte zugleich sanken. Kurzum: Diese Entwicklungen „machte[n] die Zahlungsbilanz für England ungünstig. Das Gold begann aus England nach dem Auslande abzufließen, der Barvorrat der Bank von England nahm rasch ab und die Bank war der Gefahr nahe, die Einlösung ihrer Noten einstellen zu müssen." Tugan-Baranowsky, 1901, S. 76. Direkt im Anschluss an diese Textstelle präsentiert der Autor Datenmaterial aus dem ersichtlich wird, dass Ende 1825 die *Goldreserven* der Bank von England gegenüber Januar 1824 um *neunzig Prozent* gesunken waren. Aus einer hierzu konsistenten Grafik geht bei Bordo zugleich hervor, dass die Goldbestände der Bank von England damit ihren Tiefstand erreicht hatten, von dem aus sie sich ab Januar 1826 wieder stetig erholt haben. Vgl. Bordo, 1998, S. 80.

467 Vgl. Kaminsky/Vega-Garcia, 2012, S. 2 oder Bordo, 1998, S. 77.

468 Auch *Brasilien*, das sich von Portugal in 1822 endgültig ablöste, reihte sich ein. Bei Außenständen von ca. 4,9 Mio. GBP erklärte es 1827 seine Zahlungsunfähigkeit. Vgl. auch hierzu Kaminsky/Vega-Garcia, 2012, S. 3.

Staatsanleihen platziert hatten – im nominalen Umfang von mehr als 13 Mio. Pfund (GBP).[469]

Zur Finanzierung ihrer Staatsausgaben im Allgemeinen, und somit zur Bedienung und Tilgung ihrer Darlehen im Besonderen, waren die Regierungen dieser jungen Staaten in einem hohen Maße von Zolleinnahmen aus dem Exportgeschäft abhängig. Mit dem Abschwung im wirtschaftlich führenden England erlitt nun auch der internationale Handel einen maßgeblichen Dämpfer, so dass die Einnahmen wegbrachen, die für den Kapitaldienst ihrer Anleihen nötig gewesen wären.[470]

Ein Ausweg aus dieser Notlage hätte – zumindest rein theoretisch – die Aufnahme weiterer Kredite zur Bedienung der bestehenden darstellen können, doch dieser war mit dem Rückzug der Briten, die den internationalen Kapitalmarkt dominierten, versiegt.[471]

Die Existenz dieser Krise, in der Karl Marx später die „erste moderne Krise der Überproduktion von Industriegütern"[472] verortet, ist heute vielfach in Vergessenheit

---

469 Entsprechend beobachtete schon Tugan-Baranowsky, dass „seit 1824 [...] die Londoner Börse von südamerikanischen Papieren überschwemmt [wird]." Tugan-Baranowsky, 1901, S. 70 f. Zahlreiche Details zu den jeweiligen Krediten und Konditionen finden sich bei Kaminsky/Vega-Garcia, 2012.

470 Vgl. Kaminsky/Vega-Garcia, 2012, S. 2 f. Gemäß Walter lag der Anteil des Weltexports an der Weltwirtschaftsleistung im Jahr 1825 bei ungefähr einem Prozent. Kurzum, als Ganzes betrachtet war der Weltexport noch ein bescheidenes Pflänzchen und trotzdem hatte seine temporäre Einschränkung den jungen lateinamerikanischen Ländern schonungslos die Fragilität ihrer Staatshaushalte aufgezeigt. Vgl. Walter, 2006, S. 176 f. Viele dieser Anleihen waren just mit dem Ziel der Exportsteigerung aufgenommen worden; d. h. man wollte konkret „Eisenbahnen [...] finanzieren, um den Transport von Rohstoffen und Lebensmitteln zu ihrer Verschiffung ins Ausland zu erleichtern." Galeano, 2019, S. 275.

471 Um einen Eindruck von der damals herausragenden Stellung britischer Banken in Bezug auf die Finanzierung lateinamerikanischer Staatshaushalte zu vermitteln, sei exemplarisch festgestellt, dass der chilenische Präsident Balmaceda in seiner Regierungszeit (1886–91) „mit Deutschland den ersten und einzigen Kredit aus[handelte], den Chile im ganzen 19. Jahrhundert *nicht* von England bekam." Galeano, 2019, S. 199. Dass sich die Briten mit der Unabhängigkeit der lateinamerikanischen Länder bei diesen prompt in eine Position als maßgeblicher Wirtschaftspartner gebracht hatten, stellte der französische Außenminister unter Ludwig XVIII. (1755–1824) frühzeitig fest. Neidvoll soll er bemerkt haben, dass die spanischen Kolonien „zum Zeitpunkt ihrer Emanzipation [...] in gewisser Weise zu englischen Kolonien [wurden]." Galeano, 2019, S. 273. Zu einer dazu kohärenten Aussage aus britischem Munde siehe z. B. Galeano, 2019, S. 240.

472 Mandel, 1987, S. 14. Und bei Mandel wenig weiter: „Marx selbst bezweifelte, dass man vor 1826 wirklich von einem Industriezyklus sprechen könne, wenn man sich die Grenzen der Industrialisierung außerhalb Großbritanniens und die Exportbeschränkung von Industriegütern vor Augen hält." Mandel, 1987, S. 15. Analog ordnet der zum Marxismus tendierende Tugan-Baranowsky diese Krise als *erste moderne* ein. Vgl. Tugan-Baranowsky, 1901, S. 66 f. Gestützt auf jüngeren wirtschaftshistorischen Forschungsarbeiten erkennt Huerta de Soto mittlerweile schon erste moderne Konjunkturkrisen *in vorindustrieller Zeit*, etwa in Florenz in der Mitte des 14. sowie in der zweiten Hälfte des 16. Jahrhunderts. Vgl. Huerta de Soto, 2020, S. 479 ff. Martin bezeichnet die Krise von 1825/26 infolge des Platzens einer Spekulationsblase als die erste Finanzkrise des Industriezeitalters. Vgl. Martin, 2014, S. 255. James, der dieser Krise eine globale Dimension attestiert, kommt zu der bemerkenswerten Ansicht, ihre Wiege stünde sogar in Lateinamerika. Vgl. James, 2022, S. 77.

geraten – allen voran außerhalb Lateinamerikas.[473] Mitunter wird man sich ihrer noch im Zusammenhang mit einem der dreistesten Hochstapler der Wirtschaftsgeschichte, Gregor MacGregor, gewähr, der im Jahr 1822 am Londoner Finanzplatz auf die Idee kam, eine Anleihe von 200.000 Pfund für das von Spanien eben unabhängig gewordene Poyais, einem Phantasiestaat, aufzulegen. Spätestens als die Republik Großkolumbien im Jahr 1824 per Dekret die Existenz dieses Hirngespinstes auflöste, dürften die Letzten unter den geprellten Anlegern den Schurkenstreich bemerkt haben. In Bezug auf den Krisenausbruch im Jahr 1825 geht diese famose Episode allerdings nicht über einen Nebenschauplatz hinaus! Darin herrscht Einigkeit.[474]

Auseinander gehen die Meinungen unter den Wirtschaftshistorikern jedoch in der Frage, welche Bedeutung der im Jahr 1825 praktizierten Geschäftspolitik der Bank von England als Auslöser der Krise genau beizumessen ist. Dass sie eine ursächliche Rolle gespielt hat, ist weitgehend unbestritten. Und dass die Bank von England durch französisches Gold in letzter Not gerettet wurde, ist Fakt.[475]

Tatsache ist auch, dass die in dieser Krise zahlungsunfähig gewordenen Länder Lateinamerikas von der kommenden Weltwirtschaftskrise im Jahr 1857 „verschont" blieben. Der Grund hierfür ist so einfach wie banal: Abgesehen von Brasilien und Peru, war es keinem dieser Länder gelungen, bis dahin an den internationalen Kapitalmarkt zurückzukehren![476] Die Verhandlungen über den Umgang mit den offenen Schulden

---

473 So erkennen etwa Krugman und Wells den ersten Konjunkturabschwung der Weltgeschichte gar erst in der englischen Wirtschaftskrise von 1846–47. Vgl. Krugman/Wells, 2010, S. 1081. Diese späte Datierung von Krugman und Wells ist insofern interessant als andere Autoren noch einen weiteren Wirtschaftsabschwung in England im Jahr 1836 identifiziert haben. Vgl. hierzu Huerta de Soto, 2020, S. 483 f. und ausführlich Tugan-Baranowsky, 1901, S. 85 ff.

474 In seiner umfangreichen Besprechung dieser Krise findet bei Tugan-Baranowsky dieses Bubenstück noch nicht einmal Erwähnung. Vgl. Tugan-Baranowsky, 1901, S. 69–85. Vgl. z. B. Neal, 1998, S. 63.

475 Bordo, der grundsätzlich drei Krisenursachen identifiziert, misst dem Verhalten der Bank von England besonderer Bedeutung bei, da diese mit einer Zinswende und der Übernahme der Rolle als *Lender-of-last-resort* das Ruder *viel zu spät* herumgerissen habe. Vgl. Bordo, 1998, S. 77. Andere sehen den Hauptgrund dieser Krise in der deflationären Geldpolitik begründet, die nach der Wiener Konferenz (1815) in England betrieben wurde! Diese Auffassung verneint Neal entschieden. Er macht unterdessen in den institutionellen „Informationsunsicherheiten" im Bankenwesen den Hauptgrund aus. Zu diesen sektoralen Unsicherheiten sei es infolge der notwendigen Umstellung von einer vorherigen Kriegswirtschaft zu einer in Friedenszeiten gekommen. Vgl. Neal, 1998, S. 54 f.

476 Brasilien gelang als erstes Land der Region die Rückkehr an den internationalen Kapitalmarkt im Jahr 1839, dann Peru (1853)! Was unterschied diese beiden Länder von den anderen? Im Unterschied zu seinen Nachbarn entschied sich *Brasilien*, nachdem es sich für zahlungsunfähig erklärt hatte, wenigstens den Zinsverpflichtungen gegenüber den Anleihebesitzern nachzukommen – auch wenn es wie alle anderen Länder den Tilgungsdienst einstellen musste! Aufgrund seiner Fähigkeit und seiner Bereitschaft die Coupon-Zahlungen weiter zu leisten, darf es nicht verwundern, dass es später von den Kapitalgebern bevorzugt behandelt wurde, und somit früher als seine Nachbarstaaten an die Kapitalmärkte zurückkam. *Peru* wiederum dürfte wegen zwei begehrten Grundstoffe die Gunst europäischer Kapitalgeber schneller als alle seine spanischsprachigen Nachbarn zurückgewonnen haben. Es waren *Guano* und *Salpeter*. Deren Eigenschaften als Düngemittel hatten die Europäer erkannt,

bzw. zur Umstrukturierung der Anfang der 1820er Jahre aufgenommenen Anleihen hatten sich teilweise über dreißig Jahre hingezogen. Dieser Umstand und die gleich noch zu beschreibende Panik von 1857 erklären, warum neue Kredite für Lateinamerika erst zu Beginn der 1860er Jahre wieder zu sprudeln begannen, für die meisten sogar erst nach dem Jahr 1866.[477]

Die Beobachtung, dass ganz Südamerika ab Mitte der 1820er Jahre längere Zeit kreditrationiert war, dürfte die in Lektion 2, Kapitel 5.2.1. aufgeworfene Frage zumindest in Teilen beantworten, warum die Wachstumsrate der lateinamerikanischen Länder in den Dekaden, die unmittelbar der Unabhängigkeit folgten, im globalen Vergleich weit unterdurchschnittlich ausgefallen sind.[478] Neben Asien war Lateinamerika damit die einzige Region, die zwischen 1820 und 1870, *kleinere Zuwächse* beim Wohlstandsniveau als in der Vorperiode verzeichnete.

5.2.2.1.2 Die erste Weltwirtschaftskrise von 1857

Im Jahr 1857 sucht eine Wirtschafts- und Finanzkrise erstmalig *alle* sich industrialisierenden Staaten für zwei Jahre heim.[479] Ihren Ausgang nimmt sie in den Vereinigten Staaten, als dort im August die **Ohio Life Insurance & Trust Co.** bankrottiert, die sich im Eisenbahn- und Agrargeschäft verspekuliert hatte.[480] Aufgrund ausstehender

---

weshalb sie beide Rohstoffe ab 1840 „in großen Mengen von der peruanischen Küste importiert[en]." Galeano, 2019, S. 195. Anfänglich lag die Aufmerksamkeit auf dem Vogeldünger. Doch kaum war dieser international eingeführt, bemerkte die Agrochemie, „dass Salpeter noch bessere Düngereigenschaften besaß, und 1850 war seine Verwendung auf den europäischen Feldern bereits weit verbreitet." Galeano, 2019, S. 196. Die Begehrlichkeit der Europäer nach natürlichen Düngemitteln in jenen Tagen erstaunt wenig, wenn man bedenkt, dass die letzte europäische Hungerskrise auf 1846/47 datiert. „Dank Vogeldünger und Salpeter [...] wurde das Gespenst des Hungers in Europa gebannt." Galeano, 2019, S. 196.

477 Vgl. Kaminsky/Vega-Garcia, 2012, S. 3.

478 Im Zusammenhang mit dem komplexen Wachstumsprozess (siehe Lektion 2) muss man sich vor einer monokausalen Interpretation allerdings hüten: Bürgerkriege und feindselige Auseinandersetzungen mit Nachbarstaaten sollten – um nur zwei weitere Aspekte zu benennen – als zusätzliche Wachstumsbremsen in dieser Periode des Subkontinents nicht übersehen werden. Stellvertretend für mindestens sechs solcher Konflikte sei hier der außerhalb Südamerikas wenig bekannte Krieg der Triple-Allianz (1864–1870) genannt, der zugleich als der blutrünstigste Krieg des Kontinents gilt. In diesem verlor Paraguay als eines der damals fortschrittlichsten Länder Südamerikas die Hälfte seiner Gebiete an Argentinien und Brasilien; ein mindestens ebenso hoher Bevölkerungsanteil verstarb aus Hunger, an Krankheiten oder in den Gefechten. Der paraguayische Verlust bei der männlichen Bevölkerung soll sogar bei 80 Prozent gelegen haben.

479 Aus diesem Grunde wird explizit von der *ersten Weltkrisis* gesprochen. Vgl. zum Beispiel Tugan-Baranowsky, 1901, S. 124. Eine ausführlichere Besprechung dieser Krise findet sich etwa bei Wehler, 2008c, S. 94f.

480 Tugan-Baranowsky merkt an, dass die Ohio Life Insurance and Trust Co. eine *ziemlich kleine* Aktienbank war, die „keine hervorragende Rolle im System des amerikanischen Kredits spielte. Die überaus starke Wirkung dieses ersten Bankrotts beruhte vollständig auf der höchst gespannten Lage des ameri-

Kredite bei nahezu sechzig New Yorker Banken bricht mit ihrem Kollaps an der Wall Street Panik aus und leitet eine Rezession in Amerika ein.[481]

Die Krise schwappt im Oktober nach Europa, zunächst nach England – dem damals wichtigsten Handelspartner der USA. Über das Finanzzentrum London und das internationale Geldgeschäft findet sie nur wenig später – im November 1857 – ihr Einfallstor nach Deutschland: Hamburg.[482]

Hier brechen nun reihenweise alteingesessene Handelshäuser – die ihre Warenlager auf Kredit gefüllt hatten – zusammen, weil der internationale Handel ins Stocken geraten ist.[483] Ähnlich erging es den Handelspartnern der Hanseaten in Skandinavien: Kredite konnten nicht mehr bedient und Geschäfte mussten aufgegeben werden. Die Preise auf dem internationalen Zucker- und Kakaomarkt brachen ein, so dass auch Länder wie Kuba und Venezuela die Krise zu spüren bekamen.[484]

Angesichts der Krise stellte man in Hamburg vierzehn im Fernhandel tätige Gesellschaften unter staatliche Geschäftsaufsicht. Zudem richtete man zur Stabilisierung der Handelshäuser unter dem Dach einer eigens hierzu gegründeten Bank einen Rettungsfonds in Höhe von fünfzehn Millionen Mark ein.[485] Die Fondsmittel setzten sich zu einem Drittel aus einer Emission Hamburger Staatsanleihen und zu zwei Dritteln aus

---

kanischen Geldmarktes. [...] Die Panik erfasste die gesamten Börsen Amerikas. Da mit den Eisenbahnunternehmungen am meisten gesündigt wurde, so erlitten auch die Eisenbahnaktien das schwerste Fallen." Tugan-Baranowsky, 1901, S. 128. Wright ordnet ein, dass Lebensversicherungen zu jener Zeit wichtige Sparinstrumente der amerikanischen Mittel- und Oberschicht gewesen waren. Vgl. Wright, 2005, S. 89 ff.

481 Vgl. Mishkin, 1992, S. 180. Die USA hatten in 1857 noch keine Zentralbank! Vgl. z. B. Herrmann, 2013, S. 157.

482 Insofern versteht es sich, dass im deutschen Sprachraum diese Krise mitunter auch als „Hamburger Krise" bezeichnet wird. Herrmann konstatiert, dass „Hamburg schon damals das ‚Tor zur Welt' [war] und [...] große Teile des deutschen Außenhandels [finanzierte]." Herrmann, 2013, S. 157. Zur besseren Einordnung des Ausmaßes, zu dem die Finanzmärkte Mitte des 19. Jahrhunderts transatlantisch verwoben waren, sei zunächst darauf hingewiesen, dass schon damals viele Europäer Teile ihres Geldvermögens in die Vereinigten Staaten transferiert hatten – auch wegen der unruhigen politischen Zeiten in ihren Heimatländern! Im Jahr 1852 sollen Europäer bereits US-Wertpapiere in Höhe von 260 Mio. US-Dollar besessen haben. Diese Vermögenswerte waren mit der Insolvenz der Ohio Life Insurance bedroht. Vgl. Zöttl, 04.12.2021 sowie Wehler, 2008c, S. 95. Unter den Europäern hielten wiederum die Briten den größten Anteil an diesen amerikanischen Wertpapieren, deren Bestandshöhe Anfang 1857 auf ca. 80 Mio. Pfund taxiert wurde. Vgl. Tugan-Baranowsky, 1901, S. 125.

483 „Weltweit waren Hamburger Wechsel in einer Höhe von etwa 400 Millionen Mark im Umlauf, die aufgrund der Panik reihenweise ‚platzten'. Die Kaufleute im Ausland konnten nicht zahlen, weil ihre Kunden und Banken ebenfalls auf Zahlungen warteten – und so kamen die Wechsel nach Hamburg zurück. Innerhalb von Tagen waren die traditionsreichen Firmen Hamburgs allesamt zahlungsunfähig." Herrmann, 2013, S. 157 f.

484 Vgl. Zöttl, 04.12.2021 und zu Kuba auch Galeano, 2019, S. 100.

485 Vgl. Wehler, 2008c, S. 95 und Herrmann, 2013, S. 158. Angemerkt sei, dass es damals auch in Hamburg noch keine Zentralbank gab.

einer Einlage geliehener Silberbarren zusammen.[486] Durch diese Maßnahmen war die Panik in Hamburg nach wenigen Tagen vorbei. „Als Kreditkrise wirkte die Fluktuation aber weiter fort, erfasste die Aktienbörsen [...] und traf schließlich die Investoren vor allem im Eisenbahnbau und Warengeschäft."[487]

5.2.2.1.3 Die *zweite* Weltwirtschaftskrise und der deutsche Gründerkrach von 1873

Im Allgemeinen ist in Deutschland die erste Wirtschaftskrise *nach* Reichsgründung mit dem Begriff des **Gründerkrachs** konnotiert. Denn hier, in Deutschland, war im Anschluss an die Reichsgründung im Januar 1871 die wirtschaftliche Prosperität zurückgekehrt.[488] Bis zum Börsenkrach im Oktober 1873 wurde dieser Aufschwung von einer beispiellosen Gründungsdynamik begleitet. Begünstigt hatte diesen Boom an Neugründungen eine Novelle des Aktienrechts, mit der das Konzessionssystem im Sommer 1870 abgeschafft wurde.[489] Daraufhin kam es im Deutschen Reich innerhalb von drei Jahren zur Gründung von nahezu 930 Aktiengesellschaften mit einem Gesamtkapital von ca. drei Mrd. Mark.[490] Bedenkt man, dass über die vorherigen *beiden Dekaden* im industriell führenden Preußen keine dreihundert Aktiengesellschaften gegründet worden waren, die sich zudem ganz vorwiegend auf die junge Eisenbahnbranche verteilten,[491] erhält man eine *erste, vage* Idee von der überbordenden Euphorie, die am damaligen Kapitalmarkt geherrscht hat.

Um eine robustere Vorstellung vom Ausmaß dieser Börsenmanie entwickeln zu können, lohnt der vergleichende Blick auf die Fähigkeit, die eine durchschnittliche Aktiengesellschaft bei Gründung an Eigenkapital im Publikum einzusammeln vermochte – und zwar im Laufe des kurzen Booms bzw. in der Phase nach dem Krach.

Mitte der Bonanza (1872) gelang es einer neuen Aktiengesellschaft im Schnitt 3,85 Mio. Mark an Eigenmitteln einzuwerben; damit konnte ein ohnehin gutes Ergebnis aus

---

486 Das Silber im Wert von zehn Millionen Mark stammte schließlich aus Wien und wurde per „Silberzug" geschickt, nachdem sich Hamburg an anderer Stelle (u. a. in Berlin und Dresden sowie in Amsterdam, Brüssel, Paris und London) vergeblich um eine solche verzinsliche Leihgabe bemüht hatte. Vgl. Herrmann, 2013, S. 158. Vgl. zum „Silberzug" auch Roberds/Velde, 2014, S. 46.
487 Wehler, 2008c, S. 95.
488 In Deutschland hatte sich bereits seit 1866 ein Wirtschaftsaufschwung eingestellt, der mit dem Krieg gegen Frankreich für ein paar Monate unterbrochen wurde. Vgl. Wehler, 2008c, S. 97 f.
489 Die Änderung des Aktiengesetzes beseitigte das *Konzessionssystem*, d. h. es hat zur Gründung einer Aktiengesellschaft fortan *keiner* staatlichen Erlaubnis (Konzession) mehr bedurft! Vgl. Walter, 2011, S. 121.
490 Vgl. Walter, 2011, S. 121 und Wehler, 2008c, S. 97 f. Unter diesen Gründungen befanden sich *über einhundert Banken*, die „den Bauboom [...] [und] die rasant wachsende Industrie [finanzierten]. Viele dieser Gesellschaften überlebten die Krise nicht, der Rest machte enorme Verluste." Herrmann, 2013, S. 159.
491 Zwischen 1850 und 1870 vereinte das Eisenbahnwesen 72 Prozent aller gegründeten Aktiengesellschaften auf sich. Weitere elf Prozent fanden im Bergbau und im Hüttenwesen statt. Vgl. Walter, 2011, S. 121.

dem Vorjahr noch einmal um gute fünf Prozent gesteigert werden. Eine solch hohe Summe am Kapitalmarkt aufzunehmen, blieb neuen Aktiengesellschaften in den darauffolgenden zwanzig Jahren verwehrt, obgleich die Zahl an Neugründungen selbst einen rapiden Niedergang zu verzeichnen hatte. Von drei Ausnahmen abgesehen, dienten die Anleger allein in den fünfzehn Jahren, die sich dem Krach anschlossen, den Aktiengesellschaften nicht mal mehr eine Mio. Mark im Mittel an. Am Kapitalmarkt herrschte ab 1874 Katerstimmung! Die Neigung zur Aktienzeichnung war verflogen! Im Tiefpunkt der Krise, im Jahre 1878, vertrauten die Investoren *allen* neugegründeten Aktiengesellschaften *weniger als ein Prozent* der Summe an, die sie ihnen im grenzenlosen Rausch des Jahres 1872 für Börsengänge locker gemacht hatten. Die Fallhöhe konnte kaum größer gewesen sein.[492]

Das jähe Ende des kurzen Fieberwahns am deutschen Kapitalmarkt hatte im Herbst 1873 die Information über die Pleite der erst 1870 gegründeten **Vereinsbank Quistorp & Co.** ausgelöst, in deren Folge eine Verkaufsrally an der Börse einsetzte und die Aktienkurse auf fast die Hälfte ihres vormaligen Wertes absackten.[493] Zu den weiteren wirtschaftlichen Konsequenzen des Börsenkrachs gehört, dass in seinem Nachgang gut die Hälfte der vormaligen 139 Kreditbanken im Deutschen Reich binnen weniger Monate liquidiert werden mussten.[494] Darüber hinaus wurden von den 456 Hochöfen im Deutschen Reich nahezu neunzig allein bis Mai 1874 ausgeblasen; da sich die Betriebsschließungen im Hüttenwesen über die weiteren Jahre der Baisse fortsetzten, waren im Jahr 1879 nur noch 210 Hochöfen in Betrieb.[495]

Zu einem abgerundeten Bild der Symptome dieser Gründerkrise gehört noch festzuhalten, dass in zahlreichen Wirtschaftszweigen mit dem Börsenkrach von 1873 prompt ein rasanter Preisverfall einsetzte, weshalb Wehler auch vom Beginn einer „Großen Deflation" spricht.[496]

---

492 Über die nachfolgenden 19 Jahre gelang es im Mittel nicht einmal *sieben Prozent* der Summe aus dem Rauschjahr 1872 zu erzielen! Die hierzu verwendeten Rohdaten finden sich für die Jahre 1871 bis 1892 alle bei Walter, 2011, S. 122. Herrmann stellt hinsichtlich der Aktienkurse fest, dass es sogar bis 1910 dauerte bis diese ihre Höchststände von 1873 wieder erlangt hätten. Herrmann, 2013, S. 160.

493 Vgl. Walter, 2011, S. 123. Die Quistorpsche Bank war als „typische[s] ‚Gründer'-Unternehmen [...] mit zweiundzwanzig weiteren Gesellschaften verschachtelt, die sofort mit in den Strudel hineingezogen wurden. Ein wahrer Rattenschwanz an Konkursen heftete sich an dieses [...] Ereignis." Wehler, 2008c, S. 100 f.

494 Vgl. Wehler, 2008c, S. 101. In Österreich war der Aderlass unter den Aktienbanken nicht minder gering: Von über 120 Instituten (1873) bestanden im Jahr 1878 nur noch 43! In Ungarn war die Anzahl der Bankenpleiten hingegen gering geblieben. Vgl. Jobst/Kernbauer, 2016, S. 95.

495 Vgl. Wehler, 2008c, S. 103.

496 Vgl. Wehler, 2008c, S. 103 ff. Von einer „langen" Depression spricht auch Mandel, 1987, S. 27. Gleichwohl wird der Begriff „long depression" vorwiegend in England für den wirtschaftlichen Niedergang zwischen 1873 und Anfang der 1890er Jahre verwendet.

Die Initialzündung zu dieser langjährigen Malaise, die de facto eine weltweite war, weil „die Jahre 1873/74 [...] für alle Industriestaaten mit erheblichen Konjunktureinbrüchen verbunden waren,"[497] ereignete sich hingegen in Österreich-Ungarn. An der Börse im dortigen Kaiserreich fieberte es in den frühen 1870er Jahre nicht minder als im deutschen.[498] Entsprechend kräftig waren auch hier die Aktienkurse geklettert, bis im Frühjahr 1873 die Stimmung am Börsenplatz Wien plötzlich kippte.

Den Abläufen an anderen Finanzmarktplätzen in der zweiten Hälfte des Jahres 1873 ähnlich, hatte in der k. u. k. Monarchie eine **Liquiditätskrise** im **Bankensektor** den vormaligen Optimismus verpulvert als die Franko-Ungarische Bank in Budapest außer Stande geraten war, eine versprochene Dividendenzahlung zu leisten, und die Österreichische **Creditanstalt** mit Krediteinschränkungen begonnen hatte.[499] Die Aktienkurse purzelten ab Ende April, dann brach Panik aus und die Börse crashte – am 09. Mai 1873.[500]

In einer im Nachgang der österreichischen Geschehnisse bereits schwächelnden Weltwirtschaft bricht im September durch den „Zusammenbruch des New Yorker **Bankhauses Jay Cook & Co.**, des großen Eisenbahnfinanziers,"[501] schließlich der Damm zu einer globalen Krise. Zunächst kollabiert die amerikanische Börse. Dann schwappt die Misere von New York nach London, Paris und Berlin, nicht zuletzt deshalb, weil „[e]in

---

497 Walter, 2011, S. 123.

498 Zwischen 1866 und 1873 stieg die Anzahl der an der Wiener Börse gelisteten Aktiengesellschaften von 31 auf 347. Mit über einhundert Gesellschaften fiel ca. *ein Drittel* dieser Neugründungen auf das *Bankgewerbe*. Im Jahr 1865 hatte es in Österreich-Ungarn (neben Sparkassen und Privatbankiers) erst *fünfzehn* solcher Institute gegeben. Vgl. Jobst/Kernbauer, 2016, S. 87 und S. 93.

499 Vgl. z. B. Walter, 2011, S. 123. Zur besseren Einordnung der Gemengelage mag der Hinweis beitragen, dass die Aktienbanken aus der Emission von Aktien neuer Transport-, Bau- und Industriegesellschaften große Profite zogen. Da sie aber zugleich diese Emissionen „durch die Gewährung von großzügigen Krediten an die Käufer der Aktien [...] finanzierten, [...] war ein zunehmend fragiles Gebilde *kreditfinanzierter Börsenspekulation* [entstanden]." Jobst/Kernbauer, 2016, S. 91. Die Signalwirkung, die allen voran von der geschäftspolitischen Entscheidung der Creditanstalt ausging, erklärt sich aus ihrer Stellung in der Habsburger Bankenlandschaft: Die Creditanstalt war nicht nur die *zweite* Aktienbank Österreichs, die erst im Jahr 1856 gegründet worden war. Sie verfügte zudem über eine enorme Kapitalausstattung – die beispielsweise dem Zwölffachen der ersten, im Jahr 1853 gegründeten Aktienbank im Habsburger Reich entsprach. Vgl. Jobst/Kernbauer, 2016, S. 86.

500 Vgl. Jobst/Kernbauer, 2016, S. 90 und Walter, 2011, S. 123 oder auch Tugan-Baranowsky, 1901, S. 153. Letzterer datiert den Wiener Börsencrash abweichend zu den anderen beiden Autoren auf den 08.05.1873. Bis Ende Oktober 1873 betrug der Rückgang der Aktienkurse in Österreich gut 43 Prozent. Bankaktien hatten überdurchschnittlich an Wert verloren. Damit entsprach der Kursverlust an der Wiener Börse in seiner Größenordnung dem, wie er später im Deutschen Reich eintreten sollte. Vgl. hierzu Jobst/Kernbauer, 2016, S. 94 und Walter, 2011, S. 123. Der Aderlass, der unter den österreichischen Aktienbanken im Fortgang der Krise stattfand, war nicht minder gering als im Deutschen Reich: Von über 120 Instituten (1873) existierten im Jahr 1878 nur noch 43! In Ungarn war die Anzahl der Bankenpleiten hingegen gering geblieben. Vgl. Jobst/Kernbauer, 2016, S. 95.

501 Wehler, 2008c, S. 100. Dass der Zusammenbruch dieser Bank Auslöser der amerikanischen Finanzkrise von 1873 war, konstatiert auch Mishkin, 1992, S. 180.

Drittel des amerikanischen Eisenbahnkapitals seit dem Bürgerkrieg [...] aus Europa in die Neue Welt geflossen [war].“[502]

Dass die soeben beschriebene Wirtschafts- und Finanzkrise internationale Reichweite erlangte, wird in Deutschland häufig übersehen. Diese Tatsache mag zumindest in Teilen dem hierzulande gebräuchlichen Begriff des **Gründerkrachs** geschuldet sein. Dieser Terminus, der die gesamtwirtschaftlichen Verwerfungen jener Zeit schon sprachlich zu verkürzen neigt, mag vielleicht auch erklären, warum aus dem allgemeinen deutschen Bewusstsein eine weitere Krise verschwunden ist, die – *eingebettet* in den Nachhall des Gründerkrachs – im Jahr 1875/76 auftritt: die **Strukturkrise** der europäischen **Landwirtschaft**.

5.2.2.1.4 Die europäische Agrarkrise von 1875/76

Blicken wir zur Einordnung der Geschehnisse zunächst auf die der Strukturkrise vorangegangene Entwicklung des landwirtschaftlichen Sektors in Deutschland.

Abgesehen von den beiden Hungerjahren 1846/47, die auf zwei Missernten basierten,[503] durchlief die deutsche Landwirtschaft zwischen dem Jahr 1826 und dem Krisenausbruch in 1875/76 eine Phase, die man als ihre ‚Goldenen Jahre‘ bezeichnet. Die Sprengung der feudalen Ketten hatten ihre Wirkung nicht verfehlt; erstaunliche Produktivitätsfortschritte konnten erzielt werden.[504]

In dieser fünfzig Jahre während Boomzeit waren die entwickelten deutschen Staaten bald zu Getreideexporteuren geworden. Die Ausfuhren gingen dabei überwiegend nach England. Angesichts dieser Handelsposition verwundert es nicht, dass der

---

502 Wehler, 2008c, S. 100. Unter den Europäern dominierten wiederum die Briten als Finanziers des amerikanischen Eisenbahnbaus. Vgl. Herrmann, 2013, S. 159.

503 Die Krise von 1845/46 wird als letzte Agrarkrise „alten Typs“ bezeichnet. Hierzu und zu weiteren Details siehe z. B. Wehler, 2008b, S. 642 ff. Dort ist u. a. zu erfahren, dass in 1845 nur eine „sehr knappe Ernte“ eingebracht werden konnte; die Situation verschärfte sich durch eine „vollständige Missernte“ im Jahr danach. „Zwei Jahre lang überlagerten sich [...] drei Krisenfelder mit so bedrückenden Folgen, dass die Notlage nicht nur zu zahlreichen Symptomen sozialer Unruhe, sondern auch zu einer Radikalisierung des kollektiven Protests führte.“ Wehler, 2008b, S. 641.

504 Vgl. Wehler, 2008c, S. 38 f. Die Quellen dieser Produktivitätsfortschritte im Agrarsektor behandelt Wehler an zwei Stellen. Auf die wesentlichen Gründe der Leistungssteigerung zwischen 1826 und 1850 geht er bereits ein in Wehler, 2008b, S. 40 ff. Dort stellt er unter anderem fest, dass „der agrarische Fortschritt bis 1850 [...] noch nicht das Ergebnis mechanisierter Produktion und maschineller Ausrüstung gewesen [ist]. Beide setzen sich erst in der zweiten Hälfte des 19. Jahrhunderts auf breiterer Ebene durch.“ Wehler, 2008b, S. 47. Die Ursachen des Produktivitätsanstiegs nach 1850 handelt er dann ab in Wehler, 2008c, S. 47–56. Hier erfährt man, dass in der Phase, die sich der Revolution (1848) unmittelbar anschloss, die weitere Steigerung der landwirtschaftlichen Produktivität maßgeblich auf der Einführung des eisernen Pflugs und der eisernen Egge, dem Einsatz intensiverer Kulturen (Züchtungserfolge bei Zuckerrübe) und der Nutzung einer breiten Palette an mineralischen Düngern (Kalisalz, Kalk, Ammoniak, Salpeter und Guano) basierte. Schließlich verbesserte die Einführung von Dresch-, Drillsaat- und Breitsämaschinen die sektorale Produktivität weiter.

Deutsche Zollverein im Jahr 1853 alle Kornzölle aufhob und der internationale Getreidehandel fortan ungehindert betrieben werden konnte.[505]

Trotz dieser langjährigen, allgemeinen Prosperität lag auf dieser „goldenen Periode" nicht nur Glanz. Auf der dem Licht abgewandten Seite hatte sich über die Zeit ein hoher Verschuldungsgrad in der Landwirtschaft aufgetürmt. Die hohen sektoralen Schulden waren nicht zuletzt das Ergebnis der notwendigen Abstandszahlungen, die der einzelne Landwirt für den Grunderwerb zu leisten hatte, der im Rahmen der Bodenreformen und der „Bauernbefreiung" möglich geworden war.[506] Unter den Bedingungen des langen Agraraufschwungs war den Landwirten die Pflicht zum Zins- und Tilgungsdienst bislang stark erleichtert worden.[507] Nun waren mit der Zeit die Bodenpreise und damit die Pachtraten für die eigentumslosen Bauern und Agrarier deutlich gestiegen. Und schließlich trat hinsichtlich der Außenhandelsposition bei Getreide eine Wende ein: Deutschland mutierte vom Exporteur zum Importeur!

Zunächst ergab sich im Jahr 1852 ein erster Einfuhrbedarf bei Roggen, dem wichtigsten Brotgetreide der Deutschen. Dieser Bedarf wurde chronisch. Erstmalige Importe weiterer Sorten folgten: Gerste (1867), Hafer (1871) und schlussendlich auch Weizen (1873).[508] Mitte der 1870er Jahre war für jeden sichtbar, was sich seit einiger Zeit abzeichnete: Die Strukturen auf dem Weltgetreidemarkt hatten sich nicht nur dauerhaft, sondern vor allem fundamental zuungunsten Europas geändert. Nichts geringeres als „der Zusammenbruch des mitteleuropäischen Agrarmarktes [setzte] ein."[509] Ein Ereignis von wahrlich säkularer Wucht! Eines, das bei unverstellter Betrachtung

---

505 Vgl. Wehler, 2008c, S. 56.

506 Festzuhalten gilt, dass das „Ablöseregime" in den deutschsprachigen Ländern erheblich Unterschiede aufwies; während die Bodenreform für die befreiten Bauern in Sachsen relativ vorteilhaft, sprich lastenfrei, war, verlief sie in Preußen – vornehm ausgedrückt – nicht wirklich zu Ungunsten der Rittergüter. Vgl. Wehler, 2008b, S. 34 ff. Den Abschluss seiner Agrarreformen hatte Preußen schließlich im Jahr 1850 durch ein Edikt eingeleitet. Nach diesem hatten die befreiten Bauern nun bei einer der Landbanken, die nach sächsischem und süddeutschem Vorbild zum Zwecke der finanziellen Abwicklung der Bodenreform eingerichtet worden waren, ihre Tilgungsraten und Zinsen über einen Zeitraum von längstens 56 Jahren abzubezahlen. Vgl. Wehler, 2008c, S. 48. Dort weiter: „Nach einem bestimmten Verteilungsmodus erhielt jährlich ein Teil der [DK: enteigneten] Gutsbesitzer die ihnen zugebilligte Gesamtsumme. Für den relativ begrenzten Kreis der anspruchsberechtigten Gutsherren erwies sich das als außerordentlich vorteilhaft, da sie auf einen Schlag größere Beträge erhielten, die sie nicht nur für die Modernisierung ihrer Eigenwirtschaft, sondern auch zur Ausdehnung ihres [...] Konsumaufwands verwenden konnten." Dass diese Reformen zum Bodeneigentum in Bezug auf ihre finanzielle Abwicklung auch ganz anders gestaltet wurden, zeigt das Beispiel Österreich. Zur Abschaffung der letzten Feudalrechte emittierte dort der Staat im Jahr 1848 eine Grundentlastungsobligation. Mit anderen Worten: Der Staat bediente sich des Kapitalmarkts, um die ehemaligen Grundbesitzer zu entschädigen. Vgl. Jobst/Kernbauer, 2016, S. 73 und S. 88.

507 Vgl. Wehler, 2008c, S. 48.

508 Vgl. Wehler, 2008c, S. 56.

509 Wehler, 2008c, S. 56.

bis heute in Form einer **ungelösten Ewigkeitskrise** im Agrarsektor der Europäischen Union fortwährt.[510]

Was war geschehen?

Innerhalb weniger Jahre tauchte ein Riesenangebot preiswerten und qualitativ überlegenen ausländischen Getreides auf. Mit der „internationalen Verkehrsrevolution" hatte sich das in den letzten Prosperitätsjahren angekündigt. Beispielsweise kam es in den Vereinigten Staaten mit dem Eisenbahnbau zur Anbindung der Anbauflächen des Mittleren Westens mit der Ostküste.[511] Von hier konnte das amerikanische Getreide dank der neuen Dampfschifffahrt bei sinkenden Frachtraten in hohen Mengen nach Europa transportiert werden (siehe Tabelle 5.1). Aus analogen Gründen traf nur wenig später auch aus Kanada, Argentinien, Australien und Indien in Europa Weizen ein.[512] Kurzum: Europa wurde von Überseegetreide förmlich überschwemmt, zumal auch das zaristische Russland zur Generierung von Devisen schon länger üppige Mengen anlieferte (siehe Tabelle 5.1).[513]

Tabelle 5.1: Getreideexporte Russlands und der USA nach Europa (1851–1880), in 1.000t.[514]

Jahre	Russisches Getreide	Amerikanisches Getreide	Gesamt (absolute Menge)	Veränderung in % (gegenüber 1851/55)
1851/55	707	574	1.281	0,0
1856/60	1.088	784	1.872	46,1
1861/65	946	1.519	2.465	92,4
1866/70	1.865	980	2.845	122,1
1871/75	3.022	2.408	5.430	323,9
1876/80	4.266	5.050	9.316	627,2

Den Auftakt dieser **Überproduktionskrise** bildet das Jahr 1875, in dem in Europa ein beispielloser Preisverfall bei landwirtschaftlichen Erzeugnissen infolge des Getreideanpralls einsetzt. Prompt schlägt sich im Agrarsektor die angehäufte **Schuldenlast** durch,

---

510 Vgl. Wehler, 2008c, S. 38 oder auch S. 56.

511 Die Urbarmachung der „virgin soils" im Mittleren Westen brachte gerade in den Anfangsjahren sehr hohe Ausbringungsmengen hervor.

512 Mit Bezug auf Einfuhren aus Australien und Indien sei an die Eröffnung des Suez-Kanals im November 1869 erinnert. „Insgesamt sanken [...] die Frachtraten noch schneller als die Getreidepreise." Wehler, 2008c, S. 57. Vgl. auch Mazoyer/Roudart, 2006, S. 368 f.

513 Konsequenterweise erdrückten „die billigen Importe [...] von Osten und Westen binnen kürzester Zeit das europäische Preisgefüge." Wehler, 2008c, S. 57. Die russische Landwirtschaft war der überseeischen mit Blick auf den Technisierungsgrad und die Produktivität zwar deutlich unterlegen, die niedrigen Löhne der russischen Bauern hielten das Getreide des Zarenreichs aber günstig. Der Eisenbahnbau, der neuerdings die Getreideanbaugebiete Russlands mit den Häfen am Schwarzen Meer verband, erleichterte die Lieferung russischen Getreides nach Europa zudem. Vgl. Schatt, 1984, S. 181.

514 Wehler, 2008c, S. 57.

wiegen mit der unerwarteten Deflation bei steigenden Hypothekenzinsen die Verbindlichkeiten doch ungleich schwerer als zuvor. In der Folgezeit schnellt die Versteigerung von Höfen hoch und verschuldete Bauern, die Zins- und Tilgungspflichten mit dem Verkauf von Grundeigentum nachkommen müssen, bemerken schmerzhaft die absackenden Bodenpreise. Deren Sinkflug lässt auch hypothekarisch besicherte Neukredite versiegen, so dass im Agrarsektor eine Kreditkrise heraufzieht.[515]

Wie die anschließende Tabelle 5.2 erahnen lässt, hatten die deutschen Bauern wegen ihrer höchst unterschiedlichen Ausgangsbedingungen, keine einheitliche Vorstellung darüber, wie mit der Krise umzugehen sei. Schon zuvor konnte die eine Hälfte der Landwirte ihr Haushaltseinkommen allein auf Basis ihrer Betriebe *nicht* sichern. Ihre Zwergbetriebe machten landwirtschaftliche oder hausindustrielle Nebenerwerbstätigkeiten für sie ohnehin notwendig. Denn nicht vor einer Größe von zwei bis fünf Hektar war überhaupt erst Subsistenzwirtschaft möglich. Dies gesagt, lässt sich erkennen, dass gerade einmal ein Fünftel aller deutschen Agrarbetriebe kommerzielle Landwirtschaft betreiben konnte.

Tabelle 5.2: Größenklassen der preußischen landwirtschaftlichen Betriebe 1858.[516]

Größe (in ha)	Anzahl der Betriebe	%	Fläche	%	Durchschnittliche Fläche je Betrieb (in ha)
Bis 1,25	1.099.161	51,3	568.580	2,4	0,52
1,25 – 7,5	617.373	28,8	2.150.692	9,0	3,48
7,5 – 75	391.586	18,4	9.165.479	38,0	23,41
75 – 150	15.076	0,7	1.543.275	6,5	102,37
Über 150	18.289	0,9	10.443.175	43,8	571,01[517]

Darüber hinaus divergierten die Interessen zwischen den Getreideanbau und den Tierwirtschaft betreibenden Landwirten. Ausgerechnet die allergrößten Ackerbaubetriebe, die ostelbischen, waren nicht sonderlich technikaffin gewesen und spürten wegen ihrer geringen Produktivität die neue, überseeische Konkurrenz am stärksten.[518]

Dies vor Augen erstaunt es kaum, dass die ostelbischen Junker in höheren **Zöllen** die Lösung sahen. Bismarck, einer von ihnen, sollte ihnen diese gewähren. Die Vieh-

---

515 Wehler, 2008c, S. 58. Es trat also das Phänomen der Schuldendeflationsfalle ein, welches jedoch erst von Irving Fisher im Jahr 1933 im Zuge der Weltwirtschaftskrise von 1929 beschrieben wurde. Vgl. Herrmann, 2013, S. 171.

516 Wehler, 2008c, S. 49.

517 Bei Wehler hat sich an dieser Stelle der Fehlerteufel eingeschlichen. Fälschlicherweise steht bei ihm hier der Wert 471,01 statt 571,01! Mit dem von uns korrigierten Wert lässt sich die durchschnittliche Fläche je Betrieb auf reichlich 11 Hektar berechnen. Zum Vergleich: In den USA ist die mittlere Farm zu diesem Zeitpunkt mit gut 80 Hektar schon mehr als siebenmal so groß wie ihr Pedant in Preußen. Vgl. Federico, 2009. S. 154.

518 Vgl. Wehler, 2008c, S. 53.

wirtschaft betreibenden Kleinbetriebe in Süddeutschland waren entschieden anderer Meinung und von der Zollpolitik des Reichskanzlers wenig angetan, erhöhten sich mit den Zöllen doch die Futtermittelpreise.[519]

Ungeachtet dieses Interessenkonflikts innerhalb der Gruppe der deutschen Landwirte im Umgang mit dieser überseeischen Getreideinvasion,[520] begann Bismarck mit seiner agrarpolitischen Entscheidung den Weg in ein **neues Zeitalter** zu beschreiten – das „der staatsinterventionistisch geschützten Agrarwirtschaft."[521] Zweifelsohne steht in dieser Krise und dem Umgang mit ihr die Wiege der Landwirtschaftspolitik, die den europäischen Agrarsektor bis heute charakterisiert. Eine Beobachtung, die erstaunlich wenig Beachtung findet.

5.2.2.2 *Die* Erschütterung des 20. Jahrhunderts: Die *dritte* Weltwirtschaftskrise von 1929

Ende Oktober 1929 krachte es an den Finanzmärkten erneut – zunächst in New York, dann tags darauf in Europa bevor zwei prompt einsetzende, nicht minder deftige Nachbeben an den US-Börsen die Erschütterungskaskade komplettierten.[522] In der Folge dieses gewaltigen Börsenbebens gerieten die bestehenden Wirtschafts- und Finanzsys-

---

519 Ebenso einseitig wurden die Großgrundbesitzer in Böhmen, Mähren und Ungarn von der Zollpolitik des Habsburger Reiches begünstigt. Vgl. Komlosy, 2016, S. 45. Nach Federico vereinnahmten um das Jahr 1900 die landwirtschaftlichen Betriebe in Ungarn die größte Durchschnittsfläche in Europa mit 180 Hektar auf sich. Für Österreich wird ein Vergleichswert von 65 Hektar und für Ostdeutschland einer von 35 Hektar angegeben. Vgl. Federico, 2009, S. 155.

520 Der Begriff der Getreideinvasion wird O`Rourke zugeschrieben. Vgl. Krausmann/Langthaler, 2016, S. 87. Dort auch weitere Details zur Bedeutung des Getreides am Weltexport zwischen 1880 und 1930 – etwa, dass fast die Gesamtheit der Getreideausfuhren nach Europa ging! Siehe aber auch den Artikel selbst von O`Rourke, 1997, S. 775 ff.; Zur rasant gestiegenen Bedeutung der US-amerikanischen Getreideimport für Europa bzw. für England im Besonderen siehe auch Nelson, 2022, S. 159 f. und die dortigen Daten im Anhang S. 279 ff.

521 Wehler, 2008b, S. 32.

522 An der Wall Street setzte der Krach am 24.10.1929 ein, einem Donnerstag. Zumeist wird hierbei übersehen, dass es mit diesem ersten Beben an den US-Börsen nicht vorbei war. Entgegen der allgemeinen Erwartung kam es nämlich am Montag den 28.10.1929 in New York zu einem starken Nachbeben, dem ein zweites der gleichen Stärke am Dienstag folgte. Vgl. Huerta de Soto, 2020, S. 492. Explizit von dritter Weltwirtschaftskrise spricht Wehler, 2008d, S. 257 ff. Um etwaigen Missverständnissen vorzubeugen, sei erwähnt, dass wir einen falschen Eindruck vermitteln würden, wenn wir mit unserer *selektiven Krisenchronologie* glauben machen wollten, die Krise von 1929 sei die erste im 20. Jahrhundert gewesen. Das war sie nicht! So war bereits im Jahr *1900* eine zweijährige Krise in den USA ausgebrochen, die anschließend nach Europa schwappte. Der nächste *überregionaler* Einbruch der wirtschaftlichen Entwicklung ereignete sich nur wenig später in den Jahren *1907/8*, bevor im Jahr *1913* die nächste Krise eintrat. Vgl. hierzu etwa Wehler, 2008c, S. 608 ff. Zur Krise von 1907, die in den USA besonders schwer gewesen war, siehe auch Huerta de Soto, 2020, S. 486 f.

teme weltweit in einen bis dato unbekannten Abwärtsstrudel und forderten die Verfasstheit der Gesellschaftsordnungen zutiefst heraus.[523]

Die Symptome dieser Krise waren eine durch Insolvenzen in allen Produktionszweigen ausgelöste, *offene* Arbeitslosigkeit unbekannten Ausmaßes und endlos erscheinende Schlangen vor karikativen Suppenküchen.[524] Massenhafte Bankenpleiten,[525] mit denen der Verlust von Sparguthaben einherging, trugen ihr übriges bei.[526] Angesichts breiter Einkommenseinbußen hingen nun auch noch die Lasten aus Konsumkrediten – einer Finanzmarktinnovation der 1920er Jahre – wie Mühlsteine an vielen amerikanischen Haushalten.[527] Im verzweifelten Versuch, diese Schulden durch den Verkauf von Vermögensgegenständen (z. B. Autos oder Immobilien) zu tilgen, mussten die Betroffenen feststellen, dass die Preise dieser Sachwerte ausgesprochen *deflationäre* Tenden-

---

523 In den Vereinigten Staaten schrumpfte innerhalb von vier Jahren (1929–1933) die Wirtschaftsleistung um *mindestens ein Viertel* ihres Vorkrisenniveaus. Vgl. Acemoglu et al., 2020, S. 840. Im gleichen Zusammenhang spricht Herrmann von einem Rückgang der US-Wirtschaftsleistung um *ein Drittel*. Vgl. Herrmann, 2013, S. 167. In älteren Quellen wird sogar davon ausgegangen, dass die amerikanische Wirtschaftsleistung auf *fast die Hälfte* ihres Vorkrisenniveaus gefallen sei. Vgl. z. B. Case/Fair, 1989, S. 516.

524 Schätzungen zur Folge waren im Jahr 1929 in den USA 1,5 Millionen Menschen arbeitslos. Bis 1933 stieg diese Zahl auf 13 Millionen an; damit war fast jeder vierte Erwerbsfähige ohne Beschäftigung. Erst 1941 sank die amerikanische Arbeitslosenquote erstmalig wieder unter die Marke von 14 Prozent. Vgl. Blanchard/Illing, 2014, S. 664 bzw. Acemoglu et al., 2020, S. 841 oder auch Case/Fair, 1989, S. 516. Nach Huerta de Soto hatte die amerikanische Arbeitslosenquote zum Höhepunkt der Krise (1933) sogar einen Wert von ungefähr 27 Prozent erreicht. Vgl. Huerta de Soto, 2020, S. 493. Auch in der Weimarer Republik erklomm die Arbeitslosenquote unbekannte Höchststände. Sie lag im schlimmsten Krisenjahr (1932) auf Basis offizieller Daten bei 30 Prozent. Vgl. hierzu Blanchard/Illing, 2014, S. 664 oder Wehler, 2008d, S. 260. Angemerkt sei, dass *weltweit* die *erste gesetzliche Arbeitslosenversicherung* in der Weimarer Republik beschlossen worden war und diese am 01.10.1927 startete. Nach den ursprünglichen Plänen der hierzu eingerichteten Reichsanstalt für Arbeitsvermittlung und Arbeitslosenversicherung sollten zeitgleich bis zu 700.000 Arbeitslose finanziert werden können. Mit diesem Leistungsvermögen war die Behörde nicht ansatzweise auf die Welle von bis zu fünf Millionen Arbeitslosen vorbereitet, die ihr die Weltwirtschaftskrise anspülte.

525 In der Literatur wird das Ausmaß des Bankensterbens zwischen 1929 und 1933 allein für die USA nicht ganz einheitlich angegeben. Gleichwohl dürfte *mindestens ein Fünftel* der damaligen US-Banken in der Krise für immer geschlossen worden sein. Vgl. Herrmann, 2013, S. 167 bzw. Huerta de Soto, 2020, S. 492. Nach den Daten anderer Autoren hat sich der amerikanischen Bankensektor in der besagten Zeit sogar um *zwei Fünftel* der Akteure ausgedünnt. Vgl. z. B. Acemoglu et al., 2020, S. 840. Die Zahl geschlossener US-Banken zwischen 1930 und 1933 beziffert auf 9.000 gar Mishkin, 2019, S. 288. Einheitlich ist entlang der zitierten Quellen das Verständnis, dass es zu Beginn der Krise noch knapp 24.000 Banken in den Vereinigten Staaten gab.

526 Von damals insgesamt gut 120 Millionen Einwohnern haben acht Millionen US-Haushalte ihre Ersparnisse verloren. Vgl. Herrmann, 2013, S. 167. Case und Fair weisen darauf hin, dass im Gefolge der Krise Millionen von Farmern und US-Familien in die Armut getrieben wurden und die Selbstmordrate in den 1930er Jahren in den USA um knapp dreißig Prozent angestiegen war. Vgl. Case/Fair, 1989, S. 517.

527 Zur Innovation des Ratenkredits siehe Herrmann, 2013, S. 172.

zen aufwiesen, was ihre Entschuldungsbemühungen wiederum erschwerte.[528] Entsprechend lag das kollektive Nervenkostüm in vielen Ländern blank; die betroffenen Gesellschaften wurden in ihren Grundfesten erschüttert und der politische Weltenlauf an den Wahlurnen bedeutsam verändert.[529]

Unter heutigen Ökonomen dürfte einhelliger Konsens darüber bestehen, dass es sich bei der Depression von 1929 um die bis dahin gravierendste Verwerfung in der globalen Finanz- und Wirtschaftswelt handelt.[530] Schon aus diesem Grunde wird sie im Kontrast zu den zuvor skizzierten Wirtschaftskrisen in einführenden Lehrbüchern benannt – ohne jedoch eine detaillierte Abhandlung dort standardmäßig zu erfahren.[531] Man mag dies bedauern, gerade weil diese Krise wie keine andere die **Vorstellung** von den **Selbstheilungskräften der Marktwirtschaft** bis ins Mark **erschüttert** hat.[532] Jedoch mangelt es an einer intensiven Auseinandersetzung mit ihr in der Fachliteratur nicht,[533] so dass auch wir für vertiefende Einblicke auf diese im Moment verweisen wollen – zumal wir auf die **Bankenkrise von 1931**, einem integralen Bestandteil dieser

---

528 Zur Entwicklung des Preisniveaus in den USA zwischen 1929 und 1942 siehe Blanchard/Illing, 2014, S. 665. Zu Deutschland siehe Wehler, 2008d, S. 260 oder Herrmann, 2013, S. 170 f.

529 Herrmann zitiert den britischen Historiker Hobsbawm wie folgt: „Es hätte sicher keinen Hitler gegeben. Fast sicher hätte es keinen Roosevelt gegeben. Es ist extrem unwahrscheinlich, dass das Sowjetsystem als ein ernstzunehmender wirtschaftlicher Konkurrent und als eine Alternative zum weltweiten Kapitalismus erschienen wäre [...]. Kurz, die Welt in der zweiten Hälfte des 20. Jahrhunderts lässt sich nicht begreifen, solange man die Auswirkungen dieses ökonomischen Zusammenbruchs nicht versteht." Herrmann, 2013, S. 162. Auch Wehler hebt hervor, dass Hitlers Aufstieg Ergebnis dieser Depression – und eben nicht, wie mitunter behauptet – der Inflation (1921–23) war. Vgl. Wehler 2008d, S. 257. Vgl. auch Plumpe, 2010, S. 82. Zu denjenigen, die den Beitrag der Hyperinflation im Deutschen Reich für den Aufstieg des Antisemitismus und die gesellschaftliche Zersetzung als Humus für die spätere Entwicklung zumindest erkennt, zählt James, 2022, S. 164 f.

530 Sprachlich wird diese Einordnung bereits mit der Umschreibung der Weltwirtschaftskrise von 1929 als „Mutter aller Krisen" überdeutlich. Vgl. Herrmann, 2013, S. 162 oder Mishkin, 2019, S. 324. In den Vereinigten Staaten wird im Zusammenhang mit ihr auch von der *Great Depression* gesprochen. Vgl. Mishkin, 2019, S. 324 ff. oder Murphy, 2017, S.1 ff. Nach Auffassung von Acemoglu et al. sei sie bei allen Rezessionen, die die USA bis heute erlebt hat, auch die einzige echte Depression geblieben. Vgl. Acemoglu et al., 2020, S. 840.

531 Ungewohnt ausführlich besprechen die Lehrbuchautoren Blanchard/Illing (2014) und Mankiw (2011) die Große Depression. Zumindest schmalsilbig findet sie noch bei Bofinger (2015) oder Baßeler/Heinrich/Utecht (2010) bzw. bei den amerikanischen Autorenpaare Krugman/Wells (2010) und Case/Fair (1989) Erwähnung. Obgleich viele weitere Autoren die „Mutter aller Krisen" nur namentlich aufgreifen, geistert sie auch dort als unsichtbarer Elefant zwischen den Buchdeckeln umher. Denn nirgendwo anders als in der Krise von 1929 entspringt der Begriff der *Makroökonomie*, den Ragnar Frisch um das Jahr 1933 geprägt hat, und nur hier steht die Wiege der *keynesianischen Revolution*. Vgl. z. B. Krugman/Wells, 2010, S. 1080.

532 Vgl. z. B. Clement/Terlau/Kiy, 2013, S. 8.

533 Vgl. Murphy (2017), Lewinsohn (2010), Galbraith (2009), Kindleberger (1973) oder auch Wehler, 2008d, S. 257 ff. bzw. Plumpe, 2010, 81 ff. Einen weiteren Einblick über die intensive Auseinandersetzung unter Ökonomen mit dieser Krise, ihren Ursachen und Folgen vermittelt auch ein jüngerer Beitrag von Postel-Vinay, 2022, S. 233 ff.

Weltwirtschaftskrise, zu einem späteren Zeitpunkt (in Lektion 15) noch separat eingehen werden.

Zur Abrundung eines ersten Verständnisses über diese weltumspannende Baisse erscheint es uns jedoch noch angebracht,[534] hier in aller Kürze die Zutaten zu benennen, die ihren Ausbruch maßgeblich bestimmten.

Allen voran drei Dinge gehören – nach Auffassung vieler Wirtschaftshistoriker und Ökonomen – zu den Wegbereitern des Börsenkrachs von 1929 und der anschließenden Depression: *erstens*, die Höhe der deutschen Reparationszahlungen, die der neuen Weimarer Republik von den Siegern des Ersten Weltkrieges aufgebürdet wurden. *Zweitens*: die Schulden Frankreichs in den Vereinigten Staaten, die durch den Kreditkauf von Kriegsgerät während des Weltkriegs entstanden waren und *drittens*: die Entwicklung der amerikanischen Wirtschaft seit dem Ende des Ersten Weltkrieges. Deren Verlauf führte dazu, dass der wirtschaftliche Zustand der Vereinigten Staaten im Jahr 1929 ein ungesunder war.[535]

Viele weitere Fragen in Bezug auf diese Krise sind abschließend noch nicht geklärt oder ihre Antworten fallen in Abhängigkeit der persönlichen Zugehörigkeit zu einem politischen Lager unterschiedlich aus. Dieser Umstand soll exemplarisch anhand der Handelspolitik der Vereinigten Staaten von Amerika illustriert werden, bei der es im Jahr 1930 zu einer Zäsur gekommen war.

US-Präsident Hoover hatte am 17. Juni 1930 das sog. Smoot-Hawley-Gesetz verabschiedet, mit dem sich die Importzölle für mehr als 20.000 Güter markant erhöhten.[536] Die Handelspartner reagierten prompt; eine Welle von Vergeltungsmaßnahmen wurde ausgelöst.[537]

---

534 Zur globalen Bedeutung der Krise sei an dieser Stelle mit Galeano noch knapp nach Lateinamerika geblickt. Er merkt an, dass sich der Börsenkrach von 1929 und der anschließende Sturz der Rohstoffpreise von Zucker, Kaffee und Bananen in Mittelamerika und der Karibik ausgewirkt hat, *„als sei ein riesiger Felsblock in eine Pfütze gestürzt."* Galeano, 2019, S. 155. Als Reaktion auf die eingebrochenen Kaffeepreise seien in Brasilien, darauf verweist Galeano an anderer Stelle, insgesamt „78 Millionen Säcke Kaffee verbrannt worden; die Arbeit von 200.000 Menschen bei fünf Ernten gingen so in Flammen auf." Galeano, 2019, S. 143. Besonders hart von der Großen Depression waren in Südamerika allerdings Chile und Argentinien getroffen worden.

535 Vgl. zum dritten Punkt z. B. Galbraith, 2009, S. 194 ff. Nach Auffassung von Galbraith war vieles falsch gelaufen in den Zwischenkriegsjahren, aber fünf zentrale Schwächen hätten besonders herausgestochen. Zu diesen gehörten – neben den im Text genannten – ein schlecht reguliertes Bankensystem und ein *zunehmender Exportüberschuss*, zu dessen Finanzierung den Regierungen der importierenden Länder, d. h. vor allem dem Deutschen Reich und den zentral- und südamerikanischen Staaten, *private* Kredite gewährt wurden.

536 Im Ergebnis erreichte das Smoot-Hawley-Gesetz die zweithöchsten Zollsätze in der Geschichte der USA, lediglich leicht übertroffen von den Zollsätzen von 1828! Krugman/Obstfeld/Merlitz, 2012, S. 330. Zur Anzahl der zollbelasteten Produkte siehe https://de.wikipedia.org/wiki/Smoot-Hawley_Tariff_Act, zuletzt abgerufen am 14.02.2024. Zur Vermeidung von Missverständnissen wollen wir darauf verweisen, dass dieses Gesetz nach 1,5 Jahren parlamentarischer Beratung verabschiedet worden war. Sein Ausgangspunkt liegt also *gerade nicht* im Ausbruch der Großen Depression (Oktober 1929).

537 Noch im Juni 1930 rächte sich *Italien* für die Zölle auf Hüte und Olivenöl mit hohen Zöllen auf amerikanische und französische Automobile. Nur wenige Wochen weiter, im Juli 1930, verabschiedete *Spanien*,

Durch diese Retorsionsmaßnahmen reduzierten sich die amerikanischen Im- und Exporte um mehr als die Hälfte in den Folgejahren. Im Welthandel setzte sich der beispiellose Einbruch fort, der mit Ausbruch der Großen Depression Ende Oktober 1929 bereits eingeleitet worden war. Es dauerte wenig länger als 1,5 Jahre, bis sich im Januar 1932 das Welthandelsvolumen auf knapp die Hälfte seines Wertes eingependelt hatte, der im letzten Monat *vor* Verabschiedung des Gesetzes, also im Mai 1930, erzielt wurde. In den anschließenden Monaten sackte der Welthandel von diesem niedrigen Niveau noch weiter ab, wenngleich sich die Fallraten verlangsamten.[538] Diese enger werdende Spirale des Welthandels illustriert Kindleberger eindrucksvoll (siehe Abbildung 5.1).

Die Beurteilung des Smoot-Hawley-Gesetzes hinsichtlich seiner Bedeutung für den weiteren Verlauf der Weltwirtschaftskrise von 1929 fällt nicht einhellig aus – weder auf der politischen Bühne noch unter Wirtschaftswissenschaftlern. Am wenigsten darf verwundern, dass Hoover auch Jahre später noch die Auffassung vertrat, die Zollgesetzgebung von 1930 hätte nichts mit der Depression zu tun, während sein Nachfolger als Präsident, der Demokrat Franklin D. Roosevelt, schon im US-Wahlkampf von 1932 betonte, das Gesetz sei *eine Ursache* der Depression.[539]

Vereinzelt finden sich auf Seiten der Wirtschaftswissenschaftler Stimmen, wonach nicht die Einführung des Gesetzes fehlerhaft gewesen sei, sondern die nicht erfolgte Absenkung der Zollsätze im Jahr 1933.[540] Auch vertreten manche Ökonomen die Auffassung, dass für die Dauer der Krise die zollpolitischen Eskapaden der USA und seiner Handelspartner ab Juni 1930 weit weniger bedeutsam gewesen seien, als vielfach angenommen. Vielmehr sei die Lähmung des Welthandels auf das Versagen der internationalen Finanzmärkte und dem damit einhergehenden **Mangel an Krediten** zurückzuführen.[541] Eine dritte Gruppe unter den Ökonomen bezeichnet das Smoot-Hawley-Gesetz als besonders unverantwortlich und schreibt ihm eine klare **Mitverantwortung** für die **Vertiefung** der Großen Depression zu.[542]

---

empört über die amerikanischen Zölle auf Trauben, Orangen, Kork und Zwiebeln, das sog. Wais-Zollgesetz. Die *Schweiz* protestierte gegen die neuen Zölle auf Uhren, Stickereien und Schuhe und boykottierte amerikanische Exporte. *Kanada*, betroffen von amerikanischen Zöllen auf Ernährungs- und Holzprodukte, erhöhte bis August 1932 dreimal seine Zollsätze. Außerdem beteiligten sich Kuba, Mexiko, Frankreich, Australien und Neuseeland am Spiel der Vergeltung. Vgl. Kindleberger, 1973, S. 138 oder Weltbank, 1987, S. 158.

538 Vgl. Kindleberger, 1973, S. 179 f. Dort finden sich auf Seite 180 die monatlichen Welthandelsdaten von Januar 1929 bis März 1933. Das Welthandelsvolumen wurde auf Basis der Gesamtimporte von 75 Ländern berechnet.

539 Vgl. Kindleberger, 1973, S. 138 f. Angemerkt sei, dass es auch zwischen dem Jahr 1933 und dem Ausbruch des Zweiten Weltkriegs zu keiner nennenswerten Erholung im Welthandel mehr kam: Im Sommer 1939 war das Handelsvolumen noch immer „um mehr als die Hälfte geringer [...] als zu Beginn der Weltwirtschaftskrise." Hoffmann/Fikentscher, 1982, S. 646.

540 Vgl. z. B. Kindleberger, 1973, S. 139.

541 Vgl. Weltbank, 1987, S. 158

542 Vgl. Krugman/Obstfeld/Merlitz, 2012, S. 330. Eine gängige Kritik lautet, dass die Parlamentarier die Wirkung der Zollinitiative vor dem Hintergrund der ausgebrochenen Krise ab Ende Oktober 1929 neu hätten bewerten müssen. Vgl. Kindleberger, 1973, S. 139.

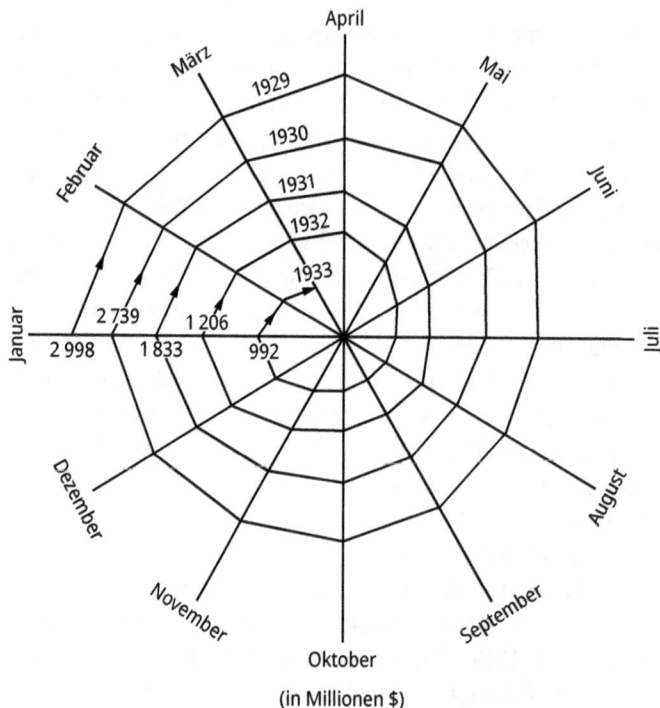

Abbildung 5.1: Entwicklung des Welthandels zwischen Januar 1929 und März 1933, in Millionen Dollar.[543]

Damit dürfte unter Wirtschaftswissenschaftlern vermutlich nur darüber Konsens bestehen, dass dieses Zollgesetz keiner von der Weltwirtschaftskrise betroffenen Nationen Aufwind bescherte, mit dem sich diese Krise fortan leichter zu bewältigen ließ. Wenn auch der Grad und der Beginn seiner Schädlichkeit streitbar sein mögen, als dienlich kann dieses Gesetz nicht bezeichnet werden.

5.2.3 Schlussfolgerungen

Mit dem Wissen um die wichtigsten Wirtschaftskrisen des 19. Jahrhunderts von internationalem Belang und einem Einblick in die tiefste Weltwirtschaftskrise des 20. Jahrhunderts, lassen sich nun allgemeine Schlüsse zum Wirtschaftsverlauf und dem Auftritt von Krisen ziehen (Kapitel 5.2.3.1.). Zudem versetzen uns die in dieser Lektion gewonnenen Einsichten in die Lage, die Antwort auf die bereits behandelte Frage nach dem Beschäftigungsfeld der Volkswirtschaftslehre um eine Facette zu erweitern (Kapitel 5.2.3.2.).

---

543 Vgl. Kindleberger, 1973, S. 179.

5.2.3.1 Einsichten zum Wirtschaftsverlauf und den Wirtschaftskrisen

Seit mehr als anderthalb Jahrhunderten haben die heutigen Industrieländer seriöse Hungersnöte überwunden. Unzweifelhaft darf diese menschliche Leistung als gesellschaftlicher Fortschritt gewertet werden, von dem noch im Mittelalter nur wenige zu träumen gewagt hätten. Das segensreiche Ende der Nahrungsmittelkrisen war allerdings vom Einzug neuer, periodisch wiederkehrender Formen von Wirtschafts- und Gesellschaftskrisen begleitet, die mit der sich ausbreitenden Industrialisierung die Weltbühne betraten.

Diese neuen, der „kapitalistischen" Wirtschaft **inhärenten** Krisen traten seitdem so regelmäßig in Erscheinung, dass mittlerweile selbst der Laie die Abfolge von **wirtschaftlichen Auf-** und **Abschwüngen** als vertrautes Schema zu erkennen vermag.[544] Im Zusammenhang mit diesem Bewegungsmuster wird heute vom **Konjunkturverlauf** gesprochen (siehe Abbildung 5.2).[545]

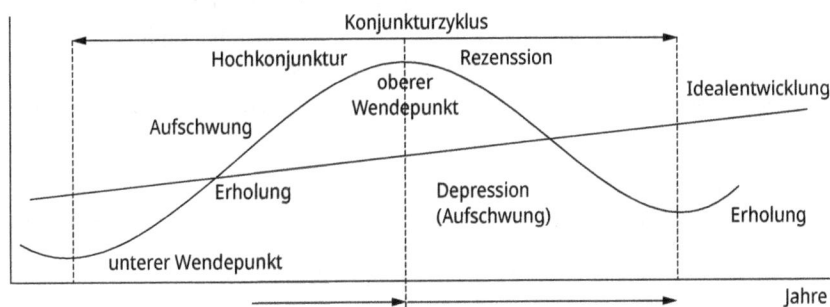

Abbildung 5.2: Stilisierter Konjunkturzyklus.

Vor dem Hintergrund unseres erlangten, wirtschaftshistorischen Verständnisses soll an dieser Stelle die Feststellung genügen, dass sich die Vorstellung, die **Gesamtwirtschaft** könne sich *wellenförmig* entwickeln, unter Ökonomen nur langsam durchsetzt.

---

544 Der Wirtschaftshistoriker Pierenkemper formuliert es so: „Eine neue, gewerblich determinierte Form wirtschaftlicher Instabilität wurde darin deutlich, die [...] bei einer stetigen Verbesserung der Lebensumstände kurzfristige Schwankungen der Wirtschaftstätigkeit offensichtlich werden ließ. Ein agrarisch geprägtes Krisenmuster wurde durch gewerblich determinierte Konjunkturen ersetzt." Pierenkemper, 2015, S. 168.

545 Der Konjunkturbegriff ist bei Lichte betrachtet dogmatisch aufgeladen. Wie wir in Lektion 6 zum Marxismus sehen, ist das Denken in *Krisen* schon *sozialistisch*. Daher beanspruchen Marxisten den Begriff der *Krisentheorie* für sich, während „bürgerliche" Wirtschaftswissenschaftler von Konjunktur und *Konjunkturtheorie* sprechen. Über diesen historisch differenzierten Wortgebrauch sind sich heute vermutlich die wenigsten noch bewusst. Vgl. hierzu etwa Mandel, 1987, S. 32.

Nicht vor Mitte des 19. Jahrhunderts wurden erste Pionierleistungen zu dieser Idee erbracht.[546]

Zu den relativ frühen Entdeckern einer neuen Rhythmik auf dem Terrain der wirtschaftlichen Entwicklung zählt auch Karl Marx, der mit Friedrich Engels für den Bund der Kommunisten im Jahr 1848 das *Kommunistische Manifest* verfasst hatte. Darin heißt es:

> Es genügt, die Handelskrisen zu nennen, welche in ihrer **periodischen Wiederkehr** immer drohender die Existenz der ganzen bürgerlichen Gesellschaft in Frage stellen. In den Handels**krisen** wird ein großer Teil nicht nur der erzeugten Produkte, sondern der bereits **geschaffenen Produktivkräfte** regelmäßig **vernichtet**. In den **Krisen** bricht eine gesellschaftliche Epidemie aus, welche allen früheren Epochen als ein Widersinn erschienen wäre – die **Epidemie der Überproduktion**.[547]

Bedenkt man, dass bis zum Erscheinen dieser Kampfschrift die Anzahl moderner Wirtschaftskrisen noch überschaubar war, die erste allseits anerkannte *Welt*wirtschaftskrise sogar erst knapp eine Dekade später in Erscheinung tritt (siehe Kapitel 5.2.1.2.),[548] dann ist die frühe Sensibilität von Marx und Engels für eine neue Form der wirtschaftlichen Instabilität bemerkenswert.[549] Für Marx wird dieser unstete Verlauf der wirt-

---

546 Der englische Bankier und Geldtheoretiker Lord Overstone umschrieb zwar schon im Jahr 1837, dass die wirtschaftliche Tätigkeit periodisch schwankt. Gleichwohl war es dem französischen Arzt Clément Juglar (1860) vorenthalten, eine belastbare erste Theorie auf Basis statistischer Daten zu entwickeln. Vgl. Pierenkemper, 2015, S. 171 f. Bereits in diesen ersten Arbeiten herrschte Übereinstimmung, dass die *Krise* nur *eine Phase* innerhalb eines Zyklus darstellt, der in gleichbleibender Phasenfolge mehr oder weniger regelmäßig wiederkehrt.

547 Marx/Engels, 2017, S. 39. Angemerkt sei, dass in jenen Tagen unter den Vertretern der klassischen Lehrmeinung die Vorstellung verbreitet war, es könne zu einer Überproduktion dauerhaft gar nicht kommen, da jedes Gut seinen Abnehmer findet, wenn nur der Preis ausreichend gesenkt wird. Diese Theorem von der Unmöglichkeit einer Überproduktion ist mit dem Namen von Jean-Baptiste Say (1767–1832) verbunden. Vgl. hierzu etwa Graßmann, 2022, S. 44 ff. und S. 102 oder Kolb, 1997, S. 63.

548 Für den Vorreiter der Industrialisierung, *England*, sind zwischen der Weltwirtschaftskrise von 1857 und der ersten modernen Krise überhaupt (1825/26) noch drei weitere identifiziert worden, nämlich in 1836, 1839 und 1847. Vgl. hierzu ausführlich Tugan-Baranowsky, 1901, S. 69–122. Für *Deutschland* macht Wehler diesen neuen Bewegungsrhythmus erst nach der gescheiterten Revolution (1848) aus. In den deutschen Wachstumsregionen sei er allerdings schon in den 1840er Jahren aufgetreten, wenn auch noch nicht vollständig ausgeprägt. Vgl. Wehler, 2008c, S. 91. Eine auf das Land begrenzte, moderne Krise bereits im Jahr 1819 gesehen zu haben, attestieren einzelne Ökonomen zudem den *Vereinigten Staaten*. Vgl. Huerta de Soto, 2020, S. 482 f.

549 Als unverdächtigen Kronzeugen für unsere Feststellung, lässt sich Schumpeter zitieren: „Marx war, glaube ich, der erste Ökonom, der [...] das Werk von [...] Juglar vorweggenommen hat. Obgleich er [...] keine zureichende Erklärung des Konjunkturzyklus geboten hat, so stand doch das Phänomen klar vor seinen Augen, und er verstand viel von seinem Mechanismus." Schumpeter, 2005, S. 73 f. Uns dünkt in diesem Zusammenhang gleichwohl, dass Schumpeter – wie andere auch – übersehen hat, dass Engels der zyklischen Bewegung der Wirtschaft schon Jahre vor Marx gewahr wurde. Denn dieser beobachtete schon Anfang der 1840er Jahre: „Diese Handelskrisen sind seit achtzig Jahren ebenso regelmäßig gekommen wie früher die großen Seuchen – und haben mehr Elend, mehr Unsittlichkeit mit sich gebracht

schaftlichen Entwicklung in seinem weiteren Werk zu einem zentralen Baustein seiner Theorie – worauf wir in Lektion 6 gleich näher eingehen.

Jede dieser Krisen mag ihren spezifischen Auslöser und ihre besondere Ausprägung und damit ihr eigenes Gesicht haben bzw. gehabt haben. Doch bereits mit der *ex-post* Betrachtung der frühen, modernen Wirtschaftskrisen manifestiert sich der Eindruck, dass diese *nicht allein* vom gleichen Bewegungsrhythmus bestimmt sind, sondern darüber hinaus weitere Ähnlichkeiten aufweisen.

Zum Muster der gravierenden, weltweiten Wachstumseinbrüche scheint zu gehören, dass **Finanz- und Wirtschaftskrisen** im Huckepack auftreten. Allein der Versuch, beide trennen oder unterscheiden zu wollen, wirkt artifiziell. Das eine gehört zum anderen, wie der Deckel zum Topf.[550] Bestandteil ihrer Choreographien ist zudem, dass zahlreiche Länder ungeachtet etwaiger Entwicklungsunterschiede nahezu gleichzeitig bzw. kaskadenförmig in den temporären Abgrund gerissen werden.[551] Dieser Domino-Effekt tritt über die **Verflochtenheit** der **Kapitalmärkte** ein – ein Phänomen, dessen frühindustrielle Existenz und Größenordnung auch heute noch manch einen zu erstaunen vermag und das mit den lateinamerikanischen Staatspleiten ab der Krise 1825/26 unübersehbar wurde.

Über die Zeitspanne der hier abgebildeten Weltwirtschaftskrisen haben sich – wie punktuell angedeutet – die institutionellen Rahmenbedingungen in den führenden Wirtschaftsnationen zum Teil tiefgreifend gewandelt. Die heutige Verfasstheit in der Geld- und Fiskalpolitik hat sich in diesen Nationen dabei schrittweise herausgebildet; wiederholt stellten sich größere Modifikationen in den betreffenden Institutionen als reaktiver Ausfluss auf vorangegangene Krisen ein.

Zu den sichtbarsten Veränderungen der letzten beiden Jahrhunderte darf zweifelsfrei das Erscheinen der Zentralbanken und ihrem sukzessiven Bedeutungsanstieg als Kreditgeber der letzten Instanz (engl. lender of last resort) gezählt werden. Die Wiege dieser Entwicklung, die mit den frühindustriellen Krisen einsetzt, steht einmal mehr in der damals führenden Industrienation – in Großbritannien. Hier begann Mitte des 19. Jahrhunderts die bereits im Jahr 1694 gegründete Bank von England ihre geldpolitischen Aufgaben als Bank der Banken auszudehnen und in dieser Rolle

---

als diese." Engels, 1844, S. 9. Damit datiert der junge, impulsive Engels den Beginn der modernen Krisen bereits auf das Jahr 1764, also auf das Jahr der Erfindung der *Spinning Jenny*. Mit dieser zeitlichen Einordnung dürfte Engels heute gleichwohl ziemlich alleine dastehen. Schließlich sei mit Herrmann angemerkt, dass die Idee der wirtschaftlichen Instabilität infolge einer *Über*produktion erstmalig von Sismondis (1819), einem Vertreter des utopischen Sozialismus, eingebracht wurde und damit nicht von Marx und Engels. Vgl. Herrmann, 2013, S. 267.

550 Vgl. z. B. das dreiphasige Krisenmodell von Mishkin, 2019, S. 320 ff. Vgl. ggf. auch Herrmann, 2013, S. 156.

551 „In der entstehenden neuen Weltwirtschaft erlebten die industrialisierenden Länder tendenziell dieselben Fluktuationen." Wehler, 2008c, S. 91.

Krisenmanagement zu betreiben.[552] Erst über ein halbes Jahrhundert später, im Jahr 1913, wurde dann in den Vereinigten Staaten das System der Federal Reserve Bank etabliert; Kanada hatte sogar bis ins Jahr 1934 auf die Einrichtung einer Zentralbank verzichtet.

Ebenso hat sich der Einsatz von fiskalpolitischen Instrumenten im Umgang mit einer Wirtschaftskrise mit der Zeit geändert. Ein für die damalige Zeit geradezu revolutionäres Umdenken hat auf diesem Gebiet John Maynard Keynes mit seinen Vorschlägen für eine antizyklische Wirtschaftspolitik im Nachgang der Weltwirtschaftskrise von 1929 eingeläutet.[553]

Schließlich hat sich in den letzten beiden Jahrhunderten auch eine ansteigende Reglementierung im Banken- und Versicherungsgewerbe breit gemacht. Die Finanzdienstleistungsbranche darf heute zweifelsfrei zu den am meisten regulierten Bereichen der Wirtschaft gezählt werden. Dieser Befund mag durch die Stellung dieser Branche – als Auslöser bzw. Brandbeschleuniger – im Rahmen großflächiger Krisen auf den ersten Blick nicht ganz unverständlich sein.[554]

Ungeachtet unserer Beobachtung, dass es die Völker der Welt in den letzten beiden Jahrhunderten vermocht haben, umfangreichen institutionellen Anpassungen in ihren Volkswirtschaften vorzunehmen und ihre internationale Zusammenarbeit zu intensivieren, etwa im Rahmen des Internationalen Währungsfonds, der Weltbank und/oder der OECD, darf man nüchtern konstatieren, dass die endogenen Wirtschaftskrisen weder von der nationalen noch von der internationalen Bühne verschwunden sind. Sie sind noch immer da! Es gilt weiterhin, dass nach der Krise nur vor der nächsten Krise bedeutet.[555]

5.2.3.2 Zum Beschäftigungsfeld der Ökonomen – Eine Ergänzung!

In Lektion 1 (Kapitel 5.3) hatten wir die Frage aufgeworfen, worum es in der Volkswirtschaftslehre geht, und hierauf prompt eine erste Antwort gegeben. Dabei konstatierten wir, dass sich die Ökonomik mit der Gestaltung der *Bedingungen* des gesellschaftlichen Wirtschaftens beschäftigt, unter denen die Befriedigung individueller Bedürfnisse mit *knappen Gütern* erfolgt. Ausgehend von diesem Kernanliegen leiteten wir damals ab,

---

552 Zur Geburt der Geldpolitik als Mittel zur Bewältigung von Krisen in 1857 siehe z. B. Graßmann, 2022, S. 88 ff. Herrmann konstatiert, dass die Weltwirtschaftskrise von 1857 an England relativ glimpflich vorübergegangen war, was dem beherzten Eingreifen der Bank von England zu verdanken gewesen sei. Diese hatte den heimischen Markt mit ausreichend Liquidität, sprich: Krediten, zügig versorgt. Vgl. Herrmann, 2013, S. 157.

553 Auf diese Idee der antizyklischen Wirtschaftspolitik gehen wir in Lektion 16 im Rahmen unserer Diskussion um die Staatsverschuldung nochmal näher ein.

554 Allen voran auf die Banken kommen wir in Lektion 14 noch ausführlich zu sprechen.

555 Es soll nicht unterschlagen werden, dass veritable Wirtschaftskrisen noch heute exogene Ursachen haben können. In diesem Zusammenhang sei allein sei an die Covid-19-Pandemie erinnert!

dass sich die Volkswirtschaftslehre also dem Verfahren der Zuteilung knapper Ressourcen auf den Produktionsprozess sowie dem anschließenden Mechanismus der Verteilung der hergestellten Güter auf die Gesellschaftsmitglieder widmet. In fachlichen Oberbegriffen kurz gesprochen, drehen sich demnach die Überlegungen in ihr um die **Allokation**, das **Wachstum** und die **Distribution.**

Diese Antwort ist unverändert richtig – allein wir müssen sie nun erweitern! Denn zum Gegenstand der Volkswirtschaftslehre gehört auch, sich mit den Bedingungen zu konfrontieren, unter denen die angestrebte Wohlfahrtsverbesserung *ohne* bedeutsame Verwerfungen im Fortgang des *gesamten* Wirtschaftssystems gelingen kann. Mit anderen Worten: Es geht in ihr auch um die **Stabilität!**

Dieser Umstand darf uns nicht wirklich erstaunen. Denn vor dem Hintergrund der vorangegangenen Ausführungen ist leicht nachzuvollziehen, dass Gesellschaften krisenhafte Einbrüche, zumal schwere, zu vermeiden wünschen. Bedenkt man ferner, dass die *modernen* Krisen der Wirtschaft *endogenen* Ursprungs sind, sollte die wissenschaftliche Auseinandersetzung mit ihnen folgerichtig in der Ökonomik ihren Widerhall finden.[556]

Nicht zuletzt wegen der Erfahrung mit dem Kladderadatsch der 1930er Jahre, ist in der Bundesrepublik Deutschland im Jahr 1967 das „Gesetz zur Förderung der Stabilität und des Wachstums der Wirtschaft" (kurz: Stabilitätsgesetz) verabschiedet worden. In diesem hat der Gesetzgeber für die praktische Wirtschaftspolitik Ziele und Instrumente formuliert, die der in Art. 109 Abs. 2 GG enthaltenen Forderung nach einem *gesamtwirtschaftlichem Gleichgewicht* Rechnung tragen sollen.[557]

Bei der Konkretisierung der wirtschaftspolitischen Ziele, die im Stabilitätsgesetz verankert sind, griff man auf das im Sachverständigenratsgesetz vom 14. August 1963 formulierte *„magische Viereck"* der Makroökonomie zurück (siehe Abbildung 5.3).

---

556 Nach landläufiger Praxis findet diese Diskussion heute in der *Makro*ökonomik statt. Mit dieser Begriffsnutzung geht zugleich die Zweiteilung der Volkswirtschaftslehre in einen Mikro- und Makrobereich einher – also mit einer Gliederung des Fachgebiets, mit der die Vertreter der Österreichischen Schule wenig anzufangen wissen.

557 Vgl. z. B. Suntum van, 1990, S. 3. Auch nach zwischenzeitlichen Änderungen heißt es in diesem Abs. 2 des Art. 109 GG noch immer: „Bund und Länder erfüllen gemeinsam die Verpflichtungen der Bundesrepublik Deutschland aus Rechtsakten der Europäischen Gemeinschaft [...] und tragen in diesem Rahmen den Erfordernissen des gesamtwirtschaftlichen Gleichgewichts Rechnung." (Fassung vom 29.07.2009). Unverkennbar wohnt dieser Formulierung weiterhin die Vorstellung inne, dass so etwas wie ein Gleichgewicht auf gesamtwirtschaftlicher Ebene existiert bzw. existieren könne. Nicht übersehen sollten wir, dass es nach diesem Artikel 109 GG nicht um Ungleichgewichte auf *einzelnen* Märkten geht, sondern um die *Globalsteuerung der gesamten Volkswirtschaft* wie es John Maynard Keynes (1883–1946) im Nachgang der Weltwirtschaftskrise von 1929 erstmalig vorschlug. Hierauf gehen wir in Lektion 16 bei der Staatsverschuldung etwas ausführlicher ein.

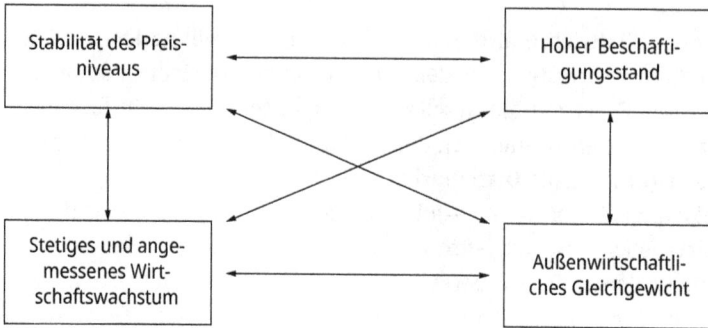

Abbildung 5.3: Das magische Viereck.[558]

Die Ziele selbst und ihre Operationalisierung sind von Anbeginn an Gegenstand kontroverser Diskussionen gewesen, und ihre quantitative Manifestierung in den Jahreswirtschaftsberichten der Bundesregierung erfolgte im Zeitverlauf sehr unterschiedlich. Kurz – die Vorstellung, was konkret bei jedem Ziel zu erreichen sei, änderte sich über die Zeit.[559]

Die Formulierung makroökonomischer Ziele selbst ist *kein* Alleinstellungsmerkmal der Bundesrepublik. Die ersten drei Ziele befanden sich in ähnlicher Formulierung schon im EWG-Vertrag von 1957. Auch heute werden auf europäischer Ebene weiterhin ähnliche Zielvorstellungen artikuliert. Anders als für Deutschland findet man hier aber nicht *ein* bestimmtes Gesetz oder eine Vereinbarung, sondern verschiedene *Pakte*, etwa den Stabilitäts- und Wachstumspakt (1999).[560]

Darüber hinaus gehört im Euroraum, also im Wirtschaftsgebiet der europäischen Länder, die an der europäischen Einheitswährung (EUR) teilnehmen, zum Zielkanon der Europäischen Zentralbank (EZB) eine Preisstabilität von ca. zwei Prozent. Kurzum: Auch auf EU-Ebene bzw. im Euro-Raum werden die o.g. Ziele in ihrem Grundsatz verfolgt.

---

558 Die Abbildung 5.2 ist entnommen Donges/Freytag, 2009, S. 9.

559 Ursprünglich, d.h. im ersten Jahreswirtschaftsbericht 1968, wurden die vier Ziele wie folgt definiert: Ein hoher Beschäftigungsstand wurde mit einer *Arbeitslosigkeit* von (nicht mehr als) 0,8 Prozent gleichgesetzt; *Preisniveaustabilität* sollte bei einem Preisanstieg des Bruttosozialprodukts von nicht mehr als einem Prozent gegeben sein (erst später ging man auf den Preisindex der Lebenshaltung über); ein *außenwirtschaftliches Gleichgewicht* wurde am Anteil des Außenbeitrags (Exportüberschusses) am Bruttosozialprodukt festgemacht. Angestrebt wurde ein Wert von einem Prozent. Und schließlich wurde ein *angemessenes Wirtschaftswachstum* bei einem jährlichen Zuwachs des Bruttosozialprodukts von vier Prozent gesehen. Vgl. Suntum van, 1990, S. 3 ff.

560 Vgl. z. B. Blankart, 2011, S. 383 f. Dass dies nicht der einzige Pakt auf europäische Ebene war, zeigt z. B. der Europäische Beschäftigungspakt (1999) und die sogenannte „Lissabon"-Strategie (2000) der Europäischen Union. Vgl. hierzu etwa Sell, 2007, S. 23 ff.

Schließlich, das sei hier noch kurz aufgeführt, orientiert sich auch die Politik in den Vereinigten Staaten von Amerika an ähnlich formulierten Zielen in der Makroökonomie: schnelles Wachstum, Vollbeschäftigung und niedriger Inflation.[561]

5.3 Fazit

Gesellschaftlich bedeutsame Wirtschaftskrisen haben sich ihrer Natur nach mit dem Aufkommen der Industrialisierung verändert: Nicht nur, dass sie auf der Oberfläche das Symptom der Überproduktion erstmalig zum Erscheinen bringen; nein, mehr noch! Auch ihr Ursprung ist ein anderer. Diese neuen Formen der Instabilität beruhen nicht wie bisher auf wetterbedingten Nahrungsmittelkrisen, Kriegen, Seuchen oder Ähnlichem. Vielmehr erweisen sie sich als endogen, d. h. sie sind dem „kapitalistischen" Wirtschaftssystem inhärent.[562]

Mit dieser Erkenntnis kommt die seit Ende des 18. Jahrhunderts herrschende Lehrmeinung, die der englischen Klassik, mit ihrer Vorstellung von einer *harmonischen* Laissez-faire-Wirtschaft ganz offensichtlich an ihre Grenzen. Gleichwohl liegt es auf der Hand, dass die frühen Vertreter der englischen Klassik, namentlich Adam Smith (1723–90) und David Ricardo (1772–1823), den modernen Krisen keine Aufmerksamkeit geschenkt haben. Dazu muss man sich nur vergegenwärtigen, dass sich die heute von vielen Wirtschaftswissenschaftlern anerkannte erste, moderne Krise im Jahr 1825/26 ereignete – und damit weder von Smith noch von Ricardo erlebt wurde.

Diesen Umstand hat selbst der junge, ungestüme Engels in seiner Kritik an der vorherrschenden Lehrmeinung nicht verkannt.[563] Dieser kritisiert mit Marx gleichwohl die späteren Vertreter der englischen Klassik, etwa John Stuart Mill (1806–1873),[564] da diese begonnen hatten, sich auf das Geld als Krisenursache zu fokussieren und sich

---

561 Vgl. Stiglitz/Walsh, 2013, S. 25 f.

562 Insofern ist Großmanns Anmerkung nachvollziehbar, dass nach der Krise von 1825 eine „reine Externalisierung [der Krisenursachen] nicht mehr überzeugen [konnte]." Großmann, 2022, S. 100.

563 Engels wörtlich: „Unser Urteil wird um so härter werden müssen, je mehr die Ökonomen, die wir zu beurteilen haben, in unsere Zeit hineinfallen." Engels, 1844. Engels exkulpiert explizit auch den zu den englischen Klassikern zählenden Thomas Robert Malthus (1766–1834) – zumindest anfänglich. Vgl. Engels, 1844. Das ist insofern eine Randnotiz wert, als Malthus „das Scheitern jeder Art von ökonomischem Kommunismus [prognostizierte] und [...] die Notwendigkeit des Privateigentums [betonte]." Kolb, 1997, S. 63.

564 Dabei war es ausgerechnet John Stuart Mill, der „wenige Jahre später die Ansicht [vertrat], dass staatliche Gestaltung gefragt sei und „Laisser-faire allein nicht ausreicht." Kolb, 1997, S. 70. Nicht zuletzt unter dem Einfluss seiner Ehefrau, die den Ideen des Frühsozialisten Henri de Saint-Simon (1760–1825) nahestand, kommt es in Mills Werk *Principles of Political Economy*, welches im gleichen Jahr wie das *Kommunistische Manifest* erscheint (1848), zu einer Annäherung an einen gemäßigten Sozialismus. Vgl. Kolb, 1997, S. 69 f. Mill schien beispielsweise das „Erbrecht [...] nicht im Einklang mit den Bedingungen einer freien Konkurrenz zu sein („Zufall der Geburt'), [weshalb] [...] er zum Abbau der Ungleichheit der Vermögen eine Beschränkung des Erwerbsrechts bei den Erben [empfahl]." Kolb, 1997, S. 70.

einem radikalen Infragestellen der liberal-bürgerlichen Gesellschaftsform damit verweigert haben.[565]

Kontrollfragen

- Was zeichnet die Krisen vom „alten Typ" aus?
- Die Wirtschaftskrise von 1825/26 wird weitgehend als eine englische wahrgenommen. Doch außerhalb des Königreichs war eine weitere Region von ihr unverkennbar betroffen! Welche war dies und welche Konsequenzen hatte es für diese Länder?
- Welche Bedeutung hat die wirtschaftliche Instabilität in den sich industrialisierenden Gesellschaften für das Werk von Karl Marx und Friedrich Engels?
- Welches der Menschheit bislang unbekannte Phänomen erkannten Marx und Engels (1848) relativ frühzeitig als Symptom der modernen Krisen?
- Worin lagen die Ursachen für den Ausbruch der europäischen Agrarkrise von 1875/76? Anders gefragt: Welche Faktoren spielten zu ihrem Entstehen zusammen?
- Wie reagierten die meisten europäischen Länder, etwa das Deutsche Reich und Frankreich, auf diese Krise?
- Welche Krise wird als die „Mutter aller Krisen" bezeichnet?
- Als was bezeichnet man das Bewegungsmuster der wirtschaftlichen Auf- und Abschwünge heute?

---

[565] Vgl. hierzu zum Beispiel Graßmann, 2022, S. 100 ff.

Lektion 6
„Wissenschaftlicher" Sozialismus und neoklassisches Referenzmodell

https://doi.org/10.1515/9783111331607-007

6.1 Einführung

Soweit haben wir die Vorstellung von Ökonomen zur Funktionsweise von Märkten kennengelernt: der Preismechanismus koordiniert die individuellen Pläne von Nachfragern und Anbietern. Mittels dieses Koordinationsmechanismus **tendiert** der Markt – nach einer gewissen Zeit – dazu, sich in sein Gleichgewicht einzuschwingen. Es bedarf demnach keinen Staat bzw. einer staatlichen Instanz, die in den Markt eingreift.

Aus diesen Einsichten könnte man – analog den Klassikern im 18. Jahrhundert – wirtschaftspolitisch fordern, die Märkte sollten sich im Grunde selbst überlassen sein (sog. **Laissez-faire-Wirtschaft**). Der Staat sollte sich vorwiegend auf die Durchsetzung geltenden Rechts sowie innere und äußere Sicherheit konzentrieren.[566]

Eine derartige Forderung stünde dann allerdings im scharfen Kontrast zur heutigen Realität. Denn in der praktischen Wirtschaftspolitik der Bundesrepublik Deutschland und/oder der Europäischen Union sehen wir, dass der Staat beispielsweise eine **ordnungspolitische** Aufgabe ausübt: Er achtet darauf und sorgt dafür, dass es zu **Wettbewerb** kommt, der garantiert, dass der koordinierende Mechanismus der Marktpreisbildung funktioniert. Warum sonst, geht der Staat beispielsweise gegen **Kartellsünder** vor? Auch lassen sich **prozesspolitische** Eingriffe attestieren, etwa in Form staatlicher Mindestpreise.

Bevor wir die Gründe und Wirkungen derartiger ordnungs- und/oder prozesspolitischer Maßnahmen in den kommenden Lektionen ausführlicher betrachten, müssen wir das **neoklassische Modell** zur vollständigen Konkurrenz allerdings noch ein wenig tiefer durchdringen – sowohl inhaltlich als auch methodisch (Kapitel 6.3). Die Kernbotschaften aus diesem Modell gehen nämlich über das soweit erlangte Wissen hinaus. Erst mit diesen weiteren Einsichten werden wir das notwendige Gesamtbild zum neoklassischen Marktverständnis entwickelt haben.

An den Anfang dieser Lektion stellen wir allerdings die Lehre von Marx und Engels. Da wir bereits auf erste Unterschiede zwischen der österreichischen und neoklassischen Schule aufmerksam gemacht haben, bietet es sich an dieser Stelle an, sich der marxistischen Vorstellung von der Funktionsweise der Wirtschaft zu nähern (Kapitel 6.2) – zumal wir eben noch auf die frühen Krisen des Kapitalismus geblickt haben (Lektion 5), die für ein marxsches Verständnis elementar sind.

Diese breite dogmatische Grundlage wird es uns im weiteren Verlauf dieser Einführung in die Volkswirtschaftslehre ermöglichen, vorgebrachte Lösungsvorschläge zu wirtschaftspolitisch relevanten Fragen entlang des Spektrums zentraler ökonomischer Schulen einordnen zu können. Mit einem Ausblick auf Teil B endet diese Lektion (Kapitel 6.4).

---

566 Siehe hierzu die Ausführungen in Lektion 3, Kapitel 3.4.

6.2 Die Lehre von Marx und Engels – Eine historische und methodische Annäherung

Zu einer Erwähnung, die über eine unbedeutende Randnotiz hinausgeht, dürften es Karl Marx (1818–1883) und Friedrich Engels (1820–1895) in zahlreichen Veranstaltungen im Fach Volkswirtschaftslehre heute nicht mehr schaffen. Vermutlich werden die beiden in vielen Fällen bewusst oder unbewusst sogar totgeschwiegen. Warum auch nicht? Schließlich scheint eine Beschäftigung mit ihnen *wegen* des Falls der Berliner Mauer im Jahr 1989 genauso zu lohnen wie in der Wüste zu fegen!

Diese Vorstellung ist ein Fehler! Die realen Gegebenheiten der ersten beiden Jahrzehnte des 21. Jahrhundert zeugen bereits davon, dass mit jeder größeren Wirtschaftskrise die Legitimation des *Kapitalismus* sinkt und der Wunsch nach einem Systemwechsel in Teilen der Gesellschaften steigt.

Insofern verhindert die kollektive Verweigerung der heutigen Ökonomen, sich in der Lehre mit dem Marxismus auseinanderzusetzen, dessen Reanimation und zunehmende Salonfähigkeit nicht. Vielmehr ist zu befürchten, dass dem gesellschaftlichen Einzug verkürzter und/oder verzerrter Vorstellungen über den Marxismus und dessen Leistungsfähigkeit gerade *wegen* des notorischen Ausblendens der marxschen Ideen im Rahmen des Ökonomieunterrichts Vorschub geleistet wird.[567]

Aus dieser Sorge wagen wir hier einen Anfang im sachlichen Umgang mit Marx. Bevor wir dessen Lehre und die damit verbundene Methode betrachten (Kapitel 6.2.2.), blicken wir allerdings noch auf den frühkapitalistischen Arbeitsmarkt (Kapitel 6.2.1.). Denn ohne einen Einblick in die damaligen Arbeitsbedingungen kann eine Auseinandersetzung mit Marx nicht gelingen, sein Ansinnen bliebe in Teilen unverständlich. Mit einer Würdigung schließen wir den Abschnitt (Kapitel 6.2.3.).

6.2.1 Der Arbeitsmarkt im Frühkapitalismus – Ausgangspunkt von Widerspruch

Die Errungenschaften aus der Agrarrevolution und des medizinischen Fortschritts, der beginnende Durchbruch der industriellen Revolution sowie das Ende der Leibeigenschaft und der Zünfte – all diese Faktoren verändern Europa in der **ersten Hälfte** des **19. Jahrhunderts** einschneidend (siehe Lektion 2). Im Auge des sozio-ökonomischen Sturms befindet sich zumeist England, gefolgt von Frankreich und Deutschland, während das zaristische Russland – gerade aus der Sicht der Bauernbefreiung und der

---

567 Außerhalb der Ökonomik lässt sich eine Zunahme an teilweise polternder Polemik in Bezug auf Marx und den Marxismus beobachten. Dabei verschließen sich selbst die besseren Beiträge einer tieferen Analyse des marxschen Denkens. Vgl. z. B. Niemietz, 2021 oder Braun, 2022.

Industrialisierung – unter den europäischen Großmächten unbestreitbar das Schlusslicht bei diesen Veränderungen bildet.[568]

Zu den gesellschaftlichen Dynamiken gehören wachsende Städte und die Herausbildung gänzlich neuer Agglomerationen, etwa dem Ruhrgebiet;[569] befeuert wird dieser Prozess der Verstädterung in Deutschland durch beachtliche **Binnenwanderungen**, etwa aus den ostelbischen Agrargebieten in die industriellen Zentren an Rhein und Ruhr, und einem enormen **Bevölkerungswachstums**.[570]

Die epochalen Umwälzungen betrifft auch die Arbeitswelt und ihre Organisationsweise: Die **Lohnarbeit** betritt als **massenhaftes Phänomen** die gesellschaftliche Bühne.[571]

Überall dort, wo sich in Europa nun Arbeitsmärkte entfalten, sind diese durch zwei wesentliche Merkmale charakterisiert: erstens kommt es, unbenommen einer beachtlichen Emigration nach Übersee,[572] zu „einer deutlichen Ausweitung des Angebots an Arbeitskräften."[573] Infolge einer *im Vergleich* hierzu geringen Absorptionsfähigkeit in den entstehenden Industriesektoren tut sich „eine gewaltige Lücke zwischen den Beschäftigungsmöglichkeiten und der Zahl der Erwerbspersonen [...] auf."[574] Zweitens

---

568 Die Ständegesellschaft erlebt mit der Revolution in Frankreich (1789) ihre Götterdämmerung; knapp siebzig Jahre später findet diese Form der Umwälzung mit der Bauernbefreiung in Russland ihren Abschluss. Dieser Umstand verdient Erwähnung, fand doch die erste kommunistische Revolution im Jahr 1917 in Russland statt – in einem Land, das gemäß der marxschen Lehre die Voraussetzung für eine kommunistische Revolution noch gar nicht erfüllte – nämlich ein ausreichendes Industrieproletariat zu haben! Zu Russlands wirtschaftlicher Entwicklung bzw. seiner ökonomischen Rückständigkeit gegenüber westeuropäischen Großmächten im 18. und 19. Jahrhundert siehe auch Pipes, 2008, S. 113 ff.
569 Daten zum Verstädterungsprozess zwischen 1800 und 1930 finden sich bei Walter. Hiernach existierten weltweit im Jahr 1800 erst 36 Städte mit mindestens 100.000 Einwohnern; das entsprach wenig mehr als einem Prozent der damaligen Bevölkerung; die Hälfte dieser Großstädte lag in Europa, in denen immerhin schon drei Prozent der Europäer lebten. Im Jahr 1930 war die Anzahl solcher Städte weltweit auf 678 angestiegen und der Anteil der Weltbevölkerung, der hier wohnte auf 11,0 Prozent. In Europa lagen knapp 250 dieser Agglomerationen, in denen schon fast ein Drittel der Europäer wohnte. Vgl. Walter, 2006, S. 179. Die Dynamik dieses Prozesses mag das Beispiel von Lyon verdeutlichen, das gerade einmal 43.524 Einwohner im Jahr 1851 zählte und 15 Jahre später bereits 101.326 Bewohner. Vgl. Grawitz, 1999, S. 337. In Lyon hat es 1831 den ersten Arbeiteraufstand gegeben! Vgl. hierzu Engels, 2020, S. 15.
570 Vgl. Pierenkemper, 2015, S. 44.
571 Vgl. Pierenkemper, 2015, S. 41 ff. Für das sich relativ spät industrialisierende Deutschland lässt sich etwa feststellen, dass zu Beginn des 19. Jahrhunderts *allenfalls ein Prozent* aller Beschäftigen *Lohnarbeiter* waren. Der niedrige Wert erklärt sich bereits dadurch, dass um das Jahr 1800 noch ca. drei Viertel aller Beschäftigten in der Landwirtschaft tätig waren. Hier, wie auch im gewerblichen Sektor, „dominierten vielmehr traditionelle vormoderne, z. T. noch feudal geprägte Arbeitsformen." Pierenkemper, 2015, S. 42.
572 Viele Europäer, darunter Deutsche, Italiener und Iren sahen über Jahrzehnte in der Auswanderung den Ausweg aus ihrer prekären Lebenssituation. Vgl. Pierenkemper, 2015, S. 44.
573 Pierenkemper, 2015, S. 44 und direkt weiter: „Sowohl die Ausweitung der ländlichen Unterschichten als auch die Entstehung eines städtischen Proletariats führten zu einem starken Anwachsen der arbeitenden Klassen, oder, wie Marx diese nannte, der „industriellen Reservearmee".
574 Pierenkemper, 2015, S. 44.

sind die **Arbeitsmärkte** „noch gänzlich **frei** und **unreguliert:**"[575] Arbeitsmarktgesetze, zumal ernsthafte, bestehen nirgendwo; und das bis weit in die zweite Hälfte des Jahrhunderts.[576] Kurzum: In der frühkapitalistischen „Goldgräberstimmung" ist auf dem Arbeitsmarkt die liberale Forderung, Märkte mögen sich selbst überlassen werden, perfekt verwirklicht! Rücksichtslose Ausbeutung der Arbeitskraft ist für Jahrzehnte vielerorts die *wahrgenommene* Folge![577]

Ein umfangreiches Zeugnis von den damaligen Arbeitsbedingungen hat Marx im *Kapital* (1867) für England hinterlassen. Detailliert beleuchtet er hier für zahlreiche Industriezweige die jeweiligen (Miss-)Verhältnisse der Lohnarbeit.[578] Die marxsche Frage, was denn ein Arbeitstag nun sei,[579] lässt den Aspekt **exorbitanter Arbeitszeiten** bereits erahnen. Tatsächlich bestand während der Frühindustrialisierung *kein* allgemeingültiges Verständnis darüber, was den „Normalarbeitstag" auszeichnet! Insofern darf es nicht verwundern, wenn Marx über „Arbeitstage von 8, 10, 12, 14, 16, 18 Stunden, also von der verschiedensten Länge"[580] berichtet, samstags eingeschlossen.

Eindrücklich schildert Marx auch Einzelheiten zur **Kinderarbeit.** Hierbei macht er sichtbar, dass arbeitende Siebenjährige genauso wenig eine Ausnahme bilden wie

---

575 Pierenkemper, 2015, S. 46 – hervorgehoben durch uns.
576 Die ersten fünf Arbeitsmarktgesetze, die das *englische Parlament* zwischen den Jahren 1802 und 1833 bereits erlassen hatte, blieben allesamt Papiertiger, denn die Regierung hatte *keine Instanz* geschaffen, die die Einhaltung der Gesetze überprüfen hätte können. Vgl. Marx, 2018, S. 270. Dieser Umstand erklärt, warum in der Literatur zumeist das *Jahr 1833* als Beginn der Arbeitsgesetzgebung erwähnt wird. Vgl. Popper, 2003, S. 142. In jenem Jahr wurde in England das Fabrikgesetz („factory act") für die Branchen der Baumwoll-, Wolle-, Flachs- und Seidenfabriken verabschiedet und dabei erstmals ein „Normalarbeitstag" bestimmt. Auf dem europäischen Festland erließen erste Arbeitsmarktgesetze der *preußische Staat* im Jahre 1839 (u. a. wurde ein Fabrikarbeitsverbot für Kinder unter zwölf Jahren verhängt) und *Frankreich* im März 1841. Vgl. Pierenkemper, 2015, S. 46 und vgl. Marx, 2018, S. 270.
577 Vgl. Pierenkemper, 2015, S. 46.
578 Über fünfzig Seiten umfasst das bekannte achte Kapitel („Der Arbeitsalltag"). Vgl. Marx, 2018, S. 228 ff. Popper, ein Marxkritiker, sieht in diesem Kapitel einen der wertvollsten Teile des *Kapitals*, „ein wirklich unvergängliches Dokument menschlichen Leidens." Popper, 2003, S. 440. Die marxschen Schilderungen wirken auf heutige Betrachter vielleicht wie ein Schauerbild aus längst vergangenen Zeiten. Gleichwohl sollte nicht übersehen werden, dass kaum bessere Verhältnisse auch heute noch in einigen Schwellen- und Entwicklungsländern herrschen, etwa in den Minen von Potosí (Bolivien). Angemerkt sei, dass Engels mehr als zwanzig Jahre vor Erscheinen des *Kapitals* in seiner Schrift *Die Lage der arbeitenden Klasse in England* (1845), die als Pionierwerk der empirischen Sozialforschung gilt, ein düsteres Bild von den Lebens- und Arbeitsverhältnissen der englischen Arbeiter gezeichnet hat.
579 Vgl. Marx, 2018, S. 258.
580 Marx, 2018, S. 229. Auf das tragische Phänomen „Tod durch Überarbeitung" geht Marx am Beispiel einer Zwanzigjährigen ein, die als Hausangestellte nicht selten „30 Stunden ununterbrochen arbeiten [musste], wobei ihre versagende ‚Arbeitskraft' durch gelegentliche Zufuhr von Sherry, Portwein oder Kaffee flüssig erhalten [wurde]." Marx, 2018, S. 250. Zur allgemeinen Einordnung weisen wir darauf hin, dass erst wenige Jahre vor dem Erscheinen der Erstausgabe des *Kapitals* (1867) im *ersten* Arbeitsgesetz der *Schweiz* (1864) die Arbeitszeit auf zwölf Stunden begrenzt worden war.

ihre fünfzehnstündige Arbeitszeit: für Nachtarbeit erhalten sie keine Lohnzuschläge, weshalb sie gerade hierzu gerne hergezogen werden.[581]

Schließlich wirft er ein Licht darauf, wie **gesundheitsgefährdend** in jenen Tagen die Arbeit in einzelnen Industriezweigen war.[582] Während von Zeitgenossen „die Lebenszeit in den Töpferbezirken von Stoke-upon-Trent und Wolstanton für außerordentlich kurz"[583] empfunden wurde, beobachtete man mit der „Mundsperre" eine eigentümliche, für die Schwefelholzmacher spezifische Krankheit.[584] Gerade die Fabrikation der Schwefelhölzer sei nach Marx „wegen ihrer Gesundheitsschädlichkeit und Widerwärtigkeit so verrufen, dass nur der verkommenste Teil der Arbeiterklasse, halbverhungerte Witwen usw., seine Kinder für sie hergibt [...] Dante würde in dieser Fabrikation seine grausamsten Höllenphantasien übertroffen finden."[585]

Diese Einblicke in das schwere und perspektivlos erscheinende Schicksal der Arbeiter in der Frühphase des Kapitalismus sollen hier genügen. Denn diese Details reichen, um zweierlei zu begreifen. Erstens, dass die Arbeiter den „Kapitalisten mehr oder weniger schutzlos ausgeliefert [waren]."[586] Und zweitens, dass der Nährboden des aufkeimenden, proletarischen Widerstands gerade in diesen erbärmlichen Arbeitsverhältnissen mit ihren vielschichtigen Wirkungen sozialer Zersetzung entdeckt werden kann; zumal die Vertreter des freien Unternehmertums ihre Angelegenheit unbekümmert und zynisch „unter dem Schlagwort ‚gleicher und freier Wettbewerb für alle!'"[587] verteidigten.

In dieser Periode des kruden, zügellosen Kapitalismus unterließ die „Kapitalseite" nichts, um noch jede staatliche Anstrengung zu unterlaufen, mit Gesetzen die erniedrigenden Arbeitsbedingungen, die schamlose und grausame Ausbeutung und damit die Lage der Arbeiter zu verbessern: Keine Umgehungsmöglichkeit wurde von den Industriellen ausgelassen und kein Kniff war ihnen zu billig, um den Geist der Gesetze ad

---

581 Vgl. Marx, 2018, S. 240 f.; und bereits zuvor hält er fest: „Um 2, 3, 4 Uhr morgens werden Kinder von 9 bis 10 Jahren ihren schmutzigen Betten entrissen und gezwungen [...] bis 10, 11, 12 Uhr nachts zu arbeiten, wobei ihre Glieder wegschwinden, ihre Gestalt zusammenschrumpft, ihre Gesichtszüge abstumpfen." Marx, 2018, S. 239 f.; zudem zitiert Marx in Bezug auf die Kinderarbeit einige Seiten weiter zwei Stahlfabrikanten aufschlussreich: „Es würde nicht gut gehen ohne die Nachtarbeit von Jungen unter 18 Jahren. Unser Einwand ist – die Vermehrung der Produktionskosten. [...] Geschickte Hände und Abteilungsführer sind schwer zu haben, aber Jungens kriegt man so viel man will." Marx, 2018, S. 254.
582 Vgl. Marx, 2018, S. 241 ff.
583 Marx, 2018, S. 241.
584 Vgl. Marx, 2018, S. 242.
585 Marx, 2018, S. 242 f. Mit *Dante* meint Marx Dante Alighieri (1265–1321) und dessen *Göttliche Komödie*.
586 Pierenkemper, 2015, S. 46. Bei Marx liest sich das so: „Der Kapitalist behauptet sein Recht als Käufer, wenn er den Arbeitstag so lang als möglich [...] zu machen sucht." Marx, 2018, S. 230 und ähnlich auch auf Seite 251. Zola lässt in seinem Roman *Germinal*, der im nordfranzösischen Kohlerevier Ende der 1880er Jahre spielt, die Grubenarbeiter feststellen: „Man habe sie zum besten gehalten, als man sie [1789] für frei erklärte. Ja, frei Hungers zu sterben: und von dieser Freiheit machten sie ja dann auch reichlich Gebrauch." Zola, 1995, S. 145.
587 Popper, 2003, S. 142.

absurdum zu führen,[588] so dass sklavenähnliche Verhältnisse bis weit in die zweite Hälfte des 19. Jahrhunderts aufrechterhalten werden konnten.[589]

Um dies näherungsweise zu verdeutlichen, blicken wir mit Marx in das Jahr 1860, als im Zusammenhang mit der ortsansässigen Spitzenfabrikation „Herr Broughton, ein Friedensrichter, […] als Vorsitzender einer Versammlung in der Stadthalle von Nottingham […] [festhält]: Was soll man denken von einer Stadt, die eine öffentliche Versammlung abhält, um zu fordern, dass die Arbeitszeit für Männer auf 18 Stunden täglich beschränkt werden solle,"[590] obgleich das Fabrikgesetz von 1850 den ihm unterworfenen Branchen vorschreibt, dass „für den durchschnittlichen Wochentag [nur noch] 10 Stunden, nämlich für die ersten 5 Wochentage 12 Stunden […] und 8 Stunden für den Samstag"[591] erlaubt sind!

In Anbetracht von Vorkommnissen wie diesen darf es nicht erstaunen, dass nicht alle Zeitgenossen, Marx und Engels inbegriffen, dem Liberalismus uneingeschränkt huldigten und stattdessen für die sich aufdrängenden Fragen dieser Zeit alternative Antworten und Lösungen zu finden suchten.[592]

6.2.2 Der „wissenschaftliche" Sozialismus als *eine* Antwortform

Die in der frühindustriellen Periode beobachtbare Armut breiter Bevölkerungsschichten (sog. **Pauperismus**) und die von Marx beschriebenen arbeitsmarktlichen Verhältnisse jener Jahre sind von Historikern später in ein **differenzierteres Licht** gerückt worden. So trat nach Wehler „im Pauperismus eine säkulare Krisensituation zutage, die erst durch den erfolgreichen Industriekapitalismus – nicht Ursache, sondern Retter – bewältigt wurde."[593] Nach ihm sei es daher „historisch irreführend und illegitim, den

---

588 Vgl. für Details hierzu Marx, 2018, S. 269–287: in diesem Abschnitt geht er auf die Fabrikgesetzgebung in England ein, wo dem Fabrikgesetz von 1833 weitere in den Jahren 1844, 1847 und 1850 folgten. Besonders makaber stellt sich der durchgängige Fall der *Kinderarbeit* dar. Hierbei ersonnen die Fabrikanten immer neuere Möglichkeiten, die Kinder *trotz* gesetzlicher Restriktionen möglichst lange in den Fabriken zu halten, etwa indem sie die maximal zulässige Kinderarbeitszeit von 6,5 Stunden pro Tag „filetierten" und damit die Kinder weiterhin nur zum Schlafen aus der Fabrik entließen. Oder sie hatten sich, wie die Seidenfabrikanten im Gesetz von 1844, besondere „Rechte auf Proletarierkinder" gesichert und beseitigten auf diese Weise „den für andre Fabrikkinder vorgeschriebenen Schulzwang." Marx, 2018, S. 271 ff. und S. 285. Wenn Marx oben Dante und dessen *Komödie* aufgreift, dann wollen wir mit Blick auf das Fabrikantenverhalten hier an Mandeville (1670–1733) und dessen Buch *Die Bienenfabel oder private Laster, öffentliche Vorteile* erinnern. Vgl. Mandeville, 1980.
589 Das englische Parlament verbot mit einem Gesetz im Jahr 1807 den Sklavenhandel im britischen Empire.
590 Marx, 2018, S. 240.
591 Marx, 2018, S. 236.
592 Insofern sah Marx „in der parlamentarischen Demokratie nichts anderes […] als eine verhüllte Diktatur der Bourgeoisie." Popper, 2003, S. 143.
593 Wehler, 2008b, S. 286.

Pauperismus primär oder sogar allein auf das Vordringen des Industriekapitalismus zurückzuführen."[594] Die bittere Armut, von der weite Teile der damaligen Bevölkerung betroffen waren, ist also das Symptom einer umfassenden **gesellschaftlichen Krise**. Dort, wo Industrie entstanden war, fällt die Armut zumeist geringer aus als auf dem Land und in der Landwirtschaft.[595]

Darüber hinaus gibt es Anzeichen dafür, dass der Umfang der Kinderarbeit zumindest in Teilen stark überschätzt wurde. So sind im Königreich Preußen im Jahr 1846 – also in der Mitte der Dekade, in der das Ausmaß an Kinderarbeit am größten war – nur 1,5 Prozent aller Kinder zwischen neun und 14 Jahren davon betroffen gewesen. Das mag nach heutigem Maßstab noch immer zu viel gewesen sein, aber im absoluten Ausmaß deutlich niedriger als es die Texte von Marx suggerieren![596]

Ungeachtet der Notwendigkeit zur Differenzierung, glichen die sozialen Verhältnisse in der Mitte des 19. Jahrhunderts für viele innerhalb ihres persönlichen Erfahrungshorizontes einer gemähten Wiese für Kritik und Widerstand.[597] Neben Pierre-Joseph Proudhon (1809–65), Giuseppe Mazzini (1805–72), Michail Bakunin (1814–1876) und anderen hatte auch Marx „ein brennendes Verlangen, den Unterdrückten zu helfen, und er war sich der Tatsache voll bewusst, dass es darauf ankommt, sich in Taten […] zu bewähren."[598] Im Unterschied zu den *utopischen* Sozialisten wie Proudhon wollte Marx dazu „wissenschaftliche[.] Waffen für den Kampf zur Verbesserung des Loses großer Mehrheiten der Menschen […] schmieden."[599]

Deren methodischen Grundlagen zu kennen, scheint uns notwendiger denn je. Daher betrachten wir diese in Kapitel 6.2.2.2. eingehender und würdigen sie anschließend (Kapitel 6.2.2.3.). Für ein besseres Gesamtverständnis zum Marxismus scheint es

---

594 Wehler, 2008b, S. 287. Wehler verweist im Anschluss an diese Stelle darauf, dass es „zugleich […] eine unzulässige Verkürzung [bedeutete], wenn nicht gar Verfälschung, den Agrar- und Handelskapitalismus aus der Genese des Pauperismus auszublenden und nur die mangelhafte ‚Tragfähigkeit' einer vom Bevölkerungswachstum gewissermaßen überwältigten ‚traditionellen' Agrargesellschaft im Übergang für das Elend haftbar zu machen. Ohne diese älteren Spielarten des Kapitalismus als maßgeblichen Kausalfaktor ist der Pauperismus realitätsadäquat nicht zu erfassen, insofern […] behält eine kritische Kapitalismusanalyse ihr Recht.

595 Vgl. Kaltenborn, 2006, S. 18.

596 Vgl. Kaltenborn, 2006, S. 19.

597 Man beachte, dass die Welt noch keine staatlichen Sozialversicherungssysteme kennt! Dazu kommt, dass just in der Phase, in der es zu dem vielschichtigen, gesellschaftlichen Umwälzungsprozesses an der Wende zum 19. Jahrhundert kommt (siehe Lektion 2), ein Vakuum in der Armen- und Altenbetreuung entsteht: Altenheime, Waisen-, Armen- und Krankhäuser, die unter kirchlicher Trägerschaft betrieben worden waren, haben durch die Säkularisierung ihre Dienste eingeschränkt, wenn nicht sogar ganz eingestellt. Dieser Wegfall an etablierten, sozialen Fürsorgeeinrichtungen wird im Zusammenhang mit der Säkularisierung oft übersehen! Als Einstieg in den „Sozialstaat" gelten vielfach die *Poor Laws* von 1834, mit denen in England die Armengesetze aus dem Jahr 1602 abgelöst wurden und die dem Lumpenproletariat „gefängnisähnliche" Zustände gebracht haben sollen.

598 Popper, 2003, S. 97.

599 Popper, 2003, S. 97.

uns allerdings vorab geboten, auf die ungewöhnliche Beziehung von Marx und Engels und ihre Arbeitsteilung kurz einzugehen (Kapitel 6.2.2.1.).

6.2.2.1 Marx und Engels – Eine ungewöhnliche Freundschaft

Die in der Geistesgeschichte einmalige Freundschaft zwischen Karl Marx und Friedrich Engels beginnt mit ihrer ersten Begegnung in Köln im September 1844.[600] Sie traten dem *Bund der Kommunisten*[601] bei und schrieben im Januar 1848 für diesen das *Kommunistische Manifest* – eine politische Kampfschrift, die in den Wirren der 1848er Revolutionen zunächst wenig beachtet wurde.

Im Anschluss daran sah Marx „seine besondere Mission darin, den **Sozialismus von** seinem **sentimentalen, moralistischen** und **visionären Hintergrund zu befreien.** Der Sozialismus sollte von einer Utopie zur **Wissenschaft** weiterentwickelt werden."[602] Ähnlich war auch Engels „klar, dass [mit dem Manifest] erst der Anfang gemacht war, denn der zwingende Beweis der Richtigkeit der eigenen Position stand noch aus. **Kommunist** zu sein **allein genügt nicht.**"[603] Für die Partei der Kommunisten sei es – so Engels – insofern an der Zeit, „nach[zu]weisen, dass entweder alle philosophischen Anstrengungen der deutschen Nation von Kant bis Hegel nutzlos gewesen sind [...] oder dass sie im Kommunismus enden müssen. [...] Und das **wird bewiesen** werden."[604]

Dieses Ziel war ihrer gemeinsamen Auffassung nach über die wissenschaftliche **Kritik** an den bestehenden **Produktions- und Reproduktionsverhältnissen** erreichbar, da sie in diesen die Oberfläche für die beiden inneren Widersprüche des Kapitalismus entdeckten.[605] Dabei bestand nach Marx und Engels der *erste* Widerspruch der kapitalistischen Wirtschaftsordnung darin, dass sich die funktionslose Klasse der Eigentümer das Ergebnis, d. h. den Gewinn, der produzierenden Klasse aneignet – es also zu Ausbeute auf dem Arbeitsmarkt kommt. Der *zweite* inhärente Widerspruch, die fehlende überbetriebliche Koordinierung, habe letztlich die endogenen Krisen zu verantworten.[606]

---

600 Vgl. Starbatty, 1993, S. 80.

601 Die Entstehung dieses Geheimbundes im Jahre 1847 in London geht im Grunde auf eine Umbenennung ihres Vorläufers zurück; bis dahin firmierte dieser Verein unter dem Namen *Bund der Gerechten* als er im Jahr 1837 als Abspaltung aus dem *Bund der Geächteten* (von Exil-Deutschen in Paris 1834 gegründet) hervorging. Der *Bund der Gerechten* war geprägt worden von den sozialrevolutionären Ideen des Schneidergesellen Wilhelm Weitling (1808–71), der sich von den Ideen der französischen *Frühsozialisten* abwendete, die z. B. die genossenschaftlichen Ideen von Henri de Saint-Simon (1760–1825) und Charles Fourier (1772–1825) vertraten. *Weitling* propagierte eine *Umwälzung* der bestehenden *Eigentumsverhältnisse*. Der *Bund der Kommunisten* bestand bis 1852. Marx und Engels wurden allerdings schon im Jahr 1850 ausgeschlossen, nachdem sich unter den Mitgliedern konträre Positionen herauskristallisiert hatten.

602 Popper, 2003, S. 99.

603 Plumpe, 2020, S. 240.

604 Plumpe, 2020, S. 240.

605 Vgl. Göhler/Klein, 1991, S. 521.

606 Vgl. z. B. Tugan-Baranowski, 1901, S. 34.

Ihre anschließende Arbeitsteilung auf dem Weg zu diesem Ziel war ebenso einmalig wie ihre Freundschaft. Marx konzentrierte sich auf „wirtschaftliche und soziale Gesetze [...] und entwickelte dabei den **historischen Materialismus**. [...] Friedrich Engels [...] hingegen widmete sich auf philosophischem Gebiet vor allem der Aufgabe, ähnliche Gesetze in der Natur nachzuweisen. Damit wurde er zum Begründer des **dialektischen Materialismus**."[607] Zusammen bilden historischer und dialektischer Materialismus **ein einheitliches System**.[608]

Was zeichnet dieses aus bzw. auf welchem methodischen Fundament steht es? Dieser Frage wollen wir uns jetzt stellen und dabei die Krisenthematik im Fokus behalten, also den zweiten inhärenten Widerspruch des Kapitalismus![609]

6.2.2.2 Die methodische Grundlage des „wissenschaftlichen" Sozialismus – Die Dialektik

Will man die marxsche Lehre und deren wissenschaftlichen Anspruch begreifen, muss die Reise bei Georg Wilhelm Friedrich Hegel (1770–1831) beginnen, einem Vertreter des deutschen Idealismus. Dessen Philosophie bildet den Ausgangspunkt des Wissenschaftlichen bei Marx. Denn von ihm übernimmt er zum einen den „Gedanke[n], dass alle Erscheinungen der Welt zusammenhängen und daher eine Sinndeutung erlauben, und [zum anderen] die **dialektische Methode**, die **eine Aufwärtsentwicklung** durch Widersprüche, **Krisen** und Revolutionen hindurch behauptete."[610]

---

607 Hartwich et al., 1972, S. 261.

608 Vgl. Hartwich et al., 1972, S. 261 f. oder Göhler/Klein, 1991, S. 521. Dort, in den Worten von Marx und Engels: „Wir kennen nur eine einzige Wissenschaft, die Wissenschaft der Geschichte. Die Geschichte kann von zwei Seiten aus betrachtet, in die Geschichte der Natur und die Geschichte der Menschen abgeteilt werden. Beide Seiten sind indes nicht zu trennen."

609 Es sei angemerkt, dass wir auf die marxsche Arbeitswerttheorie, die für den ersten inhärenten Widerspruch des Kapitalismus – also die funktionale Einkommensverteilung – von Belang ist, *nicht* eingehen werden. So lohnenswert eine Beschäftigung mit ihr auch erscheinen mag, so sehr würde das den Rahmen dieser Einführung doch sprengen. In seiner Arbeitswertlehre, dies sei hier zuletzt noch festgehalten, sieht Sinn die größte wissenschaftliche Fehlleistung von Marx; eine Auffassung, die gleichwohl nicht von allen Ökonomen geteilt wird. Vgl. hierzu Sinn, 2017, S. 76f. sowie Helmedag, 2024.

610 Hartwich et al., 1972, S. 257. Hegel erkennt in der Natur und Geschichte überall den „Dreischritt dialektischer Entwicklung: einer Thesis stellt sich die Antithesis gegenüber. Beide, Thesis und Antithesis, werden schließlich aufgehoben, in der Synthesis. Diese wiederum bildet den Ausgangspunkt für einen neuen Dreischritt der Entwicklung. [...] Ein berühmtes, den Marxismus stark beeinflussendes Beispiel für die Dialektik gibt Hegel in der Beschreibung des Verhältnisses zwischen dem Herrn und dem Knecht. Herrschaft und Knechtschaft ergeben sich ursprünglich aus dem Kampf zweier selbständiger Menschen. Beide trachten danach, den Gegner zu vernichten. [...] Ist aber die Unterwerfung vollzogen, so beginnt eine neue Entwicklung, die das Herrschaftsverhältnis zersetzt. [...] Der Herr wird abhängig vom Knecht, weil er dessen Arbeit braucht; der Knecht aber gewinnt Macht über den Herrn. So bildet sich der Knecht durch Arbeit zur Herrschaft. Die dialektische Entwicklung hat das ursprüngliche Verhältnis umgekehrt." Hartwich et al., 1972, S. 256.

Diese Technik haben Marx und Engels gleichwohl *nicht* unreflektiert übernommen. Schließlich sagen sie von sich selbst, was weithin bekannt ist, dass sie „die Hegelsche Dialektik [...] vom Kopf, auf dem sie stand, wieder auf die Füße gestellt [hätten]."[611] Dabei entmystifizierten die beiden die Dialektik, weil diese in den Worten von Engels „nichts [weiter] als die Wissenschaft von den allgemeinen Bewegungs- und Entwicklungsgesetzen der Natur, der Menschengesellschaft und des Denkens [ist]."[612]

Auf drei Prinzipien basiert diese Methode. Diese müssen wir uns nun anschauen, wenn wir den Marxismus in seinen Grundzügen begreifen zu wollen.

6.2.2.2.1 Das Gesetz des Umschlagens von der Quantität in Qualität und umgekehrt

Nach Hegel bilden die Quantität und die Qualität regelmäßig zwei Denkkategorien. Dabei bezeichnet „die Qualität [...] die Beschaffenheit, die Quantität die Größe."[613] Bei aller sprachlichen Nützlichkeit geht mit der begrifflichen Trennung einher, dass jeder dieser beiden Kategorien eine Eigenständigkeit unterstellt wird, die die inhärente Wechselbeziehung zwischen diesen übertüncht: An bestimmten Punkten[614] gehen die beiden getrennt gedachten Kategorien nämlich ineinander über und bilden eine Einheit![615]

Diesen Gedanken illustriert Hegel anhand des Wassers. Bei diesem bilden Siede- und Gefrierpunkt zwei Knoten, an denen das Wasser durch eine quantitative Veränderung der Wassertemperatur in einen neuen Aggregatszustand – also Dampf respektive Eis – sprunghaft übergeht. Quantität schlägt an diesen Knotenpunkten offensichtlich in Qualität um.[616]

Naturgemäß sieht Marx diesen ersten dialektischen Grundsatz auch auf ökonomischem Terrain am Werk. Beispielsweise bemerkt er in Bezug auf das Verhältnis von

---

611 Bockenheimer, 2020, S. 251. Siehe auch Engels, 2020, S. 14. Angemerkt sei, dass die Dialektik, deren Begriff heute zumeist mit Hegel in Verbindung gebracht wird, keine Erfindung von ihm war. Man kann allenfalls davon sprechen, dass er dieser, aus dem antiken Griechenland bekannten Methode neuen Atem eingehaucht, ihr eine Renaissance verschafft hat. Vgl. hierzu Engels, 2020, S. 10. Angetrieben vom zunehmenden Rückgang im Glauben (ausgelöst durch die Aufklärung), versuchte Hegel die Existenz Gottes mit Hilfe der Dialektik zu beweisen. Das Scheiterte! Vgl. Hartwich et al., 1972, S. 255. Vor diesem Hintergrund versteht sich, dass Marx und Engels davon sprechen, das dialektische Denken Hegels entmystifiziert zu haben. Nach Hartwich et al., 1972, S. 258 f. stammt aus der „Kritik der politischen Ökonomie" (1859) von Marx das geflügelte Wort: „Es ist nicht das Bewusstsein der Menschen, das ihr Sein, sondern umgekehrt, ihr gesellschaftliches Sein, das ihr Bewusstsein bestimmt." Hegel an dieser Stelle zu widersprechen, sei von Marx richtig gewesen. Zu dieser Auffassung kommen auch Ökonomen wie Hans-Werner Sinn. Vgl. Sinn, 2017, S. 73.
612 Engels, 2020, S. 125; vgl. zu Engels und zur Dialektik auch Bockenheimer, 2020, S. 249 ff.
613 Vgl. Bockenheimer, 2020, S. 262.
614 Engels spricht wahlweise von Punkten und Knotenlinien. Vgl. Engels, 2020, S. 33 bzw. S. 110.
615 Vgl. Bockenheimer, 2020, S. 262 f.
616 Vgl. Engels, 2020, S. 33 und/oder S. 110. Dem wissenschaftlichen Stand seiner Zeit entsprechend, führt Engels weitere naturwissenschaftliche Beispiele an. Dass bei chemischen Elementen mit der quantitativen Veränderung von Atomen eine qualitative Wesensänderung einhergeht, illustriert Bockenheimer anhand von Sauerstoff (O_2) und Ozon (O_3). Vgl. Bockenheimer, 2020, S. 263. Eine Alltagsweisheit, die dieses erste Prinzip der Dialektik verkörpert, lautet schlicht: die Dosis bestimmt das Gift!

menschlicher und maschineller Arbeit, dass „selbst die Erleichterung der Arbeit [...] zum Mittel der Tortur [wird], indem die Maschine nicht den Arbeiter von der Arbeit befreit, sondern seine Arbeit vom Inhalt."[617]

Aber nicht nur die Arbeitsqualität kann umschlagen. Ähnliches beobachtet Marx auch auf dem Feld des Monetären. Denn zur Beziehung von **Geld** und **Kapital** stellt er im Kapital (1867) fest, dass

> nicht jede beliebige Geld- oder Wertsumme in Kapital verwandelbar, zu dieser Verwandlung vielmehr ein bestimmtes Mindestmaß von Geld oder Tauschwert in der Hand des einzelnen Geld- oder Warenbesitzers vorausgesetzt ist.[618]

Simpel gesprochen, erfahren wir hier also von Marx, dass Geld sich zu Kapital wie das Wasser zum Wasserdampf verhält. Marx spricht dem Kapital also eine andere Qualität als dem Geld zu. Und nur wenig später – gewährt Marx bewusst oder unbewusst mit explizitem Verweis auf das erste dialektische Prinzip – einen Einblick darüber, wo er den Siedepunkt sieht:

> Die *Verwandlung des Handwerksmeisters* in den *Kapitalisten* suchte das Zunftwesen des Mittelalters dadurch gewaltsam zu verhindern, dass es die Arbeiterzahl, die ein einzelner Meister beschäftigen durfte, auf ein sehr geringes Höchstmaß beschränkte. Der Geld- oder Warenbesitzer verwandelt sich erst wirklich in einen Kapitalisten, wo die für die Produktion vorgeschoßne Mindestsumme weit über dem mittelalterlichen Höchstmaß steht. Hier, wie in der Naturwissenschaft, bewährt sich die **Richtigkeit** des von Hegel in seiner Logik entdeckten **Gesetzes**, dass bloß **quantitative Veränderungen** auf einem gewissen Punkt **in qualitative Unterschiede umschlagen**.[619]

Wird dieses erste dialektische Gesetz „auf die gesellschaftliche Entwicklung übertragen, so besagt es, dass **Sprünge**, Revolutionen, zum **Wesen der Entwicklung** gehören."[620]

6.2.2.2.2 Das Gesetz von der Negation der Negation

Das zweite dialektische Prinzip „ist [...] das Gesetz, das begreifbar macht, wie sich **Entwicklung im Ganzen** vollzieht."[621] Es ist seinem Wesen nach „ein äußerst allgemeines und eben deswegen äußerst weit wirkendes und wichtiges Entwicklungsgesetz der Natur, der Geschichte und des Denkens."[622]

---

617 Marx, 2018, S. 404.
618 Marx, 2018, S. 297.
619 Marx, 2018, S. 298; ebenfalls wiedergegeben in Engels, 2020, S. 110. Marshall referenziert im Vorwort zur Erstausgabe *seiner Principles of Economics* (1890) dezent auf diesen marxschen Unterscheidungsversuch, was Kapital ist und was nicht. Unmissverständlich macht Marshall deutlich, dass er von dieser Differenzierung wenig hält! Vgl. Marshall, 1997, S. XV.
620 Hartwich et al., 1972, S. 262.
621 Bockenheimer, 2020, S. 267 – hervorgehoben durch uns.
622 Engels, 2020, S. 124.

Engels liefert im Anti-Dühring (1877/78)[623] eine Fülle an Beispielen, anhand derer er „diese erschreckliche Negation der Negation"[624] erläutert. Als Exempel dient ihm zunächst das Gerstenkorn.

Dieses verändert sich unter Einfluss von Wärme und Feuchtigkeit. Es wird zur Pflanze. Indem das Korn nun negiert wurde, ist der Entwicklungsprozess gleichwohl nicht beendet. Stattdessen wächst und gedeiht die Pflanze, „wird befruchtet und produziert schließlich wieder Gerstenkörner, und sobald diese gereift, stirbt der Halm ab, wird seinerseits negiert."[625]

Mit Bockenheimer lässt sich insofern feststellen, dass „dieser ganze Prozess der Negation der Negation [...] nichts anderes als der Selbsterhaltungsprozess des Gerstenkorns [ist], der sich selbst im Laufe der Geschichte – wenn auch kaum merklich und langsam – verändert. Es handelt sich also **nicht** um einen **bloßen Kreislauf**, sondern um eine *spiralförmige* Bewegung."[626]

Nachdem Engels im Anti-Dühring weitere Anschauungsbeispiele aus der Biologie, Geologie und der Mathematik hat folgen lassen, wendet er sich gesellschaftlichen Phänomenen zu, bei denen er dieses Prinzip entdeckt bzw. zu entdecken meint. Da die Einlassungen Engels zum **Eigentum** selten in Standardlehrbüchern der Ökonomie Eingang finden,[627] obwohl sie zu einem grundlegenden Verständnis der marxistischen Lehre prädestiniert sind, zitieren wir Engels hier in voller Länge:

> Alle Kulturvölker fangen an mit dem **Gemeineigentum** am Boden. Bei allen Völkern, die über eine gewisse ursprüngliche Stufe hinausgehn, wird dies Gemeineigentum im Lauf der Entwicklung des Ackerbaus eine **Fessel für** die **Produktion**. Es wird aufgehoben, negiert, nach kürzeren oder längeren Zwischenstufen in **Privateigentum** verwandelt. Aber auf höherer, durch das Privateigentum am Boden selbst herbeigeführter Entwicklungsstufe des Ackerbaus wird umgekehrt das Privateigentum eine Fessel für die Produktion – wie dies heute der Fall ist sowohl mit dem kleinen wie mit dem großen Grundbesitz. Die **Forderung** es **ebenfalls** zu **negieren**, es **wieder** in **Gemeineigentum** zu verwandeln, tritt **mit Notwendigkeit** hervor.[628]

---

623 Engels einflussreiche Streitschrift *Herrn Eugen Dührings Umwälzung der Wissenschaft*, weithin bekannt als *Anti-Dühring*, war ab Januar 1877 zunächst im *Vorwärts*, dem Zentralorgan der Sozialdemokratischen Partei Deutschlands (SPD), fortsetzungsweise erschienen; im Sommer 1878 dann in Buchform.

624 Engels, 2020, S. 119.

625 Engels, 2020, S. 119.

626 Bockenheimer, 2020, S. 268 – hervorgehoben durch uns! Vgl. auch Mises, 1932, S. 332 ff.

627 Sofern sich in Standardlehrbüchern überhaupt eine Abhandlung der Planwirtschaft finden lässt, bleibt es hier einzig bei dem Vermerk, dass in dieser Wirtschaftsordnung das *„Sondereigentum"* an den *Produktionsmitteln* abgeschafft ist bzw. werden soll. Eine Begründung bzw. eine methodische Verankerung für dieses politische Ziel fehlt somit. Das ist bedauerlich! Denn unbeabsichtigt geht damit die Gefahr einher, dass sich bei Studenten die Vorstellung breit macht, die Abschaffung des Privateigentums an den Produktionsmitteln sei von den Marxisten *rein verteilungspolitisch* begründet. Den Textpassagen oben entnehmen wir, dass eine solche Interpretation einem groben Missverständnis gleichkäme. Es geht Marx um die Produktionsmöglichkeiten, sprich um Allokation und Wachstum!

628 Engels, 2020, S. 121 f. – Hervorhebungen durch uns. Die Vorstellung, dass die Produktivkräfte durch die bürgerlichen Eigentumsverhältnisse gehemmt werden, fand sich bereits im Manifest (1848).

Ähnlich hatte diesen Gedanken schon Karl Marx im Kapital (1867) formuliert.[629] Doch im Anschluss an die obige Textstelle versteht es Engels, den Aspekt der Aufwärtsbewegung, die dem Prozess der Umwandlung innewohnt, prägnanter als Marx im Kapital einzufangen. Engels führt fort:

> Aber diese Forderung bedeutet **nicht** die **Wiederherstellung** des altursprünglichen Gemeineigentums, sondern die Herstellung einer weit **höheren, entwickelten Form** von **Gemeinbesitz**, die, weit entfernt, der Produktion eine Schranke zu werden, sie vielmehr erst **entfesselt** und ihr die volle Ausnutzung der modernen chemischen Entdeckungen und mechanischen Erfindungen gestatten wird.[630]

Allein mit dem Wissen um diese Textpassage lässt sich eine Ahnung davon entwickeln, warum die „Enteignung der Enteigner" eine zentrale politische Forderung der Kommunisten bis heute geblieben ist.[631] Sie geht unmittelbar auf die Lehre von Marx und Engels zurück und wurzelt bei beiden im dialektischen Prinzip der Negation der Negation.[632] Mit dem dritten dialektischen Gesetz (Kapitel 6.2.2.2.3.) wird die tragende Rolle, die das abzuschaffende Privateigentum an den Produktionsmitteln innerhalb der marxistischen Theorie einnimmt,[633] gleich noch besser verständlich.

Vgl. Marx/Engels, 2017, S. 39. In diesem Zusammenhang sei angemerkt, dass zum Zeitpunkt der kommunistischen Revolution „Russland [...] eine Tradition der gemeinschaftlich betriebenen Landwirtschaft [hatte], und die Mehrheit der russischen Bauern [...] den Boden gemeinsam in ländlichen Kommunen (die *Obschtschina* oder *Mir* hießen) [betrieben]." Applebaum, 2017, S. 55. Gemessen an der Theorie von Engels stand Russlands Landwirtschaft am Vorabend der Revolution also auf der archaischen Eingangsstufe. Damit hätte das Land erst einmal eine bürgerliche, kapitalistische Revolution benötigt, um die dem prognostizierten Entwicklungsgesetz des Weltenlaufs entsprechende Voraussetzung für eine kommunistische Transformation zu schaffen.

629 Vgl. Marx, 2018, S. 706.

630 Engels, 2020, S. 122 – Hervorhebungen durch uns.

631 Die Forderung hat noch heute in linken Milieus Bestand. Vgl. z. B. Düperthal, 09.11.2021, S. 8. Dem Handbuch *Politische Ökonomie des Sozialismus und ihre Anwendung in der DDR* war zu entnehmen, dass „die sozialistische Revolution [...] mit den überlieferten Eigentumsverhältnissen auch radikal mit den ‚überlieferten Ideen' der Ausbeutergesellschaft [brach], [...] den gesamten ideologischen Überbau um[wälzte] und [...] eine dem Sozialismus adäquate Kultur [entwickelte]." o. V., 1969, S. 32; wenig später, auf Seite 37, wird dann auch explizit die „Schaffung des gesellschaftlichen Eigentums an den Produktionsmitteln" adressiert.

632 Balibar vertritt die Ansicht, dass der Satz „die Expropriateurs werden expropriiert" zu den berühmtesten im Kapital gehört. Vgl. Balibar, 2017, S. 213. Darüber hinaus sieht Balibar in diesem Ausdruck „geradezu ein Modellbeispiel für die für den Marxismus charakteristische Kombination zwischen einer dialektischen Entwicklung des Gedankens und der Verwendung von ökonomischen, historischen und juristischen Kategorien." Balibar, 2017, S. 215. Dass nach Marx die Enteigner enteignet werden, greift auch Wagenknecht wiederholt auf. Vgl. z. B. Wagenknecht, 2017, S. 106.

633 Auch nach Graeber bedeutet „Kommunismus [...] Gemeinschaftseigentum." Graeber, 2011, S. 101. Es wäre gleichwohl verfehlt zu meinen, dass die Diskussion um das Privateigentum eine Eigentümlichkeit des Marxismus ist. Schon im Frühchristentum bezog etwa Basilius von Cäsarea (330–375) den Standpunkt, dass „Gott [...] den Menschen alles zum Gemeineigentum gegeben und die Reichen unmissverständlich angewiesen [habe], ihre Besitztümer den Armen zu geben. Der Kommunismus der Apostel

Angewandt auf die gesellschaftliche Entwicklung, geht mit den zwei ersten Gesetzen der Dialektik also die Idee einer, „dass **Sprünge**, Revolutionen, zum **Wesen der Entwicklung** gehören und dass die aus einer Revolution entstehende Ordnung etwas grundlegend Neues und Besseres als die überwundene Ordnung sein *kann*."[634]

Da sie dazu beitrugen die absolutistischen Feudalgesellschaften zu überwinden, haben die bürgerliche Revolution und der Kapitalismus nach Ansicht von Marx und Engels wichtige Veränderungen eingeleitet. Ungeachtet ihrer Verdienste,[635] erkennen Marx und Engels in dieser Neuordnung von Wirtschaft und Gesellschaft am Ende aber nur historisch determinierte Vorläufer der nächsten Revolution – die der Proletarier.

Dass die marxistische Vorstellung, entlang eines „natürlichen Entwicklungsprozesses" werde das Privateigentum und die darauf beruhende „kapitalistische" Produktionsweise überwunden und ein höheres Entwicklungsniveau erreicht, im Bürgertum keine offenen Türen vorfand, sondern auf gallige Empörung und Widerspruch stieß – und weiterhin stößt – darf nicht verwundern.[636] Salopp gesagt: Wer den Teich trockenlegen will, braucht nach der Meinung der Frösche nicht zu fragen.

6.2.2.2.3 Das Gesetz von der Einheit und dem Kampf der Gegensätze

Nach der Erläuterung, dass mit dem Rückgriff auf die beiden vorangegangenen Prinzipien eine soziale Ordnung endlich und ihre Ablösung mit einer gesellschaftlichen Weiterentwicklung auf höherem Niveau verbunden ist, fehlt uns jetzt noch ein Verständnis dazu, *wie* ein solcher transformativer Prozess in Gang gesetzt wird.

Diese Lücke schließt nun das dritte und letzte Gesetz, das „als das Fundament des dialektischen Materialismus angesehen werden [kann], weil es die Eigenständigkeit der Materie und ihre Kraft zur Selbstentfaltung philosophisch rechtfertigen soll."[637]

[...] war daher das einzige angemessene Modell für eine wahrhaft christliche Gemeinschaft." Graeber, 2011, S. 301. Diese Position stand dem römischen Recht, das sich auf dem Privateigentum stützte, diametral entgegen. Es verwundert daher nicht, dass im Hochmittelalter – nachdem das römische Recht im 13. Jahrhundert wiederbelebt wurde – erneut religiöse Volksbewegungen auftraten, die „die Rechtmäßigkeit des Privateigentums in Frage [stellten]." Graeber, 2011, S. 306.

634 Hartwich et al., 1972, S. 262.

635 „In dieser Beziehung kann kein besseres Zeugnis für die Offenheit seines Geistes [DK: gemeint ist Marx] erbracht werden als das Kommunistische Manifest, das eine geradezu begeisterte Darstellung der Leistungen des Kapitalismus gibt; und noch indem er pro futuro das Todesurteil über ihn aussprach, unterließ er es nie, seine historische Notwendigkeit anzuerkennen." Schumpeter, 2005, S. 22 f.

636 Nichtsdestotrotz, die Botschaft verfing nicht nur in der Arbeiterschaft. Auch innerhalb der Bourgeoisie und der „bürgerlichen Wissenschaft" fiel sie insofern auf fruchtbarem Boden, als sich mit ihr in der Folgezeit eingehender auseinandergesetzt wurde. Insofern bemerkt Mises zu einem Zeitpunkt, zu dem Lenin gerade die Kommunistische Revolution in Russland vollendet hat, dass „die englischen ‚Liberalen' von heute [...] mehr oder weniger gemäßigte Sozialisten [sind]." Mises, 1932, S. 3.

637 Hartwich et al., 1972, S. 262. Angemerkt sei, dass dieses dritte Gesetz kein Alleinstellungsmerkmal der abendländischen Philosophie bzw. der Dialektik ist. Vielmehr findet es sich in den Begriffen Yin und Yang auch in der chinesischen Philosophie und hier insbesondere im Daoismus. Yin und Yang stehen

Auf dem Gebiet der Wirtschaft lässt sich der dritte Grundsatz bereits mit einer Einlassung des jungen Engels im Zusammenhang mit dem **Monopol** und der **Konkurrenz** verdeutlichen. Nach ihm muss „jede kleinere Gesamtheit von Konkurrenten [...] wünschen, das Monopol für sich gegen alle andern zu haben. Die Konkurrenz beruht auf dem Interesse, und das Interesse erzeugt wieder das Monopol; kurz, die Konkurrenz geht in das Monopol über. Auf der anderen Seite kann das Monopol den Strom der Konkurrenz nicht aufhalten, ja es erzeugt die Konkurrenz selbst."[638]

Inhärenter Widerstreit herrscht also auf den Märkten, weil jeder Anbieter das Monopol erstreben muss, während die Gesamtheit durch dieses verliert und es folglich zu entfernen wünscht.[639]

Den Anwendungsfall für das dritte dialektische Prinzip bietet im Rahmen der Wirtschaft jedoch ihr instabiler Verlauf, der sich in regelmäßigen Konjunktureinbrüchen und gesellschaftlichem Chaos Ausdruck verschafft (siehe Lektion 5). Die notorische Instabilität des Kapitalismus wird dabei von der Spannung zwischen dem **ideologischen Überbau**, d. h. der auf dem Privateigentum beruhenden Gesellschaftsordnung, und der **ökonomischen Basis** – also der industriellen Fertigung – induziert. Schließlich prallt bei zunehmender Komplexität in Form von unternehmensübergreifenden, verzahnten Produktionsprozesse die fortschreitende Notwendigkeit zu einer kooperativen Arbeitsweise mit der auf individuellen Freiheitsrechte pochenden Bourgeoisie im Kapitalismus unvereinbar aufeinander: Obgleich die „Desorganisation der gesamten gesellschaftlichen Produktion"[640] der Führung und Lenkung bräuchte, produziert das bürgerliche Unternehmertum unverdrossen unkoordiniert und planlos vor sich hin und führt so zur **Überproduktion** in einem und zur **Unterproduktion** in einem anderen Bereich.[641] Kurzum: Bei einem in der Wirtschaftsordnung normativ verankerten Privateigentum ist der Konflikt zwischen ideologischem Überbau und ökonomischer Basis vorprogrammiert.[642] Ein schwankungsfreier Verlauf der Volkswirtschaft und privates Eigentum an den Produktionsmitteln sind somit unvereinbar, da sich das Privateigen-

---

für polar einander entgegengesetzte und dennoch aufeinander bezogene duale Kräfte oder Prinzipien, die sich nicht bekämpfen, sondern ergänzen. Sie bezeichnen „Gegensätze" in ihrer wechselseitigen Bezogenheit als eine Gesamtheit, einen ewigen Kreislauf.

638 Engels, 1844, S. 6 – offen bleibt hier, worin die Höherentwicklung konkret liegen soll. Mutet das ganze doch eher an wie eine Pendelbewegung!

639 Vgl. Engels, 1844, S. 6.

640 Tugan-Baranowski, 1901, S. 34.

641 Vgl. Heilbroner, 2006, S. 146.

642 Vgl. z. B. Heilbroner, 2006, S. 146 und o. V., 1969, S. 27. Engels kann für sich beanspruchen, diese Beobachtung schon in jungen Jahren gemacht zu haben, möglicherweise sogar vor Marx. Er schreibt: „Schwankt die Produktion stärker, wie sie es infolge eines solchen Zustandes notwendig tut, so tritt die Abwechslung von Blüte und Krisis, Überproduktion und Stockung ein. Der Ökonom hat sich diese verrückte Stellung nie erklären können." Engels, 1844, S. 10. Zum *Bewegungsgesetz des Systems* siehe auch die Ausführungen bei dem marxistischen Ökonomen Mandel, 1987, S. 33 f.

tum in Bezug auf die Krisenanfälligkeit der Wirtschaftsentwicklung als **tragische Figur** erweist![643]

Genau dieser zweite inhärente **Widerspruch des Kapitalismus** – so die These – nährt die gesellschaftliche Spannung und leitet die Systemtransformation ein.[644] Von den Werktätigen angetrieben, schafft die proletarische Revolution das Privateigentum an den Produktionsmitteln ab und lässt hierdurch die vormaligen Spannungen verschwinden. Wie der Feudalismus zuvor wird der Kapitalismus damit durch Kräfte überwunden, die in ihm selbst angelegt sind.[645]

6.2.2.3 Würdigung

Der folgende Abschnitt ist dreigeteilt ohne dabei dialektisch zu sein. Zuerst blicken wir auf Irrtümer im Hinblick auf den Durchschlagserfolg des Marxismus (Kapitel 6.2.2.3.1.). Methodische und inhaltliche Kritikpunkte an der marxschen Lehre bringen wir dann in Kapitel 6.2.2.3.2. zur Sprache, bevor wir zum Abschluss auf die überraschende Leere der marxistischen Lehre eingehen (Kapitel 6.2.2.3.3.).

6.2.2.3.1 Missverständnisse in Bezug auf Wirkmächtigkeit und sozialistische Alternativlosigkeit

Allein die Tatsache, dass Wissenschaftler wie Schumpeter und Popper Marx als Prophet bezeichnet haben,[646] bringt die Wirkmächtigkeit seiner Lehre zum Ausdruck. Deren

---

643 Diese Anschauung, dass die Privatwirtschaft inhärent instabil ist, teilte der wohl berühmteste Schüler von Alfred Marshall mit Marx: John Maynard Keynes. Dieser sprach sich infolge der Erfahrungen mit der Weltwirtschaftskrise von 1929 (siehe Lektion 5) dafür aus, dem Staat eine *aktive* Rolle in Gestalt einer antizyklischen Wirtschaftspolitik zur Globalsteuerung der Volkswirtschaft einzuräumen. Mit dieser Haltung zum wirtschaftspolitisch aktiven Staat rückt Keynes von seinem Lehrer und den englischen Klassikern ab. Diese Absetzbewegung wird *zwangsläufig* von einer *Annäherung* an die marxschen Positionen begleitet – ohne allerdings am Grundsatz des Privateigentums an den Produktionsmitteln zu rütteln. Auf die keynesianische Idee einer antizyklischen Konjunkturpolitik gehen wir in Lektion 16 noch einmal detaillierter ein.
644 Vgl. Hartwich et al., 1972, S. 262 und zu den beiden Widersprüchen z. B. Tugan-Baranowski, 1901, S. 34.
645 Vgl. Hartwich et al., 1972, S. 262. Zur unvermeidlichen Revolution der Proletarier in Verbindung mit dem hier dargelegten Bewegungsgesetz siehe schon Marx/Engels, 2017, S. 44 ff. oder auch o. V., 1969, S. 26.
646 Schumpeter würdigt Marx als Propheten (S. 19 ff.), als Soziologen (S. 24 ff.) sowie als Nationalökonomen (S. 43 ff.). Vgl. Schumpeter, 2005; Ebenso sieht Popper in Marx einen Propheten, gleichwohl einen falschen! „Er war ein Prophet des Geschichtsverlaufs, und seine Prophezeiungen haben sich nicht bewahrheitet; aber das ist nicht mein Hauptvorwurf. Viel wichtiger ist, dass er zahllose intelligente Menschen dazu verführte, zu glauben, dass die wissenschaftliche Behandlung sozialer Probleme in der Aufstellung historischer Prophezeiungen besteht." Popper, 2003, S. 97.

Größe, so Schumpeter, möge man nicht übersehen.[647] Er selbst konstatierte im Jahr 1947 bewundernd:

> Man beachte, mit welch vollendeter Kunst es hier gelang, jene [...] Sehnsüchte, die die Religion auf ihrem Rückzug wie herrenlos herumlaufende Hunde zurückgelassen hatte, mit den rationalistischen und materialistischen Strömungen der Zeit zu verknüpfen, die im Augenblick unausweichlich waren und **keinen Glauben** duldeten, **der nicht** einen **wissenschaftlichen oder pseudowissenschaftlichen Anstrich** hatte. Einfach das Ziel zu predigen, wäre wirkungslos geblieben; eine Analyse der sozialen Prozesse hätte nur ein paar hundert Spezialisten interessiert. Aber im Kleid des Analytikers zu predigen und mit einem Blick auf die Bedürfnisse des Herzens zu analysieren, dies schuf eine **leidenschaftliche Anhängerschaft** und gab dem Marxisten jenes größte Geschenk, das in der Überzeugung besteht, dass das, was man ist und wofür man einsteht, niemals unterliegen, sondern am Ende siegreich sein wird.[648]

Bei allem Respekt für die Einordnung der marxschen Leistung vor historischer Kulisse, *könnte* hier ein euphorisiert wirkender Schumpeter zu dem mitunter anzutreffenden Missverständnis beigetragen haben, im Kreis der Werktätigen hätte sich Marx prompt einer großen Anhängerschaft erfreut, die seine Ideen schwammgleich aufgesaugt habe.

Eine solche Vorstellung ist schlichtweg falsch! Sie übersieht, wie lange es dauerte, bis sich die „große Erzählung"[649] nach zahlreichen Auseinandersetzungen und vielen Widerständen in der Breite verfing. So hatte sie im Deutschen Reich erst unter dem Eindruck der zweiten Weltwirtschaftskrise (siehe Lektion 5, Kapitel 6.2.2.) und nicht zuletzt mit der Buchausgabe des *Anti-Dühring* (1878) von Friedrich Engels Aufwind erlangt.[650] Ebenfalls war lange nicht ausgemacht, dass sich der Marxismus auf internationalem Terrain unter den Werktätigen würde durchsetzen können.[651] Immerhin war

---

647 Vgl. Schumpeter, 2005, S. 20.
648 Schumpeter, 2005, S. 21.
649 Diese Ausdrucksweise ist entnommen Greffrath, 2017, S. 18.
650 Vgl. z. B. Göhler/Klein, 1991, S. 511 f. Für günstige Windverhältnisse hat nicht zuletzt Reichskanzler Bismarck gesorgt: im Dezember 1878 hatte dieser den *Anti-Dühring* nur wenige Wochen nach dessen Erscheinung als Buch auf Grundlage des kurz zuvor erlassenen „Sozialistengesetzes" verbieten lassen – was seiner Verbreitung *nicht* schadete. Zu sehr war er dem Inhalt nach ein Schlüsselwerk des wissenschaftlichen Sozialismus. Karl Kautzky, der in der Zeit der Illegalität der SPD zu deren Cheftheoretiker aufstieg, bewertete die Bedeutung des *Anti-Dühring* folgendermaßen: "Wenn ich nach der Wirkung urteile, die Engels' ,Anti-Dühring' auf mich ausübte, so gibt es kein Buch, das für das Verständnis des Marxismus soviel geleistet hätte wie dieses. Wohl ist das 'Kapital' gewaltiger. Aber erst durch den 'Anti-Dühring' haben wir das 'Kapital' richtig lesen und verstehen gelernt." Vgl. http://www.trend.info-partisan.net/trd0904/t010904.html abgerufen am 04.04.2022. Entsprechend liest man im Vorwort einer Neuauflage des Buchs: „Die politische Situation trug entschieden dazu bei, dass der 'Anti-Dühring' zur Gründungsschrift des Marxismus avancierte. [...] Es schweißte die Sozialdemokratie angesichts eines gemeinsamen Feindes enger zusammen." Engels, 2020, S. XL.
651 Das lässt sich nicht zuletzt anhand der Entstehungsgeschichte der Internationalen Arbeiter-Assoziation (IAA) ablesen. Als sich diese im Jahr 1864 in London auf Initiative englischer und französischer Arbeiter konstituiert, waren kaum Marx-Anhänger zugegen. Stattdessen finden sich dort „Anhänger Fouriers, Cabets, Proudhons, Blanquis, Bakunins und Mazzinis zusammen." Göhler/Klein, 1991, S. 510.

es Marx und Engels auf dieser Bühne schon etwas früher – im Jahr 1872 – gelungen, die Deutungshoheit innerhalb des sozialistischen Spektrums gegenüber Anarchisten und Utopisten zu erringen. Der schlussendliche Erfolg der marxschen Lehre beruhte allerdings auch hier nicht so sehr auf ihrer Genialität und breiten Akzeptanz (da sie weiterhin für die meisten *unverständlich* blieb),[652] sondern nebst manch glücklicher Fügung in nicht unerheblicher Weise auf dem Wesen von Karl Marx.

Übereinstimmend zeichnen verschiedene Quellen das Bild von einem rasch aufbrausenden Charakter mit ausgesprochenem Machtanspruch, der vor Ränkespielen nicht zurückschreckte, wenn Gegenspieler wie Bakunin, Proudhon bzw. deren Anhänger daran gehindert werden sollten, ihre „unwissenschaftlichen" Alternativvorschläge, etwa zum Mutualismus, im sozialistischen Lager zu verbreiten.[653] Ein charismatischer Fackelträger, dem mühelos die Sympathien zufliegen und der ohne große Anstrengung Anhänger und Schüler gleichermaßen um sich zu versammeln und an sich zu binden vermochte, das war Marx wahrlich nicht.[654]

Seine dunklen Charaktermerkmale kommen nicht zuletzt im Zusammenhang mit der Internationalen Arbeiter-Assoziation (IAA) immer wieder zum Vorschein – von ihrer Konstituierung in England (1864) bis hin zum Rausschmiss von Bakunin (1872)

Und im September 1868, ein Jahr nach Veröffentlichung des *Kapitals*, war auf dem 3. Kongress der IAA in Brüssel (06.-13.09.) der Einfluss der Marxisten noch immer kaum zu spüren, wie aus einem Brief Engels an Marx hervorgeht: „Der Kongress scheint diesmal wirklich von den Franzosen weggeschwemmt worden zu sein, die Anzahl proudhonistischer Beschlüsse ist doch gar zu groß." Grawitz, 1999, S. 266.

652 Den Umstand, dass Marx von den Werktätigen nicht verstanden wird, goutiert Proudhon kurz vor seinem Tod süffisant mit: „Das Volk liest mich nicht, aber es versteht mich, ohne mich zu lesen." Grawitz, 1999, S. 265.

653 Der Machtmensch Marx schrieb beispielsweise am 11.09.1867 an Engels: „Diesen Eseln von Proudhonisten werde ich persönlich auf dem nächsten Kongress zu Brüssel [DK: Marx meint den für 1868 geplanten 3. IAA-Kongress] den Garaus machen.' Und er fügt hinzu: ‚Und bei der nächsten Revolution, die vielleicht näher ist, als es aussieht, haben wir (d. h. Du und ich) diese mächtige Maschine in unserer Hand." Grawitz, 1999, S. 266. Zum Verständnis: *Proudhon* und seine Anhänger befürworteten als Antwort auf die sozialen Probleme im Allgemeinen und die der Arbeiter im Besonderen, „die Gründung von Kooperativgesellschaften, Tauschbörsen und gegenseitigem Kredit und wenden sich *gegen* die *Abschaffung* des *Eigentums*, gegen den Klassenkampf und gegen die Revolution." Grawitz, 1999, S. 265. Diese Tatsache dürfte manch einen überraschen. Denn mit dem Namen Proudhon hat sich im kollektiven Gedächtnis dessen Antwort auf die von ihm selbst gestellte Frage verankert, was Eigentum sei: Diebstahl! Es wurde also die genossenschaftliche Idee bevorzugt: antiautoritärer Graswurzelsozialismus von unten statt autoritärem Staatssozialismus von oben.

654 Heilbroner spricht davon, dass Marx „der streitsüchtigste und intoleranteste Mann, den man sich vorstellen kann, [war]." Heilbroner, 2006, S. 151. Einer süffisanten, teilweise beißenden und mitunter grenzwertigen Kritik an der Person Marx begegnet man bei Baader. Dort liest man u. a. noch den relativ sachlichen Hinweis, dass selbst ehemalige Freunde Marx „als arroganten Zyniker [beschreiben], der auf jede abweichende Meinung mit verletzendem Spott und Hohn reagiert." Baader, 2021, S. 190.

und anderen *antiautoritären* Vertretern in der Arbeiterschaft.[655] Erst jetzt bahnt sich der **autoritäre Sozialismus** à la **Marx** seinen Weg.[656]

6.2.2.3.2 Zentrale Kritikpunkte an Inhalt und Methode

Inhaltliche Schwierigkeiten mit der marxschen Lehren beginnen bei der **Konstruktion von Klassen und Klassenkämpfen** sowie dem **schichtenbildenden Prinzip des Eigentums.** Diese Komponenten treten bereits im Manifest (1848) in Erscheinung und werden später zu Eckpfeilern des marxschen Theoriegebäudes.[657]

In Bezug auf die Klassen gilt zunächst festzustellen, dass gemäß Marx nur zwei von ihnen für die historische Entwicklung von Belang sind. Zum einen die große Klasse der *eigentumslosen* Proletarier, die zunehmend verarmt und zahlenmäßig anschwillt; zum anderen die kleine, im Schrumpfen begriffene Gruppe der Eigentümer, der Kapitalisten. Die Existenz mittlerer Klassen bzw. von Zwischengruppen wie Handwerker und Freiberufler wird zwar nicht bestritten, doch verschwinden diese mit der Zeit. Zugleich sind Sie vom Bann der historischen Bedeutungslosigkeit getroffen.[658]

---

655 Beispielsweise halten Göhler und Klein im Zusammenhang mit der IAA fest, dass Marx „versucht [hat], [...] innerhalb der zahlreichen politischen Strömungen den Einfluss seiner Ideen auszubauen. Nach starken Spannungen mit den Anhängern Proudhons in den ersten Jahren kommt es mit den russischen Anarchisten um Bakunin zu heftigen Auseinandersetzungen, aus denen 1872 Marx als Sieger hervorgeht. Bakunin wird ausgeschlossen." Göhler/Klein, 1991, S. 510. Angemerkt sei noch, dass das Manifest auf Bakunins Initiative hin, ins Russische übersetzt wurde. Eine Zeittafel zur Entstehung und Entwicklung der IAA findet sich mit weiteren Details unter http://geschichtevonunten.de/01_sek-lit/organisationen/iaa/g-iaa-chronik.htm abgerufen am 06.04.2022. Details zum Verhältnis von Bakunin zu Marx finden sich auch bei Grawitz, 1999.

656 Dies festgestellt, wäre es jetzt allerdings verkehrt zu meinen, alle internationalen Sozialisten hätten sich nun einvernehmlich hinter der marxschen Lehre eingereiht. Dies widerspräche schlichtweg der Realität. So sei nur daran erinnert, dass sich beim erstmaligen, parteiübergreifenden Streben der Ukrainer nach staatlicher Eigenständigkeit (1917) den ukrainischen Kommunisten die Idee eines autoritären Sozialismus vollkommen fremd war. Es waren die russischen Bolschewiki, die damals die ukrainische Unabhängigkeit im Keim erstickten und die ukrainischen Kommunisten mit Repressionen auf Linie brachten. Vgl. z. B. Applebaum, 2017, S. 67 ff.

657 Vgl. Marx/Engels, 2017, insb. S. 31 („Die Geschichte aller bisherigen Gesellschaft ist die Geschichte von Klassenkämpfen") und S. 46 („Der Proletarier ist eigentumslos") bzw. auch Schumpeter, 2005, S. 31 f.; eine ausführliche Abhandlung zum Wesen des marxschen Klassenkonstrukts, dem Klassengegensatz und Klassenkampf findet sich bei Mises, 1932, S. 299–325. Hier macht Mises unter anderem darauf aufmerksam, dass „[d]er Umstand, dass die marxistische Theorie den Begriff der Klasse nicht näher umschrieben hat, [...] es ermöglicht [hat], dass er in den verschiedensten Auffassungen verwendet wird." Mises, 1932, S. 315. Wenige Zeilen weiter resümiert er, dass sich der Marxismus wegen all dieser definitorischen Unzulänglichkeiten „im wichtigsten Punkt seiner Lehre über das Niveau einer Parteidoktrin für die Gasse nie erhoben [hat]." Mises, 1932, S. 315.

658 Vgl. z. B. Popper, 2003, S. 172 und/oder Schumpeter, 2005, S. 34. Nicht nur Nachgeborene aus dem „bürgerlichen Lager" kritisieren die marxsche Konzeption von den Klassen. Schon nach *Proudhon* ist die „Unterscheidung [...] zwischen zwei Klassen, der Arbeiterklasse und der bürgerlichen Klasse, ein einfacher revolutionärer Zufall." Grawitz, 1999, S. 265.

Dieses bipolare Klassengebilde ist nicht zuletzt mit Blick auf die Bauern bemerkenswert, bildeten sie überall noch immer die größte Gruppe.[659] Doch „laut der marxistischen Theorie [...] spielten Bauern eine bestenfalls zwiespältige Rolle. Im Jahr 1852 hatte Marx erklärt, sie seien keine ‚Klasse' und hätten darum kein Klassenbewusstsein: ‚Sie sind daher unfähig ihr Klasseninteresse im eigenen Namen [...] geltend zu machen. Sie können sich nicht vertreten, sie müssen vertreten werden.'"[660] Bornierter kann es kaum gehen![661]

Notgedrungen weicht Lenin diese despektierliche Haltung gegenüber der Gruppe der Bauern später zwar auf,[662] doch auch er war weiterhin der Ansicht, dass die Bauern

---

[659] Entsprechend verwundert zeigte sich schon Mises darüber, dass „der vierte Stand, der nun [DK: nach dialektischer Gesetzmäßigkeit bzw. marxscher Theorie] an der Reihe sein soll, gerade im Proletariat gesucht werden [muss]? Könnte man ihn nicht mit dem gleichen oder mit größerem Recht im Bauerntum suchen? Für Marx konnte darüber freilich kein Zweifel bestehen." Mises, 1932, S. 322. Angemerkt sei, dass das Bürgertum als dritter Stand verstanden wurde, der sich durch die Französische Revolution (1789) emanzipiert hat.

[660] Applebaum, 2017, S. 39. Ähnlich aber auch Molino, 2022, S. 29. Insbesondere mit Blick auf die Darstellung in Kapitel 6.2.2.3.1. wollen wir nicht unerwähnt lassen, dass gerade im Lager der russischen Sozialisten noch zu Lebzeiten von Marx konträre Positionen in Bezug auf die Rolle der Bauern in der *postzaristischen* Gesellschaft in Erscheinung traten. Nach Ansicht von Alexander Herzen (1812–1870), Nikolai Tschernyschewski (1828–1889) und Nikolai Danielson (1844–1918) kam den russischen Bauern und der Dorfkommune eine *wichtige* Rolle zuteil. Diese drei verband zum einen die Auffassung, dass ein wirkliches Industrieproletariat im sich relativ spät industrialisierenden Russland noch gar nicht in Erscheinung getreten war. Zum anderen wollten sie keinen langen, qualvollen Prozess kapitalistischer Entwicklung durchlaufen müssen, der gemäß der marxschen Lehre nichts weniger als eine notwendige Voraussetzung für eine sozialistische Revolution ist. Kurzum: Diese Revolutionäre suchten einen Ausweg, um den Sozialismus schneller in Russland einführen zu können. Eine Möglichkeit, diesen Prozess zu verkürzen, sahen sie darin, „die besonderen historischen Bedingungen Russlands im Interesse der Bauern [zu] nutzen, um einen Sozialismus zu gründen." https://de.wikibrief.org/wiki/Nikolai_Danielson abgerufen am 24.04.2022. Diese Vorstellung prangerte unter anderem Lenin als gefährlichen Utopismus an – bis er später entdecken musste, dass auch der bolschewistische Arbeiter ernährt sein will! Vgl. hierzu auch Applebaum, 2017, S. 98 ff.

[661] Auch Molino merkt an, dass nach Marx „[d]ie Bauern [...] zwar große Menschenmengen bilden [können], aber niemals Massen. Zumindest keine organisierte, solidarischen Massen. In Rumänien, Albanien, der sowjetischen Ukraine, China oder Kambodscha begründete man mit eben diesem Zitat Massaker, erzwungene Hungersnöte und Umsiedlungen im großen Ausmaß." Molino, 2022, S. 29. Damit habe man nach Marx die Bauern „für einen Störfaktor zu halten [...], dessen Wirkmacht auf ein Minimum zu reduzieren sei." Molino, 2022, S. 29. Dieser hält noch fest, dass „[n]ur die Anarchisten [...] der Ansicht [waren], die Bauern könnten tatsächlich Akteure der Veränderung und des Fortschritts sein." Molino, 2022, S. 29.

[662] Schon während des Ersten Weltkrieges hatte sich – wie in anderen kriegsführenden Ländern – die Lebensmittelversorgung der Bevölkerung im zaristischen Russland verschlechtert. Diese Situation verbesserte sich durch die bolschewistische Revolution und den anschließenden Bürgerkrieg nicht! Im Gegenteil. Es kam zu einer Hungersnot. Ab Frühjahr 1921 verteilten sogar amerikanische Hilfsorganisation in der Sowjetunion Hilfsgüter. Was für eine Schmach, aus Sicht der obersten Revolutionäre! Um gerade die Ernährungssicherheit für die bolschewistischen Kämpfer aus eigenen Mitteln zu gewährleisten und damit die Fortsetzung der Revolution nicht zu gefährden, ordnet Lenin in diesem Zeitraum

„von der progressiveren Arbeiterklasse angeführt werden [müssten]."[663] Außerdem hegte Lenin „den Verdacht, viele Kleinbauern würden wie kapitalistische Kleinbesitzer denken, weil sie über etwas Eigentum verfügten."[664]

Erschwerend kommt im marxschen Klassenkonstrukt hinzu, dass die beiden relevanten Grundklassen ihrem Wesen nach antagonistisch sind, d. h. „die Beziehung zwischen der Kapitalistenklasse und dem Proletariat ist ihrer tiefsten Natur nach [...] Klassenkampf."[665] Damit schaut die marxsche Theorie über das sozialverantwortliche Engagement zeitgenössischer Kaufleute hinweg, das sich zum Beispiel im Bremer Verein Vorwärts (1846) entfaltete, welcher sich insbesondere zur Aufgabe gemacht hatte, dem Industrieproletariat der Hansestadt eine bessere Bildung zu ermöglichen.[666] Zugleich spricht Marx mit seiner Theorie derartigen Initiativen die Möglichkeit einer Schrittmacherfunktion für einen friedlichen sozialen Ausgleich ab.

Last, but not least darf nicht übersehen werden, dass Klassen *nicht* handeln können, sondern nur Individuen. Ein Tatsachenbestand, den gerade die Vertreter der Österreichischen Schule hervorheben.

Ein weiterer Kritikpunkt betrifft die **Dialektik**, die zum unbestreitbaren Markenkern des Marxismus gehört.[667] Popper vertritt sogar die Auffassung, dass der Marxis-

---

zunächst das Konfiszieren von Getreide in großem Stil an – allen voran in der Ukraine. Als er die Unfruchtbarkeit dieser Maßnahmen erkennen musste, beendete er mit der *Neuen Ökonomischen Politik* ab Oktober 1921 die Zwangsabgabe von Getreide. Zugleich wurde der freie Handel mit Getreide legalisiert. Lenins Erläuterungen für diesen politischen Schwenk klangen mitunter entschuldigend. Lenin bemerkte, dass „die sowjetische Wirtschaftspolitik [...] bis dahin von einer falschen Annahme ausgegangen [sei]: ‚Wir waren der Meinung, dass uns die Bauern aufgrund der Ablieferungspflicht die notwendige Menge Getreide liefern und wir es auf die Fabriken und Werke verteilen werden und dass wir damit eine kommunistische Produktion und Verteilung haben werden.‘ Weil die Bauern aber noch nicht die richtige Stufe der politischen Entwicklung erreicht hätten, sei nun eine gewisse Konsolidierung nötig. Sobald sie aufgeklärt seien, werde es vielleicht möglich sein, wieder eine fortschrittlichere kommunistische Wirtschaftspolitik zu versuchen." Applebaum, 2017, S. 99 bzw. für die vorangegangenen Bemerkungen Applebaum, 2017, S. 85 ff.

663 Applebaum, 2017, S. 39.

664 Applebaum, 2017, S. 39. Damit erklärte sich für Lenin auch die Attitüde der später als Kulaken bezeichneten Kleinbauern, sich nicht „unter die Kämpfer für den Sozialismus' [einzureihen]." Applebaum, 2017, S. 39 f.

665 Schumpeter, 2005, S. 34. Vgl. auch Mises, 1932, S. 317.

666 Man darf vermuten, dass Marx in einem solchen Engagement bestenfalls einen minderwertigen, kleinbürgerlichen Ansatz verortet hat. Anlass für diese Mutmaßung ergeben sich bereits aus dem Manifest, wo er andere sozialistische Systeme „würdigt". Vgl. Marx/Engels, 2017, S. 64 ff.

667 Bereits ein Blick in das für die Wirtschaftspolitik der Deutschen Demokratischen Republik maßgebende Buch *Politische Ökonomie des Sozialismus und ihre Anwendung in der DDR* stützt diese These, wird doch in diesem mehrfach auf die Dialektik referenziert – allen voran in den vorderen Teilen und hier insbesondere in Kapitel 6.1.4., wo man unter anderem lesen kann: „Auf der Grundlage der dialektisch-materialistischen Methode der Erkenntnis und des praktischen Handelns ist die Methode der politischen Ökonomie des Sozialismus charakterisiert durch die Anwendung der Logik und der dazu gehörenden induktiven und deduktiven Verfahren, der Analyse und Synthese, der Mathematik und der

mus primär eine Methode als eine Lehre sei und diese Methode für Marxisten „selbst dann unangreifbar [bleibe], wenn sich irgendein besonderer Teil der Lehren Marx' oder seiner Anhänger als überholt erweise."[668]

In Bezug auf die dialektische Methode sei zunächst bemerkt, dass auch Unvoreingenommene der marxistische Anspruch immer wieder zu erstaunen vermag, mit der proletarischen Revolution ende die Geschichte der Gesellschafts- und Wirtschaftsformen.[669] Steht diese These, die maximaler kaum sein könnte, nicht schon im Widerspruch zur Dialektik selbst? Verheddert sich die marxsche Theorie nicht spätestens hier in ihrer eigenen Methode? Denn wie lässt sich mit dem Gesetz der negierten Negation vereinen, dass aus der Revolution der Werktätigen eine gesellschaftliche Form emporsteigt, welches die Ablösung nicht zu fürchten braucht?

Blenden wir die realgeschichtliche Entwicklung für einem Moment mal aus und springen in eine Zeit zurück, in welcher der antifaschistische Schutzwall, die Berliner Mauer, noch stand. Dann stellen wir fest, dass der augenscheinlich schnell zu entdeckende, innere Widerspruch, den wir hier adressiert haben, in der Tat Gegenstand der Marxkritik war.[670] Können wir mit dieser Feststellung also die Beweisführung abschließen, dass die marxsche Lehre an einem logischen Webfehler auf methodischer Ebene krankt?

Kybernetik." o. V., 1969, S. 51. Auch Lenin lies an der Bedeutung der Dialektik für den Marxismus keinen Zweifel. Nach vollbrachter Revolution schrieb er im Jahr 1922: „Gestützt auf die Marxsche Anwendung der materialistisch aufgefassten Dialektik Hegels, können und müssen wir diese Dialektik nach allen Seiten ausarbeiten." Püschel, 22.01.2024, S. 13. Göhler und Klein jedoch beobachten, dass „die Bedeutung der dialektischen Methode innerhalb der Marxschen Ökonomiekritik [...] umstritten [ist]." Göhler/ Klein, 1991, S. 529. Die Autoren führen an gleicher Stelle aus, dass im *Kapital* eine „reduzierte Dialektik" zur Anwendung gekommen sei, während in frühen, teilweise unveröffentlichten Arbeiten von Marx eine „emphatische Dialektik" entdeckt werden kann.

668 Popper, 2003, S. 99. Schumpeter hingegen hielt es „für einen Fehler und für ein Unrecht gegenüber Marxens wissenschaftlichen Fähigkeiten," die Dialektik „zum Hauptschlüssel seines Systems [zu machen]." Schumpeter, 2005, S. 25.

669 Zur Vorstellung, dass nur die Arbeiterklasse und die übrigen Werktätigen die Kraft bilden können, „die *Vorgeschichte der Menschheit abzuschließen* und das Tor zur eigentlichen menschlichen Gesellschaft zu öffnen." o. V., 1969, S. 26.

670 „Auf Grund dieser ihrer Philosophie hätten Marx und Engels ihre eigene Theorie als nicht endgültig bezeichnen dürfen. Wie Hegel glaubten sie jedoch, in der dialektischen Methode ein Werkzeug zu besitzen, mit dem die gesamte Entwicklung erfasst werden kann. So neigten sie dazu, ihre eigene, auf Dialektik beruhende Philosophie als absolut gültig anzusehen." Hartwich et al., 1972, S. 262. Auch Heilbroner knüpft an dieser Stelle einen Querverweis zu Hegel: „Hegel hattet behauptet, dass das Gesetz des Lebens im Wandel bestünde. Jede Idee, jede Kraft brächte unwiderruflich ihr Gegenteil hervor und ging mit dieser schließlich in einer höheren Einheit auf, die wiederum ihre Antithese produzierte. Die Geschichte, so Hegel, sei nichts weiter als der Ausdruck dieser fortwährenden Bewegung widerstreitender und sich aufhebender Ideen und Kräfte. Wandel – dialektischer Wandel – sei ein immanentes Gesetz des menschlichen Lebens. Mit einer Ausnahme allerdings: Auf den preußischen Staat träfe diese Gesetzgebung nicht zu; denn Hegel war überzeugt davon, dass die preußische Regierung eine wahrhaft gottgleiche Erfindung sei." Heilbroner, 2006, S. 142.

Zu leicht wollen wir es uns an dieser Stelle nicht machen! Erstens, weil es uns merkwürdig erscheinen sollte, dass Marx und Engels diesen Widerspruch nicht selbst erkannt haben könnten. Und zweitens, weil es sich zeigen lässt, dass die Prognose, die proletarische Herrschaft beende das Zeitalter der Revolutionen und des Wandels, mit der Dialektik durchaus vereinbar ist – zumindest vordergründig.

Widerspruchsfrei lässt sich das ewige Paradies auf Erden mit Hilfe der Dialektik nämlich herleiten, wenn man sich ihr drittes Prinzip in Erinnerung ruft, das eigentliche Bewegungsgesetz. Diesem zu Folge liegt der Motor der gesellschaftlichen Entwicklung in den Spannungen, die von den Gegenständen selbst erzeugt werden. Wenn mit der Abschaffung des Privateigentums an den Produktionsmitteln dieses Prinzip nun außer Kraft gesetzt wird, die *einzige* Quelle von Spannungen zwischen ökonomischer Basis und gesellschaftlichem Überbau also versiegt, dann wird dem neuen Gesellschaftssystem kein Totengräber mehr geboren,[671] der die Verhältnisse abermals überwirft und eine nächste Ordnung hervorbringt. Mit anderen Worten: Indem zwischen materieller Basis und philosophischem Überbau die Spannung schwindet, ist das dritte dialektische Prinzip ausgehebelt und eine weiter Negation der Negation kann nicht stattfinden. Voila![672]

Die Haltbarkeit dieser Argumentation, mit der sich die marxsche These von der Endlosherrschaft des Proletariats mit Hilfe der dialektischen Methode scheinbar konsistent retten lässt, setzt allerdings zwei weitere Bedingungen voraus: Zum einen, dass es neben dem privaten Eigentum an den Produktionsmitteln *keine weiteren* Spannungsquellen gibt, die an den Grundfesten der sozialistischen Gesellschaftsordnung rütteln; und wenn doch, dann müssten auch diese unter Kontrolle gebracht, ihnen also ihre die Dynamik genommen werden.

Ziehen wir zur Beurteilung dieses Aspektes die offizielle DDR-Perspektive heran, dann ist die Vorstellung eines *monokausalen* Spannungsverhältnisses zwischen kapitalistischer Produktionsweise und gesellschaftlichem Überbau schwer aufrecht zu halten. Denn schon in der *Politischen Ökonomie des Sozialismus* werden weitere Störfaktoren nicht ausgeschlossen. Denn dort heißt es, dass

die „Erfordernis nach schöpferischer Tätigkeit immer mehr in den Gegensatz zur Verweigerung der Mitwirkung und Mitbestimmung der Arbeiter und Angestellten [gerät] [...] Dieser Gegensatz

---

671 Die Verwendung des Begriffs „Totengräber" an dieser Stelle, geht auf den gleichen Wortlaut in dieser Sache in der marxistischen Literatur zurück. Vgl. z. B. o. V., 1969, S. 26. Dort noch im simultanen Gebrauch mit dem „Schöpfer der neuen Ordnung".

672 „Die ökonomische Grundlage dieser revolutionären Gewalt, die Gewähr für ihre Lebensfähigkeit und ihren Erfolg besteht darin, dass das Proletariat einen im Vergleich zum Kapitalismus höheren Typus der gesellschaftlichen Organisation der Arbeit repräsentiert und verwirklicht. [...] Darin liegt die Quelle der Kraft und die Bürgschaft für den unausbleiblichen vollen Sieg des Kommunismus." o. V., 1969, S. 34. Zitiert wird an dieser Stelle der Genosse Lenin.

wird in immer stärkerem Maße *zu einer* der wichtigsten Bewegungs- und Erscheinungsformen des Widerspruchs *zwischen* Kapital und Arbeit.“[673]

Außerdem entwickeln sich *unter* den Arbeitern selbst, d. h. an der ökonomischen Basis, keine relevanten Spannungen. Die Werktätigen stehen in der marxschen Vorstellung stattdessen mit homogenen Interessen vereint zusammen. Probleme des kollektiven Handelns kommen innerhalb der Arbeiterklasse ungeachtet ihrer wachsenden Mitgliederzahl nicht vor.[674] Kurzum: Die marxsche Vorstellung von einem proletarischen Monolithen befremdet! Marx sieht weiterhin *keine* Individuen!

Nach Starbatty verdient es in diesem Zusammenhang „festgestellt zu werden, dass nach der marxistischen Theorie, die Arbeiterpartei kaum einen wichtigen politischen Fehler begehen kann, solange sie nur fortfährt, die ihr zugewiesene Rolle zu spielen.“[675] Das Paradies auf Erden ist den Werktätigen damit deterministisch vorgegeben.[676]

Zum anderen ist zur Aufrechterhaltung unserer Argumentation zu fordern, dass das neue *juristische* Konstrukt, welches dem Privateigentum an den Produktionsmitteln folgt,[677] nicht selbst zum Keim oder Ursprung neuer Spannungen wird, die sich **negativ** auf die **Produktivkräfte** und deren **Entfaltung** auswirken;[678] dies beinhaltet

---

673 O. V., 1969, S. 27.

674 Vgl. Apolte, 2021, S. 289. Auf Schwierigkeiten beim kollektiven Handeln gehen wir in Lektion 12 bei den Gemeingütern sowie in Lektion 13 beim öffentlichen Gut ein. Dass die Heterogenität und Individualität der Menschen dem realexistierenden Kommunismus prinzipiell zusetzten, ist bekannt: „Alles, von der Musik über die Literatur bis hin [...] zum Denken, wurde genauestens unter die Lupe genommen. Für viele begann nach dem Befreiungskrieg ein zweiter Kampf, der nicht weniger tödlich war, nicht weniger zerstörerisch. Jene, die sich den Dogmen der kommunistischen Partei bedingungslos unterordneten, wurden mit wichtigen Positionen belohnt, [...], während für alle anderen nur noch ein Wort galt: Kontrolle.“ Meta, 2023, S. 76.

675 Popper, 2003, S. 140.

676 Starbatty spricht insofern von „historizistischem“ Sozialismus und nicht vom „wissenschaftlichen“ Sozialismus. Vgl. Starbatty, 1993, S. 82.

677 Wagenknecht verweist darauf, dass „Marx nicht von Staatseigentum [spricht], sondern von Gemeinbesitz beziehungsweise gesellschaftlichem Eigentum an Erde und Produktionsmitteln.“ Wagenknecht, 2017, S. 106. Dieser Beobachtung ist nicht zu widersprechen. Gewieft zündet die Politikerin Wagenknecht gleichwohl mit dieser Bemerkung eine rhetorische Nebelkerze: Wenn gesellschaftliches Eigentum nicht als Staatseigentum ausgelegt werden soll, kann es nur genossenschaftliches Kollektiveigentum und Graswurzelsozialismus bedeuten. Aber wie die Auseinandersetzungen mit Proudhon und Bakunin zweifelsfrei zeigen, vertrat Marx einen *autoritären Sozialismus von oben* und stellte sich gegen Anarchismus bzw. gegen Sozialismus von unten. Der Umgang der DDR mit Hermann Schultze-Delitzsch (1808–1883), der Zeitgenosse von Marx und neben Friedrich Wilhelm Raiffeisen (1818–1888) einer der Gründerväter des deutschen Genossenschaftswesen war, spricht Bände: Aus politisch-ideologischen Gründen hat man Denkmäler des in Sachsen Geborenen von prominenter Stelle umgesetzt, sein Grabmal in Potsdam entfernt und nach ihm benannte Plätze umbenannt. Teileigentum an den Produktionsmitteln kann man selbstredend auch als Aktionär haben. Das ist dann aber wieder eine privatrechtliche Eigentumsform.

678 Im Kontext der Kollektivierung ukrainischer Bauern unter Stalin arbeitet Applebaum heraus, wie die Enteignung bäuerlichen Eigentums zugunsten der Kolchosen in einer unvorstellbaren Tragödie

auch, dass dem neuen Konstrukt jene privateigentümlichen Eigenschaften anhaften, die für die wirtschaftliche Entwicklung gedeihlich sind.

Auf solch vorteilhafte Merkmale des Privateigentums, die in ihrer Bedeutung beim Wirtschaften mitunter verkannt werden, kommen wir in Lektion 12 bei den Gemeingütern sowie in Lektion 14 bei Kreditgeschäften zu sprechen.

6.2.2.3.3 Von der Leere der marxschen Lehre

Während Marx einen bemerkenswerten Fleiß für die Analyse des Kapitalismus und der bürgerlichen Gesellschaft aufbrachte, ließ er nicht annähernd die gleiche Energie in die Ausarbeitung eines postkapitalistische Gesellschaftskonzeptes einfließen. Hierzu mehr als grobe Pinselstriche hinterlassen zu haben, kann Marx für sich wahrlich nicht beanspruchen.

Ob dieser Umstand – wie Popper meint – zwingend damit einhergeht, dass der Marxismus eine rein historische Theorie ist, „die sich die Aufgabe setzt, den zukünftigen Verlauf ökonomischer und machtpolitischer und insbesondere den Ablauf von Revolutionen vorherzusagen,"[679] soll an dieser Stelle nicht weiter beleuchtet werden.[680]

Uns genügt hier die Feststellung, dass Lenin nach der Machtergreifung im Jahr 1917 einsehen musste, dass der Marxismus noch nicht einmal fähig war, „in Dingen praktischer Wirtschaftsführung Hilfe zu bieten. [...] Die Probleme einer konstruktiven Wirtschaftspolitik, wie zum Beispiel der Wirtschaftsplanung, wurden in den ausgedehnten ökonomischen Untersuchungen Marx' nicht einmal berührt. [Es] findet sich in Marx' Werk [...] kaum ein Wort über die Wirtschaftslehre des Sozialismus."[681]

---

endete, in der fünf Millionen Sowjetbürgern zwischen 1931 und 1934 wegen Hungers starben, darunter knapp vier Millionen Ukrainer. Denn mit Beginn der zwanghaften Einreihung ukrainischer Bauern in landwirtschaftliche Kolchosen, mit der auch die *Neue Ökonomische Politik* Lenins endete, sank die gesamte sowjetische Getreideproduktion von 83,5 Millionen Tonnen (1930/31) sprunghaft auf 69,5 Millionen Tonnen (1931/32) – ungeachtet des bolschewistischen Plans einer Produktion von 83 Millionen Tonnen für diese Ernteperiode. In den Folgejahren ging die Getreideproduktion weiter zurück, wenngleich auch nur noch leicht. Vgl. Applebaum, 2017, S. 10 f., S. 213 und S. 243.

679 Popper, 2003, S. 98.

680 „Das hat seinen Grund darin, dass die ökonomischen Untersuchungen von Marx seinen historischen Prophezeiungen völlig untergeordnet sind." Popper, 2003, S. 98.

681 Popper, 2003, S. 98. Ähnlich: „[...] die in Bezug auf das zu erwartende Ergebnis genauso verschwommen bleibt (wie Bakunins Traum)." Grawitz, 1999, S. 267. Dieser Mangel an praktischer Hilfestellung nötigte Lenin nach der Oktoberrevolution eine Arbeit unter dem Titel „Die nächsten Aufgaben der Sowjetmacht" zu schreiben, in dem er „wesentliche Probleme der ökonomischen Politik der Diktatur des Proletariats ausgearbeitet [hat] und die konkreten Wege und Methoden der sozialistischen Umgestaltung Russlands umrissen." o. V., 1969, S. 36. Darüber hinaus ist das hier zitierte, über neunhundert Seiten umfassende Buch schon selbst Beleg, dass Marx keinen praktischen Handlungsleitfaden hinterlassen hatte. Vor diesem Hintergrund mutet es geradezu ulkig an, wenn Wagenknecht – Marx verteidigend – feststellt: „Mit Marx' Namen wird vielfach die Vorstellung einer vollverstaatlichten Wirtschaft verknüpft, in der Märkte abgeschafft und durch zentrale Planung ersetzt werden. Aber über zentrale staatliche Planwirtschaft findet sich [...] bei Marx nichts." Wagenknecht, 2017, S. 106. Mit dieser

Daher musste „Lenin und die KPdSU bereits [...] bei der Durchführung der Großen Sozialistischen Oktoberrevolution grundlegende Züge der *Politischen Ökonomie des Sozialismus* aus[arbeiten], die sie als Anleitung zum Handeln auffassten."[682]

Schleicht sich etwas zum Bild der Zukunftsgesellschaft in die Schriften von Marx und Engels ein, so sind diese Vorstellungen **bemerkenswert unoriginell** – denn diese sind ganz wesentlich von den Ideen ihrer „unwissenschaftlichen" Vorläufern, den utopischen Frühsozialisten, geprägt.[683] Zu diesen Vorstellungen gehören „freie Bedürfnisbefriedigung in einer Überflußgesellschaft, die soziale Homogenität bei angeglichenen Arbeits- und Lebensverhältnissen, die Wiedervereinigung geistiger und körperlicher Arbeit, die Aufhebung der geschlechtsspezifischen Arbeitsteilung und die internationale Völkergemeinschaft nach dem Wegfall nationaler Konkurrenzmuster."[684]

Bis ins Frühjahr 1871 bestand noch nicht einmal ein klares Bild darüber, *wie* die Machtübernahme des Proletariats erfolgen soll: durch Wahlen oder durch Usurpation? Die Relevanz dieser Frage und das bestehende Vakuum in der marxschen Lehre wird durch die Ereignisse rund um die Pariser Kommune (1871) nur allzu offensichtlich![685]

---

prinzipiell richtigen Beobachtung suggerieren zu wollen, dass einzig die Praktiker Marx missinterpretiert hätten, der real-existierende Sozialismus also das Ergebnis von dilettantischer Flickschusterei war und mit den wahren Ideen von Marx nur ganz entfernt etwas zu tun hat, zeugt entweder von einer unvollendeten Reflexion oder einer ideologischen Voreingenommenheit.

682 o. V., 1969, S. 40.

683 Vgl. Göhler/Klein, 1991, S. 539. Das ist insofern beachtlich als Marx und Engels schon im *Manifest* an bekannten Vertretern des sozialistischen Lagers und ihren Ideen kein gutes Haar lassen. So wird Sismondi als Haupt des *kleinbürgerlichen Sozialismus* geschmäht (S. 64) und Proudhon als *Bourgeois-Sozialist* verunglimpft, deren Vertreter „Mäßigkeitsvereinsstifter, Winkelreformer der buntscheckigsten Art" sind (S. 69); der *kritisch-utopische Sozialismus* von Saint-Simon, Fourier und Owen sei wiederum in einer ersten „unentwickelten Periode des Kampfes zwischen Proletariat und Bourgeoisie" aufgetaucht (S. 71 ff.). Vgl. die angegebenen Seiten bei Marx/Engels, 2017.

684 Göhler/Klein, 1991, S. 539.

685 Als die preußischen Truppen am Ende des deutsch-französischen Krieges aus Paris abzogen, war es bei einem Versuch der französischen Regierung, Geschütze der in den Arbeitervierteln verankerten Nationalgarde an sich zu nehmen, am 18.03.1871 zu einem überraschenden Aufstand der Arbeiter gekommen. Die Pariser Kommune währte 72 Tage, bevor sie nach einer Woche des Blutzolls, in der über 30.000 Kommunarden getötet wurden, am 28.05.1871 endete. Nachdem die Aufständischen am 18. März die rote Fahne über dem Pariser Rathaus gehisst hatten, unternahmen sie kaum etwas, „um die Pariser Bewegung auf den Rest des Landes auszudehnen." Popp, 2021, S. 1. Allen voran „Marx kritisierte die Kommunardinnen und Kommunarden [...] dafür, nicht direkt am 18. März nach Versailles marschiert zu sein, um die zu diesem Zeitpunkt noch schwachen Regierungstruppen zu schlagen. Die Kommune sei nicht zuletzt an ihrem Sanftmut gescheitert." Grams, 17.03.2021, S. 10. Diese Kampfeshaltung teilten nicht alle Kommunarden! Vgl. die genannten Quellen sowie Czitrich-Stahl, 17.03.2021, S. 7 und Fülberth, 17.03.2021, S. 8. Vgl. auch Nelson, 2022, S. 154f. und S. 222, wo Nelson hervorhebt, dass etwa der vermögende Getreidehändler und Sozialist Alexander Parvus (1867–1924) der marxschen Theorie schon in dem Punkt widersprach, dass die kapitalistischen Krisen zwangsläufig in der Revolution enden: Er, Parvus, war nämlich davon überzeugt, dass der Revolution der Krieg vorausgeht.

6.2.3 Zwischenfazit zum „wissenschaftlichen" Sozialismus

Bei unserem Ausflug in die Grundlagen der Dialektik und in den Marxismus konnte uns nicht verborgen geblieben sein, dass der marxistische Zugang auf die ökonomische Materie sich *diametral* von der vorherrschenden Herangehensweise in der Volkswirtschaftslehre unterscheidet. Während bei Marx und Engels die *endogenen* Krisen, die mit Beginn des 19. Jahrhunderts einsetzen (siehe Lektion 5, Kapitel 6.2), Ausgangspunkt ihrer Überlegungen zu Gesellschaft und Wirtschaft werden,[686] erfolgt bei den klassisch geprägten Vertretern der Einstieg in das Fach über das Verhalten des Einzelnen und die Funktionsweise von Märkten. Marx als Anti-Klassiker zu bezeichnen, scheint daher nicht ganz unberechtigt.[687] Mit der modernen Taxonomie der Ökonomik könnte man vereinfachend noch davon sprechen, dass Marx sich mit einem stark makroökonomisch geprägten Blick Zugang zur Wirtschaftstheorie verschafft hat.[688]

Die gängige Lehrmeinung kritisch zu hinterfragen, herauszufordern und bestrebt zu sein, einen neuen Ansatz zu präsentieren, um mit dessen Hilfe, weiße Flecken zu analysieren, die mit den Instrumenten des konventionellen Lehrgebäudes nicht erklärt oder vereinbart werden können, ist aller Ehren wert. Dieses Anliegen macht Marx nicht per se verdächtig. Allerdings wäre „es falsch [...], aus der Kritik an einem Wirtschaftssystem darauf zu schließen, dass die Alternative besser ist. Die Alternative kann sehr wohl wesentlich schlechter sein."[689]

Bei aller Polemik, die in Bezug auf den Marxismus an den Tag gelegt werden könnte,[690] wollen wir mit kühlem Kopf von der Warte der Ökonomik aus nicht über-

---

686 Allein das verdient nach Schumpeter Anerkennung. Vgl. Schumpeter, 2005, S. 69 ff. Dieser würdigt hier die Leistung von Marx und (!) Engels zur Konjunkturtheorie, indem er festhält: „[A]llein schon die Wahrnehmung der Existenz zyklischer Bewegungen [war] zu jener Zeit eine große Leistung." Schumpeter, 2005, S. 73.

687 Vgl. Blum, 2017, S. 57 ff. Gleichwohl darf nicht übersehen werden, dass Marx von den Klassikern stark beeinflusst wurde und sich von deren Denkweise auch nicht vollständig lösen konnte. Damit hat er zum Teil auch deren Irrtümer übernommen. Vgl. etwa Heinsohn/Steiger, 2010, S. 21 ff. oder Schumpeter, 2005, S. 43–55. In seiner Analyse verweist Schumpeter nicht nur wegen der Arbeitswertlehre darauf, dass Marx „als Theoretiker ein Schüler Ricardos [gewesen] war." Schumpeter, 2005, S. 44.

688 Insofern sieht Sinn auch „die wahre Leistung von Marx in der Makrotheorie. Er war einer der ersten Makroökonomen der Geschichte und hat diese Teildisziplin wesentlich begründet." Sinn, 2017, S. 77 f.

689 Baßeler/Heinrich/Utecht, 2010, S. 68.

690 Vom Ausmaß der staatlichen Gängelung und dem damit einhergehenden alltäglichen Unbill in der individuellen Lebensgestaltung im realexistierenden Sozialismus, geben am besten nicht Volkswirte, sondern betroffene Zeitzeugen Auskunft. Man mag dazu auch auf cineastische und belletristische Werke zurückgreifen, die den sozialistischen Alltag in denen unterschiedlichsten Facetten portraitieren. Es seien der oscarprämierte Film *Das Leben der Anderen* (2006) von Florian Henckel von Donnersmarck, der Roman *Westflug* des Georgiers Dato Turaschwili (2014) und der Erzählband *Der Sprengprofessor* von Victor Zaslavsky (2013) stellvertretend genannt. Kulturelle Perlen wie diese, mögen sie sich auch dem Vorwurf des Historikers ausgesetzt sehen, die sozialistische Realität nicht in Gänze adäquat abgebildet

sehen, dass Marx der Ansicht war, mit seinem System nicht nur die **Verteilung** des Produktionsergebnisses **gerechter**, sondern auch die **Allokation effizienter** als im Kapitalismus gestalten zu können – zum Vorteil „der überwältigenden Mehrheit des Volkes."[691]

Marx und Engels teilten die tiefe Überzeugung, dass sich der Weg zu einer wirtschaftlichen Leistungssteigerung mit der Abschaffung des Privateigentums an den Produktionsmitteln ebnen lässt, da sich die Produktivkräfte hierbei besser entfalten würden. Im Kommunismus sollte der Kuchen eindeutig größer als im Kapitalismus ausfallen!

Dieses Backversprechen wurde nie eingelöst! Blickt man auf die Zahlen zur wirtschaftlichen Entwicklung, dann fällt auf, dass das Pro-Kopf-Einkommen in Osteuropa noch nicht einmal in der unmittelbaren Nachkriegszeit, also zwischen 1950 und 1973, schneller anstieg als im Westen, als sich beide Wirtschaftsregionen noch weitgehend im Gleichschritt bewegten – das westeuropäische Wirtschaftswachstum de facto nur eine Nuance über dem osteuropäischen lag.[692] In der Folgezeit, d. h. ab der ersten Erdölkrise (1972/73), die weltweit eine tiefgreifende Zäsur mit Blick auf die Höhe des wirtschaftlichen Wachstums bedeutet, spreizen sich die regionalen Wachstumsraten zwischen Ost- und Westeuropa nicht nur unübersehbar, sondern auch markant: der Zuwachs im Pro-Kopf-Einkommen fällt in Osteuropa bis 1998 jährlich um 1,4 Prozentpunkte niedriger aus als in Westeuropa bzw. erreicht Jahr für Jahr, um es anders zu formulieren, lediglich das *Niveau von einem Fünftel* des westeuropäischen Wachstums.

Ungeachtet dieser historischen Tatsachen wird die marxistische Lehre aufgrund ihrer süßzarten Prophezeiung, das Paradies schon diesseits des Grabes zu ermöglichen, weiterhin Anhänger finden. Die Versuchung, dieser Idee anheimzufallen, ist groß und nur allzu offensichtlich. Darüber sollte man sich keine Illusion machen. Daher scheint es geradezu fahrlässig, wenn Marxens Theorie den Ökonomen heute kein Prüfstein mehr darstellt.[693] Genau deshalb kommen wir in den weiteren Lektionen regelmäßig auf Marx und seine Vorstellungen zurück! Die Verständnisgrundlage, die wir zum Marxismus im vorangegangenen Kapitel gelegt haben, wird uns dabei von Mehrwert sein.

---

zu haben, vermitteln mit den Mitteln der Kunst dennoch eindrucksvoll, welche absurden, tragischen Blüten der Sozialismus hervorzubringen im Stande war.

691 o. V., 1969, S. 33.

692 Das Pro-Kopf-Einkommen wuchs in der betrachteten Zeit (1950–73) in Westeuropa um 4,08 Prozent pro Jahr, das osteuropäische um 3,79 Prozent. Siehe auch Lektion 2, Kapitel 6.2.2.

693 Mit dem „Paradies"-Versprechen wird die (Re-)Distributions- bzw. die Verteilungsfrage akzentuiert. Man übersehe nicht, dass man nur verteilen kann, was vorher produziert worden ist (siehe Lektion 1). Eine seriöse Diskussion über die (Re-)Distribution kommt infolgedessen ohne Einschluss einer Produktionsbetrachtung gar nicht aus. Dieser vielleicht ernüchternde Befund schließt den Rückkoppelungseffekt einer wie auch immer gearteten Re-Distribution des Ergebnisses auf die zukünftige Produktion ein.

6.3 Der mikroökonomische Referenzfall: die vollständige Konkurrenz

Im ersten Schritt wollen wir kurz auf die Modellannahmen der Neoklassiker zurück-kommen (Kapitel 6.3.1.), die wir teilweise schon kennengelernt haben. Daran anknüp-fend tauchen wir in das uns mittlerweile vertraute Modell der vollständigen Konkur-renz tiefer ein (Kapitel 6.3.2.). Nach einem Zwischenfazit (Kapitel 6.3.3.), in dem wir die Verdienste und Grenzen des Modells behandeln, schlagen wir einen Bogen zurück zum frühkapitalistischen Arbeitsmarkt (Kapitel 6.3.4.).

6.3.1 Generelle Annahmen in der neoklassischen Modellwelt

Die Neoklassik, die von Alfred Marshall im Jahr 1890 begründet wurde, dominiert noch heute das ökonomische Denken – zumal das mikroökonomische. In ihren Modellwel-ten treffen die Neoklassiker immer wieder die gleichen, grundlegenden Annahmen. So auch im Analyserahmen der vollständigen Konkurrenz *und* des Angebotsmonopols – auf welches wir zu einem späteren Zeitpunkt (Lektion 10) eingehen. Um diese Annah-men dann nicht abermals benennen zu müssen, beleuchten wir an dieser Stelle kurz dieses Bündel an Modellannahmen, denen wir zum Teil schon in Lektion 3, Kapitel 6.3.3. begegnet sind.

In den neoklassischen Modellen wird allgemein angenommen, dass:

- **vollständige Markttransparenz** vorliegt. Mit anderen Worten: Alle Marktteilneh-mer sind über alle *entscheidungsrelevanten* Tatbestände vollständig informiert.
- sich die **Akteure rational verhalten**. Das bedeutet, dass sich alle Marktteilneh-mer in ihren Aktionen von einer **übergeordneten Zielsetzung** leiten lassen bzw. dieses Ziel verfolgen. Es wird hierbei unterstellt, dass die Unternehmer (= Anbie-ter) das Ziel der **Gewinnmaximierung** verfolgen, während die privaten Haushalte (= Nachfrager) **Nutzenmaximierung** betreiben.
- **freier Marktzugang** besteht, d. h. die Akteure können zu jeder Zeit als Anbieter hinzutreten bzw. bei Belieben aus dem Markt ohne Probleme austreten. Anders aus-gedrückt: Es existieren keine institutionellen Ein- und/oder Austrittsbarrieren.[694]
- auf dem betreffenden Markt ein **homogenes Gut** gehandelt wird, d. h. es wird sachliche Gleichartigkeit der Güter unterstellt.[695]
- sich weder räumlichen noch zeitliche Differenzierungen beobachten lassen. Es fallen damit **keine Transportkosten** an und es bestehen auch **keine Spot- und**

---

694 Salopp gesagt: Man muss weder den Zunftmeister noch eine staatliche Institution um Genehmi-gung bitten, wenn man unternehmerisch tätig werden möchte.
695 Man denke an agrarische Rohstoffe wie Kakao- oder Kaffeebohnen bzw. an mineralische wie Öl und Gold, an Industriemetalle wie Kupfer oder an die Aktien eines an der Börse notierten Unternehmens.

Terminmärkte zugleich – wie es gerade auf Rohstoffmärkten seit langem üblich ist. Unausgesprochen stehen Spotmärkte im Blick der Analyse.
– sich alle ökonomischen Entscheidungen und Aktivitäten auf die gegebene Periode beziehen, d. h. es müssen/werden **keine Investitionsentscheidungen** getroffen (= statische Modellwelt). Konsequenterweise gibt es keine **Unsicherheiten**.
– auf keiner Marktseite **Finanzierungsprobleme** bestehen. Diese Annahme wird durch die vorangegangene Prämisse, dass Unternehmen keine Investitionen tätigen, selbstredend erleichtert!

Der Einfachheit halber wird zudem
– eine **einstufige Produktion** unterstellt und
– angenommen, dass Anbieter und Nachfrager auf Preisänderungen **unendlich schnell reagieren**, weil bestehende Verträge sie nicht knebeln.

All diese Annahmen bilden – wenn nicht anders vorgegeben – das neoklassische Korsett, innerhalb dessen die Akteure, also die privaten Haushalte und die privaten Unternehmen, ihre wirtschaftlichen Entscheidungen treffen.

Zugegeben, es sind äußerst restriktive Annahmen.[696] Gleichwohl lassen sich mit ihrer Hilfe Erkenntnisse über die Funktionsweise von Märkten ableiten. Darüber hinaus sei abermals – zu den Einlassungen in Lektion 3, Kapitel 6.3.3. – angemerkt, dass dieser Ansatz wissenschaftsmethodisch dem Prinzip folgt: **Informationsgewinn durch Informationsreduktion**.[697] Zudem, wer Ökonomen kritisieren will, muss verstehen, auf welcher Basis sie ihre Schlussfolgerungen ziehen.

6.3.2 Das Modell der vollständigen Konkurrenz

Die soeben vorgestellten allgemeinen Modellannahmen werden je nach Analysegegenstand um spezifische ergänzt. Die neoklassische Modellwelt des *bilateralen* Polypols – wie man die vollständige Konkurrenz im Fachjargon auch bezeichnet – ist zusätzlich wie folgt charakterisiert:
– Es gibt auf **beiden** Marktseiten **zahlreiche** Teilnehmer; es lassen sich also sehr viele Anbieter und sehr viele Nachfrager gleichermaßen beobachten.

---

696 Man beachte, dass sich mit diesen Vereinfachungen ableiten lässt, dass der einzelne Unternehmer *kein Investitionsrisiko* hat (und auch sonst keine Unsicherheiten kennt). Auch wenn eine Welt ohne Investitionsrisiko *vollkommen illusorisch* ist, wollen wir diese restriktive Annahme *einstweilen* akzeptieren. In Lektion 14 werden wir dann im neoklassischen Modellrahmen Risiken zulassen.
697 Auch Vertreter der Österreichischen Schule, etwa Ludwig von Mises, waren bzw. sind mit dieser Vorgehensweise einverstanden! Vgl. Braun, 2022.

– Zugleich sind die **Anteile** der einzelnen Marktteilnehmer am gesamten Markt-angebot bzw. an der gesamten Marktnachfrage **sehr klein**. Kurzum: Auf **keiner** Marktseite verfügt irgendeiner der Akteure wegen eines hohen Marktanteils über **Verhandlungs-** bzw. **Marktmacht**.

Infolge dieser beiden Annahmen sprechen Ökonomen auch davon, dass der polypolis-tische Markt von einer **atomistischen** Angebots- und Nachfrage**struktur** geprägt ist![698]

Mit dem Wissen um diese allgemeinen und spezifischen Prämissen können wir uns nun fragen, wie sich der *einzelne Unternehmer* in dieser Modellwelt verhält bzw. ver-halten muss, um in dem engen Korsett an Rahmenbedingungen das auserkorene Ziel verwirklichen zu können, nämlich den Gewinn zu maximieren (Kapitel 6.3.2.1.)! Direkt daran anknüpfend wird zu beantworten sein, anhand welcher Kriterien ein Unterneh-mer, der in einem bestimmten Moment keinen Gewinn zu realisieren vermag, über seinen Verbleib im Markt entscheidet bzw. seinen Marktaustritt forciert (Kapitel 6.3.2.2.). Diese Einsichten, die wir aus der Analyse des *individuellen* Unternehmerverhaltens in der modellierten Welt der vollständigen Konkurrenz erwerben konnten, wollen wir abschließend mit den Modellaussagen aus *sektoraler* Perspektive abgleichen. Es wird hierbei zu prüfen sein, ob die auf zwei Wegen gewonnenen Erkenntnisse zueinander widerspruchsfrei sind – oder nicht; und wie mit allfälligen Inkonsistenzen umzugehen ist (Kapitel 6.3.2.3.).

6.3.2.1 Die Entscheidungsregel des *individuellen* Unternehmers im Korsett des Modells

Im bilateralen Polypol-Modell sieht sich der individuelle Unternehmer folgender Situ-ation gegenüber: Er ist – wie alle anderen Anbieter in seinem Markt auch – **Preisneh-mer**! Denn bei vollständiger Konkurrenz gibt es unter diesen Annahmen für den ratio-nalen Akteur **nur einen** einzigen **Preis**![699]

Verknüpft man dieses erste Faktum (Preisnehmer) mit dem für die Unternehmer unterstellten **Gewinnmaximierungskalkül**, ergibt sich für den rationalen Anbieter eine interessante, aber logisch zwingende Konsequenz: Der Einzelne maximiert seinen Gewinn einzig über die Steuerung der optimalen Verkaufs- bzw. Ausbringungs*menge*!

---

698 *Ein* Beispiel für solche Marktgegebenheiten stellt der Markt für Büroimmobilien dar. In diesem ist der Coworking-Anbieter WeWork innerhalb kurzer Zeit *zum größten Einzelmieter* von Büroflächen in New York City und London aufgestiegen. Kurz vor dem geplatzten Börsengang des Unternehmens im Herbst 2019 hat es in New York ca. 670.000 Quadratmeter und in London etwa 350.000 Quadratmeter angemietet. Der *Marktanteil* von WeWork belief sich dabei trotzdem nur auf *ein Prozent*. Vgl. Dörner/ Streit, 04.10.2019, S. 33.

699 Siehe die Diskussion zur „Logik des einen Preises" in atomistischen Märkten in Lektion 3, Kapitel 3.3.3.1

In der **Modellwelt** der vollständigen Konkurrenz wird der Unternehmer damit zum **Mengenanpasser!**[700]

Hält man sich diese Gegebenheiten vor Augen, dann muss die Anschlussfrage zwangsläufig lauten: Auf welche Weise bestimmt der einzelne Anbieter nun die für ihn **optimale Ausbringungsmenge**?

In seiner unternehmerischen Entscheidung – über die Ausbringungsmenge seinen Gewinn zu maximieren – wird der einzelne Unternehmer seine **Kosten** ins Kalkül ziehen. Dass die Kosten für jeden Unternehmer eine relevante Rolle spielen, kann nicht verwundern. Zu klären bleibt allerdings, an *welchen Kosten genau* sich der individuelle Unternehmer orientiert, der seinen Gewinn – in dieser modellierten Welt – zu maximieren trachtet?

Anders formuliert: Auf welche **Kostenart** wird der rationale Anbieter bei seiner Entscheidung achten? Richtet sich sein Augenmerk auf die fixen, variablen und/oder die gesamten Kosten bzw. einen Durchschnittswert dieser Kosten? Oder spielt für die Gewinnmaximierung eine ganz andere Kostenart die tragende Rolle?

Schauen wir uns zum besseren Verständnis ein einfaches Beispiel mit typischen Kostenarten an: die Borges GmbH. Diese hat in der Kölner Innenstadt ein Ladenlokal angemietet; Herr Gorki, der geschäftsführende Gesellschafter, verkauft hier frisch gepresste Apfel- und Orangensäfte an seine Kunden. Mit Aufnahme der Geschäftstätigkeit geht einher, dass für den Saftladen verschiedene Kosten anfallen: fixe und variable (siehe Tabelle 6.1).[701]

Unabhängig davon ob Herr Gorki sein Ladenlokal aufschließt oder nicht, fallen **Fixkosten** in Höhe von 350 Euro pro Tag für die Anmietung des Ladenlokals und der professionellen Saftpresse an: Für beide gibt es nur Monatsverträge.[702] Öffnet Herr Gorki sein Ladenlokal und verkauft gesundheitsbewussten Kunden frische Fruchtsäfte, dann veranschlagt er 96 Euro Arbeitsentgelt für seine Arbeitskraft. Diese 96 Euro sind seine Opportunitätskosten: Schließlich könnte er zur gleichen Zeit einer anderen Tätigkeit nachgehen, bei der er über acht Arbeitsstunden diesen Tageslohn erhalten würde.

Kommt es zu der anstrebenswerten Situation, dass das Geschäft einschlägt, wird Herr Gorki nicht mehr in der Lage sein, alle seine Kunden in einer angemessenen Zeit zu bedienen. Erfreulicherweise geben es die räumlichen Gegebenheiten des Laden-

---

[700] Die Erklärung für dieses vermeintlich merkwürdige Verhalten ist so einfach wie logisch. Denn *unabhängig* von der Marktform gilt für jeden realen und/oder modellierten Unternehmer, dass sich sein Gewinn aus seinem Umsatz abzüglich seiner Kosten berechnet; der Umsatz ergibt sich dabei aus Verkaufsmenge und -preis. Da der Verkaufspreis im *Polypol-Modell* vorgegeben ist und der Unternehmer diesen damit nicht beeinflussen kann, verbleibt dem einzelnen Anbieter einzig die Stellschraube der Menge, um Umsatz und Gewinn zu beeinflussen.

[701] Das Beispiel ist in seinen Grundzügen entlehnt Flynn, 2012, S. 123.

[702] Gewerbeimmobilien monatlich kündigen zu können, mag in der Praxis noch nicht die Regel sein. Ungeachtet dessen, ist es keine an den Haaren herbeigezogene Fiktion mehr! So bietet der oben erwähnte Coworking-Anbieter WeWork zumindest Einzelpersonen an, angemietete Büroräume binnen Monatsfrist kündigen zu können (Stand Herbst 2019). Dass sich WeWork diese Flexibilität in der vertraglichen Bindungsdauer bezahlen lässt, steht auf einem anderen Blatt. Vgl. Dörner/Streit, 04.10.2019, S. 33.

lokals her, dass Herr Gorki bei entsprechendem Andrang studentische Aushilfen auf Tagesbasis einstellen kann, die ihn unterstützen. Der Lohn für jeden Studenten ist gleich hoch und beziffert sich auf 96 Euro pro Tag.[703] Da der Mitarbeiterbedarf mit der geplanten Ausbringungsmenge *direkt* zusammenhängt, betrachtet man die Lohnkosten als **variable Kosten**. In unserem Beispiel bestehen neben den Lohnkosten noch weitere variable Kosten in Höhe von 0,80 Euro pro Saft, die insbesondere auf die verarbeiteten Früchte und die Getränkebecher zurückzuführen sind. Die gesamte Kostenstruktur der Borges GmbH stellt sich somit wie folgt dar:

Tabelle 6.1: Kostenarten und -entwicklung entlang der Produktionsmenge.

Ausbring-ungsmenge (in Stück)	Fixe Kosten (in Euro)	Arbeitskräfte (Anzahl)	Lohnkosten (in Euro)	Sonstige variable Kosten (in Euro)	Variable Gesamtkosten (in Euro)	Gesamt-kosten (in Euro)
0	350	0	0	0	0	350
70	350	1	96	56	152	502
210	350	2	192	168	360	710
350	350	3	288	280	568	918
460	350	4	384	368	752	1.102
550	350	5	480	440	920	1.270
620	350	6	576	496	1.072	1.422
660	350	7	672	528	1.200	1.550
680	350	8	768	544	1.312	1.662

Zur Vereinfachung wollen wir jetzt nur noch die gesamten variablen Kosten berücksichtigen, wenn wir von variablen Kosten sprechen. Mit anderen Worten: Die Lohnkosten und die sonstigen variablen Kosten fassen wir fortan zu einer Position zusammen. Somit lassen sich nun die Durchschnittswerte aller drei Kostenarten leicht berechnen (Tabelle 6.2).

Diese drei Typen von Durchschnittskosten lassen sich selbstredend auch in Kurvenform grafisch darstellen (siehe Abbildung 6.1).

Welche dieser drei Kostenarten spielt nun eine Rolle für das unternehmerische Kalkül des Herrn Gorki, über die Ausbringungsmenge seine Gewinne zu maximieren?

Nun, für die **Mengenentscheidung** des gewinnmaximierenden Unternehmers sind allein seine **Grenzkosten** relevant! Im Klartext heißt dies, dass Herr Gorki mit den soweit berechneten Kostenarten zur Beantwortung unserer Frage nichts anfangen kann. Stattdessen muss er hierzu die Grenzkosten als eine weitere Kostenart heranziehen.

---

703 Natürlich könnte Herr Gorki auch *Studentinnen* einstellen. Hätten wir die weibliche Form im Text verwendet, setzten wir uns jedoch der Gefahr des Vorwurfs aus, wir hätten die geschlechterspezifischen Lohnunterschiede in der realen Welt noch nicht zur Kenntnis genommen, weshalb das Gedankenexperiment schon an diesem Webfehler leide. Aus reiner Vorsicht haben wir uns daher entschieden, nur die männlichen Vertreter aus der Studentenschaft bei Herrn Gorki aushelfen zu lassen.

Tabelle 6.2: Die durchschnittlichen fixen, variablen und totalen Kosten der Borges GmbH.

Arbeits-kräfte (Anzahl)	Ausbring-ungsmenge (in Stück)	Fixe Kosten (in Euro)	Variable Kosten (in Euro)	Gesamt-kosten (in Euro)	DFK* (in Euro)	DVK* (in Euro)	DTK* (in Euro)
0	0	350	0	350	n. b.	n. b.	n. b.
1	70	350	152	502	5,00	2,17	7,17
2	210	350	360	710	1,67	1,71	3,38
3	350	350	568	918	1,00	1,62	2,62
4	460	350	752	1.102	0,76	1,63	2,40
5	550	350	920	1.270	0,64	1,67	2,31
6	620	350	1.072	1.422	0,56	1,73	2,29
7	660	350	1.200	1.550	0,53	1,82	2,35
8	680	350	1.312	1.662	0,51	1,93	2,44

* Legende: DFK = Durchschnittliche Fixkosten; DVK = Durchschnittliche variable Kosten; DTK = durchschnittliche totale Kosten bzw. durchschnittliche Gesamtkosten; n. b. = nicht berechenbar

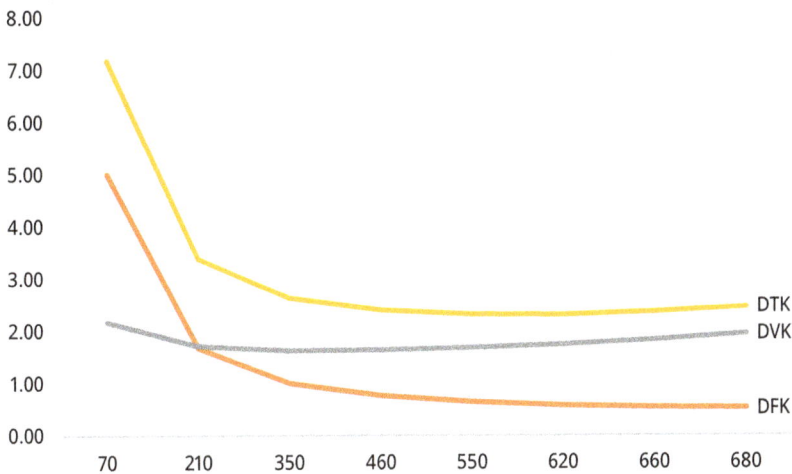

Abbildung 6.1: Verlauf der durchschnittlichen fixen, variablen und totalen Kosten der Borges GmbH.

Wie sich die Grenzkosten in unserem Beispielfall berechnen lassen, sehen wir gleich. Vorab wollen wir noch verstehen, *warum* auch die Grenzkosten für das Verhalten bzw. das Handeln gewinnmaximierender Unternehmer bedeutsam sind.[704]

---

[704] Bewusst haben wir das Wörtchen *auch* im Text verwendet. Denn gerne gerät schon mal bei der Analyse zum unternehmerischen Verhalten in Vergessenheit, dass jedem Tauschbeteiligten Kosten entstehen, also auch den Nachfragern. Somit beachten Anbieter *und* Nachfrager beim Tausch ihre jeweiligen Grenzkosten (siehe hierzu unsere Ausführungen in Lektion 1, Kapitel 1.2.5.2.).

Nehmen wir an, irgendein Unternehmer könnte noch ein weiteres Stück zum gängigen Marktpreis in Höhe von 90 Euro problemlos absetzen. Die Freude über die Aussicht auf zusätzlichen Umsatz ist sofort verflogen (bzw. stellt sich erst gar nicht ein), wenn der Unternehmer weiß, dass ihn die Fertigung dieses *zusätzlichen* Stücks 100 Euro kostet, er also zweifelsfrei einen *Stückverlust* mit dieser *weiteren* Verkaufseinheit macht! Infolgedessen wird der gewinnmaximierende Unternehmer dieses Beispiels nur noch das Stück verkaufen, dessen zusätzliche Produktionskosten genau dem Marktpreis von 90 Euro entsprechen.[705]

Auf diesen Gedanken kommen wir in einem kurzen Augenblick zurück. Zunächst wollen wir uns aber ansehen, *wie* sich die Grenzkosten berechnen lassen und wie sich diese über den gesamten Produktionsbereich unseres Fallbeispiels verhalten (Tabelle 6.3).

Tabelle 6.3: Berechnungsweise der Grenzkosten der Borges GmbH.

Arbeits-kräfte (Anzahl)	Menge (in Stück)	Fixe Kosten (in Euro)	Variable Kosten (in Euro)	Gesamt-kosten (in Euro)	DFK* (in Euro)	DVK* (in Euro)	DTK* (in Euro)	GK** (in Euro)
0	0	350	0	350	n. b.	n. b.	n. b.	n. b.
1	70	350	152	502	5,00	2,17	7,17	=152/70
2	210	350	360	710	1,67	1,71	3,38	=208/140
3	350	350	568	918	1,00	1,62	2,62	=208/140
4	460	350	752	1.102	0,76	1,63	2,40	=184/110
5	550	350	920	1.270	0,64	1,67	2,31	=168/90
6	620	350	1.072	1.422	0,56	1,73	2,29	=152/70
7	660	350	1.200	1.550	0,53	1,82	2,35	=128/40
8	680	350	1.312	1.662	0,51	1,93	2,44	=112/20

* Legende: DFK = Durchschnittliche Fixkosten; DVK = Durchschnittliche variable Kosten; DTK = durchschnittliche totale Kosten bzw. durchschnittliche Gesamtkosten; **GK = Grenzkosten: *Änderung* der Gesamtkosten dividiert durch die *Änderung* der Gesamtmenge[706]

[705] Wem dieses banale Beispiel gänzlich ohne Praxisbezug erscheint, mag zum besseren Verständnis des hier vorgestellten Grundgedankens bedenken, dass Industrieunternehmen, die prinzipiell vom Zweischicht- auf den Dreischichtbetrieb umstellen können, bei ihrer Entscheidung bezüglich einer Produktionsausweitung – bei höherer Marktnachfrage – zu berücksichtigen haben, dass an die Arbeiter der dritten Schicht Nachtzuschläge zu zahlen sind, was für sich genommen schon die Grenzkosten der Produktion in der Nachtschicht steigen lässt. Hinzukommen möglicherweise auch steigende Instandhaltungskosten durch die längeren Maschinenlaufzeiten.

[706] Die *absoluten* Zusatzkosten, die bei Produktionsausweitung in unserem einfachen Beispiel anfallen, sind stets die Lohnkosten für eine weitere Arbeitskraft, sprich 96 Euro pro Tag, und die sonstigen variablen Kosten in Höhe von 80 Cent je Saft. Es verändern sich also nur die variablen Kosten; d. h. wir haben aus didaktischen Gründen von sprungfixen Kosten abgesehen.

Mit den berechneten Zahlen für die Grenzkosten erhalten wir dann folgende Gesamtübersicht zu den Kosten der Borges GmbH (Tabelle 6.4):

Tabelle 6.4: Grenzkosten und Durchschnittskosten der Borges GmbH.

Arbeitskräfte (Anzahl)	Menge (in Stück)	Fixe Kosten (in Euro)	Variable Kosten (in Euro)	Gesamtkosten (in Euro)	DFK (in Euro)	DVK (in Euro)	DTK (in Euro)	GK (in Euro)
0	0	350	0	350	n. b.	n. b.	n. b.	n. b.
1	70	350	152	502	5,00	2,17	7,17	2,17
2	210	350	360	710	1,67	1,71	3,38	1,49
3	350	350	568	918	1,00	1,62	2,62	1,49
4	460	350	752	1.102	0,76	1,63	2,40	1,67
5	550	350	920	1.270	0,64	1,67	2,31	1,87
6	620	350	1.072	1.422	0,56	1,73	2,29	2,17
7	660	350	1.200	1.550	0,53	1,82	2,35	3,20
8	680	350	1.312	1.662	0,51	1,93	2,44	5,60

Bereits die tabellarischen Werte geben einen ersten Hinweis, wie sich die Grenzkosten über den gesamten Produktionsbereich hinweg verhalten: Über einen ersten, kleinen Kapazitätsbereich fallen die Grenzkosten, bevor sie über die verbleibende Produktionsmenge sukzessive ansteigen. Dieses Verhalten lässt sich – selbstredend – erneut in einer Grafik visualisieren. Ökonomen sprechen aufgrund des Erscheinungsbildes der Grenzkostenkurve davon, dass deren Verlauf „J"-förmig verlaufe bzw. hockeyschlägerartig sei (siehe Abbildung 6.2).

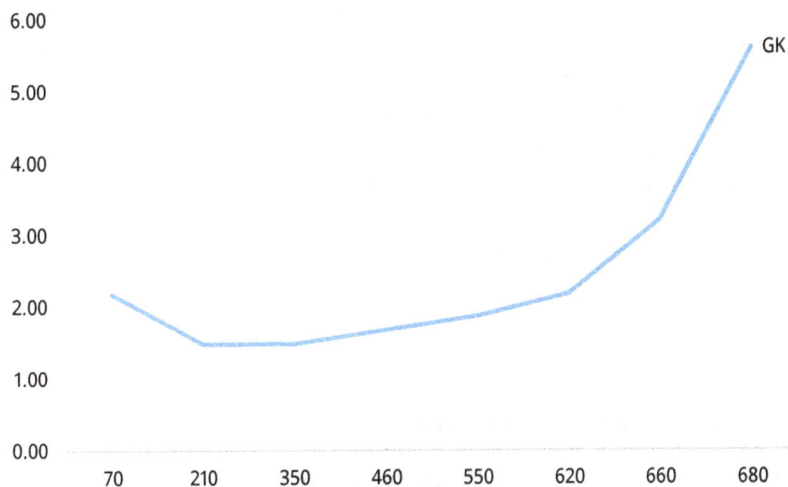

Abbildung 6.2: Verlauf der Grenzkosten der Firma Borges GmbH über den relevanten Ausbringungsbereich.

In diesem J-kurvigen Verlauf der Grenzkosten kommt das Potenzial **innerbetrieblicher Spezialisierungsvorteile** zum Ausdruck: Betreibt Herr Gorki sein Geschäft alleine, muss er alle betrieblichen Tätigkeiten vom Pressen der Säfte, dem Spülen der Gläser, dem Abkassieren und dem Bestellen neuer Ware eigenständig bewältigen. Indem er den ersten Mitarbeiter einstellt, können sich die beiden nun auf bestimmte Tätigkeiten spezialisieren – kurz: Sie betreiben **Arbeitsteilung.** Prompt erzielt das Unternehmen beachtliche Produktivitätsfortschritte bei *relativ* geringer Zunahme der absoluten Kosten. Entsprechend sinken für den Zwei-Mann-Betrieb die Grenzkosten.

Das einmal erreichte Niveau an Arbeitsteilung lässt sich mit weiteren Einstellungen ausbauen, so dass die *gesamte* Produktions*menge* kontinuierlich ausgedehnt werden kann. Die Mengen*steigerung*, die mit fortgesetzter Arbeitsteilung korrespondiert (der erste Beschäftigte presst nun ausschließlich Säfte, der Zweite kassiert nur ab, der dritte spült usw.), beginnt sich jedoch schon bald zu verringern. In unserem Beispiel geschieht dies bereits mit der dritten Person (siehe Tabelle 6.3).

Dieser schrittweise abflachende Produktivitätsfortschritt führt beim unterstellten Profil der *absoluten* Kostenentwicklung zu steigenden Grenzkosten. Dass sich mit fortschreitender Arbeitsteilung der Produktions*zuwachs* in unserem Beispiel rückläufig entwickelt, ist nicht unplausibel: In dem kleinen Ladenlokal von Herrn Gorki stehen sich ab einem bestimmten Punkt die studentischen Aushilfskräfte im Weg, d. h. sie beginnen sich bei der Arbeit gegenseitig zu blockieren und/oder haben temporär überhaupt nichts zu tun. Damit kommen die Verbesserungsmöglichkeiten in der betrieblichen Prozessgestaltung bei bestehender Technologie an ihre (natürliche) Grenze. Die Grenzkosten nehmen folglich zu.

Kommen wir nun auf unsere Feststellung von oben zurück, wonach ein rationaler Unternehmer seine Mengenentscheidung unter Beachtung der Grenzkosten trifft: Er tut dies, weil er erst an dem Punkt seinen Gewinn **maximiert**, an dem seine Grenzkosten dem Grenzerlös gleichen. Dehnt er seine Produktion über diese Menge hinweg aus, dann würde er *mit jeder weiteren* produzierten Einheit einen *Stückverlust* machen und damit den *Gesamtgewinn schmälern.* Unter der Modellannahme der Gewinnmaximierung lautet – *marktübergreifend* – die **magische Formel** zur Bestimmung der **optimalen Ausbringungsmenge** des **Einzelunternehmers** somit:

Grenzkosten = Grenzerlös.[707]

---

[707] Diese Aussage entspricht genau dem, was wir in Lektion 1, Kapitel 6.2.5.2. anhand des Naturaltauschs schon hergeleitet haben: Ein jeder stellt das Handeln ein, wenn ihm der nächste Tausch „nichts bringt", wenn also der zusätzliche Tauschnutzen von den zusätzlichen Tauschkosten aufgefressen wird! Tausch, so Menger, ist „für die Menschen kein Selbstzweck, noch weniger an und für sich eine Lust." Menger, 2018, S. 155. Warum sollte diese Logik nicht auch für den in einer Geldwirtschaft tätigen Unternehmer gelten?

Da im neoklassischen Polypol annahmegemäß alle Anbieter Preisnehmer sind, ist in dieser Marktform der Grenzerlös mit dem Marktpreis identisch – für jeden Unternehmer. Damit lässt sich die obige Formel in der neoklassischen Marktform des **Polypols** erweitern zu:

Grenzkosten = Preis = Grenzerlös.

Dieses Ergebnis leitet sich *zwingend* aus den beiden Prämissen ab, dass der individuelle Unternehmer sich gewinnmaximierend verhält und sein Los bei vollständiger Konkurrenz das eines Preisnehmers ist.

Wenn wir unterstellen, dass in unserem Fallbeispiel der Marktpreis für einen Saft 3,20 Euro beträgt, lässt sich nun die optimale Ausbringungsmenge für die Borges GmbH mit 660 Säften bestimmen. Dieses Ergebnis kann man der Tabelle 6.4 entnehmen bzw. im Abbildung 6.3 ersehen.

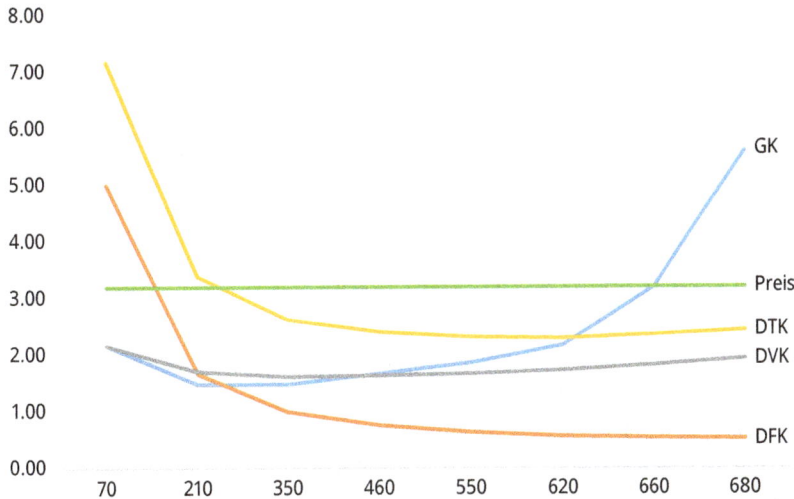

Abbildung 6.3: Verlauf der verschiedenen Kostenkurven und des Marktpreises.

Damit ist die Frage beantwortet, an welcher Kostenart sich der einzelne Anbieter orientiert, der sich im Wettbewerb mit zahlreichen anderen befindet, um in der Modellwelt sein **Gewinnmaximum** zu erreichen: an den **Grenzkosten**. Diese müssen – wie wir gesehen haben – genau dem Grenzertrag (bzw. hier im Polypol dem Markpreis) entsprechen. Das Wissen um seine Grenzkosten ist folglich für den einzelnen Unternehmer und sein Handeln relevant. Gleichwohl sind mit dieser Erkenntnis bei weitem nicht alle unternehmerischen Fragen beantwortet!

6.3.2.2 Nachlaufende Entscheidungen bei unternehmerischem Verlust

Unternehmern wie Herrn Gorki stellt sich selbstredend auch die Frage nach der Höhe des Erfolgs. Mit anderen Worten: Der Unternehmer möchte wissen, wie viel Gewinn er in einer bestimmten Periode gemacht hat. Wettbewerbsunternehmen wie die Borges GmbH machen als Mengenanpasser dann **Gewinn, wenn** bei der soeben bestimmten **optimalen** Ausbringungsmenge ihre durchschnittlichen totalen Kosten (DTK) niedriger als der Marktpreis sind (siehe Abbildung 6.4).

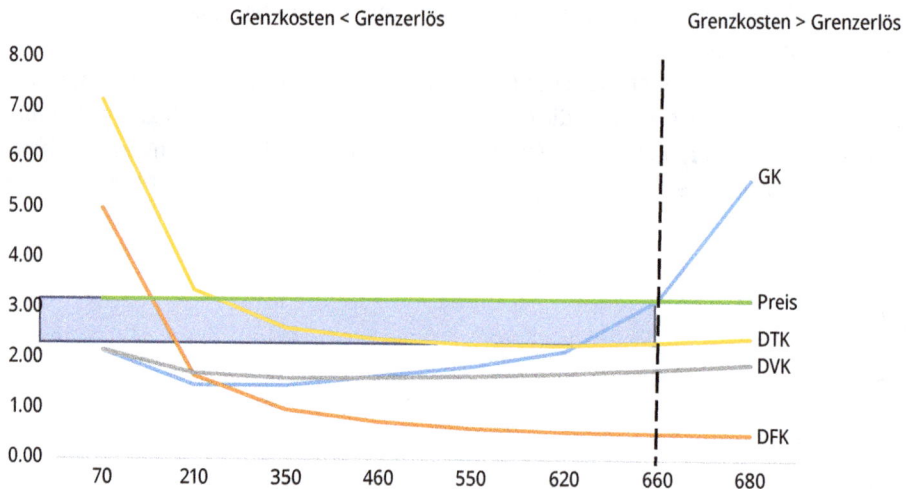

Abbildung 6.4: Maximaler Gewinn bei Grenzkosten gleich Grenzerlös.

Im konkreten Beispiel belaufen sich bei der optimalen Stückzahl von 660 Einheiten die durchschnittlichen Gesamtkosten (DTK) auf 2,35 Euro (siehe auch Tabelle 6.4); mit anderen Worten, die Borges GmbH macht mit jedem verkauften Getränk einen Gewinn von 85 Cent. Damit erzielt sie einen Tagesgewinn in Höhe von 561 Euro bei einem Umsatz von 2.112 Euro.

Diese nahezu banale Berechnung des Gesamtergebnisses verdeutlicht anhand der Borges GmbH, dass selbstredend *nicht nur* die **Grenzkosten** für das einzelne Unternehmen von Belang sind. Gewiss, diese sind für die Bestimmung der optimalen Produktionsmenge maßgebend. Doch das tatsächliche Geschäftsergebnis in Form eines Gewinns bzw. eines Verlusts wird allein vom Marktpreis und den **Stückkosten** bestimmt. Sind Letztere bei der optimalen Menge geringer als der Marktpreis (= Stückerlös), dann macht das individuelle Unternehmen wie die Borges GmbH einen Gewinn – und zwar, wie hergeleitet, den maximalen.[708]

---

[708] Der Blick auf Abbildung 6.4 lässt erkennen, dass bei einer Ausweitung der Produktionsmenge über die optimale Menge hinweg mit jedem weiteren Stück ein Verlust einhergeht: Die Grenzkosten werden

In dieser komfortablen Situation befinden sich mitnichten alle Anbieter. Stattdessen lassen sich in der Praxis auch Unternehmen finden, die in Schieflage geraten sind, da ihre Stückkosten den Stückerlös übersteigen – womit sie Verluste schreiben! In solchen, gewiss nicht anstrebenswerten Fällen trägt die allgemeine Optimierungsregel „Grenzerlös gleich Grenzkosten" nun dazu bei, die Menge zu bestimmen, bei der das rote Zahlen schreibende Unternehmen seinen **Verlust minimiert**.

Nun wird zwar niemand dauerhaft einen Zuschussbetrieb führen können, doch bei einmaligen oder saisonal bedingten Verlusten – wie etwa in Teilbereichen der Touristik – geben sie Unternehmen selten Anlass, sich prompt für immer vom Markt zu verabschieden. Allerdings rückt für Anbieter mit temporären Zuschussbetrieben jetzt eine Anschlussfrage in den Mittelpunkt: Ist es sinnvoll, den Betrieb durchgängig am Laufen zu halten oder ist es vielleicht angezeigt, sich vorübergehend vom Markt ganz zurückzuziehen? Lassen sich – anders gefragt – zeitweilig akzeptierte Verluste möglicherweise durch eine periodische Schließung des Betriebs noch stärker eingrenzen?

Für die Beantwortung dieser Frage und das sich daran anschließende unternehmerische Handeln sind nun die **durchschnittlichen variablen Kosten** relevant. Denn erst anhand der Differenz zwischen dem Stückerlös und den durchschnittlichen variablen Kosten wird der rationale Unternehmer bemessen können, ob sich seine Verluste unter Aufrechterhaltung der Produktion oder durch die (temporäre) Einstellung des Geschäftsbetriebs minimieren lassen. Sehen wir uns diese Überlegungen an einem Fallbeispiel an.

In Abbildung 6.5 zeigt sich für die Frost KG, einer Wettbewerberin der Borges GmbH, dass deren durchschnittliche totale Kosten (DTK) bei der optimalen Ausbringungsmenge M ihren Grenz- bzw. Stückerlös übersteigen: Punkt B liegt oberhalb von Punkt C. Damit erzielt die Frost KG beim aktuellen Marktpreis P und ihrer gegenwärtigen Produktionstechnologie Verluste.

Das Gute im Schlechten für sie ist, dass ihre durchschnittlichen variablen Kosten (DVK) geringer sind als ihr Grenzerlös. D. h., die variablen Kosten der Frost KG werden durch den aktuellen Marktpreis gedeckt. Damit verbleibt ein Teil des Stückerlöses zur Abdeckung des Fixkostenapparats. In Abbildung 6.5 steht das Rechteck ECPD zur partiellen Deckung der Fixkosten in Höhe von EBAD zur Verfügung.

Eine solche Situation wird das Unternehmen für eine gewisse Zeit wahrscheinlich verkraften können, wenn auch nicht dauerhaft. Wie lange die Frost KG kurzfristige Verluste konkret abfedern kann, wird nicht zuletzt von ihren Kapitalreserven und der Marktperspektive abhängen. Besteht kein Grund trotz aktuellem Verlust verzagt zu sein, so lässt sich bei der identifizierten Kostenstruktur dieser Firma konstatieren, dass

---

jenseits der 660 Einheiten also nicht mehr vom Grenzerlös (bzw. vom Marktpreis) gedeckt. Bei einer Produktions- bzw. Absatzmenge von 680 Einheiten würde es dem Unternehmen zwar noch immer gelingen, einen Gesamtgewinn zu realisieren – gleichwohl wäre es nicht mehr der maximale. Dieser wäre um den Verlust geschmälert, der mit der Herstellung der letzten zwanzig Einheiten einhergeht. Flapsig formuliert: Mit der 661. Einheit ist der Gewinnhügel der Erosion ausgesetzt!

Preis

[Grafik: Koordinatensystem mit Preis (y-Achse) und Menge (x-Achse); Kurven GK, DTK, DVK; Punkte A, B, C, E; Linie P = GE; grau markierte Fläche „Verlust"; Punkte P und D; M* auf der Menge-Achse]

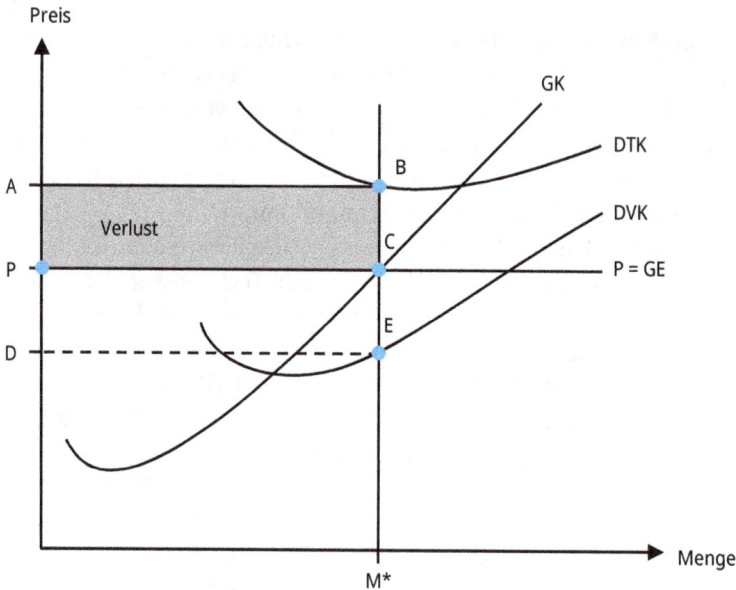

Abbildung 6.5: Die Kostensituation der Frost KG bei gegebenem Marktpreis.

es für sie keinen Sinn macht, den Betrieb temporär einzustellen: Ihr Verlust wird erst mit Aufrechterhaltung des Betriebs minimiert![709]

Erkennt bei dieser Ausgangslage das Management allerdings auch perspektivisch kein Licht am Ende des Tunnels, so wird die unternehmerische Einordnung gewiss anders ausfallen. Man wird sich notgedrungen um einen geordneten Rückzug aus dem Markt bemühen. Entsprechendes trifft selbstredend auf Unternehmen zu, die heute noch nicht einmal die variablen Stückkosten durch den Marktpreis gedeckt bekommen und die darüber hinaus keinen Silberstreif am Horizont entdecken können.[710]

---

[709] Praxisnahe Beispiele, in denen sich das vorrübergehende Schließen eines Geschäftsbetriebs lohnt, lassen sich in der Touristik bzw. in der Hotellerie mit Leichtigkeit finden. Dazu versetzen wir uns gedanklich etwa in den Geschäftsführer der *Maison de La Plage*, einem kleinen Hotel mit acht Zimmern. Er betreibt sein Geschäft in einer im Sommer sehr beliebten Urlaubsregion. Demgemäß schwankt die Zahl der Feriengäste über die Kalendermonate spürbar. Hält bei diesen Rahmenbedingungen unser Hotelier seinen prinzipiell erfolgreichen Betrieb nun das ganze Jahr aufrecht? Oder entscheidet er sich dafür, den Hotelbetrieb in der Nebensaison ganz oder phasenweise einzustellen, um dann kurz vor Beginn der Hauptsaison seine Zimmer wieder zu vermarkten? Wenn er ein paar Monate schließt, dann sind das starke Indizien dafür, dass er *in dieser Zeit* seine variablen Kosten nicht durch den Umsatz gedeckt bekommt. Es kommt ihm also billiger, gleich ganz zu schließen statt sporadisch den einen oder anderen Gast zu beherbergen!

[710] Zum Verständnis: Die Geschäftsleitung eines Unternehmens muss in der Praxis Insolvenz beantragen, wenn einer der folgenden drei Tatbestände eingetreten ist: eine Überschuldung, die Zahlungsunfähigkeit oder eine drohende Illiquidität.

Halten wir fest: **Drei Kostenarten** und deren Verläufe erzählen eine ganze unternehmerische Geschichte – Grenzkosten, durchschnittliche Stückkosten und durchschnittliche variable Kosten. Jede einzelne dieser Kurven stellt ein Puzzleteilchen dieser Erzählung dar. Gewiss, im Vordergrund stand für uns hier zunächst die Frage, auf welcher Basis der einzelne Unternehmer seine Mengensteuerung vornimmt, um seinen Gewinn zu maximieren. Es sind – wie wir gesehen haben – die Grenzkosten. Gleichwohl sollte man im Kopf behalten, dass sich *das vollständige Bild* zum unternehmerischen Verhalten erst mit den anderen beiden Mosaiksteinchen zusammensetzen lässt.[711] Die Tabelle 6.5 gibt diese Zusammenhänge noch einmal knapp wieder.

Tabelle 6.5: Kostenarten und ihre jeweilige Relevanz für unternehmerische Entscheidungen.

Kostenart	Relevant für die Bestimmung der ...	Gegeben, wenn/ bei ...
Grenzkosten	Optimalen Ausbringungsmenge	Grenzerlös = Grenzkosten
Durchschnittliche Stückkosten (DTK)	Höhe des maximalen Gewinns bzw.	DTK < Stückerlös
	Höhe des minimalen Verlusts	DTK > Stückerlös
Durchschnittliche variable Kosten (DVK)	Etwaigen Akzeptanz eines temporären Verlusts bzw.	DVK < Stückerlös
	Prompten Betriebseinstellung	DVK > Stückerlös

Nachdem wir analytisch abgeleitet haben, wie sich der einzelne Unternehmer im bilateralen Polypol verhalten wird, wollen wir mit den gewonnenen Einsichten **zur Rolle und Bedeutung der Grenzkosten** auf unsere bisherige Standarddarstellung, dem Marshall'schen Kreuz, zurückkommen. Allen voran wollen wir prüfen, ob sich die Erkenntnisse, die wir aus den unterschiedlichen Analysezugängen erhalten haben, konsistent zueinander oder unvereinbar bzw. widersprüchlich verhalten!

---

[711] Vgl. z. B. Goolsbee/Levitt/Syverson, 2014, S. 402. Einen lebendigen Eindruck von der Relevanz dieser drei Kostenarten konnte man sich in der Covid-19-Pandemie machen. Hierzu nur drei Beispiele: *Fahrradläden* hatten sich entschieden, den Werkstattbetrieb aufrecht zu erhalten. Hier lagen die durchschnittlichen Stückkosten im Service-Geschäft offensichtlich unterhalb der damit einhergehenden Durchschnittserlöse. Die Fortsetzung dieses Teilgeschäfts dürfte also dazu beigetragen haben, die Raummiete für den Ausstellungsraum bzw. das Ladenlokal zumindest teilweise abzudecken. Analog darf man unterstellen, dass Gastronomiebetriebe, die im ersten Lockdown auf Take-away umstellten, die damit einhergehenden Kosten (für Lebensmittel, Personal und Verpackung) abdecken konnten. Andernfalls wäre es unwirtschaftlich gewesen, den Betrieb aufrecht zu erhalten. Zu den ohnehin entstandenen Verlusten infolge der Restaurant-Schließung, wären noch zusätzliche hinzugekommen. Zuletzt: In der deutschen Eishockey-Liga hatten sich die Vereine dagegen ausgesprochen, Profispiele vor 500 Zuschauern auszutragen. Die Zusatzkosten, die mit entsprechenden Hygiene-Konzepten verbunden gewesen wären, und gestiegene variable Kosten z. B. für Ordnungskräfte hatten eine solche Lösung nicht gerechtfertigt. Es war offensichtlich wirtschaftlicher, die Ligaspiele ohne Publikum zu absolvieren – so schmerzhaft das für die Sportler wie auch ihre Fans gewesen sein mag!

6.3.2.3 Konsistente Logik im neoklassischen Polypol-Modell?

Spiegelt man die Erkenntnis zum Verhalten des rationalen Unternehmers im Polypol an der bekannten Darstellung des Marshall'schen Kreuzes, sind Irritationen nicht ausgeschlossen. Denn wir haben eben gelernt, dass im Polypol *jeder einzelne* Unternehmer seine Produktionsmenge soweit ausdehnt, bis für ihn gilt: Grenzerlös (GE) gleich Grenzkosten (GK); dann hat der Unternehmer seinen Gewinn maximiert (bzw. kurzfristig seinen Verlust minimiert); da zudem der Grenzerlös im Polypol dem Marktpreis (P) entspricht, gilt: **GE = P = GK.**

Wie passt nun diese analytische Erkenntnis zu der zuvor gemachten Feststellung, dass die Angebots*kurve* die Grenzkostenkurve der Anbieter einer ganzen **Branche** repräsentiert (siehe Abbildung 6.6)? Wenn die Angebotskurve tatsächlich die Grenzkostenkurve aller Anbieter darstellt, dann verkaufen doch *bis auf den letzten* Anbieter A_n *alle* Preisnehmer eine atomistische Menge, bei der ihre Grenzkosten (GK) kleiner dem Preis (= Grenzerlös) sind, d. h. GK < Preis (bzw. GK < GE).[712]

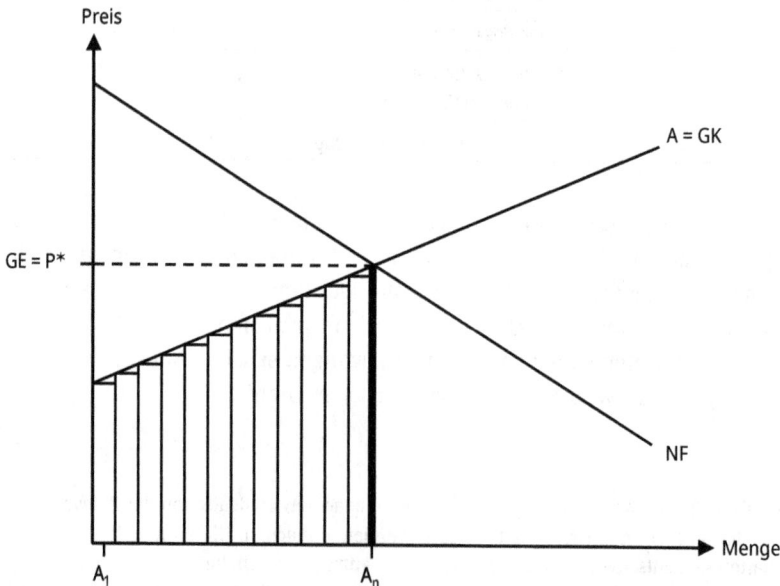

Abbildung 6.6: Grenzkosten und Grenzerlös der einzelnen Marktanbieter.

---

[712] Angemerkt sei, dass unser Unternehmer Herr Gorki in dem von uns gewählten Beispiel Gewinn macht, sprich er erzielt eine Überrendite. Infolgedessen ist Herr Gorki **nicht** der **Anbieter An**, sondern irgendein Anbieter links von A_n (siehe Abbildung 6.6). Zugleich sei darauf hingewiesen, dass die Grenzkosten des *Anbieters A_n* mit dessen durchschnittlichen totalen Kosten übereinstimmen (d. h. es gilt: GE = P = GK = DTK).

Wie lösen **neoklassische Ökonomen** diesen **Widerspruch** in ihrer Modellwelt bzw. das Rätsel auf, dass die überwiegende Mehrheit der Anbieter ihre Gewinne nicht nur maximiert, sondern – wie wir aus dem Konzept der Wohlfahrtsökonomie bereits wissen – eine *Über*rendite in Form der Produzentenrente erzielt?

Die Kurzantwort lautet: Die vermeintlichen Widersprüchlichkeiten lösen Neoklassiker unter Berücksichtigung unterschiedlicher Zeithorizonte!

Neoklassische Ökonomen *versuchen* das eben adressierte Problem mittels eines Tricks (bzw. einer Krücke) *logisch* zu lösen: Sie unterscheiden (halbwegs nachvollziehbar) zwischen kurz- und langfristiger Angebotskurve.

Abbildung 6.6, das Marshall'sche Kreuz, zeigt die **kurzfristige** Angebotskurve! **Angezogen durch** den **Übergewinn** (= Produzentenrente), der in dieser Branche erzielt werden kann, treten neue Anbieter in den Markt ein. Mit diesen **Neueintritten** kommt es dann zu einer Rechtsverschiebung bzw. -drehung der Angebotskurve,[713] der Marktpreis sinkt. Für *einige* der bis dato *etablierten* Anbieter liegt der neue Marktpreis P (= GE) nun unterhalb der eigenen Grenzkosten, weshalb sie früher oder später zum Marktaustritt gezwungen werden.

Unausgesprochen wird zudem *angenommen*, dass die neuen Anbieter die bestehenden Anbieter mit den *niedrigsten Kostenstrukturen* kopieren. Unter diesen Annahmen kommt es dazu, dass **die unrentabelsten Anbieter schrittweise** aus dem Markt gedrängt werden bis am Ende dieses Prozesses nur noch Anbieter mit der gleichen hochrentablen Produktionstechnologie am Markt vertreten sind: Alle Anbieter haben damit langfristig auch die **gleichen Kostenstrukturen**. Zu diesem Zeitpunkt ist die ehemals beobachtbare Produzentenrente vollständig **wegkonkurriert** worden; **kein** (!) Unternehmen macht noch einen **Übergewinn**! Der **langfristige** Zeitpunkt ist für die betreffende Branche erreicht![714]

Ab diesem Moment, wo alle Unternehmen im Markt eine einheitliche Kostenstruktur haben, der **langfristige** Zeitpunkt also erreicht ist, maximieren alle (!) Anbieter dieser Branche ihren Gewinn, indem sie ihre optimale Ausbringungsmenge anhand der genannten Logik steuern: P = GE = GK.

Durch die beschriebene zwischenzeitliche Dynamik mit Ein- und Austritten von Marktteilnehmern sowie der Steigerung der *sektoralen* Kosteneffizienz, hat die **langfristige Angebotskurve** im Modell der vollständigen Konkurrenz die Form einer **Horizontalen** angenommen. Die folgende Abbildung 6.7 illustriert, dass es im *langfristigen*

---

713 Bei Lichte betrachtet kommt es – zumal bei der zugrunde liegenden neoklassischen Begründung – zu einer Rechts*drehung* der Angebotskurve. Diese Tatsache nimmt nichts von unseren bisherigen Erkenntnisgewinnen, die der Einfachheit halber auf Basis reiner Parallelverschiebungen von Kurven gewonnen wurden.

714 Schon Adam Smith wusste: „Investieren nämlich viele reiche Kaufleute im gleichen Gewerbe, so verringert natürlich ihr gegenseitiger Wettbewerb in der Tendenz ihren Gewinn." Kolb, 1997, S. 59 zitiert Adam Smith.

Konkurrenzgleichgewicht **keine Produzentenrente** mehr gibt: Diese wurde wegkonkurriert! Man beachte, dass eine Konsumentenrente weiterhin besteht.

Preis

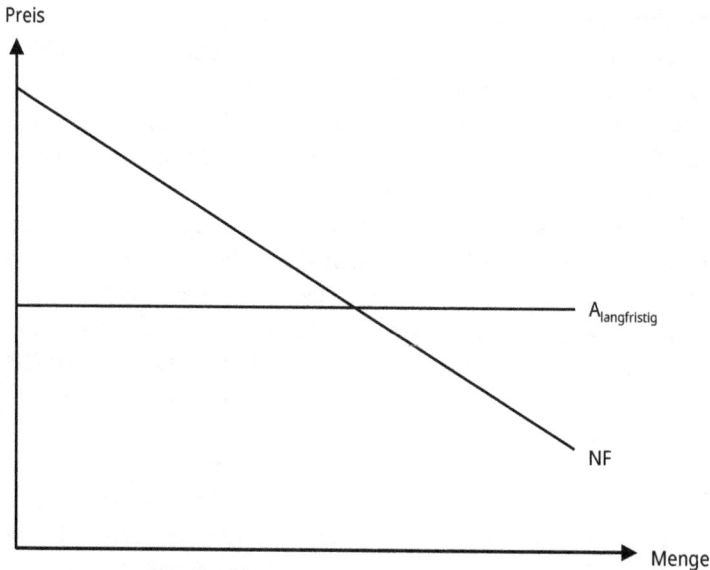

Abbildung 6.7: Langfristiges Marktgleichgewicht.

Das bedeutet in Konsequenz auch, dass Unternehmer **langfristig** nur **variable Kosten** haben. Da auf *lange Sicht* alle Inputfaktoren variabel sind, kann es langfristig **keine Fixkosten** mehr geben. Das führt dazu, dass die Grenzkosten langfristig konstant sind und somit für jeden Anbieter gilt: GE = P = GK = (D)VK![715]

6.3.3 Zwischenfazit zum neoklassischen Polypol

Das neoklassische Modell der vollständigen Konkurrenz hat zweifelsfrei einen bedeutenden Beitrag geleistet, um ein tieferes Verständnis von der Funktionsweise realer

---

[715] Die Entwicklung des Angebots über die Zeit illustrieren Heine und Herr anhand von Fischern. Während in der *sehr kurzen* Frist, dass Angebot in Form des täglichen Fangs sogar starr ist, wird es sich *kurzfristig* verhalten wie im Marshall'schen Scherendiagramm: Die Fischer werden, bei entsprechender Fischnachfrage, länger arbeiten und damit *bestehende Kapazitäten* (Boote, Netze) besser ausnutzen. Die Fischer drehen also an den variablen Einsatzfaktoren. Dies geschieht, weil kurzfristig keine neuen Boote gebaut werden können (die höhere Nachfrage aber bedient werden soll). Bei dauerhaft gestiegener Nachfrage kommen langfristig mehr Boote (durch weitere Akteure) zum Einsatz. Aus langfristiger Perspektive sind allerdings auch Fischerboote variable Einsatzfaktoren, weshalb die Angebotskurve langfristig eine Horizontale bildet. Vgl. Heine/Herr, 2013, S. 98 ff.

Wettbewerbsmärkte und den ihnen inhärenten Dynamiken entlang der Zeit zu erhalten. Daher wollen wir auf seine zentralen Erkenntnisse ebenso wie auf seine Meriten in Kapitel 6.3.3.1. kurz resümierend eingehen. Ungeachtet seiner Verdienste hat jedoch auch dieses Modell – wie jedes andere Werkzeug – seine blinden Flecken. Da es schon der wissenschaftlichen Redlichkeit gebührt, diese instrumentellen Schwächen nicht auszuschweigen, kommen wir auf diese in Kapitel 6.3.3.2. zu sprechen.

6.3.3.1 Einsichten und Verdienste

Das bilaterale Polypol, das wir hier präsentiert haben, stellt in der neoklassischen Mikroökonomie das **Referenzmodell** dar, von dem aus sich weitere Überlegungen entwickeln lassen, etwa zur Wirkung von Monopolen. Für diese und weitere wirtschaftspolitische Diskussionen werden dann selbstredend Annahmen aufzugeben sein, die dem Referenzfall zugrunde liegen. Hierauf kommen wir bei der Behandlung verschiedener Fragen rund um das Thema Marktversagen zeitnah zurück.

Für den Moment wollen wir zur Kenntnis nehmen, dass dem Standardmodell entsprechend auf **freien** Wettbewerbsmärkten **langfristig** die denkbar **größte Menge** zum denkbar **niedrigsten Preis** angeboten wird, weil sich über die Zeit die Produktionsmethode im Markt durchsetzt, mit der machtlose Unternehmen auf Basis egoistischer Motive gerade noch kostendeckend herstellen können.[716] Grafisch korrespondiert diese Vorstellung mit einer horizontalen Angebotskurve.

Das Verdienst der Neoklassiker ist es, mit ihrem Modell der vollständigen Konkurrenz eine Idee davon entwickelt zu haben, welche Wirkung von den Marktakteuren **entlang der Zeit** auf freien Wettbewerbsmärkten ausgeht – sowohl unter dem Gesichtspunkt der Zuteilung von knappen Ressourcen (Allokation) als auch in Bezug auf das Ausbringungsergebnis.

Mit diesem formal strengen Analyserahmen konnte gezeigt werden, dass in einer Branche, in der die beste, bestehende Produktionstechnologie diffundieren *kann*, die vielen, ihrem Eigensinn allein verpflichteten Anbieter ungewollt dazu beitragen, dass sich eine bestmögliche Güterversorgung in der Gesellschaft *unter Wahrung der individuellen Entscheidungskompetenz* einstellt. Dieses Ergebnis wird allein über den **Lenkungsmechanismus** der **Preise** realisiert. Außerdem wurde hergeleitet, dass bei uneingeschränkter Zutrittsmöglichkeit weiterer Anbieter üppige Gewinne *keine* dauerhafte Einrichtung sind: Sie unterliegen im Wettbewerb dem Abrieb.

Sucht man nach Märkten mit derartigen Merkmalen in der Realität nicht vergeblich? Erweisen sich nicht unzählige Wirtschaftszweige schon bei oberflächlicher Betrachtung als oligopolistisch und damit allein aus struktureller Perspektive mit dem Modell als inkompatibel?

In der Tat, die Marktform der **vollständigen Konkurrenz** fristet in der praktischen Wirtschaftswelt das Dasein einer **Randerscheinung**, einer Ausnahme. Ein Umstand,

---

716 Vgl. z. B. Roth, 2014, S. 112 f.

den Marshall ebenso wie die Klassiker übersah – wie Schumpeter bereits im Jahr 1947 bemerkte.[717] Doch so zutreffend Schumpeters Feststellung schon zu seiner Zeit gewesen sein mag, so sehr müssen wir uns davor hüten, vorschnell abzuleiten, dass das Polypol heute nur noch den Stellenwert einer reinen Kopfgeburt haben kann.

Zu den Sektoren, in denen man eine Konstellation auf der Angebotsseite beobachten kann, die der langfristigen Vorstellung aus der Modellwelt nahekommt, gehören in Großstädten wie Köln das **Friseurhandwerk**: An nahezu jeder Ecke findet man innerstädtisch einen entsprechenden Laden, das Produkt „Haarschnitt" ist zudem relativ homogen und – abgesehen von wiederkehrenden Modewellen – wenig innovativ. Relativ gering ist außerdem der Investitionsbedarf – sowohl der initiale bei Aufnahme des Geschäftsbetriebs als auch der wiederkehrende. Jenseits des Friseurhandwerks liefert auf dem Weltmarkt der westafrikanische **Kakaoanbau**, insb. in der Elfenbeinküste und in Ghana, mit seinen zahllosen Kleinbauern geradezu ein Paradebeispiel *ohnmächtiger* Anbieter – ohne dass dies der einzige Agrarmarkt auf der Welt wäre, der durch eine solche Struktur gekennzeichnet wäre.[718]

Blenden wir unser heutiges Verständnis zur eingeschränkten Praxisrelevanz des Polypols einmal kurz aus und versetzen uns stattdessen in die Zeit von Marshall, dann lässt sich erahnen, welch explosive Wirkung die neoklassische Vorstellung vom Markt und seiner Funktionsweise damals gehabt haben muss. Denn zu einer Zeit, in der das kommunistische Gespenst greifbarer zu werden droht, behauptet die Neoklassik nichts Geringeres, als dass der einzelne **Unternehmer** – also der Repräsentant der den Marxisten verhassten Bourgeoisie – **langfristig keine Macht** hat und **keine Überrendite** einstreicht. Im Gegenteil, über die Zeit sinken bei **freiem** Wettbewerb die Marktpreise und ceteris paribus mit ihnen die sektoralen Renditen.[719] Der wahre **Gewinner** funktionierender Märkte ist demnach einzig und allein der **Konsument**.

Von dieser Warte aus betrachtet, versteht es sich nun auch, warum Neoklassiker davon sprechen, dass die freie Wettbewerbswirtschaft eine reine **Konsumentenveranstaltung** sei; eine Sichtweise auf den freien Markt und seine Funktion, die sie mit den Vertretern der **Klassik** und der **Österreichischen Schule** teilen.[720]

---

717 Vgl. Schumpeter, 2005, S. 130.

718 Hierbei würde uns Schumpeter gewiss zustimmen, sah doch auch er in der landwirtschaftlichen Massenproduktion einen Anwendungsfall für die vollständige Konkurrenz. Vgl. Schumpeter, 2005, S. 131.

719 Bei allen Unterschieden zur Neoklassik ging Marx wie diese ebenfalls von einem tendenziellen Fall der Profitrate aus. Er begründet dies jedoch über die *steigende Bedeutung* der *Fixkosten* in Form von Anlagen und Ausrüstung. Nach Marx wagen die kapitalistischen Unternehmer daher ab einem gewissen Punkt keine Investitionen mehr, wodurch es zu einer *rückläufigen Nachfrage nach Investitionsgütern* seitens der Unternehmer kommt. Dieser *Investitionsstreik* erfasse dann die ganze Wirtschaft, wodurch der Kapitalismus in eine Krise gerate. Vgl. z. B. Kurz, 2020, S. 77 f. oder Sinn, 2017, S. 80 ff. bzw. Schumpeter, 2005, S. 56.

720 So schrieb Adam Smith (1776) über einhundert Jahre vor dem Erscheinen der „Principles of Economics" von Marshall (1890): „Zweck und Ziel aller Produktion ist der Verbrauch [...] und Interessen des Produzenten sollten nur so weit berücksichtigt werden, wie es zur Förderung der Interessen der

Die unübersehbare Abweichung zur marxschen Lehre könnte jedoch kaum größer sein: Marx stimmt zwar zu, dass „der Konkurrenzkampf […] durch Verbilligung der Waren geführt [wird]."[721] Doch geht ihm zu Folge dieser freie Wettbewerb langfristig mit Monopolisierung und Marktmacht einher.[722] Mit dem Ausscheiden nicht konkurrenzfähiger Anbieter kommt es außerdem zur **Entwertung** knapper Ressourcen, z. B. in Form nicht mehr genutzter Maschinen und Produktionsstätten. Nach **Marx** ist der marktliche Konkurrenzkampf infolgedessen auch **allokativ ineffizient**.

Diese Auffassung teilen heutige Ökonomen jenseits des marxistischen Spektrums nicht – allen voran nicht undifferenziert! Die meisten Ökonomen – darunter auch keynesianisch geprägte – schlagen sich heute *in der Tendenz* auf die Seite von Marshall. Demnach liegt der eigentliche Charme von Wettbewerbsmärkten genau darin, dass es – anders als Marx behauptet – langfristig zu **keiner Verschwendung** knapper Ressourcen kommt, da mit Hilfe der besten Technik die „bereitgestellten Güter […] mit dem geringst möglichen Ressourceneinsatz produziert [werden]."[723]

Blickt man in die jüngere innerdeutsche Vergangenheit zurück, dann lässt sich konstatieren, dass es den Regierenden in der **Deutschen Demokratischen Republik** (DDR) mit ihrer Planwirtschaft **gerade nicht gelungen** ist, das Versprechen einer hohen Güterversorgung bei gleichzeitig schonendem Umgang mit knappen Ressourcen einzulösen – ganz im Gegenteil.[724] Für den Energiesektor legt Obst beispielsweise dar, dass von den volkseigenen Betrieben der DDR für vergleichbare Leistungen ab Beginn der 1970er Jahre *doppelt so viel Kapital* benötigt wurde wie von den privatwirtschaftlichen Unternehmen in der damaligen Bundesrepublik. Für vergleichbare Kraftwerke war unmittelbar nach dem Zweiten Weltkrieg (1950) in beiden Seiten des Landes noch die gleiche Investitionssumme aufzubringen.[725] Wer also glaubt, dass die zum Mauerfall beobachtbaren Unterschiede im Pro-Kopf-Einkommen zwischen West- und Ostdeutschland auf eine mangelnde Investitionstätigkeit in der ehemaligen DDR zurückzuführen sei, der irrt – gewaltig! Ketzerisch gesagt: Die DDR war ein **Hort ökonomischer Verschwendung**, weil der Staatsapparat hohe Kosten verschlang.

Verbraucher nötig ist. Diese Maxime ist so vollkommen einleuchtend, dass es abgeschmackt wäre, sie beweisen zu wollen." Adam Smith zitiert bei Eucken, 2004, S. 30. Und nichts anderes bedeutet es, wenn es heißt: „The captain is the consumer." Ludwig von Mises zitiert bei Balling, 2013, S. 40.

721 Marx, 2018, S. 577.

722 "Die Konkurrenz rast hier im direkten Verhältnis zur Anzahl und im umgekehrten Verhältnis der Größe der wetteifernden Kapitale. Sie endet stets im Untergang vieler Kleiner Kapitalisten und Übergang ihrer Kapitale in die Hand des Siegers." Marx, 2018, S. 578.

723 Roth, 2014, S. 113.

724 „Die sozialistische Verheißung, Kapital mit zentraler Planung sparsamer und wirkungsvoller einsetzen zu können, ist folglich eine Legende." Obst, 1983, S. 63.

725 Vgl. Obst, 1983, S. 63 ff.

6.3.3.2 Grenzen des Modells

Selbstredend haben wir die **Grenzen des Referenzmodells** nicht übersehen. Zu diesen gehört, dass es zumindest teilweise als unbefriedigend empfunden werden muss, dass sich das Modell darüber ausschweigt, wann genau *langfristig* eintritt. Schließlich hatte schon Marshall eingestanden: „of course there is no hard and sharp line of division between ‚long' and ‚short' periods. Nature has drawn no such lines in the economic conditions of actual life."[726]

Ein zweiter Aspekt betrifft die **Instabilitäten** in der wirtschaftlichen Entwicklung – zumal die gravierenden. Zweifelsohne hat die Welt *endogene* Wirtschaftskrisen kräftigen Ausmaßes schon vor dem Jahr 1890 gesichtet (siehe Lektion 5). Wie diese sich mit Hilfe eines Modells erklären lassen, das im Grunde nur den Zustand des Gleichgewichts kennt, bleibt rätselhaft. Marx (1818–1883) hätte an diesem Defizit der Neoklassiker gewiss seine Freude gehabt. Gleichwohl greifen auch die Vertreter der Österreichischen Schule bzw. Ökonomen wie Schumpeter, die dieser Denkrichtung nahestehen, diesen Kritikpunkt an der neoklassischen Modellwelt auf.

Eine weitere Schwäche, die mit dem Standardmodell der Neoklassik einhergeht, betrifft den Aspekt des **technischen Fortschritts**. Zwar berücksichtigt dieses Modell die Diffusion der besten, bekannten Technologie und lässt diese langfristig zum Marktstandard werden, was für sich genommen nicht unplausibel erscheint. Unklar bleibt in dieser Modellwelt allerdings, wie es überhaupt dazu kommen kann, dass Innovationen das Licht der Welt erblicken![727]

Dieser Umstand hat schwerwiegende Konsequenzen. Die naheliegendste ist, dass das neoklassische Polypol-Modell ganz generell **keinen Erklärungsbeitrag** zu Tech-

---

726 Marshall, [1920] 1997, S. 194. Über diese Unzulänglichkeit spottete bekanntermaßen John Maynard Keynes, ein Schüler Marshalls, indem er bemerkte: „in the long-run we are all dead!"

727 Diese Limitierung, keine Innovationen erklären zu können, ist an die Modellannahmen gebunden, die unter anderem von *einer Periode* ausgehen und *keine Investitionen* zulassen. Es sollte nicht übersehen werden, dass erst diese restriktiven Annahmen das **gewinnmaximierende Axiom** der Neoklassik überhaupt ermöglichen. Zur Überwindung dieser unbestreitbaren Schwäche nun zu erwarten, dass Volkswirte für ein grundlegendes Modell zur Funktionsweise von Märkten diese limitierenden Annahmen aufgeben und stattdessen die **Leistungs-** und **Wettbewerbsfähigkeit** von Unternehmen aufgreifen, um die es realen, sich rational verhaltenden Unternehmern regelmäßig geht und fremdeingesetzten Managern selbstredend ebenfalls gehen *sollte*, wäre allerdings zu viel verlangt – so wünschenswert das gewiss auch sein mag! Aus der Perspektive der **strategischen Unternehmenslenkung** finden damit, um es mit Aloys Gälweiler auszudrücken, im neoklassischen Polypol nur die *heutigen* Erfolgspotenziale Beachtung. Die unternehmerische Notwendigkeit zu diesen auch die *zukünftigen* Erfolgspotenziale zu steuern, bleibt in der Neoklassik damit modellbedingt unberücksichtigt (siehe Anhang B). An der Tatsache, dass dieses falsche Verständnis von der Gewinnmaximierung als Ziel unternehmerischen Handelns in der Praxis unter Unternehmenskapitänen weiterhin kursiert, sind – das sollte man selbstkritisch eingestehen – die Ökonomen der letzten Jahrzehnte mitverantwortlich. Zumindest ist es ihnen mehrheitlich nicht gelungen, angehenden Führungskräften den Unterschied zwischen Modell und Realität hinreichend zu verdeutlichen.

niksprüngen leisten und damit auch die Genese der **industriellen Revolution** nicht herleiten kann (siehe Lektion 2, Kapitel 6.2).[728]

An dieses Defizit angekoppelt ist darüber hinaus die Unzulänglichkeit des Modells, das in der Realität beobachtbare **Evolutionsmuster** von Märkten durchgängig abbilden zu können. Das neoklassische Polypol-Modell spart sich – leicht ersichtlich – *mindestens* die initiale Phase eines Marktes aus. Denn in dieser auch als **Pionierphase** bezeichneten Marktperiode wird die im Modell verankerte Vorstellung von vielen Anbietern schon *per Definition* **nicht** erfüllt. Tatsächlich sind in einer solchen Marktphase nur wenige Pionierunternehmen engagiert, vielfach sogar nur ein erstes. Das Modell begrenzt sich damit automatisch auf die Erklärung der späteren Zeitabschnitte in der Marktevolution.[729]

Demgegenüber steht, dass unter heutigen Ökonomen – aufbauend auf Schumpeter – Einigkeit darüber herrscht, dass **Innovationen als Kraft** der **schöpferischen Zerstörung** für die marktliche Evolution bedeutsam sind. In Vergessenheit dürfte vielfach jedoch geraten sein, welchen Anstoß Friedrich Engels dieser Debatte gegeben hat. Nach Kurz hat „kaum ein Ökonom vor [ihm] [...] die überragende produktivitätssteigernde Rolle von Innovationen derart deutlich vor Augen gehabt und ausgesprochen [...] Und an Zahl noch weniger Ökonomen haben die Kosten von Erfindungen explizit thematisiert und mit den sich ergebenden Erträgen ansatzweise verglichen."[730]

Fazit: Das neoklassische Referenzmodell, das sich vorwiegend um die Frage nach **effizienter Allokation** bemüht, lässt zur Beantwortung dieser Frage keinen Raum: Es schweigt sich infolge seiner restriktiven Annahmen hierzu schlichtweg aus!

6.3.4 Herr Marx und der neoklassische Arbeitsmarkt – Eine wundersame Begegnung

Das soweit kennengelernte Grundmodell der Neoklassik beansprucht für sich Allgemeingültigkeit. Damit muss es selbstverständlich auch auf den Arbeitsmarkt übertragbar sein. Was das bedeutet, wollen wir uns jetzt ansehen! Nicht auszuschließen, dass Marx auf diesem Markt, ungeachtet aller sonstigen Differenzen, auch aus der Sicht des neoklassischen Dogmas zu seinem Recht kommt!

---

728 Auch in der ursprünglich von Robert Solow begründeten neoklassischen Wachstumstheorie (1959/62) fällt der technische Fortschritt „wie Manna vom Himmel", d. h. mit dem betreffenden makroökonomischen Modell selbst lässt sich der technische Fortschritt *nicht* erklären. Innovationen sind also exogen!

729 Bewusst offen halten wir an dieser Stelle, ob das neoklassische Polypol-Modell *jenseits* der Pionierphase alle anschließenden Entwicklungsstufen in realen Märkten adäquat abzubilden vermag oder nicht. Auf diesen Aspekt kommen wir in Lektion 10 in der Diskussion um Marktmacht zurück.

730 Kurz, 2020, S. 94. Dort noch: „Er [d. h. Engels] ist vermutlich allzu euphorisch, was den Erfolg von Innovationen anbelangt, denn wie schon Smith wusste, scheitern viele Neuerer nach kurzer Zeit."

Erinnern wir uns zunächst: Den Arbeitsmarkt zeichnen zwei Besonderheiten aus (siehe Lektion 3, Anhang D). Die erste besteht darin, dass wir auf dem Arbeitsmarkt nicht wie auf Gütermärkten vom *Preis* eines Gutes, sondern vom *Lohn* sprechen. Dieser Unterschied ist also rein semantischer Natur, eine Petitesse. Dementsprechend darf die zweite Eigentümlichkeit als weitaus gewichtiger angesehen werden. Sie besteht darin, dass ein „Rollentausch" stattfindet: Auf Arbeitsmärkten treten die privaten Haushalte als Anbieter ihrer selbst auf; um Einkommen zu generieren, bieten sie ihre Arbeitskraft feil, während die Unternehmen – im Ausgleich zu einer Lohnzahlung – genau diese in Anspruch nehmen wollen, um Güter produzieren und vermarkten zu können.

Im Umkehrschluss zu den Entwicklungen auf den Gütermärkten läuft es also darauf hinaus, dass sich auf dem *freien* Arbeitsmarkt der Lohnsatz mit der Zeit auf dem denkbar niedrigsten Niveau einpendelt, dem **Existenzminimum**. Zugleich wird die größtmögliche Stundenzahl zwischen den Haushalten und den Unternehmen getauscht.

Dieses arbeitsmarktliche Resultat stellt sich ein, *sofern* sich die Arbeiter in einer **doppelten Unterbietungskonkurrenz** befinden, sie sich also nicht nur im **Lohnsatz** gegenseitig unterbieten, sondern auch in ihren Ansprüchen hinsichtlich eines restlichen Erholungsbedarfs. Der zweite Aspekt bedeutet dabei nicht anderes, als dass sich die Arbeiter untereinander in der Bereitschaft überbieten, ihre tägliche **Arbeitszeit** auszudehnen.[731]

Gleichen wir diese *modellgeleiteten* Erkenntnisse mit den Verhältnissen auf dem frühkapitalistischen Arbeitsmarkt (siehe oben Kapitel 6.2.1) ab, erscheint die Theorie alles zu sein, außer schal und unzutreffend. Um jedoch vorschnelle Schlüsse zu vermeiden, sollten wir jetzt nochmal prüfen, ob die historischen Begebenheiten im Einklang mit den unbestreitbar restriktiven Modellannahmen stehen. Dazu wollen wir auf die Prämisse der „Gutseigenschaft", der Machtlosigkeit und des Eintretens neuer Anbieter blicken.

Beginnen wir damit, zu hinterfragen, ob in der Lohnarbeit aus Sicht der nachfragenden Unternehmen ein *homogenes „Gut"* gesehen werden kann? Annahmekonform müsste sie diese Eigenschaft schließlich besitzen.

Ungeachtet dessen, wie wir diese Frage für die heutige Zeit zu beantworten haben, erscheint die *Homogenitätsannahme* für weite Teile der Lohnarbeit im 19. Jahrhundert *nicht unrealistisch*. Schließlich gehörte noch nicht einmal die rudimentärste aller *formalen* Qualifikationen, die Grundschulbildung, zum Standard, so dass die überwiegende Zahl der Arbeiter wenig mehr als Muskeln und einen gesunden Menschenverstand anzubieten hatte. Die Möglichkeit, sich aus den Klauen der Homogenität zu befreien, war der Mehrheit der Arbeitskräfte damit verbaut – zumal in den Fabriken qualifizierte Fach- oder Führungskräfte kaum gesucht waren.[732]

---

731 Vgl. Grass/Stützel, 1983, S. 156.
732 Man bedenke allein die verschiedenen „Weberaufstände" zur Mitte des 19. Jahrhunderts. Die Weber verloren in der damaligen Zeit ihre Arbeit, *weil* sie durch billige, unqualifizierte Arbeitskräfte in den Textilfabriken ersetzt werden konnten. Das Wissen und die Qualifikation der Weber war nicht mehr gefragt!

Das neoklassische Polypol-Modell beruht darüber hinaus auf der Vorstellung von ohnmächtigen Marktakteuren. Kurzum: Verhandlungsmacht fehlt! Um diese Annahme auf Arbeitsmärkten zu erfüllen, dürfen gewerkschaftliche Aktivitäten keine Rolle spielen bzw. derartige Kooperationen unter den Arbeitern dürfen für den frühkapitalistischen Arbeitsmarkt keine Bedeutung gehabt haben.

Tatsächlich ist diese Bedingung in der frühindustriellen Epoche gegeben. So hatte die französische Nationalversammlung mit dem **Gesetz von Chapelier** im **Jahr 1791** nicht nur die Vertragsfreiheit umfassend gesichert, sondern auch ein **Gewerkschaftsverbot** ausdrücklich erlassen.[733] Die hiermit verbundene Untersagung von Koalitionen, die sich dem liberalen Geist der französischen Revolution verpflichtet sah und Gleichheit auf dem Arbeitsmarkt gewährleistet wissen wollte, beeinflusste ganz Europa für viele Jahrzehnte – nicht zuletzt die Arbeiterbewegung. Denn vielerorts waren den staatstragenden Institutionen in der Folgezeit Handwerker- und Arbeitervereine schlichtweg suspekt, weshalb man derartige Verbindungen verbot – auch im Deutschen Bund.[734]

Hier blieben Arbeitervereine bis einschließlich 1848 untersagt, bevor sich für diese die Rechtslage im Nachgang der Revolution schrittweise aufhellte. Schließlich genehmigte das Königreich Sachsen im Jahr 1861 die Gründung von **Gewerkschaften**, ein Jahr darauf das Großherzogtum Baden;[735] und auch der Norddeutsche Bund hob das vormalige **Koalitionsverbot** auf, im Jahr 1869.[736]

Unter bestimmten Voraussetzungen konnten von nun an Interessensverbände gebildet werden, etwa zur Aushandlung besserer Lohn- und Arbeitsbedingungen.[737] Unbenommen dieser institutionellen Erleichterungen, waren keineswegs schon allen Arbeitnehmern die Bildung solcher Vertretungen gestattet. Einer Schätzung zufolge

---

733 Bei Lichte betrachtet kein Erlass, sondern eine Bestätigung bestehender merkantilistischer Tradition – da seit 1731 ein solches Koalitionsverbot bestand. Vgl. Schmoeckel/Maetschke, 2016, S. 395.

734 Arbeiterverbindungen konnten daher nur im Ausland agieren. Dies erklärt auch, warum der „Bund der Kommunisten" – in deren Namen Marx und Engels das „Kommunistische Manifest" im Jahre 1848 publizierten, nur im Ausland agierten. Vgl. dazu auch Schmoeckel/Maetschke, 2016, S. 396.

735 Vgl. Schmoeckel/Maetschke, 2016, S. 398.

736 Im Jahr 1845 war die preußische Gewerbordnung erlassen worden, in der ein Koalitionsverbot für Arbeiter verankert war. In 1869 wurde die Koalitionsfreiheit der Arbeiter in der Gewerbordnung des Norddeutschen Bundes hergestellt. Vgl. Kaltenborn, 2006, S. 23.

737 Schmoeckel/Maetschke, 2016, S. 400. Und dort direkt weiter: „Denjenigen, die in die Verbände eintraten, verblieb dabei allerdings das jederzeitige Austrittsrecht. Die Konditionen der Arbeiter sollten verbessert werden, aber im Vordergrund stand der Schutz der Freiheit." Angemerkt sei, dass Marx in einem Aufsatz (1866) indirekt verdeutlicht, dass ihm die sich verbessernde *Gesetzeslage* für gewerkschaftliche Aktivitäten im Zusammenhang mit Lohn- und Arbeitszeitverhandlungen nicht entgangen ist. Dieser Umstand hat ihn von seinem Kurs zu einem autoritären Sozialismus nicht abgehalten. Vgl. Marx, 1962, S. 196f.

waren bei Reichsgründung (1871) lediglich zwei bis drei Prozent aller Arbeiter gewerkschaftlich organisiert.[738]

Zuletzt wollen wir uns noch in Erinnerung rufen, dass in jener frühindustriellen Zeit durch den enormen Bevölkerungszuwachs kontinuierlich weitere Arbeitskräfte auf den Markt drängten. Die Arbeitswilligen konnten vom Industriekapital zwar nicht in gleichem Tempo absorbiert werden, wie sie zuströmten, doch die modellhafte Vorstellung aus dem Polypol-Modell ist zweifelsohne erfüllt, so dass von der „industriellen Reservearmee" zusätzlicher Druck auf den Lohn ausgeübt wurde.[739]

In diesem Zusammenhang sei angemerkt, dass die Gründung der Internationalen Arbeiter-Assoziation (IAA) in London im Jahr 1864 allen voran aus der Perspektive der von Marx geprägten „Reservearmee" verständlich wird.[740] Denn zum zentralen Anliegen der IAA gehörte es, die **internationale Lohnkonkurrenz** in Europa zu beseitigen.[741]

Aus unseren vorangegangenen Überlegungen geht also hervor, dass die historischen Begebenheiten auf dem frühindustriellen Arbeitsmarkt im Einklang mit den Modellannahmen zu stehen scheinen. Infolgedessen sollte man eine chronische Lohnsenkung in der Frühphase der Industrialisierung erwarten können! Deckt sich diese Erwartung mit der Empirie?

Eine Studie zu Deutschland zeigt etwa, dass die **Reallöhne** zwischen 1770 und 1820 um ein Viertel erodieren, bevor sie nach einer sprunghaften, kurzen Erholung am Ende der napoleonischen Kriege erneut für drei Jahrzehnte auf das Niveau des vorherigen Minimums absinken. Erst Mitte der 1850er Jahre setzte eine Trendwende zu anhaltend

---

[738] Vgl. Schmoeckel/Maetschke, 2016, S. 399. Davon war wiederum der größte Teil (40 Prozent) in „liberalen Gewerkschaften" (Stichwort: Hilfe zur Selbsthilfe) organisiert.

[739] Dass vom damaligen Bevölkerungswachstum Druck auf die Löhne ausging, war bereits von Prince-Smith im Jahr 1864 adressiert worden. Vgl. Prince-Smith, 1864, S. 2 ff. Wala merkt in diesem Zusammenhang für die Vereinigten Staaten von Amerika an, dass auch dort die Arbeitskraft im 19. Jahrhundert aufgrund kontinuierlich einströmender Einwanderer kein knappes Gut war. Dieser Umstand erschwerte es Gewerkschaften mit Hilfe von Streiks bessere Arbeitsbedingungen und/oder höhere Löhne durchzusetzen. „Streikbrecher ließen sich unter arbeitslosen Neueinwanderern [...] leicht finden." Wala, 2018, S. 337.

[740] Im Zusammenhang mit der *Reservearmee* weist Schumpeter darauf hin, dass Marx die Formen der Arbeitslosigkeit wiederholt unsauber abgrenzt. Während die Reservearmee *strukturelle Arbeitslosigkeit* auslöst, geht mit der instabilen Wirtschaftsentwicklung, die im Zentrum der marxschen Theorie steht, *konjunkturelle* Arbeitslosigkeit einher. Vgl. Schumpeter, 2005, S. 65.

[741] Ein Jahr vor dem Gründungskongress der IAA (1864) war eine Zusammenkunft zwischen englischen und französischen Arbeitern notwendig geworden, um dem relativ neuen Instrument des Arbeitskampfes, dem Streik, aus englischer Sicht den Hauch von Bedeutung einzuatmen. Bei diesem Treffen im Jahr 1863 schlagen die „Engländer ... den Franzosen ein Bündnis vor, das die britischen Unternehmer daran hindern soll, durch den Einsatz ausländischer Arbeitskräfte Streiks zu brechen." Grawitz, 1999, S. 261. Nicht viel anders war die Lage in den damaligen Vereinigten Staaten. Auch hier war das Streiken riskant, weil die Arbeiter befürchten mussten, als Streikende ausgesperrt und schließlich durch ins Land strömende Immigranten ersetzt zu werden.

wachsenden Reallöhnen ein.[742] Es dauerte aber bis zur Reichsgründung (1871) bis das reale Lohnniveau aus dem Jahr 1770 wieder erreicht werden konnte.

Die empirischen Daten scheinen die aus dem Modell gewonnenen Erkenntnisse zur Lohndynamik für die erste Hälfte des 19. Jahrhunderts also zu stützen: Der mittlere, reale Arbeitslohn sank über weite Strecken. Nichtsdestotrotz sei vor einer allzu pauschalen Interpretation abermals gewarnt.[743]

Eine interessante Anschlussfrage dreht sich um die Höhe des „langfristigen" Reallohnniveaus. Kann man mit Zola wirklich davon sprechen, dass sich im Frühkapitalismus ein „**Gleichgewicht der leeren Bäuche**"[744] eingestellt hat, der Lohn also gerade dem **Existenzminimum** der Arbeiter entsprach?

Aus rein theoretischer Perspektive lässt sich zunächst anführen, dass ein **existenzminimaler Lohnsatz** als Ergebnis eines Unterbietungswettbewerbs voraussetzt, dass die Arbeitskräfte **zum Arbeiten verdammt** sind! Dieser Umstand tritt ein, wenn Arbeitskräfte Zeiten sinkender Reallöhne *nicht* abwettern können! Mit anderen Worten, sie verfügen über **keine finanziellen Reserven** (Vermögen) und können im Notfall **keine Wohlfahrtseinrichtungen** anlaufen.[745]

Diese beiden Voraussetzungen sind in der Epoche der Frühindustrialisierung erfüllt: Nach der französischen Revolution (1789) verschwanden mit dem Zunftverbot die ständischen Hilfskassen; der Säkularisierung wegen wurden zudem karitative Einrichtungen kirchlicher Träger (z. B. Armenhäuser) gestutzt oder aufgelöst, ohne dass diese durch neue institutionelle Arrangements in den ersten Jahrzehnten des 19. Jahrhunderts ersetzt worden wären: Der sogenannte **Sozialstaat** war **noch nicht geboren**![746]

---

742 Vgl. zu Details Pierenkemper, 2015, S. 45. Es sei der Vollständigkeit halber erwähnt, dass die *Nominallöhne* über den gesamten Zeitraum (1770 bis 1900) angestiegen waren.

743 So können regionale Unterschiede innerhalb Europas nicht gänzlich ausgeschlossen werden, allen voran bei einer kleinräumigen Analyse. Außerdem beobachtete schon der marxsche Zeitgenosse, der Liberale Prince-Smith (1808–1873), dass es „kaum zulässig [ist], von den Kapitallosen, die für Lohn arbeiten müssen, als von einer unterschiedslosen Arbeiterklasse zu reden, denn es gibt unter ihnen sehr wesentliche Unterschiede [...] Zuvörderst hat man diejenigen zu unterscheiden, die in den kapitalischen Betrieb eingereiht sind [...]. Unter diesen herrscht nur ausnahmsweise Not. Die meisten von ihnen können erträglich, viele sogar gut leben." Prince-Smith, 1864, S. 4 f.

744 Vgl. Zola, 1995, S. 146.

745 Das Wissen hierüber ist nicht neu: „Bei Arbeiten, die am leichtesten zu erlernen sind oder kaum erlernt zu werden brauchen, und für die der Ärmste sich ausrüsten kann, wird es immer einen übergroßen Andrang und einen bloßen *Hungerlohn* geben, so lange es [...] *Mittellose* gibt." Prince-Smith, 1864, S. 5.

746 Im englischen Armengesetz („Poor Law") aus dem Jahr 1834 wird ein Ausgangspunkt der heutigen Unterstützungssysteme gesehen (erster sozialpolitischer Eingriff des Staats). Das Deutsche Reich führte mit der Krankenversicherung (1883) und der Unfallversicherung (1884) die ersten staatlichen Sozialversicherungen weltweit ein. Eine staatliche Invaliden- und Rentenversicherung war vor dem 01.01.1891 unbekannt und eine staatliche Arbeitslosenversicherung wurde erst in der Weimarer Republik im Herbst 1927 eingerichtet.

Kurzum: Auf dem *freien, unregulierten* Arbeitsmarkt kann unter privaten Haushalten, die zu arbeiten **gezwungen** sind, also ein derartig intensiver Wettbewerb eingeleitet werden, dass das Resultat dieses Prozesses zuvorderst von den Arbeitern selbst als paradox bezeichnet werden muss:[747] Für einen (noch) niedrigeren Lohn zu arbeiten, erscheint dem *einzelnen* Arbeiter rational, weil seine Alternative hierzu den Hungertod bedeutet. Jedoch bleibt durch dieses rationale Verhalten aller dem Einzelnen am Ende nur ein Hungerlohn getreu dem Motto: zum Leben zu wenig, zum Steben zu viel! Insofern lässt sich von einem „**Marxschen Konkurrenzparadoxon**"[748] auf dem Arbeitsmarkt sprechen.

Marxens Analyse vom Arbeitsmarkt seiner Zeit mag undifferenziert und unvollständig gewesen sein. Dennoch lassen sich seine lebendigen Beschreibungen von den misslichen Arbeitsverhältnissen mit dem nüchternen Instrument des neoklassischen Arbeitsmarktes und ein wenig Geschichtskenntnis *im Grundsatz* nachvollziehen.

Unbestreitbar haben sich gerade in den Industrieländern die Arbeitsmärkte seit dem 19. Jahrhundert weiterentwickelt. Diese Evolution betrifft die Ausdifferenzierung des Marktes und die Verbesserung der **institutionellen Rahmenbedingungen**. Zu diesen gehört etwa das **kollektive Arbeitsrecht**, das den Gewerkschaften ermöglicht, Arbeitsbedingungen (z. B. Lohnhöhe, Arbeitszeit, Urlaubsanspruch) mit den Arbeitgebervertretern für alle Beschäftigte wirksam auszuhandeln. Auf dem Arbeitsmarkt hat sich damit die Verhandlungsmacht der Arbeiter prinzipiell verbessert, wodurch aus *ihrer* Sicht auch kollektiv irrationale Verhandlungsergebnisse vermeidbarer geworden sind. In Deutschland setzt diese Entwicklung im Jahr 1918 ein, als die Unternehmer in den letzten Monaten des Kaiserreichs Gewerkschaften als tarifpolitische Verhandlungspartner zu akzeptieren beginnen (sog. Stinnes-Legien-Pakt).[749]

Zu glauben, dass sich die Arbeitsverhältnisse mittlerweile in aller Welt so verändert haben, dass das neoklassische Modell an keinem Ort der Welt mehr eine tragfähige Abbildung der arbeitsmarktlichen Wirklichkeit darstellen kann, ist allerdings verwegen. Man möge nur den Blick auf **Schwellen- und Entwicklungsländer** richten. Die Situation auf den dortigen Arbeitsmärkten ähnelt für viele Lohnarbeiter nur allzu oft noch immer den frühkapitalistischen Gegebenheiten in den heutigen Industrieländern: hohes Bevölkerungswachstum, eine relativ geringere Absorptionsfähigkeit in der Industrie, keine Sozialversicherungen. In einem solchen Umfeld tendieren die Löhne der am wenigsten Qualifizierten unverändert dazu, auf dem Niveau des Existenzminimums zu liegen.[750]

---

747 Vgl. Grass/Stützel, 1983, S. 155. Die Thematik der kollektiven Irrationalität infolge eines rationalen Verhaltens des Einzelnen greifen wir in den Lektionen 12 und 13 auf.

748 Vgl. Grass/Stützel, 1983, S. 152 ff., insb. S. 155 ff.

749 Vgl. Schmoeckel/Maetschke, 2016, S. 421.

750 Auch der Großteil der unzähligen Kleinbauern in Entwicklungsländern ist dem Phänomen des Marxschen Konkurrenzparadoxon ausgesetzt. Hinzu kommt bei ihnen noch Druck von landwirtschaftlichen Großbetrieben, die mit den modernsten Geräten ausgestattet sind. Zum Verständnis: An der Wende

6.4 Zusammenfassung und Ausblick

Indem wir das neoklassische Standardmodell der vollständigen Konkurrenz in dieser Lektion 6 behandelt haben, sind wir am Ende unseres Grundlagenteils A angekommen. In dessen Verlauf konnten wir uns ein erstes Verständnis über die Funktionsweise von Märkten aneignen. Hierzu zählt, dass das marktliche System durch die gegenläufigen Interessen von Anbietern und Nachfragern zu einem Gleichgewicht tendiert. Unter Bezugnahme wirtschaftshistorischer Ereignisse haben wir uns zudem einen Eindruck darüber verschafft, wie kolossal komplex und fragil zugleich der Prozess des gesamt-wirtschaftlichen Wachstums sein kann.

Außerdem sind wir mit allen zentralen Denkrichtungen der Volkswirtschafts-lehre – dem Marxismus, der Neoklassik und der Österreichischen Schule – soweit in Kontakt gekommen, dass wir der Konturen ihrer jeweiligen wirtschaftspolitischen Grundhaltung und erster dogmatischer Trennlinien zwischen ihnen gewahr wurden.

In diesem Zusammenhang wollen wir zum Abschluss dieser Grundlagen die dog-matischen Ansichten zur Person des Unternehmers nochmal bewusst pointiert gegen-überstellen. Bei **Marx** ist er in der Figur des Kapitalisten der Inbegriff des Bösen – er ist Ausbeuter. Schließlich bereichert sich der Kapitalist am Produktionsergebnis der Werk-tätigen. Das tut er in der Vorstellung von Marx dadurch, dass er die Gewinne aus der Güterproduktion einstreicht, obwohl er an dieser vollkommen *unbeteiligt* ist.

Die marxsche Idee von der **Teilnahme-** und **Funktionslosigkeit** des **Kapitalisten** an der Produktion beruht dabei auf Adam Smith und dessen berühmten Stecknadelbei-spiel (siehe Lektion 1). Im Einklang mit diesem *klassischen* Exempel, quittiert Marx, dass die gewaltige Produktivität der Industriebetriebe allein auf der gut organisierten hori-zontalen Arbeitsteilung fußt! Die von Smith *unerwähnt gebliebene* vertikale Arbeitstei-lung, die in der marxschen Terminologie letztendlich eine zwischen Kapital und Arbeit ist, deklariert Marx genüsslich als bedeutungslos. Selbstredend kann mit dieser Inter-pretation die Aneignung des Gewinns durch den Kapitalisten nur noch ausbeuterisch sein, womit der erste inhärente Widerspruch des Kapitalismus konstruiert ist.[751]

---

zum 21. Jahrhundert haben in Afrika noch über 80 Prozent aller Landwirte ihre Felder ausschließlich manuell bewirtschaftet, in Lateinamerika und Asien lagen die entsprechenden Anteile zwar niedriger, aber noch immer zwischen 40 und 60 Prozent. Zu dieser Zeit bezifferte sich der Produktivitätsunter-schied zwischen den am wenigsten produktiven und den produktivsten Agrarbetrieben (weltweit) bei 1:500. Anfang des 20. Jahrhunderts bemaß sich dieses Verhältnis noch auf 1:10. Die Mechanisierung der Landwirtschaft hat also in einem Jahrhundert dieses Kennzahl um den Faktor 50 emporschnellen lassen. Die Kleinbauern haben daher vielfach zum Sterben zu viel, zum Leben zu wenig. Vgl. hierzu Mazoyer/Roudart, 2006, S. 449–456.

751 Vgl. Streeck, 2017, S. 112 ff. Dieser erläutert u. a. wie „sich hinterrücks die soziale Figur des ‚Ka-pitalisten' in die Theorie ein[schleicht], der die arbeitsteilige Produktion organisiert und auf die Ein-haltung des Zwölfstundentags achtet, während sich die Arbeiter, damit alles gut funktioniert, seiner Direktionsgewalt unterwerfen." Streeck, 2017, S. 112. Wie sollten nicht verkennen, dass Marx also weder in der Übernahme des Insolvenzrisikos noch in den planerischen, organisatorischen und/oder finanz-

Diametraler als zu dieser Auffassung kann das Bild der **Neoklassik** vom **Unternehmer** kaum sein. Zumindest in ihrem Modell der vollständigen Konkurrenz ist der einzelne Anbieter ein **ohnmächtiger Erfüllungsgehilfe** der Konsumenten, der zu keinem Zeitpunkt einen Gestaltungsraum bei der Preissetzung hat und der darüber hinaus auch langfristig keine Überrendite einheimsen kann. Vom dynamischen Wettbewerb kontinuierlich auf Trab gehalten, weitete er stattdessen seine Angebotsmenge bis zur technologisch bedingte Kostenuntergrenzen systematisch aus und trägt damit zur bestmöglichen Güterversorgung in der Bevölkerung bei.

Da auch bei ihm – oft übersehen – das marxsche Konkurrenzparadoxon des ständigen Unterbietungswettbewerbs gnadenlos zuschlägt, ist der neoklassische Unternehmer im Grunde nicht weniger bemitleidenswert als der von Marx skizzierte Lohnarbeiter. Das vom Marxismus notorisch gebrandmarkte Gewinnmotiv des Unternehmers steht damit gerade nicht im Widerspruch mit der sozialen Zielvorstellung einer hohen Konsummöglichkeit.

Dass diese Modellwelt mit vielen Bereichen der realen Wirtschaft wenig zu tun hat, braucht hier nicht vertieft werden, da wir bei Zeiten hierauf zurückkommen. Stattdessen sollten wir an dieser Stelle zur Kenntnis genommen haben, warum unter Ökonomen, allen voran unter neoklassisch geprägten, die **vollständige Konkurrenz** als **Zielbild** realwirtschaftlicher Marktformen hoch im Kurs stand bzw. mitunter noch immer steht:[752] Sie macht Wirtschaft zu einer Konsumentenveranstaltung!

Für die Vertreter der Österreichischen Schule hat die Neoklassik mit dem homo oeconomicus eine illustre Kunstfigur kreiert,[753] die mit der Praxis wenig mehr als eine pure Groteske zu tun hat. Denn dieser Typus von Mensch ist kein Unternehmer, der Risiken auf sich nimmt und technischen Wandel ermöglicht. Insofern erkennen die Ökonomen der Österreichischen Schule im kreativen Unternehmer das dynamische Subjekt, das den Wirtschaftsverlauf antreibt (siehe auch Tabelle 3.2): dieser spürt in einer imperfekten Welt unter Inkaufnahme gewisser Risiken Chancen auf und versucht sein Leben zum Besseren zu gestalten.

Halten wir fest: Mit einer geradezu faszinierende Spannweite an dogmatischen Grundvorstellungen, wie wir sie eben nochmal in Bezug auf die Unternehmerfigur aus-

---

wirtschaftlichen Aufgaben der Unternehmenseigentümer einen Wert zu erkennen vermag. Von dieser Warte aus betrachtet wird klar, warum sich der Marxismus auch primär als eine Machttheorie deuten lässt. Vgl. z. B. Heinsohn, 2000, S. 89 f.

752 Diesen Aspekt vertiefen wir in den Lektionen 10 und 11, wenn wir im Zusammenhang mit dem Thema der Marktmacht auf die Marktformen des Monopols und der Oligopol zu sprechen kommen.

753 Richtigerweise ist anzumerken, dass die Neoklassik im Grunde nur die Amme des homo oeconomicus ist. Tatsächlich ist diese Fiktionsfigur eine Geburt von John Stuart Mill, dem wichtigsten Vertreter innerhalb der letzten Generation englischer Klassiker (Adam Smith repräsentiert die erste, David Ricardo die zweite Generation). Mit Mill wird in England ein Umbruch hin zu einer rationalistischen Denkweise eingeleitet. Zuvor dominierte eine evolutionäre, prozessuale Perspektive auf die Wirtschaft. Vgl. Hayek, 2005, S. 80 f.

geleuchtet haben, dürfen wir den kommenden Lektionen spannungsgeladene Diskussionen zu wirtschaftspolitischen Aspekten erwarten.

Kontrollfragen

– In welcher Wissenschaftsdisziplin wurzelt der „wissenschaftliche" Sozialismus und welcher ihrer Vertreter hat das Denken von Marx und Engels maßgeblich beeinflusst?

– Wie heißt die Methode, die Marx und Engels von ihrem geistigen Paten übernommen haben, und auf wie vielen Grundsätzen beruht sie?

– Den Kapitalismus zeichnen nach Marx zwei inhärente Widersprüche aus. Welche sind das?

– Worin erkennt Marx die Ursache für die wiederkehrenden, endogenen Instabilitäten des Kapitalismus?

– Nach welchem dialektischen Grundsatz ist die Ablöse des Privateigentums an den Produktionsmitteln nach Vorstellung von Marx und Engels geradezu vorprogrammiert?

– Begründen Sie, ob sich Marx als Vertreter eines autoritären oder eines anti-autoritären Sozialismus einordnen lässt!

– Welchen praktischen Nutzen konnte Lenin den marxschen Schriften bei der erstmaligen Einführung des Kommunismus nach der Oktoberrevolution (1917) abgewinnen?

– Wie verhält sich der einzelne Unternehmer im neoklassischen Modell der vollständigen Konkurrenz und wie erklärt sich dieses Verhalten?

– An welcher Kostenart orientiert sich in dieser Modellwelt der einzelne Unternehmer, um seinen Gewinn zu maximieren?

– Tom Taubert, ein Unternehmer dieser modellierten Welt, verzeichnet gegenwärtig einen Verlust; die Ausbringungsmenge, mit der er seinen Verlust minimiert, kennt er. Welche Kosten muss Taubert mit dem Erlös aus dieser Menge abdecken, damit er sein Geschäft jetzt nicht direkt einstellt?

– Welche neoklassische Vorstellung lässt es zu, dass bei vollständiger Konkurrenz die Produzentenrente über die Zeit wegkonkurriert wird? An welche Voraussetzung ist diese marktliche Evolution zwingend geknüpft?

– Welche Konsequenz geht mit dieser stilisierten Marktentwicklung für die grafische Darstellung der Angebotskurve einher?

– Was lässt sich aus der Modellwelt der vollständigen Konkurrenz in Bezug auf die gesellschaftliche Güterversorgung ableiten?

– Für welche Marktphase lässt sich unser neoklassisches Modell eindeutig nicht als Abbild realer Märkte heranziehen – und warum?

– Welche Rolle weist die Neoklassik in ihrem Modell der vollständigen Konkurrenz dem Unternehmer letztendlich zu?

Anhang A: Grenzanbieter im bilateralen Polypol – Marktpreis deckt variable Stückkosten nicht

Der Firma Bittersaft (siehe Abbildung 6.8) geht es noch schlechter als der im Hauptteil vorgestellten Frost KG: Auch Bittersaft macht bei ihrer optimalen Ausbringungsmenge M Verluste, da hier – genau wie bei der Frost KG – die durchschnittlichen totalen Kosten über den Grenzkosten liegen. Bei Bittersaft deckt der Grenzerlös (= Marktpreis) aber nicht einmal mehr die variablen Kosten.

D. h. es kommt Bittersaft günstiger, wenn die Arbeiter ihre Tätigkeit erst gar nicht aufnehmen und Bittersaft keine Löhne mehr zahlen muss. Denn mit dem Einstellen seiner Marktaktivitäten kann das Unternehmen seine Verluste auf die Höhe der Fixkosten begrenzen! Aus ökonomischer Sicht ist damit der Marktaustritt das Vernünftigste! Bei Firmen wie Bittersaft sprechen Ökonomen auch von Grenzanbietern, die ausscheiden.

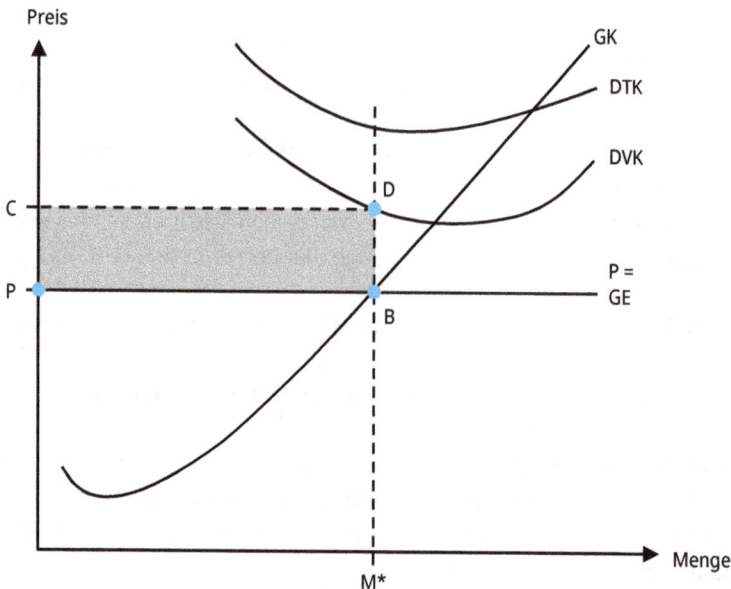

Abbildung 6.8: Grenzanbieter mit variablen Stückkosten oberhalb des Stückerlöses.

Anhang B: Das Navigationssystem von Gälweiler – Wider den Unsinn von der Gewinnmaximierung

Da Ökonomen zu lange an der weitverbreiteten Vorstellung mitgewirkt haben, *reale* Unternehmen würde sich gewinnmaximierend verhalten, sei hier kurz auf das Modell zur Unternehmensführung von Aloys Gälweiler geblickt, um den groben Unsinn dieser

Ansicht zu erfassen. Eine detaillierte Besprechung des Gälweiler-Modells ist gleichwohl den Autoren der Management-Literatur vorbehalten.[754]

Abbildung 6.9 verdeutlicht zunächst, dass sich das Top-Management eines privatwirtschaftlichen Unternehmens mit dessen strategischer und operativer Führung zu beschäftigen hat. Im Rahmen der Strategieführung sind hierbei die *Erfolgspotenziale* des Unternehmens zu steuern. Konzeptionell gut verständlich hat Gälweiler diese unternehmerischen Erfolgspotenziale nun zweigeteilt – in bestehende (bzw. heutige) und neue (bzw. zukünftige).

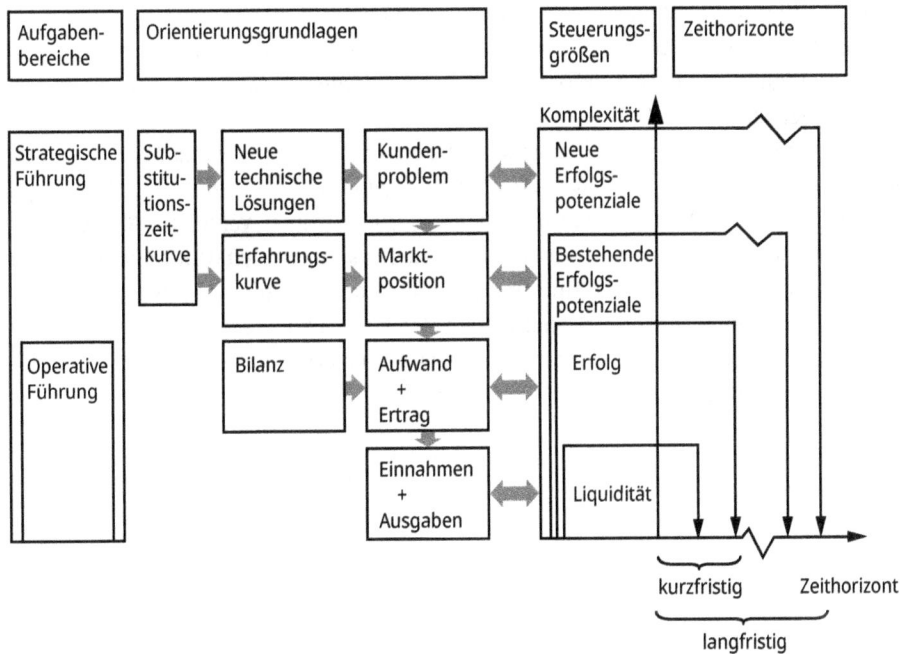

Abbildung 6.9: Die Aufgabenbereiche der Unternehmensführung mit ihren Steuerungsgrößen.[755]

Will sich ein Unternehmen dauerhaft am Markt behaupten, dann kann es sich nicht auf den heutigen Erfolgen ausruhen (= operative Führung). Zugleich reicht es nicht, sich auf die Steuerung des bestehenden Potenzial zu konzentrieren, also auf die niedrig hängenden Früchte wie den Ausbau des eigenen Marktanteils. All das könnte mit der Vorstellung gewinnmaximierender Unternehmen prinzipiell noch kompatibel sein.

---

754 Eine ausführlichere Abhandlung des Navigationssystems von Gälweiler findet sich z. B. bei Malik, 2007, S. 183–196 oder bei Eschenbach/Eschenbach/Kunesch, 2008, S. 107–118. Besonders ausführlich selbstredend Gälweiler, 1990.

755 Die Abbildung ist entnommen Eschenbach/Eschenbach/Kunesch, 2008, S. 109.

Entscheidender für dauerhafte Leistungs- und Wettbewerbsfähigkeit ist allerdings, dass das Management im Rahmen der strategischen Führung die sich wandelnden Kundenbedürfnisse nicht außer Acht lässt: Was nützt eine Monopolposition, wenn das betreffende Bedürfnis durch technologischen oder sozialen Wandel wegbricht? Der Tod hoher Marktanteile ist die Innovation!

Bedauerlicherweise verursachen nun die konkreten Maßnahmen, die ds Management ergreifen muss, um auch seine zukünftigen Erfolgspotenziale steuern zu können, Kosten. Kosten, die den heutigen Gewinn schmälern! Damit steht eine nachhaltige Unternehmensführung mit dem Ziel der kurzfristigen Gewinnmaximierung im Konflikt. Aus diesem Blickwinkel versteht sich nun auch die Bemerkung, dass effektive Führungskräfte nicht die Frage nach dem Gewinnmaximum stellen, sondern die nach dem Gewinnminimum: *Wie viel Gewinn brauchen wir mindestens, um auch zukünftig im Geschäft sein zu können?*

Unternehmen, in denen die Eigentümer noch in strategischer und operativer Verantwortung stehen, braucht man diese Zusammenhänge nicht erklären: Sie wissen dies intuitiv und richten sich in ihrem Handeln am Customer-Value aus. Angestellten, fremdeingesetzten Managern, nicht zuletzt in börsennotierten Unternehmen, mag dieser Blick auf eine effektive Unternehmensführung im Laufe der jüngeren Vergangenheit verlorengegangen sein. Nicht allein der Volkswirte wegen! Alfred Rappaport dürfte mit seinem Shareholder-Value-Ansatz (1986) das Denken dieser Führungskräfte nicht minder folgenschwer beeinflusst haben![756]

---

[756] Rappaports Shareholder-Value-Konzept hat der damalige Finanzvorstand der Siemens AG, Ralf P. Thomas, zum 30sten Geburtstag im Handelsblatt Anfang 2016 gewürdigt. Tiefblickenderweise war das Wort Kunde in diesem ganzseitigen Gastbeitrag nicht zu finden. Vgl. Thomas, 29.01.2016, S. 80.

Teil B: **Komplexe Realitäten durch Außenbeziehungen**

Zu den neoklassischen Modellannahmen gehört die Offenheit der Märkte. Gerade diese ist – wie wir in Lektion 6 hergeleitet haben – eine notwendige Voraussetzung dafür, dass die Konsumenten langfristig mit der größtmöglichen Menge zu den geringsten Kosten versorgt werden. Schließlich wird dieses Resultat erst dadurch erzielt, dass mit der Möglichkeit jederzeit neu eintretender Unternehmer der Konkurrenzkampf unter egoistischen Anbietern um anfängliche Extragewinne nicht erlahmt.[757]

Von den Vorzügen eines dynamischen Wettbewerbs zum Wohle der Verbraucher waren auch die deutschen Ordoliberalen um Walter Eucken überzeugt, weshalb sie die Offenheit der Märkte zu den konstituierenden Prinzipen der Wettbewerbsordnung erklärt haben.[758]

In einer Gesellschaft, die sich wie die deutsche auf marktwirtschaftliche Prinzipien beruft, sollten die institutionellen Rahmenbedingungen infolgedessen so konzipiert sein, dass potenzielle Anbieter jederzeit in einen Markt ein- und/oder austreten können. Zu Ende gedacht muss damit gelten, dass ausländischen Unternehmen der Marktzugang ebenso hürdenlos gewährt wird wie inländischen – mit anderen Worten: diskriminierungsfrei!

Mit dieser lapidaren Feststellung stehen wir nolens volens auf der Türschwelle zur Außenwirtschaft.

Unterstellt, dass unser bisheriges Theoriegebäude nicht von fundamentalen Fehlern beladen ist, lässt allein der o. g. Rückschluss die Existenz von Zöllen und ähnlichen sogenannten nicht-tarifären Handelshemmnissen[759] widersinnig erscheinen. Nichtsdestotrotz sind diese und jene Bestandteile realer Außenwirtschaftspolitik.[760] Diese Tatsache liefert Grund genug, um sich in Lektion 7 einen Eindruck zu verschaffen, welche Wirkungen von Zöllen im Vergleich zu Freihandel – also einer Welt ohne Marktzugangsbeschränkung – ausgehen.

Ungeachtet der noch herauszuarbeitenden Wirkungen lässt sich leicht feststellen, dass purer Freihandel nirgendwo praktiziert wird und die Stimmen für Protektionis-

---

757 Zu den neoklassischen Annahmen siehe Lektion 6, Kapitel 6.3.1.; zu den Implikationen Lektion 6, Kapitel 6.3.2.3.

758 Vgl. Eucken, 2004, S. 254 ff., insb. S.264 ff.

759 Zu den nicht-tarifären Handelshemmnissen zählen etwa Export(selbst-)beschränkungen oder Importquoten. Krugman et al. halten zum Beispiel zum Autoexport der Japaner in die USA fest, dass „[d]as erste Abkommen, das 1981 unterzeichnet wurde, [...] die japanischen Exporte in die USA auf 1,68 Millionen Automobile [beschränkte]. Für die Zeit von 1984 bis 1985 wurde diese Gesamtmenge auf 1,85 Millionen erhöht und 1985 ließ man das Abkommen auslaufen." Krugman/Obstfeld/Merlitz, 2012, S. 294. Auch China hat sich mit seinen Ausfuhren in die USA auf Druck hin selbstbeschränkt und unterzeichnete 2005 mit den Vereinigten Staaten einen Vertrag, in dem Exportquoten festgelegt wurden: „China willigte beispielsweise ein, im Jahr 2006 nicht mehr als 772,8 Millionen Paar Socken in die USA zu exportieren." Krugman/Obstfeld/Merlitz, 2012, S. 308.

760 Man beachte, dass der Markt im neoklassischen Referenzmodell im Grunde ein Punktraum ist, bei dem sich politische Schnitte quer durch die marktliche Landschaft zunächst ignorieren lassen. De facto gibt es aber nicht nur marktliche Gebilde, sondern auch politische mit entsprechenden Ländergrenzen.

https://doi.org/10.1515/9783111331607-008

mus im Nachgang der Finanzkrise 2007/8 im weltweiten Politikbetrieb wieder vernehmbarer wurden. Entsprechend schwieriger gestalteten sich die Verhandlungen zu manch anvisiertem Handelsabkommen.[761]

Für ein besseres Verständnis der handelspolitischen Streitlinien gehen wir in Lektion 8 auf geläufige Argumente ein, die im Laufe der Zeit für die Einführung von Zöllen und Handelsrestriktionen vorgebracht wurden. Wie wir sehen werden, beruhen diese Gründe nicht nur auf rein ökonomischen Motiven, wenngleich wir uns auf diese konzentrieren. Denn gerade die entwicklungsökonomischen Argumente liefern ein vortreffliches Lehrstück über Verlauf und Struktur volkswirtschaftlicher Kontroversen im Angesicht komplexer Realitäten.

In Lektion 9 gehen wir auf staatliche Preis- und Mengeneingriffe ein. Diese Vorgehensweise ist aus mindestens zwei Gründen sinnvoll. Zum einen lassen sich handelspolitische Maßnahmen wie die Einführung von Zöllen bereits als staatlichen Markteingriff interpretieren. Schon von dieser Warte betrachtet, bleiben wir dem Grundthema von Teil B also treu und bewegen uns in seiner Anwendung lediglich auf binnenwirtschaftlichem Terrain fort.

Entscheidender als diese interpretatorische Sicht ist unserer Auffassung nach jedoch, dass es bei allen staatlichen Markteingriffen zu außenwirtschaftlichen Verquickungen kommt, sofern mobile Güter von diesen Eingriffen betroffen sind: Wie wir erkennen werden, muss eine sogenannte Höchstpreispolitik von Ausfuhrrestriktionen flankiert werden, während bei einer Mindestpreispolitik dem Import der betroffenen Ware Einhalt geboten werden muss, wenn diese interventionistische Maßnahme nicht schon frühzeitig an ihren Zielen scheitern möchte.

Aufgrund dieser auch in der Tagespolitik nicht immer erkannten Zusammenhänge scheint es uns geboten, preis- und mengenpolitische Eingriffe im direkten Anschluss an zollpolitische Eingriffe abzuhandeln.

---

[761] Erinnert sei aus europäischer Sicht an das im Jahr 2016 gescheiterte Handelsabkommen TTIP (mit den USA) oder an die zähen Verhandlungen mit den Mercosur-Staaten. Das Abkommen mit den südamerikanischen Staaten droht im Jahr 2024 am Veto der französischen Bauern zu scheitern.

Lektion 7
Offenheit der Wirtschaft

7.1 Einführung

Grenzüberschreitenden Aspekten hatten wir bislang keine ausdrückliche Aufmerksamkeit geschenkt, wenn wir die marktliche Funktionsweise untersucht haben. Daher wollen wir jetzt unsere soweit erworbenen Einsichten explizit um eine internationale Perspektive erweitern: Auf der Basis des bekannten Beispiels von Ricardo gehen wir allen voran den Fragen nach, wann sich die Aufnahme von grenzüberschreitendem Handel lohnt und welche Länder von ihm profitieren (Kapitel 7.2).

Da Zölle und ähnliche Handelshemmnisse Bestandteile realer Außenhandelspolitik sind, wollen wir uns anschließend einen Eindruck davon verschaffen, welche Wirkungen diese handelspolitischen Instrumente auf die Marktakteure und die wirtschaftliche Aktivität entfalten. Diese Untersuchung nehmen wir in Kapitel 7.3 mit Hilfe des uns bekannten neoklassischen Modellrahmens in Angriff.

In Kapitel 7.4 leiten wir nach einem kurzen Fazit zum zweiten Teil unserer Diskussion um die Offenheit der Märkte über.

https://doi.org/10.1515/9783111331607-009

7.2 Die englischen Klassiker und ihr Handelsverständnis

Beginnend mit Adam Smith hat sich die Sichtweise auf den Außenhandel verändert. So stark, dass man zweifelsfrei von einem Bruch im ökonomischen Denken sprechen darf. In Kapitel 7.2.1. betten wir diese Leistung knapp in ihren historischen Kontext ein. Anschließend betrachten wir die berühmte Theorie von David Ricardo (Kapitel 7.2.2.).

7.2.1 Die klassischen Außenhandelstheorien – Eine historische Einordnung

Bevor Adam Smith (1723–1790) und David Ricardo (1772–1823) mit ihren Arbeiten ein klassisches Außenhandelsverständnis zu entwickeln begannen, herrschte als ökonomische Lehrmeinung der sogenannte **Merkantilismus.** In diesem ging man davon aus, dass der Handel zwischen Staaten stets ein **Nullsummenspiel** sei: Was ein Land beim Handel gewinnt, geht notwendigerweise auf Kosten des Handelspartners.[762]

Diese Vorstellung beruhte darauf, dass man **Wohlstand** im Merkantilismus mit **Geld-** bzw. **Edelmetallmenge** gleichsetzte, die dem jeweiligen Land (besser: dem Monarchen) zur Verfügung stand. Bei dieser Interpretation von Wohlstand versteht sich von selbst, dass ein Land nur auf Kosten des Handelspartners im Fernhandel profitieren kann: Das edelmetallbasierte Zahlungsmittel wandert vom Käufer (= Importland) zum Verkäufer (= Exportland)![763]

In Konsequenz dieser merkantilistischen Weltanschauung unterstützten die damaligen Herrscher die Ausfuhr heimischer Fertigwaren sowie die Einfuhr von Rohstoffen, während sie umgekehrt die Rohstoffausfuhr wie auch den Import verarbeiteter Güter gezielt beschnitten bzw. unterbanden, etwa durch Zölle.[764]

Demgegenüber betonte Adam Smith, dass nicht die Geld-, sondern die **Gütermenge** für den Wohlstand eines Landes entscheidend sei. Diese lasse sich durch internationalen Handel erhöhen, wenn sich jedes Land auf die Produktion derjenigen Güter spezialisierte, die es kostengünstiger als das Ausland herstellen kann (**Prinzip der absoluten Kostenvorteile**). Dadurch ergeben sich Spezialisierungsvorteile, die den internationalen Güteraustausch zu einem **Positivsummenspiel** für die beteiligten Länder machen.

---

762 Vgl. Suntum van, 2013, S. 1567 ff.

763 Der Merkantilismus lässt sich „als ökonomischen Gegenpart zum politischen Absolutismus verstehen." Lachmann, 1994a, S. 56. „Trade was viewed primarily as a way to accumulate gold." Yarbrough/Yarbrough, 1991, S. 25 oder auch Hayek, 2015, S. 432.

764 Walter liefert zur merkantilistisch geprägten Handelspolitik Englands im 17./18. Jahrhundert erhellende Details. So erwähnt er, dass die englische Regierung im Jahr 1649 ein *Einfuhrverbot* gegen französische Weine und Manufakturwaren erlassen oder im Jahr 1678 eines auf französische Luxuserzeugnisse erneuert hatte. Ebenfalls wurden im Jahr 1736 bestimmt, dass alle neuen Schiffe verpflichtend mit einem kompletten Satz Segeltuch aus heimischer Manufaktur auszustatten seien – was vermutlich erneut gegen Frankreich gerichtet war, da im bretonischen Locronan die besten Segeltücher seinerzeit hergestellt wurden. Vgl. Walter, 2006, S. 158 f. Vgl. zum Merkantilismus auch Walter, 2011, S. 38 ff.

Noch einen Schritt weiter als Adam Smith ging David Ricardo.[765] In seinem im Jahr 1817 erschienen Buch „On the Principles of Political Economy and Taxation" zeigt Ricardo auf, dass internationaler Handel für ein Land auch dann noch vorteilhaft ist, wenn dieses gar keine absoluten Kostenvorteile gegenüber seinen Handelspartnern besitzt. Diese Beobachtung war revolutionär! Grund genug, sich mit Ricardo und seiner Theorie auseinanderzusetzen.

7.2.2 David Ricardo und die komparativen Kostenvorteile

In seinem bis heute in nahezu allen Standardlehrbüchern zu findenden Beispiel legt Ricardo dar, dass sich der Außenhandel für zwei Länder noch dann lohnen kann, wenn sie kreuzweise keine absoluten Kostenvorteile in der Güterproduktion aufweisen. Er illustriert dies anhand eines einfachen Zwei-Länder-Zwei-Güter-Falles. England und Portugal wählt er dabei als Länder, Wein und Tuch als Güter.

In diesem Modellrahmen wird unterstellt, dass Boden ein freies Gut ist und zur Güterproduktion nur menschliche Arbeit eingesetzt werden muss.[766] Darüber hinaus wird davon ausgegangen, dass es zu keiner Mobilität der Produktionsfaktoren *zwischen* den Ländern kommt. Mit anderen Worten: Es findet keine Migration von Arbeitskräften statt. Außerdem nehmen wir an, dass unter den zahlreichen Gütern, die jedes Land in der kommenden Wirtschaftsperiode zu konsumieren plant, jeweils einhundert Einheiten Tuch und Wein zu finden sind. Die Realisierung dieser Pläne setzt die Herstellung der betreffenden Güter selbstredend voraus.

Im Rahmen dieses Gedankenmodells blicken wir im anschließenden Kapitel 7.2.2.1. zunächst auf eine Konstellation, bei der sich Außenhandel auf Basis des Arguments von Adam Smith lohnt. Diese Betrachtung dient nicht zuletzt dazu, das Verständnis für die Idee von Ricardo zu erleichtern, die wir in Kapitel 7.2.2.2. schließlich ausrollen.

---

765 David Ricardo gehört neben Adam Smith, John Stuart Mill und Thomas Robert Malthus zu den wichtigsten Vertretern der englischen Klassik.

766 Die Annahme, dass einzig der Produktionsfaktor Arbeit für die Herstellung von Wein und Tuch zum Einsatz kommt, ist aus heutiger Sicht gewiss eine starke, manche sagen: unzulässige, Verkürzung. Gleichwohl ist es aus der Zeit Ricardos noch relativ verständlich, sich auf diesen Produktionsfaktor zu begrenzen. Ein Jahrhundert nach Ricardo haben dann – bei augenscheinlichem Bedeutungsanstieg des Produktionsfaktors Kapital – die beiden schwedischen Ökonomen Heckscher und Ohlin ein Außenhandelsmodell mit zwei Produktionsfaktoren (Arbeit und Kapital) in die Diskussion eingebracht. Ihr Modell berücksichtigt dabei unterschiedliche relative Anfangsausstattungen mit diesen beiden Produktionsfaktoren. Infolgedessen erlaubt das Heckscher-Ohlin-Modell Aufschlüsse über die Außenhandels- und Produktionsstruktur einzelner Länder. Es lässt sich zum Beispiel erklären, warum ein Land mit *relativ viel* Arbeitskräften und *relativ wenig* Kapital arbeitsintensive Güter exportiert und kapitalintensive Waren importiert. Das Modell ist damit prinzipiell gut geeignet, die Handelsstrukturen zwischen Industrie- und Entwicklungsländern zu erklären.

7.2.2.1 Die Ouvertüre – Wohlfahrtssteigernder Handel durch absolute Kostenvorteile

In Bezug auf die Produktionskosten dieser Güter wollen wir – anlehnend an Adam Smith – zunächst annehmen, dass in Portugal für die Produktion einer Gallone Wein achtzig Stunden gearbeitet werden müssen und für die Fertigung eines Yard Tuchs sogar einhundert Stunden. Indes benötigen englische Arbeiter für die Herstellung einer Gallone Wein 120 Stunden und für das Yard Tuch neunzig (siehe Tabelle 7.1). Handel zwischen den Ländern findet soweit keiner statt; d. h. Portugal und England befinden sich im Ausgangspunkt dieses Gedankenspiels noch in Autarkie!

Tabelle 7.1: Absolute Kostenvorteile bei der Wein- bzw. Tuchherstellung für Portugal und England.

	Portugal (Herstellungskosten in Arbeitsstunden)	England (Herstellungskosten in Arbeitsstunden)
Wein (1 Gallone)	80	120
Tuch (1 Yard)	100	90

Unter diesen Gegebenheiten besitzt jedes der zwei Länder einen **absoluten Kostenvorteil** gegenüber dem jeweils anderen: Bei der Weinherstellung muss Portugal pro Einheit ganze vierzig Stunden weniger einsetzen als England. Umgekehrt kommt man in England mit zehn Stunden weniger als in den portugiesischen Manufakturen bei der Fertigung von einem Yard Tuch aus. Somit hat Portugal einen absoluten Kostenvorteil bei Wein, während England über einen solchen bei der Tuchproduktion verfügt (siehe Tabelle 7.1).

Absolute Produktionskostenunterschiede wie diese bieten nun beiden Ländern die Gelegenheit, **wohlfahrtssteigernden Handel** miteinander zu betreiben. Um diese Früchte letztlich ernten zu können, bedarf es allerdings der Neuausrichtung der länderspezifischen Produktion: Hierzu hätte sich dann jedes Landes auf die Herstellung jenes Gutes zu konzentrieren, bei dem der absolute Kostenvorteil hervortritt.

Die ökonomischen Vorteile einer Produktionsspezialisierung und des anschließenden Warentausches lassen sich in unserem Fallbeispiel mühelos erfassen. Hierzu müssen wir uns nur vergegenwärtigen, welche Wirkung die Offenheit der Wirtschaft auf den Produktionsaufwand unter Wahrung der bestehenden Konsumbedürfnisse ausübt.

In Autarkie fallen in Portugal und England bei der Herstellung von einhundert Einheiten Tuch und Wein folgende, in Arbeitsstunden gemessene Produktionskosten an (siehe Tabelle 7.2):

Tabelle 7.2: Produktionskosten in Autarkie unter smithschen Modellbedingungen.

Autarkie (= ohne Handel)	In Portugal	In England	Beide
Gallonen Wein (je 100 Einheiten)	8.000	12.000	20.000
Yard Tuch (je 100 Einheiten)	10.000	9.000	19.000
Gesamte Arbeitszeit (in Std.)	18.000	21.000	39.000

Entschieden sich Portugal und England nun, Handel miteinander zu treiben, dann ginge durch die Produktionsumstellung mit der Fertigung von jeweils zweihundert Einheiten Wein und Tuch folgender Arbeitsaufwand einher:

Tabelle 7.3: Produktionskosten bei Ausschöpfung absoluter Kostenvorteile und bilateralem Handel.

Nach Aufnahme von Handel	In Portugal	In England	Beide
Gallonen Wein (200 bzw. 0 Einheiten)	16.000	–	
Yard Tuch (0 bzw. 200 Einheiten)	–	18.000	
Gesamte Arbeitszeit (in Std.)	16.000	18.000	34.000

Es ist ganz offensichtlich: Sowohl in Portugal als auch in England lässt sich der Arbeitseinsatz bei einem **unveränderten Lebensstandard** reduzieren. Dieses Ergebnis stellt sich ein, weil mit der internationalen Arbeitsteilung der **Einsatz knapper Ressourcen optimiert** wird. Gegenüber der geschlossenen Wirtschaft (= Autarkie) verbessert sich in der offenen Volkswirtschaft also die **allokative Effizienz**. Nicht verschweigen wollen wir, dass wir Transportkosten ausgeblendet und ein Tauschverhältnis von Tuch zu Wein in Höhe von 1:1 im internationalen Warenverkehr unterstellt haben. Außerdem haben wir angenommen, dass die Produktionsumstellung friktionslos gelingt. Schließlich wollen wir nochmal betonen, dass in unserer bisherigen Analyse **kreuzweise** vorhandene **Produktionsvorteile** in Form **absoluter** Kostenunterschiede die Vorteilhaftigkeit internationaler Kooperation bestimmt haben und diese Idee auf Adam Smith zurückgeht. Und nun zu David Ricardo!

7.2.2.2 Das Ricardo-Modell und die Frage, ob sich Handel mit England (weiterhin) lohnt

Hierzu ändern wir in unserem Fallbeispiel die Ausgangslage geringfügig. Annehmen wollen wir nun, dass in England zur Herstellung einer Gallone Wein 120 Arbeitsstunden und zur Produktion von einem Yard Tuch 100 Arbeitsstunden erforderlich sind; in

Portugal braucht es hingegen für eine Gallone Wein 80 Arbeitsstunden und für ein Yard Tuch 90 Stunden. Tabelle 7.4 fasst die modifizierten Eckdaten nochmal zusammen:[767]

Tabelle 7.4: Komparative Kostenvorteile bei der Wein- und Tuchherstellung in Portugal bzw. England.

	Portugal (Herstellungskosten in Arbeitsstunden)	England (Herstellungskosten in Arbeitsstunden)
Wein (1 Gallone)	80	120
Tuch (1 Yard)	90	100

Der Aufstellung lässt sich entnehmen, dass Portugal jetzt einen **absoluten Kostenvorteil** gegenüber England bei der Herstellung **beider** Güter besitzt. Aus diesem Blickwinkel scheint die Aufnahme von Handelsbeziehungen nicht sinnvoll – zumindest, wenn man der Vorstellung von Adam Smith folgt: England kann Portugal nichts anbieten, was Portugal nicht selbst mit kleinerem absolutem Aufwand herstellen könnte.[768]

Ricardo erweitert nun die Perspektive. Er stellt fest, dass es zur fruchtbaren Aufnahme von Handel ausreicht, wenn ein Land *wie England* in der Produktion eines Gutes gegenüber seinem potenziellen Handelspartner **komparative Kostenvorteile**[769] aufweist. Mehr wird für einen lohnenswerten Außenhandel nicht verlangt! Die Notwendigkeit absoluter Kostenvorteile als Voraussetzung für eine wohlfahrtssteigernde Teilnahme am internationalen Handel löst sich damit in Luft auf.

Möglich, dass selbst dem Ungeschulten mit Blick auf das obige Tableau der Verdacht erschleicht, dass unter den modifizierten Rahmenbedingungen Portugal (weiterhin) Wein und England (noch immer) Tuch herstellen sollte, weil sie hier jeweils über relative Produktionsvorteile verfügen. Wieso dem so tatsächlich ist, wollen wir jetzt auf analytischem Wege herausschälen!

Die Identifikation komparativer Kostenvorteile erfolgt für jedes Land über einen zweistufigen, zumeist nur implizit ausgesprochenen Prüfprozess. Dieser setzt an den Produktionsverhältnissen im autarken Zustand an, in dem die Menschen bereits

---

767 Gegenüber dem ersten Fall haben wir lediglich die Werte bei der Tuchherstellung getauscht. Die länderspezifischen Kosten bei der Weinherstellung sind unberührt.

768 Man beachte, dass aus der *überwundenen merkantilistischen Sicht* der Handel mit England für Portugal lukrativ ist: Es kann beide Güter nach England exportieren, weil es bei jedem einzelnen einen absoluten Kostenvorteil hat und erhöht im Gegenzug damit seine Goldbestände. Allein diese Edelmetalle bedeuten nach klassisch-liberalem Verständnis keinen Wohlstand. Es geht den Klassikern um Konsummöglichkeiten.

769 Kolb merkt an, dass der Begriff der „komparativen Kosten" von John Stuart Mill später eingeführt wurde, also nicht von Ricardo selbst stammte. Vgl. Kolb, 1997, S. 67.

zahlreiche Güter zu konsumieren wünschen, darunter beispielsweise einhundert Einheiten Tuch und Wein.

In der ersten Stufe sind über alle heimischen Branchen hinweg, in denen prinzipiell handelbare Güter hergestellt werden,[770] die eigenen Stärken auf Basis sektoraler Produktionskosten zu ermitteln. D. h. es gilt die Frage zu beantworten, was man selbst relativ gut kann bzw. wo das **Zeitopfer** zur Fertigung einer Gütereinheit relativ gering ist. Schließlich nehmen wir ja an, dass die Produktionskosten einzig aus Arbeitsaufwand beruhen.

Sobald landesintern Klarheit über die relativen Produktionsstärken herrscht, kann in der zweiten Stufe daran anknüpfend ein Abgleich vorgenommen werden, wie es um die Leistungsfähigkeit der ausländischen Wirtschaft in den betreffenden Industriezweigen bestellt ist. Trifft eine relativ starke heimische Branche auf ein relativ schwaches Pendant im Ausland, dann ist bei einer kreuzweisen Existenz solcher Paarungen der Boden für einen wohlfahrtssteigernden Handel bereitet.

Wenden wir diese Überlegungen nun auf unser Fallbeispiel an. In Autarkie lassen sich dort die relativen Produktionsvorteile für die portugiesische bzw. englische Wirtschaft über die **Verzichtskosten** erschließen, die man auch als **Opportunitätskosten** bezeichnet. Zum Verständnis dieses Konzepts der Opportunitätskosten müssen wir uns nur vor Augen halten, dass zum Beispiel die Produktion einer Gallone Wein im autarken Portugal gleichbedeutend mit dem Verzicht auf 0,88 Yard Tuch ist. Denn diese Menge Tuch könnten die Portugiesen alternativ zum Wein in achtzig Arbeitsstunden fertigen. Verglichen mit der Tuchproduktion geht den Arbeitern in Portugal die Herstellung von Wein also leicht von der Hand: Sie verzichten bei jeder Einheit von Wein auf *weniger als eine Einheit* Tuch. Demnach haben die Portugiesen eine *relative Stärke* bei der Weinproduktion (siehe Tabelle 7.5).[771]

In England, wo die Bevölkerung ebenfalls spirituelle Getränke einzunehmen wünscht, sind die Verzichtskosten bei der Weinherstellung hingegen *höher* als in Portugal und liegen zugleich über dem Wert 1. Aus welchem produktionstechnischen oder klimatischen Grund auch immer, entsagen die Engländer der Möglichkeit, weitere 1,2 Yard Tuch zu konsumieren, wenn sie sich entscheiden, zur Fertigung einer Gallone Wein 120 Stunden einzusetzen. Gemessen an der verzichteten Menge an Tuch ist die Weinherstellung für die Engländer also *relativ* teuer.

Da die Konsumenten beider Länder gemäß Annahme neben Wein auch Tuch nachfragen, müssen wir uns jetzt noch die Opportunitätskosten der Tuchherstellung

---

770 Als nicht handelbare Güter wollen wir uns Bildungsleistungen (Schulunterricht) und Haarschnitte vorstellen!

771 Zur Verständnisabrundung sei angemerkt, dass bei Opportunitätskosten im Wert von 1,0 weder eine relative Stärke noch eine relative Schwäche ausgemacht werden kann. Vielmehr müsste man in einem solchen Fall konstatieren, dass das betreffende Land beide Produktionsprozesse gleichermaßen gut (bzw. schlecht) beherrscht. Eine solche Situation haben wir zu Illustrationszwecken im Anhang A (Fall 2) einmal durchexerziert.

ansehen (siehe Tabelle 7.5). Zu beachten gilt, dass die in der unteren Tabellenzeile ausgewiesenen Werte nichts anderes als die Kehrwerte der oberen Zeile sind. Im Umkehrschluss zu den vorherigen Beobachtungen lässt sich also feststellen, dass England bei der Tuchproduktion relativ geringe Verzichtskosten aufweist, während die portugiesischen Opportunitätskosten in diesem Sektor mit einem Wert von größer eins relativ hoch ausfallen.

Tabelle 7.5: Opportunitätskosten bei autarker Güterproduktion, auf Basis eingesetzter Arbeitsstunden.

		In Portugal	In England
Verzichtskosten	**Wein** (1 Gallone)	**0,88**	1,2
bei der Herstellung	in **Tuch**	Yard	Yard
einer Einheit von ...	**Tuch** (1 Yard)	1,125	**0,83**
	in **Wein**	Gallone	**Gallone**

Zusammenfassend lässt sich damit eine etwaige Vorahnung bestätigen, dass Portugal gegenüber England (neben einem weiterhin bestehenden absoluten Kostenvorteil auch) einen komparativen Kostenvorteil in der Weinproduktion hat und England, ungeachtet seiner Nachteile bei den absoluten Produktionskosten, bei der Herstellung von Tuch über einen relativen Produktionsvorteil verfügt.

Bevor wir auf die wohlfahrtssteigernden Potenziale blicken, die sich bei einer solchen Ausgangslage mit der Aufnahme von internationalem Handel eröffnen, wollen wir noch kurz den Aspekt der Tauschrelationen im autarken Zustand beleuchten.

Tauschen Portugiesen Tuch und Wein miteinander, so stellen sich in der dortigen Wirtschaft für diese beiden Güter **Tauschverhältnisse** ein, die den **Verzichtskosten** entsprechen. Denn Ricardo nimmt an, dass der Preis eines jeden Gutes sich am Arbeitswert bemisst, der zur Fertigung des Gutes notwendig ist. In diesem Fall wird der Preis einer Einheit Wein genau 0,88 Yard Tuch entsprechen und für das Yard Tuch hat der Käufer direkt oder indirekt 1,125 Gallonen Wein aufzubringen.[772] Kurzum: Die Tauschverhältnisse stellen unter diesen Annahmen nichts anderes als **Opportunitätskosten** dar![773]

Fragen wir uns nun, worin der ökonomische Wohlfahrtseffekt besteht, wenn unter den gegebenen Produktionsbedingungen England und Portugal Handel betreiben, dann sollten wir – analog unserer vorherigen Vorgehensweise – zunächst auf die Produkti-

---

772 Zu Tauschverhältnissen und Preisen vergleiche auch Lektion 1, Kapitel 7.2.5.3.
773 Die Vorstellung, dass sich der Marktpreis einer Ware am Wert des Arbeitsaufwands zu seiner Herstellung bemisst, ist eine, die Karl Marx später von David Ricardo übernommen hat (sog. objektive Wertlehre). Hiervon abweichend vertreten die Ökonomen der Grenznutzenschule (u. a. Carl Menger) und die Neoklassiker die Ansicht, dass der Marktpreis von der subjektive Zahlungsbereitschaft des Konsumenten bestimmt wird (sog. subjektive Wertlehre).

onskosten in Autarkie bei unveränderten Konsumbedürfnissen blicken. Folgender, in Arbeitszeit gemessener Aufwand fällt an, wenn in beiden Ländern jeweils einhundert Einheiten Tuch und Wein zu Konsumzwecken hergestellt werden:

Tabelle 7.6: Produktionskosten in Autarkie unter ricardianischen Modellbedingungen.

Autarkie (= ohne Handel)	In Portugal	In England	Beide
Gallonen Wein (je 100 Einheiten)	8.000	12.000	20.000
Yard Tuch (je 100 Einheiten)	9.000	10.000	19.000
Gesamte Arbeitszeit (in Std.)	17.000	22.000	39.000

Unterstellen wir weiterhin, dass im internationalen Warenverkehr keine Transportkosten anfallen und sich ein Austauschverhältnis von 1:1 beim grenzüberschreitenden Wein-Tuch-Handel einstellt,[774] dann lassen sich die gewünschten Konsummengen aufgrund kreuzweise existierender komparativer Kostenvorteile erneut mit geringerem Mitteleinsatz als bei Autarkie herstellen (siehe Tabelle 7.7).

Tabelle 7.7: Produktionskosten unter Nutzung komparativer Kostenvorteile und bilateralem Handel.

Nach Aufnahme von Handel	In Portugal	In England	Beide
Gallonen Wein (200 bzw. 0 Einheiten)	16.000	–	
Yard Tuch (0 bzw. 200 Einheiten)	–	20.000	
Gesamte Arbeitszeit (in Std.)	16.000	20.000	36.000

Der Vergleich zwischen Offenheit (Tabelle 7.7) und Geschlossenheit (Tabelle 7.6) zeigt, dass ein Land wie Portugal von der Aufnahme außenwirtschaftlicher Beziehung selbst dann noch profitiert, wenn sein grenzüberschreitender Handel allein auf komparativen Kostenvorteilen beruhen muss, weil der Handelspartner gegenüber einem selbst bei keinem der betroffenen Handelsgüter einen absoluten Kostenvorteil aufweist. Im Vergleich zur Autarkie lassen sich in unserem Fallbeispiel immerhin eintausend Arbeitsstunden für Portugal durch internationale Arbeitsteilung freisetzen, ohne dass sich das Land in seinen Konsumgewohnheiten einschränkten müsste.

Für England wiederum gilt, dass auch dieses vom bilateralen Handel profitiert, obwohl es kein einziges Gut günstiger herstellen kann als Portugal. Durch die Ausschöpfung der komparativen Kostenvorteile im Wege des Außenhandels kann England

---

774 Wenn internationaler Handel zustande kommen soll, muss das Preisverhältnis von Wein zu Tuch, das im autarken Zustand in Portugal 0,88 und in England 1,2 beträgt, innerhalb dieser Spanne liegen. Wenn wir annehmen, es würde genau 1 betragen, vermeiden wir unter den Modellannahmen, dass sich ein Land beim anderen verschuldet! Ein anderes Tauschverhältnis ändert nichts an der Kernaussage!

seine Arbeitszeit sogar um zweitausend Stunden reduzieren. Die länderübergreifende Einsparung von insgesamt 3.000 Stunden ergibt sich erneut dadurch, dass sich mit der Spezialisierung der Handelspartner eine bessere bzw. **optimierte Allokation** der Ressourcen einstellt.

Da im Abgleich zur Autarkie jedes Land nun weniger Arbeitszeit zur Deckung seines bisherigen Güterbedarfs aufwenden muss, lassen sich die freigewordenen Stunden (bzw. die freigewordenen Ressourcen) selbstverständlich für eine Produktionsausweitung und damit eine Steigerung der Konsummöglichkeiten nutzen! Diese Möglichkeit würde sich dabei allerdings nicht auf die Güter Tuch und Wein begrenzen, sondern – das sei zur Vermeidung von etwaigen Missverständnissen ausdrücklich erwähnt – das gesamte Güterspektrum betreffen.[775]

Von diesen Einsichten ist es nun ein kurzer Schritt, die folgenden Schlüsse aus dem Modell von Ricardo zu ziehen:

- Länder, die bilateralen Handel bereits auf der Basis komparativer Kostenvorteile betreiben können, erhöhen ihre jeweilige **allgemeine** Wohlfahrt.
- Die allgemeine Wohlfahrtssteigerung beruht auch in diesem Fall auf einer verbesserten Allokation der Ressourcen über das Gesamtsystem der beteiligten Handelspartner.
- Die Wohlfahrtssteigerung fällt in den beteiligten Ländern bei Freihandel gegenüber jeder anderen Situation mit protektionistischen Spuren am höchsten aus.
- Sollen in einem auf Freihandel beruhenden Handelsregime die komparativen Kostenvorteile ausgeschöpft werden, dann hat sich jedes Land auf die Herstellung derjenigen Güter zu spezialisieren, bei denen es über solch komparative Vorteile verfügt. Ein Teil dieser Produktion führt es aus und importiert im Gegenzug von seinen Handelspartnern die Waren, bei denen es selbst vergleichsweise hohe Herstellkosten hat (und die Tauschpartner ihre Vorteile ausspielen können).

7.2.2.3 Würdigung der Theorie von Ricardo

Es ist das Verdient von Ricardo, die Vorstellung überwunden zu haben, dass die Vorteilhaftigkeit von grenzüberschreitendem Handel ausschließlich auf absoluten Kostenunterschieden beruht. Indem er die analytische Oberfläche der internationalen Kostenstrukturen durchbrach, auf deren Grundlage Adam Smith die Fruchtbarkeit von Handelsgelegenheiten noch bestimmt hatte, gelang ihm dies: Schließlich verstellt die Existenz absoluter Kostenvorteile nur allzu leicht den Blick, dass mit ihnen ohnehin komparative Kostenvorteile *stets* einhergehen.[776] Mit seinem tiefgründigen Verständnis für die Materie, hat Ricardo herausgearbeitet, dass **Wirtschaft** ganz allgemein eine

---

775 Selbstverständlich kann die eingesparte Arbeitszeit auch für „unproduktive" Freizeitgestaltung verwendet werden. Auch das ist für viele Menschen befriedigend.

776 Man kann es auch so ausdrücken: Das Kriterium absoluter Kostenvorteile ist hinreichend, aber nicht notwendig! Notwendig für wohlfahrtssteigernden Handel sind allein komparative Kostenvorteile.

relative Veranstaltung ist. Eine Tatsache, die noch heute von Theoretikern und Praktikern gleichermaßen gerne übersehen wird.[777]

Mit der grenzüberschreitenden Arbeitsteilung, d. h. mit der Aufnahme von Außenhandel, kommt es in den am Handel beteiligten Ländern zu einer **Neuausrichtung** ihrer **Produktionsstrukturen**. Hierdurch konzentriert bzw. spezialisiert sich jedes Land auf die Herstellung derjenigen Güter, bei dem es über einen komparativen Vorteil verfügt. Gegenüber der Autarkie werden von jedem handeltreibenden Land fortan also mehr von den Gütern produziert, bei denen es relative Stärken (= Kostenvorteile) hat. Diese Güter werden anschließend gegen andere getauscht, bei deren Produktion die Handelspartner ihre komparativen Kostenvorteile ins Spiel bringen.

Infolge der **effizienteren Nutzung** des **Produktionsfaktors Arbeit** lassen sich in jedem handeltreibenden Land **wegen** der internationalen **Arbeitsteilung** letztlich die **Konsummöglichkeiten** und damit der **allgemeine Wohlstand** verbessern: Die gegenüber dem autarken Zustand freigesetzten Ressourcen (d. h. der Arbeitskraft bei Ricardo) können für die Produktion zusätzlicher Güter herangezogen werden. Außenhandel wirkt, und das mag eine überraschende Erkenntnis sein, damit *wie technischer Fortschritt*: Durch den Gütertausch eigenen sich die Handelspartner indirekt eine verbesserte Produktionstechnik an.

Die Irrelevanz bzw. Nachrangigkeit absoluter Kostenvorteile begründet wiederum, warum wirtschaftlich völlig verschieden entwickelte Länder, etwa ein Industrie- und ein Entwicklungsland, miteinander Handel treiben können.[778] Die etwaige Vorstellung, dass es in der realen Welt ein Land geben könnte, welches in Ermangelung relativer Kostenvorteile überhaupt nicht am internationalen Handel partizipieren kann, darf allein auf Basis theoretischer Überlegungen als illusorisch bezeichnet werden (siehe hierzu Anhang A).

Nicht übersehen wollen wir, dass Ricardo das Zustandekommen von Außenhandel lediglich mit Hilfe *einer* Ursache erklärt, den komparativen Kostenvorteilen. Reale Handelsbeziehungen zwischen Ländern beruhen allerdings auf weiteren Gründen, zu denen die **Nichtverfügbarkeit**,[779] **Kapazitätsreserven** und/oder **Konsumpräferenzen**

---

777 Das Übersehen bzw. Vergessen dieses Aspektes endet bei Praktikern nicht selten in „Over-Engineering": Statt zu akzeptieren, dass man schon ein relativ besseres Produkt als der Wettbewerb entwickelt hat, werden aufwendig noch zusätzlich „Features" entwickelt, ohne dass man sich zuvor fragt, ob durch diese den Kunden ein weiterer echter Nutzen entsteht, für den sie auch bereit sind zu zahlen! Ein Phänomen, das in deutlich mehr als einer FuE-Abteilung deutscher Unternehmen zuhause ist.

778 In Bezug auf die Bedeutung komparativer Kostenvorteile für die Aufnahme von Außenhandel und die nationalen Produktions- und Handelsstrukturen steht das zuvor genannte neoklassische Heckscher-Ohlin-Modell, das die Güterstrukturen beim Handel von Industrie- und Entwicklungsländern gut zu erklären vermag, in der Tradition von Ricardo.

779 Die Nichtverfügbarkeit bestimmter Güter kann dauerhaft oder vorübergehend sein. *Dauerhafte* Nichtverfügbarkeit besteht aufgrund natürlicher Gegebenheiten. So kann ein rohstoffarmes Land, etwa Deutschland, Bedarf an mineralischen Primärgütern wie Erdöl, Bauxit, Kupfer oder Silizium haben. Auch wachsen Bananen, Kiwis und Ananas noch immer nicht hierzulande, so dass diese Agrarprodukte

gehören.[780] All diese Aspekte finden im einfachen Modell von Ricardo *keine* Berücksichtigung!

Die im Modell ausgeblendeten **Transport-** und **Kommunikationskosten**, die im Außenhandel und der Überbrückung geografischer Räume selbstverständlich anfallen, erweisen sich bei näherem Hinsehen nicht als Ursache, sondern als **Treiber** des internationalen Handels. Dass ihre jeweilige Höhe die Intensität der Handelsverflechtung beeinflusst, lässt sich ohne Schwierigkeit im Ricardo-Modell bereits erahnen. Angemerkt sei zuletzt, dass diese Transaktionskosten im internationalen Warenverkehr erst ab Mitte des 19. Jahrhunderts, also nach dem Tod von Ricardo, maßgeblich durch technischen Fortschritt nachzugeben begannen (siehe dazu Anhang B).

7.3 Die Wirkung von Zöllen im Rahmen der neoklassischen Partialanalyse

Zölle sind Abgaben, die zugunsten der jeweiligen Staatskasse anfallen, wenn Waren ein-, durch- oder ausgeführt werden. Sie können als spezifischer Zoll (z. B. nach Gewicht oder Stückzahl der Ware) beziehungsweise als Wertzoll, d. h. als Prozentsatz des Waren-

---

importiert werden müssen, sofern man sie in Deutschland konsumieren will. Das gilt selbstverständlich auch, wenn man derartige Früchte in Deutschland lediglich für den späteren Export weiterverarbeiten wollte. Bei landwirtschaftlichen Produkten finden wir auch Beispiele für eine *vorübergehende* (bzw. temporäre) Nichtverfügbarkeit: Bestimmte Feldfrüchte können heimischen Konsumenten aufgrund von Wetter- und Klimabedingungen nicht ganzjährig aus lokaler Herstellung angeboten werden. Im Fall von Deutschland denke man an Erdbeeren oder weißen Spargel – zwei Produkte, die nicht sonderlich lagerfähig sind. Wenn diese Güter im Inland außerhalb der heimischen Saison genossen werden möchten, bleibt erneut nur die Einfuhr. Temporäre Nichtverfügbarkeit kann sich zudem aus der Existenz von *Zeitmonopolen* begründen, die mit Innovationen einhergehen. Aus globaler Perspektive lässt sich feststellen, dass allen voran Entwicklungs- und Schwellenländer derartige Nichtverfügbarkeiten auszeichnet und ausgezeichnet hat.

780 Eine weitere Erklärung für Außenhandel aufgrund *temporärer* Nichtverfügbarkeit liegt in ausgelasteten Produktionsanlagen im Inland: Sind die heimischen Kapazitäten in einer Phase der Hochkonjunktur vollständig ausgelastet, mag es dazu kommen, dass inländische Unternehmen bestimmte Güter nicht mehr anbieten können – zumindest nicht in den nachgefragten Mengen. Kapazitätsreserven können allerdings auch mit umgekehrtem Vorzeichen Motiv für die Aufnahme von Außenhandel sein: Dieser stellt für die im Inland nicht absetzbare Überschussproduktion eine Ventilfunktion dar! Mit anderen Worten: Erst die Exportaufnahme führt zur Kapazitätsauslastung! Kapazitätsreserven als Ursache für den Außenhandel sind auch Kerngedanken der *„vent-for-surplus"*-Theorie, die von *Adam Smith* aufgestellt wurde. Schließlich können auch unterschiedliche nationale *Konsumbedürfnisse* die Aufnahme von Außenhandel begründen. Wie man unschwer im Straßenbild erkennen kann, gibt es deutsche Verbraucher, die von ausländischen PKW-Modellen angetan sind. Die Tatsache, dass französische, italienische und asiatische Fahrzeuge nach Deutschland importiert werden, kann nicht mit fehlenden Kapazitäten in Deutschland und/oder dauerhafter Nichtverfügbarkeit erklärt werden: Es sind die Konsumpräferenz. Das gleiche gilt selbstredend auch in die entgegengesetzte Richtung. Auch in Frankreich und Italien werden deutsche PKWs gefahren.

werts, konzipiert sein.[781] Regierungen weltweit nutzen das Instrument der Zölle seit Jahrhunderten. Mit welcher Begründung sie das tun, schauen wir uns in der anschließenden Lektion 8 näher an.

Zunächst wollen wir uns im Rahmen des mittlerweile vertrauten Scherendiagramms ansehen, wie die Einführung eines bestimmten Warenzolls wirkt. Auf dieser Grundlage ist dann die Wirkung einer Zollsatzerhöhung bzw. einer Tarifsenkung leicht verständlich. Im Mittelpunkt der Analyse steht daher die Frage, welchen Impuls die Zollpolitik im zollerhebenden Land auf das Verhalten der Akteure und das Marktgleichgewicht ausübt. Auf die wohlfahrtsökonomischen Konsequenzen wollen wir ebenfalls eingehen.

Im Folgenden analysieren wir die Effekte von Einfuhr- (Kapitel 7.3.1.) und Ausfuhrzöllen (Kapitel 7.3.2.). In beiden Fällen wollen wir vereinfachend annehmen, dass das zollerhebende Land ein kleines ist. Mit dieser Annahme schließen wir aus, dass die zollpolitische Entscheidung des betreffenden Staates die Weltmarktpreise beeinflusst.[782] Mit einem Zwischenfazit schließen wir die Betrachtung der Zölle und ihrer Wirkungen ab (Kapitel 7.3.3.).

7.3.1 Einfuhrzölle

Beginnen wir unsere Überlegungen mit Importzöllen. Dazu nehmen wir zunächst an, dass in einem Land C anfänglich keinerlei Restriktionen im Handel mit einem bestimmten Gut bestehen, etwa bei hochwertigem Spezialstahl. Diese Stähle lassen sich also in beliebiger Menge zollfrei einführen.[783]

Die Abbildung 7.1 illustriert in diesem Zusammenhang nun einen Extremfall: Die im Land C gehandelte Menge M_0 an hochwertigem Stahl wurde bislang vollständig importiert. Zugleich verdeutlicht die Angebotskurve A_C, dass inländische Unternehmen das entsprechende Produkt prinzipiell anbieten könnten – allerdings nicht zum herrschenden Marktpreis: Die heimischen Anbieter sehen sich – etwa als Hersteller von Massenstahl – einer Kostenstruktur gegenüber, die sie bei hochwertigem Stahl offensichtlich nicht wettbewerbsfähig macht. Für die zollfreie Ausgangssituation gilt zuletzt zu beachten, dass sich der Preis von hochwertigem Spezialstahl im Land C mit dem

---

781 Zu den Grundarten des Zolls vgl. z. B. Hoffmann/Fikentscher, 1982, S. 630 f. oder Krugman/Obstfeld/ Merlitz, 2012, S. 274.

782 Die Charakterisierung „klein" bezieht sich also auf die relative Bedeutung des Landes mit Blick auf den gesamten Weltmarkt. Die tatsächliche geografische oder demografische Größe ist für diese Form der Analyse unbedeutend.

783 Das gewählte Stahlbeispiel ist nicht so fiktiv, wie es scheinen mag: Die Stahlindustrie gehört neben der Textil- und Bekleidungsbranche zu den Sektoren, die in den Industrieländern am meisten geschützt wurden und teilweise auch wieder geschützt werden. Anhand der US-amerikanischen Zollpolitik in den letzten Jahren kann man sich hiervon leicht selbst ein Bild machen.

auf dem Weltmarkt deckt ($P_C = P_{WM}$). Aufgrund seiner relativ geringen Nachfrage ist aus Sicht des Landes C das Weltangebot A_{WM} zudem vollkommen elastisch.

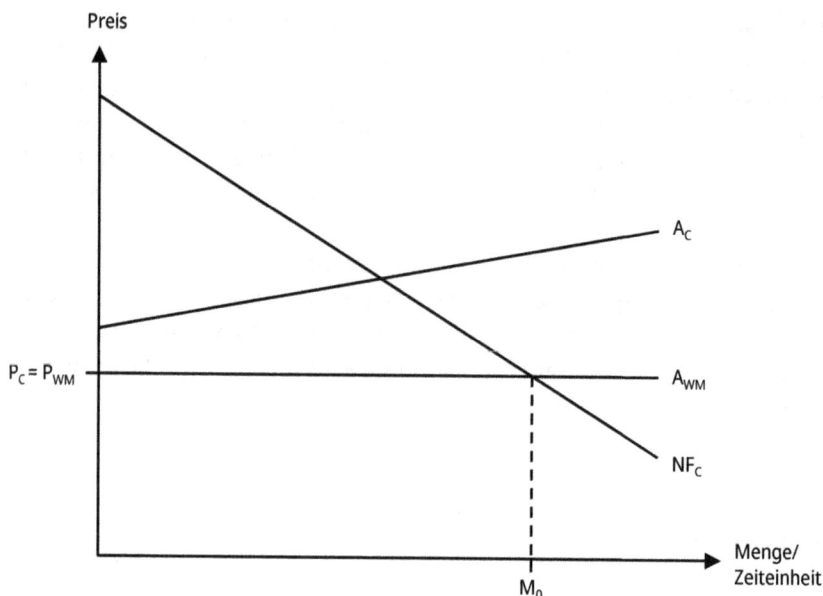

Abbildung 7.1: Angebot und Nachfrage nach einem Gut im Land C ohne Zollrestriktionen.

Führt das Land nun einen **Importzoll** auf Spezialstahl ein, schlägt sich diese Maß- nahme im inländischen Markt selbstredend nieder. Da die Zollabgabe von allen aus- ländischen Anbietern zu entrichten ist, erhöht sich der Marktpreis dieser Stähle im Inland um den auferlegten Zollsatz. Fortan weicht damit der lokale Preis vom Welt- marktpreis ab ($P_{C1} > P_{WM}$). Infolge ihrer **Verteuerung** werden erste heimische Nachfra- ger nun weniger, andere vielleicht gar keine Stähle dieser Qualitätsstufe mehr kaufen. Mit anderen Worten: Wegen der Zollpolitik sinkt im Land C die gehandelte Menge von vormals M_0 auf M_1 (siehe Abbildung 7.2).

Da die **inländischen Anbieter** von der Abführung eines Importzolls an den Staat unbetroffen sind, verbessert sich deren **Wettbewerbsfähigkeit.** Den ersten unter ihnen gelingt es jetzt, den heimischen Nachfragern hochwertigen Stahl zum Marktpreis anzu- bieten – trotz einer Produktionstechnologie, die der Technologie der ausländischen Anbieter unverändert unterlegen ist. Infolge der gesunkenen Gleichgewichtsmenge und dem gestiegenen Inlandsanteil, muss die Importmenge an Spezialstahl konsequen- terweise rückläufig sein.

Diese Gegebenheiten illustriert Abbildung 7.2: Nach der Zolleinführung steuern die heimischen Unternehmen die Menge M_{AC} zur neuen Gleichgewichtsmenge M_1 bei, während sich die importierte Warenmenge auf die Differenz von M_1 und M_{AC} verringert hat.

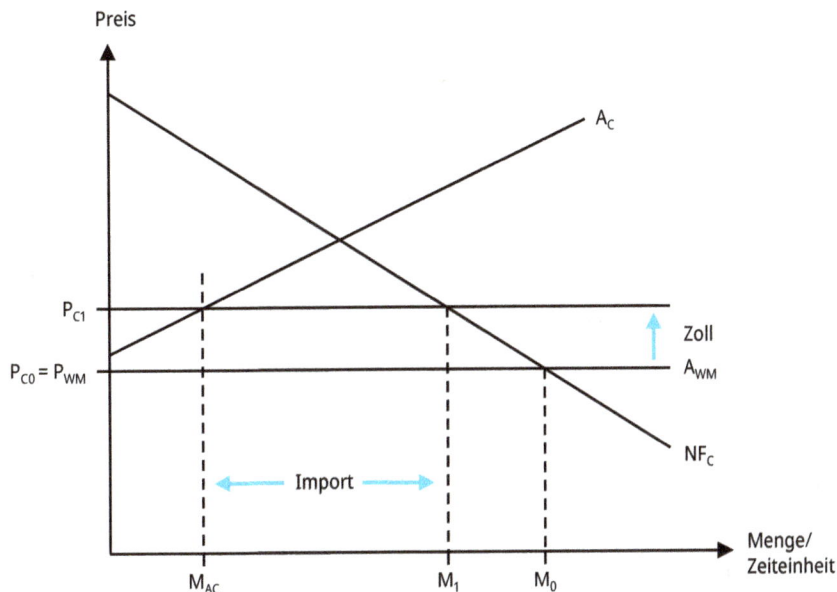

Abbildung 7.2: Angebot und Nachfrage nach einem Gut im Land C nach Erhebung eines Importzolls.

Mit Hilfe des Konzepts der ökonomischen Wohlfahrt wollen wir abschließend noch klären, welche Wirkung die Zollpolitik hierauf aus partialanalytischer Sicht ausübt.

Wegen des gestiegenen Marktpreises und der zurückgegangenen Handelsmenge im Gleichgewicht, hat sich die **Konsumentenrente** gegenüber dem zollfreien Referenzpunkt um die Flächen A, B, C und D (siehe Abbildung 7.3) **verkleinert**. Das Segment A ist dabei innerhalb der Gesellschaft **umverteilt** worden: Fortan fällt diese Dreiecksfläche den heimischen Anbietern spezieller Stähle als **Produzentenrente** zu. Im Saldo schrumpft damit die Gesamtwohlfahrt des Landes C mit dem zollpolitischen Markteingriff um die Flächen B, C und D.

Hierunter stellt die Fläche B den Umfang **ineffizienter Ressourcennutzung** dar. Diese resultiert daraus, dass die inländischen Unternehmen technologiebedingt mit höheren Kosten produzieren als ihre ausländische Konkurrenz. Die dem Staat zufließenden Zolleinnahmen finden ihre Entsprechung im Rechteck C, während das Dreieck D für einen allgemeinen Wohlfahrtsverlust steht, der sich mit der verschlechterten Versorgung im Inland mit Spezialstahl gemäß der rückläufigen Handelsmenge von M_0 auf M_1 begründet.

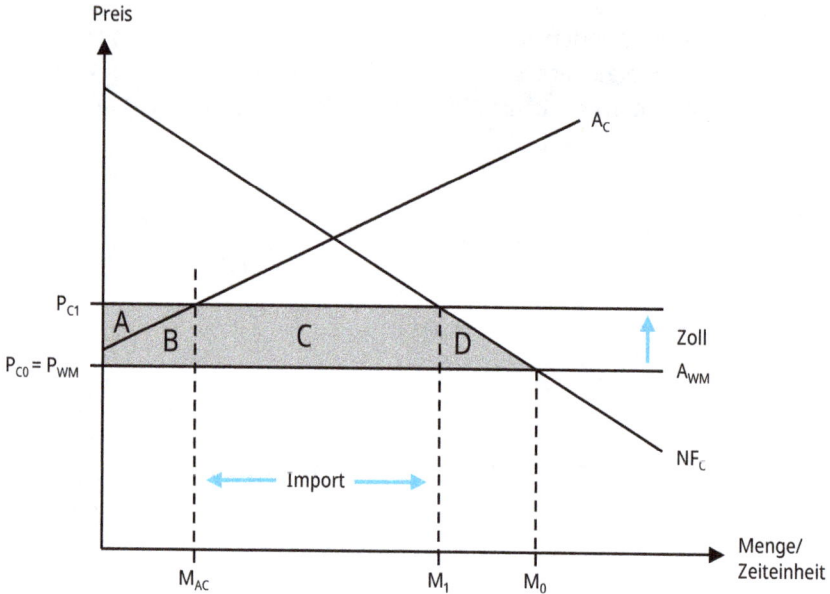

Abbildung 7.3: Die Wirkung eingeführter Zölle auf die Wohlfahrt inländischer Akteure.

Nicht zuletzt anhand der Abbildung 7.3 kann man sich selbst relativ leicht klarmachen, dass die Senkung oder die Abschaffung eines Importzolls den gegenläufigen Effekt zu einer Zollerhöhung ausübt. Schließlich hätten in diesem Fall die heimischen Konsumenten geringere Preise zu zahlen, wodurch sich auch deren Rente erhöht. Simultan dazu hätten die inländischen Unternehmen ihren vormaligen Schutz mit dem Abschmelzen der protektionistischen Mauern verloren, was ein Schrumpfen ihrer Produzentenrente nach sich ziehen würde.[784] Die Staatskasse liefe zugleich Gefahr, Zolleinnahmen zu verlieren. Bei einer Zollabschaffung auf jeden Fall. Bei einer Zollsenkung kommt es auf die Reaktionen der Anbieter im Inland und Ausland an sowie auf die Nachfrageelastizität

---

[784] Es sei angemerkt, dass die Wohlfahrtskosten, die mit der Protektion der eigenen Stahlindustrie für die USA einhergingen, (bereits) im Jahr 1985 auf annähernd 2 Mrd. USD geschätzt wurden, darunter auch 80 Mio. USD im Segment Spezialstahl. Bezüglich der Beschäftigungseffekte, die mit dieser Abschottungspolitik einhergingen, wurde konstatiert, dass dem US-Steuerzahler jeder in der Stahlbranche gerettete Arbeitsplatz mehr gekostet hat als das Einkommen des Stahlarbeiters hoch war. Ein direkter Einkommenstransfer an die Arbeiter wäre – so die Schlussfolgerung der Gegner dieser Stahlpolitik – für die amerikanischen Steuerzahler die günstigere Lösung gewesen. Vgl. hierzu Weltbank 1987, S. 172 f. Verfechter dieser Stahlpolitik entgegnen, dass die positiven sozialen Effekte eines Arbeitsplatzes mit eingerechnet werden müssen. Diese Argumentation geht einher mit dem Begriff der *Externalitäten* auf den wir in Lektion 12 eingehen. An dieser Stelle sei noch angemerkt, dass allerdings nicht nur die positiven, sondern auch die negativen Externalitäten eingerechnet werden müssten, die andernorts durch nicht entstandene oder verlorengegangene Jobs auftreten.

des betreffenden Gutes. Es ist nicht gänzlich ausgeschlossen, dass sich bei einer Zollsenkung die Zolleinnahmen des Staates sogar erhöhen!

Selbstredend kann man sich auf dieser Analyseebene auch leicht davon überzeugen, dass ausländische Anbieter bei einem entsprechend hohen Zollsatz gänzlich vom Binnenmarkt abgeschirmt werden könnten (siehe Abbildung 7.4). Damit verbunden wäre dann ein weiterer Versorgungsrückgang der inländischen Nachfrager mit diesem Produkt, wenngleich die heimischen Unternehmen im Windschatten des Zollschutzes ihre Angebotsmenge bis zu dieser neuen Gleichgewichtsmenge M_2 ausdehnten. Bei einem vollständigen Ausschluss ihrer ausländischen Konkurrenten vom Inlandsmarkt würde die Gesamtwohlfahrt entsprechend weiter sinken. Diese würde von einer zusätzlichen Rentenumverteilung zugunsten inländischer Anbieter und zulasten heimischer Nachfrager begleitet werden.

Gegenüber der ursprünglich zollfreien Ausgangslage umschließt der Verlust an sozialer Wohlfahrt nun die Felder B und D; Feld B symbolisiert (weiter) die allokative Ineffizienz, die mit der **Fehllenkung knapper Ressourcen** aus ihrer besten Verwendung einhergeht. Bei einem restriktiven Zollsatz wie dem hier unterstellten gehen die staatlichen Zolleinnahmen auf null zurück. Das beruhigt! Lässt sich aus dieser Beobachtung doch die Vermutung ableiten, dass staatliche Vertreter aus reinem Eigennutz opponieren, sofern Unternehmensvertreter prohibitive Zollsätze zu ihren Gunsten politisch zu erwirken versuchten. Zumindest partiell mutierte die Staatskasse zum Korrektiv für wildwüchsige Unternehmensforderungen!

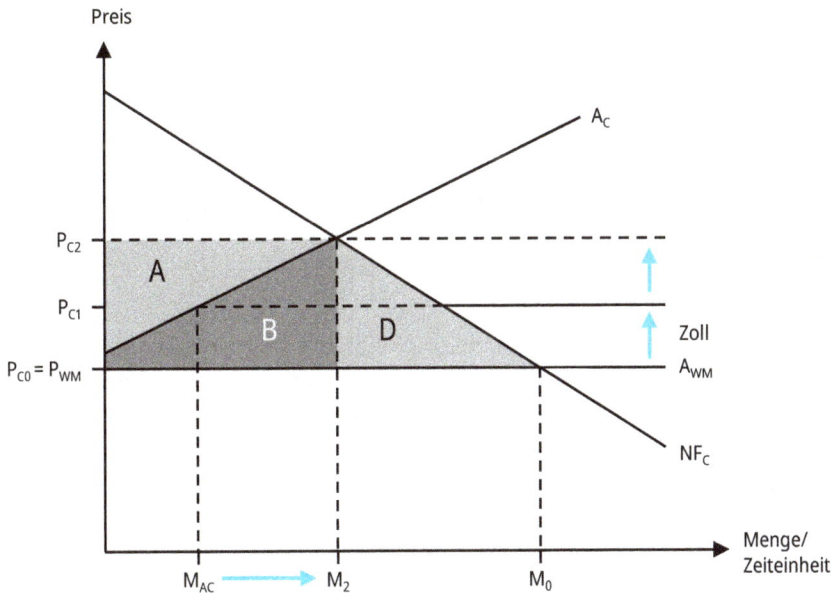

Abbildung 7.4: Die Wirkung eines prohibitiv hohen Einfuhrzolls.

7.3.2 Ausfuhrzölle

Blicken wir jetzt auf die Zusammenhänge bei der Einführung eines Exportzolls. Hierbei wollen wir auch für ein Land G, etwa Argentinien, unterstellen, dass keinerlei Außenhandelsbeschränkungen zu Beginn unserer Betrachtung bestehen: Waren können also im Moment noch zollfrei ein- und ausgeführt werden. Weiters wollen wir annehmen, dass argentinische Anbieter bei Rindfleisch besonders wettbewerbsfähig sind, weshalb sie beim momentanen Weltmarktpreis (P_{WM}) nicht nur die heimische Rindfleischnachfrage (NF_G) vollständig bedienen, sondern auch einen substanziellen Teil ihrer Produktionsmenge M_{AG1} exportieren (siehe Abbildung 7.5).

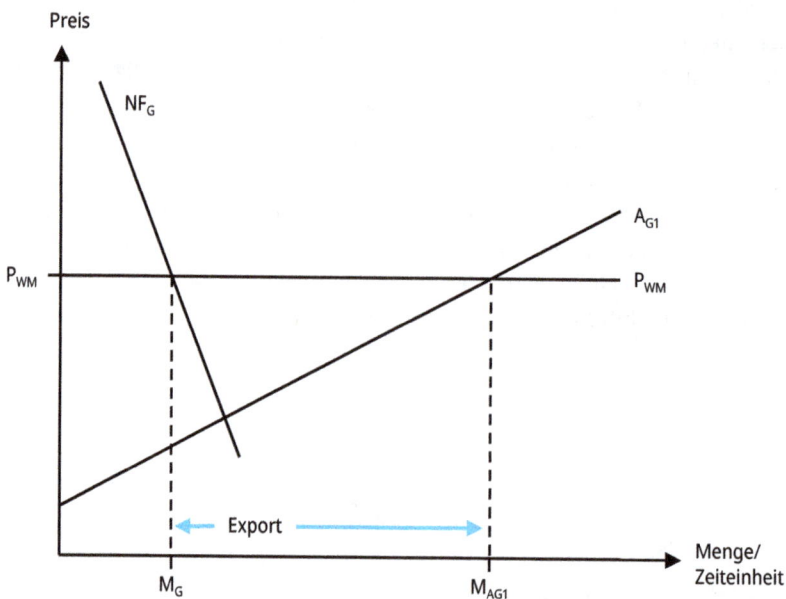

Abbildung 7.5: Ausgangssituation für die Produzenten eines Landes ohne Exportzölle.

Erhebt die Regierung Argentiniens nun einen Ausfuhrzoll auf Rindfleisch, verschlechtert sich die Wettbewerbsfähigkeit aller inländischen Rindfleischproduzenten auf dem Weltmarkt: Bei einem unveränderten Verkaufspreis (P_{WM}), die wir hier unterstellen wollen,[785] wirkt die neue Abgabe auf Rindfleischausfuhren bei den argentinischen Exporteuren nämlich so, als ob sich ihre Produktionskosten erhöht hätten.

---

785 Die Annahme vom kleinen Land ist in der Einführung zu diesem Kapitel 7.2 zur Sprache gebracht worden. Hat das betroffene Land bei dem betrachteten Gut einen hohen Marktanteil auf dem Weltmarkt und ist für diesen damit relevant, dann wird sich die Einführung einer inländischen Exportsteuer auf dem Weltmarkt preislich durchschlagen, denn das Weltmarktangebot reduziert sich – die Ware

Da höhere Kosten ceteris paribus den Gewinn mindern, wird sich der ein oder andere Rinderzüchter in der argentinischen Pampa aus dem Exportgeschäft bald zurückziehen: Für diese Anbieter lohnt sich die Auslandsvermarktung ihrer Produkte unter den neuen Rahmenbedingungen nur noch begrenzt oder schlichtweg gar nicht mehr. Insofern werden die Rindfleischhersteller Argentiniens nicht nur eine kleinere Menge exportieren, sondern im Ergebnis auch eine insgesamt geringere Menge M_{AG2} herstellen (siehe Abbildung 7.6).

Aus wohlfahrtsökonomischer Perspektive schlägt sich ein solcher Zoll prompt auf die **Produzentenrente** im argentinischen Rindfleischsektor nieder. Konkret gehen den argentinischen Anbietern von ihrer vormaligen Rente die Segmente A und B verloren (siehe Abbildung 7.6). Das Feld A repräsentiert dabei die **Exportsteuern**, die dem argentinischen Staat fortan zufließen: Schließlich führen die heimischen Unternehmen weiterhin Rindfleisch aus, wenn auch in geringerem Umfang. Der Verlust des Dreiecks B ist hingegen an die Menge gekoppelt, um die sich der Fleischexport dauerhaft reduziert (M_{AG1} minus M_{AG2}).

Durch die Zolleinführung schrumpft die Rente der argentinischen Fleischexporteure also auf die grauschraffierte Fläche zusammen. Unter der Annahme unveränderter Weltmarktpreise bleibt die Konsumentenrente der Argentinier unberührt.[786]

Eine interessante Anschlussfrage betrifft in unserem Fallbeispiel die Rindfleischmenge, die durch die staatliche Zollpolitik zu exportieren nun nicht mehr lohnt! Dass diese Menge im Umfang von M_{AG1} minus M_{AG2} von den Rindfleischerzeugern Argentiniens zeitnah aus dem Markt genommen wird, versteht sich. Was aber geschieht, wenn die argentinischen Züchter von der Einführung einer Ausfuhrsteuer überrascht werden und das für den Export bestimmte Vieh schon in der Pampa grast? Immerhin sind den heimischen Rinderzüchter dafür Kosten im Umfang des Feldes C entstanden!

---

wird knapper. Dann hätten wir ein *großes* Land. Tatsächlich könnte Argentinien bei Rindfleisch oder Sojabohnen ein relevanter Spieler auf dem Weltmarkt sein. Ähnlich Ghana oder die Elfenbeinküste bei Kakao oder Chile und Sambia bei Kupfer. Im Rahmen dieses Buches wollen wir diesen Umstand ausblenden. Zur Thematik des kleinen bzw. des großen Lands siehe auch Hoffmann/Fikentscher, 1982, S. 631.

786 Die Annahme unveränderter Weltmarktpreise ist selbstredend zu hinterfragen, allen voran, wenn das betrachtete Land ein wesentlicher Akteur auf dem Weltmarkt ist. Durch das reduzierte Angebot der Exporteure unseres Modelllandes würde sich das Angebot auf dem Weltmarkt verkürzen, was dort (und nachgelagert im Inland) wiederum Preissteigerungstendenzen auslöst.

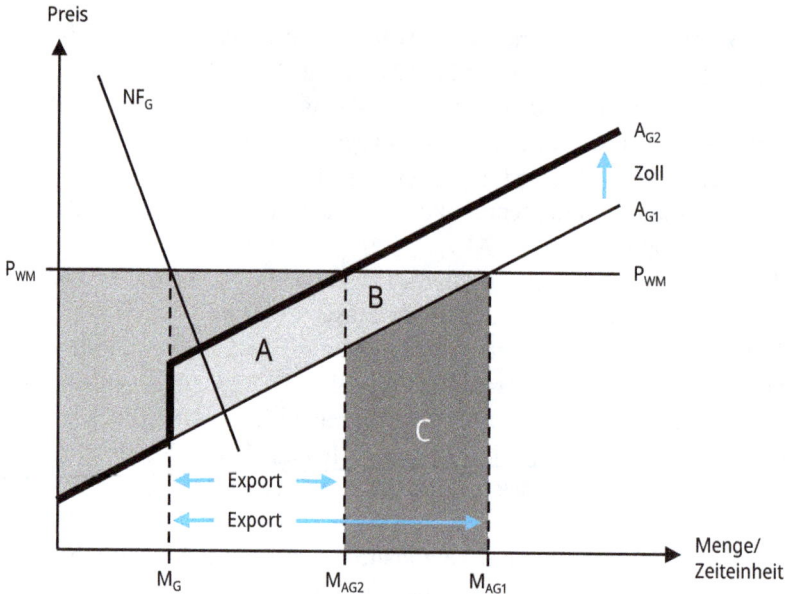

Abbildung 7.6: Wohlfahrtsökonomische Wirkung der Einführung eines Exportzolls.

Das soeben gewählte Beispiel einer Zolleinführung auf Rindfleischausfuhren anhand von Argentinien darf als semi-fiktiv betrachtet werden. Zur Vollständigkeit wie auch zur Illustration, dass unsere Modelle keine Kopfgeburten ohne praktische Erklärungskraft sind, geben wir an dieser Stelle noch ein paar Eckdaten des realen Falles wieder. Nach einem Staatsbankrott war Néstor Kirchner im Jahre 2003 zum Präsidenten Argentiniens gewählt worden. In seinem Wahlkampf hatte er der Bevölkerung unter anderem versprochen, Arbeitslosigkeit und Armut zu bekämpfen. Nachdem es ihm gelungen war, einen Schuldenschnitt mit den ausländischen Gläubigern zu vereinbaren, begann sich die argentinische Wirtschaft zu erholen, so auch der Export von Rindfleisch. Im Jahr 2005 verkaufte das Land davon 771.000 Tonnen auf dem Weltmarkt. Argentinien war zum drittgrößten Exporteur dieser Ware weltweit emporgestiegen.

Da es zu den Wahlversprechen Kirchners gehörte, für günstige Lebensmittel auf den Tischen der Argentinier zu sorgen, waren steigende Rindfleischpreise im Inland politisch unschön. Infolgedessen entschied sich seine Regierung, die Ausfuhr von Rindfleisch für mehrere Wochen vollständig zu verbieten, bevor sie diese anschließend stark eingeschränkt wieder ermöglichte.

Aufgrund dieses dirigistischen Eingriffs entstand auf dem Binnenmarkt ein temporäres Überangebot an Fleisch, was die Preise in den Metzgereien zum Purzeln brachte. Kirchner hatte also erreicht, was er versprochen hatte. Die Freude hielt aber nicht lange, da der Präsident die Rechnung ohne seine (Vieh-)Wirte gemacht hatte: Für die argentinischen Rinderzüchter lohnte sich nämlich das Geschäft jetzt weniger, einige traten kürzer, andere stiegen ganz aus. Zahlreiche von ihnen wandten sich dem Sojaanbau zu.[787] Unterdessen sank in der Folgezeit der Rinderbestand in der Pampa um mehr als 15 Prozent auf unter 50 Millionen Tiere. Während Argentinien dadurch auf dem Weltexportmarkt für Rindfleisch auf den zwölften Platz zurückfiel, stiegen die Preise an den Fleischtheken des Landes erneut an.[788]

7.3.3 Zwischenfazit zur Wirkungsweise von Zöllen

Die Diskussionen in den vorangegangenen Abschnitten haben gezeigt, dass jeder Zoll eine **allokative** und eine **verteilungspolitische Wirkung** ausübt. Im Gefolge des Zolls verändern die Marktakteure ihr Verhalten und passen sich an die neuen Gegebenheiten an. Ein Einfuhrzoll, erstmalig eingeführt oder erhöht, erzeugt einen **Umverteilungseffekt** zugunsten einheimischer Produzenten. Den Schaden tragen hingegen die inländischen Nachfrager des zollbelasteten Guts sowie Teile der ausländischen Anbieter. Bei einem Ausfuhrzoll sind die Verhältnisse entgegengesetzt: Der exportierende Teil unter den heimischen Hersteller wird belastet, seine Produzentenrente sinkt – **nicht durch** einen intensiven, **dynamischen Wettbewerb**, sondern durch staatlichen Eingriff.

Hinsichtlich der **Allokation** haben die Erörterungen verdeutlicht, dass Zölle die **effizienteste Verwendung** knapper Ressourcen innerhalb einer Volkswirtschaft **beeinträchtigen**: Einfuhrzölle können **verhindern**, dass es in der betroffenen Branche zu einem **dynamischen Wettbewerb** in der Weise kommt, dass die langfristig günstigsten Preise mit dem geringsten Aufwand erreicht werden. Stattdessen werden einheimische Unternehmen in Aktivitäten gelenkt, bei denen sie ohne diese Zollschutz nicht wettbewerbsfähig sind. Bestehende bzw. entstandene Überrenditen der inländischen Produzenten geraten nicht unter Druck, regen die Begünstigten eher zu Lobbyarbeit („Rent-Seeking") ein. Aus einer komparativ-statischen Perspektive stehen Einfuhrzölle also der Idee sichtlich entgegen, Wirtschaft habe letztlich eine Konsumentenveranstaltung zu sein.

Allokative und distributive Effekte gehen auch von Ausfuhrzöllen aus: Heimische Unternehmen, die vom Ausfuhrzoll betroffen sind, werden nun ihre Ressourcen zumindest teilweise in andere Aktivitäten fließen lassen. Diese bilden aus allokativer Perspektive im Vergleich mit dem zollfreien Zustand immer nur Zweitbestlösungen. Die optimale allokative Effizienz wird also bei einem Ausfuhrzoll genauso verfehlt wie beim Einfuhrzoll, da in beiden Fällen die knappen inländischen Ressourcen *wegen* der

---

787 Für das vielfach unverständliche Opportunitätskosten-Argument (siehe Lektion 3, Kapitel 3.3.1.1.), wonach sich das Angebot bzw. die Angebotsmenge eines Anbieters bei einem bestimmten Gut auch *von den Preisen aller anderen Gütern* leiten lässt, ist das ein anschauliches Praxisbeispiel. Da von der beschriebenen Zollpolitik der Regierung das Exportgut Soja nicht betroffen war, erhöhte sich für den argentinischen Landwirt die Attraktivität des Sojabohnenanbaus gegenüber der Rindzucht. Steigende Sojapreise auf dem Weltmarkt taten ihr übriges.

788 Vgl. Klaubert, 21.10.2015.

Zölle nicht in ihre beste Verwendung gelenkt werden. **Zölle** führen demnach immer zu **allokativer Ineffizienz.**

An dieser Stelle wollen wir betonen, dass wir uns in der einführenden Darstellung von Zolleffekten auf **Nominalzölle** beschränkt haben. Nicht zuletzt in der wirtschaftspolitischen Praxis sind diese vom sogenannten **Effektivzoll** zu unterscheiden. Den Unterschied wollen wir anhand eines Beispiels illustrieren: Führt eine Regierung etwa zur Förderung der heimischen Metallverarbeitungsbetriebe einen Zoll in Höhe von zwanzig Prozent auf die Einfuhr aller Metallerzeugnisse ein, so wird diese Maßnahme ihre Wirkung haben (siehe Kapitel 7.3.1.). Neue inländische Betriebe treten in den Markt ein, bestehende weiten ihr bisheriges Angebot aus. Dies entfaltet eine zusätzliche Nachfrage nach Eisenerz bzw. Rohstahl bei den betreffenden Betrieben. Können alle Vorprodukte zum unverzerrten Weltmarktpreis weiterhin bezogen werden, dann entspricht im metallverarbeitenden Gewerbe dieses Landes der Nominalzoll dem Effektivzoll. Sind aber die notwendigen Vorprodukte ebenfalls mit einem Einfuhrzoll belegt, dann reduziert sich der effektive Schutz für den heimischen Verarbeiter von Metall: Seine ausländischen Konkurrenten können schließlich die notwendigen Vorprodukte weiterhin zum Weltmarktpreis zollfrei beziehen!

Politiker, Beamte und Lobbyisten übersehen diesen bedeutsamen Unterschied zwischen Nominal- und Effektivzoll schon mal, wenn sie Zollsysteme konzipieren oder anpassen. Da die Komplexität der wirtschaftlichen Verflechtung nicht immer leicht von außen zu durchdringen ist, lassen Zollregime auch heute noch – zumindest temporär – merkwürdige Blüten treiben.[789]

7.4 Schlussbemerkungen

Die Einsichten klassischer und neoklassischer Ökonomen zur Offenheit einer Volkswirtschaft haben wir auf zwei methodischen Wegen kennengelernt. Mit dem mikroökonomischen Instrumentarium, also dem neoklassischen Standarddiagramm des Marktes, ist es uns ohne große Schwierigkeiten gelungen, abzuleiten, dass Zölle die optimale Allokation der Ressourcen beeinträchtigen und damit die Ausschöpfung des bestehenden Wohlfahrtspotenzials verhindern.

Diese Sichtweise steht unbestreitbar in der Tradition der englischen Klassiker, allen voran zu Adam Smith und David Ricardo, die ebenfalls auf der argumentativen **Grund-**

---

789 In Russland konnte man in den frühen 2000er Jahren folgende Kuriosität beobachten: Zur Förderung der heimischen Produktion war der Import von Autoreifen mit einem (hohen) Nominalzoll belegt. Übersehen wurde, dass das neue Zollsystem den russischen Autohändlern den Anreiz lieferte, aus Westeuropa ganze Räder einzuführen: Aufgezogen auf (zollfreien) Altfelgen (!), die vor Ort direkt verschrottet wurden, konnte der effektive Zoll auf diese westeuropäischen Qualitätsreifen gegenüber dem Nominalzoll deutlich gesenkt werden. Der effektive Schutz der russischen Reifenproduzenten war entsprechend geringer als es der Nominalzoll auf den ersten Blick erscheinen ließ.

lage der **Ressourcenallokation** begründet haben, dass Außenhandel ein **Positivsummenspiel** kreiert, welches durch internationale Arbeitsteilung den **Kuchen** für **alle** beteiligten **Länder vergrößert.**

Angesichts dieser Erkenntnisse, kann es nicht verwundern, dass zur Maximierung der ökonomischen Wohlfahrt gefordert wurde, jedwede Form von Handelsrestriktionen abzuschaffen. Tatsächlich gehört „der Freihandel [...] zum vorwiegend britischen Credo eines konsequenten Wirtschaftsliberalismus"[790] – eine Haltung, die auch die deutschen Ordoliberalen teilen.

Bemerkenswerter als dieser Befund dürfte für manch einen vielleicht sein, dass auch das sozialistische Deutschland, die DDR, die wirtschaftlichen Vorzüge des länderübergreifenden Handels prinzipiell nicht verkannt hatte:

> Die Außenwirtschaft trägt dazu bei, die Produktion auf der Basis des wissenschaftlich-technischen Höchststandes zu erweitern und zu vervollkommnen, indem sie die Spezialisierung und Konzentration der Volkswirtschaft auf hochproduktive strukturbestimmende Produktionszweige unterstützt, ihre Maßstäbe maßgeblich erweitert, die Rationalisierung der Produktion fördert und die umfassende Nutzung der Wissenschaft als Produktivkraft beschleunigt. Sie [...] kann der Volkswirtschaft durch [...] den Import hochproduktiver Produktionsmittel zusätzliche Wachstumsquellen erschließen. Damit leistet die Außenwirtschaft einen wichtigen Beitrag zur Schaffung der materiellen Voraussetzungen für die möglichst vollständige Befriedigung der wachsenden Bedürfnisse der sozialistischen Gesellschaft und die allseitige Entwicklung ihrer Mitglieder.[791]

Schaut man sich nun in der Welt um, wird man leicht feststellen, dass die Idee vom Freihandel alles, aber gewiss keine gelebte Realität darstellt: Sie ist und war stets kontrafaktisch – in der Deutschen Demokratischen Republik etwa aus *politisch-ideologischen* Gründen.[792]

Welche weiteren Motive, allen voran welche ökonomischen Argumente, für die Bewahrung oder Einführung von Zöllen und damit für eine partielle Abschottung der heimischen Wirtschaft vom Welthandel vorgebracht wurden bzw. werden, wollen wir in Lektion 8 nun gleich näher betrachten!

---

790 Leidinger, 2008, S. 64.

791 o. V., 1969, S. 457. Das Ziel des Außenhandels wurde bereits auf S. 456 wie folgt benannt: „Bei der Anwendung des ökonomischen Systems des Sozialismus in der Außenwirtschaft besteht das Ziel darin, einen [...] maximalen und stabilen Zuwachs an Nationaleinkommen zu sichern."

792 Mit dem „Klassenfeind" im Westen wurde selbstverständlich auch zu DDR-Zeiten gehandelt. Allerdings nur soweit, wie es aus Sicht des Politbüros unerlässlich schien. Schon der Bau einer befestigten Grenze macht greifbar, dass umfassender Freihandel kein Konzept der Ostberliner Staatsführung gewesen sein konnte!

Kontrollfragen

– Welche Ansicht vertraten die Merkantilisten in Bezug auf den grenzüberschreitenden Handel und wie begründet sich diese Haltung?
– Eine Neubewertung des Außenhandels vollzieht sich dann mit Adam Smith: Aus welchen Gründen ist nach ihm Außenhandel fruchtbar?
– Inwieweit hat David Ricardo den handelspolitischen Gedanken von Smith weiterentwickelt?
– Welche Länder profitieren nach Ricardo vom internationalen Handel und warum?
– Welche weiteren Motive zur Aufnahme außenwirtschaftlicher Beziehungen gibt es, die Ricardo in seinem berühmten Beispiel nicht adressiert hat?
– Wieso lassen sich die Wohlfahrtseffekte, die sich durch Außenhandel einstellen, indirekt als technischer Fortschritt interpretieren?
– Wen begünstigt die Einführung eines Importzolls auf welche Weise?

Anhang A: Das Ricardo-Modell unter modifizierten Produktionsbedingungen

Im Haupttext haben wir anhand eines einfachen Zwei-Güter-Zwei-Länder-Modells verdeutlicht, dass auf der Grundlage komparativer Kostenvorteile Handelsbeziehungen entstehen können, die für jedes beteiligte Land wohlfahrtssteigernd sind. Betont haben wir dabei, dass diese relativen Kostenvorteile *kreuzweise* vorliegen müssen. Erst mit dieser Feststellung ist das zweistufige Prüfverfahren durchlaufen, auf dessen Basis sich dann fruchtbare Handelsbeziehungen initiieren lassen.

An dieser Stelle wollen wir zur Verständnisabrundung auf zwei *theoretisch* interessante Fälle eingehen. Zum einen, dass im Rahmen der zweiten Stufe festgestellt wird, dass die sektoralen Stärken der heimischen Wirtschaft auch die der ausländischen sind. Mit anderen Worten: relative Stärken und relative Schwächen sind über die beteiligten Länder nicht kreuzweise verteilt, sondern stehen sich gespiegelt gegenüber. Zum anderen wollen wir auf einen Fall blicken, in dem ein Land schon auf der ersten Stufe des Prüfprozesses bemerkt, keine relativen Stärken bzw. Schwächen zu besitzen. Bei der Illustration dieser zwei Fälle bleiben wir dem Ricardo-Modell im Grundsatz treu.

Zur frühzeitigen Vermeidung von Missverständnissen sei bemerkt, dass die beiden folgenden Gedankenexperimente theoretisch interessant sein mögen, sie aber *praktisch bedeutungslos* sind.

Fall 1: Portugal besitzt in beiden Sektoren absolute Kostenvorteile! Darüber hinaus hat Portugal eine sektorale Stärke in der Weinproduktion. Anders als zuvor hat jetzt auch die englische Wirtschaft ihre relative Stärke in diesem Sektor (siehe Tabelle 7.8):

Tabelle 7.8: Nationale Kostenvorteile im gleichen Sektor.

	Portugal (Herstellungskosten in Arbeitsstunden)	England (Herstellungskosten in Arbeitsstunden)
Wein (1 Gallone)	80	90
Tuch (1 Yard)	100	120

Bei unveränderten Konsumbedürfnissen entstünden bei der Produktion von jeweils einhundert Einheiten Tuch und Wein folgender Arbeitsaufwand in Autarkie (Tabelle 7.9).

Tabelle 7.9: Produktionskosten bei gleicher sektoraler Stärke in Autarkie.

Autarkie (= ohne Handel)	In Portugal	In England	Beide
Gallonen Wein (je 100 Einheiten)	8.000	9.000	17.000
Yard Tuch (je 100 Einheiten)	10.000	12.000	22.000
Gesamte Arbeitszeit (in Std.)	18.000	21.000	39.000

Über geringe Opportunitätskosten verfügen beide Länder nun in der Weinproduktion; d. h. die komparativen Kostenvorteile treten *nicht* kreuzweise auf (siehe Tabelle 7.10):

Tabelle 7.10: Opportunitätskosten bei autarker Güterproduktion und gleicher sektoraler Stärke.

		In Portugal	In England
Verzichtskosten	**Wein** (1 Gallone)	0,8	0,75
bei der Herstellung	in **Tuch**	Yard	Yard
einer Einheit	**Tuch** (1 Yard)	1,25	1,33
von ... in ...	in **Wein**	Gallone	Gallone

Setzte sich in den einst autarken Ländern nun doch der Wunsch zur Handelsaufnahme durch, dann stellte sich mit der Spezialisierung das folgende Ergebnis ein (Tabelle 7.11).

Tabelle 7.11: Produktionskosten bei fehlenden komparativen Kostenvorteile und bilateralem Handel.

Nach Aufnahme von Handel	In Portugal	In England	Beide
Gallonen Wein (200 bzw. 0 Einheiten)	–	18.000	18.000
Yard Tuch (0 bzw. 200 Einheiten)	20.000	–	20.000
Gesamte Arbeitszeit (in Std.)	20.000	18.000	38.000

Im Gesamtsystem der beiden Länder würde jetzt 1.000 Stunden weniger für den gleichen Konsum benötigt werden. Die Einsparungen gehen allerdings einseitig zugunsten Englands, während das mit absoluten Kostenvorteilen ausgestattete Portugal bei einer solchen Neuausrichtung der Produktion sich verschlechtert. Für den gleichen Lebensstandard müssten die Portugiesen jetzt 2.000 Stunden mehr arbeiten. Zu allem Überfluss bekäme sie mit einem solchen produktions- und handelspolitischen „Schachzug" eine bis dato unbekannte Abhängigkeit von England hinzu. Kurzum: Portugal müsste mit dem Klammerbeutel gepudert sein, wenn es auf dieser produktionstechnischen Basis die Aufnahme von Handelsbeziehungen mit England anstrebte.

Allerdings darf der hier illustrierte Fall ins Reich der bedeutungslosen Kopfgeburten verabschiedet werden. Denn in der realen Welt wird in jedem Land eine ungeheure Anzahl an prinzipiell handelbaren Gütern hergestellt, so dass die Sorge unberechtigt ist, zwei Länder könnten über alle ihre Wirtschaftszweige hinweg derart ähnliche Produktionsverhältnisse haben, dass sich komparative Kostenvorteile im länderübergreifenden Abgleich ausschließlich gespiegelt und nicht gekreuzt auffinden lassen.

An der einseitigen Verteilung der Handelsgewinne ändert sich im Übrigen nichts, sofern sich Portugal auf die Weinproduktion konzentriert und England sich auf die Tuchproduktion spezialisiert. In diesem Falle würde es Portugal gelingen, 2.000 Arbeitsstunden einzusparen. Doch in England würde man für den gleichen Wohlstand jetzt 3.000 Stunden länger arbeiten müssen. Eine nicht sonderlich verlockende Idee. Insofern kommt ein internationaler Tuch-gegen-Wein-Handel nicht zustande!

Fall 2: Nehmen wir jetzt an, dass Portugal in beiden Branchen gegenüber England absolute Kostenvorteile aufweist ohne dabei in einem der beiden Sektoren stärker zu sein als im anderen (siehe Tabelle 7.12). Da England weiterhin über eine relative Stärke in der Tuchproduktion verfügt, stellt sich in Bezug auf den internationalen Handel die Frage nach dem quo vadis?

Tabelle 7.12: Absolute Kostenvorteile in Portugal bei sektoraler Stärkenlosigkeit.

	Portugal (Herstellungskosten in Arbeitsstunden)	England (Herstellungskosten in Arbeitsstunden)
Wein (1 Gallone)	90	120
Tuch (1 Yard)	90	100

Auf Grundlage dieser Produktionsbedingungen stellt sich in Bezug auf die sektoralen Verzichtskosten stets ein Wert von 1,0 für Portugal ein (siehe Tabelle 7.13). Bei England sind die Werte gegenüber dem Haupttext unverändert.

Tabelle 7.13: Identische Opportunitätskosten in Portugal mangels einer sektoralen Stärke.

		In Portugal	In England
Verzichtskosten	**Wein** (1 Gallone)	1,0	1,2
bei der Herstellung	in **Tuch**	Yard	Yard
einer Einheit	**Tuch** (1 Yard)	1,0	0,83
von ... in ...	in **Wein**	Gallone	Gallone

In Autarkie käme es bei unveränderten Konsumgewohnheiten in den beteiligten Ländern zu folgendem Arbeitsaufwand (Tabelle 7.14):

Tabelle 7.14: Produktionskosten in Autarkie bei fehlender Branchenstärke in Portugal.

Autarkie (= ohne Handel)	In Portugal	In England	Beide
Gallonen Wein (je 100 Einheiten)	9.000	12.000	21.000
Yard Tuch (je 100 Einheiten)	9.000	10.000	19.000
Gesamte Arbeitszeit (in Std.)	18.000	22.000	40.000

Würde England infolge seiner komparativen Kostenvorteile in der Tuchherstellung die Aufnahme von Handelsbeziehungen zu Portugal initialisieren, dann käme es in den beiden Ländern zu dem anschließenden Arbeitsaufwand (siehe Tabelle 7.15):

Tabelle 7.15: Produktionskosten bei fehlender Branchenstärke in einem Land und bilateralem Handel.

Nach Aufnahme von Handel	In Portugal	In England	Beide
Gallonen Wein (200 bzw. 0 Einheiten)	18.000	–	18.000
Yard Tuch (0 bzw. 200 Einheiten)	–	20.000	20.000
Gesamte Arbeitszeit (in Std.)	18.000	20.000	38.000

Erneut werden mit Handelsaufnahme bei unverändertem Konsumwunsch im Gesamtsystem weniger Arbeitsstunden benötigt. Von diesen Einsparungen profitiert – wenig überraschend – allein England. Portugal, das soweit keine sektorale Stärke entwickelt hat, schichtet lediglich um. Es „gewinnt" für diese Produktionsumstellung einzig die Abhängigkeit von England hinzu.

Man darf davon ausgehen, dass bei einer solchen Konstellation Portugal kein Interesse an der Aufnahme von Handelsbeziehungen mit England hegt. Gleichwohl ist es ausgeschlossen, dass in einer Volkswirtschaft sektorübergreifend alle Aktivitäten gleichermaßen gut beherrscht werden. Insofern ist auch dieses Beispiel ein reine Kopfgeburt *ohne* praktische Relevanz.

Anhang B: Treiber des Außenhandels – Transport- und Kommunikationskosten

Ungeachtet konkreter Zollsätze und/oder nicht-tarifärer Handelshemmnisse wird der internationale Gütertausch maßgeblich von den Transport- und Kommunikationskosten angetrieben.[793]

Kann bereits die Höhe von einer dieser beiden Kostenarten durch technologischen Fortschritt gesenkt werden, so darf man ceteris paribus davon ausgehen, dass dieser Umstand eine weitere handelswirtschaftliche Verflechtung begünstig.

Insofern sind über das ganze 19. Jahrhundert mit sprichwörtlich wegweisenden Erfindungen die Voraussetzungen für internationalen Handel kontinuierlich verbessert worden – und zwar gewaltig: zunächst mit der Erfindung der *Eisenbahn* (1825) und ihrer anschließenden Verbreitung,[794] dann mit der *Dampfschifffahrt* und schließlich – zum Ende des Jahrhunderts – mit der Entwicklung der *Kraft-* und *Lastfahrzeuge*.[795] Alle diese Innovationen trugen wie auch wenig später das *Flugzeug* dazu bei,[796]

---

[793] Aus diesem Grunde ist die räumliche Nähe zum Handelspartner eine wesentliche Determinante von Handelsbeziehungen. Mit anderen Worten: Gerade unter Nachbarländern wird relativ viel gehandelt.

[794] Auf die Entwicklung des Eisenbahnwesens gehen wir in Lektion 11 näher ein. Hier soll mit Wala der Hinweis genügen, dass sich in den USA die Frachtkosten durch den Eisenbahnbau bereits bis 1860 um die Hälfte gegenüber der eisenbahnlosen Vorzeit haben senken lassen. Vgl. Wala, 2018, S. 227. Die erste transkontinentale Eisenbahnverbindung war in den Vereinigten Staaten dann im Jahr 1869 fertiggestellt worden. Damit begann ein rapider Prozess der Kolonisierung der ausgedehnten Grasländer der Great Plains. Zwischen 1860 und 1930 wurden etwa 60 Mio. Hektar Grasland umgebrochen und mit Getreide, Mais und Weizen m trockenen Westen bestellt. In der Folge stieg die Getreideproduktion in den USA und Kanada zwischen 1880 und 1930 von 50 auf 130 Mio. Tonnen. Vgl. Krausmann/Langthaler, 2016, S. 88 ff.

[795] Zur historischen Einordnung sei festgehalten, dass in den Vereinigten Staaten auf dem Hudson River im Jahr 1807 das erste Dampfschiff fuhr. Vgl. Wala, 2018, S. 222. In Deutschland setzte diese Entwicklung ein wenig später ein. Auf dem Bodensee verkehrte das erste Dampfschiff im Jahr 1824, nachdem zuvor bereits auf den Flüssen (ab 1818) Dampfschiffe gesehen worden waren. Vgl. Schatt, 1993, S. 137. Schumpeter verweist darauf, dass das erste deutsche Dampfschiff den Atlantik im Jahr 1850 überquerte. Waren Dampfschiffe für die Handelsmarine bis ins Jahr 1873 noch relativ unbedeutend geblieben, so änderte sich die Stellung dieser Transportart dann bis 1880 schlagartig. Die Schiffsfrachtsätze sanken daraufhin bis 1894 auf ein Fünftel ihres Ausgangsniveaus von 1873. Vgl. hierzu Schumpeter, 2010, S. 334 und S. 363 f. In Bezug auf die Kraftfahrzeuge sei daran erinnert, dass Gottfried Daimler und Wilhelm Maybach im Jahr 1886 den ersten vierrädrigen Kraftwagen mit einem Otto-Viertaktverbrennungsmotor bauten und Henry Ford die Fließbandfertigung in der Automobilindustrie im Jahr 1913 einzuführen begann. Vgl. hierzu z. B. Braun, 2005, S. 81 f.

[796] Den ersten (dokumentierten) Motorflug führten die Gebrüder Wright im Dezember 1903 in North Carolina durch. Ihr Flugzeug war ausgestattet mit einem 12 PS-Benzinmotor. Der Flug dauerte zwölf Sekunden (!), die Flugstrecke blieb unter 60 Meter. Alle damaligen Flugpioniere versuchten sich mit Fluggeräten gebaut aus Holz. Das erste Ganzmetallflugzeug stellte dann Hugo Junkers im Jahr 1915 her; diese Metallbauweise setzte sich allerdings erst in den 1930er Jahren durch. Zu dieser Zeit war die At-

dass hohe Lasten nicht nur über größere Distanzen, sondern auch in kürzerer Zeit transportiert werden konnten – was ab den 1870er Jahren gerade dem internationalen Handel mit Agrargütern einen kräftigen Schub gab (siehe Lektion 5, und das dortige Kapitel 7.2.2.1.4. zur europäischen Agrarkrise von 1875/76).

Springt man in der Zeit vor und blickt auf die Kostenentwicklung bei Seefracht und Lufttransport in den letzten rund einhundert Jahren, so lässt sich feststellen, dass beide Kostenarten nach dem Zweiten Weltkrieg bereits ein Niveau erreicht hatten, dass spürbar unter dem bei Ausbruch der Weltwirtschaftskrise von 1929 lag. Gleichwohl sanken beide Kostenarten in der Folgezeit weiter, allen voran die Flugkosten. Am rapidesten gingen allerdings die Telekommunikationskosten zurück, die bereits um das Jahr 1950 nur noch ein Fünftel der Kosten verschlangen, die zu Beginn des Beobachtungszeitraums angefallen waren (siehe Abbildung 7.7).

Mit Blick auf die heutigen Kommunikationskosten lässt sich – zumindest zu Anfang des 21. Jahrhunderts – konstatieren, dass mit dem Internet heute ein Medium zur Verfügung steht, mit dem man rund um den Globus nahezu kostenlos ohne Zeitverzug kommunizieren kann. Die zeit- und kostenaufwendige Übermittlung von Nachrichten im Mittelalter, etwa für die Fugger, die von Augsburg aus u. a. Bergbau in Südamerika betrieben, mag man sich heute kaum noch vorstellen. Zu einer Zeit als die Eisenbahn allmählich Verbreitung fand, benötigten die Postkutschen allein zwischen Wien und Hamburg zwischen 188 und 288 Stunden. Damit waren die Kutschen trotz aller Versuche, die Prozesse zu verbessern, gegenüber der neuen Schienenkonkurrenz auf der Fernstrecke nicht mehr wettbewerbsfähig: die Bahn schafft die Strecke Hamburg-Wien bald in 30 Stunden.[797]

Die Kommunikation wurde weiter erleichtert mit der *Telegraphie*, die das Informationszeitalter einleitete.[798] Allen voran die Verlegung des ersten Transatlantikkabels im Jahr 1866 wie auch der in den frühen 1920er Jahren entstandene Fernschreiber stellten Meilensteine für die Kommunikation über große Distanzen dar.[799] Das *Telefon*, das Alexander Graham Bell im Februar 1876 zum Patent angemeldet hat, verbreitete sich zwar schnell, doch beschränkte sich dieses zunächst noch auf eine relativ kleinräumige Kommunikation: Seine anfängliche Reichweite lag bei 30 km. Die Einführung der Induktionsspule zur Jahrhundertwende ermöglichte dann ein Telefonat über 2.000 km,

---

lantiküberquerung auf dem Luftweg bereits gelungen, nicht zuletzt der erste Nonstopflug von New York nach Paris durch Charles A. Lindbergh im Jahre 1927. Vgl. Braun, 2005, S. 92.

797 Die Postkutschen versuchten den Konkurrenzkampf durch den Eilwagen zu bestehen. Doch mit dem Eilwagen gelang es den Postkutschen lediglich, die Reisezeit zwischen Hamburg und Wien auf 143 Stunden zu reduzieren. Vgl. Schatt, 1993, S. 135 f.

798 „Die erste Telegrafenlinie zwischen Baltimore und Washington, D.C. wurde 1843 eingerichtet, und schon 1860 überzogen 50.000 Meilen Telegraphendrähte das Land. Im selben Jahr gab es bereits beinahe 30.000 Poststellen, und auch beim Postversand waren die Kosten stark gesunken. Hatte es 1816 noch etwa fünfzig Cent gekostet, einen Brief an einen vierhundert Meilen entfernten Ort zu verschicken, so war das Porto für diese Strecke im Jahr 1850 auf drei Cent gesunken." Wala, 2018, S. 229.

799 Vgl. Braun, 2005, S. 56,

bevor mit dem Einsatz der Elektronenverstärkerröhre ab dem Jahr 1915 ein Gespräch über eine Reichweite von 4.500 km gelang. Gegenüber der Telegraphie – die noch bis etwa 1960 eine Rolle spielte – setzte sich das Telefon allerdings erst nach dem Zweiten Weltkrieg durch.[800]

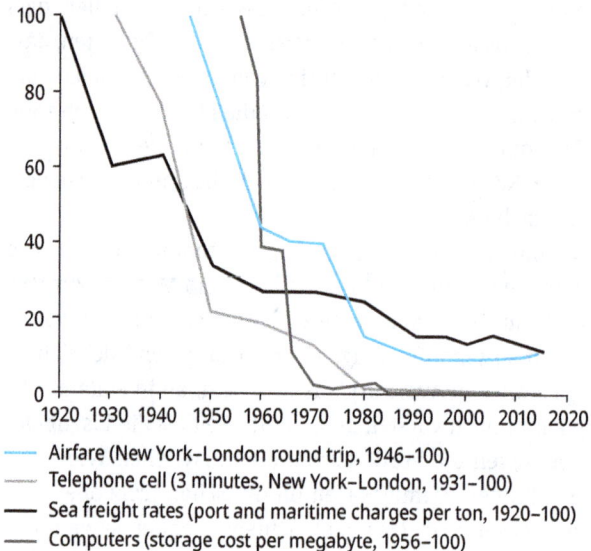

—— Airfare (New York–London round trip, 1946–100)
—— Telephone cell (3 minutes, New York–London, 1931–100)
—— Sea freight rates (port and maritime charges per ton, 1920–100)
—— Computers (storage cost per megabyte, 1956–100)

Abbildung 7.7: Entwicklung der Transport- und Kommunikationskosten zwischen 1920 und 2015, indexiert.[801]

---

800 Vgl. Braun, 2005, S. 76.
801 Die Abbildung basiert auf dem World Development Report, 2020, S. 20.

Lektion 8
Zollmotive und die Kritik am Ideal des freien Handels

8.1 Einführung

In einer Zeit, zu der sich Europa in der Frühphase der Industrialisierung befand,[802] wurde die Freihandelsidee geboren.[803] Wie wenig andere Ideen hat diese seit ihrem Erscheinen die Gemüter erhitzt – nicht nur die von Ökonomen. Mit ihrer mittlerweile zweihundertjährigen Geschichte erlaubt die wirtschaftspolitische Kontroverse um das Freihandelsprinzip genau einen Rückschluss: Fortsetzung folgt! Das dürfte so sicher sein wie die Ebbe nach der Flut.

---

[802] Die Idee war in einer Zeit geboren, in der die erste Eisenbahn (1825) noch nicht fuhr und das erste Dampfschiff noch nicht vom Stapel gelassen war. Zu dieser historischen Einordnung siehe ggf. Lektion 2.
[803] Bei Lichte betrachtet, sind die wesentlichen Inhalte der Theorie von Ricardo (1817) schon zwei Jahre früher von Robert Torrens im „Essay on the External Corn Trade" vorgestellt worden. Vgl. z. B. Kolb, 1997, S. 67.

https://doi.org/10.1515/9783111331607-010

Für ein besseres Verständnis der handelspolitischen Streitlinien gehen wir in dieser Lektion auf geläufige Argumente ein, die im Laufe der Zeit vorgebracht wurden, um die Einführung von Zöllen und anderen Handelsrestriktionen zu rechtfertigen. Stets beruhen diese Gründe auf *politischen, politökonomischen* oder *ökonomischen* Motiven, die in der Praxis allerdings nicht immer trennscharf zu unterscheiden sind.

Bei den rein ökonomischen Argumenten lassen sich prinzipiell stabilitäts- und entwicklungspolitische Argumente unterscheiden. Gleichwohl begrenzen wir uns im Rahmen dieser Einführung auf die Linie der *entwicklungspolitischen Motive* (Kapitel 8.3). Dieser Fokus erklärt sich schon deshalb, weil wir mit dieser Diskussion am Hauptargument der Klassiker und Neoklassiker in der Freihandelsdebatte anknüpfen: der Effizienz!

Bevor wir in diese facettenreiche Diskussion eintauchen, gehen wir jedoch noch auf die rein politischen bzw. politökonomischen Argumente ein (Kapitel 8.2). Mit einem Fazit schließen wir die Erörterung über die streitbare, ambivalente Idee des Freihandels ab (Kapitel 8.4).

8.2 Politische und institutionen-ökonomische Motive für Handelsrestriktionen

Die Einführung bzw. Heraufsetzung von Zöllen kann rein politisch veranlasst sein, worauf wir sogleich knapp eingehen wollen (Kapitel 8.2.1.). Im zweiten Schritt betrachten wir dann die Gründe, die in den politisch-ökonomischen Institutionen einer Gesellschaft ihren Ausgangspunkt haben (Kapitel 8.2.2.).

8.2.1 Politische Beweggründe

Es löst gewiss kein Erstaunen aus, wenn wir hier eingangs feststellen müssen, dass Zollerhöhungen und Handelsverbote (= Embargo) bisweilen rein politisch motiviert sind: Schweift man den Blick durch unsere gegenwärtige Welt, lassen sich schließlich leicht Beispiele entdecken, deren Grund im Feld der Außenpolitik steht. Man kann allerdings auch innenpolitischen Motiven begegnen, auf deren Basis der freie Handel unterbunden wird. Beide Aspekte beleuchten wir jetzt in der eben dargelegten Reihenfolge.

8.2.1.1 Außenpolitische Gründe

Unzählige Regierungen haben den Warenverkehr ihrer Bürger mit bestimmten Staaten wegen weltanschaulicher Differenzen einzuschränken oder vollständige zu unterbinden versucht.

Die entsprechenden zollpolitischen Maßnahmen zielen dabei ganz offensichtlich darauf ab, einer sich unbotmäßig verhaltenden Staatsführung mittelbar zu schaden: Die Handelsrestriktionen sollen im antagonistischen Land zu wirtschaftlichen Verwerfungen führen, denn rückläufige Ausfuhren generieren weniger Devisen für benötigte Importe, senken die Kapazitätsauslastung sowie das Beschäftigungsniveau und reduzieren schließlich das dortige Pro-Kopf-Einkommen. All diese Faktoren tragen das Potenzial, die dortige gesellschaftliche Ordnung zu gefährden, um deren Willen – so die Hoffnung des zollerhebenden Staats – die ausländische Regierung letztlich einlenkt.

Es liegt auf der Hand, dass das Kalkül, mit erhöhten Zollsätzen oder mit einem Embargo auf eine ausländische Regierung Druck ausüben und diese zur Raison bringen zu können, verfehlt sein kann. Zum einen ist von der zollerhebenden Regierung zu beachten, dass ihre eigenen Bürger nicht begeistert sein werden, fortan auf liebgewonnene Ware aus dem „untugendhaften" Exportland einen höheren Preis entrichten oder auf diese gar gänzlich verzichten zu müssen. Schließlich haben vom vorangegangenen Handel *beide* Länder profitiert, so dass sich bei unterbundenem Handel nun beide Staaten schlechter stellen. Zum anderen ist zu hinterfragen, ob der handelspolitisch sanktionierte „Schurkenstaat" das verloren gegangene Geschäft nicht durch Neugeschäfte mit Drittstaaten kompensieren kann. Kurzum: Wie treffsicher ist das Instrument des politischen Zolls im Hinblick auf das gewünschte Ziel überhaupt?

Außerdem besteht die Gefahr, dass es zu analogen **Vergeltungsmaßnahmen** seitens der ausländischen Regierung kommt. Droht durch einen solchen Zweitrundeneffekt ein „Zollkrieg" aus- und die Versorgung im eigenen Land zusammenzubrechen, hält die politische Instabilität zuhause möglicherweise früher als im immoralischen Ausland Einzug. Außenpolitisch motivierte Zölle können infolgedessen zum Boomerang werden, ohne dass sich am unliebsamen Verhalten der ausländischen Regierung irgendetwas Gravierendes ändert.

Zu den bekanntesten Fällen politisch motivierter Zölle dürfte der Versuch Napoleons zählen, per Dekret im November 1806 den zwischenstaatlichen Handel mit England vollständig zu unterbinden. Ausgenommen Portugal schlossen sich dieser als **Kontinentalsperre** bekannten Handelsblockade zunächst alle Staaten Europas mehr oder weniger freiwillig an, etwa der Rheinbund und Russland.[804] Als der russische Zar Alexander I. jedoch bemerkte, wie sehr sein Reich auf die importierten Industriegüter

---

[804] Portugal gehörte zu den wenigen europäischen Mächten, die sich nicht an der Kontinentalsperre beteiligten, da es seit dem Abschluss des sog. Methuen-Vertrags im Jahr 1703 außen- und verteidigungspolitisch mit England verbunden war. Die übrigen Länder schlossen sich mit Blick auf die militärische Überlegenheit Frankreichs dem Embargo mehr oder weniger freiwillig an, etwa das Königreich Preußen. Dieses war von Napoleon im Herbst 1806 vernichtend geschlagen worden, weshalb es keine an-

und Kolonialwaren aus England sowie auf die Holz- und Getreideexporte nach England angewiesen ist, hob der Zar im Dezember 1810 das bestehende Handelsverbot mit England auf. Nachdem Einknicken des Zaren soll es nicht allzu lange gedauert haben, bis englische Ware auch wieder in Deutschland gesehen wurde – eingeführt über Russland![805] Napoleon hat also die Rückkoppelungseffekte des verhängten Embargos auf die kontinentaleuropäische bzw. russische Gesellschaft, wenn nicht übersehen, so doch unterschätzt.

8.2.1.2 Innenpolitische Gründe

Zölle werden auch aus **innenpolitischen Beweggründen** erhoben, wenn man den Konsum bestimmter Waren im Inland reduzieren oder ganz verbieten möchte. So bestehen **strikte Einfuhrverbote** regelmäßig bei Produkten, die als Drogen deklariert sind. Darüber hinaus ist auch der Import nicht endemischer Pflanzen vielfach unerlaubt.

Aus Sicht der Regierung, die diese Einfuhrverbote erteilt, handelt es sich bei all diesen Produkten um sogenannte **de-meritorische Güter**, vor deren Konsum der Einzelne und die Gesellschaft bewahrt werden muss. Der potenzielle Konsument ist vor Drogen und Ähnlichem zu schützen, weil der Bürger – so die Lesart der Politik – die Wirkungen und Nebeneffekte des Produktes nicht vollständig einzuschätzen vermag.[806] Insofern verbietet der Staat zum Wohlwollen des Individuums – allen voran seiner geistigen und körperlichen Gesundheit – diese Güter. Aber auch die Allgemeinheit soll von potenziellen Begleiterscheinungen verschont bleiben, die mit dem Konsum derartiger Produkte einhergehen können, etwa im Rausch verursachte Verkehrsunfälle.[807] Ein solches durch den Staat oktroyiertes Konsumverbot, empfinden Liberale stets als eine **Bevormundung** des Bürgers, maßt sich der Staat doch an, zu wissen, was für den Einzelnen gut oder schlecht ist!

---

dere Wahl hatte, als sich dem französischen Aufruf zum Handelsboykott mit England anzuschließen. Vgl. Dietger, 1986, S. 323 ff. Zum Methuen-Vertrag siehe auch Anhang A.

805 Es sei daran erinnert, dass in dieser Aufkündigung der Kontinentalsperre durch den russischen Zaren eine Ursache für den Russlandfeldzug Napoleons (1812) gesehen wird.

806 Innen- und außenpolitische Beweggründe lassen sich bei Prohibitivzöllen selbstredend auch vermengen. Es sei an das Trageverbot von amerikanischen Jeans in der ehemaligen UdSSR erinnert, das im Roman *Westflug* von Dato Turaschwili literarische Verankerung fand. Außenpolitisch strebte die Sowjetunion eine größtmögliche Abgrenzung zum „Klassenfeind" an, innenpolitisch mussten die eigenen, unzuverlässigen Bürger gleichwohl noch vor ideologischem Wankelmut geschützt werden. Vgl. Turaschwili, 2014.

807 Auf sog. Externalitäten, die hier im Beispiel am Werk wären, gehen wir in Lektion 12 ein.

8.2.2 Institutionen-ökonomische Motive

Sofern sie nicht prohibitiv hoch sind und den zwischenstaatlichen Handel damit zum Erliegen bringen, führen Zölle zu Staatseinnahmen (siehe Lektion 7). Infolgedessen darf es uns nicht verwundern, dass die Einführung und/oder die Erhöhung von Zöllen – wenn nicht ausschließlich, so doch überwiegend – fiskalischen Zielen folgen kann. Welche Relevanz die Zölle als Einnahmequelle für die Staatsaushalte im Wandel der Zeit eingenommen haben und welche Bedeutung ihnen hierbei noch heute zukommt, wollen wir in Kapitel 8.2.2.2. erhellen.

Zuvor blicken wir aber noch auf einen weiteren Grund, der – sobald entkleidet – ungemein banal erscheint, der jedoch nicht immer zu erkennen leichtfällt: das wahlpolitische Kalkül (Kapitel 8.2.2.1.).

8.2.2.1 Das Motiv der Stimmenmaximierung

Selbstredend wenden die entsprechenden Handlungsträger regelmäßig viel Energie auf, um diesen nicht sonderlich edel anmutenden Grund möglichst wort- und geistreich zu kaschieren. In diesem Zusammenhang lässt sich auf ein Beispiel aus den USA verweisen. Dort hatte im Frühjahr 2002 die Bush-Administration Zölle in Höhe von 30 Prozent auf verschiedene Stahlprodukte erhoben. Der offiziellen Verlautbarung nach war diese Maßnahme notwendig, um der einheimischen Stahlindustrie Zeit für unausweichliche Strukturanpassungen zu gewähren: Gegenüber Stahlimporten aus der Europäischen Union, Japan, China und Südkorea waren amerikanische Hersteller immer weniger konkurrenzfähig geworden.

Nach Einschätzung von Beobachtern war es allerdings ein offenes Geheimnis, dass der wahre Grund dieser zollpolitischen Maßnahme in der anstehenden Präsidentschaftswahl im Herbst 2004 bestand: Die Profiteure dieser Stahlzölle waren allesamt in Ohio, West Virginia und Pennsylvania ansässig – also in drei Bundesstaaten, die als sogenannte „Swing States" für den Wahlausgang entscheidend sein konnten.[808]

Dass Zölle aufgrund innenpolitischen Drucks und/oder zur Sicherung der politischen Gefolgschaft unter einem anders lautenden Deckmäntelchen eingeführt werden, lehrt allerdings nicht erst die jüngere Vergangenheit der Vereinigten Staaten von Amerika. Wo auch immer dieses Motiv seinen Ausgang genommen haben mag, Deutschland ist es seit Bismarcks protektionistischer Zollpolitik (1879) vertraut.

---

[808] Es sei angemerkt, dass die EU, Japan, China und Südkorea gegen diese Zölle vor der WTO erfolgreich geklagt haben. Der Klage dieser Länder wurde im Juli 2003 stattgegeben; die USA fügten sich und hoben die Stahlzölle im Dezember 2003 auf! Vgl. Krugman/Obstfeld/Merlitz, 2012, S. 338.

8.2.2.2 Das fiskalpolitische Motiv

Die bisherigen Diskussionen haben möglicherweise den Eindruck erweckt, dass Zölle eine neuzeitliche Erscheinung sind. Sollte sich eine solche Vorstellung breit gemacht haben, so treten wir dieser nun entschieden entgegen! Schließlich kennt man Zölle bereits aus dem Altertum.

Hier sind sie von Handelsreisenden anfänglich als eine Art Geleitzoll **freiwillig** bezahlt worden, um das Gebiet eines fremden Herrschers unversehrt passieren zu können.[809] Daraus entwickelte sich dann mit der Zeit eine verpflichtende Abgabe, die wiederum für den zollerhebenden Staat als Einnahmequelle rasch an Bedeutung gewann, etwa im antiken Griechenland, bei den Ptolemäern oder auch im Römischen Reich. Kurz – Zölle dienten in dieser Epoche einzig der Generierung von Staatseinnahmen und trugen damit ausschließlich **fiskalischen Charakter**. Ein Schutzzoll zum Wohle einheimischer Manufakturen war als gezielt eingesetztes Instrument der Wirtschaftspolitik gänzlich unbekannt.[810]

Ihre Rolle als essenzielle Quelle von Staatseinnahmen bewahrten sich die Zölle in Europa bis in die Neuzeit, sollte mit ihnen doch die Instandhaltung der Handelswege, der Häfen und der Brücken finanziert werden.[811] Im dreizehnten Jahrhundert speisten die Zollabgaben beispielsweise den Haushalt der österreichischen Landesherrn zu gut einem Viertel, während sie in Kleve, am Niederrhein, in jener Zeit gar noch die Hälfte des landesfürstlichen Etats verantworteten.[812] Und später, im Merkantilismus (16. bis 18. Jahrhundert), als das vormalige Leitmotiv ihrer Erhebung, die Staatseinnahme, gegenüber dem protektionistischen immer weiter in den Hintergrund tritt, steuern die Zölle weiterhin hohe Anteile zu den Budgets der absolutistischen Regenten bei.

An dieser Tatsache änderte sich auch nach dem Ende des Feudalismus zunächst wenig, wie die Beispiele von England, den Vereinigten Staaten und des Deutschen Reichs illustrieren.

Als **England** sich nach langer Debatte entschied, die Getreidezölle („Corn Laws") beginnend mit dem Jahr 1846 abzuschaffen, die das Land zum Schutze seiner Großagrarier im Jahr 1815 eingeführt hatte, stand die Hälfte der Staatseinnahmen im Feuer: So hoch war noch immer die Bedeutung der Zölle für den englischen Staatshaushalt. Der drohende Verlust dieser enormen Finanzmittel veranlasste die englische Regierung daraufhin eine Einkommensteuer erstmalig einzuführen.[813]

---

809 Vgl. Pohl, 1982, S. 648.

810 Vgl. Pohl, 1982, S. 648 f. Anders formuliert: „Bis zum Beginn der Industrialisierung dienten Zölle ausschließlich der Beschaffung von Einnahmen für die Obrigkeit." Hoffmann/Fikentscher, 1982, S. 630.

811 Eine klare Unterscheidung zwischen Markt- und Transitzöllen erfolgte mit der Ausbildung des Städtewesens und der damit verbundenen Zentralisierung des Handels an festen Marktorten. Vgl. Pohl, 1982, S. 649 f.

812 Vgl. Pohl, 1982, S. 650 f.

813 Vgl. z. B. Pohl, 1982, S. 652 f. Die Getreidezölle wurden nicht prompt, sondern im Rahmen einer dreijährigen Auslaufphase abgeschafft!

Für den Bundeshaushalt der **Vereinigten Staaten** bildeten die Zölle in den acht bis neun Jahrzehnten nach der Unabhängigkeit (1776) sogar *die* Einkommensquelle schlechthin. Als die junge Nation im Jahr 1828 unverhohlen aus protektionistischem Beweggrund drastische Zollerhöhungen erließ, lagen die Bundeseinnahmen nahezu vollständig auf den Schultern der Zölle (siehe Abbildung 8.1). Deren uneingeschränkte Dominanz am US-Bundeshaushalt schwand erst nach dem Bürgerkrieg (1861–65) bzw. mit Beginn einer allgemeinen Welthandelsliberalisierung. Wenngleich sich die Zolleinkünfte am Bundeshaushalt fortan auf einem relativ niedrigen Niveau einpendelten, erwiesen sie sich bis zum Ausbruch des Ersten Weltkriegs mit einem Anteil von 50 bis 40 Prozent weiterhin als eine tragende Säule des Budgets.[814]

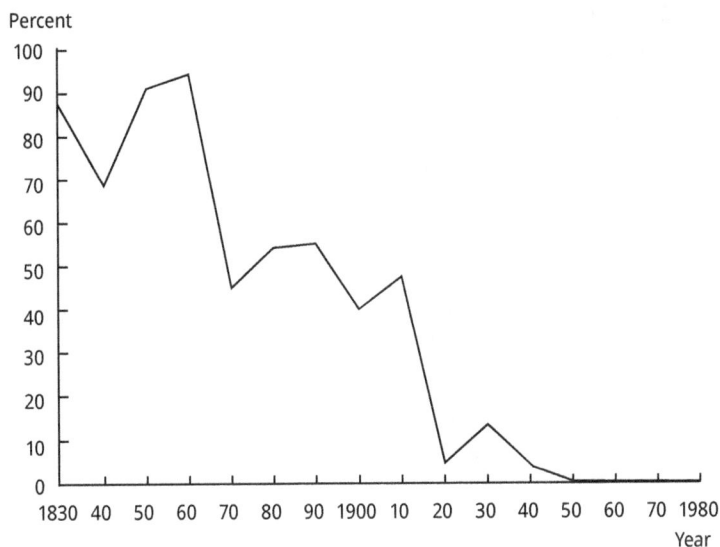

Abbildung 8.1: Anteil der Zölle an allen Einnahmen des Bundeshaushalts der Vereinigten Staaten, (1830–1980).[815]

Von hoher Relevanz waren die Zolleinnahmen auch für das **Deutsche Reich**: Mit seiner Gründung im Jahr 1871 war ihm das Zollwesen übertragen worden, das dem zeitgleich aufgelösten Deutschen Zollverein (gegründet 1834) vormals unterstand. Zur Finanzierung hoheitlicher Aufgaben flossen dem Reich folglich von Beginn an die gesamten Zolleinnahmen zu.[816] Diese bildeten zugleich auch dessen bedeutendste Einnahmequelle, da Bismarck, als er das Deutsche Reich formte, den deutschen Landesfürsten die Hoheit

---

814 Vgl. Hoffmann/Fikentscher, 1982, S. 644.
815 Die Darstellung basiert auf Yarbrough/Yarbrough, 1991, S. 205.
816 Vgl. Pohl, 1982, S. 655.

über wichtige Steuern überlassen musste. Anteile aus diesen Einkünften leiteten die Länder in Form von Transferzahlungen an das Reich weiter. Gleichwohl schränkte diese Konstruktion der Finanzverfassung den steuerpolitischen Gestaltungsraum der Zentralregierung in Berlin stark ein, warum Bismarck bei den Ländern immer wieder als Bittsteller vorstellig werden und Finanzmittel erbetteln musste.[817]

Vor diesem Hintergrund kann es dann wenig erstaunen, dass Bismarck die Zollpolitik als Basis für die Generierung eigenständiger Finanzmittel entdeckte und er, nicht zuletzt aus diesem Eigeninteresse heraus, den protektionistischen Wünschen der deutschen Agrar- und Industrielobby ab Ende der 1870er Jahre verfing.[818] Kurz vor Ausbruch des Ersten Weltkriegs verantworteten die Zolleinnahmen immerhin gut vierzig Prozent des Reichsbudgets (siehe Tabelle 8.1). Damit lag zu diesem Zeitpunkt die relative Bedeutung der Zölle für die Zentralregierungen in Deutschland und in den Vereinigten Staaten auf annähernd gleichem Niveau.

Tabelle 8.1: Anteil der Zölle an den Gesamteinnahmen des Reichs bzw. des Bundes.[819]

1913	1925	1937	1950	1960	1970	1980	1990	2000	2010	2020
40,4	13,8	14,2	6,4	7,2	3,4	2,6	2,7	0,7	0,8	0,6

Die Reformen der deutschen Finanzverfassung nach den beiden Weltkriegen, die generelle Liberalisierung des Welthandels nach 1945 sowie die fortschreitende Integration der Europäischen Wirtschaftsgemeinschaft (EWG) bzw. der Europäischen Union (EU), all diese Faktoren haben dazu beigetragen, dass Zolleinnahmen für die Bundesrepublik Deutschland wie auch für alle anderen Industrieländern aus **fiskalischer Perspektive** sukzessive an Bedeutung verloren haben.[820] Die Werte in Tabelle 8.1 verdeutlichen diese Entwicklung.

---

817 Vgl. z. B. Blankart, 2011, S. 200. Dort auch der Hinweis: Das Reich verfügte über keine *direkten* Steuern, sondern erhielt nur Transfers von den Bundesstaaten. Auch die zentral erhobenen indirekten Steuern wie die Salz-, Zucker- und Tabaksteuer flossen überwiegend den Bundesstaaten zu.

818 Vgl. z. B. Hoffmann/Fikentscher, 1982, S. 644 oder Blankart, 2011, S. 200. Insbesondere von den Getreidezöllen erhoffte sich Bismarck „eine beträchtliche Steigerung der Einkünfte des Reiches. Die Getreideimporte sollten nach seinem Plan nicht völlig verhindert, sondern fiskalisch ausgenutzt werden. Für das Reich bildete der Zoll die wichtigste Einnahmequelle. [...] Der Mehrerlöse übertraf mit 82,2 Mill. Mark alle Erwartungen." Pohl, 1982, S. 655.

819 Alle Tabellenwerte bis einschließlich 1990 stammen aus Musgrave/Musgrave/Kullmer, 1993, S. 143. Die Werte ab 2000 sind entnommen https://www.bundesfinanzministerium.de/Content/DE/Standardartikel/Themen/Steuern/Steuerschaetzungen_und_Steuereinnahmen/2023-06-30-steuereinnahmen-nach-steuerarten-2000-2022_kopie.html, zuletzt abgerufen am 22.02.2024.

820 Nachdem die Mitglieder der Europäischen Union im Jahr 1971 ein entsprechendes Gesetz verabschiedet hatten, begann auch die Bundesrepublik Deutschland wie jedes andere Unionsmitglied die von ihr erhobenen Zolleinnahmen abzüglich einer Erhebungskostenpauschale an den EU-Haushalt abzutreten. Bei Verabschiedung dieser Regelung lag die Erhebungskostenpauschale bei zehn Prozent. Im Febru-

Unbenommen dessen sind weiterhin viele **Schwellen- und Entwicklungsländer** von einem rudimentären Steuersystem gekennzeichnet, das beispielsweise keine direkten Steuern (d. h. Lohn- und Einkommensteuer) kennt – zumindest keine nennenswerten.[821] Gleichwohl fällt es den Beamten unter solchen gesellschaftlichen Bedingungen vergleichsweise leicht, den Außenhandel wirksam zu besteuern, da Warenein- und -ausfuhren über gut kontrollierbare Punkte wie See- und Flughäfen oder über bestimmte Überlandstraßen erfolgen. Infolgedessen bilden in dieser Ländergruppe die Zölle noch heute eine recht bedeutende Quelle von Staatseinnahmen, mit denen die jeweiligen Regierungen ihre öffentlichen Aufgaben finanzieren müssen.[822]

In diesem Zusammenhang sei ergänzt, dass man bei der Besteuerung des grenzüberschreitenden Warenverkehrs früh bemerkte, dass ein **Exportzoll** dem Außenhandel umso weniger schadet, je preisunelastischer die ausländische Nachfrage nach einem Gut ist. Diese Einsicht kann nicht wirklich überraschen (siehe Lektion 4). Genauso wenig kann es verwundern, dass sich ihrer auch die Schwellen- und Entwicklungsländer bedienten. Da gerade beim Export mineralischer Rohstoffe die Preiselastizität der Nachfrage gering sein *kann*, sind die Ausfuhrzölle bei diesen Gütern mitunter vergleichsweise hoch gewesen, ohne dass dies die Exporttätigkeit stark beeinträchtigt hätte.[823]

In den Industrieländern werden die Ausfuhren heute kaum noch mit Zöllen belastet. Diese Tatsache beruht zum einen darauf, dass in dieser Ländergruppe mit der Industrialisierung der Export von Fertigwaren rasch an Bedeutung gewann, was logisch zwingend mit einem *relativen* Niedergang an Rohstoffausfuhren einhergeht. Zum anderen begründet sich der zunehmende Bedeutungsverlust von Exportzöllen gerade für die westeuropäischen Industrieländer mit der **Entkolonialisierung.** Denn mit ihrer Unabhängigkeit konnten die ehemaligen Kolonien nun selbst bestimmen, ob sie Waren aus dem ehemaligen Mutterland einführen wollen, die von diesem weiterhin mit einer Ausfuhrsteuer belegt waren. Als Kolonien – d. h. während des achtzehnten und neunzehnten Jahrhunderts – hatten sie die zollverteuerten Waren des Mutterlands

---

ar 2021 wurde dieser Satz bis Ende 2027 auf 25 Prozent erhöht. Mit diesem Anteil ihrer Zolleinnahmen sollen die Mitgliedsländer allen voran ihre Kosten decken, die im Rahmen der Zollerhebung anfallen. Vgl. z. B. https://dserver.bundestag.de/btd/19/268/1926821.pdf (insb. Seite 9) und/oder https://commission.europa.eu/strategy-and-policy/eu-budget/long-term-eu-budget/2021-2027/revenue/own-resources/customs-duties_de, beide Quellen zuletzt abgerufen am 20.02.2024.

821 *Eine* wichtige Erklärung für diese Tatsache beruht auf der hohen Bedeutung des informellen Arbeitsmarktes in diesen Ländern.

822 Vgl. etwa Lachmann, 1994a, S. 193.

823 Vgl. etwa Hoffmann/Fikentscher,1982, S. 630 f. und S. 643. Vgl. auch Pohl, 1982, S. 651 ff. Hier finden sich entsprechende Anmerkungen in Bezug auf das feudalistische Frankreich und England: „[…] erhoben die Könige im Falle von Geldknappheit neue Zölle, insbesondere auf den Export von Rohstoffen." Pohl, 1982, S. 651.

aus politischen Gründen noch nicht verweigern können.[824] Insofern erzeugte die politische Selbständigkeit ihrer früheren Kolonien bei den ehemaligen Kolonialmächten einen Anreiz, Exportzölle zu senken bzw. abzuschaffen: So ließen sich die unabhängig gewordenen Länder als Abnehmer ihrer Waren leichter überzeugen.

An diese Stelle sei daran erinnert, dass der Unmut gegenüber dem englischen Mutterland, der sich unter nordamerikanischen Siedlern in der zweiten Hälfte des 18. Jahrhunderts zusammenbraute, zu einem erheblichen Maße in der britischen Zollpolitik begründet liegt: Im sogenannten Townshend Act (1767) hatte die britische Regierung beschlossen, dass die Siedler in den dreizehn nordamerikanischen Kolonien fortan Einfuhrzölle auf aus England stammendem Leder, Papier und Tee zu leisten haben – nicht zuletzt deshalb, weil die Schulden der britischen Krone durch den Siebenjährigen Krieg (1756–63) stark angewachsenen waren. Der Missmut der Siedler entlud sich bekanntermaßen im Dezember 1773 in der berühmten **Boston Tea Party**.[825] Diese historische Erfahrung und diese besondere Protestaktion, die einen Meilenstein auf dem Weg zur amerikanischen Unabhängigkeit markierte, dürfte – zumindest in Teilen – erklären, warum Ausfuhrzölle mit der US-amerikanischen Verfassung nicht vereinbar sind.[826]

Am Ende dieses Abschnittes, in dem wir uns mit der Einführung von Zöllen aus fiskalischem Anlass befasst haben, sei gerade mit Blick auf Amerika daran erinnert, dass ein Verständnis zu seiner Entdeckung durch Kolumbus (1492) ohne fiskalische Zölle geradezu unvollständig ist: Der Genuese suchte im Dienst der spanischen Krone bekanntermaßen einen neuen Seeweg nach Indien. Die Idee zu dieser riskanten, unternehmerischen Aktivität war allein dem Umstand entsprungen, dass auf den bestehenden Handelsrouten – allen voran auf der Seidenstraße – kostspielige Zölle an die Osmanen entrichtet werden mussten. Kurzum: Kolumbus beabsichtigte eine zollfreie, maritime Alternative zur Seidenstraße für den Handel Spaniens mit Indien zu finden.[827]

8.3 Entwicklungsökonomische Argumente für Abschottung

Zu den ökonomischen Einwänden gegen eine Freihandelspolitik gehört das Entwicklungsargument. Dieses lässt sich eher janusköpfig als monolithisch bezeichnen, basiert es doch auf verschiedenen Einzelargumenten, die zu unterschiedlichen Zeiten in die Diskussion eingebracht wurden.[828]

---

824 Vgl. Hoffmann/Fikentscher,1982, S. 630. Dort auch: „Die Importzollpolitik hingegen breitete sich, ausgehend von den Vereinigten Staaten, in mehreren Wellen weiter aus." – was richtig ist! Bedenkt man, dass Friedrich List dort in „die Lehre" gegangen ist.

825 Bei dieser hatten amerikanische Siedler von einem Boot der britischen Ostindiengesellschaft eine aus England stammende Teeladung aus Protest ins Hafenbecken gekippt.

826 Vgl. Yarbrough/Yarbrough, 1991, S. 206.

827 Vgl. Rademacher, 2019, S. 28 ff.

828 Vgl. z. B. Hoffmann/Fikentscher, 1982, S. 644.

Ihre Vertreter vereint die Auffassung, dass **nicht jedem** Land eine auf heutigen komparativen Kostenvorteilen beruhende Weltmarktintegration zu empfehlen sei: In Abhängigkeit von den jeweiligen Ausgangsbedingungen kann – so das zentrale Argument – die sich aus Freihandel ergebende **Spezialisierung** das langfristige **Wirtschaftswachstum** einer Volkswirtschaft beeinträchtigen. Mit anderen Worten: Eine **kurzfristige** Wohlfahrtssteigerung infolge allokativer Effizienzverbesserung geht zu Lasten von Zukunftschancen und langfristigem Wohlstand.

Die Möglichkeit einer perspektivischen Fehlentwicklung durch Freihandel erklärt sich damit, dass dieser in den beteiligten Ländern **qualitativ** höchst **unterschiedliche Dynamiken** auslösen kann, die die Befürworter des ungehinderten Außenhandels zu übersehen neigen.

Mit dem Erziehungszoll (Kapitel 8.3.1.) und der Prebisch-Singer-These (Kapitel 8.3.2.) gehen wir im Folgenden auf zwei der bekanntesten Einzelargumente ein. Dabei werden wir entdecken, dass die beiden Argumente in ihrer jeweiligen Dichte nicht immer trennscharf zu unterscheiden sind, sie gleichwohl unverkennbar ihre eigene Charakteristik haben. Mit einer allgemeinen Würdigung der Abschottungsargumente aus entwicklungsökonomischer Perspektive schließen wir (Kapitel 8.3.3.).

8.3.1 Das Erziehungszollargument („Infant-Industry"-Argument)

Das Kapitel beginnen wir mit einer historisch eingebetteten Darstellung des Arguments (Kapitel 8.3.1.1.). Anschließend müssen wir uns fragen, wie es um die Robustheit des Erziehungszollarguments bestellt ist: Steht es auf festem Grund oder tönernen Füssen (Kapitel 8.3.1.2.)?

8.3.1.1 Das Argument und seine Genese

Noch bevor David Ricardo seine Theorie der komparativen Kostenvorteile im Jahr 1817 formuliert hatte, war durch Alexander Hamilton (1757–1804) in den Vereinigten Staaten ein Argument vorgebracht worden, das im deutschsprachigen Raum mit dem Namen Friedrich List (1789–1846) verbunden ist: das **Erziehungszollargument**.[829]

Diesem entsprechend kann – im scharfen Kontrast zur These der englischen Liberalen – Freihandel der wirtschaftlichen Entwicklung eines Landes abträglich sein. Denn die unbeschränkte Einfuhr ausländischer Güter kann dazu führen, dass eine **eigen-**

---

829 Hamilton, der als Begründer der amerikanischen Wirtschaftspolitik gilt, hat das Argument im Jahr 1791 in einem Dokument („Report on Manufacturing") an den US-Kongress deutlich formuliert. List, der zwischen 1825 und 1833 in den Vereinigten Staaten ins Exil gegangen war, habe dieses Argument „später [...] aus Amerika mitgebracht." Haberler, 1970, S. 205; Hoffmann und Fikentscher weisen darauf hin, dass sich das Schutzzollargument bereits im frühen Merkantilismus ansatzweise finden lässt, etwa bei Bodin (1576). Vgl. Hoffmann/Fikentscher, 1982, S. 630.

ständige **Industrialisierung** gehemmt oder, im Extrem, sogar verhindert wird. Da die Industrialisierung einer Volkswirtschaft jedoch **im Interesse** des **Allgemeinwohls** sei, benötigt die **junge**, heimische Industrie einen **temporären** Schutzzoll, um gegenüber der ausländischen Konkurrenz wettbewerbsfähig zu werden.[830]

Eine **industrielle Basis** schaffe zugleich, so die Argumentation weiter, die notwendige **Voraussetzung**, dass sich im Inland **technischer Fortschritt** entfalten kann, der die Produktivität in allen Sektoren einschließlich der Landwirtschaft hebt. Darüber hinaus ermögliche eine eigenständige Industrie nicht nur ein höheres Maß an Unabhängigkeit von externen Krisen, sondern auch „eine ungleich größere Dynamik, als [dies] eine reine ‚Agrikulturnation' zu entwickeln vermag."[831]

Infolgedessen ist es unter Rückgriff auf das Erziehungszollargument **nicht** – wie man auf Grundlage der Theorie von David Ricardo schließen könnte – **gleichgültig**, auf welche **Art** von Produktions**gütern** sich ein in den Welthandel integriertes Land spezialisiert: Schließlich bemisst sich nach Friedrich List die Prosperität einer Nation nicht an der Summe der von ihr produzierten Tauschwerte, sondern an der **produktiven Kraft** seiner Ökonomie.[832] Von daher bedürfen die inländischen Produzenten junger Branchen solange der staatlichen Protektion, bis sie den Kinderschuhen entwachsen sind. Ab diesem Zeitpunkt haben sich die heimischen Anbieter dann allerdings dem internationalen Wettbewerb zu stellen; das betreffende Land kann seine Abschottungspolitik (= importsubstituierende Handelspolitik) beenden und sich mit anderen Ländern eines **ähnlichen Entwicklungsniveaus** außenwirtschaftlich integrieren.

Auf dem Boden dieser Argumentation richteten als erste Nation die **Vereinigten Staaten** von Amerika im **Jahr 1828** Einfuhrzölle zugunsten der sich in den Neuenglandstaaten entwickelnden Industrie ein, um diese vor englischen Importen abzuschirmen. Bis dahin hatte man aus dem ehemaligen Mutterland noch zahlreiche Industrieprodukte wie Eisen und Textilien in stattlichem Umfang eingeführt, weil in den Vereinigten Staaten ein spürbarer Industrialisierungsschub trotz verschiedener Einzelinitiativen soweit ausgeblieben war. Dieser setzte erst ein, als Francis Cabot Lowell einen mechanischen Webstuhl, den er auf einer mehrjährigen Reise durch England zuvor studierte hatte, nachbaute und im Jahr 1814 die Boston Manufacturing Company (in Waltham) gründete.

Von nun an entwickelte sich die Tuchproduktion in Neuengland schwunghaft. Binnen einer Dekade erhöhte sich diese – gemessen in Yards – bereits um das Dreißigfache. Rückblickend auf das Jahr 1815 ließ sich im Jahr 1840 feststellen, dass die lokal hergestellte Tuchmenge sogar um das Hundertfünfzigfache gesteigert werden konnte – während zugleich der Import an britischem Tuch sank.[833] Schwer vorstellbar, dass ein

---

830 Vgl. List, 1930, S. 315 bzw. vgl. Wagner/Kaiser/Beimdiek, 1989, S. 70.
831 Fischer, 2016, S. 22.
832 Vgl. Fischer, 2016, S. 22.
833 Vgl. Wala, 2018, S. 224.

Anstieg der heimischen Produktion in diesem beträchtlichen Ausmaß in so kurzer Zeit ohne die schützende Hand der Regierung möglich gewesen wäre!

Geprägt vom persönlichen Erleben dieser „protektionistischen Initiation" auf amerikanischem Boden, forderte Friedrich List nach seiner Rückkehr aus dem dortigen Exil (1833), die junge deutsche Industrie sei ebenfalls vor der **übermächtigen englischen Konkurrenz** zu schützen, da diese in technischen Belangen einen erheblichen Vorsprung aufweisen konnte – etwa in Teilen der Textilindustrie oder im Eisenbahnwesen. Englands drückende Überlegenheit auf diesem Sektor vermag bereits die Tatsache zu illustrieren, dass von den 245 Lokomotiven, die in Deutschland im Jahre 1842 in Betrieb waren, weit über achtzig Prozent aus englischer Produktion stammten.[834]

Im **Deutschen Zollverein**, auf **Freihandelsprinzipien** im Jahr 1834 gegründet,[835] entzündete sich bald eine handelspolitische Auseinandersetzung. In dieser Kontroverse standen die Protektionisten auf der einen Seite den Verfechtern des Freihandels auf der anderen gegenüber. Während die Protektionisten unter Berufung auf Friedrich List die Anhebung der Zollsätze forderten,[836] verlangten die Freihändler unter der Führung von **John Prince-Smith** die Einfuhrzölle zu senken, „damit die deutsche Industrie im Interesse der Verbraucher zum Wettbewerb mit der ausländischen Konkurrenz gezwungen werde."[837] Im Ergebnis führte diese durchaus heftige Debatte dazu, dass der Deutsche Zollverein mit Beginn der 1840er Jahre von seinen Freihandelsprinzipien zunehmend abrückte und sich stattdessen der protektionistischen Idee (für einige Jahre) verstärkt verschrieb: Konkret wurde eine „mäßige Erhöhung der Eisen- und Garnzölle in den Jahren 1844/48"[838] durchgesetzt.

Losgelöst von diesen historischen Gegebenheiten, gilt es von einer theoretischen Warte aus, die Frage zu beantworten, was man vom Argument des Erziehungszolls halten soll. Ist dieses dem Argument für Freihandel am Ende überlegen?

---

834 Lediglich 38 Lokomotiven stammten aus heimischer Produktion. Vgl. Schatt, 1993, S. 134 und Pohl, 1982, S. 654. Die erste Dampflokomotive in Deutschland wurde von August Borsig (1804–1854) im Jahr 1840 in Berlin gebaut, der bis 1842 sieben weitere Maschinen ausgeliefert hatte. Hinsichtlich der Qualität der deutschen Dampflokomotiven lässt sich konstatieren, dass Borsig bei einer Wettfahrt seiner „Borsig" gegen eine von George Stephenson gebaute Lokomotive schon im Jahr 1840 gewann – und zwar mit einigen Minuten Vorsprung. „Damit zeigte sich, dass es den Deutschen trotz fehlender Erfahrung möglich war, Lokomotiven zu bauen, die mindestens so gut waren wie die britischen Fabrikate. Somit war es nicht mehr nötig, Eisenbahnfahrzeuge samt Technikern zu importieren." https://de.wikipedia.org/wiki/Borsig_(Unternehmen)

835 Zur Einordnung: „Gegen Ende des achtzehnten Jahrhunderts zählte man in Deutschland ca. 1800 Zollgrenzen. Allein in Preußen existierten 67 lokale Zolltarife und ebenso viele Zollgrenzen." Pohl, 1982, S. 653.

836 Pohl spricht gar von „schutzzöllnerischer Agitation." Pohl, 1982, S. 654.

837 Pohl, 1982, S. 654. Eine grundsätzlich ähnliche Haltung vertrat auch John Stuart Mill, neben Adam Smith und David Ricardo ein weiterer Vertreter der britischen Klassik. Von Mill ist das Zitat bekannt, dass der „Schutz vor Konkurrenz ein Schutz der Faulheit" sei. Vgl. hierzu z. B. Leidinger, 2008, S. 64.

838 Pohl, 1982, S. 654.

8.3.1.2 Butter bei die Fische – Dem Argument auf den Zahn gefühlt

So einleuchtend das Erziehungszollargument auf den ersten Blick erscheinen mag, so streitbar ist es bei näherer Betrachtung – aus den unterschiedlichsten Gründen. Unter diesen befinden sich nicht nur theoretische Ungereimtheiten (Kapitel 8.3.1.2.2.), sondern auch handwerkliche Herausforderungen bei der Umsetzung. Auf die wichtigsten operativen Schwierigkeiten wollen wir zunächst blicken.

8.3.1.2.1 Handwerkliche Herausforderungen bei der Erziehung

Die ersten Herausforderungen beginnen für die Politik bereits mit der Frage, welche Industrien die Gunst eines temporären Schutzes genießen dürfen? Auf Basis welcher Kriterien und welcher operationalisierbarer Messkonzepte kann und soll die Auswahl getroffen werden? Ohne hier allzu tief einsteigen zu wollen, könnten die folgenden Faktoren von staatlichen Würdenträgern in Politik und Verwaltung bei der Entscheidung bedacht werden:

– der Grad an Dominanz der ausländischen Wettbewerber
– das Ausmaß an erwarteten Beschäftigungseffekten im Inland
– der zu erwartende Impuls auf das Pro-Kopf-Einkommen
– der Stellenwert der geschützten Branche als Querschnittstechnologie und/oder
– die unternehmensdemografische Ausgangssituation (Status quo) im Inland

Man spiegle diese Fragen an der anhaltenden Diskussion um die Antriebstechnologie der Zukunft im Kraftfahrzeug. In diesem Kontext ist unbestreitbar ein gesellschaftliches Bestreben zu beobachten, den Verbrennungsmotor durch eine umweltfreundlichere Technologie ersetzen zu wollen. Nur zu augenfällig ist allerdings zugleich, dass aus heutiger Sicht noch nicht ausgemacht ist, welche Alternative das Rennen schließlich machen wird: Elektrobatterie oder Brennstoffzelle!

Sind beide Technologien überhaupt noch jung?[839] Und wenn ja, welche von ihnen bedarf dann auf der Grundlage welcher Kriterien des staatlichen Schutzes in Deutschland oder in Europa? Oder sollten hier vielleicht gar beide Technologien in den Genuss des Welpenschutzes vor japanischer, koreanischer, amerikanischer und/oder chinesischer Konkurrenz kommen können?[840] Und nicht zuletzt: Qualifizieren sich etablierte Automobilkonzerne bzw. Zulieferer aus dem Umfeld der Automobilindustrie überhaupt noch für einen staatlichen Schutzschirm, der vorgibt „aufwachsenden Kindern" zur Seite stehen zu wollen?[841] Stünde das nicht im eklatanten Widerspruch zur Idee

---

839 Unter den deutschen Automobilherstellern präsentierte Daimler bereits im Jahr 1994 (!) den ersten Brennstoffzellenprototyp (NECAR 1). Gleichwohl brachte der Hersteller – nach Kleinserien zu Testzwecken – das erste Wasserstoff-Hybridmodell, den Geländewagen GLC F-Cell, nicht vor Ende 2018 in Serie auf den Markt. Vgl. Buchenau, 28.10.2019, S. 22.
840 Im Jahr 2019 galt bei der Wasserstofftechnik Toyota als führend. Vgl. Buchenau, 28.10.2019, S. 22.
841 Bosch, größter Automobillieferant weltweit, verzeichnete im entsprechenden „Mobility Solutions"-Segment des Konzerns im Jahr 2018 einen Umsatz von ca. 47 Mrd. Euro; die BMW-Group einen von 97,5 Mrd. Euro und der VW-Konzern einen Umsatz in Höhe von 235,8 Mrd. Euro.

von List? Wenn ja, dann provoziert diese Einschätzung die Anschlussfrage: Wie weit darf der Grad an Unreife von Technologie und (betroffenen) Unternehmen höchstens abweichen?[842]

Hat man schließlich die Auswahlkriterien definiert und Messverfahren zu ihrer empirischen Erhebung vereinbart, muss anschließend von den staatlichen Trägern eine Antwort darauf gegeben werden, ob alle Faktoren gleichbedeutend sind? Wenn nein, dann sind die Einzelkriterien unterschiedlich zu gewichten – aber wie?[843]

Eine zusätzliche Schwierigkeit in der Umsetzung List'scher Erziehungszölle betreffen Aspekte rund um die **zeitliche Steuerung** solcher „Aufzucht"-Programme. Zu diesen gehört zunächst die Frage nach dem richtigen **Einstiegszeitpunkt**! Wie sichtbar muss das zarte Pflänzchen schon sein, damit ein protektionistischer Zoll gerechtfertigt ist? Wie weit sind gesellschaftliche oder wirtschaftliche Rahmenbedingungen als **notwendige Voraussetzungen** für das zügige Gelingen einer solchen Schutzpolitik zu beachten, etwa die jährliche Zahl an Hochschulabsolventen in den Ingenieurs- bzw. Naturwissenschaften und/oder leistungsfähige, störungsfreie Energienetze?[844]

Mit Blick auf das **Ende** solcher **Schutzprogramme** sind die Probleme nicht kleiner: Wer Erziehungszölle zeitlich befristet einführt, muss im Auge behalten, *wie* das Einholen des staatlichen Schutzschirms gestaltet wird: Endet die Protektion abrupt oder über mehrere Jahre gleitend? Mehr noch – anhand welcher **Indikatoren** (z. B. Umsatzvolumina, Marktanteil, Alter der Technologie bzw. des Unternehmens) wollen die staatlichen Entscheidungsträger **beurteilen**, dass „ihre Kinder" die notwendige Reife erreicht haben und damit die schützende Hand fortan nicht mehr bedürfen?[845]

---

842 In der Praxis haben etablierte Unternehmen leistungs- und wettbewerbsfähig zu bleiben. D. h. sie müssen sich der eigenen Zukunft willen mit ihren zukünftigen Erfolgspotenzialen beschäftigen. Das wiederum bedeutet, die Unternehmen haben sich im Rahmen des strategischen Managements mit neuen Technologien auseinanderzusetzen. Die Kosten, die hierfür etwa im Rahmen von Forschung und Entwicklung bei den Unternehmen anfallen, sind aus vergangenen und laufenden Gewinnen zu tätigen. Vgl. dazu Anhang B in Lektion 6 bzw. Eschenbach/Eschenbach/Kunesch, 2008, S. 108 ff. bzw. Malik, 2007, S. 164 und S. 186.

843 Wer sich mit derartigen Gewichtungsfragen in der empirischen Forschung oder in der unternehmerischen Praxis auseinandergesetzt hat, weiß, dass zumindest ein Korridor an Ergebnismanipulation besteht.

844 Hinsichtlich des „Einstiegs"-Timing kann man Südkorea, z. B. im Bereich der Automobilindustrie, gewiss ein glücklicheres Händchen attestieren als manch einem südamerikanischen Land. Zu Südkorea vgl. Krugman/Obstfeld/Merlitz, 2012, S. 360. Zum gescheiterten, kostspieligen Versuch, in der nordchilenischen Stadt Arica in den 1960er Jahren eine nationale Automobilindustrie entwickeln zu wollen, siehe z. B. Jungfer, 1991, S. 309 ff.

845 Mit Blick auf die Zähigkeit, die manchem als vorübergehend deklarierten Schutzzollprogramm hinsichtlich seiner Beendigung innewohnt, verweisen amerikanische Lehrbuchautoren oftmals auf die US-Stahlbranche. Diese wurde allein zwischen 1968 und 1991 in der einen oder anderen Form permanent unterstützt, obwohl die Branche ursprünglich nur einen kurzfristigen Schutz erbat, um ihre Modernisierung zu finanzieren! Man muss konstatieren, dass die US-Stahlbranche im Jahr 1968 kein zartes Pflänzchen mehr war, weshalb bei diesem Beispiel gewiss *nicht* von einem lupenreinen Erziehungszoll

Die Vorstellung von einem zu durchlaufenden Reifeprozess bringt uns zu einem weiteren, unlösbaren Problem mit dem Erziehungszoll-Argument: Wer garantiert, dass hinter temporären Schutzschranken inländische Unternehmen tatsächlich wettbewerbsfähig werden? Da diese rhetorische Frage auf einer theoretischen Ebene vorab nicht beantwortbar ist, bedeutet dies, dass jeder Staat, der eine derartige Schutzzollpolitik betreibt, ein Experiment eingeht. Eines, das freilich scheitern und seinen Bürgern, allen voran den Nachfragern in der protegierten Branche, hohe Kosten aufladen kann – in Form von höheren als notwendigen Marktpreisen und einer geringeren Marktversorgung.

Tatsächlich ist die Wirtschaftshistorie nicht arm an kostspieligen Beispielen mit überdies erstaunlich langen Erziehungszeiten. Mitunter beschleicht einen gar der Verdacht, eine vormals ambitionierte junge Branche könne unbemerkt, wohl aber übergangslos ins Greisenalter gekommen sein – hängt sie doch seit Jahr(zehnt)en am staatlichen Tropf. Vor diesem Hintergrund erklärt es sich, dass manche Ökonomen beim Erziehungszoll auch von **Pseudo-Erziehung** sprechen.[846]

Ein Paradebeispiel neueren Datums einer solchen Pseudo-Erziehung stellt die deutsche Solarindustrie dar. Diese hat um das Jahr 2013 die Europäische Kommission angerufen und um die Einführung von Strafzöllen auf chinesische Solarzellenimporte gebeten. So sollte die heimische Industrie vor chinesischen „Billigimporten" geschützt werde. Die Zölle wurden unter tatkräftiger Lobbyarbeit von Frank Asbeck, dem Gründer und Geschäftsführer von SolarWorld, eingeführt. Nachdem im Frühjahr 2017 das Unternehmen SolarWorld Insolvenz anmelden musste, wird klar: Der Zollschutz hat nichts gebracht. Leidtragende des Zolls waren die europäischen und deutschen Konsumenten, die Solarpanels ohne Zoll deutlich günstiger hätten erwerben können.[847]

Nachdem wir wichtige Herausforderungen im handwerklichen Umgang mit dem Erziehungszoll kennengelernt haben, wollen wir zum Abschluss dieses Abschnitts einen Aspekt aufgreifen, der für das gesamte Erziehungszollargument – allen voran auf Basis unseres gegenwärtigen Wissens über die Funktionsweise von Märkten – allem Anschein nach den Keim logischer Ungereimtheiten in sich trägt: Wie erklärt es sich,

---

gesprochen werden kann. Gleichwohl illustriert es, dass derartige Schutzprogramme eine mitunter erstaunliche Langlebigkeit aufweisen – entgegen aller ursprünglichen Beteuerungen. Yarbrough und Yarbrough listen in ihrem Lehrbuch aus dem Jahre 1991 weitere Fälle auf. Zum damaligen Zeitpunkt waren z. B. die amerikanischen Hersteller von Thunfisch-Konserven bereist 35 Jahre, Erdnuss-Produzenten und Hersteller von Milcherzeugnissen sogar seit 38 Jahren geschützt worden. Die Zuckerbauern Amerikas genossen seit dem Jahr 1937 immer wieder Schutz. Vgl. Yarbrough/Yarbrough, 1991, S. 252. In all diesen Fälle war der Schutz der heimischen Produzenten durch eine Importquote realisiert worden. Wie diese wirken, beleuchten wir in der Lektion 9 zum Interventionismus näher.

846 Vgl. z. B. Krugman/Obstfeld/Merlitz, 2012, S. 360 f.

847 Selbstverständlich sind – entlang der Wertschöpfungskette – auch die chinesischen Hersteller und/ oder die Importeure chinesischer Solarpanels negativ betroffen.

dass in einer Branche, die politischen Akteuren attraktiv genug erscheint, um im Inland errichtet zu werden, einheimische Unternehmen nur mit Hilfe eines staatlichen Schutzmantels in ausreichendem Maße investieren? Gerade nach neoklassischer Lesart sollte doch die bestehende Produzentenrente neue Anbieter – und somit auch inländische – anziehen![848]

8.3.1.2.2 Ungereimtheiten bezüglich des Erziehungsbedarfs

Die möglicherweise unbestreitbare Tatsache, dass ausländische Anbieter den Inlandsmarkt dominieren oder gar vollständig unter sich aufgeteilt haben, trägt noch nicht, um die investive Zurückhaltung „schutzloser" Inlandsunternehmer begründen zu können. Denn es lässt sich leicht entgegnen, dass gewinnorientierte Anbieter hinreichend darin geübt sind, Kredite aufzunehmen, sobald sich ihnen attraktive Marktchancen bieten. Das fehlende Marktengagement inländischer Anbieter kann folglich als Indiz dafür gewertet werden, dass es um die Attraktivität der betreffenden Branche nicht allzu weit bestellt ist. Ändert sich dies, kann freilich davon ausgegangen werden, dass heimische Akteure sich das notwendige Kapital beschaffen, in den Markt eintreten und sich gegenüber der Auslandskonkurrenz zu etablieren versuchen.

Allen voran darf nicht verkannt werden, dass heimische Unternehmen – ungeachtet der ausländischen Dominanz – verschiedene Optionen der strategischen Marktbearbeitung haben, die den Nachteil eines späten Markteintritts („late mover") wettmachen bzw. überkompensieren können, etwa die kreative Imitation oder eine strikte Nischenstrategie. Da inländische Anbieter den heimischen Nachfragern näher sind, verstehen sie deren *wirkliche* Bedürfnisse regelmäßig besser als die Auslandskonkurrenz. Kurzum – die inländischen Unternehmen haben wegen der kulturellen und geografischen Nähe zu den Kunden gegenüber den ausländischen Anbietern einen klaren Wettbewerbsvorteil![849] Warum also, sollte der Staat Unternehmen bestimmter Sektoren durch einen Zollschutz privilegieren? Zum Zwecke der ideenlosen Imitation? Schon Prince-Smith kritisierte das Ansinnen markig, kreativlose Anbieter, die im Grunde des Wortes Unternehmer unwürdig sind, staatlich protegieren zu wollen:

> Das Prohibitivsystem beschützt nur die Ideenlosigkeit; es befähigt nur die Leute, einen im Auslande entstandenen Gewerbebetrieb nachzumachen, anstatt eigenthümliche, den Landesverhältnissen entsprechende Produktionszweige auszubilden; – eine französische Zuckerfabrik oder eine englische Baumwollspinnerei zu kopiren, anstatt, durch eigene Erfindung, neue Bahnen zubre-

---

[848] Dass Friedrich List noch gar keinen spezifisch neoklassischen Blickwinkel einnehmen konnte, da die Geburtsstunde der Neoklassik nach seinem Tod liegt, ist uns nicht entgangen. Ungeachtet dessen, können wir uns als Nachgeborene eine solche Perspektive einzunehmen erlauben!

[849] Die praktische Erfahrung mit der Produkt-Markt-Matrix, einem in der strategischen Unternehmensführung weithin auch als Ansoff-Matrix bekannten Instruments, zeigt, dass die *Produktentwicklung* (bekannter Markt, neues Produkt) als strategische Stoßrichtung eine maßgeblich höhere Erfolgswahrscheinlichkeit auszeichnet als die der *Marktentwicklung* (neuer Markt, bekanntes Produkt). Zur Ansoff-Matrix siehe z. B. Eschenbach/Eschenbach/Kunesch, 2008, S. 59 ff.

chen, oder auf den alten mit beständiger Intelligenz vorzuschreiten; es ist ein Schutz nur für Geistesträgheit und Schlendrian! – Unter diesem System drängt man Kapitalien und Arbeit in Zweige, welche nur einen erzwungenen Markt im Inlande haben können.[850]

Diese in sich nicht minder schlüssige Erwiderung der Freihandelsverteidiger parieren die Befürworter des Erziehungszolls mit dem Hinweis auf die **Unvollkommenheit** der **Märkte**, die sich im konkreten Fall aus zwei Teilaspekten speist:[851] dem Kapitalmarkt und den sogenannten externen Effekten.

Es heißt zum einen, dass der inländische **Kapitalmarkt** gerade in den sich industrialisierenden Ländern unvollkommen sei, wodurch den potenziellen Investoren in einer freien Wirtschaft ohne sektorale Protektion die notwendigen Kredite nicht zur Verfügung gestellt werden. Kurzum: Es mangelt an der notwendigen institutionellen Voraussetzung für inländische Investitionstätigkeit.[852]

Zum anderen wird vorgetragen, dass inländische Pioniere mit ihrem Engagement in der Frühphase des Heimatmarkts anderen, unbeteiligten Inlandsunternehmen einen Nutzen stiften, für den die Wegbereiter keine finanzielle Kompensation seitens der Begünstigten erhalten. Aus diesem Grunde beschränken sich, so das Argument weiter, die sektoralen Pionierunternehmen mit ihren Aktivtäten stärker als sie es bei einer entsprechenden Ausgleichszahlung für ihre erbrachte Leistung tun würden. Erst mit dem Zoll, der ja einer indirekten Subventionszahlung gleichkommt, würde diese marktliche Unvollkommenheit zulasten inländischer Pionierunternehmen behoben sein. Auf diesen Aspekt kommen wir in Lektion 12 im Zusammenhang mit den sogenannten positiven externen Effekten zurück.

8.3.2 Die Prebisch-Singer-These

Analog zu unserer Vorgehensweise beim Erziehungszoll machen wir uns zunächst mit der spezifischen Begründung vertraut, die der Prebisch-Singer-These für eine protekti-

---

850 Prince-Smith, 1843, S. 26.

851 Vgl. hierzu etwa Krugman/Obstfeld/Merlitz, 2012, S. 360 f. oder Hoffmann/Fikentscher, 1982, S. 644.

852 Es gehört zur Redlichkeit, hier schon einmal anzumerken, dass der Bankensektor zu Lebzeiten von Friedrich List erst aufzublühen begann. Darüber hinaus hatte der unternehmerische *Investitionskredit* noch eine zutiefst untergeordnete Stellung im Portfolio der Banken. Geübt waren die Unternehmen der damaligen Zeit allein darin, sich mit Hilfe des Wechsels kurzfristige *Handelskredite* zu beschaffen. Kurzum: Die Kapitalmärkte hatten gerade aus heutiger Perspektive ein wahrlich anderes Gesicht, sie waren spärlich entwickelt. Mit seiner Forderung nach temporären Zollschutz scheinen diese historischen Anmerkungen List zu exkulpieren. Doch Vorsicht! Bei der Diagnose unterentwickelter Kapitalmärkte hätte man für die bessere Entwicklung inländischer Unternehmen genauso gut fordern können, dass der Staat geeignete, komplementäre Maßnahmen ergreift, um die „Unvollkommenheit" des Kapitalmarktes zu überwinden. Stattdessen lag der wirtschaftspolitische Akzent auf temporärer Abschottung! Auf Details zum Kapitalmarkt und seiner historischen Entwicklung kommen wir in allen voran in Lektion 15 zurück, wenn wir das Phänomen der asymmetrischen Informationen beleuchten.

onistische Außenhandelspolitik innewohnt (Kapitel 8.3.2.1.). Im zweiten Schritt wollen wir dann erneut die Tragfähigkeit der These und ihrer Schlussfolgerungen beleuchten (Kapitel 8.3.2.2.).

8.3.2.1 Das Argument und seine Genese

Die These von Friedrich List (1789–1846), dass die **Art** der Produktionsgüter, die ein Land auf Basis des Freihandelsprinzips mit anderen Ländern der Weltgemeinschaft tauscht oder tauschen könnte, für seine individuelle Entwicklung **nicht bedeutungslos** ist, bildet auch den Kern eines Beitrags, der im entwicklungspolitischen Kontext der 1950er und 1960er Jahre große Aufmerksamkeit erfuhr: die nach den beiden Ökonomen Raúl Prebisch (1901–86) und Hans W. Singer (1910–2006) benannte Prebisch-Singer-These.[853]

In dieser rücken **marktbasierte Struktur-** und **Merkmalsunterschiede** zwischen dem wirtschaftlich entwickelten Zentrum (d. h. den Industrieländern) und der unterentwickelten Peripherie (d. h. den Entwicklungsländern) in den Mittelpunkt der Argumentation.[854] Im Ergebnis kommen Prebisch und Singer – ähnlich List ein Jahrhundert zuvor – zu dem Schluss, dass die unterentwickelten Länder sich vom **Weltmarkt abkoppeln** müssen, da die **internationale Arbeitsteilung** die **Benachteiligung** der **Peripherie** begründet. Ohne eigenständige Industrie – so die These weiter – werde sich bei einer auf Freihandel beruhenden Arbeitsteilung das **Wohlstandsgefälle** zwischen Zentrum und der Rohstoffe liefernden Peripherie zunehmend **vergrößern**.[855] Infolgedessen prognostizieren Prebisch und Singer bei freiem Handel eine Entwicklung, die im diametralen Widerspruch zur Konvergenz-These des Heckscher-Ohlin-Theorems steht.[856]

Die Begründung, warum die unterentwickelte Peripherie gegenüber dem entwickelten Zentrum der Industrieländer gerade aus dynamischer Perspektive wirtschaftlich benachteiligt ist, fußt dabei auf drei Bausteinen. Ein erster beruht dabei auf der Vorstellung **unterschiedlicher Preis- und Einkommenselastizitäten** bei Primär- und

853 Prebisch war ein argentinischer Ökonom, dessen Vater aus Sachsen stammte; Singer, geboren in Elberfeld, floh vor dem NS-Staat im Jahr 1933 über die Türkei nach England. Die beiden Ökonomen waren zeitgleich unabhängig voneinander auf die nach ihnen benannten Aspekte gestoßen. Mit diesem entwicklungsökonomischen Argument wird auch immer wieder der schwedische Ökonom Gunnar Myrdal; (1898–1983) in Verbindung gebracht.

854 Im Begriffspaar Peripherie – Zentrum spiegelt sich der Einfluss der dialektischen Methode wider.

855 Vgl. z. B. Fischer, 2016, S. 23.

856 Nach dem Heckscher-Ohlin-Theorem gleichen sich durch die Aufnahme von Handel die Faktorentgelte (d. h. die Löhne und die Zinsen) zwischen den Entwicklungs- und Industrieländern an. Mit der Zeit kommt es insofern zu einem Faktorpreisausgleich (weshalb auch vom Faktorproportionenausgleichstheorem gesprochen wird). Schließlich wird es – dieser Theorie nach – bei Freihandel zu genau einem Zinssatz und zu genau einem Lohnsatz weltweit kommen. Dies führt zur Konvergenz der Länder beim Pro-Kopf-Einkommen.

Industriegütern. Prebisch und Singer nehmen an, dass die traditionellen Exportgüter der Entwicklungsländer allesamt niedrige Elastizitäten aufweisen, während Industriegüter von vergleichsweise hohen Einkommens- und Preiselastizitäten der Nachfrage charakterisiert sind.

Grundsätzlich unterschiedliche **Einkommenselastizitäten** ließen sich etwa dadurch erklären, dass die Agrarexporte der Entwicklungsländer allesamt Merkmale von Sättigungsgütern aufweisen, während die Fertigwaren der entwickelten Länder vorwiegend superiore Güter darstellen (siehe Lektion 4, Anhang D).

Bei den **Preiselastizitäten** der Nachfrage tritt ein zweiter Aspekt der These – die **Verschiedenartigkeit** der produzierten und gehandelten **Güter** – in den Vordergrund: Homogenen Primärgütern wie Weizen auf der einen, stehen heterogene Industriegüter auf der anderen Seite gegenüber.[857]

Bedeutung erlangen diese Gutseigenschaften beim **technischen Fortschritt**, da sich dieser je nach Güterart unterschiedlich in den Preisen niederschlägt. Preissenkend wirkt er sich – so die These – auf die Exporte der Entwicklungsländer aus, weil sektorale Innovationen hier einen scharfen Wettbewerb unter den Anbietern auslösen – wegen der relativen Gleichheit der Produkte und wegen der geringen Elastizitäten. Demgegenüber müssen die Unternehmen in den entwickelten Ländern, den technischen Fortschritt in ihren Exportsektoren wegen der Heterogenität der Güter nicht an die Nachfrager in Form von Preissenkungen weitergeben. Mit anderen Worten: Während uns in den Entwicklungsländern ein relativ getreues Abbild unseres Modells der vollständigen Konkurrenz begegnet, weichen die realen Bedingungen in den Industrieländern von diesem ab.[858]

Ohne den dritten Bestandteil der These, den unterschiedlichen Organisationsgrad der Arbeitnehmer in Entwicklungs- und Industrieländer, hier vertiefen zu wollen,[859] lassen sich bereits mit Kenntnis der beiden illustrierten Aspekte **zwei Schlussfolgerungen** von Prebisch und Singer nachvollziehen.

Zum einen schließen sie, dass es für periphere Länder wegen ihrer Fertigwareneinfuhren und ihrer aus mineralischen bzw. agrarischen Rohstoffen bestehenden Ausfuhren zu einer **säkularen Verschlechterung** der Austauschverhältnisse (sogenannter

---

857 Die Bedeutung der Heterogenität von Gütern streifen wir bei der monopolistischen Konkurrenz im Rahmen der Lektion 10 nochmal gesondert ein.

858 Vgl. dazu auch Hoffmann/Fikentscher, 1982, S. 645 oder auch Lachmann, 1994b, S. 134.

859 Auf Basis unseres bisherigen volkswirtschaftlichen Verständnisses reicht es aus, auf die ersten beiden Aspekte zu blicken, um die Schlussfolgerungen der beiden Ökonomen nachvollziehen zu können. Kurz gesagt beinhaltet das dritte Element die These, dass sich die Arbeitnehmer in den Industrieländern besser als in den Entwicklungsländern gewerkschaftlich organisieren können. Dies ermöglicht es den Arbeitnehmer in den Industrieländern, höhere Löhne durchzusetzen: sie haben Verhandlungsmacht – und profitieren daher vom technischen Fortschritt. Unterdessen ist die Macht der Arbeitnehmer in den peripheren Ländern gering, weshalb technischer Fortschritt hier nicht zu höheren Löhnen führt. Dieser Strukturunterschied verhindert es nach Prebisch-Singer, dass es zu einem Faktorpreisausgleich kommt. Vgl. z. B. Lachmann, 1994b, S. 134.

Terms-of-Trade) kommt. Mit anderen Worten: Entwicklungsländer müssen kontinuierlich mehr Güter verkaufen, um sich die gleiche Menge an Einfuhren aus den Industrieländern leisten zu können.[860]

Unter diesen Rahmenbedingungen – so der zweite Schluss – sei es für die unterentwickelten, peripheren Länder notwendig, die in ihren Exportsektoren durch technischen Fortschritt freigesetzten Arbeitskräfte zum Aufbau einer eigenständigen Industrie einzusetzen. Damit die **sektorale Migration** von **Arbeitskräften** innerhalb der Peripherieländer gelingen kann, sind infolgedessen Anreize zur Industrialisierung in Form von Importrestriktionen zu schaffen.[861]

8.3.2.2 Butter bei die Fische – Dem Argument auf den Zahn gefühlt

Was ist von der Prebisch-Singer-These nun zu halten? Um ihre Tragfähigkeit angemessen beurteilen zu können, wollen wir auf der Ebene der empirischen Wirtschaftsforschung jetzt erst einmal prüfen, wie weit die von ihr unterstellten Annahmen überhaupt zutreffen. Weisen Entwicklungsländer in der Tat einen hohen Rohstoffanteil in ihren Exporten aus (Kapitel 8.3.2.2.1.) und verschlechtern sich – wie behauptet – die Austauschverhältnisse wirklich zu Ungunsten dieser Länder (Kapitel 8.3.2.2.2.)? Mit einem Blick auf die Methode, die Prebisch zur empirischen Untermauerung seiner These gewählt hat, beenden wir den Abschnitt (Kapitel 8.3.2.2.3.).

---

860 Auch der indische Ökonom Bhagwati hat darauf hingewiesen, dass sich für rohstoffexportierende Entwicklungsländer eine zunehmende Einbindung in den Welthandel negativ auf ihre Entwicklung auswirken kann: Spezialisiert sich ein solches Land gemäß der Heckscher-Ohlin-Theorie auf den Export von Rohstoffen, bei denen es schon anfänglich einen hohen Weltmarktanteil besessen hatte, so kann es sein, dass sich die Exporterlöse dieses Landes wegen des zusätzlichen Mengenangebots reduzieren (dies ist der Fall bei Preissenkungen innerhalb des unelastischen Bereichs, weil dann gilt: PE > ME) – statt wie erhofft zu erhöhen. Aufgrund der schlechter werdenden Austauschverhältnisse im internationalen Handel beobachtet das betreffende Land nun ein *Verelendungswachstum*. Auch diese These verdeutlicht, dass wirtschaftlicher Erfolg durch Offenheit der Wirtschaft *kein* Automatismus ist, sondern kontextbezogen.

861 Vgl. Hoffmann/Fikentscher, 1982, S. 645. Die Autoren verweisen darauf, dass das Argument letztlich auf Manoilesco (1937) zurückgeht, es in abgewandter Form aber erst im entwicklungspolitischen Kontext an Popularität erlangte. Ursprünglich war es ein Umstrukturierungsargument zwischen Landwirtschaft und Industrie. Dieser These nach war die Mobilität zwischen den beiden Sektoren so gering, *weil* in der *Industrie niedrige Löhne* gezahlt werden. Wenn die heimische Industrie jetzt durch Zollschranken geschützt wird, kann sie höhere Löhne zahlen. Dies führt zu einer stärkeren Migration von Arbeitskräften aus der Landwirtschaft in die Industrie. Ohne Anreize würden die Arbeitskräfte aus der Landwirtschaft nicht abwandern (Stichwort: Opportunitätskosten sind zu niedrig!). Erst wenn die Industrie „erheblich höhere Löhne" als in der Landwirtschaft zahlt, dann kommt es zur Mobilität. Vgl. Hoffmann/Fikentscher, 1982, S. 645.

8.3.2.2.1 Zur Rohstofflastigkeit der Ausfuhren peripherer Länder

Ein Volk, das sein Überleben
einem einzigen Produkt
anvertraut, begeht Selbstmord.
José Martí (1853–1895)[862]

Der erste Aspekt, d. h. die Rohstoffbedeutung innerhalb der Ausfuhren, lässt sich für ein jedes Land insoweit relativ einfach ermitteln, indem der prozentuale Anteil der mineralischen und agrarischen Rohstoffe an seinem gesamten Export jeweils berechnet wird. Für die meisten Länder sind derartige Statistiken verfügbar. Schwierigkeiten dürften allenfalls dabei entstehen, was genau unter einem „hohen" Anteil konkret zu verstehen ist: die Hälfte, zwei Drittel, drei Viertel oder gar erst achtzig Prozent und mehr?

Die theoretisch unlösbare Frage nach dem „richtigen" Schwellenwert wollen wir ausblenden und uns stattdessen erst einmal ein Bild von der Exportstruktur der „peripheren" Ländern machen. Unschwer lässt sich hierzu konstatieren, dass viele von ihnen – wie von Prebisch und Singer unterstellt – noch in den 1960er Jahren von einer rohstoffbasierten Exportstruktur geprägt waren. Die Werte in Tabelle 8.2 geben hierüber für zehn ausgewählte Entwicklungsländer im Jahr 1965 einen ersten Aufschluss. Sierra Leone und Südkorea ausgenommen, wird man wohl davon sprechen dürfen, dass die Exporte dieser Staaten zur besagten Zeit ein hoher bis sehr hoher Rohstoffanteil charakterisiert.

Tabelle 8.2: Die Exportstruktur für
ausgewählte Länder in 1965, in Prozent.[863]

Land	Anteil der Rohstoffe an den gesamten Exporten
Malawi	99
Zaire	92
Togo	95
Angola	82
Peru	99
Sierra Leone	39
Haiti	76
Türkei	98
Tunesien	82
Südkorea	40

---

[862] Das Zitat des kubanischen Nationalhelden José Martí, das sich auf die Zuckerabhängigkeit Kubas bezog, ist abgedruckt in Galeano, 2019, S. 100.

[863] Die Daten sind entnommen Lachmann, 1994a, S. 160.

Zu der ohnehin hohen Bedeutung der Rohstoffausfuhren kam in der damaligen Zeit für zahlreiche Länder verschärfend hinzu, dass die generierten Deviseneinnahmen oftmals nur auf einem einzigen Erzeugnis ruhten. Es mangelte also nicht nur an Fertigwaren im Exportkorb, sondern auch an einer Diversifikation innerhalb der Primärgüter. Mit der einseitigen Zusammensetzung der Ausfuhren erhöhte sich zwangsläufig die Abhängigkeit der betroffenen Länder von „ihrem" Rohstoff, was gerade bei zyklischen Produkten mit enormen Risiken behaftet war.

Springt man nun in der Zeit vor, lässt sich mit Blick auf die Ausfuhrsortimente der Schwellen- und Entwicklungsländer heute ein Bild entdecken, das weitaus vielschichtiger und bunter ist als das zu Mitte der 1960er Jahre. Die **beachtlichen Entwicklungserfolge** mancher Staaten, etwa der sogenannten asiatischen „Tigerstaaten" Südkorea, Taiwan und Singapur dürften hinlänglich bekannt sein. Anderen Ländern ist es in der Zwischenzeit immerhin gelungen, den überbordenden Stellenwert *eines* Rohstoffs an ihren Gesamtausfuhren schrittweise auf ein gesünderes Maß zu verringern. Anhand von vier willkürlich ausgewählten Ländern, in denen ein agrarisches Hauptexportgut im Jahr 1967 noch mehr als die Hälfte der Gesamtausfuhren bestimmte, zeichnen die Daten in der Tabelle 8.3 diese Evolution eindrucksvoll nach.

Tabelle 8.3: Ehemalige Hauptexportprodukt und ihre abnehmende Bedeutung über die Zeit (1967–2017), in % der gesamten Exporterlöse.[864]

Land	Hauptexportprodukt	SITC[865]	Zeitpunkt					
			1967	1977	1987	1997	2007	2017
Kolumbien	Kaffeebohnen	0711	58	60	38	18,0	6,0	7,4
Ghana	Kakaobohnen	0721	56	53	38	32,0	46,0	15,0
Mauritius	Zuckerrohr	0611	91	62	32	23,0	15,0	3,4
Sri Lanka	Tee	0741	65	53	21	8,2	9,8	7,7

Allerdings darf man sich **keiner Illusion** hingeben: Die eben skizzierte Entwicklung kann nicht auf alle Entwicklungs- und Schwellenländer pauschal übertragen werden: **Weiterhin** geht die Anzahl an **Ländern**, deren Exportstruktur **in hohem Maße** von ein bis drei **Primärgütern** geprägt ist, deutlich über zufallsbedingte Einzelfälle hinaus.[866] Unterscheidet man nach Kontinenten, so lässt sich alles in allem beobachten, dass die Länder südlich der Sahara hinsichtlich der Diversifikation ihrer Ausfuhren die geringsten Fortschritte gemacht haben. Um diese Behauptung zu untermauern, blicken wir in

---

864 Die Daten sind entnommen https://oec.world/en; zuletzt abgerufen am 20.02.2024.
865 SITC = Standard International Trade Classification, nach UN Rev. 4, 2006; vgl. https://unstats.un.org/unsd/publication/SeriesM/SeriesM_34rev4E.pdf
866 Das stellte schon Lachmann, 1994a, S. 161 vor über 25 Jahren fest! Kurz – viel hat sich seitdem für zahlreiche Entwicklungsländer nicht geändert!

der folgenden Tabelle 8.4 nochmal auf die Zusammensetzung der Ausfuhren von 22 Ländern dieser Region – gut ein halbes Jahrhundert später.

Tabelle 8.4: Exportstruktur ausgewählte Länder Afrikas südlich der Sahara (2017).[867]

Land	Anteil am Gesamtexport des Landes		Exportprodukte	
	Agrarischer und mineralischer Rohstoffe	Darunter wichtigstes Gut	Wichtigstes (SITC ID)	Weitere bedeutsame
Angola (2015)	97,9	**95,0**	Rohöl (3330)	
Benin	65,7	32,0	Baumwolle (2631)	Nüsse
Burkina Faso	94,7	**85,0**	Gold (9710)	Roh-Baumwolle
Burundi	91,7	47,0	Kaffeebohnen (0711)	Tee
Dem. Rep. Kongo (2010)	89,4	33,0	Kupfer (6821)	Erze
Elfenbeinküste	77,9	35,0	Kakaobohnen (0721)	Kakaobutter, Rohöl, Gold, Nüsse
Ghana	90,2	37,0	Gold (9710)	Rohöl, Kakaobohnen
Gambia	61,7	52,0	Nüsse (0577)	
Kamerun	74,2	42,0	Rohöl (3330)	Kakaobohnen
Mali	82,6	63,0	Gold (9710)	Rinder
Mosambik	38,8	13,0	Kohle (3222)	
Niger (2015)	79,9	69,0	Uran (2860)	Gold
Nigeria	95,4	**80,0**	Rohöl (3330)	LPG
Republik Kongo	84,8	**78,0**	Rohöl (3330)	Kupfer
Republik Südafrika	30,1	5,5	Kohle (3222)	Eisenerz
Ruanda (2016)	70,1	16,0	Gold (9710)	Tee, Kaffee
Sierra Leone	57,8	23,0	Nicht-Eisenerze (2879)	Kakaobohnen
Tansania	73,5	25,0	Gold (9710)	
Uganda	68,0	34,0	Kaffeebohnen (0711)	
Sambia	81,8	69,0	Kupfer (6821)	
Simbabwe (2015)	81,4	32,0	Tabak (1212)	Gold, Nickelerz
Zentralafrikanische Republik	2,5		Transportcontainer (7861); 23,0%	Maschinen- und Fahrzeugteile

---

867 Die Daten sind entnommen https://oec.world/en/visualize/tree_map/sitc/export/usa/all/show/2017/; zuletzt abgerufen am 20.02.2024.

Obgleich die Zahlenwerte für Mosambik und die Zentralafrikanische Republik sogar nicht in das Klischee Afrikas bei manchem Europäer passen und damit zu den regionalen Lichtblicken (neben Südafrika) gehören mögen, lassen die Daten zu den übrigen Ländern den Schluss zu: Der Anteil an Primärgütern an den Ausfuhren dieser Region ist **ungebrochen hoch.** Schließlich vereinnahmten mineralische und agrarische Rohstoffe auch im Jahr 2017 noch mindestens 60 Prozent der Exporterlöse in über vier Fünftel der hier betrachteten Länder. In Angola, Burkina Faso, Nigeria und der Republik Kongo lasteten die Einnahmen aus internationalem Handel sogar auf einem einzigen Exportprodukt. In diesen vier Ländern verantworten Rohöl bzw. Gold stets mehr als drei Viertel aller Deviseneinnahmen. Insofern dürfte sich die Fragilität dieser Volkswirtschaften gegenüber der Mitte der 1960er Jahre kaum verbessert haben.[868] In Sambia, im Niger und in Mali ist die starke Abhängigkeit von einem mineralischen Rohstoff – auf dem die Verantwortung von grob zwei Drittel aller Ausfuhrerlöse liegt – nur geringfügig kleiner.

Anmerken wollen wir an dieser Stelle, dass es eine unzulässige Verkürzung darstellt, wollte man einzig den afrikanischen Ländern südlich der Sahara eine weiterhin wenig diversifizierte Struktur ihrer (Rohstoff-)Ausfuhren unterstellen: Die Ausfuhren einiger Länder der ehemaligen Sowjetunion, etwa Aserbaidschan oder Kasachstan, sind ebenfalls noch von hohen Rohstoffanteilen (konkret: Rohöl) geprägt. Ähnlich verhält es sich in Innerasien für die Mongolei; und auch in zahlreichen Ländern Lateinamerikas, etwa in Paraguay, Bolivien, Kolumbien oder in Chile, setzen sich die Exporterlöse heute noch zu mehr als zwei Drittel aus Primärgütern zusammen.[869]

Halten wir also fest, dass in der Tat viele – gleichwohl nicht alle – Entwicklungsländer einen hohen Rohstoffanteil unter ihren Exporten hatten und teilweise noch immer haben. Ob der mancherorts beobachtbare Rückgang des Rohstoffanteils und/oder die eingetretene Diversifikation innerhalb der Primärgüter Ergebnis einer staatlich bewusst herbeigeführten Wirtschaftspolitik ist oder nicht, überspringen wir an dieser Stelle.

Stattdessen wollen wir uns nun der zweiten Annahme von Prebisch und Singer zuwenden, dass sich die realen Austauschverhältnisse (engl. Terms-of-Trade) für die peripheren Länder langfristig verschlechtern – was die Abkehr vom Freihandel rechtfertigt. Dazu müssen wir im nächsten Schritt selbstredend erst einmal klären, wie diese realen Austauschverhältnisse definiert und in der empirischen Wirtschaftsforschung gemessen werden sollen.

---

868 Mit Blick auf das Rohöl bedenke man die Preisschwankung auf dem Weltmarkt allein in den letzten Jahren. Mit dem spürbaren Aufkommen des Frackings in Nordamerika dürfte die Fragilität dieser Länder tendenziell zugenommen haben.

869 Vergleicht man diese heutigen Werte (2017) mit den Ausführungen Lachmanns (1994) muss man feststellen, dass sich an dem Muster der Ausfuhrstrukturen über verschiedene Entwicklungsländer und Ländergruppen nicht viel geändert hat. Vgl. Lachmann, 1994a, S. 160. Eine detailreiche Darstellung zur Relevanz einzelner Rohstoffe in Bezug auf die säkulare Wirtschaftsentwicklung lateinamerikanischer Staaten liefert Galeano, 2019.

8.3.2.2.2 Zur Entwicklung der realen Austauschverhältnisse

Unter den verschiedenen, in der Literatur bestehenden Konzepten sind die Commodity-Terms-of-Trade und die Income-Terms-of-Trade die beiden gebräuchlichsten.[870] Die **Commodity-Terms-of-Trade** werden dabei als das Verhältnis zwischen den Ausfuhr- und den Einfuhrgüterpreisen (CToT = P_{Exp}/P_{Imp}) verstanden. Um deren Entwicklung über die Zeit unverzerrt darstellen zu können, werden die jeweiligen Preise um die jährliche Inflation (bzw. Deflation) preisbereinigt. Den Kehrwert der Commodity-Terms-of-Trade, der mitunter in der empirischen Forschung verwendet wurde oder wird, bezeichnet man auch als Net-Barter-Terms-of-Trade (NBToT = P_{Imp}/P_{Exp}).[871]

Gerade aus dem Blickwinkel eines rückständigen Landes ist die Analyse der sich im internationalen Handel ergebenden Preisverhältnisse allerdings nicht aussagekräftig genug: Sie geben keine direkte Auskunft über die **Importkapazität.** Um ein vollständigeres Bild hierüber zu erhalten, sind bei einer unterstellten Zunahme der Importpreise damit nicht nur die Exportgüterpreise, sondern auch die Exportmengen von Bedeutung. So haben wir in Lektion 4 gesehen, dass sich die Erlöse bei sinkenden Güterpreisen in Abhängigkeit der Nachfrageelastizität verändern. Bewegen wir uns im elastischen Bereich der Nachfrage, führt eine Preissenkung zu höheren Einnahmen, was wiederum die Importkapazität des Landes verbessert. Hier dominiert – technisch gesprochen – also der Mengeneffekt über den Preiseffekt. Im unelastischen Bereich der Nachfragekurve überwiegt hingegen der Preis- den Mengeneffekt. Damit gehen Preissenkungen mit verminderten Erlösen und einer reduzierten Importkapazität einher – was die Prebisch-Singer-These für die Entwicklungsländer pauschal unterstellt.

Vor diesem Hintergrund erklärt sich, warum die Commodity-Terms-of-Trade als ein zumindest teilweise unbefriedigendes Maß zur Überprüfung der „säkularen Verschlechterung der Austauschverhältnisse" betrachtet wurde. Zugleich versteht sich aus den obigen Ausführungen fast von selbst, dass die **Income-Terms-of-Trade** als die mit der Exportmenge multiplizierten Commodity-Terms-of-Trade (Income ToT = $Q_{Exp} * P_{Exp}/P_{Imp}$) definiert sind. Aus dieser Gleichung wird (abermals) ersichtlich, dass die Income-Terms-of-Trade bei sinkenden Commodity-Terms-of-Trade steigen können.

Bereits diese knappe Darstellung zu den Austauschverhältnissen illustriert, dass es zu deren Beurteilung und deren Änderung über die Zeit **kein eindeutiges Konzept** gibt. Es liegt in der Natur der Sache, dass über das richtige Konzept – je nach politischem Blickwinkel – gestritten wird. Unbenommen dessen kann hier in aller gebotener Knappheit festgehalten werden, dass die These von Prebisch und Singer nicht generell und undifferenziert zu halten ist, wonach es zu einer Verschlechterung der Austauschver-

---

870 Vgl. Lachmann, 1994b, S. 123 f. Hier finden sich auch Hinweise auf weitere Konzepte (z. B. zum faktoralen Austauschverhältnis), die alle darunter leiden, dass sie empirisch schwer messbar sind.
871 Vgl. Lachmann, 1994b, S. 123. Prebisch hat seine These auf Basis des Net-Barter-Terms-of-Trade-Konzepts empirisch überprüft.

hältnisse für die rohstoffexportierenden Entwicklungsländern zwangsläufig kommen müsse. Das empirische Bild ist gemischt – zumal über längere Zeitabschnitte.[872]

Damit lässt sich abschließend festhalten, dass eine **pauschale Abkehr** vom Freihandelsprinzip auf Basis der Argumente von Prebisch und Singer schon allein deshalb **nicht** zu **rechtfertigen** ist, weil deren Argumente nicht den Anspruch erheben können, den realen Gegebenheiten immer und überall uneingeschränkt Rechnung zu tragen. Umgekehrt lässt sich die These der beiden Ökonomen *nicht* pauschal verwerfen. Insofern mögen auch weiterhin Konstellationen beobachtbar sein, in denen sich die Rahmenbedingungen für die Länder der Peripherie im Handel mit Industrieländern so darstellen, wie von den beiden Entwicklungsökonomen unterstellt wurde.

8.3.2.2.3 Methodische Kritikpunkte

Der Vollständigkeit halber wollen wir abschließend noch auf die Einwände zu sprechen kommen, die hinsichtlich der Methodik vorgebracht wurden, mit der Raúl Prebisch seine These empirisch zu überprüfen versuchte. Zu den wichtigsten Kritikpunkten gehören unter anderem die fehlende Repräsentativität der gewählten Daten und eine einseitige Berücksichtigung relevanter Kosten.[873]

Man muss in diesem Zusammenhang wissen, dass Prebisch die britische Außenhandelsstruktur als repräsentativ für die Handelsstruktur der Entwicklungsländer betrachtet hat. Demnach entspricht die Struktur der britischen Ausfuhren den Einfuhren der Entwicklungsländer, während umgekehrt die Zusammensetzung der britischen Importe die Exportstruktur der Gesamtheit aller peripheren Länder robust abbildet. Diesen hohen Anspruch auf Repräsentativität kann die britische Handelsstruktur allerdings über den von Prebisch gewählten Beobachtungszeitraum (1876–1946) nicht für sich gelten machen – aus verschiedenen Gründen. So waren im besagten Zeitraum unter den britischen Einfuhren Getreide (insb. Weizen) und Milchprodukte am wichtigsten. Mehrheitlich sind die Entwicklungsländer aber keine Exporteure dieser Produkte.[874] Allein aus Argentinien führte Großbritannien Weizen ein; nur eine vernachlässigbare Menge an Reis stammte aus anderen Ländern. Und „Kaffee, ein wichtiges Exportgut der Entwicklungsländer zu jener Zeit, wurde als Folge der britischen Konsumgewohnheiten nur in geringem Umfang von Großbritannien importiert."[875]

---

872 In diesem Bezug sei auch angemerkt, dass die These Bhagwatis vom Verelendungswachstum, auf die wir am Ende des Kapitels 8.3.2.1. in Fußnote 863 aufmerksam gemacht haben, weiterhin noch nicht empirisch bestätigt werden konnte.

873 Weitere Einwände sind vorgetragen worden. Eine Übersicht hierzu bietet Lachmann, 1994b, S. 134 f.

874 Neben Argentinien zählten in der damaligen Zeit nur die USA, Kanada, Australien und Russland zu den relevanten Weizenexporteuren der Welt. Länder, die schwerlich als Entwicklungsländer bezeichnet werden konnten. Es sei angemerkt, dass Weizen im o. g. Untersuchungszeitraum für die Weltwirtschaft ein bedeutsames Handelsgut darstellt, bis ins Jahr 1929 sogar das dominierende! Vgl. z. B. Krausmann/Langthaler, 2016, S. 87.

875 Lachmann, 1994b, S. 134 f.

Ein weiterer Methodenmangel besteht in der Untersuchung von Prebisch darin, dass er Transportkosten einzig für die britischen Importe (= Ausfuhren der Entwicklungsländer) bedacht hat. Da die Kosten der Seefracht im Betrachtungszeitraum merkbar rückläufig waren, geht mit der einseitigen Berücksichtigung der Transportkosten eine **einseitig verzerrte Preisentwicklung** zu Ungunsten der peripheren Länder einher. Wirtschaftspolitische Schlussfolgerungen auf Basis einer solchen Analyse sind – wenn nicht falsch, so zumindest – mit äußerster Vorsicht zu genießen.

Unbenommen dessen richteten viele lateinamerikanische Länder, etwa Argentinien, Brasilien und Chile unter dem maßgeblichen Einfluss der UN-Wirtschaftskommission für Lateinamerika (CEPAL)[876] ihre Außenhandelspolitik entsprechend der Prebisch-Singer-These in den Jahrzehnten nach dem Zweiten Weltkrieg neu aus: Mithilfe protektionistischen Handelspraktiken sollten vormalige Einfuhren substituiert und nationale Industrien mit Nachdruck aufgebaut werden.

8.3.3 Abschließende Würdigung entwicklungsökonomischer Abschottungsargumente

Die inhaltliche Gemeinsamkeit des Erziehungszoll-Arguments und der Prebisch-Singer-These besteht unverkennbar darin, dass es Beide für wirtschaftlich nachhinkende Nationen geboten sehen, sich vom Weltmarkt **temporär** abzuschotten,[877] um den Aufbau einer eigenen Industrie voranzutreiben, die als übergeordnetes, gesellschaftliches Ziel – wie bei Marx – betrachtet wird.[878]

Indem sich die Anhänger einer entwicklungsökonomisch motivierten Protektion mit ihrer Freihandelskritik von der komparativ-statischen Betrachtung lösen, die den (neo-)klassischen Handelstheorien zu eigen ist, weisen sie darüber hinaus auch methodische Parallelen auf: Bei ihnen rückt unausgesprochen das Konzept der **dynamischen Effizienz** in den Fokus.

Bei aller Berechtigung, die Idee eines unbeschränkten Außenhandels auf den Prüfstand zu stellen und auf universelle Tragfähigkeit abzuklopfen, sollte nicht übersehen werden, dass **kein Argument**, das für eine entwicklungspolitische Abkoppelung vom Weltmarkt vorgebracht wurde, belastbarer als das Freihandelsargument selbst ist. *Alle* protektionistischen Gegenargumente, mögen sie auf den ersten Blick noch so

---

876 Die CEPAL wurde im Jahr 1948 gegründet. Raúl Prebisch war von 1950 bis 1963 ihr zweiter Exekutivsekretär.

877 Um Irrtümern vorzubeugen, sei an dieser Stelle nochmals in aller Klarheit bemerkt, dass „das Erziehungszollargument von List [...] nicht – wie häufig getan – auf junge oder technisch zurückgebliebene Industrien in entwickelten Ländern anwendbar [ist]." Hoffmann/Fikentscher, 1982, S. 644.

878 Ein bedeutsamer Unterschied zwischen beiden Vorstößen besteht darin, dass List auf einzelstaatlicher Ebene argumentierte, während es für die „lateinamerikanischen Strukturalisten klar [war], dass eine schrittweise Importsubstitution der regionalen Kooperation bedarf." Fischer, 2016, S. 24.

überzeugend erscheinen, weisen ihrerseits **logische Bruchstellen** auf und werden von handwerklichen **Herausforderungen** begleitet. Darüber hinaus wohnt ihnen mit dem Rent-Seeking, sprich: dem Lobbyismus, eine höchst problematische **Begleiterscheinung** inne.

Es ist korrekt, dass die Handelstheorien der Klassik und Neoklassik analytisch verengt sind und der dynamischen Effizienz keine wirkliche Beachtung beimessen.[879] Doch so unverrückbar diese Feststellung ist, so wenig darf wegen der erörterten, potenziellen Spannungen zwischen statischer und dynamischer Effizienz daraus geschlossen werden, dass zwischen den beiden Effizienzkonzepten zu jeder Zeit zwangsläufig ein inhärenter Zielkonflikt besteht,[880] dem allein durch Abschottung vom Weltmarkt begegnet werden kann.

Ungeachtet dessen wäre es allen voran verfehlt zu meinen, vom Spannungsverhältnis zwischen statischer und dynamischer Effizienz seien zuvorderst nachhinkende Länder negativ betroffen, wirtschaftlich führende jedoch nicht. Die Geschichte belegt das Gegenteil! Positionen wirtschaftlicher Vormacht gingen immer wieder verloren und mussten an andere Nationen abgegeben werden.

Gegen die Einführung protektionistischer Handelspraktiken wiegt zudem die unumstößliche Tatsache schwer, dass es **keine Garantie** dafür geben kann, dass protegierte Branchen die in sie gesetzten Erwartungen erfüllen. Ketzerisch formuliert: Die Zukunftsbilder der Sozialingenieure bezüglich der Wirtschaft und der Wirtschaftsstruktur eines Landes können platzen; während die ersonnenen Früchte für eine von der

---

879 Zur Erinnerung: Für Adam Smith bestand die Quelle des Wohlstands namentlich in der Arbeitsteilung! Technischer Fortschritt als Ursache der Wohlstandsentwicklung hatte bei ihm und den nachfolgenden Klassikern wie David Ricardo auf jeden Fall noch keine explizite Beachtung gefunden!

880 Beispielsweise konstatieren Schwalbe und Zimmer, dass zwischen dem statischen Konzept der Allokationseffizienz „und der dynamischen Effizienz […] im Allgemeinen keine Harmonie besteht, sondern Zielkonflikte auftreten." Schwalbe/ Zimmer, 2011, S. 10. Doch schon ein Blick in die Management-Literatur sät Zweifel an einem unausweichlichen Konflikt. Mit Malik kann festgestellt werden, dass das Management eines Unternehmens gegen den *Führungsgrundsatz* der *Stärkenorientierung* – der sich als die Anwendung der ricardianischen Logik der komparativen Kostenvorteile auf Unternehmensebene interpretieren lässt – nicht dauerhaft verstoßen kann, sofern es die nachhaltige Leistungs- und Wettbewerbsfähigkeit der Organisation anstrebt. Seine volle Wirkung entfaltet dieser Grundsatz der Stärkenorientierung allerdings erst im Verbund mit weiteren, gleichwertigen Führungsprinzipien – die sich allesamt wechselweise selbstverstärken: Wer stärkenorientiert handelt, wird positive Resultate erzielen, aus denen sich Vertrauen und Zutrauen in die individuelle und unternehmerische Leistungsfähigkeit entwickelt, was wiederum konstruktives Denken beim Einzelnen unterstützt und fördert. Mitarbeiter, die konstruktiv denken, neigen eher dazu, sich Herausforderungen zu stellen – etwa denen, die sich aus veränderten Kundenbedürfnissen und/oder technischen Neuerungen ergeben. Damit schaffen sie – ausgehend von heutigen, beobachtbaren Stärken – die Basis für zukünftige Erfolgspotenziale. Verwehrt man sich dieser Einsicht und setzt damit mehr oder weniger bewusst an den Schwächen an, lassen sich diese selbstverstärkenden Mechanismen schon auf Unternehmensebene schwer entfalten. Vgl. Malik, 2007, S. 84 ff.

Weltwirtschaft (partiell) entkoppelten Gesellschaft für diese ohne Gewähr sind, werden die mit diesem Politikstil verursachten Kosten zur kollektiven Gewissheit gerinnen.

Diese desillusionierende Feststellung wirft bereits einen langen Schatten auf die **handwerklichen Herausforderungen** voraus, denen alle Politiker begegnen, die eine protektionistische Handelspolitik zu den geringsten sozialen Kosten zu betreiben beabsichtigen. Zur Einstiegsfrage, welche Branchen eine Vorzugsbehandlung verdienen, gesellen sich viele weitere hinzu – etwa über den zeitlichen Umfang und die konkrete Höhe des staatlichen Schutzprogramms. Wie auch immer die Antworten im Einzelfall ausfallen mögen, werden es auch die redlichsten Politiker nicht vermeiden können, einen Hauch von Willkür zu versprühen – und damit den Weg für Gerechtigkeitsdebatten zu bahnen.

Gerade wegen des Mangels an klaren, objektiven Kriterien entsteht für alle möglichen, mitunter skurril wirkenden **Interessensgruppen** ein unübersehbarer Anreiz, der Politik bei der sektoralen Auswahl und der konkreten Ausgestaltung der Abschottungspolitik mit Rat und Tat bereitwillig zur Seite zu stehen – auch unaufgefordert.[881] Kurzum: Bereits die Aussicht auf eine Abkehr vom Freihandel ruft in jeder Gesellschaft einen vielstimmigen Chor an **Lobbyisten** hervor! Die Chormitglieder vereint dabei das leidenschaftliche Streben, mit wohlfeilen Argumenten den Staat zu überzeugen, weshalb gerade ihnen die Unbill des Wirtschaftens erleichtert werden sollte.

Neben nackt und schamlos vorgetragenen Protektionsgesuchen vermag den unabhängigen Betrachter noch ab und an allein die schiere Anzahl an Partikularinteressen zu überraschen. Der Belesene fühlt sich zugleich an den französischen Ökonomen Frédéric Bastiat (1801–1850) wohlig erinnert, der in der berühmten „Petition des Kerzenmachers" (1845) von der französischen Regierung staatlichen Schutz für seine Kerzenproduktion vor der Sonne erbeten hatte. Diese konkurriere schließlich mit unlauteren Mitteln, was den stärkeren Gebrauch von vorzüglichen Wachskerzen aus französischer Produktion verhindere. Der Staat möge daher anordnen, tagsüber alle Fenster und Türen zu verdunkeln, damit dem Sonnenlicht der Zugang zu den Räumen Frankreichs verwehrt bleibt.

Diese Groteske illuminiert mit dem wachsamen Auge des Ironikers die bittere Einsicht, dass im Schutz der Sonderinteressen die gesellschaftliche Sklerose keimt. Gerade diese zersetzende Kraft eines wildwüchsigen, sich aufschaukelnden Lobbyismus hat unter den **vorgeblich dynamisch denkenden Protektionsbefürwortern** noch selten die notwendige Beachtung gefunden – würde dies doch ihre jeweilige, rosige Zukunftsvision trüben.[882]

---

881 Vgl. Krugman/Obstfeld/Merlitz, 2012, S. 361. Ein illustres Beispiel hierzu findet sich in Anhang B.
882 Zur Illustration, welch absurde Blüten protektionistische Dynamiken entstehen lassen können, verweisen wir exemplarisch auf Brasilien, wo die Handelshemmnissen, die nach dem Zweiten Weltkrieg im Rahmen einer Importsubstitutionspolitik sukzessive eingeführt worden waren, ihren Höhepunkt mit einem durchschnittlichen Effektivzoll von 75 Prozent im Jahre 1963 erreicht hatten. Der Effektivzoll übertraf dabei in sechs Industrien die Marke von 400 Prozent! Unter den exorbitant geschützten Bran-

Keineswegs wollen wir mit der Kritik an der Freihandelskritik die blinden Flecken der klassischen bzw. neoklassischen Außenwirtschaftstheorien verhüllen. Im Gegenteil! Allen voran in Bezug auf die Neoklassik haben wir in vorangegangenen Lektionen bereits kritisch Stellung bezogen. Indem die konventionellen Dogmen auch bei den Handelstheorien ihre vereinfachenden Annahmen treffen und damit den Schwerpunkt unverändert auf die statische Allokationseffizienz legen, ist förmlich damit zu rechnen, dass Fragen von gesellschaftlicher Relevanz unbeantwortet bleiben müssen – etwa die, ob vom Außenhandel *alle* Gesellschaftsmitglieder profitieren?[883]

Die Realitätsverkürzung liegt gleichwohl im Wesen aller Modelle, es ist quasi ihr Los! Und genau deshalb können auch die Fackelträger des Protektionismus bis heute keine eierlegende Wollmilchsau als alternative Theorie anbieten – geschweige denn eine garantierte Zukunft.

Mit der ernüchternden Erkenntnis eines argumentativen Patts im Schlepptau sollten wir uns daher fragen, ob in Gestalt der Empirie eine gewichtige Fürsprecherin der entwicklungsökonomischen Abschottungsidee zur Seite springen kann, die all unser theoretisches Hadern zur Makulatur werden lässt?

---

chen waren fast ausschließlich solche, die bereits 1939 mehr als 90 Prozent des inländischen Angebots gestellt hatte (u. a. Nahrungsmittel, Tabak und Bekleidung). Vgl. Foders, 1987, S. 62.

883 Smith und Ricardo attestieren lediglich, dass das *allgemeine* Wohlstandsniveau in den am Handel beteiligten Ländern steigt. Im Beispiel von Ricardo (1817) lässt sich etwa fragen, wie die Neuausrichtung der nationalen Wein- bzw. Tuchherstellung in Bezug auf die Arbeitskräfte gelingt! Wechseln in Portugal mit Freihandelsbeginn alle Arbeiter von der Tuch- in die Weinproduktion – und in England entsprechend umgekehrt? Oder wird in beiden Ländern bei der Besetzung neuer Stellen ausschließlich auf eine lernbereite industrielle „Reservearmee" zurückgegriffen, mit der Konsequenz, dass die durch Produktionsschließung freigesetzten Arbeitskräfte arbeitslos werden – es sei denn, sie können von Branchen mit nicht-handelbaren Gütern aufgefangen werden, etwa dem Friseurhandwerk oder dem Schuldienst. Bedenkt man die frühindustriellen Begebenheiten zu Zeiten Ricardos, wird man geneigt sein, keine gravierenden wirtschaftlichen und sozialen Schwierigkeiten bei der Neuausrichtung der Produktionsstrukturen entdecken zu wollen: Den Arbeitskräften dürfte prinzipiell ein Wechsel von einer Branche in die andere noch relativ leichtgefallen sein, weil eine berufliche Ausbildung – in der Breite – noch eine untergeordnete Rolle gespielt hat. So war es ein Merkmal der aufstrebenden Textilindustrie, dass in ihr Arbeitskräfte eingesetzt werden konnten, die *gerade nicht* das fachliche Qualifikationsniveau der von ihr substituierten Weber benötigten. Ungeachtet dessen ist es heute aufgrund des hohen Spezialisierungsgrades kaum vorstellbar, dass man in der Mitte seines Berufslebens nochmal das Arbeitsfeld ohne weiteres wechseln kann oder ein Unternehmer in einer ganz anderen als seiner angestammten Branche ein neues Unternehmen gründet. Ökonomen sprechen in diesem Zusammenhang von Pfadabhängigkeiten, die in modernen Gesellschaften nicht zu leugnen sind. Vgl. hierzu etwa Roth, 2014, S. 141.

Da in den ökonomischen Handelstheorien die betroffenen Staaten zudem zu Punkträumen verdichtet sind, ergeben sich in keinem der beteiligten Länder subterritoriale Verwerfungen mit blühenden Regionen auf der einen und darbenden auf der anderen Seite. Ökonomische Unterschiede auf regionaler Ebene, wie sie etwa zwischen dem Silicon Valley und dem Rust Belt oder zwischen Nord- und Süditalien (Mezzogiorno) bzw. zwischen Baden-Württemberg und Mecklenburg-Vorpommern bestehen, kennen diese Theorien nicht!

Blicken wir zur Beantwortung dieser Frage auf die Zeit zwischen 1953 und 1982. In diesen drei Jahrzehnten wurde in ganz Lateinamerika eine importsubstituierende Handelspolitik betrieben, die maßgeblich von Raúl Prebisch beeinflusst worden ist. Das Ende der gewählten Betrachtungsperiode lässt sich mit dem Beginn der Schuldenkrise – von der auch Lateinamerika mit Beginn der 1980er Jahre betroffen ist – rechtfertigen, da von dieser Krise negative Einflüsse auf die wirtschaftliche Entwicklung ausgegangen sein sollten.[884] Zugleich darf man erwarten, dass die Spuren einer Außenwirtschaftspolitik, die sich aus ökonomischen Motiven vom Welthandel abschottet, nach drei Dekaden im Sinne des wirtschaftspolitischen Zieles erkennbar sind.

Da dieses darin bestand, zu führenden Industrienationen aufzuschließen, lässt sich mit isoliertem Blick auf Lateinamerika im besten Falle ein gemischtes Bild attestieren (siehe Tabelle 8.5): Einigen Ländern, etwa Mexiko und Brasilien, ist es gelungen, den relativen Einkommensunterschied gegenüber den Vereinigten Staaten zu verkleinern, während sich für andere – namentlich Argentinien, Uruguay und Chile – die vormalige Kluft zielwidrig vergrößert hat.

Tabelle 8.5: Niveau des Pro-Kopf-Einkommens im Vergleich zu dem der Vereinigten Staaten von Amerika, 1953 und 1982 (in Prozent).[885]

Land	1953	1982	Änderung 1953/82 (Prozentpunkte)
Lateinamerika			
Uruguay	25,9	20,1	−5,8
Argentinien	24,4	19,1	−5,3
Chile	19,4	17,0	−2,4
Mexiko	12,4	17,2	+4,8
Brasilien	12,4	17,0	+4,6
Kolumbien	10,1	11,1	+1,0
Honduras	8,2	5,0	− 3,2
Peru	7,8	10,0	+2,2
Ecuador	7,0	10,3	+3,3
Bolivien	3,7	4,3	+0,6
Afrika			
Ägypten	6,4	5,2	−1,2
Ostasien			
Südkorea	5,6	14,5	+8,9
Taiwan	3,1	17,3	+14,2

---

884 Auf diese Schuldenkrise kommen wir in Lektion 16 zurück.
885 Die entsprechenden Rohdaten sind entnommen aus Jungfer, 1991, S. 213.

Vergleicht man die Entwicklung der lateinamerikanischen Länder jedoch mit der von Taiwan und Südkorea in der gleichen Periode, so erweisen sich selbst die größten Erfolgsbeispiele Lateinamerikas als äußerst bescheiden.

Unredlich wäre es allerdings, wenn wir mit diesem Vergleich suggerieren wollten, dass die beiden ostasiatischen Tigerländer eine kristallklare Politik des Freihandels betrieben hätten. Das war mitnichten der Fall! Auch ihre Handelspolitik war im gewählten Zeitkorridor von protektionistischen Elementen gekennzeichnet. Nichtdestotrotz hatten Taiwan und Südkorea immer eine auf Export ausgerichtet Wirtschaftspolitik verfolgt. Kurzum: Sie haben im Unterschied zu den lateinamerikanischen Staaten eine ausbalancierte Handelspolitik betrieben: Umfängliche Abschottung war nie ihr Thema!

8.4 Schlussbemerkungen

Zur Vermeidung allfälliger Missverständnissen müssen wir zum Abschluss der handelspolitischen Diskussion noch zwingend festhalten, dass weder Adam Smith noch David Ricardo das sind, was ihnen zuweilen unterstellt wurde und wird: bedingungslose Verfechter des Freihandels![886]

Smith mag das merkantilistische Schutzzollsystem seiner Zeit kritisiert haben, doch auch seine „Freihandelsdoktrin kennt Kompromisse; [...] so weiß Smith [...], dass Protektionismus im Hinblick auf äußere Sicherheit [...] in einem anderen Licht erscheint. Das gleiche gilt für Importzölle auf Waren, deren Produktion im Inland mit einer Steuer belastet ist, sowie für Vergeltungszölle, wenn diese auf die Zurücknahme protektionistischer Praktiken des Auslands zielen."[887]

Ricardo wiederum hat nie Freihandel postuliert. Angesichts der Getreidezölle, die im Jahr 1815 nach dem Ende der napoleonischen Kriege zum Schutze der Großagrarier in England eingeführt wurden, hat er lediglich auf die wohlfahrtssteigernden Effekt aufmerksam gemacht, die sich mit wegfallenden Handelsbeschränkungen einstellen.[888]

Ferner müssen wir adressieren, dass sich schon lange kein Land auf der Welt mehr entdecken lässt, dass entweder Autarkie oder Freihandel praktiziert. Die zwei Extremformen außenwirtschaftlicher Regime sind jenseits volkswirtschaftlicher Lehrbücher, wo sie aus didaktischen Gründen weiterhin Berücksichtigung finden, also

---

[886] Eine geradezu enthusiastische Begeisterung für den freien Handel hatten bis zum Ersten Weltkrieg in ganz Europa hingegen die Marxisten entwickelt. Ein vielfach in Vergessenheit geratener Umstand, der leicht einzusehen ist, wenn man bedenkt, dass der Welthandel zwischen 1850 und 1914 maßgeblich vom Getreide bestimmt wurde: Erst mit dessen zollfreier Einfuhr ließen sich in den industriellen Hochburgen die günstigsten Lebensmittelpreise gewährleisten, von denen zuvorderst die Arbeiter profitierten bzw. profitieren würden! Vgl. z.B. Nelson, 2022, S. 192.

[887] Kolb, 1997, S. 59.

[888] Bei Ricardos Handelstheorie handelt es sich infolgedessen um eine positive Theorie und nicht um eine normative – wie vielfach unterstellt.

kontrafaktisch.[889] Daher kreisen in der praktischen Handelspolitik die Diskussionen seit geraumer Zeit um die Frage nach dem optimalen Maß an Welthandelsintegration. Kontextabhängig wurde sie stets unterschiedlich beantwortet.

Die Einsicht, dass internationale Arbeitsteilung prinzipiell wohlfahrtssteigernd für die am Welthandel beteiligten Länder ist und grenzüberschreitender Wettbewerb preissenkend wirkt, hat die westlichen Industrieländer nach dem Zweiten Weltkrieg das Kleid des Protektionismus zunehmend abstreifen lassen. Dieser Trend fand nach dem Ende des Kommunismus seine Fortsetzung, so dass die Zölle in der Zeit nach 1989 globale Tiefststände erreichten.

Der Wendepunkt in dieser Entwicklung trat dann mit dem Zusammenbruch der US-Investmentbank Lehman Brothers ein. Protektionistische Interventionen sind seitdem unverkennbar auf dem Vormarsch! Die Tatsache, dass Regierungen weltweit zwischen Januar 2009 und Dezember 2023 nahezu 65.600 handelspolitische Eingriffe erlassen haben, von denen knapp 85 Prozent ihrer Natur nach als handelsbeeinträchtigend eingestuft wurden, sprechen eine unmissverständliche Sprache. Strategische Wettbewerbsfähigkeit war dabei das mit Abstand bedeutendste Motiv, gefolgt vom Umweltschutz und der Erhöhung der nationalen Resilienz.[890]

Kontrollfragen

– Was bezwecken Regierungen, die aus außenpolitischen Gründen drakonische Import- und Exportzölle erheben? Wie ist eine solche Vorgehensweise zu beurteilen?
– Es gibt auch das fiskalische Zollmotiv! Was bedeutet dies genau?
– Für welche Länder spielt der fiskalische Grund zur Zollerhebungen noch heute eine Rolle? Warum?
– Wann und wo tritt die Idee eines Zolls zum Schutz der heimischen Industrie erstmalig auf?
– Welche Namen sind mit diesem Schutzzollargument verbunden?
– Begründen Sie, ob sich die Einführung von Importzöllen auf chinesische Elektrofahrzeuge in der Europäischen Union mit dem Erziehungsmotiv rechtfertigen lässt.
– Welche Herausforderungen müssen alle Befürworter von Erziehungszöllen handwerklich bewältigen?
– Welche Gemeinsamkeiten teilen die Verfechter eines Erziehungszolls mit den Vertretern der Prebisch-Singer-These?

---

889 Vgl. Jung/Kohler, 2017, S. 32 ff.
890 Vgl. Global Trade Alert, 2024. Die entsprechenden Daten sind verfügbar unter: https://www.globaltradealert.org/global_dynamics, zuletzt abgerufen am 30.04.2024.

- Wie hat sich die Exportstruktur von Schwellen- und Entwicklungsländern seit den 1960er Jahren verändert? Was hat sich verbessert, welche Risiken bestehen noch immer?
- Welche Länder haben nach dem Zweiten Weltkrieg für viele Jahre eine importsubstituierende Handelspolitik betrieben, die maßgeblich von Raúl Prebisch beeinflusst war?
- Wie fällt die Bilanz in dieser Ländergruppe in Bezug auf diese Handelspolitik aus?

Anhang A: Der Methuen-Vertrag – Eine wirtschaftshistorische Einordnung

Auf die Bedeutung dieses Vertrags, der zwischen Portugal und England im Jahr 1703 geschlossen wurde, haben wir im Zusammenhang mit der Kontinentalsperre (1806) bereits aufmerksam gemacht, als wir in Kapitel 8.2.1.1. die außenpolitisch motivierten Zölle behandelt haben.[891]

Knapp auf diesen historischen Handelspakt hier einzugehen, erscheint uns deshalb angebracht, weil sich Missverständnissen in Bezug auf historische Handelsbegebenheiten dadurch entgegentreten lässt, die mit der Einführung des Ricardo-Modells möglicherweise erst aufzukeimen begonnen haben. Zu den potenziellen Trugschlüssen gehören die Vorstellungen, dass noch zu Ricardos Zeiten der Naturaltausch die bestimmende Form des Außenhandels gewesen war und der Handel zwischen Portugal und England – dem berühmten Lehrbuchbeispiel entsprechend – für beide Länder *gleichsam* vorteilhaft war. Gerade dieses zweite, harmonische Bild ist aus einer dynamischen Entwicklungsperspektive kaum aufrechtzuerhalten – geschweige denn undifferenziert.

Für eine angemessene Realitätsnähe wollen wir zunächst mit der Feststellung beginnen, dass sich die britischen Kaufleute durch den Vertrag von Methuen in Portugal und dessen kolonialen Territorien zu Vorzugszöllen Marktzugang für ihre Textilien verschafft haben,[892] während sich die Portugiesen im Gegenzug für ihre Exportprodukte, allen voran Wein und Portwein, Vorrechte auf dem englischen Markt einräumen ließen.[893] Das Beispiel von Ricardo lässt also grüßen – auch wenn **kein** Freihandel herrschte (siehe Lektion 7)!

Im Gefolge der Handelsintensivierung kam es der Lehrbuchdarstellung entsprechend in beiden Ländern zu strukturellen Anpassungen in der Wirtschaft, was ungeschminkt nichts weniger als den Ruin der portugiesischen Textilwirtschaft bedeutete: Zu hoch war auf diesem Gebiet bereits die Überlegenheit der englischen

---

[891] Das Abkommen ist nach dem britischen Politiker John Methuen benannt. Dieser war Sohn eines vermögenden *Tuchhändlers* und Botschafter in Lissabon, wo er den Vertrag für England ausgehandelt hatte.

[892] Vgl. Galeano, 2019, S. 82.

[893] Vgl. Galeano, 2019, S. 82 oder Fischer, 2016, S. 21 f.

Manufakturen.[894] Da der sektorale Niedergang bereits *vor* der industriellen Revolution einzusetzen begann, wird der Vertrag von Methuen maßgeblich dafür verantwortlich gemacht, dass Portugal ein spätindustrialisiertes Land wurde.[895]

Entgegen der vereinfachenden Illustration von Ricardo bezahlten die Portugiesen die englischen Stoffe zu großen Teilen *nicht* mit Wein, sondern mit Gold. Gold, das Portugal zum Zeitpunkt des Vertragsabschlusses (1703) gerade erst in seiner südamerikanischen Kolonie, dem heutigen Brasilien, entdeckt hatte![896] Das dortige Goldvorkommen stellte sich bald als gewaltiger Fund heraus: Am Ende des „18. Jahrhundert[s] übertraf die brasilianische Produktion des begehrten Edelmetalls das Gesamtvolumen, das Spanien während der beiden vorangegangenen Jahrhunderte aus seien Kolonien ausgeführt hatte."[897]

Das heutige Brasilien war zum Zeitpunkt der Goldfunde mit etwa 300.000 Einwohnern dünn besiedelt und wirtschaftlich schwach entwickelt; Holz war von seinen Küsten nach Europa exportiert, Zuckerplantagen um Salvador de Bahia im Nordosten betrieben und erste lokale Textilmanufakturen gegründet worden.[898]

In Folge der Unfähigkeit des portugiesischen Mutterlands gleichwertige Güter (sprich: Wein) den Engländern im Tausch mit Textilien anzubieten, schlug der Abschluss des Vertrags von Methuen auf die portugiesische Kolonie durch: Die Wirtschaftsstruktur Brasiliens wurde auf Goldproduktion ausgerichtet. Die gestiegenen britischen Einfuhren mussten von den Portugiesen schließlich bezahlt werden; und Gold übte von alters her eine Zahlungsfunktion im Fernverkehr aus. Kurzum: Die Engländer zierten sich nicht als Gegengeschäft für gelieferte Textilien Edelmetall anzunehmen.

Mit der einseitigen Ausrichtung der kolonialen Wirtschaft auf den Goldabbau zerstörte Portugal in Brasilien zugleich alle lokalen Ansätze einer industriellen Entwicklung. So verbot das Königreich im Jahr 1715 das Betreiben von brasilianischen Zuckerraffinerien; und siebzig Jahre später – um nur ein weiteres Beispiel anzuführen – befahl die portugiesische Krone, die Webereien und Spinnereien Brasiliens in Brand zu stecken.[899]

Bis zum Ende des Goldrausches hatte sich die brasilianische Bevölkerungszahl binnen eines Jahrhunderts verelffacht.[900] Trotz der Bonanza war das brasilianische Pro-Kopf-Einkommen das niedrigste in der gesamten Kolonialepoche geblieben.[901]

---

894 Vgl. Galeano, 2019, S. 82; vgl. auch Fischer, 2016, S. 21 f.

895 Bekanntermaßen hat die Industrialisierung mit der Textilwirtschaft begonnen (siehe Lektion 2).

896 Galeano, 2019, S. 82.

897 Galeano, 2019, S. 77.

898 Vgl. Galeano, 2019, S. 76 ff. und Walter, 2006, S. 99.

899 Vgl. Galeano, 2019, S. 82.

900 Im 18. Jahrhundert waren aus dem Mutterland etwa 300.000 Menschen in die Kolonie geströmt. Über die Anzahl an deportierten Sklaven aus Afrika (insb. Angola und Guinea) gibt es zwar keine genaue Anzahl für den besagten Zeitraum, allerdings wird die Gesamtzahl von der Entdeckung Brasiliens bis zum Verbot der Sklaverei auf zehn Millionen geschätzt. Die Sklaven, die sich im Goldabbau verdingen mussten, hatten noch eine durchschnittliche Lebenserwartung von sieben Jahren. Vgl. Galeano, 2019, S. 77 f. und S. 81.

901 Vgl. Galeano, 2019, S. 83 f. Das Land erlangte im Jahre 1822 seine Unabhängigkeit.

Auf englischer Seite dürften sich nur wenige über den Handelspakt mit Portugal (1703) beklagt haben. Das brasilianische Edelmetall diente zur Bezahlung wichtiger Importe aus anderen Ländern und zur Verlegung des europäischen Finanzzentrums von Amsterdam nach London.[902] „Laut britischen Quellen wurden zeitweise bis zu 50.000 Pfund brasilianischen Goldes pro Woche nach London eingeführt."[903]

Das portugiesische Mutterland war hingegen zu einer schnöden Zwischenstation des brasilianischen Goldes mutiert. Im Jahr „1755 versuchte der damalige portugiesische Premierminister, der Marquis von Pombal, die Wiederaufnahme einer Schutzzollpolitik, doch es war bereits zu spät: Er bezichtigte die Engländer, Portugal ohne die Nachteile eines Feldzuges erobert zu haben. [...] Portugal produzierte so gut wie nichts, und sein Goldreichtum war so fiktiv, dass sogar die schwarzen Sklaven, die in den Minen der Kolonie arbeiteten, von den Engländern eingekleidet wurden."[904]

Anhang B: Historisches Fallbeispiel – Ein temporärer Schutzzoll für Harley-Davidson

In den Vereinigten Staaten hat es zu irgendeinem Zeitpunkt in der Geschichte des Landes mal über zweihundert einheimische Hersteller von Motorrädern gegeben. Seit dem Jahr 1954 war allerdings nur noch eine einzige US-Firma in diesem Sektor verblieben: Harley-Davidson – bekanntermaßen ein Spezialist für schwere Motorräder.[905]

Bei dieser Klasse von Motorrädern hielt Harley-Davidson im Jahr 1972 einhundert Prozent des amerikanischen Markts. Gut 50.000 Motorräder stellte die Firma zu diesem Zeitpunkt jährlich her. Eine Dekade später, im Jahr 1982, war Harleys Marktanteil auf 14 Prozent eingebrochen. Den Hauptteil dieses Marktes hielten jetzt ein paar japanische Hersteller, allen voran Kawasaki, Honda, Suzuki und Yamaha. Diese hatten den Markt für derartige Motorräder nicht nur mit Innovationen, sondern auch mit erheblich niedrigeren Kosten aufgemischt – offensichtlich zur Freude US-amerikanischer Konsumenten. Dabei unterhielten Honda und Kawasaki zu dieser Zeit bereits Produktionsstätten in den USA, d. h. sie hatten gegenüber Harley-Davidson keine Kostenvorteile aufgrund niedriger Stundenlöhne im Ausland.

Diese Marktdynamik ging nicht spurlos am amerikanischen Traditionshersteller vorüber. Im Gegenteil! Nach zwei verlustreichen Jahren bat Harley-Davidson im Herbst 1982 die US-Regierung um Schutz vor Importkonkurrenz. Daraufhin wurden die Zölle auf Motorräder mit über 700ccm Hubraum von vormals 4,4 Prozent auf 49,4 Prozent im April 1983 angehoben – also um satte 45 Prozentpunkte. Der Zollschutz – so war es

---

902 Vgl. Galeano, 2019, S. 83.
903 Galeano, 2019, S. 83 und im Zitat direkt weiter: „Ohne diese unglaubliche Anhäufung von Metallreserven hätte England sich später nicht Napoleon entgegenstellen können."
904 Galeano, 2019, S. 83.
905 Das Beispiel ist entnommen Yarbrough/Yarbrough, 1991, S. 230 f.

vereinbart – reduzierte sich in den Folgejahren schrittweise, und zwar um 10, 15, 5 und 5 Prozentpunkte, bevor die Zölle schließlich das ursprüngliche Niveau von 4,4 Prozent ab Oktober 1987 wieder annehmen sollten.[906]

Der Fall offenbart neben stereotypen Entwicklungen ein paar lohnenswerte Einsichten – bezüglich des Resultats wie auch in Bezug auf das Handwerk der wirtschaftspolitischen Entscheidung.

Die Projektionen der US-Regierung sahen durch diese protektionistische Maßnahme den Erhalt von etwa 2.500 Arbeitsplätzen bei Harley-Davidson Mitarbeitern vor. Zugleich erwartete die Regierung, dass über den Zeitraum des erhöhten Zollschutzes geschätzte 3.000 Arbeiter in den USA ihren Job verlieren würden – im Einzelhandel, in der Logistik bzw. im Reparaturservice, weil einstweilen mit geringeren Verkaufszahlen bei schweren Motorräder in den Vereinigten Staaten zu rechnen sei.

Wie sah das Ergebnis dieser Maßnahme nun aus – zumal für den protegierte US-Hersteller? Im vorletzten Jahr (1986) des erhöhten Zollschutzes verbesserte sich die Marktposition von Harley-Davidson im Segment für schwere Motorräder auf 20 Prozent. Unangefochtener Marktführer mit grob 44 Prozent war allerdings die Firma Honda, die wegen ihres Werks in Ohio – wie auch Kawasaki mit seinem Werk in Nebraska – ebenfalls in den Genuss des amerikanischen Zollschutzes kam.[907]

Für die Konsumenten trat ein, was antizipiert werden konnte: Die Preise für Motorräder dieser Klasse stiegen im amerikanischen Markt um einige hundert US-Dollar je Motorrad spürbar an. Überflüssig zu erwähnen, dass dies zudem von einem Mengenrückgang an verkauften Motorrädern begleitet wurde.

Zu Gute halten mag man dem amerikanischen Gesetzgeber im beschriebenen Fall die handwerkliche Handhabung: Die Tatsache, dass die Regierung von Beginn an festlegte, die Protektion stufenweise über einen kurzen Zeitraum wieder abzubauen, darf gerade im internationalen Quervergleich mit ähnlichen Maßnahmen, geradezu gelungen genannt werden. Nichtsdestotrotz belegt auch dieser Fall einmal mehr, dass Bürokraten die unternehmerische Pfiffigkeit im Umgang mit wirtschaftspolitischen Maßnahmen nie vollständig zu antizipieren vermag: Um der Zollbelastung zu umgehen, entwickelte Yamaha für den amerikanischen Markt ein Motorrad mit 699ccm Hubraum – da der Tarif bekanntermaßen erst für Motorräder mit 700ccm Hubraum begann.

---

906 Von der Zollerhöhung waren westdeutsche, britische und italienische Hersteller ausgenommen. Das beeinflusste den Schutz für Harley-Davidson nur geringfügig, da im Ausgangsjahr (1982) 80 Prozent der importierten Motorräder aus Japan stammten.

907 Kawasaki hielt zu diesem Zeitpunkt einen Marktanteil von 14 Prozent.

Lektion 9
Interventionismus

9.1 Einführung

Wirtschaftspolitische Maßnahmen, mit denen der Staat in den Mechanismus des freien Marktes eingreift und hierüber auf den Wirtschaftsprozess Einfluss nimmt, bezeichnet man in der Ökonomie als *Interventionismus*. Diese Marktinterventionen beruhen dabei auf Mengen- oder Preiseingriffen.[908] Bei Letzteren gibt es mit Höchst- und Mindestpreisen zwei Unterformen (siehe Kapitel 9.2).

Wie es der Name erahnen lässt, legt der Staat bei **Höchstpreisen** den *höchstens* zulässigen Preis für ein bestimmtes Gut fest. Die Einführung einer solchen **Preisobergrenze** wird meist mit dem Verweis auf soziale Gerechtigkeit oder der Schutzbedürf-

---

[908] Technisch ausgedrückt: Interventionen können an beiden Achsen des Standard-Diagramms ansetzen.

https://doi.org/10.1515/9783111331607-011

tigkeit bestimmter *Konsumentengruppen* begründet.[909] Bei der zweiten Form von regulatorischen Preisen, den **Mindestpreisen**, verordnet der Gesetzgeber hingegen eine **Preisuntergrenze**. Durch diese wird der *niedrigste* noch zulässige Preis für ein Gut festgesetzt, um *bestimmte Produzentengruppen* zu unterstützen.

Es liegt in der Natur der Sache, dass ein vom Staat verordneter Höchstpreis nur Wirkung entfaltet, wenn dieser *unterhalb* des Marktpreises liegt, der sich bislang im Spiel der freien Kräfte ergeben hat. Dementsprechend setzt die Wirksamkeit eines Mindestpreises voraus, dass dieser *oberhalb* des Preises liegt, der sich auf dem unregulierten Markt zuvor eingestellt hat.[910]

Eine Regierung kann auch mengenseitig im Markt intervenieren (siehe Kapitel 9.3). Zur Steuerung der politisch gewünschten **Produktions-** und **Handelsobergrenzen** bedient sie sich dabei der Vergabe von **Lizenzen** und **Quoten**. Anders als bei Preiseingriffen kann es bei Mengenbeschränkungen *nur eine* wirksame Intervention geben: Sie muss *unterhalb* der Quantität liegen, die sich auf freien Märkten herauskristallisiert. Läge die staatliche Beschränkung nämlich oberhalb dieser Menge, müssten die Nachfrager zum Konsum gezwungen werden.[911]

Über die Wirtschaftsgeschichte hinweg lässt sich bis heute eine Vielzahl von Anwendungsfällen beobachten, in denen Marktteilnehmern staatliche Mengenbeschränkungen auferlegt wurden. Diese Fälle beinhalten Obergrenzen für die Menge an ausländischen Devisen, die man erwerben darf, und schießen Lizenzauflagen im Taxigewerbe ein. In der europäischen Agrarwirtschaft bestanden bis ins Jahr 2015 sogenannte Milchquoten, Zuckerquoten sogar bis Ende 2017.[912]

Für ein besseres Verständnis zur interventionistischen Wirtschaftspolitik sei hier über deren Genese und Relevanz kurz festgestellt, dass sich diese staatlichen Markteingriffe in den westlichen Industrieländern zwischen dem ausklingenden 19. Jahrhundert und dem Ende des Zweiten Weltkriegs großer Beliebtheit zu erfreuen begannen. Ausgelöst wurde diese Popularität durch die Unzufriedenheit mit dem *klassischen* Wirt-

---

909 Handelt es sich bei den Nachfragern nicht um private Haushalte, sondern um das produzierende Gewerbe, dann wird für die Einführung staatlich Preisdeckel die *internationale Wettbewerbsfähigkeit* als Argument vorgebracht. Man denke an die Thematik des Industriestrompreises in Deutschland und die entsprechende Debatte, einen Preisdeckel einführen zu wollen. Vgl. z. B. Stratmann, 09.01.2023, S. 10.
910 Läge der Mindestpreis *unterhalb* des freien Marktpreises würden die Anbieter letzteren weiterhin von ihren Kunden verlangen. Das wäre zwar *nicht* im Widerspruch mit dem staatlichen Ansinnen eines *Mindest*preises, machte die Intervention aber bedeutungslos – und damit überflüssig. Mit umgekehrtem Vorzeichen gilt entsprechendes für Höchstpreise.
911 An dieser Stelle sehen wir von sog. meritorischen Gütern (z. B. Schulbildung, Impfungen) und deren Zwangskonsum ab (zur Klassifikation der Güter siehe Lektion 1).
912 Jagd- und Fischfangquoten sind ebenfalls Mengenbegrenzung. Das Kernargument für diese beiden Quoten ist allerdings ein anders als in den hier diskutierten Fällen: Bei ihnen geht es um den Umgang mit natürlichen Ressourcen, die übernutzt werden könnten. Hierauf gehen wir in Lektion 12 bei den Gemeingütern ein.

schaftsliberalismus, der das wirtschaftstheoretische und wirtschaftspolitische Denken bis ca. 1880 dominierte.

Der Tenor dieser von Adam Smith begründeten Lehre lautet, dass sich der Staat aus dem Wirtschaftsleben zurückziehen bzw. heraushalten soll: Das Wohl der Gesellschaft wird gesteigert, wenn sich die Unternehmer – mit ihrem Privateigentum – ungestört entfalten können. Darüber hinaus sind freie Märkte selbstregulierend.[913] Sie unterliegen einer systeminhärenten *Tendenz* zum Gleichgewicht.[914] Infolgedessen wird ein staatlicher Eingriff in den Markt *nicht* benötigt. Um die reibungslose Funktionsweise von Märkten zu gewährleisten, verbleibt dem Staat die Aufgabe für Rechtssicherheit sowie für Schutz nach innen und außen zu sorgen.[915]

Diesem Paradigma steht das ab den 1870er Jahren aufsteigende marxistische Dogma diametral gegenüber. Vereint in der Sorge, dass die kommunistische Lehre im Proletariat weiteren Zulauf erfährt, der in einem gesellschaftlichen Umsturz und der **Abschaffung des Privateigentums** resultieren könnte,[916] begannen verschiedene Regierungen in Europa, wie auch in den USA, in bestimmte Bereiche der Wirtschaft ab Ende des 19. Jahrhunderts einzugreifen.

Der Grundgedanke bei all den staatlichen Eingriffen war stets derselbe: Die **Freiheit** über das **Privateigentum** und der Möglichkeit damit wirtschaften zu können, sollte bestehen bleiben. Gleichzeitig sollten die Märkte durch *prozesspolitische* Maßnahmen des Staats zu einem gewissen Maß gebändigt werden, um Entwicklungen, die als sozial unerwünscht betrachtet wurden, einzudämmen oder gar zu beseitigen. Vor diesem historischen Hintergrund versteht sich der Selbstanspruch des Interventionismus, zwischen dem Laissez-faire-Liberalismus und dem drohenden Kommunismus ein **„dritter Weg"** sein zu wollen.

---

913 Wie dieser Mechanismus funktioniert haben wir in den Lektionen 3 und 4 hinreichend dargelegt.

914 Ausschließlich Gleichgewichte zu sehen, begann erst mit den Neoklassikern, deren Geburtsstunde zumeist mit Marshalls „Principles of Economics" (1890) datiert wird.

915 Das *ordnungspolitische* Aufgabenspektrum des Staats wurde erst von den Ordoliberalen im 20. Jahrhundert adressiert. Die Gegner des Liberalismus warfen Smith und den Klassikern vor, sie forderten den *Nachtwächterstaat*; Smith-Kenner wiederum verwehren sich dieses Vorwurfs. Gleichwohl darf man mit Miksch darauf verweisen, dass Smith die einer sich selbst regulierenden Wirtschaft innewohnenden Harmonie bei weitem überschätzte. Vgl. Miksch, 1947, S. 178.

916 Das Kommunistische Manifest (1848) beginnt bekanntermaßen mit: „Ein Gespenst geht um in Europa – das Gespenst des Kommunismus" und endet in dem Aufruf: „Proletarier aller Länder, vereinigt Euch!" Dass der Kommunismus in den sich damals industrialisierenden Ländern zunehmend an Kraft gewann und so zur Gefahr für die politische Klasse wurde, ist eine historisch unverrückbare Tatsache. Eindrücklich liest man im Roman *Germinal* von Zola aus dem 1885 dazu: *„Das Jahrhundert könne nicht ohne eine neue Revolution zu Ende gehen – diesmal die Revolution der Arbeiter –, einen Umsturz, der die Gesellschaft von oben bis unten säubern und sie anständiger und gerechter wieder aufbauen werde."* Zola, 1995, S. 145. Die großen Wirtschaftskrisen ab den 1870er Jahren (siehe Lektion 5) trugen selbstverständlich zu einer inneren Abkehr vom Liberalismus bei. In Lektion 6 haben wir im Rahmen der Erörterung der Lehre von Marx und Engels auf das kommunistische Ziel hingewiesen, das Privateigentum an den Produktionsmitteln abzuschaffen.

Obwohl die Bedeutung dieser Wirtschaftspolitik nach dem Zweiten Weltkrieg in den westlichen Industrieländern lange schwand, lässt sich eine **interventionistische Renaissance** – begünstigt durch jüngere Wirtschaftskrisen wie die Lehman-Pleite (2008), die Eurokrise (2010/11) oder die Pandemie (2020) – auch hier nicht mehr übersehen. Nicht zuletzt deshalb ist es geboten, sich mit diesem Politikansatz auseinanderzusetzen.[917]

Dazu wollen wir die Wirkungen von Preiseingriffen (Kapitel 9.2) und Mengeninterventionen (Kapitel 9.3) anhand praxisnaher Beispiele schrittweise beleuchten, bevor wir die Thematik dann mit einem staatspolitischen Fazit abschließen (Kapitel 9.4).

Bevor wir in die Materie eintauchen, wollen wir jedoch – wie es in der Einleitung zu Teil B schon anklang – vorausschicken, dass es *bei allen* staatlichen Markteingriffen zu außenwirtschaftlichen Verquickungen kommt, *sofern* die Eingriffe auf Märkten mit *mobilen* Gütern (z. B. bei Zucker) erfolgen: Soll eine **Höchstpreispolitik** entsprechend der staatlichen Intention wirksam werden, *muss* dieser Preiseingriff von **Ausfuhrrestriktionen** flankiert werden; eine **Mindestpreispolitik** bei beweglichen Gütern bleibt hingegen von Anbeginn wirkungslos, wenn dem Import der betroffenen Waren nicht Einhalt geboten wird. Insofern ist eine Politik der Mindestpreise, die zugunsten inländischer Anbieter erfolgt, mit schärferen **Einfuhrrestriktionen** bzw. einem **Einfuhrverbot** zu kombinieren.[918]

Auch bei Mengeneingriffen hat diese Feststellung Gültigkeit: Diese müssen ebenfalls von einer **protektionistischen Handelspolitik** begleitet werden, wenn sich diese nicht als vollkommen sinnfrei entpuppen möchte. Denn welchen Nutzen hätte eine Mengenbeschränkung für inländische Produzenten, wenn ausländische Akteure das gleiche Gut unter unveränderten Voraussetzungen weiterhin einführen dürften?

Anhand der in den Kapiteln 2 gewählten Beispiele werden wir die Verwobenheit der Binnen- und der Außenwirtschaft und die damit verbundene Notwendigkeit handelspolitischer Abschottung situativ aufgreifen und erörtern.

---

917 Bereits Eucken merkt an, dass der Druck der Tagesprobleme der Politik Anstoß für derartige Experimente gibt und dass Krisen brandbeschleunigend wirken. Vgl. Eucken, 2004, S. 57. Die jüngeren Krisen offenbaren die Gültigkeit dieser Einsicht eindringlich. Vgl. z. B. Höhler/Louven/Kuchenbecker, 12.10.2022, S. 13.

918 Die Verwobenheit von Binnen- und Außenwirtschaft bei staatlichen Preis- und Mengeneingriffen wird seitens der Politik allerdings nicht selten übersehen – zumindest anfänglich. Diese Tatsache hat schon Ludwig von Mises bemerkt, der konsterniert feststellt, dass „nicht genügend beachtet [wird], dass Interventionismus im Inneren wirkungslos [bleibt], wenn der Außenhandel frei gelassen wird." Mises, 1959, S. 601.

9.2 Staatliche Preiseingriffe

Der sich am *freien* Markt bildende Preis wird in schöner Regelmäßigkeit auch in Gesellschaften mit einer ausdrücklich marktorientierten Wirtschaftsordnung von bestimmten Gruppen als *inakzeptabel wahrgenommen*. Sie oder ihre Vertreter fordern daher den Staat auf, die **Preise** der betreffenden Güter zu **regulieren**.[919] Die Gründe für derartige Forderungen mögen im Einzelfall auf den *ersten Blick* berechtigt erscheinen – zumal die Lobbyisten rhetorisch geschickt ihre wahren Motive zu kaschieren vermögen. Letztendlich geht es schnöde darum, Sonderinteressen sozialer Gruppen durchzusetzen.

Ungeachtet dessen lässt sich feststellen, dass sich die Politik den vorgebrachten Argumenten nicht immer entziehen (oder erwehren) kann, den entsprechenden Vorträgen mitunter nachkommt und Gesetze verabschiedet, mit denen sie in den Marktmechanismus eingreifet.

In diesem Kapitel wollen wir uns nun ansehen, wie derartige Preiseingriffe wirken. Dabei betrachten wir zunächst das Phänomen der Höchstpreise (Kapitel 9.2.1.), bevor wir auf politische Mindestpreise eingehen (Kapitel 9.2.2.).

Zur Vermeidung möglicher Missverständnisse sei vorab noch klargestellt, dass wir für alle anschließenden Gedankenexperimenten stets unterstellen, dass sich Angebot und Nachfrage entsprechend der mikroökonomischen Theorie „normal" verhalten. Zudem nehmen wir an, dass es zumindest zum Ausgangspunkt unserer Beispiele keinen Schwarzmarkt gibt und Naturaltausch unter den Bürgern keine Rolle spielt – d. h. wir gehen von einer Geldwirtschaft aus. Außerdem zahlt der Staat keine Subventionen. Schließlich nehmen wir an, dass die Preiseingriffe nicht vorübergehende Preisstopps darstellen, sondern von der Regierung auf Dauer angelegt sind.[920]

9.2.1 Höchstpreise

Wenn Regierungen Höchstpreise erlassen, dann erfolgt dies stets in der Absicht, mit diesen Eingriffen die Nachfrager insgesamt bzw. bestimmte **Konsumentengruppen** auf den betreffenden Gütermärkten zu entlasten. So wird in Entwicklungsländern bei Grundnahrungsmitteln auf deren Bedeutung für die *untersten sozialen* Schichten ver-

---

919 Selbstredend gehen Politiker auch gerne mal in Vorleistung und bringen derartige Vorschläge selbst in den gesellschaftlichen Diskurs ein. So schlug der bayerische Ministerpräsident Söder im Januar 2022 eine Preisbremse bei Energie vor, um eine „schleichende Deindustrialisierung Deutschlands" aufgrund hoher Energiepreise – die Söder als Standortnachteil wahrnimmt – zu verhindern. Vgl. Hildebrand/Stratmann, 13.01.2022, S. 8. Mit Russlands Krieg gegen die Ukraine nahm ab Ende Februar 2022 die Diskussion um einen Preisdeckel auf Benzin und Gas an Fahrt auf, die mit Konzeptvorstellung einer ab Frühjahr 2023 gültigen Gaspreisbremse im Herbst 2022 endete. Vgl. Olk/Stratmann, 11.10.2022, S. 4 f.
920 Vgl. zu diesen notwendigen Annahmen für die Theorie des Interventionismus z. B. Jungfer, 1991, S. 186 f.

wiesen, deren Einkommen zu schmal seien, um die Preise dieser Güter auf dem freien Markt bezahlen zu können. Ähnliche Töne klingen an, wenn in Industrieländern die Politik erklärt, dass auf dem Wohnungsmarkt Exzesse zu beobachten seien, die zu Mieten geführt haben, die sich weite Teile der Bevölkerung – allen voran Familien und Geringverdiener – nicht mehr leisten können.[921]

Diese staatlichen **Höchstpreiseingriffe** vereint damit – wie die genannten Beispiele anklingen haben lassen – *alle* ein *Schutz*-Argument: Stets nimmt die Politik – zumindest kommunikativ – für sich in Anspruch, die Anliegen der Schwachen in der Gesellschaft zu vertreten bzw. vertreten zu wollen! Welcher Humanist wollte sich diesem hehren Anliegen (s)einer Regierung verschließen?

In Kapitel 9.2.1.1. wollen wir anhand des Wohnungsmarktes beleuchten, wie gut der Staat mit Hilfe von Höchstpreisen die selbstgewählte Rolle als **Anwalt der Schwachen** erfüllen kann. Anschließend betrachten wir die Wirkung einer solchen Politik aus der wohlfahrtsökonomischen Perspektive (Kapitel 9.2.1.2.), bevor wir ein allgemeines Fazit ziehen, das über das Beispiel des Wohnungsmarkts hinausgeht (Kapitel 9.2.1.3.). Hierbei werden wir auf Alternativen zum Preiseingriff zu sprechen kommen, mit deren Hilfe sich das zugrundeliegende Gesellschaftsproblem *marktkonform* lösen lässt.

9.2.1.1 Der Wohnungsmarkt als Fallbeispiel

Den folgenden Abschnitt beginnen wir mit einem Überblick zur Ausgangslage im deutschen Wohnungsmarkt und seiner modelltheoretischen Entsprechung (Kapitel 9.2.1.1.1.). Daran anknüpfend werden wir die Wirkungen einer Mietpreisbremse untersuchen, wobei wir zwischen kurzfristigen Effekten (Kapitel 9.2.1.1.2.) und mittel- bis langfristigen unterscheiden werden (Kapitel 9.2.1.1.3.).

9.2.1.1.1 Die praktische und modelltheoretische Ausgangssituation

In deutschen Ballungsgebieten hat die Entwicklung auf den Wohnungsmärkten zwischen 2010 und heute (2021) zu teilweise erheblichen Mehrbelastungen bei privaten Haushalten geführt. Allen voran von Umzügen betroffene Geringverdiener dürften gespürt haben,[922] dass nach Abzug der neuen Miete vormalige Finanzspielräume (merk-

---

921 Der Tenor *aller* deutschen Parteien ist, dass Mieten leistbar sein müssen. In ihren Wahlprogrammen für die Bundestagswahl 2017 haben CDU/CSU, SPD, Bündnis 90/Die Grünen und DIE LINKE auf den Bedarf bzw. die Notwendigkeit an „bezahlbaren Wohnraum" explizit hingewiesen. Auch FDP und AfD ist das Thema nicht entgangen und haben es in ihren Wahlprogrammen adressiert.

922 Der Gesamtanteil der Deutschen, die im Jahr umziehen, lag im Jahr 2016 bei neun Prozent. Gegenüber dem Jahr 1999 hat sich dieser Prozentsatz damit um drei Prozentpunkte ermäßigt. Das Sinken dieses Wertes erfolgte schrittweise. Der naheliegende Kausalzusammenhang zwischen dieser Entwicklung und gestiegenen Mietpreisen kann nicht ausgeschlossen werden. Vgl. Müller/Ahmad/Rosenberger, 14.05.2018, S. 25.

lich) beschnitten, wenn nicht gar erloschen waren.[923] Da bei vielen Privathaushalten – also auch bei solchen mit mittleren Einkommen – die Miete die größte monatliche Ausgabenposition darstellt,[924] kann es nicht erstaunen, dass sich Betroffene und potenziell Betroffene in den Jahren nach 2010 zu gesellschaftlichen Gruppen formierten und auf die Regierung bzw. die Politik insgesamt einzuwirken versuchten, der Entwicklung „explosionsartiger" Mietpreisanstiege Einhalt zu gebieten.[925]

Vor diesem Hintergrund ist schließlich zum 01. Juni 2015 die sog. Mietpreisbremse in Deutschland gesetzlich in Kraft getreten.[926] Mit der Einführung dieses wirtschaftspolitischen Instruments signalisiert die Politik also, den „überhitzten" Wohnungsmarkt in deutschen Großstädten abkühlen und die weniger Betuchten schützen zu wollen: Wohnen soll oder muss auch für Geringverdiener und Familien weiterhin erschwinglich sein – so das allenthalben vorgebrachte Argument.[927]

Was ist nun von diesem Instrument zu halten? Bevor wir dessen Wirkungsweise näher betrachten, wollen wir zunächst darauf hinweisen, dass auf Immobilienmärk-

---

923 Starke Mietanstiege seit der Finanzkrise 2008 sind kein auf deutsche Ballungszentren begrenztes Phänomen. So sind in Paris zwischen 2007 und 2016 die Mietpreise um 50 Prozent gewachsen. Die Maßnahmen, die Frankreich zum Eindämmen steigender Mietpreise einsetzt, gleichen der Mietpreisbremse in Deutschland. Vgl. Kuchenbecker, 2017, S. 28. Eine „Wohnungskrise" hat sich im besagten Zeitraum auch in den Niederlanden entwickelt. Vgl. Hoekman, 19.10.2021, S. 9. Und in außereuropäischen Großstädten wie Melbourne oder Sydney haben sich seit 2008 die Wohnungspreise binnen eines Jahrzehnts annähernd verdoppelt. Vgl. Wälterlin, 02.03.2018, S. 38.

924 Vielfach wird davon ausgegangen, dass die Mietbelastung ein Viertel bis ein Drittel des verfügbaren Einkommens ausmacht. Bei sozial Schwachen, zumal in Ballungsgebieten, mag der Mietanteil mitunter noch höher liegen; in London soll es zwischenzeitlich keine Seltenheit mehr gewesen sein, dass dortige Städter bis zu zwei Drittel ihres Einkommens für Miete ausgegeben haben! Vgl. Diemand, 23.09.2016. Diese Angaben dürfen aber nicht darüber hinwegtäuschen, dass die Mietbelastung des *Median-Mieters* in Deutschland im Jahr 2014 bei einem Fünftel, sprich 20 Prozent, lag. D. h. die eine Hälfte der Mieter hatte eine höhere, die andere Hälfte eine niedrigere Mietbelastung. Vgl. Müller/Schorn, 17.02.2017, S. 32 f.

925 Angemerkt sei, dass in Deutschland in etwa die Hälfte aller Haushalte *ohne* Wohneigentum ist und damit zur Miete wohnt. Einen noch größeren Haushaltsanteil, der zur Miete wohnt, findet man in Europa nur noch in der Schweiz. Zum Vergleich sei angemerkt, dass in jedem der drei südeuropäischen Länder Italien, Griechenland und Spanien ca. drei Viertel aller Haushalte Wohneigentum besitzt. Vgl. z. B. https://wohnglueck.de/artikel/wohneigentumsquote-deutschland-27738, zuletzt abgerufen am 26.02.2024.

926 In Frankreich trat bereits zum Jahresbeginn 2015 ein Gesetz zur Mietpreissteigerung („Loi Alur") in Kraft, welches dem Vernehmen nach *handwerklich* besser als das deutsche gemacht ist – allen voran, weil das staatsnahe Miet-Beobachtungsinstitut (OLAP) einen Mietspiegel für Gebäude in vier Baujahreszeiträumen (vor 1946, 1946–71, 1971–90 und nach 1990) erstellt und eine interaktive Internetseite darüber informiert. Vgl. Kuchenbecker, 01.09.2017, S. 28 f.

927 Dieses Ansinnen brachte zuvorderst die Partei DIE LINKE unmissverständlich zum Ausdruck: „Wohnen ist ein Menschenrecht und muss dem Markt und Profit entzogen werden" bzw. „Wohnen ist ein Menschenrecht, das nicht dem Markt überlassen werden darf." DIE LINKE, Parteiprogramm zum Bundestagswahlkampf 2017, S. 44 ff.

ten selbst das *kurzfristige* Angebot ziemlich starr ist:[928] Die Planung und Erstellung von Neubauten, die Sanierung und/oder der Umbau unbenutzter Bestandsimmobilien benötigen im Vergleich zu zahlreichen Industriegütern relativ viel Zeit. Kurzum: Die Anzahl an Wohnungen lässt sich nirgendwo per Fingerschnipp erhöhen, weshalb das Angebot auf diesem Markt relativ träge auf veränderte Bedarfe reagiert.

Insofern können wir uns zum leichteren Verständnis das *kurzfristige* Wohnungsangebot als Vertikale vorstellen (siehe Abbildung 9.1 links); *dauerhaft* funktioniert der Wohnungsmarkt aber wie jeder andere Markt auch, so dass wir den Markt für Mietwohnungen *jenseits* der kurzen Frist mit dem bekannten Scheren-Diagramm darstellen können (siehe rechte Seite der Abbildung 9.1).

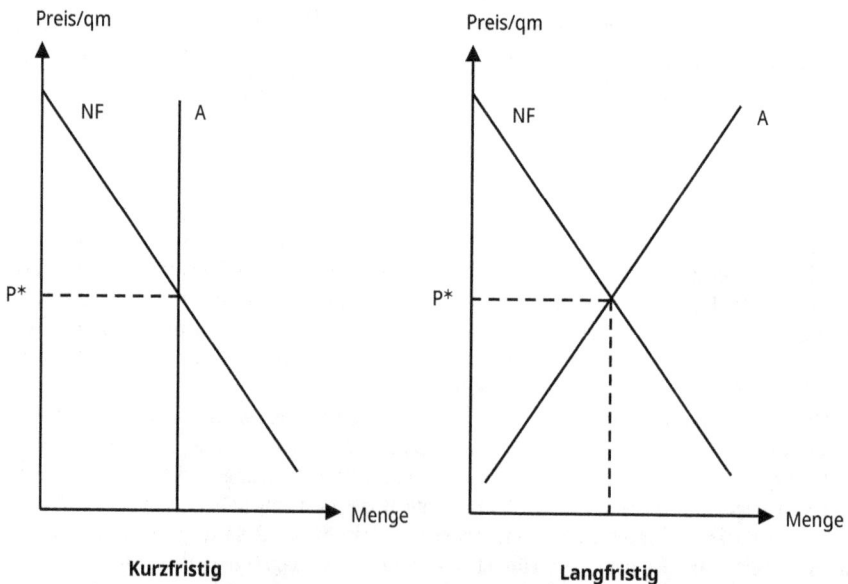

Abbildung 9.1: Der Wohnungsmarkt in kurzfristiger und längerfristiger Perspektive.

Schließlich wollen wir – aus rein didaktischen Gründen – für unsere anschließende Wirkungsanalyse von Höchstmieten noch zwei Annahmen treffen: Zum einen sehen wir – zur Erleichterung unseres Gedankenexperiments – von regional unterschiedlichen Wohnungsmärkten ab. Damit unterstellen wir, dass das Verhalten der Anbieter und Nachfrager auf dem Kölner Wohnungsmarkt *repräsentativ* für das Verhalten der Marktteilnehmer in anderen deutschen Großstädten ist, also etwa in Berlin, Hamburg

---

928 Zur Erinnerung: In Lektion 3 haben wir das *sehr* kurzfristige Angebot als starr eingeführt.

oder München. Zum anderen nehmen wir ebenfalls vereinfachend an, dass der Staat einen *rigorosen Höchstpreis* (Euro/qm Kaltmiete) eingeführt hat.[929]

Mit diesen Annahmen lässt sich die gesetzliche Maßnahme einer restriktiven, bindenden Höchstmiete im Marktdiagramm folgendermaßen illustrieren (Abbildung 9.2).

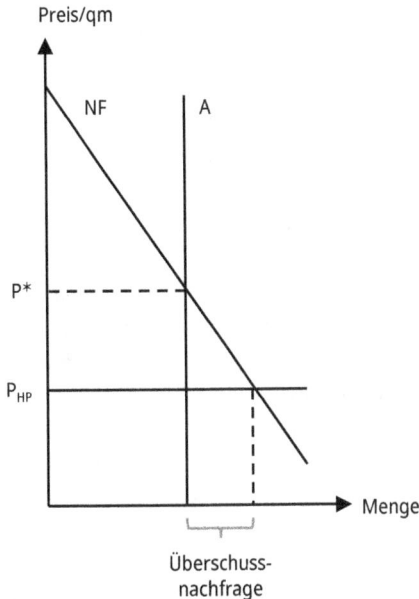

Abbildung 9.2: Wohnungsmarkt nach Einführung eines staatlichen Höchstpreises.

9.2.1.1.2 Kurzfristige Effekte

Der Darstellung gemäß stellt sich mit der Einführung einer Höchstmiete P_{HP} bereits nach kurzer Zeit ein **Nachfrageüberschuss** ein. Aber warum? Welche Ereignisse treten ein, welche Begebenheiten verschaffen sich Raum, damit es zu einer solchen Situation auf dem Wohnungsmarkt kommt?

Nun, entsprechend der politischen Intention hat sich auf dem Wohnungsmarkt der **Mietpreis** von P^* auf P_{HP} gesenkt. Konform mit der allgemeinen Erfahrung (oder technisch gesprochen mit dem Gesetz von der fallenden Nachfrage) lässt sich damit erwarten, dass eine reduzierte Kaltmiete verschiedene Konsumenten veranlasst, ihren Bedarf an Wohnraum neu zu justieren. D. h. einige Personen werden *erstmalig* einen eigenen Wohnbedarf artikulieren; andere wünschen ihre gegenwärtige „Menge" an Wohnraum (in qm) auszudehnen. Reaktionen auf der Ebene einzelner Wirtschaftssubjekte bzw. einzelner privater Haushalte *könnten* beispielsweise sein:

---

929 Mit anderen Worten: Wir blenden alle Schlupflöcher und Hintertürchen aus, die das o. g. Gesetz aus Juni 2015 beinhaltet, um den Höchstpreis elegant zu umschiffen.

- Bei manch einem, der gerade **volljährig** geworden ist, löst das neue Mietniveau einen Anreiz aus, dem „Hotel Mutti" den Rücken zuzukehren und eine eigene Wohnung anzumieten: Die Nebentätigkeit bzw. die Lehre wirft ausreichendes Einkommen ab, um sich bei dem staatlich verordneten Mietzins eine erste eigene Wohnung (oder WG-Zimmer) leisten zu können.
- Zuweilen hat auch aus Sicht der **Eltern** das Zusammenleben mit den eigenen Kindern unter einem Dach an Leichtigkeit verloren. Nicht auszuschließen, dass Väter und Mütter auf die Idee kommen, der Tochter bzw. dem Sohn nun eine eigene Wohnung anzumieten und den dafür anfallenden Mietzins weitgehend oder vollständig zu übernehmen – zum Wohle aller Familienmitglieder!
- In Universitätsstädten dürfte der Höchstpreis für Wohnraum einige **Studenten** animieren, aus der gegenwärtigen Wohngemeinschaft auszuziehen und einen eigenen Haushalt zu gründen.
- Der eine oder andere **Berufspendler** könnte auf die Idee kommen, dass sich die Anmietung eines *zusätzlichen Apartments* in der Nähe des Arbeitsplatzes nun lohnt: Feierabende bestünde endlich nicht nur aus Fahrtzeit! Die Zweitwohnung stellt zwar eine finanzielle Zusatzbelastung dar, gleichwohl erscheint dies bei dem neuen Mietpreisniveau und der gestiegenen Lebensqualität gerechtfertigt.
- Ähnliche Überlegungen mögen Haushalte anstellen, denen das häusliche Arbeitszimmer oder das Atelier mit der Zeit zu klein geworden ist. Hier stimuliert der durch staatlichen Eingriff reduzierte Mietzins den Wunsch, ein zusätzliches Zimmer wohnungsextern anzumieten.
- Schließlich wird das gesunkene Mietpreisniveau beengt lebende **Familien** bewegen, sich nach einer größeren Wohnung umzusehen.

Natürlich ist es illusorisch, jedes Motiv der potenziellen Nachfrager zu kennen und deren gesamthafte Reaktion auf dem Wohnungsmarkt auf das Genaueste antizipieren zu können – zumal in einer Gesellschaft mit etwa 80 Mio. Einwohnern. Gleichwohl ist ableitbar, dass der staatliche Preiseingriff auf Einzelne **Anreize** ausübt (siehe oben), die auf aggregierter Ebene zu einer *spontanen* Zunahme von Nachfrage nach Wohnraum führt.

Da diese Nachfrage*steigerung* nun auf ein starres Wohnraumangebot trifft, entwickelt sich nach kurzer Dauer auf dem Markt für Mietwohnungen eine Dynamik, die vermutlich eine ehedem schon vorhandene Überschussnachfrage prompt anschwellen lässt.[930] Die *ersten Symptome* dieser Entwicklung sind u. a. unbeantwortete Anfragen nach einem Besichtigungstermin und/oder (noch) länger werdende Warteschlangen bei Wohnungsbesichtigungen.

Entgegen dem Mechanismus, der bei einer Überschussnachfrage auf ungehinderten Märkten einsetzt, kann nun auf dem offiziellen Markt der Überbietungswettbewerb

---

930 Kurzum: Die Annahme eines Marktgleichgewichts im Ausgangspunkt des Preiseingriffs ist nahezu verwegen.

unter denen, die das begehrte Gut wünschen, nicht einsetzen! Mit anderen Worten: Der Markt kann nicht geräumt werden. Damit ist der **Zuteilungskonflikt** allerdings noch **nicht gelöst!**

Wie gehen die beteiligten Nachfrager und Anbieter mit dieser Situation auf dem Wohnungsmarkt nun um? Wie werden ihre Pläne in Übereinstimmung gebracht?

Sobald die Schlangen bei Besichtigungsterminen länger geworden sind und die Ungeduld der Wohnungssuchenden greifbarer, wird noch dem letzten Vermieter bewusst, dass er sich mitnichten in einer unkomfortablen Situation befindet: Durch staatliches Zutun haben er und alle anderen Vermieter **unfreiwillig Zuteilungsmacht** erhalten. Der Wohnungsmarkt ist zu einem **Verkäufermarkt** geworden.[931]

Nicht nur die gewieftesten Vermieter werden nämlich erkennen, dass sich ihre Einkommensverluste bei der „Erstmiete" durch eine „Zweitmiete" bequem kompensieren lassen. Beispielsweise könnte sich ein Vermieter überlegen, die mietpreisgebundene Wohnung nun *erstmals* ohne Tiefgaragenplatz zu vermieten. Ein potenzieller Wohnungsmieter kann den Parkplatz gerne zusätzlich anmieten (oder wird gar dazu genötigt), allerdings für einen unappetitlich hohen „Zweitmietzins." Analog lässt sich vorstellen, dass Vermieter separate Abstellräume, den Wohnungskeller und/oder einen vormaligen Gemeinschaftsgarten neu behandeln, die allesamt nun nicht mehr zum Wohnobjekt hinzuzählen, sondern zu eigenständigen Mietobjekten werden. Als ein weiteres – und hier letztes – Beispiel mag die heruntergerockte Einbauküche dienen. In ihrer „Not" bedingen sich Vermieter nun aus, dass der nächste Mieter das „Schmuckstück" zu einer horrenden Abstandszahlung zu übernehmen hat, womit einer Schrottküche die zweifelhafte Ehre zu Teil wird, preislich zu einer Designerküche aufgerückt zu sein. Mietsuchende, die unwillig sind, dem Vermieter die abgewirtschaftete Küche zu vergolden, werden im Auswahlverfahren das Nachsehen haben.[932]

Selbstredend – es wird auch Vermieter geben, die einfach nur die Höchstmiete von den Neumietern verlangen. Gleichwohl zeigt ein Blick in die Wirtschaftsgeschichte, dass es naiv ist, anzunehmen, die Mehrheit der Vermieter würde sich ausschließlich so verhalten, wie es der *mit sozialem Gewissen ausgestattete Gesetzgeber* gerne hätte.

Simultan zu den findigen Ausweichreaktionen auf der Angebotsseite werden auch Mietsuchende neue Strategien entwickeln, um auf dem „enger gewordenen Wohnungsmarkt" eine neue Bleibe zu bekommen. Der aus freien Märkten bekannte **Überbietungswettbewerb der Nachfrage** setzt erneut ein, allein er artikuliert sich nun andernorts – also abseits des offiziellen Markts! Suchende, die finanziell in der Lage sind, werden Vermietern eine Sonderzahlung von sich aus anbieten, um den Zuschlag zu erhalten. Derartige Sonderzahlungen können im Gewand von Naturalgeschenken daherkommen. Dazu zählt etwa eine Jahreskarte für den Lieblingsverein des Vermie-

---

931 Vgl. Grass/Stützel, 1983, S. 142 ff.
932 Vor diesem Hintergrund ist das Geschrei der Vermieter um eine Mietpreisbremse teilweise scheinheilig.

ters; ebenfalls sind Angebote für unentgeltliche Nebenleistungen wie Babysitten und/oder Gartenarbeiten nicht ausgeschlossen.[933]

Halten wir fest: Um an ihr jeweiliges Ziel zu kommen, wird sich mit der Einführung staatlicher Höchstpreise auf **beiden** Marktseiten unter den Beteiligten eine erstaunliche Kreativität entfalten. Eine, die bis dato vollkommen unnötig war und die zugleich noch die kühnsten Phantasien der Regierenden *mit Garantie* überflügeln wird. Damit initiieren die Marktakteure, wie unser Gedankenexperiment zum Wohnungsmarkt zeigt, einen schwunghaften **Graumarkt**. Man spricht auch von **Zweit-** und/oder **Nebenmärkten**.

Unabhängig von der persönlich präferierten Begrifflichkeit ist zu konstatieren, dass es mit der Einführung von Höchstpreisen *bereits kurzfristig* zu einer **Spaltung** der **Märkte** kommt: in einen offiziellen sowie einen inoffiziellen Teil.

Das ursprüngliche Anliegen der Höchstpreisverordnung ist mit dieser Marktspaltung schon unterhöhlt bzw. im Keim erstickt. Denn die **sozial Schwächeren**, für die nach offizieller Lesart die Preisverordnung verabschiedet worden ist, können sich die Preise auf den Zweit- und Nebenmärkten **nicht** leisten; unter allen Suchenden haben sie gegenüber den besser Gestellten regelmäßig das Nachsehen – zumindest was das Angebot an *monetären* Zusatzvereinbarungen anbelangt. Darüber hinaus lassen sich die Aktivitäten auf diesen Zweitmärkten ihrer *intransparenten* Natur wegen nicht beanstanden – allen voran anfänglich nicht, wenn sie noch im Verborgenen sind.

9.2.1.1.3 Effekte jenseits der kurzen Frist

Nachdem wir auf Basis einfacher Überlegungen dieses Resultat hergeleitet haben, wollen wir uns abschließend der Frage zuwenden, wie sich der Nachfrageüberschuss über die Zeit verändert? Oben haben wir festgehalten, dass der *freie* Wohnungsmarkt **jenseits der kurzen Frist** prinzipiell wie ein normaler Markt funktioniert, das Angebot also auf Dauer elastisch ist. Die Abbildung 9.3 (rechts) greift diesen Gedanken auf. Zugleich geht aus ihr hervor, dass sich perspektivisch eine Überschussnachfrage einstellt, die größer als die kurzfristige ist. Anders formuliert: Das Problem der Wohnungsknappheit dehnt sich mit der Zeit aus, verschärft sich!

Welche Verhaltensweisen machen es nun plausibel, dass sich die Lage auf dem Wohnungsmarkt mit der Zeit – konsistent zur Abbildung 9.3 – tatsächlich zuspitzt?

Ein erster Grund für ein mittel- bis langfristig sinkendes Wohnangebot liegt im **Eigenbedarf**. Zieht beispielsweise ein Mieter aus einer Wohnung aus, wird sich die ein oder andere Vermieterin fragen, ob sie die freie Wohnung weiterhin am Markt anbieten soll. Die Beweggründe, warum eine frei gewordene Mietwohnung schlussendlich nicht mehr neu vermietet wird, können erneut vielfältig sein. Ideen zu möglichen Motiven haben wir weiter oben *indirekt* schon anklingen lassen. *Ein* Grund mag etwa darin liegen, dass im selbstgenutzten Eigenheim des Vermieters gegenwärtig noch Kinder

---

933 Vgl. Grass/Stützel, 1983, S. 142 ff.

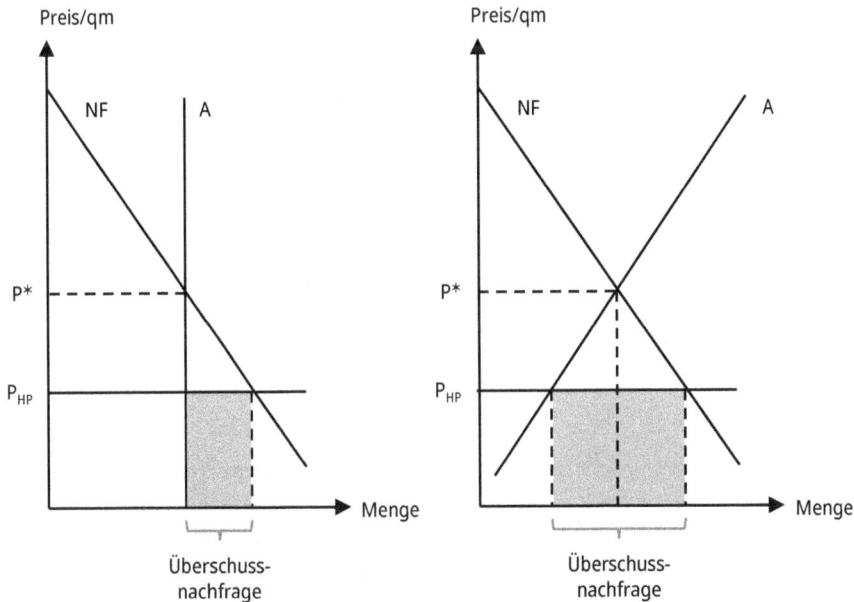

Abbildung 9.3: Veränderung der Überschussnachfrage über die Zeit bei Höchstpreisen.

wohnen. Obwohl sie dies alle aus Platzgründen auch weiterhin könnten, ist *wegen* des regulativen Preiseingriffs ein Anreiz entstanden, ein erstes Kind entgegen ursprünglicher Pläne in das vormals vermietete Objekt einziehen zu lassen. Die quantitative Bedeutung dieses Effekts mag nachrangig sein. Unbenommen dessen trägt auch dieses Verhalten dazu bei, dass vermietbare Wohnungen vom Markt genommen werden.[934]

Wesentlicher für die langfristig schrumpfende Zahl an Mietobjekten ist jedoch, dass staatliche Höchstpreise den **Investitionsfluss** im betreffenden Sektor **hemmen**. Im konkreten Fall des Wohnungsmarktes betrifft das zunächst einmal die **Neubauprojekte**. Hiervon werden fortan weniger realisiert. Schließlich hat sich die **Amortisationsdauer** einer solchen Investition durch den staatlich fixierten Mietpreis künstlich verlängert, was Wohnbauprojekte gegenüber alternativen Anlagemöglichkeiten uninteressanter macht.[935] Ein Teil der Vermieter wird darüber hinaus das Interesse an Sanierungsmaßnahmen und/oder Verschönerungsinvestitionen verlieren. Dieser Umstand wird zunächst die **Wohnungsqualität** mindern, bevor er sich *mittelfristig* in schleichend verfallenden Wohnungs**beständen** statistisch niederschlägt.

---

934 Gesellschaftliche Entwicklungen wie eine zunehmende Individualisierung können ihr Übriges dazu beitragen, dass selbst in Gesellschaften mit stagnierender Bevölkerung, der Bedarf an Wohnungen steigt – ganz zu schweigen von Gesellschaften mit wachsender Einwohnerzahl!

935 Das gilt einmal mehr, wenn bereits weitere Gesetze verabschiedet worden sind, mit denen die Aktivitäten auf Nebenmärkten zu unterbinden versucht werden – mit teils drakonischen Strafen.

All diese Faktoren und Einflüsse werden mehr oder weniger dazu beitragen, dass sich ceteris paribus die Lage auf dem Wohnungsmarkt mit der Zeit zunehmend anspannt. Neuere Erscheinungen wie die finanziell attraktive Vermietung von Wohnungen für einzelne Tage, etwa über die Internet-Plattformen Airbnb, sind in unserem Gedankenexperiment dabei noch gar nicht berücksichtigt.

Halten wir fest: Unsere Diagnose zur Wirkung eines Höchstpreises auf dem Wohnungsmarkt wird mit der Länge des Zeithorizonts *nicht* besser. Im Gegenteil! Allen voran steht das theoretisch abgeleitete Resultat eklatant und unmissverständlich im Widerspruch zum artikulierten wirtschaftspolitischen Ziel: Der Staat hat den sozial Schwachen einen Bärendienst erwiesen! Der **staatliche Preiseingriff** ist **kontraproduktiv!**[936]

9.2.1.2 Die Wirkung von Höchstpreisen aus wohlfahrtsökonomischer Perspektive

Unsere bisherigen Überlegungen zu den kurz- und langfristigen Wirkungen von Höchstpreisen wollen wir nun auf das Konzept der Wohlfahrtsökonomie übertragen. Welche Effekte haben staatlich verordnete Höchstpreise auf die ökonomische Gesamtwohlfahrt sowie auf ihre beiden Komponenten, die Konsumenten- und Produzentenrente?

Gegenüber einer Situation ohne Markteingriffe führt der staatliche Preiseingriff in der betroffenen Volkswirtschaft zu **zwei** zentralen wohlfahrtsökonomischen **Effekten:** Zum einen lässt sich – auf offiziellen (!) Märkten – ein **Verteilungseffekt** beobachten, zum anderen ein **Gesamteffekt**! Schauen wir uns die beiden Effekte in unserem Standard-Diagramm an.

Hierbei wollen wir mit den Neoklassikern zunächst annehmen, dass in einem freien Wettbewerbsmarkt die Gleichgewichtslösung mit P* und M* zustande käme. Durch den obrigkeitlichen Preiseingriff setzt sich jetzt allerdings die Lösung P_{HP} und M_{HP} durch.

Abbildung 9.4 verdeutlicht, dass mit dem staatlichen Preiseingriff die Gesamtwohlfahrt, die sich aus Konsumenten- und Produzentenrente zusammensetzt, reduziert wird. Die beiden Dreiecke B und C illustrieren diesen **Nettowohlfahrtsverlust**. Dabei repräsentiert das Dreieck B einen Verlust an Konsumentenrente, das Dreieck C den Rückgang an Produzentenrente. Zum Verständnis des Verteilungseffektes analysieren wir nun die Impulse des Preiseingriffs auf die Konsumentenrente detaillierter.

---

936 Zu keinem anderen Urteil kommen alle liberalen und libertären Ökonomen. Stellvertretend für die Libertären sei hier auf Hazlitt verwiesen, der schon 1946 darauf hinwies, dass „die Unterkünfte für die Bezieher niedriger Einkommen [...] folglich immer schlechter werden." Hazlitt, 2021, S. 154. Bedauerlicherweise fällt es vielen unter den von einer Höchstpreispolitik am stärksten negativ Betroffenen nicht leicht, den *kausalen* Zusammenhang zwischen dieser Politik und dem Warenmangel zu erkennen. Andernfalls sollte man doch meinen, dass sie für das Ende einer solchen Politik plädierten. Vermutlich unbeabsichtigt lässt Weyer diese weitverbreitete Unkenntnis in seiner Kurzgeschichte *Kartoffelkrieg in Knapsack*, die auf Ereignissen im Kölner Umland im Herbst 1920 beruht, in der Frage eines Arbeiters eindrucksvoll widerspiegeln: „Was nützt die Preisfestsetzung, wenn keine Ware vorhanden ist?" Weyer, 2022, S. 85. Die Ware ist *wegen* der staatlichen Höchstpreise *nicht* vorhanden!

Preis

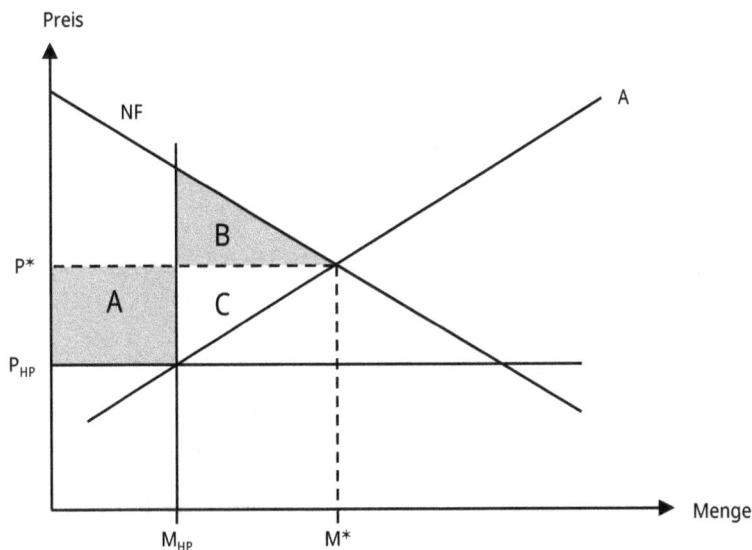

Abbildung 9.4: Wohlfahrtseffekte von Höchstpreisen.

Ein Teil der Nachfrager profitiert – zumindest prima facie – vom Preiseingriff: Die glücklichen Verbraucher, die auf dem *offiziellen* Markt die Menge M_{HP} zum staatlich verordneten Höchstpreis konsumieren können, erhöhen ihre Konsumentenrente um die Fläche des Rechtecks A! Da dieses Rechteck A in freien Märkten Bestandteil der Produzentenrente ist, kommt es also zu der staatlich gewünschten **Umverteilung** von Produzenten- hinzu Konsumentenrente.

Die spontane Ansicht, dass sich die Konsumenten infolge der staatlichen Höchstpreispolitik besserstellen könnten, mag unsere Abbildung 9.4 nähren, da dort die Fläche des Rechtecks A die des verlorengegangenen Dreiecks B überragt. Doch bei der Beurteilung der Wirkung von Höchstpreisen auf die *Konsumentenrente* müssen wir vorsichtig sein. **Schnell** sind **falsche Schlüsse** möglich!

Zunächst sollten wir nicht übersehen, dass die Größenverhältnisse der Flächen B und A von der **Nachfrageelastizität** mitbestimmt werden. Mit anderen Worten: Es ist keineswegs ausgemacht, dass die Fläche des Vierecks A größer als die Fläche des Dreiecks B ist. Es kann somit schon auf *offiziellen* Märkten zu einem Verlust an Konsumentenwohlfahrt kommen (siehe Abbildung 9.5)!

Darüber hinaus darf unsere Beurteilung nicht allein auf den Geschehnissen im offiziellen Markt beruhen! Wie dargelegt, kommt es bei einer Höchstpreispolitik zur Spaltung der Märkte. Die Blüten auf den staatlich kreierten Nebenmärkten gehen dabei allesamt zu Lasten der Konsumenten. Damit verzehrt sich selbst ein *etwaiger* Nettogewinn an *offizieller* Konsumentenrente – und das nicht selten restlos. Bei der Bemessung der tatsächlichen Umverteilungseffekte haben wir folglich diese Nebenleistungen einzubeziehen.

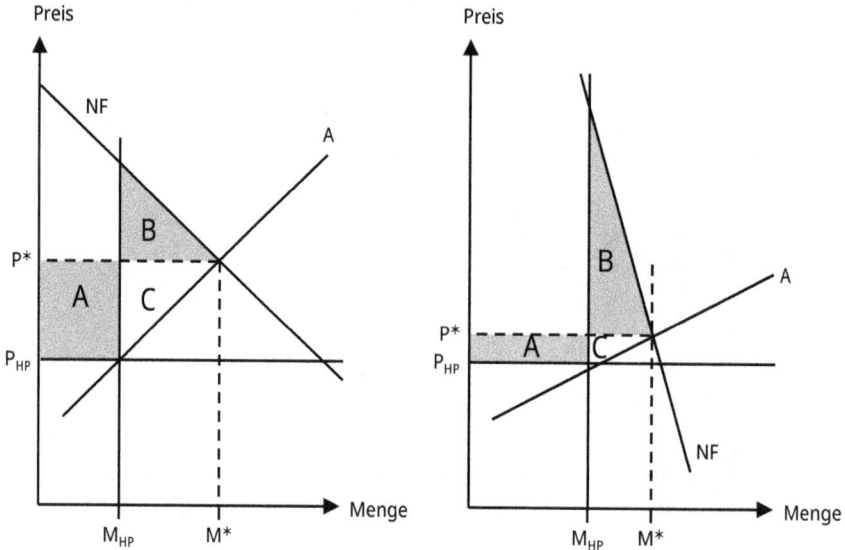

Abbildung 9.5: Netto-Effekt von Höchstpreisen auf die Konsumentenrente (auf offiziellen Märkten) bei unterschiedlichen Nachfrageelastizitäten.

Blicken wir aus dieser wohlfahrtsökonomischen Perspektive nochmal auf unser gewähltes Ausgangsbeispiel, der Einführung einer restriktiven Mietpreisbremse. Man wird für diesen Markt, in dem das kurzfristige Angebot starr ist, argumentieren können, dass sich die wohlfahrtsökonomische Wirkung auf den Umverteilungseffekt begrenzt – zumindest in der kurzen Sicht (siehe Abbildung 9.6, links). Dauerhaft tritt aber auch auf dem offiziellen Wohnungsmarkt der oben ausgearbeitete Gesamteffekt eines Wohlfahrtsverlusts – in Form der Dreiecke B und C – ein. Und auch hier ist das oben Gesagte zu den inoffiziellen Nebenmärkten zu bedenken: Die dort entstandenen Kosten mögen für Wohnungssuchende weit höher sein als der Verteilungseffekt auf dem offiziellen Markt.

9.2.1.3 Fazit zu Höchstpreisen

Ich habe mich in meinen eigenen Argumenten
verwickelt, und mein Schlussergebnis steht in
diametralem Widerspruch zur anfänglichen Idee.[937]

Höchstpreise sind in aller **Regel Fluch** statt **Segen**, allen voran für die Zielgruppe, denen der staatliche Preiseingriff vorrangig zu Gute kommen soll. Denn eine Politik künstlich niedrig gehaltener Preise führt immer zu einer **Spaltung** des Marktes in

---

937 Schigaljoff – Figur in Dostojewski Roman „Die Dämonen". Dostojewski, 1996, S. 560.

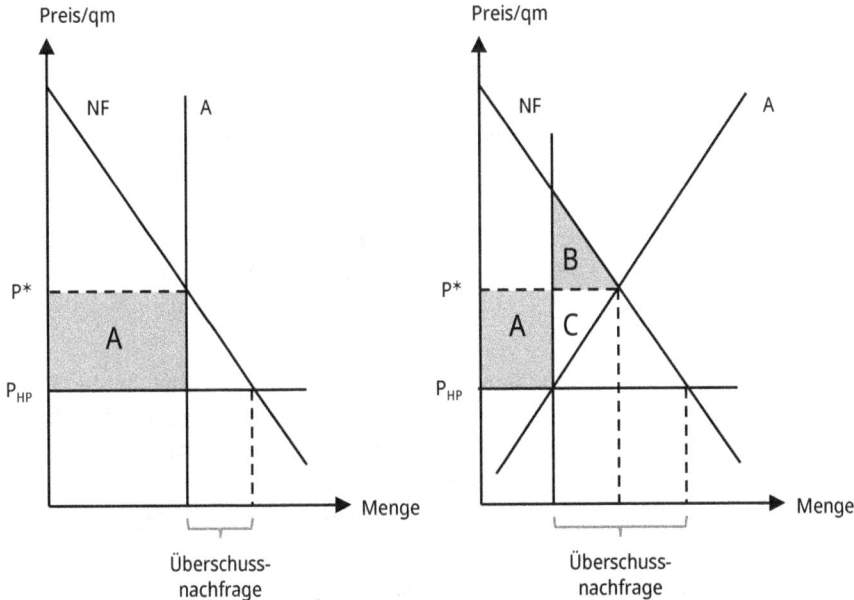

Abbildung 9.6: Wohlfahrtseffekte von Höchstpreisen auf Wohnungsmärkten, kurz- und langfristig.

einen *formellen* Teilmarkt mit niedrigen Preisen und einen *nichtorganisierten* Markt mit z. T. exorbitant hohen Preisen.[938]

Die konkreten Reaktionen, die sich in der Realität herauskristallisieren, sind selbstverständlich auch vom jeweils betroffenen Produkt abhängig. Bei einer Einführung von Höchstpreisen bei **leicht beweglichen Gütern**, etwa Lebensmitteln, werden Teile der heimischen Anbieter – alternativ bzw. ergänzend zum Verkauf der Ware auf informellen Inlandsmärkten – versuchen, ihre Produkte ins (nahegelegene) Ausland zu exportieren. Möglicherweise erfolgt dieser Güterexport anfänglich noch legal, weil der Gesetzgeber den Zusammenhang noch nicht durchdrungen hat.[939] Sobald die

---

938 Im Jahr 2016 wird aus dem im Chaos versinkenden Venezuela berichtet, dass die Regierung für immer mehr Produkte Preiskontrollen einführt und zeitgleich „der Schwarzmarkt [blüht], wo die Preise mindestens zehnmal höher sind als die offiziellen Sätze." Fischer, 2016, S. 26. Ähnlich berichtet das Handelsblatt, dass es „in der Folge [...] zu wenig Maismehl [gibt], das für die beliebten Arepas (Maisfladen) gebraucht wird, auf dem Schwarzmarkt wird der zehnfache Preis verlangt." o. V., 19.07.2016.

939 Ein bemerkenswertes Beispiel an amtlicher Blindheit in Bezug auf unternehmerisches Handeln betrifft das Deutsche Reich. Dieses hatte zu Beginn des Ersten Weltkrieges im August 1914 ein Gesetz verabschiedet, das die Einführung regulativer Höchstpreise ermöglichen sollte. Die Kompetenz zur Festlegung dieser Preise lag nach diesem Gesetz auf lokaler Ebene. Es kam, wie es kommen musste. Es entstand innerhalb kurzer Zeit ein kleinräumiger Flickenteppich an unterschiedlichen Höchstpreisen, der die Ware dorthin wandern ließ, wo die amtlich verordneten Preise am höchsten waren. Die regionalen Verwerfungen sprachen sich rasch bis nach Berlin herum, so dass Ende Oktober 1914 per Gesetz die preisliche Festsetzungskompetenz dem Reich übertragen wurde. Vgl. Corni/Frizzera, 2020, S. 16 f.

Regierung allerdings bemerkt, dass der preispolitische Eingriff nicht wirkt und statt-dessen die Güterknappheit im Inland bei steigender Exportaktivität wächst, wird sie die Exporteure für das bisherige Scheitern ihrer Politik brandmarken. Zuversichtlich wird die Regierung im nächsten Eskalationsschritt die **Ausfuhr** der entsprechenden Güter **verbieten** und seinen Bürgern mitteilen, dass das Problem der Güterknappheit fortan behoben sei.

Derartige Verbote haben selbst unter Androhung drakonischer Strafen keine gänzlich abschreckende Wirkung. Im Gegenteil – erneut wird man beobachten, dass die Phantasie der Betroffenen *keine* Grenzen kennt und ab jetzt die Zeit des *kreativen* Schmuggels einsetzt.

Als in Ghana die staatliche Kakaovermarktungsagentur (das sogenannte Cocoa Marketing Board), die seit ihrer Gründung im Jahr 1947 für den gesamten Aufkauf und Export von Kakao verantwortlich war, den Bauern in den 1970er Jahren Preise zahlte, die weit unter dem Weltmarktpreis lagen, hatte das die zu erwartenden Konse-quenzen: Zum einen ging die Kakaoproduktion insgesamt von ehemals 540.000 Tonnen (1965) auf weniger als die Hälfte im Jahr 1979 zurück (250.000 Tonnen), wodurch Ghana seinen Platz als weltgrößter Anbauer von Kakao einbüßte. Zum anderen schmuggel-ten die Bauern von der verbliebenen Produktionsmenge Schätzungen zu Folge jährlich 45.000 Tonnen in die Nachbarstaaten. Diese beiden Effekte führten dazu, dass die von der Kakaovermarktungsagentur exportierte Menge im genannten Zeitraum um fast 80 Prozent einbrach.[940]

Mit dem Schmuggel gehen – wie im eben skizzierten Fall von Ghana – dem Staat dann noch offizielle Deviseneinnahmen und/oder Steuereinnahmen verloren.[941] Vor diesem Hintergrund erklärt sich, warum Jungfer schon 1991 darauf verwies, dass

---

[940] Vgl. Weltbank, 1983, S. 77. Angemerkt sei, dass Kakao und Kakaoprodukte als Lebensmittel für alle westafrikanischen Produktionsländer bis heute relativ bedeutungslos sind. Lange Zeit ist daher mehr oder weniger die gesamte heimische Kakaoernte exportiert worden. Bei der Kakaovermarktungsagen-tur, also der staatlichen Interventionsstelle, handelt es sich um ein *Nachfragemonopol*, worauf wir in Lektion 10 nochmal eingehen. Schließlich sei noch auf den fast ulkig anmutenden Zustand hingewie-sen, dass in Ghanas Nachbarland Togo ähnliche Verhältnisse zu beobachten waren. Allein hier war der Höchstpreis, den die staatliche Organisation den Bauern zahlte, erheblich höher als in Ghana, was für Togos Export günstige Folgen hatte: der aus Ghana eingeschmuggelte Kakao war für grob die Hälfte der Exporterlöse verantwortlich, die Togo mit Kakao trotz der heimischen Höchstpreispolitik noch erzielte. Anfang der 1970er Jahre stand es „völlig außer Zweifel, dass die Wirtschaft Togos in ernsthafte Schwie-rigkeiten gekommen wäre, wenn der Kakaoschmuggel aus dem benachbarten Ghana zum Erliegen ge-kommen wäre." Jungfer, 1991, S. 302. Als letztes abschreckendes Beispiel kann hier noch *Mali* dienen. In einer Zeit, in der noch mehr als 80 Prozent der Bevölkerung von der Landwirtschaft abhing, führten die verschiedenen Regierung in den 1960er und 1970er Jahren Höchstpreise unterhalb des Marktpreises für Agrarprodukte ein, mit der Folge, „dass große Teile der Ernte *traditionsgemäß* in das Ausland [...] geschmuggelt wurden." Jungfer, 1991, S. 296.
[941] Es sei angemerkt, dass Schmuggler nicht zwingend mit Devisen oder lokaler Währung im Gepäck die Heimreise antreten müssen, sondern oftmals Ware aus dem Ausland mitbringen!

Höchstpreise besonders fatal in Entwicklungsländern sind, in denen der **Agrarsektor** noch eine herausragende Rolle ausübt.[942]

Entgeht der Regierung die illegale Umtriebigkeit ihrer Kaufleute im Anschluss nicht, wird sie eher den Kontrollapparat an der Grenze verschärfen als ihre dafür verantwortliche Preispolitik aufgeben. Mit anderen Worten: Die Politik wird versucht sein, **Symptome** zu **korrigieren**, wo Wurzeln behandelt gehören.[943] Zum unheilvollen Kampf mit den Symptomen können sich dann zu einem Exportverbot auch Rationierungen gesellen.[944]

Insgesamt machen diese Beschreibungen deutlich, dass es bei der Einführung *eines* Höchstpreises kaum bleibt bzw. bleiben kann. Vielmehr kommt es zu weiteren Eingriffen, zu **Kettenreaktionen**.[945] Dies erklärt – zumindest in Teilen – auch, warum in Ghana grob 6.000 derartiger Eingriffe im Jahr 1970 beobachtet wurden.[946] Der End-

---

942 Vgl. Jungfer, 1991, S. 191.

943 Mit Blick auf das Beispiel der Mietpreisbremse sei erwähnt, dass sowohl Bündnis 90/Die Grünen als auch die SPD in ihren Programmen zur Bundestagswahl 2017 erklärten, sie wollten die *handwerklichen Fehler des Gesetzes* ausmerzen. Im Frühjahr 2019 äußerte sich die damalige Justizministerin Barley (SPD) dann, dass sie die Mietpreisbremse *erneut* verschärfen wolle. Erinnert sei, dass dieses Instrument unter der Großen Koalition von CDU/CSU und SPD auf maßgebliche Initiative der SPD eingeführt worden war. Vgl. o. V., 12.05.2019.

944 Beispielsweise wird aus dem sozialistisch-interventionistisch regierten Venezuela berichtet, dass die Bürger nur zweimal pro Woche preislich kontrollierte Lebensmittel erwerben dürfen. Vgl. Busch, 18.05.2016, S. 11.

945 Explizit wollen wir hier nochmal darauf verweisen, dass auch bei nicht exportierbaren Wohnungen mit Kettenreaktion zu rechnen sein wird, *sofern* das Instrument der Mietpreisbremse *„wirkungsvoll"* ist. Als Befürworter preispolitischer Eingriffe in den Wohnungsmarkt hatten dies DIE LINKE erkannt. In ihrem Programm zur Bundestagswahl 2017 hatte sie als einzige deutsche Partei expressis verbis benannt, dass weitere Preiseingriffe notwendig sind, damit Wohnraum für Bürger bezahlbar bleibt. Den damaligen parteipolitischen Vorstellungen der LINKEN zufolge, wären Gewerbemieten und Bodenpreise ebenfalls festzulegen. Das mag manch einer als irritierend, manch einer als erfrischend ehrlich einordnen. Letztlich ist es zumindest konsequent weitergedacht. Ungelöst bleibt allerdings das Rätsel, warum es nach Ansicht der LINKEN mit diesen zwei weiteren Eingriffen dauerhaft getan sein soll. Möglich, dass bei weiterhin unbefriedigenden Zuständen auf dem Wohnungs- und Immobilienmarkt die nächsten Eingriffe bei den Baumaterialien erfolgen müssten. Ähnlich geheimnisvoll bleibt eine Erklärung des kubanischen Wirtschaftsminister Gil im Jahr 2021. Er konstatiert, dass sich das Instrument der Preisobergrenze in Kuba nicht bewährt habe, weshalb die Regierung die Preisobergrenzen nun schrittweise aufzugeben plane. Der Minister begründet das Versagen des Instruments damit, dass die Waren entweder zurückgehalten werden oder auf dem Schwarzmarkt landen. Dass auf Basis dieser Selbsterkenntnis allerdings achtzehn Produkte – darunter Grundnahrungsmittel wie Bohnen und Reis – von den Regierungsplänen ausgeklammert bleiben, macht dann doch stutzig. Vgl. Kunzmann, 02.06.2021, S. 12. Sei abschließend bemerkt, dass schon im Ersten Weltkrieg die kaskadenförmigen Eingriffe des Kriegsernährungsamtes in alle möglichen Bereiche der Lebensmittelproduktion nichts außer einer komplett strangulierten Kommandowirtschaft im Deutschen Reich produziert hat. Vgl. Corni/Frizzera, 2020, S. 14 ff.

946 Vgl. Weltbank, 1983, S. 62. Ghana war nach Analysen der Weltbank zu diesem Zeitpunkt das Land mit den *meisten* Marktinterventionen.

punkt einer Eskalation von staatlichen Markteingriffen kann dann auch in einer Verstaatlichung der Unternehmen liegen.[947]

Mit Blick auf das ursprüngliche Ziel sind die Eingriffe in den Preismechanismus daher regelmäßig nicht nur sinn*los*, sondern auch sinn*widrig*: Das deklarierte wirtschaftspolitische Ziel wird nicht nur nicht erreicht, es tritt sogar der gegenteilige Effekt ein. Geringverdiener und Familien, denen gemäß offizieller Lesart künstlich niedrig gehaltene Mieten helfen sollen, verfügen nämlich nur selten über die notwendigen Kontakte, um auf einen der wenigen Vermieter zu stoßen, die das staatliche Preisdiktat nicht trickreich aufweichen bzw. zu umschiffen wissen.[948] Darüber hinaus mangelt es ja *gerade* den sozial Schwachen an den finanziellen Mittel, die für einen Wohnungszuschlag auf Zweitmärkten abgerufen werden – sie können sich die dortigen Preise nicht leisten.[949]

Mit dieser desillusionierenden Erkenntnis zum wahren Lösungsgehalt von Höchstpreisen sollte sich Politik auf **marktkonforme Maßnahmen** konzentrieren, die das Ausgangsproblem *effektiv* zu lösen vermögen.[950] Hierbei muss man sich zunächst im Klaren sein, dass Marktpreise sich zu reduzieren neigen, wenn es zu einer Angebotsausdehnung und/oder einem Nachfragerückgang kommt. Mit dieser schlichten Einsicht stehen der Politik also beide Marktseiten als Ansatzpunkte zur Verfügung, um mit veränderten Rahmenbedingungen entsprechende Impulse auszulösen.

---

947 Nachdem die Firma Polar in Venezuela das Brauen von Bier einstellte, weil sie keine Devisen für den notwendigen Malzimport zugeteilt bekam, drohte Staatspräsident Maduro an, Unternehmen zu verstaatlichen und deren Eigentümer zu verhaften, die ihre Produktion einstellen. Vgl. Busch, 18.05.2016, S. 11.

948 In der oben schon einmal angesprochenen Kurzgeschichte *Kartoffelkrieg in Knapsack*, die auf realen Gegebenheiten aus dem Herbst 1920 basiert, ist zu entnehmen, dass selbst „Kartoffeln schon lange nur noch über Beziehungen zu bekommen waren[.]" Weyer, 2022, S. 78.

949 Dass es in Deutschland zu keinen weiteren Eingriffen bislang (Stand: 2024) kam, ist zu keinem geringen Maß dem Umstand geschuldet, dass die Mietpreisbremse ein Papiertiger bzw. ein stumpfes Schwert ist, gewiss aber keine Bremse. Diese Tatsache erklärt auch, warum in der deutschen Parteienlandschaft die überzeugten Kritiker des Instruments nicht weiter aufbegehrten. So schwieg die CDU in ihrem Wahlprogramm zur Bundestagswahl 2017 das *damals brandaktuelle* Thema der Mietpreisbremse *komplett* aus! Die AfD hielt die Mietpreisbremse zwar für das falsche Instrument, traute sich aber aus wahltaktischen Gründen nicht, die Abschaffung oder Rückgängigmachung des Gesetzes explizit zu verschriftlichen. Einzig im Wahlprogramm der FDP war expressis verbis davon zu lesen, dass sie das Instrument abschaffen wolle. Das weiträumige Ausschweigen eines missliebigen, gleichwohl kraftlosen Instruments durch deutsche Parteien ist dabei nur eine andere Form dessen, was Mises schon vor langer Zeit erkannt hatte: „Man hört mitunter die Behauptung vertreten, dass das System des Interventionismus durch die Laxheit der Durchführung ganz erträglich geworden sei." Mises, 1981, S. 218.

950 Nach Kuchenbecker sollen Studien gleichwohl zeigen, dass die Mietpreisbremse in Frankreich wirkt. Vgl. Kuchenbecker, 2017, S. 28 f. Auf Basis unserer Herleitungen bleiben Zweifel, ob diese Intervention *langfristig tatsächlich* wirkt. Ungeachtet dessen stellt sich in Bezug auf die Befürworter einer Mietpreisbremse im Politikbetrieb die Frage, ob sie Unkenntnis über die hier beschriebenen Zusammenhänge haben oder ob sie aus wahltaktischen Gründen ein perfides Theaterstück aufführen. Beide Optionen sind beunruhigend!

Wenn Wohnraum in Ballungszentren zum Beispiel knapp wird, ein persistenter Angebotsmangel also vorliegt, wäre es folgerichtig, wenn der Staat auf all seinen Ebenen bauhemmende Beschränkungen bzw. kostentreibende Bauvorschriften wo immer möglich entschlackt oder abschafft. Pauschale Lösungen kann und darf man nicht erwarten, da die *Wirksamkeit* jedes einzelnen Ansatzes kontextabhängig zu beurteilen sein wird. Manche Stadtverwaltung gängelt Bauherren vielleicht damit, dass diese mit einer bestimmten Anzahl an neuen Wohneinheiten, etwa der neunzehnten, eine Sozialwohnung vorzuhalten haben. Vorschriften wie diese werden manchen Bauherren veranlassen, seine ursprünglichen Pläne anzupassen: Er baut jetzt nur 18 Wohnungen statt zwanzig geplanter. In anderen Kommunen existieren vielleicht Höhenbeschränkungen für Gebäude aller Art und/oder kostspielige Auflagen zum Dämmen; und andernorts mag im Wohnungsbau die Verwendung günstiger Baumaterialen, etwa Holz, nur eingeschränkt oder gar nicht gestattet sein und der Bau von sog. „Tiny Houses" ist im Stadtgebiet ohnehin verpönt. Welchen Effekt das Kippen einzelner oder mehrerer Reglementierungen auszuüben vermag, wäre im Praxisfall stets zu untersuchen. Dass ein Potpourri an kleinen Maßnahmen am Ende mehr zur Lösung des Problems beitragen kann als die eine, vermeintlich zündende Idee, die noch immer zur Fahndung ausgeschrieben ist, sollte man jedenfalls nicht von vornherein ausschließen.

Zu prüfen wäre selbstverständlich auch, ob eine betroffene Stadt über Industriebrachen oder andere Areale verfügt, die als Bauland bzw. für Wohngebiete ausgewiesen werden könnten. Last, but not least könnte man sich auch steuerlicher Anreize bedienen.[951]

Parallel dazu kann die Politik nachfragereduzierende Maßnahmen einleiten. So sollte gerade in besonders stark betroffenen Ballungsgebieten jede Anstrengung unternommen werden, prinzipiell Abwanderungswilligen ihr Vorhaben zu erleichtern, statt zu verhindern. Auch in Deutschland stellen hohe, steigende Mieten kein flächendeckendes Phänomen dar. Vielmehr sprechen Indizien dafür, dass vorwiegend Universitätsstädte von dieser Entwicklung betroffen sind.

Insofern dürfte es in diesen Fällen schon regelmäßig helfen, wenn das Umland für Familien und/oder für Berufspendler nicht sehenden Auges an Attraktivität einbüßt. Eine gute verkehrstechnische Anbindung an die Großstadt ist dabei nur ein Aspekt. Zu den entscheidungsrelevanten Kriterien einer „Stadtflucht" gehört ebenso das periphere Angebot an Basisdienstleistungen im Gesundheits- und Sozialwesen (z. B. Ärzte, Apotheken, Kindergärten, Schulen), bei der Nahversorgung (z. B. Bäckerei, Supermarkt) und im Kulturbetrieb (z. B. Sportvereine). Telekommunikationsnetze, deren Zuverlässigkeit gleich hinter den Stadttoren schwindet, beeinträchtigen ebenfalls die Attraktivi-

---

951 Dieser relativ einfallslose Ansatz, auf den die Politik schnell zu kommen neigt, hat selbstverständlich rückwirkenden Einfluss auf den Staatshaushalt. Den Aspekt der Staatsverschuldung und die Konsequenzen aus einer zu hohen Verschuldung behandeln wir in Lektion 16.

tät des Umlands und machen vielen ihre grundlegende Bereitschaft madig, ins ländliche Home-Office zu wechseln.

Es lässt sich also resümieren, dass in dem von uns gewählten Beispiel hoher Mietpreise eine Reihe an marktkonformen Möglichkeiten existieren dürfte, um in betroffenen Oberzentren – salopp gesprochen – Druck aus dem Kessel zu nehmen. Vermessen wäre es zu meinen, mit Allzweckwaffen könnte das Problem leicht und schnell gelöst werden. Gleichwohl sind die Bahnen eindeutig vorgezeichnet, welche die Maßnahmen einschlagen sollten.[952] Diese im konkreten Einzelfall mit Leben zu füllen, quasi Fleisch ans theoretische Skelett zu bringen, das ist die eigentliche, kreative Aufgabe von Politikern – ganz im Sinne der unterprivilegierten, sozial Schwachen.

9.2.2 Mindestpreise

Bei Mindestpreisen stehen nun die Anbieter im Mittelpunkt, die sich für schutzwürdig betrachten oder die geschützt werden sollen. Mit Blick auf die Bundesrepublik Deutschland kann man auf den flächendeckenden Mindestlohn sowie das Erneuerbare-Energien-Gesetz (EEG) mit seiner Einspeisevergütung für regenerative Energien verweisen![953] Im Folgenden (Kapitel 9.2.2.1.) gehen wir jedoch bewusst auf ein agrarwirtschaftliches Beispiel ein, da im Rahmen der Gemeinwirtschaftlichen Agrarpolitik (GAP) der Europäischen Union dieses Instrument insbesondere bis 1992/93 stark eingesetzt wurde. Anschließend werden wir die Wohlfahrtseffekte einer solchen Politik betrachten (Kapitel 9.2.2.2.). Die bewusste Entscheidung, das Phänomen der Mindestpreise anhand eines Agrarbeispiels zu illustrieren, erlaubt uns, die Implikationen für das In- und Ausland getrennt verständlich zu machen. Die Diskussion schließen wir mit einem Fazit ab (Kapitel 9.2.2.3.).

9.2.2.1 Der europäische Zuckermarkt als Fallbeispiel

Nehmen wir an, dass die Regierung eines Landes für ein landwirtschaftliches Gut, etwa Zucker,[954] einen staatlich festgelegten Mindestpreis eingeführt hat. Dieser liegt markant

---

952 Bei mobilen Gütern, deren Preise als zu hoch empfunden werden, sollte zusätzlich die protektionistische Handelspolitik auf den Prüfstand gestellt werden.

953 In der Bundesrepublik wurde erstmals am 01.01.2015 ein Mindestlohn eingeführt. Das EEG-Gesetz ist im Jahr 2000 in Kraft getreten und seitdem mehrfach modifiziert worden. Der Vorläufer des EEG-Gesetzes war das sogenannte Stromeinspeisegesetz aus dem Jahr 1991.

954 Man könnte auch andere Agrargüter als Fallbeispiel wählen. Gleichwohl bietet sich Zucker aus zweierlei Gründen an: zum einen, weil der Markt für Zucker zu den stärksten regulierten Agrarmärkten weltweit gehört und (daher) „die Geschichte der europäischen Zuckererzeugung [...] in weiten Teilen auch eine Geschichte des Protektionismus [ist]." Rentenbank, 2016, S. 1. Zum anderen, weil im Oktober 2017 eine weitere Deregulierung im europäischen Zuckermarkt mit dem Wegfall der sog. Zuckerquote erfolgte.

über dem Marktpreis, der sich vormals im freien Markt herausgebildet hat. Proklamiertes Ziel der Regierung mit dieser Preisintervention ist es, die Einkommen der einheimischen Zuckerbauern zu stützen.[955]

Selbstredend wird auch mit diesem preispolitischen Instrumentarium in das „Getriebe des Marktes" eingegriffen, dessen Funktionsweise außer Kraft gesetzt. Welche volkswirtschaftlichen Effekte von einer solchen Intervention zugunsten der Anbieter zu erwarten sind, wollen wir nun eingehender analysieren.

Zunächst kann konstatiert werden, dass sich im betroffenen Zuckermarkt aufgrund der staatlichen Preisintervention ein **Angebotsüberschuss** früher oder später einstellen wird. Zum einen werden sich Nachfrager von Zucker teilweise oder ganz vom Markt zurückziehen, da der Mindest- oder Stützpreis über dem bisherigen Preis liegt. So ist vorstellbar, dass mancher Konsument seinen wöchentlichen Zuckerkonsum aufgrund des Preisanstiegs einschränkt, während für wiederum andere Verbraucher das Gut nun gar kein Nutzen mehr verspricht. Diese Konsumenten stellen ihre Zuckernachfrage daher gänzlich ein und weichen auf Ersatzprodukte aus. Im Resultat führen diese Reaktionen auf der Nachfrageseite dazu, dass sich eine insgesamt geringere Marktnachfragemenge entfaltet.

Zeitgleich zu dieser Verhaltensänderung der Nachfrager passen sich auch die (ersten) Anbieter an die neuen Gegebenheiten an: Produzenten, die beim freien Marktpreis P^* aufgrund betrieblicher Kostenstrukturen entweder gar nicht oder keine weiteren Mengen anbieten wollten, können diese Kosten dank des staatlichen Preiseingriffs nun abdecken. Somit werden wir früher oder später auf der Angebotsseite eine Mengenausweitung beobachten (siehe Abbildung 9.7).

Dabei beruht die einsetzende Ausdehnung der Produktionsmenge in der Landwirtschaft maßgeblich darauf, dass soweit unproduktive Flächen unter Pflug genommen werden. Über die erstaunliche Bandbreite der Bodenproduktivität im Fall des Zuckerrübenanbaus auf Ebene europäischer Länder vermittelt die folgende Tabelle 9.1 einen Eindruck.

---

955 Ökonomen sprechen daher auch von Stützpreisen. Unabhängig davon wie man das Kind nennen will, handelt es sich gegenüber der Lösung des freien, unbehinderten Markts um ein Privileg für die Anbieter. Die Europäische Wirtschaftsgemeinschaft (EWG) führte im Jahr 1968 die europäische Zuckermarktordnung für seine heimischen Rübenanbauer ein. Vgl. z. B. Rentenbank, 2016, S. 2.

Preis

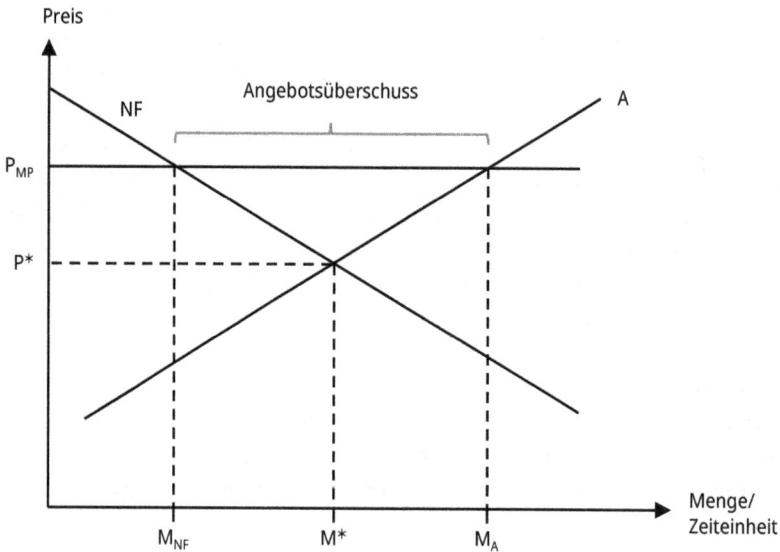

Abbildung 9.7: Effekte einer Einführung von Mindestpreisen.

Tabelle 9.1: Durchschnittliche
Bodenproduktivität im Zuckeranbau
in ausgewählten Ländern Europas
zwischen 2012 und 2015.[956]

Land	MT/ha
Frankreich	87,3
Spanien	84,6
Belgien	77,7
Niederlande	77,5
Deutschland	68,0
Griechenland	67,3
Österreich	66,4
Großbritannien	65,2
Italien	51,3
Rumänien	28,1

---

956 Die Tabellenwerte wurden über die drei Vermarktungsperioden 2012/13, 2013/14 und 2014/15 berechnet. Angemerkt sei, dass die Gesamtproduktivität eines Landwirts *nicht allein* von der Bodenproduktivität abhängt. Zu den weiteren Faktoren gehören insbesondere die eingesetzte Produktionstechnologie sowie der durchschnittliche Zuckergehalt einer Rübe (dieser Wert ist über die hier betrachteten Länder *nicht* konstant!). Die hier berechneten Durchschnittswerte basieren auf den Daten des Global Agricultural Information Network (GAIN), 2017, S. 6 f.

Zusammengenommen löst der eingeführte Mindestpreis P_{MP} also auf *beiden* Marktseiten Anreize aus, die zu einem **Angebotsüberschuss** auf dem betrachteten Zuckermarkt führen.

Bei einer solchen Konstellation beginnt in jedem unregulierten Markt irgendwann der bekannte Prozess der Preisunterbietung seitens der Anbieter einzutreten; ausgelöst durch eine erste Preissenkung werden mit jeder Preisänderung gegenläufige Impulse auf Angebots- und Nachfrageseite entstehen, die erst enden, wenn der markträumende Preis P* gefunden wurde.

Diesen herkömmlichen Anpassungsprozess blockiert nun der staatlich festgelegte Mindestpreis, so dass eine Markträumung über das vertraute Verhaltensmuster von Anbietern und Nachfragern verunmöglicht wird. Zum einen muss ein Unterbietungswettbewerb nicht zuletzt aus Sicht der Anbieter vollkommen *widersinnig* erscheinen: Schließlich war es artikuliertes Ziel der Regierung, ihnen – d. h. den Zuckerbauern – helfend unter die Arme zu greifen. Warum sollten sie also jetzt das erkämpfte **Privileg** eines staatlich gewährten Schutzmantels (= Stützpreises) ablegen und die Preise wie (zuvor) im unregulierten Markt senken? Das wäre doch ausgesprochener Humbug!

Auf der anderen Seite muss man akzeptieren, dass die Konsumenten kaum gezwungen werden können, jenseits ihrer artikulierten Nachfrage zusätzliche Einheiten an Zucker zu erwerben. Beim Mindestpreis P_{MP} begrenzt sich diese Nachfrage schlichtweg auf die Menge M_{MP}!

Wie also bereinigt sich nun das Überschussangebot? Zur Lösung des *staatlicherseits kreierten Problems* braucht es – ironischerweise – erneut den Staat. Das Mitwirken des Staates beginnt dabei nicht selten mit der Errichtung einer sogenannten **Interventionsstelle**. Aufgabe einer solchen Stelle ist es, den Angebotsüberschuss zum staatlich verordneten Mindestpreis vom Markt zu nehmen und einzulagern.[957] Anders formuliert – für fehlende privatwirtschaftliche Nachfrage springt der Staat ein; er löffelt die Suppe aus, die er sich selbst eingebrockt hat. Ganz in diesem Sinne hat beispielsweise die Europäische Union zwischen 1967 und 1992 Interventionsstellen für Butter, Getreide, Magermilchpulver, Rindfleisch und eben auch Zucker eingerichtet und unterhalten.[958]

---

[957] Man stelle sich an dieser Stelle einmal vor, dass eine Regierung, die agrarische Überschussmengen über staatliche Interventionsstellen aufkauft, in Unkenntnis über die außenwirtschaftlichen Konsequenzen einer Mindestpreispolitik vergessen hat, den Binnenmarkt durch flankierende Zoll*anpassung* abzuschotten. Kurzum: Die bisherigen Einfuhrkonditionen bleiben unberührt. Dieser Umstand wird prompt Anbieter aus dem (nahen) Ausland auf den Plan rufen! All diejenigen unter ihnen, die unterhalb des Mindestpreises konkurrenzfähig sind, haben jetzt einen Anreiz ihre Ware *offen* oder *verdeckt* den staatlichen Stellen anzuliefern: Dort erzielen sie schließlich einen höheren Preis pro Einheit als auf dem Weltmarkt. Da das Stützen ausländischer Produzenten regelmäßig *nicht* im Sinne der Regierung eines Landes ist, wird diese die offene, außenwirtschaftliche Flanke mit ihrer Entdeckung schließen und die Einfuhr der betreffenden Güter – nachvollziehbar – unterbinden.

[958] Vgl. Europäische Dokumentation, 1989, S. 18; und dort auf S. 57: „[...] blieb Landwirten und Verarbeitern nichts anderes übrig, als einen steigenden Anteil ihrer Erzeugung den Interventionsstellen anzubieten, die diese Mengen zum festgesetzten Interventionspreis aufkaufen mussten. [...] Die Folgen

Diese Tatsache provoziert selbstredend die Anschlussfrage, was der Staat denn mit den aufgekauften Mengen macht.

Nach der *Vorstellung* der *Politik* verkauft eine staatliche Interventionsstelle dort gelagerte Feldfrüchte wie Zucker und Weizen einfach zu einem späteren Zeitpunkt und wahrt damit ganz nebenbei noch die Interessen der Konsumenten. Sind nämlich wetterbedingte Schwankungen in der Angebotsmenge über die Periode mehrerer Jahre zu erwarten, dann lässt sich bei **Missernten** mit der Vermarktung der staatlichen Lagerbestände der **Marktpreis stabilisieren**, der – so die gängige Argumentation – *ohne* diese *Maßnahme über* dem Mindestpreis läge. Mit anderen Worten: Die Interventionsstelle nimmt durch den *zeitversetzten* Verkauf der Ware Druck aus dem Markt und verhindert bei Ernteausfällen weitaus stärkere Preisanstiege. Ein anfänglicher Angebotsüberschuss löst sich in diesem Szenario über die Zeit also geschmeidig auf. Für diese Preis- und Konsumglättung entstehen dem Staat somit einzig Lagerhaltungskosten. Das wäre doch vertretbar!

Gleichwohl Regierungsstellen bei prinzipiell lagerfähigen Agrarprodukten häufig auf diese Weise argumentieren, um ihre staatlichen Preiseingriffe zu rechtfertigen, kristallisiert sich in der Praxis regelmäßig ein ganz anders Bild heraus: Die Lagerbestände wachsen kontinuierlich an – zum Teil in schwindelerregende Höhen.[959]

Nicht zuletzt in der Europäischen Union entstanden Vorräte an landwirtschaftlichen Erzeugnissen, die „mit einer normalen Vorsorgepolitik zum Ausgleich saisonaler oder witterungsbedingter Ernteschwankungen [...] nichts mehr zu tun [hatten]."[960] Kurzum: Der im Vorfeld skizzierte Idealfall über die Funktionsweise staatlicher Interventionsstellen und der von ihnen organisierten **Pufferlager** entpuppte sich nur allzu oft als Trugschluss („wishfull thinking") – und das schon kurz nach ihrer Einführung.[961]

---

blieben nicht aus." Nach Bitterlich und Reiser war *bereits zwei Jahre nach Einführung* der Mindestpreispolitik in der damaligen Europäischen Wirtschaftsgemeinschaft (EWG) ein Zuckerüberschuss in Höhe von 1,2 Millionen Tonnen produziert worden. Vgl. Bitterlich/Reiser, 2020, S. 666 f.

959 Die Erfahrung, dass die staatlichen Interventionsstellen mitnichten auf die von den Produzenten angelieferten Mengen vorbereitet sind, mussten bereits die Vereinigten Staaten Ende der 1920er Jahre bei der *erstmaligen Anwendung* staatlicher Preisuntergrenzen auf Weizen machen: Die staatlichen Kapazitäten reichten vorne bis hinten nicht aus, um die preisgestützte Ware aufzunehmen. Wegen der damals noch nicht allzu langen Lagerfähigkeit von Weizen war allen Marktteilnehmern zudem bewusst, dass bei der nächsten Ernte ein Desaster entsteht: Denn der Staat *musste* die Ware auf den Markt werfen, weil sie sonst verdorben wäre. Vgl. Lewinsohn, 2010, S. 138 ff. sowie S. 98 ff.

960 Europäische Dokumentation, 1989, S. 58.

961 In einer Publikation der Europäischen Union heißt es verbrämt: „*Solange* die Produktion unter der Binnennachfrage geblieben war, hatte die öffentliche Intervention wie geplant als eine Art Sicherheitsnetz funktioniert: In Zeiten hohen Angebots, etwa zur Ernte oder bei steigender Milchproduktion im Frühjahr, nahm sie die überschüssigen Mengen aus dem Markt, um die Preise zu stabilisieren." Europäische Dokumentation, 1989, S. 57. Man übersehe nicht, dass das Wörtchen *solange* geschickt einen Zeithorizont suggeriert, der dann doch wenig mit der ernüchtern kurzen Zeitspanne zu tun hat, in der diese Politik vermeintlich „funktioniert" hat. Und weil man sich seitens der Union nicht eingestehen will, dass das Misslingen einer Höchstpreispolitik systemimmanent ist, werden für das Scheitern dieses Ansatzes im direkten Anschluss an das vorangegangene Zitat die Anbieter gebrandmarkt: „Mit steigenden

Die notorischen Bestände an Agrarerzeugnissen wurden in der Europäischen Union spätestens mit Anfang der 1980er Jahre zum Politikum: Begriffe wie **Milchseen, Apfel- und Butterberge** waren in aller Munde und machten breiten Bevölkerungsschichten das Ausmaß gehorteter Lebensmittel auch umgangssprachlich deutlich.[962] Im Fall von Zucker entwickelten sich in der Europäischen Union der Verbrauch und das Angebot wie folgt (Abbildung 9.8):[963]

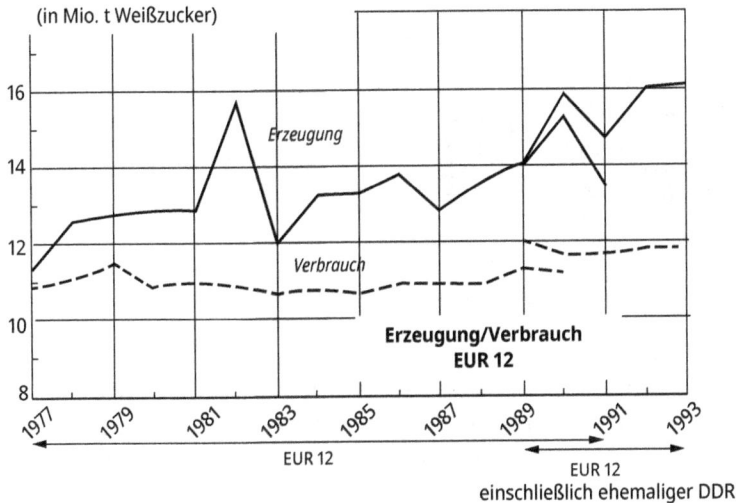

Abbildung 9.8: Zuckererzeugung und -verbrauch in der EU 12, 1977 bis 1993, in Mio. Tonnen.

Dass die aufgetürmten Lagerbestände nicht unerheblich waren und zwischenzeitlich einen beachtlichen Anteil des gesamten Weltverbrauchs eines Jahres ausmachten, kann der Abbildung 9.9 entnommen werde.[964]

Wenn nun die ursprüngliche Vorstellung der Politik zum Management der Interventionsbestände nicht greift, sie demnach zur Makulatur geworden ist, wie werden nun diese Lager tatsächlich geleert bzw. wie vermeidet man ihr weiteres Anschwellen? Hat die Regierung akzeptiert, dass die eingelagerten Überschüsse auf dem Binnenmarkt nicht absetzbar sind, dann bleiben ihr grundsätzlich zwei, gelegentlich vielleicht auch

---

Überschüssen wurde die Intervention jedoch mehr und mehr als ‚normaler‘ Absatzweg missbraucht. *Unbegrenzte* Preis- und Abnahmegarantien machten die Interventionsstellen für viele Erzeuger und Verarbeitungsunternehmen zu einer attraktiven Alternative. Zum Teil ging dies so weit, dass Verarbeitungsunternehmen gezielt für die Intervention produzierten, statt neue Absatzmärkte zu erschließen.“ Europäische Dokumentation, 1989, S. 57. Kurzum: Die Europäischen Union beklagt sich über die Kinder, die sie selbst gezeugt hat; von (später) Selbsterkenntnis bzw. -kritik keine Spur.

962 Vgl. Bitterlich/Reiser, 2020, S. 666 f.

963 Europäische Kommission, 1994, S. 61.

964 Kommission der Europäischen Gemeinschaften, 1990, S. 45.

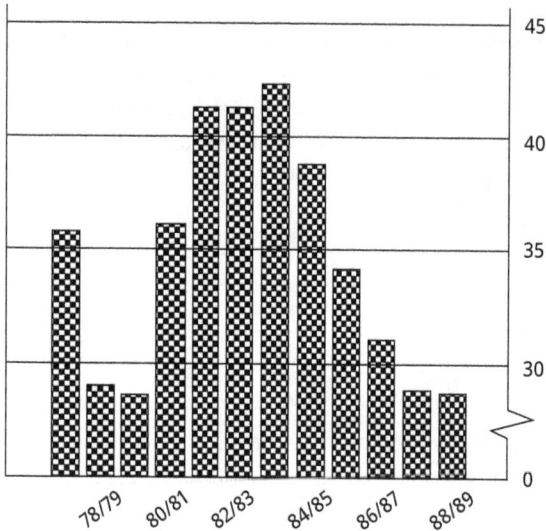

Abbildung 9.9: Zuckerlagerbestände in der EU 12 zwischen 1978 und 1990, in % des Weltverbrauchs.

drei Stellhebel: das Vernichten der Bestände, das Exportieren der Ware und/oder – in manchen Fällen – das Umfunktionieren der Produkte. Selbstredend lassen sich die drei Stoßrichtungen miteinander kombinieren. Auf die beiden ersten Möglichkeiten gehen wir nun kurz ein.[965]

Das **Vernichten** bzw. Entsorgen von Lebensmitteln, die mit knappen Ressourcen produziert werden, ist gewiss schon *aus rein ökonomischer Perspektive* bedenklich, weil ineffizient. Auch sollte man hierbei nicht übersehen, dass das Zerstören von Gütern mit Kosten verbunden ist, die mitunter beträchtlich sein können. Kurzum: Unser Blick darf sich also *nicht* auf den verschwenderischen Umgang mit Ressourcen *begrenzen*, die *unmittelbar* mit der Produktion in Verbindung stehen.

Bewusst unterlassen wir es an dieser Stelle, die Zerstörung von Nahrungsmitteln *weitergehend* ethisch zu beurteilen.[966] Gleichwohl wollen wir feststellen, dass es der Politik in der Praxis kaum gelingen dürfte, dieser Frage dauerhaft ausweichen zu können: Es wird sich Empörung in der Bevölkerung formieren – früher oder später![967]

---

965 Das *Umfunktionieren* im Sinne einer zusätzlichen Verwendung, ist teilweise denkbar. Wenn Äpfel für den menschlichen Konsum angebaut wurden, kann entstandener Überschuss etwa auch an Tiere verfüttert werden. Möglicherweise sind auch gewisse Zuckermengen industriell verwendbar – für Leimstoffe etc. Diese Alternativen sind aber regelmäßig begrenzt, weshalb wir hierauf nicht weiter eingehen.

966 Man beachte, dass es sich bereits um ein Werturteil handelt, wenn wir weiter oben die Vernichtung von Lebensmitteln aus *rein ökonomischer Perspektive* anprangern.

967 Der Verkauf von europäischen Milchseen, Butterbergen etc. erfolgte – zumindest in Teilen – genau deshalb: Aus ethischen Bedenken und aufgrund von Protesten der europäischen Zivilgesellschaft. Angesichts veritabler Hungerkrisen in Teilen der damaligen Welt stand wiederkehrend die Frage im Raum,

Davon betroffene Regierungen und Interventionsbehörden dürften insofern bald ein Eigeninteresse entwickeln, überschüssige Mengen der preisgestützten Güter zu exportieren. An diesem Punkt angekommen, wird jede Regierung zu beantworten haben, ob die staatliche Interventionsstelle überhaupt die Kompetenz besitzt, als Verkäufer auf dem Weltmarkt erfolgreich aufzutreten. Oder schlüpfen der Staat bzw. seine Bestandsverwalter möglicherweise in Schuhe, die ihnen zu groß sind?

Die Europäische Wirtschaftsgemeinschaft (EWG) bzw. die Europäische Union (EU) hat erkennen müssen, dass ihr diese „Vermarktungsschuhe" tatsächlich zu groß sind. Daher nahm sie nach einiger Zeit einen Schwenk in der operativen Umsetzung der staatlichen Mindestpreispolitik vor: Fortan hatten die Produzenten ihre überschüssige Ware selber einzulagern bzw. die Lagerung privatwirtschaftlich zu organisieren und die Güter auch selbst auf dem Weltmarkt zu vermarkten. Für diese Aktivitäten erstattete der Staat den Anbietern die Lagerhaltungskosten und unterstützte zudem mit **Exportsubventionen**, die verbrämt als „**Vermarktungshilfen**" bezeichnet werden. Die folgende Tabelle 9.2 illustriert die Verhältnisse für Zucker im Jahr 1990.

Tabelle 9.2: Aufschlüsselung der Zuckerausgaben nach ihrer wirtschaftlichen Natur für das Haushaltsjahr 1990, Angaben in Mio. ECU.[968]

	Ausfuhr-erstattungen	Lagerhaltung	Preisaus-gleichende Beihilfen	Sonstige Interventionen	Bruttosumme
Zucker	928,7	383,3	79,1	0	1.391,1
Insgesamt in %	66,8	27,6	5,6	0,0	100,0

Der Umstand, dass der Export solcher Überschüsse bezuschusst werden muss, ist leicht einzusehen. Dazu müssen wir uns nur nochmal vor Augen halten, dass der im Inland herrschende Preis P_{MP} den Weltmarktpreis übersteigt. Daran anknüpfend wird man nolens volens konstatieren müssen, dass ausländische Importeure nicht gewillt sein werden, ein homogenes Gut wie Zucker zu einem Preis zu erwerben, der oberhalb des Weltmarktpreises liegt. Wenn die heimische Überproduktion im Ausland also vermark-

---

ob man Lebensmittel vernichten kann, wenn andernorts Menschen Hungers sterben? Auch Bitterlich und Reiser konstatieren, dass schon Ende der 1960er Jahre „die Kosten für die Gemeinsame Agrarpolitik [...] außer Kontrolle [schienen] [...] [und] die Überproduktion von Milch und Fleisch [...] auf Ohnmacht und zunehmend scharfe Kritik [stieß]. Die steigenden Marktordnungsausgaben waren immer weniger vermittelbar." Bitterlich/Reiser, 2020, S. 666.

968 Vgl. Kommission der Europäischen Gemeinschaften, 1991, S. 27. Die Rubrik *Ausfuhrerstattungen* in der Tabelle beinhaltet nichts anders als die im Text genannten Exportsubventionen.

tet werden soll, muss der Verkaufspreis der heimischen Hersteller *mindestens* auf Weltmarktniveau gedrückt werden.[969]

Obwohl nicht ausgeschlossen werden sollte, dass unter den inländischen Landwirten auch solche sind, die *weiterhin* auf dem Weltmarkt prinzipiell konkurrenzfähig sind, wird der Gesamtheit der Zuckerbauern nur mit Hilfe staatlicher Zuschüsse der Absatz der Überschüsse im Ausland gelingen. Schließlich geht die Ausweitung der inländischen Produktionsmenge maßgeblich auf die Integration von Betrieben zurück, die ohne den staatlichen Mindestpreis P_{MP} unrentabel sind.[970] Anbieter, die im Standarddiagramm jenseits der Menge M* des freien Marktes liegen!

Da der staatlichen Verwaltung die Kosten des *einzelnen* Produzenten regelmäßig unbekannt sind und sie zwischen rentablen und unrentablen Betrieben nicht zu unterscheiden vermag, wird sie bei der operativen Umsetzung *allen* Zuckerbauern eine an die individuelle Produktionsmenge gebundene, pauschale *Vermarktungshilfe* gewähren bzw. auszahlen.

Abschließend sei hier angemerkt, dass Staaten, die mit einer Höchstpreispolitik begonnen haben, diese nicht selten zu einem späteren Zeitpunkt mit einer Quotenregelung kombinieren oder durch eine solche ersetzen, um die staatlichen Subventionszahlung zu begrenzen.[971] Auf die Quotenregelung kommen wir später (Kapitel 9.3) zu sprechen. Zunächst wollen wir uns den Effekten einer solchen staatlichen Preispolitik aus wohlfahrtsökonomischer Perspektive zuwenden.

9.2.2.2 Die Wirkung von Mindestpreisen

Im Folgenden wollen wir uns – analog unserer Vorgehensweise bei den Höchstpreisen – die Effekte von staatlich verordneten Mindestpreisen im Inland ansehen

---

[969] Exemplarisch sei erwähnt, dass die Vereinigten Staaten, die Mitte der 1990er Jahre eine ähnliche Agrarpolitik wie die Europäische Union betrieben und ihre Weizenbauern ebenfalls subventioniert hatten, im Februar 1995 verkündeten, dass sie eine Millionen Tonnen Weizen an China zu einem Preis verkauft haben, der *unter* dem Weltmarktpreis lag. Insgesamt habe China damit zwanzig Millionen Dollar bei der Transaktion gespart. Die US-Regierung erklärte, dieses Geschäft aus der Angst heraus gebilligt zu haben, die EU werde amerikanischen Bauern das Geschäft abnehmen und ihren Anteil im chinesischen Markt auf Kosten der USA erhöhen. Vgl. Sanger, 09.02.1995, S. 1 Dieses Geschäft war kein anekdotischer Einzelfall. Im Gegenteil! Diesem war unter den Industrieländern bereits ein zehnjähriger Subventionswettlauf bei Agrargütern vorausgegangen. Zur Praxis dieser Ländergruppe, ihre landwirtschaftlichen Erzeugnisse auf dem Weltmarkt zu verschleudern, siehe auch Dembowski, 25.08.1995, S. 26.

[970] Die mangelnde Konkurrenzfähigkeit europäischer Landwirte außerhalb ihrer politisch gewährten Schutzzone bringt die EU folgendermaßen zu Papier: „Bei *fehlenden Absatzmöglichkeiten auf dem Weltmarkt* blieb Landwirten und Verarbeitern nichts anderes übrig, als einen steigenden Anteil ihrer Erzeugung den Interventionsstellen anzubieten." Europäische Dokumentation, 1989, S. 57.

[971] Beispielhaft sei hier erwähnt, dass die Europäische Union ihre Agrarpolitik Anfang der 1980er Jahre reformierte und in diesem Zusammenhang im März 1984 erstmalig eine *Milchquote* einführte. Damit beschränkte sich die staatliche „Abnahmegarantie für Milch auf eine festgelegte Menge, die in nationale, regionale oder einzelbetriebliche Quoten aufgeteilt war." Bitterlich/Reiser, 2020, S. 675.

(Kapitel 9.2.2.2.1). Festzustellen wird sein, dass es auch bei Mindestpreisen innerhalb der betroffenen Volkswirtschaft zu **Wohlfahrtsverlusten** sowie zu **einer Umverteilung** kommt.

Da im Fall der Mindestpreise auch der subventionierte Export eine Ventilfunktion für den inländischen Angebotsüberschuss darstellen kann, werden wir anschließend – im Unterschied zu den gängigen Lehrbüchern – noch die Wirkungen einer solchen Politik der Stützpreise für das Ausland analysieren (Kapitel 9.2.2.2.2)! Beginnen wir aber mit dem Blick auf das Inland!

9.2.2.2.1 Wohlfahrtsökonomische Effekte im Inland

Die wirtschaftspolitische Entscheidung, in den Preismechanismus mit einem Mindestpreis einzugreifen, war eine zugunsten der Produzenten. Vor diesem Hintergrund darf es uns nicht überraschen, wenn wir in unserer Standardanalyse jetzt feststellen, dass sich die Produzentenrente erhöht! Nimmt man das Gleichgewicht in einem ungehinderten Markt als Referenz, so nimmt die Produzentenrente um die Flächen A, B, und D mit Einführung der Mindestpreise zu (siehe Abbildung 9.10). Die Anbieter stellen sich also besser – was wenig überrascht, wenn wir uns die Intention der Politik vor Augen halten.

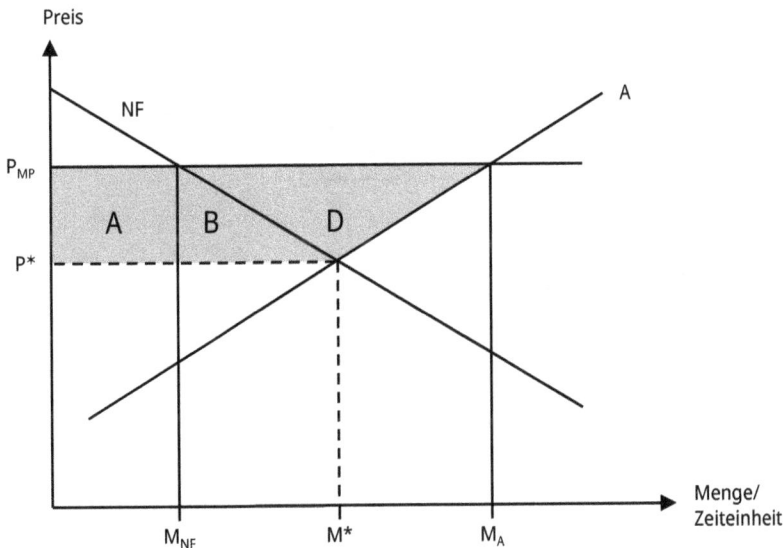

Abbildung 9.10: Wirkung staatlicher Mindestpreise auf Produzenten- und Konsumentenrente.

Blicken wir nun auf die andere Marktseite: auch hier darf es uns nach den Ausführungen von oben nicht wundern, dass die Konsumentenrente mit der Einführung eines Mindestpreises kleiner wird. Gegenüber der Gleichgewichtslösung in freien Märkten büßen die inländischen Nachfrager die Fläche des Rechtecks A und des Dreiecks B an Konsumentenrente ein (siehe Abbildung 9.10): Der Marktpreis ist gestiegen und damit die potenzielle Ersparnis gesunken.

Mit dem Preiseingriff kommt es also – wie Abbildung 9.10 illustriert – zu einer **Umverteilung** (in Größe der Flächen A und B) zwischen Nachfragern und Anbietern: Die Konsumentenrente ist kleiner, die Produzentenrente größer geworden.

Addiert man auf Basis dieses Zwischenfazits nun die Konsumenten- und die Produzentenrente zur gesellschaftlichen Wohlfahrt auf, stellt man fest, dass sich diese scheinbar um die Fläche D erhöht hat! Die Vorstellung, dass die Mindestpreispolitik die soziale Wohlfahrt erhöht, ist allerdings eine fehlerhafte. Das Gegenteil ist der Fall: Auch bei Mindestpreisen reduziert sich die gesellschaftliche Wohlfahrt. Wie versteht sich das?

Zum Gesamtbild gehört, dass der Staat den inländischen Zuckerbauern den Angebotsüberschuss (d. h. grafisch die Strecke zwischen M_{NF} und M_A), den sie aufgrund der Preisintervention erzeugt haben, zum Mindestpreis P_{MP} abnehmen bzw. ihnen einen Ausgleich dafür zahlen muss. Selbstredend begleicht die öffentliche Hand diese Aufwendungen aus dem *allgemeinen Steuertopf*. In Abbildung 9.11 umschließen diese öffentlichen Zahlungen an die Landwirte die Flächen D, E, F, G, C und B. Kurz: Alle Steuerzahler leisten hier einen Transfer an die Bauern für Waren(mengen), die die einheimische Bevölkerung gar nicht möchte!

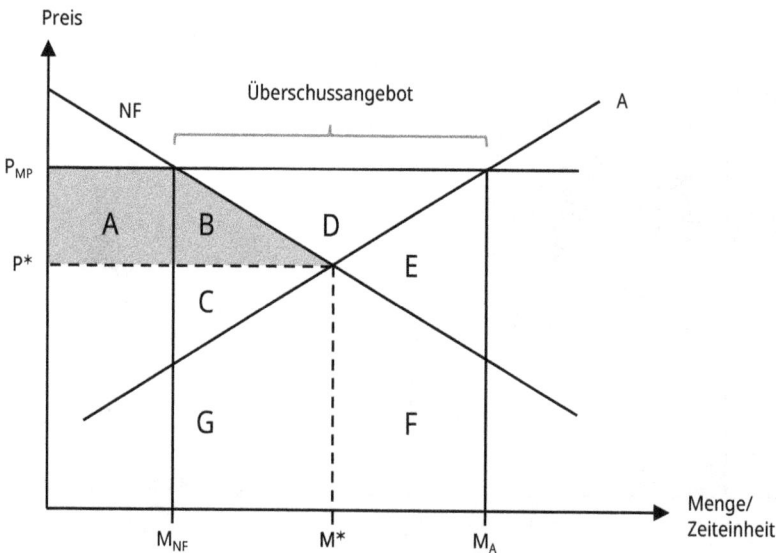

Abbildung 9.11: Staatliche Aufwendungen für überschüssige Produktionsmengen.

Von der prinzipiellen Funktionsweise des Marktes Überzeugte werden nachvollziehbar argumentieren, dass sich die *inländischen* Steuerzahler besserstellen, wenn sie weniger

Steuern zahlen: statt an die Bauern Transferleistungen zu begleichen, könnten sich die steuerzahlenden Bürger mit höheren verfügbaren Einkommen ihre eigenen Konsumbedürfnisse befriedigen. Hinzu kommt, dass für eine Beurteilung einer solchen Preispolitik für inländische Anbieter auch die Wirkungen für das Ausland beachtet werden müssen – wenn man systemisch denkt und Rückkoppelungseffekte nicht leichtfertig ausblenden möchte.

Nicht zuletzt deshalb, weil es in Deutschland in der jüngeren Zeit in bestimmten Kreisen en vogue ist über Fluchtursachen und deren Bekämpfung zu sprechen, gehen wir bei aller gebotenen Kürze für eine Grundlagenveranstaltung jetzt bewusst auf die möglichen Effekte einer staatlichen Mindestpreispolitik (bei Agrargütern) auf andere Länder ein.

9.2.2.2.2 Effekte im Ausland

Dass eine einheimische Mindestpreispolitik auch am Ausland bzw. an ausländischen Handelspartnern nicht spurlos vorbeigeht, haben wir bereits anklingen lassen – allerdings aus der Perspektive des Inlands, welches Einfuhrbeschränkungen bei den von Stützpreisen geschützten Produkten etablieren muss. Nun wollen wir die vielfältigen Effekte für das Ausland noch einmal kurz näher betrachten. Dabei sind drei Fälle der Betroffenheit für das Ausland zu unterscheiden.

Der *erste Fall* ist prima facie der unkomplizierteste und vielfach akzeptierteste Fall: das Ausland erhält den einheimischen Angebotsüberschuss in Form **unentgeltlicher, humanitärer Hilfe**! Auch die Europäische Gemeinschaft lieferte zwischen 1975 und 1987 Entwicklungsländern mit besonderen Problemen entweder direkt oder über Hilfsorganisationen Nahrungsmittel (vor allem Weizen, Milcherzeugnisse und Zucker) im Gesamtwert von über 4 Mrd. ECU.[972] Diese Nahrungsmittelhilfe soll in Notfällen, etwa bei wetterbedingten Ernteausfällen, den dringendsten Bedarf der betroffenen Bevölkerung decken bzw. den Ernährungsstand im Empfängerland heben.[973] Dort *richtig* eingesetzt, kann eine solche Hilfe einen Beitrag zur wirtschaftlichen Entwicklung leisten.

Gewarnt sei man allerdings vor der Versuchung, diese Form länderübergreifender Unterstützung allzu naiv gutzuheißen: **Auch** bei **humanitärer Hilfe** bestimmt die **Dosis das Gift**. Abhängigkeiten können – bewusst oder unbewusst – entstehen und lokale Anreize zur Selbsthilfe möglicherweise (dauerhaft) im Keim ersticken.[974] Gerade mit Blick auf eine politische Stabilität in den Empfängerländern sollten auch Geberländer ein Interesse daran haben, dass unentgeltliche Hilfe eine Ausnahme darstellt.

---

972 Vgl. Kommission der Europäischen Gemeinschaften, 1991, S. 43.

973 Zum Zusammenhang zwischen Nahrungsmittelkrisen und Gewalt siehe o. V., 29.07.2017, S. 57.

974 Beispielsweise erhielt Mali nach einer großen, katastrophalen Dürre im Jahr 1973 Nahrungsmittelhilfen vom Westen. Diese Hilfen hatten nach Meinung der FAO-Experten eindeutig eine negative Anreizwirkung auf die lokalen Bauern. Vgl. Jungfer, 1991, S. 298.

Im *zweiten Fall* geht es darum, dass den bisherigen Handelspartnern desjenigen Landes, welches eine Politik der Stützpreise einführt, nun mindestens ein Absatzmarkt verbaut bzw. der Zugang zu diesem zumindest erschwert wird: Der Außenschutz, der eine staatliche Mindestpreispolitik begleitet, führt zwangsläufig zu diesem Resultat. Schützt beispielsweise die Europäische Union ihre heimischen Zuckerrübenbauern, dann sind davon die Rohrzuckerausfuhren von Ländern wie Brasilien, Thailand und Kuba[975] betroffen: Diese Nationen werden zukünftig weniger Zucker nach Europa einführen können.

Die Tabelle 9.3 zeigt die Entwicklung des Selbstversorgungsgrades bei wichtigen Agrarprodukten in der Europäischen Union an. Den Angaben ist zu entnehmen, dass vor Einführung eines staatlich verordneten Zuckerpreises die Eigenversorgung der europäischen Länder mit Zucker bereits bei 82 Prozent lag. Anders ausgedrückt: In 1968/69 wurden immerhin noch 18 Prozent der von diesen europäischen Ländern konsumierten Zuckermengen aus Drittländern eingeführt.

Tabelle 9.3: Entwicklung des europäischen Selbstversorgungsgrades bei wichtigen Agrarprodukten, alle Angaben in %.[976]

	Zucker	Getreide[977] (insgesamt)	Weizen	Frischobst	Butter	Käse	Rindfleisch	Schaf-/ Ziegenfleisch
1968/69 (EUR 9)	82	86	94	80	92	99	95	56
1973/74 (EUR 10)	100	91	104	82	98	103	96	66
1984/85 (EUR 12)	101	118	129	83	134	107	108	76
1985/86 (EUR 12)	126	119	120	88	130	106	106	80
1986/87 (EUR 12)	127	111	119	85	105	106	108	80

975 Kubas Wirtschaft beruhte viele Jahrzehnte hinweg auf dem Zuckeranbau. Der karibische Inselstaat wurde zwischenzeitlich – begünstigt durch den Ersten Weltkrieg – gar zu *der* „Zuckerdose, aus der sich die [europäischen] Einfuhrländer versorgten." Lewinsohn-Morus, 1955, S. 182. Für Kuba brach allerdings schon mit der Weltwirtschaftskrise im Jahr 1929 und der Züchtung einer ertragreicheren Zuckerpflanze in Java in den Zwischenkriegsjahren eine schwere Krise aus.
976 Die Zahlen sind entnommen Europäische Dokumentation, 1989, S. 56.
977 Gemäß Bundesministerium für Landwirtschaft und Ernährung (BMLE) wurde im Rahmen der Gemeinsamen Agrarpolitik (GAP) erstmals im Jahr 1967 ein Mindestpreis für Getreide festgesetzt, zu dem der Staat jegliches ihm angebotene Getreide mit einer bestimmten Qualität ankaufen musste. Vgl. https://www.bmel.de/DE/Landwirtschaft/Agrarpolitik/_Texte/GAP-Geschichte.html;nn=374504 abgerufen am 27.02.2024.

Den Tabellenangaben ist weiterhin zu entnehmen, dass die traditionellen Exportländer ab der Erntesaison 1973/74 im Grunde keinen Zucker mehr in die damaligen sechs EU-Länder liefern konnten: Für sie war dieser Absatzmarkt ausgetrocknet. Devisen waren fortan hier keine mehr zu verdienen. Devisen, die sie möglicherweise für den Import technischer Geräte (z. B. Medizin- und Produktionstechnik) gut gebrauchen hätten können. Güter also, bei denen sie keine komparativen Wettbewerbsvorteile haben.

Darüber hinaus illustrieren die statistischen Werte in der Tabelle, dass nicht nur der Absatzmarkt Europa für die klassischen Zuckerhersteller unattraktiver wurde, sondern dass diese ab Mitte der 1980er Jahre nun auch auf Drittmärkten mit europäischem Zucker zu konkurrieren hatten – mit den Mengen der europäischen Zuckerproduktion, die über die Selbstversorgung Europas hinausging und die nun mit Hilfe staatlicher Vermarktungshilfen aus Europa ausgeführt wurden. Für traditionelle Zuckerexporteure bedeutete dies abermals, dass sie mit ihren Produkten weniger Devisen erwirtschaften konnten als ohne europäische Agrarpolitik möglich gewesen wäre.[978]

Schließlich kann eine solche Politik der abgeschotteten Märkte mittelfristig dazu führen, dass im Ausland – hier in den traditionellen Zuckeranbauländern – weniger in die entsprechenden Wirtschaftszweige investiert wird und damit den Niedergang eines vormaligen Exportsektors einläutet. Die einstmals florierende Zuckerbranche in der Karibik ist von wenigen Ausnahmen abgesehen auf dem Weltmarkt heute nicht mehr wettbewerbsfähig – in Teilen verursacht durch unterlassene Investitionen.[979]

---

[978] Das ist insbesondere deshalb so bemerkenswert, weil diese traditionellen Exporteure von Rohrzucker komparative Wettbewerbsvorteile gegenüber den europäischen Bauern hatten. Was unter derartigen Vorteilen zu verstehen ist, haben wir in Lektion 7 bei der Diskussion um die Offenheit der Wirtschaft erörtert. Zum Verständnis sei noch angemerkt, dass ca. 80 Prozent der Weltzuckerproduktion aus Rohrzucker stammt. D. h. nur 20 Prozent des Zuckers wird auf Rübenbasis gewonnen. Vgl. dazu auch Bofinger, 2015, S. 203.

[979] Vgl. o. V., 22.04.2017, S. 63 und o. V., 01.07.2017, S. 36 f. An dieser Stelle wollen wir darauf hinweisen, dass unterlassene Investitionen selbstredend mehrere Gründe haben können. Die europäische Agrarpolitik hat gewiss ihren Beitrag dazu geleistet – ohne monokausal für den Absturz der karibischen Zuckerindustrie verantwortlich zu sein. Zur historischen Bedeutung der Karibik in punkto Zuckerproduktion sei angemerkt, dass das Zuckerrohr von den Europäern in der Neuen Welt eingeführt wurde: Kolumbus hatte es auf seiner zweiten Reise von den kanarischen Inseln mitgebracht, wo es – wie auch auf Sizilien – spärlich gedieh. In Europa wurde in jenen Tagen der Zucker vorwiegend aus dem Orient teuer eingeführt und über Apotheken grammweise verkauft. Da die Pflanze auf der anderen Seite des Atlantiks prächtig spross, entwickelte sich das *„weiße Gold"* in den anschließenden dreihundert Jahren zum wichtigsten Handelsgut Lateinamerikas und der Karibik mit Europa. Zunächst schwang sich *Brasilien* bis Mitte des 17. Jahrhunderts zum weltweit größten Zuckerhersteller auf bis die Goldfunde in Minas Gerais seinen Niedergang dort abrupt einläuteten (siehe Lektion 8, Anhang A). Zwischenzeitlich wurde in der Karibik nahezu überall das Zuckerrohr angebaut, so in Jamaika und Puerto Rico. *Barbados*, wo die Holländer das Zuckerrohr in 1641 einführten, exportierten als erste Karibikinsel große Mengen nach Europa. Binnen 25 Jahren waren dort achthundert Zuckerplantagen mit über 80.000 Sklaven entstanden. Der *beste Zucker der Welt* kam dann in der zweiten Hälfte des 18. Jahrhunderts aus den sumpfigen Küstengebieten der französischen Kolonie Saint Domingue – dem heutigen *Haiti*. Ähnlich wie in

Der *dritte Fall* betrifft nun Länder, in welche die Überschussproduktion importiert wird, die Staaten mit einer Mindestpreispolitik subventioniert ausführen. Eine solche Gegebenheit lässt sich im Standarddiagramm mit einer Rechtsverschiebung der Angebotskurve im Importland visualisieren. Das Resultat eines solchen Impulses auf das neue Marktgleichgewicht ist ceteris paribus eindeutig: Der Gleichgewichtspreis sinkt und die Marktmenge erhöht sich.

Für die Konsumenten der Importländer klingt diese Entwicklung zunächst erstrebenswert. Heimische Produzenten dürften gleichwohl den neuen Wettbewerb weniger offenherzig gegenüberstehen: Sie verspüren fortan einen stärkeren Wettbewerbsdruck, dem nicht alle lokalen Anbieter Stand halten werden. Marktaustritte heimischer Hersteller aufgrund mangelnder Wettbewerbsfähigkeit sind die Folge.

Unter Verweis auf das Kernanliegen der Ökonomie, Konsumenten möglichst mit günstigen Produkten zu bedienen, könnte man argumentieren, dass das Murren und Ausscheiden heimischer Anbieter akzeptabel sei – zumal es sich um eine Subventionierung der Konsumenten in Empfängerländern auf Kosten der Steuerzahler aus den exportierenden Ländern handelt. Kurzum: Wen sollte es scheren, wenn Entwicklungsländern – durch europäische Agrarpolitik – Gutes widerfährt!

Eine solche Haltung übersieht, dass importierte Agrargüter – zumal aus Ländern mit Mindestpreispolitik – fatale Wirkungen entfaltet haben: So hat die europäische Mindestpreispolitik dazu beigetragen, dass in westafrikanischen Ländern wie Ghana und Liberia wegen deutscher Geflügelimporte die heimische Geflügelproduktion nahezu vollkommen verschwand! Zu den konkreten Effekten in Ghana gehören z. B. steigende Arbeitslosigkeit bei lokalen Bauern, begleitet von Einkommensverlusten und langfristigem Know-how Verlust bei der Geflügelzucht.[980]

Wer derartige Wirkungen kleinredet oder als Kollateralschaden europäischer Agrarpolitik verharmlost, hat nicht begriffen, dass die betroffenen Länder für die

---

Brasilien endete auch hier der Zuckerexport nach Europa abrupt – und zwar im Jahr 1791 als in Haiti in Folge der französischen Revolution der erste große Sklavenaufstand ausbrach, in dessen Wirren zweihundert Zuckerrohplantagen in Flammen aufgingen und damit die Hälfte der weltweiten Kapazitäten an Rohrzucker. Mit dem Ende der haitianischen Zuckerproduktion begann dann der Aufschwung *Kubas* als Zuckerfabrikant. Rasch sollte sich die Insel zum weltweit größten Erzeuger entwickeln. Vgl. hierzu und vielen weiteren Details zu „König Zucker" Galeano, 2019, S. 86–105. Mit einer ersten Agrarreform versuchte die Regierung von Fidel Castro im Jahr 1959 die Abhängigkeit des Landes vom Zucker zu reduzieren. Die Anreize, die kubanische Landwirtschaft zu diversifizieren, blieben aber „dank Rindfleisch aus der Sowjetunion und Futtermitteln aus der DDR im Austausch für das ‚weiße Gold' [...] gering." Kunzmann, 02.06.2021, S. 12.

980 Zum Stichwort Einkommensverluste sei hier noch eine nur wenige Jahre alte Anekdote aus Mali erwähnt: Hirten erzielten bis vor einiger Zeit je Ziege auf dem lokalen Markt 400USD. Seit europäisches „Überschuss"-Fleisch vor Ort „gelandet" ist, erhalten die Ziegenhirten nur noch grob 200USD je Tier. Ein Einkommensverlust von 50 Prozent! Auch wenn diese anekdotische Evidenz *keinen Anspruch* erhebt, repräsentativ zu sein: Afrikanische Bauern werden nicht endlos zu sehen, wie sich ihre ohnehin bescheidene Lage weiter verschärft. *Eine ihrer Handlungsmöglichkeit besteht in der Migration!*

Einfuhr europäischen „Geflügelschrotts" Devisen benötigen. Hart verdiente Devisen, die besser für den Erwerb von Medizin- und/oder Maschinentechnik eingesetzt würde, statt in den Import von Produkten, die problemfrei vor Ort hergestellt werden könnten. Zugleich dürfen sich Befürworter einer solchen europäischen Agrarpolitik nicht erstaunt zeigen, wenn zeitversetzt Menschen aus Afrika den Weg nach Europa suchen, um Arbeitslosigkeit und Armut in ihren Heimatländern zu entkommen. Fluchtursachen *ernsthaft* bekämpfen zu wollen, kann also die kritische Reflexion der eigenen Agrarpolitik nicht ausklammern!

9.2.2.3 Fazit zu Mindestpreisen

Eingangs müssen wir festhalten, dass die Einsatzmöglichkeit einer Politik der Mindestpreise mitnichten auf die Agrarbranche – geschweige denn auf die der Europäischen Union – begrenzt war, ist oder sein muss.[981] Staatliche Mindestpreispolitik kann auch im Gewand von *Industriepolitik* um die Ecke kommen, d. h. zur selektiven Förderung strategisch wichtig erscheinender Branchen.

Hierzu sind zahlreiche Fälle in Industrie- und Entwicklungsländern gleichermaßen bekannt und gut dokumentiert. Etwa von Jungfer, der die Auswirkungen einer solchen interventionistischen Preispolitik in der südkoreanischen Düngemittelindustrie in den 1970er Jahren beschreibt.[982] Die Effekte einer solchen Preispolitik sind selbstverständlich denen ähnlich, die wir im Rahmen der Agrarpolitik aufgeführt haben. Infolgedessen erstaunt nicht, dass Jungfer unter anderem davon berichtet, dass von der Regierung Südkoreas wegen dieser Preiseingriffe im Jahr 1977 eine „halbe Million Tonnen gelagert werden [musste]. Da für eine so große Menge nicht entsprechend hohe Lagerkapazitäten vorhanden waren, vernichtete der Regen einen großen Teil des im Freien gelagerten Düngers."[983]

---

981 Auch in den USA ist eine solche Mindestpreispolitik im Agrarsektor seit langem weit verbreitet: „Bereits in den 1930er-Jahren begann die amerikanische Bundesregierung, Preisuntergrenzen für Agrarprodukte wie Milch, Mais, Weizen, Tabak und Erdnüsse festzulegen. [...] Viele dieser Preisuntergrenzen bestehen noch heute." Goolsbee/Levitt/Syverson, 2014, S. 102. Ebenso ist diese Politik in Indien zuhause. Vgl. Malik, 29.09.2021, S. 7. Die indischen Bauern forderten im November 2021 sogar eine gesetzliche Garantie des Mindestpreises für *alle* landwirtschaftlichen Güter von ihrer Regierung. Vgl. Malik, 20.11.2021, S. 7.
982 Vgl. Jungfer, 1991, S. 316 ff. Ein aktuelleres Beispiel aus Deutschland stellen die Einspeisevergütungen auf Wind- und Solarenergie dar, welche die deutsche Regierung für zwanzig Jahre zu zahlen bereit war. Im Zusammenhang mit den externen Effekten kommen wir auf die Industriepolitik in Lektion 12 nochmal zurück.
983 Jungfer, 1991, S. 318. Das Beispiel von Jungfer haben wir deshalb aufgeführt, weil wir mehr als 30 Jahre später verstört feststellen mussten, dass dieser Politikstil staatlich garantierter Abnahmepreise in Kombination mit unsachgemäßer Lagerung – sprich handwerklichem Dilettantismus – weiterhin auf der Welt anzutreffen ist. Einem Jahr vor der Präsidentschaftswahl sind in Sambia 2010 Mindestpreise bei Mais eingeführt worden. Sichtbar für jeden Überlandfahrenden wurden große Mengen an Maissäcken an verschiedensten Stellen unter freiem Himmel gelagert; leicht war zugleich für jeden

Während in Ländern wie Südkorea versucht wurde, mit staatlichen Mindestpreisen Produktionsstrukturen aufzubauen, hat diese Form der Wirtschaftspolitik in den heutigen Industrieländern mehrfach eine strukturkonservierende Funktion ausgeübt: Ein sich abzeichnender Strukturwandel sollte zeitlich gedehnt werden, um die Konsequenzen, sprich: die massenhafte Freisetzung von Mitarbeitern, auf diese Weise sozialverträglich zu gestalten. Den politischen Ankündigungen zum Trotz wurde manche Branchentransformation dann aber nicht gestreckt, sondern verschleppt.[984]

Importzölle einmal ausgeblendet, dürfen wir nicht verkennen, dass einer Regierung marktkonforme Alternativen gerade zu einer strukturkonservierenden Mindestpreispolitik fehlen. Denn im Unterschied zu einer Politik der Höchstpreise lassen sich die marktlichen Rahmenbedingungen im Sinne des politischen Zieles, den Anbietern ein höheres Einkommen zu bescheren, nur schwer beeinflussen. Schließlich müsste der Staat darauf einwirken, dass sich bei *unverändertem* Angebot eine höhere Nachfrage im Markt entfaltet. Doch die Möglichkeiten Konsum zu verordnen, sind im besten Falle beschränkt;[985] es hilft zumeist auch wenig, wenn der Staat im Markt nun selbst – etwa bei Milch – als neuer Nachfrager auftritt, der das betreffende Gut in seinen staatlichen Institutionen, z. B. in den Schulen, anschließend umsonst zur Verfügung stellt. Zum einen wird sich dann die private Nachfrage nach dem Gut ermäßigen, zum anderen wäre die Schulmilch auch nicht kostenlos, da sie steuerfinanziert ist.[986] Allein die Nebeneffekte mögen vielleicht etwas geringer sein als bei einer Mindestpreispolitik!

---

der provisorische Charakter dieser nur behelfsmäßig gesicherten Depots zu erkennen. Als mit Beginn der Regenzeit die ersten eingelagerten Erträge durch die Nässe zerstört wurden, kam es an den Sammelpunkten zu Tumulten und Übergriffen: Hungernde Landbevölkerung wollte nicht weiter ansehen, was vor ihren Augen erkennbar war! Zufällig saßen wir im Büro des örtlichen FAO-Direktors als dieser den „Ausfuhr-Deal" telefonisch besiegelte: Die Überschussmenge ging zu weiten Teilen nach Tansania.

984 Es sei an die europäische Textilbranche gedacht, die im Jahr 1962 vor asiatischen Baumwollprodukten *kurzfristig* geschützt werden sollte, um ihr die notwendigen Strukturanpassungen zu ermöglichen. Neue und erweiterte Textilabkommen dehnten die Schutzzeit bis ins Jahr 2005 aus. Ein anderes gutes Beispiel der Steinkohlebergbau! Last, but not least sei die europäische Agrarwirtschaft benannt. Wenn auch eine Politik der Mindestpreise hier heute nicht mehr zur Anwendung kommt, wird diese Branche im Kontinuum des sektoralen Wandels staatlich dauerbegleitet (siehe Anhang).

985 Bei Schutzimpfungen und anderen sog. meritorischen Gütern mag das in begrenztem Maße möglich sein.

986 Zur *Stützung* der Produzenteneinkommen müsste bei homogenen Agrargütern bzw. Lebensmitteln wie Milch im Grunde Menge aus dem Markt genommen werden. Denn es spricht viel dafür, dass bei solchen Gütern die Preiselastizität der Nachfrage regelmäßig im unelastischen Bereich liegt. Zudem tritt bei diesen Produkten irgendwann Sättigung ein. Mit steigendem Einkommen wird also nicht kontinuierlich mehr gekauft. Die Angebotsmenge zu kürzen und gleichzeitig die Produktionsstrukturen zu konservieren, widerspricht sich allerdings. Es sei denn man zahlt Prämien für das Stilllegen von Flächen und/oder das Vernichten der Ernte. Beide Ansätze sind moralisch nicht unproblematisch! Darüber hinaus mögen solche Maßnahmen dazu beitragen, dass der *Strukturwandel langsamer* vonstattengeht als wünschenswert. Ein Wissen, dass wahrlich nicht neu ist! Vgl. z. B. Mansfield, 1977, S. 104.

Letztendlich wird der Staat akzeptieren müssen, dass sich der Strukturwandel in der unterstützten Branche ohnehin nicht aufhalten lässt, da dieser auch Ausdruck veränderter Konsumentenbedürfnisse ist!

Schließlich muss noch bedacht werden, dass auch bei staatlich verordneten Mindestpreisen **Kettenreaktionen** immer inbegriffen sind: Setzt der Staat etwa den Preis für die Zuckerrübe zum Schutz der heimischen Landwirte über dem Gleichgewichtspreis fest, so wird er auch in den anschließenden Verarbeitungsstufen die Preise stützen müssen – in unserem Beispiel also den Preis für verarbeiteten, raffinierten Zucker und für das Nebenprodukt Melasse. Kurzum: Die Spirale der Eingriffe wird sich fortsetzen.

9.3 Staatliche Mengeneingriffe

Neben der Möglichkeit *offizielle* Marktpreise gesetzlich festzusetzen, kann der Staat auch auf der Mengenseite mit Zwangsmaßnahmen eingreifen. Wie der Begriff der Mengenregulierung es vermuten lässt, wird mit diesem wirtschaftspolitischen Instrument die Gütermenge, die auf einem Markt umgesetzt wird, dem politischen Willen entsprechend begrenzt.

Diese Beschränkung erfolgt dabei über staatlich verteilte *Quoten* oder *Lizenzen*, mit denen ein Quoten- oder Lizenzinhaber das Recht erwirbt, die betreffende Ware oder Dienstleistung am Markt anzubieten. Während mit Lizenzen in der Regel die **Anbieterzahl** reglementiert und darüber die Angebotsmenge *indirekt bzw. mittelbar* beeinflusst wird, stellt eine Quote eine *direkte* Obergrenze für die Menge eines Gutes dar, die ein Quoteninhaber am Markt verkaufen darf. Über die Summe der Quoteninhaber lässt sich somit die Gesamtmenge bestimmen, die von einem Gut *legal* gehandelt werden darf. Diese Menge bezeichnet man als **Höchstmenge**.

Mengenbegrenzungen dieser Art lassen sich – wie etwa die praktische Agrarpolitik zeigt – mit einer Politik der Mindestpreise kombinieren. Aus didaktischen Gründen betrachten wir im Folgenden allerdings einen puristischen Mengeneingriff. Dazu greifen wir im nächsten Abschnitt (Kapitel 9.3.1.) auf ein Beispiel zurück, welches sich in verschiedenen Standardlehrbüchern amerikanischer Autoren finden lässt – das Rad muss schließlich nicht ständig neu erfunden werden. Anschließend beleuchten wir wie gewohnt die Wohlfahrtseffekte einer solchen Regulierungspolitik (Kapitel 9.3.2.). In Kapitel 9.3.3. schließen wir mit einem Fazit die Diskussion um Mengeneingriffe ab.

9.3.1 Das Fallbeispiel politischer Mengenbegrenzungen bei Chauffeur-Diensten

Nehmen wir an, in New York City kommt es bislang im unregulierten Taximarkt zu zwanzig Millionen Fahrten jährlich. Der Preis der Einzelfahrt ist prinzipiell zeitabhängig, läuft aber auf umgerechnet fünf Euro im Durchschnitt hinaus (siehe Abbildung 9.12).[987]

Unterstellen wir der Einfachheit halber nun, dass die Stadt New York die gegenwärtige Anzahl an Taxifahrten um 40 Prozent einschränken möchte und aus diesem Grunde eben erstmalig Taxilizenzen vergeben hat. Wie sich diese Maßnahme im Standarddiagramm niederschlägt, zeigt Abbildung 9.12).

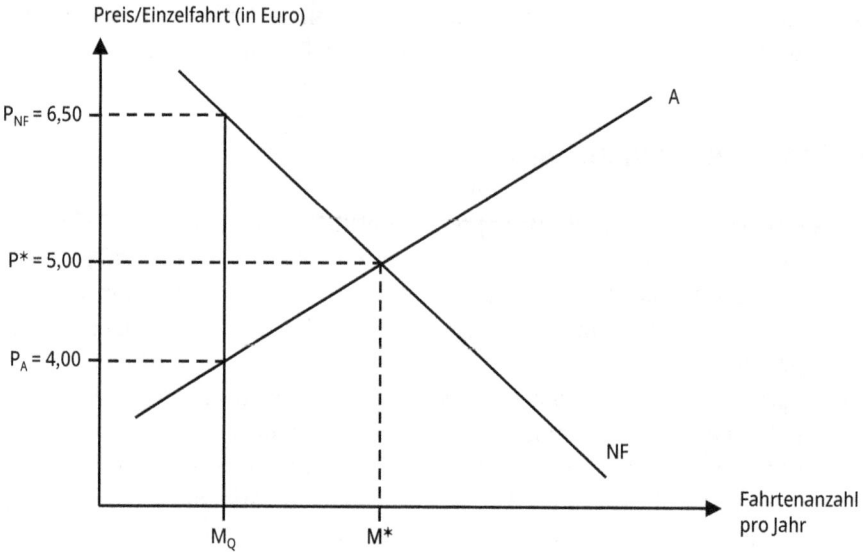

Abbildung 9.12: Wirkung eines staatlichen Mengeneingriffs im Markt für Chauffeurdienste.

Bei einer verordneten Begrenzung an Taxifahrten auf jährlich zwölf Millionen werden die Fahrgäste pro Fahrt einen höheren Preis als zuvor zu zahlen haben. Das darf *nicht* überraschen! Schließlich hat die Stadtverwaltung die Angebotsmenge bewusst gekappt. Infolgedessen versteht sich, warum in der Abbildung 9.12 der Schnittpunkt von Mengenbegrenzung M_Q und Nachfragekurve nun bei 6,50 Euro je Fahrt liegt – und damit um 30 Prozent über dem ursprünglichen Marktpreis P^*.

Zugleich geht aus Abbildung 9.12 hervor, dass die Gerade der Mengenbegrenzung M_Q einen weiteren Schnittpunkt hat: den mit der Angebotskurve. Dieser Schnittpunkt, der in unserem Beispiel bei vier Euro pro Einzelfahrt liegt, wirft Fragen auf! Allen voran wie es sich erklärt, dass der Taxifahrer pro Fahrt vier Euro zu erhalten scheint, obwohl der Fahrgast für diesen Dienst 6,50 Euro zu berappen hat. Ist das nicht unlogisch? Jain!

---

[987] Das hier gewählte Beispiel des Taxi-Markts in New York orientiert sich an dem von Krugman/Wells, 2010, S. 118 ff. Pindyck und Rubinfeld gehen ebenfalls auf dieses Beispiel ein. Vgl. Pindyck/Rubinfeld, 2013, S. 413 f.

Denn unser vermeintliches Rätsel löst sich auf, sobald wir erkennen, dass mit dem städtischen Mengeneingriff ein **Zweitmarkt** entstanden ist – der **Markt** für **Lizenzen**!

Möglicherweise werden die Inhaber dieser Rechte bei der initialen Lizenzausgabe seitens der Stadtverwaltung noch selbst alle Fahrten mit ihrem Taxi durchführen – d. h. sie sind anfänglich selbständige Taxifahrer und Rechteinhaber in Personalunion! Doch irgendwann erkennen diese Unternehmer, dass eine **Lizenz** ein **knappes Gut** darstellt, mit dem sich *separat* Einnahmen erzielen lassen. Hierzu müssen sie lediglich das ihnen eingeräumte Nutzungsrecht an *Dritte* – d. h. an zahlungswillige Taxifahrer *ohne* eigene Lizenz – temporär abgeben, zum Beispiel wenn sie Urlaub machen, krank sind und/oder sich selbst Nachtruhe verschreiben.[988]

Wegen dieser vom Staat kreierten Opportunitäten für Rechteinhaber kommen auf dem Markt für Chauffeurdienstleistungen *mit Beginn* des Mengeneingriffs also prinzipiell zwei verschiedene Transaktionen zustande, die jedoch von kaum einem Fahrgast als eigenständige Geschäfte im Moment des Bezahlens wahrgenommen werden:
– Die erste Transaktion, die das **Kerngeschäft** der Taxifahrt betrifft
– Die zweite Transaktion, die im Zusammenhang mit der unterliegenden Rechtenutzung einhergeht, *ohne* die das Kerngeschäft *legal nicht durchführbar* wäre

Vor diesem Hintergrund erklärt sich, dass die beiden oben identifizierten Preispunkte richtig sind: der Fahrgast zahlt für die Taxifahrt tatsächlich 6,50 Euro, von denen der Fahrer für seinen erbrachten Fahrservice 4,00 Euro einbehält. Die Differenz in Höhe von 2,50 Euro je Fahrt stellt das Einkommen der *Lizenzinhaber* dar, welches ihnen durch den Verleih des *Rechtstitels* an den Taxifahrer zufließt.

Damit können wir verallgemeinernd resümieren, dass immer dann, wenn der Gesetzgeber die handelbare Menge beschränkt, die sich zuvor im Spiel der freien Kräfte herausgebildet hat, der Preis der Anbieter und der der Nachfrager nicht mehr in Deckung gelangen. Stattdessen hat sich zwischen diesen Preisen ein **Keil** gebildet, bei dem es sich um die sog. **Quotenrente** handelt. Diese entspricht dem Marktpreis der Lizenz (bzw. der Quote) und fließt den Inhabern dieser Rechtstitel zu. Wie unser Beispiel gezeigt hat, *können* Quoten- und Lizenzinhaber mit den Anbietern der mengenbeschränkten Güter identisch sein. Gleichwohl ist diese Personalunion *nicht* zwingend!

9.3.2 Die wohlfahrtsökonomische Wirkung von Mengeneingriffen

Auch bei Mengenbeschränkungen kommt es zu **Umverteilungseffekten** und **Wohlfahrtsverlusten**. Mit Blick auf Abbildung 9.13 wirkt sich die Einführung einer staatlichen Quote gegenüber dem freien, unregulierten Markt wie folgt aus:

---

[988] An der Grundlogik ändert sich nichts, wenn Inhaber ihre Lizenzrechte verkaufen – also dauerhaft abgeben.

– Die Konsumentenrente sinkt um die Flächen A und B.
– Die Produzentenrente reduziert sich um die Flächen D und C, da die Anbieter nur noch den Preis P_A erhalten.
– Die Flächen A und D werden von den Konsumenten bzw. Produzenten an die Rechteinhaber umverteilt, denen damit eine bis dato unbekannte **Quotenrente** zufließt.
– Der **Nettowohlfahrtsverlust** dieser Maßnahme umfasst die beiden Dreiecke B und C.

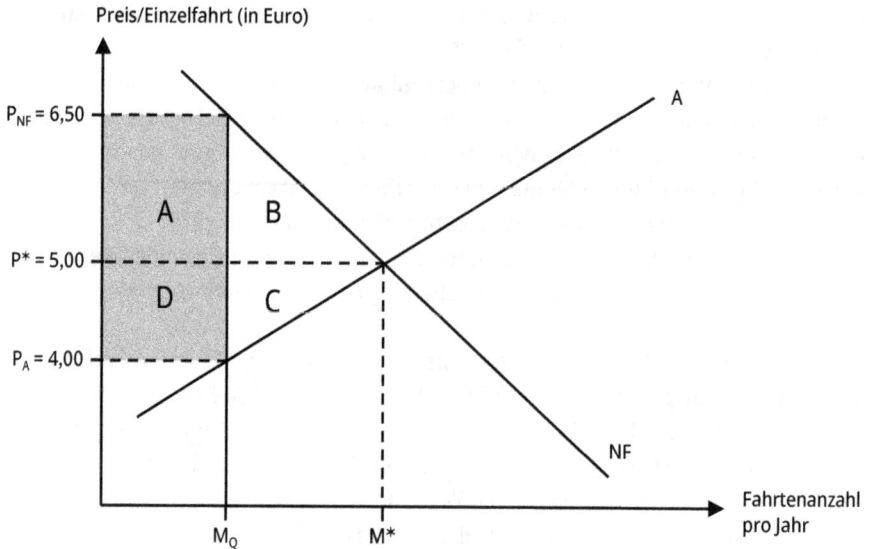

Abbildung 9.13: Wohlfahrtseffekte staatlicher Mengenbegrenzungen.

9.3.3 Fazit zu Mengeneingriffen

Mengenbeschränkungen wurden vielfach eingeführt, um ein als *temporär betrachtetes* Problem zu lösen. Egal, ob sie aus dem Motiv der Sicherheits- und/oder Hygieneverbesserung bzw. aus ganz anderen Gründen das Licht der Welt erblickt haben, stets produzieren sie *sicher prognostizierbare* Verhaltensmuster und stets weisen sie vorhersehbare ökonomische *Konsequenzen* auf.

Zu den Mustern gehört, dass es politisch regelmäßig ungemein schwierig ist, diese Beschränkungen später wieder aufzuheben, da sich die **Lobbyisten** mit irreführenden Argumenten gegen ein solches Vorhaben stets in Stellung bringen.[989]

---

989 In Deutschland konnte man hiervon zuletzt einen Eindruck im Fall der abgeschafften Milchquote gewinnen, als Milchbauern schon Monate vor der Abschaffung des langjährigen Milchquotensystems zum 01. April 2015 von einer Katastrophe warnten. Vgl. z. B. Kuhr, 22.12.2014.

Warum das so ist, wollen wir anhand des Lizenzbeispiels im New Yorker Taxigewerbe verdeutlichen und greifen hierzu auf die Darstellung der amerikanischen Lehrbuchautoren Pindyck und Rubinfeld zurück. Diese weisen zunächst einmal darauf hin, dass in New York erstmalig Zulassungsplaketten für Taxis im Jahr 1937 zu einem Preis von 10 US$ ausgegeben worden sind.[990] Nahezu 75 Jahre später war die Anzahl dieser Plaketten gegenüber dem Ausgabejahr *nahezu unverändert* – obgleich die Einwohnerzahl der Metropole in diesem Zeitraum stark gewachsen ist. Nach dem Ende des Zweiten Weltkriegs war eine solche Taxi-Zulassungsplakette bereits 2.500 US$ wert; bis ins Jahr 1980 stieg sie weiter um den Faktor 22 auf 55.000 US$ an, bevor sie nur wenige Jahre nach Ausbruch der Lehman-Krise den Preis von 880.000 US$ (2011) erreichte.[991]

Dieser Lizenzpreis wäre nach einer Berechnung von Pindyck und Rubinfeld prompt auf 350.000 US$ eingebrochen, wenn sich die Stadt New York entschieden hätte, 7.000 neue Lizenzen im Jahr 2011 auszugeben, um der nicht mehr übersehbaren Knappheit an Taxen entgegenzuwirken.

Kein Wunder also bei diesem potenziellen Wertverlust, dass die angestammten Rechteinhaber keinen Bedarf an einer Aufstockung der Anzahl an Lizenzen sehen; ganz zu schweigen von einem Interesse an einer vollkommenen Liberalisierung des Marktes, mit der – nach Ansicht des lizenzierten Establishments – neben einem steigenden Sicherheitsrisiko für den Fahrgast auch noch die allgemeine Verkehrssicherheit wegen unqualifizierter (Uber-)Chauffeure zu schwinden droht.[992]

Die Verteidigung bestehender Pfründe durch Lobbyarbeit ist allerdings nur eine Begleiterscheinung von staatlichen Mengeneingriffen. Eine zweite, die Gesellschaft *nicht minder zersetzende* Kraft ist die **Korruption**. Dass die politische Mengenbegrenzung leicht zum *Einfallstor* von Korruption und Korrumpierung wird, lässt sich abermals anhand des vertrauten Taxibeispiels begreiflich machen.

Dazu versetzen wir uns in die Situation, dass eben ein neues Jahr angebrochen ist und die Stadtverwaltung von New York gegen den Widerstand der bestehenden Lizenzinhaber angekündigt hat, erstmalig nach über zehn Jahren vierhundert neue Zulassungsplaketten Anfang Oktober auszugeben.[993]

Wer könnte – in diesem fiktiven Fall – jetzt übersehen, dass sich binnen kurzer Zeit ein gigantisches Interesse am Erwerb einer dieser Lizenzen artikuliert? Und wer kann – in dem Wissen, dass nur ein äußerst kleiner Anteil derer, die Interesse an einer Lizenz bekundet haben, letztlich ein „Glückslos" in den Händen halten wird – glauben,

---

990 Vgl. Pindyck/Rubinfeld, 2013, S. 461. Die Angabe zum Ausgabepreis stammt von Krugman und Wells, die das Beispiel ebenfalls in ihrem Lehrbuch mit weiteren Details abhandeln. Vgl. Krugman/ Wells, 2010, S. 118.

991 Vgl. Pindyck/Rubinfeld, 2013, S. 461. Für Details zur genauen Entwicklung der ausgegebenen Zahl an Lizenzen siehe auch Krugman/Wells, 2010, S. 118.

992 Vgl. Pindyck/Rubinfeld, 2013, S. 462.

993 Nach Krugman und Wells hat die Stadt New York im Jahr 1995 vierhundert neue Lizenzen ausgegeben. Diese Angabe haben wir hier für unseren Fall übernommen. Vgl. Krugman/Wells, 2010, S. 118.

dass bei dieser gewaltigen Zuteilungsmacht „mit der Sache betraute" Verwaltungsmitarbeiter *keine* unmoralischen Angebote für die Einflussnahme auf den Zuteilungsprozess erhalten? Es wäre in der Menschheitsgeschichte gewiss nicht der erste Fall, in dem sich Beamte ihre Machtposition von zahlungsbereiten Bürgern versilbern ließen.

Das Fatale an realen Situationen wie diesen ist weniger, dass einzelne Regierungsbeamte sich hin und wieder korrumpieren lassen und moralisch verwerflich die Taschen aufhalten. Der *ungleich größere Schaden* dürfte für eine Gesellschaft vielmehr darin bestehen, dass diese, an Korruption gewöhnten Beamten gar kein Interesse mehr an der Verabschiedung guter bzw. an der Ausmerzung schlechter Gesetze entfalten, wie der Abschaffung von Mengenbeschränkungen auf einzelne Güter.[994]

Kurzum: Was lediglich temporär eingeführt werden sollte, kann dank Lobbyismus und Korruption ein erstaunlich langes Eigenleben entfalten, obwohl „das kreierte Gesamtkunstwerk" für die Mehrheit der Gesellschaft erkennbar schlecht ist.

Wenn das politische Ziel also darin besteht, die im Markt gehandelte Menge gegenüber dem Status quo zu reduzieren, so lässt sich als marktkonforme Alternative zur Quotenregelung eine Steuer auf das betreffende Produkt oder die entsprechende Dienstleistung erheben (siehe Abbildung 9.14). Diese hat den unglaublichen Vorteil, dass sich bei ihrer etwaigen Abschaffung, außer den Steuerberatern niemand beklagt!

Für den Fall, dass auf ein international handelbares Gut eine Steuer im Inland erhoben wird, müsste zugleich ein analoger Einfuhrzoll auf das Gut erhoben werden, um die inländischen Anbieter nicht zu diskriminieren. Eine Maßnahme, mit der auch Adam Smith prinzipiell einverstanden wäre (siehe Lektion 8, Kapitel 8.4).[995]

---

994 Wird bei Fremdwährungen der freie Markt ausgehebelt und der Zugang zu Dollar, Euro oder Pfund damit über Regierungsbeamte geregelt, gibt es auch in diesem Fall für die Bürokraten keinen Anreiz ein System der freien Wechselkurse einzuführen. Mehr noch! Der Schwarzmarktaufschlag für Devisen und dessen Entwicklung über die Zeit steht – wenn auch nicht monokausal – in direkter Verbindung zur ansteigenden Korruption unter den zuteilenden Beamten. Vgl. Easterly, 2001, S. 249. Ganz allgemein und bittersüß brachte es Dostojewski in seinem 1873 erschienen Buch *Die Dämonen* schon auf den Punkt: „Die, die nicht Schmiergelder nahmen, galten für revolutionär, denn sie störten die Harmonie." Dostojewski, 1996, S. 722. Nicht weniger bildhaft beschreibt für das kommunistische Albanien unter Hoxha (1944–85) noch Meta, welche Instanz letztendlich auf die Zuteilung in Zeiten von Gesinnungsdiktaturen Einfluss nimmt: „Von nun an wurden Wohnungen durch die Partei zugeteilt, und wer der Sonne am nächsten war, bekam die meiste Wärme." Meta, 2023, S. 85.

995 Ein System der Quotenregelung bei einem Gut, das grenzüberschreitend gehandelt werden kann, muss internationale Anbieter berücksichtigen. Also auch hierbei hätten wir eine außenwirtschaftliche Flankierung benötigt.

Preis/Einzelfahrt (in Euro)

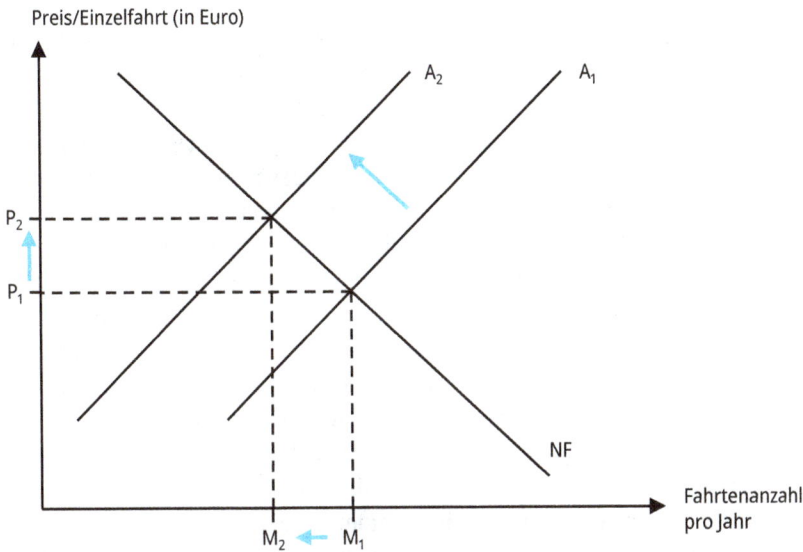

Abbildung 9.14: Wirkung einer Steuereinführung bzw. -erhöhung auf das Marktgeschehen.

9.4 Staatspolitisches Resümee

Die „Phase der Experimente" – wie Eucken die Periode stark interventionistischer Wirtschaftspolitik zwischen 1880 und 1945 bezeichnete – ist mittlerweile Geschichte.[996] Gleichwohl greifen noch immer Regierungen immer wieder mit ad hoc-Maßnahmen in den Wirtschaftsprozess ein, nicht zuletzt in Agrar- und/oder Lebensmittelmärkte.[997] Kurzum: Die Praxis staatlicher Markteingriffe war trotz oder vielleicht gerade wegen des Zusammenbruchs des Kommunismus nie ganz verschwunden, nirgendwo.

Die Ausführungen zu den einzelnen Eingriffsarten haben gezeigt, dass bei staatlichen Preis- und/oder Mengeninterventionen stets mit weitreichenden **Nebenwirkungen** zu rechnen ist, die weit über den Aspekt ökonomischer Ineffizienzen hinausgehen. Zu diesen bedenklichen Begleiterscheinungen, die das Funktionieren eines Staatswesens letztlich als Ganzes bedrohen können, gehört das Gedeihen der Bestechung, der Korruption und des Betrugs sowie eine zunehmende Selbstbedienung auf Kosten anderer (wenn z. B. Güter allein für die staatliche Interventionsstelle hergestellt werden, wohl wissend, dass niemand im Inland das Produkt benötigt). Diese Miss-

---

996 Vgl. Eucken, 2004, S. 56 f.

997 Über das Ausmaß an Preisinterventionen in Deutschland nach Ende des Zweiten Weltkriegs informiert etwa der Wiederabdruck eines Artikels vom 22. Juni 1948 aus dem Handelsblatt. Ein Gesetz zur allgemeinen Preisfreigabe war Anlass des Artikels, der zugleich auf die zahlreichen Fälle aufmerksam macht, die von der Freigabe der Preise ausgenommen wurden: allen voran Hauptnahrungsmittel, Grundrohstoffe und Mieten wurden weiterhin „bewirtschaftet". Vgl. o. V., 1981, S. 43 ff.

stände, die sich allesamt negativ auf das Wirtschaftswachstum niederschlagen (siehe Lektion 2, Kapitel 2.3.3), sind neben Schmuggel und Schleichhandel die Symptome einer Wirtschaftspolitik, die meint den gerechten Preis zu kennen.

Blühende Schwarzmärkte aufgrund staatlicher Mindestpreise mag man im Einzelfall noch lobpreisen, wenn ohne sie die Versorgung der Bevölkerung möglicherweise gänzlich zusammenbräche.[998] Gleichwohl darf die Faszination für diese Phänomene nicht so weit gehen, die Gefahren aus der staatlichen Überforderung zu übersehen, die mit einer Omnipräsenz von Nebenmärkten einhergeht. Schließlich wusste schon Rüstow vor über 80 Jahren, dass eine Politik der staatlichen Preis- und Mengeneingriffe, nicht als Ausdruck von Staatsmacht missverstanden werden darf; vielmehr endet eine solche Wirtschaftspolitik früher oder später in einer Staats*ohn*macht, da der „Staat [...] von den gierigen Interessenten auseinandergerissen [wird]!"[999]

In zahlreichen Entwicklungsländern wurde in den Dekaden nach dem Zweiten Weltkrieg diese Staatsohnmacht nur allzu offenkundig, als eine den Märkten misstrauende politische Elite immer wieder in diese intervenierte und damit einer institutionellen Sklerose den Weg ebnete, die heute im Zusammenhang mit einzelnen afrikanischen Ländern südlich der Sahara lapidar mit dem Begriff „failed state" versehen wird.[1000]

Regierungen sollten also triftige Gründe haben, wenn sie – die prinzipielle Funktionsweise von Märkten vorausgesetzt – in diese mit dem hier vorgestellten Instrumentarium eingreifen. Gerade weil eine Wirtschaftspolitik staatlich verordneter Preise und Mengen keine stabilen Zustände erzielt und diese Politik somit auch **kein dritter Weg** zwischen Kapitalismus und Kommunismus sein kann,[1001] muss jeder Regierung klar sein, welche Geister sie ruft – auch wenn sie den Einsatz dieser Instrumente lediglich temporär einzusetzen plant. Das gilt für Regierungen in Industrie- und Entwicklungsländern gleichermaßen. Von diesem Standpunkt aus betrachtet ist Politik stets angehal-

---

998 Zur anekdotischen Wertschätzung und Lobpreisung des Schwarzmarkts siehe z. B. Corni/Frizzera, 2020, S. 27 f. oder auch Mises: „Nur weil die Vorschriften umgangen werden, gibt es noch Milch für den Verbraucher. [...] der Milchhändler, der dem Gesetz entgegenhandelt, dient dem Gemeinwohl, der Beamte, der die Preistaxe durchführen will, gefährdet es." Mises, 1981, S. 217.

999 Rüstow, 1981, S. 224.

1000 Auf die Bedeutung institutioneller Stabilität für Wachstum und Entwicklung siehe Lektion 2, Kapitel 2.3. Ergänzend mag auf eine Studie verwiesen werden, die einen „stringenten Zusammenhang zwischen dem Aufstieg von Nationen und ihrer interventionspolitischen Enthaltsamkeit [belegt]." Baader, 2021, S. 313.

1001 In der Auffassung, dass es *keinen dritten* Weg geben kann, stimmen Ökonomen der Österreichischen Schule wie Mises und Rothbard mit Vertretern des Sozialismus im Übrigen vollkommen überein: „Walter Ulbricht [hob] hervor, dass alle wie immer auch gearteten Bestrebungen eines sogenannten dritten Weges zwischen Kapitalismus und Sozialismus gescheitert sind." o. V., 1969, S. 32. Zu einer liberalen Position zum Scheitern eines dritten bzw. mittleren Weges siehe Hayek, 2014, S. 65 f. oder Velasco, 1975, S. 237 bzw. Baader, der festhält, dass Interventionismus zum Niedergang einer Nation führt. Vgl. Baader, 2021, S. 313.

ten, über marktkonforme Lösungen nachzudenken, bevor sie sich zu improvisierten und erratischen Experimenten aufschwingt.

Ein prinzipielles Einverständnis mit der Diagnose (z. B. hoher Mietpreise) und beim Ziel bedeutet also mitnichten ein Freifahrtschein bei der Auswahl der Instrumente zur Erreichung des Zieles. Ein Mindestmaß an ökonomischem Sachverständnis muss auch bei der Wahl der Mittel vorhanden sein!

Kontrollfragen

–   Für welche Gesellschaftsmitglieder führt die Politik Höchstpreise ein?
–   Warum läuft der Staat mit einer Höchstpreispolitik auf Wohnungsmärkten Gefahr, gerade der vorgeblichen Zielgruppe einer solchen Politik nichts als einen Bärendienst zu erweisen?
–   Warum werden zahlreiche, auf dem Markt bereits aktive Wohnungsvermieter schnell ihren Gram verlieren, wenn ihnen die Politik Höchstpreise für die Kaltmiete verordnet?
–   Wie wird sich die Situation auf den Wohnungsmärkten über die Zeit verändern, wenn der erste Preiseingriff nicht zurückgenommen wird?
–   Welche alternativen, marktkonformen Ansatzpunkte zu einer Höchstpreispolitik hat der Staat, um auf die Mietpreise im Wohnungsmarkt dämpfend einzuwirken?
–   Welche außenwirtschaftliche Konsequenzen hat es, wenn die Regierung eines kakaoproduzierenden Landes seinen Bauern einen Höchstpreis auf Kakao zahlt, um die Rohware anschließend zu exportieren und dieser Höchstpreis nun weit unter dem Weltmarktpreis liegt?
–   Welche Wirkung übt eine Politik der Mindestpreise auf Drittländer aus, wenn die Regierung beabsichtigt, die ursprüngliche Selbstversorgungsquote von 65 Prozent auf einhundert Prozent bei einem Produkt auszuweiten?
–   In welcher Form kommt es bei staatlichen Mengeneingriffen zur Spaltung von Märkten?
–   Erläutern Sie, warum es wirtschaftspolitisch schwierig ist, einmal eingeführte Mengenquote wieder abzuschaffen?
–   Mit Preis- und Mengeneingriffe meinten die Staaten einst zwischen Laissez-faire-Wirtschaft und Sozialismus einen „dritten Weg" einschlagen zu können. Wie ist dieser „dritte Weg" zu beurteilen? Lässt er sich stabil einschlagen? Wenn ja, warum? Wenn nein, in welche Richtung tendiert er sich zu verselbständigen?
–   Beschreiben Sie, was die wahren gesellschaftlichen Kosten sind, die mit Preis- und Mengeneingriffen einhergehen?

Anhang: Der Agrarsektor – Eine säkulare Skizze in drei Akten unter besonderer Beachtung Deutschlands

Zur Jahreswende 2023/24 war es in verschiedenen europäischen Ländern wiederholt zu Bauernprotesten gekommen, etwa in Deutschland, Frankreich und den Niederlanden. Der Unmut der Landwirte entbrannte an neuen EU-Umweltauflagen, an einem noch zu unterzeichnenden EU-Freihandelsabkommen mit den Mercosur-Staaten, aber auch an nationalen Vorhaben. Beispielsweise spielte die deutsche Regierung in ihrem Bemühen, den Haushalt für das Jahr 2024 aufzustellen, mit dem Gedanken, die bestehenden Subventionen auf Agrardiesel von jährlich 440 Mio. Euro zu streichen und die Kfz-Steuerbefreiung für Traktoren und andere landwirtschaftliche Fahrzeuge aufzuheben.[1002] Selbst der deutsche Landwirtschaftsminister Özdemir „zeigte Verständnis für die ‚Riesenwut' der Landwirte, weil sie durch die Maßnahmen stärker getroffen würden als andere Berufsgruppen."[1003]

So richtig der Befund des Landwirtschaftsministers zu diesem Zeitpunkt gewesen sein mag, so spärlich wurde in den anschließenden Diskussionen darauf hingewiesen, dass niemand stärker am Tropf des Staats hängt als die europäische Agrarwirtschaft – und das seit Jahrzehnten. Die öffentliche Gerechtigkeitsdebatte fokussierte sich wie so oft auf den Moment und blendete damit den Zeitraum als Maßstab für eine angemessene Beurteilung aus!

Wie sehr die europäischen Landwirte nach nahezu eineinhalb Jahrhunderten Strukturwandel noch immer den staatlichen Gehstock bedürfen und wie wenig aus ihren Reihen aus unternehmerischem Stolz gegen das *ganze* Subventionsgeflecht aufbegehrt wird, machten gerade die weniger beachteten Nebenplätze in diesen Diskussionen offenkundig. Denn dort, wo vereinzelt Landwirte mit den Streichplänen der Regierung einverstanden waren, weil sie als Tierhalter die Subventionierung des Agrardiesels per se schädlich finden, brachten sie eine Tierwohlabgabe ins Spiel.

Mit der ursprünglichen Idee einer Sozialen Marktwirtschaft hat die notorische Unterstützung der Landwirtschaft auf jeden Fall *weiterhin* nichts zu tun! Als Beleg für diese These soll das folgende Zitat genügen: Damit „[...] entschied sich die bundesdeutsche Politik in der Situation von 1950/51 [...] gegen die Liberalisierung im Sinnes der Sozialen Marktwirtschaft. Mit der Marktordnung im Agrarbereich wurde [...] die ‚Ausgliederung der Landwirtschaft aus dem Konzept der Sozialen Marktwirtschaft [...] festgelegt.'"[1004]

1002 Vgl. Herwartz/Waschinski, 30.01.2024, S. 8 f. und Klöckner/Neuerfer, 19.12.2023, S. 4 oder auch Rast, 09.01.2024, S. 1.
1003 Klöckner/Neuerfer, 19.12.2023, S. 4.
1004 Kießling, 2020, S. 461. Das Zitat im Zitat stammt von Irmgard Zündorf. Es lässt sich ferner anführen, dass das *neunte Kapitel* in Erhards Buch *Wohlstand für Alle* den Titel *Marktwirtschaft ermöglicht gerechten Lohn* trägt. Hier bekennt sich Erhard gegen staatliches Einmischen bei der Lohnfindung; er spricht sich explizit für die Tarifautonomie aus. Wer könnte sich bei einer solchen Haltung zum

Zur Einordnung der historischen Dimension zeichnen wir die sektoralen Maßnahmen in der Landwirtschaft für die sich früh industrialisierten Länder unter besonderer Beachtung Deutschlands in drei Akten nach. Da wir im Haupttext bereits auf die europäische Agrarpolitik nach dem Zweiten Weltkrieg eingegangen sind, richtet sich unser Augenmerk jetzt auf die Jahrzehnte, die der Europäischen Agrarkrise von 1875/76 (siehe Lektion 5) bis zum Kriegsausbruch (1939) folgten.

Voranstellen wollen wir noch die Bemerkung, dass der Wirtschaftsnobelpreisträger Amartya Sen sich intensiv mit Hungerkatastrophen beschäftigt hat und seine Untersuchungsergebnisse keinen Anlass zur Sorge geben, dass es irgendwo zu einer veritablen Lebensmittelkrise kommen müsste, weil sich das betreffende Land mit Getreide und anderen Feldfrüchten nicht vollständig selbstversorgt. Bei all diesen Katastrophen, etwa bei der Irischen in den 1840er Jahren, bestand in dem betreffenden Land nie ein Mangel an Lebensmitteln. Stattdessen wurden während einer solchen Krise sogar noch landwirtschaftliche Erzeugnisse exportiert – etwa von Irland nach England. Dass es zum Hungertod von Tausenden von Iren kam, lag trotz Kartoffelfäule also nicht am Ernährungsangebot, sondern an der Armut! Es lässt sich daraus schließen, dass auch Nahrungsmittelimporteure bei entsprechenden institutionellen Voraussetzungen eine Hungerskatastrophe nicht fürchten müssen.[1005]

Erster Akt: Von der Wiedereinführung von Kornzöllen (1880) bis zum Ende des Ersten Weltkriegs

Zölle zum Schutz der heimischen Landwirtschaft hatten in England mit den **Corn Laws** (1815) das Licht der Welt bereits erblickt,[1006] bevor am Ende der hier betrachteten Periode erstmalig zum Instrument der staatlichen **Mindestpreise** gegriffen wurde. Der erste echte wirtschaftspolitische Eingriff dieser Art dürfte dabei in den Vereinigten Staaten erfolgt sein, als Präsident Herbert Hoover (1929–1933) sich wegen einer als chronisch wahrgenommenen Agrarkrise zu diesem Schritt im Jahr 1929 veranlasst sah:[1007] Die Weltmarktpreise für Agrargüter hatten mit Beginn der Friedenszeiten ab

---

Fürsprecher staatlich gestützter Produzenteneinkommen machen? Vgl. Erhard, 1964, S. 208 ff. An der Antwort dieser Frage kann es spätestens mit den Abschnitten *Gefährliche Sonderinteressen* und *Das Märchen von den guten Ordnungen* keinen Zweifel geben. Vgl. Erhard, 1964, S. 141–145.

1005 Vgl. Sen, 1999, S. 160 ff.

1006 Siehe zu den berühmten Getreidezöllen (Corn Laws) Lektion 8. Morus erinnert zu Recht daran, dass es selbst im Merkantilismus „kein Land gewagt [hätte], das Brot durch Zölle zu verteuern." Lewinsohn-Morus, 1955, S. 171. Schließlich galt es „bis ins 19. Jahrhundert hinein [...] als eine völlig utopische Idee, dass die Menschheit eines Tages zuviel Brotgetreide haben könnte." Lewinsohn-Morus, 1955, S. 171.

1007 Die Welt ist zu dieser Zeit – das sei zur Vermeidung von Missverständnissen benannt – schon bestens mit privaten Versuchen landwirtschaftlicher Produzenten vertraut, die Preise mit Hilfe von Kartellen nach oben zu treiben. Auf Kartelle und ihre Wirkung blicken wir in Lektion 10.

1920/21 wieder stark abgenommen und damit einen Trend fortgesetzt, der bereits zwischen 1870 und dem Vorabend des Ersten Weltkriegs eingetreten war.[1008]

Die Ursachen für den **tendenziellen Verfall** der **Agrarpreise** ab den **1870er Jahren** waren vielfältig. Maßgebliche Beiträge dazu lieferten zweifelsfrei sinkende Transport- und Kommunikationskosten, die mit der Ausdehnung der Eisenbahnnetze und anderen technischen Innovationen wie der Dampfschifffahrt oder der ersten Kühlfrachter einhergingen. Hinzu kam die Erschließung bislang ungenutzter, fruchtbarster Anbauflächen – namentlich in den Vereinigten Staaten, Kanada, Argentinien und Australien.[1009] Diese Aspekte waren alle miteinander verwoben und führten gemeinsam dazu, dass die Angebotsmenge auf dem **Weltmarkt** für bestimmte Agrarerzeugnisse wahrnehmbar stieg. Bei Weizen dehnten beispielsweise die Vereinigten Staaten ihre Anbauflächen im Mittleren Westen (Great Plains/Prärie) aus,[1010] während bei steigendem Fleischbedarf der Weizenkonsum pro Kopf im Land rückläufig war. Ein stattlicher Anteil der amerikanischen Weizenernte konnte somit nach Europa exportiert werden.[1011] Ähnlich verliefen die Entwicklungen in Argentinien und Kanada, die bei Ausbruch des Ersten Weltkriegs zu wesentlichen Getreideexporteuren geworden waren.[1012]

1008 Vgl. Galbraith, 2009, S. 31. Hier sei noch erwähnt, dass kanadische Weizenfarmer einen privat organisierten Ansatz zur Stützung der Preise bereits im Jahr 1923 mit der Gründung des *Canadian Wheat Pool* ergriffen hatten. Einzig über diesen wurde fortan das Getreide Kanadas exportiert. Hintergrund war, dass die kanadischen Landwirte *die Händler* für schwankende Preise und Einkommen verantwortlich sahen und daher die Vermarktung ihrer Güter selbst in die Hand nehmen wollten. Allerdings geriet der Pool mit Ausbruch der Weltwirtschaftskrise 1929 und dem Preisverfall von Weizen um ein Drittel in finanzielle Schieflage, so dass zunächst die Provinz- und ein Jahr später die Zentralregierung einspringen mussten. Kurzum: Den Verlust des kanadischen Experiments mit einem privaten Weizenkartell hatte schließlich der Steuerzahler zu tragen. Vgl. ausführlich dazu Lewinsohn-Morus, 1955, S. 171 f. oder Lewinsohn, 2010, S. 100 bzw. Kindleberger, 1973, S. 92 f.
1009 Für die Entwicklung der australischen Getreidelieferungen nach Europa war nicht zuletzt die Eröffnung des Suezkanals im November 1869 bedeutsam.
1010 Mit der Verlagerung der Agrarproduktion in die Great Plains und der in den USA bald darauf einsetzenden Mechanisierung der Landwirtschaft, gelang es den Getreidefarmern des Mittleren Westens, Weizen um 40 Prozent günstiger anzubieten als ihre Landsleute auf den kleinen, traditionellen Farmen an der Ostküste. Kurz: Auch innerhalb der USA spreizten sich die Verhältnisse in der landwirtschaftlichen Produktion. Vgl. Kindleberger, 1973, S. 92.
1011 Vgl. z. B. Walter, 2011, S. 126.
1012 Im Jahr 1875 erfolgte die erste intakte Getreidelieferung Argentiniens nach England, die einen Boom lostrat: Die argentinische Pampa wurde landwirtschaftlich entwickelt! Aus der Perspektive all dieser neuen Erzeugerländer war der Verkauf landwirtschaftlicher Produkte willkommen, wenn nicht gar notwendig: Sie ermöglichten, Devisen zu verdienen, mit denen industrielle (Vor-)Produkte zum weiteren Aufbau dieser Länder aus Europa importiert werden konnten. Da alle Länder – mit Ausnahme der Vereinigten Staaten – noch keinen ausgeprägten Industriesektor hatten, bestanden keine Diskrepanzen in der sektoralen Entwicklung: Die Landwirtschaft hinkte nicht hinterher; im Gegenteil, zum Teil war sie die Zugmaschine für die industrielle Entwicklung.

In Westeuropa erhöhten diese neuen, überseeischen Anbieter den Wettbewerbs-druck auf die heimische Landwirtschaft, allen voran auf die Kornbauern.[1013] Um das Tempo des sektoralen **Strukturwandels** zu drosseln, sprang das Deutsch Reich – wie andere westeuropäische Regierungen auch – seinen Landwirten mit der Einführung von **Schutzzöllen** zur Seite.[1014] Beginnend mit dem 01.01.1880 war die Einfuhr von Weizen und Roggen mit einem Zoll belegt, womit eine fünfzehnjährige Phase des Freihandels endete.[1015] Der Zollsatz belief sich bei seiner Einführung zunächst auf ca. *fünf bis sechs* Prozent des Warenwerts (pro Tonne), bis er über die kommenden Jahre in Stufen auf gut *35 Prozent* des Warenwerts im Jahr 1887 anstieg. Nachdem die deutsche Zollpolitik ab dem Jahr 1891 für eine Zwischenzeit wieder gelockert wurde, nahm sie mit dem Jahr 1906 erneut restriktivere Züge an.[1016]

Infolgedessen genossen Teile des deutschen Agrarsektors am Vorabend des Ersten Weltkriegs unverändert Zollschutz – ohne den sie gegenüber der internationalen Konkurrenz aus Übersee nicht mehr wettbewerbsfähig gewesen wären.[1017] Mit Kriegsausbruch schwenkten die Zeichen im Reich dann auf **Autarkie**, die Erzeugung landwirtschaftlicher Güter inbegriffen.[1018]

Zu ersten preispolitischen Interventionen kam es im Agrar- und Lebensmittelsektor bereits nach wenigen Kriegswochen – **Höchstpreise** wurden eingeführt! Diese lösten in den anschließenden Kriegsmonaten bei sich verschlechternder Versorgungslage eine Kaskade an weiteren Eingriffen aus, darunter die Rationierung verschiede-

---

1013 Siehe hierzu auch den Abschnitt zur Europäischen Agrarkrise von 1875/76 in Lektion 5.

1014 In Lektion 8 (Kapitel 9.2) haben wir darauf aufmerksam gemacht, dass im Deutschen Reich die Zolleinnahmen zu jener Zeit – nach den Matrikularbeiträgen der Länder – die *wichtigste* Einnahmequelle für den *Bund* darstellten. Insofern war der Ruf der Agrarlobby nach Zollschranken bei der deutschen Reichsregierung in guten Händen! Aber auch in anderen westeuropäischen Ländern, etwa Frankreich, wurde das Zollinstrument mit dem Ziel durchgesetzt, die heimische Agrarwirtschaft zu schützen. Nennenswerte Ausnahmen stellten allein *Großbritannien* und *Belgien* dar. Vgl. Walter, 2011, S. 127 sowie Schatt, 1984, S. 180 ff.

1015 Getreide konnte in Deutschland seit dem Jahr 1865 zollfrei eingeführt werden. Zugespitzt heißt dies, dass sich die deutschen Großbauern an der Freihandelsidee solange erwärmen konnten, solange ihnen der Konkurrenzwind aus Übersee unbekannt und sie selbst Exporteure waren. Vgl. Walter, 2011, S. 127 sowie Schatt, 1984, S. 180 ff.

1016 Vgl. z. B. Walter, 2011, S. 127. Wehler merkt an, dass die in 1906 als sog. Bülow-Tarife in Kraft getretenen Zollsätze bereits 1902 gesetzlich verabschiedet wurden. Vgl. Wehler, 2008d, S. 279.

1017 In dieser Zeit lag der Pachtanteil pro Tonne Weizen in den USA bei umgerechnet 10 Mark, während er sich in Deutschland auf 28 Mark belief. Vgl. Walter, 2011, S. 126. Ungeachtet des Zollschutzes war „das Kaiserreich [...] vor 1914 weltweit der größte Importeur von Agrarprodukten, die 38 Prozent seiner Einfuhr ausmachten. Ein Drittel seines Bedarfs an Lebensmitteln wurde aus dem Ausland herbeigeschafft." Wehler, 2008d, S. 58.

1018 Dem Deutschen Reich gelang es nicht, die angestrebte Autarkie umzusetzen. Fehlende Stickstoffimporte für Düngemittel waren ein Hauptgrund für das Scheitern. Vgl. hierzu und zu weiteren Details über die wirtschaftspolitischen Maßnahmen der deutschen Reichsregierung auf dem Agrarsektor während des Ersten Weltkrieges etwa Walter, 2011, S. 151 oder Corni/Frizzera, 2020, S. 14 ff. bzw. Wehler, 2008d, S. 57 ff.

ner Nahrungsmittel ab Januar 1915 über das Instrument der Lebensmittelkarten und ein Fleischverbot an zwei Tagen pro Woche ab Oktober 1915. All diese Maßnahmen lösten das Problem der Nahrungsmittelversorgung der Bevölkerung nicht. Schwarz- und Graumärkte gediehen hingegen so prächtig, dass der Schleichhandel am Ende des Krieges „die einzige wirklich erfolgreiche Organisation unserer Lebensmittelversorgung"[1019] geblieben war.[1020]

Zweiter Akt: Vom Kriegsende (1918) bis zur Weltwirtschaftskrise (1929)

In den anschließenden **Zwischenkriegsjahren** bis zum Ausbruch der Weltwirtschaftskrise im Oktober 1929 ist das Bild der Landwirtschaftsentwicklung in Deutschland und in den USA – bei vollkommen unterschiedlichen Startbedingungen – in einem zentralen Punkt und seinen Begleiterscheinungen identisch: Die **Nachkriegsprosperität geht in beiden Ländern an** weiten Teilen der **Landwirtschaft vorbei!**[1021] Wenn mancherorts von Wachstum gesprochen wird, dann in der Industrie und in den Städten!

Insofern verliert in den Vereinigten Staaten der „Farmer's Dollar" gegenüber dem „Industrial Dollar" bis in das Jahr 1929 sukzessive an Wert.[1022] In ähnlicher Weise vergrößert sich in Deutschland die **Einkommensdisparität** zwischen Agrar- und Industriesektor und setzt eine Entwicklung fort, die hierzulande schon zwischen 1873 und dem Vorabend des Ersten Weltkriegs unübersehbar war.[1023] Hinzu kommt, dass das Deutsche Reich „von ausländischen Agrarprodukten überschwemmt [wird]"[1024], da die überseeischen Exportnationen wie die Vereinigten Staaten ihre Anbauflächen nach Kriegsende noch einmal spürbar ausgeweitet haben (siehe Tabelle 9.4).

1019 Wehler, 2008d, S. 61.

1020 Es wird geschätzt, dass im Deutschen Reich während des Ersten Weltkriegs mindestens *ein Drittel* aller Lebensmittel abseits der offiziellen Märkte den Eigentümer wechselte. Vgl. Corni/Frizzera, 2020, S. 27. Einer anderen Schätzungen zufolge könnten sogar *bis zur Hälfte* aller verfügbaren Lebensmittel auf dem deutschen Schwarzmarkt damals gelandet sein. Vgl. hierzu Wehler, 2008d, S. 61.

1021 „Until agriculture, too, enjoyed the benefits of prosperity [...] American prosperity could be described as no more than ‚a Republican myth'." Lewinsohn, 2010, S. 99. Vgl. zu Deutschland etwa Stadtmüller, 1984, S. 190 f.

1022 Vgl. Lewinsohn, 2010, S. 98. Zu den zeitgleichen Entwicklungen in Deutschland siehe Walter, 2011, S. 174 f.

1023 Trotz einer – im Vergleich zu den vorangegangenen Jahrhunderten – nicht geringfügigen Steigerung des Produktionswerts pro Arbeitskraft, die etwa der Einsatz von Düngemittel und neuer technischer Geräte ermöglichte, hinkte die deutsche Agrarwirtschaft zwischen 1873 und 1913 im *sektoralen Vergleich* der Industrie und dem Dienstleistungsgewerbe hinterher. Vgl. Walter, 2011, S. 127.

1024 Walter, 2011, S. 175. Dies deckt sich mit der Beobachtung, dass Australien und Argentinien allein wegen fehlender Lager ihre Erntemengen exportieren mussten. Vgl. dazu Kindleberger, 1973, S. 93.

Tabelle 9.4: Weizenanbaufläche in ausgewählten Ländern (in Millionen acres).[1025]

	1909–1914	1924–1929	Änderung in %
Europa	187,13	183,13	−2,1
Überseeische Exportländer, davon			
Argentinien	16,05	19,94	+24,2
Australien	7,60	11,97	+57,5
Kanada	9,95	22,57	+126,8
Vereinigte Staaten	53,91	62,99	+16,8
Überseeische Exportländer, insgesamt	87,51	117,37	+18,2
Insgesamt	**274,64**	**300,50**	**+9,4**

Unbenommen der zunehmenden sektoralen Einkommensunterschiede in den Vereinigten Staaten ist die amerikanische Landwirtschaft auf dem Weltmarkt weiterhin wettbewerbsfähig. So speisen sich die Einkommen der amerikanischen Farmer im Jahr 1929 zu 28 Prozent aus Exporterlösen. Gerade Weizen- und Baumwollanbauer verkaufen maßgebliche Anteile ihrer Erzeugnisse ins Ausland (ein Sechstel der Weizen- und die Hälfte der Baumwollernte).[1026]

Trotz einzelner Lichtblicke trübte sich in der deutschen bzw. amerikanischen Landwirtschaft das Gesamtbild seit Ende des Krieges von Jahr zu Jahr weiter ein. Die **zunehmende Technisierung** des Agrarsektors, etwa die Einführung von Traktoren, Sä- und Mähmaschinen, bedeuteten für die betroffenen Landwirte kostenintensive Investitionen. Diese ermöglichten zwar den erhofften, höheren Mengenertrag. Da aber mit der gestiegenen Angebotsmenge die Preise für Agrarprodukte auf dem Weltmarkt fortschreitend verfielen, erodierten die Gewinne. Verschärfend kam hinzu, dass sowohl amerikanische wie deutsche Landwirte neuerdings Kredite für ihre Kapitalinvestitionen zu bedienen hatten. Im Ergebnis stieg auf beiden Seiten des Atlantiks die **Verschuldung** der (Groß-) Bauern, die viele in ihrer Existenz bedrohte oder gar zusammenbrechen ließ.[1027] Das Bitterste: kein Licht, nirgendwo! Ein Ende des Tunnels war für die

---

1025 Die Daten sind entnommen Kindleberger, 1973, S. 92.

1026 Ergänzend sei angemerkt, dass zu dieser Zeit *ein Viertel* aller amerikanischen Arbeitnehmer im *Agrarsektor* beschäftigt war. In Australien, Kanada und Argentinien waren diese Werte noch höher als in den USA; gleiches gilt für den Exportanteil am landwirtschaftlichen Gesamteinkommen. Vgl. hierzu Kindleberger, 1973, S. 87.

1027 So mussten etliche auf den Getreideanbau spezialisierte Großbetriebe in Ostdeutschland aufgeben. Vgl. dazu Walter, 2011, S. 174 f. Die sinkende Rentabilität und die zunehmende („heillose") Verschuldung mit anschließender Zwangsversteigerung der Höfe betrafen in Deutschland allerdings nicht allein die Monokulturen der ostelbischen Güter, sondern auch die *Zwergbetriebe* in Süddeutschland. Vgl. Stadtmüller, 1984, S. 190 f. Zu steigenden Schulden bei US-Farmern siehe Lewinsohn, 2010, S. 99. Nach Morgenthau hat es das Deutsche Reich – anders als andere europäische Länder – nach dem Ersten

(globale) Landwirtschaft nicht erkennbar – und das bereits *bevor* es zum folgenschweren Börsencrash im Oktober 1929 kam![1028]

In den USA bildete die dramatische Entwicklung bei den Landwirten daher ein Schwerpunktthema in allen Wahlkämpfen der 1920er Jahren.[1029] Trotz vieler Wahlversprechen wurde seitens der regierenden Republikaner allerdings lange nichts unternommen.[1030] Schließlich richtete US-Präsident Hoover im Juni 1929 wenige Monate *vor* Ausbruch der Weltwirtschaftskrise eine Agrarbehörde ein, das Federal Farm Board. Kaum gegründet, griff die Behörde mit **Mindestpreisen** für **Weizen** und entsprechenden staatlichen Aufkäufen *erstmalig* in der Geschichte der Vereinigten Staaten in einen Agrarmarkt ein. Im Jahr 1930 dehnte eine neue Unterorganisation des Federal Farm Boards die gleichen Maßnahmen auf **Baumwolle** aus. Diese wirtschaftspolitischen Experimente endeten am 01. Juli 1931: Fortan wurden keine weiteren staatlichen Ankäufe von Agrargütern getätigt!

Diese zweijährigen Interventionsmaßnahmen, die den amerikanischen Steuerzahler viel Geld kosteten,[1031] waren allen voran deshalb eine Enttäuschung, manche sprechen gar von einem Fiasko,[1032] weil sich das Los der amerikanischen Landwirte nicht verbesserte. Kurzum: Das eigentliche **Ziel** wurde **verfehlt**.

Weltkrieg verpasst, eine als längst notwendig empfundene Landreform anzugehen und den landwirtschaftlichen Großgrundbesitz zu beschneiden. Vgl. Morgenthau, 1945, S. 59.

1028 In den Worten von Walter: „Die deutsche Landwirtschaft befand sich bei Ausbruch der Weltwirtschaftskrise bereits in einer prekären Situation." Walter, 2011, S. 180. Und Eliot für die Vereinigten Staaten: „In fact, hard times came to the farms before they closed the factories." Eliot, 1992, S. 41. Mit Ausbruch der Krise im Oktober 1929 kam zu dem bisherigen Überangebot nun noch ein Nachfragerückgang im Agrarsektor hinzu, der die Preise bei landwirtschaftlichen Erzeugnissen einmal mehr drücken sollte. Vgl. Lewinsohn, 2010, S. 100.

1029 Der demokratische Präsidentschaftskandidat Al Smith spitze die dramatische Lage im Wahlkampf 1928 mit der Formulierung zu, der amerikanischen Landwirtschaft stehe der ökonomische Tod bevor. Vgl. Lewinsohn, 2010, S. 99.

1030 Die republikanischen US-Präsidenten der 1920er Jahre waren Coolidge (1923–29) und Hoover (1929–33).

1031 Lewinsohn-Morus beziffert den Verlust des Farm Boards mit 344 Millionen Dollar, davon fielen 184 Millionen Dollar auf den Weizen. Vgl. Lewinsohn-Morus, 1955, S. 173. Den (republikanischen) Weizenbauern hatte die Regierung im Jahr 1929 ein Preis versprochen, der nach Einbruch der Weltwirtschaftskrise mehr als ein Drittel *über* dem Weltmarktpreis lag. Beim Programm für die (demokratische) Baumwolle sollte es sich entpuppen, dass die staatliche Prämie sogar noch üppiger ausfiel: Die Preisgarantie der Regierung bedeutete einen Aufschlag von mindestens 75 Prozent auf den Weltmarktpreis! Kosten in beträchtlicher Höhe fielen zudem für die Lagerung der Ware an: Da die Regierung in beiden Fällen nicht wirklich vorbereitet war, musste sie erstmal Lagerkapazitäten anmieten, um die von den Bauern gelieferte Ware einzulagern! Vgl. dazu Lewinsohn, 2010, S. 100 zum Weizen bzw. S. 102 f. zur Baumwolle.

1032 Vgl. Lewinsohn, 2010, S. 100 ff.

Dritter Akt: Von der Weltwirtschaftskrise (1929) bis zum Zweiten Weltkrieg (1939)
Einen neuen Ansatz zur Lösung der amerikanischen Agrarkrise unternahm dann wenige Zeit später der frisch gewählte Präsident Franklin D. Roosevelt (1933–45). Im Rahmen des sogenannten „New Deal" gewährte die US-Regierung den Bauern ab 1933 **erstmalig** eine **Prämie** dafür, dass sie landwirtschaftliche **Fläche brachliegen** ließen. Mit diesem wirtschaftspolitischen Instrument gelang es der demokratischen US-Regierung, die Einkommen der Landwirte zumindest zu stabilisieren, insbesondere für die Baumwoll- und Tabakpflanzer im Süden sowie die Weizenbauern im Westen des Landes (ohne dass die Einkommen der Farmer das Niveau vor Krisenausbruch wieder erreicht hätten). Finanziert wurden diese ungewöhnlichen Maßnahmen über eine Steuer auf verarbeitete landwirtschaftliche Erzeugnisse.

Nicht unzutreffend wurde im wieder aufkeimenden Protektionismus Europas und den damit wegbrechenden Exportmärkten eine Ursache für die Malaise der amerikanischen Landwirte gesehen. Gleichwohl springt eine monokausale Interpretation zu kurz. Denn sie übersieht intra- und intersektorale Spannungen in der amerikanischen (Land-)Wirtschaft genauso wie umfassende Umwälzungen auf den weltweiten Agrar- und Rohstoffmärkten, auf die Europa keinen Einfluss hatte.[1033]

Blicken wir nun zurück auf Deutschland. Dort waren im Jahr 1925, kaum dass das Land sein Recht auf eine autonome Außenwirtschaftspolitik zurückerlangt hatte, unter maßgeblichen Druck der Agrarlobby auf alle landwirtschaftlichen Hauptprodukte prompt wieder **Zölle** eingerichtet worden, die man mit Ausbruch der Weltwirtschaftskrise allesamt erhöhte – und zwar maßgeblich (siehe Tabelle 9.5).[1034]

Tabelle 9.5: Deutsche Agrarzölle auf ausgewählte Produkte, 1925 und 1931 (in %).[1035]

	1925	1931	Veränderung 1925/31 (in %)
Weizen	5,0	25,0	+400,0
Roggen	5,0	20,0	+300,0

1033 Vgl. hierzu Kindleberger, 1973, S. 88.
1034 Vgl. Wehler, 2008d, S. 279. Morgenthau konstatiert, dass *wegen* der hohen Getreidezölle ein Kilogramm Weizenbrot in Deutschland (1931) *viermal so teuer* wie in Belgien war; und ein paar Jahre später (1935) kostete die Tonne Weizen in der Weimarer Republik *beinahe dreimal* so viel wie in Rotterdam, während der deutsche Zuckerpreis (1935) gar beim Zehnfachen des Weltmarktpreises lag. Insgesamt vermag auch Morgenthau in der Weimarer Zollpolitik nichts anderes zu erkennen als die Verlängerung der bismarckschen Protektion zugunsten der ineffizienten, auf extensiven Getreideanbau ausgerichteten Großbetriebe der Junker. Vgl. Morgenthau, 1945, S. 58.
1035 Die Tabellenwerte stammen von Wehler, 2008d, S. 279. Morgenthau beobachtet darüber hinaus, dass die Regierung Brüning (1930–32) den Zoll auf Hafer, der Bedeutung als Pferdefutter hatte, mehr als verdoppelte. Die hohen Futtermittelkosten belasteten insbesondere die Kleinbauern. Vgl. Morgenthau, 1945, S. 58.

Tabelle 9.5 (fortgesetzt)

	1925	1931	Veränderung 1925/31 (in %)
Schweinefleisch	16,0	40,0	+150,0
Rindfleisch	37,5	55,0	+46,7
Butter	27,5	50,0	+81,8

Ebenso waren *erste* umfangreiche Maßnahmen **zur Entschuldung** der ostpreußischen Agrarier im Mai 1928 per Gesetz eingeleitet worden.[1036] Der Erlass von Schulden bzw. deren Übernahme durch den Staatshaushalt, die Umwandlung kurzfristiger Verbindlichkeiten in langfristige Darlehen sowie die Gewährung neuer Kredithilfen gehörten zu diesem als **Ostpreußenhilfe** bezeichneten Hilfspaket.[1037] Diesem damit ohnehin nicht anspruchslosen Fonds wurde mit Ausbruch der Weltwirtschaftskrise von Reichskanzler Brünig im Wege zweier weiterer Gesetze zusätzliche Mittel gewährt, wodurch Ende 1931 ein „beispiellos üppig gefüllter Subventionstopf"[1038] im Umfang von zwei Milliarden Mark entstanden war, dessen Mittel überwiegend den wenigen ostpreußischen Großbauern zufloss.[1039] „Im Effekt ergab sich [...] keineswegs die beanspruchte Verbesserung der Betriebsrentabilität, vielmehr wurden ganz überwiegend lästige, längst fällige Schulden beseitigt."[1040]

Nach der Machtergreifung Hitlers strebte das nationalsozialistische Deutschland abermals Autarkie an, so auch in der Landwirtschaft. Bereits im September 1933 wurde das sogenannte **Reichserbhofgesetz** erlassen. Im Zuge der Umsetzung dieses Gesetzes erklärte das Regime mehr als eine halbe Million landwirtschaftlicher Betriebe zu Reichserbhöfen. Damit wurde den begünstigten Landwirten die Last der Verschuldung genommen. Gleichzeitig gaben die Nationalsozialisten fortan die Preise für landwirtschaftliche Erzeugnisse vor.[1041]

[1036] Zur Ostpreußenhilfe siehe auch Walter, 2011, S. 180 und Corni/Frizzera, 2020, S. 65 f. sowie Wehler, 2008d, S. 282 f. und S. 330. Die Notwendigkeit eines staatlichen Entschuldungsprogramms für die ostelbischen Großagrarier im Jahr 1928 ist insofern eine Bemerkung wert als es dem landwirtschaftlichen Sektor während der deutschen Hyperinflation 1922/23 gelungen war, seine „Schuldenlast von 17,5 Milliarden Mart mit wertlosem Papier bei wehrlosen Gläubigern so gut wie vollständig abzuzahlen." Wehler, 2008d, S. 280. Kurz: Es kam in der deutschen Agrarwirtschaft in erschreckend kurzer Zeit zu einer erheblichen Neuverschuldung.

[1037] Vgl. Wehler, 2008d, S. 282 und Corni/Frizzera, 2020, S. 66.

[1038] Wehler, 2008d, S. 283.

[1039] Vgl. Wehler, 2008d, S. 283. Bei den beiden Gesetzen handelte es sich um eine Notverordnung im Juli 1930 und einem weiteren Gesetz im März 1931.

[1040] Wehler, 2008d, S. 283.

[1041] Vgl. Walter, 2011, S. 199 f. Über ein Fünftel aller Höfe wurden bis 1939 zu Erbhöfen. Vgl. dazu auch https://de.wikipedia.org/wiki/Reichserbhofgesetz, zuletzt abgerufen am 26.02.2024.

Aufgrund dieser Maßnahmen ging es vielen Landwirten im Nationalsozialismus wirtschaftlich besser als zuvor. Zur Kehrseite dieser Medaille gehörte, dass die Betreiber von Erbhöfen nun keine oder kaum noch Kredite erhielten, da sie den Banken fortan keine persönlichen Sicherheiten mehr bieten konnten: Ihr Hof war nicht mehr in ihrem Eigentum! Sie waren **zwangskollektiviert**! Zugleich kam es zur Konservierung der Strukturen, eine **notwendige Strukturanpassung unterblieb.**[1042]

Hinsichtlich der **Bodenproduktivität** wollen wir noch festgestellt haben, dass die deutsche Landwirtschaft bei zahlreichen Agrarerzeugnissen erst kurz vor Ausbruch der Weltwirtschaftskrise ein Niveau erreicht hat, welches sie bereits 1913 aufzuweisen vermochten; bei Weizen und Roggen dauerte es sogar bis ins Jahr 1938 bis die Erträge pro Hektar denen des Basisjahres (1913) wieder entsprachen.[1043] Im Vergleich zur landwirtschaftlichen Produktivität seiner Nachbarländer hinkte Hitler-Deutschland unzweifelhaft stark hinterher (siehe Tabelle 9.6).

Tabelle 9.6: Erträge von Agrarprodukten in Deutschland und im europäischen Vergleich vor dem Zweiten Weltkrieg (in Doppelzentner pro ha).[1044]

Erzeugnis	Europäischer Spitzenreiter	Deutsches Reich	Abstand zum Spitzenreiter (in %)
Weizen (wheat)	36	27	−25,0
Roggen (Rye)	25	20	−20,0
Zuckerrübe	374	304	−18,7
Gerste (Barley)	34	25	−26,5
Hafer (Oat)	31	24	−22,6
Kartoffeln	250	176	−29,6

Am Ende der Zwischenkriegsjahre tat sich mit Blick auf den oben mehrfach beleuchteten Zucker auf internationaler Ebene eine Entwicklung auf, die für den Welthandel mit agrarischen und mineralischen Rohstoffen nach dem Zweiten Weltkrieg **wegweisend** werden sollte: Unter *erstmaliger* Beteiligung der *höchsten Regierungsebene* fand

---

1042 Vgl. hierzu Walter, 2011, S. 200.

1043 Dass sich die durchschnittlichen Hektarerträge in der Weimarer Republik nur mühsam erholten, ist nicht unerheblich auf den Umgang mit den Böden im Ersten Weltkrieg zurückzuführen: Die fehlende Düngung und der vernachlässigte Pflanzenwechsel in den Kriegsjahren rächten sich jetzt! Vgl. Wehler, 2008d, S. 277.

1044 Morgenthau, 1945, S. 53. Es fehlt der Quelle eine explizite Jahresangabe zu den Daten. Gleichwohl lässt sich vermuten, dass sich die Analyse auf 1938 bezieht. Man beachte, dass es die Abstände zu europäischen Ländern sind, d. h. die überseeischen Gebiete sind noch gar nicht berücksichtigt; Morgenthau wählt eine Darstellung, in der Deutschland bei den sechs ausgewählten Feldfrüchten stets an vierter Stelle ist. D. h. drei Länder hatten höhere Erträge. Konkret: Bei allen sechs Erzeugnissen lagen die Erträge in den Niederlanden höher, in jeweils fünf Fällen waren diese auch in Belgien und Dänemark oberhalb der deutschen Ausbringungsmenge.

in London im Jahr 1937 eine **internationale Zuckerkonferenz** statt. Mit ihrem Engagement wollten die Staatsmänner das sichtbare Zeichen setzen, dass sie sich „persönlich um die Probleme [...] des internationalen Zuckermarktes bemühten"[1045] – schließlich war auch der Zuckermarkt mit Ausbruch der Weltwirtschaftskrise aus den Fugen geraten.[1046]

Nicht weniger revolutionär an dieser Zusammenkunft war, dass die Vertreter der Produzentenländer erstmalig Vertreter der Konsumländer einluden und mit diesen *gemeinsam* eine Lösung aushandelten, die für beide Seiten tragfähig sein sollte.[1047] Mit diesem neuartigen Konferenzformat erhielt das Prinzip, dass die rohstoffexportierenden Länder relevante Fragen nicht über den Kopf der Importländer bzw. deren Interessen hinweg alleine treffen können, internationale Anerkennung. Ein Prinzip, das nach dem Zweiten Weltkrieg bei allen Rohstoffabkommen Anwendung fand.[1048]

Der Kriegsausbruch wenig später machte das Londoner Zuckerabkommen – das technisch betrachtet als traditionelles Kartell konzipiert war; eines, bei dem jedes Ausfuhrland also eine **Quote** zugeteilt bekam – ein Ende, noch bevor es auf die Probe gestellt werden konnte.[1049]

1045 Lewinsohn-Morus, 1955, S. 183.
1046 Am Beispiel Kubas sei der Verfall des Zuckerpreises binnen weniger Jahre ansatzweise illustriert. Mitte des Jahres 1920 hatte der Zuckerpreis je Pfund ein Niveau von 22 Centavos erlangt; dann brach er bis Dezember des Jahres auf vier Centavos je Pfund ein. Schließlich ermäßigte sich der Preis mit der Weltwirtschaftskrise auf *weniger als 1 Centavo* je Pfund im Jahr 1932. Vgl. Galeano, 2019, S. 100.
1047 Angemerkt sei, dass es nicht die erste länderübergreifende Initiative im Zuckermarkt überhaupt war. Denn bereits im *Jahr 1902* hatten zahlreiche europäische *Produzentenländer* – darunter Deutschland, Frankreich, Italien, Holland und Belgien – in Brüssel einen Pakt geschlossen, um dem erkennbaren Widersinn auf dem Zuckermarkt ein Ende zu bereiten: Nämlich den Preis im Inland hochzuhalten, während man sich auf dem Weltmarkt unterbot – durch Exportprämien, die den nationalen Kartellen gewährt wurden. Nach dem diese Kooperation mit dem Ersten Weltkrieg zusammengebrochen war und es gleichzeitig zu einer *fundamentalen Umwälzung* im Markt gekommen war, u. a. weil Kuba zur Zuckerdose der Welt emporstieg und der Überschuss an Rohrzucker immer weiter anstieg, wurde ein erster Versuch für ein neues internationales Abkommen im Jahr 1931 unternommen. Dessen Ergebnisse waren aber enttäuschend geblieben. Vgl. Morus, 1955, S. 181 f.
1048 Vgl. Morus, 1955, S. 183 Das internationale Zinn- (1954–1985) sowie das internationale Kakaoabkommen (1973–1980) sind Beispiele solcher Initiativen, bei denen – zumindest zeitweise – die Idee der Ausgleichslager zur Anwendung kam. Es wurde ein Preisband jeweils definiert (ein Mindestpreis für die Exportländer und ein Höchstpreis zum Schutze der Konsumentenländer). Das Zinnabkommen ist im Jahr 1985 mit einem Schuldenstand von 300. Mio. Pfund Sterling zusammengebrochen. Rückblickend ist es erstaunlich, dass man auf internationaler Ebene die Idee der Ausgleichslager revitalisierte bzw. von ihr überzeugt war, ungeachtet der schlechten Erfahrungen mit ihnen in den USA zwischen 1929 und 1931. Zum Zinn- und Kakaoabkommen siehe z. B. Lachmann, 1994b, S. 100 ff. sowie S. 119 f.
1049 Vgl. Lewinsohn-Morus, 1955, S. 183.

Teil C: Reale Widerspenstigkeit und dogmatisches Marktversagen

Im neoklassischen Referenzmodell der vollständigen Konkurrenz wurden zahlreiche vereinfachende Annahmen getroffen (siehe Lektion 6). Dieser Umstand dürfte die pauschale Übertragbarkeit der bisher gewonnenen Erkenntnisse einschließlich ihrer wirtschaftspolitischen Schlussfolgerungen auf sichtbar abweichende Marktrealitäten einschränken. Um an praxisnähere Einsichten über die Märkte und ihre Funktionsweise zu gelangen, wollen wir uns in den kommenden fünf Lektionen daher von einzelnen dieser restriktiven Prämissen lösen.

Als erstes geben wir die Annahme auf, dass auf beiden Marktseiten zahlreiche Teilnehmer stehen. Indem wir diese restriktive Vorstellung über Bord werfen, dürfte die Idee von den ohnmächtigen Marktakteuren prompt auf die schiefe Ebene geraten. Doch mit welcher marktlichen Wirkung? Und welche wirtschaftspolitischen Rückschlüsse lassen sich hieraus gegebenenfalls ziehen, wenn durch Marktmacht das Marktergebnis beeinträchtigt werden sollte?

Es sind allen voran diese zwei Fragen, die in Lektion 10 unseren Untersuchungsgang lenken. Gleichwohl werden sie uns auch in der anschließenden Lektion 11 begleiten, wenn wir die im Standardmodell zum Einsatz kommenden Herstellungsverfahren durch andere ersetzen. Immerhin scheint es nicht ausgeschlossen, dass die sektorale Produktionstechnologie eine marktliche Eintrittsbarriere bilden und somit Marktmacht begründen kann.

In den Lektionen 12 und 13 wenden wir uns dann dem Phänomen der externen Effekte zu. Hierbei werden wir die bis dato unausgesprochene Annahme abstreifen, dass privater und sozialer Nutzen deckungsgleich bzw. die privaten und sozialen Kosten aus ökonomischer Tätigkeit äquivalent sind. Indem wir das neoklassische Grundmodell diesbezüglich modifizieren, gelingt es uns, relevante gesellschaftliche Phänomene aufzugreifen und in ihren marktlichen Konsequenzen zu untersuchen, darunter den Umgang mit Umweltgütern.

Schließlich trennen wir uns von der Annahme, Anbieter und Nachfrager seien über die qualitativen Eigenschaften des zu handelnden Gutes stets gleichermaßen informiert. Mit einer Untersuchung über die Funktionsweise des Gebrauchtwagenmarkts betreten wir damit in Lektion 14 das Feld der asymmetrischen Informationen.

Bevor wir in diese Diskussionen einsteigen, wollen wir noch vorausschicken, dass die adressierten Themengebiete in Standardlehrbüchern unter der Rubrik des **Marktversagens** abgehandelt werden.

Dabei kann dieser Begriff mitnichten **dogmatisch** neutral gedeutet werden. In ihm schwingt vielmehr die **neoklassische Denkweise** mit. Wider die gängige Unsitte über diesen Umstand in einführenden Ökonomiebüchern nonchalant hinwegzusehen, wollen wir hier nur knapp Auskunft darüber erteilen, dass weder die Vertreter der Österreichischen Schule noch die Marxisten auf die Idee kämen, im Kontext der zu beleuchtenden Ereignisse von Marktversagen zu sprechen: Für marxistische Volkswirte liegt das zentrale Versagenselement bekanntlich auf der Systemebene des Kapitalismus. Aus ihrer Sicht handelt es sich bei diesem Begriff folglich um eine semantische Nebelkerze der Kapitalismusbefürworter.

https://doi.org/10.1515/9783111331607-012

Auch die von der Österreichischen Schule geprägten Ökonomen lassen den Begriff des Marktversagens links liegen – sie haben ihn aus ihrem Wortschatz gestrichen, ohne dabei die zu Grunde liegenden realen Phänomene zu negieren. Allein sie fragen sich, wie der Markt überhaupt versagen kann, wenn einzig Individuen handeln? Aus ihrer Perspektive kann der Markt daher per se nicht versagen! Darüber hinaus empfinden sie es für problematisch, dass durch den leichtfüßigen Umgang mit dem Marktversagensbegriff der wirtschaftspolitische Lösungsweg nur allzu schnell gedanklich vorgezeichnet ist: die Notwendigkeit für staatliches Handeln!

Lektion 10
Marktversagen aufgrund von Marktmacht, Teil 1

https://doi.org/10.1515/9783111331607-013

10.1 Einführung

Auf Basis der bisherigen Diskussionen haben wir verstanden, dass in einer Marktwirtschaft über den koordinierenden Preismechanismus die Pläne der zahlreichen Konsumenten und der vielen Anbieter in Einklang gebracht werden. Mit Hilfe dieses marktlichen **Entdeckungsverfahrens** kommt es letztlich zu einer effizienten Allokation und die Verschwendung knapper Ressourcen wird bei bestmöglicher Versorgung der individuellen Bedürfnisse vermieden.

Unter einem dynamischen Blickwinkel wurde auf der Grundlage der neoklassischen Theorie zudem herausgearbeitet, dass der Wettbewerb unter den Anbietern langfristig für das Verschwinden der Überrendite sorgt – allen voran, wenn sich ein Land von der Weltwirtschaft nicht entkoppelt. Denn die Integration in die Weltwirtschaft erweitert die Möglichkeit zur Arbeitsteilung, die gemäß Adam Smith nichts weniger als die „Mutter des Wohlstands" darstellt.

Entsprechend den bislang gewonnenen Einsichten, auch zum Interventionismus, scheint es daher noch immer wirtschaftspolitisch vertretbar, die Märkte sich selbst zu überlassen. Dieser Vorstellung von einer harmonischen **Laissez-faire-Wirtschaft** liegt dabei die Annahme unausgesprochen zugrunde, dass alle Marktteilnehmer an einem dynamischen Wettbewerb interessiert sind und sich diesem *nicht* entziehen – etwa durch Kartellbildung, die sich kurioserweise aus der Vertragsfreiheit einer liberalen Wirtschaftsordnung ebenfalls als rechtmäßig ableiten lassen kann bzw. lassen könnte.

Wegen dieser grundsätzlichen Gefahr eines wettbewerbshemmenden Anbieterverhaltens und der Allgegenwart von Kartellen im Deutschen Reich ab dem Ende des 19. Jahrhunderts wiesen die deutschen Ordoliberalen nach dem Zweiten Weltkrieg unablässig darauf hin, dass der **Wettbewerb staatlich orchestriert** werden muss. Infolgedessen forderten sie für die junge Bundesrepublik eine Wettbewerbsordnung und die Errichtung einer staatlichen Wettbewerbsaufsicht, um die Entstehung neuer Monopole und Kartelle in der Privatwirtschaft zu verhindern.[1050]

Ungeachtet dessen, dass die Beharrlichkeit der Ordoliberalen dazu beitrug, dass das berühmte Gesetz gegen Wettbewerbsbeschränkungen (GWB) in der Bundesrepublik im Jahr 1958 in Kraft getreten ist und sich die Einrichtung des Bundeskartellamts mit diesem Gesetz und seiner Überwachung bzw. Anwendung begründet, sollten wir uns mit Hilfe der ökonomischen Theorie eine eigene Meinung darüber bilden, welches konkrete Maß an Macht von welcher Marktkonstellation ausgehen kann – allein schon, um den Status quo im Wettbewerbsrecht der heutigen Industrieländer in groben Zügen nachvollziehen zu können.

Dazu verschaffen wir uns im ersten Schritt einen Überblick über die unterschiedlichen Marktformen (Kapitel 10.2). Hieran anknüpfend vertiefen wir dann mit Hilfe der

---

[1050] Mit der Forderung, den Marktkräften Spielregeln aufzuerlegen, waren die Ordoliberalen allerdings nicht die ersten. Bereits J.S. Mill, der den englischen Klassikern zuzurechnen ist, konstatiert, dass „Laisser-faire allein nicht ausreichte. Gestaltung war gefragt." Kolb, 1997, S. 73.

Neoklassik und ihrer Modelle bedeutsame Marktkonstellationen, in denen Marktmacht besteht bzw. zu bestehen scheint (Kapitel 10.3). Entgegen den üblichen Darstellungen geben wir uns in Kapitel 10.4 den Raum, die Ansicht anderer Dogmen zum Phänomen der Marktmacht zu Wort kommen zu lassen. Schließlich wäre es doch zu verwunderlich, wenn marxistische Ökonomen und/oder die Vertreter der Österreichischen Schule die aus der Neoklassik gewonnenen Einsichten teilten – zumal uneingeschränkt! Mit einem kurzen Fazit leiten wir abschließend zu Lektion 11 über, in der dann ein Spezialfall von Marktmacht betrachtet wird (Kapitel 10.5).

10.2 Grundlagen zu den Marktformen

Märkte kann man mit Hilfe verschiedener Merkmale klassifizieren. Unter den **qualitativen Kriterien** ragen insbesondere der Aspekt der **Marktzugangsmöglichkeit** und die **Eigenschaft** der gehandelten **Güter** heraus.[1051]

Bezüglich der Güter liegt das Augenmerk regelmäßig auf dem Aspekt ihrer Vergleichbarkeit. Wie in Lektion 1, Kapitel 10.2.2.2.2. erörtert wurde, zeichnen sich homogene Märkte dadurch aus, dass die gehandelten Güter aus Sicht der Nachfrager sachlich gleichartig sind. In den folgenden Abschnitten unterstellen wir – wenn nicht anders angegeben – der Einfachheit halber weiterhin Märkte, auf denen homogene Güter wie mineralische und agrarische Rohstoffe gehandelt werden.[1052]

Für Märkte mit **freiem Zugang** existieren keinerlei Markteintrittsbedingungen: Das Eindringen neuer Anbieter bzw. Nachfrage ist jederzeit möglich (siehe Lektion 6); bei Märkten mit **beschränktem Zugang** ist die Aufnahme eines Gewerbebetriebs hingegen nur unter bestimmten Voraussetzungen möglich. Oftmals sind es rechtliche Bedingungen. In solchen Fällen wird die behördliche Genehmigung (bzw. Konzession) für den Gewerbebetrieb erst erteilt, wenn der Antragsteller die fachliche Qualifikation nachweisen kann. So besteht noch heute in gut fünfzig deutschen Handwerksberufen die Notwendigkeit der Meisterprüfung für eine Betriebsgründung.[1053] Ergänzende Beispiele, in denen mitunter auch die persönliche Reife und/oder räumliche Voraussetzungen überprüft werden, bevor die Teilnahme auf der Anbieterseite möglich wird, betreffen Ärzte, Notare, Wirtschaftsprüfer oder das Taxigewerbe (siehe Lektion 9).

1051 Ein weiteres Kriterium mag in dem Organisationsgrad eines Marktes erblickt werden. Auf einem *organisierten* Markt wie einer Rohstoffbörse oder einer Auktion richtet sich das Zusammentreffen und das Zusammenspiel von Angebot und Nachfrage nach bestimmten, festgelegten Regeln. Auf einem *nicht-organisierten* Markt handeln die Beteiligten frei von solchen Vorgaben bzw. Richtlinien.

1052 Diese strikte Annahme von der Homogenität der Güter werden wir später bei der monopolistischen Konkurrenz (Kapitel 10.3.3.1.) wie auch in Lektion 14 (asymmetrische Information) aufgeben.

1053 Im Januar 2020 trat in Deutschland eine neue Handwerksordnung in Kraft. Dadurch *erhöhte* sich die Zahl der Handwerksberufe, bei denen eine Meisterpflicht zur Existenzgründung besteht, um zwölf auf 53. Details finden sich im Anlage A der Handwerksordnung. Vgl. hierzu etwa http://www.gesetze-im-internet.de/hwo/anlage_a.html, zuletzt abgerufen am 28.02.2024.

Neben der qualitativen Klassifizierung lassen sich Märkte auch unter Einbindung **quantitativer Kriterien** ordnen. Üblich ist die Differenzierung der Märkte mit Hilfe der **Teilnehmerzahl** auf **Angebots-** und **Nachfrageseite.** Tabelle 10.1 bringt diese gängige Darstellungsweise zum Ausdruck, indem auf beiden Marktseiten zwischen vielen, wenigen und einem Akteur unterschieden wird.

Tabelle 10.1: Marktformen.

		Nachfrager		
		Viele	*Wenige*	*Einer*
Anbieter	*Viele*	**Bilaterales Polypol**	Nachfrageoligopol	**Nachfragemonopol (Monoposon)**
	Wenige	Angebotsoligopol	Bilaterales Oligopol	Beschränktes Nachfragemonopol
	Einer	**Angebotsmonopol**	Beschränktes Angebotsmonopol	Bilaterales Monopol

10.3 Neoklassische Modelle zu Marktformen mit potenzieller Marktmacht

Im Folgenden beleuchten wir zunächst das Angebotsmonopol (Kapitel 10.3.1.). Dieser Einstieg ist nicht nur gängig, sondern auch geeignet. Denn die monopolistische Marktform steht der vollständigen Konkurrenz mit vielen Anbietern diametral gegenüber, so dass die Bandbreite strukturbedingter Marktergebnisse mit dieser Vorgehensweise frühzeitig aufgezeigt werden kann. Die praxisnäheren Fälle des Oligopols (Kapitel 10.3.2.) betrachten wir im Anschluss genauso wie weitere Formen mit Marktmachtpotenzialen (Kapitel 10.3.3.). Diese ergänzenden Untersuchungen sind notwendig, um der Gefahr zu entgehen, vorschnelle Schlüsse für den praktischen Umgang mit Marktmacht zu ziehen; Schlüsse also, die einzig auf der Analyse der polaren Konstellationen von Angebotsmonopol und vollständiger Konkurrenz beruhen. Mit einem ersten Zwischenresümee zu diesen Modellen und der Wirkung der Neoklassik auf die wettbewerbsrechtliche Praxis schließen wir (Kapitel 10.3.4.).

10.3.1 Das Angebotsmonopol

Im Angebotsmonopol steht den zahlreichen Nachfragern lediglich *ein* Anbieter gegenüber.[1054] Was ändert sich in dieser Konstellation jetzt gegenüber dem Polypol?

[1054] Das Wort Monopol verdankt die Welt dem griechischen Philosophen Aristoteles. Vgl. Lewinsohn-Morus, 1955, S. 179. Kurzum: Das Phänomen des Monopols kennt schon das Altertum!

Nun, da der Monopolist das Marktangebot zu einhundert Prozent beherrscht, er das gesellschaftliche Angebot an einem bestimmten Gut also alleine verantwortet, ist er – anders als ein Unternehmer unter den Bedingungen der vollständigen Konkurrenz – **kein Preisnehmer**. Im Gegenteil! Der Monopolist bestimmt den Preis!

Ansonsten gelten die gleichen Annahmen, die wir in Lektion 3 in Kapitel 10.3.3.1 für das Polypol-Modell eingeführt haben, d. h. etwa, dass der rationale Monopolist ebenfalls **Gewinnmaximierung** betreibt.

Zur Erreichung dieses Ziels muss er im neoklassischen Modell den Preis nun so setzen, dass bei diesem sein Grenzerlös seinen Grenzkosten entspricht: Stimmen Grenzkosten und Grenzerlös überein, kann auch der Monopolist den Gewinn nicht weiter steigern, er hat sein Maximum erreicht. Diese Tatsache ist identisch zum Polypol-Fall!

Der kleine, aber feine Unterschied zur vollständigen Konkurrenz liegt jetzt darin, dass im Monopol der Marktpreis *nicht* mehr identisch mit dem Grenzerlös des Monopolisten ist! Die Konsequenzen aus diesem bedeutsamen Unterschied wollen wir uns nun an einem fiktiven Beispiel ansehen (Kapitel 10.3.1.1.). Unter Beachtung des gewählten Analyserahmens vergleichen wir anschließend, wie weit die Gleichgewichtslösung im Angebotsmonopol von der unter den Bedingungen der vollständigen Konkurrenz abweicht (Kapitel 10.3.1.2.). Mit einem ersten Zwischenfazit zur Bedeutung von Marktmacht beenden wir die Betrachtung des Angebotsmonopols (Kapitel 10.3.1.3.).

10.3.1.1 Die Gleichgewichtslösung im Angebotsmonopol

Stellen wir uns einen idyllischen, abgelegenen Waldsee vor, den die dort Badewilligen nur über einen langen Waldweg von einem Parkplatz aus erreichen. Auch von hier, dem nächstgelegenen Parkplatz, liegt die erste Einkaufsgelegenheit mehr als ein Steinwurf entfernt: kein Supermarkt, keine Tankstelle weit und breit. Mit anderen Worten: Jedem Freund unseres Naturbads ist der örtliche Rahmen eine wahrnehmbare Hürde, den See mal eben zu verlassen, um Getränke kaufen zu gehen.

Insofern freut es die treue Fangemeinde unseres Waldsees, dass dort der Verkauf von Snacks und Erfrischungsgetränken durch die kommunale Behörde genehmigt wurde.[1055] Den Ersten unter ihnen schwant gleichwohl, dass die Genehmigung *eines* Kiosks problematisch sein könnte, da sie fortan, wenn sie sich am See nicht in Verzicht üben wollen, die Preise des monopolistischen Kioskbetreibers akzeptieren müssen.[1056] Denn dieser ist in der komfortablen Situation, dass er sich um das Verhalten anderer Anbieter am See nicht zu kümmern braucht: Es sind keine da!

[1055] Böse Zungen behaupten, für einen Kiosk am Waldsee braucht es nur in Deutschland der Genehmigung!

[1056] Von den beiden Möglichkeiten sich Getränke von zuhause aus mitzubringen bzw. vor Ort Seewasser zu trinken, wollen wir für das Beispiel absehen.

Gesegnet mit diesen günstigen Rahmenbedingungen hat der Kioskbesitzer gleichwohl noch eine knifflige Entscheidung eigenständig zu treffen: die Preise setzen! Wie soll er diese gestalten, um seinen Gewinn zu maximieren?

Der Einfachheit halber machen wir unseren Kioskbetreiber zum Getränkemonopolisten und konzentrieren uns auf das Fallbeispiel von 1-Liter-Flaschen Sprudelwasser. Der Anbieter sieht sich in der Badesaison folgender Nachfragekurve bzw. **Preis-Absatz**-Funktion gegenüber (Tabelle 10.2):[1057]

Tabelle 10.2: Verkaufspreis des Monopolisten und potenzielle Nachfragemenge.

Preis pro Liter (in Euro)	Nachfragemenge (in Litern)
5,00	0
4,50	2.000
4,00	4.000
3,50	6.000
3,00	8.000
2,50	10.000
2,00	12.000
1,50	14.000
1,00	16.000
0,50	18.000
0,00	20.000

Die Daten in Tabelle 10.2 bringen u. a. folgendes – potenzielle – Käuferverhalten zum Ausdruck. Verlangt der Kioskbetreiber pro Literflasche einen astronomischen Preis, werden die Badegäste auf Getränkekäufe am See vollständig verzichten. Der **Prohibitivpreis** liegt in unserem Beispiel bei 5 Euro pro Flasche. Am anderen Ende der Skala, wenn der Kioskbesitzer das Wasser verschenkt, bietet der „Tiefstpreis" manchem Badegast einen Anreiz, am Ende des Badevergnügens gewichtige Flaschen über den langen Waldweg zum Auto zu tragen – etwa für die Grillparty am Abend. In diesem Szenario begrenzt sich die **Sättigungsmenge** auf 20.000 Flaschen in der Badesaison.[1058]

Das potenzielle Kauf- und Trinkverhalten aller Konsumenten, das der Kioskbetreiber beobachten kann, lässt sich in folgender Form grafisch darstellen (Abbildung 10.1).

1057 Das Zahlenbeispiel ist entnommen Bofinger, 2015, S. 116.
1058 Angemerkt sei, dass der Monopolist sein Produkt (hier: Wasserflaschen) allen Käufern zu einem *einheitlichen* Preis verkaufen *muss*. Ansonsten wird der Monopolist die Grundlage für Arbitragegeschäfte erzeugen, wenn man realitätsnah annimmt, dass die Nachfrager untereinander Handel treiben können. Genau diesen Anreiz zum Handel untereinander würde der Monopolist bei den Nachfragern mit Preisdifferenzierungen entstehen lassen. Vgl. hierzu z. B. auch Neumann, 1991, S. 38.

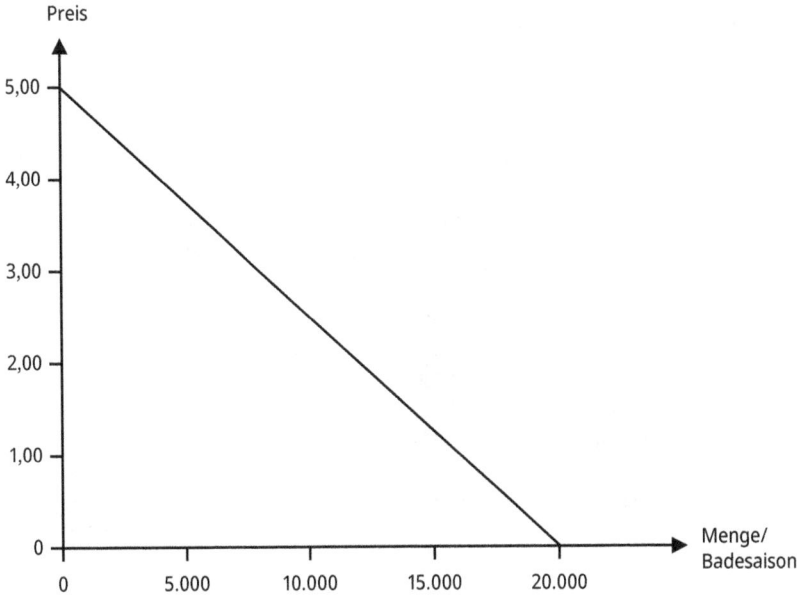

Abbildung 10.1: Sprudelnachfrage (in Liter) in Abhängigkeit vom Preis (in Euro pro Flasche).

Mit den oben genannten Werten (Preis, Nachfragemenge) lässt sich im nächsten Schritt der Gesamtumsatz des Monopolisten in Abhängigkeit vom Marktpreis berechnen. Die Werte der sog. **Preis-Erlös-Funktion** zeigt die Tabelle 10.3.[1059]

Tabelle 10.3: Potenzielle Verkaufspreise und Erlöse des Monopolisten.

Preis pro Liter (in Euro)	Nachfragemenge (in Litern)	Umsatz (in Euro)
5,00	0	0
4,50	2.000	9.000
4,00	4.000	16.000
3,50	6.000	21.000
3,00	8.000	24.000
2,50	10.000	25.000
2,00	12.000	24.000
1,50	14.000	21.000
1,00	16.000	16.000
0,50	18.000	9.000
0,00	20.000	0

1059 Technische Nebenbemerkung: Im Modell des Polypols ist für den einzelnen Unternehmer die Preis-Erlös-Relation stets eine proportionale Gerade. Der Monopolist steht hingegen einer parabelförmigen Preis-Erlös-Relation gegenüber wie die Werte in Tabelle 10.2 erwarten lassen. Eine entsprechende grafische Darstellung findet sich für Interessierte im Anhang A.

Berechnen wir jetzt auf Basis dieser Daten für unseren Kioskbesitzer dessen Grenzerlös (GE) zunächst gesamthaft und dann pro Mengeneinheit, so ergibt sich folgendes Bild (Tabelle 10.4):

Tabelle 10.4: Entwicklung des Grenzerlös im Monopol.

Preis pro Liter (in Euro)	Nachfragemenge (in Litern)	Umsatz (in Euro)	GE, gesamt (in Euro)	GE pro Mengeneinheit (in Euro)
5,00	0	0	0	0
4,50	2.000	9.000	9.000	4,50
4,00	4.000	16.000	7.000	3,50
3,50	6.000	21.000	5.000	2,50
3,00	8.000	24.000	3.000	1,50
2,50	10.000	25.000	1.000	0,50
2,00	12.000	24.000	−1.000	−0,50
1,50	14.000	21.000	−3.000	−1,50
1,00	16.000	16.000	−5.000	−2.50
0,50	18.000	9.000	−7.000	−3.50
0,00	20.000	0	−9.000	−4.50

Mit den Werten aus Tabelle 10.4 lässt sich die **Grenzerlöskurve** grafisch darstellen. Zu beachten ist dabei, dass bei einer linearen Nachfragekurve – wie wir sie hier der Einfachheit halber unterstellt haben – die Grenzerlöskurve eines Monopolisten doppelt so steil wie die Nachfragekurve verläuft, der er gegenüber steht. Die Abbildung 10.2 illustriert diesen Zusammenhang ohne dabei auf die konkreten Werte aus unserem Beispiel von oben zurückzugreifen. Mit Blick auf Abbildung 10.2 sei darüber hinaus angemerkt, dass weiterhin eine steigende Grenzkostenkurve unterstellt wurde. Die Grenzkosten verlaufen also analog zum Referenzfall der vollständigen Konkurrenz.

Zur **gewinnmaximierenden Lösung** des (Getränke-)Monopolisten gelangen wir nun, indem wir zunächst den Schnittpunkt aus dessen Grenzerlös- und Grenzkostenkurve suchen. Von dort gehen wir anschließend vertikal nach oben, bis wir auf die Nachfragekurve treffen. Genau hier, in diesem Berührungspunkt, der in der ökonomischen Literatur als **Cournot'scher Punkt** bezeichnet wird, liegt das – bei den getroffenen Modellannahmen – **stabile Marktgleichgewicht**.[1060] Bewegt man sich von diesem Punkt aus horizontal nach links auf die Ordinate, erhalten wir den Monopolpreis; die hierzu korrespondierende optimale Produktionsmenge des Alleinanbieters finden wir dagegen, wenn wir vom Cournot'schen Punkt ausgehend vertikal nach unten auf die Abszisse fahren.

1060 Im soweit unterstellten Falle eines *Einzelmonopols* handelt es sich um ein stabiles Gleichgewicht. Auf die Möglichkeit instabiler Gleichgewichte bei Kollektivmonopolen kommen wir in Kapitel 10.3.2.1. zu sprechen.

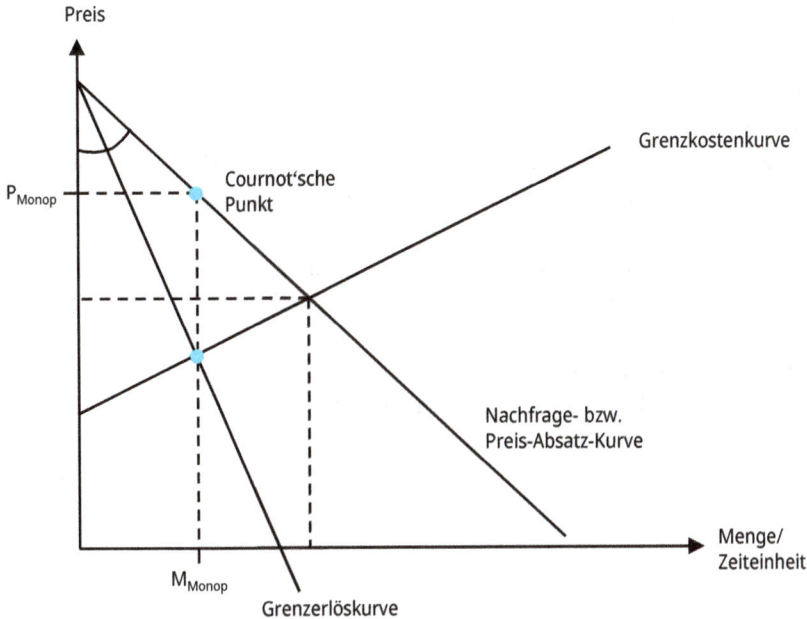

Abbildung 10.2: Gewinnmaximierende Angebotsmenge eines Monopolisten.

Soweit haben wir also ermittelt, *wie* sich im neoklassischen Modellrahmen das Marktgleichgewicht für den Fall des Angebotsmonopols ganz allgemein bestimmen lässt. Für unser eigentliches Anliegen kann dies allerdings nur ein Zwischenschritt darstellen: So lange wir keine Vorstellung von der **Dimension** dieser **Marktmacht** haben, muss das Verständnis für wirtschaftspolitische Forderungen wie einer wettbewerblichen Aufsicht nebulös und unvollständig bleiben.

Mit anderen Worten: Für **ordnungspolitische** Schlussfolgerungen müssen wir zunächst verstehen, wie weit das Gleichgewichtsergebnis im Monopol von dem bei vollständiger Konkurrenz abweicht. Ist der Unterschied frappierend oder erhält der Monopolist lediglich einen Schnaps extra? Letzteres mag für sich genommen unschön sein, als gesellschaftliches Problem gleichwohl vernachlässigbar!

Um eine Vorstellung von der Wirkung von Marktmacht entwickeln zu können, bietet es sich an, die beiden polaren Gleichgewichtslösungen des Monopols und der vollständigen Konkurrenz gegenüberzustellen. Im Rahmen der uns mittlerweile vertrauten neoklassischen Modellwelt ist dies relativ einfach möglich!

10.3.1.2 Die Gleichgewichtslösungen von Monopol und Polypol im Vergleich

Zur Beantwortung der oben adressierten Frage wollen wir der Einfachheit halber unterstellen, dass in beiden Fällen, d.h. im Polypol und im Monopol, die gleiche sektorale Kostenstruktur vorliegt.

Diese Annahme klingt zunächst einmal ungewöhnlich; ja, sie irritiert sogar zuweilen. Dennoch kann sie – wie leicht einzusehen ist – in der Praxis zutreffen. Dazu müssen wir uns nur vorstellen, dass die vielen, bis eben unabhängigen Unternehmen einer Branche fusioniert haben! Dadurch wird fortan nur noch ein Unternehmen mit zahlreichen Betriebsstätten auf dem Markt präsent sein. Aus der Vielzahl an Unternehmen wurde also eines, ohne dass sich im neuen Firmenkomplex die Struktur der Kosten verändert hätte.[1061]

In der nachfolgenden Abbildung 10.3 ist die Gleichgewichtslösung für das aus Fusion entstandene Monopol durch P_{FM} und M_{FM} dargestellt.[1062] Im Polypol liegt das Marktgleichgewicht hingegen bei P_{VK} und M_{VK}. Dabei ist zu beachten, dass die Grenzkostenkurve im Polypol zur (kurzfristigen) Angebotskurve uminterpretiert werden kann, weshalb im Schnittpunkt von Nachfrage- und Angebots- bzw. Grenzkostenkurve die Gleichgewichtslösung zu verorten ist.

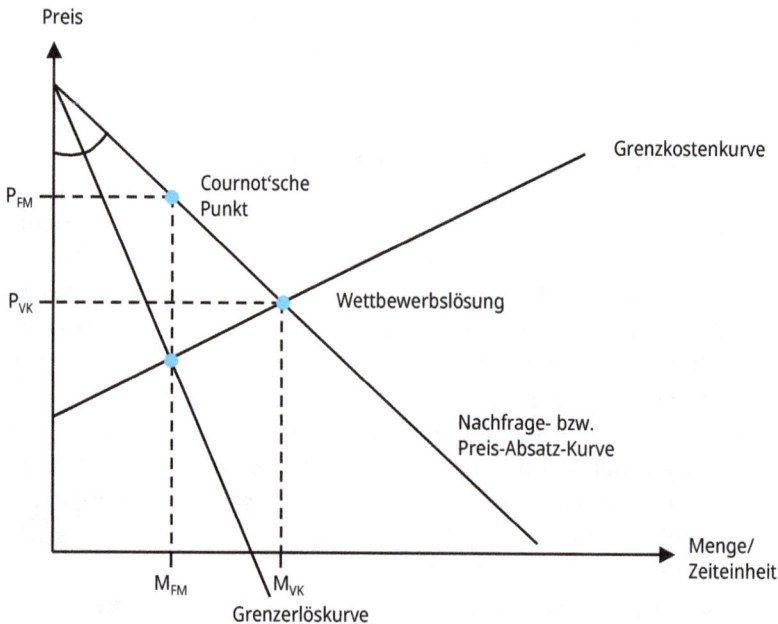

Abbildung 10.3: Gleichgewichtslösungen bei vollständiger Konkurrenz und im Fusionsmonopol.

1061 Da wir weiter unten als Fallbeispiel den Bananen-Markt aufgreifen, sei passend an dieser Stelle schon einmal erwähnt, dass die United Fruit Company („Chiquita") im Jahr 1899 durch den Zusammenschluss von zwölf (!) Plantagengesellschaften entstanden ist. Vgl. Lewinsohn-Morus, 1955, S. 283.
1062 Gegenüber Abbildung 10.2 haben wir beim Monopol jetzt einen Indexwechsel von P_{Monop} zu P_{FM} vorgenommen. Diese Modifikation dient zur größeren Klarheit, da wir später auf denkbare Alternativen zur Fusion zu sprechen kommen, aus denen ebenfalls Marktmacht hervorgehen kann.

Da wir jetzt – unter gewissen, aber konsistenten Annahmen – das Marktgleichgewicht sowohl für den Monopol- als auch den Polypol-Fall hergeleitet haben, können wir nun die beiden Lösungen *erstmals* miteinander vergleichen. Wir erkennen, was auf Basis praktischer Erfahrung erahnt werden konnte: Ein Monopolist bietet weniger Menge auf dem Markt an als die Gesamtheit aller Unternehmen im Fall vollständiger Konkurrenz. Zugleich ist der Marktpreis, den die Konsumenten zu zahlen haben, im Monopol höher als im Polypol.[1063] Kurz: Der **Monopolist** stellt der Gesellschaft **weniger Menge** zu einem **höheren Preis** zur Verfügung.

Um eine Idee von dem Ausmaß zu entwickeln, wie stark sich die Versorgungslage der Konsumenten unterscheiden kann, wenn sich diese einem oder vielen, miteinander konkurrierenden Anbietern gegenüberstehen, sei festgehalten: Bei einer linearen Nachfragekurve, wie wir sie hier die ganze Zeit unterstellt haben, wirft der Monopolist genau *die Hälfte* der Ausbringungsmenge auf den Markt, wie sie von den Anbietern im Polypol erstellt worden wäre. Der Unterschied in der Gleichgewichtslösung sollte also in punkto Marktmenge in seiner Wirkung nicht verniedlicht oder verharmlost werden. Der Effekt *kann* substanziell sein!

Ergänzend hierzu bestätigt die Abbildung 10.3 aus dem Blickwinkel der ökonomischen Wohlfahrt, dass diese im Fall des fusionierten Alleinanbieters kleiner als bei funktionierendem Wettbewerb ist. Für die Gesellschaft als Ganzem ist es also zu einem Wohlfahrtsverlust gekommen. Schließlich ist es durch die neue Marktstruktur für vormals Kaufbereite bei dem neuen Marktpreis unökonomisch geworden, das Gut weiterhin zu beziehen.

Zudem geht unser Monopolfall mit einer Umverteilung einher: Der alleinige Anbieter heimst sich einen Teil der Konsumentenrente ein, die die Nachfrager im Polypol für sich noch beanspruchen konnten. Denn bei unveränderten Nachfrageplänen wird bei einem *künstlich verknappten* Warenangebot das Gerangel unter den potenziellen Konsumenten um dieses Gut zunehmen. Jene Nachfrager, denen der Erwerb dieses Gutes einen hohen Nutzen verspricht und bei denen noch ein Spielraum für das monetäre Gegengeschäft besteht, werden dem einzigen Verkäufer schon *aus eigenem Antrieb* bereitwillig einen höheren Marktpreis als zuvor zahlen. Technisch gesprochen: Der individuelle Grenznutzen dieser unverändert zahlungsbereiten Konsumenten lag bislang über ihren Grenzkosten, dem zu zahlenden Marktpreis. Indem die verbliebenen Nachfrager jetzt einen höheren Preis zahlen, wandert ein Teil ihrer vormaligen Konsumentenrente hinüber zum Monopolisten.

[1063] Diese Einsicht könnte man *tendenziell* auch erhalten haben, wenn man von einem bilateralen Polypol-Modell ausgehend die Angebotskurve schrittweise nach links verschiebt bis nur noch der Monopolist übrigbleibt, da ein Austritt von Anbietern grafisch mit einer Linksverschiebung der Angebotskurve darstellbar ist.

10.3.1.3 Ein erstes Zwischenfazit

Festhalten lässt sich mithilfe der bisherigen, auf der Neoklassik beruhenden Analyse, dass die Marktversorgung im Fall eines aus Fusion entstandenen Monopols schlechter als bei vollständiger Konkurrenz ausfallen wird. Diese geringere Handelsmenge korrespondiert mit einem höheren Preis!

Bei vollständiger Konkurrenz signalisiert ein steigender Preis unter sonst unveränderten Bedingungen eine zunehmende Verknappung des betreffenden Gutes. Wenn der Marktpreis nun unter *gleichen Produktionsbedingungen* allein der veränderten Marktstruktur wegen anzieht, dann suggeriert der Marktpreis im Monopol eine Knappheit der Ressourcen, die in diesem Maße gar nicht vorliegt.

Tatsächlich spiegeln die Preise in unserem Fusionsmonopol eine durch den alleinigen Unternehmer **willentlich** herbeigeführte **Verknappung** des Gutes wider: Diese künstlich erzeugte, unechte Knappheit beruht einzig auf der Marktmacht, die in der **Marktstruktur** wurzelt.[1064] Insofern lässt sich zugespitzt attestieren, dass der im Markt sich einstellende Preis statt der Knappheit des Gutes allein die Faulheit des Monopolisten abbildet![1065] Der Bequemlichkeit des Produzenten wegen hat sich also die **Versorgungslage** der Gesellschaft **verschlechtert**.[1066]

[1064] Dass Monopolisten nicht einfach nur erheblich weniger produzieren, sondern in manchen Fällen zu Handlungen greifen, die befremdlich und mitunter zu tiefst inhuman erscheinen, beschreibt Eucken. Nach ihm wurde der „Widerspruch eines der ältesten Kritiker der liberalen Wirtschaftspolitik, Charles Fourier, [...] u. a. dadurch geweckt, dass er als Angestellter einer Handelsfirma während einer Hungersnot beauftragt wurde, Reis ins Meer zu versenken." Eucken, 2004, S. 31. Und direkt weiter liest man noch, dass „solche Zerstörungen von Vorräten [...] sich nicht selten [finden], wo Monopole oder Teilmonopole einen Markt beherrschen: Gewürze, Weizen, Kaffee, um nur einige Fälle zu nennen, sind vernichtet worden." Eucken, 2004, S. 31 f. Ähnliches war schon von Menger (1871) und Mises (1932) beobachtet worden, die beide die Vernichtung und Zerstörung von Monopolgütern am Fallbeispiel der holländischen Ostindienkompanie illustrieren. Diese Gesellschaft hatte im 17. Jahrhundert u. a. Tabak in Nordamerika verbrennen lassen; aber auch Kaffeevorräte wurden von ihr zerstört, hatte sie doch den europäischen Kaffeemarkt monopolisiert! Vgl. hierzu Menger, 2018, S. 196 f. und S. 199 sowie Mises, 1932, S. 357. Dass es zur Vernichtung von Lebensmittel letztlich nur selten gekommen sein kann, weil der vorausschauende Monopolist aus blankem Eigeninteresse bald weniger produziert, allein um sich die späteren Kosten der Vernichtung auszusparen, verdeutlicht Mises, 1932, S. 357.

[1065] Vom Standpunkt des Unternehmers aus betrachtet, zeigt uns Menger (1871) bereits, dass dieser sich Faulheit bei vollständiger Konkurrenz nicht leisten kann. „Bei der Concurrenz dagegen, wo kein einzelner Producent die Regelung der Preise [...] selbständig in seiner Hand hat, ist dem einzelnen Concurrenten selbst der geringste Gewinn erwünscht und die Ausbeutung der vorhandenen Möglichkeit, solche Gewinne zu machen, wird nicht ferner versäumt. Die Concurrenz führt denn auch zu der Production im Grossen mit hohem Grade von Wirthschaftlichkeit, denn je geringer der Gewinn bei dem einzelnen Gute, um so gefährlicher wird jeder unökonomische Schlendrian, und je heftiger die Concurrenz, um so weniger möglich der gedankenlose Fortbetrieb der Geschäfte nach altgewohnten Methoden." Menger, 2018, S. 212.

[1066] In Mengers Worten: „Je höher der Preis [...] des Monopolgutes vom Monopolisten fixiert wird, um so zahlreichere Schichten [...] von dem Erwerbe von Quantitäten desselben ausgeschlossen, um so unvollständiger ist die Versorgung [...] der Bevölkerung mit dem Monopolgute." Menger, 2018, S. 195.

Erschwerend kommt hinzu, dass dieser **Faulheitspreis** *in unserem Modell* keiner Erosion ausgesetzt ist, da *annahmegemäß* keine neuen Wettbewerber in den Markt eintreten und damit das Aufkeimen einer potenziellen Marktdynamik ausgeschlossen wird. Den Fusionsmonopolisten bedroht auch kein indirekter Wettbewerb, etwa durch neuartige Substitutionsgüter. Entsprechend lässt sich die **Monopolrente langfristig** manifestieren, womit sie dem Schicksal der Produzentenrente entgeht, die in der vollständigen Konkurrenz mit der Zeit wegkonkurriert wird (siehe Lektion 6).[1067]

Vor diesem Hintergrund drängt sich nun die Anschlussfrage auf, ob sich Faulheitsprämien nur im **Sonderfall** des **Fusionsmonopols** aneignen lassen oder ob es weitere Fälle von Marktstrukturen gibt, die die Trägheit der Anbieter zulasten der gesellschaftlichen Versorgungslage unterstützen bzw. begünstigen.

Was liegt in diesem Zusammenhang näher als an Oligopole im Allgemeinen und die Kartellbildung im Besonderen zu denken?

10.3.2 Anbietermacht unter oligopolistischen Bedingungen

Mit der Betrachtung von Angebotsoligopolen wenden wir uns nun der Marktform zu, die zwischen den beiden modelltheoretischen Extremen des bilateralen Polypols und des Monopols liegt. Darüber hinaus sind sie von **hoher Praxisrelevanz**. Denn oligopolistischen Angebotsstrukturen kann man in vielen Branchen des Primärsektors, der Industrie und des Dienstleistungsgewerbes begegnen. Diese Beobachtung trifft beispielsweise auf Segmente des globalen Agrarhandels, auf Teile der weltweit tätigen Chemieindustrie (etwa bei Titandioxid), der Aufzugsbranche oder auf den Drogeriemarkt im deutschen Einzelhandel zu.[1068]

Für alle anschließenden Gedankenexperimente wollen wir der Einfachheit halber annehmen, dass stets nur zwei Anbieter am Markt aktiv sind, so dass wir das denkbar kleinste Oligopol in Form eines Duopols betrachten. Darüber hinaus bleiben wir der vereinfachenden Vorstellung von homogenen Produkten treu. Ebenso unverändert unterstellen wir, dass jeder Unternehmer seinen Gewinn zu maximieren beabsichtigt, also auch unter duo- bzw. oligopolistischen Bedingungen!

Unmittelbar an dieser Annahme anknüpfend, drängt sich für das Oligopol die Anschlussfrage auf, *wie* genau die Oligopolisten zu ihrem Gewinnmaximum gelangen!

1067 Vgl. z. B. Neumann, 1991, S. 38.

1068 Im globalen Agrarhandel dominiert seit längerem ein *ABCD*: Archer Daniel Midland (AMD), *Bunge*, *Cargill* und *Dreyfuss*; in der Aufzugsbranche teilten sich im Jahr 2019 die Hersteller Otis, Schindler, ThyssenKrupp, Kone, Mitsubishi und Hitachi ca. 83 Prozent des Weltmarktes; bei Titandioxid gibt es neben Kronos heute keine Hand voll an Mitanbietern im globalen Markt – jenseits einer Vielzahl an kleinen chinesischen „Emporkömmlingen" und im deutschen Drogeriemarkt dominieren Rossmann, DM und Müller.

Steuern bzw. beachten sie die gleiche unternehmerische Stellgröße wie die Unternehmen in den anderen Konstellationen?

In der vollständigen Konkurrenz haben die Anbieter ihre Gewinne über die Menge maximiert. Im Abgleich mit der vollständigen Konkurrenz, wo der individuelle Unternehmer den Marktpreis als Datum akzeptiert, erscheint die Vorstellung allerdings verwegen, ein Oligopolist sei ebenfalls ohnmächtig und müsse sich daher adaptiv verhalten. Gleichzeitig leuchtet ein, dass ein Oligopolist gegenüber einem Monopolisten, der in der Modellwelt seine Preis-Mengen-Kombination frei von Rücksicht auf andere Anbieter treffen kann, nur über ein **begrenztes Maß** an **Macht** verfügt: Er muss bei seinen Entscheidungen das **Verhalten** bzw. die Reaktion seiner **Wettbewerber** aufgrund **strategischer Interdependenz** beachten. Kurzum: Seine Annahmen über das strategische Verhalten seiner Konkurrenz fließen in das Handeln eines Oligopolisten ein. Genau das unterscheidet das Oligopol von den zwei Marktformen der vollständigen Konkurrenz und des Monopols.

Da ein erstes Anliegen der folgenden Betrachtung darin besteht, die Frage zu beantworten, ob die Gleichgewichtslösung im Oligopol der eines Fusionsmonopols entspricht, betrachten wir hierzu zunächst den Fall des kartellierenden Duopols (Kapitel 10.3.2.1.). Dabei stellt das Kartell eine spezifische Form der Zusammenarbeit (bzw. Kollusion) dar. Unter solchen Bedingungen darf man erwarten, dass die zwei Anbieter ihre individuellen Gewinne über kooperatives Verhalten zu maximieren versuchen. Zugleich lässt sich vermuten, dass das Marktergebnis (gerade) im Kartell dem eines Fusionsmonopols nahekommen könnte. Ungeachtet dessen, sind Kooperationen unter Oligopolisten kein bestätigtes Naturgesetz. Insofern skizzieren wir im Anschluss das Spektrum an oligopolistischen Marktlösungen anhand von drei weithin bekannten Spielvarianten neoklassischer Couleur (Kapitel 10.3.2.2.) bevor wir mit einer Zusammenfassung der wichtigsten Erkenntnisse zum Oligopol schließen (Kapitel 10.3.2.3.).

Mit dieser Vorgehensweise verbreitern wir unsere Verständnisgrundlage für die uns in dieser Lektion leitende Frage, wie gesellschaftlich mit Marktmacht umgegangen werden kann bzw. welche wirtschaftspolitischen Maßnahmen sich im Umgang mit ihr ergreifen und/oder rechtfertigen lassen.

10.3.2.1 Angebotskartelle

Analog zum Vorgehen im Monopol beginnen wir mit der Vorstellung des theoretischen Modells (Kapitel 10.3.2.1.1.). Erfreulicherweise baut das neoklassische Kartellmodell auf dem bereits bekannten Modell des Fusionsmonopols auf. Kurzum: Wir greifen auf Bewährtes zurück und müssen dieses nur leicht erweitern, um zu ersten Einsichten in Bezug auf die Funktionsweise und Wirkung von Kartellen zu gelangen. Im zweiten Schritt adressieren wir die Frage, anhand welcher Kriterien sich die Einrichtung eines dauerhaft stabilen Kartells vermuten lässt. Anders formuliert: Wir befassen uns mit den Rahmenbedingungen, unter denen sich die Kartellmitglieder an ihre Absprachen halten (Kapitel 10.3.2.1.2.). Schließlich werfen wir einen Blick in die Praxis der Kartellbildung (Kapitel 10.3.2.1.3.).

10.3.2.1.1 Modellierte Ausgangsbasis

Kooperieren die Anbieter miteinander, spricht man von Kollusion. Dem Grad dieser Zusammenarbeit entsprechend, lassen sich verschiedene Kollusionsformen beobachten – etwa die Kartelle, bei denen die Mitglieder **explizit** auf Basis vertraglicher Vereinbarung **kooperieren**.[1069] Walter Eucken bezeichnete sie daher als **Kollektivmonopol** (KM). Bereits dieser Begriff deutet darauf hin, dass in diesen Fällen die Gleichgewichtslösung der entsprechen könnte, die wir oben für das Fusionsmonopol hergeleitet haben. Damit hätten wir dann eine zweite Konstellation identifiziert, bei der im Vergleich zum Referenzfall des bilateralen Polypols genau die Hälfte der Menge angeboten wird.

Um diese Überlegungen zu überprüfen, greifen wir auf unser neoklassisches Modell zurück. Hierbei stellen wir uns in Anlehnung an unser vorheriges Gedankenexperiment nun vor, dass es in einer bestimmten Branche in kurzer Zeit zu zahlreichen Unternehmensübernahmen gekommen sei, so dass nur noch zwei Anbieter am Markt verblieben sind. Damit haben wir ein Duopol! Zugleich treffen wir Produktionsbedingungen an, die denen bei vollständiger Konkurrenz noch immer gleichen.

Die Geschäftsleiter der beiden Unternehmen, die sich seit Jahren kennen, haben sich nun gegenseitig versichert, fortan nicht mehr miteinander zu konkurrieren. Zusammen wollen sie stattdessen nur noch die Monopolmenge M_{KM} produzieren, um gemeinsam in den Genuss der Monopolrente zu kommen.[1070] Aus Gründen der Fairness sieht ihre Verabredung vor, dass jedes Unternehmen genau die Hälfte dieser Monopolmenge ausbringt (siehe Abbildung 10.4).

1069 Wird ein Kartell zentral gelenkt oder gesteuert, bezeichnet man es als Syndikat. Neben der expliziten Form der Zusammenarbeit kennt man auch die implizite, stillschweigende Kooperation („tacit collusion").

1070 Man könnte auch davon sprechen, dass die Kartellmitglieder eine eigeninitiierte Quotenrente einzuheimsen wünschen! Warum? Dazu vergleiche man in der Lektion 9 zum Interventionismus im Abschnitt Mengeneingriffe die Abbildung 9.12 mit der Abbildung 10.4. Dieser Vergleich bringt zunächst zu Tage, dass Mengenabsprachen unter Herstellern die gleiche Wirkung wie staatliche Mengeneingriffe für die Konsumenten haben. Die beiden Fälle unterscheiden sich jedoch darin, dass im Kollektivmonopol die gehandelte Menge nun nicht mehr vom Staat vorgeschrieben wird. Vielmehr unterwerfen sich die Kartellmitglieder dieser Beschränkung, die in Form vereinbarter Quoten oder Gebietsaufteilungen erfolgen kann, aus freien Stücken. Darüber hinaus besteht im Kartell zwischen den *selbstermächtigten Quoteninhabern* und den *Produzenten Personalunion*. Damit fließt die Quotenrente unweigerlich den Produzenten zu, was bei staatlichen Mengeneingriffe *nicht* zwingend ist.

Preis

Grenzkostenkurve

P_{KM} — Cournot'sche Punkt

P_{VK} — Wettbewerbslösung

Nachfrage- bzw. Preis-Absatz-Kurve

1 2 M_{KM} M_{VK} Menge/ Zeiteinheit

Grenzerlöskurve

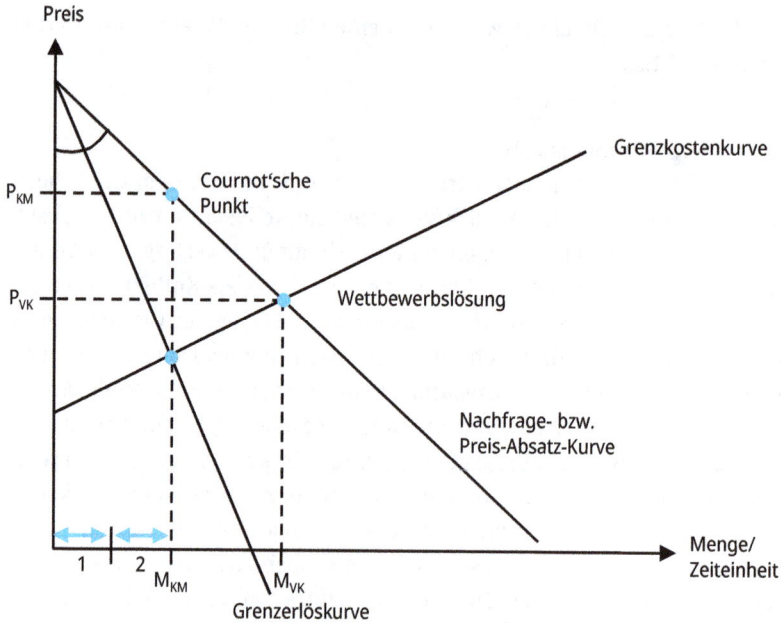

Abbildung 10.4: Gleichgewichtslösungen bei vollständiger Konkurrenz und im Kollektivmonopol.

Im Kollektivmonopol knüpft nun am Punkt der Mengenzuteilung eine nicht ganz unerhebliche Frage in Bezug auf die Stabilität des Marktgleichgewichts an: Werden sich die Beteiligten an ihre **Absprache halten**?

Ja, **unter Umständen**, auf keinen Fall aber zwingend – lautet die Antwort! Sehen wir uns an, warum diese differenziert ausfallen muss!

Tatsächlich besteht für jeden der beiden Anbieter ein Anreiz, die eigene Produktion über die vereinbarte Menge hinaus auszuweiten; hier also mehr als die halbe Monopolmenge auf den Markt zu werfen. Obwohl sich der anvisierte Monopolpreis mit dieser *einseitigen* Entscheidung im Markt nicht halten lässt, wird der Nachteil des Preisrückgangs für den Vertragsbrüchigen durch den Vorteil der ausgedehnten Absatzmenge überkompensiert. Das Unterlaufen der bilateralen Vereinbarung lohnt sich für den treulosen Unternehmer damit prinzipiell, so lange er annehmen darf, dass sich der Mitanbieter absprachetreu verhält.

Warum dem so ist, lässt sich unter Einbindung unseres Modellrahmens relativ leicht einsehen. Dazu müssen wir zunächst noch anmerken, dass die Marktmenge im Gleichgewicht des Monopols immer im *elastischen Bereich* der Nachfragekurve liegt – also oberhalb der Einheitselastizität.[1071] Mit dieser Einsicht lässt sich jetzt die bereits gewonnene Erkenntnis verknüpfen, dass im elastischen Bereich einer linearen Nachfragekurve eine Preis*senkung* stets zu einer überproportionalen Mengenänderung

---

1071 Vgl. z. B. Pindyck/Rubinfeld, 2013, S. 494.

führt (siehe Lektion 4). Mit anderen Worten: In diesem Abschnitt der Nachfragekurve ist bei rückläufigen Preisen der *Mengeneffekt größer* als der *Preiseffekt*, der Marktumsatz dehnt sich folglich aus. Dieser Wirkmechanismus kommt in der Abbildung 10.5 durch die schraffierten Flächen zum Ausdruck.

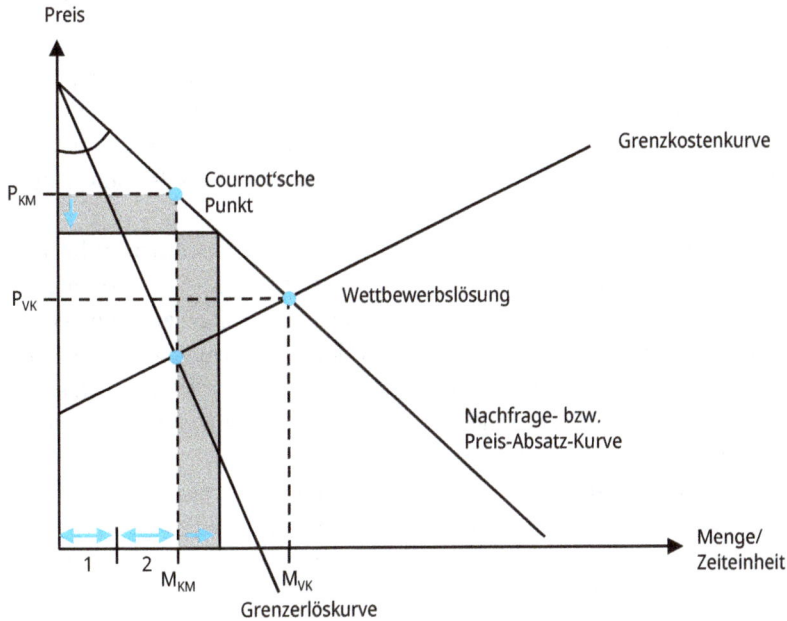

Abbildung 10.5: Mengen- und Preiseffekt bei sinkenden Preisen im elastischen Bereich der Nachfragekurve.

In unserem Gedankenexperiment des Duopols schlägt sich der Mengeneffekt nun allein beim vertragsbrechenden Anbieter nieder.[1072] Brüderlich hingegen werden sich die beiden Anbieter den Verlust des Preiseffektes teilen.

Dem hintergangenen Kartellanten kann dieser Umstand dauerhaft jedoch nicht verborgen bleiben. Einem begossenen Pudel gleich wird er irgendwann festzustellen haben, dass er durch sein naives, treuherziges Verhalten einseitig den Schaden in Form geringerer Umsätze und kleinerer Renditen davonträgt. Sein Amüsement über diese Entdeckung dürfte sich sodann in Grenzen halten – unabhängig von der Frage,

---

1072 Um Missverständnisse zu vermeiden: Die Überrendite, die der Anbieter durch Vertragsbruch auf Basis des Mengeneffekts zusätzlich generiert, umfasst nicht die ganze schraffierte Fläche dieses Effektes. Der Teil dieser Fläche, der unterhalb der Grenzkostenkurve liegt, repräsentiert die Produktionskosten. Damit begrenzt sich die zusätzliche Überrendite aus dem Mengeneffekt auf die Fläche oberhalb dieser Grenzkostenkurve.

ob er sich denn jetzt mehr über seine Gutgläubigkeit oder die Charakterlosigkeit des Mitanbieters ärgert!

Darüber hinaus dürfte zu erwarten sein, dass der *Ent*täuschte mit Bemerken des gebrochenen Versprechens seine eigene Verhaltensweise überdenkt und seine Produktionsmenge nun ebenfalls auszuweiten beginnt. In diesem Fall muss mit der höheren Marktversorgung dann auch der Marktpreis weiter in die Kniee gehen – ganz zur Freude der Konsumenten!

Je stärker sich nun das Bedürfnis unter den beiden Anbietern entfaltet, den jeweils anderen zum eigenen Nutzen zu übervorteilen bzw. je ausgeprägter der Grad des gegenseitigen Misstrauens unter ihnen ist, desto zügiger wird sich der Marktpreis *trotz* Duopolbedingungen in Richtung des Preises bewegen, der sich bei vollständiger Konkurrenz einstellen würde.

Zusammenfassend lässt sich festhalten, dass es diese **Interdependenzen** im **Verhalten** der Anbieter sind, die dazu führen *können*, dass es bei Kartellen zu keinem stabilen Gleichgewicht kommt bzw. der Markt bei Kollektivmonopolen – um es mit Eucken auszudrücken – *eigenwillig gleichgewichtslos* bleibt.[1073] Nicht übersehen dürfen wir, dass diese marktliche Instabilität den beteiligten Oligopolisten letztendlich selbst schadet, während eine robuste, tragfähige Kooperation untereinander zweifelsfrei für jeden Einzelnen von ihnen vorteilhaft wäre.

Diese Beobachtung fordert geradezu spürbar die Anschlussfrage heraus, welche Umstände kooperatives Verhalten unter oligopolistischen Marktbedingungen begünstigen und damit tendenziell ein dauerhaft stabiles Kollektivmonopol erwarten lassen. Dieser Frage wollen wir uns jetzt annehmen!

10.3.2.1.2 Anhaltspunkte zur Stabilität von Kartellen

Ersten Anhaltspunkten für dauerhaft erfolgreiches Kooperieren unter Anbietern waren wir schon in den vorangegangenen Erörterungen begegnet. An dieser Stelle wollen wir jetzt nochmal ausdrücklich auf die **Spieldauer**, die **Anzahl** der Marktteilnehmer, den

---

[1073] Vgl. Eucken, 2004, S. 35. Zu dieser Gleichgewichtslosigkeit von Kartellen liefert das im Jahr 1926 initiierte *Internationale Stahlkartell* ein historisch bemerkenswertes Beispiel. Deutschland, genauer: das deutsche Stahlkartell, brach bereits in den ersten Jahren dieser internationalen Kooperation die vereinbarte Quote und zahlte für seine Zusatzproduktion, zur Verwunderung seiner Partner, *bereitwillig* eine Strafe – einzig um bei den nächsten Quotenverhandlungen für sich eine höhere Quote zu Lasten der anderen Beteiligten mit dem Argument zu reklamieren, die eigenen Kapazitäten hätten sich erhöht. Kurzum – das deutsche Stahlkartell wusste von Anbeginn, was es tat. Vgl. hierzu Morgenthau, 1945, S. 42. Eine moralische Bewertung dieses Falles wollen wir bewusst unterlassen, nichtsdestotrotz zeigt das Beispiel stellvertretend für viele Kartelle, dass die Beteiligten zu tricksen neigen, sobald sie den Verhandlungstisch verlassen haben! Aus diesem Grund neigt das Gleichgewicht im Kollektivmonopol dazu, instabil zu sein. Eine Gegenüberstellung der unter OPEC-Mitgliedern vereinbarten und der tatsächlichen – stets höheren – Ölproduktionsmenge findet sich für den Zeitraum von 2001 bis 2012 bei Goolsbee/Levitt/Syverson, 2014, S. 569.

Zeitpunkt im **Lebenszyklus** einer Branche sowie die **Güterart** als Einflussfaktoren für stabile Kollektivmonopole eingehen.

Disziplinierend auf das Verhalten von Oligopolisten bzw. der beiden Anbieter unseres Duopols kann zunächst die **Länge** der Spieldauer wirken. Können die Anbieter nämlich davon ausgehen, dass sie über einen **unbefristeten Zeitraum** das gemeinsame Marktangebot stellen, dann reduziert sich der Anreiz, die bilateralen Vereinbarungen zu Lasten des jeweils anderen einseitig aufzukündigen.[1074] Denn in diesem Fall muss der Ausscherende – wie geschildert – in der nächsten „Spielrunde" preis- und renditesenkende Vergeltungsmaßnahmen des Konkurrenten befürchten. In einem offenen, unbefristeten Spiel ist es daher diese trübe Aussicht auf einen permanenten, letztlich aber nutzlosen Schlagabtausch, die Oligopolisten an ihre Absprache binden lässt. Bei einem „Ein-Runden-Spiel" mag das einzelne Unternehmen hingegen die Hoffnung hegen, dass dem Mitanbieter seine Übervorteilung erst zu einem Zeitpunkt auffällt, zu dem es für eine Retorsion bereits zu spät ist.

Selbstredend nimmt auch die **Zahl** der **Teilnehmer** auf die Kartellbildung Einfluss: Je kleiner sie ist, desto leichter fällt den Beteiligten die Koordination unternehmerischer Verhaltensweisen. Vor diesem Hintergrund darf gerade für die **spätere Phase** im **marktlichen Lebenszyklus** ein Hang zur Kartellbildung unter den verbliebenen Anbietern erwartet werden. Zeigt die praktische Erfahrung doch, dass in vielen Sektoren in der sogenannten Sättigungsphase nur noch wenige Anbieter teilnehmen (siehe Anhang B).[1075]

Allerdings besteht selbst auf ausgereiften Märkten keine einheitlich ausgeprägte Neigung zur Zusammenarbeit, denn je heterogener die gehandelten Produkte, desto schwächer ist die Interdependenz zwischen den Oligopolisten. Bei **weitgehend homogenen Produkten** hingegen beeinflusst jede geringe Preisänderung und jede (aggressive) Investitionspolitik die Absatzlage der Konkurrenten. Da der Spielraum für eine autonome Geschäftspolitik bei homogenen, reifen Produkten nahezu erloschen ist,

---

[1074] Vermutlich dürfte dieser Umstand eines „endlosen Spiels" schon für die Stabilität des Kartells französischer Getreidehändler bedeutsam gewesen sein. Warum sonst hätte es durch königlichen Erlass im Jahre 1539 untersagt werden müssen? Vgl. hierzu Lewinsohn-Morus, 1955, S. 28.

[1075] Nach einer Einschätzung der Boston Consulting Group (BCG) existiert in reifen Märkten eine „Regel der Drei und Vier". Demnach nehmen am Branchenendspiel nicht mehr als drei oder vier Anbieter teil. Vgl. Reeves et al., 2012. Einer weiteren Daumenregel zur Folge konsolidiert sich die Zahl der Wettbewerber in gesättigten Märkten auf sieben plus/minus zwei. Vgl. z. B. Banzhaf, 2009 bzw. Pfiffner, 2020, S. 296. Beide Faustformeln, die dem Praktiker zweifelsfrei im Zuge der unternehmerischen Strategiearbeit dienlich sind, leiden aus Sicht des Theoretikers darunter, dass sie keine Angabe darüber machen, ob sich die von ihnen genannten Orientierungsmarken *spontan*, also ohne behördliche Intervention im Markt einstellen oder ob sich das Wirken einer regulierenden Wettbewerbsbehörde in diesen Werten bereits unausgesprochen widerspiegelt. Losgelöst von dieser Frage, demonstrieren die Tabellen „Die sieben Großen des Erdöls, 1926–49", „Umsätze der ‚Vier Großen' von Chicago, 1929–51" (Schlachthäuser) und „Die britischen ‚Big Five', 1952–53" (Banken) bei Lewinsohn-Morus, 1955, S. 47 und S. 157 bzw. S. 218 die Bedeutung dieser Faustformeln aus einer historischen Perspektive.

drängt sich in diesen Fällen den wenigen Anbietern ein gemeinsames Vorgehen geradezu auf.

Als Fazit können wir demnach festhalten, dass eine fortwährende Kollusion unter Oligopolisten schon aus rein theoretischen Erwägungen *nicht* auszuschließen ist. Das bedeutet zugleich, dass von anhaltend stabilen Kollektivmonopolen eine Faulheitsprämie abgeschöpft werden kann. Grafisch geht damit einher, dass die Marktlösung bei erfolgreich kooperierenden Oligopolisten letztlich der eines Fusionsmonopols entspricht, sofern identische Grenzkosten in beiden Marktformen bestehen.

10.3.2.1.3 Kartellbildung in der wirtschaftlichen Praxis

Die Neigung zu abgestimmten Verhalten unter Anbietern ist kein neuzeitliches Phänomen; außerdem erblickten die Kartelle das Licht der Welt auch nicht erst mit der Industrialisierung; schließlich wissen wir, dass im März 1498, das erste Kupfersyndikat der deutschen Wirtschaftsgeschichte unter Führung von Jacob Fugger entstanden war.[1076]

Gemäß dem im Jahre 1958 in Deutschland eingeführten **Gesetz gegen Wettbewerbsbeschränkungen** (GWB) – auf das wir in Anhang E näher eingehen – sind Kartelle in Deutschland grundsätzlich verboten. Nichtsdestotrotz wird und wurde kartelliert, wie ein kurzer Blick auf aufgeflogene Kartelle der jüngeren Zeit belegt. Ein WELT-Artikel aus dem Jahr 2014 weist etwa im Zusammenhang mit der Verurteilung eines **Gebietskartells** der Zuckerhersteller Pfeifer & Langen, Süd- und Nordzucker auf weitere *spektakuläre Kartelle* der jüngeren Vergangenheit hin. Zu diesen gehören ein Kartoffel-, ein Bier-, ein Kaffee-, ein Brillenglas-, ein Zement-, ein Tondachziegel und ein Schokoladenkartell.[1077] In den letzten Jahren sind zudem Kartelle unter Automobilzulieferanten und LKW-Herstellern aufgeflogen.[1078] Dass unlängst auch Goldhändler unter Kartellverdacht standen, mag man bedauern. Gleichwohl sollte es den distanzierten, neutralen Beobachter nicht erstaunen: Das Handelsprodukt in diesem

---

[1076] Das Syndikat hielt jedoch nur ein Jahr! Es zerbrach als die drei anderen Syndikatsteilnehmer realisieren mussten, dass Jakob Fugger sie mit einem Spiel an der Metallbörse in Venedig übervorteilt hatte. Vgl. Ogger, 1979, S. 91 ff. Zu einer stattlichen Anzahl von Kartellen, die sich zwischen den Jahren 1838 und 1955 in Deutschland, Frankreich, Italien, den Vereinigten Staaten von Amerika und weiteren sich industrialisierenden Ländern bildeten, findet sich eine entsprechende Chronologie bei Lewinsohn-Morus, 1955, S. 281 ff.

[1077] Vgl. Gassmann/Dierig, 2014. Es sei noch angemerkt, dass die kanadischen Wettbewerbshüter nahezu zeitgleich zum Auffliegen eines Kartells im deutschen Schokoladenmarkt Nestlé und Mars ebenfalls Absprachen vorwarfen. Vgl. o. V., 08.06.2013, S. 17.

[1078] Zum Kartell unter Automobillieferanten siehe Murphy/Buchenau/Wocher, 06.07.2016, S. 5. Die fünf am LKW-Kartell beteiligten Unternehmen, d. h. DAF, Volvo, Iveco, Daimler und MAN hatten 14 Jahre lang den europäischen Markt manipuliert. Sie mussten 2,93 Milliarden Euro Strafe zahlen – das bis dahin höchste in Europa verhängte Strafmaß wegen Kartellverstoßes. Allerdings kam MAN als Kronzeuge ungeschoren davon. Vgl. hierzu Fasse/Hoppe/Menzel, 20.07.2016, S. 15.

Metier ist homogen und der Spielraum der Händler für differenzierte Service-Angebote begrenzt.[1079]

All diese Kartell-Beispiele aus der jüngeren Wirtschaftsgeschichte der Bundesrepublik Deutschland bzw. der Europäischen Union bestätigen, dass universell ein „,Hang zur Monopolbildung' [besteht] – ein Faktum, mit der alle Wirtschaftspolitik zu rechnen hat."[1080] Anders formuliert: **Absprache** ist die **Regel, nicht** die **Ausnahme**! Gerade in reifen Branchen mit relativ homogenen Gütern herrscht – wie illustriert wurde – eine **auffallende Unlust** auf **Wettbewerb** unter den etablierten Unternehmen.

Nicht vergessen werden darf dabei, dass es in der Natur der Sache liegt, dass nur die aufgeflogenen Absprachen medial gebrandmarkt oder wissenschaftlich analysiert werden können.[1081] Insofern ist es fast banal in Anlehnung an Bertold Brechts Dreigroschenoper daran zu erinnern: „[...] die im Dunkeln sieht man nicht."[1082] Das Licht der Öffentlichkeit erblickten die meisten Kartelle in der Bundesrepublik lange Zeit im Übrigen nur deshalb, weil *ehemalige* Mitarbeiter beteiligter Firmen „zu singen" begannen. Nachdem mit der neunten Novelle (2016) eine **Kronzeugenregelung** im GWB verankert wurde (GWB § 33e), darf man gespannt abwarten, welche Wirkung diese auf das Aufdecken von Kartellen zukünftig ausüben wird.[1083]

10.3.2.2 Angebotsoligopole jenseits der Kartelle

Scheitern Kartelle am mangelnden Vertrauen unter den Akteuren, stellen sich im Markt Ergebnisse ein, die von der Lösung des Fusions- bzw. des stabilen Kollektivmonopols abweichen. Entscheidend für das Marktresultat bleibt allerdings weiterhin das Verhalten der Oligopolisten, das von marktlichen Rahmenbedingungen wie der Existenz kurzfristiger Kapazitätsengpässe beeinflusst wird. Um deren Wirkung auf das Markt-

---

1079 Vgl. Alich/Slodczyk, 29.09.2015, S. 26 f.

1080 Eucken, 2004, S. 31.

1081 Hellwig und Hüschelrath haben 114 illegale Kartelle untersucht, die zwischen 1999 bis 2016 von der Europäischen Kommission bestraft worden sind. Vgl. Hellwig/Hüschelrath, 2017, S. 36.

1082 Dass die Dunkelziffer – sprich die Zahl nicht aufgeflogener Kartelle – von Null abweicht, mutmaßen verschiedene Autoren. Manche sind sogar davon überzeugt, dass nur die Spitze des Kartelleisbergs bekannt ist. Vgl. Fredebeul-Krein et al., 2014, S. 116. Im Übrigen finden sich auch in der Belletristik mitunter Hinweise auf Kollusion unter Anbietern. So bemerkt der russische Exilant, der sich im Paris der 1930er als Taxifahrer durchschlägt, im dortigen Gewerbe Gebiets- und Preisabsprachen. Vgl. Gasdanow, 2018, S. 197 bzw. S. 121 f. Literarische Fundstellen wie diese dürfen lediglich als Indiz verstanden werden, dass solche Tendenzen *ubiquitär* sind – *zu jeder Zeit*. Mehr sollten wir daraus nicht herauslesen wollen.

1083 Der Gesetzgeber erhofft sich selbstverständlich einen positiven Effekt davon, d. h. Kartelle stärker als zuvor auffliegen und ggf. erst gar nicht geschlossen werden. Nichtsdestotrotz wird man abwarten müssen, ob sich diese Wirkung einstellt. Nicht ausgeschlossen, dass der Schuss deshalb nach hinten losgeht, weil sich Kartellmitglieder fortan drastisch Strafen für Aussteiger überlegen. Auf das Gefangenendilemma kommen wir an anderer Stelle zurück! Eine interessante Abhandlung zu den juristischen Schwierigkeiten hinsichtlich der Kronzeugenregelung *im Konzern* findet sich bei Koch, 2015, S. 279 ff.

ergebnis zu verstehen, betrachten wir in aller gebotener Kürze nun eine Konstellation ohne Engpässe (Kapitel 10.3.2.2.1.) und dann solche, bei denen vorübergehend welche bestehen (Kapitel 10.3.2.2.2.). In allen folgenden Fällen bewegen wir uns gedanklich unverändert in einer späteren Marktphase, d. h. wir unterstellen, die Kostenstruktur der vollständigen Konkurrenz als Referenzpunkt kann wie zuvor im Fusions- und/oder im Kollektivmonopol aufrechterhalten bleiben.

10.3.2.2.1 Ohne Produktionsengpässe: Bertrand-Wettbewerb

Blicken wir nun auf Märkte, in denen *homogene* Produkte wie Bananen, Kakaobohnen, Weizen, Zucker oder Kies gehandelt werden. Unterstellen wir zudem, dass es bei diesen Produkten hinsichtlich der Angebotsmenge **keine Engpässe** gibt. Der französische Wirtschaftswissenschaftler Joseph Bertrand (1822-1900) hat mit der nach ihm benannten **Bertrand-Lösung** herausgearbeitet, dass sich unter diesen Rahmenbedingungen ein Marktresultat einstellt, das dem bei vollständiger Konkurrenz exakt entspricht. D. h. die Anbieter haben bei diesem Typ von Oligopol **keine Macht**; sie sind stattdessen so stark miteinander im **Preiswettbewerb**, dass der Marktpreis letztlich den Grenzkosten der Oligopolisten entspricht.[1084]

Der Bertrand-Fall legt für die meisten *kontraintuitiv* dar, dass unter Umständen sogar nur zwei Unternehmen notwendig sind (= Duopol), um eine Güterversorgung wie bei vollständiger Konkurrenz zu erreichen! Aufgrund dieser Einsicht dürfen wir also schlussfolgern, dass sich im weltweiten kommerziellen Bananenanbau und Bananenhandel trotz der wenigen Anbieter wie der United Fruit Company (mit ihrer Chiquita Banane) und Dole **keine** allzu große **Marktmacht** etabliert hat!

Auf den zweiten Blick ist dieses Resultat allerdings nicht mehr wirklich überraschend: Man stelle sich vor, einer unserer beiden Anbieter hielte seine Bananen zurück, um eine künstliche Knappheit mit steigenden Preisen zu erzeugen. Während seine eigenen Produkte schnell zu vergammeln beginnen, erfreut sich der andere Anbieter einer (erhöhten) Nachfrage, die dieser annahmebedingt leicht befriedigen kann, weil es kein Nachschubengpass gibt. Kurzum – der erste Anbieter würde sich ins eigene Fleisch schneiden. Stattdessen muss er wegen der Verderblichkeit der Ware bald sehen, dass er diese abgesetzt bekommt. Dies erfolgt über niedrige Preise bzw. Preisunterbietung![1085]

[1084] Bertrand hat im Jahr 1883 sein Modell als Kritik an der Mengenstrategie vorgestellt, die im Cournot-Modell das unternehmerische Verhalten bildet. Vgl. Pindyck/Rubinfeld, 2013, S. 625 und Wied-Nebbeling, 2009, S. 150.

[1085] Will im Duopol mit *un*verderblichen Gütern wie Kies und Sand einer der Anbieter eine gewisse Menge des Gutes aus taktischen Gründen vom Markt vorrübergehend zurückhalten, wird dieses Bemühen ihm steigende Lagerkosten verursachen. Da wir annahmen, dass der Mitanbieter keine Schwierigkeit hat, die Nachfrage mit dem betreffenden Gut zwischenzeitlich alleine zu bedienen, entzaubert sich auch bei nicht verderblichen Gütern ein solches Manöver als Schildbürgerstreich. Das wird unser Taktikfuchs gewiss schnell erkennen.

10.3.2.2.2 Bei kurzfristigen Engpässen: Cournot- und Stackelberg-Lösung

Abschließend wollen wir noch zwei klassische Oligopol-Fälle streifen, deren Resultate sich als Zwischenfälle auf der imaginären Mengenskala erweisen, die von den Polen der vollständigen Konkurrenz und des Fusionsmonopols aufgespannt wird (siehe Tabelle 10.5 in 3.2.3.). Die Betrachtung des **Cournot**- und des **Stackelberg**-Falls lohnen dabei auch deshalb, weil sie realitätsnahe Aspekte in ihrem jeweiligen Modell integriert haben.[1086] Dabei nehmen wir weiterhin homogene Produkte als Handelsgut an.

Während beim Bertrand-Wettbewerb die beteiligten Unternehmen über den Preis konkurrieren, tritt sowohl im Cournot- als auch im Stackelberg-Oligopol der Wettbewerb über die Menge ein. Zum **Mengenwettbewerb** – und damit zum entscheidenden Unterschied zum Bertrand-Fall – kommt es, weil wir *kurzfristige* Kapazitätsbeschränkungen zulassen. Wegen dieser individuellen Engpässe in der Produktion könnte also kein Oligopolist, der die Konkurrenz preislich zu unterbieten trachtet, die gesamte Marktnachfrage befriedigen! Ergänzend zu diesen Rahmenbedingungen wird im Cournot-Modell noch unterstellt, dass die Oligopolisten die *Kosten der Konkurrenz kennen* und ihre Mengen**entscheidung simultan** treffen.[1087]

Der Einfachheit halber wollen wir zum besseren Verständnis des **Cournot-Oligopols** an ein Duopol denken, etwa an das der beiden Flugzeugbauer Boeing oder Airbus für Großraumflugzeuge.[1088] Zu jedem beliebigen Zeitpunkt ist für jeden dieser beiden Hersteller dessen individuelle Absatzmenge begrenzt, die nur mittelfristig über den Aufbau neuer Kapazitäten verändert werden kann. Senkte nun einer der beiden Oligopolisten den Preis, würde er auf einen Schlag seine gesamte Produktion abgesetzt bekommen. Wegen seiner Kapazitätsrestriktion wird er dann allerdings zusehen müssen, wie der Wettbewerber über die verbleibende Periode zu höheren, sprich temporären Monopolpreisen seine Kapazitäten absetzt.

Für einen Oligopolisten und sein Verhalten ist unter diesen Cournot-Annahmen letztendlich entscheidend, über welche Kapazität er verfügt, welche Menge er produzieren kann. Unter den restriktiven Modellbedingungen stellt sich im einfachen Fall des Duopols die **zwei Drittel-Lösung** ein. Negativ interpretiert bedeutet dies, dass gegen-

---

[1086] Antoine-Augustin Cournot (1801–1877) hatte seinen Ansatz im Jahr 1838 entwickelt, der allerdings „lange Zeit [...] unbeachtet geblieben [war]." Wied-Nebbeling, 2009, S. 130. Heinrich Freiherr von Stackelberg (1905–1946) wiederum hat sein Modell erstmalig im Jahr 1943 schriftlich festgehalten. Diese Auflage sei allerdings nahezu vollständig bei einem Bombenangriff zerstört worden. Vgl. Wied-Nebbeling, 2009, S. 141.

[1087] Bei Lichte betrachtet existieren heute *verschiedene Varianten* des Cournot-Modells – zum Beispiel solche mit homogenen bzw. heterogenen Gütern. Im Text beziehen wir uns auf die einfachste seiner Formen. Für ein Duopol hatte auch Cournot seinen Ansatz ursprünglich entwickelt. Vgl. Pindyck/Rubinfeld, 2013, S. 617. Eine ausführliche Abhandlung zu den Cournot-Modellen bietet Wied-Nebbeling, 2009, S. 130–141.

[1088] Ein weiteres, dem Duopol mit begrenzten Kapazitäten nahekommendes Beispiel bilden in Deutschland die Firmen Stroer und JC Decaux im Bereich der Außenwerbung bzw. bei Stadtmöbeln für die Außenwerbung.

über einer Situation mit vollständiger Konkurrenz eine um ein Drittel *geringere* Menge gehandelt wird.

Treten in der geschilderten Konstellation weitere Unternehmen im Verlauf der Zeit hinzu, erhöht sich der Wettbewerbsdruck unter den Anbietern. Damit bewegt sich das Marktergebnis des Cournot-Wettbewerbs zugleich in Richtung der vollständigen Konkurrenz. Zur Abschätzung der konkreten Abweichung der Marktgleichgewichts*menge* zwischen vollständiger Konkurrenz und Cournot-Wettbewerb mit *n* Teilnehmern dient die folgende Faustformel: $n/(n+1)$.

Ist die Anzahl *n* an Oligopolisten hinreichend groß, besteht infolgedessen kaum ein Unterschied zur Versorgungslage bei vollständiger Konkurrenz! Verwendet man diese Formel für das Duopol, kommt es zur oben angesprochenen zwei Drittel-Lösung!

Untersuchungen legen nahe, dass das **Cournot-Modell** wahrscheinlich gute Vorhersagen der Marktergebnisse liefert, wenn es sich um **Branchen mit hohen Investitionskosten** in die Kapazität handelt (so dass die Unternehmen ihre Kapazität nicht oft ändern!) und die Unternehmen ihre Preise kurzfristig festlegen.[1089]

Mit Goolsbee et al. lässt sich abschließend konstatieren, dass „die Tatsache, dass sich die Wettbewerbsintensität mit der Zahl der Unternehmen auf einem Markt verändert, [...] eine schöne Eigenschaft des Cournot-Modells [ist]. Diese Vorhersage entspricht eher der intuitiven Vorstellung vieler Menschen von einem Oligopol als die Vorhersage des Bertrand-Modells, wonach es bei mehr als einem Unternehmen zu einem Ergebnis wie bei vollständiger Konkurrenz kommt."[1090]

Im Unterschied zum Cournot-Fall legen die Anbieter im **Stackelberg-Duopol** ihre Menge nun *nicht* mehr zeitgleich fest. Stattdessen lässt sich ein **sequenzielles** Verhalten unter ihnen beobachten. Dies vollzieht sich in der Weise, dass einer der beiden Wettbewerber seine gewinnmaximierende Menge für die nächste Periode erst zu planen beginnt, wenn sich der von ihm stillschweigend anerkannte Branchenprimus in Bezug auf seine Angebotsmenge festgelegt hat. Für den Nachfolger kann ein solches strategisches Verhalten durchaus vorteilhaft sein – allen voran in komplexen Situationen.[1091] Gemeinsam bieten die beiden Oligopolisten jetzt **drei Viertel** der Menge am Markt an, die bei vollständiger Konkurrenz gehandelt werden würde.[1092] Sowohl im Stackelberg- als auch im Cournot-Fall verkaufen alle Oligopolisten im stabilen Gleichgewicht ihre Produkte zum gleichen Preis!

[1089] Basischemikalen könnten ein praktisches Beispiel sein. Vgl. auch Goolsbee/Levitt/Syverson, 2014, S. 589.

[1090] Goolsbee/Levitt/Syverson, 2014, S. 588.

[1091] Vgl. z. B. Bofinger, 2015, S. 139 oder Wied-Nebbeling, 2009, S. 145.

[1092] Der Branchenprimus („first mover") wird für sich die Monopolmenge festlegen, während der Nachfolger („second mover") von dieser Menge – also der halben Menge in vollständiger Konkurrenz – noch einmal die Hälfte beisteuert.

10.3.2.3 Zusammenfassung zu den Angebotsoligopolen

Nach der Betrachtung verschiedener Konstellationen von Angebotsoligopolen lässt sich einräumen, dass diese Marktform einen starken Anreiz für Kooperationen bietet. Die Interdependenz zwischen wenigen Anbietern, die **Unsicherheit** hinsichtlich der Pläne der Konkurrenten, das **Risiko**, das mit eigenen Aktionen verbunden ist, und die Aussicht auf **höhere Gewinne** legen es nahe, den Wettbewerbsdruck durch eine Koordinierung der Verhaltensweise zu verringern. Dabei kann sich die **Kollusion** auf Preise, Mengen und Kapazitäten, aber auch auf Parameter wie Gebietsabgrenzung, Service- und Produktqualität erstrecken.

Decken sich die jeweiligen Annahmen der Oligopolisten über die Verhaltensweisen der Konkurrenz mit dem tatsächlichen Verhalten der anderen Anbieter, erreicht die Marktform des Oligopols ein **stabiles** Marktgleichgewicht, das nach dem Mathematiker und Spieltheoretiker John Nash als *Nash-Gleichgewicht* bezeichnet wird.[1093] In diesem hat der einzelne Anbieter – vorbehaltlich der Entscheidung der anderen Oligopolisten – keinen Anreiz, sein Verhalten einseitig zu ändern.[1094]

Auf das unternehmerische Handeln eines Oligopolisten üben allen voran folgende Faktoren Einfluss aus:

- die tatsächliche **Anzahl** an Anbietern am Markt
- die **Art** des betrachteten **Produktes** (homogenes vs. heterogenes Gut)
- die erkennbaren Grundstrategien, d. h. wettbewerbliches Verhalten (Cournot) bzw. anpassend/adaptiv (Stackelberg) oder Kollusion
- die **Dauer** des Wettbewerbs

Wenig verwunderlich, dass allein vor dem Hintergrund dieser wichtigsten, zugleich nicht abschließenden Einflussfaktoren von den Ökonomen mit der Zeit unterschiedliche Oligopol-Modelle in *neoklassischer Tradition* entwickelt wurden. Auf die bekanntesten und ihre entsprechenden Einsichten waren wir eingegangen.

Unter der Annahme, dass in reifen, oligopolistischen Märkten auf Seiten der Anbieter Kostenstrukturen anzutreffen sind, die denen bei vollständiger Konkurrenz gleichen, lassen sich die Ergebnisse der vier vorgestellten Oligopol-Modelle noch einmal gegenüberstellen (Tabelle 10.5).

1093 Vgl. z. B. Goolsbee/Levitt/Syverson, 2014, S. 561 oder Pindyck/Rubinfeld, 2013, S. 617.
1094 Vgl. Schwalbe, 2006, S. 467.

Tabelle 10.5: Gleichgewichtsmengen (*in Prozent*) bei unterschiedlichen Duopoltypen im Abgleich zur vollständigen Konkurrenz.[1095]

Duopoltyp	Marktmenge	Kommentar
Kollusion	50	Die Marktlösung ist der im Fusionsmonopol analog; es wird die Hälfte angeboten
Cournot	66,7	2/3 Lösung der vollständigen Konkurrenz bei Kostensymmetrie
Stackelberg	75	3/4-Lösung; der „Leitwolf" liefert die Menge des Fusionsmonopolisten (d. h. die Hälfte), der Adaptive den Rest, also ein Viertel
Bertrand	100	Das Gleichgewicht entspricht dem bei vollständiger Konkurrenz

Ein zentraler Unterschied zwischen den Oligopolen und den Marktformen der vollständigen Konkurrenz bzw. des Monopols beruht also darauf, dass Oligopole verschiedene **„Systemzustände"** erreichen *können*: Während es im *neoklassischen* Polypol- und/oder Monopol*modell* stets eindeutige Preis-Mengen-Kombinationen gibt, weichen die einzelnen oligopolistischen Gleichgewichtslösungen untereinander ab.[1096]

Anlehnend an Krugman und Wells wollen wir zum Ende der Diskussion um das Oligopol noch einem möglichen Missverständnis vorbeugen. Dem, dass es außerhalb von Kollusionen zumindest auf Ebene der einzelnen Branche zu einer eindeutigen Lösung kommen müsse. Man stelle sich zwei Fluggesellschaften vor, etwa American Airlines und United Airlines. Beide bieten Langstreckenflüge zwischen den Vereinigten Staaten und Europa an. Ist in einer allgemeinen Boom-Phase die Nachfrage nach transatlantischen Flügen unter Privat- und Firmenkunden hoch, konkurrieren die beiden Fluggesellschaften miteinander über die Menge. Es findet *Cournot-Wettbewerb* statt. Blicken wir hingegen auf den gleichen Markt in einer rezessiven Phase der allgemeinen Wirtschaft und einem damit einhergehenden geringen Interesse an Flugreisen, dann treten die beiden Gesellschaften in einen *Bertrand-Wettbewerb* ein: Die Airlines werden versuchen, die vielen unbesetzten Flugsitze über sinkende Preise zu besetzen.[1097]

Das Fazit zum Oligopol muss daher lauten, dass diese Marktform etwas Faszinierendes und zugleich Rätselhaftes in sich birgt.[1098] Diese Feststellung schließt den besonderen Fall der Kartelle ausdrücklich ein, wie einer jüngeren Meta-Analyse zu empiri-

---

1095 Eine ähnliche Darstellung beruhend auf der Ölindustrie (mit Marktpreisen und Gewinnen) findet sich bei Goolsbee/Levitt/Syverson, 2014, S. 587 und S. 592 f. für die Stackelberg-Lösung.

1096 Das wusste schon Schumpeter (1947): „Im allgemeinen Fall des Oligopols gibt es tatsächlich überhaupt kein bestimmtes Gleichgewicht, und es zeigt sich die Möglichkeit, dass dort eine endlose Folge von Bewegungen und Gegenbewegungen, ein unablässiger Kampfzustand zwischen den Unternehmen besteht." Schumpeter, 2005, S. 132.

1097 Vgl. Krugman/Wells, 2010, S. 477 f. Ein analoges Beispiel lässt sich bei Indoor-Soccer-Hallen finden. Hier ändert sich das Wettbewerbsmuster im Duopol nun nicht mehr entlang der Konjunktur, sondern mit der Jahreszeit. Auf dieses Beispiel kommen wir weiter unten in Kapitel 10.4.1. nochmal zurück.

1098 Gleichwohl wird die Ansicht mitunter vertreten, dass „am Ende Oligopole entweder einem Monopolmarkt oder einem Konkurrenzmarkt [ähneln]." Mankiv/Taylor, 2016, S. 496.

schen Kartellstudien zu entnehmen ist. Nach Ansicht der Autoren dieser Meta-Studie „fällt auf, dass bei allen Betrachtungen ein erheblicher Anteil von bis zu zwei Fünfteln der beobachteten Kartellfälle in dem Bereich eines geschätzten Preisaufschlags von null oder null bis 10% liegt und diese folglich keinen oder nur einen geringen Effekt auf den Preis hatten."[1099] Insgesamt lassen „die empirischen Studien [...] keine typischen Kartellpreiseffekte erkennen. Aus ihnen lässt sich auch kein Erfahrungssatz ableiten, dass Kartelle in jedem Fall zu Preisüberhöhungen führen."[1100]

10.3.3 Weitere Marktformen mit möglicher Marktmacht

Unsere bislang vom Dogma der Neoklassik geleitete Diskussion zur Marktmacht schließen wir nun mit zwei letzten, kurzen Fällen ab. Mit der Mutmaßung, auf eine weitere Konstellation von Anbietermacht treffen zu können, wenden wir uns zunächst der praxisnahen Marktform der monopolistischen Konkurrenz zu (Kapitel 10.3.3.1.). Zu guter Letzt machen wir einen Schwenk und untersuchen mit dem Monopson einen Fall von Marktmacht auf der Nachfrageseite (Kapitel 10.3.3.2.).

10.3.3.1 Die monopolistische Konkurrenz

In nicht wenigen Branchen, allen voran bei Konsumgütern, versuchen sich reale Unternehmen durch **Differenzierung** von ihren Wettbewerbern abzugrenzen. Unabhängig davon, welche Maßnahmen sie hierzu genau treffen,[1101] zielen alle darauf ab, den „**Fängen der Homogenität**" zu entkommen: Wer homogene Produkte wie Getreide, Zucker oder Öl verkauft, ist vergleichbar und kann als Anbieter leicht substituiert werden. Gelingt einem Unternehmen hingegen eine sogenannte **Unique Selling Proposition** (= USP) aufzubauen, so **sinkt** die **Vergleichbarkeit** und damit die **Wechselbereitschaft** seiner Kunden. Infolgedessen erzeugen heterogene Produkte für ihre Anbieter einen *gewissen* Schutzraum gegenüber der Konkurrenz.[1102] Innerhalb dieser Komfortzone hat das einzelne Unternehmen, einen preisgestalterischen Spielraum, der an einen Monopolisten erinnert. Gleichwohl verfügt auch der Hersteller eines Markenprodukts, etwa eines allbekannten Waschmittels, nicht über unbegrenzte Narrenfreiheit bei der Preissetzung: Übertreibt er, wechseln die Kunden zu einer anderen Marke

---

1099 Coppik/Heimeshoff, 2021, S. 42 f.

1100 Coppik/Heimeshoff, 2021, S. 56.

1101 Unter den konkreten Maßnahmen, derer sich Unternehmen zur Herstellung heterogener Güter bedienen, finden sich etwa modifizierte Produktgestaltungen wie kleinere Rezepturveränderungen oder die Schaffung von Marken, Brands oder Labels. Ebenso versuchen sich Unternehmen mit bestimmten Serviceangebote (z. B. in Bezug auf die Wartung, Reparatur und/oder die Finanzierung des Gutes) vom Wettbewerb zu unterscheiden.

1102 Technisch betrachtet sinkt bei Kunden von heterogenen Produkten die Nachfrageelastizität – im Vergleich zu homogenen Gütern.

bzw. zu einem günstigeren No-Name-Produkt. Kurzum: Unternehmen in der Marktform der monopolistischen Konkurrenz verkaufen heterogene Produkte und sind dabei Rahmenbedingungen ausgesetzt, die *teilweise* Merkmale eines *Monopols*, aber eben auch Merkmale der *vollständigen Konkurrenz* aufweisen.

Eine nähere Analyse dieser Marktform wollen wir einem volkswirtschaftlichen Vertiefungsstudium vorbehalten. Uns soll an dieser Stelle genügen, allein das Marktergebnis kennenzulernen, denn es ist intuitiv verständlich: Der **Marktpreis** ist in der monopolistischen Konkurrenz **höher** und die gesamte **Marktmenge** damit entsprechend **niedriger** als bei vollständiger Konkurrenz mit homogenen Produkten.

Weitaus interessanter als das Marktresultat selbst erscheint die Frage, wie es mit der Überrendite der einzelnen Anbieter und dem langfristigen Gleichgewicht bei monopolistischer Konkurrenz aussieht. Bedenkt man, dass jederzeit Unternehmen ein- und austreten *können* und die Anbieter in dieser Marktform letztendlich um die gleiche Marktmenge (i. S.v. Gesamtmarkt) wetteifern, dann erstaunt nicht, dass **langfristig** – analog zum vollständigen Wettbewerb – auch in der monopolistischen Konkurrenz **kein** Anbieter eine Überrendite erzielt. Die Produzentenrente aller Anbieter ist langfristig gleich Null.[1103]

Somit lässt sich knapp zusammenfassen, dass sich der einzelne Anbieter in der monopolistischen Konkurrenz wie ein Monopolist verhält, er aber **ohne Monopolrente** bleibt. Gegenüber dem Referenzmodell der vollständigen Konkurrenz ist die gesamtwirtschaftliche Versorgungsmenge nun geringer, was darin liegt, dass die Kosten der Produktdifferenzierung (etwa die der Werbung) von den Anbietern eingepreist werden, was den Preis steigen und die Güternachfrage sinken lässt.

10.3.3.2 Das Nachfragemonopol („Monopson")

Nachdem wir bislang ausschließlich Konstellationen von tatsächlicher oder möglicher Marktmacht auf der Angebotsseite kennengelernt haben, blicken wir nun auf das Monopson, d. h. auf eine Situation in der vielen Anbietern lediglich ein einziger Nachfrager gegenübersteht. Aus der Perspektive des Monopsons geht es also um den **Beschaffungsmarkt**, auf dem das betreffende Unternehmen die alleinige Nachfrage entfaltet. Die individuelle Nachfragemenge deckt sich in diesem Fall also mit der gesellschaftlichen.

Diese Konstellation ist spiegelbildlich zum Angebotsmonopol. Insofern bestimmt nun der alleinige Nachfrager den (Einstands-)Preis, den er qua seiner Marktmacht *unter* das Preisniveau drückt, welches bei vollständiger Konkurrenz auf dem Faktormarkt entstünde. Das Monopson schöpft damit Teile der (kurzfristigen) Produzentenrente ab; die monetäre Kompensation der Anbieter ist damit niedriger als auf einem Markt mit zahlreichen Nachfragern. Zugleich bezieht der Nachfragemonopolist geringere Gütermengen als es eine Gesamtheit von Unternehmen bei vollständigem Wettbewerb täte.

1103 Vgl. Goolsbee/Levitt/Syverson, 2014, S. 609 oder Krugman/Wells, 2010, S. 511 f.

Kurzum: Verglichen mit dem Marktergebnis der vollständigen Konkurrenz, wird im Monopson **weniger Menge**, zu einem **niedrigeren Preis** gehandelt.

Übertragen wir diese allgemeine Einsicht – in Ergänzung zu unseren Ausführungen in Lektion 6, Kapitel 6.3.4. – auf den Arbeitsmarkt während der ersten industriellen Revolution, dann ist nicht auszuschließen, dass mancherorts ein damals entstehendes Unternehmen als *lokales* Monopson seinen Arbeitern Löhne gezahlt hat, die unter dem Niveau lagen, das die Arbeiter hätten erzielen können, wenn in räumlicher Nähe viele Unternehmen ihre Dienste benötigt hätten. Lässt man diese Vorstellung gelten, entwickelt sich ein Verständnis dazu, wie Eucken – der Marx dafür kritisiert, in seiner Analyse über die gesellschaftlichen Probleme die Bedeutung der Marktformen verkannt zu haben – konstatieren kann, dass „Nachfragemonopole auf Arbeitsmärkten [...] wesentlich zur Entstehung der sozialen Frage beigetragen [haben]."[1104]

Auch wenn die heutigen Arbeitsmärkte in den Industrieländern mit denen im 18./19. Jahrhundert kaum noch vergleichbar sind, wird in den Standardlehrbüchern die Marktform des Monopsons weiterhin allein anhand des *lokalen* Arbeitsmarktes behandelt – zumeist am Paradebeispiel der abgelegenen Kleinstadt in Amerika.[1105]

Bei aller gebotenen Kürze wollen wir anders als diese gängigen Lehrbücher **nicht** den Eindruck erwecken, bei Nachfragemacht handle es sich um **exotische Einzelfälle**. So lässt sich diese Marktform zum Beispiel in Westafrika im Kakaosektor entdecken, wo den sehr vielen ghanaischen Kleinbauern mit einer durchschnittlichen Plantagengröße von 1-3ha *eine* staatliche Vermarktungsgesellschaft für Kakao (als Abnehmer der Bohnen) gegenübersteht. Analog sind die Verhältnisse im Nachbarland, der Elfenbeinküste.[1106]

1104 Eucken, 2004, S. 31. Selbstredend dürfen wir die Bedeutung des relativ starken Bevölkerungswachstums als bedeutende Determinante der Lohnfindung in dieser Zeit nicht übersehen. Siehe hierzu Lektion 6, Kapitel 10.3.4.

1105 Vgl. z. B. Pindyck/Rubinfeld, 2013, S. 520 ff.; kurioserweise kennen nicht wenige Lehrbücher das Monopson oft nur noch als Schlagwort, d. h. es wird inhaltlich überhaupt nicht besprochen. Der Grund hierfür mag darin zu sehen sein, dass man ein waschechtes Monopson in der Realität noch schwerer als ein Angebotsmonopol findet. Wegen dieses Mangels an üppigen Fallbeispielen wird dann mitunter die Rüstungsindustrie benannt, der vorgeblich der Staat als einziger Nachfrager gegenübersteht. Dabei ist dieser Fall insofern schon nicht richtig, als es in dieser Branche *nicht viele, sondern* nur eine *begrenzte Zahl* an Anbietern gibt. Diese Kritik teilt Wied-Nebbeling, 2009, S. 73. Eine ausführliche Darstellung mit analytischer Herleitung und einem Zahlenbeispiel zum Monopson findet sich bei Wied-Nebbeling, 2009, S. 73 ff.

1106 Vgl. Südwind e.V., 2016, S. 23 ff. Vor analogen Herausforderungen können prinzipiell die zahlreichen *Zuckerrübenbauern* stehen, die auf der nächsten Verarbeitungsstufe, der Zuckerfabrik, nur einem Abnehmer gegenüberstehen. In den USA gab es beispielsweise lange Zeit nur die American Sugar Refining, ein Zuckertrust, der 1891 gebildet wurde und der mit einem Marktanteil von 98 Prozent ein waschechtes Monopson darstellte. Auch in Russland und dem Deutschen Reich war es zumindest historisch betrachtet nicht besser: vielen Rübenbauern standen wenige *Zuckerfabrikanten* gegenüber, deren abgestimmte Verhaltensweise in Deutschland bereits im Jahr 1839 beginnt. Da diese Fabrikanten auch auf der Absatzseite als *Kollektiv*monopol die Preise bestimmten, trug deren Marktmacht mitunter bizarre

In diesen und ähnlich gelagerten Fällen kommt aus Sicht der betroffenen Kleinbauern erschwerend hinzu, dass sie bei wichtigen Einsatz- und Produktionsmitteln, d. h. bei Saatgut, Düngemittel und Pflanzenschutz, vielfach einem Oligopol der Agrochemie gegenüberstehen.[1107] Kleinbauern sind also nicht selten in der Sandwich-Position: Während sie mit zahlreichen Wettbewerbern konkurrieren, weht ihnen sowohl auf dem Beschaffungs- als auch auf und Absatzmarkt der Wind der Marktmacht entgegen. Welche Wirkung diese Strukturen auf das kleinbäuerliche Einkommen hat, liegt auf der Hand![1108]

10.3.4 Zentrale Einsichten und wettbewerbsrechtliche Fußabdrücke

Mit Hilfe ihrer Modelle zur Marktstruktur hat die Neoklassik unverkennbar wichtige Beiträge im ökonomischen Diskurs geleistet. Die vorangegangenen Erörterungen haben aufgedeckt, dass die Lust auf Konkurrenz schon aus theoretischen Erwägungen heraus als überschaubar zu bezeichnen ist. Denn die Quintessenz aus diesen Modellwelten lautet: Der Einzelne, egal auf welcher Marktseite, stellt sich *nicht* besser, wenn neben ihm weitere Akteure auftreten. Daher sind etablierte Anbieter regelmäßig darauf erpicht, dass möglichst **keine** neuen **Konkurrenten** hinzukommen. Denn jeder neue Mitbewerber weicht zunächst einmal die eigene Markt- und Machtposition auf. Infolgedessen muss der Unternehmer, wie Engels bereits wusste, das Monopol im Grunde wollen.[1109] Diese Einsicht lässt die klassische Vorstellung, die Anbieter könnten *per se* an der Konkurrenz interessiert sein und sich dieser bereitwillig stellen, geradezu weltfremd erscheinen.

Ihre aus der Theorie ableitbare Wettbewerbsaversion untermauern *reale* Unternehmen je nach marktlicher und gesetzlicher Ausgangslage mit unterschiedlichen

---

Blüten, etwa in der Form, dass sich deutsche Kriegsschiffe in ausländischen Häfen mit Zucker proviantierten. Vgl. Lewinsohn-Morus, 1955, S. 181 und S. 282.

1107 Die Bedeutung dieser Einsatzstoffe für die Kleinbauern wird dadurch ersichtlich, dass der Anteil für Düngemittel und Pflanzenschutz (d. h. Fungizide und Pestizide) an den Gesamtkosten der Kleinbauern, d. h. einschließlich der Arbeitskosten, im ghanaischen Kakaoanbau im Jahr 1995 bei 48,1 Prozent lag. Eigene Berechnung auf Basis der Daten der International Cocoa Organization (ICCO), 2018.

1108 Auch Wied-Nebbeling macht auf das Phänomen von Marktmacht entlang der Wertschöpfungskette aufmerksam und konstatiert, dass es besonders problematisch für die Anbieter von Faktorleistung ist, wenn der Nachfragemonopolist auf seinen Absatzmärkten noch Angebotsmacht ausübt. Vgl. Wied-Nebbeling, 2009, S. 80 bzw. S. 83 ff. Dort findet sich auch ein interessantes Zahlenbeispiel: Bei vollständiger Konkurrenz würde jeder der vielen Anbieter mit 4 Geldeinheiten (GE) entlohnt werden; steht diesen ein Monopsonist gegenüber erhalten sie nur noch 2,67 GE, also ein Drittel weniger. Ist der Monopsonist zugleich noch Monopolist auf seinem Absatzmarkt, bekommen die zahlreichen Lieferanten des Monopsonisten nur noch 1,71 GE, was einer Reduktion von mehr als 50 Prozent des Einkommens bei vollständiger Konkurrenz entspricht.

1109 Vgl. Kurz, 2020, S. 102.

Maßnahmen. So versuchen sie den Fängen des Wettbewerbs mit den legalen Möglichkeiten der Produktdifferenzierung zu entkommen, indem sie Marken, Brands oder Labels kreieren oder gezielt aufbauen, die ihnen allesamt ein gewisses Maß an Wettbewerbsschutz gewähren können – zumindest vorübergehend. Volkswirte sprechen in diesen Fällen von der Errichtung **natürlicher** Eintrittsbarrieren.

Ebenso versuchen Unternehmen auch immer wieder mit legaler **Lobbyarbeit** Marktzugangsbarrieren zu errichten, um potenziellen Wettbewerb in Zaum zu halten. In den Abhandlungen zur Zollpolitik (Lektion 7 und 8) und zum Interventionismus (Lektion 9) haben wir diesen Aspekt bereits berührt. Ein prominenter Fall der jüngeren Wirtschaftsgeschichte, den man in der Bundesrepublik medial mitverfolgen konnte, betraf den Markeintritt vom Fahrdienstanbieter UBER. Hierbei hat sich – wenig verwunderlich und am Ende erfolglos – das landesweite Taxigewerbe gegen einen UBER-Eintritt ausgesprochen.[1110]

Selbstverständlich kann Lobbyismus auch mit unerlaubten, zumindest fragwürdigen Methoden erfolgen, die das berühmte „G'schmäckle" hinterlassen.[1111] Losgelöst von der Frage, ob erlaubt oder nicht, probieren Unternehmen außerdem ihr Verhalten

---

1110 Zur selbsterklärenden Unlust des Taxigewerbes auf den Wettbewerber UBER blicke man nur zurück auf die Thematik der staatlichen Mengenbeschränkung über Quoten in der Lektion 9 zum Interventionismus. Überall dort, wo sich in der Vergangenheit mit staatlicher Hilfe ein Quoten- oder Lizenzregime auf dem Markt für Fahrdienstleistungen etablieren konnte, waren die Willkommensgrüße für UBER besonders gallig ausgefallen. Dort, wo keine Quotenrenten zu erodieren drohten, blieb die Aufregung überschaubar. Am UBER-Fall zeigt sich, dass die Lobbyarbeit vielfach dann einsetzt, wenn sich Gefahrenzeichen am Horizont bemerkbar machen! Bedrohte Inlandsunternehmen fordern – mal mehr, mal weniger geschickt (bzw. unverblümt) – über die Einführung von tarifären und nicht-tarifären Handelshemmnissen Artenschutz gegenüber ausländischen Wettbewerben. Den betroffenen Inlandsunternehmen bzw. deren Vertretern geht in diesen Fällen nicht selten über die Lippe, dass die ausländische Konkurrenz Lohndumping betreibe und/oder staatlich subventioniert werde, so dass der Wettbewerb mit *unfairen* Mitteln betrieben würde – weshalb er letztlich unterbunden gehört. Zu den geschicktesten Lobbyisten der jüngeren Vergangenheit gehörte in Deutschland zweifelsfrei Frank Asbeck in seiner Funktion als Geschäftsführer der Firma SolarWorld AG. Nicht zuletzt auf sein Betreiben hin ist in Europa ein Einfuhrzoll auf chinesische Solarpanels verfügt worden (Lektion 8, Kapitel 10.3.1.2.). Es würde den Lobbyisten selbstredend nicht gerecht werden, begrenzte man ihr Talent allein auf das Feld der reinen Selbstverteidigung. Wenn Frisches verteilt werden soll und hierbei im Vorfeld bereits erkennbar wird, dass die Begünstigten auf Sicht am Fleischtopf sitzen werden, so kann der Lobbyist auch auf Angriff schalten. Ein Beispiel bei dem man gezielte Lobbyarbeit bestehender Hersteller *vermuten* darf, betrifft die Normierung und Standardisierung von Ladestationen, inklusive Stecker für Elektromobilität: Das sauerländische Unternehmen Mennekes wird gewiss nicht darunter leiden, dass sein Ladestecker zur EU-Norm deklariert wurde!

1111 Auch in der Belletristik findet man hierzu immer wieder mal Hinweise. So ist bei Zola in seinem aus dem Jahr 1885 stammenden Roman *Germinal* zu lesen: „Ein ganzes Volk von Männern musste [...] in der Grube verrecken, bloß um die Schmiergelder für die Minister zu zahlen [...] damit ganze Generationen von großen Herren und Bourgeois Feste geben oder sich in ihrer Kaminecke mästen konnten." Zola, 1995, S. 290. Ist das Korruptionsniveau in einer Gesellschaft hoch, beeinträchtigt dies das gesamtwirtschaftliche Wachstum (siehe Lektion 2).

untereinander abzustimmen und erzeugen damit immer wieder ein „anbieterfreundliches Klima" im Markt (siehe Kapitel 10.3.2.1.).

Eine letzte Möglichkeit, einem intensiven Wettbewerber aus dem Weg zu gehen, besteht – wie wir in diesem Kapitel 10.3 ebenso gesehen haben – darin, die Anzahl an „Marktbegleitern" durch Aufkauf oder **Zusammenschluss** zu reduzieren. Der täglichen Wirtschaftspresse kann leicht entnommen werden, dass es an solchen M&A-Aktivitäten in der Praxis nicht mangelt.[1112] Neben Fusionen auf **horizontaler** Ebene kommt es zu **vertikalen** Zusammenschlüssen entlang der Wertschöpfungskette.[1113]

Aus all diesen empirischen Beobachtungen lässt sich einmal mehr schließen, dass das neoklassische Referenzmodell der vollständigen Konkurrenz nichts anderes als ein Zerrbild realer Verhältnisse ist. Damit schrumpft dessen Wert – analog dem Monopolmodell – auf den eines rein theoretischen Grenzfalls zusammen. Schon deshalb wäre es absurd, in der wirtschaftspolitischen Praxis Marktverhältnisse wie im Wettbewerbsmodell der Neoklassik anstreben zu wollen.

Nichtsdestotrotz gelingt es mit den oben eingeführten Modellen einprägsam aufzuzeigen, welche Implikation auf die gesellschaftliche Güterversorgung von Kartellen und Fusionen in reifen Märkten theoretisch ausgehen *können*. Ungeachtet des differenzierten Bildes, welches wir über die letzten Jahrzehnte im Hinblick auf Marktmacht und das Kartellverhalten aus der Empirie erworben haben (siehe Kapitel 10.3.2.3.), standen unmittelbar nach dem Zweiten Weltkrieg gerade die Erkenntnisse aus den neoklassischen Marktstrukturmodellen unzweifelhaft Pate für die ordoliberale Forderung, mit den vorherrschenden Verhältnissen der damaligen Zeit (siehe Anhang C und D) zu brechen und fortan Kartelle gesetzlich zu verbieten und Fusionen zu kontrollieren.

Der Einfluss der Neoklassik, den sie auf die praktische Ausgestaltung des Wettbewerbsrechts in vielen Ländern, darunter Deutschland, in den 1950er Jahren ausübte, ist mit Kenntnis ihrer Modelle nicht zu übersehen und halt bis heute in den Gesetzen wie dem deutschen GWB nach (siehe Anhang E). Hieraus schließen zu wollen, dass die vollständige Konkurrenz heute noch immer das bestimmende Leitbild aller Wettbewerbsbehörden sein müsste, wäre gleichwohl ein Irrtum.[1114]

[1112] Das Bundeskartellamt prüft seit geraumer Zeit circa eintausend angemeldete Zusammenschlüsse pro Jahr. Vgl. z. B. Fredebeul-Krein et al., 2014, S. 92 oder für das Jahr 2021 https://www.bundeskartellamt.de/SharedDocs/Meldung/DE/Pressemitteilungen/2021/22_12_2021_Jahresrueckblick.html abgerufen am 04.07.2022.

[1113] Die Fusion zwischen der Bayer AG und Monsanto ist ein Beispiel eines horizontalen Zusammenschlusses. Ein vertikaler entlang der Wertschöpfungskette bildet die Fusion des französischen Schokoladenherstellers Cacao Barry mit der belgischen Callebaut im Jahr 1996. Seit deren Zusammenschluss zu Barry Callebaut besteht ein Unternehmen, das von der Verarbeitung der Kakaobohnen bis zur Vermarktung von Schokoladenprodukten, etwa Riegeln, vollständig vertikal integriert ist.

[1114] Vgl. hierzu etwa Fredebeul-Krein et al., 2014, S. 99 ff. oder auch Schwalbe, 2006, S. 465 ff.

10.4 Grenzen des neoklassischen Analyserahmens und die Bedeutung von Marktmacht in anderen Dogmen

Nachdem wir uns in den vorangegangenen Abschnitten eingehend mit den Kernmodellen beschäftigt haben, die von Ökonomen in einer neoklassischen Tradition im Laufe der Zeit entwickelt worden sind, um mit ihrer Hilfe die Frage zu beantworten, welche *allokativen* Wirkungen wettbewerbliche Konstellationen entfalten, die vom neoklassischen Referenzmodell der vollständigen Konkurrenz abweichen, wollen wir nun erste Grenzen dieses Instrumentenkastens ausleuchten (Kapitel 10.4.1.). Zum einen wäre es unredlich, glauben machen zu wollen, dass bei aller Qualität der bisherigen Methodik diese nicht auch blinde Flecken hätte. Zum anderen wird uns die kritische Würdigung der neoklassischen Methode und ihrer Verwünschung monopolistischer Marktformen zur Brücke zu den anderen Dogmen und deren Perspektive auf das Phänomen der Marktmacht (Kapitel 10.4.2.).

10.4.1 Grenzen des neoklassischen Analyserahmens

Bei allen gehaltvollen Einsichten, die wir der Untersuchung der verschiedenen Marktformen im Rahmen des neoklassischen Modells zweifelsfrei verdanken, dürfen wir die Augen vor den Schwächen dieser Methode nicht verschließen. Denn bei Lichte betrachtet ist die neoklassische Monopol- und Oligopoltheorie einseitig und verengt. Entsprechend neigt bzw. verleitet sie dazu, die Diskussion um wirtschaftspolitische Schlussfolgerungen bei Monopol- bzw. Oligopolkonstellationen zu verkürzen.

Ein erster Kritikpunkt an den vorgestellten Wettbewerbstheorien betrifft einen bekannten, allgemeinen Mangel der neoklassischen Mikroökonomie: Indem diese die Allokationseffizienz in den Mittelpunkt der Analyse rückt, gewährt sie anderen, ökonomisch relevanten Aspekten geringe oder keine Aufmerksamkeit. In diesen Modellen fließen zum Beispiel **keine Überlegungen** zur Bedeutung der **Wettbewerbsintensität** in Bezug auf die **Entstehung** des **technischen Fortschritts** ein; dies ist bei Lichte betrachtet nicht wirklich verwunderlich, wenn man bedenkt, dass die Neoklassik in ihrem mikroökonomischen Analyserahmen lediglich die Diffusion bestehender Technologie berücksichtigt und die Genese technischer Innovationen, die ein wesentlicher Treiber des langfristigen Wachstums sind (siehe Lektion 2), zugleich qua Annahme ausklammert. Was aber, wenn gerade die Marktformen *abseits* der vollständigen Konkurrenz die Innovationstätigkeit der Anbieter begünstigen, weil deren Innovationskraft nicht durch marktliche Ohnmacht gehemmt wird?[1115]

Aber schon aus reinen **Allokationsgesichtspunkten** vermitteln die neoklassischen Monopol- und/oder Oligopol-Modelle kein vollständiges Bild. Vielmehr konzen-

---

[1115] Auf diesen Aspekt kommen wir in Lektion 11, Kapitel 10.2.3.1.2 zurück!

trieren sie sich auf **Sonderfälle**, in denen sich auf dem Boden einer *vormaligen* Wettbewerbslandschaft eine Position der Marktmacht durch unternehmerisches Verhalten herausgebildet hat. Denn nur so erklärt es sich, dass wir unter monopolistischen bzw. oligopolistischen Marktbedingungen in den neoklassischen Modellen Produktions- bzw. Kostenstrukturen vorfinden, die denen unter vollständiger Konkurrenz gleichen.

Damit unterstellt die neoklassische Monopol-/Oligopoltheorie unausgesprochen einen marktlichen Evolutionszeitpunkt, der sich dadurch kennzeichnet, dass er der Pionierphase mit einem einzigen Unternehmen längst entwachsen ist. Doch die Genese neuer Märkte ist nicht beendet! Weiterhin entstehen durch technischen Wandel und veränderte Bedürfnisse immer wieder neue. Man denke etwa an Operationsroboter in der Chirurgie oder die relativ neuen Erscheinungen von E-Scootern und E-Bikes.

Welche wirtschaftspolitischen Schlussfolgerungen sind nun für *initiale* Marktphasen unter dem Gesichtspunkt von Marktmacht zu ziehen, wenn der Pionier per Definition eine monopolistische Stellung einnimmt? *Explizit* geht die Neoklassik auf diesen Fall *nicht* ein! Ebenso übersieht die neoklassische Analyse, dass in einer späten Marktphase, die zumeist von einer Konsolidierung der Anbieter begleitet wird, ein Monopol auch dadurch entstehen kann, dass sich dessen ehemalige Wettbewerber allesamt aus Rentabilitätsgründen vom Markt abgewendet und die betreffenden Operationen dabei liquidiert haben. Deren einstige Produktionskapazitäten müssen also *keineswegs* auf den letzten, am Markt agierenden Unternehmer übergehen – wie es das neoklassische Fusionsmonopol annimmt. Die Austretenden könnten nämlich die freigewordenen Kapazitäten für andere, attraktiver erscheinende Aktivitäten verwenden. Kurzum: Das Monopol der Reifephase muss mitnichten über die gleichen Produktions- und Kostenstrukturen verfügen, die unter vollständiger Konkurrenz zuvor in diesem Sektor anzutreffen waren.[1116] Sehen wir uns kurz an, welche Wirkung die eben skizzierten Entwicklungen auf das Marktgeschehen haben.

In den Lektionen 3 und 4 haben wir erörtert, dass sich Impulse auf der Angebotsseite eines Marktes als eine Verschiebung der Angebotskurve visualisieren lassen. Unter den dort behandelten Fällen befand sich auch der Aspekt der Ein- und Austritte von Unternehmen. Hierzu hatten wir festgestellt, dass Unternehmenseintritte als Rechtsverschiebung einer bestehenden Angebotskurve interpretiert werden können und Austritte von Anbietern als Linksverschiebung.[1117]

[1116] Diese Feststellung teilen zum Beispiel Baßeler/Heinrich/Utecht, 2010, S. 183. Mit Bezug auf die Kostenstrukturen sei bemerkt, dass allen voran bei horizontalen Fusionen die beteiligten Unternehmen stets Synergien zu heben beabsichtigen. Sie zielen damit auf *verbesserte* Kosten ab! Dass die Praxis dann vielfach anders aussieht, ist bekannt! Denn den potenziellen positiven Synergien stehen zumeist negative gegenüber, die übersehen oder unterschätzt wurden. Zu den wichtigsten Quellen negativer Synergien, sprich *gestiegener* Kosten, gehören die unterschiedlichen IT-Systeme und deren Integration sowie die Firmenkulturen.

[1117] Mit Lektion 6 lässt sich der Ein- und Austritt von Anbietern auch als Drehung der Kurve interpretieren.

Mit diesem einfachen, grafischen Mittel zeichnen wir in der Abbildung 10.6 die evolutorische Entwicklung eines Marktes in den zuvor genannten Stufen *stilisiert* nach. Dabei bildet die linke Seite die initiale Marktphase ab, in der die Angebotskurve A_1 die Grenzkosten des Pionierunternehmers repräsentiert. Auf der rechten Seite portraitieren wir hingegen die spätere, reife Marktphase. Diese setzt gedanklich an der Angebotskurve A_n mit n Anbietern bzw. der vollständigen Konkurrenz an.

Der Pionier wird – im neoklassischen Verständnis – wie alle anderen Unternehmer seinen Gewinn maximieren. Dadurch, dass er seine Entscheidung ohne Beachtung von *direkten* Mitanbietern treffen kann, wählt der rationale Pionierunternehmer wie jeder Monopolist infolgedessen die Preis-Mengen-Kombination, bei der seine Grenzkosten seinem Grenzerlös entsprechen. Sein Monopolpreis liegt damit *oberhalb* des *Schnittpunkts* von Angebots- und Nachfragekurve (siehe Abbildung 10.6, linke Seite).[1118] Die Grafik deutet zugleich an, was passiert, wenn über die Zeit weitere Anbieter in den Markt stoßen: Die Kurve dreht sich nach rechts ein. Hierdurch verbessert sich die Versorgungslage, weil die gehandelte Marktmenge ansteigt, während der Preis simultan sinkt.

Auf der rechten Seite der Abbildung 10.6 greifen wir das Gedankenspiel der Konsolidierung eines Marktes auf. Den Ausgangspunkt bildet die Angebotskurve A_n, welche das gesellschaftliche Angebot unter der Marktform der vollständigen Konkurrenz mit n Anbietern verkörpert. Nach dem Marktaustritt von n-1 Wettbewerbern sehen wir in der Angebotskurve A_1 erneut einen Monopolisten, den **Survivor**. Dessen Grenzkosten liegen nun ganz offensichtlich über den Grenzkosten, die ein Fusionsmonopol auszeichnet. Aufgrund seines rationalen Gewinnkalküls wird der Survivor-Monopolist damit einen höheren Marktpreis verlangen als der Fusionsmonopolist. Entsprechend geringer fällt die Versorgungsmenge im Markt aus. Kurzum: Ein Fusionsmonopol mag lästig erscheinen, doch schon rein theoretisch gibt es in reifen Märkten mindestens eine Angebotsstruktur aus deren Perspektive ein Fusionsmonopol *trotz* der hier erfolgten Abschöpfung einer Faulheitsprämie als die bessere Lösung erscheint, wenn eine bestmögliche Güterversorgung angestrebt wird. Eine Tatsache, die in Standardlehrbüchern unseres Wissens nach *keine* Erwähnung findet!

[1118] Der *Schnittpunkt* von Angebots- und Nachfragekurve bildet somit den *Marktpreis nur* bei *ohnmächtigen* Akteuren. Mit anderen Worten also bei vollständiger Konkurrenz oder bei Bertrand-Wettbewerb.

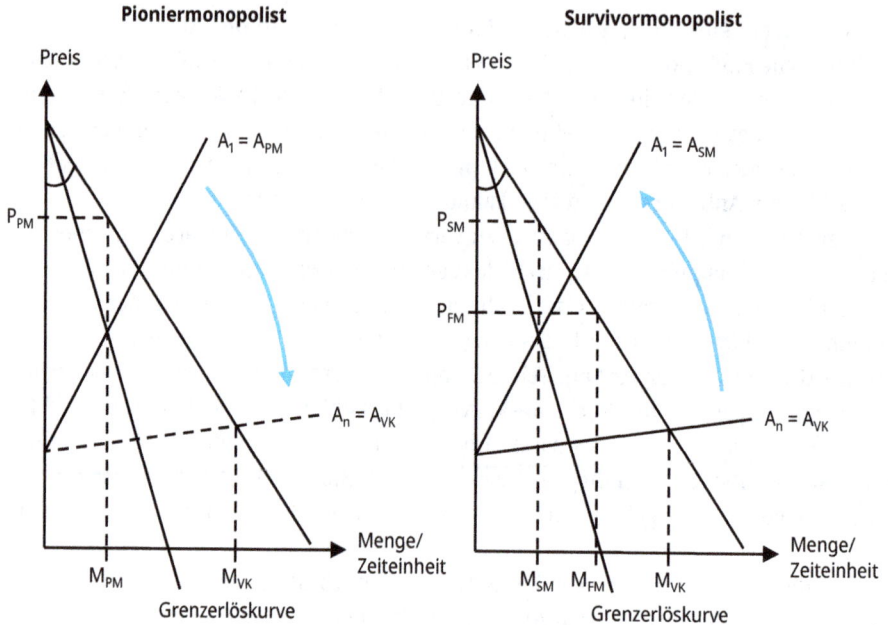

Abbildung 10.6: Gleichgewichtslösungen beim Pioniermonopol (PM) und im Survivor-Monopol (SM), im Vergleich mit vollständiger Konkurrenz (VK) und/oder Fusionsmonopol (FM).

Im Übrigen lässt sich anhand der linken Darstellung in Abbildung 10.6 erkennen, dass die Marktlösung im Fall von zwei kartellierenden Unternehmen in der Frühphase eines Marktes *nicht* identisch ist mit der, die sich bei einem Pioniermonopol mit Grenzkosten von A_1 einstellt. Dazu stelle man sich in der Grafik die imaginäre, von der Kurve A_1 verschiedene Angebotskurve A_2 vor, die sich mit dem Eintritt des ersten Imitators und dem Aufbau zusätzlichen Produktionskapazitäten ergibt. Die zwei Kartellmitglieder mögen sich unter den genannten Voraussetzungen prompt *wie ein Monopol verhalten*, aber ihr Marktpreis wird niedriger und ihre feilgebotene Menge höher sein als zuvor. Das kann bei einer fallenden Nachfragekurve gar nicht anders sein![1119]

Hierzu stelle man sich beispielsweise vor, dass in einer Stadt mit 400.000 Einwohnern neben dem soweit einzigen Indoor-Soccer-Hallenbetreiber ein zweiter in den Markt eintritt. Die Anzahl an stundenweise mietbaren Spielfeldern hat sich für Hobbykicker damit schlagartig erhöht. Bei unveränderten (!) Nachfrage*plänen* nach diesen Spielplätzen werden trotzdem keine zusätzlichen Spielfelder seitens der Kunden gebucht, wenn der Preis gegenüber der Monopolsituation (mit einem stabilen Gleichgewicht) nicht nachgibt. Kurzum: Ungeachtet dessen, dass Preisabsprachen im Duopol

---

[1119] Technisch ausgedrückt: Die Grenzkostenkurve der Duopolisten bzw. die neue Angebotskurve A_2 schneidet die unveränderte (!), von der Nachfragekurve determinierte Grenzerlöskurve weiter unten als im Monopol!

denkbar sind, verbessert sich mit dem Auftritt eines zweiten Anbieters die Versorgungslage der Gesellschaft. Von dieser Warte aus betrachtet, ist das Kartell also dem Pioniermonopol vorzuziehen![1120]

Fazit: Anders als die neoklassischen Modelle mit ihrem Fokus auf reife, von Konsolidierung geprägten Märkten suggerieren, sind die Marktlösungen von Monopolen und *stabilen* Kartellen mitnichten immer identisch! Zur Beurteilung der effektiven Wirkung eines Kartells ist also auch dem marktlichen Lebenszyklus Rechnung zu tragen. Ein noch so lästiges, Argwohn erzeugendes Kartell *kann* gegenüber dem Monopol bereits eine Verbesserung in Bezug auf die gesellschaftliche Versorgungslage darstellen! Auch diese Feststellung dürfte den meisten Standardlehrbüchern fehlen!

Weitere analytische Schwachpunkte der neoklassischen Monopoltheorie, die allen voran die Vertreter der Österreichischen Schule vortragen, greifen wir gleich in Kapitel 10.4.2.1. auf.

10.4.2 Marktmacht in den Dogmen anderer Schulen

Bei den zuvor adressierten, auf der Methodik beruhenden Defizite wäre es nun allzu ungewöhnlich, wenn die aus den neoklassischen Mono- und Oligopol-Modellen erhaltenen Einsichten den Zuspruch aller Ökonomen zumindest soweit erlangt hätten, dass es auf ihrer Basis zu allgemein akzeptierten Schlussfolgerungen im wirtschaftspolitischen Umgang mit privater Marktmacht gekommen wäre.

Mit anderen Worten: Man mag es sich gar nicht vorstellen, dass sich jeder Ökonom – ungeachtet der wettbewerbsrechtlichen Realitäten – der in den Industrieländern heute sakrosankt erscheinenden Idee anschließt, der Staat habe den Wettbewerb zu orchestrieren. Und in der Tat, Marxisten und Libertäre lehnen diesen Gedanken ab; beide erkennen in der staatlichen Wettbewerbspolitik keinen alternativlosen Ansatz – im Gegenteil!

Vor diesem Hintergrund scheint es uns geboten, sich die zentralen Argumente von libertär (Kapitel 10.4.2.1.) bzw. marxistisch (Kapitel 10.4.2.2.) geprägten Ökonomen anzusehen, die diese im Zusammenhang mit Monopolen als Repräsentanten umfassendster Marktmacht vorbringen und welche Schlüsse sie daraus für die Wirtschaftspolitik ziehen. Erst diese Vorgehensweise, Ansichten jenseits der gängigen Lehrmeinung zu beleuchten, befähigt uns, die wirtschaftspolitische Bandbreite im Umgang mit Marktmacht *wirklich* zu erfassen, um auf dieser Basis schließlich den Wert der heutigen Praxis beurteilen zu können.

[1120] Erneut mögen wir hier eine Situation vorfinden, bei der etwa im Winter ein Mengenwettbewerb aufgrund begrenzter Kapazitäten in der Schlechtwettersaison stattfindet, hingegen in den Sommermonaten ein Bertrand-Wettbewerb, weil es die Spielwilligen mit dem besseren Wetter nach draußen drängt.

10.4.2.1 Marktmacht im Rahmen der Österreichischen Schule

Bevor wir in Kapitel 10.4.2.1.2. auf die libertären Schlussfolgerungen im Umgang mit Wirtschaftsmacht eingehen, müssen wir zunächst verstehen, warum es sich aus Sicht derjenigen Ökonomen, die sich der Österreichischen Schule verbunden fühlen,[1121] beim Monopol einzig und allein um einen beliebten **Kinderschreck** handelt, nicht jedoch um eine ernsthafte, reale Gefahr (Kapitel 10.4.2.1.1.).

10.4.2.1.1 Eine Lektion über Polemiken, Missverständnisse und unscharfem Denken

Vorausschicken wollen wir, dass die Libertären die Monopolanalyse nicht auf dessen allokative Wirkung begrenzen. Sie gehen damit – analog zu den marxistisch geprägten Ökonomen – über den neoklassischen Modellansatz hinaus. Auf Schumpeter gehen beispielsweise Überlegungen zurück, dass die Marktform der vollständigen Konkurrenz schon unter **Innovationsgesichtspunkten** dem *privatwirtschaftlichen* Monopol unterlegen sein sollte.[1122] Eine unvoreingenommene Bewertung des Monopolproblems darf aus libertärer Sicht ebenfalls nicht ausblenden, dass mit der **industriellen Selbstorganisation,** also mit Fusions- und Kollektivmonopolen, im wirtschaftlichen Abschwung **stabilisierende Vorteile** verbunden sind.[1123] Kurzum: Selbst wenn es enorme Monopolgewinne gäbe, müssten diese nicht – wie es die Neoklassik suggeriert – unausweichlich zu Lasten der Konsumenten bzw. der Gesellschaft als Ganzes gehen.

Das Störgefühl der Libertären an den gängigen Vor- und Einstellungen zum kapitalistischen Monopol setzt jedoch schon an der Beobachtung an, dass wirtschaftlich Ungeliebtes im politischen Diskurs schnell und undifferenziert, dafür aber umso entschiedener mit monopolistischen Praktiken in Verbindung gebracht wird; immer in

---

1121 Der Einfachheit halber bezeichnen wir diese Ökonomen als Libertäre ohne damit den Eindruck erwecken zu wollen, es handle sich bei diesen Vertretern und ihrer Lehrmeinung um ein monolithisches Gebilde.

1122 „Wir müssen [...] anerkennen, dass die Großunternehmung zum kräftigsten Motor dieses Fortschritts und insbesondere der langfristigen Ausdehnung der Gesamtproduktion geworden ist." Schumpeter, 2005, S. 174 f. Und kurz darauf: „In dieser Hinsicht ist die vollkommene Konkurrenz [...] unterlegen, und sie kann keinen Anspruch erheben, als Muster idealer Leistungsfähigkeit zu gelten." Schumpeter, 2005, S. 175. Und schon zuvor merkt Schumpeter an, dass „in Wirklichkeit [...] dem Monopolisten überlegene Methoden zur Verfügung [stehen], die der Menge der Konkurrenten entweder nicht oder nicht so rasch zur Verfügung stehen." Schumpeter, 2005, S. 165. Und weiter: „Es kann vernünftigerweise kein Zweifel darüber bestehen, dass unter den Bedingungen unserer Epoche eine solche Überlegenheit tatsächlich der hervorstechende Zug der typischen, großdimensionierten Unternehmenseinheit ist, obschon bloße Größe dabei weder notwendig noch hinreichend ist." Schumpeter, 2005, S. 166.

1123 „Eine Industrie mit vollkommener Konkurrenz wird unter dem Druck des Fortschritts oder äußeren Störungen viel leichter deroutiert, verbreitet auch viel rascher die Depressionsbazillen als die Großunternehmung." Schumpeter, 2005, S. 174. Vgl. dazu aber auch Schumpeter, 2005, S. 149 f. bzw. S. 156 f.

dem Wissen, dass man in der politischen Arena mit dem Monopol als emotional aufgeladenen Kampfbegriff den leichten Applaus der Wähler zu ernten vermag.[1124]

Wer jedoch wirtschaftspolitische Schlussfolgerungen ziehen möchte, die nicht den Eindruck von Willkür erwecken sollen, benötigt neben einem kühlen Kopf auch ein hinreichend präzises Verständnis vom Untersuchungsgegenstand. So banal dies Forderung erscheinen mag, so wenig sehen Libertäre diese Voraussetzung im Fall der neoklassischen Monopolanalyse, geschweige denn in der allgemeinen Monopoldiskussion erfüllt.

Den Libertären ist das Phänomen des Monopols bis heute nicht stichhaltig, befriedigend klar definiert. Bei genauerem Hinsehen wird man nämlich in quasi jedem realen Unternehmer einen ‚einzigen Verkäufer' – also einen Monopolisten – entdecken können, der sich auf irgendeine Weise von anderen Anbietern abzuheben versucht (siehe die Kapitel 10.3.3.1. und 10.3.4.), sei es durch die Tiefe der Wertschöpfung, der Breite des angebotenen Produktspektrums oder bestimmte Zusatzleistungen wie Liefer- und Wartungsdienste. Kurzum: Es werden sich schwer zwei Unternehmen finden, die identisch sind. Im Umkehrschluss hierzu mutiert dann aber jeder Anbieter – im wahrsten Sinne des Wortes – zum Monopolisten. Bei einem derartigen Begriffsverständnis kann dieses allerdings keinen Anspruch mehr erheben, einer seriösen Behandlung des gesellschaftlich relevanten Themas von Marktmacht dienlich zu sein.

Legen wir der realen Komplexitäten wegen den Begriff des Monopols *im Sinne* der *neoklassischen Modellvorstellung* jedoch streng aus, wird „sofort klar, dass **reine Fälle langfristigen Monopols** nur **sehr selten** vorkommen können:"[1125] In einem **intakten Kapitalismus** dürfte kaum eine Möglichkeit bestehen, dass sich ein solcher ‚einziger Verkäufer' einer gegebenen Nachfrage dauerhaft gegenübersteht, die nicht nur völlig unabhängig von seiner eigenen Aktion, sondern auch von den Reaktionen anderer

---

1124 Diese Beobachtung kommentiert z. B. Schumpeter so: „In den Vereinigten Staaten haben Ökonomen, Regierungsvertreter, Journalisten und Politiker eine offenbare Vorliebe für dieses Wort, weil es zu einem Schimpfnamen geworden ist, der mit Sicherheit die Feindschaft der Öffentlichkeit gegen alle so abgestempelten Interessen hervorruft. Das Monopol ist in der angelsächsischen Welt seit dem sechzehnten und siebzehnten Jahrhundert immer verurteilt und mit funktionsloser Ausbeutung in Verbindung gebracht worden." Schumpeter, 2005, S. 164. Und wenig weiter: „Sir Robert Peel [...] sprach in seinem berühmten Epilog zu seiner letzten Amtsperiode [...] von einem Brot- oder Weizenmonopol, obwohl [...] die englische Getreideproduktion trotz des Zollschutzes sich in vollkommener Konkurrenz befand. In den Vereinigten Staaten ist ‚Monopol' praktisch synonym mit jeder Großunternehmung." Schumpeter, 2005, S. 165. In ähnlicher Weise bemerkte Mises bereits zwischen den Weltkriegen an, dass „schon die bloße Nennung des Wortes Monopol [...] Empfindungen auszulösen [pflegt], die jede klare Erwägung unmöglich machen." Mises, 1932, S. 354. Noch im Jahr 2022 gelingt es dem Handelsblatt nicht, die Begriffe Monopole und Großkonzerne auf der Titelseite einer Ausgabe sauber auseinanderzuhalten („Die neue Macht der Monopole – Gas, Öl, Lieferketten: Großkonzerne profitieren von der Krise – auf Kosten von Wohlstand und Freiheit aller"). Vgl. Handelsblatt, 07.10.2022, S. 1; und nicht besser im Artikel selbst. Vgl. Jakobs, 07.10.2022, S. 44 ff. Für eine Zeitung, die für sich Wirtschaftskompetenz beansprucht, ist dieser Begriffsbrei beileibe kein Ruhmesblatt!
1125 Schumpeter, 2005, S. 162.

Unternehmer ist. Allein der Tatsache wegen, dass die Mehrheit der Güter durch ein anderes ersetzt werden kann und damit **indirekter** Wettbewerb entfacht wird oder bestehen bleibt, wird eine Monopolrente kaum über die Zeit Bestand haben.[1126]

Aus diesem Grunde sind neoklassisch verstandene **Monopolpositionen** oder Positionen, die sich diesem Monopolverständnis annähern, lediglich *kurzfristige, vorübergehende* Erscheinungen. Wo Schumpeter derartige Fälle noch anhand des Dorfkrämers am Ohio illustriert, „der während einer Überschwemmung für Stunden oder sogar Tage ein wirklicher Monopolist sein [kann],"[1127] lässt sich heute ein Bäcker setzen, der sonntags als Einziger am Ort geöffnet hat. Analoges kann man bei eintrittspflichtigen Kulturveranstaltungen beobachten, sobald das dortige Gastronomieangebot ein einzelner Unternehmer verantwortet.

Gerade wegen der latenten Gefahr, dass sich eine einseitige, **verzerrte Vorstellung** zur **Beständigkeit** von Monopolen verfängt, darf man – in Ergänzung zu den Ausführungen in Kapitel 10.4.1. – mit Menger (1871) nochmals auf die **marktliche Genese** verweisen. Denn unter Einbeziehung einer evolutorischen Perspektive wird der redliche Analyst leicht erkennen, dass das Monopol für gewöhnlich der Konkurrenzwirtschaft in der zeitlichen Abfolge vorausgeht.[1128]

So erinnert Menger daran, dass der Erstanbieter in jedem Ort willkommen geheißen wird, egal ob er nun ein Schmied, ein Arzt oder ein Anwalt ist. Allerdings schlägt diese ihm wohlwollende Haltung nahezu naturgesetzlich in baldigen Unmut um, wenn sich unter den Ortsmitgliedern die Qualität des ‚einzigen Verkäufers' herumgesprochen hat und sich daraufhin die von ihm angebotenen Güter steigender Beliebtheit erfreuen.[1129] Um sich in der Folgezeit dem Ansturm der Nachfrager zu erwehren, wird der Monopolist nicht zögern, den Preis anzuheben – allein um sich selbst ein notwendiges Maß an Bettruhe zu ermöglichen. Ihn, den Monopolisten, jetzt platt einen Faulpelz

---

1126 Die zähmende Wirkung des *indirekten* Wettbewerbs darf nicht unterschätzt werden. Selbst für den Fall des alleinigen *Pionierunternehmers* muss bedacht werden, dass dieser ein Monopol nicht schon allein deshalb hat, weil seine Produktneuheit einzig von ihm hergestellt und vertrieben wird bzw. noch kein anderer Anbieter das von ihm eingeführte Produktionsverfahren anwendet. Denn bei den Produkten stehen innovative zumeist im Wettbewerb mit bekannten und bei den Verfahren moderne mit konventionellen. Beispielsweise konkurrierte in der Medizintechnik der alleinige Hersteller von OP-Robotern, Intuitive Surgical, für nahezu zwei Dekaden gegen keinen anderen Gerätehersteller, aber weiterhin mit der traditionellen Chirurgie. Zum Markt von OP-Robotern siehe Telgheder, 20.06.2022, S. 22; ansonsten vgl. Schumpeter, 2005, S. 168. Obwohl Engels bemerkte, dass das Monopol die Konkurrenz anlocken muss, erkannten weder er noch Marx, dass die *Wettbewerbswirtschaft* zum Abschmelzen der Monopolrenten beitragen. Vgl. z. B. Kurz, 2020, S. 102 f.

1127 Schumpeter, 2005, S. 167.

1128 Vgl. Menger, 2018, S. 202.

1129 Man beachte, dass dieser Umstand *grafisch* als Rechtsverschiebung der Nachfragekurve zu interpretieren ist, da sich die Präferenzen der Gemeindemitglieder verändert haben! Damit steigt die Knappheit des betreffenden Gutes – losgelöst von der Marktform! Bei unveränderter Angebotskurve steigen also die Preise!

zu heißen und/oder ihn der Wucherei zu bezichtigen, geht entschieden zu weit.[1130] Schlägt in diesem und ähnlich gelagerten Fällen ein vormaliger Sturm der Nachfrage in einen Orkan der Entrüstung gegen den ‚Ausbeuter' um, belegen die Aufschreienden im Grunde nur zweierlei: Entweder ein gerütteltes Maß an Unkenntnis über marktliche Zusammenhänge oder deren fehlende Bereitschaft, auch steigende Güterpreise als eine Marktnormalität zu akzeptieren.

Zur angemessenen Beurteilung einer Monopolstellung ist daher auch die **Markt-zugangsmöglichkeit** zu beachten. Sofern keinerlei Eintrittsbeschränkungen für potenzielle Anbieter bestehen, wird allein das Wissen darum auf den Monopolisten zähmend wirken, selbst wenn es ihm gelänge, diese Marktposition über die kurze Frist hinaus auszuüben. Denn er weiß, in dem Moment, in dem er mit der Preissetzung übertreibt, weckt er schlafende Hunde!

Mit der Einsicht um die Bedeutung der marktlichen Rahmenbedingungen muss dann aber auch die Frage adressiert werden, ob die Entfaltung der Konkurrenzwirtschaft möglicherweise erst durch staatliche Maßnahmen wie der Erhebung von Zöllen (vgl. Lektion 7) oder durch die Erteilung von Urheberrechten, Patenten und anderen Privilegien verhindert wird?[1131]

Libertäre vereint in diesem Punkt die tiefe Überzeugung, dass es *gerade* der *Staat* ist, der über vielfältige Formen Monopolstellungen einräumt, und das oft noch dauerhaft.[1132] Unser einführendes Beispiel, in dem der Kioskbetreiber eine behördliche Genehmigung für den Verkauf von Getränken an einem Waldsee benötigte (Kapitel 10.3.1.), trug diesem Gedanken bereits Rechnung.

Tatsächlich ist die Wirtschaftsgeschichte voll von solchen Gunstbezeichnungen. Ein historisches Monopol aus der Versicherungsbranche aufgrund eines erteilten **Privilegs** – also eines besonderen Gesetzes – stellt zum Beispiel die **Berlinische Feuer-Versicherungsanstalt** dar. Bei ihrer Gründung im Jahre 1812 war sie nicht nur die erste Versicherungs-Aktiengesellschaft in Deutschland, sondern zugleich die *einzige* Versicherungsgesellschaft in Preußen. Dies sollte die Berlinische Feuer nach dem anfänglichen Willen des Königs auch 15 Jahre bleiben, denn in ihrem Privileg war ihr von diesem zugesagt, dass über diesen Zeitraum kein Konkurrenzunternehmen genehmigt

---

1130 Vgl. Menger, 2018, S. 201 f.
1131 All diese Schutzrechte erzeugen auf die ein oder andere Weise Markteintrittsbarrieren und gewähren damit den Privilegierten zumindest vorübergehend einen gewissen Schutz. So unterbinden Patente bis zu ihrem Ablauf den Eintritt anderer Marktteilnehmer – zumindest mit identischer („geklonter") Technologie. Ökonomen sprechen in diesem Zusammenhang von einem *temporären Monopol*.
1132 Vgl. z. B. Menger, 2018, S. 199 ff. bzw. Schumpeter, 2005, S. 162 ff. oder Sennholz, 1975, 162 ff. und besonders ausführlich Rothbard, 2006, S. 43 ff. Im Zusammenhang mit Patenten mögen man nicht verkennen, dass „Original"-Hersteller während der Patentlaufzeit die Möglichkeit nutzen werden, durch Markenbildung eine dauerhafte Markteintrittshürde zu errichten.

werden sollte.[1133] Ein weiteres Beispiel betrifft die im Jahr 1836 gegründete Berlinische Lebensversicherungsgesellschaft, die in Preußen bis 1851 ein Monopol hielt.[1134]

Zur Vermeidung von Irrtümern sei angemerkt, dass es *keine* Eigenart preußischer Könige war, Sonderrechte an einzelne Kaufleute selektiv zu verteilen. Vielmehr hatte sich diese Praxis während des **feudalistischen Zeitalters** unter europäischen Staatsoberhäuptern zu einer eingeschwungenen Gepflogenheit entwickelt. Schon jede ostindische Handelsgesellschaft, ob britisch, französisch oder niederländisch, zeugt davon. Allen voran ihre **Kreditgeber** wussten die Regenten mit Privilegien notorisch auszustatten – wie allein das Beispiel der Fugger als Finanziers der Habsburger Monarchie eindrucksvoll belegen kann.[1135]

Nicht zuletzt wegen dieser historischen Erfahrungen mahnen uns die Vertreter der Österreichischen Schule, in Patenten, Konzessionen, tarifären und nicht-tarifären Handelshemmnissen oder in der Bildung staatlicher **Zwangskartelle**[1136] wirtschaftspolitische Maßnahmen zu erkennen, mit deren Hilfe sich marktlicher Wettbewerb ausschließen lässt, so dass persistente Monopole erst entstehen.[1137]

Es darf uns also nicht verwundern, dass Ökonomen, die entlang der hier skizzierten Bahnen argumentieren, **zuvorderst** die **Abschaffung** staatlich gewährter **Sonderrechte** fordern.[1138] Denn in diesen Fällen beruht eine entstandene Marktmacht auf staatlichen Gunstbezeugungen und **nicht** auf **Marktversagen**. Nach Regulierung bzw. nach Verstaatlichung hierbei zu rufen, erweist sich in ihren Augen als nichts anderes als eine fulminante Groteske! Schließlich soll dem Staat jetzt die Aufgabe obliegen, zu kontrollieren, was er selber ermöglicht hat!

1133 Die Berlinische Feuer war eine Gründung von vier Bankiers. Das ihnen erteilte Privileg wurde allerdings bereits 1819 gebrochen. Vgl. Schmoeckel/Maetschke, 2016, S. 27 und siehe https://www.dwalive.de/de/DWA-Auktion-28/?AID=167146&AKTIE=Berlinische+Feuer-Versicherungs-Anstalt, zuletzt abgerufen am 26.02.2024.

1134 Der Genehmigungsgesuch datiert auf den 28. April 1835; durch Kabinettsorder vom 11.06.1836 genehmigt. Vgl. Schmoeckel/Maetschke, 2016, S. 26.

1135 Vgl. z. B. Ogger, 1979, S. 133.

1136 Es wäre verkehrt, in solchen Zwangskartellen ausschließlich Krisen- bzw. Kriegskinder sehen zu wollen. In Friedenszeiten wurden etwa im zaristischen Russland ein Zuckerzwangskartell (1895), in Italien eines für Schwefel (1900) und im Deutschen Reich eines für Kali (1910) gebildet. Vgl. Lewinsohn-Morus, 1955, S. 282 ff.

1137 Vgl. z. B. Rothard, 2006, S. 43 ff. Nach Sennholz hat es im Deutschen Reich zwischen 1880 und 1930 über 2.100 staatlich orchestriert Kartelle gegeben – zunächst als Reaktion auf die zuvor eingeführten Arbeiter- und Sozialversicherungsgesetze: mithilfe von Kartellen wollte die deutsche Regierung eine Welle drohender Unternehmensinsolvenzen infolge gestiegener Personalkosten abwenden. Vgl. Sennholz, 1975, S. 166.

1138 So, wie es in den Vereinigten Staaten geschah, als die Zentralregierung im Jahr 1824 ein vom Bundesstaat New York erteiltes Privileg für nichtig erklärte, mit dem ein Dampfschifffahrtsmonopol auf dem Hudson River errichtet worden war. Dieses Monopolrecht wurde kassiert, weil es der Ausbreitung der Dampfschifffahrt und der Entwicklung des inneramerikanischen Marktes im Wege stand. Vgl. Wala, 2018, S. 222.

10.4.2.1.2 Die libertäre Grundhaltung im Umgang mit Marktmacht – Nichtstun

Libertäre Ökonomen setzen sich im Umgang mit privater Marktmacht – nebst den beiden bereits benannten Forderungen, eingeräumte Privilegien zu beseitigen und die Offenheit der Märkte zu gewährleisten – für das staatliche Nichtstun ein: Sie sind der Ansicht, dass man den Umstand eines ehedem kurzfristigen Phänomens wie einer Monopolstellung gesellschaftlich akzeptieren bzw. ertragen müsse. Ein nach der Marktphase differenziertes Handeln des Staates ist damit entbehrlich. Dabei begründen sie ihre Haltung **allein** aus der **Perspektive** der **allokativen Effizienz** mit den drei folgenden Argumenten.

Für das Nichtstun bei Monopolmacht spricht gerade in reifen Märkten, dass dem **Sieger** die **Ehre gebührt**! Schließlich darf man nicht außer Acht lassen, dass ein Monopol das Resultat eines langen, dynamischen Wettbewerbs sein kann, an dessen Ende sich schlichtweg der Anbieter durchgesetzt hat, der den Kunden mit großer Anstrengung die besten Produkte mit dem höchsten Nutzen liefert. Warum sollte man also einen Sieger bestrafen?[1139]

Ein zweites Argument, das sich für staatliche Zurückhaltung im Umgang mit Marktmacht in die Waagschale legen lässt, basiert auf der **Elastizität** der **Marktnachfrage**: Je unelastischer die Nachfrage ist, desto höher ist *ceteris paribus* die Marktmacht des Anbieters bzw. der wenigen Anbieter. Das bedeutet im Umkehrschluss, dass der Wohlfahrtsverlust umso geringer ist, je elastischer die Nachfrage nach dem Monopolgut ist.[1140] Andes formuliert: Selbst ein Monopol lässt sich gesellschaftlich erdulden, wenn die Nachfrage aufgrund einer ausreichenden Zahl an potenziellen Ersatzgütern preisempfindlich ist, der indirekte Wettbewerb den vermeintlichen Monopolisten also diszipliniert.[1141]

Ein einprägsames, nettes Beispiel hierzu findet sich bei den amerikanischen Lehrbuchautoren Case und Fair. Die Autoren demonstrieren die unterschiedliche Elastizität

---

1139 Dieses Argument wird expressis verbis nicht oft in der Literatur vorgetragen, wird doch mit seiner Benennung der Laissez-faire-Charakter offenkundig, der Mitte des 19. Jahrhunderts vertreten wurde und der heute nicht mehr salonfähig zu sein scheint. Gleichwohl findet man das Argument implizit in den Schriften von Vertretern der Österreichischen Schule, etwa bei Sennholz: „If an enterprise nevertheless enjoys a monopolistic position, it must by necessity be the most efficient producer in this field. In other words, *in an industry endowed with freedom of entrance, a monopoly is an efficiency monopoly.*" Sennholz, 1975, S. 163.

1140 Die Nachfrageelastizität kommt auch im sog. Lerner-Index zum Tragen, einem Maß mit dem nach Vorschlag von A.P. Lerner die Marktmacht eines Monopols gemessen werden kann. Vgl. z. B. Neumann, 1991, S. 42.

1141 Zu den Aspekten, die die Preiselastizität der Nachfrage beeinflussen, siehe Lektion 4. Dort haben wir auch benannt, dass die Messung der Preiselastizität in der Praxis mit gewissen Schwierigkeiten verbunden ist. Aus wettbewerbspolitischer Perspektive gibt es in der Praxis die Frage zu klären, ab wann die direkte Preiselastizität als hoch bzw. ab wann sie als (zu) niedrig eingestuft wird. Die Theorie kann hierzu keine Antwort liefern!

der Nachfrage anhand der **OPEC** und der **OBEC**.[1142] Entschließt sich das Kartell der ölexportierenden Länder (OPEC), die Preise um 30 Prozent anzuheben, so wird die kurzfristige Nachfrage nach Erdöl in den Industrieländern nicht sonderlich stark reagieren: Es bestehen Abhängigkeiten und der rasche Wechsel auf andere Energieträger dürfte sich in Grenzen halten. Ganz anders, im Fall des fiktiven Kartells der Organisation Bananen exportierender Länder (OBEC): Sollte dieses Kartell die Preise um 30 Prozent erhöhen, dürfte die Nachfrage nach Bananen in den Industrieländern relativ elastisch reagieren. Schließlich gibt es an der Obsttheke im Supermarkt zahlreiche Alternativen zu ihr. Kurzum: Aus der Perspektive der Endverbraucher kann man einmal mehr gelassen zur Kenntnis nehmen, wenn die United Fruit Co. „ihre Konkurrenten beim Anbau und Verkauf von Bananen [schluckt]"[1143] und sich hieraus der Humus für eine Kartellbildung oder gar eine Monopolposition ergibt.

Ein ähnlich gelagertes, relativ aktuelles Beispiel aus der deutschen Wirtschaftsgeschichte betrifft den Fernbusanbieter Flixbus. Dieser hatte, nachdem das Geschäftsmodell ab Anfang 2013 durch den Gesetzgeber erlaubt wurde,[1144] durch Zusammenschlüsse und Übernahmen sowie Austritten von Wettbewerbern binnen weniger Jahre eine monopolartige Stellung erhalten.[1145] Es wurde vereinzelnd beklagt, dass der deutschen Kartellbehörde wegen formaler Kriterien die Hände gebunden gewesen seien, um das „Quasi-Monopol" zu verhindern.[1146] Gleichwohl übersehen bzw. übersahen diese eifrigen Wortmelder die Nachfrageelastizität. Der Umstand, dass einer Großzahl an Konsumenten eine Bandbreite an Alternativen wie Mitfahrgelegenheiten, Leihwagen (bzw. Carsharing), die Bahn und/oder Billigflugangebote zur Verfügung steht, wird selbst einen echten Fernbus-Monopolisten in seiner Preisgestaltung in Schranken halten. Dieser wahrlich nicht unerhebliche Aspekt ist zu beachten, bevor reflexartig der Ruf nach dem Gesetzgeber bzw. nach dem Kartellamt ertönt.

Als drittes allokatives Argument gegen die Einrichtung einer staatlichen Marktaufsicht lässt sich vortragen, dass der Verzicht auf eine solche Behörde den allgemeinen **Steuerzahler nichts kostet**. Im Gegenteil! Knappe Ressourcen lassen sich einsparen, wenn auf die Institution einer Wettbewerbsaufsicht und deren Ausstattung mit Perso-

---

1142 Vgl. Case/Fair, 1989, S. 114 f.

1143 Galeano, 2019, S. 150. Zum Bananen-Markt siehe auch die Anmerkung in Kapitel 10.3.2.2.1. beim Bertrand-Wettbewerb.

1144 Das Gesetz zur Liberalisierung von Fernbuslinien wurde im September 2012 verabschiedet; bis dahin hatte in Deutschland siebzig Jahre lang ein Bahnmonopol auf Fernstrecken bestanden. Vgl. z. B. o. V., 24.01.2014, S. 6.

1145 Vgl. z. B. Delhaes/Schlautmann, 04.08.2016, S. 16. Der Marktanteil soll im Jahr 2016 über 80 Prozent gelegen haben. Vgl. Schlautmann, 04.08.2016, S. 27.

1146 Vgl. Schlautmann, 04.08.2016, S. 27. Mit einer gewissen Irritation haben wir zur Kenntnis genommen, dass sich Wambach, Mitglied der Monopolkommission, ähnlich äußert: So sei die Fusion von Flixbus mit MeinFernbus im Jahr 2015 wegen der Bagatellgrenze (Umsatz von Flixbus) nicht geprüft worden. Vgl. Wambach/Müller, 2018, S. 65. Das mag so sein. Gleichwohl erscheint uns diese Tatsache aus oben genannten Gründen belanglos.

nal und Sachkapital verzichtet wird.[1147] Neben diesen **direkten** Kosten würden vielfältige **indirekte** wegfallen, etwa dadurch, dass Parlamente das Wettbewerbsrecht nicht wiederkehrend auf veränderte Wirtschaftsverhältnisse anzupassen hätten und bei Gericht keine Kapazitäten durch wettbewerbliche Streitfragen blockiert werden. Dies würde zugleich Sachverständige überflüssig machen, die im Rahmen der Gerichtsverfahren Gutachten zur Ermittlung des Kartellschadens erstellen; und schließlich gäbe es auf Seiten der Unternehmen keine Unsicherheit mehr in Bezug auf die staatliche Genehmigung eines Fusionsvorhabens.

10.4.2.2 Privatwirtschaftliche Monopole in der marxschen Lehre

In Anbetracht seines epochalen Gesamtwerkes serviert Marx zu den hier betreffenden Aspekten der Marktmacht und der Monopole ein geradezu kümmerliches, einfallsloses Menü. Als besonders enttäuschend erweist sich hierbei, dass Marx es unterlässt, die Prozesse hinreichend auszuleuchten, auf deren Grundlage die kapitalistischen Unternehmen *seiner Theorie nach* dazu tendieren, größer zu werden, wodurch sich im Gefolge die Konzentration in der Wirtschaft erhöht.[1148]

„Alles, was er [hierzu] als Erklärung zu bieten hat, schrumpft [...] auf die nicht gerade aufregende Feststellung zusammen, dass ‚der Konkurrenzkampf durch Verbilligung der Waren geführt wird‘“[1149] und der Wettbewerb schließlich „stets im Untergang vieler kleiner Kapitalisten und Übergang ihrer Kapitale in die Hand des Siegers [endet].“[1150]

Trotz dieses kraftlosen Fundaments bilden die Thesen von der zunehmenden Konzentration und der fortschreitenden Monopolisierung relevante **Ecksteine** im **marxschen Theoriegebäude**: In diesem schaffen beide Entwicklungen die notwendige Voraussetzung für die proletarische Revolution, sie bereiten den Boden für die Enteignung der Enteigner.[1151]

In dieser Vorstellung, dass sich der Kapitalismus von innen auflöst und damit dem Sozialismus zugleich der Weg geebnet wird, lässt Marx der dialektischen Methode

---

1147 Zur Vermeidung von Missverständnissen: Das Bundeskartellamt ist eine relativ kleine Behörde. Die von ihr generierten Einnahmen aus verhängten Kartellstrafen und Bußgeldern sind darüber hinaus auch noch erheblich höher als ihre Kosten. Allerdings dürfen wir nicht übersehen, dass wir mit dieser Beobachtung nur auf die Dimension der *direkten* Kosten geblickt haben.

1148 Vgl. z. B. Schumpeter, 2005, S. 47. Die Ursache für den bescheidenen Beitrag von Marx an dieser Stelle verortet Schumpeter darin, dass Marx weder eine ausreichende Theorie zur privaten Unternehmung besaß, noch zwischen Unternehmern und Kapitalisten zu unterscheiden vermochte. Vgl. Schumpeter, 2005, S. 60.

1149 Schumpeter, 2005, S. 62. Die hier aus dem Kapital zitierte Stelle findet sich bei Marx, 2018, S. 577.

1150 Marx, 2018, S. 578.

1151 Vgl. z. B. Apolte, 2021, S. 288 f. oder Mises, der die zwei Thesen von Marx zur Kapitalkonzentration und der Monopolisierung der Wirtschaft vermutlich als Erster entzauberte. Zur Konzentration der Betriebe siehe Mises, 1932, S. 337 ff. und zur Konzentration der Unternehmen siehe derselbe, 1932, S. 341 ff.

unübersehbar ihr Recht zukommen.[1152] Die **Konzentration** wirtschaftlicher Aktivität und Macht trägt also nach Marx zur **Destabilisierung** der Gesellschaft bei.[1153]

Aus einer rein ökonomischen Perspektive, so Marx, schwindet mit zunehmender Monopolisierung die Innovationstätigkeit, was den **technischen Fortschritt** verlangsamt, bevor sich diese spätkapitalistische Entwicklung in einem **niedrigen Wohlstandswachstum** niederschlägt. Somit wird „das Kapitalmonopol [...] zur Fessel der Produktionsweise, die mit und unter ihm aufgeblüht ist."[1154]

Während Marx sich damit an einer möglichen **Unterinvestition** der *privaten* Monopolisten reibt, stört ihn zugleich das hierzu konträre Verhalten der im Wettbewerb stehenden Fabrikanten. Seiner Ansicht nach trägt nämlich die private Konkurrenzwirtschaft mit periodischen **Überinvestitionen** ebenfalls zu einem **instabilen Verlauf** wirtschaftlicher Entwicklung bei: Mit ungenutzten Produktionskapazitäten gehen ganz allgemein Kapitalfehlleitungen einher; knappe Ressourcen werden verschwendet. Das bedeutet auch, dass die private Wirtschaft unter solchen Bedingungen keine dauerhaft anhaltende Vollbeschäftigung gewährleisten kann, weil aufgrund übermäßiger Investitionen den Arbeitskräften jederzeit Entlassungen drohen.[1155]

Bei dieser negativen Bewertung der beiden polaren Marktformen verwundert es nun nicht, dass Marx – wie wir das in Lektion 6, Kapitel 6.2 bereits anklingen haben lassen – in verstaatlichten Monopolen die Medizin für allokative Ineffizienz, wirtschaftliche Instabilitäten und nachlassender Innovationsleistung sah. Später formulierte Lenin entsprechend: „Der **Sozialismus** ist nichts anderes als **staatskapitalistisches**

[1152] Zum dritten dialektischen Prinzip siehe Lektion 6 bzw. in den Worten von Marx: „Diese Enteignung vollzieht sich durch das Spiel der inneren Gesetze der kapitalistischen Produktion selbst, durch die Konzentration der Kapitalien. Je ein Kapitalist schlägt viele tot. Hand in Hand mit dieser Konzentration oder der Enteignung vieler Kapitalisten durch wenige entwickelt sich die kooperative Form des Arbeitsprozesses auf stets wachsender Stufenleiter." Marx, 2018, S. 706.

[1153] Nicht unerwähnt wollen wir lassen, dass selbst unter Marxisten diese Auffassung *nicht unumstritten* blieb. So kommt Hilferding (1877–1941) zu dem Schluss, dass sich der Kapitalismus *wegen* der Konzentration stabilisieren könnte. Nach ihm verhindern Kartelle zwar keine Krisen und können deren Wirkungen auch nicht aufheben, aber die wachsende Konzentration mache „die industriellen Unternehmungen gegen die äußerste Wirkung der Krise, den völligen Bankrott, widerstandsfähiger." Hilferding, 1910, S. 367. Insofern begreift sich Schumpeter, der konstatiert: „Der erste, der diesen Zweifel auf Grund eines gutgeordneten Arguments ausgesprochen hat, war Rudolf Hilferding, einer der Führer der bedeutenden Gruppe von Neo-Marxisten, die tatsächlich nach der entgegengesetzten Folgerung neigten, nämlich dass der Kapitalismus durch die Konzentration an Stabilität gewinnen könnte." Vgl. Schumpeter, 2005, S. 75 f.

[1154] Marx, 2018, S. 706. Ohne expliziten Verweis auf genau diese geistige Grundlage des Marxismus handelt die Linkspolitikerin Wagenknecht in verschiedenen Publikationen die Rolle der „Marktmacht als Innovations- und Qualitätskiller" ab. Vgl. hierzu z.B. Wagenknecht, 2018, S. 117 ff. oder Wagenknecht, 2017, S. 103.

[1155] Vgl. u. a. Obst, 1983, S. 22 ff. Einen Zusammenhang zwischen Marktform und Instabilität der wirtschaftlichen Entwicklung stellte schon der junge Engels her. Dabei macht er als Ursache dieser instabilen Entwicklung unmissverständlich die Konkurrenzwirtschaft aus. Vgl. Engels, 1844, S. 10. Kurzum: Früh findet man bei Engels Positionen, die später in das Gedankengebäude des Marxismus eingeflossen sind.

Monopol, das zum Nutzen des ganzen Volkes angewandt wird und dadurch aufgehört hat, kapitalistisches Monopol zu sein."[1156]

Halten wir also fest: Marx meint – im Schulterschluss mit seiner dialektischen Methode – erkannt zu haben, dass staatliche Monopole privatwirtschaftlichen *mehrdimensional* überlegen sind; neben allokativen Effizienzvorteilen schreibt er dem Staatmonopol auch wegen dessen Innovationstätigkeit einen höheren gesellschaftlichen Nutzen als *allen anderen* privatwirtschaftlichen Marktformen bei!

Bevor wir uns diesen beiden Thesen und ihrer Haltbarkeit in der direkt anschließenden Diskussion um das unvermeidliche Monopol (Lektion 11, Kapitel 10.2.3.) widmen, wollen wir die zwei folgenden Erkenntnisse schon einmal explizit benannt haben: Erstens, es braucht nach den marxschen Vorstellungen zu den Marktformen im Sozialismus *keine* Wettbewerbsaufsicht und, zweitens, die Argumentation für die Vergesellschaftung von Monopolen wird von Marx überhaupt *nicht* von der Warte einer vermeintlichen Ungerechtigkeit, die es abzuschaffen gilt, geführt! Gerade diese Beobachtung mag für manch einen am überraschendsten sein![1157]

10.5 Fazit

Rund um das Thema Marktmacht haben wir bedeutsame, erste Einsichten gewonnen. Feststellen konnten wir unter anderem, dass die Ökonomen – anders als dies in Standardlehrbüchern mitunter suggeriert wird – *keine* einhellige Ansicht im wirtschaftspolitischen Umgang mit privater Marktmacht vertreten. Stattdessen lassen sich dogmengestützte Grundhaltungen beobachten.

Die heutige Praxis, den Wettbewerb durch eine staatliche Marktaufsichtsbehörde zu orchestrieren, entspringt offenkundig einem tendenziell neoklassischen Denken.

Davon eklatant abweichend sehen weder marxistisch geprägte Ökonomen noch die Vertreter der Österreichischen Schule eine Veranlassung, eine solche Wettbewerbsbehörde einzurichten. Die diesbezügliche Einigkeit von Marxisten und Österreichern begrenzt sich allerdings auf die Ablehnung einer solchen Institution: Die Gründe ihrer ablehnenden Haltung gegenüber einer Marktaufsicht unterscheiden sich – entsprechend ihrer weltanschaulichen Vorstellung – fundamental.

Libertäre Ökonomen, die die Möglichkeit monopolistischer Marktpositionen nicht bestreiten, sehen in diesen gesellschaftlich überbewertete Phänomene, da derartige Positionen durch die Gefahr potenzieller Markteintritte und/oder indirekte Konkurrenz eingehegt werden. Insofern sind privatwirtschaftliche Monopole, so lästig sie auch sein mögen, als temporäre Erscheinungen in einem *funktionierenden* Kapitalismus

---

1156 o. V., 1969, S. 48; weitere Beispiele zum Monopol finden sich in dieser Quelle auf S. 30 und S. 43.
1157 Gleichwohl dürfte es für Marx wohl gesetzt sein, dass auch der private Monopolist wie jeder Privatunternehmer ein Ausbeuter ist (siehe Lektion 6).

gesellschaftlich auszuhalten. Die Kosten der Duldung sind, so die Argumentation weiter, geringer als die indirekten Kosten, die mit der Einrichtung einer Wettbewerbsbehörde einhergehen. Abgesehen davon, maßt sich der Staat, der eine solche Institution mit wettbewerblichen Regelwerk unterhält, stets an, den optimalen Grad an Wettbewerb zu kennen.

Für Marxisten wiederum erübrigt sich die Einrichtung einer Marktaufsichtsbehörde, weil sie Wettbewerb per se für schädlich halten. Insofern begrüßen sie das Monopol – allerdings das verstaatlichte. Denn ihrer Ansicht nach, bremsen privatwirtschaftliche Monopol die technologische Weiterentwicklung. Dass sich staatliche Monopole damit im Umkehrschluss als besonders innovativ erweisen könnten, ist nun wirklich ein die Diskussion belebender Gedanke! Insofern werden wir diesen aufgreifen, wenn wir jetzt in Lektion 11 einen Sonderfall von Marktmacht beleuchten.

Kontrollfragen

- Im neoklassischen Monopolmodell wird aus der Perspektive der allokativen Effizienz die Monopollösung mit der aus der vollständigen Konkurrenz verglichen. Mit welchem methodischen Kniff gelingt ihnen dieser Vergleich?
- Worin besteht aus neoklassischer Sicht das Marktversagen bei einem Fusions- und/oder einem stabilen Kollektivmonopol?
- Unter welchen Bedingungen lässt sich erwarten, dass das soeben angesprochene Angebotskartell über die Zeit stabil bleibt?
- Worauf deuten die empirischen Einsichten hinsichtlich der marktlichen Preisbildung bei Kartellen?
- Welche legalen Maßnahmen ergreifen reale Unternehmen, um den Fängen der Homogenität zu entkommen, der sie in den Standardmodellen der Neoklassik annahmegemäß ausgesetzt sind?
- Welche Haltung zum Monopol haben die Vertreter der Österreichischen Schule und welche die deutschen Ordoliberalen?
- Nennen Sie drei Gründe, die für das staatliche Nichtstun trotz Monopolsituation vorgebracht werden?
- Welches Duopol liefert ein kontraintuitives Marktergebnis? Wieso kommt es zu diesem Resultat?
- Marx hält den dynamischen Wettbewerb für ineffizient, weil in diesem mit dem Ausspülen von Unternehmen Ressourcen vernichtet werden. Aus welchem ökonomischen Grund ist ihm noch das private Monopol ein Dorn im Auge?

Anhang A: Umsatz- bzw. Erlöskurve des Monopolisten

Umsatz des Monopolisten (in Euro) in Abhängigkeit von der
Nachfragemenge

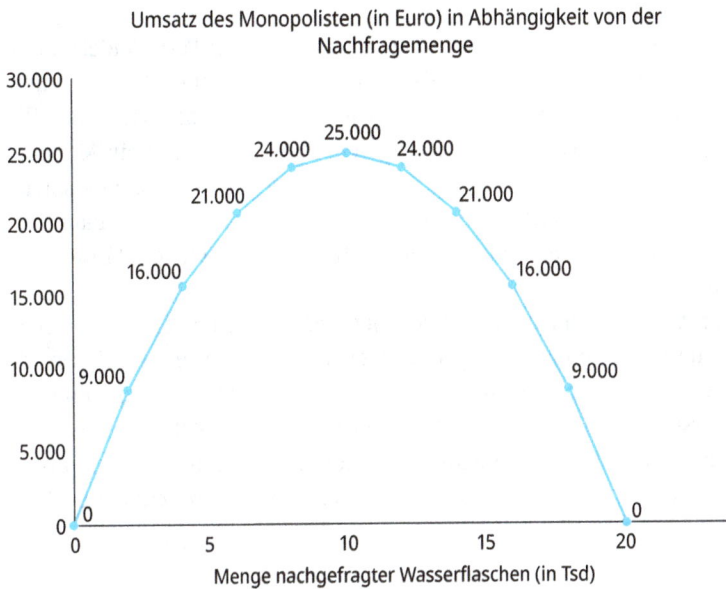

Abbildung 10.7: Umsatz- bzw. Erlöskurve des monopolistischen Kioskbetreibers am Waldsee.

Anhang B: Die S-Kurve als stilisierte Marktevolution

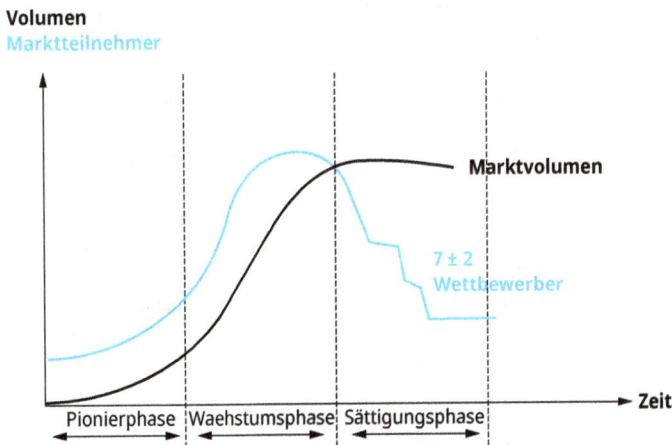

Abbildung 10.8: Stilisierte Entwicklung von Märkten – Marktvolumen und Marktteilnehmern.[1158]

[1158] Zum Konzept der S-Kurve und ihrer Bedeutung vgl. z. B. Malik, 2008b, S. 218 ff.

Anhang C: Marktmacht – Ein historisch vertrautes, persistentes Phänomen

Monopole sind keine neuzeitlichen Erscheinungen. So existierten Fernhandelsmonopole wie die bekannte niederländische Ostindien-Kompanie (gegründet 1602, liquidiert 1798) im 17. und 18. Jahrhundert in nahezu allen europäischen Seefahrernationen.[1159] Die im Jahr 1600 gegründete britische Ostindiengesellschaft besaß etwa ein Monopol für den Handel mit den britischen Kolonien.[1160] *Wegen* ihrer Monopolstellung spielte diese Gesellschaft eine zentrale Rolle für die „Boston Tea Party" (1773), die bekanntlich den amerikanischen Kolonisten den entscheidenden Impuls gab, sich vom Mutterland England abzulösen.[1161]

Vor diesem Hintergrund verwundert daher nicht, dass Wirtschaftshistoriker wie Walter feststellen, dass „Monopolisierungstendenzen [...] wohl so alt [sind] wie die Wirtschaft als solche."[1162] Daher „sind auch die Klagen über die ökonomische Konzentration nicht etwa erst im 19. Jahrhundert entstanden. Gleichwohl setzte in der zweiten Hälfte des vergangenen Jahrhunderts die Konzentration in einer Intensität und Breite ein, wie sie die Wirtschaftsgeschichte bis dahin noch nicht hervorgebracht hatte."[1163]

1159 Die Zerstörung der Spanischen Armada im Jahr 1588 kam einer Zäsur für die Geschäftswelt gleich. Fortan war der Ozean frei für die Seefahrer anderer Völker und die Regierungen verteilten auf geografisch begrenzte Wirkungsfelder Monopole! Vgl. Lewinsohn-Morus, 1955, S. 28 ff.
1160 Es ist bekannt, dass bereits Adam Smith die Handelskompanien kritisierte, weil deren auf *Monopolprivilegien* beruhendes Wirtschaftssystem die Ausdehnung der Märkte unmöglich machte. Vgl. z. B. Leidinger, 2008, S. 63. Nahtlos einreihen lässt sich hier die Bemerkung Schumpeters, dass „[d]as Monopol [...] in der angelsächsischen Welt [...] immer verurteilt und mit funktionsloser Ausbeutung in Verbindung gebracht worden [ist], da es [...] die Gepflogenheit der englischen Verwaltung war, zahlreiche monopolistische Positionen zu schaffen, die [...] ziemlich gut dem theoretischen Modell des monopolistischen Verhaltens entsprachen und [...] die Welle der Entrüstung [...] völlig rechtfertigten." Schumpeter, 2005, S. 164.
1161 Die Unabhängigkeitserklärung der 13 Kolonien vom Mutterland England erfolgte schließlich am 04.07.1776.
1162 Walter, 2011, S. 133. Zu Monopolen im feudalistischen Zeitalter siehe ebenso Buchheim, 1997, S. 63. Vor diesem Hintergrund lässt sich die Kritik der Ordoliberalen an Vertretern der Österreichischen Schule einordnen: Auch wenn „liberale Wirtschaftspolitiker ein[wenden], dass erst nach dem Ende der [18]70er Jahre, als die Politik des Laissez-faire bereits verfiel und der Interventionismus sich ausbreitete, Monopole entstanden seien [...]. Aber sie haben nicht recht." Eucken, 2004, S. 31. Vgl. aber auch Böhm, 1981, S. 136. Ptak stützt die Wahrnehmung der deutschen Ordoliberalen: „Denn für Mises und Hayek waren ökonomische Machtkörper wie Monopole und die von ihnen gesetzten Monopolpreise fast ausnahmslos auf staatliche Interventionen oder Beschränkungen zurückzuführen." Ptak, 2004, S. 120 f. Eucken teilt allerdings die liberale Auffassung, „dass die interventionistische Politik [...] Monopol- oder Oligopolbildung stark gefördert hat." Eucken, 2004, S. 31.
1163 Walter, 2011, S. 133. Die Auffassung teilend, dass Monopole altbekannte Phänomene sind, verweist auch Lewinsohn-Morus auf eine veränderte *öffentliche Wahrnehmung*: Das Erscheinen der „modernen Trusts und Kartelle [...] im öffentlichen Leben ist noch jüngeren Datums. Erst in den letzten Jahrzehnten des 19. Jahrhunderts begannen die Zeitungen, die Parlamente und die Regierungen von der Existenz

Walter bemerkt weiter:

> Ein wesentliches Merkmal der Phase zwischen 1870 und 1914 ist die zunehmende Konzentration im Bereich der Wirtschaft in der Form vertikaler und horizontaler Konzentrierung bzw. Kartellierung. **Fusionen im industriellen und Bankenbereich** waren an der Tagesordnung. Die Kartell-Literatur wurde in dieser Zeit fast unübersehbar.[1164]

Diese Erkenntnis bezüglich der Zunahme von Kartellen ab Mitte des 19. Jahrhunderts wollen wir um eine nicht unerhebliche Facette ergänzen. Wie in Österreich und in Italien, so war auch in Deutschland ab den 1850er Jahren ein neuer Typus an Bank entstanden: die Universalbank! Diese unterhielt – und das war ebenfalls neu – enge Beziehungen zu Industrieunternehmen.[1165] Bachinger und Matis stellen hierzu fest:

> Das enge Zusammenspiel von Banken und Industrie bewirkt in jenen Ländern, die aus der Position einer relativen Rückständigkeit gestartet waren, spezifische Produktions- und Organisationsstrukturen. In Deutschland z.B. bevorzugen die Banken von Anfang an bestimmte Produktionszweige auf Kosten anderer, die sie vernachlässigen und unberücksichtigt lassen. Sie engagieren sich vor dem Ersten Weltkrieg vor allem im Kohlebergbau, in der Eisen- und Stahlindustrie, in der Elektrotechnik, im Maschinenbau sowie in der chemischen Großindustrie. Den Leichtindustrien wie der Textil-, Leder oder der Nahrungsmittelindustrie schenken sie wenig Aufmerksamkeit. Als in den drei letzten Jahrzehnten des 19. Jahrhunderts im Bankenbereich eine umfassende Konzentrationsbewegung einsetzte und durch Zusammenschlüsse Großbanken entstehen, kann dies nicht ohne Folgewirkungen auf die deutsche Industriestruktur bleiben. Die Großinstitute, die miteinander in Konkurrenz stehende Industriebetriebe betreuen, weigern sich, ‚Brudermord' unter ihren ‚Kindern' zu dulden. Durch die zentrale Kontrolle, die sie ausüben, haben sie [...] den Überblick, gewinnbringende Gelegenheiten zu Kartellbildung und Verschmelzung industrieller Unternehmungen jederzeit rasch erkennen zu können. Die Durchschlagskraft der Kartellbewegung in der deutschen Industrie [...] kann eigentlich nur als natürliche Folge der Konzentration im Bankenwesen erklärt werden.[1166]

Halten wir fest, nach Einschätzung von Bachinger und Matis geht die Konzentration im deutschen Bankensektor **nicht zufällig** mit Kartellbildungserscheinungen in der deutschen Industrie einher (wie man das dem Text von Walter weiter oben noch entnehmen

---

dieser neuen Gebilde Kenntnis zu nehmen. Es mutet an wie eine richtige Entdeckung [...]. Es war [...] freilich nur eine Überraschung, weil man [...] vergessen hatte, dass sehr ähnliche Organisationen fast zu allen Zeiten bestanden haben." Lewinsohn-Morus, 1955, S. 21.

1164 Walter, 2011, S. 133.

1165 Es kann wenig überraschen, dass die Bankiers älteren Zuschnitts ganz andere Geschäfte finanzierten – nämlich den internationalen Handel sowie die Finanzierung der Staaten/Fürsten. Der *Industriekredit* war eine Erscheinung, die zwangsläufig erst mit der Industrialisierung aufkommen konnte! Hierauf kommen wir in der Lektion 15 zurück.

1166 Bachinger/Matis, 2009, S. 119 f. Der Prozess der Bankenkonsolidierung erfuhr von der Wirtschaftskrise von 1873 einen Impuls (vgl. hierzu Lektion 5). Leidinger nennt im Detail: „Allein 1901 absorbierte die Deutsche Bank 49 und die Dresdner Bank 46 Geldinstitute. Am Ende blieben fünf oder sechs große Institute über, die ihrerseits den finanziellen Kern eines weitverzweigten Betriebsnetzes bildeten." Leidinger, 2008, S. 71.

könnte), sondern es besteht zwischen diesen zeitgleich beobachtbaren Phänomenen ein *kausaler* Zusammenhang: die Entstehung von Großbanken war die Voraussetzung für industrielle Kartellbildung!

Damit man die ordoliberalen Überlegungen zum Umgang mit Marktmacht histo-risch richtig einzuordnen vermag, wollen wir hier noch ein paar Zitate anfügen, welche **Deutschland** in jener Periode ungeschminkt als das **Land der Kartelle** bezeichnen bzw. die damit einhergehende Wirtschaftspolitik brandmarken. So hebt Lewinsohn hervor, dass man

> [s]chon in den Jahren nach dem ersten Weltkrieg [...] dreitausend Kartelle [zählte], wobei wahr-scheinlich noch ein guter Teil der bestehenden Geheimabmachungen den Zählern entgangen sind. Faktisch waren fast alle bedeutenden Industriezweige kartelliert. [...] Kurz, Deutschland war das klassische Land der Kartelle geworden, zugleich aber auch das Land der uneingeschränkten Kar-tellfreiheit. Die Fürsprecher der Kartelle pflegten diese Freiheit als ein gutes Recht der Unterneh-mer hinzustellen, das sich direkt aus der gesetzlich garantierten Gewerbefreiheit ableitet.[1167]

Nicht nur heimische Konsumenten waren direkt oder indirekt die Leidtragenden deut-scher Kartelle. Auch die Entstehung ausländischer Wettbewerber wurde beeinflusst und hemmte somit die industrielle Entwicklung ganzer Länder.[1168] Morgenthau vermerkt:

> It is impossible to measure statistically just how much German oppression prevented the normal, natural industrialization of other European countries. Cartels were the chief weapon, reinforced by export subsidies, special kinds of currencies and clearing agreements.[1169]

Und nur wenige Seiten weiter fügt Morgenthau hinzu:

> It was the same steel cartel that showed how an industry can be strangled at birth in a little Euro-pean country. Shortly before the outbreak of the war, Greece was planning to build steel mills of her own. Germany not only refused to supply any equipment after having gained a predominant place in the Greek economy, but used her influence to keep other members of the cartel from doing so. In a letter from the German Steel Cartel to the international body, appears a paragraph: 'We have left no stone unturned in order by all means to prevent the establishment of an iron industry in Greece.'[1170]

Ohne das Wissen um die historische Kulisse eines in Deutschland vollständig ausgeu-ferten Kartell-Unwesens, das zum Ende hin unter den Nationalsozialisten noch für

---

1167 Lewinsohn-Morus, 1955, S. 264. Ähnliche Kartellzahlen benennt bereits Morgenthau, 1945, S. 37.

1168 "The German domination of cartels was a menace and worse in more ways than one, but nowhere as much as in keeping other countries from a natural, healthy industrial growth." Morgenthau, 1945, S. 38.

1169 Morgenthau, 1945, S. 33 f. Insofern überraschen Morgenthaus Überlegungen zum Umgang mit Nachkriegsdeutschland nicht: "In de-industrializing Germany, the factories taken from her would be re-built in other parts of Europe. They would constitute some reparation for damage done, but they would also help balance Europe industrially so that the continent need never again be overshadowed by the machine power of a single nation." Morgenthau, 1945, S. 19.

1170 Morgenthau, 1945, S. 43.

(militär-)politische Zwecke instrumentalisiert wurde, können die deutschen Ordoliberalen unseres Erachtens nur eingeschränkt verstanden werden.

Anhang D: Frühe Regulierungsansätze in wichtigen Industrieländern

Die Verabschiedung des sog. **Sherman Act** in den **Vereinigten Staaten** von Amerika im **Jahre 1890** bildete den ersten bedeutsamen Schritt zur Einschränkung von Marktmacht in den westlichen Industrieländern.[1171] Eine Übernahme dieser Gesetzgebung, auch in verbesserter, modifizierter Form durch (einzelne) europäische Länder wäre zu dieser Zeit nur bedingt sinnvoll gewesen, da sich die damalige Ausgangslage in den USA von der in Europa erheblich unterschied: in den Vereinigten Staaten beherrschten gut 600 **Trusts** – finanziell verwobene Holdings – die Wirtschaft, während dies in Europa die **Kartelle** taten. Kartelle mit ihrer horizontalen Machtkonzentration waren also ein europäisches Phänomen, während in den USA Wirtschaftsmacht vertikal organisiert war.[1172]

Unabhängig von der nicht vergleichbaren Ausgangslage mit den USA, nahm sich Europa der Problematik wirtschaftlicher Machtkonzentration erst in den 1920er Jahren schrittweise an.[1173] **Deutschland** leistete hierbei **Pionierarbeit**, indem es im November **1923** eine **erste Kartellverordnung** erließ, die Kartelle gleichzeitig zu gesetzlich anerkannten Institutionen machte.[1174] Diese Gesetzgebung war also nicht nur eine *gegen* Kartelle, sondern auch *für* diese: die Verordnung legt fest, was Kartelle dürfen und was nicht. In Frankreich und England blieben Kartelle hingegen bis nach dem Zweiten Weltkrieg keinerlei staatlicher Kontrolle unterworfen.[1175]

Wenn man auf die Antitrust-Gesetzgebung („Sherman Act") vom 02.07.1890 näher blickt, fällt auf, dass diese

> ganz von den Prinzipien des Wirtschaftsliberalismus getragen [war], indem es von dem Leitgedanken ausgeht, dass jede Art wirtschaftlicher Betätigung sich im Rahmen des freien Wettbewerbs abspielen muss. Jeder der versucht, die freie Konkurrenz einzuengen oder zu behindern, mit welchen Mitteln es auch sei, verstößt gegen die verbrieften Rechte auf Freiheit und auf der Suche nach Glück.[1176]

1171 Tatsächlich hatte Kanada schon im Jahr 1889 ein Anti-Trust Gesetz verabschiedet. Das wird oft übersehen.

1172 Vgl. Lewinsohn-Morus, 1955, S. 260 ff.

1173 Zwar gab es den Code pénal von Napoleon I., der die Beeinträchtigung der freien Preisbildung mit hohen Gefängnisstrafen bedrohte. Doch praktisch hat dieses Gesetz „tatsächlich [...] völlig versagt." Lewinsohn-Morus, 1955, S. 263.

1174 Vgl. Lewinsohn-Morus, 1955, S. 264 f.

1175 Vgl. Lewinsohn-Morus, 1955, S. 265.

1176 Lewinsohn-Morus, 1955, S. 252.

Die praktischen Resultate des Sherman Act waren zunächst enttäuschend. Nach Lewin-sohn-Morus fielen sie sogar vollkommen negativ aus, da sich „[d]ie Trusts bemühten [...], durch die Maschen des Paragraphennetzes zu schlüpfen. Das war vorauszusehen und sozusagen normal. Unerwartet war die Haltung der Gerichte. Tatsächlich machte die Rechtsprechung die Gesetzgebung zunächst unwirksam. [...] Noch nachdem das Gesetz drei Jahre in Kraft war, verweigerte der Oberste Gerichtshof, die Auflösung des **Zuckertrusts** anzuordnen, der immerhin 98 Prozent der gesamten amerikanischen Zuckerproduktion kontrollierte."[1177]

Bis 1901 stieg die Kartellierung sogar an; die Gründung des Stahltrust von J.P. Morgan war das sichtbarste Wahrzeichen; erst ab 1901 begann **in zwei Wellen** eine „Trendumkehr" zur beabsichtigen Wirkung.

Die erste Welle begann mit Theordore Roosevelt, der sich der Thematik im Jahr 1901 erneut annahm und der das Ruder in die – angedachte – Richtung zurückkriss.[1178] Die zweite Welle setzte mit dem demokratischen Präsidenten Woodrow Wilson ab 1912 ein. Jetzt lag der Fokus darauf, Missbräuche zu steuern, insbesondere in sozialer Hinsicht, d. h. auch den Schwachen, den kleinen Unternehmer ohne großes Kapital seinen Platz im Wirtschaftsleben zu ermöglichen.

Während der zwölf Jahre, in denen die Republikanische Partei die Präsidenten stellte (1920–1932) erlebte die Trustbildung dann eine neue Blütezeit – jetzt mit der Argumentation, sie würden sich gegenseitig stützen! Der demokratische Präsident-schaftskandidat Franklin D. Roosevelt (kurz: FDR) wirft den Trusts schon im Wahlkampf den Fehdehandschuh hin und legt dann 1933 – kurz nach seiner Amtseinführung – los.

FDR begründet sein Vorgehen damit, „dass 600 Trusts zwei Drittel der amerikanischen Industrie kontrollieren, während sich das dritte Drittel auf 10 Millionen kleiner Unternehmen verteilt. Diese Konzentration führt zu einer Beherrschung der Wirtschaft durch wenige, die ebenso gefährlich ist wie der Absolutismus und die politische Zentralisierung."[1179]

Letztlich hat FDR weniger erreicht als man anfänglich erhofft hatte. „Es wäre jedoch irrig [...] daraus den Schluss zu ziehen, dass sich die amerikanische Gesetzgebung gegen die Trusts völlig als ein Schlag ins Wasser erwiesen hätten."[1180] Lewinsohn-Morus resümiert:

[1177] Lewinsohn-Morus, 1955, S. 253 – hervorgehoben durch uns.

[1178] Vgl. Lewinsohn-Morus, 1955, S. 253 f. Zu den Sensationen dieser Zeit gehörten die Urteile aus dem Jahre 1911, den Petroleumtrust Rockefellers (Standard Oil) und den großen Tabaktrust (American Tobacco) zu zerschlagen. Vgl. Lewinsohn-Morus, 1955, S. 254 oder auch Leidinger, 2008, S. 70. Leidinger führt im Detail unter anderem noch an, dass "Standard Oil und John Davison Rockefeller [...] im Gründungsjahr 1870 vier und neun Jahre später bereits 90 Prozent der amerikanischen Raffinerien [besaß]." Leidinger, 2008, S. 71.

[1179] Lewinsohn-Morus, 1955, S. 256.

[1180] Lewinsohn-Morus, 1955, S. 257.

Ohne Zweifel ist die amerikanische Antitrust-Gesetzgebung unvollkommen. Es fehlt ihr an Einheitlichkeit und Präzision. [...] Aber trotz allem ist auch dies Gesetz nicht ohne praktischen Wert. [...] Der größte Fehler der Maßnahmen gegen die Trusts in den Vereinigten Staaten liegt nicht in der Gesetzgebung, sondern in deren Anwendung. Die Gefängnisstrafen, die in dem Gesetz vorgesehen sind, werden fast niemals verhängt, und auch hohe Geldstrafen, die für die großen Gesellschaften den Charakter einer wirklichen Buße hätten, kommen nur sehr selten zur Anwendung. [...] Diejenigen, die sich über die Gesetze hinwegsetzen, riskieren im Grunde sehr wenig. [...] Aber die Leiter des Trusts wissen im voraus, dass ihre persönlichen Finanzen nicht in Gefahr sind und ebensowenig die Existenz ihres Unternehmens.[1181]

Die US-amerikanische Erfahrung mit dem Umgang mit Marktmacht floss auch in die Nachkriegsgesetzgebung anderer Länder ein, wie dieses abschließende Zitat sichtbar macht:

Wenn Roosevelt [...] sich auch vornehmlich von sozialen Motiven leiten lässt, so erhält der Kampf gegen die Trusts jetzt doch eine ausgesprochen politische Farbe. Roosevelt will die Macht der Trusts brechen, gleichviel ob sie im strengen Sinne des Wortes ein Monopol besitzen oder nicht. Die Konzentration der Wirtschaftsmacht an sich ist schlecht. Nicht nur der Missbrauch, sondern bereits die Möglichkeit, die Macht missbräuchlich anzuwenden, bedeutet eine Gefahr. Das ist die neue Philosophie, die nun zwölf Jahre lang, [...] in Amerika vorherrscht und sich noch auswirkt, als nach dem Kriege unter amerikanischer Führung die Wirtschaft in Deutschland und Japan neugeordnet werden soll.[1182]

Anhang E: Heutige Regulierungspraxis in Deutschland und in der Europäischen Union

Genauso uns das Laster nutzt,Wenn
das Gesetz es kappt und stutzt.[1183]

Für einen **funktionierenden Wettbewerb** auf nationaler Ebene liegt heute in der Bundesrepublik Deutschland die Verantwortlichkeit bei zwei selbständigen Bundesoberbehörden: dem **Bundeskartellamt** und der **Bundesnetzagentur**. Über beide Einrichtungen übt der Bundesminister die Organaufsicht aus. Darüber hinaus gibt es in Deutschland die sogenannte **Monopolkommission**, ein unabhängiges Beratungsgremium, das die Bundesregierung auf dem Gebiet der Wettbewerbspolitik und Regulierung berät.

Erlangen wettbewerbspolitische Fragestellungen innerhalb des europäischen Binnenmarktes ein grenz- bzw. länderübergreifendes Ausmaß, so fällt innerhalb der EU-Kommission die behördliche Zuständigkeit in den Bereich der **Generaldirektion**

1181 Lewinsohn-Morus, 1955, S. 258.
1182 Lewinsohn-Morus, 1955, S. 256.
1183 Mandeville, 1980, S. 92.

für Wettbewerb. Heute hat das europäische Wettbewerbsrecht zugleich Vorrang gegenüber der nationalen Gesetzgebung.[1184]

Dessen ungeachtet sind heute im europäischen Wettbewerbsrecht *prinzipiell* analoge Instrumente wie im **Gesetz gegen Wettbewerbsbeschränkungen** (GWB) verankert, die Rechtsprechungen also weitgehend, mitnichten aber vollständig harmonisiert. Schon in den Römischen Verträgen, die am gleichen Tage mit dem GWB am 01.01.1958 in Kraft traten, bestand ein hohes Maß an Gemeinsamkeit zwischen deutscher und europäischer Rechtsprechung: ein grundsätzliches Kartellverbot war in beiden Texten genauso zu finden wie das Missbrauchsverbot einer marktbeherrschenden Stellung.[1185]

Das Bestreben, den Europäischen Binnenmarkt zu realisieren, ließ die EWG-Mitgliedsländer später die noch bestehenden Unterschiede zwischen nationalem und europäischem Wettbewerbsrecht gerade bei der Fusionskontrolle bemerken: „Diese Diskrepanzen traten [...] besonders deutlich im Bereich der Fusionskontrolle zu Tage, die in praktisch einschneidender Form nur in Deutschland praktiziert wurde und für welche die Gemeinschaft über keine geeignete Rechtsgrundlage verfügte."[1186] Im Anschluss daran ergab sich für die einzelnen Mitgliedsländer dann der Bedarf, ihr eigenes Wett-

---

1184 Lange Zeit bestand eine „friedliche Koexistenz" von nationalem und europäischem Wettbewerbsrecht. So war die vorherrschende Auffassung bis zum Erlass der EG-Fusionskontrollverordnung (EWG) 4064/89, dass europäisches und nationales Kartellrecht verschiedene Schutzbereich haben. Bis zum sog. „Teerfarbenkartell" im Jahre 1969 brachte der Begriff der „Zweischrankentheorie" diese Auffassung zum Ausdruck. Im Anschluss an dieses Kartellverfahren kam für dreißig Jahren eine „modifizierte Zweischrankentheorie" zur Anwendung, die aber keine gravierende Änderung gegenüber vorher bedeutete. Vgl. Bechtold, 2014, S. 518 ff. und Weitbrecht, 2014, S. 888 f. Erst mit dem Bestreben, den europäischen Binnenmarkt zu realisieren, trat die Bedeutung des Europäischen Rechts gegenüber dem Nationalen stärker hervor, bemerkte man doch die Unterschiede in den nationalen Gesetzgebungen gerade bei der *Fusionskontrolle*. Bechtold, 2014, S. 518 ff. Mit der Verordnung VO 1/2003, die am 01.05.2004 in Kraft trat, erhielt schließlich das Unionsrecht Vorrang gegenüber dem deutschen (zu dieser Zeit galt in Deutschland noch das Gesetz gegen Wettbewerbsbeschränkungen (GWB) in der Fassung der 6. GWB-Novelle). „Durch die VO 1/2003 ist die Rechtslage stärker als früher gekennzeichnet durch den unbedingten Vorrang des Unionsrechtes. Dieser schließt den Erlass und die Anwendung von Vorschriften aus, die dem europäischen Unionsrecht widersprechen. In seinem Anwendungsbereich darf nationales Kartellrecht nichts verbieten, was nach europäischem Recht erlaubt ist, und nichts gestatten, was nach europäischem Kartellrecht verboten ist." Bechtold, 2014, S. 519. Ab der zweiten Hälfte der 1990er Jahre emanzipierte sich die europäische Wettbewerbspolitik von deutschen Einflüssen. Vgl. Weitbrecht, 2014, S. 891 f. Seit 2003 hat sich das Gemeinschaftsrecht gegenüber den nationalen „weitgehend durchgesetzt" und „die Kartellbehörden und Gerichte der Mitgliedstaaten ermächtigt, aber auch gezwungen, die Art. 81 und 82 EGV anzuwenden. Der deutsche Gesetzgeber reagierte darauf mit einer weitgehenden Angleichung des deutschen Rechts der Verhaltenskontrolle an das europäische Recht [7. Novelle GWB, 2005]" Weitbrecht, 2014, S. 893.
1185 Vgl. etwa Fredebeul-Krein et al., 2014, S. 130 und/oder vgl. Weitbrecht, 2014, S. 887. Das GWB, das auch als „Grundgesetz der Wirtschafsordnung" bezeichnet wird, ist mittlerweile mehrfach novelliert worden. Zuletzt war am 07. November 2023 die 11. Novelle des Gesetzes in Kraft getreten.
1186 Vgl. Weitbrecht, 2014, S. 890.

bewerbsrecht mehr oder weniger anzupassen und Kohärenz mit dem europäischen Gesetz herzustellen.

Mit dem Inkrafttreten der sechsten GWB-Novelle im Januar 1999 ist dem Ansinnen, deutsches an europäisches Recht anzugleichen, bereits Rechnung getragen worden – allerdings begrenzt.[1187] Die anschließende siebte Novellierung des GWB, die am 01.07.2005 in Kraft trat, stand hingegen ganz im Zeichen dieser weiteren Harmonisierung von deutschem mit europäischem Recht.[1188]

Blicken wir nun auf das Bundeskartellamt, das doch in den allermeisten Fällen in punkto Wettbewerb und Wettbewerbsordnung für die in der Bundesrepublik ansässigen Unternehmen maßgeblich ist.

Aufgaben, Instrumente und Ziele des Bundeskartellamts

Dem Bundeskartellamt steht die Aufgabe zu, dass **Gesetz gegen Wettbewerbsbeschränkungen** (GWB) umzusetzen und anzuwenden, d. h. insbesondere
- das **Kartellverbot** durchzusetzen,
- die **Fusionskontrolle** durchzuführen und
- die **Missbrauchsaufsicht** auszuüben.[1189]

Einem genaueren Blick auf diese drei Instrumente sei die Bemerkung vorangestellt, dass auch im Wettbewerbsrecht der Teufel im Detail steckt! Insofern, dass in seiner praktischen Anwendung abstrakte Rechts- und Wirtschaftsbegriffe mit Leben gefüllt werden müssen. Genau hierbei offenbart sich dann – wie auch auf allen anderen Rechtsgebieten – nicht selten die mitunter lästige Erkenntnis, dass das vormals Griffige bzw. das griffig Erschienene überraschend vielschichtig und schillernd, zumindest alles andere als eindeutig sein kann. Um es anlehnend an Lewinsohn mit einer Metapher

---

1187 Vgl. Bundeskartellamt, 2018, S. 21 und S. 2. Konsistenz hierzu auch Baron, der vermerkt, dass allen voran die „Vertreter der [...] ‚alten deutschen Wettbewerbsschule' [...] die ‚Europäisierung' des deutschen Wettbewerbsrechts grundsätzlich für einen verfehlten Rückschritt [hielten] und setzen sich weiterhin mit Nachdruck für einen ‚Wettbewerb der Systeme' ein. Monopolkommission und wissenschaftlicher Beirat des Bundeswirtschaftsministeriums waren prominente Anführer dieser Abwehrfront." Baron, 2006, S. 9.

1188 Vgl. Bundeskartellamt, 2018, S. 21 und S. 25; Wolf bestätigt: „als das Kartellgesetz [am 1.1.58] [...] in Kraft trat, gab es außer dem deutschen Kartellgesetz eigentlich überhaupt kein nationales. Es gab ältere Rechte, aber keines verdiente den Namen Antitrustrecht so recht. Damals war das Gefälle für die deutschen Unternehmen zwischen der Wettbewerbsordnung zu Hause und der Wettbewerbsordnung draußen um vieles größer [als heute]." Wolf, 2000, S. 22. Und weiter bei ihm: „Wir haben es immer, das ist einfach Tradition, als unsere Aufgabe betrachtet, in Sachen Wettbewerbspolitik und -recht einen besonderen Input in Europa einzubringen." Wolf, 2000, S. 22.

1189 Sofern nur ein Bundesland von einem Kartell oder einem Marktmissbrauch betroffen ist, so werden die Verstöße von den entsprechenden Landeskartellbehörden verfolgt. Vgl. z. B. Fredebeul-Krein, et al., 2014, S. 110. Weitere Details zu den genannten Instrumenten in ihrer konkreten Anwendung auf dem Gebiet der EU, siehe zum Beispiel Fredebeul-Krein et al., 2014, S. 130 ff.

zum Ausdruck zu bringen: Das Metermaß für Marktmacht – welches die Wettbewerbsaufsicht in der täglichen Arbeit verwenden könnte – existiert nicht.[1190] Dieser Tatsache lässt sich sogleich eine gar nicht gewagte Prognose anschließen: Dieser Umstand, dieses Elend wird uns auf Weiteres begleiten!

Kartellverbot

Seit seiner Gründung liegt die **erste Hauptaufgabe** des Bundeskartellamts in der Durchsetzung des Kartellverbots. Es sei an dieser Stelle betont, dass für die Bundesrepublik Deutschland im GWB ein allgemeines Kartell**verbot** *bewusst* verankert wurde und dort ungeachtet aller Novellierungen auch weiterhin verankert ist.[1191] Unter dieses Verbot fallen alle Formen von **Mengenkartellen**, etwa Quoten- und Gebietskartelle, sowie die verschiedensten Spielarten von **Preiskartellen**,[1192] unter denen die sogenannten **Submissionskartelle** einen interessanten Unterfall darstellen. Bei diesen handelt es sich um Absprachen unter Unternehmen, die an öffentlichen Ausschreibungen teilnehmen. Mit anderen Worten: Submissionskartelle stehen im Zusammenhang mit einem staatlichen *Monopson*.

Diese Konstellation ist insofern interessant, als der Staat prinzipiell mit ordnungspolitischen Maßnahmen Marktmacht einzuschränken versucht. Kommt der Staat allerdings selbst in die kommode Situation als Nachfragemonopolist aufzutreten, will er die damit entstandene Marktmacht nicht unterlaufen wissen! Andernfalls würde er Absprachen unter den (potenziellen) Lieferanten nicht gesetzlich verbieten.

Selbstverständlich kann man für den Fall des Verbots von Submissionskartellen vortragen, dass der Staat seine Steuergelder effizient einsetzen möchte und es daher auch für die Steuerzahler von Vorteil ist, wenn der Staat keine Überrendite an seine Lieferanten zahlt. Wie auch immer man es drehen und wenden will und welche Haltung man dazu einnehmen möchte, intellektuell widerspruchsfrei bleibt es nicht – wir haben einen klassischen Zielkonflikt!

Gleichwohl gibt es vom prinzipiellen Kartellierungsverbot *partielle* Ausnahmen – und zwar von Anbeginn.[1193] Zu diesen gehört bis heute das **Mittelstandskartell**. Hierbei erlaubt der Gesetzgeber Absprachen, wenn die zwischenbetriebliche Zusam-

---

1190 Vgl. Lewinsohn-Morus, 1955, S. 276.

1191 Die erste Kartellverordnung in Deutschland aus dem Jahr 1923 war nicht nur ein Gesetz *gegen* Kartelle, sondern auch eines *für* diese: Es wurde festgelegt, was Kartelle dürfen und was nicht. Infolgedessen waren Kartelle zu gesetzlich anerkannten Institutionen geworden. Vgl. dazu etwa Lewinsohn-Morus, 1955, S. 264 f.

1192 Dazu zählen Fest-, Mindestpreis-, Rabatt- und/oder Konditionenkartelle, um die wichtigsten zu nennen.

1193 Die partiellen Ausnahmen, die das GWB vorsieht, haben sich allerdings über die Zeit verändert. Dem GWB überhaupt nicht unterworfen sind, die Kreditanstalt für Wiederaufbau und die Deutsche Bundesbank. Diese beiden Wirtschaftsbereiche bilden somit die beiden einzigen *absoluten* Ausnahmen.

menarbeit unter den Mittelständlern den Zweck hat, einen Ausgleich für strukturelle Wettbewerbsnachteile (gegenüber den Großkonzernen) zu schaffen.[1194]

Partielle Ausnahmen vom Kartellverbot betreffen zudem **ganze Wirtschaftsbereiche**, etwa die Landwirtschaft. Diese sektoralen Sonderstellungen hinsichtlich einer zwischenbetrieblichen Zusammenarbeit sind in der aktuell gültigen GWB-Fassung (d. h. in der neunten Novelle) in den §§ 28 bis 31 GWB für die Landwirtschaft (§ 28), die Energiewirtschaft (§ 29), die Presse (§ 30) und die Wasserwirtschaft (§ 31) jeweils näher geregelt.[1195]

Bis zu seiner siebten Neuregelung im Jahr 2005 sah das GWB darüber hinaus noch **Erlaubniskartelle** vor. Dazu zählten **Rationalisierungskartelle** (§ 5 GWB) als auch sogenannte **Strukturkrisenkartelle** (§ 6 GWB). Unter bestimmte Voraussetzungen konnten diese Kartellformen quasi als „Kinder der Not" beim Bundeskartellamt für einen **begrenzten Zeitraum** beantragt werden. Für die Genehmigung eines Strukturkrisenkartells war etwa vorausgesetzt, dass sektorale Überkapazitäten bestehen und diese die Folge einer strukturellen Nachfrageänderung sind. Mithilfe eines solchen Erlaubniskartells sollten die Kartellmitglieder ihre Produktionskapazitäten über den genehmigten Zeitraum planmäßig abbauen; eine vollständige Stilllegung der gesamten Kapazitäten des betroffenen Wirtschaftszweiges war regelmäßig *nicht* das angestrebte Ziel. Indes, diese „Notfallkartelle" erlangten in der Bundesrepublik kaum reale Bedeutung.[1196]

Mittlerweile sind alle Erlaubniskartelle mit der Novelle von 2005 aus dem GWB weggefallen. Stattdessen wurde mit dem aus dem europäischen Recht übernommenen **Prinzip der Legalausnahme** (§ 2 GWB) eine substanzielle Änderung des GWB vorgenommen: fortan sind wettbewerbsbeschränkende Vereinbarungen unter gewissen Voraussetzungen *grundsätzlich erlaubt* (im Juristendeutsch: vom Verbot freigestellt), d. h. sie müssen nun erst gar nicht mehr beantragt werden.[1197] Mit dieser Generalklausel besteht somit ein Schlupfloch (Pessimisten sagen Einfallstor), „nützliche" Kartelle zu genehmigen.[1198] Rationalisierungskartelle sind geeignet, unter die vorliegende Pauschalbestimmung zu passen.

Vgl. Fredebeul-Krein et al., 2014, S. 111. Auch auf EU-Ebene gibt es Ausnahmen vom Kartellverbot (sog. Bagatellklausel).

1194 Allerdings bietet die Generalklausel des § 2 Abs. I (neu) nach wie vor eine Handhabe, ‚nützliche‘ Kartelle zu genehmigen. Rationalisierungskartelle sind geeignet, unter die vorliegende Pauschalbestimmung zu passen.

1195 In der ursprünglichen Fassung des GWB gab es zudem noch sektorale Ausnahmen für Banken und Versicherungen. Vgl. etwa Mestmäcker, 1981, S. 168. Auf die Energie- und Wasserwirtschaft kommen wir weiter unten in Lektion 11 zurück.

1196 Zu den wenigen Fällen dieser Form von Kartellen gehörte das (scheinbar) 1971 ausgelaufene des Mühlengewerbes. Auch gab es wohl entsprechende Regelungen für die Stahlindustrie und die Werften.

1197 Zu den Voraussetzungen gehört, dass die Unternehmen Art. 101, Abs. 3 AEUV erfüllen.

1198 Wettbewerbsbeschränkende Vereinbarungen sind automatisch freigestellt, wenn sie die Freistellungsvoraussetzungen erfüllen, z. B. die Warenerzeugung verbessern.

Neben dem Kartellverbot sind aufeinander **abgestimmte Verhalten** verboten, die man gerade bei Oligopolen vermuten kann. Hingegen ist ein bloßes **Parallelverhalten** unter Konkurrenten *nicht* untersagt. Dass die Abgrenzung zwischen den beiden Praktiken in der gelebten Praxis keine leichte Übung sein dürfte, ist schnell einzusehen. Man denke an die vielfach gemachte Beobachtung, dass die Preise an den Zapfsäulen der verschiedenen Anbieter zeitgleich nach oben gehen – um etwa den gleichen Betrag. Um in diesen und ähnlich gelagerten Fällen Bußgelder an die beteiligten Unternehmen verhängen zu können, braucht es zunächst des Nachweises durch das Bundeskartellamt, dass es sich um ein abgestimmtes, verbotswidriges Verhalten unter den Beteiligten handelt. Dieser Nachweis ist mitnichten leicht zu erbringen.

Fusionskontrolle

Mit Blick auf die **zweite Hauptaufgabe** des Bundeskartellamts, die **Fusionskontrolle**[1199], gilt zunächst einmal festzustellen, dass derartige Firmenzusammenschlüsse nach dem GWB **grundsätzlich erlaubt** sind – da nicht zuletzt nicht ausgeschlossen ist, dass eine Fusion sogar die Wettbewerbsintensität in einer Branche angeregt, also Vorteile hat. Überschreiten die fusionswilligen Unternehmen allerdings bestimmte Umsatzgrenzen, unterliegt der Zusammenschluss nach behördlicher Prüfung der Genehmigung. Zu beachten ist hierbei, dass eine Fusion *vor* dem *Vollzug* beim Kartellamt anzumelden ist.

Eine Schlüsselaufgabe des Kartellamts in der anschließenden Prüfung liegt darin, festzustellen, ob mit der Fusion eine **marktbeherrschende Stellung**[1200] erlangt oder ausgebaut wird. Ist das Bundesamt davon überzeugt, dass genau dieser Fall eintritt, kann es unter Bekanntgabe seiner Gründe den Zusammenschluss (in der geplanten

---

[1199] Die Fusionskontrolle ist in der Bundesrepublik erst im Jahr 1973 mit der zweiten GWB-Novelle eingeführt worden. Ins europäische Wettbewerbsrecht fand sie Einzug schließlich im Jahr 1990, nachdem der Europäische Rat im Dezember 1989 die sogenannte Fusionskontrollverordnung (FKVO) verabschiedet hatte. Vgl. dazu Fredebeul-Krein et al., 2014, S. 130 und Wessely, 2015, S. 693. Wessely betont, dass die Verabschiedung der FKVO in ihrer Bedeutung sich kaum unterschätzen lässt, da damals „die meisten Mitgliedstaaten noch über keine nationale Fusionskontrolle verfügten". Wessely, 2015, S. 693. „Auf integrationspolitischer Ebene wurde hiermit nochmals der Grundsatz unverfälschten Wettbewerbs als Leitprinzip des Binnenmarktes hervorgehoben." Wessely, 2015, S. 693. Für Details zur Entstehung der Europäischen Fusionskontrolle, vgl. den interessanten Aufsatz von Karl, 2006, S. 210 f. Dort ist u. a. zu lesen, dass die Europäische Kommission „bereits in den 60er Jahren den Versuch [unternahm], ihr kartellrechtliches Instrumentarium mittels einer Fusionskontrollverordnung zu vervollständigen [...]. Ein konkreter Entwurf aus dem Jahre 1973 erwies sich jedoch als nach wie vor nicht durchsetzbar." Karl, 2006, S. 210. Vgl. auch Bundeskartellamt, 2018.

[1200] In der europäischen Fusionskontrolle wird seit dem Jahr 2004 (FKVO 139/2004) das Kriterium „erhebliche Behinderung wirksamen Wettbewerbs" (SIEC) eingesetzt; Deutschland hätte gerne den Wechsel des Entscheidungskriteriums (von marktbeherrschend zu SIEC) im europäischen Fusionskontrollrecht gerne verhindert. Vgl. z. B. Baron, 2006, S. 11.

Form) untersagen. In diesem Falle besteht für die betroffenen Unternehmen die Möglichkeit, die Verbotsgründe zu widerlegen – was bezüglich des Tatbestands der Marktbeherrschung eine Umkehrung der Beweislast bedeutet – oder den ursprünglichen Fusionsplan anzupassen. Letzteres gelingt etwa dadurch, indem die fusionswilligen Gesellschaften Teile ihres Geschäfts, in denen das Kartellamt die marktbeherrschende Stellung moniert, an Dritte abstoßen.

Unternehmen, denen das Kartellamt ein Zusammenschluss untersagt, können gegen die Entscheidung Rechtsmittel einlegen. Außerdem steht betroffenen Unternehmen die Möglichkeit offen, beim Bundesminister für Wirtschaft eine Genehmigung für die Fusion zu beantragen. Man spricht hierbei von einer sogenannten **Ministererlaubnis**, die zuletzt beim Zusammenschluss von Edeka und Kaiser's Tengelmann beantragt und Anfang 2016 vom damaligen Wirtschaftsminister Sigmar Gabriel erteilt wurde.

Voraussetzung für die ministeriale Erlaubnis ist, dass im „Einzelfall die Wettbewerbsbeschränkung von gesamtwirtschaftlichen Vorteilen des Zusammenschlusses aufgewogen wird oder der Zusammenschluss durch ein überragendes Interesse der Allgemeinheit gerechtfertigt ist."[1201]

Zu den überragenden Interessen der Allgemeinheit zählen etwa der **Erhalt von Arbeitsplätze** und/oder von **technischem Know-how**. Nichtsdestotrotz darf die „Erlaubnis [...] nur erteilt werden, wenn durch das Ausmaß der Wettbewerbsbeschränkung die marktwirtschaftliche Ordnung nicht gefährdet wird."[1202]

Indes bilden diese „Ministerkartelle" Ausnahmefälle: seit Inkrafttreten der Fusionskontrolle in der Bundesrepublik sind sie erst in *neun Fällen* erteilt worden.[1203] Die erste davon betraf den Energiesektor: die Veba AG, Vorgängerin des EON-Konzerns, wollte den Mineralölbereich der Gelsenberg AG übernehmen. Das Bundeskartellamt untersagte den Zusammenschluss der Konzerne, doch der Wirtschaftsminister gab ihn am 01. Februar 1974 frei. Das „überragende Interesse der Allgemeinheit" an diesem Zusammenschluss war allerdings schon nach kurzer Zeit verblasst – zumindest aus Perspektiv der Veba-Geschäftsleitung: das Unternehmen reichte seine Gelsenberg-Beteiligung im Jahr 1979 an BP weiter – mit Billigung des Wirtschaftsministers.[1204]

1201 § 42 Abs. 1 GWB (in der Fassung von Juli 2023).

1202 § 42 Abs. 1 GWB (in der Fassung von Juli 2023).

1203 Die Zahl der Anträge auf eine Genehmigung liegt nur knapp über zwanzig. Vgl. z. B. Fredebeul-Krein et al., 2014, S. 119.

1204 Die anderen Genehmigungen betrafen: Babcock/Artos (1976), Thyssen/Hüller (1977), IBH-Gruppe/ Wibau (1981), Daimler-Benz/Messerschmitt-Bölkow-Blohm (1989), Eon/Ruhrgas (2002) sowie das Uniklinikum Greifswald/Kreiskrankenhaus Wolgast (2008). Bemerkenswert an diesem Fall aus dem Jahr 2008 war, dass mit dem Käufer – dem Uniklinikum – erstmals einem öffentlichen Unternehmen eine Erlaubnis erteilt wurde. Nicht alle diese Ministerentscheidungen endeten ruhmreich. Allen voran die Genehmigung von IBH und Wibau erwies sich bereits nach kurzer Zeit als Fiasko: die IBH-Wibau-Gruppe ging zwei Jahre nach der erteilten Genehmigung pleite. Im gerichtlichen Nachspiel wurden hochrangige Manager des Unternehmens wegen Untreue, Betrugs, aktienrechtlicher Verstöße beziehungsweise Bi-

Missbrauchsaufsicht

Da nicht zuletzt *nach* einer genehmigten Fusion die Gefahr besteht, dass Unternehmen ihre verbesserte Marktposition zu Lasten Dritter, etwa der Lieferanten und insbesondere der Kunden, ausnutzen, liegt die **dritte Hauptaufgabe** des Bundeskartellamts darin, Marktmissbrauch aufzudecken und zu unterbinden. Im Zusammenhang mit der **Missbrauchsaufsicht** werden zwei Tatbestandsmerkmale relevant: die Marktbeherrschung und der Missbrauch der Marktmacht.

In § 18 Abs. 1 GWB hat der Gesetzgeber definiert, was unter **Marktbeherrschung** zu verstehen ist. Demnach ist ein Unternehmen „marktbeherrschend, soweit es als Anbieter oder Nachfrager einer bestimmten Art von Waren oder gewerblichen Leistungen auf dem sachlich und räumlich relevanten Markt 1) ohne Wettbewerb ist, 2) keinem wesentlichen Wettbewerb ausgesetzt ist oder 3) eine im Verhältnis zu seinen Wettbewerbern überragende Marktstellung hat."

Dass für den Gesetzgeber der **relevante Markt** die Grundlage für eine Beurteilung der unternehmerischen Marktstellung darstellt, wird vermutlich noch auf breite Akzeptanz stoßen – da von den meisten intuitiv erwartet. Doch mit der Sachlichkeit des relevanten Marktes dürfte vielfach schon das Ringen um ein gemeinsames Verständnis bzw. der Kampf um den gemeinsamen Nenner beginnen, schließt dieser Aspekt doch die Frage nach dem Substitutionsgut ein.[1205] Die Perspektiven dürften in der wettbewerbspolitischen Praxis ebenfalls nicht selten auseinander klaffen, wenn es darum geht, was „(kein) wesentlicher Wettbewerb" bzw. „überragende Marktstellung" konkret bedeuten – und woran dies jeweils gemessen bzw. beurteilt werden soll!

Erfreulicherweise sind in § 18 Abs. 3 GWB Kriterien verankert, anhand derer die **Marktstellung** eines Unternehmens gegenüber seiner Wettbewerber vorwiegend beurteilt werden soll. Es handelt sich um einen wahrhaftigen Kriterienkatalog, der **vom Marktanteil**, der Finanzkraft sowie vom Zugang zu den Beschaffungs- oder Absatzmärkten angeführt wird. Dem Marktanteil kommt infolgedessen eine bedeutende Rolle zuteil, was vom Gesetzgeber auch dadurch unterstrichen wird, dass er in § 18 Abs. 4 bis 6 GWB explizit Vermutungen äußert, mit welchen Marktanteilen eine marktbeherrschende Stellung zu erwarten sei. Demnach ist davon auszugehen, dass ein Unternehmen marktbeherrschend ist, sobald es einen Marktanteil von mindestens **vierzig**

---

lanzfälschung verurteilt. Vgl. http://www.handelsblatt.com/unternehmen/industrie/edeka-und-tengelmann-deals-die-zum-fall-fuer-den-wirtschaftsminister-wurden/11723948.html vom 06.05.2015.

1205 Fredebeul-Krein verweisen darauf, dass mit Hilfe der Kreuzpreiselastizität Substitutionsgüter prinzipiell bestimmt werden könnten. Ist die Kreuzpreiselastizität positiv (d.h. die Menge des einen Gutes erhöht sich, wenn sich der Preis des anderen Gutes erhöht), handelt es sich um Substitute. Doch in der Praxis sind diese Elastizitäten gar nicht so leicht zu ermitteln, etwa durch Markenbindung. Die Rechtsprechung bedient sich daher eines alternativen Konzepts zur Feststellung von Substitutionsgütern – einer vergleichenden Analyse der Produkteigenschaften (funktionale Austauschbarkeit). Auch dieses Verfahren hat Schwächen. Vgl. Fredebeul-Krein et al., 2014, S. 94.

Prozent hat. Vereinen drei oder weniger Unternehmen gemeinsam mindestens **die Hälfte** eines Marktes auf sich, so gelten auch diese als marktbeherrschend. Schließlich wird eine solche Stellung auch bei fünf oder weniger Unternehmen vermutet, wenn diese zusammen einen Marktanteil von **zwei Dritteln** erreichen.[1206]

Spiegelt man die vom Gesetzgeber getroffenen Abgrenzungen an der Realität, zeigt sich schnell, dass in zahlreichen „reifen" Branchen, die marktführenden Unternehmen eine marktbeherrschende Stellung einnehmen. Das betrifft Industrie, Dienstleistungssektor und Handel gleichermaßen. Man denke beispielsweise an den Markt für Fahrstühle und Rolltreppen mit seinen vier Anbietern Otis, Schindler, Kone und ThyssenKrupp oder an den deutschen Lebensmitteleinzelhandel mit Edeka, Lidl, Aldi und REWE.

Ein Einschreiten des Bundeskartellamts bei marktbeherrschender Stellung setzt allerdings voraus, dass die Marktmacht missbraucht wird. Was der Gesetzgeber unter Missbrauch versteht, hat er in § 19 GWB verankert. Prinzipiell lassen sich die dort gelisteten Fälle in **Behinderungs-** und **Ausbeutungsmissbrauch** unterscheiden. Ein Fall von Ausbeutungsmissbrauch lag beispielsweise vor, als der Lebensmittelhändler EDEKA nach der Übernahme von PLUS von seinen Lieferanten bessere Konditionen einforderte („Hochzeitsrabatte").

[1206] § 18 Abs. 7 regelt, wie die Unternehmen den Vermutungen des Gesetzgebers bezüglich einer marktbeherrschenden Stellung anhand der o. g. Marktanteilskriterien widersprechen können.

Lektion 11
Marktversagen aufgrund von Marktmacht, Teil 2

11.1 Einführung

Unbemerkt von manchem, verdrängt möglicherweise von anderen, beruhte unsere bislang geführte Diskussion zur Marktmacht auf einer ganz bestimmten Idee über die in der Produktion eingesetzte Technologie und dem damit einhergehenden Kostenverlauf auf Seiten der Anbieter. Bisher stiegen die unternehmerischen Grenzkosten nämlich stets zügig an; eine Vorstellung, die in der modernen Wirtschaft mitnichten überall angetroffen werden kann.

Stattdessen lässt sich bei näherem Hinsehen erkennen, dass es Wirtschaftssektoren gibt, in denen Produktionsverfahren zur Anwendung kommen, deren Grenzkostenverlauf vom soweit unterstellten Muster abweicht. Notgedrungen ist damit zu hinterfragen, ob sich diese produktionstechnische Tatsache auf die sektorale Wettbewerbsdynamik auswirkt – und wenn ja, wie? Und was sich hieraus gegebenenfalls für die Wettbewerbspolitik ableiten lässt.

https://doi.org/10.1515/9783111331607-014

Anhand der bekannten Figur des unvermeidlichen oder „natürlichen" Monopols[1207] wollen wir diesen Fragen in Kapitel 11.2 sogleich nachgehen, bevor wir die Thematik mit einer kurzen Schlussbetrachtung abrunden (Kapitel 11.3).

11.2 Das unvermeidliche bzw. „natürliche" Monopol

Im Folgenden verschaffen wir uns zuerst ein Bild darüber, was sich hinter den noch unbeachteten Produktionsbedingungen konkret verbirgt (Kapitel 11.2.1.). Anschließend integrieren wir diese neuen Einsichten in den neoklassischen Modellrahmen und vergegenwärtigen uns mit dessen Hilfe, welche Konsequenzen diese „atypischen" Angebotsbedingungen für die Funktionsweise des Marktes haben (Kapitel 11.2.2.). Daran anknüpfend leuchten wir schließlich die Optionen aus, die einer Gesellschaft zur Verfügung stehen, um mit dieser besonderen Marktform wirtschaftspolitisch umzugehen (Kapitel 11.2.3.). Abermals begrenzen wir uns hierbei nicht auf das neoklassische Dogma.

11.2.1 Die Ausgangslage: Bislang vernachlässigte Herstellungsmethoden

In allen bislang betrachteten Fällen hatte jedes einzelne Unternehmen im Rahmen seiner Angebotserstellung Verfahren eingesetzt, die sich nach einer ersten, kleineren Ausbringungsmenge unaufhaltsam in einem kontinuierlich Anstieg der Grenzkosten niederschlugen, so dass sich eine aufsteigende Angebotskurve auch auf *sektoraler* Ebene herausgebildet hat (siehe Abbildung 11.1, links).

Diese Art des Grenzkostenverlaufs war bis in das ausgehende 19. Jahrhundert – als die Neoklassik zu laufen begann – unbestreitbar die Norm im Wirtschaftsleben. Auch heute prägt sie noch immer diverse Branchen, z. B. das Friseurhandwerk und den Kakaoanbau. Indes, sie ist schon lange nicht mehr die einzige, geschweige denn die dominierende Verlaufsform betrieblicher Grenzkosten.[1208]

Mittlerweile kommen bei der Erbringung der unternehmerischen Leistung in zahlreichen Zweigen der Wirtschaft Produktionstechnologien zum Einsatz, die über eine *weitreichende* Ausbringungsmenge *keine* steigenden Grenzkosten aufweisen. Nach

---

1207 Die begrifflich suggerierte „Natürlichkeit" eines Monopols ist nicht ganz unproblematisch, weil man sich hierunter eine Monopolstellung bei Naturgütern bzw. Rohstoffen vorstellen könnte, um die es im Folgenden überhaupt nicht geht. Die Natürlichkeit beruht – wie wir gleich sehen werden – auf der verwendeten Produktionstechnologie. In der älteren Literatur, etwa bei Mises oder bei Eucken, wurde unserer Ansicht nach sprachlich treffender vom unvermeidlichen Monopol gesprochen.
1208 In der Erfindung des Bessemer-Verfahrens zur Stahlproduktion (siehe Lektion 2) lässt sich die Wiege dieser neuen Verlaufsform verorten.

einer rapiden, drastischen Absenkung verlaufen bei ihnen die unternehmerischen Grenzkosten stattdessen konstant (siehe Abbildung 11.1, rechts) bzw. nahezu konstant.

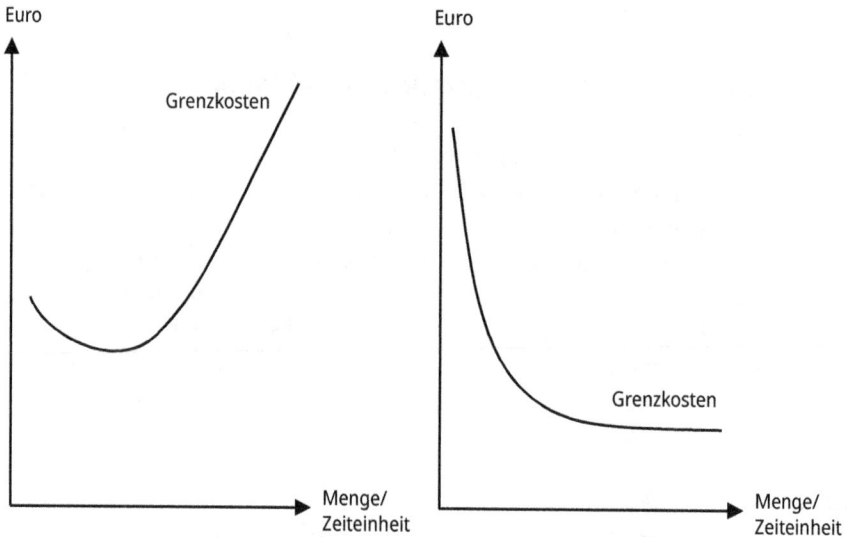

Abbildung 11.1: Unterschiedliche betriebliche bzw. sektorale Grenzkostenverläufe.

Die Ursache dieser vermeintlich atypischen Grenzkostenverläufe liegt in **produktions-technischen Unteilbarkeiten**, die sich nicht zuletzt bei einem hohen Stellenwert der fixen Kosten einstellen.[1209] Man denke in diesem Zusammenhang etwa an die Chemie- oder die Chipindustrie, wo es für die Ingangsetzung der Produktion und den Absatz der allerersten Mengeneinheit – in scharfem Kontrast zum Betreiben eines Saftladens oder Kiosks (siehe Lektion 6 bzw. 10) – einer erklecklichen Investitionssumme bedarf.[1210] Für alle weiteren Mengeneinheiten eines bestimmten Granulats oder Halbleiters fallen dann bis zur Vollauslastung der errichteten Kapazitäten keine weiteren Kosten jenseits der Betriebskosten an. Damit pendeln sich die **Grenzkosten** rasch auf die Höhe der weitgehend konstanten variablen Stückkosten ein. Zugleich entfalten diese Herstell-verfahren **über den gesamten Bereich** der errichteten Fertigungskapazität **sinkende Durchschnittskosten**, die daraus resultieren, dass sich das Gewicht der hohen, initia-

---

1209 Zu Illustrationszwecken wird an dieser Stelle zumeist auf die Rolle der Fixkosten verwiesen. Die-sem Ansatz folgen wir hier, zumal es sich ja um eine Einführung in die Volkswirtschaftslehre handelt. Ungeachtet dessen haben wir zwei weitere Ursachen in Anhang B für Interessierte aufgegriffen.
1210 Um ein grobes Verständnis von der Dimension zu erlangen, die heute in manchem Sektor der Wirtschaft für eine Anfangsinvestition anfällt, sei erwähnt, dass der Chiphersteller Infineon für den Bau eines neuen Werks in Dresden die Summe von *fünf Mrd. Euro* veranschlagt hat. Vgl. o. V., 15.11.2022, S. 29.

len Investitionskosten – die sich am Ende im Marktpreis niederschlagen müssen – mit jeder weiteren Verkaufseinheit schlichtweg verwässert.

Solche kostentechnischen Größenvorteile ergeben sich allerdings *nicht*, wie man vielleicht meinen könnte, *ausschließlich* bei der Produktion von Gütern. Auch bei deren Verteilung können sie auftreten. Dazu blicke man allein auf die Sektoren der Energie- und Wasserversorgung, wo bei den Netzbetreibern ein Fixkostenanteil in Höhe von 70 bis 80 Prozent leicht anfallen kann.[1211]

Da genau diese leitungs- bzw. netzgebundenen Branchen jetzt in den Fokus rücken, wollen wir an dieser Stelle bereits darauf aufmerksam, dass in den kommenden Diskussionen ein zusätzliches Konzept zur Erfassung von Unteilbarkeiten bedeutsam wird; eines, das noch über das der kontinuierlich sinkenden Durchschnittskosten hinausgeht – nämlich das der **subadditiven Kostenvorteile**. Dieses umfassendere Konzept schließt – wie wir anhand eines Beispiels in Kapitel 11.2.2. illustrieren werden – den praxisnahen Umstand ein, dass ein Unternehmen bei fortsetzender Ausdehnung seiner Produktionsmenge einen Punkt erreicht, an dem es infolge notwendiger Neuinvestitionen wieder zu steigenden Grenzkosten kommt, *ohne dass* dem Anbieter seine Vorteilhaftigkeit gegenüber anderen Anbietern verloren geht.[1212]

Zuerst konzentrieren wir uns jetzt aber auf die Konsequenzen kontinuierlich sinkender Grenzkosten.

11.2.2 Die marktlichen Konsequenzen in der theoretischen Reinform

Im folgenden Gedankenexperiment wollen wir uns eine netzgebundene Branche vorstellen, etwa den Güter- und Personentransport mit der Eisenbahn. Für die Angebotsseite nehmen wir an, dass ein Pionierunternehmer das Verlegen von Schienensträngen zwischen den großen Metropolen des Landes bereits abgeschlossen hat und damit produktionstechnische Strukturen entstanden sind, mit denen über den gesamten Bereich der gegenwärtigen Marktnachfrage kein Anstieg der Grenzkosten verbunden ist (siehe Abbildung 11.2).[1213]

[1211] Vgl. Gasten, 2016, S. 2. Zur Entwicklung einer Vorstellung über die Höhe der Investitionskosten, die in netzbasierten Sektoren anfallen können, sei beispielsweise genannt, dass für die Errichtung der neuen *Übertragungsnetze* von Nord- nach Süddeutschland 40 Mrd. Euro bis 2024 veranschlagt wurden. Vgl. Brunekreeft/Meyer, 2016, S. 172. Die Baukosten für die Gaspipeline Nord Stream 2 wurden auf 9,5 Mrd. Euro beziffert. Vgl. Hofen von, 2019, S. 19.

[1212] Vgl. Fritsch, 2014, S. 164 ff. Zu den konzeptionellen Grundformen, die technische Unteilbarkeiten begründen können, findet sich in Anhang A eine Visualisierung, aus der auch die Beziehungsverhältnisse dieser Konzepte untereinander hervorgeht.

[1213] Eckdaten zur Genese des Eisenbahnverkehrs finden sich im Zusammenhang mit der industriellen Revolution in Lektion 2. In Bezug auf unser oben gewähltes Beispiels sei ergänzend angemerkt, dass die ersten Bahnlinien in manchen Weltregionen primär für den Gütertransport verlegt worden waren. Diese Beobachtung trifft beispielsweise auf Lateinamerika zu, wo sich die Schienennetze von

Auf der Seite der Marktnachfrage unterstellen wir unverändert eine hohe Anzahl an Teilnehmern. Ebenso halten wir an der vereinfachenden Vorstellung einer linear fallenden Nachfragekurve fest, was uns – analog unserer Vorgehensweise beim monopolistischen Kioskbetreiber am See (siehe Lektion 10) – die Darstellung der Grenzerlöskurve erleichtert.

Entsprechend dem neoklassischen Dogma verfolgt unser Eisenbahnunternehmer das Ziel, seinen Gewinn zu maximieren. Dieses erreicht er, wenn er mit seinem Unternehmen am Markt die Menge M_{NM} absetzt, bei der sich Grenzerlös und Grenzkosten (GE = GK) entsprechen. Darin verhält sich der netzbasierte Logistikdienstleister also keinen Deut anders als der Kioskbetreiber – schließlich muss sich weder der eine noch der andere bei der Preissetzung am Wettbewerb orientieren.

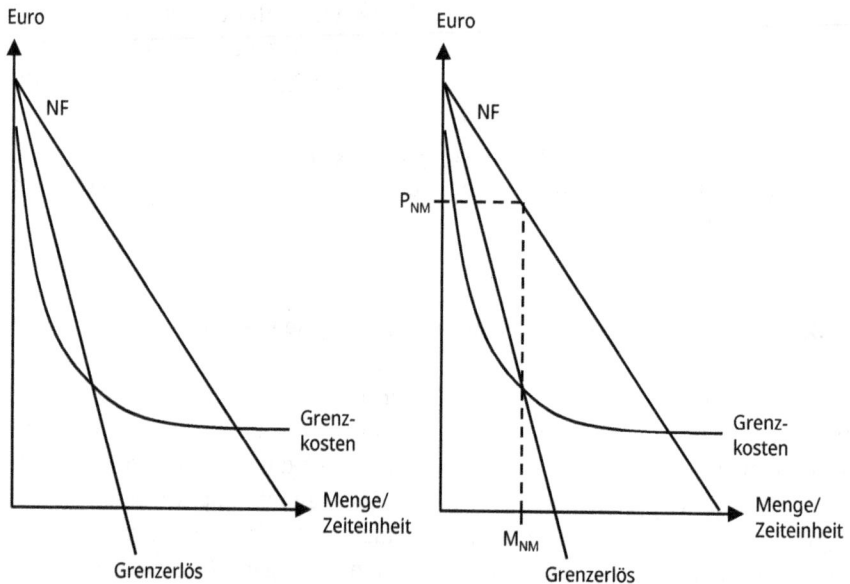

Abbildung 11.2: Marktgleichgewichtslösung bei freier unternehmerischer Entscheidung.

Soweit gibt es in unserem jetzigen Fall mit netzgebundenen Produktionskosten also keinen Unterschied zum „konventionellen" Monopol mit „typischem" Grenzkostenverlauf (Lektion 10). Worin besteht also das Neue, das eine gesonderte Beleuchtung rechtfertigt?

---

den Lagerstätten der Rohstoffe zu den Exporthäfen erstreckten. Vgl. Galeano, 2019, S. 275 ff. Aber auch in den Vereinigten Staaten war und ist „die Eisenbahn [...] vor allem ein Transportmittel für Waren." Lewinsohn-Morus, 1955, S. 202.

Dazu wollen wir jetzt die Wirkung untersuchen, die von einem zweiten Unternehmen ausgeht.[1214] Für dieses unterstellen wir, dass es mit der gleichen Produktionstechnik wie der bislang alleinanbietende Pionier operieren muss. Der Neuankömmling verfügt also über *kein* besseres Wissen und keine kostengünstigere Technologie als der aktuelle Monopolist.[1215] Außerdem nehmen wir an, dass der Eintritt des Wettbewerbers *keinen* Einfluss auf die Nachfrage*pläne* nach diesem Gut in der Gesellschaft ausübt, weshalb wir eine *unveränderte* Nachfragekurve beobachten. Schließlich gehen wir noch davon aus, dass sich die beiden Anbieter den Markt zu gleichen Stücken aufteilen. Somit hat jeder von ihnen ein Marktpotenzial an schienengeführten Transportleistungen im Umfang des halben Gesamtmarktes.[1216]

Unter den Bedingungen eines Duopols repräsentiert die *vormalige* Grenzerlöskurve des Pioniers nun seine *neue* individuelle Nachfragekurve (siehe Abbildung 11.3). Die hierzu korrespondierende *neue Grenzerlöskurve* ist nach innen gekippt. Mit der bestimmenden Regel für die gewinnmaximierende Ausbringungsmenge (GE = GK) bietet der vormalige Alleinanbieter nun eine erkennbar kleinere Menge (M_{DPA}) als zuvor an. Diese Tatsache mag für sich genommen noch zu erwarten gewesen sein, haben wir neuerdings doch zwei um die landesweite Nachfrage konkurrierende Anbieter.

Weitaus erstaunlicher ist jedoch die Beobachtung, dass der in Abbildung 11.3 dargestellte Pionierunternehmer mit der Menge M_{DPA} jetzt weniger als die Hälfte seiner vormaligen Menge M_{NM} absetzt. Da beide Anbieter annahmegemäß perfekte Klone sind, bieten sie jetzt also auch gemeinsam eine geringere Menge als zu Monopolzeiten im Markt an. Kurzum: Die gesellschaftliche **Versorgung verschlechtert** sich beim Schienentransport mit dem Eintritt des Wettbewerbers. Mit der **geringeren** Handels**menge** korrespondiert im Duopol zugleich noch ein **höherer Marktpreis als** im **Monopolfall**.

Dieses zumeist kontraintuitive Resultat lässt sich mit Hilfe eines kleinen Gedankenspiels leicht einsehen. Dazu stelle man sich nur vor, dass in der Bundesrepublik ein Wettbewerbsaspirant der Deutschen Bahn neben die bereits bestehenden Bahngleise landauf, landab neue Schienenstränge verlegt, um dem trägen Alleinanbieter im Güter- und Personenverkehr Beine zu machen.

Die gewaltigen Kosten, die mit dieser Investition in eine Parallelinfrastruktur beim Nachfolger anfallen, müssen jetzt ein zweites Mal in die Marktpreise einfließen. Da sich fortan jedoch von *keinem* der zwei Anbieter *wegen* der Halbierung des Absatzmarktes das Kostensenkungs*potenzial*, das in unserem Beispiel maßgeblich von der Fixkosten-

---

1214 Man beachte, dass die prinzipielle Bestreitbarkeit eines Marktes allen voran den Libertären ein wichtiges Argument war, um ein etwaiges Monopol temporär auszuhalten.
1215 Diese Annahme erleichtert uns zum einen die grafische Darstellung. Zum anderen steht sie im Einklang mit der Methodik bei der vollständigen Konkurrenz (Lektion 6): Auch dort hatten wir die Prämisse getroffen, dass Marktneulinge stets perfekte Klone des Anbieters mit der besten Technologie sind.
1216 Man beachte, dass sich das hier unterstellte Unternehmerverhalten, den Markt untereinander fair aufzuteilen, methodisch mit dem Kollektivmonopol (Lektion 10) deckt.

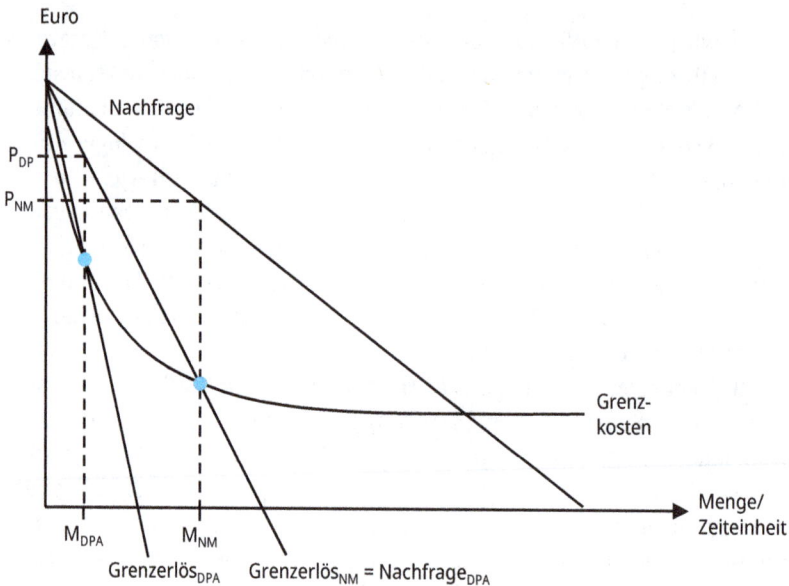

Abbildung 11.3: Preis- und Mengeneffekt durch einen Zweitanbieter im unvermeidlichen Monopol.

degression bestimmt wird, in dem Maße ausschöpfen lässt wie dies dem Monopolisten bei der Bedienung des Gesamtmarkts noch möglich war, muss der Marktpreis im Schienenverkehr steigen. Entsprechend reduziert sich die gesamte Nachfragemenge. Diese Überlegungen lassen sich selbstredend auf jeden anderen netz- und leitungsgebundenen Infrastrukturmarkt anwenden, etwa bei dem für Wasser, Strom und Gas.[1217]

Ergänzend wollen wir jetzt noch den Fall beleuchten, dass 20.000 Haushalte einer abseits der Großstädte gelegenen Ortschaft die Anbindung an das bestehende Bahnnetz begehren.

Die Deckung dieses Zusatzbedarfs fällt nun abermals kostengünstiger aus, wenn *kein* zweiter Unternehmer auf den Plan tritt, sondern das dazu notwendige Verkehrsangebot von unserem Bahnpionier unterbreitet wird: Für den Netzanschluss der Gemeinde muss dieser für die Verlegung von Schienensträngen, den Bau eines neuen Bahnhofs und eines weiteren Stellwerks zweifellos Investitionen tätigen, womit Einmalkosten einhergehen, die den bisherigen Verlauf seiner kontinuierlich sinkenden

---

[1217] Goolsbee, Levitt und Syverson greifen den Fall des Satellitenrundfunks auf. Dieser lässt sich ebenfalls als unvermeidliches Monopol interpretieren. Analog zu unserem Gedankenbeispiel im Text, hatten zwei US-Unternehmen (XM Radio und Sirius) „Satelliten zu extrem hohen Fixkosten in eine Umlaufbahn [gebracht] und betrieben landesweit eigene Radiosender. [...] Zwei Unternehmen konnten aufgrund der ökonomischen Bedingungen des Marktes nicht existieren. Schließlich erkannten XM und Sirius das und fusionierten im Jahr 2008." Goolsbee/Levitt/Syverson, 2014, S. 444.

Durchschnittkosten unterbrechen.[1218] Außerdem hat er neue Mitarbeiter zu rekrutieren, etwa in der Instandhaltung, da die Restkapazitäten der bei ihm in dieser Abteilung bereits Tätigen nicht ausreichen, um die wiederkehrenden Wartungsarbeiten an der Neubaustrecke in der gewöhnlichen Qualität zu gewährleisten.

Ungeachtet dessen wird das Erschließen des „Hinterlands" dem momentanen Monopolisten relativ geringe Mittel abverlangen, womit auch der sprunghafte Anstieg seiner Grenzkosten *vergleichsweise* milde ausfällt. Denn im Abgleich zu ihm hätte jeder andere Anbieter zur Umsetzung dieses Projekts *weitere* Investitionen zu ergreifen, die mindestens den Erwerb erster Zugmaschinen und Waggons sowie den Bau eines zusätzlichen Neubahnhofs in der Metropolenregion umfassen.[1219] Darüber hinaus dürfte ein zweiter Bahnunternehmer auch für das *Betreiben* dieser Neubaustrecke mit höheren Betriebskosten als der Etablierte konfrontiert sein; schon allein deshalb, weil er tendenziell *mehr* neue Mitarbeiter als dieser zu rekrutieren hat, um den Fahrbetrieb aufzunehmen: Naturgemäß kann er als Neuling nirgendwo auf Kapazitätsreserven innerhalb der Belegschaft (z. B. beim Service-Personal, den Lokführern) zurückgreifen.[1220]

Folglich wird ein Unternehmer, der den Gedanken hegt, mit Nebenstrecken neue Pfade zu formen statt dem Bahnpionier auf ausgetretenen Hauptrouten mit der Errichtung einer Parallelinfrastruktur kreativlos nachzueifern, schon in der Planungsphase seines Vorhabens ernüchtert: Selbst mit dieser vermeintlich cleveren Ausrichtung seines Geschäftsbetriebs kann er keinen Wettbewerbsvorsprung gegenüber dem momentanen Alleinanbieter erzielen. Vielmehr birgt die eigene Geschäftsaufnahme das Risiko, dass der jetzige Monopolist gerade dadurch zu einer imitierenden Erweiterungsinvestition animiert wird, in deren Gefolge er seine **betriebsgrößenbedingten Effizienzvorteile** preisstrategisch ausspielt, um ihn – den Nachzügler – baldmöglichst wieder aus dem Markt zu drängen.[1221]

Dieses Beispiel verdeutlicht, was am Ende von Kapitel 11.2.1. bereits anklang: Das fortlaufende Sinken der Durchschnittkosten ist für ein unvermeidliches Monopol *keineswegs notwendige* Bedingung; in ihrer Wirkung als **Markteintrittsbarriere** sind **subadditive Kostenvorteile** eindeutig bedeutsamer.

1218 Lediglich für eine grobe Einordung sei darauf hingewiesen, dass die 60 km lange Bahnstrecke Wendling-Ulm, die mit elf Tunneln und nahezu vierzig Brücken Ende 2022 nach zehn Jahren Bauzeit eröffnet wurde, knapp vier Mrd. Euro verschlungen hat. Vgl. hierzu https://www.bahnprojekt-stuttgart-ulm.de/fileadmin/pdfs/Presse/2022/20221209_PI-IBN-Wendlingen-Ulm_DB.pdf, zuletzt abgerufen am 06.3.2024.

1219 Private Eisenbahnunternehmen haben noch in der jüngeren japanischen Vergangenheit ihre eigenen Personenbahnhöfe „so gebaut, dass diese direkt aneinandergrenzen und als ein großer Bahnhof wahrgenommen werden." WIK Consult, 2013, S. 24.

1220 Ebenfalls denkbar ist, dass der Pionierunternehmer als Großabnehmer im Einkauf, etwa von Kohle oder Strom, bessere Konditionen für sich aushandeln kann als ein potenzieller Marktneuling.

1221 Die Frage, ob der Etablierte auf dieser Neubaustrecke gegenüber seinem Bestandsnetz eine differenzierte Preisstrategie betreiben oder in seinem dann größeren Gesamtnetz eine Einheitsstrategie fahren muss, ist aus dem hier verfolgten Blickwinkel ohne Belang.

Potenziellen Wettbewerbern wird die Bestreitbarkeit eines Marktes noch *zusätzlich* erschwert, wenn die sektorale Produktionstechnologie auch als **Markt*austritts*barriere** fungiert. Dieser Fall liegt vor, wenn die bereits getätigten, hohen Anfangsinvestitionen wie beim Schienen- und Stromnetz für den amtierenden Anbieter **irreversible Kosten** sind. Unter diesen versteht man Investitionskosten, die mit einem Marktaustritt unwiederbringlich verloren gehen – und einem Investitionsdesaster damit gleichkommen.[1222] Daher wird ein etablierter Monopolist bei der realen Gefahr eines Markteintritts bereit sein, seine Preise so lange zu senken, bis der potenzielle Wettbewerber von seinem Vorhaben absieht. Denn mit diesem preispolitischen Schachzug verlängert sich für den Aspiranten die Amortisationsdauer seiner Investition, so dass das gesamte Investment zum Kippen kommt.

Infolgedessen wird erst aus dem Zusammenspiel der Subadditivität der Kosten *und* ihrer Irreversibilität die Marktposition eines natürlichen Monopolisten *dauerhaft* gefestigt.

11.2.3 Die wirtschaftspolitischen Umgangsmöglichkeiten

Entsprechend unserer Vorgehensweise in Lektion 10 haben wir nun auch für das natürliche Monopol das Spektrum auszuleuchten, das Gesellschaften im wirtschaftspolitischen Umgang mit ihm zur Verfügung steht. Das Repertoire der Optionen – nämlich seine Verstaatlichung, seine Regulierung oder seine Akzeptanz – ist dabei nicht neu. Da wir allerdings nicht darauf vertrauen können, dass sich die beim konventionellen Monopol vorgetragenen Argumente für die jeweilige Option einfach übertragen lassen, sind möglicherweise deren Begründungen mit frischem Inhalt zu füllen. Bei der Regulierung wird zudem die Frage zu beantworten sein, auf welche Weise diese operativ durch die Träger der Wirtschaftspolitik umgesetzt werden kann.

Anders als in Lektion 10 beginnen wir im Folgenden mit dem denkbar stärksten Eingriff, der Verstaatlichung (Kapitel 11.2.3.1.). Von hier hangeln wir uns der Kaskade an Interventionsmöglichkeiten in absteigender Intensität herab. Unter Wahrung des

---

[1222] Die *verlorenen Kosten* werden auch mit *sunk costs* bezeichnet. Zu beachten gilt, dass diese *nicht* plump mit fixen Kosten *gleichzusetzen* sind. Anlehnend an Fritsch lässt sich das anhand des Eisenbahnwesens illustrieren, wo entlang der Streckenführung regelmäßig auch Bahnhofsgebäude und Läger für den Warenumschlag errichtet werden. Sowohl für die Verlegung der Schienenstränge als auch für die Immobilien fallen unzweifelhaft fixe Kosten an. Sollte die Strecke – warum auch immer – stillgelegt werden, so dürften die Immobilien mit vergleichsweise geringem Aufwand einer neuen Verwendung zuführbar sein. Für die Schienenstränge lässt sich selbiges nicht vermuten. Insofern ist die absolute Summe der sunk costs bei den Schienen ungemein hoch und beim Immobilienbestand überschaubar. Vgl. Fritsch, 2014, S. 182. Seeliger wählt zur Verdeutlichung des Konzepts der *Irreversibilität* das Beispiel bereits verlegte U-Bahn-Gleise im Abgleich zur Anschaffung von Bussen. Letztere können bei Stilllegung einer Linie auch auf anderen Strecken eingesetzt werden. Das ist bei U-Bahn-Gleisen regelmäßig nicht der Fall! Vgl. Seeliger, 2018, S. 92 f.

privaten Eigentums an den Produktionsmitteln setzen wir also mit der Option der Regulierung fort (Kapitel 11.2.3.2.), bevor wir mit den Argumenten für die schlichte Gewährung des natürlichen Monopols (Kapitel 11.2.3.3.) diesen Abschnitt beenden.

Vorausschicken wollen wir den folgenden Erörterungen, dass leitungs- und netzgebundene Branchen schon des *Wege-* bzw. *Verkehrsregals*[1223] wegen eine höhere staatliche Sichtbarkeit auszeichnet als sonstige Märkte. Mit diesem Hoheitsrecht geht schließlich einher, dass durch den Staat Konzessionen an private Wirtschaftsakteure zu vergeben sind, *sofern* er auf seinem Terrain diese Geschäfte *ermöglichen* möchte, *ohne* sie in Eigenregie zu betreiben.

11.2.3.1 Verstaatlichung

Sind Teile einer Gesellschaft mit der am freien Markt angebotenen Menge an schienengebundenen Güter- und Personentransportleistungen unzufrieden, weil diese Dienste nur zu Kernzeiten und/oder auf Hauptrouten erbracht werden,[1224] dann artikulieren sich auf der politischen Bühne garantiert auch Stimmen, die in der Verstaatlichung des natürlichen Monopolisten eine tragfähige Lösung gegen die „Unterversorgung" erkennen. Mit dem Transfer in staatliches Eigentum erfolgt nämlich, so die These, eine fruchtbare Abkehr vom egoistischen Gewinnmotiv des kapitalistischen Unternehmers zugunsten eines am Gemeinwohl orientierten Wirtschaftens, so dass ein umfangreicheres bzw. höheres Versorgungsniveau gewährleistet wird.[1225]

Nun wäre es perfide, jeden reflexartig einen Marxisten zu heißen, der im wirtschaftspolitischen Umgang mit einem natürlichen Monopol für die Idee der Verstaatlichung eintritt. Gleichwohl lässt sich nicht negieren, dass allen voran den Vertretern des wissenschaftlichen Sozialismus die kapitalistische Wirtschaft suspekt ist und sie in der Enteignung der Bourgeoisie eine unumgängliche Maßnahme zum Wohle der Gesellschaft sehen. Kurzum: Marx hat den Diskurs um die Verstaatlichung eröffnet, so dass es sich anbietet, die von ihm prinzipiell vorgebrachten Argumente für die Vergesellschaftung der Produktionsmittel hier nochmal anzusehen und daraufhin zu prüfen, wie weit sich diese auf den speziellen Fall des unvermeidlichen Monopols überhaupt anwenden

---

[1223] Unter einem Regal (Plural Regalien) versteht man ein Recht, das der obersten Staatsgewalt vorbehalten ist. Diese Hoheitsrechte beruhen auf der *Constitutio de regalibus*, die im Jahr 1158 erlassen wurde. In dieser Vereinbarung hat sich Friedrich I. Barbarossa königliche Sonderrechte schriftlich fixieren lassen, die zunächst Italien betrafen, dann aber später in Deutschland übernommen wurden. Vgl. https://wiki.genealogy.net/Regal, zuletzt abgerufen am 06.03.2024. In Bezug auf das Wegeregal siehe auch Reindl, 1993, S. 44 und S. 50.

[1224] Man übersehe an dieser Stelle die Parallele zu den Diskussionen um Funklöcher in abgelegenen Ecken des Landes (z. B. der Eifel) nicht.

[1225] Wie sonst lässt sich etwa Galeanos Kritik am privaten Unternehmertum einordnen, dass sich dieses in Lateinamerika bei der Streckenlegung seiner Eisenbahnen einzig vom europäischen Rohstoffbedarf hat leiten lassen und damit die Entwicklung eines dortigen Binnenmarkts verhindert habe? Galeano, 2019, S. 273 ff.

lassen (Kapitel 11.2.3.1.1.). Die Tatsache, dass Marx die Enteignung privater Unternehmen nicht zuletzt mit dem technischen Fortschritt begründet hat, ist es uns wert, diesen Aspekt in Kapitel 11.2.3.1.2 noch einmal gesondert zu betrachten. Danach greifen wir das fiskalische Motiv auf, welches jenseits der marxschen Lehre bei einer Verstaatlichung von Unternehmen zum Tragen kommen kann (Kapitel 11.2.3.1.3.). Indem wir auf die historischen Wellen der Verstaatlichung und Reprivatisierung von Unternehmen in liberalen Gesellschaften blicken, beenden wir die Diskussion (Kapitel 11.2.3.1.4.).

11.2.3.1.1 Das unvermeidliche Monopol im Spiegel der marxschen Lehre

Zunächst wollen wir uns daran erinnern, dass **Marx** im marktlichen **Wettbewerb** einen Quell der **Ineffizienz** verortet hat. Denn in diesem *schlägt je ein Kapitalist viele tot*,[1226] wodurch bestehende Produktionskapazitäten bzw. knappe Ressourcen vernichtet werden (siehe Lektion 6 bzw. 10).

Angesichts dieses verengten, zugleich pessimistischen Verständnisses vom Wettbewerb stellt das natürliche Monopol aus marxistischer Perspektive eine **delikate Konstellation** dar! Denn in diesem wird – in der soweit modellierten Reinform – gar kein dynamischer Wettbewerb entfacht. Vielmehr unterbreitet der Pionierunternehmer von Beginn an das Marktangebot *alleine*, da die von ihm eingesetzte Produktionstechnologie den Eintritt neuer Akteure tadellos blockiert!

Im Kontext des unvermeidlichen Monopols zerbröselt also der *erste* Tatbestand, an dem die marxsche Argumentation für die Enteignung des privaten Unternehmertums hängt: Die Sorge um wettbewerbsinhärente Ineffizienzen ist – wie hergeleitet – ganz offensichtlich unbegründet; auf *dieser* argumentativen Grundlage trägt die anvisierte Verstaatlichung beim unvermeidlichen Monopolisten somit *nicht*, sie ist unzureichend.

Wer unbekümmert dieser Feststellung für die Vergesellschaftung eines derartigen Monopols optiert und dabei noch immer auf Marx zurückzugreifen wünscht, wird sich sogleich an einer bemerkenswerten Parallele zwischen dem modelltheoretischen Konstrukt dieser Monopolform und dem marxschen Weltbild erwärmen können. Zu diesem gehört nämlich die Vorstellung, dass die Fixkosten – bzw. in der Terminologie von Marx das *konstante* Kapital – im Fortgang der kapitalistischen Produktionsweise zunehmend an Relevanz gewinnt. Den marxschen *Spät*kapitalismus zeichnet somit ein Merkmal aus, das in der Marktform des natürlichen Monopols mit hohen Fixkosten seine Entsprechung findet (siehe Kapitel 11.2.1.).[1227]

Die steigende Bedeutung der Fixkosten hat nach Marx nun zur Folge, dass die Renditen auf das eingesetzte Kapital sinken.[1228] Dies wiederum wird die Investitionsbereitschaft der Unternehmer hemmen, was schlussendlich zu einem **verlangsamten technischen Fortschritt** zum Schaden der Gesellschaft führt. Zur Überwindung dieser

---

1226 Vgl. Marx, 2018, S. 706.
1227 Vgl. z. B. Sinn, 2017, S. 79 oder Tugan-Baranowsky, 1901, S. 207 f.
1228 Zum Gesetz des tendenziellen Falls der Profitrate vgl. Marx, 2023, S. 221 ff.

Fehlentwicklung braucht es die Enteignung: So gelingt es, die **gesamt**wirtschaftliche **Unterinvestition** und die versiegende Innovationstätigkeit zu überwinden.

In der Tradition der marxistischen Argumentationslinie lässt sich die Vergesellschaftung der Produktionsmittel also auch von der Warte des technischen Fortschritts aus rechtfertigen. Aus diesem Grund ist es angebracht, diese ganz *allgemeine* Begründung Marxens am *spezifischen* Fall des unvermeidlichen Monopols auf Robustheit zu prüfen. Sollte sich ein solch staatliches Monopol nämlich als Hort innovativer Tätigkeit erweisen, der in dieser Dimension einem privaten zugleich überlegen ist, dann ließe sich selbst in einem Land, dessen Wirtschaftsordnung auf dem Prinzip des Privateigentums aufbaut, eine Vergesellschaftung der Produktionsmittel *im Einzelfall* ganz *unideologisch* vertreten. Schließlich bildet der technische Fortschritt eine wesentliche Triebfeder des langfristigen Wachstums (siehe Lektion 2).

Damit widmen wir uns jetzt der Frage, was von einem natürlichen Monopol in öffentlicher Hand in Bezug auf das Innovieren zu erwarten ist – zumal im Vergleich zu einem privaten. Da eine Antwort hierauf ein grundlegendes Verständnis darüber voraussetzt, *ob* und wie die Markt*struktur* das Innovationsgeschehen beeinflusst, müssen wir auf diesen Aspekt im Folgenden zuerst blicken.

11.2.3.1.2 Zur Innovationsneigung staatlicher Monopole – Eine Annäherung

Unstrittig lässt sich für eine *freie* Wirtschaft feststellen, dass das Innovationsverhalten der Anbieter von der Marktstruktur beeinflusst wird; mit der Marktform variiert also die Fortschrittsdynamik.[1229]

Marktbedingungen, die dem Modell der vollständigen Konkurrenz nahekommen, schlagen sich dabei *un*günstig auf die unternehmerische Innovationstätigkeit nieder: In einem Wettbewerbsumfeld, in dem Unternehmen kaum mehr als den minimalen Gewinn erzielen, fehlen diesen zunächst einmal die finanziellen Mittel, um *maßgeblich* in technologische Weiterentwicklung zu investieren. Zudem haben diese Unternehmen nur begrenzte Möglichkeiten, etwaige Innovationserfolge über die kurze Frist hinaus zu internalisieren. Sprich, das Risiko einer raschen Nachahmung durch die Konkurrenz ist hoch; ein potenzieller Wettbewerbsvorsprung dürfte nicht lange währen. Kurzum, **übermäßig scharfer Wettbewerb** entpuppt sich – pikanterweise ganz konform zum Standardmodell der Neoklassik – als **Hemmschuh** des **technischen Fortschritts**.[1230]

[1229] Es entbehrt nicht einer gewissen Süffisanz, dass Marx – der Technikaffine – diesen Aspekt übersehen hatte.

[1230] Aus diesem Grund wird die Wettbewerbssituation im Modell der vollständigen Konkurrenz zuweilen auch als ‚Schlafmützenkonkurrenz' bezeichnet. Vgl. Fritsch, 2014, S. 59. De facto bleibt es im neoklassischen Modellkosmos mysteriös, wie das Neue das Licht der Welt erblickt. Mit dem *Standardmodell* der vollständigen Konkurrenz lässt sich jedenfalls *nicht schlüssig* erklären, *wie* es zum technischen Fortschritt kommt. Dieses Elend beginnt damit, dass die im Markt aktiven Unternehmen *keine* Investitionen tätigen. Allein wegen dieser Annahmen macht sich das Modell schon verdächtig, dass Innovationen in ihm keine Rolle spielen könnten. Und in langfristiger Perspektive wird mit der Berücksichtigung

Lässt sich aus dieser Erkenntnis nun ableiten, dass am anderen Ende der Skala von Marktformen, beim Monopolisten, eine ausgeprägte Innovationsfreude herrscht? Nein, mitnichten! Auch der monopolistische Anbieter hält sich mit der Einführung neuer Produkten und neuer Verfahren dezent zurück, da ihm der Anreiz oder Zwang zu technologischen Verbesserungen – wie er in besonderer Weise auf oligopolistischen Märkten beobachtbar ist – fehlt! Schließlich ist in keiner anderen Marktform wie dem Angebotsmonopol die Gefahr größer, dass der Unternehmer mit seiner Innovation „die eigenen schon getätigten Investitionen [entwertet]."[1231]

Folglich darf vermutet werden, dass weder privatwirtschaftliche noch staatliche Alleinanbieter institutionalisierte Jungbrunnen des technischen Fortschritts sind.[1232] Bei hohen, irreversiblen Anfangsinvestitionen, mit anderen Worten beim natürlichen Monopol, sollte sich diese Erwartung sogar noch potenzieren (siehe Kapitel 11.2.2.).

Bei **staatlichen** Monopolen kommt hinzu, dass sich für diese sogar der **Substitutionswettbewerb** *gesetzlich* **ausschließen** lässt – wie einst beim Fernstreckenmonopol der Deutschen Bahn.[1233] Hier hatte der deutsche Gesetzgeber über Jahrzehnte hinweg konkurrierende Busanbieter von seinem Staatsbetrieb ferngehalten; den Fernbusanbietern wurde der Weg erst 2013 freigemacht – durch höchstrichterlichen Entscheid und nicht etwa durch Einsicht der Regierung.[1234]

Gerade aus der hier akzentuierten Perspektive des technologischen Fortschritts ist eine gesetzliche Unterbindung von *indirektem* Wettbewerb zum Schutze vergesellschafteter Monopole äußerst kritisch zu betrachten, schreddert ein solches Gesetz doch jeden

---

von Eintritten neuer Wettbewerber der Nebel nicht lichter. Denn das Grundmodell unterstellt, dass alle Neuankömmlinge Klone des günstigsten etablierten Anbieters sind; zu einer technologischen Weiterentwicklung kommt es also nicht (Vgl. Lektion 6).

1231 Häring, 2010, S. 145. Bei Unternehmen unter oligopolistischen Marktbedingungen verhält sich das „ganz anders. Sie entwerten mit Innovationen vor allem die Investitionen der anderen, weil sie nur einen Bruchteil des Marktes bedienen." Häring, 2010, S. 145.

1232 Man denke an die Deutsche Bundespost und ihr Produkt- und Dienstleistungsangebot in der alten Festnetz-Ära: zwei Geräte, drei Farben, sechs Monate Wartezeit. Mit anderen Worten: Aus Sicht der privaten Haushalte war die staatlich organisierte Bundes-Post-Moderne grau und trist – aber nicht innovativ und bunt.

1233 Vgl. Eucken, 2004, S. 293.

1234 Ganz ähnlich verhielt es sich schon in den Kindheitstagen der Bahn in Deutschland – gleichwohl mit umgekehrten Vorzeichen. Denn die deutschen Fürsten vergaben in den 1830er Jahren äußerst zögerlich Konzessionen für den Eisenbahnbau, weil sie in diesen eine Konkurrenz zu den Landstraßen und Schifffahrtswegen sahen, in deren Verbesserung sie eben erst hohe Summen investiert hatten. So begannen verschiedene Fürstentümer in Deutschland ab dem Ende des 18. Jahrhunderts ihre Verkehrswege auszubauen. Preußen erweiterte sein Straßennetzwerk allein zwischen 1816 und 1848 um mehr als 11.000 km auf dann 14.990 km Länge. Ebenso wurden Flüsse schiffbar gemacht und Kanäle gebaut. Vgl. hierzu insbesondere Reindl, 1993, S. 44 ff. Es gibt gleichwohl Gegenbeispiele. So gewährte die Politik in Schweden trotz des Protests des staatlichen Festnetzmonopolisten einem Unternehmen im Jahr 1981 den Aufbau und Betrieb eines Mobilfunknetzes. Dieser sektorale Liberalisierungsprozess wurde, nicht ganz verwunderlich, von den Großkunden des staatlichen Festnetzbetreibers seit Ende der 1970er Jahre unterstützt. Vgl. Schalauske/Streb, 2008, S. 224.

Anreiz, mit anderen technischen Lösungen gegen den Staatsmonopolisten am Markt zu konkurrieren. Derartige gesetzgeberische Praktiken belasten die gesellschaftliche Innovationsbilanz somit gleich *doppelt*: Der nun gesetzlich garantierte Artenschutz *senkt* das ohnehin überschaubare Innovationsinteresse des staatlichen Monopolisten *weiter* und kreiert – zu allem Überfluss – noch eine flankierende Innovationsmüdigkeit in den Zweigen der potenziellen Wettbewerber.

Insofern können wir festhalten, dass auch das *zweite* marxsche Argument keine tragfähige Grundlage für die Verstaatlichung eines unvermeidlichen Monopols bildet. Es zerbricht, weil die Enteignung unter dem Gesichtspunkt des sektoralen Technologiefortschritts *keine* Wende zu einer *gesteigerten* Dynamik erwarten lässt.[1235] Unter Beachtung indirekter Effekte ist – wie dargelegt – sogar zu befürchten, dass das gesellschaftliche Innovationstreiben insgesamt erlahmt.

11.2.3.1.3 Jenseits der marxschen Lehre – Die fiskalische Begründung

Akzeptieren wir für einen Augenblick die Idee, dass es sich bei den unvermeidlichen Monopolen wie dem Schienenverkehr um durchweg „innovationsarme" Zweige der Wirtschaft handelt, dann verliert das eben in Kapitel 11.2.3.1.2. adressierte Manko an Gewicht: Wo keine wirklichen Neuerungen zu erwarten sind, sollte sich die tendenziell mindere Innovationskraft verstaatlichter Unternehmen verschmerzen lassen.[1236] Der Idee der Enteignung privatwirtschaftlicher Betriebe stünde im Sonderfall netzbasierter Branchen also weiterhin der Weg offen, vorausgesetzt eine umfangreichere Versorgung der Gesellschaft – etwa zu „Randzeiten" oder in abgelegenen, ländlichen Gebieten – wird hierdurch gewährleistet. Dies ist jedoch zu erwarten, fehlt dem am Gemeinwohl orientierten Staatsbetrieb doch das schnöde Streben nach dem Gewinnmaximum. Selbst ein kleiner Übergewinn, so könnte man frei einer ideologischen Grundhaltung weiter argumentieren, sei ja für die Staatskasse zur Deckung der Kosten des Rechtswesens, der inneren Sicherheit und Ähnlichem schon vorteilhaft.[1237]

[1235] Diesbezüglich lässt sich daran erinnern, dass die schon erwähnte „Deutsche Bundespost, die bis 1994 [...] für Post- und Telekommunikationsdienste [...] als staatliches Monopol organisiert [war, a]ufgrund der technologischen Entwicklungen im Telekommunikationssektor [...] bereits in den 1970er Jahren als reformbedürftig angesehen [wurde]." Deckwirth, 2008, S. 70.

[1236] Häring resümiert anhand eines Beispiels aus der Versicherungswirtschaft, dass nicht überall Innovationen gewünscht sein müssen. Vgl. Häring, 2010, S. 146. Und auch Wied-Nebbeling konstatiert, dass man bei einem natürlichen Monopol „diese [dynamische] Ineffizienz unter gesamtwirtschaftlichen Gesichtspunkten nicht überbewerte[n] [...] [sollte]." Wied-Nebbeling, 2009, S. 34.

[1237] In diesem Sinne spielt der Gazprom-Konzern, an dem der russische Staat maßgeblich beteiligt ist, Jahr für Jahr üppige Summen in die Staatskasse Russlands ein. In manchen Jahren sollen die Überweisungen aus dem Öl- und Gasgeschäft bis zu 45 Prozent des russischen Staatsbudgets betragen haben. Vgl. Hersh, 11.02.2023, S. 13. Analoges trifft auch auf die meisten ölexportierenden Länder Arabiens und deren Staatshaushalte zu, die sich ganz überwiegend aus den Überschüssen der staatlichen bzw. teilverstaatlichten Öl- und Gasgesellschaften wie Saudi Aramco speisen.

Damit rückt für die Enteignung eines natürlichen Monopolisten das **fiskalische Motiv** in den Vordergrund; ein Motiv, das im partial-analytischen Marktmodell der Neoklassik *keine* Rolle spielt. Gleichwohl lässt sich an der Tatsache nicht rütteln, dass noch immer zahlreiche Entwicklungsländer über ungleich schlechtere Voraussetzungen bei der Steuererhebung verfügen als die bereits entwickelten – nicht zuletzt wegen der großen Bedeutung des sog. informellen Sektors. Von dieser sozio-ökonomischen Warte aus mag die Verstaatlichung eines monopolistischen Betriebs daher als eine dem Stand des Wirtschaftssystems geschuldete Misslichkeit einzuordnen sein.[1238]

Historisch betrachtet ist auch für Deutschland festzustellen, dass das fiskalische Argument mehr als einmal Pate für staatliches Wirtschaftsengagement stand.[1239] Nicht zuletzt Bismarck versuchte nach der Gründung des Deutschen Reichs (1871) als Reichkanzler immer wieder Staatsmonopole zu schaffen, um für die Zentralregierung in Berlin entsprechende Finanzmittel zu generieren.[1240] Die deutsch-preußische Motivation zur Verstaatlichung der Eisenbahnen darf allerdings ebenso wenig wie die im Revolutionsjahr 1848 zum Staatsregal erklärte *elektromagnetische* Telegraphie rein fiskalisch gedeutet werden: In beiden Fällen lag der staatlichen Entscheidung eine macht- und militärpolitische Komponente unverkennbar zugrunde.[1241]

[1238] Bei spärlichen Steuereinnahmen bliebe zur Finanzierung öffentlicher Aufgaben ja nur noch die Alternative der Verschuldung – was allerdings die Kreditfähigkeit an den Kapitalmärkten voraussetzt (siehe Lektion 16). Sofern der Zugang zum Kapitalmarkt gewährt ist, lässt sich aus staatlicher Budgetperspektive also zwischen der Pest der Verstaatlichung von Betrieben und der Cholera der Verschuldung abwägen. Dass politische Eliten ihren Bürgern Pest und Cholera über die Zeit gleichermaßen aufzuladen beherrschen, zeigt die Empirie für mehr als ein Land.

[1239] Zum Beispiel in der frühen Neuzeit bei den Feuerversicherungen, die anfänglich „vor allem durch staatliche Kassen betrieben [wurden, weil d]er Staat [...] in ihnen eine lukrative Einkunftsquelle [entdeckte]." Schmoeckel/Maetschke, 2016, S. 27. Später schielte Bismarck darauf, die Feuer- und Hagelversicherungen erneut zu verstaatlichen – allerdings erfolglos. Vgl. Habermann, 2017, S. 180.

[1240] Bei Steuereinnahmen war der Bund zur Zeit des Deutschen Reichs der Bittsteller der Länder. Das war der politische Preis, den Bismarck für die Staatgründung zu zahlen hatte. Kurzum – die Einnahmen des Bunds aus Steuern waren relativ gering. Daher suchte Bismarck immer wieder nach neuen Einnahmequellen, um sich von den Ländern und dem Parlament unabhängiger zu machen. Dies erklärt zum einen, warum sich Bismarck Mitte der 1870er Jahre nach Ausbruch der europäischen Agrarkrise (siehe Lektion 5, Kapitel 11.2.2.1.) für die Einführung von Schutzzöllen auf Agrargüter aussprach: Die Zolleinnahmen wurden dem Bund zugeschlagen. Zum anderen versteht sich mit der damaligen Struktur der staatlichen Einnahmehoheit, warum in Bismarck immer wieder Begehrlichkeiten geweckt wurden, Unternehmen zu verstaatlichen. Nach Habermann sei der Reichskanzler zum Beispiel „mit größter Energie für die Verstaatlichung zweier besonders ergiebiger Gewerbezweige ein[ge]treten: der Tabak- und Branntweinindustrie." Habermann, 2017, S. 179 f. Dabei hatte der Kanzler beabsichtigt, „den Ertrag der verstaatlichten Tabakindustrie [...] für seine Arbeiterversicherungspläne zu verwenden." Habermann, 2017, S. 180.

[1241] Um die Verstaatlichung der *kabelgebundenen* Telegraphie adäquat einordnen zu können, muss sich der Blick zurück auf die Vorgängertechnik richten – der *optischen* Nachrichtenübermittlung. Denn diese war in Preußen mit ihrer Einführung Anfang des 19. Jahrhunderts bereits zum Staatsregal deklariert worden, weil sich Napoleon dieser Technik bei seiner Kriegsführung bedient haben soll: Telegraphen-

Auch dem fiskalischen Verstaatlichungsargument wohnt unausgesprochen die Vorstellung inne, dass mit der Enteignung des privaten Monopolisten dessen vormalige Faulheitsprämie durch staatliche Betriebsamkeit ersetzt wird. Losgelöst von der eigenen Grundhaltung gegenüber dem Staat sollten für eine sachgerechte Auseinandersetzung mit der Thematik jetzt allerdings noch *zwei* Fragen gestellt und beantwortet werden. Erstens, ob sich die betriebliche Kostenstruktur mit dem Wechsel in der unternehmerischen Trägerschaft verändern könnte? Und wenn ja, in welche Richtung! Und zweitens, ob die staatliche Marktmacht nicht eigene, soweit unbeachtete Gefahren in sich birgt?

In Bezug auf die *erste* Frage teilen viele Ökonomen die Überzeugung, dass der Staat als Eigentümer die *Kosten* beeinflusst – und zwar *negativ*: Da das Unternehmensvermögen im Kollektiveigentum ist, besteht eine weitgehende Garantie für die Deckung möglicher finanzieller Verluste durch die Öffentlichkeit, d. h. durch die Steuerzahler.[1242] Konträr zur gar nicht so seltenen Wunschvorstellung von ihrer Leistungsfähigkeit, fördert diese Systemkonstruktion unwillkürlich den Hang zur *In*effizienz bei staatlichen Betrieben.

Es ist nicht unredlich, in diesem Zusammenhang darauf zu verweisen, dass in Großbritannien die verschiedenen Reprivatisierungsvorhaben der Regierung Thatcher

---

linien waren in Frankreich zur optischen Signalübermittlung ab 1794 errichtet worden, die bald (1800) eine Gesamtlänge von 2.500 km umfassten. Obgleich dieses System aufgrund von Licht- und Wetterverhältnissen an manchen Tagen nur drei Stunden zur Verfügung stand, bildete es einen bedeutenden Fortschritt in der Signalübermittlung. Vgl. Reindl, 1993, S. 28 f. Vor diesem Hintergrund ist die Zögerlichkeit der preußischen Regierung zu sehen, weitere Konzessionen für die kabelbasierte Telegraphie zu vergeben, nachdem diese Innovation von der Rheinischen Eisenbahn fünf Jahre nach der Weltprämiere bei einer britischen Privatbahn erstmals in Deutschland (1843) eingesetzt wurde. Schließlich erklärte Preußen den Bau elektromagnetischer Telegraphenlinien im Sommer 1848 in seinem Königreich zur Staatsangelegenheit. Nach Reindl war diese Entscheidung „zugleich eine ‚Frucht der Revolutionsstimmung vom Jahr 1848.'" Reindl, 1993, S. 67. Auch das Verständnis über die deutsch-preußische Verstaatlichung vormals *privater Eisenbahngesellschaften* bleibt unvollständig, wenn die militärische Erfahrung aus dem deutsch-französische Krieg von 1870/71 außer Acht gelassen wird: Der Sieg der Deutschen beruhte in diesem Krieg nämlich ganz wesentlich darauf, dass die „preußischen Truppen aus Ostdeutschland überraschend schnell an die Westgrenze gebracht werden konnten, während das französische Heer seine im Süden und Westen stehenden Armeen erst auf den Kriegsschauplatz bringen konnte, als die Entscheidung bereits gefallen war." Schatt, 1993, S. 143. Der *Schwenk* hin zu einem verstaatlichten Schienenverkehr nimmt in Preußen seinen Ausgang allerdings schon in den frühen 1840er Jahren mit einem Gesetz zur Schaffung eines Eisenbahnfonds. Nach der Revolution von 1848 erklärt der preußische Handelsminister von der Heydt die Abschaffung aller Privatbahnen zum Ziel. Er forciert daraufhin den Aufbau eines Staatsbahnsystems, doch die Verstaatlichung der privaten Betriebe kommt – wegen der o. g. Kriegserfahrung – erst zwischen 1879 und 1884 richtig in Fahrt. Vgl. Reindl, 1993, S. 53. Siehe ggf. auch Habermann, 2017, S. 179 oder Herrmann, 2013, S. 55.

1242 Auch wenn die Verlustgarantie *weitreichend* sein mag, ist sie doch *nirgendwo unbegrenzt*. Als Beleg für diese These reicht der Blick nach Großbritannien. Wegen einer ohnehin hohen öffentlichen Verschuldung lösten die Defizite verschiedener Staatsbetriebe dort Ende der 1970er ihre Privatisierung in der ersten Regierungszeit von Margaret Thatcher (1979–1983) aus. Vgl. Drews, 2008, S. 37 ff.

gerade wegen der unverkennbaren Ineffizienz der öffentlichen Infrastrukturbetriebe „von einer zuweilen recht hohen gesellschaftlichen Akzeptanz begleitet [waren]."[1243] Mit unverstelltem Blick wird man ebenfalls festzustellen haben, dass im heutigen Deutschland mit der Staatsbahn vieles verbunden wird – außer einem durchgängig hohen Qualitätsniveau und Effizienz.[1244]

Automatisch werden Staatsmonopole also nicht wirtschaftlich betrieben. Infolgedessen können sie für sich auch nicht beanspruchen, als Garanten dauerhafter Transferzahlungen an den Staatshaushalt den allgemeinen Steuerzahler stets zu entlasten. Eine solche Vorstellung, die sich schon mit einem Blick auf die französische Staatsbahn in den 1960er Jahren,[1245] die nahezu bankrotten öffentlichen Unternehmen Spaniens am Ende des Franco-Regimes (1939–75) sowie mit jüngeren Fällen aus Lateinamerika widerlegen lässt, wäre schlichtweg naiv.[1246] Und in Frankreich, um nochmal auf Europa zu schauen, hat der „Sachzwang" der hohen Schulden den Elektrizitätskonzern EDF, dessen Eigenkapital zu 85 Prozent in der Hand des Staates liegt, im Jahr 2017 dazu bewogen, knapp die Hälfte seiner Anteile an der bis dahin einhundertprozentigen Tochtergesellschaft Rte – die das landesweite Übertragungsnetz betreibt – für 8,5 Mrd. Euro abzutreten.[1247]

1243 Drews, 2008, S. 39.

1244 Pünktlichkeit, funktionierende Klimaanlagen, Tarifübersichtlichkeit, stabile Internetverbindungen und die tatsächliche (!) Auswahl an kulinarischen Angeboten an Bord mögen als Stichworte für eine als überschaubar wahrgenommene Qualität hier genügen. In Bezug auf die Kosteneffizienz sei exemplarisch an das Prestigeprojekt *Stuttgart 21* erinnert, das mittlerweile mit 11 Mrd. Euro mehr als das Vierfache der ursprünglich veranschlagten Summe von 2,5 Mrd. Euro verschlungen hat. Vgl. Gann/Zimmermann, 2024 und Zeise, 27.11.2021, S. 1. Pointiert wird der Deutschen Bahn ganz allgemein bescheinigt, hoch verschuldet zu sein und ihr Schienennetz heruntergewirtschaftet zu haben. Vgl. Delhaes/Koenen, 28.11.2022, S. 8.

1245 Warum sonst wurde in Frankreich 1969 ein Gesetz beschlossen, dass die „verschuldete Bahngesellschaft ab 1974 keine Zuschüsse aus öffentlichen Haushalten mehr bekommen sollte[?]" Beckmann, 2008, S. 137.

1246 Zu Spanien vgl. Seikel, 2008, S. 154. Mit Blick auf Lateinamerika seien etwa der mexikanische Staatskonzern Pemex oder Brasiliens halbstaatlicher Ölkonzern Petrobras genannt. Bei Pemex waren u. a. gigantische Pensionsansprüche seiner ehemaligen Angestellten aufgelaufen, die nicht mehr als „marktkonform" bezeichnet werden konnten. Vgl. Ehringfeld, 18.04.2016, S. 16. Auch in Brasilien wurde der staatliche Ölkonzern Petrobras zu einer „gigantischen Selbstbedienungsmaschine. [...] Bei Aufträgen im Wert von 23 Milliarden Dollar sollen Preise abgesprochen und Schmiergelder in Höhe von rund vier Milliarden Dollar bezahlt worden sein." Busch, 05.02.2015, S. 19. Vgl. zu Petrobras bzw. zum Odebrecht-Skandal, in dem Petrobras eine tragende Rolle im Schmiergeld- und Korruptionsskandal spielt auch o. V., 22.04.2017, S. 41 f. bzw. o. V., 20.05.2017, S. 42 f. Das Muster staatlicher Ineffizienz hat auch vor der kenianischen Eisenbahn nicht Halt gemacht, wo man mehr als 25 Jahre lang mit den Ressourcen verschwenderisch umgegangen ist, obwohl die Weltbank, die zwischen 1979 und 1996 wiederkehrend Kredite gewährt hat, die Regierungen des Landes mehrfach gedrängt hatte, das staatliche Unternehmen effizienter zu machen. Vgl. Easterly, 2001, S. 107 f.

1247 https://www.iwr.de/news/edf-erhaelt-milliarden-vom-steuerzahler-news33229 und https://de.wikipedia.org/wiki/R%C3%A9seau_de_Transport_d%E2%80%99Electricit%C3%A9, beides zuletzt abgerufen

Bei aller Richtigkeit des Vorgenannten dürfen wir allerdings nicht den Eindruck erwecken, dass ein staatliches Unternehmen unter keinen Umständen annähernd so gut wie ein privates geführt werden könne.[1248] Eine solche Vorstellung wäre absurd. Der Fairness halber sei an dieser Stelle explizit auf die schon mehrfach kritisch beäugte deutsche Staatsbahn angeführt, die ab Mitte der 1880er Jahre für lange Zeit „in der ganzen Welt als das Standardbeispiel eines erfolgreichen öffentlichen Unternehmens betrachtet"[1249] wurde. Ebenso lassen sich aus einer jüngeren Studie zum deutschen Energiemarkt keine Produktivitätsunterschiede unter den Verteilnetzbetreibern des Landes aufgrund der Eigentümerschaft ableiten.[1250] Zurückhaltend sollte man jedoch mit seiner Erwartungshaltung sein, dass sich ein temporär leistungsfähiger Staatsbetrieb auch als *dauerhaft* effizient erweist.

Hinsichtlich der *zweiten* Frage verweisen libertäre und ordoliberale Ökonomen darauf, dass der Staat als Eigentümer eines Monopolbetriebs über *absolute Marktmacht* verfügt. Neben der oben in Kapitel 11.2.3.1.2. bereits adressierten Möglichkeit, im Bedarfsfall jederzeit den Substitutionswettbewerb gesetzlich auszuschließen, darf die *latente* Gefahr nicht übersehen werden, dass diese Macht in Bezug auf die Marktpreisbildung noch maßloser ausgenutzt wird als von einem privaten. Mit Eucken könnte sich das staatliche Monopol sogar „zu diesem Verhalten berechtigt [fühlen], weil die Einnahmen dem Staat oder der Stadt zufließen, also eine indirekte Steuer darstellen."[1251]

Die Absolutheit staatlicher Marktmacht kulminiert schließlich darin, dass in ihren Fällen eine **wirksame, unabhängige Kontrollinstanz** – die ihren Namen verdient – verloren geht, wird doch „die Aufsichtsperson zum Interessenten [gemacht]."[1252] Ein besonders abenteuerliches Fallbeispiel wie der Begriff und die Funktion einer effektiven Monopolkontrolle entwertet werden und stattdessen groteske Züge erlangen, liefert auch hier die Deutsche Bahn.[1253] Ähnlich erschreckend scheint aber auch in Süd-

---

am 06.03.2024. Ähnlich hierzu wurde auch der japanischen Staatsbahn der hohe Schuldenstand ihr zum Verhängnis: Den Schienengüterverkehr, der noch heute in öffentlicher Hand ist, trennte man deshalb schon im Jahr 1987 vom Personenverkehr ab. Letzterer wurde unmittelbar danach in regionale Gesellschaften filetiert und privatisiert. Vgl. WIK Consult, 2013, S. 24 f. Ebenso wies die Slowenische Staatsbahn – die aus der ehemaligen jugoslawischen Staatsbahn im Jahr 1991 hervorging – noch fünfzehn Jahre später hohe Schulden sowie ein überaltertes Schienennetz auf. Vgl. Bolldorf, 2008, S. 319.

1248 Der norwegische Staatsfond wäre ein erstes prominentes Gegenbeispiel; aber auch in Singapur dürfte man ähnliches erwarten.

1249 Schumpeter, 2010, S. 358. Als weiteres Positivbeispiel sei auf die im Güterverkehr tätige Staatseisenbahn Estlands hingewiesen. Diese hat im Jahr vor ihrer Privatisierung (2001) den größten Gewinn (ca. 72 Mio. Euro) unter allen Unternehmen im Land erzielt. Vgl. Heinrich, 2008, S. 259 f.

1250 Die Studie umfasste den Zeitraum 2003 bis 2012. Vgl. Stiel/Cullmann/Nieswand, 2018, S. 401 ff. bzw. S. 420.

1251 Eucken, 2004, S. 293.

1252 Eucken, 2004, S. 293.

1253 Ein Bundestagsmitglied der Partei Die Linke erklärte in Bezug auf *Stuttgart 21*, dass „die Kostenexplosion [...] schon lange darauf hin[deutet], dass Bahn und Regierung die Kontrolle über das unsinnige Megaprojekt verloren haben." Zeise, 27.11.2021, S. 1. Ganz generell beobachtet das Handelsblatt bei

afrika der Regierung beim staatlichen Versorger Eskom die Kontrolle entglitten zu sein, der sich nach 2008 Schritt für Schritt zu einem erratisch stromliefernden Selbstbedienungsladen entwickelt hat.[1254]

Wegen Missständen wie diesen brachte Leonard Miksch (1901–1950), ein Schüler Euckens, die Abneigung der deutschen Ordoliberalen, private Monopole zu verstaatlichen, folgendermaßen auf den Punkt: „Die Erfahrung lehrt, dass öffentliche Monopole noch bedenklicher sind als private. Sie sind politisch gefährlich, weil sie die Staatstotalität fördern, und wirtschaftlich schädlich, weil an die Stelle der Marktausbeutung die Trägheit eines bürokratischen Apparates tritt. So verwerflich der Monopolgewinn ist, volkswirtschaftlich ist er einer unwirtschaftlichen Kostensteigerung immer noch vorzuziehen."[1255]

11.2.3.1.4 Verstaatlichung unvermeidlicher Monopole in kapitalistischen Gesellschaften – Eine kurze historische Einordnung

Obwohl die Wirtschaftsordnung der meisten Länder mittlerweile auf dem Privateigentum beruht, betätigt sich nahezu überall der Staat noch immer unternehmerisch – nicht zuletzt in der einen oder anderen leitungsgebundenen Branche.

Zu einem besseren Verständnis der Sachlage, wollen wir an dieser Stelle in ausgesprochen groben Pinselstrichen den Wellengang nachzeichnen, der die Verstaatlichung und Reprivatisierung von Betrieben im Laufe der industriellen Entwicklung in

---

der deutschen Bahn „[d]as Problem: Dem Bund gehört zwar das Unternehmen, aber Einfluss oder wenigstens einen Überblick hat er kaum. Im Ministerium existiert eine Eisenbahnabteilung, es gibt einen Eisenbahnbeauftragten im Range eines parlamentarischen Staatssekretärs, dazu eine beamtete Staatssekretärin. Seit dem Sommer existiert zudem eine ‚Steuerungsgruppe' [...]. Seit Jahr und Tag müssen die Beamten dennoch bei der Bahn nachfragen, wenn sie etwas über ihr eigenes Unternehmen erfahren wollen." Delhaes/Koenen, 28.11.2022, S. 8.

1254 Im Jahr 2023 hat Eskom einen Punkt erreicht, an dem man zynisch davon sprechen kann, dass Stromlieferungen die Stromausfälle unterbrechen. Vgl. Seiz, 13.02.2023, S. 7 in Verbindung mit Seiz, 16.11.2021, S. 9. Somit war früher also alles weniger schlecht! Nach Seiz ist der staatliche Stromkonzern, den hohe Schulden drücken, zudem von einer tiefverwurzelten Korruption zerfressen. Bei dieser für die Südafrikaner niederschmetternden, zermürbenden Faktenlage erkennt Seiz das wahre Übel messerscharf in einer *neoliberalen* Politik – die er im älteren der o. g. Artikel bereits dafür verantwortlich macht, dass über eine Privatisierung des Konzerns nachgedacht wird. Wohl dem, der ideologisch gefestigt ist!

1255 Miksch, 1947, S. 180. An gleicher Stelle verweist Miksch zudem darauf, dass die Vorstellung zu kurz greift, in Monopolstellungen lediglich eine Möglichkeit der Abschöpfung von *pekuniären* Zusatzgewinnen zu sehen. Auch *nicht-pekuniäre* Sondergewinne, die allen voran in Form von Bequemlichkeit in Erscheinung treten, dürfen in ihrer Wirkung nicht unterschätzt werden: „Man muss sich überhaupt von der Vorstellung freimachen, als würden Monopolstellungen nur deshalb angestrebt und gehalten werden, weil sie Sondergewinne ermöglichen. Es ist immer bequemer, einen Markt zu beherrschen als sich dem Wettbewerbskampf zu stellen. Gerade für die öffentlichen Monopole ist die Bequemlichkeit sehr oft ein ausreichendes Motiv zu radikalen monopolistischen Maßnahmen." Miksch, 1947, S. 180 f.

nicht-kommunistischen Ländern in Bewegung hielt. Dabei gilt unsere Aufmerksamkeit vorwiegend den hier im Mittelpunkt stehenden Sektoren mit unvermeidlichem Monopolcharakter.

Augenscheinlich begegnen wir einem solchen erstmalig in der Eisenbahn, deren anfänglicher Bau und Betrieb vielerorts privat organisiert war;[1256] ein Wesensmerkmal, das auch späteren Netzmärkten zu eigen war – etwa der Telefonie.[1257]

Im Mutterland der Eisenbahn, in England, hatte der Staat zwar seit 1844 ein Vorkaufsrecht besessen, doch wurde hier „das System der Privatgesellschaften bis zum ersten Weltkrieg in reinster Form aufrechterhalten."[1258] Längst lag da schon das deutsche Schienenwesen in staatlicher Obhut. Die Vergesellschaftung vormals privater Eisenbahnunternehmen, die im Jahr 1870 noch die Hälfte des deutschen Streckennet-

---

1256 Die *Ludwigsbahn*, die zwischen Nürnberg und Fürth im Dezember 1835 als erste Eisenbahn in Deutschland ihren Betrieb aufnahm, war „ausschließlich der Privatinitiative der dortigen Kaufleute zu verdanken [...], während sich die bayerische Regierung abwartend verhalten hatte." Reindl, 1993, S. 51. Ein vergleichbares Bild lässt sich auch für Österreich-Ungarn zeichnen, wo die Konzession für die erste Eisenbahn wenig später an Salomon Rothschild erteilt wurde. Vgl. Reindl, 1993, S. 51. Mit Blick auf die Anfangsjahre des deutschen Eisenbahnwesen mischen sich gleichwohl schon früh auch staatliche Betriebe unter. So war bereits im Jahr 1838 mit der *vierten* Eisenbahngesellschaft auf deutschem Terrain, der *Herzoglich Braunschweigische Staatseisenbahn*, eine erste staatliche entstanden. Die *Königlich Hannöverschen Staatseisenbahnen*, die seit 1843 bestanden, waren ebenfalls von Beginn an staatlich organisiert. Nicht anders verhielt es sich in Kurhessen und Baden. Diese beiden Staaten lehnten „private Initiative[n] kategorisch ab [...], weshalb man dort zum Aufbau eines Staatsbahnsystems gezwungen war, als keine Bahnlinie vorhanden war, aber durch die Errichtung von Linien in den Nachbarstaaten Nachteile für die eigene Wirtschaft zu befürchten waren." Reindl, 1993, S. 51. Dass die Eisenbahngesellschaften gerade *in Preußen* von Beginn an privatwirtschaftlich betrieben wurden, hebt auch hervor Herrmann, 2013, S. 55; Schumpeter wiederum verkennt schon in der Periode der privaten Bahnen die flankierende, fruchtbare Hand des Staates nicht. Nach ihm trug von Beginn an „eine höchst leistungsfähige, unbestechliche [...] Bürokratie [...] [dazu] bei, den Wildwuchs der Gründungen zu beschneiden, die Finanzierung auf eine gesunde Basis zu stellen." Schumpeter, 2010, S. 357. Mit Reindl liegt der Schluss jedoch nahe, dass diese starke öffentliche Hand – ungeachtet ihres komplementären Beitrags in den Anfangsjahren des preußischen Eisenbahnwesens – nicht aus Überzeugung den Privaten beim Eisenbahnbau in den 1830er Jahren den Vorrang gewährte, sondern aufgrund ganz eigener Motive, darunter fiskalpolitischen: Die Staatskasse war nach vorrangegangener Investitionen in das Verkehrswesen schlichtweg leer. Vgl. Reindl, 1993, S. 50.
1257 Das Geschäft des *Fernsprechens*, das in den 1880er Jahren seinen Lauf nimmt, war unter anderem in der Schweiz (ab 1880), in Österreich und in den Niederlanden (jeweils ab 1881) zunächst ein privates. Vgl. Spieker, 2008, S. 102 und siehe https://de.wikipedia.org/wiki/Telegrafie, zuletzt abgerufen am 06.03.2024. Um Irrtümer zu vermeiden, sei daran erinnert, dass das leitungsgebundene *Fernschreiben*, also die elektromagnetische Telegraphie, schon einige Jahrzehnte zuvor, nämlich kurz nach dem Bau der ersten Eisenbahnen, das Licht der Welt erblickt hatte. Ihr erstes Einsatzgebiet fanden die Fernschreiber dann auch just im Schienenverkehr, wo man sich einen reibungslosen Ablauf des Bahnbetriebs mit Hilfe der Übermittlung von Verspätungsinformationen und/oder technischer Defekte versprach. Vgl. Reindl, 1993, S. 64.
1258 Lewinsohn-Morus, 1955, S. 200.

zes verantworteten, war maßgeblicher unter preußischer Führung in den Jahren von 1879 bis 1884 vorangetrieben worden.[1259]

Ungeachtet dessen setzt zum Ausklang des Jahrhunderts in Europa ganz prinzipiell ein Prozess der Verstaatlichung ein, dem nahezu nirgendwo ein Wirtschaftszweig mit natürlichem Monopolcharakter entkam.[1260] So verstaatlichte Großbritannien sein Telegraphenwesen (1870);[1261] und in der Schweiz ging die einzige private Telefongesellschaft, die im Jahr 1880 in Zürich ihr Netz in Betrieb genommen hatte, nach Ablauf der Konzession prompt in staatliches Eigentum (1885) über.[1262] In der k. und k. Monarchie, wo elf Privatgesellschaften ab dem Jahr 1881 das Geschäft mit der Telefonie aufgebaut hatten, war von der Regierung neben einem Konzessionsvergabestopp (1887) auch die Eingliederung der entstandenen Privatnetze in die staatliche Post- und Telegraphenverwaltung bis ins Jahr 1895 beschlossen worden.[1263] Zu diesem Zeitpunkt hatte Bismarck längst verordnet, „dass das Fernsprechwesen unter den Begriff der bereits staatlichen Telegraphie falle"[1264] und damit Reichsregal sei. Mit anderen Worten: Das Telefongeschäft im Deutschen Reich war von Beginn an ein staatliches.

In all diesen Branchen blieben die Unternehmen in den USA unterdessen in privatem Eigentum,[1265] auch wenn die Bahngesellschaften seit dem Jahr 1887 wegen über-

---

1259 Der *Preußische Staat*, der im Zuge der Gründung des Norddeutschen Bundes (1866) bereits die *Staatseisenbahnen* der von ihm annektierten Staaten erworben hatte, kaufte im o. g. Zeitraum (1879–1884) etwa 12.000 Kilometer Privatbahnen. Vgl. Schumpeter, 2010, S. 358. Bereits ein Viertel dieser Strecke vereinten drei Gesellschaften auf sich, die im Rheinland und Ruhrgebiet ihre Schienen verlegt hatten: der Rheinischen Eisenbahnverein (gegründet 1836 in Köln), die Köln-Mindener Eisenbahn-Gesellschaft (gegründet 1843 in Köln) und die Bergisch-Märkische Eisenbahn-Gesellschaft (gegründet in Elberfeld ebenfalls im Jahr 1843). Jede dieser drei Gesellschaften verfügte am Tag des Bahnverkaufs an den preußischen Staat über mindestens 1.100 km Schienen. Die verstaatlichten Eisenbahnen waren bis 1920 in der Hoheit der deutschen *Länder* geblieben; erst dann wurden sie in Reichseigentum überführt. Vgl. hierzu Schatt, 1993, S. 143 bzw. Habermann, 2017, S. 179.
1260 Vgl. Lewinsohn-Morus, 1955, S. 261.
1261 Vgl. Reindl, 1993, S. 217.
1262 Vgl. https://de.wikipedia.org/wiki/Geschichte_des_Telefonnetzes, zuletzt abgerufen am 06.03.2024. Nur wenige Jahre später (1898) wurde in der Schweiz auch die Verstaatlichung der Eisenbahnen unter der Regie des Bundes beschlossen. Vgl. https://company.sbb.ch/de/ueber-die-sbb/profil/geschichte.html
1263 https://de.wikipedia.org/wiki/Geschichte_des_Telefonnetzes und https://de.wikipedia.org/wiki/Geschichte_der_Telefonie_in_%C3%96sterreich zuletzt abgerufen am 06.03.2024. Die Verstaatlichung der Eisenbahnen in Österreich-Ungarn hatte ähnlich wie in Preußen bereits in den 1840er Jahren begonnen. Ihren Abschluss fand sie im Habsburger-Reich in 1854. Vgl. Reindl, 1993, S. 52 f.
1264 Habermann, 2017, S. 178 f.
1265 Als unvermeidlicher Monopolist im US-*Telegraphen*geschäft entpuppte sich dabei zunehmend die *Western Union Telegraph Company*, die im Jahr 1851 im Bundesstaat New York noch unter anderem Namen gegründet wurde. Nach der Übernahme einiger Mitbewerber änderte die Vorgängerorganisation in 1856 ihren bis heute gültigen Namen, um die Verbindung der Telegraphenlinien von Küste zu Küste zu verdeutlichen. Vgl. hierzu https://de.wikipedia.org/wiki/Western_Union, zuletzt abgerufen 06.03.2024. Unter den amerikanischen Telefondienstanbietern der frühen Stunde war insbesondere die noch heute bestehende AT&T, die im Jahr 1885 gegründet wurde, um landesweit Fernverbindungsli-

wüchsiger Absprachen der Aufsicht der Bundesregierung unterstellt waren.[1266] Die überwiegend von englischem Kapital finanzierten Privateisenbahnen Lateinamerikas behielten sogar noch einige Jahrzehnte länger ihre uneingeschränkte Machtfülle, bevor ihnen diese ab Mitte der 1930er Jahre in jedem einzelnen Land durch Verstaatlichung genommen wurde.[1267]

Durch den Ausbruch des **Ersten Weltkriegs** (1914–18) veränderte sich die Wirtschaftspolitik in allen kriegsbeteiligten Nationen grundlegend: Die Regierungen drangen tiefer in die Wirtschaft ein. Zu den frühen Symptomen eines zunehmenden Interventionismus gehörte die Bildung von Zwangskartellen, wie im Deutschen Reich eines für die Steinkohle bereits im Jahr 1915 dekretiert wurde.[1268] In England setzte zudem eine straffe staatliche Kontrolle der Eisenbahnen (1914) ein, wodurch sich die Tür für ihre spätere Verstaatlichung (1948) den ersten Spalt geöffnet hatte. Formal wurde nach Ende des Ersten Weltkriegs die Privatisierung der britischen Eisenbahnen zwar erneut hergestellt (1921), jedoch nicht mehr in der Form der Vorkriegsära. Zum einen, weil die vormals 120 Gesellschaften per Gesetz zu vier verschmolzen wurden und zum anderen, weil es fortan für viele unternehmerische Vorhaben die Genehmigung der Regierung bzw. des Parlaments brauchte – etwa für die Ausdehnung des Geschäftsbetriebs oder eine Kapitalerhöhung.[1269] Insofern konstatiert Lewinsohn-Morus, dass es für die englischen Eisenbahngesellschaften „keine tiefgreifende Veränderung [bedeutete], als [sie] 1948 [...] zusammengeschlossen und verstaatlicht wurden."[1270]

---

nien zu verlegen. Vgl. https://de.wikipedia.org/wiki/Geschichte_des_Telefonnetzes, zuletzt abgerufen 06.03.2024.

1266 Das intensivierte Kooperationsverhalten unter den Bahnbetreibern jener Tage muss im Zusammenhang mit der Krise von 1873 gesehen werden (siehe Lektion 5), denn deren initialem Börsenkrach war ein Spekulationsfieber im Eisenbahnwesen vorangegangen, an dem die US-Politik mit ihrer Subventions- und Landvergabepraxis nicht unbeteiligt war. Im Ergebnis hatte das entstandene Überangebot an Bahnlinien den Nährboden für unternehmerische Absprachen im Nachgang der Krise bereitet. Vgl. Rhonheimer, 2017, S. 15 f. Einen detaillierten Einblick in Politik der Landvergabe seitens der US-Regierung gewährt Nelson, 2022, S. 94ff.

1267 Beispielsweise war es in Argentinien in 1947 zur Verstaatlichung der vormals englischen Eisenbahnen mit einem 25.000 Km umfassenden Schienennetz gekommen. In Mexiko war dieser Prozess bereits ein paar Jahre zuvor (1937) vollzogen worden. Vgl. Lewinsohn-Morus, 1955, S. 201 ff. und S. 206. In ähnlicher Weise spricht Galeano davon, dass die meisten lateinamerikanischen Staaten am Ende des Zweiten Weltkrieges den Engländern die vormals privaten Eisenbahnen abgekauft haben, denen sie teilweise Einnahme*garantien* bis dahin eingeräumt hatten! Vgl. Galeano, 2019, S. 273–277. Die Gewährung von Einnahmegarantien war allerdings *keine* spezifische Eigentümlichkeit südamerikanischer Länder. Auch in Deutschland versuchten die Staaten in der Frühphase des Eisenbahnbaus neben der Vergabe von Konzessionen private Investoren auch „durch monetäre Anreize wie etwa staatliche Zinsgarantien oder die staatliche Übernahme von Aktienpaketen zu gewinnen." Reindl, 1993, S. 52.

1268 Vgl. Lewinsohn-Morus, 1955, S. 284.

1269 Vgl. z. B. Lewinsohn-Morus, 1955, S. 200 f.

1270 Lewinsohn-Morus, 1955, S. 201.

Nach einer kurzen Phase des Rückzugs in den frühen Zwischenkriegsjahren setzte mit Ausbruch der **Weltwirtschaftskrise** (1929) eine **neue Welle** staatlichen Wirtschafts-engagements ein. Abermals erließen viele Regierungen Gesetze über Zwangskartelle, etwa Japan (1931), Italien (1932), Deutschland (1933) und Frankreich (1935);[1271] zugleich beginnt die *Regulierung* der deutschen Energiewirtschaft, mit der sie gemäß Präambel des Gesetzes (1935) vor dem schädlichen Wettbewerb geschützt werden soll, um „die Energieversorgung so sicher und billig wie möglich zu gestalten."[1272] Darüber hinaus trat im Jahr 1938 die Fusion und Verstaatlichung der bislang fünf privaten Eisenbahn-gesellschaften in Frankreich in Kraft,[1273] wodurch sich jetzt nahezu „die Gesamtheit des kontinentaleuropäischen Eisenbahnnetzes im Staatsbesitz [befindet]. In Japan, in Indien, in Australien gehört ebenfalls die Mehrzahl der Eisenbahnlinien dem Staat."[1274]

Die Spuren der Weltwirtschaftskrise sind noch nicht in Gänze verblasst, zieht Hit-lerdeutschland die Nationen in die nächste Kriegs- bzw. Kommandowirtschaftsperi-ode hinein. Doch auch in der unmittelbaren Nachkriegszeit ebbt die staatliche Wirt-schaftsaktivität in vielen Ländern nicht ab.[1275] Im Gegenteil! In den westeuropäischen Industrienationen waren in der Zwischenzeit neue Gesellschaftsbilder entworfen worden bzw. herangereift, die in Nuancen unterschiedlich gewesen sein mögen, die aber die Vorstellung eines Nebeneinander von privaten und staatlichen Unternehmens-

---

1271 Weiters wurde in England mit dem Coal Act (1937) die Zwangsfusion der Kohlebergwerke erlassen. Zu den genannten Beispielen siehe Lewinsohn-Morus, 1955, S. 200 f. sowie die Zeittabellen im dortigen Anhang S. 286 f.

1272 https://de.wikipedia.org/wiki/Energiewirtschaftsgesetz zuletzt abgerufen am 06.03.2024. Diese Re-gelung aus dem Jahr 1935 war mit dem Inkrafttreten des Gesetzes gegen Wettbewerbsbeschränkungen (GWB) am 01.01.1958 *nicht* gekippt worden. Eher wurde sie noch verfestigt, weil die Energiewirtschaft aus dem GWB explizit ausgeklammert wurde. Die Energiewirtschaft war somit auch vom Kartellverbot freigestellt; und mit dem damaligen § 103 GWB wurde der sektorale Wettbewerb praktisch verunmög-licht, weil dieser die Errichtung von Gebietsmonopolen erlaubte. Auch mit dem im Jahr 2007 eingeführ-ten § 29 GWB besteht für den Energiesektor eine Sonderregelung im deutschen Wettbewerbsrecht fort. Vgl. hierzu z. B. Seeliger, 2018, S. 58 ff.

1273 Die fünf Gesellschaften hatten sich ursprünglich im Jahr 1875 durch Zusammenschlüsse herausge-bildet. Vgl. Lewinsohn-Morus, 1955, S. 200 f. und S. 286 f. Beckmann ergänzt, dass das neue, fusionierte Bahnunternehmen (SNCF) im Jahr 1938 als Aktiengesellschaft für die Dauer von 45 Jahren gegründet worden war. Der französische Staat war der Mehrheitsaktionär. Nach Ablauf dieser Zeit, im Jahr 1983, wurde die „SNCF [...] in einen Staatsbetrieb überführt." Beckmann, 2008, S. 137.

1274 Lewinsohn-Morus, 1955, S. 201. In Spanien, das sich im Jahr 1938 im Bürgerkrieg befindet, wird der Schienentransport von Gütern und Passagieren im Jahr 1941 verstaatlicht. Vgl. Seikel, 2008, S. 165.

1275 Ohne expliziten Bezug auf die hier im Fokus stehenden unvermeidlichen Monopole zeichnet Wa-genknecht die Verstaatlichungswelle nach Ende des Zweiten Weltkriegs für England, Frankreich, Öster-reich, Italien und Westdeutschland anschaulich nach. Ihre Analyse verdeutlicht, dass in jener Zeit in jedem dieser fünf Länder in diversen Sektoren (nahezu) alle Unternehmen unter staatliches Eigentum gestellt wurde. Vgl. Wagenknecht, 2012, S. 315 ff. Beckmann hält ergänzend zu Frankreich fest, dass sich hier „besonders nach dem Zweiten Weltkrieg, eine Tradition starker staatlicher Lenkung heraus[kristal-lisierte]." Beckmann, 2008, S. 127.

formen einte.[1276] Insbesondere in sogenannten *Schlüsselsektoren* der Wirtschaft sollte der Staat die Kontrolle über die jeweiligen Unternehmen erlangen – sofern er sie nicht bereits hatte. Mit Blick auf die netzbasierten Märkte sei für diese Entwicklung exemplarisch benannt, dass

– in Schweden „seit Mitte der 1940er Jahre [...] ein vor ausländischer Konkurrenz geschützter, straff regulierter Energiemarkt entstanden [war], in dem das vertikal integrierte, staatliche Elektrizitätsunternehmen *Statens Vattenfallswerk* eine Monopolstellung einnahm."[1277]

– in England neben der o. g. Vergesellschaftung der Eisenbahn (1948) auch die Gas- und Stromversorger sowie die Telegraphengesellschaften (1946) verstaatlicht wurden.[1278]

– man in Frankreich die Monopole des Strom- und Gassektors (Électricité de France/ Gaz de France) in staatliches Eigentum überführte.[1279]

Zur Bewältigung der sozio-ökonomischen Folgen der Weltwirtschaftskrise war die US-Regierung in Washington mit dem *New Deal* von Präsident Franklin D. Roosevelts (1933–45) in Bezug auf eine aktive, gestalterische Wirtschaftsteilnahme in bislang nicht für möglich gehaltene Bahnen vorgedrungen.[1280] Ungeachtet dessen war es trotz des anhaltenden Unwesens der Trusts unverändert *un*amerikanisch, natürliche Monopolisten zu verstaatlichen. So blieben etwa die netzgebundenen Kommunikationsdienste von Telegraph und Telefon ein reines Privatgeschäft.[1281] Zu regulieren begann man allerdings ab 1935 die Strom- und Gasversorger, weil diese zunehmend die öffentliche Meinung gegen sich aufgebracht hatten:[1282] Im Gefolge eines spektakulären Insolvenzbebens, von dem bedeutende Elektrizitätswerke eines führenden Branchentrusts im Jahr 1932 erfasst wurden, war jedermann in Amerika die ungeheure Konzentra-

---

1276 Zum englischen und schwedischen Leitbild der *Mixed Economy* siehe Drews, 2008, S. 35 ff. bzw. Schalauske/Streb, 2008, S. 216 f.; zum französischen Verständnis von *Service Public* siehe Beckmann, 2008, S. 127 f.; die Genese und Bedeutung Konzepts der *Daseinsvorsorge* in Westdeutschland bespricht Deckwirth, 2008, S. 65 f.; Die Rolle der Gallier übernahmen in jenen Tagen nicht zuletzt die Niederlande, die „nicht durch Plädoyers für mehr staatlichen Dirigismus geprägt [war]. Im Gegenteil, der Staat sollte den Weg für Privatunternehmen ebnen." Spieker, 2008, S. 97.
1277 Schalauske/Streb, 2008, S. 232.
1278 Zu den Strom- und Gasversorgern vgl. Drews, 2008, S. 35; ansonsten siehe Lewinsohn-Morus, 1955, S. 287.
1279 Vgl. Beckmann, 2008, S. 128 und S. 140 f.
1280 Der *New Deal* war die programmatische Reaktion der Regierung des demokratischen Präsidenten Franklin D. Roosevelt auf die Auswirkungen der Weltwirtschaftskrise von 1929. Das Programm war sehr umstritten, nicht zuletzt unter Ökonomen. Allen voran die Antworten auf die Frage, was die Maßnahmen des New Deals tatsächlich gebracht haben, könnten bis heute nicht polarisierender ausfallen!
1281 Vgl. Lewinsohn-Morus, 1955, S. 141 f. und Habermann, 2017, S. 178 f.
1282 Im Jahr 1935 verabschiedete die US-Regierung dazu den *Federal Power Act* sowie den *Public Utilities Holding Company Act*. Vgl. für weitere Details z. B. Joskow, 1989, S. 127.

tion horizontaler und vertikaler Marktmacht im Energiesektor vor Augen geführt geworden.[1283]

Knapp ein halbes Jahrhundert später erlangte *innerhalb* der *netzbasierten* US-Branchen dann noch die Telekommunikationsgesellschaft AT&T den Status eines bis heute gültigen Einzelfalls, indem mit Zustimmung der Gerichte ihre Zerschlagung angeordnet wurde![1284]

Den säkularen Trend einer sich ausdehnenden Staatstätigkeit kehrt nicht ganz freiwillig die britische Premierministerin Thatcher (1979–90) als Erste um.[1285] Das Vereinigte Königreich hatte zu dieser Zeit seine Position als führende Industrienation längst verloren; da es zudem regelmäßig mehr importierte als es exportierte, war seine Leistungsbilanz chronisch defizitär, was einen kontinuierlichen Anstieg der britischen Verschuldung im Ausland nach sich zog.[1286]

Großbritannien hatte vor diesem Hintergrund im Jahre 1976 den Internationalen Währungsfonds (IWF) erstmalig um eine Anleihe gebeten. Da mancher Staatsbetrieb im Königreich ein notorischer Zahlungsempfänger war und die landesweite Infrastruktur als marode galt, knüpfte der IWF seine finanzielle Unterstützung an die Bedingung, dass die britische Regierung ihre Ausgaben senkt.[1287]

In der einsetzenden Phase der Liberalisierung wurden daher netzbasierte Infrastrukturunternehmen reprivatisiert und ihre jeweiligen Sektoren für den Wettbewerb

---

1283 „Die Kampagne gegen die Public Utilities, die bis dahin nur von den einflusslosen Sozialisten und oppositionellen Außenseitern geführt wurde, fand gewichtige Fürsprecher. Auf dem Internationalen Elektro-Kongress in Berlin hielt der [...] amerikanische Botschafter [...] eine heftige Anklagerede gegen die Preispolitik der Public Utilities. Er wies nach, dass in Amerika die kleinen Konsumenten für elektrischen Strom das Fünfzehnfach der Erzeugungskosten bezahlen mussten." Lewinsohn, 1934, S. 128 bzw. die englische Ausgabe: Lewinsohn, 2010, S. 92. In der Übersetzung (2010) wird kurioserweise nicht das Fünfzehnfache, sondern das *Fünffache* geschrieben; wir unterstellen, die Angabe im Original ist richtig!
1284 AT&T, im Jahr 1885 von Graham Bell gegründete, hatte sich zur Mitte der 1950er Jahre zum größten Unternehmen *der Welt* entwickelt. Zu dieser Zeit kontrollierte es bereits vier Fünftel des US-amerikanischen Telekommunikationsmarktes. Vgl. Lewinsohn-Morus, 1955, S. 142. Da AT&T in den folgenden Jahrzehnten dann über nahezu alle Regionen des Landes das geworden war, was man landläufig ein Monopol nennt, wurde die Gesellschaft per richterlichem Beschluss ab 1982 neu strukturiert. AT&T musste wesentliche Teile seiner *lokalen* Netze verkaufen. Diese neuen lokalen Telefonnetzgesellschaften, die weiterhin regionale Monopole bildeten, hatten darüber hinaus neuen Anbietern von Ferndiensten („long-distance") den Zugang zu gleichen Konditionen wie AT&T zu ermöglichen. Die Zerschlagung von AT&T war kein Novum für die USA; im frühen 20sten Jahrhundert wurden schon die Standard Oil Company und die American Tobacco Company ebenfalls per Gerichtsbeschluss (beide im Jahr 1911) zerschlagen. Vgl. hierzu Case/Fair, 1989, S. 321.
1285 Programmatisch folgte US-Präsident Reagan (1981–89) als nächster. Vielfach wird hierbei von *Thatcherism* und *Reaganomics* gesprochen.
1286 Retroperspektiv wirkt die damals als „dramatisch" wahrgenommene Verschuldung der Briten – gemessen an gegenwärtigen Verschuldungsquoten – wie ein Kindergeburtstag (siehe dazu Lektion 16).
1287 Vgl. Drews, 2008, S. 37 ff. Zur Einordnung: Damals hatten alle Unternehmen der öffentlichen Hand zusammen rund elf Prozent des britischen Bruttosozialproduktes erwirtschaftet. Vgl. hierzu Drews, 2008, S. 35.

geöffnet. Betroffen davon waren unter anderem die Telefongesellschaft British Telecom (1984), das staatliche Gasunternehmen British Gas (1986) und die Eisenbahngesellschaft British Railways. Hier, im Bahnsektor, hatte die Regierung zum einen den *Transport*betrieb vom *Netz*betrieb getrennt. Für diese *vertikale* Zerschlagung war im Jahr 1996 eine private Infrastrukturgesellschaft gegründet worden.[1288] Zum anderen kam es zu einer *horizontalen* Zerschlagung, indem der Verkehrsbetrieb nicht allein bei British Railways blieb, sondern „an 25 private und regionale Betreibergesellschaften des Personenverkehrs vergeben [wurde]."[1289]

Die britische Entwicklung der Reprivatisierung schwappt knapp zehn Jahren später ans europäische Festland, wo ihre Dynamik durch den Zusammenbruch des Kommunismus mit dem Fall der Berliner Mauer (1989) begünstigt wird.[1290] In den *westeuropäischen* Staaten setzt nicht zuletzt auf den Energie- und Telekommunikationsmärkten eine Phase der Liberalisierung ein; hier kommt es – wie zuvor in Großbritannien – zur Aufspaltung und Entflechtung von Betrieben, um die Produktion und Distribution von entsprechenden Diensten organisatorisch zu trennen. Bei allen sektorspezifischen Besonderheiten sind in den betroffenen Infrastrukturmärkten die Parallelen in Bezug auf den wirtschaftspolitischen Instrumenteneinsatz nicht zu übersehen.[1291]

Erheblich umfangreicher als in Westeuropa gestaltet sich im Nachgang des Mauerfalls hingegen die Reprivatisierung von vormals staatlichen Betrieben in Osteuropa – netzbasierte Sektoren wie die Eisenbahn inbegriffen.[1292]

Dass in den osteuropäischen Transformationsländern bei dieser als epochal zu bezeichnenden Liberalisierungswelle nicht jede einzelne Maßnahme optimal verlief und manche Reprivatisierung stattdessen einer filmreifen Groteske glich, soll nicht unterschlagen werden. Ein besonders abenteuerlicher Fall hatte sich dabei im Schienenverkehr Estlands zugetragen, nachdem dort die ehemalige Sowjetbahn im Jahr 1996

1288 Es handelte sich dabei um das Unternehmen *Railtrack*. Nach dem tödlichen Bahnunfall bei Hatfield (2000) wurde „im Oktober 2000 [...] die Verantwortung für das britische Schienennetz an *Network Rail* übergeben. Diese operiert als privatrechtliche und privatwirtschaftlich betriebene Gesellschaft ohne Eigentümer [...] nach dem Non-Profit-Prinzip und ist dazu verpflichtet, Überschüsse umgehend in das Streckennetz zu reinvestieren." Drews, 2008, S. 47.

1289 Drews, 2008, S. 46.

1290 Vgl. Drews, 2008, S. 34.

1291 Eine ausführlich Darstellung zur Liberalisierung und Regulierung von Energiemärkten liefert in seinem Lehrbuch Seeliger, 2018, S. 75 ff. Eine Besprechung der wirtschaftspolitischen Instrumente der Regulierung finden sich bei Seeliger, 2018, S. 95 ff.

1292 Tittor stellt beispielsweise mit Blick auf Ungarn heraus, wie bescheiden doch die Privatisierung von zwanzig Großunternehmen in zehn Jahren Regierung Thatcher aussehen können: In Ungarn waren in den ersten drei Jahren nach dem Mauerfall schon mehr als siebenhundert vormalige Staatsunternehmen privatisiert worden. Es folgten mehr als eintausend weitere Privatisierungen bis 2006. Vgl. Tittor, 2008, S. 277. Ein ähnliches Bild zeichnet für Estland Heinrich, 2008, S. 252 ff. In dem erst 1991 unabhängig gewordenen Land waren nach fünf Jahren fast 1.200 kleine sowie knapp sechshundert mittlere und große Staatsunternehmen privatisiert worden. Bei den zwei letztgenannten Größenklassen entsprach dies 93 Prozent der vormaligen Staatsbetriebe.

in zwei staatliche Gesellschaften aufgespalet worden war – eine für den Personenverkehr und eine zweite für den Güterverkehr.[1293]

Obgleich letztere trotz umfangreicher Investitionen in den Transportsektor die größten Profite im ganzen Land machte und damit die Staatskasse der jungen Nation füllte, drängte die Europäische Union die estnische Regierung dazu, sich auch aus diesem Unternehmen zurückzuziehen. Eine Maßnahme für die niemand im Land eine Notwendigkeit sah, die heimischen Unternehmer eingeschlossen.[1294] Entsprechend zähneknirschend verkaufte Estland unter der vertraglichen Auflage, weiter in das noch immer marode Schienennetz zu investieren, zwei Drittel seiner Anteile an einen Privatinvestor für 45 Mio. Euro (2001).[1295] Es dauerte keine sechs Jahre, da hatte das Land wegen Bruchs der Privatisierungsvereinbarung diese Anteile vom einstigen Erwerber vollständig zurückgekauft – für schlappe 320 Mio. Euro.[1296]

11.2.3.2 Staatliche Regulierung

Eine Gesellschaft, die auf dem Prinzip des privatwirtschaftlichen Eigentums aufbaut, *kann* – wie wir in Lektion 10 gesehen haben – auf das Verhalten der Marktteilnehmer und die Marktstruktur mit Hilfe staatlicher Wettbewerbspolitik einwirken und so potenzieller oder tatsächlicher Marktmacht begegnen: Wer wie die deutschen Ordoliberalen im Dienste der Güterversorgung dauerhaften Leistungswettbewerb anstrebt und das „wettbewerbliche Finale" des Einzel- oder Kollektivmonopols vermeiden möchte, der kann zum Erreichen dieser wirtschaftspolitischen Ziele, Kartelle verbieten, Fusionen untersagen und die Einhaltung der staatlich festgelegten Spielregeln überwachen (siehe Lektion 10).

All diese wettbewerbspolitischen Instrumente werden allerdings stumpf bzw. bedeutungslos, wenn die marktliche Struktur aus Gründen der Betriebseffizienz von Anbeginn nur einen Anbieter kennt – wir es also mit einem *natürlichen* Monopol zu tun haben. Für diesen Fall müssen wir uns also erneut fragen, mit welchen Maßnahmen der Staat eine Verbesserung der gesellschaftlichen Versorgung mit dem betreffenden Gut bewirken kann?

In den anschließenden Kapiteln stellen wir jeweils eine der beiden grundlegenden Stoßrichtungen vor, die dem Staat unter Wahrung des privatwirtschaftlichen

---

1293 Beide Unternehmen waren Monopole in ihren Bereichen geblieben! Vgl. Heinrich, 2008, S. 259 ff.
1294 Estland musste sich im Assoziierungsabkommen von 1998 – zu einer Zeit als sich EU-Länder wie Frankreich und Deutschland noch immer Staatsbahnen genehmigten – zu einer Umstrukturierung im Verkehrswesen verpflichten. Dabei waren die meisten Staatsunternehmen schon längst privatisiert. Vgl. Heinrich, 2008, S. 260.
1295 Der Gewinn im Jahr vor der Privatisierung hat bei der Güterbahngesellschaft rund 72 Mio. Euro betragen. Vgl. Heinrich, 2008, S. 260. Der Wert des verkauften Aktienpakets entsprach damit nicht einmal dem anteiligen Gewinn des Vorjahres – ein Schleuderpreis, wie jeder weiß, der sich mit M&A-Transaktionen ein wenig beschäftigt.
1296 Vgl. Heinrich, 2008, S. 262.

Eigentums in der wirtschaftspolitischen Praxis zur Verfügung stehen, um den unvermeidlichen Monopolisten zu einer Ausbringungsmenge zu bewegen, die größer als diejenige ist, die er unter den Bedingungen des freien Marktes eigenständig produzieren würde. Wie wir sehen werden, weisen die zwei Ansätze auch jenseits ihrer Zielrichtung Gemeinsamkeiten auf. Ihr maßgeblicher Unterschied besteht darin, *wofür und wohin in welchem Umfang* die für die Regulierung notwendigen Steuergelder fließen! Bei der Subventionierung (Kapitel 11.2.3.2.1.) fließt ein Teil dieser Finanzmittel dem Monopolisten zu – vermutlich der größere; zudem muss eine staatliche Instanz, also ein parlamentarischer Ausschuss oder eine Regulierungsbehörde, mit Mitteln ausgestattet werden. Im Fall der staatlichen Preissetzung (Kapitel 11.2.3.2.2.) werden Steuermittel ausschließlich für die Ausstattung einer staatlichen Regulierungsbehörde benötigt.

11.2.3.2.1 Subventionierung

Eine erste, regulative Lösung mag darin verortet werden, dem *natürlichen* Monopolisten staatlicherseits vorzuschreiben, die Menge M_{AE} zu produzieren – also die Quantität, bei der die unternehmerischen Grenzkosten dem Grenznutzen eines letzten Konsumenten entsprechen (siehe Abbildung 11.4). Angesichts der Tatsache, dass die freie Marktlösung im Polypol ebenfalls in diesem Schnittpunkt liegt und die Grenzkosten des Anbieters einen kalkulatorischen Gewinn beinhalten, klingt diese Überlegung zunächst einmal nicht unvernünftig.

Doch so nachvollziehbar dieser Gedanke vordergründig erscheint, so wenig trägt er. Um die fehlende Tragfähigkeit dieses Ansatzes zu verstehen, rufen wir uns nochmal in Erinnerung, was wir bereits in Lektion 6 hergeleitet haben: Die Grenzkosten sind für den *neoklassischen* Anbieter wichtig, weil er mit ihrer Hilfe – wegen seines unterstellten Maximierungskalküls – die optimale Ausbringungsmenge bestimmt. Für sein unternehmerisches Verhalten haben darüber hinaus aber auch die durchschnittlichen totalen Stückkosten (DTK) Relevanz: Sollten diese vom durchschnittlichen Erlös nämlich *nicht* gedeckt werden, macht der Anbieter statt eines maximalen Gewinns einen minimalen Verlust, den er *vorübergehend* vielleicht noch zu tragen bereit ist. Zeichnet sich jedoch kein Licht am Ende des Tunnels bei einer Verlustsituation für ihn ab, verabschiedet sich der Unternehmer vom Markt, sprich: er stellt seine Geschäftstätigkeit ein.

Der Abbildung 11.4 ist nun zu entnehmen, dass bei einer obrigkeitlichen Festschreibung der Produktionsmenge M_{AE} just dieser Fall erwartet werden kann, da der Anbieter in Höhe der grau schraffierten Fläche einen Verlust macht: Der mit der verordneten Menge M_{AE} einhergehende Verkaufspreis P_{AE} deckt die durchschnittlichen totalen Kosten (DTK) *nicht*. Dies bedeutet, dass der hier in Erwägung gezogene Staatseingriff wegen der spezifischen Produktionskosten dazu führt, dass das Unternehmen früher oder später austritt bzw. ein potenzieller Pionieranbieter erst gar nicht mit seiner Geschäftstätigkeit beginnt, sofern er eine solche Intervention durch den Staat fürchten muss.

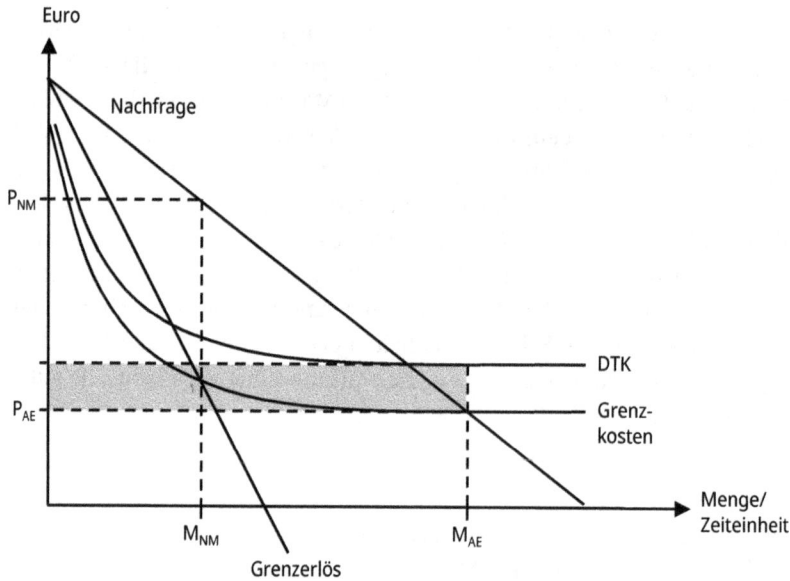

Abbildung 11.4: Unternehmerischer Verlust bei Grenzkosten gleich Grenznutzen (= Nachfragekurve).

In beiden Fällen wäre das Resultat das Gleiche: Statt ihrer politisch intendierten Verbesserung fällt die Versorgung nun komplett aus. Dieses düstere Szenario, dem gegenüber sogar die Laissez-faire-Wirtschaft mit einer Handelsmenge in Höhe von M_{NM} glänzt, veranlasst nun manchen *marktskeptischen* Verstaatlichungsgegner die **Subventionierung** vorzuschlagen, die sich nach jetzigem Stand der Erkenntnis aufdrängt bzw. anzubieten scheint.[1297]

Hierbei hätte der Staat das unvermeidliche Monopol in genau der Höhe zu bezuschussen, in der dieses bei der Menge M_{AE} Verlust macht. Was vom Wunsch einer höchstmöglichen Versorgung der Gesellschaft mit dem betreffenden Gut getragen wird und auf den ersten Blick verlockend aussieht, erzeugt in der Umsetzung auf staatlicher Ebene ganz eigene Herausforderungen. Zu den praktischen Tücken dieses Politikansatzes gehört, dass er

- eine gesellschaftliche Debatte über Steuer- und/oder Generationengerechtigkeit nach sich ziehen *kann*, weil die **Subventionen** durch Steuern und/oder Schuldenaufnahme **gegenfinanziert** werden müssen (siehe Lektion 16).

[1297] Ein empirisches Beispiel für diesen Fall liefert Portugal. Bevor der landesweite Schienenverkehr dort relativ spät im Jahr 1975 verstaatlicht wurde, hatte das private Monopolunternehmen Companhia dos Caminhos de Ferro Portugueses (CP) lange Jahre staatliche Subventionszahlungen erhalten. CP war wiederum im Jahr 1951 gegründet worden und dabei aus einem seit 1856 bestehenden Mischsystem *aus privaten und öffentlichen Bahngesellschaften hervorgegangen.* Vgl. Schmalz, 2008, S. 200 und zur Geschichte der CP siehe https://www.cp.pt/institucional/en/railway-culture/cp-history, zuletzt abgerufen am 06.03.2024.

– beim privaten Alleinanbieter – ähnlich wie beim verstaatlichten Unternehmen – eine **Subventionsmentalität** erzeugt (siehe Kapitel 11.2.3.1.), die mit einem laxen Kostenverständnis einhergeht; denn mit Gewissheit wird der Monopolist versucht sein, dem Staat gegenüber Kosten in Rechnung zu bringen, die widerspiegeln wie bequem man es sich als Zuschussbetrieb einzurichten vermag. Aus dieser **Tendenz zur Ineffizienz** neigen sich die staatlichen Transferzahlungen *ohne* verbesserte Marktleistung stetig zu erhöhen.

Insofern wird sich die Politik eher früher als später mit der Thematik der betriebs*notwendigen* Kosten konfrontiert sehen. Hierbei hat sie dann zu klären, welche unternehmerischen Ausgaben für eine staatliche Alimentierung (noch) anerkannt werden und wo die Grenze zur Schamlosigkeit verläuft.

Die Anrechnung der Investitionskosten für die netzbasierte Infrastruktur, seien es Stromleitungen und Strommasten, Umspannwerke, Pipelines oder Schienen wird gewiss noch relativ wenig Kopfzerbrechen bereiten, begründet deren Anschaffungsnotwendigkeit schließlich das unvermeidliche Monopol. Die Vorstellung, dass bei all diesen technischen Ausrüstungsgütern die jeweilige Ausgaben*höhe* auch stets betriebsnotwendig sein müsse, wäre allerdings naiv: Auch bei Kapitalgütern existieren regelmäßig verschiedene Lösungsmöglichkeiten – und damit variierende Kosten, die im Fachjargon auch als CAPEX (für engl. capital expenditures) bekannt sind. Diesen Gedanken weitergesponnen, mag man sich konfliktträchtige Auseinandersetzungen um die Gestaltung und/oder die Ausstattung des neuen Verwaltungsgebäudes leicht vorzustellen. Die Politik, die dem Monopolisten diese Investition im *Grundsatz* zubilligt, hat auch hierbei zu entscheiden, was adäquat – sprich betriebsnotwendig – ist und was unvertretbaren Luxus darstellt, der dem Steuerzahler nicht aufgebürdet werden kann! Da es letztendlich um die Feststellung der Gesamtkosten einer Periode (z. B. eines Jahres) geht und die netzbasierte Infrastruktur zugleich über mehrere Perioden zum Einsatz kommt, lassen sich schon bei der Frage zur jeweiligen Nutzungsdauer respektive den Abschreibungssätzen Konfliktpotenziale zwischen Politik und Geschäftsleitung *nicht* ausschließen.

Anspruchsvolle Diskussionen hinsichtlich der Betriebsnotwendigkeit dürften allen voran laufende Kosten entfachen, die als OPEX (für engl. operating expenditures) bezeichnet werden. Konkrete Klärungsbedarfe könnten zum Beispiel bei personalpolitischen Angelegenheiten auftreten:

– Welche Gehälter dürfen für das Topmanagement und die Führungskräfte angesetzt werden, um die viel zitierten Talente auf allen Ebenen gewinnen und halten zu können?
– Bis zu welcher Höhe sind Betriebsrenten an ehemalige Mitarbeiter dem Steuerzahler zumutbar?[1298]

1298 Siehe das in Kapitel 11.2.3.1.3 angeführte Beispiel aus Mexiko, wo der staatliche Ölkonzern Pemex bei den Pensionszahlungen nicht gerade gekleckert hat.

Da der natürliche Monopolist qua Definition der einzige Anbieter seiner Branche ist, muss die Politik beantworten, was den richtigen Vergleichsmaßstab (neudeutsch: Benchmark) in Bezug auf die monetären und nicht-monetären Kompensationsbestandteile bildet! Sind die Gehälter und Renten des öffentlichen Dienstes oder die börsennotierter Unternehmen vergleichbarer Größe der Gradmesser?

Mit Bestimmtheit werden weitere Kostenklippen auch in den Niederungen des unternehmerischen Alltags auf die Politik zum Tanz warten, etwa bei diesen, bewusst pointierten Fragen:

- Welcher Typus von Leasingwagen ist für das Management bzw. die Führungsmannschaft des Unternehmens angemessen? Lamborghini oder Lada?
- Welches Format darf das betriebliche Sommerfest bzw. die jährliche Weihnachtsfeier einnehmen? Karibik oder Kegelbahn?
- Wie üppig darf der Geschenkkorb ausfallen, der bei Firmenjubiläen an die betreffenden Mitarbeiter überreicht wird? Goldnuggets oder Chicken McNuggets?

Egal, ob so oder so ähnlich. Es sind mitunter hässliche, konfliktträchtige Fragen, die auf die Politik bei der Subventionierung des unvermeidlichen Monopols zukommen; und deren Antworten – wie auch immer sie im Einzelfall lauten mögen – stets die Aura **staatlicher Anmaßung** umhüllt.

11.2.3.2.2 Direkte oder indirekte Preisregulierung

Die zweite regulative Stoßrichtung beruht im Kern auf einer Höchstpreispolitik. Mit ihr lässt sich im Falle des natürlichen Monopols dessen Dauersubventionierung umschiffen, ohne das Ziel einer breiteren Güterversorgung aufgeben zu müssen. Analog zu unserer Diskussion in Lektion 9 wird dem Monopolisten bei dieser Form der Regulation das Recht der freien Preisgestaltung verwehrt, indem eine Regulierungsbehörde den Marktpreis direkt bzw. indirekt vorschreibt.

Dieser regulatorische Eingriff wird von der Idee geleitet, dass der Anbieter – anders als beim Ansatz der Subventionierung – seine gesamten Durchschnittskosten mit diesem Höchstpreis abzudecken vermag. Durch staatliche Vorgabe erleidet der Monopolist jetzt also nicht nur *keinen* Stückverlust pro verkaufter Einheit mehr, er kann sogar einen *kalkulatorischen Gewinn* einbehalten. Einzig an der Abschöpfung der Überrendite soll der natürliche Alleinanbieter zugunsten einer umfangreicheren Marktversorgung gehindert werden. Die gehandelte Menge fällt im Abgleich mit der regulativen Methode der Subventionierung allerdings geringer aus ($M_{HP} < M_{AE}$ siehe Abbildung 11.5).

Was in der Theorie reibungslos zu verstehen und mit Hilfe weniger Striche leicht illustriert ist (siehe Abbildung 11.5), entpuppt sich für jede Regulierungsbehörde in der praktischen Umsetzung abermals als durchaus anspruchsvolle Aufgabe. Schließlich machen die bereits erwähnten Herausforderungen zur Bestimmung der betriebsnotwendigen Kosten (Kapitel 11.2.3.2.1.) auch vor diesem Verfahren nicht Halt.

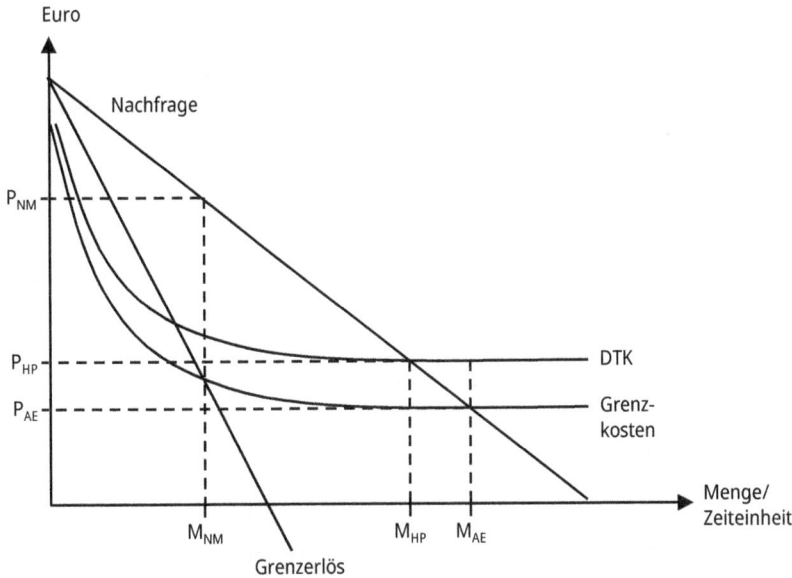

Abbildung 11.5: Regulatorische Eingriffsoptionen beim unvermeidlichen Monopol.

In der regulatorischen Praxis haben sich über die Zeit zwei methodische Grundtypen herausgebildet. Auf der einen Seite lassen sich **rentabilitätsorientierte Regulierungsansätze** mit den Untervarianten der *Rate-of-Return-* bzw. der *Cost-Plus-Methode* entdecken, deren Unterschied vorwiegend darin besteht, auf welche Weise die Kosten des Monopolisten ermittelt werden.[1299] Auf der anderen Seite begegnet man sogenannten **anreizorientierten Regulierungsregimen** wie der *Price Cap-* oder der *Revenue Cap-Methode*.

All diese Ansätze haben – das darf nicht verwundern – ihre Stärken, aber eben auch (potenzielle) Schwächen. Die eierlegende Wollmilchsau wird noch immer gesucht.

Im Zuge der Reprivatisierungswelle, die von der Regierung Thatcher zu Beginn der 1980er Jahre eingeleitet wurde, kam bei der Regulierung des britischen Strommarktes erstmals eine *direkte* Preissteuerung – die im Fachjargon *Price Cap-Regulierung* heißt – ab dem Jahr 1990 zum Einsatz.[1300] Für ein Ausgangsjahr wurden hierbei von der Regulierungsbehörde zunächst die Gesamtkosten des netzgebundenen Versorgers erhoben, um ihm auf Basis dieses geprüften Ausgangsniveaus eine Preisobergrenze für das Fol-

---

[1299] Der *Rate-of-Return-Ansatz* berücksichtigt bei der Kostenbestimmung ausschließlich die Kapitalkosten (CAPEX) des Monopolisten. Das geschieht – salopp gesagt – mit relativ geringem Aufwand, in dem man in die Bilanz blickt. Beim *Cost-Plus-Verfahren* fließen in die Kostenerhebung Kapital- *und* Betriebskosten (OPEX) gleichermaßen ein – was die Methode aufwendiger macht. In beiden Fällen wird eine maximale, risikoadäquate Verzinsung auf das eingesetzte, betriebsnotwendige Kapital angesetzt, die nicht überschritten werden darf.

[1300] Vgl. zum Beispiel Brunekreeft/Meyer, 2016, S. 180.

gejahr vorzugeben. Dieser auferlegte Höchstpreis war allerdings *kein* starrer; bewusst wurde er jährlich um einen sogenannten RPI-X-Faktor korrigiert, der die *Inflationsentwicklung* (RPI) und eine amtlich veranschlagte *Produktivitätssteigerung* (X) berücksichtigt hatte.[1301] Letztere in die Berechnung des Höchstpreises einfließen zu lassen, wurde nicht zuletzt damit gerechtfertigt, dass bei den vormals staatlichen Netzbetreibern ein unausgeschöpftes Effizienzpotenzial größeren Ausmaßes existieren müsse.

Der gezielte Anreiz, den die Regierung mit dieser Methode schrittweise sinkender Höchstpreise für die reprivatisierten Netzbetreiber in Großbritannien schuf, bestand darin, dass diese den gesamten Gewinn einbehalten konnten, wenn ihre tatsächlichen Erfolge im Kostenmanagement über das von der Behörde eingeplante Potenzial hinausgingen. Für die Endverbraucher hatte dieses Regime der Regulierung wiederum den Charme, in den Genuss sinkender Strompreise kommen zu können.[1302]

Großbritannien stellte sich mit der Einführung dieser Methode bewusst gegen eine Adaption des sogenannten *Rate-of-Return-Ansatzes*, der bereits seit Mitte der 1940er Jahre in den USA eingesetzt wurde – und der dort auch heute noch verwendet wird, wenn auch nicht mehr ausschließlich.[1303] Mit Hilfe dieser renditeorientierten Regulierungsmethode steuert man in den USA wie andernorts die Strompreise *indirekt*, indem man den Netzbetreibern zunächst einmal eine *angemessene* Verzinsung auf ihr eingesetztes Kapital zubilligt. Beabsichtigt der Netzbetreiber bzw. ein unvermeidlicher Monopolist seine Preise zu erhöhen, „erfolgt eine Prüfung der daraus resultierenden Kapitalrenditen. In der Regel müssen für steigende Preise gestiegene Kapitalkosten, besonders durch Investitionen in neue Anlagen nachgewiesen werden."[1304]

Nachteilig an diesem und allen anderen **rentabilitätsbasierten Ansätzen** wie der *Cost-Plus-Methode* ist, dass sie keine expliziten Einsparanreize auf die Netzbetreiber ausüben. Infolgedessen geht mit dieser regulatorischen Konstruktion das latente Risiko einher, dass sinkende Marktpreise eher eine Ausnahme als die Norm darstellen. Diese methodische Schwäche geht selbstredend über den Einzelanwendungsfall des Strommarktes hinaus.

Für alle **anreizorientierten** Regulierungsregime lässt sich wiederum nicht ausschließen, dass ihre Achillesferse das Investitionsverhalten sein könnte, weil der in ihnen stets verankerte Anreiz zur Effizienzsteigerung die unternehmerische Investitionsbereitschaft hemmt.[1305] Auf der Grundlage *theoretischer* Erwägungen kann zumin-

---

1301 Vgl. hierzu etwa Brunekreeft/Meyer, 2016, S. 173 oder Seeliger, 2018, S. 99. Die Buchstaben RPI stehen für den *Retail Price Index* und X verkörpert die Produktivitätssteigerung.
1302 Beispielsweise hätten eine Inflationsrate von zwei Prozent und eine erwartete Steigerung der Produktivität um fünf Prozent zu einer Ermäßigung der Strompreise um drei Prozent im Folgejahr geführt.
1303 Vgl. hierzu Brunekreeft/Meyer, 2016, S. 173 und die dort weiterführenden Angaben.
1304 Seeliger, 2018, S. 98.
1305 Spätestens hier muss einem auffallen, dass die Nutzung des Begriffs der „Anreizorientierung" für *eine* dieser beiden Gruppen von Ansätzen *nur* aus *historischer* Perspektive verständlich wird und diese Begriffswahl von heute aus betrachtet im besten Falle als unglücklich zu bezeichnen ist – scheint es doch *nicht* ausgeschlossen, dass gerade den anreizorientierten Ansätzen ein Investitionsanreiz fehlt.

dest die Sorge *nicht* entkräftet werden, dass die so regulierten Unternehmen aus *taktischen* Gründen lediglich dann investieren, wenn die Behörden mit einer periodischen Kostenprüfung das aktuelle Ausgangsniveau erheben. Damit rückte in den betreffenden Sektoren an die Stelle einer natürlichen, fortwährenden Investitionsneigung ein diskontinuierliches, punktuelles Investitionsengagement der Anbieter. Folglich *könnte* sich die Regulierung über anreizorientierte Regime ausgerechnet in den Wirtschaftszweigen als nachteilig erweisen, in denen immense Infrastrukturinvestitionen anstehen.[1306]

Da auch in der deutschen Energiewirtschaft seit einiger Zeit auf ein Regulierungssystem gesetzt wird, welches Netzbetreiber für Effizienzverbesserung belohnt,[1307] lässt sich provokant fragen, ob der tatsächliche Ausbau der Strom-, Gas- und/oder Wasserstoffnetze – und damit das Tempo der Energiewende – möglicherweise vom bestehende Regulierungsregime gelähmt wird?[1308]

Erste empirische Überprüfungen im Kontext des deutschen Strom- und Gasmarktes konnten keinen negativen Einfluss der Anreizregulierung auf das Investitionsverhalten der Netzbetreiber bestätigen.[1309] Auch frühere Studien auf den Telekommunikationsmärkten in den USA bemerkten kein Spannungsverhältnis zwischen Effizienz und Investition.[1310] Daraus lässt sich vorsichtig ableiten, dass anreizorientierte Regulierungssysteme *nicht per se* schädlich für die Investitionstätigkeit sind. Vielmehr kommt es auf die Ausgestaltung des Regimes im konkreten Einzelfall an.

Ungeachtet dessen lässt sich zu den verschiedenen Regimen nochmal resümierend festhalten, dass kein einziges von ihnen makellos ist! Die Effektivität des einzelnen Systems hängt möglicherweise auch davon ab, in welchem Lebenszyklus sich der regu-

---

1306 Mit Blick auf die Investitionstätigkeit der Netzbetreiber muss beachtet werden, dass kostensenkende Maßnahmen und solche zur Netzerweiterung zu unterscheiden sind. Man darf vermuten, dass erstere bei einer „Anreizregulierung" tendenziell getätigt werden, während letztere in einem solchen Regulierungsregime tendenziell unterlassen werden.

1307 Die in Deutschland tätigen Strom- und Gasnetzbetreiber wurden in der ersten Liberalisierungsphase (2003–2008) mit Hilfe des Cost-Plus-Verfahrens reguliert. Doch schon in der anschließenden, ebenfalls fünf Jahre währenden Regulierungsperiode ging man mit der sog. Revenue-Cap-Methode (=Erlösobergrenzenregulierung) auf ein System mit Kostensenkungsanreizen über. Kurzum: der in der Bundesrepublik vollzogene Schwenk im Regulierungsansatz erfolgte relativ rasch. Eine ähnliche Evolution von der Rendite- zur Anreizregulierung weisen jedoch auch andere europäische Länder auf, etwa Österreich oder Norwegen, wenngleich diese Entwicklung wie in Norwegen schon Anfang der 1990er Jahre einsetzt. Vgl. Brunekreeft/Meyer, 2016, S. 180 ff.

1308 Beispielsweise beklagte Ende 2022 der damalige Chef von RWE, Krebber, dass die EU-Regulierung die Wasserstoffwirtschaft abwürgt. Vgl. Stratmann, 06.12.2022, S. 20 f. Zum Ausbau der Stromverteilnetze, der als zu langsam wahrgenommen wird vgl. z. B. Witsch, 30.01.2023, S. 22. Vgl. auch Brunekreeft/Meyer, 2016, S. 181.

1309 Der zentrale Befund einer von DIW Econ durchgeführten Studie lautet, „dass auf Basis der durchgeführten Analysen kein negativer, auf die Einführung der Anreizregulierung zurückgehender Effekt auf das Investitionsverhalten erkennbar ist." DIW Econ, 30.10.2014, S. 2.

1310 Vgl. DIW Econ, 30.10.2014, S. 5. Allerdings wird eingewendet, dass die Übertragbarkeit dieser Ergebnisse auf Stromnetze begrenzt sei. Vgl. Brunekreeft/Meyer, 2016, S. 175.

lierte Sektor befindet (Ersatzinvestitionen vs. Netzausbau).[1311] Das Vereinigte Königreich hat seine Regulierungsmethode im Strommarkt beispielsweise nach nahezu zwanzig Jahren explizit auf ein System mit Investitionsanreizen im Jahr 2009 umgestellt.[1312]

11.2.3.3 Nichtstun

> *Mother should I trust the government ...*
> *Ooh-ah, is it just a waste of time?*
> Pink Floyd (Mother)

Als wir in Lektion 10 bei den wirtschaftspolitischen Umgangsmöglichkeiten mit Marktmacht die Option des Nichtstuns betrachtet haben, beruhte die Architektur der Begründung auf nachfrage- *und* angebotsseitigen Aspekten sowie auf dem der Steuerbelastung.

Dieser letzte Punkt, dass dem allgemeinen Steuerzahler keine *direkten* Kosten entstehen, sofern auf eine Regulierung oder Verstaatlichung verzichtet wird, verliert selbstredend auch bei einem natürlichen Monopol nicht an Kraft. Bevor wir abermals hierauf eingehen, wollen wir uns jedoch fragen, wie es denn mit den *soweit* marktseitig vorgetragenen Argumenten für staatliche Enthaltsamkeit aussieht? Haben diese noch immer Bestand oder sind sie im Kontext des natürlichen Monopols vielleicht fahl, morsch oder gar zahnlos geworden?

Betrachten wir hierzu zunächst die Angebotsseite! Nun, bei einem normalen Monopol konnte man mit den Libertären argumentieren, dass dem Sieger die Ehre gebührt. Geht der marktlichen Alleinstellung ein intensiver Wettbewerb voraus, dann hat sich das Unternehmen gegenüber seiner Konkurrenz offensichtlich durchgesetzt; es war leistungsfähiger als diese. In solchen Fällen sind Monopole also das **Resultat** eines funktionierenden Kapitalismus. Gewiss, man mag es für die zukünftige Entwicklung reifer Märkte bedauern, dass mit Beginn der Monopolzeit unausgeschöpfte Effizienzpotenziale und ein Anstieg des Marktpreises nicht ausgeschlossen werden können. Als liberale Gesellschaft hat man das eben auszuhalten, zumal in prinzipiell offenen Märkten *potenzielle* Mitanbieter und der *indirekte* Wettbewerb jeden Monopolisten zähmen.

Bei netzbasierten Infrastrukturmärkten läuft dieses konventionelle Argument für staatliches Nichtstun Gefahr, zur Makulatur zu werden; schließlich werden in diesen Fällen die Früchte des Erfolges doch an den *Ersten* und *nicht* an den Besten verteilt: Der subadditiven Kostenvorteile wegen bleibt weiteren Anbietern der Eintritt verwehrt. Der *reinen Theorie* nach ist **Wettbewerbslosigkeit** somit nicht der End- sondern der **Ausgangspunkt**.

1311 Vgl. Brunekreeft/Meyer, 2016, S. 178 ff.
1312 Vgl. zum Beispiel Brunekreeft/Meyer, 2016, S. 180.

Ungeachtet dessen gilt auch für ein natürliches Monopol, dass dieses durch **technischen Fortschritt** in die Bredouille geraten oder obsolet werden kann. Man denke an das Zeitalter der reinen Festnetztelefonie – es ist vorbei. Gleichwohl sind Telekommunikationsdienstleistungen vor noch gar nicht allzu langer Zeit in vielen westeuropäischen Ländern als netzbasiert klassifiziert und ihre Anbieter mit diesem Argument verstaatlicht worden. Erst seit dem Aufkommen des Mobilfunks hat sich diese Auffassung zur Festnetztelefonie gewandelt.[1313] Dies zeigt, dass natürliche Monopole *nicht* „als unabänderliche Phänomene anzusehen [sind]. Technischer Fortschritt kann die Bedeutung der Unteilbarkeit *mindern* oder aufheben, sei es dadurch, dass für kleinere Betriebsgrößen kostensparende Verfahren entwickelt werden [...], sei es, dass Substitute mit und ohne Netzbindung auftauchen."[1314] Insofern entfalten auch dezentrale Blockheizkraftwerke und LNG-Gas unwillkürlich eine *indirekte* Wirkung auf traditionelle Strom- und Gasnetzbetreiber und deren Marktmacht.

Unmittelbar an dem eben Genannten knüpfte beim konventionellen Monopol bereits die Begründung für staatliches Nichtstun aus *nachfrageseitiger Perspektive* mit der Preiselastizität an. Fällt diese nämlich hoch aus, etwa der Existenz bestehender Substitutionsgüter wegen, dann ist dieser technische Umstand Beleg genug, dass die Macht des Monopolisten ausreichend eingehegt ist und sich seine scheinbar exquisite Marktstellung erdulden lässt. Soweit die damalige Argumentation!

Bei der Elektrizitäts-, Wärme- und Wasserversorgung ist die Nachfrage nun relativ unelastisch. Zum einen, weil echte Alternativen allem technologischen Fortschritt zum Trotz *kurzfristig* kaum vorhanden sind. Zum anderen handelt es sich bei diesen Gütern um Leistungen, die in modernen Gesellschaften zumeist als elementare Bausteine des Grundbedarfs wahrgenommen werden. Damit droht dem Elastizitätsargument bei *natürlichen* Monopolen die Untauglichkeit – zumindest partiell. Pauschal steht es aber auch bei dieser Marktform *nicht* auf dem Abstellgleis! Gerade beim Eisenbahnverkehr könnte man heute staatliches Nichtstun schon damit rechtfertigen, dass sich über die Zeit eine Vielfalt an Transportmöglichkeiten herausgebildet hat, welche die Schiene im Waren- und Personenverkehr noch nicht einmal kurzfristig unverzichtbar macht.[1315]

1313 Zu einer Zeit als das Telekommunikationsmonopol in Deutschland noch bei der Bundespost lag, wiesen verschiedene Marktbeobachter schon darauf hin, dass das herkömmliche Argument, Telefongesellschaften seien wegen der Größenvorteile natürliche Monopole, nicht mehr valide sei. Vgl. Case/Fair, 1989, S. 324.

1314 Streit, 1991, S. 89.

1315 Man beachte allein, dass ein Gemisch aus privat- und staatswirtschaftlichen Eisenbahnmonopolen das Auftreten von motorisierten Last- und Personenkraftzeugen am Ende des 19. Jahrhunderts nicht verhindern konnte. Auf diesen Befund, der den Bogen zurück zum angebotsseitigen Argument schlägt, hat nach Balling schon Mises in ähnlicher Weise hingewiesen. Vgl. Balling, 2013, S. 39. Und in den Kindertagen der Eisenbahn bestand weiterhin die Möglichkeit, mit der Pferdekutsche zu reisen und/oder Güter zu transportieren. Ein Umstand, der eine preisdisziplinierende Wirkung auf das Bahngewerbe ausgeübt hat.

Der Spielraum eines natürlichen Monopolisten in Bezug auf dessen Preissetzungsmacht wird also in der Praxis durch indirekten Wettbewerb eingebremst, sei dieser bereits faktisch oder nur latent vorhanden. Eine Tatsache, die im neoklassischen Modell des Kapitels 11.2.2. unbeachtet geblieben war!

Insofern entbehrt es nicht einer gewissen Süffisanz, dass der Impuls zum Bau der ersten Langstreckenpipeline für Rohöl von den hohen Transportkosten ausging, welche die Eisenbahngesellschaften in den Vereinigten Staaten auf Erdöl erhoben hatten. Dank der sogenannten Tidewater-Pipeline, die im Jahr 1879 mit einer Länge von 175 Kilometern in Betrieb ging, reduzierten sich die entsprechenden Logistikkosten deutlich.[1316] Eindrucksvoll illustriert dieses Beispiel einmal mehr die Verwobenheit von bzw. die Wechselwirkung zwischen Märkten.

Entkoppelt von den Überlegungen rund um die Elastizitätsthematik ist branchen*unabhängig* anzuerkennen, dass jede temporär noch so komfortable Anbieterlage auf der *gegenwärtigen* Nachfrage beruht. Diese Beobachtung hat auch beim natürlichen Monopolisten nicht an Gültigkeit verloren. Daher sind Marktchancen für ein zweites und drittes Unternehmen bei sich verändernden Präferenzen nicht grundsätzlich ausgeschlossen.[1317] Sie eröffnen sich, wenn das *Wachstum* der Nachfrage ein Ausmaß erreicht, dass die bestehenden Kapazitäten des natürlichen Monopolisten nicht mehr ausreichen *und* dieser keine Kostenvorteile mehr gegenüber einem Aspiranten bei einer Geschäftsexpansion aufweist – etwa wegen steigender Komplexitätskosten. Tatsächlich bieten die Mobilfunkmärkte verschiedener Länder zwei oder drei Anbietern Platz. Zudem werden die Gas-, Strom- bzw. Wasserleitungen in vielen Staaten nicht von einem Unternehmen betrieben – schon allein deshalb, weil die Stromproduktion und die Depots der natürlichen Rohstoffe im geografischen Raum verteilt sind.

Ebenfalls lassen sich – entgegen der theoretischen Darstellung in Kapitel 11.2.2. – im privatwirtschaftlich organisierten Schienenpersonenverkehr Japans redundante Schienennetze beobachten.[1318] Dies mag in Teilen historisch begründet sein; möglicherweise geht dieser Umstand aber auch auf die hohe Nachfrage nach dieser Dienstleistung zurück. Immerhin decken die japanischen Eisenbahnen nahezu dreißig Prozent des landesweiten Personenverkehrs ab. Das ist ein Vielfaches dessen, was die Bahnen in Australien, in den USA oder in Deutschland an Anteilen in diesem Segment des Ver-

---

1316 Die erste *industrielle* Pipeline der Welt wurde in Österreich verlegt: Die seit 1607 durchgehend betriebene, 34 Kilometer lange *Soleleitung* von Hallstadt – Bad Ischl – Ebensee im Salzkammergut gilt als „älteste aktive Industrie-Pipeline der Welt". Diese heute noch genutzte Soleleitung besteht mittlerweile allerdings aus Kunststoffrohren. Vgl. hierzu und zur Tidewater-Pipeline https://de.wikipedia.org/wiki/Pipeline und auch https://de.wikipedia.org/wiki/Soleleitung#Hallstatt_%E2%80%93_Bad_Ischl_%E2%80%93_Ebensee, beide Webseiten zuletzt abgerufen am 06.03.2024.

1317 Der Umstand veränderter Präferenzen geht im neoklassischen Standardmodell mit einer Verschiebung der Nachfragekurve einher – hier im Beispiel mit einer Rechtsverschiebung (siehe Lektion 4).

1318 Vgl. WIK Consult, 2013, S. 24 f. Redundante Schienennetze existieren übrigens auch im Ruhrgebiet.

kehrswesens absorbieren.[1319] Ein *unvermeidliches* Monopol kann also auch qua Nachfragesteigerung verschwinden!

Festhalten können wir somit, dass die angebots- und die nachfrageseitige Argumentation für eine vornehme Zurückhaltung des Staates im Umgang mit *natürlichen* Monopolen nicht entblößt dasteht. Im Abgleich zum „normalen" Monopol haben sich die Argumente für staatliche Abstinenz gleichwohl gewandelt.

Selbstredend ist für einen rein privatwirtschaftlich organisierten Markt mit natürlichem Monopolcharakter zu erwarten, dass die gehandelte Menge geringer ausfällt als bei Regulation oder Verstaatlichung, weil sich die betreffenden Unternehmen auf das Angebot attraktiver Hauptstrecken und -zeiten begrenzen.[1320] Ein solches Marktergebnis ist in der Tat der Preis für eine liberale Wirtschaftsverfassung, die auch vor einem natürlichen Monopol nicht Halt macht.

Doch dieser Preis einer geringeren Versorgung muss vernünftigerweise den Kosten gegenübergestellt werden, die mit den wirtschaftspolitischen Alternativen einhergehen. Was also, müssen wir uns fragen, bleibt den Steuerzahlern erspart, wenn das unternehmerische Feld den Privaten uneingeschränkt überlassen wird? Blicken wir hierzu zunächst auf die Kosten einer *Verstaatlichung*!

Dass bei Staatsbetrieben ein Hang zur Ineffizienz in der Betriebsführung besteht und damit die operativen Kosten systematisch höher auszufallen neigen, als man sich anfänglich im weiten Rund der politischen Entscheider vorzustellen vermag, haben wir bereits in Kapitel 11.2.3.1.3. benannt. Ebenso hatten wir dort zur Sprache gebracht, dass Unternehmen in öffentlicher Hand zu Zuschussbetrieben mutieren *können* – und somit zu einer Belastung für den allgemeinen Steuerzahler, *obwohl* man mit diesen Betrieben ursprünglich die Hoffnung verband, dass sie dem Staatshaushalt Mittel zuführen.

In diesem Zusammenhang sei darauf hingewiesen, dass schon die staatliche Telegraphenverwaltung des Norddeutschen Bundes defizitär war und sich an dieser Situation mit der Gründung des Deutschen Reiches (1871) auch nichts änderte. Vielmehr mussten zwischen 1871 und 1874 der Reichstelegraphie mehr als 13 Millionen Reichsmark an Zuschüsse überwiesen werden.[1321] Für alternative Verwendungszwecke, etwa für das Schul- und/oder Gesundheitswesen, standen diese knappen Mittel der öffentlichen Hand folglich nicht mehr zur Verfügung.

Zu beachten gilt ferner, dass die Verstaatlichung eines Betriebs mit einer Abstandszahlung beginnt, die an die Voreigentümer aus heutigen Steuereinnahmen

---

1319 In Deutschland vereint die Bahn nur knapp acht Prozent des Personenverkehrs auf sich; in den USA und in Australien ist dieser Wert mit ca. einem Prozent noch erheblich niedriger. Vgl. hierzu WIK Consult, 2013, S. 77.

1320 So wurde in Estland während der kurzzeitigen Privatisierung der Bahn die Linie Riga – St. Peterburg im Personenverkehr stillgelegt, weil sich diese Strecke im Reiseverkehr als unprofitabel erwiesen hatte. Vgl. Heinrich, 2008, S. 261.

1321 Vgl. Reindl, 1993, S. 213.

oder durch Schuldenaufnahme zu leisten ist.[1322] Der preußische Staat, der zwischen 1879 und 1882 für den Erwerb der restlichen Anteile an den drei großen Bahngesellschaften an Rhein und Ruhr eine Summe von reichlich 1,73 Mrd. Mark aufbringen musste, hatte die Kaufsummen jedes Mal über eine Anleiheemission am Kapitalmarkt eingeworben.[1323]

Dieses historische Beispiel zu Preußen verdeutlicht uns, dass die Fähigkeit einer Regierung ein unvermeidliches Monopol aus privater Hand zu übernehmen oder in Eigenregie von Beginn an aufzubauen, nicht unerheblich von ihrer Kreditfähigkeit bestimmt wird (siehe Lektion 16). Schließlich dürfte die Deckung der hohen, initialen Investitionskosten eines netzgebundenen Geschäfts aus dem regulären Etat den meisten Ländern verbaut sein.[1324]

Kurzum: Die Gefahr ist hoch, dass eine Verstaatlichung natürlicher Monopole früher oder später Steuergelder entzieht, die den sektoralen Zugewinn an Versorgungsumfang schwer rechtfertigen lassen, gerade wenn man die entgangenen Wohlfahrtsgewinne noch ins Kalkül zieht, die mit der unterlassenen alternativen Verwendung dieser Mittel einhergehen.[1325]

Bei der *Regulierung* eines natürlichen Monopols bedarf es im Unterschied zu seiner Verstaatlichung geringerer Steuermittel. So wird zu vermuten sein, dass der Staat auf die Aufnahme von Schulden bei dieser wirtschaftspolitischen Vorgehensweise gänzlich verzichten wird können und die laufenden Kosten für den Unterhalt einer solchen Behörde relativ mühelos aufbringen kann – etwa durch Lizenz- bzw. Gebühreneinnahmen. In gleitender Perspektive erzielte die Bundesnetzagentur, die in Deutschland seit

---

[1322] Eine initiale Abstandszahlung an die privaten Voreigentümer ist mitunter *nicht* zu zahlen, wenn der Staat einen heillos überschuldeten Betrieb mit all seinen finanziellen Verpflichtungen übernimmt.

[1323] Im Detail: Im Jahr 1879 erwarb der preußische Staat als erstes die Köln-Mindener Eisenbahn-Gesellschaft, die zu diesem Zeitpunkt ein Bahnnetz von reichlich 1.100 km betrieben hat. Der Kaufpreis betrug 509,3 Mio. Mark. Für die Verstaatlichung des Rheinischen Eisenbahnvereins (1880), die über ein Streckennetz von 1.356 Kilometer Länge verfügte, hatte Preußen dann 591,1 Mio. Mark zu zahlen. Schließlich ging die Bergisch-Märkische Eisenbahn-Gesellschaft mit ihrem gut 1.300 km langen Netz für 633,8 Mio. Mark in preußisches Staatseigentum (1882) über. Vgl. https://de.wikipedia.org/wiki/K%C3%B6ln-Mindener_Eisenbahn-Gesellschaft, https://de.wikipedia.org/wiki/Rheinische_Eisenbahn-Gesellschaft und https://de.wikipedia.org/wiki/Bergisch-M%C3%A4rkische_Eisenbahn-Gesellschaft, alle zuletzt abgerufen am 06.03.2024. Ebenso wurden in Österreich zwischen 1887 und 1895 alle elf privaten Telefongesellschaften gegen die Zahlung einer Ablöse verstaatlicht. Vgl. hierzu https://de.wikipedia.org/wiki/Geschichte_des_Telefonnetzes, zuletzt abgerufen am 06.03.2024.

[1324] Um eine Vorstellung von der Größenordnung der 1,73 Mrd. Mark zu erhalten, die Preußen zum Erwerb der Privatbahnen am Kreditmarkt aufnehmen musste, hilft uns der Blick auf dessen tatsächliche Ausgaben in jener Zeit. In 1875 lagen diese bei knapp 813 Mio. Mark, bei 1.221 Mio. Mark in 1883. Vgl. zu diesen Angaben in der Sektion Finanzen https://meyers.de-academic.com/110748/Preu%C3%9Fen; zuletzt abgerufen am 06.03.2024.

[1325] Den Umstand, dass die Leute nur sehen, was ihnen unmittelbar ins Auge springt, schilderte schon Frédéric Bastiat mit seiner *Parabel vom zerbrochenen Fenster* eindrücklich, die wiedergegeben ist z. B. bei Hazlitt, 2021, S. 27 f.

Sommer 2005 die Regulierung der Telekommunikations-, Strom- und Gasnetze sowie die Überwachung des Post- und Eisenbahnwesens verantwortet, sogar Überschüsse.[1326]

Zur Ehrlichkeit gehört aber hinzu, dass mit der Regulierung netzbasierter Monopole indirekte Kosten einhergehen, die naturgemäß bei einer ungehindert freien Wirtschaft nicht anfallen. Zu diesen gehören zunächst einmal die Kosten, die bei den betroffenen Unternehmen bzw. Versorgern anfallen, sei es in der Controlling- und Finanzabteilung oder im Top-Management. Überall dort werden Mitarbeiter und Führungskräfte gebunden – allen voran im Rahmen der wiederkehrenden Kostenprüfungen. Für die Kunden des netzbasierten Anbieters führt dieser Umstand letztlich zu kletternden Kosten.

Da zudem unterschiedliche Einschätzungen und Positionen zwischen Behörde und Unternehmen zu erwarten sind, etwa bei der Frage, was eine angemessene Rendite darstellt, sind zwischen den Parteien auch Rechtstreitigkeiten vorprogrammiert, was nicht nur in den Rechtsabteilungen Fachpersonal einspannt, sondern auch Gerichts- und Anwaltskosten erzeugt.[1327] Schließlich wollen wir nicht die Augen davor verschließen, dass sich mit der Grundsteinlegung der Regulierungsbehörde die Lobbyisten warmzulaufen beginnen.[1328]

1326 Die Bundesnetzagentur ist im Sommer 2005 durch Umbenennung aus der am 01.01.1998 gegründeten Regulierungsbehörde für Telekommunikation und Post (RegTP) hervorgegangen. Die Namensänderung der Behörde ging mit ihrer Kompetenzerweiterung auf die Strom- und Gasnetzregulierung einher. Mit Wirkung zum 01.01.2006 erhielt sie die Zuständigkeit für das Eisenbahnwesen. Nach eigenen Angaben beschäftigt die Bundesnetzagentur im Jahr 2023 rund 3.000 Mitarbeiter. Vgl. https://www.bundesnetzagentur.de/DE/Allgemeines/DieBundesnetzagentur/Karriere/start.html, zuletzt abgerufen am 06.03.2024. Zur Wirtschaftlichkeit der Bundesnetzagentur zwischen 2012–2021 siehe Anhang C. Man beachte, dass bei unvermeidlichen Monopolen, die im Einflussgebiet der Staatsregalien liegen, auch bei Laissez-faire mit der Einrichtung einer Behörde zum Zwecke der Konzessionsvergabe zu rechnen ist.

1327 Die Streitfrage, was eine angemessene Rendite ist, landete zum Beispiel im Januar 2018 in Deutschland vor Gericht, nachdem die Bundesnetzagentur die Eigenkapitalverzinsung für Stromleitungen und Gaspipelines aufgrund der allgemeinen Nullzinsen modifiziert hatte – bei Neuanlagen von 9,05 Prozent auf 6,91 Prozent und bei Bestandsanlagen von 7,14 Prozent auf 5,12. Für Gaspipelines sollten diese Werte für die Periode 2018–22 gelten, und bei Stromnetzen für die Jahre 2019–23. Da ein Prozentpunkt über die gesamte Regulierungsperiode 1 Mrd. Euro ausmacht, reichten nicht weniger als 1.100 Verteilnetzbetreiber gegen die Kürzung Beschwerde ein! Vgl. o. V., 17.01.2018, S. 18. Wem dünkt, wir könnten hier ein einmaliges Ereignis hervorgekehrt haben, erlebt sein Déjà-vu im Sommer 2021, als die Bundesnetzagentur die abermalige Absenkung der Eigenkapitalrenditen für Strom- und Gasversorger ankündigt. Unter Verweis auf die angestrebte Energiewende und dem damit notwendigen Netzausbau hielten Branchenvertreter die Pläne der Agentur für vollkommen ungerechtfertigt. Vgl. Stratmann, 18.06.2021, S. 9. Zuletzt sei noch auf die Telekommunikation geblickt, wo es ebenfalls nicht konfliktfrei zwischen Behörde und Marktbeteiligten zugeht. Indem die Netzagentur Ende 2018 die neuen Regeln für den Mobilfunkstandard 5G veröffentlicht hat, kam prompt die Frage auf, ob die Netzbetreiber gegen das Regelwerk klagen werden! Vgl. Kerkmann/Tuma, 19.11.2018, S. 16 f.

1328 Exemplarisch sei herausgegriffen, dass in Bezug auf die zukünftige Regulierung eines Wasserstoffnetzes, das für den angestrebten Einstieg Deutschlands in eine Wasserstoffwirtschaft elementar ist, sich die verschiedenen Stakeholder wie die Erdgasspeicherbetreiber mit ihren Verbänden frühzeitig mit Empfehlung und Warnungen in Richtung Bundesnetzagentur in Stellung brachten. Diese wiederum,

Gleiches ist allerdings zu befürchten, wenn sich der Staat tatsächlich für staatliches Nichtstun entscheidet. Für diesen Fall lässt sich vermuten, dass diejenigen Gesellschaftmitglieder ihre Stimme politisch erheben und/oder sich lobbyhaft mobilisieren, die sich durch die öffentliche Enthaltsamkeit in netzbasierten Märkten in der Versorgung benachteiligt sehen und die Ursache für diesen Umstand in der Monopolstellung des Anbieters verorten.

11.3 Schlussbetrachtungen

Die Erörterungen in Kapitel 11.2 brachten hervor, dass das Phänomen des unvermeidlichen Monopols in netzbasierten Infrastrukturmärkten auftritt. Konträr zu dem auf gängiger Lehrbuchgrundlage gewinnbaren Eindruck, dass der Markt*pionier* unüberwindbare Brandmauern zu errichten und seine initiale Monopolposition gegen jeden potenziellen Wettbewerber dauerhaft zu verteidigen vermag, kristallisierten sich derart privilegierte Marktstellungen bei näherem Hinsehen erst im Laufe der marktlichen Evolution heraus, etwa im Eisenbahnwesen und bei der Telekommunikation.

Ließ der Staat in diesen und anderen Märkten der physischen Infrastruktur das Unternehmertum von Beginn an gewähren, so war die marktliche Frühphase stets von mehreren Gründern geprägt, bevor eine Vielzahl an Zusammenschlüssen die nächste Stufe in der Marktentwicklung einläutete. Aus der Fusion von zehn Eisenbahnen war im Jahr 1853 beispielsweise die New York Central Railroad hervorgegangen, die Cornelius Vanderbilt (1794–1877), einer der reichsten Unternehmer Amerikas, anschließend übernahm (1867) und durch weitere Verschmelzungen vergrößerte.[1329]

Ebenso hatte sich die Telekommunikationsgesellschaft AT&T erst durch die Übernahme von hunderten von kleinen, örtlichen Gesellschaften bis zur Mitte der 1950er Jahre zum größten Unternehmen *der Welt* entwickelt. Zu diesem Zeitpunkt kontrollierte die im Jahr 1885 von Graham Bell gegründete Firma vier Fünftel des US-amerikanischen Telekommunikationsmarktes.[1330] Und schließlich charakterisiert eine zu AT&T recht analoge Entwicklung auch die Western Union Telegraph Co.: Diese hatte sich nach ihrer Gründung (1851) allmählich 538 andere Telegraphengesellschaften einverleibt,

---

so war 2020 zu lesen, „hat sich noch keine abschließende Meinung gebildet. Die Behörde hatte im Rahmen einer Marktkonsultation die Branchenakteure um ihre Einschätzung gebeten und nach eigenen Angaben bis Anfang September 63 Stellungnahmen erhalten." Stratmann, 09.11.2020, S. 10. Der Punkt hier ist nicht – um nicht missverstanden zu werden – sich auf die eine oder andere Seite zu schlagen, sondern eine Sensibilität für das beständige Mahlwerk des Lobbyismus zu entwickeln! Dieser Energieaufwand könnte zweifelsohne auch an anderer Stelle nutzenstiftend eingesetzt werden!

1329 Vgl. Lewinsohn-Morus, 1955, S. 281 f.
1330 Vgl. Lewinsohn-Morus, 1955, S. 142.

womit sie nach dem Zweiten Weltkrieg 80 Prozent des Telegraphennetzes der Vereinigten Staaten von Amerika auf sich vereinen konnte.[1331]

Dieses Fusionsmuster war mitnichten eine amerikanische Eigentümlichkeit. Auch in Frankreich fusionierten die Eisenbahnen und schlossen sich zu sechs großen Gesellschaften (1859) zusammen.[1332] Zwei Jahre zuvor war die Bonn-Cölner Eisenbahn-Gesellschaft, in Bonn im Jahr 1837 gegründet, bereits in die Obhut der Rheinischen Eisenbahn-Gesellschaft geflohen – ihr Netz war für einen rentablen Betrieb offensichtlich zu klein!

Von der Warte der akquirierenden Unternehmen, die die Auslese auf den Infrastrukturmärkten vorangetrieben hatten, trugen all diese Zusammenschlüsse dazu bei, dass die Vorteile aus der Subadditivität der Kosten und die Last der Irreversibilität sich simultan nach oben schaukelten. Anders formuliert: So wie sich die Eintrittsschranke für die Konkurrenz erhöhte, so schwellte auch die eigene Austrittsbarriere mit jeder Fusion an. Erst hierdurch schälten sich die Konturen eines unvermeidlichen Monopols als **raumzeitliches Phänomen** schrittweise heraus.[1333]

Im Zusammenhang mit diesem ist es nun wichtig einzusehen, dass einem Wirtschaftssektor die Existenz eines solchen Monopols *nicht* pauschal attestiert werden kann, da Subadditivität und Irreversibilität nicht auf jeder Stufe der sektoralen Angebotserstellung *gemeinsam* in Erscheinung treten. Der Blick auf Tabelle 11.1. verdeutlicht vielmehr, dass sich ein unvermeidbares Monopol regelmäßig auf *spezifische* Wertschöpfungsaktivitäten innerhalb einer Branche begrenzt. So liegen in der Energiewirtschaft die natürlichen Monopole einzig und allein bei den Netzen, also in der Strom- und Gasverteilung, nicht aber in deren Erzeugung auf Ebene der Kraftwerke. Ähnlich verhält es sich bei der Fernwärme, in der Wasserwirtschaft, beim Kabel-TV und im Schienenverkehr. Kurzum: Differenzierung auf Sektorenebene ist notwendig!

Verständigt sich eine Gesellschaft mit prinzipiell liberaler Wirtschaftsordnung nun darauf, die Sektoren mit natürlichen Monopolsymptomen zu regulieren, dann wird eine solche Regulierung immer mit **handwerklichen Herausforderungen** und ihren eigenen **Kosten** einhergehen (siehe Kapitel 11.2.3.2.).

1331 Vgl. Lewinsohn-Morus, 1955, S. 141 f. und Habermann, 2017, S. 178 f. Western Union führte im Jahr 1869 den *ersten Börsenfernschreiber* ein; zwei Jahre später begann der Geldüberweisungsservice, der auf ihrem Telegraphennetz basierte. Dieses Geschäft wurde zum Hauptzweck des Unternehmens als das Telefon und die fernmündliche Kommunikation den Telegraphen mit seiner fernschriftlichen Kommunikation ersetzte. Die erste *Kreditkarte* für *Verbraucher* gab das Unternehmen im Jahr 1914 heraus! Sechzig Jahre später war es das erste Telekommunikationsunternehmen Amerikas mit eigenen Kommunikationssatelliten. Vgl. https://de.wikipedia.org/wiki/Western_Union, zuletzt abgerufen am 06.03.2024.
1332 Vgl. Lewinsohn-Morus, 1955, S. 281 f.
1333 Auch in der Internetökonomie haben sich die marktbeherrschenden Stellungen der großen amerikanischen Tech-Unternehmen wie Google, Facebook und Amazon, erst über die Zeit herausgebildet. Dass die Zeitspanne bis zur Erlangung ihrer Vormachtstellung kürzer gewesen sein mag als in den netzbasierten Infrastrukturmärkten der analogen Welt, tut dabei nichts zur Sache. Vgl. z. B. Wambach/ Müller, 2018, S. 43 ff.

Tabelle 11.1: Subadditivität und Irreversibilität auf Ebene sektoraler Wertschöpfungsstufen.[1334]

Sektor	Produktionsstufe	Subadditivität	Irreversibilität
Elektrizität/Erdgas	Erzeugung	Nein	Gering (Fritsch) Fraglich (Seeliger)
	Übertragung/Verteilung	Ja	Hoch
Fernwärme	Erzeugung	Nein	Fraglich
	Verteilung	Ja	Hoch
Wasser	Produktion	Nein	Gering
	Verteilung	Ja	Hoch
Eisenbahn	Schienennetz	Ja	Hoch
	Verkehrs-/Transportleistungen	Fraglich (Fritsch)	Nein (Fritsch)[1335]
Telekom-munikation	Fernübertragung	Fraglich (Seeliger) Nein (Fritsch)	Hoch (Seeliger) Nein (Fritsch)
	Ortsnetz	Ja	Hoch
	Dienste	Nein	Gering
Kabel-TV	Programm	Nein	Gering
	Verteilung	Ja	Hoch
Briefe/Pakete	Transport	Fraglich	Fraglich
	Zustellung	Ja	Gering
Müll	Sammlung	Ja	Gering
	Verbrennung	Fraglich	Fraglich

In Bezug auf die indirekten **Kosten** sollten wir uns im Klaren sein, dass im deutschen Energiemarkt gut 8.000 Verteilnetz- und vier Übertragungsnetzbetreiber von der Bundesnetzagentur reguliert werden.[1336] Mit ihrem Anspruch, die regulative Praxis kontinuierlich verbessern zu wollen, wird jede Regulierungsbehörde mit der Zeit auch eine Eigendynamik entwickeln. Diese führt tendenziell dazu, dass bei zunehmendem büro-

---

1334 Die Tabellendarstellung ist inspiriert von Seeliger, 2018, S. 94 und Fritsch, 2014, S. 185.

1335 Bei Verkehrsleistungen im Eisenbahnwesen kommt Seeliger in Bezug auf Subadditivität und Irreversibilität genau zu spiegelverkehrten Ergebnissen wie Fritsch. Da Seeliger auf Fritsch aufbaut, gehen wir davon aus, dass sich bei der Übertragung der Angaben von Fritsch bei Seeliger der Fehlerteufel eingeschlichen hat!

1336 Die große Zahl an Verteilnetzbetreibern befähigt die Bundesnetzagentur, auf breiter Grundlage einen simulierten Wettbewerb unter den Netzbetreibern zu initiieren. Gleichwohl sollte die Höhe der indirekten Kosten nicht unterschätzt werden!

kratischem Aufwand für alle Beteiligte immer fragwürdigere Ergebnisverbesserungen erzielt werden. Mit anderen Worten: auch der regulative Grenznutzen sinkt!

Zur Untermauerung dieser These teilen wir hier beispielhaft die Beobachtung, dass aus einer ehemals einfachen RPI-X-Formel bei der englischen Strompreisregulierung mittlerweile eine Regulierungsformel mit 14 Determinanten geworden ist, um in Deutschland die Erlösobergrenze für die Verteilnetzbetreiber zu bestimmen. Das ist eine beunruhigende und abenteuerliche Entwicklung zugleich! Schon allein deshalb, weil eine so ausgeklügelte Formel den Eindruck von Präzision und Fairness erwecken möchte, wo nichts anderes als Scheingenauigkeit erzeugt werden kann.[1337]

Neben all den zuvor benannten **Herausforderungen** hat die praktische Wirtschaftspolitik bei der Regulierung eines natürlichen Monopols noch die Frage nach dessen **Persistenz** zu beantworten. In diesem Zusammenhang lohnt sich der Blick auf die Internetökonomie, wo sich in relativ kurzer Zeit Märkte entwickelt haben, die von wenigen Unternehmen unübersehbar dominiert werden: Amazon, Google und Facebook vereinen zweifelsfrei hohe Marktanteile auf sich. Doch wie lange werden sie diese privilegierte Marktstellung innehaben?

Nur wenn die marktbeherrschenden Positionen von Dauer sein sollten, lassen sich regulatorische Eingriffe bei einer prinzipiell auf freien Märkten beruhenden Wirtschaftsordnung rechtfertigen!

Dass die Beantwortung dieser Frage in der Praxis kein leichtes Unterfangen ist und letztendlich mit der behördlichen Anmaßung von Wissen einhergeht, mag *eine* Erklärung dafür sein, warum allen voran in den Vereinigten Staaten, aber auch in England und Kanada, Wirtschaftssektoren mit netzgebundener Infrastruktur, etwa die Eisenbahn oder die Elektrizitätswerke, *trotz* aller bekannten Nachteile in rein privatwirtschaftlicher Hand (geblieben) sind – oder für lange Zeit geblieben waren.

Um es abermals festzustellen: Ein Monopol auszuhalten, ist für die Vertreter der Österreichischen Schule nicht gleichbedeutend, es gutzuheißen.

Abschließend müssen wir dem etwaig entstandenen Eindruck entgegentreten, dass das natürliche Monopol einzig ein marktmachtpolitischer Spezialfall sei, der abseits der netzbasierten Infrastrukturmärkte keine wirkliche Praxisrelevanz habe. Eine solche Vorstellung wäre fehlerhaft, denn sie übersieht die Pointe, den eigentlichen Kern der Diskussion: die **Betriebsgrößeneffizienz**.

1337 Die Scheingenauigkeit tritt ungeschminkt hervor, sobald man in die Tiefen dieser Formel hinabsteigt. Denn hierbei stößt man alsbald auf das Capital Asset Pricing Model (CAPM) zur Berechnung der Eigenkapitalrendite. Methodisch haften diesem Modell diverse Schwächen an. Unter anderem kommt bei der Ermittlung der Eigenkapitalrendite der Faktor Beta zur Abschätzung des individuellen Unternehmensrisikos zum Tragen. Eine Aufgabe, der in der bundesrepublikanischen Regulierungspraxis regelmäßig externe Beratungen im Auftrag der Bundesnetzagentur nachkommen. Vgl. z. B. Frontier Economics, 2020, S. 4 ff. Der Faktor Beta wird dabei auf Basis von Vergangenheitsdaten ermittelt, womit sich das ansonsten zukunftsorientierte Modell in seinem eigenen Anspruch verheddert. Vgl. z. B. Brealey et al., 2023, S. 254 ff. Ausführlich zu den Schwachstellen des Modells siehe insb. Damodaran, 2001, S. 70 ff. Ketzerisch gesprochen: Allein bei der Berechnung der Eigenkapitalrendite ist eine gehörige Portion Kaffeesatzlesen an Bord!

Mit dieser haben wir in der zurückliegenden Lektion die dritte Effizienzart kennengelernt, die neben der allokativen und der dynamischen Effizienz eine volkswirtschaftliche Rolle spielt.[1338] Die primäre Wirkung der Betriebsgrößen- bzw. Produktionseffizienz liegt in ihrer Strukturprägung: Sie übt Einfluss auf Branchen und Wirtschaftsräume zugleich aus![1339] Sektoren wie die Automobil-, Halbleiter- oder Stahlindustrie, die *ohne* Netzgebundenheit hohe Fixkosten auszeichnet,[1340] tendieren allein aus produktionstechnischen Gründen zu Oligopolen. Mit anderen Worten: Die Marktform der **vollständigen Konkurrenz**, die den Referenzpunkt in der neoklassischen Mikroökonomie bildet, werden wir in Industriezweigen wie den eben Genannten nicht antreffen! Ein Umstand, der sich unter Einschluss einer Innovationsperspektive verschmerzen lässt (siehe Kapitel 11.2.3.1.)![1341]

Wunderlich erscheint es mit dieser Einsicht dann allemal, dass in einführenden Lehrbüchern der dogmatisch eingefärbte Begriff des Marktversagens noch immer leichtfüßig und vielfach vollkommen kritiklos verwendet wird, während in der wirtschaftspolitischen Praxis die vollständige Konkurrenz als Leitbild der Wettbewerbsordnung bereits in den frühen 1970er Jahren ausgedient hat. Beispielsweise begann sich in der Bundesrepublik Deutschland spätestens mit der zweiten Novelle des GWB (1973) die Vorstellung von einem **funktionsfähigen Wettbewerb** zu etablieren. Seitdem wird im **weiten Oligopol** die optimale Marktform betrachtet.[1342]

[1338] Die Thematik der *dynamischen Effizienz* haben wir allen voran in der Diskussion um die Einführung von Zöllen aus entwicklungspolitischem Grund (Stichwort: Erziehungszoll) in Lektion 8 behandelt. Die allokative Effizienz ist wiederum als erste Effizienzart im neoklassischen Grundmodell verankert; sie ist das prägende Merkmal der vollständigen Konkurrenz. Betriebsgrößen- und Allokationseffizienz verbindet, dass beide rein statische Konzepte darstellen. Zu den drei Effizienzkonzepten siehe auch Schwalbe/Zimmer, 2011, S. 3 ff.

[1339] Raumwirtschaftlich betrachtet können diese produktionsbedingten Branchenstrukturen regionale Disparitäten erzeugen, die von persistenten Leistungsbilanzungleichgewichten begleitet werden.

[1340] Für den Bau eines neuen Werks in Dresden veranschlagte zum Beispiel der Chiphersteller Infineon im Jahr 2022 die Summe von fünf Mrd. Euro, während Tesla in seine Fabrik in Grünheide sogar sechs Mrd. Euro investiert hat. In Relation zu diesen Summen bedarf es zur Eröffnung eines Friseursalons oder eines Schreibwarenladens eine ausgesprochen mickrige Summe. Vgl. zu Infineon o. V., 15.11.2022, S. 29 bzw. zu Tesla siehe https://www.moz.de/nachrichten/brandenburg/gigafactory-gruenheide-bei-berlin-eine-investition-von-6-milliarden-euro-_-wie-tesla-das-land-brandenburg-verwandelt-_-bilanz-und-ausblick-56845400.html, zuletzt abgerufen am 06.03.2022.

[1341] Aus dem Blickwinkel des technologischen Fortschritts lässt sich mit Häring folglich ein *Lob auf die Ineffizienz von Märkten* anstimmen! Denn unter dem Gesichtspunkt der unternehmerischen Innovationstätigkeit ist eine *mittlere* Wettbewerbsintensität optimal. Eine solche zeichnet sich dadurch aus, dass die Unternehmen relativ wenig lokale Monopolmacht haben und gleichzeitig der Wettbewerb nicht zu intensiv ist. Die geringe Marktmacht verbietet es den Anbietern dann, ineffizient zu sein, während der begrenzte Wettbewerb dafür sorgt, dass sie in ihre Zukunftsfähigkeit investieren können. Vgl. Häring, 2010, S. 140 ff. Dieser Gedanke ist weit davon entfernt, neu zu sein. Schumpeter (1883–1950) hat ihn schon im Jahr 1947 zum Ausdruck gebracht. Vgl. Schumpeter, 2005, S. 174 f.

[1342] Vgl. z. B. Seeliger, 2018, S. 53 ff. sowie Fredebeul-Krein, 2014, S. 100 ff.

Kontrollfragen

- Im Zusammenhang mit produktionstechnischen Unteilbarkeiten kommen drei ökonomische Kostenkonzepte zum Tragen. Welche sind das und in welcher Beziehung stehen diese Konzepte zueinander?
- Welche Wirkung geht von Subadditivität auf die marktliche Dynamik aus? Erklären Sie warum!
- Subadditivität alleine kann die Existenz eines natürlichen Monopols noch nicht begründen. Welches kostenspezifische Merkmal ist dafür noch notwendig? Erklären Sie warum!
- Sind in netzgebundenen Sektoren alle Anfangsinvestitionen irreversibel? Illustrieren Sie Ihre Antwort anhand eines Beispiels!
- Warum ist die staatliche Förderung von Wettbewerb unter den Bedingungen eines natürlichen Monopols keine Lösung für eine bessere Marktversorgung?
- Was ist von der Idee zu halten, ein natürliches Monopol zu verstaatlichen? Argumentieren Sie unter Einschluss der fiskalischen Perspektive!
- Welche Vorteile hat die Preisregulierung gegenüber der Subventionierung im wirtschaftspolitischen Umgang mit einem natürlichen Monopol?
- Führen Sie Beispiele von indirekten Kosten an, die bei staatlicher Regulierung natürlicher Monopole anfallen! Wie sind diese indirekten Regulierungskosten im Vergleich zu den direkten zu beurteilen?
- Welche weiteren Argumente – jenseits der steuerlichen Kosten – tragen allen voran die Vertreter der Österreichischen Schule für staatliche Zurückhaltung bei natürlichen Monopolen vor?
- Welche drei Effizienzkonzepte kennt die Volkswirtschaftslehre? Und welches dieser Konzepte stand im Mittelpunkt dieser Lektion 11?
- Wie ist ein privatwirtschaftliches Monopol unter dem Gesichtspunkt der Innovationstätigkeit ganz allgemein zu bewerten? Mit welchem Impuls auf das Innovationsverhalten ist bei einem solchen Unternehmen zu rechnen, wenn es verstaatlicht wird?
- Welche Marktform ist besonders innovativ?
- Stehen die empirischen Erkenntnisse zur Innovationsdynamik der einzelnen Marktformen im Einklang mit den marxschen Vorstellungen?

Anhang A: Die drei Konzepte zur Erfassung produktionstechnischer Unteilbarkeiten

Das Konzept der Subadditivität ist das umfassendste. Es schließt die beiden andere Konzepte als Unterfälle ein (siehe Abbildung 11.6). D. h. Subadditivität kann – wie im Haupttext in Kapitel 11.2.2. dargelegt – auch eintreten, ohne dass sinkende Durchschnittskosten vorliegen.

In der Mikroökonomie spricht man von steigenden Skalenerträgen (oder: Economies of Scale), wenn es bei einer proportionalen Vermehrung *aller* Einsatzfaktoren (d. h. von Kapital und Arbeit) zu einer überproportionalen Erhöhung des Outputs kommt. In diesem Fall treten dann auch sinkende Durchschnittskosten auf.

In der Praxis ist es bei einer Produktionsausweitung gleichwohl eher ungewöhnlich, dass alle Einsatzfaktoren um den gleichen Faktor x erhöht werden. Weitaus häufiger dürfte sein, dass die beiden Produktionsfaktoren in unterschiedlichem Maße vervielfältigt werden müssen, um eine höhere Ausbringungsmenge zu realisieren (z. B. der Faktor Arbeit um 25 Prozent und der Produktionsfaktor Kapital um 40 Prozent). Auch in diesem zweiten Fall kommt es zu sinkenden Durchschnittskosten. Folglich sind steigende Skalenerträge nur ein Spezialfall sinkender Durchschnittskosten.

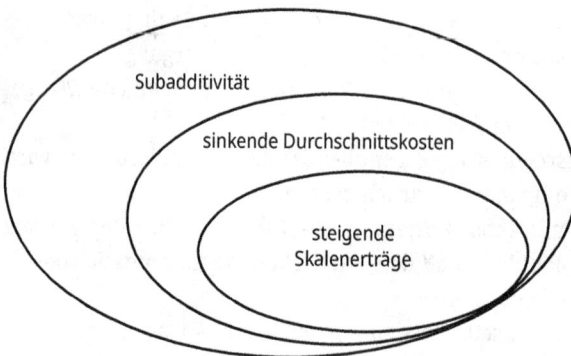

Abbildung 11.6: Das Beziehungsverhältnis der drei Konzepte untereinander.[1343]

Anhang B: Weitere Ursachen sinkender Durchschnittskosten

Neben der im Haupttext berücksichtigten Fixkostendegression infolge hoher Anfangsinvestitionen können sinkende Durchschnittskosten weitere Ursachen haben, etwa die beiden Folgenden:[1344]

Das **Prinzip** des **kleinsten gemeinsamen Vielfachen**: In Produktionsprozessen mit unterschiedlichen Verarbeitungsstufen kann es zu unterschiedlichen Mindestgrößen der Produktion u. somit zu unterschiedlichen Kapazitäten kommen. Dann ist die optimale Mindest-Produktionsmenge des Endprodukts beim kleinsten gemeinsamen Vielfachen der Kapazität aller Stufen erreicht.

1343 Die Abbildung basiert auf Fritsch, 2014, S. 167.
1344 Neben den beiden hier aufgeführten Ursachen finden sich weitere bei Donges/Freytag, 2009, S. 229 ff.

Am Beispiel einer dreistufigen Produktion kann dies erläutert werden: Die Kapazität auf der ersten Stufe betrage 20 Einheiten, auf der zweiten Stufe 15 Einheiten und auf der dritten Stufe 8 Einheiten. Das kleinste gemeinsame Vielfache, also die optimale Kapazität der Produktion liegt bei 120 Einheiten. Die Konsequenz daraus: Besteht im Markt eine Nachfrage von (ca.) 120 Einheiten des Endprodukts, macht es für kein zweites Unternehmen Sinn, in den Markt einzusteigen (weder auf einer einzelnen Produktionsstufe noch mit einer integralen Produktion). Man kann also von einer Markteintrittsbarriere sprechen, die in diesem Fall bei (ca.) 120 Einheiten liegt.

Die **Zwei-Drittel-Regel**: Sachinvestitionen zeichnen sich oft dadurch aus, dass der benötigte Materialinput relativ zum steigenden Produktionspotenzial abnimmt. Vergleicht man etwa die Aufnahmekapazität und Materialkosten eines Wassertanks bzw. eines Ölfasses mit einer Aufnahmekapazität von 10.000 Litern mit einem doppelt so großen, so zeigt sich, dass der Materialeinsatz des letzteren relativ zum kleineren nur um zwei Drittel zunimmt. Dies ist technisch bedingt.

Anhang C: Die zwei deutschen Wettbewerbsbehörden und ihre fiskalische Bedeutung

Tabelle 11.2: Überschüsse bzw. Defizite von Bundeskartellamt und Bundesnetzagentur, 2012–2023 (Angaben in Tsd. Euro).[1345]

	Bundeskartellamt			Bundesnetzagentur			Gesamt
	Einnahmen	Ausgaben	Überschuss/ Unterdeckung	Einnahmen	Ausgaben	Überschuss/ Unterdeckung	Überschuss/ Unterdeckung
2012	233.372	24.180	**209.192**	76.304	181.235	**−104.931**	104.261
2013	381.273	24.952	**356.321**	99.102	174.923	**−75.821**	280.500
2014	545.522	26.734	**518.788**	23.666	183.219	**−159.553**	359.235
2015	345.957	27.360	**318.597**	3.808.671	189.148	**3.619.523**	3.938.120
2016	335.911	28.345	**307.566**	94.205	197.207	**−103.002**	204.564
2017	152.786	27.933	**124.853**	59.355	209.888	**−150.533**	−25.680
2018	474.211	28.782	**445.429**	58.619	203.456	**−144.837**	300.592
2019	256.513	35.791	**220.722**	77.686	219.763	**−142.077**	78.645
2020	886.114	37.968	**848.146**	99.976	217.392	**−117.416**	730.730
2021	67.903	36.050	**31.853**	168.059	226.847	**−58.788**	−26.935
2022	46.294	40.697	**5.597**	133.915	236.609	**−102.694**	−97.097
2023	83.591	47.674	**35.917**	138.965	271.821	**−132.856**	−96.939
Summe	3.809.447	386.466	3.422.981	4.838.523	2.511.508	2.327.015	5.749.996
Schnitt	317.454	32.206	285.248	403.210	209.292	193.918	479.166

[1345] Quelle der Daten: https://www.bundeshaushalt.de/DE/Bundeshaushalt-digital/bundeshaushalt-digital.html abgerufen am 24.06.2024.

Lektion 12
Marktversagen aufgrund von Externalitäten, Teil 1

12.1 Einführung

Der Handel mit Waren und Dienstleistungen lässt sich auch als **Tausch von Rechtstiteln** deuten. Demnach gehört es in einer Geldwirtschaft zu den primären Pflichten des Käufers, das Recht an seinen Zahlungsmitteln in vereinbarter Höhe (Kaufpreis) an den Verkäufer zu transferieren. Die Preisgabe dieses Rechts sind dabei Tauschkosten für den Käufer, während er seinen Nutzen aus dem zugleich erworbenen Recht zieht,

https://doi.org/10.1515/9783111331607-015

über den Tauschgegenstand fortan beliebig verfügen zu können. Spiegelbildlich hierzu liegen die Dinge beim Verkäufer.[1346]

Begrenzen sich die mit einer Tauschhandlung verknüpften Rechte und Pflichten auf die tauschbeteiligten Anbieter und Nachfrager, so üben deren Aktivitäten *keinen* Einfluss auf die Kosten oder Nutzen anderer Individuen aus. Stillschweigend hatten wir diese Konstellation bislang immer unterstellt. Damit waren der **privatwirtschaftliche** und **gesellschaftliche Nutzen** bzw. die **sozialen** und **privaten Kosten** marktlicher Transaktionen stets im Einklang, also äquivalent. Ergänzende Kosten oder Nutzen für am Tausch **unbeteiligte Dritte** hatten damit noch keine Rolle gespielt; sie existierten in unseren Überlegungen schlichtweg noch gar nicht.

Für die Deckungsgleichheit von privaten und gesellschaftlichen Kosten bzw. Nutzen gibt es beim Wirtschaften gleichwohl keine Gewähr. Tatsächlich können sich die ökonomischen Aktivitäten eines Individuums auf die Produktions- oder Konsummöglichkeiten eines anderen auswirken – ohne dass es zwischen diesem und jenem zu einer Markttransaktion mit einem entsprechenden Rechtetausch gekommen ist. In diesen Fällen besteht infolgedessen zwischen den Nutzen- bzw. Kostenfunktionen der Individuen ein **direkter** Zusammenhang, der über den Marktmechanismus *nicht* erfasst und damit über den Preis auch nicht kompensiert wird. Zumindest nach neoklassischer Lesart versagt der Preismechanismus als Koordinationsinstrument damit erneut!

Im ökonomischen Fachjargon bezeichnet man nun die Differenz aus privaten und sozialen Kosten (bzw. Nutzen) als externen Effekt. Gemäß diesem Verständnis lassen sich im Wirtschaftsleben zwei Arten von Externalitäten beobachten: **positive externe Effekte** zum einen und **negative externe Effekte** zum anderen. Erstere zeichnet aus, dass sich Unbeteiligte **Nutzen** aus den Marktaktivitäten anderer **ohne Kosten** aneignen bzw. sich ohne Entgeltleistungspflicht Nutzungsrechte erheischen. Bei negativen Externalitäten kommt es für Dritte hingegen zu **Kosten ohne Nutzen**.[1347]

Auf diese beiden Phänomene blicken wir nun ausführlicher.[1348] Dabei gehen wir auf die negativen externen Effekte in Kapitel 12.2 und deren positives Pendant in Kapitel 12.3 ein.

1346 Dass ein jeder Tausch für *jeden* Tauschpartner mit Nutzen *und* Kosten verbunden ist, haben wir schon im naturalwirtschaftlichen Tauschbeispiel zweier benachbarter Landwirte in Lektion 1, Kapitel 1.2.5 dargelegt.

1347 Ohne den Begriff der Externalitäten zu gebrauchen, hat Arthur Cecil Pigou (1877–1959), ein Schüler von Alfred Marshall, in seinem Werk *Wealth and Welfare* (1912) das betreffende Phänomen sowohl in seiner positiven als auch seiner negativen Ausprägungsform beschrieben. In einer stark überarbeiteten Neuauflage unter dem Titel *Economics of Welfare* (1920) hat Pigou die externen Effekte und den wirtschaftspolitischen Umgang mit ihnen vertieft. Vgl. Pigou, 1912, S. 148 ff. und insb. 158 ff. sowie Pigou, 1920, S. 159 ff.

1348 Bei Lichte betrachtet diskutieren wir im Folgenden nur die sogenannten *technologischen* Externalitäten. Neben diesen gibt es auch *pekuniäre* externe Effekte. Ein solch pekuniärer externer Effekt ergibt sich für unbeteiligte Dritte durch Rückkoppelungseffekte zwischen einzelnen Märkten.

12.2 Negative externen Effekte durch die Produktion privatwirtschaftlicher Güter

Die Verschmutzung der ökologischen Umwelt sowie der Raubbau an ihr bilden bei der Darstellung und Erörterung negativer Externalitäten zumeist die thematische Oberfläche.[1349]

Den einführenden Lehrbüchern entsprechend, konzentrieren auch wir uns im Folgenden auf Fälle, die mit der Güterproduktion unmittelbar in Verbindung stehen.[1350] Mit Hilfe praxisnaher Beispiele sensibilisieren wir uns dazu zunächst, dass unsere bisherige Gewohnheit zu kurz springt, die reibungslose Nutzung von Gemeingütern und/oder freien Güter bei der Produktion privater Güter stillschweigend anzunehmen (Kapitel 12.2.1.).[1351]

Welche Konsequenzen negative externe Effekte auf das Marktgeschehen ausüben, untersuchen wir im Lichte der herkömmlichen Partialanalyse in Kapitel 12.2.2. Im Vordergrund steht damit erneut die Frage, welche Wirkung derartige Begleiterscheinungen auf das Funktionieren des Marktes und damit auf die Allokation knapper Ressourcen entfaltet. Hieran anknüpfend betrachten wir dann die gesellschaftlichen Optionen, mit den identifizierten Herausforderungen wirtschaftspolitisch umzugehen (Kapitel 12.2.3.).

So übt die Entwicklung einer leistungsfähigen Batterie außerhalb der Automobilindustrie eine Rückkoppelung auf den Automobilmarkt und die dortigen Preise aus. Die an der Entwicklung zunächst unbeteiligte Automobilindustrie ist offensichtlich von diesem technologischen Fortschritt betroffen. Gleichwohl handelt es sich hierbei um pekuniären Externalitäten, die im Unterschied zu den technologischen externen Effekten ausdrücklich gewünscht sind! Man beachte, dass in dem von uns gewählten Beispiel, die pekuniären Externalitäten sowohl positiv als auch negativ sein können. Kommt es in der Abteilung für Verbrennungsmotoren bei den OEMs in Folge der verbesserten E-Batterien zu Entlassungen, ist das aus Sicht der betroffenen Ingenieure negativ. Positiv an der Verbesserung der Batterietechnik ist hingegen, dass der Nutzen von E-Autos für Kunden steigt. Kurzum: Pekuniäre Externalitäten sind indirekter Natur und stellen eine Folge von Marktbeziehungen dar; aus der Perspektive der allokativen Effizienz sind diese gewünscht, bilden sie doch Knappheitsrelationen ab. Vgl. z. B. Fritsch, 2014, S. 81.

1349 Es wäre eine unzulässige Verkürzung zu meinen, negative Externalitäten stünden stets im Zusammenhang mit der ökologischen Umwelt und der Umweltpolitik. Schon das Beispiel von Coase, auf das wir in Kapitel 12.2.3.1. eingehen, beinhaltet negative externe Effekte ohne wirklich einen umweltpolitischen Fokus zu haben.

1350 Selbstverständlich kann auch jeder Privathaushalt die Natur durch sein Konsumverhalten schädigen, etwa dadurch, dass er sein altes Motorenöl unsachgemäß in einem Fluss entsorgt.

1351 De facto haben wir bisher nur den privatwirtschaftlichen Gütern echte Aufmerksamkeit geschenkt. Zu den *freien Gütern* bzw. den *Gemeingütern* siehe auch das Kapitel zur Güterklassifikation in Lektion 1.

12.2.1 Beanspruchte Güterarten im Produktionsprozess – Im Fluss der Wirklichkeit

Unternehmen hinterlassen Spuren in der Umwelt. Manche davon sind harmlos, andere wiederum nicht.[1352]

Zu den Fußabdrücken, die von den Betroffenen, seien sie nun selbst Produzenten oder private Haushalte, regelmäßig keine allzu lange Billigung erfahren, gehören unter anderem:

-   Einkommenseinbußen durch rückläufigen Fischbestand aufgrund wiederkehrender Einleitung **industrieller Abwässer**
-   physische und psychische Erkrankungen durch **Lärmbelästigung** aus Gewerbetätigkeit
-   chronische Atemwegserkrankungen infolge von **Luftverschmutzung** durch industrielle Produktion und/oder Energieerzeugung aus fossilen Energieträger

Diese und ähnlich gelagerte Fälle zeichnet aus, dass im Rahmen der Produktion handelbarer Güter, etwa von Gussteilen, Kunststoffgranulaten oder Zucker, **Umweltgüter** wie die Luft oder das Wasser in Anspruch genommen werden, die zunächst einmal **freie Güter** darstellen. Deren Nutzung durch Einzelne verursacht dabei weder prompt noch zwangsläufig einen Schaden für andere.

Gesellschaftliche Schwierigkeiten treten üblicherweise erst dann ein, wenn die unternehmerische Inanspruchnahme dieser freien Ressourcen ein bestimmtes Ausmaß überschreitet – wie in den drei oben angeführten Beispielen. Diesen gemeinsam ist zugleich, dass die in ihnen akzentuierten Güter der ökologischen Umwelt die Funktion eines *preisfreien* Entsorgungsmediums ausüben. Mit anderen Worten: Die Luft und das Wasser fungieren als bequeme Mülldeponie! Offenkundig kann sich hierdurch die Qualität des vormals freien Gutes über die Zeit verändern, so dass es – zumindest auf lokaler Ebene – in seiner unbedenklichen *Art* **verknappt** und zum **Gemeingut** wird.

Doch der Einsatz von Naturressourcen begrenzt sich nicht – wie bislang vielleicht suggeriert – auf diese „randseitige" Rolle im Produktionsprozess. Im Gegenteil! Der Mensch hat sich von jeher der Natur bedient, um seine Bedürfnisse zu befriedigen, darunter seine grundlegenden. Schließlich betreibt er nicht erst mit der Erfindung der Konservendosen Fischfang und ebenso wenig hat die Gründung eines schwedischen Möbelhändlers seinen Holzbedarf initiiert! Kurzum: Es gehört zur Geschichte der Menschheit, dass deren Vertreter der natürlichen Umwelt ihre Schätze abtrotzen!

Das Jagen einzelner Exemplare gefährdet dabei den Bison-, Robben- und Walbestand nicht; ebenso sind die tasmanischen Wälder oder die der Tropen und Taiga nicht vom selektiven Holzeinschlag bedroht. Nichtsdestotrotz ist das Überjagen und -fischen von Tierarten genauso wie ein großflächiger Kahlschlag an Forstbeständen mit

---

1352 Vgl. hierzu auch die Wachstumskritik in Lektion 2.

menschlichem Verhalten *nicht* unvereinbar – wie ein Blick in die Geschichtsbücher aufzuklären vermag!

Erhellend fördert deren Lektüre zudem zu Tage, dass das Phänomen der Umweltzerstörung *keines* der Moderne ist: Es trat vielmehr schon in *vor*industriellen Gesellschaften auf.[1353] Eine mitunter pikante Notiz! Gleichwohl traten mit der Industrialisierung neuartige, bis dato unbekannte Formen in Erscheinung![1354]

Damit können wir resümieren, dass die im neoklassischen **Grundmodell** verankerte Annahme wirklichkeitsfremd ist, bei der Güterherstellung kämen nur Mittel zum Einsatz, die entweder über privatwirtschaftliche Kontrakte entgeltlich bezogen werden *oder* bei unentgeltlicher Nutzung keine Schäden bei Dritten auszulösen vermögen. Darüber hinaus müssen wir uns eingestehen, dass der definitorisch verbriefte Umstand eines märchenhaft großen Vorrats dem *freien Gut* keinen unverbrüchlichen Bestandsschutz in der Praxis liefert. Vielmehr müssen wir einräumen, dass eine heute noch so ergiebig sprudelnde Quelle durch menschliches Handeln versiegen kann.

Bevor wir auf Lösungsmöglichkeiten im Umgang mit negativen Externalitäten in Kapitel 12.2.3. eingehen, wollen wir uns technisch ansehen, wie sich die hier behandelten Aspekte ins Marktdiagramm integrieren lassen.

12.2.2 Konsequenz für das Allokationsgleichgewicht

Stellen wir uns das Beispiel einer Zuckerraffinerie vor, die von den Bauern mit Erntebeginn große Mengen an Zuckerrüben zugeführt bekommt. Damit die angelieferten Feldfrüchte nicht verderben, muss die Fabrik für vier Monate ihre Fertigung auf Dreischichtbetrieb umstellen – jedes Jahr.

1353 Vgl. z. B. Krausmann und Fischer-Kowalski, die u. a. darauf verweisen, dass Agrargesellschaften durch die Umgestaltung der Natur, sprich Waldrodungen zur Gewinnung von zusätzlichen Anbauflächen für Getreide, Umweltprobleme verursacht haben. Beispielsweise wurden „in Mitteleuropa [...] zwischen 900 und 1900 mehr als 50 Prozent der Waldfläche gerodet." Krausmann/Fischer-Kowalski, 2010, S. 43. Entsprechend konstatiert Herrmann, dass „auch in Westeuropa [...] die Wälder im Mittelalter weitgehend verschwunden [waren]. Besonders knapp war Holz in England." Herrmann, 2013, S. 45. Bevor die Industrialisierung dort begann, waren „nur mehr wenige Prozent der Landfläche bewaldet." Krausmann/Fischer-Kowalski, 2010, S. 43. Damit „führte die Ausbreitung von Agrargesellschaften auf Kosten des Waldes zu einer nicht unerheblichen Anreicherung der Atmosphäre mit CO_2. Man schätzt, dass 30 bis 50 Prozent der CO_2-Anreicherung der heutigen Atomsphäre auf Änderungen der Vegetation zurückgehen." Krausmann/Fischer-Kowalski, 2010, S. 44.

1354 „Luft- und Wasserverschmutzung und die damit zusammenhängenden Hygiene- und Gesundheitsprobleme entwickelten sich [...] zu gravierenden und zum Teil überregionalen Umweltproblemen, die die Gesundheit der Stadtbewohner stark beeinträchtigten." Krausmann/Fischer-Kowalski, 2010, S. 48. Gut dokumentiert sind allen voran die *Smog-Ereignisse* in London im 19. und 20. Jahrhundert, bei denen Ruß und Schwefeldioxid außerordentlich hohe, unmittelbar gesundheitsschädliche Konzentrationen erreichten.

Bei dieser sektorspezifischen Produktionserfordernis bleibt es fabriknah nicht aus, dass die nächtliche Ruhe im benannten Zeitraum eine Pause einlegt und die Gesundheit mancher Anwohner dadurch beeinträchtigt: Schlafstörungen sind nur das wichtigste Symptom.

Der Vollständigkeit halber wollen wir noch davon ausgehen, dass das hier auf lokaler Ebene skizzierte Phänomen auch an allen anderen Standorten der Zuckerproduktion im Grundsatz auftritt – der nächtliche Geräuschpegel wird lediglich mal mehr, mal weniger lästig wahrgenommen.[1355]

Blicken wir nun auf das neoklassische Standarddiagramm und versuchen die geschilderten Umstände bei der Zuckerproduktion in die uns vertraute Grafik zu integrieren.

In Abbildung 12.1 kennzeichnet die Kurve GK_{Priv} die privaten Grenzkosten der Zuckerproduzenten.[1356] Die Nachfragepläne des Lebensmittelhandels und der lebensmittelverarbeitenden Industrie wie den Getränke- und Backwarenherstellern sind wie gewöhnlich durch die fallende Nachfragekurve abgebildet.[1357] Agieren alle Akteure entsprechend der neoklassischen Standardannahme rational, *tendiert* das Ergebnis auf dem freien Zuckermarkt zum Gleichgewicht bei P* und M*.

In ihrem Verhalten berücksichtigten die gewinnorientierten Zuckerhersteller dabei nur die Kosten, die ihnen selbst bei der Produktion entstehen. Folgekosten, die sich bei den Nachbarn etwa durch den Einbau von Schallschutzfenstern ergeben, bleiben von ihnen hingegen unberücksichtigt.[1358]

Aus der Tatsache, dass die Nachtschicht in den Fabriken *soziale Zusatz*kosten begründet, folgt nun, dass sich die privaten Grenzkosten nicht mehr mit den sozialen decken. Vielmehr klaffen die privaten und gesellschaftlichen Grenzkosten der Zuckerherstellung – im Unterschied zu all unseren bisherigen Diskussionen – auseinander. Dieser Umstand wird in Abbildung 12.1, in der die Kurve GK_{Soz} die sozialen Grenzkosten verkörpert, vereinfachend für die Periode mit Nachtarbeit illustriert: Sobald die Raffinerien im Dreischichtbetrieb zu produzieren beginnen, liegen bei jeder positiven Produktionsmenge die sozialen Grenzkosten über den privaten![1359]

1355 Nächtliche Lärmentwicklung ist gewiss kein Spezifikum der Zuckerproduktion. Man denke bloß an Herbert Grönemeyers Ruhrpott-Hymne *Bochum*: „Du hast 'nen Pulsschlag aus Stahl, man hört ihn laut in der Nacht."

1356 Dass die private Grenzkostenkurve der Angebotskurve entspricht, haben wir wiederholt benannt.

1357 Für ein grobes Praxisverständnis sei angemerkt, dass Zuckerhersteller etwa ein Fünftel ihrer Produktion über den Handel absetzen. Das Gros der Zuckermenge nimmt damit die Lebensmittelindustrie ab.

1358 In verwandten Fällen können zu den Folgekosten auch Arzt- und Gesundheitskosten zählen bzw. bei Verunreinigung des Grundwassers der Einbau von Wasseraufbereitungsanlagen oder Wasserfiltern.

1359 In praktischen Anwendungsfällen, in denen von der ersten Produktionseinheit Abgase in die Luft entweichen bzw. Abwässer in Flüsse oder Seen eingeleitet werden, braucht es diese *zeitliche* Differenzierung nicht, die wir hier bei der Zuckerproduktion unterstellt haben. Für diese Fälle hat dann unsere Grafik uneingeschränkte Gültigkeit.

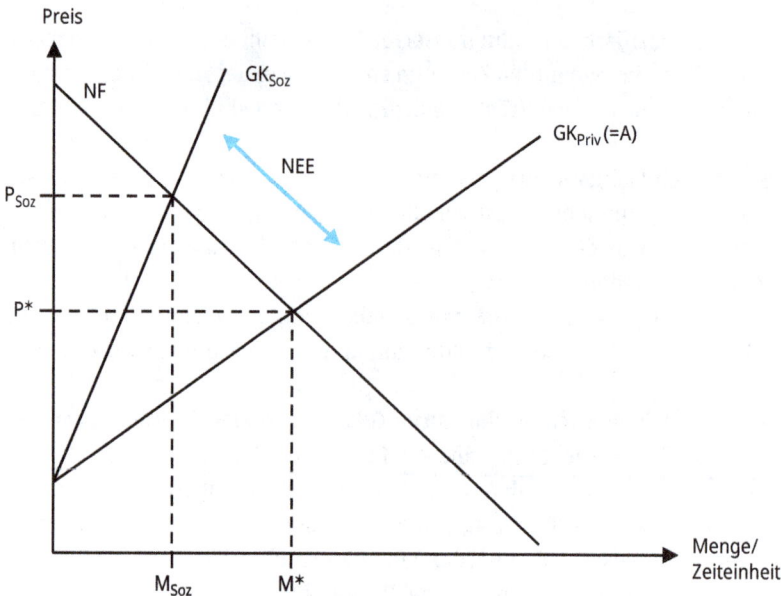

Abbildung 12.1: Marktgleichgewicht mit und ohne soziale Folgekosten (bei Dreischichtbetrieb).

Grafisch wird ersichtlich, dass sich das Marktgleichgewicht bei der Zuckermenge M_{Soz} und dem hierzu korrespondierenden Zuckerpreis P_{Soz} einschwingen würde, sobald die wahren Grenzkosten der Gesellschaft von den Marktakteuren in ihrem Verhalten berücksichtigt werden. Zugleich erkennen wir, dass bei *Miss*achtung der negativen externen Effekte, deren Ausmaß die Spreizung von sozialen und privaten Grenzkosten erklärt, am Zuckermarkt *zu viele* Tauschhandlungen stattfinden. Diese, auf der Logik der Partialanalyse beruhende Einsicht erstmalig zu formulieren, ist Pigous Verdienst.[1360]

Nach Auffassung zahlreicher Ökonomen, allen voran derer, die sich im Hauptstrom der Lehre bewegen, **versagt** damit der **Markt**. Schließlich führt der ungestörte Koordinationsmechanismus des Preises *nicht mehr* dazu, dass die knappen Ressourcen *optimal* in die *Güterproduktion* gelenkt werden: Die diagnostizierte Fehlallokation der Ressourcen beruht erklärtermaßen darauf, dass ein *vormals freies* Gut von den Unternehmen noch immer als kostenfreies Entsorgungsmedium im Herstellungsprozess herangezogen wird, so dass die inzwischen auftretenden Zusatzkosten der Gesellschaft weiterhin *nicht* an die Käufer über den Marktpreis weitergereicht werden. Die vom Markt abgebildeten Kosten sind damit in der Laissez-faire-Wirtschaft verzerrt: Der Marktpreis, hier vom Zucker, spiegelt die tatsächlichen Gesellschaftskosten nicht wider, da der Markt die negativen externen Effekte bislang noch *nicht* internalisiert hat!

1360 Vgl. Pigou, 1912, S. 148 ff. und insb. 158 ff. bzw. vgl. Pigou, 1920, S. 159 ff.

Folglich führt der freie Markt zu einer **Überversorgung** mit dem entsprechenden Gut. Zugespitzt lässt sich für den Fall von negativen Externalitäten also formulieren, dass **vom Schlechten zu viel gehandelt** wird!

Unterdessen sind bei den unbeteiligten Dritten, also bei denjenigen, die als Betroffene die negativen Externalitäten tragen müssen, **Kosten ohne Nutzen** entstanden – ein Umstand, der, um es an dieser Stelle nochmal in aller Klarheit zu formulieren, bei **Marktbeteiligten** niemals eintreten kann: Dort deckt bei jedem Käufer und jedem Verkäufer der Nutzen die Kosten – mindestens! Andernfalls tritt der Einzelne als freiwilliger Akteur am Markt nicht auf!

Wenden wir uns nun also der Anschlussfrage zu, wie man als Gesellschaft mit Situationen der dargestellten Form umgehen kann.

12.2.3 Lösungsmöglichkeiten

Nicht wenige dürften nach der bisherigen Problembeschreibung einen spontanen Lösungsansatz zur Hand haben. Die Vorschläge, die kraft Intuition zur Behebung der skizzierten Herausforderung unterbreitet werden, beinhalten dabei zumeist *zwei* Komponenten. Die *erste* adressiert zunächst, dass der Verursacher in seinem Tun zurückgehalten werden muss, während die *zweite* den Gedanken umhüllt, dass der Staat entsprechend einzuschreiten habe.

Auf diesen beileibe naheliegenden Vorstoß gehen wir in Kapitel 12.2.3.2. ein. Zuvor tut es jedoch Not, festzustellen, dass ein staatliches Eingreifen mitnichten zwingend, geschweige denn wünschenswert ist (Kapitel 12.2.3.1.). Zum Abschluss prüfen wir in Kapitel 12.2.3.3., welchen Beitrag eine Verstaatlichung von Produktionsbetrieben zur Vermeidung einer übermäßigen Umweltverschmutzung und des Raubbaus an Umweltgütern (z. B. den Wäldern) leisten kann.

12.2.3.1 Lösungsmöglichkeit ohne staatliche Einbindung – Das Coase-Theorem

Das von Pigou in die Literatur eingebrachte Problem der gesellschaftlichen Kosten hat in einem weit beachteten Artikel der amerikanische Ökonom Ronald Coase (1910–2013) aufgegriffen.[1361] Dabei arbeitet dieser im ersten Teil seiner Replik heraus, dass Pigou bereits bei der Beurteilung der Ausgangslage *ein erster*, substanzieller Fehlschluss unterlaufen war, indem er mit negativen externen Effekten *automatisch* einen gesamtwirtschaftlichen Wohlfahrtsverlust verbindet.

Dieser Irrtum Pigous beruhe ganz wesentlich auf dessen methodischem Zugang – der neoklassischen Partialanalyse. Im Zusammenspiel mit einem *naiven* Verursacherprinzip verstelle diese nämlich den Blick auf eine angemessene Bewertung der Exter-

---

1361 Sein Aufsatz *The Problem of Social Cost* gilt als Meilenstein in der Theorie der Verfügungsrechte. Vgl. Coase, 1960, S. 1 ff.

nalitäten, zumal an Pigous selbst gewähltem Maßstab, der gesamtwirtschaftlichen Wohlfahrt!

In seiner Analyse des Problems übersieht Pigou nämlich den Wohlfahrts*verlust*, der dadurch eintritt, dass Maßnahmen zulasten der „schädigenden" Aktivität ergriffen werden. Setzen sich beispielsweise unsere Anwohner mit Hilfe staatlicher Autoritäten wegen ihres Ruhebedürfnisses mit dem Ansinnen durch, den nächtlichen Produktionsbetrieb der Raffinerien einzuschränken oder gar zu verbieten, schadet auch dies der Gesellschaft wohlfahrtsökonomisch, da die Zuckerversorgung der Bevölkerung hiermit zurückgeht. Kurzum: Pigou rechnet schlichtweg nicht korrekt; die Gegenrechnung fehlt.[1362]

Auf dieser Kritik aufbauend spricht sich Coase dann im zweiten Teil seiner Abhandlung *gegen* einen *zu schnellen* Ruf nach dem Staat aus. Seine dezidierte Zurückhaltung gegenüber dem Staat als „natürliche Lösungsinstanz" begründet Coase – zumeist am Beispiel eines Rinderzüchters und dessen benachbartem Getreidebauern – damit, dass unter bestimmten Prämissen effizientere Lösungen durch **private Verhandlungen** erzielbar sind (sog. **Coase-Theorem**!).[1363]

Zu diesen Bedingungen gehört zunächst einmal, dass sich die Beteiligten *nicht* von einem *naiven* Verursacherverständnis irreleiten lassen. Stattdessen haben sie anzuerkennen, dass sie miteinander reziprok verwoben sind. D.h, dass jede Maßnahme, die Schaden von einer der beiden Seiten abwenden will, der jeweils anderen einen zufügt. Die eigentliche Frage, die entschieden werden muss, lautet daher: Welcher Seite sollte erlaubt werden, der anderen zu schaden![1364] Eine auf dieser Einsicht aufbauende Verhandlungsbereitschaft, kann zweifellos Lösungen ermöglichen, die effizient und tragfähig sind.

Eröffnen sich die Parteien mit ihrem Verständigungswillen die Chance auf einen Verhandlungserfolg, so wird das konkrete Resultat ihrer Verhandlung von verschiedenen Faktoren beeinflusst, etwa vom Verhandlungsgeschick der Beteiligten. Doch selbst

---

1362 Die Produktionsfaktoren, die durch Unterbindung oder Einschränkung der schädigenden Produktion frei werden, können möglicherweise in andere Verwendungen kanalisiert werden. Damit fällt der gesamtwirtschaftliche Wohlfahrtsverlust geringer aus. Gleichwohl, die alternative Verwendung wäre stets eine Zweitbest-Lösung. Zum Gesamtbild gehören also die eingesparten Kosten infolge der im Fokus stehenden negativen Externalitäten abzüglich des Wohlfahrtsverlusts aus verminderter Aktivität bei den „Schädigern" zuzüglich die Wohlfahrtsgewinne aus umgeleiteten Ressourcen in die Zweitbestverwendung. Coase *verkennt nicht*, dass diese Gesamtbilanz *weiterhin negativ* ausfallen *kann*! Nichtsdestotrotz ist dies nicht zwingend – wie Pigou fälschlicherweise darlegt. Vgl. z. B. Pigou, 1920, S. 160 f. Den *Netto*wohlfahrtseffekt unbeachtet gelassen zu haben, kritisiert Coase an Pigou und seiner partialanalytischen Methode. Vgl. Coase, 1960, S. 29 ff.

1363 Um Missverständnissen vorzubeugen: Coase schließt mitnichten aus, dass der Staat einen positiven Beitrag zur Lösung des Externalitätenproblems leisten kann. In Abgrenzung zu Pigous wirtschaftspolitischem Vorschlag erkennt Coase jedoch, dass ein Staatseingriff auch einen wohlfahrtsökonomischen Gesamtschaden anrichten kann: Die Nachteile aus staatlichem Handeln können also größer sein als der Nutzen, der sie begleitet.

1364 Vgl. z. B. Erlei/Leschke/Sauerland, 2016, S. 294.

der ungeschulteste Teilnehmer wird der Wirtschaftlichkeit seiner tangierten Aktivität Bedeutung beimessen, wenn er sich zum Feilschen bereit an den Verhandlungstisch setzt. Mit anderen Worten: Das Verhalten des Einzelnen beim Aushandeln bestimmt in nicht unerheblichem Maße die Gewinnträchtigkeit seines Geschäfts.

In die Bandbreite möglicher Ergebnisse fallen damit auch immer *kontraintuitive* Lösungen. Im Falle unserer Zuckerfabrik kann beispielsweise eine Einigung darin bestehen, dass die Anwohner den Fabrikanten etwas dafür zahlen, dass diese Maßnahmen zum Schallschutz ergreifen. Dieses scheinbar ungewöhnliche Gebaren könnte dem einzelnen Privathaushalt letztlich günstiger kommen als all seine Fenster durch moderne, mehrfachverglaste zu ersetzen.[1365] In Analogie zu diesem Fall mag die wirtschaftliche Vernunft auch einzelne Fischer dazu bewegen, dem Betreiber des ortsässigen Chemiewerks einen Geldbetrag für die Installation von Filteranlagen anzugedeihen, um auf diese Weise den ungehinderten Zufluss von dessen schädlichem Abwasser ins Fanggebiet einzudämmen. Kurzum: Durch direkte Verhandlungen können sich den Beteiligten **Win-Win-Situationen** eröffnen, von denen eine staatliche Institution, die sich von einem naiven Verursacherprinzip leiten lässt, keinen blassen Schimmer hat.[1366] Ein durch fehlende Zuweisung von Rechten entstandenes Problem kann also allein mit Hilfe privater Verhandlungen effizient und effektiv bewältigt werden.

Die fehlende Existenz solcher Rechte war unbedeutend solange beim betreffenden Umweltgut keine Nutzungsrivalität bestanden hat. Von dem Moment an, ab dem eine solche jedoch einsetzt, kann auf etablierten Märkten, auf denen stets existierende

---

1365 Besonders plausibel ist das im Text genannte Verhandlungsergebnis, wenn wir in die Anekdote von den Zuckerraffinerien einen Twist einbauen: Alle betroffenen Gemeinden sind durch kontinuierliches Wachstum sukzessive an die jeweilige Fabrik *heran*gerückt, deren Standort und Größe sich seit der Zeit der Unternehmensgründung vor gut einhundert Jahren *nicht* verändert hat. Damit waren alle privaten Haushalte des jüngsten Neubaugebiets über den Produktionsrhythmus ihres Industrienachbarn *vor* Zuzug informiert. Dass sie sich mehrheitlich einfachverglaste Fenster einbauen haben lassen, kann schwer der Zuckerfabrik angelastet werden – wie sie selbst, wenn auch schmerzlich, einsehen. Insofern kann das im Text geschilderte Vorgehen die günstigste Lösung für die betroffenen Haushalte darstellen, um ihr Ziel der Nachtruhe zu erreichen. Diese Erzählung lehrt uns einmal mehr, dass man sich vor der Anwendung eines naiven Verursacherprinzips in Acht nehmen muss und stattdessen die spezifische System*evolution* zu berücksichtigen hat.
1366 Vermeintlich merkwürdige Verhandlungsergebnisse illustriert auch Coase. Unter anderem sei es in seinem Fallbeispiel nicht auszuschließen, dass es sich für den Getreidebauern, dessen Erntemenge durch das herumtrampelnde Vieh beeinträchtig wird, sogar lohnt, seine Tätigkeit als Maisbauer gänzlich einzustellen: Sollten dessen Gewinne nämlich selbst bei vollem Ernteertrag mickrig ausfallen, kann er dem Viehzüchter zum eigenen finanziellen Vorteil seinen Boden gegen eine Kompensation überlassen. Dem Rinderhalter wiederum kann dieses Arrangement nutzen, wenn er dadurch zusätzliches Vieh weiden lassen und auf den Bau eines unproduktiven, aber teuren Zauns zum Schutze des nachbarlichen Getreidebestands verzichten kann! Die Kosten eines solchen Zaunes könnten ein Vielfaches von dem sein, was die Rinder an Mais zertrampeln. Auch mögen die Margen im Getreidegeschäft erheblich niedriger als in der Fleischindustrie sein. Vgl. Coase, 1960, S. 4 ff.

bzw. allgemein *anerkannte Rechtstitel* getauscht werden, das neue Phänomen gar nicht gelöst werden – zumal aus dem Stehgreif. Zu einem solchen Gelingen müssten folglich erst einmal die institutionellen Voraussetzungen geschaffen werden.

Führt man diesen Gedankengang weiter, ist es nur noch ein kleiner und wahrlich nicht abwegiger Schritt, im Fall der negativen externen Effekten tatsächlich **Staatsversagen** zu verorten. Schließlich, so ließe sich vortragen, obliegt es dem Staat, die marktlichen Rahmenbedingungen zu gestalten. Dementsprechend muss es sich bei der bislang unterlassenen Verteilung von Nutzungsrechten um ein staatliches Versäumnis handeln und nicht – wie die gängige Lehrmeinung suggeriert – um **Marktversagen!**[1367]

So dienlich der veränderte Blickwinkel ist und so nachvollziehbar das Argument vom Staatsversagen klingt, so sehr müssen wir uns aber auch vor der irrigen Idee hüten, dass jede Modifikation des institutionellen Marktrahmens eine rein staatliche Angelegenheit sei, der die Marktakteure nur ohnmächtig zusehen können. Selbstredend gestalten auch die Unternehmen durch ihr Verhalten diesen Rahmen **selbstorganisierend** mit und geben nicht nur in anekdotischen Einzelfällen relevante Impulse zu dessen Weiterentwicklung.[1368]

Neben der Verhandlungsbereitschaft als erster notwendiger Voraussetzung benötigt es für den Erfolg einer rein privat ausgehandelten Lösung allerdings noch einer zweiten: **niedrige Transaktionskosten!**

Die Erfüllung dieser Prämisse hatten wir in all unseren gewählten Beispielen implizit unterstellt, werden die Transaktionskosten von Verhandlungen doch *maßgeblich* von der **Anzahl der Beteiligten** bestimmt: Sind nur wenige Personen bzw. Parteien involviert, lassen sich mit relativ leichtem Aufwand Lösungen identifizieren, die für alle Beteiligten vorteilhaft sind. Im Umkehrschluss hierzu darf man vermuten, dass mit wachsender Teilnehmerzahl die Hürden für einen schlanken, zügigen Verhandlungserfolg *tendenziell* zunehmen. Man denke nur an die Vereinten Nationen, wenn in den dortigen Gremien zu globalen Umweltthemen – seien es jetzt Debatten zur Verschmutzung der Weltmeere oder zur Erderwärmung – um Lösungen gerungen wird. Regelmäßig neigen derartige UN-Sitzungen dazu, in einem langwierigen, schwerfälligen Prozess dürftige Vereinbarungen zu produzieren – über deren wirkliche Umsetzung im Nachgang offizieller Erklärungen wir uns hier nicht weiter äußern![1369] Vielmehr sollten wir uns anhand der hier skizzierten Problematik noch fragen, ob das Coase-Theorem wegen der schweren Erfüllbarkeit seiner Voraussetzungen damit notgedrungen das Dasein eines Elfenbeinturmbewohners fristen muss?

1367 In seinem wegweisenden Artikel gebraucht Coase den Begriff „Staatsversagen" (engl. governmental failure bzw. state failure) *nicht*. Gleichwohl umschreibt er diese Versagensform. Vgl. Coase, 1960.
1368 Es ist nicht auszuschließen, dass private Verhandlungen zwischen den Beteiligten sogar einen neue Markt für Rechte entstehen lässt, der Startschuss für eine systematische Internalisierung negativer Externalitäten ist!
1369 Dass Einzelne Anreize haben können, sich gegen ausgehandelte Vereinbarung zu stellen und sich somit unkooperativ zu verhalten, haben wir in der *Kartelldiskussion* in Lektion 10 bereits dargelegt.

Mit Blick auf die praktische Bedeutung privater Verhandlungslösung wollen wir zunächst einmal zur Kenntnis nehmen, dass derartige Aktivitäten *Privatsache* sind, die üblicherweise Verschlusssache bleiben und nicht ans Licht der Öffentlichkeit gelangen! Aus einem Mangel an statistischen Belegen sollte man also keine allzu weitreichenden Schlussfolgerungen ziehen.

Jenseits dieser Binsenweisheit deuten zwei interessante Beispiele auf staatlicher Ebene darauf hin, dass in der Realpolitik mittlerweile Versuche unternommen werden, auf dem Verhandlungsweg ungewöhnliche Lösungswege zu beschreiten. So vermeldet die Süddeutsche Zeitung im Jahr 2016, dass das Land Luxemburg seinem Nachbarn Frankreich Geldzahlungen für das Abschalten eines alten Atommeilers angeboten hat.[1370] Bereits im Jahr 2007 hatte der ecuadorianische Präsident Rafael Correa der Weltgemeinschaft über die UNO angeboten, für die Zahlung von drei Milliarden Euro auf die Förderung der geschätzten 850 Millionen Barrel Öl im ecuadorianischen Urwald zu verzichten, wodurch der Atmosphäre der Ausstoß von rund 410 Millionen Tonnen Kohlendioxid erspart bliebe. Mit anderen Worten: Ecuador wollte sich für Umweltschutz von der Staatengemeinschaft bezahlen lassen. Das Geld sollte unter anderem zur Förderung erneuerbarer Energien verwendet werden. Bis Mitte 2012 sollen dem Land immerhin Zahlungen in Höhe von knapp 155 Millionen Euro zugesagt worden sein.[1371]

12.2.3.2 Lösungsmöglichkeiten *mit* staatlicher Einbindung

Zunächst machen wir uns mit den Werkzeugen vertraut, die dem Staat zur Verfügung stehen, wenn bei der privatwirtschaftlichen Güterproduktion negative Externalitäten auftreten (Kapitel 12.2.3.2.1.). Anschließend wollen wir prüfen, ob die identifizierten Instrumente stets gleichwertig sind oder ob mit ihnen spezifische Vor- und Nachteile einhergehen, die bei ihrer praktischen Verwendung von der Politik bedacht werden müssen (Kapitel 12.2.3.2.2.).

12.2.3.2.1 Potenzielle Instrumente

Drei prinzipielle Stoßrichtungen sind im Umgang mit negativen Externalitäten unter Einbindung staatlicher Institutionen erkennbar. Allen hierzu eingesetzten Instrumenten gemeinsam ist, dass sie die externen Effekte zu **internalisieren** beabsichtigen. D. h. sie zielen darauf ab, die sozialen Zusatzkosten in den Preismechanismus des zugrundeliegenden Gütermarktes zu integrieren und beheben auf diesem Wege das diagnostizierte Marktversagen.

1370 Vgl. http://www.sueddeutsche.de/politik/altersschwacher-atommeiler-luxemburg-bietet-frankreich-geld-fuer-abschaltung-von-atomkraftwerk-1.2945399 vom 12.04.2016.
1371 Vgl. Wallace, 2013, S. 126 ff.

Der erste Ansatz, der auf Pigou zurückgeht, besteht darin, die **Güter,** bei deren Herstellung die negativen externen Effekte anfallen, mit einer **Abgabe** oder einer spezifischen **Steuer** (z. B. einer CO_2-Steuer) zu versehen.[1372]

Indem der Staat diese finanzpolitischen Lenkungsinstrumente zur Handhabe negativer Externalitäten einsetzt, entfaltet er – partialanalytisch betrachtet – zwei Wirkungen. Zunächst einmal verteuert sich das betreffende Gut, so dass man es am Markt fortan weniger handelt. Darüber hinaus generiert der Staat mit einer solchen Maßnahme Einnahmen – Einnahmen, die sich zur Deckung der *bislang unkompensierten* sozialen *Zusatz*kosten verwenden lassen. So könnte er die eingenommenen Finanzmitteln *direkt* an die unbeteiligten Dritten transferieren, wodurch diese ihren monetären Schadensaufwand beglichen bekommen.[1373] Alternativ hierzu kann der Staat mit den zugeflossenen Mitteln private Unternehmen beauftragen, politisch gewünschte Maßnahmen zur Reduktion der Externalitäten wie den Bau von Schallschutzmauern umzusetzen.[1374]

Die steuerliche Belastungshöhe *je* Mengeneinheit sollte dabei dem Umfang des externen Effekts bei M_{Soz} entsprechen, also der Streckenlänge der Linie AB in Abbildung 12.2. Denn in diesem Fall erhöhen sich die privaten Grenzkosten der Anbieter in genau dem

---

[1372] Diesen recht naheliegenden Vorschlag, negative externe Effekte über eine staatliche Lenkungssteuer einzudämmen und auf diese Weise für eine *optimale, gesellschaftliche* Allokation der Ressourcen zu sorgen, hatte Pigou schon in seinem Werk *Wealth and Welfare* unterbreitet. Vgl. Pigou, 1912, S. 164. Aus diesem Grunde wird eine Steuer auf Umweltgüter heute auch als *Pigou*-Steuer bezeichnet. Vgl. z. B. Bofinger, 2015, S. 246 bzw. Roth, 2014, S. 171. Zum historischen Verständnis sei angemerkt, dass es in Deutschland bis zum Jahr 1999 dauerte, bevor das Steuersystem unter umweltpolitischen Gesichtspunkten umfassend reformiert wurde. Zuvor war in den 1990er Jahren die Anhebung der Mineralölsteuer „neben dem Verweis auf den Aufbau Ost, auch erstmals mit Umweltaspekten begründet [worden]." Seeliger, 2018, S. 129.

[1373] Kosten sind immer individuell und begrenzen sich nicht auf das rein Monetäre. Der Verlust eines Gutes kann materiell vollkommen unbedeutend sein und doch von immensem immateriellen Schaden für den Einzelnen sein, weil an diesem Gut persönliche Erinnerungen (an einen nahestehenden Menschen, an eine Reise etc.) hängen. Kurzum: Objektiver und subjektiver Schaden fallen nicht selten auseinander! Der Staat wird aber nur den objektiven, monetären Schaden aus negativen Externalitäten ersetzen können!

[1374] Zu einem besseren praktischen Verständnis sei angemerkt, dass die Finanzverfassungen mancher Staaten eine *Zwecksteuer* – wie hier in der Theorie dargestellt – nur eingeschränkt oder überhaupt nicht zulassen. Zu den Ländern, in denen eine Zweckbindung einzelner Einnahmen für bestimmte Ausgaben im Grundsatz ausgeschlossen ist, gehört auch Deutschland, wo das *Gesamtdeckungsprinzip* (oder *Non-Affektionsprinzip*) als Haushaltsgrundsatz stattdessen verankert ist. Dieses Prinzip betrifft die öffentlichen Haushalte aller Ebenen (d. h. den Bund, die Länder und die Kommunen) und besagt, dass sämtliche Einnahmen zur Deckung sämtlicher Ausgaben dienen. Im Unterschied zur Einzel- bzw. Zweckbindung, die weiterhin US-amerikanische Haushalte prägt, ermöglicht das Prinzip der Gesamtdeckung den öffentlichen Haushalten in Deutschland ein Höchstmaß an Flexibilität. Die Zweckbindung, die für die Öffentlichkeit den Vorteil einer höheren Transparenz hat, ist daher nur als Ausnahmeregelung im deutschen Haushaltsgesetz vorgesehen. Derartige Ausnahmen betreffen allen voran die *Gebührenhaushalte* kommunaler Aufgabenträger in der Abfallentsorgung oder Wasserwirtschaft.

Maße, dass der Grenznutzen der privaten Haushalte mit den *sozialen* Grenzkosten in Deckung gelangt und sich aus neoklassischer Perspektive damit das allokative Optimum einstellt.[1375]

Preis

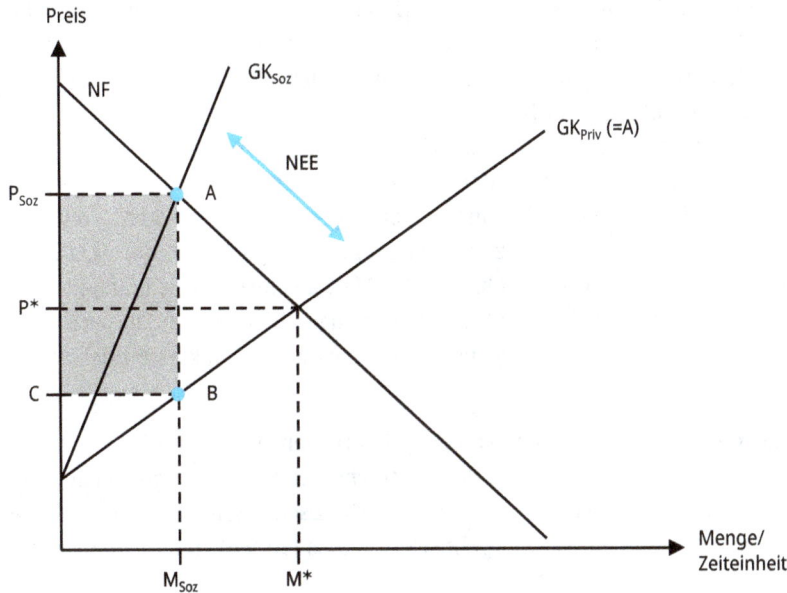

Abbildung 12.2: Die optimale Höhe einer Lenkungssteuer bei negativen Externalitäten.

Neben einer Anpassung der Steuergesetzgebung oder Abgabenverordnung besteht die Möglichkeit, dass der Staat Gesetze verabschiedet, die **direkt** auf den negativen **Effekt gerichtet** sind. Zum Beispiel haben Stahl- und Chemiewerke in nahezu allen Industrieländern heute spezielle Partikelfilter einzubauen, damit Schadstoffe nicht in die Atmosphäre oder ins Wasser gelangen.

Verpflichtet der Gesetzgeber Unternehmen, Maßnahmen zur Einschränkung sozialer Belastungen zu ergreifen, schlagen sich die anstehenden Installations- und Umrüstkosten in höheren Gesamtkosten bei ihnen nieder. In der Folge werden die Anbieter die oktroyierte Kostensteigerung an ihre Kunden in Form höherer Preise weitergeben, womit sich deren nachgefragte Menge *zielkonform* ermäßigt.

Eine dritter Ansatz, mit staatlicher Hilfe die gesellschaftlichen Zusatzkosten zu internalisieren, knüpft an der **Aktivität**, die die Externalität verursacht, an und **schränkt** diese **ein**. Das hierzu notwendige Instrumentarium ist seinem Wesen nach

---

[1375] Angemerkt sei, dass es *keinen* Unterschied macht, ob eine Pigou-Steuer auf der Produzenten- oder auf der Nachfrageseite erhoben wird. In der Praxis wird dies auf der Seite erfolgen, auf der es technisch einfach ist, eine Steuer zu erheben. Vgl. hierzu etwa Roth, 2014, S. 172 ff.

eine staatliche Mengenregulierung, deren Funktionsweise wir beim Interventionismus (Lektion 9) kennengelernt haben. Im Zusammenhang mit Umweltgütern müssen Produzenten jetzt Nutzungsrechte käuflich erwerben, um einer bestimmten Tätigkeit nachgehen zu dürfen. Sie benötigen zum Beispiel Fang- und Jagdlizenzen oder CO_2-Zertifikate. Erreichen die Kosten dieser Rechte die Höhe von AB pro Mengeneinheit (siehe Abbildung 12.2), so wird auch auf diesem Wege das angestrebte Allokationsoptimum erreicht. Einer Steuererhebung analog erzielt der Staat auch mit der Lizenzvergabe (*initiale*) Einnahmen im Umfang von $ABCP_{Soz}$.

Zu beachten gilt, dass der Staat in seinem Rechtsgebiet mit keinem der beschriebenen drei Hebel die Güter verbietet, an deren Produktion die negativen Externalitäten haften. Somit fällt eine gewisse Belastung der ökologischen Umwelt durch Ressourcenentnahme (z. B. Fischfang oder Holzeinschlag) und Entsorgung (z. B. durch Abgase) weiterhin an.[1376] Über ein allgemein akzeptables Maß an Misslichkeit hinaus haben unbeteiligte Dritte jedoch kein Übel mehr: Das vormalige Phänomen nutzloser Kosten hat sich für sie mit der Internalisierung der negativen externen Effekte verflüchtigt!

12.2.3.2.2 Beurteilung der staatlichen Lenkungsinstrumente

Nachdem wir uns einen Überblick von den staatlichen Handlungsmöglichkeiten bei negativen Externalitäten verschafft haben, stellt sich abschließend die Frage, ob die beschriebenen Optionen in der umweltpolitischen Praxis tatsächlich in jedem Fall als gleichwertig betrachtet werden können?

Die Antwort auf diese Frage lautet eindeutig *nein*! Denn bei näherem Hinsehen kommen bei jedem der drei Standardwerkzeuge spezifische Vor- und Nachteile zum Vorschein, wenn man deren instrumentelle Effektivität allein anhand der ökologischen Treffsicherheit, der internationalen Wettbewerbsfähigkeit und der Kosteneffizienz beurteilt. Neben diesen drei sachlogischen Kriterien muss allerdings auch die politische Durchsetzbarkeit in die Beurteilung der Praxistauglichkeit des einzelnen Instruments einfließen.

1376 Ein *Verbot*, das sich in der wirtschaftspolitischen Praxis punktuell beobachten lässt, wäre selbstredend die schärfste Form der Einschränkung. Beispielhaft sei auf einen Fall aus Thailand verwiesen, wo die Regierung im Jahr 2016 angekündigt hat, das Schürfen von Gold in einer bestimmten Abbauregion zu verbieten, da bei einem hohen Anteil der dort lebenden Bevölkerung überhöhte Werte von Arsen und Mangan im Blut nachgewiesen worden waren. Vgl. Peer, 20.06.2016, S. 34. Unter allen möglichen Handlungsoptionen sehen Ökonomen sehen im Verbot *prinzipiell* die schlechteste Variante! In diesem Zusammenhang sei zum einen an Coase erinnert, der deutlich gemacht hat, dass aus wohlfahrtsökonomischer Perspektive die Gewinne aus dem Verbot der Aktivität mit den Verlusten aus dem Einstellen der Aktivität verrechnet werden müssen, um das volkswirtschaftliche Gesamtergebnis angemessen zu beurteilen. Zu den Nachteilen eines Verbotes gehört auch der Arbeitsplatz- und Einkommensverlust betroffener Mitarbeiter. Darüber hinaus übersehe man nicht die Nebeneffekte von Grau- und Nebenmärkten, die sich bei *staatlichen Preiseingriffen* bilden (siehe Lektion 9): Ein Verbot ändert nichts daran, dass eine prinzipielle Nachfrage nach dem Gut in der Gesellschaft weiterhin vorhanden ist.

Werfen wir mit den genannten Maßstäben nun einen prüfenden Blick auf die drei Instrumente, dann ist zunächst daran zu erinnern, dass der neoklassische Analyserahmen *raumlos* ist. Bereits diesen Aspekt können politische Entscheidungsträger nicht unbekümmert ausblenden, da die Wirkung der Instrumente im praktischen Einzelfall maßgeblich davon abhängt, ob alle Marktanbieter im *Rechtsgebiet* des agierenden Staates produzieren oder nicht.[1377] Sollte nämlich ein Teil der Güter aus dem Ausland eingeführt werden, dann führen Maßnahmen, die am *Effekt* oder an der *Aktivität* anknüpfen, zu einer Diskriminierung *inländischer* Unternehmen, in deren Gefolge diese an **Wettbewerbsfähigkeit** gegenüber der ausländischen Konkurrenz verlieren.[1378] Es wundert daher nicht, dass unter Berücksichtigung von grenzüberschreitendem Handel die Erhebung einer lokalen Umsatzsteuer favorisiert wird, die auch von Importeuren abgeführt werden muss.

Im Umkehrschluss dieses Gedankens erweisen sich die drei Standardinstrumente als prinzipiell gleichwertig, wenn in einem konkreten Fall von negativen Externalitäten der internationale Wettbewerb bedeutungslos ist – wie es für das Friseurhandwerk und andere nicht-handelbare Dienstleistungen unterstellt werden darf!

Ein weiteres Beurteilungskriterium für die Wirksamkeit des einzelnen Werkzeugs bildet zweifelsohne die **ökologische Treffsicherheit**. Aus dieser Perspektive tendieren Auflagen und Lizenzen gegenüber der Steuerlösung den Vorzug zu erhalten. Zum einen werden die beiden erstgenannten Maßnahmen in der Öffentlichkeit unmittelbarer wahrgenommen als der *indirekte* Lenkungseffekt über eine Steuer. Darüber hinaus ist es in Bezug auf den Einsatz einer Steuer überaus fraglich, ob ein Staat je die Information haben kann, um den *optimalen* Steuersatz theoriekonform zu bestimmen.[1379] Auf der anderen Seite gerieren sich Nutzungsrechte und Bauauflagen aus dem Blickwinkel der ökologischen Zielerreichung nicht als Selbstläufer: Deren praktische Eignung hängt nämlich ganz maßgeblich vom Zusammenspiel der Strafhöhe im Falle eines Vergehens und einer effektiven Kontrolle ab.[1380]

Ferner muss beachtet werden wie **kosteneffizient** sich ein umweltpolitisches Ziel erreichen lässt. Auflagen wie der Einbau von Filtern oder die verpflichtende Nutzung bestimmter Technologien (z. B. von Wärmepumpen) neigen im Allgemeinen *nicht* dazu,

---

1377 Die Preiselastizität der Nachfrage ist ebenfalls eine Determinante.

1378 Dieser Umstand kann dazu führen, dass lokale Unternehmen ihre Geschäftstätigkeit *vollständig* aufgeben und die ausländischen Anbieter die Befriedigung der inländischen Nachfrage übernehmen. Wandern heimische Unternehmen „nur" mit ihren *Produktionsstätten* in Territorien ab, wo sie keine Filter einbauen oder Lizenzen für die Herstellung des jeweiligen Gutes erwerben müssen, so mag sich der Arbeitsplatzabbau im Inland zwar begrenzen, doch hätte der Staat auch in diesem Fall mit seiner Instrumentenwahl den betroffenen Arbeitnehmern und Betrieben einen Bärendienst erwiesen.

1379 Zur Stromsteuer, die hierzulande im Jahr 1999 als erste Steuer überhaupt mit der expliziten Begründung externer Effekte eingeführt wurde, merkt Seeliger an, dass deren Lenkungseffekt auch wegen des *zu niedrigen* Steuer*satzes* gering war. Vgl. Seeliger, 2018, S. 130.

1380 Empfindliche Strafen bei wenig Kontrollen wirken wie moderate bzw. geringe Strafen bei einer hohen Frequenz an Kontrolle. Vgl. Seeliger, 2018, S. 135.

dieses Kriterium gut zu erfüllen: Schließlich liegt es in der Natur der Sache, dass pauschale Vorschriften den individuellen Ausgangsbedingungen der Beteiligten keine Beachtung schenken. So kann es für einen Lebensmittelhersteller bezüglich seines effektiven CO_2-Fussabdrucks ungleich günstiger sein, wenn er in den gemäßigten Klimazonen die Befeuchtung von Moorlandschaften und/oder in den Tropen die Wiederaufforstung von Mangroven-Wäldern finanziert als alle seine europäischen Fabriken nach Plänen der EU-Kommission mit Filtern umzurüsten.[1381]

Last, but not least dürfen wir nicht ausblenden, dass die Instrumentenauswahl vom Eigeninteresse der Regierenden beeinflusst wird. Für diese hat die Erhebung einer umweltpolitisch motivierten Steuer gerade im Abgleich mit dem noch jungen Zertifikatsystem den unstrittigen Vorteil, leicht verständlich und damit vergleichsweise einfach durchsetzbar zu sein.[1382]

Neben der Erklärbarkeit ihrer Maßnahmen wird die Politik aber auch darauf achten, wie schnell das einzelne Werkzeug seine Wirkung entfaltet. Diesbezüglich ist es trivial, festzustellen, dass der wahlkämpfende Politiker das Instrument präferiert, mit dem sich der gewünschte Effekt, also die Reduzierung negativer Externalitäten, wahltermintauglich einstellt. Unter diesem Gesichtspunkt verbessert sich nun die Chance für das Instrument der Auflage, da diese weniger zeitverzögert wie Steuern und Lizenzen wirken.

Fazit: Politik wird in der Praxis abwägen, welches Instrument sie zum Einsatz bringen möchte. Da hierbei herausfordernde Details zu beachten sind, darf es uns nicht verwundern, dass man in der Praxis – abweichend zu unserer theoretischen Darstellung – auch doppelgleisige Lösungsansätze findet, bei denen neben einer Auflage noch spezifische Steuern erhoben werden.

12.2.3.3 Marx, Hardin und die Zwischentöne Ostroms im Umgang mit Gemeingütern

Wenn wir festgestellt haben, dass Pigou gemeinhin als erster Umweltökonom betrachtet wird, sollten wir in Bezug auf Marx mit einer Interpretation zurückhaltend sein, was dessen Haltung zu negativen Externalitäten im Allgemeinen bzw. zur

---

[1381] Tatsächlich finanziert zum Beispiel die Firma Danone die Wiederaufforstung von Mangroven im Senegal.

[1382] Die Pionierarbeit auf diesem Gebiet hatte im Jahr 1977 ein System zum Handel mit Stickstoffzertifikaten (SO_2) übernommen, das von mehreren US-Bundesstaaten für die Dauer von zehn Jahre mit dem Ziel eingeführt wurde, den „sauren Regen" einzudämmen und damit dem Waldsterben entgegenzuwirken. An der Wende zum 21. Jahrhundert waren dann knapp einhundert solcher System weltweit gezählt worden. Davon betrafen über drei Viertel dieser Quotensystem allerdings den Fischfang. Vgl. z. B. Tietenberg, 2006, S. 1 oder Seeliger, 2018, S. 133. Das heute bekannteste Zertifikathandelssystem dürfte das im Jahr 2005 in der Europäischen Union eingeführte System der CO_2-Zertifikate sein, mit dem man den Ausstoß von Treibhausemissionen zu begegnen trachtet. Vgl. Seeliger, 2018, S. 133 f. bzw. ausführlich auch S. 153 ff.

Umweltpolitik im Besonderen gewesen sein mag.[1383] Gleichwohl darf man annehmen, dass Marx auch bei diesen Themen dem Staat und staatlichen Betrieben das Wort gesprochen hätte. Alles andere wäre doch zu verwunderlich, zumal er in der Abschaffung der Allmende, auf die wir unten gleich eingehen, die kapitalistische Ursünde erkennt.[1384]

Angesichts dieses Befundes erlauben wir uns zumindest zu fragen, was die Abkehr von der privatwirtschaftlichen Produktion für das Ausmaß an negativen externen Effekten erwarten lässt?

Schon nach einer kurzen Gedankenreise durch das Land potenzieller Umweltverschmutzungen wird offenkundig, dass die Antwort auf diese Frage simpel lautet: alles, außer einer genuinen Lösung! Denn durch den reinen Akt der Vergesellschaftung der Produktionsmittel verschwinden keine Wasser-, Luft- und/oder Erdreichbelastungen. Fabrikschlote hören mit der Verstaatlichung nicht automatisch zu qualmen auf und volkseigene Betriebe erzeugen bei unveränderter Technik weiterhin Lärm!

Trotz dieser ernüchternden Einsicht lässt sich theoriegestützt zugunsten einer Verstaatlichung bei negativen Externalitäten weiters vorbringen, dass der Ressourcenverbrauch bei **Staatsmonopolen** doch geringer als bei vollständiger Konkurrenz ausfallen müsste – und damit auch das Ausmaß der Umweltbelastung. Bringt man diese wettbewerbspolitische Perspektive in die Debatte ein, um vom Schlechten letztendlich weniger zu handeln, dann hätte man allerdings dem **privaten Monopol** konsequenter-

---

1383 Mit Lutz lässt sich zunächst einmal festhalten, dass der Epoche der Industrialisierung ganz allgemein kein „ausgeprägtes ökologisches Problembewusstsein zugesprochen [wird]." Lutz, 2022, S. 4. Darüber hinaus räumt Lutz ein, dass Marx „keinen Zusammenhang zwischen ökologischen Problemen und einer Gesellschaftsform [erkennt], die auf dem Warentausch als dominantem ökonomischen Verhältnis beruht." Lutz, 2022, S. 213. Nichtsdestotrotz sei die Natur im Werk von Marx und Engels gegenwärtig. Wie weit sich aus diesem Umstand eine Relevanz der marxschen Theorie für den ökologischen Diskurs ableiten lässt, ist allerdings umstritten. Manche Autoren gehen sogar soweit, in seiner Theorie eine Legitimationsgrundlage zur Zerstörung natürlicher Ressourcen zu erkennen. Vgl. Lutz, 2022, S. 16 ff. bzw. S. 213 ff.
1384 Im vierundzwanzigsten Kapitel des Kapitals widmet sich Marx der „sog. ursprüngliche[n] Akkumulation." Auf die „Enteignung des Landvolks von Grund und Boden", als historischen Prozess der Privatisierung der Allmende in England, geht er dabei ausführlich ein. Marx selbst bemüht dabei das Bild vom Sündenfall: „Die ursprüngliche Akkumulation spielt in der politischen Ökonomie ungefähr dieselbe Rolle wie der Sündenfall in der Theologie." Marx, 2018, S. 659. Und an der gleichen Stelle ein paar Zeilen weiter: „Und von diesem Sündenfall datiert die Armut der großen Masse, die immer noch, aller Arbeit zum Trotz, nichts zu verkaufen hat als sich selbst, und der Reichtum der wenigen, der fortwährend wächst, obgleich sie längst aufgehört haben zu arbeiten." Den Auslöser für diese ersten Einhegungen von Weideland, also der Abschaffung der Allmende, erwähnt er dabei nicht – die kleine Eiszeit! Durch sie ist das Nahrungsmittelangebot in England zurückgegangen, so dass die unfreien Bauern ihre feudalen Tributpflichten nicht mehr erfüllen konnten. Sie erkämpften sich aus diesem Grund im Jahr 1381 im sogenannten Lollarden-Aufstand erstmals das Recht auf Selbstbestimmung (=Eigentum an sich selbst!) und Eigentum an Land! Vgl. hierzu Heinsohn, 2010, S. 112 f. Zur Kategorie der sog. Allmende- bzw. Gemeingüter und ihrer Merkmale siehe auch Lektion 1, Kapitel 1.2.2.3.

weise die Stange zu halten. Andernfalls wäre die übliche Kritik an Schumpeters beliebten Kinderschreck haltlos – oder scheinheilig![1385]

Auch unter Beachtung dynamischer Effekte bleiben Zweifel angebracht, dass staatliche Monopole innovative Partikelfilter *früher* hervorbringen und Lärmschutzmaßnahmen *umfassender* ergreifen als privatwirtschaftliche Unternehmen. Ganz zu schweigen von der Frage, wie die Einhaltung von Grenzwerten bei staatlichen Betrieben effektiv kontrolliert werden soll (siehe Lektion 11)?

Erschwerend kommt hinzu, dass fehlende Eigentumsrechte ganz allgemein das **Kurzzeithandeln** von Individuen begünstigen. Gesellschaften, die aus Überzeugung Privateigentum an Produktionsmitteln ganz prinzipiell ablehnen, fördern mit diesem institutionellen Arrangement infolgedessen das Gegenteil von einem flächendeckenden Sinn für Nachhaltigkeit![1386] Summa summarum leitet sich aus diesen wenigen Überlegungen ab, dass Marx nicht zum Träger einer Gesellschaftsidee geworden sein kann, die der kapitalistischen in Umweltbelangen überlegen ist – um es vorsichtig auszudrücken.[1387]

Ungeachtet dieser Feststellung kam in einem viel beachteten Aufsatz der amerikanische Biologe Hardin im Jahr 1968 zu der Auffassung, dass die Bewirtschaftung von **Gemeingütern** dem Staat zu obliegen habe – oder diese privatisiert werden müssten. Dabei bildete ein Gedankenexperiment zum Umgang mit einem von allen Dorfbewohnern zugänglichen Grasland, der Allmende, den Ausgangspunkt seiner These.[1388]

Am Eigennutz orientiert, hat jeder einzelne Viehhalter einen Anreiz, mehr und mehr Tiere auf die gemeinsame Weide zu treiben: Ihm allein fällt schließlich der Zugewinn aus dem Verkauf eines weiteren Exemplars aus seinem Bestand zu. Die Kosten in

---

1385 Aus neoklassischer Sicht bedeutete dies, den Teufel der Umweltverschmutzung mit dem Beelzebub der Marktmacht auszutreiben.

1386 Vgl. Deegen, 2021, S. 60 und Feeny et al., 1990, S. 11 bzw. Demsetz, 1967, S. 354ff.

1387 Lutz erkennt gleichwohl, dass „[d]ie marxsche Theorie […] eine *universale Grundlagentheorie der ökologischen Probleme moderner Gesellschaft*[en] und als solche eine *Metatheorie des ökologischen Diskurses* dar[stellt]." Lutz, 2022, S. 327. Zu unserem Bedauern unterlässt es Lutz, zu erklären, warum eine scheinbar anstrebenswerte Postwachstumsgesellschaft, die auf der marxschen Theorie aufbaut, zum Gralshüter der natürlichen Umwelt werden sollte. Zum einen wird damit ausgeblendet, dass Marx selbst versprach, der Kuchen im Kommunismus werde größer als im Kapitalismus sein. Ein Umstand, der mit der Idee vom *Post*wachstum schwer zu vereinbaren ist. Darüber hinaus ignoriert Lutz den empirischen Befund sozialistisch regierter Länder im Umgang mit den Naturfaktoren. Blickt man auf die ökologischen Desaster, die sich in der Zeit der kommunistischen Experimente in Osteuropa zugetragen haben, dürften einige dabei sein, die zu den größten von Menschheit je angerichteten Katastrophen zählen: Es sei nur an das langsame Verschwinden des *Aralsees* ab den 1960er Jahren erinnert, dem einst viertgrößten Binnensee der Welt. Ebenso sei der *Karatschei-See* im Südural benannt, dem die zweifelhafte Ehre zukommt, der wohl giftigste See der Welt zu sein, nachdem er ab den 1950er Jahren als Lagerstelle für radioaktiven Müll den Sowjets zu dienen begann. Last, but not least sei auch die Umweltverschmutzung im Chemiedreieck Leuna-Bitterfeld nicht unter den Teppich gekehrt, die jedem DDR-Bürger bestens vertraut war („Bitterfeld, Bitterfeld, wo der Dreck vom Himmel fällt") bevor auch der Westen mit der Wende vom verheerenden Ausmaß dieser proletarischen Umweltsünde Notiz nahm.

1388 Vgl. Hardin, 1968, S. 1244 ff.

Form verschlechterter Weidebedingungen, die jedes zusätzliche Tier auf der Allmende verursacht, müssen sich hingegen *alle* Viehbauern teilen, da jedem einzelnen Nutztier mit wachsender Herde weniger Nahrung zusteht![1389]

Indem sich nun alle Viehbauer konform zur These von Adam Smith rational verhalten und mit der Erhöhung der individuellen Viehbestände ihr Eigeninteresse unbeirrt verfolgen, tritt nun das schiere Gegenteil von dem ein, was nach Smith einzutreten hätte: Der Wohlstand des Gemeinwesens sinkt statt zu gedeihen, weil das egoistische Gebaren jedes Einzelnen unvermeidbar zur sukzessiven Zerstörung des gemeinsamen Weidelands beiträgt! Daher sei, so Hardin, das Los der Allmende wegen der fehlenden Ausschließbarkeit des Einzelnen bei gleichzeitiger Rivalität unter den Zutrittsberechtigten zwangsläufig die Tragödie.[1390] Das rationale Verhalten jedes einzelnen Mitglieds führt zu kollektiver Irrationalität! Die Dorfgemeinschaft sitzt bezüglich ihrer Grasland-Ressource also in der **Rationalitäten-Falle!**[1391]

Der Ausweg aus diesem Schicksal – wir haben es bereits anklingen lassen – geht nach Ansicht von Hardin nur über die Privatisierung der Allmende oder ihrer Verstaatlichung. Mit der zweiten Option dockt Hardin damit an einem marxschen Grundverständnis an.[1392]

Im scharfen Kontrast zu Hardins These fanden Forscher wie Elinor Ostrom (1933– 2012) bei ihren empirischen Arbeiten jedoch **keinen Beleg** dafür, dass das Schicksal von Gemeingütern unumstößlich besiegelt ist.[1393] Leuchtende Gegenbeispiele konnten stattdessen entdeckt werden! So fand man heraus, dass in Törbel, einer Gemeinde im schweizerischen Kanton Wallis, die Almweiden von den Dörflern bis heute gemeinsam genutzt werden – und dies seit Jahrhunderten tragödienfrei.[1394] Dabei ist Törbel kein exotischer Einzelfall. Ähnliche Fälle zum dauerhaft nachhaltigen Umgang mit Wäldern, Fisch- und Wildbeständen konnten mittlerweile weltweit gesammelt werden.[1395]

Zu den wichtigsten Einsichten aus all den beeindruckenden Beispielen effektiver **Selbstorganisation** gehört, dass sich die Beteiligten für den Umgang mit dem Gemein-

---

1389 Vgl. Hardin, 1968, S. 1244.

1390 Vgl. Hardin, 1968, S. 1244.

1391 Vgl. Hardin, 1968, S. 1244. Im Anhang ist das Gefangenendilemma dargestellt, bei dem es sich um ein bekanntes spieltheoretisches Modell handelt, das auf der im Text benannten Rationalitäten-Falle beruht.

1392 Wie Hardin hat – selten ausgesprochen – auch Marx in seiner Kapitalismus-Kritik eine Rationalitäten-Falle für sich entdeckt. Schließlich erkennt er einen zentralen Widerspruch des Kapitalismus darin, dass die betriebliche Produktion straff und rational organisiert ist, die überbetriebliche aber unkoordiniert bleibt. Der Mangel an überbetrieblicher Koordinierung müsse zwangsläufig in wiederkehrenden Krisen münden. Kurz: Das rationale Verhalten des Kapitalisten führt zu kollektiver Irrationalität in Form der nächsten Wirtschaftskrise.

1393 Unter den Ökonomen, die sich in ihrer Arbeit intensiv mit den Gemeingütern beschäftigt haben, ist Elinor Ostrom wohl auch deshalb die bekanntest, weil sie als erste Frau den Wirtschaftsnobelpreis im Jahr 2009 erhalten hatte.

1394 Während man die Almweiden gemeinsam nutzt, ist der Ackerbau zugleich privatisiert! Vgl. hierzu Ostrom, 1990, S. 61 ff. und insb. S. 64.

1395 Vgl. Ostrom, 1990, S. 65 ff. bzw. Feeny, et al., 1990, S. 7.

gut stets ein **Regelwerk** auferlegt haben. In diesen hat Ostrom querschnittsübergreifend acht Prinzipien wiederkehrend ausgemacht, die einzeln betrachtet weder notwendig noch hinreichend, zusammen genommen dem nachhaltigen Umgang mit der Ressource jedoch förderlich sind.[1396]

Die erfolgreichen Fälle kooperativ bewirtschafteter Gemeingüter legen zudem nahe, dass bei ihnen eine vereinbarte Zugangsbeschränkung eher Norm als Ausnahme ist.[1397] Ein Aspekt, den Hardin in seinem Gedankenmodell vollkommen übersehen hatte! So darf in Törbel kein Bauer mehr Vieh auf die Allmende treiben, als er im Winter im Stall durchfüttern kann; und in anderen Alpdörfern, z. B. in Grindelwald, wird oberhalb der Besiedlungslinie nur Gemeindemitgliedern der Holzeinschlag gestattet, da deren Eigeninteresse, einen Steinschlag oder winterlichen Lawinenabgang zu vermeiden, die beste Versicherung für eine nachhaltige, hochalpine Forstwirtschaft ist.[1398]

Herauskristallisiert hat sich inzwischen auch, dass Ansätze zur Selbstorganisation vielfach zusammengebrochen sind, *weil* staatliche Instanzen regulatorisch oder politisch eingegriffen haben.[1399] Wälder begannen zum Beispiel in Thailand, Niger und Nepal zu degradieren, *nachdem* sie aus einer kooperativen Bewirtschaftung in eine staatliche mit de facto unbegrenztem Zugang überführt wurden. Negative Entwicklungen wie diese beruhten nicht zuletzt auf der Unmöglichkeit der jeweiligen Regierung, die Nutzung der Wälder zu überwachen – mangels Personal war in den genannten Staaten also Tür und Tor für ausgedehnte Wilderei und Brennholzentnahme geöffnet.[1400]

Aber auch die Regierungen reicher Länder, die grundsätzlich über die notwendigen Ressourcen für ein effektives Monitoring verfügen, haben der nachhaltigen Nutzung natürlicher Ressourcen geschadet; und zwar dadurch, dass sie mit überfrachteten, komplizierten Regelwerken Anreize geschaffen hatten, staatliche Systeme zum Management von Gemeingütern, etwa von Fischbeständen, zu unterlaufen.[1401]

Der **Staat** ist damit auch bei Allmende-Gütern **kein natürlicher Heilsbringer**! Auch er muss den Zugang begrenzen und darf keine Anreize zur Zuwiderhandlung schaffen.

Die Einsichten aus den Arbeiten von Ostrom und anderen fasst Blankart wie folgt zusammen: „Aufgabe des Staates ist es in der Regel nicht, ein Problem zu übernehmen und als Ganzes selbst zu lösen. Er muss nur **Hebammenfunktion** leisten, d. h. die Kräfte der Selbstorganisation stärken, wo diese nicht ausreichen. Tut er zu viel, so kann er mehr

---

1396 Zu diesen Prinzipien gehört, dass der Kreis der Nutzungsberechtigten klar definiert ist, Monitoring betrieben wird, Sanktionsmechanismen für den Fall von Regelverstößen vereinbart sind, Mechanismen zur Lösung von Konflikten bestehen und eine weitreichende Partizipationsmöglichkeit aller Betroffenen an der Weiterentwicklung der gemeinsamen Regeln. Schließlich muss mit dem Regelwerk dafür gesorgt werden, dass relativ geringe individuelle Vorteile bei Regelverletzungen bestehen. Vgl. Ostrom, 1990, S. 90 ff.

1397 Vgl. Feeny et al., 1990, S. 7.

1398 Vgl. Deegen, 2013, S. 26. Diese Regelungen bestehen seit dem 15. bzw. 16. Jahrhundert!

1399 Vgl. z. B. Blankart, 2011, S. 78 oder Ostrom, 1990, S. 65.

1400 Vgl. Feeny et al., 1990, S. 8 und S. 11.

1401 Vgl. Feeny et al., 1990, S. 11.

schaden als nützen."[1402] In dieser Rolle sollte der Staat die prinzipiellen Vorteile nicht vergessen, die mit einer Privatisierung von Gemeingütern – die ja gerade Hardin als alleinige Alternative zur Verstaatlichung betrachtet hat – einhergehen. Zu diesen Vorzügen gehört zuvorderst eine ausgeprägte Achtsamkeit im Umgang mit der Ressource![1403]

12.3 Marktversagen aufgrund positiver Externalitäten bei privatwirtschaftlichen Gütern

Wie in Kapitel 12.1 bereits dargelegt, sprechen Ökonomen von positiven externen Effekten, wenn durch eine marktliche Aktivität ein wirtschaftlicher Nutzen für unbeteiligte Dritte entsteht und sie für diesen nicht zahlen (müssen). Mit anderen Worten: Diese Dritten kommen in den Genuss eines unentgeltlichen Vorteils infolge der Wirtschaftsaktivität anderer. Dabei gilt zwingend, dass der erzielte Vorteil für die Betroffenen wirtschaftlich von Belang sein muss!

Bevor wir die Zusammenhänge gleich näher betrachten, sei vorausgeschickt, dass positive externe Effekte bei privatwirtschaftlichen Gütern in machen Lehrbüchern gar nicht, in anderen oft nur schmalspurig abgehandelt werden. Zu weiten Teilen dürfte sich dieser stiefmütterliche Umgang dadurch erklären, dass das Phänomen der positiven Externalitäten im Rahmen eines scheinbaren Sonderfalls, auf den wir in Lektion 13 eingehen, regelmäßig breite Beachtung findet – dem des rein öffentlichen Gutes.

Möglicherweise begründet sich die dürftige Berücksichtigung dieser Form von Marktversagen aber auch mit zwei weiteren Umständen: Erstens, dem vermeintlichen Fehlen eines klar umrissenen Politikfelds wie es bei negativen Externalitäten die Umweltpolitik darstellt und zweitens, dem Mangel an einem üppigen Strauß an geeigneten Praxisbeispielen. Zumindest liegt dieser Schluss zu Letzterem nicht fern, wenn man in eine Reihe von Standardlehrbüchern blickt, wo sich wenige Anwendungsbeispiele auffällig oft wiederholen.

Weitaus problematischer als die vermeintlich dünne Decke an Beispielen ist allerdings deren Qualität: Manche sind schief, andere gänzlich ungeeignet. Selbst dort, wo prinzipiell geeignete Praxisfälle mit der Bildungspolitik und/oder unternehmerischen Erfindungen aufgegriffen werden, springen die Autoren meist zu kurz, sie verpassen die Pointe: In einer bemerkenswerten Einhelligkeit und Eindeutigkeit unterlassen sie es, den Transfer zu einem Thema herzustellen, das in den letzten Jahren in der praktischen Wirtschaftspolitik eine längst vergessen geglaubte Aufmerksamkeit wiedererlangte – die sektorale Wirtschafts- bzw. **Industriepolitik**.[1404] Womit wir dann eben doch ein klar umrissenes wirtschaftspolitisches Einsatzgebiet erkennen können.

1402 Blankart, 2011, S. 78.
1403 Vgl. Demsetz, 1967, S. 354ff.
1404 Zu den wenigen bekannten Lehrbuchautoren, die explizit auf die Thematik der Industriepolitik eingehen, gehören Krugman und Wells. Vgl. Krugman/Wells, 2010, S. 595.

Gerade wegen der zunehmenden Neigung in der Politik – nicht zuletzt in der Bundesrepublik Deutschland und der Europäischen Union – sich industriepolitisch zu engagieren,[1405] wollen wir an dieser Stelle die Chance ergreifen, die Thematik eingehender zu untersuchen. Dazu beginnen wir mit der Darstellung des Problems (Kapitel 12.3.1.). Das anschließende Kapitel 12.3.2. widmet sich dann ganz der Frage, welche wirtschaftspolitischen Optionen einer Gesellschaft im Umgang mit diesem Phänomen zur Verfügung stehen.

12.3.1 Das Problem

Zur Illustration des Phänomens und zur anschließenden Diskussion über den wirtschaftspolitischen Umgang mit ihm greifen wir im Folgenden auf prinzipiell tragfähige Beispiele zurück, denen man in anderen Lehrbüchern begegnet. Hinsichtlich der Fallbeispiele selbst betreten wir hier also **kein** Neuland. Dieses Wagnis einzugehen, behalten wir uns für die Darstellung der Wirkung und relevanter Konsequenzen vor.

Beginnen wollen wir mit einem Blick auf einen Abschnitt innerhalb der privaten Wissensproduktion, der unternehmerischen **Forschungs-** und **Entwicklungstätigkeit** (FuE).[1406] Nehmen wir diesbezüglich zunächst an, dass die Unternehmen, die auf einem freien Markt miteinander im Wettbewerb stehen, mehrheitlich auch forschen und entwickeln. Der Einfachheit halber möge man an forschungs- und/oder entwicklungsintensive Branchen wie der Automobil-, Pharma-, Chemie- oder Halbleiterindustrie denken. Die jeweiligen FuE-Kosten schlagen sich in der sektoralen Angebotskurve A nieder, die den Grenzkostenverlauf *aller* Anbieter dieses Marktes bekanntermaßen abbildet. Unter den Bedingungen des freien Marktes tauschen die Unternehmen mit ihren Kunden im Gleichgewicht eine bestimmte Menge M^* zum Preis P^* (siehe Abbildung 12.3); hier kommen der private Grenznutzen (GN_{Priv}) des *letzten* Konsumenten und die privaten Grenzkosten des *letzten* Anbieters in Deckung (siehe Lektion 3). Die Kosten und Erträge aus der FuE-Tätigkeit der Anbieter sind dabei vollständig internalisiert.

Nun ist nicht ausgeschlossen, dass die Früchte des unternehmerischen FuE-Engagements auch anderen als den hier analysierten Marktteilnehmern (d. h. Nachfragern und Wettbewerbern) zu Teil werden.[1407] Ist es diesen Dritten möglich, das betref-

---

1405 Seit einigen Jahren werden in diesen Wirtschaftsräumen Wasserstoff-, Halbleiter-, E-Batterie- und Cloud-Strategien seitens der Politik verfolgt – um nur die wesentlichsten zu nennen.

1406 Das Beispiel unternehmerischer Forschungs- und Entwicklungsaktivität im Kontext positiver Externalitäten behandeln oder greifen auf z. B. Goolsbee/Levitt/Syverson, 2014, S. 837 bzw. Baßeler/Heinrich/Utecht, 2010, S. 398 oder Pindyck/Rubinfeld, 2013, S. 888 und Klump, 2013, S. 67 f.

1407 Es sei daran erinnert, dass sogenannte Spillovers von Wissen und Know-how *innerhalb* einer Branche bzw. entlang von Wertschöpfungsketten im Rahmen des neoklassischen Modellrahmens gewünscht sind: Dort wird bekanntermaßen die Produzentenrente über die Zeit durch Imitation des effizientesten Anbieters wegkonkurriert! Eine Imitation der besten Produktionstechnologie setzt geradezu voraus, dass das Wissen um diese zu anderen Unternehmen dieser Branche wandert. Zu beachten gilt ferner, dass es für die neoklassische Vorstellung zur sektoralen Evolution unbedeutend ist, ob jeder Anbieter von Anbeginn eigenständige

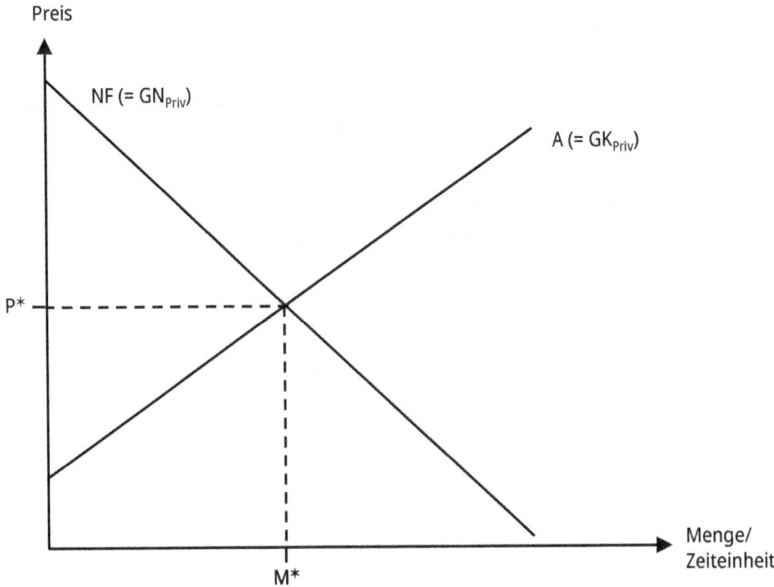

Abbildung 12.3: Marktgleichgewicht ohne gesellschaftlichen Zusatznutzen.

fende Wissen unentgeltlich anzueignen, kommt es im Fachjargon der Ökonomen durch die FuE-Tätigkeit zu positiven technologischen Externalitäten. Analoge Überlegungen lassen sich selbstredend für neue **Erfindungen** anstellen, die man als Ausfluss unternehmerischer FuE-Aktivität betrachten kann.[1408]

Positive externe Effekte setzen also drei Dinge voraus. Zum einen, dass auf einem bestimmten Gebiet neues Wissen generiert wird und dieses ganz oder in Teilen auf Unternehmen *anderer* Branchen übertragbar ist, die in keiner mittel- oder unmittelbaren Marktbeziehung zu unserem hier betrachteten Wirtschaftszweig stehen.[1409] Zweitens, dass diese Wissensübertragung ("Spillover") den Unbeteiligten einen **wirt-**

FuE-Aktivitäten entfaltet oder nicht. Die Spillovers, die sich in der Branchenperspektive ergeben, werden als *pekuniären* Externalitäten bezeichnet und müssen von *technologischen* unterschieden werden. „[P]ekuniäre externe Effekte [...] kommen als Ursache von Marktversagen nicht in Betracht." Fritsch, 2014, S. 81.

1408 Insofern versteht sich, warum der Fall der positiven externen Effekte bei privatwirtschaftlichen Gütern von verschiedenen Lehrbuchautoren im Kontext von Erfindungen bzw. Innovationen beleuchtet wird. Vgl. hierzu Krugman/Wells, 2010, 613 ff. und Mankiw/Taylor, 2016, S. 335. Auf FuE-Tätigkeit *und* Erfindungen gehen ein Pindyck/Rubinfeld, 2013, S. 888 oder Klump, 2013, S. 67 f.

1409 Als Beispiel für eine „wandernde" Erfindungen mag der Reißverschluss angeführt werden: Dieser wurde ursprünglich (um 1890) für Schuhe erfunden, fand dort aber keine Verwendung; später nahm er dann seinen Siegeszug in der Textilbranche, nachdem er im Jahr 1917 erstmals in Mänteln der US-Marine eingesetzt wurde. Vgl. https://de.wikipedia.org/wiki/Rei%C3%9Fverschluss#Geschichte, zuletzt abgerufen am 27.03.2024.

schaftlichen Nutzen stiften und schließlich, dass diese Begünstigten hierfür keine monetäre Kompensation zu leisten haben.

Die Kanäle, über die sich neues Wissen und neue Technologien unentgeltlich ausbreiten, können dabei vielfältig sein. Nicht selten erfolgt der Transfer über Mitarbeiter, die in ein bestehendes Unternehmen einer anderen Branche wechseln oder in einem branchenfremden Kontext ein eigenständiges Unternehmen gründen.[1410]

Aus dem partialanalytischen Blickwinkel unserer Branche lässt sich nun feststellen, dass mit der sektoralen Produktionsaufnahme (d. h. $A > 0$) der soziale Nutzen stets den privaten überragt. Dieser Umstand ist in Abbildung 12.4 dadurch erkennbar, dass die soziale Nachfrage- bzw. Grenznutzenkurve (GN_{Soz}) oberhalb der privaten verläuft. Die Differenz zwischen privatem und sozialem Grenznutzen bildet den positiven externen Effekt ab, der sich in unserem Beispiel allein aus der unternehmerischen FuE-Tätigkeit erklärt und in Abbildung 12.4 mit PEE bezeichnet ist.

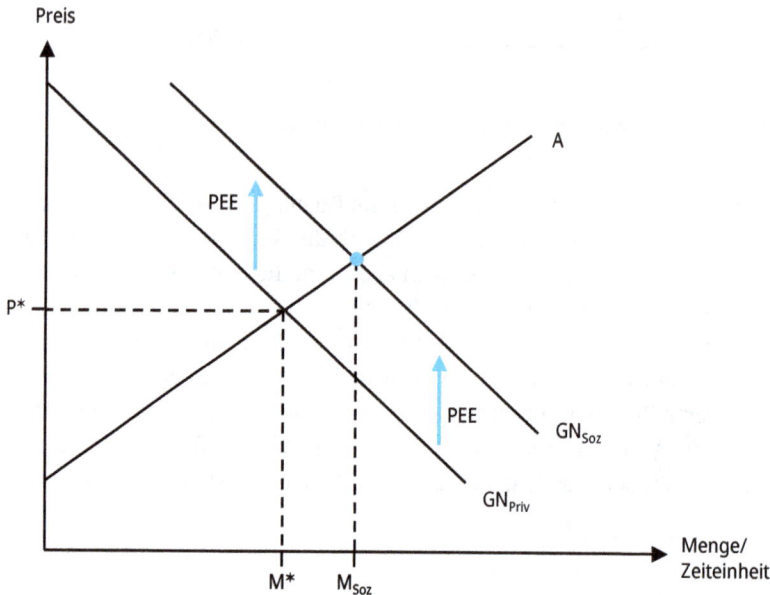

Abbildung 12.4: Allokative Ineffizienz auf einem Markt mit gesellschaftlichem Zusatznutzen.

1410 Die Ausführungen zeigen, dass zahlreiche Transferkanäle existieren, über die privatwirtschaftlich erzeugtes Wissen für eine Geschäftsidee aufgegriffen und zur Bildung eines neuen Unternehmens herangezogen werden kann. Darüber hinaus wird deutlich, dass sich eine FuE-induzierte Gründungsaktivität nicht auf die Sektoren begrenzt, in denen privatwirtschaftlich FuE-Aktivität unterhalten wird. Vgl. Kuttenkeuler, 2007, S. 79.

Die Existenz ähnlicher Verhältnisse wird auch im **Bildungswesen** verortet, was sich mit dem wiederkehrenden Lehrbuchbeispiel von Hochschulabschlüssen leicht untermauern lässt:[1411] Vom Wissen und den Fähigkeiten, die Individuen im Rahmen ihrer formalen Ausbildung auf dem **tertiären Bildungsmarkt** erwerben, könnten – so die stringente Argumentation – unbeteiligte Dritten monetär profitieren, ohne dafür zu zahlen. Zumeist werden auch in diesem Fall in den unbeteiligten Dritten Unternehmen gesehen.[1412]

Ein weiteres Lehrbuch-Beispiel betrifft den Fall des **Imkers** und des **Obstbauern**:[1413] *Ein* Imker, der Bienenvölker zur Herstellung und Vermarktung von Honig hält, übt – ob er will oder nicht – aufgrund seiner Tätigkeit einen positiven Effekt auf die **wirtschaftliche** Grundlage seines Nachbarn, den Obstbauern, aus: Des Imkers Bienen befruchten die Bäume in der Obstplantage, was dem Ernteertrag des Bauern dienlich ist. Kurzum – der Obstbauer profitiert von der Nachbarschaft zum und der Tätigkeit des Imkers, leistet diesem aber für diesen Vorteil keine Zahlung.

All diese Beispiele, die zur Illustration positiver Externalitäten bei Privatgütern grundsätzlich geeignet sind, verbindet,[1414] dass unter freien Marktbedingungen **eine Menge** produziert bzw. gehandelt wird, die – analog zum Fall der negativen externen Effekte – **nicht** der gesellschaftlich **optimalen** entspricht bzw. nicht zu entsprechen scheint. Im Unterschied zum Fall der negativen Externalitäten, wo im freien Markt des Schlechten zu viel gehandelt wird, beobachten wir bei positiven Externalitäten jetzt allerdings den umgekehrten Fall – **vom Guten** wird **zu wenig getauscht** (d. h. $M_{Priv} < M_{Soz}$).

Zu dieser gesellschaftlichen **Unterproduktion** kommt es, weil die Marktakteure sich annahmegemäß in ihrem Handeln ausschließlich vom Eigeninteresse leiten lassen:[1415] Die Produzenten dehnen als gewinnmaximierende Unternehmer ihre Tätigkeit nur bis zu dem Punkt aus, bis die Grenzkosten des letzten Anbieters mit dem Grenznutzen des letzten zahlenden (!) Konsumenten übereinstimmen, d. h. es gilt $A = GN_{Priv}$

1411 Vgl. Mankiw/Taylor, 2016, S. 340 bzw. Goolsbee/Levitt/Syverson, 2014, S. 835 ff. und Bofinger, 2015, S. 238.

1412 Unter der Annahme, dass sich auf dem Arbeitsmarkt ein effizienter Lohn bildet, können in den Arbeitgebern von Qualifizierten diese unbeteiligten Dritten nicht (!) verortet werden, da diese ihren Mitarbeitern den Qualifikationen entsprechend höhere Löhne zahlen – womit es also über eine Marktbeziehung zur monetären Kompensation kommt. Das trifft auch für die Kunden dieser Arbeitgeber zu, da in den gehandelten Gütern auch Lohnkosten (für Qualifizierte) „eingepreist" sind. Damit liegen in diesen Fällen pekuniäre Externalitäten vor!

1413 Vgl. Flynn, 2013, S. 210 f. und Beeker, 2011, S. 216.

1414 Ein in PKWs verbauter Peilsender, der hilft, ein gestohlenes Auto zu orten, ist ein weiteres Beispiel. Der Verbau sogenannter LoJack-Peilsender hat in den Vereinigten Staaten dazu beigetragen, dass die Zahl der Autodiebstähle ganz allgemein sank. Somit profitieren auch PKW-Besitzer, die die Kosten für den Erwerb und den Verbau dieser Sender meiden. Vgl. Goolsbee/Levitt/Syverson, 2014, S. 837 ff.

1415 In diesem eigenzentrierten Verhalten der Individuen sah Adam Smith bekanntermaßen die Triebfeder des Wohlstands.

(siehe Abbildung 12.4). Dieses uns mittlerweile vertraute Verhalten unter Anbietern und Nachfragern impliziert zugleich, dass bei Existenz positiver Externalitäten die Grenzkosten der Unternehmen **über** den **Preismechanismus nicht** in Einklang mit dem sozialen Grenznutzen (GN_{Soz}) gelangen: Sozialer Grenznutzen und private Grenzkosten fallen auseinander. Entsprechend der neoklassischen Logik werden knappe Ressourcen über den freien Markt jetzt nicht mehr effizient allokiert. Schließlich wäre es aus der partialanalytischen Perspektive optimal, wenn der höhere soziale Grenznutzen mit den privaten Grenzkosten übereinstimmte, die Menge M_{Soz} also realisiert werden würde – bei der sich die beiden Kurven von Angebot und sozialem Grenznutzen schneiden.

Mit dieser Erkenntnis liegt es nahe, die Frage zu stellen, was man tun kann, um auf betroffenen Märkten ein soziales Allokationsoptimum zu erlangen? Anders formuliert: Durch wen, lässt sich mit welchen Maßnahmen die ineffiziente Unterproduktion überwinden, damit die jeweils angestrebte, **höhere Menge** unter den Marktteilnehmern **gehandelt** wird?

12.3.2 Ansätze zur Überwindung der allokativen Ineffizienz

Der Lösungsraum, den wir sogleich auszuleuchten beginnen, gleicht in seiner Struktur dem, den wir bei negativen Externalitäten kennengelernt haben. Wie jener wird auch dieser von zwei grundsätzlichen Stoßrichtungen charakterisiert: *mit* und *ohne* Einbindung staatlicher Institutionen.

Auf die privatwirtschaftliche Option gehen wir knapp in Kapitel 12.3.2.1. ein. Anschließend begegnen wir beim Ansatz *mit* staatlichem Engagement einer vertrauten Substruktur. So kann der Staat auch bei positiven Externalitäten Gesetze erlassen, die entweder an der Aktivität oder am Effekt ansetzen (Kapitel 12.3.2.2.). Alternativ hierzu stehen der Politik erneut Maßnahmen offen, bei deren Umsetzung dem Staatshaushalt eine tragende Rolle zukommt – jetzt in Gestalt von Subventionszahlungen. Hierauf richten wir unser Augenmerk in Kapitel 12.3.2.3.

12.3.2.1 Der Verhandlungsweg – Die privatwirtschaftliche Lösung ohne Staat

Unter bestimmten Voraussetzungen besteht – wie es die Diskussion bei den negativen Externalitäten gezeigt hat – Raum für eine private Verhandlungslösung. Im Fallbeispiel der **Imker** und Obstbauern lässt sich etwa vorstellen, dass einzelne Obstbauern benachbarten Imkern eine Zahlung anbieten, damit diese die Anzahl ihrer Bienenvölker vermehren. Und in der Tat bemühen sich die Obstbauern in der Bundesrepublik regelrecht um die knapp 7.000 erwerbsorientierten Imker. Diesen zahlen die Obstbauern zumeist eine Bestäubungsprämie pro Bienenvolk für das sogenannte Anwandern. Deswegen trifft man in Brandenburg schon mal Imker-Betriebe aus Baden-Württemberg an.[1416] In ähnlicher Weise ist aus den Vereinigten Staaten bekannt, dass dort Bienenvölker zur Mandelblüte quer durchs Land zu den Plantagen in Kalifornien gefahren werden.

Man kann also konstatieren, dass der zu Beginn geäußerte Gedanke einer bilateralen Verhandlungslösung zwischen Obstbauern und Imkern nicht nur nicht abwegig, sondern in Teilen der Landwirtschaft bereits gelebte Praxis ist – auch in Deutschland![1417]

Im Zusammenhang mit Forschungs- und Entwicklungstätigkeit bzw. der **unternehmerischen Erfindung** lassen sich ebenfalls entstandene Kosten über privatwirtschaftliche Verhandlungen internalisieren, in dem das von einem Unternehmen generierte Wissen und Know-how an ein anderes (branchenfremdes) verkauft oder mit diesem über eine monetäre Abgabe geteilt wird, etwa in Form von Lizenzabkommen oder Franchising. Auch der käufliche Erwerb von Patenten stellt heute keine Unbekannte in der Unternehmensrealität mehr dar.

An diesen letztgenannten Beispielen wird gleichwohl ersichtlich, dass für gedeihliche Verhandlungen unter privaten Akteuren die staatlichen Rahmenbedingungen eine essenzielle Voraussetzung bilden können, etwa die Erteilung gewerblicher Schutzrechte. Blicken wir vor diesem Hintergrund nun auf den Staat und seine Möglichkeiten, allokative Ineffizienzen infolge positiver externer Effekte zu beseitigen.

12.3.2.2 Staatliche Lösungsmöglichkeiten ohne unmittelbare Ausgabenwirksamkeit

Ein erster – für den Staat in der Regel kostengünstiger – Hebel besteht darin, neue Gesetze zu erlassen, bestehende zu modifizieren oder abzuschaffen, in deren Nachhall sich die **Produktion** in den Wirtschaftszweigen mit positiven externen Effekten **erleichtert.** Indem der Staat mit der Änderung von Gesetzen und Verordnungen bestehende Hindernisse mildert oder beseitigt, setzt er also direkt an der wirtschaftlichen **Aktivität** in einem Sektor mit positiven Externalitäten an. Im Anschluss daran darf dann mit der gesellschaftlich gewünschten Ausweitung der Angebotsmenge gerechnet

---

1416 Die Zahlung pro Bienenvolk schwankt regional. In 2020 lagen die Preise zwischen 5 Euro in Ostdeutschland und 40 Euro im Alten Land. Die 7.000 Berufsimker in der Bundesrepublik setzen sich zusammen aus gut 500 Vollerwerbsbetrieben und 6.500 Imkereien im Nebenerwerb. Zudem existieren ca. 83.000 Hobbyimker in Deutschland, die nur in den seltensten Ausnahmefällen mit ihren Bienen wandern. Zu beachten gilt, dass Vollerwerbsimker sogar mit ihren Bienenvölkern *wandern müssen*, wenn die Tätigkeit nicht unwirtschaftlich bleiben soll. Somit ergibt sich zumindest für diesen Teil der Imker und den Obstbauern eine klassische Win-Win-Situation. Diese Informationen verdanken wir dem Vollerwerbs- und Bio-Imker Sven Büchner!

1417 Nicht unterschlagen werden soll, dass sich bei einzelnen Pflanzen die Verhältnisse drehen, etwa bei der Kornblume. Diese ist vielen Bauern ein Dorn im Auge, verzückt jedoch die Imker. Daher zahlen diese den Bauern schon mal eine Prämie, zumeist in Naturalien, wenn sie sich mit ihren Bienen in diesen Fällen am Ackerrand aufstellen dürfen. Auch dieses Detail verdanken wir dem Bio-Imker Sven Büchner.

werden, die sich im Standarddiagramm sodann als Rechtsverschiebung der Angebots-kurve darstellen lässt (siehe Abbildung 12.5).

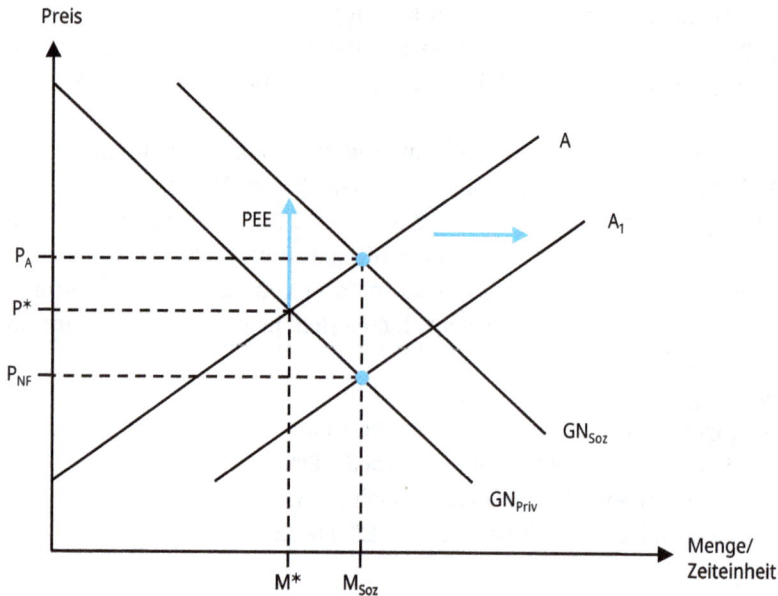

Abbildung 12.5: Produktionserleichterungen durch Gesetzesänderungen ohne staatliche Budgetwirksamkeit.

Im Falle unserer Imker könnte der Gesetzgeber Maßnahmen ergreifen, die das Halten von Bienenvölkern unterstützt. Die Abschaffung eines Imker-Meisterbriefs als notwendige Voraussetzung für die berufsmäßige Imkerei in Deutschland wollen wir uns beispielsweise in diesem Zusammenhang vorstellen.[1418] Aber auch die Aufhebung einer fiktiven Vorschrift, wonach jeder Hobby-Imker maximal drei Bienenvölker halten darf, schlüge in die gleiche Kerbe.

Analoge Überlegungen lassen sich selbstredend auf die unternehmerische Forschungs- und Entwicklungstätigkeit übertragen: Möchte der Staat Anreize zu einer Ausdehnung solcher Aktivitäten schaffen, können mit der Beseitigung einschränkender Auflagen (Stichwort: Bürokratieabbau) erste Weichen in die gewünschte Richtung gestellt werden.

Das zuvor Gesagte, die Verabschiedung von Gesetzen zur Erleichterung privatwirtschaftlicher Produktion, gilt uneingeschränkt auch für solche Fälle, in denen bislang ein

---

[1418] In Deutschland ist für den Berufsimker der Meisterbrief (wieder) notwendig. Die entsprechenden Anforderungen zum Erwerb des Meisterbriefs können entnommen werden: https://deutscherimker-bund.de/userfiles/DIB_Nachwuchsfoerderung/berufsimker/pdf/2016_Meisterpruefung.pdf abgerufen am 25.06.2020.

Produktions- und Handels**verbot** für privatwirtschaftliche Akteure herrschte. Gewiss, die Fälle, in denen ein vormals explizites Produktionsverbot bestand, mögen Seltenheitswert haben – zumindest auf den ersten Blick. Nichtsdestotrotz gehen sie über das Dasein exotischer Randerscheinungen hinaus. Man bedenke allein, dass es etwa in der Bundesrepublik Deutschland privaten Trägern längere Zeit untersagt war, als Anbieter auf dem **tertiären Bildungsmarkt** aufzutreten: Die erste nichtstaatliche Universität in Deutschland, die Universität Witten, nahm ihren Betrieb erst im Jahr 1983 auf – ein Jahr nach ihrer Anerkennung durch das Bundesland Nordrhein-Westfalen.[1419]

Analog zu seinen Eingriffsmöglichkeiten bei negativen Externalitäten kann der Staat auch **Gesetze** erlassen, die **am Effekt** anknüpfen. Auch auf diese Weise lassen sich Anreize schaffen, die eine Verhaltensänderung der Marktakteure auslösen und von denen – grafisch betrachtet – eine Angebotskurvenverschiebung ganz im Sinne der wirtschaftspolitischen Intention ausgehen kann. Wenden wir uns zum besseren Verständnis zwei Beispielen zu.

Strebt der Staat an, dass sich die Unternehmen umfangreicher als bisher in angewandter Forschung und Entwicklung engagieren, dann kann er dieses Anliegen damit unterstützen, dass er den Unternehmen die alleinige wirtschaftliche Verwertung ihrer Erfindung zur Kompensation des vorangegangener Aufwands mit Hilfe temporärer Schutzrechte, z. B. in Form von Patenten und Gebrauchsmustern, einräumt oder diese Schutzzeiten ausweitet.[1420] Solche und ähnliche urheberrechtliche Maßnahmen setzen unzweideutig am Effekt und nicht an der Aktivität selbst an.

Im Fall der Bienen – die die eigentlichen Erzeuger der positiven externen Effekte sind – könnten schließlich Maßnahmen ergriffen werden, die Bienenvölkern zu Gute kommen. Das könnte Gesetze beinhalten, die den Einsatz bestimmter Pflanzenschutzmittel einschränken oder verbieten, durch welche Bienen in ihrer Existenz bedroht sind.[1421]

Innerhalb des Spektrums, einzig mit Gesetzen allokative Ineffizienzen zu beseitigen, befindet sich auch die staatliche Möglichkeit, **Steuergesetze** anzupassen. Aktivitäten, von denen positive Externalitäten ausgehen, können beispielsweise von spezifischen Steuern befreit und/oder auf die gehandelten Güter könnten reduzierte Steuersätze erhoben werden, wie es in Deutschland bei Büchern und Lebensmittel bei

---

1419 Vgl. https://www.uni-wh.de/universitaet/presse/ abgerufen am 23.07.2020.

1420 Vgl. Streit, 1991, S. 108.

1421 Im Fall des Pflanzenschutzmittels Glyphosat eint die Befürworter und informierten Gegner die Erkenntnis, dass das Produkt *nicht direkt* für die Bienensterblichkeit verantwortlich ist: Eine Biene stirbt nicht durch den Konsum dieses Pflanzenschutzmittels. Allerdings besteht zwischen der Bienensterblichkeit und dem Mittel eine *indirekte* Verbindung – der verlorengegangene Orientierungssinn der Biene. Das Vermögen der Honigbiene heim zum Stock zu finden, wird beeinträchtigt. Dadurch wird die Bienenbrut im Stock vernachlässigt und stirbt. In der Bewertung dieser Beobachtung driften die Fürsprecher und Gegner von Glyphosat auseinander. Nicht zuletzt dadurch, dass auch andere Insektizide diese negative Wirkung auf die Bienenvölker ausüben. Vgl. z. B. https://deutscherimkerbund.de/userfiles/Wissenschaft_Forschung_Zucht/Stellungnahme_Glyphosat_an_DIB.pdf, zuletzt abgerufen am 27.03.2024.

der Umsatzsteuer der Fall ist. Angewandt auf unsere eingeführten Beispiele würde dies also eine steuerliche Begünstigung von Honig oder von Forschungs- und Entwicklungsaktivitäten bedeuten.

Im Abgleich zu den zuvor genannten Maßnahmen haben **sektorale Steuerbegünstigungen** – die sich grafisch ebenfalls als Rechtsverschiebung der Angebotskurve interpretieren lassen – die Eigenschaft, dass sich diese Gesetze im Staatshaushalt in Form **entgangener** Steuereinnahmen niederschlagen. Für den Moment sei lediglich angemerkt, dass sich im 29. Subventionsbericht der Bundesregierung im Anhang 8 die respektable Zahl von 108 verschiedenen Steuererleichterungen findet – die allesamt als *unentgeltliche* Subvention von der Regierung selbst eingeordnet werden![1422]

Vor diesem Hintergrund ist es jetzt nur allzu offensichtlich, dass dem Staat mit der *direkten* Zahlung einer Subvention, eine weitere Möglichkeit offensteht, mit allokativen Ineffizienzen infolge positiver Externaltitäten umzugehen.[1423] Diese Option, die sich ceteris paribus auf die Höhe der Staatsausgaben auswirkt, wollen wir im Folgenden näher begutachten.

12.3.2.3 Subventionszahlungen – Eine staatliche Lösungsmöglichkeit mit unmittelbarer Wirkung auf die Staatsausgaben

Eingangs legen wir den Grundgedanken einer staatlichen Subventionszahlung an die betroffenen Produzenten dar (Kapitel 12.3.2.3.1.). Daran anknüpfend fragen wir uns, wer die Gegenfinanzierung dieser staatlichen Leistung stemmen könnte bzw. für diese aufkommen sollte (Kapitel 12.3.2.3.2.). Mit der charmant wirkenden, ersten Antwort, die wir weitgehend durch Spiegelung unserer Einsichten aus der Diskussion um die

---

1422 Der 29. Subventionsbericht des Bundes umfasst den Zeitraum 2021 bis 2024. Im 28. Subventionsbericht (2019–22) waren noch drei Steuererleichterungen weniger gewährt worden! Vgl. hierzu https://www.bundesfinanzministerium.de/Content/DE/Downloads/Broschueren_Bestellservice/29-subventionsbericht.pdf?__blob=publicationFile&v=15 bzw. https://www.bundesfinanzministerium.de/Content/DE/Downloads/Broschueren_Bestellservice/28-subventionsbericht.pdf?__blob=publicationFile&v=10, beide Berichte zuletzt abgerufen am 27.03.2024

1423 Mit den letzten Erläuterungen wurde deutlich, dass Subventionen in der *politischen Praxis* in den unterschiedlichsten Gewändern in Erscheinung treten können. Echte *Geldleistungen*, also direkte monetären Finanzhilfen, sind dabei nur eine Form. Der Staat kann den betreffenden Wirtschaftseinheiten wie dargelegt auch *sonstige Subventionen* gewähren, etwa Steuervergünstigungen oder Zollschutz. Allen Formen von Subventionen gemeinsam ist, dass es sich bei ihnen um staatliche Unterstützungsmaßnahmen *ohne* marktliche Gegenleistungen durch die Empfänger handelt. In Abhängigkeit der gewählten Begriffsabgrenzung kommt es zu abweichenden Anschauungen über die quantitative Bedeutung von Subventionen in der praktischen Wirtschaftspolitik. Es kann nicht erstaunen, dass die im Subventionsbericht der Bundesregierung publizierten Angaben notorisch niedriger ausfallen als jene, die regierungsferne Organisationen veranschlagen. Zum Beispiel bezifferte das Kieler Institut für Weltwirtschaft die Subventionen für das Jahr 2020 *ohne* die Corona-bedingten Nachtragshaushalte bereits auf gut 206 Mrd. Euro, was nicht weniger als dem vierfachen Wert der Regierungsangabe in Höhe von 50,2 Mrd. Euro entspricht. Vgl. Institut für Weltwirtschaft, 2020, S. 3 und die Grafik auf S. 18 für eine Darstellung dieser Unterschiede über den gesamten Zeitraum von 2000 bis 2020.

negativen Externalitäten mithilfe der klassischen Partialanalyse erhalten, wollen wir uns sodann nicht begnügen. Insbesondere unter Einbindung des Marktes, auf dem die unbeteiligten Dritten aktiv sind, prüfen wir daher das erhaltene Ergebnis nochmal auf seine wirtschaftspolitische Praktikabilität und Tragfähigkeit (Kapitel 12.3.2.3.3.). Diese Erörterung – die sich Autoren einführender Ökonomielehrbücher zumeist aussparen – fügen wir hier bewusst ein. Dabei treibt uns nicht lehrmeisterliche Pedanterie an, sondern der Anspruch, gesellschaftspolitische Konsequenzen einer solchen Subventionspolitik schon im Rahmen einer Einführungsveranstaltung angemessen zu portraitieren – und dieses Wissen damit nicht allein den Studenten im Hauptstudium vorzubehalten. Mit einem Blick auf die gesellschaftlichen Konsequenzen einer subventionsgeneigten Wirtschaftspolitik schließen wir (Kapitel 12.3.2.3.4.).

12.3.2.3.1 Der Grundgedanke einer Subventionszahlung

Die Möglichkeit, Güter mit positiven technologischen Externalitäten durch staatliche Zuschüsse (sogenannte Pigou-Subventionen) zu vergünstigen, ist zumeist intuitiv verständlich.

Blicken wir auf diesen Ansatz zunächst aus der Perspektive unseres **Imker-Beispiels**. Mit der Herstellung von Honig gingen hier positive Externalitäten für die Obstbauern einher. Dem oben benannten Grundgedanken folgend, sollte also die Honigproduktion subventioniert werden.

Die Abbildung 12.6 illustriert die Zusammenhänge. Damit auf dem Honigmarkt die gesellschaftlich gewünschte Menge M_{Soz} gehandelt wird, muss Honig im Umfang der Strecke BC pro Mengeneinheit staatlich bezuschusst werden. Die Subventionshöhe je Verkaufseinheit erschließt sich daraus, dass die Nachfrager die angestrebte Menge M_{Soz} nur zu einem Honigpreis von P_{NF} abzunehmen gewillt sind, während die Imker diese erst beim Marktpreis P_A aus freien Stücken anbieten. Infolgedessen weicht bei der Menge M_{Soz} der Grenznutzen der letzten Honigkunden (Punkt C) von den Grenzkosten der Imker mit den ungünstigsten Produktionsverhältnissen (Punkt B) um die Strecke BC ab.

Bei den gegenwärtigen Bedürfnissen der Konsumenten nach Honig müssen also die Kosten der Honighersteller gesenkt werden, wenn am Markt die anvisierte Menge M_{Soz} schlussendlich realisiert werden soll. Unter den bestehenden Produktionsbedingungen kann man dieses Ziel mit einer staatlichen Transferzahlung in der erläuterten Höhe erreichen: Die Subventionierung reduziert die Kosten der Imker, so dass diese ihr Honigangebot fortan ausdehnen.[1424]

[1424] Zur Vermeidung von Missverständnissen sei angemerkt, dass es bei Lichte betrachtet um eine Ausdehnung der Imkertätigkeit geht. Das schließt folglich den Eintritt neuer Anbieter auf diesem Markt nicht aus. Demnach wäre also denkbar, dass mit der Produktionsbezuschussung dieser Aktivität auch Teile der Obstbauern beginnen, eigene Bienenvölker zu unterhalten und Honig zu vermarkten.

Wählt man im Umgang mit positiven externen Effekten den hier illustrierten Ansatz der Produktionsbezuschussung, dann umfasst die gesamte Subventionierung der Honigproduktion in unserem Beispiel das Rechteck $P_{NF}P_ABC$, während das Rechteck $0P_{NF}CM_{Soz}$ den am Markt generierten Umsatz mit Honig abbildet.

Zu beachten gilt schließlich, dass die monetäre Bezuschussung pro Verkaufseinheit in Höhe der Strecke BC genau dem **positiven externen Effekt** (PEE) entspricht, der nicht nur im Gleichgewicht des freien Marktes bei M* beobachtet wurde, sondern der auch als **konstant** über den relevanten Ausbringungsbereich angenommen wird. Unter diesen Bedingungen – auf die wir später nochmal zurückkommen – wird im Honigmarkt ein Gleichgewicht erreicht, in welchem die Gesamtwohlfahrt unter Beachtung des sozialen Grenznutzens optimiert ist.

Der gleiche Grundgedanke kann selbstredend auf all die anderen, oben bereits skizzierten Bereiche innerhalb der privaten Wissensproduktion übertragen werden, d. h. auf die tertiäre Bildung mit ihren Hochschulabschlüssen sowie die unternehmerische Forschungs- und Entwicklungstätigkeit: Mithilfe staatlich gewährter Subventionen *können* ineffiziente Unterproduktionen in den jeweiligen Märkten beseitigt werden, so dass sich auf Basis der neoklassischen Partialanalyse in jedem dieser Fälle ein gesellschaftliches Optimum M_{Soz} einstellt.

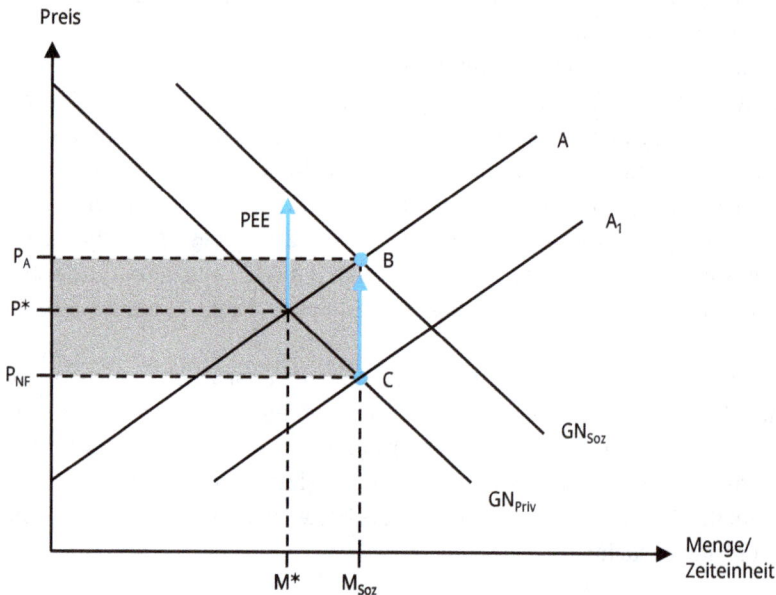

Abbildung 12.6: Subventionszahlungen bei positiven technologischen Externalitäten.

Da wir nun verstanden haben, dass in staatlichen Subventionszahlungen ein prinzipieller Ansatz zur Überwindung von Marktversagen aufgrund positiver Externalitäten bei privatwirtschaftlichen Gütern gesehen werden kann, müssen wir der gesellschaftlich relevanten Frage nachgehen, auf welche Weise solche staatlichen Transfers finanziert werden können. Anders formuliert: Wie bringt der Staat die Mittel auf, die er in Form von Subventionen an diejenigen zu zahlen bereit ist, die Güter mit positiven Externalitäten herstellen?

12.3.2.3.2 Wer trägt die Gegenfinanzierung? – Die Frage nach der Steuerinzidenz

Erinnern wir uns: Eine Pigou-Steuer von denjenigen zu erheben, die Güter herstellen bzw. erwerben, die *soziale* Zusatzkosten erzeugen, steht im Einklang mit dem (naiven) Verursacherprinzip. Mit den erzielten Einnahmen kann der Staat im Anschluss die Personen entschädigen, die die gesellschaftlichen Schäden – sprich die negativen Externalitäten – tragen. Diesem Grundsatz entsprechend darf man für den Fall der positiven Externalitäten jetzt erwarten, dass die Finanzierung einer **Pigou-Subvention** von den Nutznießern vormals unentgeltlicher Vorteile geschultert wird.

Blickt man mit dieser naheliegenden Vorstellung auf unsere oben eingeführten Beispiele, ergeben sich bei drei von ihnen rasch Zweifel, diesen theoretisch stringenten Ansatz umsetzen zu können: Bei der Forschungs- und Entwicklungstätigkeit, den unternehmerischen Erfindungen und der Hochschulausbildung ist die Gruppe der Nutznießer bzw. der potenziell Begünstigten auffallend vage, diffus – kurzum konturlos. Diese Tatsache lässt uns vermuten, dass dem Staat die Refinanzierung einer Pigou-Subvention in diesen Fällen einzig über den allgemeinen Steuerzahler gelingen kann.

Stellen wir diese Überlegung vorübergehend zurück und schenken im Folgenden dem Imker-Beispiel unsere Aufmerksamkeit. Schließlich geht hier aus der Fallbeschreibung klar und eindeutig hervor, wer die Nutznießer technologischer Externalitäten sind: die Obstbauern. Diesen Umstand wollen wir jetzt nutzen, um die Tragfähigkeit des potenziellen Refinanzierungsmechanismus über die begünstigten Dritten zu analysieren.

Wenn wir also die o. g. Logik auf den Fall der Imker und Obstbauern übertragen, dann kann die Finanzierung der Imkersubventionen über eine Steueranpassung im Obstmarkt erfolgen. Für das weitere Gedankenexperiment ist es vollkommen unerheblich, ob eine Obststeuer hier erstmalig erhoben oder eine bereits bestehende angehoben wird. Entscheidend ist einzig, dass sich die Steuerlast im Obstmarkt fortan erhöht. Wie wir aus Lektion 3 wissen, lässt sich eine solche Entwicklung in unserem neoklassischen Standarddiagramm als Linksverschiebung der Angebotskurve deuten, z. B. von A_0 zu A_1 (siehe Abbildung 12.7). Diese Steuerwirkung darf jetzt allerdings nicht isoliert betrachtet werden. Selbstverständlich muss ihr der Effekt prinzipiell steigender Obsterträge gegenübergestellt werden, der eintritt, sobald die Imker ihre Produktion subventionsbedingt ausdehnen: zusätzliche Bienenvölker, intensivere Bestäubung der Obstblüten.

Den **Netto-Effekt** dieser beiden Impulse illustriert Abbildung 12.7. Hier verschiebt sich die ursprüngliche Angebotskurve A_0 letztendlich nach A_2. Da die kontrahierende Wirkung der Steuerbelastung geringer als der expandierende Impuls des höheren Ernteertrags ist, kommt es – bei unverändertem Nachfrageverhalten – zu einem neuen

Marktgleichgewicht, in dem die gehandelte Obstmenge gestiegen und der Obstpreis gesunken ist.

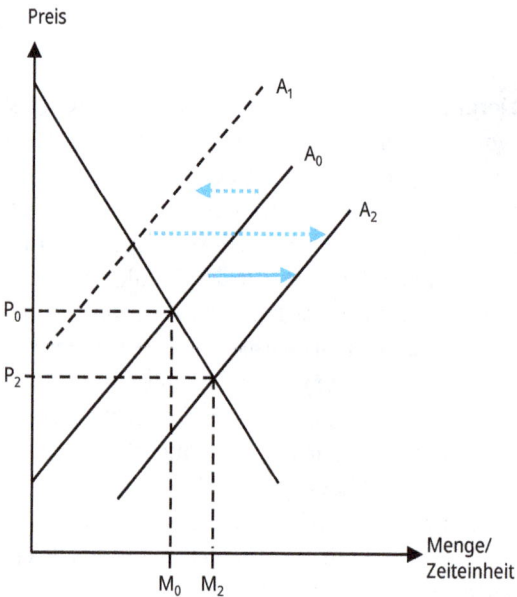

Abbildung 12.7: Netto-Effekt im Obstmarkt nach Anpassung der Obststeuer und Gewährung einer Imker-Subvention.

Mit der staatlich bezuschussten Ausdehnung der Honigproduktion hat sich also zugleich auf dem Obstmarkt die Versorgungslage verbessert: Der positive Impuls einer erweiterten Imkertätigkeit hallt im Obstmarkt stärker wider als der negative, der mit einer Anpassung der Obststeuer zur Refinanzierung der Imkersubventionen einhergeht.

Diese Beobachtung untermauert – zumindest einstweilen – die zuvor geäußerte Vorstellung, die Gegenfinanzierung einer Pigou-Subvention könne relativ geräuschlos über die Nutznießer positiver Externalitäten erfolgen, *sofern* die Gruppe der Begünstigten klare Konturen zeigt. Da im Imker-Beispiel diese Voraussetzung hinreichend erfüllt zu sein scheint, erklärt sich nahezu von selbst, warum einzelne Lehrbuchautoren schlussfolgern, die staatlichen Produktionszuschüsse für die Imker ließen sich bequem über eine Obststeuer finanzieren.[1425]

Diese Lösung wirkt so charmant, dass wir sie jetzt vorsichtshalber nochmal auf Herz und Nieren prüfen wollen. Damit stellen wir sicher, keinen Stolperstein für die

---

[1425] Vgl. z. B. Flynn, 2013, S. 211.

Umsetzung dieses Ansatzes in der praktischen Wirtschaftspolitik im Eifer des Gefechts übersehen zu haben.

12.3.2.3.3 … und dennoch: Ökonomische Bedenkenträger ante portas!

Die zwei zentralen Argumente, die Ökonomen gegen die Zahlung staatlicher Subventionen *generell* anführen, sind uns „alte Bekannte". Dem ersten Einwand waren wir bei der Diskussion um den Erziehungszoll begegnet (Lektion 8) – der Illusion des treffsicheren Instrumenteneinsatzes. Im Zusammenhang mit der Diskussion um interventionistische Preis- und Mengeneingriffen (Lektion 9) hatten wir zudem Bekanntschaft mit dem zweiten Einwand gemacht – der Gefahr der sozialen Sklerose infolge einer sich aufschaukelnden Lobbytätigkeit. Nun wollen wir diese Hauptargumente gegen staatliche Transferzahlungen auf das spezifische Terrain der positiven technologischen Externalitäten übertragen und prüfen, ob die argumentativen Bedenken noch immer Hand und Fuß haben? Oder lösen sie sich im konkreten Anwendungsfall in Luft auf?

Den Diskurs eröffnen wir mit den **handwerklichen Herausforderungen.** Diese sind erneut mehrdimensional und beginnen mit der Verortung der unbeteiligten Nutznießer, deren Identifikation in der Praxis nicht immer leichtfällt. In Bezug auf die unternehmerischen Erfindungen und die Hochschulabschlüsse klang diese Schwierigkeit in Kapitel 12.3.2.3.2. schon an. Außerdem muss das genaue Ausmaß der Externalitäten bestimmt werden. Manche Ökonomen sind der Ansicht, dass die Mess- und Belegbarkeit von positiven externen Effekten regelmäßig mit größeren Schwierigkeiten verbunden ist als die von negativen, da Umweltbeeinträchtigungen vielfach mit Hilfe technischer Geräte gemessen werden können.[1426]

Ungeachtet dieser individuellen Einschätzungen ist zu bedenken, dass ein im Ausgangspunkt gemessener, positiver Effekt *nicht* über den ganzen in Betracht kommenden Ausbringungsbereich konstant sein muss. Nehmen staatliche Entscheidungsträger irrigerweise dessen Konstanz an, dann wird trotz Subventionierung der Anbieter **kein soziales Allokationsoptimum** erreicht.

Doch selbst bei *konstanten* Externalitäten sind im Bestreben, soziale Allokationseffizienz zu erreichen, noch Klippen zu umschiffen! Einer ersten waren wir im Imker-Beispiel in Ansätzen schon begegnet, weshalb wir auf diese jetzt nur knapp und vom Bienen-Fall losgelöst eingehen.

Ein Blick in Abbildung 12.7 genügt, um die Thematik rasch zu verstehen: Es lässt sich der Illustration nämlich entnehmen, dass mit der Anpassung einer Gütersteuer zum Zwecke der Gegenfinanzierung einer Subvention *nicht* ausgeschlossen werden kann, dass sich auf diesem Markt ein neues Gleichgewicht einschwingt, in welchem die quantitative Versorgung mit diesem Gut unverändert, möglicherweise sogar schlechter als zuvor ist.

[1426] Vgl. Krugman/Wells, 2010, S. 615.

Eine identische Güterversorgung tritt grafisch betrachtet ein, wenn die ursprüngliche Angebotskurve A_0 mit der neuen A_2 zusammenfällt. Das heißt, der expansive Schub, der von den nun internalisierten Spillovers herrührt, neutralisiert lediglich die konterkarierende Wirkung der Steuererhöhung. Übertragen auf unseren Fall der fleißigen Bienchen bedeutet dies folgendermaßen: Die Obstbäume tragen wegen der ausgedehnten Imkertätigkeit tatsächlich mehr Früchte, doch die Bauern können diese *Zusatz*mengen an Obst der modifizierten Obststeuer wegen nicht vermarkten.

Für den Fall, dass auf dem betreffenden Gütermarkt unter den beiden gegenläufigen Impulsen die Steuerwirkung dominiert, äußert sich der Netto-Effekt aus unseren wirtschaftspolitischen Maßnahmen grafisch sogar als Linksverschiebung der Angebotskurve A_0. Damit würde sich ein neues Gleichgewicht einstellen, bei dem eine geringere Menge als zu Beginn gehandelt wird. Diese Beobachtung lässt sich als eine Verschlechterung der gesellschaftlichen Versorgung mit diesem Gut (z. B. Obst) bewerten.

Da eine Vermeidung dieses zweiten Szenarios auch von den marktkundigsten Politikern nicht von Vornherein garantiert werden kann, könnten sich unter ihnen Zweifel breit machen, ob den Akteuren eines tangierten Gütermarkts die weiterhin bestechende ökonomische Logik auch bei einem solchen Ergebnis vermittelbar ist. Schließlich handelt es sich bei den Betroffenen zumeist um Wähler!

Nicht ausgeschlossen, dass die Politik sich vor diesem Hintergrund jetzt veranlasst fühlt, die Finanzierung der Subventionszuwendungen über den **allgemeinen Steuerzahler** zu organisieren;[1427] umschifft sie doch mit dem Verzicht, eine spezifische Gütersteuer zu erheben, der beschriebenen Gefahr.[1428] Die Neigung zur steuerlichen Enthaltsamkeit gegenüber den ausgemachten Profiteuren externer Effekte dürfte unter Politikern vermutlich umso ausgeprägter sein, je dürftiger ihre Kenntnis über den betreffenden Markt und das konkrete Externalitätenausmaß ist.

Für unser vertrautes Imker-Beispiel erwiese sich diese Sorge in der praktischen Wirtschaftspolitik gleichwohl als haltlos, denn es liegen umfangreiche Einsichten aus zahlreichen Feldversuchen vor, welchen Beitrag die Bienen zum Obstertrag leisten. Aus diesem Umstand bereits die Rettung unserer spezifischen Obststeuer auszurufen, könnte sich allerdings als verfrüht und nassforsch erweisen: Wie die folgenden Ausführungen demonstrieren, lauern auf die Politik nun neue Gefahren, die allesamt auf der Komplexität des realen Lebens beruhen.

1427 Die Standardlehrbuchautoren, die den Fall der positiven Externalitäten bei privatwirtschaftlichen Gütern anhand eines der Beispiele Forschung und Entwicklung, unternehmerischer Erfindungen bzw. der Hochschulbildung schildern, werfen die von uns adressierte Frage nach der Steuerinzidenz regelmäßig überhaupt nicht auf. Darin darf man wohl unausgesprochen die geteilte Auffassung verstehen, dass die Finanzierung dieser staatlichen Transferleistungen von *allen* Steuerzahlern zu stemmen ist.

1428 Nicht übersehen wollen wir Folgendes: Wenn die verfügbaren Einkommen der Haushalte sinken, weil die Subventionen über eine Einkommensteuer refinanziert werden, dann verschiebt sich die Nachfragekurve und die Versorgung geht ebenfalls zurück. Dies geschieht gleichwohl weniger offensichtlich, weil zeitversetzt.

Tatsächlich verhält es sich nämlich so, dass der Effekt der Bienenbestäubung auf den bäuerlichen Ernteertrag über alle Obstarten hinweg mitnichten gleich ausfällt. Mit anderen Worten: Obst ist nicht gleich Obst – wie bislang suggeriert wurde. Bei Apfelbäumen beobachtete man beispielsweise, dass die Honigbiene die Fruchtbildung maßgeblich bestimmt. Unter anderem konnte entdeckt werden, dass bei einer Distanz von 500 Metern zum Bienenkorb die Apfelbäume im Schnitt 600 Früchte trugen. Sobald die Bienenvölker direkt neben der Plantage standen, verdoppelte sich dieser Ertrag pro Baum, also auf 1.200 Stück. Lag hingegen zwischen dem Bienenstand und den Apfelbäumen ein Abstand von einem Kilometer, so konnten nur noch zwanzig Äpfel pro Baum gezählt werden.[1429] Bei Birnen trägt die Bienenbestäubung ebenfalls zu einer ergiebigeren Ernte bei. Diese kann immerhin noch bis um das Dreifache höher ausfallen als bei Birnbäumen, die *ohne* Bienenaktivität auskommen mussten.[1430] Unbenommen dessen verschmäht die Biene die Birne eigentlich.[1431] Entsprechend unterscheiden sich die *relativen* Impulse auf Apfel- und Birnenernte. Die Analyse weiterer in Deutschland heimischer Kern- und Steinobstarten (z. B. Kirsche und Zwetschge) verfestigt den Eindruck, dass die Bestäubungserfolge der Bienen unter den Früchten stark streuen.[1432]

Erste Politiker, die sich für die Idee der direkten Gegenfinanzierung einer Imkersubvention über eine Obststeuer bis eben erwärmen konnten, knicken bei dieser komplexen Gemengelage ein und sehen von einer theoriekonformen Besteuerung ab. Denn eine solche hätte jetzt zur Konsequenz, dass jede Obstsorte mit einem ganz **spezifischen** Steuersatz versehen werden müsste.

Jene standhaften Politiker, die noch immer scheuen, die Refinanzierung der Imkersubventionen auf den allgemeinen Steuerzahler abzuwälzen, könnten jetzt aus Gründen der Praktikabilität (Stichwort: Administrationsaufwand) der Erhebung einer **pauschalen** Obststeuer das Wort sprechen. Eine solche ist zwar nicht optimal, gleichwohl eine vertretbare Zweitbestlösung. Betrüblicherweise könnte der politische Preis eines solchen Pragmatismus nun darin bestehen, dass ein scheußlicher Querulant die Bühne betritt: die Gerechtigkeit!

Produzenten von Obstsorten, die unterdurchschnittlich von der Bienenarbeit profitieren, fühlen sich von der Einführung einer Pauschalsteuer schlichtweg diskriminiert. Da erschwerend hinzu kommt, dass Honigbienen auch den Erzeugern bis dato unberücksichtigter Kulturpflanzen wie Bohnen, Fenchel, Karotten, Kohlrabi und/oder Zuckerrüben gute Dienste erweisen,[1433] wächst der Anreiz unter den benachteiligten

---

1429 Vgl. Mandl/Sukopp, 2011, S. 64 ff. Gemäss vorliegender Feldstudien sind die Effekte schon über verschiedene Apfel*sorten* hinweg uneinheitlich.

1430 Vgl. Mandl/Sukopp, 2011, S. 70.

1431 „Die Birne wird von der Honigbiene nicht gerne beflogen." Mandl/Sukopp, 2011, S. 68.

1432 Bei Kirschen konnte durch Bienenbestäubung eine Ertragssteigerung (kg pro Baum) von mindestens Faktor 15 wiederholt nachgewiesen werden. Bei verschiedenen Zwetschgensorten stieg der Ertrag um etwa 150 Prozent. Vgl. Mandl/Sukopp, 2011, S. 103 f. zu Kirschen bzw. S. 199 zu Zwetschgen.

1433 Vgl. für weitere Details hierzu die entsprechenden Abschnitte in Mandl/Sukopp, 2011.

Obstbauern, ihre Interessensvertreter ausschwärmen zu lassen, um gegen die bestehende Steuerpolitik im Obstgewerbe zu opponieren.

An dieser Stelle in unserem Gedankenexperiment angekommen, haben wir zweierlei erreicht. Zum einen haben wir die Beweggründe identifiziert, warum die Politik die Finanzierung einer Subventionszahlung schlussendlich über den allgemeinen Steuerzahler bevorzugen dürfte, selbst wenn die unbeteiligten Dritten bei positiven Externalitäten wie im Imker-Fall klar umrissen sind. Zum anderen ist es uns gelungen, den Bogen zum Lobbyismus zu schlagen.

Bevor wir auf Letzteren gleich tiefer eingehen, wollen wir in Bezug auf die These, „der Staat [könnte] sogar die Bauern besteuern, um das Geld für die Subventionen von [...] Honig aufzutreiben,"[1434] festgestellt haben, dass wir unseren Überlegungen entsprechend diese Auffassung uneingeschränkt *nicht* teilen. Vielmehr scheint uns diese Vorstellung erhebliche Risse bekommen zu haben. Ja, die Gegenfinanzierung über eine Besteuerung der begünstigten Dritten kann unter bestimmten Voraussetzungen funktionieren. Der Korridor, in dem das in der wirtschaftspolitischen Praxis gelingt, dürfte jedoch erheblich schmaler sein als das obige Zitat uns suggeriert.

Kommen wir zurück zum Lobbyismus! Unter der Annahme, dass die Politik von der Refinanzierung der Imkersubventionen über den Obstmarkt abgesehen hat, wollen wir jetzt noch prüfen, ob bei den Obstbauern mit dieser Entscheidung Friede, Freude, Eierkuchen Einzug gehalten hat, wodurch sie keine Veranlassung mehr zu intervenierender Lobbyarbeit verspüren sollten. Oder sehen wir trotz gestiegener Ernte- und Verkaufsmengen verstimmte Obsterzeuger?

Blenden wir der Einfachheit halber aus, dass sich die Impulse der Bienenbestäubung unter den Obstarten unterscheiden, dann könnte das Amusement der Obstbauern ungeachtet gestiegener Verkaufsmengen tatsächlich getrübt sein! Denn es besteht durchaus die Möglichkeit, dass sie einen sektoralen Umsatzrückgang im Gefolge des subventionierten Honigs zu verbuchen haben.

Notwendig wäre für ein solches Szenario lediglich, dass der Anstieg der Obstangebotsmenge auf eine unelastische Nachfrage stößt. Schließlich überragt in diesem Bereich der Nachfragekurve der negative Preiseffekt den positiven Mengeneffekt.[1435] Da man zu verschiedenen Lebensmitteln ein Marktgleichgewicht im *unelastischen* Bereich der Nachfrage empirisch schon beobachtet hat,[1436] darf nicht ausgeschlossen werden, dass unsere Obstbauern genau in eine solche Situation hineinmanövriert

---

1434 Flynn, 2013, S. 211.
1435 Vgl. für Details unsere Ausführungen in Lektion 4.
1436 Beispiele von Preiselastizitäten bei der Lebensmittelnachfrage haben wir im Anhang der Lektion 4 in den Tabellen 4.6 bis 4.8 aufgeführt. In den dort zitierten Studien erwiesen sich als besonders preisunelastisch Brot (0,25), Milch (0,3) und Kaffee (0,5 bis 0,9). Weitere, dort aufgeführte Forschungsarbeiten brachten für manch ein *verarbeitetes* Lebensmittel gleichwohl eine hohe Preiselastizität zu Tage, etwa bei Spagetti (1,80) oder Konfitüre (4,34).

werden: Ihre reduzierten Erlöse erwiesen sich dann als **unbedachte Nebenwirkung** staatlicher Honigsubventionen (siehe Abbildung 12.8).[1437]

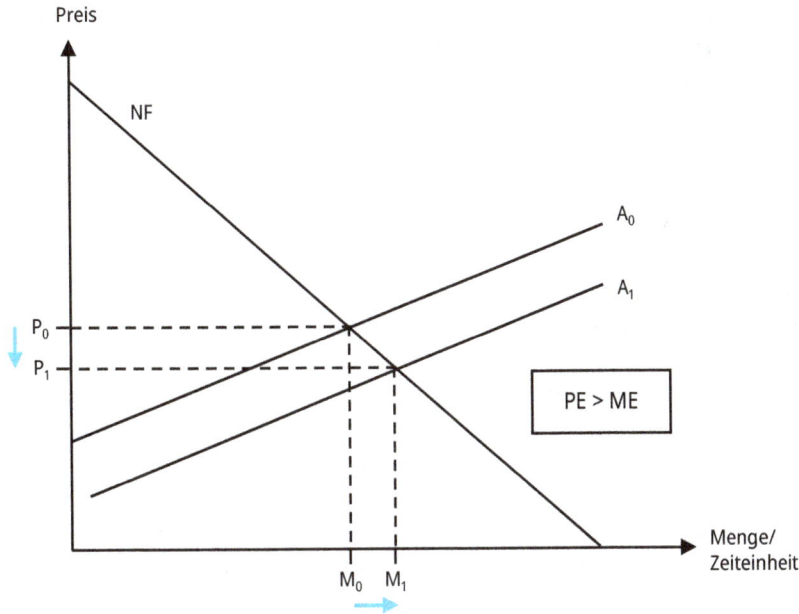

Abbildung 12.8: Entwicklung der Umsatzerlöse auf dem Obstmarkt infolge von Honigsubventionen.

Für diesen Fall dürfte es also nicht lange dauern, bis sich die Interessensvertreter der Obstbauern bei der Politik um Gehör bemühen, obgleich diese sie von einer spezifischen Obststeuer verschont hat. Ob nun aus Mitgefühl oder aus wahltaktischem Kalkül, landauf, landab werden sich früher oder später Politiker finden, die bereit sind, den betroffenen Bauern das erhoffte Pflaster zu verteilen. Der staatliche Rettungsplan sieht vor, fortan den im Obstanbau tätigen Landwirten Produktionszuschüsse zu gewähren, gehen doch von dieser primärwirtschaftlichen Aktivität selbst positive Externalitäten

---

[1437] Das Schreckgespenst reduzierter Erlöse ist auch dann nicht an den Obstbauern vorbeigegangen, wenn man unterstellt, dass sich die Einkommen der Konsumenten in der Zwischenzeit erhöht haben. Grafisch betrachtet käme es in diesem Fall am Obstmarkt zu einer simultanen Verschiebung beider Kurven nach rechts. Aus Lektion 4 wissen wir, dass sich damit eine höhere Gleichgewichtsmenge M^* einpendelt, während der neue Gleichgewichtspreis P^* zunächst einmal unbestimmt bleibt. Bedenkt man jetzt, dass die Einkommenselastizität bei Lebensmitteln im Allgemeinen < 1 ist, darf man also in höheren Konsumenteneinkommen keinen bäuerlichen Rettungsanker erwarten. In unserem Fall ist es somit auch unter Beachtung dieses Zusatzeffektes noch immer denkbar, dass die Umsätze der Anbieter sinken! Eine weitere ignorierte Nebenwirkung besteht im Übrigen darin, dass sich mit den Subventionszahlungen zugleich die *relativen* Preise ändern. In Anbetracht komplexer wirtschaftlicher Verflechtungen werden davon zahlreiche Einzelmärkte betroffen sein.

aus: Der Hecken- und Baumschnitt und vieles, vieles mehr, tragen zum Landschafts-schutz und einem idyllischen Panorama bei, von dem viele Menschen außerhalb der Agrarwirtschaft unentgeltlich profitieren.[1438]

Zur Abrundung unseres krude konstruierten Gedankenspiels greifen wir amü-siert das Beispiel von Fritsch auf, wonach unentgeltliche Vorteile ausgerechnet einer unserer Imker einheimst, weil dessen neuer Nachbar – wir vermuten auf der entgegen-gesetzten Seite zum Obstbauern – ein passionierter Hobbygärtner ist. Ohne sich an den Saatgutkosten seines blumenliebenden Nachbars zu beteiligen, fährt der Imker fortan höhere Erträge ein.[1439] Mit einer Hommage an Giovanni Trapattoni möchte man nur noch fragen: Was erlauben Strunz?

Sollten die Imker bereits notorische Subventionsempfänger infolge der von ihnen ausgehenden positiven Externalitäten sein, dürfen wir uns nicht wundern, wenn früher oder später die Saatguthersteller zum Staat gelaufen kommen und auf Basis der gleichen Logik nonchalant Zuschüsse für sich beanspruchen.

Zugegeben, unsere Lobbyismus-Collage mag überzeichnet erscheinen und/oder den Anschein einer surrealen Posse aus einer fernen Bananenrepublik erwecken. Einem solchen Eindruck sind allerdings drei Argumente entgegen zu halten!

Erstens, zur Darstellung des Phänomens eines tendenziell zunehmenden **Subven-tionswettlaufs** erfüllt unsere Erzählung zweifelsfrei ihren Zweck – zumal wir an dem aus Lehrbüchern vertraute Imkerbeispiel direkt anknüpfen konnten. Zweitens gelang es uns, die substanzielle Gefahr aufzuzeigen, dass das Subventionskarussell zum Teil aus purem **Reparaturdienstverhalten** in Schwung gehalten wird: Dem ersten Zuschuss folgt der zweite, weil der erste zu unerwünschten Nebeneffekten führte.

Das schlagendste Argument dürfte schließlich sein, dass uns die Praxis exkul-piert. So bringt bereits die Lektüre der verschiedenen Publikationen des Bund der Steuerzahler Deutschland e.V. (BdSt) mühelos zum Vorschein, dass hierzulande viele gewährte Subventionen von einer atemberaubenden Aura kraftstrotzender Beliebig-keit umgeben sind, abgeschmeckt zum Teil mit den feinsten Noten des Absurden. Mit anderen Worten: Im Scheinwerfer realer Fälle wirkt unser obiger Abstecher in die Welt der Phantasie ausgesprochen einfallslos und fade.[1440] Darüber hinaus hat die politische

---

[1438] Die Realitätsnähe dieser Fiktion sei nicht übersehen: In der Agrarpolitik der Europäischen Union kam es Anfang im Jahr 1992 zu einem Regimewechsel bei den Unterstützungszahlungen. Das alte Sys-tem ersatzlos abzuschaffen, hätte in der Tat für viele landwirtschaftliche Betriebe eine Katastrophe bedeutet, da sie von staatlichen Transferzahlungen nur allzu stark abhängig geworden waren. Insofern bevorzugte die Europäische Union die Fortsetzung ihrer Agrarpolitik auf Basis einer frischen Rechtfer-tigung – die man in dem plötzlich bemerkten Beitrag der europäischen Bauern zur Landschaftspflege fand. Im Fachjargon der Ökonomen beruhte diese Begründung also auf *positiven* technologischen Ex-ternalitäten.

[1439] Vgl. Fritsch, 2014, S. 83.

[1440] Anlässlich der damals erhobenen Forderungen der Computerspielebranche nach zusätzlichem Staatsgeld ließ es sich der Bund der Steuerzahler im Jahr 2017 nicht nehmen, griffig von einer *Subven-tionsvergabe am Fließband* zu sprechen. Vgl. https://www.steuerzahler.de/presse/detail/stoppt-die-sub-

Bereitschaft, Subventionen für industriepolitische Zwecke zu vergeben, nach einem schleichend zunehmendem Zuspruch in den 1990er Jahren auch in Deutschland mit Beginn der 2020er Jahre ein bis dato kaum vorstellbares Ausmaß erreicht.[1441]

Resümierend können wir damit festhalten, dass das erste, prinzipielle Argument gegen das staatliche Gewähren von Subventionen – die fehlende Treffgenauigkeit des Instrumentariums – auch im Zusammenhang mit positiven Externalitäten nicht an Kraft verloren hat. Es hat auch in diesem konkreten Kontext zweifelsfrei seine Gültigkeit. Pauschal vom schieren Gegenteil auszugehen, würde schlicht an Realitätsverweigerung grenzen!

Ebenfalls nicht ausräumen konnten unsere Ausführungen, dass die Sorge um eine fatale Zersetzung der Gesellschaft aufgrund sich aufschwingender Subventionsansprüche gegen den Staat, unberechtigt wären. Das zweite Kernargument gegen Subventionszahlungen ist also auch im Fall von positiven externen Effekten bei privatwirtschaftlicher Produktion nicht haltlos.

Tatsächlich können die gesellschaftlichen Kosten einer subventionsaffinen Industriepolitik hoch sein, insbesondere wenn auch die bedacht werden, die unmittelbar nur schwer greifbar sind. Machen wir uns hierzu noch einmal ein paar naheliegende, potenzielle Fehlentwicklungen bewusst, wenn ein Gemeinwesen sich aufmacht, zum notorischen Spiegeltrinker mit kontinuierlich steigenden Pegelständen hinsichtlich seiner industriepolitischen Subventionszahlungen zu werden.

12.3.2.3.4 Die eigentliche Gefahr – Die falsche Gesellschaftsdynamik

Staatliche Einrichtungen, die Subventionsansprüche von Antragsstellern berechnen, bewilligen und auszahlen, binden zunächst einmal knappe Mittel. Wo keine Subventionen gezahlt werden, braucht es zwangsläufig keinen Verwaltungsappart, der sich mit anspruchsvollen Umsetzungsfragen zu beschäftigen hat,[1442] die im Verlauf der Zeit

---

ventionsvergabe-am-fliessband/, zuletzt abgerufen am 27.03.2024. Selbst das sonst so nüchterne Kieler Institut für Weltwirtschaft erlaubte sich in seinem Subventionsbericht 2020, eine ohnehin mit der Ampelfarbe Rot markierte indirekte Vergünstigung am Rande noch zusätzlich mit „grotesk" zu etikettieren (neben vielen anderen, die mit dem Wörtchen „widersprüchlich" gekennzeichnet wurden). Vgl. Institut für Weltwirtschaft, 2020, S. 29 und S. 32.

1441 Nach Berechnungen des Kieler Instituts für Weltwirtschaft war für das Jahr 2023 zu erwarten, dass in der Bundesrepublik die Subventionsquote den historischen Spitzenwert von 9,7 Prozent erreicht. Diese Quote, die die Subventionen zum Bruttoinlandsprodukt ins Verhältnis setzt, hatte selbst zu Zeiten der Eurokrise im Jahr 2010 nur 6,7 Prozent betragen. Unmittelbar vor Ausbruch der Corona-Krise war sie mit 5,8 Prozent auf vergleichbarem Niveau wie 2015 gelegen. In 2022 wiederum lag die Quote schätzungsweise bei 6,5 Prozent. Dabei waren in 2022 die „Finanzhilfen [...] mit 176,8 Mrd. Euro zweieinhalbmal so hoch wie die Steuervergünstigungen (75,3 Mrd. Euro), im laufenden Jahr [2023] werden sie viermal so hoch sein." Institut für Weltwirtschaft, 2023, S. 41. Siehe dort aber auch S. 39.

1442 Zu den bereits herausgestellten handwerklichen Herausforderungen wollen wir hier noch zwei weitere ergänzen, die früher oder später an Bedeutung gewinnen, wenn sich eine Gesellschaft über den Staat zur Zahlung monetärer Transferleistungen aufgrund positiver externer Effekte entschließt. Die erste betrifft die Bestimmung eines *Schwellenwerts*, ab dem sich relevante Externalitäten von ho-

einen bürokratischen Popanz erzeugen, den man in Sonntagsreden zu stutzen dann gerne vorgibt, bevor dieser montags eigendynamisch in die entgegengesetzte Richtung aufbricht. Nicht zu vergessen: ohne Subventionen, kein Subventionsbetrug![1443]

Kosten entstehen im Rahmen einer subventionsfreundlichen Wirtschaftspolitik auch bei den Unternehmen. Schließlich lernen diese sich in Larmoyanz zu üben und wertvolle Ressourcen in das **Rent-Seeking** zu kanalisieren, um an die staatlichen Geldtöpfe zu gelangen. Gesellschaftlich wünschenswerter dürfte es jedoch sein, wenn die von Lobbyarbeit blockierte Managementkapazität in das Entwickeln von Lösungen für bestehende und erwartbare Kundenprobleme gesteckt werden würde.

In diesem Zusammenhang wollen wir nicht vergessen, dass die beteiligten Marktakteure regelmäßig selbst den größten Nutzen aus ihrer Externalitäten erzeugenden Produktion privatwirtschaftlicher Güter davontragen. Es sind die Imker, die zuvorderst von ihrer Honigproduktion profitieren – und nicht die Obstbauern. Unternehmen, die forschen und entwickeln, erhöhen ihre Chance, wettbewerbsfähig zu bleiben – und dienen sich damit in ersten Linie selbst und nicht ominösen Dritten. Wenn Firmenlenker daher meinen, aus Sorge über einen unkompensierten Abfluss von Wissen und Know-how auf Forschung- und Entwicklung verzichten zu müssen, bedrohen sie letztlich auf unverantwortliche Weise die Zukunft ihrer eigenen Organisation – und sollten vielleicht besser durch die Eigentümer ihres Amtes enthoben als von Politikern mit Steuergeld alimentiert werden.[1444]

Der eigentliche Preis einer Wirtschaftspolitik, die aus industriepolitischen Motiven zur Leistung von Transferzahlungen neigt, muss in deren Verbindung zur **wirtschaftli-**

---

möopathischen scheiden! Unterbleibt diese Aufgabe, haftet jeder nicht bewilligten Subvention Willkür an, wenn der Antragsteller positive externe Effekte prinzipiell geltend machen kann. Von nicht minder großer Praxisrelevanz dürfte die zweite Aufgabe sein, die sich um die Frage nach der *Aufrechnungsmöglichkeit* von Externalitäten dreht. Neben dem weiter oben dargestellten Fall, dass ein Wirtschaftszweig sowohl kostenfreier Empfänger als auch unkompensierter Erzeuger von Externalitäten sein kann, muss ferner bedacht werden, dass negative *und* positive Externalitäten in einem Sektor simultan auftreten können. So erzeugen europäische Landwirte nach Lesart der Europäischen Union mit der Landschaftspflege, dem sog. Greening, positive Externalitäten. Ein Teil dieser Landwirte belastet mit der Ausbringung zu hoher Düngergaben zugleich die Umwelt. Neben der Nitratbelastung des Grundwassers stehen auf der Soll-Seite der intensiven Landwirtschaft auch noch das Artensterben von Vögeln und Insekten, nicht zuletzt der Bienen.

1443 Es reicht an dieser Stelle allein auf die Annalen der europäischen Agrarpolitik zu verweisen, wo ausreichend anekdotische Evidenz zur Desillusionierung zu finden ist. So war es dazu gekommen, dass die EU an Bauern Stilllegungsprämien für Flächen gezahlt hat, die aufsummiert die Größe der Region der Antragssteller überschritten hatte!

1444 Es gehört zum kleinen Einmaleins der strategischen Unternehmensführung, dass sich die zukünftigen Erfolgspotenziale eines Unternehmens in großem Maße dadurch erschließen lassen, dass man sich mit dem technologischen Wandel auseinandersetzt und sich fragt, welche Bedeutung dieser Wandel für die eigene Kundschaft mit sich bringt, um aus diesen Erkenntnissen die richtigen Schlüsse für das eigene Marktangebot zu ziehen. Vgl. hierzu Anhang B in Lektion 6 zum strategischen Navigationssystem von Aloys Gälweiler.

chen Dynamik verortet werden. Nicht zuletzt deshalb, weil eine ausgeprägte Affinität zur Gewährung von Subventionen negative Rückkoppelungseffekte auf das Sozialkapital ausüben wird.[1445]

In Bezug auf die institutionelle Infrastruktur droht die Gefahr, dass eine vormals marktorientierte **Wirtschaftsordnung** schlafwandlerisch in eine staatsinterventionistische Ordnung abgleitet, weil Regierungen überall nur noch marktversagende Konstellationen erkennen und sich bei den subventionsgestützten Therapien mehr und mehr selbstgefällig anmaßen, die strategische Bedeutung dieses oder jenes Wirtschaftszweigs für die Volkswirtschaft beurteilen zu können.

In einem solchen Umfeld gedeihen **Vetternwirtschaft** und **Korruption**. Beide lähmen die Entfaltung der Wachstumskräfte, während sie die Unkultur der unechten Kommunikation zugleich florieren lassen und das wichtigste soziale Gut, das Vertrauen, allen voran in die prinzipielle Neutralität staatlicher Institutionen, schrittweise zerstören.

Ferner geht auf der Ebene der persönlichen Infrastruktur mit der politisch initiierten Anzucht einer Subventionsmentalität einher, dass ein **Pseudounternehmertum** echtes verdrängt.

Kurzum: Alles gesellschaftliche Schäden, die vorab kaum zu beziffern sind! Hinzu kommt die Besorgnis, dass ein zu industriepolitischen Subventionszahlungen neigender Staat zusätzliche Bleiplatten aufzubauen unterstützt, die gesellschaftliche Krisen auslösen können. Hierauf kommen wir gleich in Kapitel 12.4 zu sprechen.

12.4 Fazit und Ausblick

Betrachtet man das neoklassische Marktmodell mit all seinen annahmebezogenen Restriktionen als Referenzfall, dann lässt sich im Falle von negativen Externalitäten ein Versagen des Marktmechanismus attestieren. Dieser Umstand erklärt sich damit, dass die wahren Kosten knapper Ressourcen nicht eingepreist sind, die im Produktionsprozess eingesetzt werden. Folglich kommt es zur Übernutzung dieser Ressourcen. Ein Befund, der auch bei Gemeingütern theoretisch nicht ausgeschlossen werden kann.

Die Diskussion hat gezeigt, dass die Diagnose Marktversagen nicht die einzig denkbare bei negativen Externalitäten ist. Ronald Coase ist es zu verdanken, den Blickwinkel und damit auch den Instrumentenkasten zur Lösung des Problems erweitert zu haben. Die Einsatzmöglichkeit privater Verhandlungen mögen in der Praxis wegen fehlender Voraussetzungen begrenzt sein, gleichwohl bereichern sie den Lösungsraum.

Auf ähnliche Weise hat unter anderem Elinor Ostrom mit ihren empirischen Untersuchungen die Debatte um negative Externalitäten bei Gemeingütern angeregt. Zum einen dadurch, dass sie uns mit ihren Arbeiten verdeutlicht hat, dass die eigentliche

---

[1445] Zur Relevanz des Sozialkapitals als Wachstumsdeterminante siehe auch unsere Ausführungen in Lektion 2.

Tragik der Allmende im Ammenmärchen über ihr zwangsläufiges Ende zu sehen ist. Zum anderen damit, dass sie aufgezeigt hat, dass die nachhaltige Existenz von Gemeingütern *nicht* auf zentralstaatlichem Eingreifen beruht, sondern auf wirksamen Regelwerken, die sich die dezentral direkt Betroffenen selbstverpflichtend auferlegt haben.

Somit ist der Ruf nach dem Staat bei negativen Externalitäten nicht so zwingend, wie es anfänglich den Eindruck erweckt bzw. der Begriff des Marktversagens suggeriert haben mag. Nichtsdestotrotz wird es Konstellationen geben, wo staatliches Einwirken eine sinnvolle Lösung zur Reduzierung negativer Externalitäten darstellt.

Bei positiven externen Effekten, die im Zusammenhang mit der Produktion privatwirtschaftlicher Güter walten, kann staatliches Eingreifen Schäden verursachen, die schwerwiegender als das ursprüngliche Marktversagen selbst sind. Treibt die herbeigerufene Politik den deklarierten Teufel der Externalität mit dem Beelzebub der Subvention aus, erweist sie der Gesellschaft einen Bärendienst – zumal auf lange Sicht. Aufgrund dieser Gefahr, sollte sich Politik und Gesellschaft bewusst machen, dass ein noch so betrüblich erscheinendes Marktversagen einem potenziellen Staatsversagen prinzipiell vorzuziehen ist. Das Argument für die wirtschaftspolitische **Option** des **Nichtstun** verliert bei den hier betrachteten Fällen von positiven Externalitäten nicht an Kraft, wenn man bedenkt, dass sich jede industriepolitisch gewährte Subvention in der einen oder anderen Form im Staatshaushalt niederschlägt.

Solange die Staatsverschuldung noch nicht zu hoch ist, kann Politik vielleicht auf Steuererhöhungen und Ausgabenkürzungen verzichten, um obskuren Partikularinteressen zu frönen. Doch bei einem unreflektierten Hang zu industriepolitischen Transferzahlungen wird der Zeitpunkt kommen, an dem angewachsene Schuldenstände die Handlungsspielräume der Politik einschränken – auch bei ihren eigentlichen Aufgaben.[1446] Was diese eigentlichen Aufgaben des Staates auf wirtschaftlichem Terrain sein könnten, wollen wir in Lektion 13 gleich betrachten!

Zuvor erlauben wir uns zu den staatlichen Eingriffen aufgrund von marktversagenden Externalitäten noch folgende, abschließende Gedanken zur Reflexion zu platzieren: Wenn eine Regierung aus umweltpolitischen Motiven – wie oben in Kapitel 12.2.3.2 dargelegt – eine Lenkungssteuer erhebt oder erhöht, um die Nutzung eines Umweltgutes einzuschränken, konterkariert sie dann nicht mindestens teilweise ihre eigenen Maßnahmen, sobald sie auf anderen Politikfeldern Instrumente zum Einsatz bringt, die bei den beteiligten Anbietern zu sinkenden Produktionskosten führen?

[1446] Deutschland nahm in Bezug auf die Energiehilfen, die es den Unternehmen mit Beginn des russischen Angriffskriegs auf die Ukraine gewährt hat, eine einsame Spitzenposition innerhalb der Europäischen Union ein. Die EU-Kommission stellte in einem Zwischenbericht fest, dass die Bundesregierung zwischen März 2022 und Juni 2023 mit 72,8 Mrd. Euro mehr Subventionen als alle anderen 26 EU-Länder zusammen gewährt hatte. Italien, Zweiter in diesem Ranking, subventionierte seine Wirtschaft mit weniger als 40 Mrd. Euro und Spanien als Dritter mit 12 Mrd. Euro. Die Niederlande kamen mit Energiefinanzhilfen von 570 Millionen Euro und Belgien mit weniger als 270 Millionen Euro aus. Vgl. Scheer/ Volkery, 10.01.2024, S. 6.

Wenn beispielsweise ein Wirtschaftsminister mit industriepolitischem Gestaltungswillen einen Hang zur Darreichung hochdosierter Subventionspillen hat, werden Kapazitäten aufgebaut, die andernfalls unterblieben worden wären. Infolgedessen geht mit diesem politisch-induzierten Produktionsaufbau ein künstlich erzeugter Ressourcenverbrauch einher. Bedenkt man den großen Bedarf an Kupfer, Lithium, Gallium und anderen Rohstoffen, die allesamt zur grünen Transformation benötigt werden (und die mitnichten immer umweltfreundlich abgebaut werden),[1447] dann bleibt der mit Steuergeldern erwirkte Aufbau von Batterie- und Halbleiterfabriken schon aus einer spezifisch umweltpolitischen Perspektive nicht ganz widerspruchsfrei – um es vorsichtig zu formulieren. Allen voran, wenn sich ein solcher Minister aufgrund seines Parteibuchs dem Schutz der Umwelt und des Weltklimas versprochen hat. Marktliche Ineffizienzen infolge von positiven Externalitäten und Marktmacht könnten – provokant gesprochen – schon aus ökologischer Sicht geradezu willkommen geheißen werden! Ein Gedanke, der vermutlich viele verstört!

Aus einer isoliert umweltpolitischen Perspektive muss aber auch eine Geldpolitik künstlich niedriggehaltener Zinsen widersinnig erscheinen, da diese die Produktionskosten senken und damit die Handelsmenge gegenüber einer Situation mit unverzerrten Zinsen anhebt. Tatsächlich haben die großen Notenbanken der westlichen Welt nach dem Kollaps der Investmentbank Lehman Brothers (2008) eine solche Politik für *mehr als eine Dekade* betrieben, während die Regierungen dieser Staaten auf Konferenzen wiederkehrend proklamierten, das Weltklima retten zu wollen.

Kontrollfragen

- Was verstehen Ökonomen unter technologischen Externalitäten?
- Worin besteht das Problem von negativen externen Effekten, die im Zusammenhang mit privatwirtschaftlicher Produktion anfallen?
- Ronald Coase vermag bei negativen Externalitäten kein marktliches Versagen zu erkennen. Was sieht er stattdessen, warum?
- Was schlägt Coase zur Lösung des Problems vor? Welche Rahmenbedingungen erleichtern es, diesen Lösungsweg erfolgreich zu beschreiten?
- Erläutern Sie, inwieweit die Verstaatlichung umweltverschmutzender Betriebe eine Lösung zur Beseitigung des Problems darstellen kann!
- Bei Gemeingütern wird von der Tragik der Allmende gesprochen. Erklären Sie, worin diese Tragik bestehen soll und welche empirische Relevanz sie hat!
- Welche Maßnahmen kann ein Staat ohne unmittelbare Budgetwirksamkeit ergreifen, um die Unterproduktion privatwirtschaftlicher Güter infolge positiver Externalitäten zu überwinden?

1447 Vgl. z. B. Henke, 15.12.2023, S. 36 f.

- Erklären Sie, wer die Gegenfinanzierung staatlichen Transferzahlungen zu stemmen hat, wenn sich der Staat darauf einlässt, die Produzenten positiver Externalitäten zu subventionieren.
- Welche Gesellschaftsgefahren zieht es nach sich, wenn Regierungen Subventionszahlungen leichtfüßig zum Mittel ihrer Wahl machen, um allokativen Ineffizienzen aufgrund positiver Externalitäten bei privatwirtschaftlicher Produktion zu begegnen?
- Wer profitiert regelmäßig am stärksten von der privatwirtschaftlichen Produktion, von der positive Externalitäten ausgehen?

Anhang: Das Gefangenendilemma

A und B, zwei polizeilich bekannte Zeitgenossen, wurden kurz nach Meldung eines Einbruchs in Tatortnähe von Polizisten gestellt. Aus deren Sicht sprachen erste Indizien dafür, dass die Aufgegriffenen an besagter Tat beteiligt gewesen waren. Folglich wurden die zwei Gesellen mit auf das nächste Revier genommen, wo sie in Einzelhaft auf ihre Verhöre warten mussten.

Jeder der beiden hat zu Beginn seines Einzelverhörs die genau gleiche Offerte zur Kooperation mit der Polizei erhalten. Im Klartext: Gibt der Verhörte der Polizei wichtige Informationen preis, dann wirkt sich dies für ihn im Vergleich zu einem unkooperativen Verhalten im Prozess gegen die zwei Geschnappten strafmildernd aus. Das tatsächliche Strafmaß des Einzelnen ist jedoch davon abhängig, wie sich der Mitgefangene im Verhör verhält. Da die Inhaftierten räumlich getrennt wurden, haben sie nun keine Chance mehr, sich bezüglich ihre Verhörstrategien auszutauschen und abzustimmen.

Geht A auf das Angebot ein und entscheidet sich damit zum Singvogel zu werden, dann drohen ihm vier Jahre Haft, sofern auch sein Kumpel singt (Feld 1 im Abbildung 12.9). Für den Fall, dass B sich unkooperativ erweisen sollte, käme es für den singenden A sogar noch deutlich besser: Er müsste dann nur ein schlappes Jahr absitzen (Feld 2). Der polizeilichen Zusage entsprechend hätte A mit beiden Varianten jedenfalls eine um ein Jahr kürzere Haftstrafe als bei unkooperativem Verhalten anzutreten (Feld 3 und Feld 4). Aus der Perspektive von B ergeben sich identische Strafmaße bei Angebotsverweigerung (Feld 2 und 3) bzw. bei Kooperationsbereitschaft (Feld 1 und 4).

Vor dieser Ausgangssituation stellt sich nun die Frage, wie sich der Einzelne verhalten wird? Ist davon auszugehen, dass das polizeiliche Angebot die Gefangenen A und B in ihrem Verhalten beeinflusst?

In der Tat darf man erwarten, dass sich sowohl A als auch B für die Kooperation mit der Polizei entscheidet und „Singen" somit zur *dominanten* Verhaltensstrategie wird. Denn „Singen" bringt dem Einzelnen – wie dargelegt – stets eine geringere Freiheitsstrafe ein als das Ablehnen der Offerte. Da A und B diese Vernehmungsstrategie nun beide einschlagen, mündet ihr individuell rationales Verhalten in einer Gefängnisstrafe von jeweils vier Jahren (siehe Abbildung 12.10).

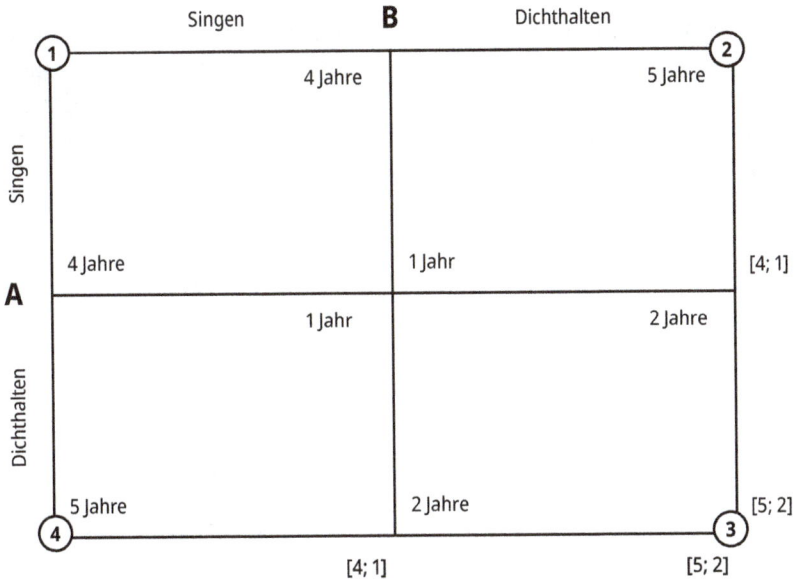

Abbildung 12.9: Auszahlungsmatrix für zwei Inhaftierte je nach Verhaltensweise.

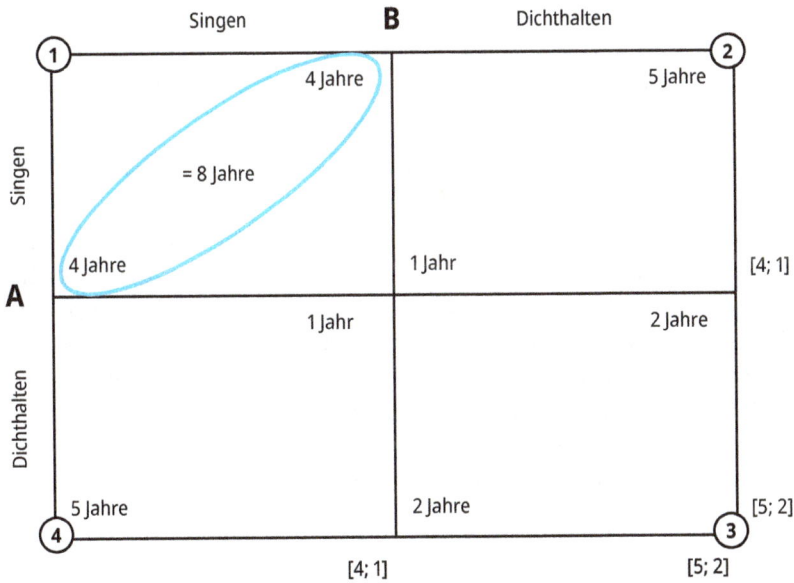

Abbildung 12.10: Dominante Strategie der Beteiligten aufgrund individueller Rationalität.

Für die beiden Verhörten ist dieses Resultat gleichwohl schlechter, als wenn sie sich gegenseitig vertrauten und *miteinander* – statt mit der Polizei – *kooperierten*. Hielten A und B nämlich dicht und verhielten sich gegenüber der Polizei unkooperativ, dann hätten jeder von ihnen einen um zwei Jahre geringeren Freiheitsentzug zu erwarten (siehe Abbildung 12.11).

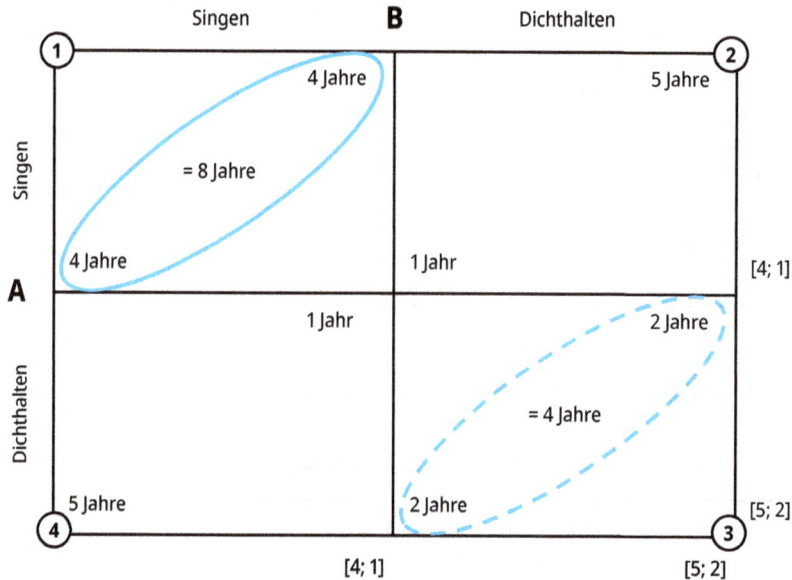

Abbildung 12.11: Vergleich zwischen kooperativer und unkooperativer Verhandlungsstrategie.

Aus der spieltheoretischen Figur des Gefangenen-Dilemmas lässt sich somit ableiten, dass es für das Gesellschaftssystem der beiden Inhaftierten ein zweifelsfrei besseres Ergebnis zu erzielen gibt, als das tatsächlich erreichte. Allein, die Akteure stehen sich mit ihrem Rationalismus zum Erreichen der besten Systemlösung selbst im Wege. Auf den Punkt gebracht, bedeutet dies: **Individuell rationales Verhalten führt** – hier im Gefangenendilemma – **zu kollektiver Irrationalität!**[1448]

Gleichwohl ist dieses für das Kollektiv denkbar schlechteste Resultat *keine zwingende Notwendigkeit*, es lässt sich verbessern! Schon in der Oligopol-Diskussion (Lektion

---

[1448] Diese Eigentümlichkeit, dass egoistisches Verhalten zu Effekten führt, die im Grunde von keinem einzelnen erwünscht ist, stellt *kein* Alleinstellungsmerkmal der Figur des Gefangenendilemmas dar. Im Gegenteil! Grass und Stützel machen zu Recht darauf aufmerksam, dass man „ähnlichen Grundstrukturen [...] sehr häufig im Wirtschaftsgeschehen [begegnet]. Wir nennen sie Konkurrenzparadoxa." Grass/Stützel, 1983, S. 151. Die Autoren verweisen nicht zuletzt auf die Funktionsweise von Märkten, die unsichtbare Hand (= das klassische Konkurrenzparadoxon). Indem sich jeder Anbieter in seinem Gewinnstreben bemüht, den Kunden bessere Produkte anzubieten, konkurrieren sie sich – ungewollt – ihre Produzentenrenten weg. Vgl. Grass/Stützel, 1983, S. 153 ff.

10) haben wir gesehen, dass das Ergebnis mit modifizierten Rahmenbedingungen im Sinne der Beteiligten positiv beeinflusst werden kann: Ist ein Duopol *nicht* auf eine *kurze* Zeit, sondern auf Dauer angelegt, sinken bereits die Anreize, den jeweils anderen zu übervorteilen; das gegenseitige Vertrauen auf Kollusion unter den Wettbewerbern steigt. Droht im Falle unseres Gefangenendilemmas einem „Singvogel" nach seiner Freilassung der sichere Tod durch Mitglieder einer Organisation, der er angehört, dann beeinflusst das Wissen um diese tödliche Konsequenz, die individuelle Neigung, mit der Polizei zu kooperieren. Das Regelwerk der Organisation führt infolgedessen dazu, dass individuell rationales Verhalten in einem *kollektiv erwünschten Ergebnis* mündet.[1449]

Fritsch wendet in seinem Lehrbuch das hier vorgestellte Gefangenendilemma im Kontext der *Allmende* an. Er ersetzt dabei die beiden Gefangenen durch zwei Fischer; deren Optionen sind mit einem kleinmaschigen Netz oder mit einem großmaschigen ihrer Arbeit nachzugehen. Kooperieren sie und beide fischen mit großmaschigen Netzen, dann dient das der Nachhaltigkeit der Ressource bzw. dem Gemeingut: Die Fischbestände werden nicht überfischt und können sich bei der betreffenden Entnahme regelmäßig erholen.[1450]

[1449] Roth verweist in diesem Zusammenhang auf die Omerta-Regel der Mafia. Vgl. Roth, 2014, S. 152. Für praktische Beispiele braucht man jedoch nicht in die Halb- und Schattenwelt abzutauchen. Auch die Vorstände, Aufsichtsräte und Eigentümer von Großkonzernen und Banken können Regeln setzen, dass Mitarbeiter keine Anreize für schädigendes Verhalten erhalten, wie Zins- und Goldpreismanipulationen bzw. Cum-Ex-Geschäfte.

[1450] Vgl. Fritsch, 2014, S. 92 f.

Lektion 13
Marktversagen aufgrund von Externalitäten, Teil 2

13.1 Einführung

In Lektion 12 haben über den Tellerrand privatwirtschaftlicher Güter geblickt. Umwelt- und Gemeingüter haben uns dabei beschäftigt. Herausgearbeitet haben wir, dass die Gefahr einer Übernutzung bei diesen Güter aufgrund ihrer Gutseigenschaften besteht. Denn das Merkmal ihrer Nichtausschließbarkeit lädt die Beteiligten im freien Spiel der Kräfte zu einem Verhalten ein, das zu negativen Externalitäten und zuweilen sogar zu kollektiver Irrationalität führen kann.

Bei unserer folgenden Diskussion bewegen wir uns weiter außerhalb des Feldes privatwirtschaftlicher Güter. Indem wir auf die öffentlichen Güter blicken, gesellt sich jetzt noch die Nichtrivalität im Konsum als Gutsmerkmal zur Nichtausschließbarkeit (siehe auch Lektion 1, Kapitel 1.2.2.3.). Aus dem Zusammenspiel dieser beiden Eigenschaften entfalten sich nun abermals positive Externalitäten, die jedoch weitreichendere Konsequenzen als in unserem Imker-Beispiel (Lektion 12) haben. Dieser Umstand erklärt, warum die Behandlung der öffentlichen Güter mitunter als Spezial- oder Sonderfall positiver externer Effekte verstanden werden.

Was das Marktversagen beim öffentlichen Gut auszeichnet und wie es überwunden werden kann, untersuchen wir in Kapitel 13.2. Zum Schluss schlagen wir neben einem kleinen Fazit nochmal einen Bogen zurück zu Lektion 12 und beenden damit die Diskussion um die externen Effekte (Kapitel 13.3).

https://doi.org/10.1515/9783111331607-016

13.2 Marktversagen aufgrund positiver Externalitäten beim öffentlichen Gut

Die Marktineffizienz beim öffentlichen Gut liegt nicht in seiner Übernutzung. Vielmehr gestaltet sich seine Neuerstellung schwierig. Um dies zu verstehen, sehen wir uns zunächst an, *wie* sich im Rahmen des neoklassischen Modells die optimale – sprich: die allokativ effiziente – Menge eines solchen Gutes bestimmen lässt (Kapitel 13.2.1.). Daraufhin gehen wir der Frage nach, *warum* die theoretisch optimale Menge im freien Markt mit rationalen Akteuren scheinbar schwer zu realisieren ist (Kapitel 13.2.2.). Nachdem wir den Treiber identifiziert haben, der die Funktionalität des freien Marktes bei öffentlichen Gütern einzuschränken droht, beschäftigen wir uns kurz mit den Bedingungen, die den Ausprägungsgrad dieses Störfaktors beeinflussen (Kapitel 13.2.3). Die Optionen, mit denen die marktlichen Ineffizienzen korrigiert bzw. reduziert werden können, betrachten wir dann im abschließenden Kapitel 13.2.4.

13.2.1 Die Bestimmung der optimalen Produktionsmenge

Der Markt als Zuteilungsverfahren bringt stets ein effizientes Ergebnis hervor, wenn die Grenzkosten der Produktion dem Grenznutzen aus dem Konsum eines Gutes entsprechen, sich Angebots- und Nachfragekurve also schneiden. Diese Feststellung bleibt unverändert richtig, wenn wir die in Lektion 12 gewonnene Einsicht aufgreifen, dass zur Bestimmung der effizienten Marktlösung nicht allein auf die privaten, sondern auf die sozialen Grenzkosten bzw. -nutzen abzustellen ist.

Im Rahmen aller grafischen Analysen hatten wir die gesellschaftlichen Kurven, und damit auch die der Nachfrage, bislang immer aus der Horizontaladdition der individuellen Kurven gewonnen.[1451] Beim rein öffentlichen Gut besteht nun genau hier – technisch betrachtet – der kleine, aber feine Unterschied: Die Nachfragepläne aller privaten Haushalte einer Gesellschaft müssen nämlich wegen der Nicht-Rivalität im Konsum jetzt über die **vertikale Addition** der individuellen Pläne bestimmt werden (siehe Abbildung 13.1): Denn der Konsum eines Ersten schränkt einen Zweiten, Dritten und Vierten nicht ein, aus demselben Gut ebenfalls einen Nutzen generieren zu können – auch wenn jedes Gesellschaftsmitglied den Dienst, den dieses Gut ihm persönlich erweist, unterschiedlich bewerten mag.

[1451] Vergleiche dazu die Darstellung in Lektion 3 in Kapitel 3.3.1.2.2. Soweit unausgesprochen war das bisherige Vorgehen an die Betrachtung privatwirtschaftlicher Güter gekoppelt, bei denen Rivalität im Konsum herrscht.

Preis

NF$_{A+B}$ (= Grenznutzen)

A (= Grenzkosten)

NF$_B$

P

L

C

NF$_A$

M$_A$ M$_B$ M$_{AB}$

Menge/
Zeiteinheit

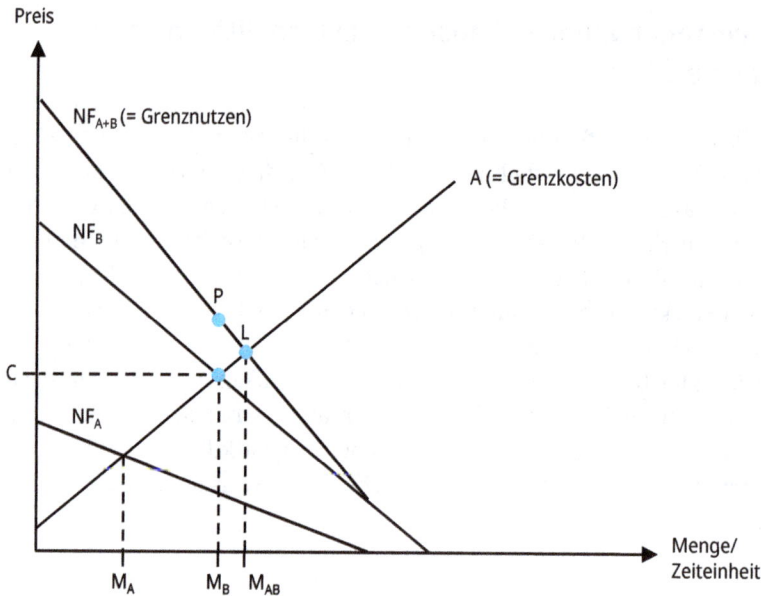

Abbildung 13.1: Vertikale Addition der Nutzenkurve bei rein öffentlichen Gütern.

Zum besseren Verständnis wollen wir das Phänomen anhand eines Beispiels illustrieren.[1452] Nehmen wir der Einfachheit halber an, es geht um die Müllentsorgung in einer Gemeinde mit lediglich zwei Haushalten.

Beide Parteien wünschen grundsätzlich, dass der von ihnen produzierte Hausmüll abtransportiert wird. Unter der weiteren Annahme, dass die Kosten privatwirtschaftlicher Abfallbetriebe bekannt sind, würde sich Haushalt A mit der Menge M$_A$ dieser Dienstleistung begnügen: Sie bildet *sein* Optimum. Bei dieser Menge, etwa einer monatlichen Entsorgung, decken sich für ihn Grenznutzen (= Nachfragekurve NF$_A$) und Grenzkosten (= Angebotskurve). Dem gegenüber präferiert der Haushalt B einen häufigeren Abtransport, etwa einen wöchentlichen. Wegen der für ihn größeren Bedeutung der Müllentsorgung ist der zweite Haushalt entsprechend bereit, einen höheren Preis für diese Dienstleistung zu entrichten als Haushalt A. Das Optimum von Haushalt B liegt folglich bei einer isolierten Betrachtung in der Menge M$_B$.

Jetzt lassen wir gedanklich den Müllwagen in unserer Kleinstgemeinde vorfahren, um die Abfälle von Haushalt B wöchentlich und jede vierte Woche den Müll beider Haushalte abzuholen. Nach einer Weile bemerkt nun Haushalt A, dass die wöchentliche Präsenz des Müllentsorgers – für die er selbst zu zahlen sich ziert – nicht ganz nutzlos für ihn selbst ist: Bei Bedarf beginnt er – zunächst heimlich, nach kurzer Zeit auf jeden Fall recht routiniert – seinen Unrat zum Hausmüll seines Nachbarn am Vorabend der Abholung dazuzustellen!

1452 Unser Beispiel ist angelehnt an das von Blankart, 2011, 114 ff.

Es ist nun zu offensichtlich, dass wegen der Nicht-Rivalität unter den Nachbarn und der fehlenden Praktikabilität, Haushalt A von diesem Abfuhrdienst situativ auszuschließen,[1453] der Nutzen beider Haushalte bei einer wöchentlichen Müllentsorgung den individuellen Nutzen von Haushalt B übersteigt! Daher muss zur Bestimmung des gesellschaftlichen Gesamtnutzen bei der Konsummenge M_B noch der individuelle Grenznutzen des Haushalts A hinzugerechnet werden – grafisch also vertikal addiert werden. In Abbildung 13.1. liegt der Gesamtnutzen der Gemeinde bei der Konsummenge M_B damit im Punkt P.

Gemäß der vertrauten Effizienzregel ist unter Beachtung der dargelegten vertikalen Nutzenaddition nun im Punkt L die optimale Allokation zu verorten, da sich hier der Grenznutzen *aller* Konsumenten mit den Grenzkosten des Angebots deckt. Die optimale Ressourcenallokation geht also mit der Marktmenge M_{AB} (bzw. mit der ihr entsprechenden Frequenz der Müllbeseitigung) einher.

Mit diesem Befund müssen wir uns fragen, ob sich diese optimale Menge M_{AB} auf einem freien, privatwirtschaftlich organisierten Markt überhaupt verwirklichen lässt. Falls ja, wie kann das stabil gelingen? Und wenn nein, was steht der effizienten Marktlösung hier im Wege? Was wären etwaige Ansätze, um bei öffentlichen Gütern das suboptimale Marktergebnis im Sinne der allokativen Effizienz zumindest zu verbessern?

13.2.2 Das Trittbrett – Nachbars Liebling droht die Neuerstellung zu verhindern

Auf den Fall mit der Müllentsorgung kommen wir weiter unten zurück. Zunächst wollen wir uns noch ein ähnlich gelagertes Beispiel ansehen, eines mit mehr Beteiligten.

Dazu unterstellen wir, dass es auf einem privatwirtschaftlich organisierten Wettbewerbsmarkt ausreichend Firmen gibt, die Straßenbeleuchtungsanlagen einschließlich Anschluss an das allgemeine Stromnetz zu errichten vermögen. Wenn nun in einem gerade erschlossenen Neubaugebiet für zweihundert private Haushalte eine Straßenbeleuchtung noch fehlt, die für 100.000 Euro jederzeit von einem dieser Anbieter installiert werden kann, wie finden sich Angebot und Nachfrage?

Da wir Berufs- und/oder Transitverkehr ausblenden können, sind die latenten Nachfrager nach einer solchen Beleuchtungsanlage ganz offenkundig die Anwohner. Ihnen allen stiftet die Beleuchtung einen Nutzen, sobald sie installiert ist.[1454] Nehmen wir vereinfachend noch an, dass alle Haushalte den Wert der Anlage mit einem Grenznutzen von 1.000 Euro versehen und eine gleiche Verteilung der Kosten unter ihnen vorgesehen ist, dann müsste jeder Haushalt bei den gegenwärtigen Angebotskonditio-

---

1453 Ob die Unmöglichkeit des Ausschlusses technisch, sozial oder ökonomisch bedingt ist, ist bedeutungslos!

1454 Ein analoges Beispiel wäre etwa ein Schädlingsbefall bzw. eine Mückenplage unter der eine Gemeinde von 10.000 Einwohnern leidet. Dieses Beispiel findet man etwa im Lehrbuch von Pindyck/Rubinfeld, 2013, S. 924 f. bzw. auch bei Fritsch, 2014, S. 91 f.

nen die Hälfte seiner latenten Zahlungsbereitschaft tragen, nämlich 500 Euro! Hierüber frohlockend sollten also alle unsere Neubewohner jetzt ihre Portemonnaies umstandslos zücken, so dass die Anlage von einem der Anbieter zeitnah errichtet werden kann.

Doch dies ist eine Illusion! Eine, die auf der Vorstellung beruht, wie Menschen sein sollten, und nicht darauf, wie sie tatsächlich sind! Wegen der beiden Gutseigenschaften der Nichttrivialität und der Nichtausschließbarkeit ist mit einem solchen Verhalten der Beteiligten nämlich nicht zu rechnen. Vielmehr darf erwartet werden, dass manch ein Haushalt seine wahren Präferenzen verschleiert, er also nicht mit den anderen kooperiert. Wortgewandt wird ein Erster die neuen Nachbarn wissen lassen, dass er die nächtliche Illuminierung ganz und gar nicht benötigt, da er kinderlos sei und auch keinen Hund Gassi führen müsse. Aus diesen Gründen habe er daher gar keine Zahlungsbereitschaft.

Warum es zu diesem vorhersehbaren Verhaltensmuster kommt und worin es zu enden droht, ist schnell erklärt: Schert ein Haushalt aus und verweigert die Zahlung von 500 Euro zur Errichtung der Beleuchtung, kann er eine Konsumentenrente in Höhe von 1.000 Euro einstreichen, während die übrigen 199 Haushalte jeweils 502,51 Euro zahlen müssen.[1455] Das Motiv des signalisierten Desinteresses lautet simpel gesprochen also: Nutzen ohne Kosten! Denn einmal installiert, werden die Laternen auch dem Unkooperativen Licht spenden und ihm somit einen mehr oder weniger großen Dienst erweisen. Zugleich können die Anlieger den nachbarlichen Trittbrettfahrer von der Nutzung der Straßenbeleuchtung technisch nicht ausschließen.

Das Wissen um diese Gegebenheit veranlasst folglich den Einzelnen, sich bei der betreffenden Abstimmung strategisch zu verhalten. Denn unabhängig von der Entscheidung der anderen erreicht er immer einen höheren Nutzen, wenn er nicht zahlt – vorausgesetzt es kommt zur Installation der Beleuchtungsanlage.

Dies scheint bedenkenlos möglich, solang in unserem Gedankenspiel nicht mehr als 98 Haushalte dem ersten nacheifern und der individuelle Obolus der Financiers unterhalb ihrer persönlichen Zahlungsbereitschaft bleibt. Entzieht sich dann aber noch eine weitere Partei, steigt der notwendige Beitrag der zahlenden Hälfte auf das Niveau ihrer prinzipiellen Zahlungsbereitschaft.

Sollte sich in unserem Neubaugebiet bei der Finanzierungsbeteiligung dieser Grenzfall tatsächlich abzeichnen, gerät mit diesem das Beleuchtungsvorhaben in Gefahr. Beschleicht in dieser Situation jetzt einen der hundert zahlungsbereiten Haushalte das dumpfe Gefühl, er könne von Nachbarn, die er im Grunde nicht kennt, aus-

---

1455 Von den verbliebenen Haushalten mögen die zusätzlichen 2,51 Euro an Kosten noch unkommentiert akzeptiert werden, da ja die individuelle Zahlungsbereitschaft bei jeweils 1.000 Euro liegt. Es wäre aber doch recht verwunderlich, wenn das Spiel hier bereits zu Ende sein sollte. Es wird sich gewiss ein Zweiter finden, dem sich ein Schlauer, ein besonders Schlauer und Herr Oberschlau anschließen. Mit jedem Ausscherenden schmilzt die vormals komfortable Konsumentenrente zusammen!

genutzt werden, implodiert mit dessen Rückzieher das Projekt. Die Laternen halten in unserer Siedlung dann keinen Einzug mehr.[1456]

In solchen oder ähnlichen Fällen kann es in der Praxis selbstredend noch dann zur Installation eines öffentlichen Gutes wie der Straßenbeleuchtung kommen, wenn nur *ein* Zahlungswilliger verbleibt. Gewiss, dass dürfte tendenziell eine Ausnahme darstellen – und nicht zuletzt von der Höhe der Gesamtkosten abhängig sein. Denn der letzte Zahlungsbereite ist je nach Perspektive ein Dummkopf oder ein Mäzen, der in unserem Gedankenexperiment immerhin 100.000 Euro berappen müsste.

Scheitert jedoch die Neuerstellung eines rein öffentlichen Gutes, weil das Verhalten der Beteiligten vom Motiv des Trittbrettfahrens dominiert wird, dann hat die Rationalitäten-Falle eines typischen Gefangenendilemmas zugeschnappt:[1457] Indem keine Straßenlaternen installiert und/oder Feuerwehren eingerichtet werden, stellen sich die Beteiligten stets schlechter, als wenn sie miteinander kooperiert hätten. Die kollektiv irrationalen Ergebnisse sind auch hier die Früchte des ansonsten geschätzten, auf Nutzenmaximierung ausgerichteten Rationalverhaltens der Individuen.

Damit haben wir die Krux mit den öffentlichen Gütern hinreichend ausgeleuchtet und können jetzt bestätigen, was implizit im Raum bereits gestanden hatte: Obwohl diese Güter einen erkennbaren Nutzen dem Einzelnen stiften, neigt dieser als Teil einer Gruppe von latenten Nachfragern mit seinem **strategischen Verhalten** ihre **Unterproduktion** geradewegs herbeizuführen. Hierdurch geht die Gewähr verloren, dass der marktliche Allokationsmechanismus analog dem *neoklassischen Referenzmodell* die gesellschaftlich optimale Menge bereitstellt. Von dieser Warte aus betrachtet, versagt der freie Markt demnach erneut. Beeinträchtigt wird dessen Funktionsfähigkeit diesmal durch das gutbedingte Verhalten der Nachfrager, deren unzureichende Kooperationsbereitschaft sogar so weit führen kann, dass überhaupt kein marktliches Angebot erstellt wird. Der Raum für Trittbrettfahrerei wäre in diesem Extremfall selbstredend in Gänze erloschen![1458]

Da in der individuellen Neigung zum Trittbrettfahren der Treiber zu verorten ist, der den freien Markt bei der effizienten Bereitstellung öffentlicher Güter stören kann, müssen wir im nächsten Schritt der Frage nachgehen, welche Bedingungen das Ausmaß dieses menschlichen Hangs am Markt beeinflussen. Mit anderen Worten: Wann darf

---

1456 Die experimentelle Ökonomik hat mit Laborversuchen mehrfach zu Tage gebracht, dass etwa die Hälfte der Testpersonen mit Fremden zu kooperieren bereit ist, obwohl die Gefahr bestand, von diesen im Anschluss materiell übervorteilt zu werden. Der von uns skizzierte Grenzfall erscheint vor diesem Hintergrund weitaus weniger konstruiert als dies vielleicht aus didaktischen Gründen vermutet worden war. Der Befund, dass in solchen Experimenten immerhin 50 Prozent der Probanden vermeintlich irrational den Weg der Kooperation einschlagen, deutet darauf hin, dass in uns Menschen weiterhin eine Idee von vager Reziprozität (d. h. Gegenseitigkeit bzw. Wechselbezüglichkeit) im Umgang mit unseren Artgenossen schlummert – ein Programm, das in Urzeiten für das Überleben des Einzelnen wichtig war. Vgl. z. B. Deegen, 2013, S. 24 f.

1457 Eine Darstellung dieser aus der Spieltheorie bekannten Figur findet sich in Anhang A, Lektion 12.

1458 Vgl. Roth, 2014, S. 159.

mit einem starkem, wann mit einem schwachem Freifahrerverhalten am freien Markt gerechnet werden?

13.2.3 Anhaltspunkte zur Bedeutung des Trittbrettfahrens

Die Ausschau nach maßgeblichen Einflussfaktoren des Freifahrerverhaltens erleichtern wir uns, indem wir die Ausgangsfrage auf den Kopf stellen und nach Kriterien suchen, die kooperatives Verhalten unter Akteuren auf freien, unregulierten Märkten begünstigen.

Sich der Umkehrtechnik hier zu bedienen, erscheint fruchtbar, weil wir im Zusammenhang mit der Bildung von Kartellen und deren Stabilität (Lektion 10) eine analoge Diskussion schon einmal geführt haben. Wie bei Anbieterkooperationen dürften nämlich die *Gruppengröße* und vermutlich auch der *Spielzeithorizont* für kooperatives Verhalten unter Nachfragern bedeutsam sein.

Bezüglich der Gruppengröße lässt sich vermuten, dass die Kooperationsbereitschaft ceteris paribus zunimmt, je geringer die Mitgliederanzahl ist. Schließlich besteht in kleinen Gruppen vielfach ein Gefühl von Vertrauen und Reziprozität unter den Mitgliedern. Außerdem kann hier die Kontrolle fast noch spielerisch ausgeübt werden, was wiederum einen latenten Druck zum Mitmachen auf den Einzelnen auslöst: Wer will schon das schwarze Schaf in der Familie oder der Stinkstiefel im Kreis der Bekannten sein?

Aus dieser Überlegung folgt konsequenterweise, dass mit zunehmender Anzahl an Betroffenen der Einzelne geschmeidiger ausscheren kann, da die Sozialkontrolle mit jedem weiteren Mitglied anspruchsvoller bis gänzlich unmöglich wird. Gleichwohl könnte bei ansteigender Mitgliederzahl ein gewisser Punkt erreicht werden, ab dem sich Überwachungs- und Sanktionsmechanismen, die für mittlere Gruppengrößen zu kostspielig sind, aufzubauen lohnen und damit unkooperatives Verhalten einschränken. Kurzum: Ob die Neigung zu unsolidarischem Freifahrerverhalten mit der Mitgliederzahl also strikt linear ansteigt, muss offenbleiben. Dies ändert aber nichts an der bereits formulierten Erwartung, dass sich die Mitglieder kleiner Gruppen tendenziell kooperativer verhalten dürften.[1459]

Doch die Gruppengröße ist bei rein öffentlichen Gütern ebenso wenig wie bei der Kartellbildung das einzige Kriterium, um die Kooperationsbereitschaft der Beteiligten erklären zu können. Besteht in einem Wohnquartier aus Miet- und Eigentumswohnungen die Möglichkeit, einen Teich zur Verbesserung des Mikroklimas in exponierter Lage anzulegen, sofern die Quartiersbewohner die Finanzierung zu tragen bereit sind, kann auch die Länge der gemeinsamen „Spielzeit" das kooperative Verhalten der Gruppenmitglieder bestimmen. In dem skizzierten Mischgebiet dürften die Zeithorizonte von

---

[1459] Vgl. Goolsbee/Levitt/Syverson, 2014, S. 874.

Haushalten mit Eigentumswohnungen und Mietern, allen voran solchen, die sich wie Studenten hier nur zu Ausbildungszwecken niederlassen wollen, stärker divergieren als in unserem vormaligen Neubaugebiet, in dem zweihundert Haushalte gerade ihre Eigenheime bezogen haben.

Tatsächlich ist das zeitliche Kriterium unweigerlich an den umfassenderen Bestimmungsfaktor des **individuellen Nutzens** geknüpft. Auch dieser schlägt sich bei aller Unmöglichkeit, andere von der Nutzung dieses Gutes auszuschließen, in der Bereitschaft des Einzelnen nieder, sich an der Finanzierung eines solchen Gutes zu beteiligen – diese notfalls sogar ganz alleine zu stemmen.

Man stelle sich eine größere Wiese im Stadtteil einer Metropole vor. Die Wohnverhältnisse sind beengt und die Spielgelegenheiten für Kinder begrenzt. Begrüßt ein berufstätiges Elternpaar jetzt die Idee des Sohnes, einem Grundschüler, seiner fußballerischen Leidenschaft auf genau dieser Grünfläche nachzugehen, könnte es eigenmächtig dort zwei schicke Fußballtore aufstellen. Deren Nutzen ist für diese Familie anscheinend so groß, dass es für sie nebensächlich wird, wenn diese Tore auch von Dritten unentgeltlich genutzt werden.

Verallgemeinernd dürfte damit gelten, dass sich eine Gruppe zur Bereitstellung eines öffentlichen Gutes auf freiwilliger Basis umso leichter bildet, je größer der Nutzen des einzelnen Mitglieds ist. Im Umkehrschluss bedeutet dies, dass die Trittbrettfahrerei umso ausgeprägter sein sollte, je geringer der Nutzen ausfällt, den der Einzelne mit dem öffentlichen Gut verbindet. Ungeachtet dessen sollte man sich „klarmachen, dass der Nutzen pro Mitglied aus einem öffentlichen Gut nicht in einer besonders engen Korrelation zum *Gesamtnutzen* des Gutes stehen muss. Es ist gut möglich, dass ein öffentliches Gut mit einem sehr hohen Gesamtnutzen nicht bereitgestellt wird, da seine potenziellen Nutzer sehr zahlreich sind, so dass der Durchschnittsnutzen pro Person zu klein ist, um das Trittbrettfahrerproblem zu überwinden."[1460]

13.2.4 Optionen im Umgang mit der Marktineffizienz

Die Mitglieder einer Gesellschaft, die dem Privateigentum an den Produktionsmitteln verpflichtet ist, verfügen über zwei prinzipielle Möglichkeiten, wenn sie das ineffiziente Ergebnis zu verbessern trachten, das sich im freien Markt beim öffentlichen Gut einstellt, eingestellt hat oder einzustellen droht. Zum einen können sie miteinander verhandeln. Dieser Ansatz bietet sich gerade für kleine Gruppen an, da hier der Anreiz zum Trittbrettfahren – wie dargelegt – ohnehin relativ gering ist und damit ein relativ günstiges Milieu zum Kooperieren vorliegt (Kapitel 13.2.4.1.). Die Alternative hierzu besteht darin, sich staatlicher Institutionen bzw. politischer Prozesse (sprich: Wahlen) dienstbar zu machen. Hierauf blicken wir in Kapitel 13.2.4.2.

1460 Goolsbee/Levitt/Syverson, 2014, S. 874 f.

13.2.4.1 Verhandlung in kleinen Gruppen

An dieser Stelle kommen wir auf unser Beispiel mit der Müllentsorgung in der kleinen Gemeinde mit den beiden Haushalten A und B zurück. Wo könnten Verhandlungslösungen einfacher sein als bei zwei Beteiligten, vorausgesetzt sie sind grundsätzlich verhandlungsbereit.

Sollte in einem ersten Schritt der Haushalt B seinen individuellen Präferenzen entsprechend ein Müllabfuhrunternehmen beauftragt haben, so kommt die Menge M_B am Markt zustande, da am Punkte D der Grenznutzen des Haushalts B mit den Grenzkosten des Entsorgungsunternehmens übereinstimmt. Bemerkt nun der Haushalt, dass der Nachbar A – wie in Kapitel 13.2.1. skizziert – Trittbrett fährt, könnte er mit diesem in Verhandlungen eintreten. Das Verhandlungsziel des B ist einfach: Seine Versorgungslage noch weiter zu verbessern, sprich die Marktmenge über den Punkt M_B hinaus auszudehnen. Er selbst steht einer noch häufigeren Müllentsorgung prinzipiell positiv gegenüber, sofern sich seine eigenen Grenzkosten reduzieren.

Abbildung 13.2. kann entnommen werden, dass der Haushalt B seine Sättigungsmenge bei S_B erreicht. Ab dieser Menge hätte auch er keinen Bedarf an einer weiteren Dienstleistung bzw. einer noch häufigeren Abholung seines Hausmülls. Sein Grenznutzen und damit seine marginale Zahlungsbereitschaft sind an dieser Stelle S_B genau Null.

Eine Ausdehnung der Müllentsorgung über die aktuelle Menge M_B hinaus in Richtung seiner Sättigungsmenge S_B könnte sich der Haushalt B jetzt vorstellen, sobald sich Haushalt A an den Zusatzkosten entsprechenden beteiligt. Der Einfachheit halber unterstellen wir nun konstante Grenzkosten über den relevanten Mengenbereich (siehe Abbildung 13.2).

Aus der Perspektive des Haushalts B gelingt eine Ausdehnung der Versorgungsmenge über die aktuelle Menge M_B hinaus, wenn sich der Haushalt A zumindest bereit erklärt, die Differenz zwischen den konstanten Grenzkosten und der sinkenden marginalen Zahlungsbereitschaft (= fallende Nachfragekurve) des Haushalts B zu übernehmen. Am Punkt S_B würde das bedeuten, dass der Haushalt A die Grenzkosten des Unternehmens vollständig übernehmen müsste – was grafisch der Strecke $S_B H$ entspricht. Mit anderen Worten: Der Haushalt A muss ab dem Punkt M_B die Finanzierungslücke zwischen der kontinuierlich abnehmenden Zahlungsbereitschaft des B und den Grenzkosten übernehmen!

Da wir lineare Nachfragekurven unterstellt haben, lässt sich eine Gerade von M_B zum Punkt H ziehen. Diese Strecke $M_B H$ lässt sich nun als das Verhandlungsangebot des Haushalt B an den A interpretieren. Wenn es keine Verhandlungsmacht auf irgendeiner Seite gibt und auch der Nachbar A verhandlungswillig ist, wird er auf das Verhandlungsangebot von Haushalt B eingehen. Als Ergebnis der Verhandlung ist die Menge M_V zu erwarten. Bei dieser Versorgungsmenge deckt sich die marginale Zahlungsbereitschaft (= Nachfragekurve) des A, also sein Grenznutzen, mit dem Obolus, den er an Haushalt B zu zahlen hat. Kurzum: Sein Finanzierungsbeitrag deckt sich mit seiner Wertschätzung (= Grenznutzen) für das öffentliche Gut.

Als Zwischenfazit kann festgehalten werden, dass mit Hilfe von Verhandlungen kleine Gruppen ganz im Sinne von Coase ihre Versorgungslage mit öffentlichen Gütern tatsächlich verbessern können. Es kann zu Lösungen kommen, die in großen Gruppen unwahrscheinlich sind.

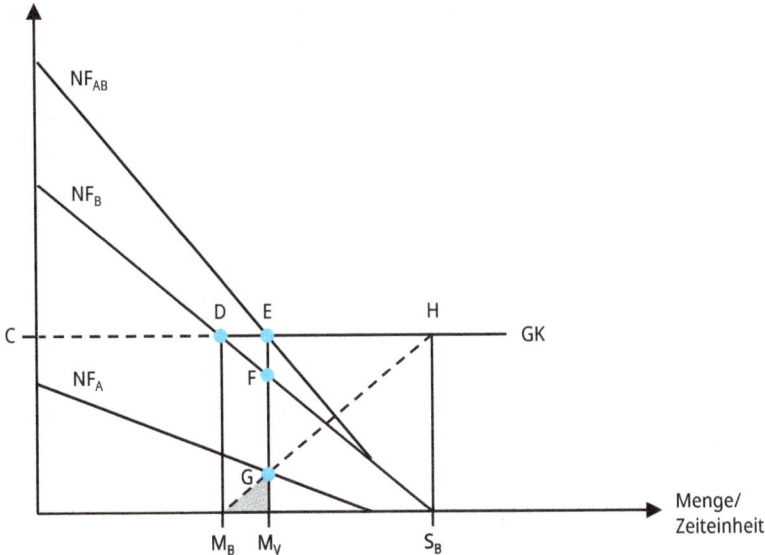

Abbildung 13.2: Verhandlungslösung zur Bereitstellung der optimalen Menge an öffentlichen Gütern.

Die effiziente Verhandlungslösung wird allerdings begleitet von einem Aspekt, der allen voran die vermeintliche Gewissheit um eine *stabile* Lösung eintrübt, wenn nicht gar das Verhandlungsergebnis ganz gefährdet: die Kostenverteilung! Diese ist nämlich unter den beteiligten Haushalten A und B ausgeprägt einseitig. Von den Gesamtkosten in Höhe des Vierecks $0CEM_V$, die den beiden Haushalten bei der Versorgungsmenge M_V entstehen, übernimmt der Haushalt A einen insgesamt doch recht überschaubaren Anteil in Höhe des Dreiecks M_BGM_V – während die Hauptlast in Höhe von $0CDFM_V$ an Haushalt B hängenbleibt.

Das schale Gefühl einer „unfairen" Kostenverteilung mag Haushalt B nun veranlassen, in den Verhandlungen eine gänzlich andere Strategie zu wählen. Er geht „all-in" und gibt vor, überhaupt keine Nachfrage mehr fortan zu entfalten, wohlwissend dass er sich selbst des Trittbretts bedienen kann, das Haushalt A durch seine Nachfrage nach Müllentsorgung für ihn, Haushalt B, kreieren würde. Gewiss, der Müll würde dann seltener als im Status quo (= Menge M_B) abgeholt werden, aber immerhin könnte Haushalt B dann eine ordentliche Konsumentenrente ohne gänzliche Gegenleistung einstreichen.

Da Haushalt A nicht erst seit gestern hinter den Ohren trocken ist, hat er in den Verhandlungen mit seinem Nachbar B ebenfalls kein Interesse, seine wahren Präferenzen zu bekunden. Im Gegenteil, gewieft wie wir ihn in Abschnitt 13.2.1. schon kennengelernt haben, wird auch er suggerieren, zukünftig keinen Bedarf mehr an der Müllentsorgung zu haben – in der Erwartung von der gegenwärtigen Nachfragemenge des Nachbarn weiterhin umsonst profitieren zu können. Kurzum – beide Verhandlungsparteien haben aus Sorge, die finanzielle Hauptlast tragen zu müssen, einen Anreiz, ihre wahren Zahlungsbereitschaften zu verschleiern. Kurzum, es ist nicht ausgeschlossen, dass die Falle der Rationalität am Pokertisch erneut zuschnappt.

Dies würde konsequenterweise bedeuten, dass das *tatsächliche* Verhandlungsergebnis von der oben abgeleiteten optimalen Menge M_v abweicht. Für den Fall, dass dieses effiziente Resultat zwischen den Parteien anfänglich ausgehandelt worden sein sollte, gibt es für seine dauerhaft Stabilität aus dargelegtem Grunde keine Gewähr.[1461]

Diese Erkenntnis bringt uns nun zu der Frage nach der möglichen Rolle des Staates bei der Erstellung rein öffentlicher Güter!

13.2.4.2 Finanzierung über das Budget und die Frage nach der Bestimmbarkeit des Optimums

Für viele Ökonomen stellt der Fall der rein öffentlichen Güter die ökonomische Begründung des Staates dar! Aus allokativer Sicht erscheint dies geradezu folgerichtig! Schließlich entfaltet sich wegen der gütertypischen Eigenschaften und dem daraus resultierenden Verhalten der privaten Nutzer auf dem freien Markt keine verlässliche Nachfrage. Dies steht wiederum einer effizienten Bereitstellung öffentlicher Güter nach neoklassischem Maßstab im Wege. Die Idee, dass zum Wohle aller der öffentliche Sektor jetzt eine aktive Rolle einzunehmen hat, drängt sich also auf!

So sehr man sich dieser generellen Perspektive spontan und bereitwillig anschließen mag, so sehr sei vor einer allzu hohen Erwartungshaltung gewarnt: Die staatliche Leistungsfähigkeit im Kontext rein öffentlicher Güter könnte uns schnell ernüchtern, sollte sich herausstellen, dass der Teufel wie so oft im Detail liegt und auch hier, bei den öffentlichen Gütern, ungeahnte Untiefen einer imperfekten Welt hervortreten.

Zur nüchternen Beurteilung seiner Fähigkeiten blicken wir daher auf ein paar Herausforderungen, die der Staat zu bewältigen hat, wenn er sich der Bereitstellung öffentlichen Güter annimmt. Fragen wir uns dabei zunächst, wie der Staat die optimale gesellschaftliche Bedarfsmenge bestimmen kann, ohne dass die Individuen ihre Präferenzen in Bezug auf diese Güter erneut verschleiern.

Koppelt der Staat als Agent der Interessen seiner Bürger das Verfahren zur Bestimmung der optimalen Versorgung an die individuelle Zahlungsbereitschaft der Gesellschaftsmitglieder, wird das Phänomen des Trittbrettfahrens lediglich auf eine andere Ebene gehoben, aber nicht beseitigt: Noch immer kann der Einzelne darauf spekulie-

---

[1461] Insofern merkt Blankart an, dass der „Fall von Verhandlungen über öffentliche Güter in kleinen Gruppen [...] dem des Oligopols bei privaten Gütern [gleicht], bei dem nähere Aussagen über das Gleichgewicht auch nur unter einschränkenden Verhaltensannahmen möglich sind." Blankart, 2011, S. 117.

ren, dass andere in ausreichendem Umfang zu zahlen bereit sind und er selbst unentgeltlich in den Genuss des betreffenden Gutes kommt, etwa in den der allabendlichen Straßenbeleuchtung oder in den des Brandschutzes durch die lokale Feuerwehr in einem Notfall. Die Individuen würden ihre wahren Präferenzen also nicht schon deshalb artikulieren, weil die öffentliche Hand den Entscheidungsprozess orchestriert! Kurzum: Die uns mittlerweile hinlänglich bekannte Problematik des Freifahrerverhaltens würde sich bei einem solchen Procedere nicht auflösen; die artikulierten Präferenzen drohten durch strategisches Verhalten unverändert verzerrt zu bleiben. Die Gefahr einer Unterproduktion wäre also nicht gebannt, so dass diese Form der staatlichen Einbindung letztendlich auch keinen Vorteil gegenüber dem freien Markt für sich beanspruchen kann!

Diese Einsicht bringt uns zu den politischen Verfahren, mit denen sich kollektive Präferenzen unter einstweiliger Ausblendung der Finanzierungsfrage ausloten lassen – zu **Wahlen**. Lässt sich mit deren Hilfe die gesellschaftlich optimale Menge an einem bestimmten öffentlichen Gut jetzt sicher ermitteln? Liefern Wahlen also Ergebnisse, die nicht nur eindeutig, sondern auch der freien Marktlösung überlegen sind, weil sie deren allokative Ineffizienz überwinden?

Bedauerlicherweise nicht zwingend! Zur Illustration unserer These greifen wir auf das Beispiel der Müllabfuhr in leicht erweiterter Form zurück und blicken dabei auf die **direkte Demokratie**, weil hier das Instrument der Wahlen im Sinne unseres Anliegens dienlicher als in der parlamentarischen Demokratie gestaltet ist.[1462]

Konkret wollen wir annehmen, dass neben den beiden uns bereits bekannten Haushalten A und B noch ein dritter Haushalt C der Gemeinde angehört. Mittels einer einfachen Wahl soll jetzt die präferierte Häufigkeit der kommunalen Müllentsorgung bestimmt werden. Um einem strategischen Verhalten der Stimmbürger entgegenzuwirken, bleibt die Finanzierungsfrage wie besagt ausgeklammert. Dieses Verfahren wird somit allein von der Vorstellung getragen, die optimale Menge dieser Entsorgungsdienstleistung auf Basis kollektiver Willensbildung eindeutig ableiten zu können.

Zur Wahl stehen drei Optionen, die sich einzig in ihrer Entsorgungsfrequenz unterscheiden. Bei einer häufigen Leerung (H = hoch) wird der Müll aller Haushalte zweimal

---

[1462] In der *direkten Demokratie* kann jederzeit über ein Anliegen abgestimmt werden. Dieser Umstand zwingt die gewählten Politiker, sich deutlich stärker mit der Mehrheitsfähigkeit ihrer Vorhaben auseinanderzusetzen als in der *repräsentativen* Demokratie, in der alle vier bis fünf Jahre periodisch Wahlen stattfinden. In der Direktdemokratie haben die Politiker also weniger Narrenfreiheit, sie sind an der deutlich kürzeren Leine des Souveräns, dem Bürger. Weltweit die umfangreichsten direktdemokratischen Elemente hat die Schweiz, wo seit 1874 auf allen Gebietskörperschaftsebenen (Gemeinde, Kanton, Bundesstaat) direktdemokratische Instrumente zum Einsatz kommen, etwa das fakultative Referendum. In diesem verfügt das Volk über ein Initiativrecht. D. h. es bedarf lediglich 50.000 Stimmberechtigte, um einen Entwurf für eine Gesetzes- oder Verfassungsänderung einreichen zu können. Die Schweizer dürfen also über Sachfragen mitentscheiden! Viele der fünfzig US-Bundesstaaten haben Teile der direkten Demokratie aus der Schweiz importiert! Vgl. Blocher, 2024, S. 12 ff.

pro Woche entsorgt. Alternativ dazu kann der Müll einmal wöchentlich (M = mittel) oder einmal alle vierzehn Tage (W = wenig) abgeholt werden.

Die Haushalte A, B und C, die über die Abholhäufigkeit ihres Hausmülls zu entscheiden haben, gehen nun mit ganz individuellen Vorstellungen von einem Optimum zur Abstimmung. Wähler A, ein äußerst reinheitsliebender Zeitgenosse, bevorzugt stets mehr als weniger Entsorgungstermine, so dass seine Rangfolge lautet: H > M > W. Das Interesse von Haushalt B an der Müllentsorgung ist weniger stark ausgeprägt. Für ihn liegt die beste Lösung in einer mittleren Frequenz der Entsorgung, gefolgt von einer niedrigeren. Die eindeutig unattraktivste Lösung stellt für ihn eine häufige Müllentleerung dar. Für Haushalt B ergibt sich somit die Ordnung: M > W > H. Der Dritte im Bunde, Haushalt C, ist prinzipiell mit einer seltenen Entsorgung am zufriedensten. Sollte seine bevorzugte Lösung allerdings keine Mehrheit finden, dann begrüßt er eine häufige Entsorgung. Seine Prioritätenliste stellt sich infolgedessen dar als: W > H > M. Die beschriebenen individuellen Präferenzordnungen der drei Haushalte fasst Tabelle 13.1 nochmal zusammen.

Tabelle 13.1: Die Präferenzordnungen von drei Wahlberechtigten zur Häufigkeit der Müllentsorgung.

		Wähler/ Haushalt		
		A	**B**	**C**
Rang-folge	**I**	H	M	W
	II	M	W	H
	III	W	H	M

Sollten sich unsere Stimmbürger im Vorfeld darauf geeinigt haben, über die beste Lösung für ihr Kollektiv mit Hilfe einer einfachen Mehrheitsregel bei paarweisem Vergleich der bestehenden Varianten zu befinden, kommt Verblüffendes zum Vorschein.

Die erste Überraschung besteht darin, dass die gewählte *Reihenfolge* der paarweisen Abstimmung für das Ergebnis *entscheidend* ist: Basiert das Abstimmungsverfahren auf den Paarvergleichen eins und drei (siehe Tabelle 13.2), gewinnt Option W die Abstimmung (W > H > M). Wird hingegen die kollektive Präferenz unter den Bürgern über die beiden Paare drei und zwei ermittelt, so geht unter Anwendung der *Mehrheitsregel* die Variante M als Sieger aus dem Stechen hervor (M > W > H). Schließlich gewinnt die Alternative H das Verfahren, wenn die Paare zwei und eins zur Disposition stehen (H > M > W). Dieser Befund macht sichtbar, dass mit der eingesetzten Methode sich *kein* eindeutiges Wahlergebnis ermitteln lässt.[1463] Jedes Resultat mag zwar den gegenteiligen Eindruck erwecken, tatsächlich ist es aber immer nur scheinbar eindeutig.

1463 Bei einem Individuum, das über drei Vorschläge abzustimmen hat, reichen zwei Paarvergleiche für ein eindeutiges, konsistentes Ergebnis. Die gewählte Reihenfolge der Abstimmung ist hierbei

Der fehlenden Eindeutigkeit haftet zugleich Willkür an, denn „je nachdem, über welche Vorlage der Vorsitzende (der ‚Agenda Setter') zuerst abstimmen lässt, folgt ein anderes Ergebnis. Durch ein schlaues Vorgehen hat er es also in der Hand, das Abstimmungsergebnis nach seinem Willen zu beeinflussen,"[1464] sofern den Unterlegenen dieser Umstand verborgen geblieben sein sollte oder sie sich trotz der Kenntnis darüber nicht wehren.

Tabelle 13.2: Paarweiser Vergleich bei drei Wahloptionen und drei Präferenzordnungen.

Paarvergleich		Verhältnis	Kollektiv-Ergebnis	„Mehrheitssieger" durch die Gunst der Wähler ...
1.	H gegen M	2:1	H > M	A und C
2.	M gegen W	2:1	M > W	A und B
3.	W gegen H	2:1	W > H	B und C

Eine zweite Irritation stellt sich ein, wenn unsere Haushalte abweichend zum vorherigen Vorgehen über alle drei Paarungen hintereinander abstimmen sollten. Die mutmaßliche Überlegenheit dieses Verfahrens bringt nämlich weiterhin kein eindeutiges Resultat hervor. Stattdessen endet die Wahl jetzt in einem Paradoxon, weil sich ein Zyklus kollektiver Wertschätzung herausgebildet hat, indem gilt: H > M > W > H. Damit schlägt bei sukzessiver Abstimmung nun jede Variante die nächste, wodurch die drei Haushalte A, B und C noch immer nicht in der Lage sind, eine eindeutige Rangfolge unter den drei Varianten für ihr Kollektiv zu bestimmen.

Wie kann es zu diesem als **Arrow-Paradoxon** bezeichneten Phänomen kommen? Wesentlich für sein Erscheinen ist zum einen die Stimmenregelung. So stellt sich das illustrierte Problem der Zirkularität nur bei Mehrheitsregeln ein.[1465] Mit anderen Worten: Es lässt sich verhindern, wenn man auf das Wahlverfahren der Einstimmigkeit

---

unerheblich. Dies sei am Beispiel von Haushalt A kurz erläutert. Aus dem Erstvergleich zwischen H und M und dem anschließenden Vergleich zwischen dem Sieger des Erstvergleichs (H) und der verbliebenen Alternative W, ist die erste Priorität von A bzw. der Gewinner eindeutig identifiziert. Hätte man mit dem Paarvergleich M und W begonnen (M > W), reicht ebenfalls ein zweites Stechen für ein konsistentes Ergebnis. Indem im zweiten Paarvergleich zwischen H und M die Variante H obsiegt, ist auch auf diesem Wege das gleiche eindeutige Resultat erzielt worden. Ein Vergleich zwischen H und W erübrigt sich. Der Umstand, dass zwei Vergleiche für ein eindeutiges Resultat ausreichen, begründet sich mit der Transitivität der individuellen Präferenzordnung. Dabei wird Transitivität als innere Geschlossenheit oder logische Konsistenz einer Präferenzordnung verstanden. Die Annahme der Transitivität scheint für den Einzelnen plausibel, während sie bei kollektiven Ordnungen fragwürdig wird. Vgl. Recktenwald, 1983, S. 642.

1464 Blankart, 2011, S. 122.

1465 In diesem Sinne ist es also gleichgültig, ob man nun eine einfache Mehrheitsregel im Sinne von „Fünfzig Prozent plus eine Stimme" oder eine modifizierte Regel wie „größer 75 Prozent" anwendet. Kurzum: Die Gefahr der Zirkularität wird mit einer anderen Form von Mehrheitsregel nicht gebannt.

wechselt. Hierdurch würde dann kein Teilnehmer benachteiligt werden, das Ergebnis wäre also optimal. Allerdings gehen mit der Einstimmigkeitsmethode meist zeitaufwändige, zähe Verhandlungen und ein Ergebnis des kleinsten gemeinsamen Nenners einher.

Hält man wegen der benannten Nachteile, die die strenge Einstimmigkeitsregel begleiten, irgendeiner Variante von Mehrheitsregel die Stange, so beginnt das Arrow-Paradoxon erst bei fehlender Konformität der Wählerpräferenzen zu keimen an. Im Umkehrschluss bedeutet dies, dass ein solches Paradoxon trotz Mehrheitsentscheid vermieden wird, wenn sich die individuellen Präferenzordnungen der Wahlbeteiligten ähneln.[1466]

Tabelle 13.3: Modifizierte Rangfolge der Präferenzen bei drei wahlberechtigten Haushalten und drei Vorschlägen.

		Wähler/ Haushalt			
		A	**B**	C	**C***
Rang-folge	**I**	H	M	W	W
	II	M	W	H	M
	III	W	H	M	H

Würde den dritten Haushalt in unserem Beispiel die Rangfolge C* auszeichnen (siehe Tabelle 13.3), führt bei Beibehaltung der Mehrheitsregel schon diese kleine Anpassung zu einem stabilen und eindeutigen Abstimmungsergebnis. Um dies zu erkennen, greifen wir willkürlich auf die ersten beiden Wahlvorlagen in Tabelle 13.4 zurück. Das betreffende Stechen bringt nach zwei Runden M als Sieger hervor, denn es gilt: M > W > H. Eine andere Abfolge in den Paarvergleichen ändert an diesem Resultat nun nichts mehr: Die modifizierte Präferenzordnung C* des dritten Wählers hat tatsächlich Transitivität in der kollektiven Präferenzordnung bewirkt. Das Ergebnis ist eindeutig und stabil.

Tabelle 13.4: Modifizierter Paarvergleich bei drei Wahloptionen und drei Präferenzordnungen.

Paarvergleich		Verhältnis	Kollektiv-Ergebnis	„Mehrheitssieger" durch die Gunst der Wähler ...
1.	M gegen W	2:1	M > W	A und B
2.	W gegen H	2:1	W > H	B und C*
3.	H gegen M	1:2	M > H	B und C*

[1466] Gerade bei stark ideologisch geprägten Entscheidungen spricht einiges dafür, dass dies gegeben ist. Vgl. Hart, 1994, S. 37.

Obgleich Wahlen also kollektive Präferenzen konsistent bestimmen können, darf ein solches Ergebnis als nicht sonderlich wahrscheinlich eingestuft werden. Eher dürften Mehrheitsregeln, auf die man sich aus pragmatischen Gründen verständigt, bei steigender Wählerzahl auf Individuen stoßen, deren Präferenzordnung durch *sprunghafte Übergänge* wie bei Haushalt C gekennzeichnet sind.[1467] Infolgedessen können zyklische Wahlentscheidungen auftreten, die schwankende Staatsausgaben im Zusammenhang mit öffentlichen Gütern nach sich ziehen.

13.3 Schlussbemerkungen

Nachdem wir einen Einblick in die Besonderheiten der öffentlichen Güter erhalten haben, wollen wir mit ein paar Bemerkungen die Diskussion um die positiven Externalitäten abschließen, auch um etwaigen Missverständnissen vorzubeugen.

Zunächst wollen wir darauf aufmerksam machen, dass sich der vermeintliche Spezialfall des rein öffentlichen Gutes von dem in Lektion 12 diskutierten Fall positiver Externalitäten beim privatwirtschaftlichen Gut nicht wirklich grundlegend unterscheidet, sobald wir auf die zentrale Gemeinsamkeit beider Fälle blicken – die ineffiziente Mengenbereitstellung über den freien Markt.

Gewiss, in Lektion 12 fußte die konstatierte Unterproduktion auf dem Rationalitätsverhalten der Anbieter, während ihre Wiege beim öffentlichen Gut im Haus der Nachfrager stand. Ungeachtet dieser feinen Unterschiede neigen die wirtschaftspolitischen Maßnahmen zur Überwindung der Unterproduktion finanzwirtschaftliche Parallelen aufzuweisen: Subventionen, seien sie nun direkt als monetäre Beihilfe oder indirekt in Form von Steuererleichterungen gewährt, schlagen sich wie die Finanzierung öffentlicher Güter im Staatsbudget nieder. Damit müssen in beiden Fällen die jeweiligen Ausgaben bzw. die entgangenen Einnahmen gegenfinanziert werden, wozu es dann der Erhöhung von Steuern, der Kürzung von Ausgaben an anderer Stelle und/oder der staatlichen Kreditaufnahme bedarf.

Weiterhin dürften die meisten Ökonomen einer staatlichen Finanzierung öffentlicher Güter prinzipiell wohlwollender gegenüberstehen als der Gewährung industriepolitischer Transferzahlungen – nicht zuletzt bei steigender Verschuldung im öffentlichen

---

[1467] Vgl. z.B. Blankart, 2011, S. 122 f. Die Präferenzordnungen der Haushalte A und B weisen beide *keine* sprunghaften Übergänge auf. Daher werden diese Ordnungen auch als eingipflig bezeichnet. Hingegen gilt die Präferenzordnung C des dritten Haushalts als zwei- bzw. mehrgipflig, weil es bei diesem Wähler in der Rangordnung seiner Präferenzen zu einer sprunghaften Richtungsänderung kommt: von der minimalsten zur maximalsten Lösung! Es ist dieser Umstand, der einer konsistenten kollektiven Lösung im Ausgangspunkt unseres Beispiels im Wege stand. Angemerkt sei noch, dass auch die Anzahl an *Wahlalternativen* die Wahrscheinlichkeit von zyklischen Wahlergebnissen beeinflusst. Je höher die Zahl der zur Wahl stehenden Optionen, desto wahrscheinlich tritt das Arrow-Paradoxon ein. Es spricht sogar einiges dafür, dass die Zahl der Alternativen einen stärkeren Einfluss als die Zahl der Wahlbeteiligten für das Auftreten des Paradoxons hat. Vgl. Hart, 1994, S. 37.

Sektor (siehe Lektion 16). Gleichwohl dürfen wir nicht übersehen, dass in Demokratien *nicht* damit zu rechnen ist, dass die Bereitstellung öffentlicher Güter durch den Staat effizient erfolgt!

Dieses ernüchternde Bild, das wir in Kapitel 13.2.4.2. anhand der direkten Demokratie dargelegt haben, hellt sich in der parlamentarischen Demokratie mitnichten auf. Im Gegenteil, es trübt sich tendenziell sogar weiter ein! So hat diese Staatsform den zusätzlichen Nachteil, dass stets mehrdimensionale Programme zur Wahl stehen, wodurch der einzelne Wähler wegen der thematischen Vielfalt nicht selten Kompromisse bei seiner Wahlentscheidung zu treffen hat. Zwischen den Wahlterminen verfügen in dieser Form der Demokratie die gewählten Volksvertreter außerdem noch über „quasidiktatorische Vollmachten, die es [ihnen] erlauben, das Budget [...] nach eigenen ideologischen Vorstellungen festzulegen."[1468]

Vor diesem Hintergrund wären zur Einhegung der öffentlichen Ineffizienz, sprich: der staatlichen Verschwendung, auf allen Gebietskörperschaftsebenen (d. h. Bund, Länder und Kommunen) bei allen verbleibenden Schwächen direktdemokratische Elemente begrüßenswert. Das gilt einmal mehr, wenn man sich der unterschiedlichen geografischen Reichweite des öffentlichen Gutes im Einzelfall bewusst macht: Autobahnen und die Landesverteidigung mögen eine ganze Nation betreffen; Lawinenschutz, Deiche, Leuchttürme oder Straßenbeleuchtungen in Neubaugebieten sind hingegen stets von regionaler bzw. kleinräumiger Natur. Diesem Umstand sollte Rechnung getragen werden, wenn politisch entschieden wird, welche Menge von diesen Gütern jeweils benötigt werden.

Sobald jedoch auf substaatlicher Ebene über die Bereitstellung öffentlicher Güter direktdemokratisch entschieden wird, benötigt die betreffende Ebene ein kohärentes Steuersystem. Mit anderen Worten: Der Verbund von Aufgaben-, Ausgaben- und Einnahmekompetenz muss auf der kommunalen und regionalen Gebietskörperschaftsebene gestärkt werden! Dass dieser Verbund auch in Deutschland gegenwärtig kein starker ist, geht aus der Institution des vertikalen Finanzausgleichs zwischen Bund und Ländern bzw. dem zwischen den Ländern und den Kommunen leicht hervor.[1469]

Schließlich wollen wir nicht übersehen, dass die Merkmale der Nichttrivalität und der Nichtausschließbarkeit an keinem Gut unverrückbar haften. Wie jeder weiß, der schon einmal für eine bestimmte Konzertveranstaltung keine Eintrittskarte mehr ergattern konnte oder auf deutschen Autobahnen im Stau gestanden hat, bleibt die Rivalität nur bis zur Kapazitätsgrenze fern. Mit einem Blick in europäische Nachbarländer zeigt

---

1468 Blankart, 2011, S. 137.
1469 Während Reichskanzler Bismarck nach 1871 auf der Suche nach Finanzmitteln wiederkehrend zum Bittsteller bei den Ländern wurde, verhält es sich heute umgekehrt. Die Steuerautonomie auf Länderebene ist schon relativ schwach, auf kommunaler Ebene noch schwächer. Es sei nur daran erinnert, dass es deutschlandweit einheitliche Sätze bei den Verbrauchsteuern und/oder bei der Einkommensteuer gibt.

gerade das Beispiel mit den Schnell- und Fernstraßen, dass auch die Nichtausschließbarkeit keine erdumspannende Konstante darstellt.

Selbst bei Dienstleistungen, die wiederkehrend mit Selbstverständnis als öffentliche Güter wahrgenommen werden, lässt sich das Ausschlussprinzip mitunter anwenden. Anschauungsmaterial hierzu lieferte im Jahr 2010 die Feuerwehr von South Fulton (US-Bundesstaat Tennessee), die zu einem Brand herbeigerufen wurde, um vor Ort untätig zu bestaunen, wie das Gebäude auf seine Grundmauern herunterbrannte. Die Feuerwehrleute achteten lediglich darauf, dass auf die angrenzenden Grundstücke keine Flammen überschlugen. Das vermeintlich eigenwillige Gebaren der ausgebildeten Löscharbeiter ist schnell erklärt: Im Abgleich zu den Eigentümern der Nachbargrundstücke hat der Eigentümer des brennenden Objekts sich der Beitragszahlung entzogen, den die Bürger in dieser Gegend auf freiwilliger Basis jährlich zu entrichten haben, um im Ernstfall den Dienst der Feuerwehr beanspruchen zu können.[1470] Die Idee, Brandschutz sei ein öffentliches Gut, bei dem sich Trittbrettfahrerei lohne, darf man spätestens mit diesem Beispiel neu bewerten. Eine Tatsache, die in der Gegend von South Fulton vermutlich schnell vollzogen worden sein dürfte.

Kontrollfragen

- Welcher Herausforderung steht eine Gesellschaft gegenüber, in der sich ein bestimmtes, durch Menschenhand zu produzierendes Gut durch Nichttrivialität und Nichtausschließbarkeit auszeichnet?
- Welche Bedingungen begünstigen die Trittbrettfahrerei beim rein öffentlichen Gut?
- In welcher Demokratieform neigt die staatliche Ineffizienz bei der Erstellung öffentlicher Güter am stärksten ausgeprägt zu sein? Warum?
- Erklären Sie anhand eines Beispiels, inwiefern die beiden Merkmale der Nichtausschließbarkeit und der Nichttrivialität unveränderlich an ein Gut gebunden sind.

[1470] Vgl. Goolsbee/Levitt/Syverson, 2014, S. 876.

Lektion 14
Marktversagen aufgrund asymmetrischer Informationen, Teil 1

14.1 Einführung

Vereinfachend hatten wir bislang unterstellt, dass die gehandelten Güter *homogen* sind und die Tauschpartner über *alle relevanten* Aspekte eines Gutes gleichermaßen Kenntnis haben. Diese beiden Annahmen geben wir jetzt auf. Infolgedessen betrachten wir nun Konstellationen, in denen die Güter hinsichtlich ihrer Qualitätseigenschaften inhomogen sind und *eine* Marktseite zudem stets besser als die andere informiert ist.[1471]

Damit lassen wir einen *strukturellen* Informationsunterschied in Bezug auf das Handelsgut zwischen Anbietern und Nachfragern zu – weshalb im Fachjargon von asymmetrischen Informationen gesprochen wird.[1472]

Auf Märkten, in denen diese Situation in Erscheinung tritt, tendiert das tatsächliche Marktergebnis abermals von der optimalen Allokation der Ressourcen abzuweichen, die sich im Referenzmodell mit seinen restriktiven Annahmen einstellt. Entsprechend wird von der Warte der Neoklassik von einer weiteren Art des Marktversagens gesprochen, die zwei Grundformen kennt: adverse Selektion und moralisches Risiko.

Die Bewandtnis der ersten Grundform, der adversen Selektion bzw. der Negativauswahl, illustrieren wir anhand der Funktionsweise des Gebrauchtwagenmarktes in Kapitel 14.2 dieser Lektion. Mit einem kurzen Resümee, das auch die Rolle des Staates berücksichtigt (Kapitel 14.3), leiten wir zu Lektion 15 über, in der wir uns dann ausführlich mit dem Bankengewerbe auseinandersetzen – einer Branche, die uns ein breites

---

[1471] Da es sich in unserem Fall um ein einführendes Lehrbuch handelt, konzentrieren wir uns auf den Aspekt inhomogener Qualitätseigenschaften! Fritsch weißt richtigerweise darauf hin, dass die Inhomogenität auch den Nutzen sowie den Preis der Güter betreffen kann. Vgl. Fritsch, 2014.
[1472] *Zufallsverteilte* Informationsdefizite Einzelner spielen in den kommenden Überlegungen keine Rolle.

https://doi.org/10.1515/9783111331607-017

Anwendungsfeld bietet, die zweite Form asymmetrischer Information, also das moralische Risiko, auftreten zu lassen und dessen zusätzliche Wirkung zu erläutern.

14.2 Informationsunterschiede bei Zeitpunktverträgen – Akerlofs klassisches Beispiel

Im ersten Schritt sehen wir uns die von George A. Akerlof (geb. 1940) getroffenen Modellannahmen (Kapitel 14.2.1.) an, um auf dieser Basis die marktliche Evolution nachzeichnen zu können, die sich letztlich als „Zitronen"-Markt manifestiert (Kapitel 14.2.2.). Mit größerer Realitätsnähe beleuchten wir danach die verschiedenen Initiativen, die Anbieter und Nachfrager ergreifen, um das für sie unbefriedigende Marktergebnis zu verbessern (Kapitel 14.2.3.).

14.2.1 Die Modellannahmen

Das Standardbeispiel zu Informationsunterschieden, denen man bei der Vertragsanbahnung – also im vorvertraglichen Raum – begegnet, hat Akerlof in einem relativ schmalen Aufsatz (1970) entwickelt.[1473] In diesem hat er das Geschehen auf dem Markt für gebrauchte Personenkraftfahrzeuge (PKWs) einem Gedankenexperiment unterworfen. Seinem heute als „Zitronen"-Markt weit bekannten Modellansatz liegen folgende Annahmen zugrunde:[1474]

– Es werden drei Arten von Gebrauchtwagen angeboten: gute, akzeptable und schlechte.

– Die angebotenen Fahrzeuge sehen von außen alle gleichwertig aus; auch Testfahrten lassen *keine* qualitätsrelevanten Unterschiede erkennen.

– Die drei PKW-Arten unterscheiden sich einzig und allein darin, wie lange der Motor noch hält.

– Alle Motoren zeichnet eine prinzipiell gleiche Lebenslaufleistung (in km) aus.

– Der aktuelle Wert eines einzelnen Gebrauchtwagens hängt damit von der erwartbaren Restlaufzeit seines Motors ab – und somit direkt von den bereits gefahrenen Kilometern.

– *Gute* Gebrauchtfahrzeuge wurden von ihren Haltern bislang am wenigsten genutzt; demnach erwartet ein Anbieter dieser PKW-Qualität mindestens 15.000 Euro am Markt zu erzielen.

[1473] Der Aufsatz umfasst gerade einmal 13 Seiten. Im Jahr 2001 hat Akerlof zusammen mit Joseph E. Stiglitz und Michael Spence den Nobelpreis für Wirtschaftswissenschaften erhalten.

[1474] Vgl. Akerlof, 1970, S. 489 f. Angemerkt sei, dass man im Amerikanischen unter „Zitronen" (engl. „lemons") qualitativ schlechte Fahrzeuge versteht.

- Verkaufswillige Eigentümer *akzeptabler* Fahrzeuge geben sich angesichts der bereits gefahrenen Kilometer bescheidener; einen Preis von 10.000 Euro halten sie gleichwohl für angemessen.
- Die Anbieter der *schlechtesten* Kategorie sind mit 5.000 Euro für ihr Fahrzeug zufrieden.
- Kein Verkäufer hat die Möglichkeit, die tatsächliche Qualität seines Autos zu belegen.
- Jede Qualitätsklasse vereint anfänglich genau ein Drittel des Gesamtmarktes auf sich.

Fragen wir uns mit Akerlof nun, wie sich die Akteure auf der Angebots- und Nachfrageseite in einem solchen Markt verhalten und wie sich deren Verhaltensweisen auf die Funktionsfähigkeit des Marktes niederschlägt!

14.2.2 Die evolutorische Konsequenz

Zunächst einmal lässt sich in der initialen Phase dieses Marktes für einen rationalen, repräsentativen Haushalt, der einen gebrauchten PKW erwerben möchte, eine Zahlungsbereitschaft in Höhe von 10.000 Euro erwarten. Dieser Betrag, der dem Preis einer durchschnittlichen Fahrzeugqualität entspricht, minimiert sein finanzielles Risiko, das er aus Unkenntnis der tatsächlichen Qualität mit jedem PKW eingeht. Schließlich hat er keine Gewähr, dass ein von ihm erworbener Wagen sich nicht doch noch als qualitätsarm im Laufe der Nutzung entpuppt und er nachträglich festzustellen hat, einen für die tatsächlich erworbene Qualität zu hohen Preis gezahlt zu haben.

Unterstellen darf man für die andere Marktseite, dass die Eigentümer von Gebrauchtwagen mittlerer Qualität diese für 10.000 Euro abzugeben bereit sind. Auch die Verkäufer schlechter Fahrzeuge sperren sich nicht gegen ein solches Angebot. Im Gegenteil! Es verzückt sie! Sie werden also annehmen. Warum auch nicht?

Weitaus interessanter liegen die Dinge nun bei den potenziellen Verkäufern guter Autos! Eine Offerte in Höhe von 10.000 Euro begeistert hier gewiss keinen. Neben vereinzelten Menschenfreunden willigen von ihnen daher nur solche zähneknirschend ein, die einen akuten Liquiditätsbedarf haben. Mehrheitlich darf man für diese Haushalte gleichwohl annehmen, dass sie ihre Qualitätsautos nicht 5.000 Euro unter Wert veräußern.

Manch einer von ihnen mag vielleicht bedenken, dass die eigene Tochter bald volljährig wird und den Führerschein zu machen beabsichtigt. Warum also den eigenen Zweitwagen mit einem solch hohen Wertabschlag jetzt verkaufen? Um sich womöglich selbst in nicht allzu langer Zeit auf dem Gebrauchtwagenmarkt als Käufer wiederzufinden, der das Risiko eingehen muss, für 10.000 Euro eine „Zitrone" zu erwerben? Das wäre schlichtweg grotesk!

Andere, die den Verkauf eines qualitativ guten Wagens ebenfalls erwogen hatten, gewichten bei der Neubewertung ihrer Situation jetzt die Erkenntnis stärker, dass Schnee, Eis und Streusalz jedem Auto zusetzen. Warum also den Altwagen nicht doch behalten und dem schicken Neuwagen die Strapazen der Wintersaison ersparen?

Kurzum: Der Entschluss der Eigentümer guter Gebrauchtwagen, sich vom Markt als Verkäufer zurückzuziehen, mag ganz unterschiedlich motiviert sein. All diese individuellen Beweggründe ändern aber nichts daran, dass sich zum Ende der ersten Spielrunde unter den angebotenen PKWs keine mehr befinden, die von überdurchschnittlicher Qualität sind: Die besten Exemplare sind vom Gebrauchtwagenmarkt verschwunden.

Diese Entwicklung bleibt auch den Privathaushalten nicht verborgen, die noch immer oder erstmalig mit Beginn der zweiten Spielrunde ein gebrauchtes Fahrzeug suchen. Infolgedessen korrigieren sie ihre Zahlungsbereitschaft nach unten. D. h. sie sind fortan nur noch willens, für den Erwerb eines Gebrauchtwagens 7.500 Euro anzubieten – eine Summe, die dem Mittelwert der verbliebenen beiden Qualitätsklassen entspricht, die sich den Gesamtmarkt jetzt teilen.

Die abgesenkte Zahlungsbereitschaft unter den Suchenden schwört zeitnah eine Gegenreaktion bei den Eigentümern von Fahrzeugen mittlerer Qualität herauf. In deren Verlauf verkaufen erneut nur noch Grenzfälle ihren PKW, während sich das Gros dieser Haushalte – obwohl im Grundsatz noch immer verkaufsbereit – sich wegen des niedrigen Erlöspotenzials in Höhe von 7.500 Euro enttäuscht vom Markt abwendet. Zeitversetzt ereilt sie damit das gleiche Schicksal, das den Anbietern guter Gebrauchtwagen schon zuvor widerfahren war.

Beruhend auf dem rationalen Verhalten jedes Einzelnen führt die Marktdynamik also dazu, dass die Fahrzeuge der schlechten Qualität („Zitronen") am Ende „triumphieren" – weil die mittleren und guten Qualitätsstufen überwiegend verschwunden sein werden. Ganz unbeabsichtigt ist mit diesem Selektionsprozess am Markt die Homogenität der Handelsware zurückgekehrt – auf niedrigstem Niveau. Aus diesem Grund wird von **adverser Selektion** bzw. **Negativauswahl** gesprochen!

Halten wir fest: Im Verlauf dieser Entwicklung sind auf dem Gebrauchtwagenmarkt Transaktionen unterlassen worden, obwohl diese für beide Marktseiten gleichsam wünschenswert gewesen wären. Die unbefriedigende Tatsache latenter, letztlich aber unausgeführter Tauschhandlungen beruht dabei auf **versteckten Informationen** in der Phase der Vertragsanbahnung: Anbieter und Nachfrager haben **vorvertraglich** zu bedeutsamen Qualitätsaspekten des Handelsgutes unterschiedliche Kenntnisstände, die **kausal** im Zusammenhang mit den nicht eingegangenen Tauschvorgängen stehen.

Von diesem Phänomen sind allein Märkte betroffen, auf denen Erfahrungs- und Vertrauensgüter gehandelt werden.[1475] Diese Güter eint, dass die Wahrheit über ihre Qualitätseigenschaften für den Käufer erst im Zuge des Konsums zum Vorschein kommt. Dieser Umstand kann darin enden, dass der Gefahr eines hohen finanziellen Verlusts

---

1475 Vgl. hierzu Lektion 1, Kapitel 1.2.2.3.

wegen überhaupt kein latenter Nachfrager das Wagnis eingeht, mit einem Anbieter einen Vertrag abzuschließen. Im *Extremfall* kommt es also zu keinem Austausch; und folglich auch zu keinem positiven Marktgleichgewicht.

Jenseits des Gebrauchtwagenbeispiels von Akerlof tritt das Problem adverser Selektion etwa bei Bestandsimmobilien auf: Wer wollte schon anzweifeln, dass regelmäßig nur ein Bruchteil derer, die den Erwerb eines Einfamilienhauses oder einer Eigentumswohnung in Betracht ziehen, den Qualitätszustand des Verkaufsobjekts in allen Dimensionen *wirklich* beurteilen können?[1476] Zugleich dürften die qualitativen Schwachstellen der Immobilie den Verkäufern bekannt sein – allen voran, wenn sie das Objekt selbst bewohnt haben. Sie wissen beispielsweise, ob ein Wasserschaden schon einmal aufgetreten ist, wo Materialien minderer Qualität unter Putz aus Geldmangel verbaut worden sind und in welchen Ecken sich Schimmel wiederkehrend wohnlich einrichtet.

Beschaffungsmärkte für gebrauchte Kapitalgüter wie Lastkraftwagen, CNC-Maschinen und/oder Fließbänder sind ebenfalls nicht vom Einfluss adverser Selektion gefeit. Als ein Anwendungsfall von ausgesprochen hohem Potenzial an Negativauswahl darf im B2B-Umfeld allen voran der Versuch einer Unternehmensübernahme im Rahmen einer sog. M&A-Transaktion[1477] interpretiert werden.

14.2.3 Die privaten Lösungsmöglichkeiten

Im vorangegangenen Gedankenspiel haben wir mit Akerlof angenommen (siehe Kapitel 14.2.1.), dass die Marktteilnehmer zunächst keine Möglichkeit haben, bestehende Informationsunterschiede zu reduzieren oder gar vollständig zu beseitigen. Dies hatte vorrangig didaktische Gründe! Denn nach diesen theoretischen Überlegungen versteht sich das Verhalten der Akteure auf realen Erfahrungs- oder Vertrauensgütermärkten umstandslos, ja es drängt sich nun geradezu auf.

Der Blick in die Praxis offenbart nämlich vielfältige Bemühungen auf beiden Seiten des Marktes, das dem Geschäftsabschluss hinderliche Ausmaß an Informationsasymmetrie abzusenken, um potenzielle Transaktionen nicht unrealisiert verstreichen zu lassen. Jede einzelne Initiative, die von den Beteiligten ergriffen wird, lässt sich dabei dem Screening oder dem Signaling zuordnen, also einer der beiden generellen Stoßrichtungen zum Abbau informatorischer Asymmetrien.

Die jeweils schlechter informierte Marktseite bedient sich stets der Technik des **Screenings**, um das Niveau ihrer Unkenntnis in Bezug auf das Handelsgut zu schmälern. Das Spektrum an konkreten Maßnahme umfasst regelmäßig

---

[1476] Ausnahmen mögen Experten wie Architekten, Statiker und/oder Handwerker sein.
[1477] Von M&A-Deals wird im Fachjargon gesprochen. Dabei steht das M für einen Zusammenschluss (engl. merger) von Firmen, während das A eine unfreundliche Übernahme (engl. acquisition) bedeutet.

- die Beschaffung von **allgemeingültigen Informationen** über **Drittanbieter** und/
  oder
- das Einholen eines Gutachtens zum **spezifischen** Verkaufsobjekt bei einem Sach-
  verständigen.

So verschaffen sich in Deutschland im Fall des Gebrauchtwagenmarkts viele Kaufwillige
mit Hilfe der Schwacke-Liste ein aktuelles Bild von einem fairen Kaufpreis, in dessen
Bestimmung relevante Parameter wie das Baujahr, Laufleistung und Ausstattung einfließen, noch bevor sie ein konkretes zum Verkauf stehendes Modell inspizieren. Gerüstet mit diesen Informationen hat jeder Käufer damit seine Verhandlungsposition gegenüber dem Verkäufer bei einem Besichtigungstermin kostengünstig verbessert.

In Bezug auf Wohnungs-, Haus- und/oder Grundstückspreise gilt ähnliches zu konstatieren: Erste Orientierungswerte sind für Kaufinteressenten über Internetportale
leicht erhältlich, zumeist bis hinunter auf Orts- und Stadtteilebene. Ebenso kann bei
einer intendierten Firmenübernahme der potenzielle Käufer unter Beachtung umsatz-
und renditebasierter Größen des Zielobjekts einen branchenbezogenen Kaufpreiskor-
ridor ohne großen Mühen abstecken.[1478]

Bei einem geplanten Autokauf lässt sich darüber hinaus ein befreundeter Autome-
chaniker zum Besichtigungstermin mitnehmen, der mit Sachverstand den technischen
Zustand des Autos besser einzuordnen vermag als man selbst. Ein Installateur, Dachde-
cker oder ein Maurermeister aus dem Freundes- und Bekanntenkreis kann Vergleichbares beim Immobilienkauf leisten. Für den Käufer reduziert das betreffende Vorgehen
stets das Risiko eines vom eigenen Laienwissen geleiteten Fehlkaufs. Im Vergleich zum
kostengünstigen Einholen allgemeingültiger Eckdaten hat die Mitnahme eines versier-
ten Bekannten den Vorteil, dass dieser das ganz konkrete Kaufobjekt analysieren kann.

Hat man keinen Experten zur Hand, der sich aus freundschaftlicher Verbundenheit
zu unterstützen bereit erklärt, kann man sich bei einem geplanten Immobilienerwerb
einen Architekten oder Statiker zu Diensten machen, der unter Beachtung von Mängeln
und potenziellen Schwachstellen das zum Kauf angebotene Objekt gegen Vergütung vor

---

1478 Sektorspezifisch lässt sich der Kaufpreis eines Unternehmens auf Basis von Erfahrungswerten der
jüngeren Vergangenheit auf Fachportalen leicht ermitteln. Die jeweiligen Richtwerte beruhen meist auf
der sogenannten Multiples-Methode, bei der die Umsatzgröße und die Höhe des operativen Gewinns
Berücksichtigung finden. Derartige Verfahren haben bei allen Vorzügen für eine schnelle Orientierung
zwei gewichtige Nachteile. Zum einen können sie keine unternehmensspezifischen Aspekte berücksichtigen, etwa die Anzahl der Patente, die Intensität der FuE-Aktivität oder die Existenz von firmeneigenen
Marken – alles Aspekte, die den Wert und damit den Kaufpreis eines Unternehmens beeinflussen. Zum
anderen basiert jede Multiples-Methode auf vergangenen Daten. Doch was gestern ähnlich erfolgreich
war, muss sich nicht auch morgen im Gleichschritt fortentwickeln: Zwei Unternehmen mit vergleichbaren Umsätzen und Gewinnen mögen branchen- und technologiebedingt ganz unterschiedliche Zu-
kunftsaussichten haben. Das wiederum lässt unterschiedliche Kaufpreise erwarten. Ein Umstand, dem
die Multiples-Methode keine Rechnung tragen kann. Kurzum: Zur Bestimmung des Firmenwertes können die Methoden zwar schnell, aber nur grob orientieren.

Vertragsabschluss wertbegutachtet. Auch auf diese Weise lässt sich für den Käufer die Gefahr eines bösen Erwachens im Nachgang des Erwerbs eindämmen.

Nicht anders sind die Dienste der Wirtschaftsprüfer, Anwälte und Investmentbanker einzuordnen, die im Vorfeld geplanter Unternehmensfusionen sogenannte Due Diligence-Prüfungen im Auftrag eines übernahmewilligen Unternehmens durchführen und auf dieser Basis ihre Gutachten erstellen. Mit dieser umfangreichen Screening-Maßnahme wird erneut die Reduktion versteckter Informationen und einem damit verbundenen Finanzrisiko – das die Solvenz des Unternehmens nach erfolgter Übernahme bedrohen könnte – bezweckt.[1479]

Da auch die Anbieter von Gütern überdurchschnittlicher Qualität ein Eigeninteresse am Gelingen von Markttransaktionen haben, darf man annehmen, dass gerade sie Initiativen entfalten, um die störende Hürde der anfänglichen Informationsasymmetrie abzusenken. Als Vertreter der besser informierten Marktseite werden sie dazu die informativen Bedürfnisse der Käufer aktiv zu bedienen beginnen, so dass sich etwaige Zweifel über die Qualitätseigenschaft ihres Verkaufsobjektes bei der Gegenpartei verflüchtigen. Zu ihren als **Signaling** bezeichneten Handlungsoptionen zählen:
- das Einräumen des Testens oder des Begehens des Verkaufsgegenstandes,
- das Aushändigen relevanter Nachweise über qualitätswahrende Maßnahmen und/ oder
- das Gewähren einer Garantie.

So wird der Verkäufer eines guten Gebrauchtwagens dem Interessenten zuvorderst eine Probefahrt anbieten. Hierdurch kann sich dieser einen Eindruck von den Eigenschaften des PKWs im Betrieb machen und abgleichen, ob sich das Erlebte mit seinen Erwartungen deckt. Auf vergleichbare Weise wird der Anbieter einer Immobilie dem potenziellen Käufer die Räumlichkeiten inspizieren lassen.

Ergänzend hierzu kann der Verkäufer eines qualitativ hochwertigen Gutes dem Kaufinteressenten **Belege** vorlegen, die aussagekräftig und glaubhaft quittieren, dass substanzerhaltende Wartungs- und Instandhaltungsarbeiten am Verkaufsobjekt in der Vergangenheit durchgeführt worden sind. Im Falle von gebrauchten PKWs können das die Service-Hefte sein, Handwerkerrechnungen im Falle von Bestandsimmobilien. Mit einem solchen Schritt an freiwilliger Offenlegung erlaubt der Anbieter dem Interessenten, relevante Rückschlüsse zum pfleglichen Umgang mit dem Gegenstand und dessen aktuellem Qualitätszustand zu ziehen.

[1479] Ein Blick in die jüngere M&A-Historie genügt, um sich zu vergewissern, dass es trotz intensiver Prüfung und teurer Gutachten im Vorfeld nicht ausgeschlossen ist, dass sich nach Vollzug des Unternehmenskaufs großes Ungemach für den Käufer einstellt. Entweder weil vor Vertragsabschluss nicht alle „Leichen" im Keller des Zielobjekts entdeckt worden sind oder weil relevante Aspekte nur schwer zu beurteilen waren, die sich jetzt als Fallstricke erweisen. Zu den größten Stolperfallen bei Unternehmensübernahmen zählen regelmäßig die unterschätzten Kosten bei der Integration verschiedener IT-Systeme sowie die Zusammenführung von zwei vollkommen unterschiedlichen Unternehmenskulturen.

Eine weitere, vertrauensbildende Option, die zukunftsgerichtet über die soweit benannten Maßnahmen hinausgeht, steht dem Verkäufer zweifelsohne in Form der **Gewährung** einer **Garantie** zur Verfügung. Im Falle unseres Gebrauchtwagenbeispiels könnte dies etwa die Übernahme aller Reparaturkosten bedeuten, die im ersten Jahr nach Vertragsabschluss eines Motorschadens wegen anfallen.

Eine solche Gewährleistungshaftung hat für den Käufer den unverkennbaren Vorteil, dass er sein finanzielles Risiko reduziert, das er mit Vertragsabschluss eingeht. Der Kaufinteressent könnte sich darüber hinaus zu der Vermutung veranlasst fühlen, dass eine solche Offerte einzig der Verkäufer eines Qualitätsfahrzeuges zu unterbreiten bereit ist. Damit verbessert der Anbieter mit dem Signal der Haftungsbereitschaft im Idealfall das Vertrauen in ihn und die Wertigkeit seines Verkaufsgutes.

Doch wohlfeile Versprechen alleine überzeugen Kaufinteressenten nicht zwangsläufig; partiell mag sich unter ihnen jetzt sogar das ungute Gefühl einstellen, dass sich der Fassadenschmuck der Garantie im Ernstfall als wertlos erweisen könnte, zum Beispiel weil der Verkäufer auf gepackten Koffern sitzt oder dieser ganz grundsätzlich kein ehrbarer Kaufmann sein könnte, der seinen Worten Taten folgen lässt. Die Durchsetzbarkeit etwaiger Regressansprüche gegen den Verkäufer bliebe trotz vollmundiger Bekundungen damit ungewiss!

Bedenken wie diese keimen unter potenziellen Käufern nun umso weniger auf, je besser der Ruf des Anbieters ist. Dies bedeutet im Umkehrschluss, dass jeder, der Güter verkauft, die gravierende asymmetrische Informationen kennzeichnet, ein Interesse an einem tadellosen Leumund haben muss, weil ihm ein solcher den Abschluss von Geschäften erleichtert. Folglich wird sich jeder Verkäufer, der auf entsprechenden Gütermärkten auftritt, aus freien Stücken bemühen, eine **Reputation** aufzubauen. Ungeachtet der prinzipiellen Richtigkeit dieser Logik wird ein privater Haushalt, der beispielsweise auf dem Immobilien- und/oder Gebrauchtwagenmarkt als einmaliger Verkäufer auftreten möchte, an seine Grenze stoßen, dem Kaufinteressenten diese denkbar stärkste Signalform bereitstellen zu können.

Sind damit Gebrauchtwarenmärkte, auf denen unterschiedliche Qualitätsstufen gehandelt werden, wegen dieses Handicaps auf der Anbieterseite zum Scheitern verurteilt? Gibt es keinen Ausweg aus dem „Zitronen"-Dilemma?

Mitnichten – wie der Blick in die Praxis erahnen lässt! Die Relevanz der Reputation für das Gelingen solcher Märkte hat allerdings eine Konsequenz, die sichtbar vor aller Augen liegt, deren tiefere Ursache jedoch weithin verkannt wird: Sie ist **strukturbildend**! Sie erzeugt die Institution des spezialisierten Gebrauchtwarenhändlers! Dieser kann es sich nämlich überhaupt nicht leisten, seine Kunden systematisch zu betuppen – schließlich hängt sein Lebensunterhalt von dieser Tätigkeit ab. Der Kaufinteressent darf damit ableiten, dass ein etablierter Händler aus reinem Selbstschutz keine Neigung verspürt, ihn ins offene Messer eines finanziellen Fiaskos durch zurückgehaltene Informationen laufen zu lassen. Schickte sich der Händler an, dies tatsächlich zu tun, würde er schnell seinen makellosen Ruf ramponieren. Damit trüge er selbst einen Finanzschaden davon, der langfristig erheblich schwerer als der Sonderertrag wiegt, den er aus dem Verkauf absichtlich falsch deklarierter Ware kurzfristig zu generieren vermag. Mit anderen Worten: Der Händler würde sich selbst ins eigene Fleisch schneiden, wenn er nur einen Teil seiner Kunden planmäßig zu übervorteilen versucht.

Dieser Umstand bringt es wiederum mit sich, dass private Einmalverkäufer als Geschäftspartner nur nachrangige Bedeutung genießen, sobald sich die Kaufinteressenten auf Märkten hochpreisiger Gebrauchtwaren von nicht-uniformer Qualität bewegen. Vor daher erstaunt es wenig, dass der ganz überwiegende Teil gebrauchter PKWs in den heutigen Industrieländern von Autohäusern vermarktet wird und auf dem Markt für Bestandsimmobilien in den allermeisten Fällen ein Makler auftritt.

14.3 Zusammenfassung wichtigster Einsichten und die Rolle des Staates

Die Essenz der vorangegangenen Erläuterungen beruht auf folgenden Einsichten:
- Die vermeintliche Dysfunktionalität von Märkten mit adversen Selektionstendenzen lassen sich bei Zeitpunktverträgen durch private Maßnahmen überwinden – wenn nicht weitgehend, so zumindest partiell.
- Die Anbieter qualitativ hochwertiger Güter haben auf Gebrauchtwarenmärkten ebenso wie die Nachfrager ein Eigeninteresse an der Funktionalität dieser Märkte. Daher darf erwartet werden, dass die Mehrheit der Kaufinteressenten und große Teile der Anbieter Maßnahmen ergreifen, um potenzielle Tauschbeziehungen nicht verstreichen zu lassen.
- Stets wird die schlechter informierte Marktseite versuchen, relevante Informationsdefizite durch Screening abzubauen – auf den Gebrauchtwarenmärkten also die Nachfrager.
- Auf der systematisch besser informierte Marktseite bemühen sich die Akteure unterdessen, Bedenken der Gegenseite über eine potenzielle Fehlentscheidung durch Signaling entgegenzuwirken. Auf dem Markt für gebrauchte Fahrzeuge sorgen also die eigennützigen Anbieter für weitere Transparenz hinsichtlich der Qualität ihrer PKWs.
- Der zentrale Schlüssel für einen in seiner Funktionsweise wenig beeinträchtigten Markt liegt gleichwohl in der Redlichkeit und Ehrbarkeit derjenigen, die auf der besser informierten Marktseite stehen. Sobald der Anreiz für diese Akteure gering ist, die schlechter informierten Teilnehmer auf der anderen Seite des Marktes zu übervorteilen, besteht eine solide Grundlage für gedeihliche Geschäfte. Im Gebrauchtwagenmarkt ist dieser Punkt erreicht, wenn die Verkäufer einen Ruf haben, den sie nicht zu verlieren wagen.
- Dieser Umstand wiederum führt mit der Zeit im Markt zu Strukturen, die sich als Ergebnis vertrauensschaffender Maßnahmen für effizientere Märkte deuten lassen.

Aus dem Gedankenspiel mit dem Gebrauchtwagenmarkt lässt sich zudem ableiten, dass der Staat grundsätzlich *nicht* eingreifen muss, um die allokative Effizienz auf Märkten mit natürlichen Informationsasymmetrien zu verbessern. Das sich aus ungleich verteilten Informationen ergebende Problem kann zu weiten Teilen durch rein privatwirtschaftliche Maßnahmen gelöst werden.

Im Vergleich zum neoklassischen Referenzmodell mit gleichverteilten Informationen entstehen den Marktbeteiligten jetzt zwar höhere Informationskosten, doch das begründet ein Eingreifen des Staates allein noch nicht!

Entscheidet sich der Staat zur marktlichen Effizienzverbesserung trotzdem auf diesen einzuwirken, dann wird es im Regelfall genügen, wenn er Aktivitäten unternimmt, mit denen sich bestehende Informationslücken zwischen Anbietern und Nachfragern schließen und/oder Suchkosten senken lassen. Staatliche Maßnahmen, die man in der Realität wiederkehrend finden kann, umfassen:

- die Vorgabe von Informationspflichten
- das Setzen von Mindeststandards
- die öffentliche Bereitstellung von Informationen

Mit Blick auf obligatorische Informationspflichten sei hier nur an Beipackzettel bei Medikamenten oder an die Angabe von Ingredienzen bei Lebensmitteln erinnert. Gibt der Staat Standards vor, dann haben diese Signalfunktion. So verbürgt der „Meisterbrief" für die Einhaltung eines gewissen Qualitätsniveaus im Handwerk. Zugleich senken gesetzgeberische Standardvorschriften die Informationssuchkosten auf beiden Marktseiten. Der Staat hat bei solchen Maßnahmen allerdings darauf zu achten, dass von ihm gesetzte Mindeststandards faktisch nicht zu Marktzutrittsbarrieren werden.

Hinsichtlich einer staatlich induzierten Bereitstellung von Informationen kann auf Warentestinstitute wie die in Deutschland bekannte Stiftung Warentest verwiesen werden.[1480] Über solche Einrichtungen werden der jeweils schlechter informierten Marktseite – hier konkret den Konsumenten – günstig Informationen bereitgestellt, die ihr bei der Entscheidungsfindung auf bestimmten Märkten helfen sollen und die ganz allgemein zum Abbau des Informationsdefizits zwischen Anbieter und Nachfrager beitragen.

[1480] Die Stiftung Warentest wurde 1964 gegründet. Stifterin ist die Bundesrepublik Deutschland. Oberstes Gebot der Stiftung Warentest ist ihre Neutralität. Gemäß Satzung darf sie daher keine Einnahmen durch Werbeanzeigen erzielen. Um die Unabhängigkeit von Industrie und Handel zu gewährleisten, hat sie ein Startkapital in Höhe von zwei Millionen Mark erhalten. Im April 1966 erschien das erste Heft „DER test". Noch heute bekommt sie eine jährliche Ausgleichszahlung vom Staat, die im Jahr 2019 knapp fünf Prozent ihrer Einnahmen ausmacht. Zum größten Teil finanziert sie sich aber durch den Verkauf ihrer Publikationen. Vgl. https://www.test.de/unternehmen/stiftung-5017075-5843545/, zuletzt abgerufen am 10.06.2024.

Kontrollfragen

- Aus neoklassischer Perspektive neigt der Markt infolge asymmetrischer Informationen bei welchen Gütern zu versagen?
- Warum muss der Staat nicht selbst zum Verkäufer von Gebrauchtwagen werden?
- Welche Maßnahmen kann die besser informierte Marktseite unternehmen, um auf den Märkten von Erfahrungs- und Vertrauensgütern das Ausmaß an Ineffizienz infolge asymmetrischer Informationen klein zu halten?
- Welche Marktseite betreibt aus welchem Grund bei asymmetrischen Informationen Screening?
- Nennen Sie konkrete Maßnahmen, die Eigentümer von gebrauchten PKWs ergreifen können, damit sie trotz allgemeiner Skepsis auf der Nachfrageseite ihr Auto zu einem angemessenen Preis verkaufen können.
- In welcher Weise übt die Existenz von asymmetrischen Informationen eine unsichtbare, strukturbildende Kraft auf die betreffenden Märkte aus?

Teil D: **Der Einzug des Monetären**

In allen Diskussionen, die wir in den Teilen B und C geführt haben, hat uns ein Element treu begleitet, ohne dass wir diesem selbst nähere Beachtung geschenkt hätten. Ja, es war geradezu unbemerkt geblieben! Die Rede ist vom Geld! Abgesehen von seiner Funktion als Zahlungsmittel hat es in der Tat bislang keine Rolle gespielt. Dieser Umstand befremdet ein wenig, ist das Geld in der Praxis doch alles, nur nicht nebensächlich.

Aus genau diesem Grund wollen wir dem Geld und dem Geldwesen in den beiden abschließenden Lektionen nun Raum verschaffen. Dazu rücken wir zunächst zentrale Bankgeschäfte in den Mittelpunkt (Lektion 15). Dieses Vorgehen hat den unübersehbaren Charme, dass wir dabei an Lektion 14 thematisch anknüpfen können. Schließlich bietet gerade die Bankenbranche ein breites Anwendungsfeld, um das moralische Risiko analysieren zu können.

Als Beifang dieser fortgesetzten Untersuchung zur allokativen Wirkung asymmetrischer Informationen geht uns der Aspekt der gesamtwirtschaftlichen Stabilität ins Netz. Ein Thema, dass uns auch in Lektion 16 beschäftigen wird, wenn wir unser Augenmerk auf die Staatsverschuldung lenken.

https://doi.org/10.1515/9783111331607-018

Lektion 15
Marktversagen aufgrund asymmetrischer Informationen, Teil 2

15.1 Einführung

Bei zahlreichen Geschäften, etwa beim Bäcker, beim Drogisten oder auf dem Wochenmarkt wird bei Handelseinigkeit ein Zeitpunktvertrag geschlossen, dessen juristisches Wesensmerkmal nicht zuletzt darin besteht, dass man ihn *nicht* kündigen kann. Wie wir anhand des Gebrauchtwagenmarktes in Lektion 14 gesehen haben, werden bei

https://doi.org/10.1515/9783111331607-019

Erfahrungs- oder Vertrauensgütern solche Zeitpunktverträge von der Gefahr der Negativauswahl begleitet.

Vereinbarungen, die Anbieter und Nachfrager auf Märkten miteinander eingehen, können in ihrer Rechtsnatur von der genannten Art allerdings auch abweichen. Beispielsweise unterliegen Verträge zur Anmietung einer Immobilie, zur Begründung von Arbeitsverhältnissen und/oder Versicherungen einer Laufzeit, deren Ende bei Vertragsabschluss regelmäßig unbestimmt ist. Derartige Verträge kann man kündigen. Im Sinne einer klaren Abgrenzung wollen wir im Folgenden bei auf Dauer angelegten, kündbaren Verträgen von Zeitraumverträgen sprechen.

Bei solchen Zeitraumverträgen wird im Zusammenhang mit Erfahrungs- und Vertrauensgütern jetzt die zweite Form der asymmetrischen Information bedeutsam – das moralische Risiko (engl. moral hazard). Dieses Risiko begründet sich bei Zeitraumverträgen *mit* dem Vertragsabschluss und tritt mit *Laufzeitbeginn* durch fahrlässiges oder vorsätzliches Verhalten zulasten der Gegenpartei in Erscheinung. Während bei Zeitpunktverträgen also allein die Form der adversen Selektion *im Vorfeld* des Vertragsabschlusses eine Rolle spielt, haben bei Zeitraumverträgen die Negativauswahl und das moralische Risiko gleichermaßen Relevanz.

Die Logik und die Konsequenz dieser beiden Arten von Informationsasymmetrien wollen wir uns auf dem Gebiet der Banken nun schrittweise erschließen (Kapitel 15.2). Ein knappes Fazit (Kapitel 15.3) dient uns am Ende der Diskussion als Überleitung zur abschließenden Lektion der Staatsverschuldung.

15.2 Asymmetrische Informationen bei Zeitraumverträgen – Das Beispiel des Bankengewerbes

Unserer Untersuchung beginnen wir mit dem Kreditmarkt (Kapitel 15.2.1.), auf dem der Kreditsuchende einen strukturellen Informationsvorsprung gegenüber einem potenziellen Darlehensgeber hat. Mit spiegelverkehrten Verhältnisse beschäftigen wir uns anschließend im Depositengeschäft, in dem der Anbieter, also die Bank, systematisch über bessere Informationen als der Nachfrager verfügt (Kapitel 15.2.2.). Auf der Grundlage dieser zwei zentralen Geschäftsfelder tauchen wir im Anschluss noch etwas tiefer in die Bankenwirtschaft ein – allen voran, um ein Verständnis zu ihren sektoralen Risiken zu erlangen (Kapitel 15.2.3.). Zuletzt beleuchten wir die komplementäre Rolle des Staates im Bankenmarkt (Kapitel 15.2.4.).

15.2.1 Kreditgeschäft

Von Unternehmen und privaten Haushalten werden auf Kreditmärkten regelmäßig Finanzmittel nachgefragt.[1481] In Ergänzung zu ihren Eigenmitteln benötigen Unternehmer etwa Kredite für den Aufbau zusätzlicher Produktionskapazitäten, den Ausbau ihres Vertriebsnetzes und/oder der Entwicklung neuer Technologien. Nicht ganz unähnlich hierzu bemühen sich Privathaushalte um Studienkredite oder um Darlehen zur Finanzierung einer Immobilie.

Neben der Tilgung des Kredits – deren Details zwischen den Parteien festzulegen ist – müssen die Kreditnehmer den Kapitalgebern für das befristet zur Verfügung gestellte Kapital einen Zins zahlen.[1482] Dieser kann wiederum als Qualitätsindikator interpretiert werden, in dem die *beiden Arten* von asymmetrischer Information widerhallen: Je höher der Zinssatz, desto größer ist Risiko des Kreditnehmers.

Obgleich Kreditgeber das Problem der Negativauswahl (Kapitel 15.2.1.1.) und das moralische Risiko (Kapitel 15.2.1.2.) in Vertragsverhandlungen gemeinsam berücksichtigen, diskutieren wir sie nacheinander. Danach beleuchten wir das Spektrum privater Ansatzmöglichkeiten zur Verbesserung des Marktresultats (Kapitel 15.2.1.3.), bevor ein Zwischenfazit die Diskussion abrundet (Kapitel 15.2.1.4.).

15.2.1.1 Die Negativauswahl und ihre Wirkung

Aus rein didaktischen Gründen blenden wir jetzt den Aspekt des moralischen Risikos zunächst aus und beginnen die Zusammenhänge am Beispiel sich anbahnender **Unternehmenskredite** zu illustrieren. Dabei wollen wir uns auf dem Kreditmarkt ein Ausgangsszenario vorstellen, das der Realität in Deutschland um das Jahr 1840 ähnelt: In einer Zeit des gesellschaftlichen Um- und industriellen Aufbruchs beobachten wir auf der Seite der Kreditsuchenden weder große Unternehmen, noch börsennotierte. Ebenso sind namhafte Markenhersteller noch weitgehend unbedeutend. Kurzum – auf dem Kreditmarkt jener Tage begegnet den potenziellen Kreditgebern eine stattliche Anzahl an relativ namenlosen, gleichwohl tatendurstigen Unternehmern.[1483]

In Anlehnung an Akerlofs Gebrauchtwagen-Modell gehen wir weiters davon aus, dass unter den Kreditnachfragern bezüglich deren Kreditausfallwahrscheinlichkeit

---

1481 Auch Staaten fragen Kredit nach. Diesen Aspekt behandeln wir in Lektion 16.

1482 Angemerkt sei, dass im christlichen Abendland ab dem 12./13. Jahrhundert das Zinsnehmen auf gewerbliche Kredite *nicht* mehr als unmoralisch galt. Damit wurde zwischen Unternehmens- und Konsumkredit ein Unterschied gemacht. Im Laufe der Geschichte waren es immer die Konsumentenkredite, die der Menschheit seit 2400 v. Chr. bekannt sind, die im Mittelpunkt der Diskussion um den Zinswucher standen, so auch in China. Vielfach verkannt wird, dass im Christentum Zinsgeschäfte mit Nicht-Christen immer gebilligt waren. Eine solche Differenzierung hatte es im Judentum nie gegeben, was ihm Vorurteile und Anfeindungen einbrachte. Vgl. z. B. Graeber, 2011, S. 228, S. 273 und 306 f.

1483 Nach Martin war der englische Unternehmensgründer noch in den 1860er Jahren „ein Inbegriff für wenig mehr als den eigenen Vorteil – wenn nicht gar für unverhohlenen Betrug." Martin, 2014, S. 256.

anfänglich drei Risikoklassen bestehen (siehe Tabelle 15.1). Die potenziellen Kreditgeber sind sich über die Inhomogenität der Kapitalsuchenden hinsichtlich des Kreditausfallrisikos bewusst. Gleichwohl können sie die Bonität (= Kreditwürdigkeit) des einzelnen Kreditsuchenden zu keinem Zeitpunkt unseres Gedankenexperiments erkennen, so dass sie die Darlehen stets zu einem Zinssatz anbieten, den sie auf Basis eines mittleren Ausfallrisikos ermittelt haben.[1484]

Tabelle 15.1: Ausgangssituation am Kreditmarkt zu Spielbeginn (erste Runde).

Bonitätsstufe	Marktanteil (in %)	(Angemessener) Zinssatz pro Jahr (in %)
Gut	33,3	2,0
Mittel	33,3	6,0
Schlecht	33,3	10,0
Durchschnitt		**6,0**

In spiegelbildlicher Anwendung der Mechanik, die wir im Beispiel der Gebrauchtwagenmärkte kennengelernt haben, bleiben ohne zusätzliche Maßnahmen der beteiligten Akteure die „**Zitronen**" jetzt auf der **Nachfrageseite** des Marktes übrig. Auch dieses Ergebnis stellt sich durch einen wechselseitigen Schlagabtausch zwischen den beiden Marktseiten ein. Schauen wir uns das vertraute Schema in seinem konkreten Verlauf auf dem Kreditmarkt also an.

Anfänglich sind die Kapitalgeber bereit, der Vielzahl an Kreditsuchenden die gewünschten Darlehen zu einem Zins von 6,0 Prozent anzubieten. Aus Sicht der Kapitalgeber bildet dieser Zinssatz – mangels einer besseren Beurteilungsmöglichkeit – die durchschnittliche Bonität aller investitionswilligen Unternehmen ab.

Von diesen lassen sich jedoch nicht alle auf eine solche Offerte ein. Zuvorderst verzichten diejenigen, die dank sprudelnder Gewinne ihre Investitionen auch aus Eigenmitteln, sprich einbehaltener Gewinne, zeitnah finanzieren können. Durch die reine Innenfinanzierung müssen sie ihr Vorhaben jetzt zwar zeitlich strecken, doch dieser Umstand wiegt für sie weitaus weniger als die Kapitalkosten, die sie beim aktuellen Zinsniveau entgegen ihrer guten Bonität zu tragen hätten. Ein anderer Teil der Unternehmer mit geringem Ausfallrisiko wird seine ursprünglichen Pläne ebenfalls revidieren, die betreffenden Projekte aber erst einmal ganz zurückstellen.[1485]

Unter dem Gesichtspunkt der Kreditwürdigkeit wird verschärfend zu erwarten sein, dass *einzelne* Kreditsuchende versucht sein werden, einen Darlehensvertrag zum

---

1484 Vgl. z. B. Aschinger, 2001, S. 66 f.
1485 Eine weitere Verhaltensvariante auf Seite der kreditsuchenden Unternehmen mit guter Bonität besteht darin, dass diese die ursprünglich anvisierte Kreditsumme reduzieren – was einem partiellen Marktrückzug gleichkommt.

offerierten Zinssatz in Höhe von sechs Prozent einzugehen, obwohl ihre Geschäfte die damit einhergehenden Kapitalkosten schon unter „normalen" Umständen („base case") nicht verkraften. Um sich selbst gegenüber ein solches Kreditgeschäft zu rechtfertigen, wechselt dieser Typus von Unternehmer einfach seine Brille und passt seine vormaligen Geschäftspläne an; er kreiert mit Hilfe überoptimistischer Wachstumsprognosen eine schöngefärbte Grundlage, in der ein jährlicher Zinssatz von sechs Prozent kein nennenswertes Problem für die Solvenz des eigenen Unternehmens darstellt. Es wird in der Unternehmerlandschaft also punktuell zu charakterlichen Metamorphosen kommen, bei denen vormals seriöse Unternehmer von den Kreditgebern unbemerkt zu Hasardeuren oder Traumtänzern mit notorischem Hang zu „best case"-Szenarios mutieren.

In Konsequenz all dieser skizzierten Reaktionen geht die unternehmerische Darlehensnachfrage auf dem Markt zurück *und* das verbleibende Qualitätsniveau verschlechtert sich (siehe Tabelle 15.2).

Tabelle 15.2: Situation Ende der ersten bzw. Anfang der zweiten Spielrunde im Kreditmarkt.

Bonitätsstufe	Marktanteil (in %)	(Angemessener) Zinssatz pro Jahr (in %)
Mittel	50,0	6,0
Schlecht	50,0	10,0
Durchschnitt		**8,0**

Ab dem Zeitpunkt, zu dem sich die potenziellen Kreditgeber der allgemeinen Verschlechterung des Bonitätsniveaus unter den Kapitalsuchenden bewusstwerden, wird das Ping-Pong-Spiel zwischen Anbietern und Nachfragern unter leicht veränderten Konditionen fortgesetzt. Zu Beginn der zweiten Spielrunde werden die Kapitalgeber wegen der Qualitätsverschlechterung nun einen Zinssatz in Höhe von acht Prozent fordern; indem investitionswillige Unternehmer mit einer mittleren Bonität sich daraufhin vom Kreditmarkt zurückziehen, findet diese Zinserhöhung sein entsprechendes Echo auf der Nachfrageseite und es bleiben – wie im Märchen vom Aschenputtel – einzig die Schlechten im Kröpfchen. Daraufhin werden die Anbieter den Zins auf zehn Prozent hochsetzen (siehe Tabelle 15.3).

Tabelle 15.3: Situation Ende der zweiten bzw. Anfang der dritten Spielrunde im Kreditmarkt.

Bonitätsstufe	Marktanteil (in %)	(Angemessener) Zinssatz pro Jahr (in %)
Schlecht	100,0	10,0
Durchschnitt		**10,0**

Halten wir als Zwischenergebnis unserer bisherigen Überlegungen zwei wesentliche Einsichten fest. Erstens: *Ohne* entsprechende Gegenmaßnahmen der Beteiligten, wird allein aus dem Blickwinkel der adversen Selektion davon auszugehen sein, dass das gehandelte Kreditvolumen (pro Zeiteinheit) maßgeblich *kleiner* ausfällt als es möglich sein könnte: Beide Marktseiten beschneiden sich wegen der Informationsasymmetrie prinzipiell wünschenswerter Kreditgeschäfte. Zweitens: Schon jetzt erklärt sich warum Unternehmern, die auf Kreditmärkten hohe Zinssätze zu zahlen bereit sind, der Ruf anhaftet, besonders riskante Investitionen tätigen zu wollen. Denn mit unserem Gedankenmodell kann die Tendenz nicht übersehen werden, dass gerade schicksalsaffine Glücksritter als Nachfrager auf dem Kreditmarkt übrigbleiben – auch zum Leidwesen vieler Darlehensanbieter.

15.2.1.2 Der zusätzliche Aspekt des moralischen Risikos und seine Wirkung

Jetzt müssen wir noch berücksichtigen, dass sich die potenziellen Kreditgeber *im Vorfeld* des Vertragsabschlusses bewusst sind, zusätzlich einem **moralischen Risiko** ausgesetzt zu sein und sie dieses Zusatzrisiko in ihr Kreditangebot in Form eines höheren Zinses einpreisen. Insofern müssen wir das soweit dargestellte Schema um diesen Aspekt modifizieren. Dazu müssen wir vorab allerdings noch klären, worin moralisches (= charakterliches) Risiko im Kontext von Darlehensverträgen konkret besteht.

Moralisches Risiko begründet sich – wie bereits in Kapitel 15.1 erläutert – bei Zeitraumverträgen *mit* dem Vertragsabschluss und tritt mit *Laufzeitbeginn* durch fahrlässiges oder vorsätzliches Verhalten zulasten der Gegenpartei in Erscheinung. Wenden wir dieses allgemeine Begriffsverständnis nun auf dem Kreditmarkt an, dann lässt sich nicht verkennen, dass jeder Kreditgeber hier der latenten Gefahr ausgesetzt ist, dass der Kreditnehmer weniger penibel als angekündigt mit dem Darlehen umgeht, sobald er erst einmal in dessen Genuss gekommen ist. Eine solche Verhaltensänderung kann die vereinbarte Rückzahlung der Geldmittel selbstredend gefährden.

Die Farbenpracht des Kittels sinkender Sorgfalt weiß sich dabei regelmäßig erfrischend grenzenlos zu präsentieren. So schleicht sich bei einem ersten Darlehensnehmer eine bis dato ungeahnte Freude an der Ausrichtung opulenter Firmenevents ein, während sich ein anderer den lang gehegten Wunsch an einem unternehmenskulturstiftenden Etwas „spontan" erfüllt und dazu architektonisch anspruchsvollen Umbaumaßnahmen in Auftrag gibt. Ein Dritter überschreitet den Jordan der Leichtsinnigkeit schon dadurch, dass er sich und seinem Management-Team trocken und humorlos eine üppige Gehaltserhöhung mit Kreditabschluss genehmigt.

Ebenfalls lässt sich nicht ausschließen, dass Kreditnehmer zu riskanteren Geschäftshorizonten aufbrechen, falls sie feststellen müssen, dass die ursprünglichen Investitions- *und* Kredittilgungspläne nicht aufgehen, also aus dem Ruder zu laufen drohen. Vielleicht lassen sich die Darlehensnehmer in ihrer Verzweiflung sogar zu Unternehmungen verleiten, die nicht nur wirtschaftlich, sondern auch moralisch riskant sind, weil sie sich in einer vertraglichen und/oder gesetzlichen Grauzone befinden.

Die Linie zum Betrug bzw. zur Veruntreuung hätte ein Kreditnehmer zweifelsohne überschritten, der Teile eines Unternehmenskredits für private Belange zweckentfremdet oder der sich – aus Sicht der Kreditgeber noch dramatischer – mit den überlassenen Finanzmitteln absetzt, um sich unter der kubanischen Sonne dem Zugriff seiner Gläubiger dauerhaft zu entziehen.[1486]

Mag punktuell die Grenze zwischen unschuldigem und gezieltem Betrug fließend sein, so mangelt es der deutschen Wirtschaftshistorie nicht an illustren Beispielen hartgesottenen Kreditbetrugs. Nach der Wiedervereinigung erlangte beispielsweise der Baulöwe Jürgen Schneider im Jahr 1994 öffentliche Aufmerksamkeit, weil er die Deutsche Bank und weitere Gläubigerbanken bei Kreditgeschäften massiv getäuscht hatte. Mit reichlich krimineller Energie versehen, war es auch Manfred Schmider gelungen, die Kreditgeber seiner Firma Flowtex lange Zeit zu täuschen und deren Wirtschaftsprüfer kaltschnäuzig zum Narren zu halten. Bis eben zur Insolvenz im Jahre 2000, der sich eine mehrjährige Haftstrafe für Schmider anschloss.

Wenn auch diese beiden spektakulären Fälle von Kreditbetrug und Firmenpleiten in ihrem ganzen Ausmaß kein Alltag im Kreditgeschäft darstellen, so verkörpern sie doch auf zugespitzte Weise das prinzipielle Problem potenzieller Kreditgeber hinsichtlich des moralischen, charakterlichen Risikos.

Infolgedessen werden die Darlehensgeber dieses Zusatzrisiko – wie bereits angeführt – *zu Beginn* der Verhandlungen in Form höherer Zinsen einpreisen. Diese Tatsache wollen wir nun in das oben eingeführte Beispiel integrieren und dabei der Einfachheit halber unterstellen, dass die potenziellen Anbieter in der ersten Runde noch zwanzig Prozent auf den „Basiszins" aufschlagen (siehe Tabelle 15.4).[1487] Wie das Spiel seinen grundsätzlichen Verlauf nimmt, haben wir mittlerweile verstanden: Die guten Risiken scheiden unverändert als erstes aus.

Für die zweite Spielrunde müssen wir uns jetzt allerdings noch fragen, ob es aus Sicht der Kreditgeber bei einem Risikoaufschlag in Höhe von zwanzig Prozent für das moralische Risiko wie zu Beginn des Spiels bleiben kann? Da wir weiterhin unterstellen, dass keine Marktseite irgendwelche Maßnahmen zur Reduktion der Informationsasymmetrie zu diesem Zeitpunkt ergreift, lautet die Antwort: nein! Der Aufschlag für das charakterliche Risiko wird sich vielmehr von Runde zu Runde erhöhen.

Um den wachsenden Risikoaufschlag zu verstehen, müssen wir uns lediglich vor Augen halten, dass mit fortschreitender Spieldauer zunehmend risikobereite Unterneh-

---

[1486] Die Veruntreuung von Finanzmitteln spielte auch beim Zusammenbruch der Danat-Bank (1931) eine Rolle. Hier hatten sich die Brüder Lahusen als Gesellschafter der Firma Nordwelle unrühmlich verhalten. Details zu diesem historischen Fallbeispiel finden sich im Anhang dieser Lektion.

[1487] Der Wert von zwanzig Prozent als Aufschlag für moralisches Risiko ist in seiner hier gewählten Höhe reine Willkür. Es darf mit diesem Wert nicht die Vorstellung verbunden werden, dass das moralische Risiko bei Kreditverträgen gegenüber der Thematik der adversen Selektion quantitativ unbedeutender wäre. Es ist für reale Kontexte vorstellbar, dass der Aufschlag für dieses charakterliche Risiko einhundert Prozent und mehr ist!

Tabelle 15.4: Situation zu Spielbeginn unter Beachtung von adverser Selektion und moralischem Risiko

Bonitätsstufe	Marktanteil (in %)	(angemessener) Zinssatz pro Jahr (in %)		
		Adverse Selektion („Basiszins")	Moralisches Risiko (Aufschlag)	Zinssatz, gesamt
Gut	33,3	2,0	0,4	2,4
Mittel	33,3	6,0	1,2	7,2
Schlecht	33,3	10,0	2,0	12,0
Durchschnitt		**6,0**	**1,2**	**7,2**

mer Kredite nachfragen. Den ersten Hauch des Scheiterns im Nacken, wird mancher Hasardeur vormalige Bedenken fallenlassen und zu Lasten der Kreditgeber „all in" gehen. Dieses Szenario vor Augen, werden die Darlehensgeber den Aufschlag für moralisches Risiko also schrittweise anpassen. Rein aus illustrativen Gründen unterstellen wir hier, dass dieser Aufschlag in der zweiten Runde 25 Prozent beträgt (siehe Tabelle 15.5).

Tabelle 15.5: Situation zu Beginn der zweiten Runde unter Beachtung von adverser Selektion und moralischem Risiko.

Bonitätsstufe	Marktanteil (in %)	(angemessener) Zinssatz pro Jahr (in %)		
		Adverse Selektion („Basiszins")	Moralisches Risiko (Aufschlag)	Zinssatz, gesamt
Mittel	50,0	6,0	1,5	7,5
Schlecht	50,0	10,0	2,5	12,5
Durchschnitt		**8,0**	**2,0**	**10,0**

Und in der dritten Spielrunde steigt in unserem Beispiel der Zuschlag wegen moralischer Risiken schließlich auf dreißig Prozent an (siehe Tabelle 15.6).

Tabelle 15.6: Situation zu Beginn der dritten Runde unter Beachtung von adverser Selektion und moralischem Risiko.

Bonitätsstufe	Marktanteil (in %)	(angemessener) Zinssatz pro Jahr (in %)		
		Adverse Selektion („Basiszins")	Moralisches Risiko (Aufschlag)	Zinssatz, gesamt
Schlecht	100,0	10,0	3,0	13,0
Durchschnitt		**10,0**	**3,0**	**13,0**

Resümieren lässt sich somit, dass durch die zusätzliche Berücksichtigung des moralischen Risikos, das ausschließlich bei Zeitraumverträgen auftritt, sich nichts an dem generellen Muster ändert, das wir bei Zeitpunktverträgen und asymmetrischer Information am Beispiel des Gebrauchtwagenmarktes zuvor schon kennengelernt haben: Die Qualität im Markt verschlechtert sich von Spielrunde zu Spielrunde und die Anzahl der Tauschakte sinkt. Im Fall des Kreditmarktes werden ohne gezielte Gegenmaßnahmen der Beteiligten diejenigen auf der Nachfrageseite übrigbleiben, die die schlechteste Bonität haben – also die Gernegroß, die Blender und die Vabanquespieler.[1488] Bestandteil dieses Selektionsprozesses ist ein sich sukzessiv erhöhendes Zinsniveau.

Sofern bei den Anbietern die Entscheidungsbildung vom Qualitätsaspekt dominiert wird, also von der Kreditwürdigkeit der Nachfrager, kann es analog zum Gebrauchtwagenmarkt sogar dazukommen, dass kein Einziger der potenziellen Kreditgeber ein Darlehen am Ende zu vergeben bereit ist.

Die Vorstellung, dass es in realen Raumwirtschaften noch heute keinen einzigen Vertragsabschluss zwischen potenziellen Kreditgebern und Kreditsuchenden geben könnte, erscheint von der Warte heutiger Industrie- und Dienstleistungsgesellschaften einigermaßen gewagt, wenn nicht gar abenteuerlich. Doch ausgereifte und leistungsfähige Finanzmärkte sind noch immer kein ubiquitäres Phänomen. Im Gegenteil! In Schwellen- und Entwicklungsländern haben weiterhin unzählige Klein- und Kleinstunternehmen keinen Zugang zum Bankkredit.[1489]

Bei diesem Befund sollten wir nicht übersehen, dass es keine zwei Jahrhunderte her ist, dass auch in Kontinentaleuropa die Kreditmärkte vielerorts noch in den Kinderschuhen steckten. Der von uns gewählte Ausgangszeitpunkt (1840) zur Darstellung der Genese von Kreditmärkten in Deutschland ist weit davon entfernt, realitätsfern zu sein – wie das folgende Zitat belegt:

> Dies lag aber weniger an einem allgemeinen Kapitalmangel in Deutschland als vielmehr an einem fehlenden bzw. nicht funktionierenden Kapitalmarkt. [...] Dennoch gelang es den zahlreichen Industrieunternehmen, das notwendige Kapital zur Finanzierung ihrer Investitionen zu beschaffen. [...] Ein Teil des Kapitals kam aus den vorausgehenden Handelsgewinnen oder aus den Erträgen des Grundbesitzes [...]. Darüber hinaus wurden sehr schnell Gewinne in teilweise beachtlicher Höhe erzielt, welche dann erneut investiert werden konnten. Das Bankensystem spielte für die Finanzierung der Industrieunternehmen in Deutschland in der ersten Hälfte des 19. Jahrhunderts dagegen kaum eine Rolle.[1490]

[1488] Auf einem normalen Markt ohne asymmetrische Information bleiben die „richtigen" Teilnehmer am Markt, d. h. die Leistungsfähigsten. Vgl. z. B. Stocker, 2013, S. 135.

[1489] Der Weltbank-Slogan „Banking the unbanked" bringt diesen Umstand unmissverständlich zum Ausdruck.

[1490] Pierenkemper, 2015, S. 80 f. Mitte des 19. Jahrhunderts waren deutsche Privatbanken zweifelsfrei darin geübt, Kredite für den Staat, nicht jedoch für das private Unternehmertum zu arrangieren. Aus historischem Blickwinkel lässt sich daher die Analyse von Friedrich List prinzipiell mittragen, dass zu einer Zeit, in der er die Einführung eines Erziehungszolls fordert (siehe Lektion 8), die Kapital- und Kreditmärkte in Deutschland nur leidlich funktionieren – zumal im Abgleich zu England! Vgl. Pierenkemper, 2015, S. 79 ff. Doch so sehr man mit List die Beschreibung der Ausgangslage teilen mag, so wenig folgt daraus,

Da die Bankenwirtschaft in Deutschland und in anderen wohlhabenden Ländern inzwischen erwachsen geworden ist, wollen wir uns im nächsten Schritt fragen, welche privaten Screening- und Signaling-Maßnahmen sich in den letzten zweihundert Jahren etabliert haben, um die Funktionsfähigkeit der marktlichen Kreditvergabe zu verbessern.

15.2.1.3 Private Lösungsmöglichkeiten

Betrachten wir zunächst die Möglichkeit des **Screenings**. Ein potenzieller Kreditgeber könnte sich etwa kostengünstige **Informationen** über einen Kreditsuchenden von vertrauenswürdigen **Drittanbietern** gegen Bezahlung einholen, um sein Risiko zu reduzieren, einem Leichtfuß das Geld zu leihen. Heutzutage kann man beispielsweise im Bundesanzeiger die Jahresabschlüsse von nahezu allen Unternehmen komprimiert einsehen. Über die Bonität von kreditsuchenden Unternehmen bieten Standard and Poor's, Moody's, Fitch oder auch die deutsche Creditreform als private Ratingagenturen ebenfalls entsprechende Auskünfte.

Dessen unbenommen fällt allerdings auf, dass diese **Rating-Agenturen** nicht zu allen Unternehmen mit Finanzmittelbedarf Informationen einholen und aufbereiten: Zu der großen Anzahl an kleinen und mittleren Firmen werden keine verkäuflichen Informationen produziert. Stattdessen konzentrieren sich die Ratingagenturen auf die großen Publikumsunternehmen.[1491]

Wegen der hohen Kosten, die eine weiterführende Informationsbeschaffung jenseits der Rating-Agenturen zu einem Kreditsuchenden verursacht, scheiden daher Einzelpersonen als *direkte* Kreditgeber zumeist aus. Demgegenüber haben sich institutionelle Einrichtungen, sprich Banken, zu Kreditexperten entwickelt, die den Nutzen aus der Informationsgewinnung über den einzelnen Kreditnachfrager wie auch das Wissen über das Qualitätsniveau von Kreditgesuchen im Quer- und Längsschnitt internalisieren. Die kreditsuchenden Unternehmen müssen sich dabei stets einem standardisierten „Gesundheitscheck" unterziehen, bei dem das Kreditinstitut die jüngsten Jahresabschlüsse, den Businessplan und die integrierte Finanzplanung bestehend aus Bilanz-, GuV- und Kapitalflussrechnung analysiert, bevor es auf Basis wichtiger Unternehmenskennzahlen das individuelle Ausfallrisiko des Antragstellers ermisst und den Kredit bewilligt.[1492]

---

dass man sich seinem Vorschlag anschließen muss, einen Erziehungszoll einzuführen. Zur entsprechenden Kritik siehe Lektion 8.

1491 Vgl. Mishkin, 1992, S. 167 f.

1492 Die Bedeutung einer sorgfältigen Prüfung („Screening") bei der Kreditvergabe geht auch aus dem englischen Begriff der Due Diligence (deutsch: mit Sorgfalt) hervor, der heute überwiegend im Zusammenhang mit M&A-Transaktionen genutzt wird. Gleichwohl fand er zunächst bei der Kreditvergabe im Bankgewerbe seine Anwendung, nachdem er im Security Act von 1933 erstmalig Öffentlichkeit erlangte. Vgl. z.B. Ernst/Häcker, 2011, S. 331. Heute beachten Banken eine ganze Reihe an Kennzahlen bei der Kreditprüfung, darunter auch die Zinstragefähigkeit mit Hilfe der sogenannten Interest Cover Ratio.

Eine Bank wird bei der Analyse betriebswirtschaftlicher Kennzahlen nicht zuletzt dem Eigenkapital und der Eigenkapitalquote[1493] des kreditsuchenden Unternehmers besondere Aufmerksamkeit schenken. Denn das bilanzierte Eigenkapitel signalisiert ihr zunächst einmal, wie viel eigens eingebrachtes Kapital dem Unternehmer zum Abwettern von Krisenzeiten in *absoluter* Höhe zur Verfügung steht. Darüber hinaus ist aus Sicht des moralischen Risikos aber auch der *relative* Anteil des Eigenkapitals am Gesamtkapital für das kreditgebende Institut von Interesse. Schließlich wird man davon ausgehen können, dass ein Kreditnehmer umso sorgsamer mit Fremdmitteln umgeht, je stärker er selbst etwas zu verlieren hat. Im Umkehrschluss bedeutet dies, dass die Neigung eines Unternehmers, sich zum Nachteil eines Darlehensgebers zu verhalten, tendenziell steigt, wenn er sich kaum mit Eigenmittel an einem Investment beteiligt.

Für potenzielle Kreditgeber, sprich Banken, lassen sich im Firmenkundengeschäft durch Technologie- und Branchenanalysen, Betriebsbegehungen und Gespräche mit Schlüsselpersonen eines kreditsuchenden Unternehmens weitere Informationsasymmetrien abbauen. Dabei ist es nicht ungewöhnlich, dass sich Banken der Expertise unabhängiger Sachverständiger fallweise bedienen.

Im Privatkundengeschäft nutzen Banken in Deutschland neben einer SCHUFA-Auskunft auch Einkommens- und Vermögensnachweise des kreditbeantragenden Haushalts,[1494] um die Tragfähigkeit der Kreditbelastungen zu beurteilen. Speziell bei Kreditanfragen zum Erwerb einer Bestandsimmobilie lassen Banken von unabhängigen Gutachtern den Wert der betreffenden Objekte schätzen, um deren Beleihungsrahmen zu taxieren.

In der Immobilienfinanzierung ist es ganz allgemein Standard, das betreffende Finanzierungsobjekt dem Kreditgeber gegen einen unerwarteten Kreditausfall als **Sicherheit** zur Verfügung zu stellen. Die Bereitschaft zur Besicherung des Kredits (Hypothek) stellt zweifelsfrei eine Form des **Signalings** im Kreditmarkt dar.

Neben Grundstücken und Gebäuden qualifizieren sich im Firmenkundengeschäft als beleihungsfähige Sicherheiten für die Banken weitere Vermögensgegenstände, die auf der Aktivseite der Bilanz des kreditsuchenden Unternehmens verzeichnet sind, allen voran Maschinen, Anlagen und/oder der Fuhrpark – sofern diese Gegenstände zum Zeitpunkt der Kreditnachfrage unbesichert sind.

Alle Formen verwertbarer **Sicherheiten** grenzen das Verlustrisiko des Kreditgebers im Falle eines Kreditausfalls bzw. der Zahlungsunfähigkeit des Kreditnehmers ein.[1495] Das gilt uneingeschränkt auch für das Stellen eines oder mehrerer Bürgen.

1493 Die Eigenkapitalquote wird verstanden als das Eigenkapital in Bezug zur Bilanzsumme.

1494 Die SCHUFA Holding AG, die im Jahre 1927 als Schutzgemeinschaft für Absatzförderung in Berlin gegründet worden war, erteilt in Deutschland vorwiegend Auskunft über die Bonität von kreditsuchenden Privatpersonen.

1495 Zur besseren historischen Einordnung sei zu den Formen gestellter Sicherheiten im Rahmen gewährter Kredite angemerkt, dass die Hamburger Bank (1619–1875) von Privatpersonen hierzu Gold- und Silbermünzen, Juwelen, Edelsteine, haltbare Güter sowie kommunale Anleihen angenommen hatte.

Bürgschaften sind also nur eine weitere Möglichkeit des Kreditsuchenden, dem Kreditverleiher ein reduziertes Ausfallrisiko zu signalisieren. Nicht übersehen sollte man, dass die Gewährung von Sicherheiten den Kreditnehmern selbst nützt, da sich für sie hieraus **bessere Darlehenskonditionen** ergeben (inklusive niedrigerem Zinssatz).

Gegenüber der archaischen Situation, in der die Beteiligten noch kein Verständnis über ihren eigenen Handlungsspielraum entwickelt haben, bieten **Vertragsnebenbedingungen** (sog. „Covenants") eine weitere Möglichkeit, die tatsächliche Anzahl an prinzipiell angestrebten Kreditvereinbarungen auszudehnen: Mit der Akzeptanz solcher Auflagen räumt der Darlehensnehmer sein Einverständnis ein, bestimmte Verhaltensweisen zu unterlassen und Anderem nachzukommen, so dass sich für den Kreditgeber das moralische Risiko und damit sein Ausfallrisiko begrenzt.

Heute gehört zu den gängigen Vertragsnebenbedingungen im Firmenkundengeschäft die regelmäßige Berichtspflicht des Kreditnehmers, also die Vorlage von aktuellen Quartals-, Halbjahres- und/oder Jahresabschlüssen über die gesamte Laufzeit des Darlehens. Darüber hinaus lassen sich Kreditgeber auch Sonderkündigungsrechte einräumen, wenn

- der Darlehensnehmer der vertraglich vereinbarten Pflicht zum Abschluss einer Sachversicherung (z. B. Brandschutz) für das kreditfinanzierte Investitionsvorhaben (z. B. Bau einer Produktionsstätte) nicht fristgerecht nachkommt,
- der Kreditnehmer Sicherheiten (z. B. unbebaute Grundstücke) veräußert,
- führende Mitglieder aus der Geschäftsleitung des Darlehensnehmers ausscheiden,
- der Kreditnehmer eine Fusion mit einem anderen Unternehmen anstrebt bzw. eingeht,
- zentrale Kennzahlen, die die finanzielle Robustheit eines Unternehmens spiegeln, unter- oder überschritten werden oder
- der Darlehensnehmer weitere Kredite bei anderen Instituten aufnimmt.[1496]

Schließlich bedingen sich Kreditgeber fallweise einen Platz im Aufsichtsrat des kreditnehmenden Unternehmens aus.

15.2.1.4 Zwischenfazit

Zwischen Anbietern und Nachfragern bestehen auf dem Kreditmarkt – wie hergeleitet – strukturell bedingte Informationsunterschiede, die nach neoklassischem Duktus zu „Marktversagen" führen können.

Grundstücke spielten innerhalb der großen Bandbreite an Sicherheiten – zumindest in den Anfangsjahren der Bank – eine untergeordnete Rolle. Die Darlehenshöhe begrenzte sich auf 75 Prozent des geschätzten Wertes der gestellten Sicherheit. Vgl. Roberds/Velde, 2014, S. 44.

1496 Diesbezüglich sei an die Ohio Life Insurance erinnert (siehe Lektion 5, Kapitel 5.2.2.1.2), die bei fast sechzig Banken offene Investitionskredite stehen hatte, als sie im Jahr 1857 bankrottierte.

Ungeachtet dogmatisch eingefärbter Interpretationen haben wir bemerkt, dass Kreditmärkte nicht nur vom Risiko der Negativauswahl geprägt sind. Bei Darlehensvereinbarungen geht mit ihrem wesensbedingten Merkmal einer Vertragslaufzeit vielmehr die ergänzende Gefahr eines moralischen Fehlverhaltens durch die Kreditnehmer zulasten der Kapitalgeber einher. Doch dieser Umstand ändert nichts daran, dass die Akteure wie auf dem Gebrauchtwagenmarkt mit Hilfe von Screening und Signaling selbst Sorge tragen können, dass auf dem Kreditmarkt potenzielle Transaktionen tatsächlich realisiert werden. Akribische Prüf- und Monitoring-Maßnahmen sind beispielsweise für US-amerikanische Banken schon seit den 1820er verbrieft.[1497] Insofern sollte es weiterhin erst einmal den Marktparteien obliegen, informationsbasierte Störfaktoren zu überwinden – also ohne staatliches Zutun.

Die Existenz asymmetrisch verteilter Informationen hat über die Zeit auch auf Kreditmärkten Strukturen herauskristallisiert, die sich erst aus der Interaktion unterschiedlich gut informierter Marktseiten restlos verstehen lassen: Die Wechselwirkung zwischen Kreditgebern und -nehmern haben auf der schlechter informierten Marktseite Spezialisten hervorgebracht, die den Umgang mit Informationsdefiziten fortlaufend verbessert und damit ihr Risiko im Kreditgeschäft zu minimieren gelernt haben. Das Aufkommen von Kreditinstituten und Banken darf daher auch als **emergente Systemeigenschaft** interpretiert werden. Mit anderen Worten: Die Strukturen auf Kreditmärkten sind systemischer Ausdruck im Umgang mit Informationsdefiziten zum Wohle beider Marktseiten.

15.2.2 Depositengeschäft

Mit dem Einlagegeschäft existiert im Bankengewerbe noch ein zweiter Typus von Zeitraumvertrag, dem strukturelle Informationsunterschiede anhaften – jetzt allerdings mit umgekehrtem Vorzeichen: Was ein Verwahrer mit den anvertrauten Vermögensgegenständen tatsächlich macht, bleibt dem Depositär naturgemäß zu weiten Teilen verborgen. Damit schwört dieser Umstand Gefahren herauf, die einer gedeihlichen Marktentwicklung zuwiderlaufen können. Welche Maßnahmen die Akteure konkret ergreifen können, um der Tendenz zu unausgeschöpften Transaktionspotenzialen entgegenzuwirken, sehen wir uns in Kapitel 15.2.2.2. an. Zuvor werfen wir jedoch noch einen Blick auf die Ausgangssituation (Kapitel 15.2.2.1.). Für ein besseres Verständnis von wirtschaftlichen Evolutionsprozessen tun wir dies mit einer historischen Einfärbung.

1497 Dieser Umstand hat auch damit zu tun, dass die Kreditzinsen zu jener Zeit per Gesetz auf sechs Prozent limitiert waren, während auf dem Schwarzmarkt deutlich höhere Zinsen herrschten. Dadurch hatten die Banken viele Kreditanträge zu bearbeiten und musste zugleich viele dieser Anträge ablehnen. Vgl. Wright, 2005, S. 38 f. und S. 77.

15.2.2.1 Ausgangssituation und Konsequenzen

Es ist keine Erscheinung der Neuzeit, dass private Haushalte sparen. Von alters her haben sie Gold- und Silberstücke – d. h. Barren und Münzen – aufbewahrt, bevor im Laufe der Geschichte andere Geldformen hinzukamen.[1498]

Früher oder später fragen sich alle diese Sparer, wie sie ihr Geld- und Edelmetallvermögen am besten auf Seite legen können, um die Gefahr zu minimieren, das Ersparte auch nur partiell zu verlieren.

Im Umgang mit diesem Risiko wählen die Betroffenen unterschiedliche Strategien. In Indien und anderen Schwellenländern tragen noch heute zahlreiche Individuen Gold in Form von Schmuck am eigenen Körper. Andernorts bevorzugen Menschen das Horten von Papiergeld, Kurantmünzen und Goldbarren in den eigenen vier Wänden, etwa unter dem vielzitierten Kopfkissen oder – eine paar Stufen höher auf der Sicherheitsleiter – im hauseigenen Safe. Zu den denkbaren Lösungsansätze der Sparer gesellt sich allerdings auch die Verwahrung der eigenen Ersparnisse bei einem Spezialisten im Rahmen eines Depositengeschäfts.

Schauen wir uns die Funktionsweise dieses Geschäfts an, dessen Wiege sich auf dem Terrain der antiken Agrarwirtschaft verorten lässt.[1499] Genau hier machen nämlich Getreidebauern erstmals von der Gelegenheit Gebrauch, ihre Ernte in einem Lagerhaus aufzubewahren, um diese bis zur Verwendung gegen die Zahlung einer Servicegebühr vor negativen Einflüssen (insb. dem Wetter) zu schützen. Dabei wurde den Bauern die Einlagerung ihrer Güter von den Lagerhausbetreibern quittiert, so dass sie später – unter Vorlage dieser Belege – ihr Getreide wieder ausgehändigt bekamen.

Irgendwann bemerkten die Beteiligten, dass es ihre Abläufe erleichtert und die Transaktionskosten senkt, wenn die Bauern ihre Einlagerungsbelege einfach an die Müller weitergeben, denen sie selbst gegenüber lieferverpflichtet sind.[1500] Denn damit konnte sich jetzt jeder Mühlenbetreiber seine Rohware am Lagerhaus selbstbestimmt abholen und kein Landwirt brauchte seine Kunden noch persönlich zu beliefern. Kurzum: Diese innovative Methode der Weitergabe eines Schuldscheins half beiden Handelspartnern.

Die anschließende Entdeckung, dass „Zettel" in marktüblichen Größenordnungen, also standardisiert, der Weitergabe im Geschäftsleben dienlicher sind als solche mit monumentalen oder schiefen Summen, verbesserte die **Liquiditätseigenschaft** dieser

---

1498 Zur zeitlichen Einordnung sei angemerkt, dass Barren aus Edelmetall lange bekannt und im Fernhandel genutzt worden waren, bevor Edelmetallmünzen um 600 v. Chr. erstmals auftreten. Das Münzgeld wird dabei fast zeitgleich im Nordosten Chinas, in Indien und Lydien (Westanatolien) eingeführt. Vgl. z. B. Graeber, 2011, S. 224 f. Papiergeld ist erstmals im 12. Jahrhundert dokumentiert; es trat damals in China in Erscheinung. Vgl. z. B. Stocker, 2022, S. 93.

1499 Zu Getreidespeichern im antiken China und Indien siehe z. B. Graeber, 2011, S. 233 oder S. 245 f.

1500 Zu einem weiteren Vorteil wurde später, dass das Zertifikat im Rahmen eines *Kreditgeschäfts* als Sicherheit hinterlegt werden konnte, es also beleihbar war.

Verbriefungen weiter – schließlich eröffneten sie den Bauern jetzt die Möglichkeit, eingelagerte Teilmengen unkompliziert zu verkaufen.[1501]

Verwahrungsdienste für Sparvermögen („money warehousing") in Anlehnung an den beschriebenen Mechanismus in der Getreidewirtschaft sind bereits für Ägypten und Griechenland in der Antike dokumentiert.[1502] Anschließend beobachtet man derartige Depositengeschäfte allerdings erst wieder in Damaskus – im frühen 13. Jahrhundert;[1503] ein Säkulum darauf dann in Venedig, bevor sie sich im 17. und 18. Jahrhundert auch in Amsterdam und Hamburg ausbreiten.[1504]

Unabhängig vom eingelagerten Gut setzt die Funktionsfähigkeit aller Depositengeschäfte – egal ob sie ausschließlich bilateral bleiben oder sich zu trilateralen Beziehungsgeflechten ausdehnen – die charakterliche Integrität, d. h. die Ehrbarkeit des Lagerhausbetreibers voraus. Blicken wir in diesem Zusammenhang einmal nach England zur Mitte des 17. Jahrhunderts.

Dort hatte es bis zum Bürgerkrieg (1642–1651) keine privatwirtschaftlichen Depositenbanken gegeben. Stattdessen lagerte die englische Kaufmannschaft ihr Goldvermögen in der königlichen Münzanstalt im Tower von London. Als der König im Jahr 1638 einen Geldbedarf hatte, konfiszierte er von den Kaufleuten kurzerhand Gold im Wert von 200.000 Pfund Sterling und deklarierte dies als Darlehen der Einleger![1505] Obgleich der König seine „Kreditschulden" bei den Kaufleuten später beglichen hat, war deren Neigung erloschen, ihre privaten Goldreserven der hoheitlichen Münzanstalt erneut

---

1501 Der Umstand einer Liquiditätsverbesserung durch Standardisierung erklärt auch, warum Anleihen heute Nennwerte in runden Beträgen wie 50 oder 100 Euro haben. Damit wird die Handelbarkeit dieser Wertpapiere auf sogenannten Sekundärmärkten (sprich: an der Börse) verbessert.
1502 Vgl. Rothbard, 2008, S. 87 f.
1503 Um dieses Kuriosum zu verstehen, sei angemerkt, dass mit dem Untergang des römischen Reichs im 5. Jahrhundert n. Chr. auch das Münzgeld aus Europa und dem Mittelmeerraum verschwand, obgleich es fast ein halbes Jahrtausend auf dessen Boden zur Abwicklung kleinerer Geschäfte etabliert war – während bei größeren Beträgen Schuldscheine zum Einsatz kamen. Einen ersten, kurzen Versuch der Wiederbelebung erfuhr das Münzwesen im späten 8. Jahrhundert, bevor es sich ab der zweiten Hälfte des 12. Jahrhunderts endgültig wieder zu entfalten wusste. Den Ausgangspunkt der erneuten Monetarisierung Europas bilden dabei die Niederlande, indem dort die bis dahin in Naturalleistungen zu erbringenden Lehnspflichten allmählich in Geldlehen umgewandelt werden und zeitgleich die direkte Besteuerung in Geld erstmals seit der Römerzeit wieder eingeführt wird. Vgl. Martin, 2014, S. 111 ff.
1504 Vgl. Rothbard, 2008, S. 87 f. und Schmoeckel/Maetschke, 2016, S. 23.
1505 Um Irrtümern vorzubeugen sei festgestellt, dass das englische Königshaus im Umgang mit dem Instrument des Zwangskredits schon geübt war. Stark in Antwerpen verschuldet, hatte König Eduard VI. (1537–53) am dortigen Börsenplatz die Devisenreserven der englischen Kaufleute und Wechselbankiers als Zwangskredit requiriert, um den Verpflichtungen bei seinen Gläubigern nachzukommen. Anschließend wandelte die Krone dann die bei ihren zwangskreditierten Untertanen eingegangene Fremdwährungsschuld in einen Sterling-Kredit um. Vgl. Martin, 2014, S. 146 ff. Etwa zeitgleich hatte schon Karl V. von Spanien, unzufrieden mit der staatlichen Kassenlage, die Edelmetalleinlagen bei den spanischen Bankiers (1545) unter Beugung elementarer Rechtsprinzipien konfiszieren lassen. Vgl. Huerta de Soto, 2020b, S. 267.

anzuvertrauen. Aufgeschreckt durch diesen dreisten Akt temporärer Enteignung, wandten sie sich den Goldschmieden und deren Tresoren zu.[1506]

Deren Goldzertifikate etablierten sich so schnell als Surrogat für das eingelagerte Edelmetall, dass Mitglieder der englischen Goldschmiede-Zunft bereits zum Ende des Bürgerkriegs (1651) der Versuchung einer subtilen Form des Diebstahls erlagen – der Veruntreuung.[1507]

Da Gold als Zahlungsmittel überhaupt nicht mehr benutzt wurde, es also in den Tresoräumen der Goldschmiede unbewegt liegen blieb, meinten die ersten von ihnen, sich das eingelagerte Edelmetall ihrer Kunden für gewinnbringende Kreditgeschäfte mit Dritten kurzfristig „ausleihen" zu können. In Sachen Moral standen sie damit dem König in Nichts mehr nach!

Der Lukrativität dieser zunächst unbemerkten Aktivitäten war es geschuldet, dass die Goldschmiede nach einer Weile begannen, den **Einlegern** einen **Zins** auf ihre Depositen **anzubieten** – nur um weiteres Edelmetall zur anschließenden Darlehensvergabe einzuwerben.[1508]

Mit diesem Zinsmanöver gelang es den Depositenbankern, die vertrauensseligen Goldeinleger zu blenden, indem sie diese in dem Irrglauben ließen, ihre Hinterlegungen seien in den Tresoren der Goldschmiede unverändert sicher und ihre Goldzertifikate könnten weiterhin als vollständiges Äquivalent zu ihren Goldeinlagen getauscht werden.[1509]

Tatsächlich aber verschlechterte sich das Deckungsverhältnis aller zirkulierenden Goldzertifikate mit jedem offenen Zusatzgeschäft der Depositenbanker. Denn die Gilde der Goldschmiede hatten für jedes dieser unautorisierten Kreditgeschäfte ein zusätzliches Goldzertifikat zu produzieren, so dass mit jeder so verliehenen Goldmenge ein weiteres „Zettelchen" in Umlauf kam, welches seinem ahnungslosen Inhaber suggerierte, es sei ein zu einhundert Prozent in Gold konvertierbares Originalzertifikat.[1510]

1506 Vgl. Rothbard, 2008, S. 88.
1507 Vgl. Rothbard, 2008, S. 88.
1508 Vgl. Rothbard, 2008, S. 90.
1509 De facto wurden aus Kunden (Einlegern) mehr oder weniger wissentlich Kollaborateure. Der Zins konnte nicht umsonst sein, sondern musste einen Preis haben – die zunehmende Gefährdung ihrer Einlagen. Mit *heutigem* Rechtsverständnis wurde ein vormaliges Verwahrgeschäft durch ein Darlehensgeschäft ersetzt: Die sparenden Privathaushalte haben begonnen, der Bank Kredit zu gewähren!
1510 Das sinkende Deckungsverhältnis ist leicht einzusehen. Die von Dobermann bei seiner Bank eingelagerten Goldmünzen werden von dieser als Kredit dem Kaufmann Blottner ausgereicht. Dieser begleicht mit dem Edelmetall seine Schulden bei seinem Geschäftspartner Herrn Mühle. Letzterer trägt die eingenommenen Goldmünzen erneut zu einer Bank und bekommt die Einlagerung quittiert. Fortan verfügt Herr Mühle über ein Zettelchen, das Anspruch auf eine physische Goldmenge attestiert – die aber bereits Herr Dobermann als sein Eigen wähnt. Kurzum: Zwei Personen beanspruchen das Eigentum auf die gleiche physische Goldmenge. Es ist hierbei im Übrigen einerlei, ob die Zettel emittierende Bank grüne Belege für Kredite und gelbe bei Depositen aushändigt oder bei beiden Bankgeschäften einheitlich blaue, handelbare Quittungen ausstellt!

Da es nicht lange dauerte bis erheblich mehr Goldzertifikate zirkulierten als sich Gold in den Schatullen der Goldschmiede befand, war man damit an einem Punkt angekommen, der für China bereits ab dem achten Jahrhundert bzw. für Venedig zwischen dem 14. und 16. Jahrhundert belegt ist: massiver Einlagenbetrug![1511] Ein Phänomen, das in seinem Ausmaß zumeist erst dann erkannt und in seiner toxischen Bedeutung wahrgenommen wird, wenn zu viele „Zettelinhaber" zeitgleich den Depositenvertrag aufkündigen und den Verwahrer mit der Aufforderung nach Herausgabe des begehrten Gutes in die Bredouille bringen – wenn also zum Beispiel der einzelne Goldschmied seiner Vertragspflicht nicht mehr in der verkehrsüblichen Weise nachkommen kann.

Es mangelt der Wirtschaftsgeschichte wahrlich nicht an tollkühnen, skrupellosen Figuren, die ihren Sparern und Anlegern allein die Tragik eines finanziellen Ruins bescherten. In die Galerie prominenter Skandale des aktuellen Jahrhunderts reihen sich Einzelpersonen wie Bernie Madoff (2008) und Institutionen wie die S&K-Gruppe (2013), die P&R-Gruppe (2018) oder der Goldhändler PIM Gold GmbH (2019) ein.[1512] Aus all diesen Betrugsfällen leitet sich einzig die Gewissheit ab, dass auch der Zukunft die zwielichtigen Figuren nicht ausgehen werden, die im Rahmen von Einlagegeschäften anvertraute Kundengelder veruntreuen.[1513]

15.2.2.2 Private Lösungsmöglichkeiten

Was können die Beteiligten nun tun, um den Schwierigkeiten zu begegnen, die mit asymmetrischen Informationen im Depositengeschäft einhergehen? Dem inzwischen bekannten Schema zufolge, empfiehlt es sich für die besser informierte Marktseite, hier also den Verwahrern, Initiativen zu ergreifen, mit denen sie die potenziellen Einleger von der unverbrüchlichen Sicherheit ihrer Depositen überzeugen. Einschlägige Aktivitäten des Signalisierens umfassen zum Beispiel:
- Details zu den Auszahlungsmodalitäten transparent zu machen.
- Auskunft über das gesamte Produktspektrum ihrer Geschäftstätigkeit zu erteilen.[1514]
- Gesellschafter zu erkennen geben.

1511 Vgl. Rothbard, 2008, S. 91.
1512 Vgl. Blume/Nagel, 29.11.2019, S. 35.
1513 Ferner lässt sich für die genannten Fälle feststellen, dass keiner von ihnen, mag er für die Betrogenen noch so bedauerlich und das eingerichtete Schneeballsysteme noch so veritabel gewesen sein, einen folgenschweren Flächenbrände auszulösen vermochte.
1514 Über die von ihnen betriebenen Arten von Bankgeschäften haben Mitte des 19. Jahrhunderts zahlreiche Banken detailliert Auskunft erteilt. Vgl. hierzu Noback/Noback, 1851.

- Eigenkapital- bzw. Haftungsverhältnisse offenzulegen.[1515]
- Eine Reputation aufzubauen.[1516]

Da wir in Kapitel 15.2.4. noch auf die Rolle des Staates im Bankensektor eingehen und dort dann auch an privaten Signaling-Maßnahmen von Depositenbanken anknüpfen, wollen wir an dieser Stelle jetzt noch prinzipiell denkbare Screening-Aktivitäten der schlechter informierten Seite im Einlagengeschäft anschneiden.

Eine erste Möglichkeit eröffnet sich dem potenziellen Einleger bei jeder Form von Verwahrgeschäft darin, sich vom Dienstleistungsanbieter die betreffende Lagerstätte zeigen zu lassen und diese bei der Begehung auf den technischen Ausrüstungs- und Sicherheitsstand zu inspizieren. Im Kontext von Bankgeschäften mag das Augenmerk des Einlegers sich möglicherweise auch darauf richten, welche Verwahrmethode konkret angeboten wird – Schließfach und/oder Sammellagerung?

Entscheidet sich heute ein Kunde Edelmetall in Form nummerierter Goldbarren („allocated gold") am Markt zu erwerben und diese verwahren zu lassen, dann sind ihm diese eindeutig zugeordnet. Hierzu alternativ kann sich ein Anleger allerdings auch für Goldbesitz in Sammelverwahrung („unallocated gold") entscheiden. In diesem Falle erwirbt der Kunde jetzt nur noch den Anspruch auf eine bestimmte Goldmenge. Bei institutionellen Anlegern ist diese Art des Goldbesitzes recht beliebt, weil niedrige Verwahrgebühren anfallen und unkompliziert gehandelt werden kann. Ihr Nachteil besteht gleichwohl darin, dass die „Lagerstelle [...] im Vergleich zu den Forderungen ihrer Kunden nur einen kleinen Bruchteil des Goldes vor[hält]. [...] [D]as Verhältnis [wird] auf 100:1 bis sogar 200:1 geschätzt. Letztlich eine Schönwetterveranstaltung!"[1517]

Eine zweite Möglichkeit des Screenings besteht grundsätzlich darin, den Verwahrer der eigenen Wertgegenstände wiederkehrend zu kontrollieren. Gleichwohl ist diese Screening-Technik an gewisse Voraussetzungen gebunden, etwa an die Publikationsbereitschaft oder -pflicht des Dienstleisters. Gewiss, das Monitoring der Geschäftsleitung lässt sich auch durch Gremienarbeit betreiben. Doch nicht jede Depositenbank firmiert als börsennotierte Aktiengesellschaft, von der man Anteile erwerben und an Hauptversammlungen teilnehmen kann. Schließlich ist auch die Zahl an Aufsichtsratsposten regelmäßig begrenzt – ungeachtet der Frage, ob die Komplexität einer solchen Aufgabe von jedem Depositär bewältigt werden könnte.[1518]

1515 Im Zentrum von Amiens steht in der 17 Rue de la République ein altehrwürdiges Gebäude, in dem sich einst die Geschäftsräume der Caisse Lecuyer befanden. Eingraviert im oberen Fassadenteil lässt sich dort noch immer lesen: CAPITAL 20 MILLIONS. Eine Form der Eigenkapitalkommunikation, die mit heutigen Augen kurios erscheinen mag, die aber im Gründungsjahr (1836) dieser Bank Vertrauen in ihre Robustheit geschaffen haben dürfte.

1516 Der Aufbau einer Reputation wird in der Folge auch im Markt für Verwahrgeschäfte Strukturwirkung haben. Auf Anbieterseite werden sich wie beim Gebrauchtwagenmarkt also Organisationsstrukturen herausbilden, die ganz maßgeblich vom Faktor des Vertrauens geprägt werden.

1517 Kromarek, 2018, S. 46 f.

1518 Vgl. z. B. Aschinger, 2001, S. 73.

15.2.3 Banken und Bankenwesen

Im Folgenden wollen wir zunächst wesentliche Entwicklungen im Bankgewerbe in groben Strichen nachzeichnen (Kapitel 15.2.3.1), um uns auf diese Weise ein Mindestmaß an Verständnis zu diesem Wirtschaftszweig anzueignen: Das Halbwissen auf diesem Terrain ist doch nur allzu virulent und leistet noch immer manchem Irrtum Vorschub.

Zu den gängigen Missverständnissen gehört die Vorstellung, dass das Schöpfen von Geld durch Banken allein dem Wesen des ungedeckten Papiergeldsystems geschuldet sei. Um diesen Irrtum auszuräumen, gehen wir der Geldschöpfung in einem goldbasierten Währungssystem auf den Grund (Kapitel 15.2.3.2). Anschließend schenken wir unsere Aufmerksamkeit den beiden Risiken, die den Geschäftsbestand einer Bank dauerhaft gefährden und Turbulenzen in einer Gesellschaft auslösen können (Kapitel 15.2.3.3.). Mit einem knappen Fazit zur volkswirtschaftlichen Rolle der Banken beenden wir diesen Abschnitt (15.2.3.4.).

15.2.3.1 Genese der Banken und Bankenbranche

Die Abhandlung ist zweigeteilt und ihre historische Wasserscheide lässt sich erneut in der Mitte des 19. Jahrhunderts verorten. Entsprechend deckt der erste Teil (Kapitel 15.2.3.1.1.) die Evolution der Banken bis zu dieser Zeit ab, während wir die anschließende Entwicklung bis heute in Kapitel 15.2.3.1.2. betrachten.

15.2.3.1.1 Von der Antike bis zur Entthronung des Handelskredits

Die Institution der Bank existiert bereits im Römischen Reich.[1519] Mit dessen Untergang (476 n. Chr.) löst sich die in seinem Machtbereich etablierte Währungsordnung auf, womit auch das **Münzgeld verschwindet**. An seine Stelle rückt – immerhin für die Dauer einiger Jahrhunderte – das Kreditgeld. Man begann also beim täglichen Geschäftemachen fortan wieder anzuschreiben.[1520]

Die Bankierskunst keimt in Europa erst im Zuge der Re-Monetarisierung, also mit der Rückkehr der Edelmetallmünzen, allmählich wieder auf. So kam es in Genua am Ende des 12. Jahrhunderts durch Kaufleute zur Gründung erster Banken, bevor vergleichbare Entwicklungen in den Stadtstaaten der Toskana (u. a. Florenz, Siena) und in Barcelona nur wenig später um sich greifen.[1521]

1519 Vgl. z. B. Martin, 2014, S. 111 und S. 114.
1520 Man beachte, dass es für die Menschen noch im Mittelalter keine sichere Möglichkeit gab, Gold (bzw. Geld) aufzubewahren. „[Dies] bedeutete [...] ein großes Sicherheitsrisiko und reduzierte [...] den Nutzen des Geldes. Vor allem konnte das Geld nicht nutzbringend angelegt werden." Schmoeckel/Maetschke, 2016, S. 22.
1521 Vgl. Martin, 2014, S. 115 ff. und S. 139.

Zur Mitte des 14. Jahrhunderts war es dann in diesen mediterranen Handelszentren unter Kaufleuten erneut gängig, Geschäfte bargeldlos abzuwickeln. Man griff dabei auf Schecks und Schuldscheine als schriftliche Urkunden zurück, die „ohne notarielle Beglaubigung bei der Bank innerhalb der Kaufmannschaft zirkulieren [konnten], bevor sie zur Einlösung vorgelegt wurden."[1522]

Die Betreiber von Bankgeschäften mögen in den anschließenden zwei Jahrhunderten ihr Handwerk verfeinert haben; der thematische Kern ihrer Tätigkeit, die **Handelsfinanzierung**, blieb jedoch von alledem unberührt. Unterdessen begann sich ein paneuropäisches Netz an Bankiers herauszubilden, welches die Finanzierung internationaler Handelsgeschäfte auf der Grundlage von **Wechseln**, einem kurzfristigen Kreditinstrument, ermöglichte.[1523]

Zur gegenseitigen Verrechnung und Glattstellung ihrer Soll- und Habensalden bediente sich diese kleine Gruppe von europäischen Wechselbankiers der Messe im französischen Lyon – wo sie sich vierteljährlich trafen. Dort bewegten sie außerordentlich hohe Summe, ohne das Münzgeld nennenswert floss. Infolgedessen hatten sie das Kreditgeld bis zur Mitte des 16. Jahrhunderts mit Hilfe des Wechsels auf eine neue Ebene gehievt – die überregionale! Das war nichts weniger als revolutionär! Schließlich bedurfte man nun nicht mehr der von den Fürsten emittierten Edelmetallmünzen, um mit weit entfernten Partnern Handelsgeschäfte eingehen zu können.[1524]

Der kreative Teil dieser finanzwirtschaftlichen Innovation beruhte – oberflächlich betrachtet – auf der Gestaltung einer **paneuropäischen Kreditpyramide**, die von einem kleinen, elitären Zirkel an der Spitze angeführt und gesteuert wurde. Doch der Clou dieser Entwicklung lag bei genauerem Hinsehen viel tiefer!

Die wahre Leistung der Wechselbankiers bestand nämlich darin, ein System kreiert zu haben, welches die Mauern traditioneller, kleingeografischer Vertrauensräume aufzubrechen erlaubte und damit die Grundlage zur Intensivierung überregionaler Handelsbeziehungen schuf. Darin – und in nichts weniger – bestand das wirklich Revolutionäre.

Schließlich hatten innerhalb der Kaufmannschaft schon lange private Kreditnetze existiert: Unter denen, die sich vertrauten, „war es [...] ganz selbstverständlich, Haben- und Sollsalden [...] auflaufen zu lassen – und so weit wie möglich miteinander zu verrechnen und die Restbeträge kontinuierlich vorzutragen, statt jede einzelne offene

---

1522 Martin, 2014, S. 139. Die Parallelen zur „Zettelwirtschaft" der antiken Getreidebauern lassen sich kaum übersehen, wenn auch die sektorale Wertschöpfungskette als Zirkulationsgrenze jetzt aufgebrochen sein mochte.

1523 Erwerben konnte der Kaufmann einen Wechsel bei einem Handelshaus bzw. einer Handelsbank gegen Einzahlung des lokalen hoheitlichen Geldes *oder* auf Kredit. Vgl. Martin, 2014, S. 141. Mit Hülsmann lässt sich anmerken, dass in jener Zeit nicht allerorts der Handelskredit Akzeptanz fand: „In der Hanse [DK: ca. 1150–1650] war selbst der Warenkredit verpönt. Alle Zahlungen unter ehrbaren Kaufleuten mussten hier bar erfolgen. Wer Schulden machte oder Kredite gewährte, verwirkte sein Mitgliedsrecht." Hülsmann, 2014, S. 216.

1524 Vgl. Martin, 2014, S. 133.

Rechnung mit herrschaftlichem Münzgeld auszugleichen."[1525] Doch so eingeschwungen diese Praxis gewesen sein mochte, so sehr waren diese Kreditbeziehungen an die zumeist regional begrenzte Reichweite persönlicher Bekanntschaften gebunden.

Jenseits seines vertrauten, kleinräumigen Kreises an Geschäftspartnern war das Zahlungsversprechen eines noch so ehrbaren Kaufmanns nicht viel wert – man kannte ihn andernorts schlichtweg nicht. Wo man aus Unkenntnis seiner Person ihm keinen Vertrauensvorschuss gewähren mochte, mussten unbare Neugeschäfte unrealisiert bleiben.[1526]

Ganz anders verhielt es sich mit dem „Versprechen eines der internationalen Handelshäuser mit ihrem viel größeren Handelsvolumen [...] und ihren langen Erfolgsgeschichten [...]. Wenn ein bedeutender Kaufmann das Versprechen eines lokalen Händlers durch sein Wort ersetzte, konnte ein Schuldschein, der zuvor [...] innerhalb der lokalen Wirtschaft zirkulierte, in einen Schuldschein verwandelt werden, der überall zirkulieren konnte, wo der bedeutende Kaufmann in hohem Ansehen stand."[1527]

Vor diesem Hintergrund versteht sich, warum die Wiege eines beachtlichen Teils modernen Banken in den Geschäftsräumen mittelalterlicher Handelshäuser von überregionaler Strahlkraft steht. Diese Handelsbankiers errichteten also eine Pyramidenstruktur innerhalb derer eine Schuldverschreibung zirkulieren konnte, die von einem der unzähligen Detailhändler an der Basis oder einem der Großhändler in der mittleren Etage an einen Lieferanten zuvor ausgegeben worden war.

Indem diese wenigen einflussreichen, paneuropäischen Handelsbankiers an der Spitze dieser Kreditpyramide diese Wechsel einzulösen versprachen, erweiterten sie das Gebiet **handelbarer Schuldtitel** schlagartig. Zugleich trugen sie nicht ohne Eigennutz dazu bei, dass der internationale Handel zum dynamischsten Teil der Wirtschaft im 16./17. Jahrhundert wurde.

Dieser realwirtschaftlichen Entwicklung war also eine finanzwirtschaftliche Neuheit vorausgegangen, in deren Rahmen einstmals illiquide, bilaterale Zahlungsversprechen in liquide Wertpapiere umgewandelt wurden, die sich bei Wechselbankiers einlösen ließen.[1528] Kurzum: Das Aufkommen des übertrag- bzw. diskontierbaren Wechsels als kurzfristigem Instrument der Handelsfinanzierung hat den Fortgang des überregionalen Warenaustausches unzweideutig stimuliert – und zwar maßgeblich. Tabelle 15.7. illustriert die stilisierte Bilanz eines Wechselbankiers zur Mitte des 17. Jahrhunderts.

1525 Martin, 2014, S. 134.
1526 Man beachte, dass der Transport von Bargeld Gefahren barg – etwa ausgeraubt zu werden.
1527 Martin, 2014, S. 135.
1528 Vgl. Martin, 2014, S. 135.

Tabelle 15.7: Stilisierte Bilanzstruktur einer Wechselbank um das Jahr 1650.

Aktiva	Passiva
Bare, monetäre Vermögensgegenstände – Edelmetallbestände[1529]	**Eigenkapital** – Initiale Einlage – Thesaurierte Gewinne – Gewinn/Verlust laufendes Jahr
Wertpapiere – Wechsel[1530]	**Einlagen,** von ... – Kaufleuten
Darlehen – Handelskredite (kurzfristige) an Kaufleute – „Interbanken"-Kredite (kurzfristig)[1531] – Kredite an Fürsten/Regenten[1532]	**Verbindlichkeiten** gegenüber ... – Anderen „Kreditinstituten" bzw. Handelsbanken (kurzfristig)
Bilanzsumme	**Bilanzsumme**

Hatten die Händler als Finanzintermediäre die Forderungsverrechnungen anfänglich noch selbst durchgeführt, so übernahmen mit der Zeit mehr und mehr reine Banken die Abwicklung des internationalen Zahlungsverkehrs.[1533]

15.2.3.1.2 Geburt, Aufstieg und Bedeutungsniedergang des Investitionskredits

In der ersten Hälfte des 19. Jahrhunderts, in der Kontinentaleuropa eine Epoche des vielschichtigen, tiefgreifenden Umbruchs erlebt (siehe Lektion 2), bricht auch in der Banken- und Finanzwelt eine neue Ära an. So werden in den Dekaden nach dem Ende der napoleonischen Kriege vielerorts Bankhäuser gegründet – vielfach die ersten überhaupt und nicht selten in der Rechtsform der Aktiengesellschaft, also als juristische

---

1529 Die in den Tresoren eingelagerten Edelmetallbestände bestanden aus Silber- und Goldmünzen einerseits und nicht-gemünztem Edelmetall (engl. bullion), also Barren, andererseits.

1530 Es handelt sich bei diesem Aktivposten um *diskontierte* Wechsel, d. h. um Wechsel, die von der Bank auf Vorlage vor Endfälligkeit gegen einen Abschlag (=Diskont) ausbezahlt wurden. Aus Sicht der Bank handelt es sich also um ein Wertpapier mit (sehr) kurzfristigem Anlagehorizont.

1531 Die z. B. quartalsweise auf der Messe in Lyon glattgestellt wurden.

1532 Langfristige Kredite wurden in dieser Zeit noch ganz überwiegend an Fürstenhäuser und Regenten vergeben, aber auch an Kommunen. Die Geldvergabe zu Investitionszwecken an Unternehmen spielt noch überhaupt keine Rolle: Diese Darlehensart tritt als relevante Größe erst im 19. Jahrhundert im Bankenportfolio in Erscheinung. Vgl. z. B. Hülsmann, 2014, S. 216.

1533 Allen voran in Europa war nach 1870 – also mit Beginn der Zeit des sogenannten Goldstandards – die Zahlungsvermittlung im Außenhandel fast ausschließlich zu einer Angelegenheit der Banken geworden. Durch die Kooperation mit Korrespondenzbanken in anderen Ländern und der Gründung eigener Niederlassungen hatten die Banken zu dieser Entwicklung im Wesentlichen selbst beigetragen. Dabei unterschied sich die Abwicklungstechnik des Zahlungsverkehrs von derjenigen der Jahre um 1700, als sich der Wechsel rasch ausbreitete, nicht wirklich. Vgl. Schwarzer, 1993, S. 192 bzw. Pohl, 1989, S. 268.

Person.[1534] Darüber hinaus wird der Bank von England mit dem Peel Act (1844/45) das alleinige Privileg der Papier-/Banknotenausgabe im Vereinigten Königreich ausgesprochen – womit sich die Institution der **modernen Zentralbank** langsam zu formen beginnt.

Bis dahin stellen bei aller industriewirtschaftlich entflammten Dynamik die traditionellen, den Handel finanzierenden **Wechselbankiers** noch immer die **Könige der Finanzbranche**. Auf internationaler Ebene hat es seit geraumer Zeit allerdings eine Bedeutungsverschiebung gegeben: Im Zentrum des Weltfinanzsystems stehen jetzt unzweideutig die englischen Wechselmakler und -bankiers wie Overend, Gurney & Co.[1535] Diese Londoner Financiers waren zu den „direkten Erben der italienischen Wechselbankiers im mittelalterlichen Europa [geworden], aber Herren und Meister eines Erbes, das unvergleichlich internationaler, komplexer und wertvoller war."[1536] Tatsächlich hatten „[b]is in die 1870er Jahre [...] auf englische Banken gezogene Wechsel quasi die Funktion eines ‚Weltgeldes', weil sie auf der ganzen Welt akzeptiert wurden."[1537]

Ungeachtet des Umstands, dass der relativ risikoarme Handelskredit, der diskontierbare Wechsel, noch immer in den allermeisten Bankenportfolios dominiert, beginnt der unternehmerische **Investitionskredit** in den Bilanzen der Banken sichtbarer zu werden. Aus dem Blickwinkel der asymmetrischen Information lohnt sich in diesem Zusammenhang anzumerken, dass der Tatbestand der Besicherung im Kreditgeschäft schon mit den Mitteln der Zeit kommuniziert wird. Aus dem Jahresabschluss der Stockholmer Bank (1845) geht zum Beispiel hervor, dass über die Hälfte der bilanzierten Dar-

---

1534 So war es in der Schweiz in Zürich im Oktober 1836 zur Gründung einer ersten Bank gekommen, in Sankt Gallen ein Jahr darauf. In beiden Fällen waren die Institute in der Rechtsform einer AG eröffnet worden. Vgl. Noback/Noback, 1851, S. 1525 und S. 1075. Analoge Entwicklungen in Bezug auf das Gründen von Banken setzten auch in Schweden Mitte der 1830er Jahre ein, gefolgt von Dänemark wenig später. Eine rege Gründungsaktivität im Bankensektor erlebte auch England, wo bereits zwischen 1826 und 1836 mehr als einhundert Aktienbanken gegründet worden waren. Dieser Gründungswelle war eine Gesetzesänderung vorausgegangen, die das ausdrückliche Verbot, eine Bank als Kapitalgesellschaft betreiben zu dürfen, zurückgenommen hatte. Das Privileg einer Bankgesellschaft auf Aktien hatte nämlich seit ihrer Gründung im Jahr 1694 die Bank von England genossen. Vgl. Grossman, 2010, S. 19 ff. In Deutschland ist die Kölner Bank Abraham Schaaffhausen die erste, die ab 1848 als Aktiengesellschaft firmiert. Vgl. Pierenkemper, 2015, S. 81 f.
1535 Die Bank Overend, Gurney & Co. war neben der Bank von England in der Mitte des 19. Jahrhunderts zur mächtigste Bank weltweit geworden; die Gurneys hatten ursprünglich als Wollhändler begonnen, die sich dann zu Handelsbankiers weiterentwickelten. Dazu nahmen sie anfänglich für ihren guten Namen in London Kredite auf, die sie als Darlehen an die lokalen Schafzüchter weiterreichten. Dann ging man dazu über, Wechsel gegen Diskont entgegenzunehmen und diese Papiere an eine der Londoner Banken an der Pyramidenspitze weiterzureichen. Schließlich gab man gegen Verpfändung solcher Wechsel auch Kredit. Wenige Jahre nach vollzogenem Generationswechsel im Management ging die Bank im Jahr 1866 pleite. Ihre Insolvenz wird für die englische Finanzkrise von 1866 verantwortlich gemacht. Vgl. Nelson, 2022, S. 133ff. sowie Martin, 2014, S. 252 ff.
1536 Martin, 2014, S. 254.
1537 Pohl, 1989, S. 268.

lehen gegen die Stellung von Sicherheiten gewährt wurde. In knapp dreißig Prozent der Fälle war ein bewegliches Pfand gegeben worden, während bei den übrigen besicherten Krediten die Darlehensnehmer feste Sicherheiten („gegen gerichtliche Eintragung auf liegende Gründe") gestellt hatten.[1538]

Mit einem zeitgeschichtlichen Sprung vorwärts in das Jahr 1928, also in das letzte Jahr vor Ausbruch der Großen Depression, legt der Blick auf die Bilanzstruktur aller US-amerikanischer Banken den Bedeutungsgewinn der Kredite, der sich über die zunehmende Industrialisierung eingestellt hat, auch in nackten Zahlen offen: Kredite umfassen jetzt über der Hälfte der Bilanzsumme, während der Anteil der Wertpapiere (inkl. diskontierter Wechsel) auf gut ein Viertel und der Bestand an baren Vermögensgegenständen auf 13,3 Prozent abgesackt ist.[1539] In der Bankaktiva hat sich in Bezug auf die Hauptkategorien damit eine Gewichtung herausgebildet, die – abgesehen von zufallsbedingten Schwankungen – bis heute als relativ stabil bezeichnet werden darf (siehe Tabelle 15.8).

Auf die strukturelle Entwicklung der letzten einhundert Jahre zurückblickend, muss für die Aktivseite allerdings konstatiert werden, dass es innerhalb der Kategorie der Kredite zu tektonischen Verschiebungen gekommen ist. Zu diesen gehört, dass das Gewicht der Investitionskredite an Handel und Industrie merklich gesunken ist und diese heute nur wenig mehr als ein Fünftel aller gewährten Bankkredite umfassen. Unterdessen haben in erster Linie **Hypothekarkredite**, die in etwa zu gleichen Teilen beim Immobiliengewerbe und den privaten Haushalten liegen, an Bedeutung gewonnen.[1540] Dadurch verbuchen die Immobilienkredite heute grob den doppelten Anteil zu den klassischen Investitionskrediten in den Bankbilanzen (siehe Tabelle 15.8.).[1541] Einen spürbaren Anstieg verzeichneten seit den 1950er Jahren auch die Haushalts- bzw. **Konsumentenkredite**.[1542]

Schließlich darf nicht übersehen werden, dass die klassischen Banken mittlerweile ein nicht unerhebliches Kreditvolumen an sog. Schattenbanken aushändigen – also an Finanzintermediäre, die weit weniger einer staatlichen Aufsicht unterliegen als die Banken selbst. Tatsächlich hat die relative Bedeutung der konventionellen Banken als Finanzintermediäre in den letzten Jahrzehnten mit dem Aufstieg dieser Schattenbanken verloren.[1543]

[1538] Vgl. Noback/Noback, 1851, S. 1168.

[1539] Vgl. Rockoff, 2022, S. 538.

[1540] Der Hypothekarkredit machte an der Wende zum 20. Jahrhundert noch nicht einmal zehn Prozent der gesamten Bankaktiva aus! Inklusive aller hypothekenbesicherter Wertpapiere war dieser Anteil im Jahr 2019 auf nahezu fünfzig Prozent angewachsen. Vgl. hierzu Carlson, 2022, S. 230.

[1541] In den US-Bankbilanzen beginnt der Immobilienkredite die industriellen Investitionskredite zur Mitte der 1980er Jahre zu überflügeln. Vgl. Sieron, 2015, S. 265.

[1542] Der Raten- und Konsumkredit war eine Finanzinnovation der Zwischenkriegsjahre. Sie erblickte das Licht der Welt in den Vereinigten Staaten. Zum Bedeutungsanstieg der Konsumentenkredite nach 1950 siehe z. B. Verner, 2022, S. 32 ff. oder Müller, 2018, S. 15 ff.

[1543] Vgl. z. B. Carlson, 2022, S. 230 f.

Tabelle 15.8: Bilanzstruktur aller US-Geschäftsbanken, 1928 und 2023.[1544]

Aktiva	Anteil (in %)		Passiva	Anteil (in %)	
	1928	2023		1928	2023
Bare, monetäre Vermögensgegenstände	13,3	14,6	**Eigenkapital**	12,5	9,4
– Edelmetallbestände – Notenbank-Geld – Devisen			– Initiale Einlage – Thesaurierte Gewinne – Gewinn/ Verlust laufendes Jahr		
Wertpapiere, z. B.	[o. A.]	22,2	**Einlagen** ...	81,7	75,7
– Staatsanleihen (Bund) – Andere, etwa Unternehmensanleihen und Aktien		(17,9) (4,3)	– Sichteinlagen – Spareinlagen – Andere Einlagen (Non-transaction)		(20,4) (45,7) (9,5)
Darlehen	55,3	53,3	**Verbindlichkeiten** gegenüber ...	[5,8]	14,9
– Konsumentenkredite (kurzfristige) – Unternehmenskredite – Hypotheken-/ Immobilienkredite – Andere (u. a. Schattenbanken)		(8,3) (12,1) (24,0) (8,9)	– Anderen Kreditinstituten (kurzfr.) – Zentralbank (kurz- und langfristig)		
Andere Aktiva, z. B. Geschäftsausstattung	[o. A.]	9,9			
Bilanzsumme	100,0	100,0	**Bilanzsumme**	100,0	100,0

Auf der Seite der Mittelherkunft, in der **Passiva**, vereinnahmen am Vorabend der Großen Depression die Kundeneinlagen über achtzig Prozent, während sich die durchschnittliche Eigenkapitalquote der US-Banken auf 12,5 Prozent ermäßigt hat – ein Wert, der im Mittel aller Banken in 1870 noch doppelt so hoch war.[1545] Heute liegt die durch-

---

1544 Zu den Werten von 1928 siehe Rockoff, 2022, S. 538; die Daten für das Jahr 2023, die sich auf den Monat September beziehen, stammen wiederum von https://www.federalreserve.gov/releases/h8/current/h8.pdf; Die Werte für die Unterkategorien bei den Einlagen wurden mit Hilfe der ergänzenden H6-Daten berechnet: https://www.federalreserve.gov/releases/h6/current/default.htm.
1545 Zum relativen Bedeutungsverlust des Eigenkapitals zwischen 1870 und 2015 in den US-Bankbilanzen siehe insbesondere Jordà et al., 2022, S. 121. Den dortigen Abbildungen lässt sich entnehmen, dass zu Beginn der Betrachtungsperiode (1870) der Mittelwert der Eigenkapitalquote bei über 25 Prozent liegt; gleichwohl streute der Wert der Kennziffer in dieser Phase des Bankenlebenszyklus relativ stark (zwischen zehn und vierzig Prozent).

schnittliche Eigenkapitalquote der US-Geschäftsbanken noch mal niedriger. Im Anstieg der Verbindlichkeiten gegenüber anderen Akteuren der Finanzdienstleistungsbranche (sog. „non-core liabilities") spiegelt sich der Bedeutungszuwachs der US-Notenbank wider, die als Federal Reserve erst Ende 1913 gegründet worden war.[1546]

15.2.3.2 Das Schöpfen von Giralgeld als Wesensbestandteil des unbaren Kreditgeschäfts

Versetzen wir uns abermals in die ersten Jahre des 19. Jahrhunderts. Nehmen wir jetzt dazu weiters an, dass im schottischen Dundee, einer Stadt mit damals 26.000 Einwohnern,[1547] fünf gutsituierte und seit langem miteinander bekannte Privathaushalte den Wind des wirtschaftlichen Aufbruchs verspüren. Vor dieser historischen Kulisse hat jeder dieser Haushalte darüber zu sinnieren begonnen, einen Teil seines Geldvermögens einem dieser neuen Industriellen zu Investitionszwecken gegen Zinszahlung temporär zu überlassen. Bedauerlicherweise fehlt es jedem dieser Haushalte im Metier der Kreditvergabe jedoch an Erfahrung. Erschwerend kommt hinzu, dass keiner dieser potenziellen Geldgeber es dem Management der einzigen ortsansässigen Bank, der im Jahr 1763 gegründeten Dundee Banking Co., zutraut, sein Kapital als Finanzintermediär ertragreich anzulegen.

Da es sich zugleich keiner dieser Haushalte leisten kann, sein Geldvermögen einem Vabanquespieler mit Hang zur Selbstüberschätzung sorglos anzuvertrauen, sehen sie nur einen einzigen Ausweg aus diesem Dilemma: Die gemeinsame Gründung einer eigenen Bank – der Dundee New Bank.[1548]

Treu ihrem Anliegen, schließen die frischgebackenen Bankgesellschafter die Aufnahme von Kundeneinlagen kategorisch aus: Die Dundee New Bank wird sich daher nur im Kreditgeschäft und im ausschließlichen Auftrag des von ihnen selbst eingebrachten Kapitals engagieren. Die Eröffnungsbilanz dieser Bank mit ihrem Gründungskapitel in Höhe von eintausend Geldeinheiten (GE) einbezahlt in gemünztem und nichtgemünztem Edelmetall, illustriert Tabelle 15.9.

1546 Vgl. z. B. Jordà et al., 2022, S. 121. Angemerkt sei, dass das US-amerikanische Federal Reserve System zwei Vorgänger hatte, die beide recht kurzlebig waren. Die erste US-Notenbank war die *First Bank of the United States* (1790–1811), die zweite die *Second Bank of the United States* (1816–36). Die erste moderne Bank der Vereinigten Staaten überhaupt, die Bank of North America, hatte in Philadelphia im Jahr 1782 ihre Arbeit aufgenommen; sie hatte zwischenzeitlich auch als Notenbank fungiert.

1547 In der hier betrachtete Zeit war die Stadt Dundee bedeutend und groß. Ihre Bewohneranzahl war sechzig Jahre später bereits auf mehr als 90.000 Einwohner angestiegen. Vgl. hierzu https://localhistories.org/a-history-of-dundee/; zuletzt abgerufen 23.10.2023.

1548 Eine Bank solchen Namens wurde tatsächlich im Jahr 1802 in Dundee von sechs Partnern gegründet. Auch die Angaben zur Dundee Banking Co. sind keine Fiktion. Angemerkt sei, dass es in Schottland zwischen 1760 und 1825 zur Gründung von nahezu dreißig Banken kommt. Die Evolution des Bankensektors begann also in Schottland deutlich früher als in England. Vgl. hierzu White, 1984, S. 35.

Tabelle 15.9: Gründungsbilanz der Dundee New Bank.

Aktiva		Passiva	
Edelmetall (Münzen, Barren)	1.000	Eigenkapital	1.000
Total	**1.000**	**Total**	**1.000**

Stellen wir uns nun vor, dass der erste Kunde unserer Bank, der Fabrikant MacGregor, einen Kredit in Höhe von 200 GE erhält und die betreffende Geldsumme wunschgemäß in bar zur Verfügung gestellt bekommt.[1549] Dieser Vorgang schlägt sich in der Bilanz der Bank in Form eines Aktiv-Aktiv-Tausches nieder, d. h. der Münzbestand nimmt in gleicher Höhe ab, wie die Kreditposition zunimmt (siehe Tabelle 15.10).

Tabelle 15.10: Kreditvergabe durch Münz- bzw. Bargeldausgabe.

Aktiva		Passiva	
Edelmetall (Münzen, Barren)	800	Eigenkapital	1.000
Kredit	200		
Total	**1.000**	**Total**	**1.000**

Für den Fall, dass Herr MacGregor die prompte Mitnahme von Edelmetall in dieser Größenordnung jedoch für ausgesprochen unpraktisch und/oder für zu riskant hält, dann besteht die Möglichkeit, dass die Bank ihm den eingeräumten Kredit in Form der ersten vier Banknoten á 50 GE gewährt.[1550] Bei dieser Verfahrensweise übt die Kreditvergabe jetzt eine bilanzverlängernde Wirkung aus: Da keine einzige Gold- oder Silbermünze die Tresorräume der Bank verlässt, bleibt ihr bilanzierter Edelmetallbestand selbstredend unverändert, während der erste Kreditabschluss die Summe der bankeigenen Vermögensgegenstände vermehrt (Tabelle 15.11). Den Prinzipien der doppelten Buchführung gemäß, hat unsere schottische Zettelbank nun auf der Passivseite eine Gegenbuchung durchzuführen. Dies geschieht dadurch, dass die von ihr selbst erstellten, im Publikum zirkulierenden Banknoten mit ihrem Nominalwert in der Passiva als

---

1549 Der Kredit ist seiner Höhe nach aus rein didaktischen Gründen gewählt worden. Zur besseren Einordnung der historischen Kreditdimensionen sei auf die im Jahr 1836 in Zürich gegründete Aktienbank geblickt, wo sich das von den Aktionären gezeichnete Kapital auf eine Millionen Gulden bezifferte. Zugleich gewährte die Bank Darlehen erst ab einem Bedarf von 500 Gulden. Vgl. Noback/Noback, 1851, S. 1525. Ob die Züricher Bank damals Kredite in Höhe von 20 Prozent ihres Eigenkapital wie in unserem Beispiel vergeben hat, ist uns unbekannt. Gleichwohl vermuten wir, dass eine solche Kredithöhe ein zu großes Risiko für die Bank dargestellt und sie deshalb wohl Abstand gehalten hätte.
1550 Beispielsweise erwähnt Hayek, dass die Barauszahlung von gewährten Darlehen in den USA schon lange vor der dortigen Reform des Bankenwesens im Jahr 1914 unüblich war. Vgl. Hayek, 2015, S. 55.

Verbindlichkeit aufgeführt werden: Denn ihre Banknoten stellen bei Vorlage am Schalter eine Verpflichtung dar – dem Noteninhaber den betreffenden Wert in Edelmetall auszubezahlen (siehe Tabelle 15.11).[1551]

Tabelle 15.11: Kreditvergabe durch Zettel- bzw. Banknotenausgabe.

Aktiva		Passiva	
Edelmetall (Münzen, Barren)	1.000	Eigenkapital	1.000
Kredit	200	Banknoten (eigene)	200
Total	**1.200**	**Total**	**1.200**

Legt nun Herr Samsa, ein Lieferant von Herrn MacGregor, im Verlauf der Zeit eine dieser Banknoten am Schalter der Dundee New Bank zur Einlösung vor, dann fließt bei ihr Münzgeld im Umfang von 50 GE ab, wodurch der Gesamtwert ihrer Vermögensgegenstände schrumpft. Simultan sinkt mit der „Zettelrückgabe" der Bestandswert an zirkulierenden Banknoten auf der Passivseite. Das Versprechen der Bank, vorgelegte Noten in Edelmetall umzutauschen, wird bilanziell also von einer Bilanzverkürzung begleitet (siehe Tabelle 15.12.).

Tabelle 15.12: Bilanzielle Auswirkung bei Vorlage einer Banknote zur Auszahlung.[1552]

Aktiva		Passiva	
Edelmetall (Münzen, Barren)	950	Eigenkapital	1.000
Kredit	200	Banknoten (eigene)	150
Total	**1.150**	**Total**	**1.150**

1551 Die reale Dundee New Bank war in der Tat eine Zettelbank gewesen. Vgl. White, 1984, S. 35. Mit Blick auf die Herausgabe von Banknoten seien zwei Anmerkungen zu einem besseren Verständnis erlaubt. Zum einen war die Erstellung dieser Zettel mit Kosten verbunden. Aus diesem Grunde sahen gerade kleinere Banken davon ab, eigene Banknoten herauszugeben. Diese Banken bedienten sich dann gegen Zahlung einer Provision der Zettel anderer Banken, in England etwa der Noten der Bank von England. Zum anderen sei bemerkt, dass die Banknoten anfänglich *relativ hohe* Nominalwerte trugen, etwa in der Größe von 100, 50 oder 20. Damit war ihr Gebrauch im breiten Publikum eingeschränkt. Durch Parlamentsakte wurde den privaten Banken in England die Ausgabe von 1-Pfund-Noten zur Nutzung von quasi jedermann im Jahr 1822 erstmalig gestattet. In dieser Innovation wurde später *eine* wesentliche Quelle der Finanzmarktkrise von 1825 (siehe Lektion 5) gesehen. Vgl. hierzu Tugan-Baranowski, 1901, S. 79 ff.

1552 Wäre die Dundee New Bank als Depositenbank tätig und würde damit Kundeneinlagen akzeptieren, dann könnte bei einer Banknotenvorlage am Schalter die Gegenbuchung auch in Form einer Gutschrift auf dem Giro- oder Sparkonto erfolgen. Es käme dann nicht zu einer Bilanzverkürzung, sondern zu einem Passiv-Passiv-Tausch: Der Banknotenbestand sinkt und die Depositen erhöhen sich in entsprechender Höhe.

Da die Bank durch die Kreditvergabe jährliche Zinseinkünfte generiert, schlagen sich diese am Ende des Berichtszeitraums als Gewinn in der Bilanzposition des Eigenkapitals nieder. Unterstellen wir der Einfachheit halber, dass der Bank bei baren Zinseinkünften von 20 GE keine weiteren Kosten entstehen und diese Gewinne nicht ausgeschüttet werden und nehmen wir zudem an, dass noch zwei weitere Banknoten bis zum Bilanzstichtag zur Einlösung vorgelegt wurden, dann wirken sich diese Ereignisse bilanziell wie folgt aus (siehe Tabelle 15.13):

Tabelle 15.13: Bankbilanz nach Eingang von Zinserträgen und Abflüssen durch Notenvorlage.

Aktiva		Passiva	
Edelmetall (Münzen, Barren)	870	Eigenkapital	1.020
Kredit	200	Banknoten (eigene)	50
Total	**1.070**	**Total**	**1.070**

Tilgt Herr MacGregor das Darlehen fristgerecht und wie vereinbart in barer Münze, dann schließt sich der Kreis dieses ersten Finanzierungsgeschäfts der Dundee New Bank. Bilanziell führt bei ihr der Rückfluss der ursprünglichen Kreditsumme und die Kreditausbuchung zu einem erneuten Aktiv-Aktiv-Tausch. Die Passivseite bleibt von der Tilgung des Darlehens unberührt (siehe Tabelle 15.14).

Tabelle 15.14: Bilanz der Dundee New Bank nach der Kredittilgung.

Aktiva		Passiva	
Edelmetall (Münzen, Barren)	1.070	Eigenkapital	1.020
Kredit	0	Banknoten (eigene)	50
Total	**1.070**	**Total**	**1.070**

Wird auch die letzte im Publikum zirkulierende Banknote am Bankschalter vorgelegt, fällt die Bilanzsumme unserer Bank auf 1.020 GE. Gegenüber der Eröffnungsbilanz hat sich die Bilanzsumme dann um den Ertrag aus dem Kreditgeschäft mit Herrn MacGregor erhöht – also um den Zinsgewinn.

Halten wir fest: Unter zur Hilfenahme eines semi-fiktiven Falles haben wir in einem prinzipiell auf Edelmetall basierenden Geldsystem kennengelernt, wie eine Bank im Kreditgeschäft eigenes Geld schöpft. Man spricht in diesem Zusammenhang von Giralgeld! Die Schöpfung von Giralgeld ist *nicht*, wie vielfach gemeint, abhängig von der Existenz von *Kunden*einlagen. Die Einlage der Gesellschafter ist prinzipiell ausreichend.[1553] Das individuelle Volumen an Giralgeld, das eine Bank schöpft, hängt somit vom Umfang ihres Engagements im Kreditgeschäft ab. Je geringer die Bank das Risiko von Zahlungsausfällen und einer damit einhergehenden **Insolvenzgefahr** für sich selbst einschätzt, desto stärker wird sie sich bei der prinzipiell gewinnbringenden Darlehensvergabe betätigen.

15.2.3.3 Die zwei Risiken für den Geschäftsbestand einer Bank

Branchenunabhängig wird jedes Unternehmen in seinem Bestand von zwei Gefahren bedroht, die letztlich zur Geschäftsaufgabe aus Insolvenzgründen führen können: der Überschuldung und der Zahlungsunfähigkeit. Im ersten Fall sind die Verbindlichkeiten des Unternehmens gegenüber Dritten größer als die Summe seiner Vermögensgegenstände. Wie Banken sich überschulden können, betrachten wir in Kapitel 15.2.3.3.1. Im gleichen Branchenkontext thematisieren wir anschließend die Zahlungsunfähigkeit, die eintritt, wenn ein Unternehmen mangels liquider Mittel der Aufforderung seiner Gläubiger nicht nachkommen kann, fällige Zahlungen glattzustellen (Kapitel 15.2.3.3.2.).

15.2.3.3.1 Die Gefahr der Überschuldung

Kommen Darlehensnehmer den Kreditvertragsverpflichtungen in Form von Tilgung und/oder Zinszahlung nicht nach, dann wirkt sich dies negativ auf den Geschäftserfolg der Gläubigerbank aus.

Diese Binse wollen wir jetzt anhand unseres Beispiels aus Kapitel 15.2.3.2.1. näher betrachten, um die Bandbreite der Konsequenzen für die Bank zu erfassen. Hierzu wollen wir annehmen, dass Herr MacGregor von der Dundee New Bank wie zuvor einen Kredit in Höhe von 200 GE erhalten und Banknoten in entsprechender Höhe ausgehändigt bekommen hat (Tabelle 15.15). Diese Banknoten hat Herr MacGregor bereits in Verkehr gebracht, als von ihm gedanklich längst verdrängte Altgläubiger sein gesamtes Hab und Gut pfänden lassen. Seine Schulden bei der Dundee New Bank zu bedienen ist er damit für den Rest seiner Tage außer Stande.

Tabelle 15.15: Bilanz der Dundee New Bank nach Kreditvergabe via Banknote.

Aktiva		Passiva	
Edelmetall (Münzen, Barren)	1.000	Eigenkapital	1.000
Kredit	200	Banknoten (eigene)	200
Total	**1.200**	**Total**	**1.200**

[1553] Einem bekannten Bonmot von Walter Bagehot (1826–1877) nach sei für eine erfolgreiche Bank noch nicht einmal Eigenkapital notwendig („A well-run bank needs no capital."). Vgl. Schularick, 2022, S. 116.

Der Totalverlust aus diesem Darlehensgeschäft macht bei der Bank jetzt eine Ausbuchung des Kredits in der Bilanz notwendig – womit sich buchhalterisch die Aktivseite verkürzt. Der Logik der Doppik entsprechend muss dieser Schritt von einer Gegenbuchung auf der Passivseite begleitet werden. Da die im Publikum zirkulierenden Banknoten vom Kreditausfall unbetroffen sind, bleibt unter den bilanzierten Verpflichtungen der Dundee New Bank nur das für solche Fälle **haftende Eigenkapital** zum „Atmen" übrig. Dessen Schrumpfung dokumentiert den Verlust, den die Bankgesellschafter aus dem Darlehensausfall erlitten haben (siehe Tabelle 15.16).

Tabelle 15.16: Bilanz der Dundee New Bank nach Abschreibung eines uneinbringlichen Kredits.

Aktiva		Passiva	
Edelmetall (Münzen, Barren)	1.000	Eigenkapital	800
Kredit	0	Banknoten (eigene)	200
Total	**1.000**	**Total**	**1.000**

Die im Bankgeschäft soweit unerfahrenen Gesellschafter haben sich also mit Herrn MacGregor, ihrem ersten Kreditnehmer, eine blutige Nase geholt. Sie haben Lehrgeld bezahlt! Dank ihrem ausreichenden Eigenkapitalpolster konnten sie den entstandenen Verlust gleichwohl ohne weitere Konsequenzen abwettern.

Unterstellen wir nun, dass die lernfähigen Gesellschafter der Dundee New Bank im Anschluss an dieses erste, erfolglose Geschäft jeden Kreditantragssteller akribisch geprüft und Kredite nur noch äußerst restriktiv vergeben haben. Aufgrund ihrer Screening-Maßnahmen musste sie in den nächsten Jahrzehnten keinen einzigen Kreditausfall mehr verbuchen. Der Bank war es trotz konservativer Vergabepraxis dabei gelungen, ihre Tätigkeit als Darlehensgeberin auszuweiten; den überwiegenden Anteil der Gewinne hat sie stets thesauriert. Insofern stellt sich die aktuelle Bilanz der Dundee New Bank wie folgt dar (Tabelle 15.17):

Tabelle 15.17: Bilanz einer Kreditbank am Vorabend bedeutender Kreditausfälle.

Aktiva		Passiva	
Edelmetall (Münzen, Barren)	3.500	Eigenkapital	5.250
Kredit	20.250	Banknoten (eigene)	18.500
Total	**23.750**	**Total**	**23.750**

Nehmen wir ergänzend jetzt noch an, dass mehrere im Eisenbahngeschäft engagierte Kreditnehmer der Dundee New Bank im Zuge einer *sektoralen Malaise* vollkommen unerwartet kollabieren. Bei der Bank sind damit über Nacht Kredite in Höhe von 5.500

GE uneinbringlich verloren. Um den Ausfall von Darlehen in dieser Größenordnung zu kompensieren, erweist sich die Eigenkapitaldecke der bis eben solide geführten Bank prompt als unzureichend:[1554] Der bilanzierte Wert ihrer Vermögensgegenstände, also die Summe der Aktiva, fällt kleiner aus als die gegenüber den Haltern von Banknoten eingegangenen Verbindlichkeiten (siehe Tabelle 15.18). Die Dundee New Bank kann den vollen Ansprüchen der Zettelinhaber also nicht mehr gerecht werden: Sie ist buchhalterisch überschuldet, ihr bilanziertes Eigenkapital negativ!

Tabelle 15.18: Überschuldungsbilanz der Dundee New Bank nach erheblichen Kreditausfällen.

Aktiva		Passiva	
Edelmetall (Münzen, Barren)	3.500	Eigenkapital	−250
Kredit	14.750	Banknoten (eigene)	18.500
Total	**18.250**	**Total**	**18.250**

Eine tatsächliche Insolvenz lässt sich für die Dundee New Bank noch abwenden, wenn ihre fünf Gesellschafter umgehend Kapital nachschießen. Dadurch erhöht sich der Edelmetallbestand auf der Aktivseite und das Eigenkapital wird wieder positiv.

Sofern die Altgesellschafter nicht in der Lage sind, prompt frisches Kapital in ausreichendem Maße einzubringen, kann auch über die Aufnahme neuer Gesellschafter das notwendige Eigenkapital eingeworben werden. Es mag dabei genügen, einen einzigen Neugesellschafter in den bestehenden Gesellschafterkreis der Bank aufzunehmen. Hierbei ließe sich im Bedarfsfall zugleich die Rechtsform der Gesellschaft ändern.[1555] Besonders attraktiv mag die Umfirmierung in eine Aktiengesellschaft gerade dann erscheinen, wenn die Bankeigentümer über einen zeitnahen Börsengang zusätzliches

---

1554 Die Eigenkapitalquote unserer Dundee New Bank beläuft sich im Moment der im Text dargestellten Kreditausfälle auf 22,1 Prozent. Zur historischen Einordnung sei angemerkt, dass die Stockholmer Bank, die ebenfalls keine Depositen zu dieser Zeit aufgenommen hat, eine Eigenkapitalquote von ca. 25 Prozent im Jahr 1845 hatte. Vgl. Noback/Noback, 1851, S. 1168 f. Heute liegen die Eigenkapitalquoten von Banken erheblich niedriger.
1555 Die Umwandlung des Kölner Bankvereins Abraham Schaaffhausen zur ersten deutschen Bank auf Aktien im Jahr 1848 beruhte genau auf einer solchen Situation: Die gesellschaftsrechtliche Transformation war notwendig geworden, nachdem der Bankverein in Schieflage geraten war und einen größeren Schaden in der rheinischen Industrie zu verursachen drohte. Der unübersehbare Vormarsch der Aktienbanken vollzieht sich in Deutschland dann erst nach der Reichsgründung in den 1870er Jahren. Bis dahin hatten die meisten Banken weiterhin in der Rechtsform der Personengesellschaft mit unbegrenzt persönlich haftenden Gesellschaftern firmiert. Vgl. Pierenkemper, 2015, S. 81 f. Die reale Dundee New Bank war direkt als Aktiengesellschaft im Jahr 1802 gegründet worden – wie auch die überwiegende Zahl aller zwischen 1760 und 1825 in Schottland gegründeten Banken. Vgl. hierzu White, 1984, S. 35.

Eigenkapital im breiten Publikum zu generieren trachten.[1556] Schließlich könnte die Solvenz der Dundee New Bank auch durch eine Fusion mit einer anderen Bank wieder hergestellt werden.[1557]

Die adressierten Maßnahmen zur Rettung der Bank erscheinen gerade dann sinnvoll, wenn diese trotz der aktuell schwerwiegenden Kreditausfälle eine positive Prognose hat – beispielsweise, weil die nächsten Zinseinkünfte aus dem Darlehensbestand schon bald zu erwarten sind. Sollte unsere Dundee New Bank im laufenden Jahr etwa noch Zinszahlungen in Höhe von 590 GE erwarten, wäre sie buchhalterisch wieder solvent; damit hätte sie sich aus der aktuellen Bredouille in relativ kurzer Zeit selbst befreit (Tabelle 15.19).

Tabelle 15.19: Wiederherstellung der Solvenz nach Zinseinnahmen (ohne Zusatzmaßnahmen).

Aktiva		Passiva	
Edelmetall (Münzen, Barren)	4.090	Eigenkapital	340
Kredit	14.750	Banknoten (eigene)	18.500
Total	**18.840**	**Total**	**18.840**

Für das Management der Dundee New Bank lässt sich die Bekanntmachung einer Insolvenz ohne Rückgriff auf die zuvor angesprochenen Maßnahmen auch dann vermeiden, wenn es den Verlust im Kreditgeschäft durch gestellte Sicherheiten begrenzen kann. Angenommen, unsere Bank bräuchte durch Liquidierung gestellter Pfänder nur zwanzig Prozent der nicht mehr bedienbaren, notleidenden Darlehen in Höhe von 5.500 GE abschreiben, dann ergibt sich folgende Bilanz (Tabelle 15.20):[1558]

1556 Ein hierzu berühmt berüchtigtes Beispiel stellt die Bank Overend, Gurney & Co. dar. Diese brauchte im Jahr 1865 dringend frisches Kapital, um vorangegangene Verluste auszugleichen. Da die Gesellschafter, d. h. die Erben der Gründer, nicht in der Lage waren, Geld nachzuschießen, „entschied man sich [zu guter Letzt] für den ältesten Trick in den Büchern der City: einen Börsengang, der die Personen in eine Publikumsgesellschaft umwandeln und dadurch das Problem auf die Gruppe abwälzen sollte, die dem City-Insider noch immer geholfen hat, seine Haut zu retten: auf die Allgemeinheit." Martin, 2014, S. 258. Trotz Börsengang war Overend, Gurney & Co. nicht mehr zu retten. Die Bank stelle am 09. Mai 1866 alle Zahlungen ein.

1557 Bevor sich die angesprochene Bank Overend, Gurney & Co. zu einem Börsengang entschieden hatten, war der Versuch gescheitert, mit einem Wettbewerber zu fusionieren. Vgl. Martin, 2014, S. 258.

1558 Es ist zu beachten, dass sich der Wert gestellter Sicherheiten über die Kreditlaufzeit verändern kann – und damit prinzipiell auch zum Schlechteren. Der Wert von hinterlegten Aktien und anderen Wertpapiere kann sich beispielsweise bei einem Börsenkrach schlagartig verschlechtern. Zudem dürfen wir nicht übersehen, dass sich für den Gläubiger, also die Bank, alle Pfänder gleich schnell monetarisieren lassen. Man denke in diesem Zusammenhang nur an Wertpapiere auf der einen Seite und Immobilien auf der anderen.

Tabelle 15.20: Bilanz nach Kreditausfällen und Verpfändung von Sicherheiten.

Aktiva		Passiva	
Edelmetall (Münzen, Barren)	7.900	Eigenkapital	4.150
Kredit	14.750	Banknoten (eigene)	18.500
Total	**22.650**	**Total**	**22.650**

15.2.3.3.2 Die Gefahr der Zahlungsunfähigkeit

Der Fortbestand einer Bank wird nicht von Überschuldung allein bedroht. Für diesen gibt es noch eine zweite Gefahr – die der Illiquidität! Zur Erläuterung dieses Risikos betrachten wir die nachfolgende Tabelle 15.21, die aus Gründen der Einfachheit der Tabelle 15.17 entspricht.

Tabelle 15.21: Bilanz einer florierenden Kreditbank am Vorabend eines Bankenansturms.

Aktiva		Passiva	
Edelmetall (Münzen, Barren)	3.500	Eigenkapital	5.250
Kredit	20.250	Banknoten (eigene)	18.500
Total	**23.750**	**Total**	**23.750**

Jetzt wollen wir jedoch nicht wie zuvor annehmen, dass es zu überraschenden Kreditausfällen in der produzierenden Wirtschaft gekommen ist. Stattdessen gehen wir nun von einem ungewöhnlichen Ansturm der Banknotenbesitzer aus: Innerhalb einer sehr kurzen Zeitspanne werden der Dundee New Bank also weit mehr als üblich Banknoten zur Konvertierung in Edelmetall vorgelegt. Der Blick auf die Bilanz in Tabelle 15.21 legt nahe, dass unsere Bank in ein Zahlungsproblem gerät, sobald an ihren Schaltern die Notenbesitzer mehr als 3.500 GE zu konvertieren wünschen.[1559]

Werden Noten in Höhe von wenig mehr als die 3.500 GE eingereicht während die Bank in den nächsten Tagen die Tilgung offener Kredite erwartet, dann wird es dem Bankenmanagement mit geschickter Kommunikation vielleicht gelingen, die han-

---

[1559] Zum besseren Verständnis: Das beschriebene Problem kann für die Dundee New Bank auch dann auftreten, wenn sie sich mit den anderen Banken am Platz geeinigt haben sollte, dass jede von ihnen immer auch die Zettel der anderen Banken auf Vorlage konvertiert, bevor sie am Ende des Monats ihre gegenseitigen Auslagen verrechnen und die aufgelaufene Salden glattstellen. Kurzum: Es würde reichen, wenn die Zettel der Dundee New Bank bei irgendeiner anderen Bank zur Auszahlung von Edelmetall vorgelegt werden.

delsüblichen Fristen beim Umtausch der eingereichten Banknoten ohne erkennbaren Reputationsschaden um ein paar Tage zu überdehnen.

Sollte sich eine einsetzende Stockung bei der Konvertierung allerdings im Publikum herumsprechen, dürfte das Liquiditätsproblem für die Dundee New Bank schnell an Dynamik gewinnen. Spätestens wenn sich ein Hauch von Panik unter den Noteninhabern breit macht, wird die Bank die Scharen in ihren Schalterräumen nicht mehr mit wohlfeilen Worten beschwichtigen und ihre **Illiquidität** verschleiern können (siehe Tabelle 15.22).

Tabelle 15.22: Die Bilanz der Dundee New Bank nach einem unerwarteten Edelmetallabfluss.

Aktiva		Passiva	
Edelmetall (Münzen, Barren)	0	Eigenkapital	5.250
Kredit	20.250	Banknoten (eigene)	15.000
Total	**20.250**	**Total**	**20.250**

Um das Damoklesschwert einer Pleite abwenden zu können, muss sich die Dundee New Bank unverzüglich Zugang zu liquiden Mitteln verschaffen, die sie den Besitzern vorgelegter Banknoten im unmittelbaren Anschluss weiterreicht. Zur Bewältigung dieser nicht ganz anspruchslosen Aufgabe stehen dem Bankenmanagement gleichwohl verschiedene Optionen zur Verfügung, die einzeln oder kombiniert angegangen werden können:

– Die Eigentümer zu einer Bareinlage zu bewegen.
– Einen Überbrückungs- bzw. Beistandskredit bei einer Geschäftsbank aufzunehmen.[1560]

[1560] Historisch gesehen hätte sich die reale Dundee New Bank bis ins Jahr 1825, als in der Stadt mit der Dundee Commercial Bank ein drittes Geldinstitut den Geschäftsbetrieb aufnahm, nur bei ihrer einzigen Konkurrentin, der Dundee Banking Co., Geld leihen können – wenn wir *ortsnahe* Kooperationen unterstellen. Vgl. White, 1984, S. 35. Man beachte, dass diese Form der Bankenzusammenarbeit im Sinne der Banknoteninhaber ist. Damit stehen wir vor einem weiterer Fall, der uns zeigt, wie unreflektiert eine pauschale Klage über die Kooperation von Anbietern, sprich: Kartelle, sein kann. In der Weltwirtschaftskrise von 1857 hat sich für die Hamburger Banken mit dem berühmten Goldzug aus Wien eine *ortsferne* Liquiditätsspritze – im reinen Wortsinne – erstmals zügig anbahnen können (siehe Lektion 5). Eine derartige Kooperation unter Banken setzt selbstredend voraus, dass sich die Institute gegenseitig vertrauen. Bei kollektivem Misstrauen wird es folglich zu keinem kooperativen Verhalten kommen. Eine Situation fehlender Kooperationsbereitschaft hat sich unter Banken mit dem Zusammenbruch der Lehman Brothers eingestellt. Gewöhnlich leihen sich Bankhäuser auf dem Interbanken-Markt untereinander kurzfristig Geld – zu Konditionen, die besser sind als bei der Notenbanken. Das Vertrauen der Geldinstitute untereinander war durch die Lehman-Implosion im September 2008 derartig erschüttert, dass keine Bank einer anderen noch Geld zu leihen bereit war. Der Interbanken-Markt war förmlich eingetrocknet.

– Einen Nothilfekredit bei einem von den Banken des Landes eingerichteten Branchenhilfsfonds in Anspruch zu nehmen.[1561]
– Das Geschäftsmodell der Bank zu modifizieren und bei Privathaushalten verzinsbare Spareinlagen einzuwerben.[1562]

Jede dieser Maßnahmen trägt dazu bei, dass Edelmetall als Durchgangsposten einströmen kann, der bei seiner prompten Auszahlung von einem sinkenden Banknotenbestand auf der Passiva begleitet wird. In Tabelle 15.23 haben wir angenommen, dass weitere Noten in Höhe von 3.000 GE vorgelegt und in Edelmetall eingelöst wurden, das der Bank in dieser Menge aus den soeben benannten Quellen zugeflossen ist.

Tabelle 15.23: Bilanz nach Aufnahme neuer Geldmittel bei anhaltendem Bankensturm.

Aktiva		Passiva	
Edelmetall (Münzen, Barren)	0	Eigenkapital	5.750
Kredit	20.250	Spareinlagen	800
		Verbindlichkeiten gegenüber Akteuren des Bankensektors	1.700
		Banknoten (eigene)	12.000
Total	**20.250**	**Total**	**20.250**

Neben dem Einwerben neuer Geldmittel verfügt die Dundee New Bank bei einem anhaltenden Bankenrun noch über eine weitere Option, mit der sie ihre Pleite prinzipiell zu verhindern versuchen kann: die Monetarisierung der in ihrer Aktiva gelisteten Vermögensgegenstände!

Entsprechend ihrer bilanziellen Verfasstheit müsste das Management unserer Bank also bestehende Kreditvereinbarungen aufkündigen – eine Maßnahme, die eigene Gefahren birgt. So könnten Unternehmen, die aufgefordert sind, ihre Kredite bei der Dundee New Bank außerplanmäßig zu tilgen, sich jetzt gezwungen sehen, Wertpapiere (z. B. Aktien) und andere Wertgegenstände in harte Münze zu konvertieren. Schmeißen viele wegen akuter Geldbedarfe zeitgleich Vermögensgüter auf den Markt, dann sinken allerdings deren Preise und damit die Erlöse des Einzelnen – was wiederum auf die Fähigkeit der Kredittilgung bei der Dundee New Bank rückwirken kann. Kurzum: die Bank könnte sich mit der Maßnahme, ausgereichte Darlehen von seinen Kunden zu

---

1561 Auf diesen Aspekt kommen wir in Kapitel 15.2.4.1. zurück.
1562 Eine moralische Bewertung dieses Lösungsansatzes, allen voran eine pauschale, sparen wir uns an dieser Stelle bewusst aus. Technisch betrachtet sei jedoch erwähnt, dass unsere Dundee New Bank natürlich kein Interesse daran haben kann, weitere bzw. zusätzliche Banknoten im Gegenzug zu den Bargeldeinzahlungen in Umlauf zu bringen. Insofern wird sie neue Kundeneinlagen nur als *nicht-handelbare* Sparbuchguthaben auf ihre Bilanz nehmen.

kündigen, einen Wimpernschlag später ein substanzielles Eigentor geschossen haben: Reihenweise ausfallende Kredite führen dazu, dass sie jetzt nicht nur illiquide, sondern auch noch überschuldet ist! Zugleich könnte sie mit ihrem Vorgehen in der Gesamtwirtschaft deflationäre Tendenzen angeschoben und eine fulminante Krise ausgelöst haben.[1563]

Da sich ein **Dominoeffekt** bei Kreditkündigungen oder durch eine einschränkende Vergabe von Neukrediten nicht auf eine rein theoretische Gefahr begrenzt, sondern historisch betrachtet immer wieder einmal beobachtbar war, haben Banken über die Zeit gelernt, ihre Aktiva zu diversifizieren. Illiquide Kredite haben sie um liquide Wertpapiere zur Bewältigung kurzzeitig eintretender Liquiditätsengpässe ergänzt (siehe Tabelle 15.8).

15.2.3.4 Zwischenfazit

Der Blick in die Geschichte des Bankensektors hat offengelegt, dass in ihm der investive Kredit zur Mitte des 19. Jahrhunderts in Erscheinung tritt und eine Transformation einläutet, in welcher dieser den kurzfristigen Wechselkredit als wichtigstes Finanzinstrument abzulösen beginnt. Im Fortgang der Industrialisierung hat der Investitionskredit dann allmählich Dominanz in den Bankenportfolios erlangt. Seit Ende des 20. Jahrhunderts halten nun die Immobilienkredite die führende Rolle in den Bankbilanzen inne, wo sie heute in etwa den doppelten Anteil wie die Investitionskredite für das produzierende Gewerbe auf sich vereinen.

Genau diese empirische Beobachtung ist es, die Befremden erzeugt, wenn in einführenden Lehrbücher weiterhin zu lesen steht, es sei die Aufgabe der Banken, Gelder von Sparern in produktive Investitionen im Unternehmenssektor umzulenken.[1564] Zum einen kann diese Behauptung – wie wir gesehen haben – Richtigkeit für nicht länger als grob einhundert Jahre beanspruchen. Diese Vorstellung befremdet darüber hinaus auch deshalb, weil Spareinlagen privater Haushalte bei Banken noch nicht einmal notwendig sind, damit diese im Kreditgeschäft tätig werden: Hierzu reichen prinzipiell die Einlagen der Gesellschafter; und selbst diese sind für die Darlehensvergabe vollkommen bedeutungslos, sofern die Kreditnehmer keine Barauszahlung der gewährten Summe wünschen.

1563 Erinnert sei daran, dass die Weltwirtschaftskrise von 1873 von drei Banken maßgeblich verursacht worden war: In einer sich ohnehin schon abkühlenden Weltwirtschaft brachen im Herbst 1873 die die Vereinsbank Quistorp & Co. im Deutschen Reich und die US-Bank Jay Cook & Co. zusammen und gaben der globalen Malaise ihren letzten Schub (siehe Lektion 5). Den Boden für diese Krise hatte jedoch die Österreichische Creditanstalt bereitet, indem sie Kredite einzuschränken begann, als sich im Bankensektor des Habsburger Reiches eine allgemeine Liquiditätskrise bemerkbar gemacht hatte! Eine deflationäre Abwärtsspirale hatte sich auch in der Weltwirtschaftskrise von 1929 in Gang gesetzt (siehe Lektion 5).
1564 Vom Fortbestand dieser Erzählung zeigen sich ebenfalls irritiert Jordà/Schularick/Taylor, 2014, S. 2.

In eben diesem Zusammenhang gelang es uns herauszuarbeiten, dass es im Wesen der unbaren Kreditvergabe liegt, Giralgeld zu schöpfen. Für diese Fähigkeit der Geschäftsbanken ist es also belanglos, ob ein edelmetallgedecktes Währungssystem wie in unserem Fallbeispiel vorliegt oder ein ungedecktes Papiergeld- bzw. Fiatgeldsystem wie wir es heute in der Praxis vorfinden.[1565]

Lässt man die Wirtschaftsgeschichte Revue passieren und/oder schaut sich in der heutigen Welt um, dann kann es keinen Zweifel geben, dass die Verfügbarkeit von Krediten einen entscheidenden Beitrag zur wirtschaftlichen Entwicklung von Volkswirtschaften geleistet haben und noch immer leisten können.[1566] Gerade im Zusammenhang mit den Ländern des globalen Südens wird ein gesunder Finanzsektor noch immer als *eine* Voraussetzung für nachholende Entwicklung angesehen, weil ohne funktionierende Kreditmärkte unternehmerische Opportunitäten ungenutzt bleiben.[1567]

Auf der anderen Seite darf man nicht übersehen, dass Banken Auslöser oder Brandbeschleuniger von Krisen waren (siehe Lektion 5), die nicht nur den Finanzsektor und die Wirtschaft eines Landes erschüttert haben, sondern zuweilen auch ganze Gesellschaften destabilisiert haben. Schließlich hat ein anfänglich harmlos anmutender Funkenflug wegen der Querschnittsfunktion der Banken das *Potenzial* einen Dominoeffekt auszulösen, der in einer luziden, kostspieligen Krise enden kann.[1568] Indizien sprechen heute

---

1565 Mit seiner einseitigen Erklärung vom 15. August 1971, dass die Vereinigten Staaten ihre seit Bretton Woods (1944) bestehende Verpflichtung, US-Dollar in Gold einzutauschen, *vorübergehend* einstellen, hat US-Präsident Richard Nixon (1913–1994) das Zeitalter der goldgedeckten Währung beendet. Vgl. z. B. Polleit, 2023, S. 113.

1566 Zu jüngeren Untersuchungen, die zeigen, dass eine zunehmende Kreditvertiefung mit einer höheren wirtschaftlichen Dynamik einhergeht, siehe z. B. Verner, 2022, S. 34 ff. Grossman macht jedoch deutlich, dass verschiedene Studien zur Relevanz des Bankensektors für das Wirtschaftswachstum im Zeitalter der Frühindustrialisierung keine einheitlichen Schlüsse zugelassen haben. Die Ergebnisse seien zu divers und hingen stets auch davon ab, wie frei der Bankensektor jeweils agieren konnte. Für Belgien, Japan, Schottland und die USA wurden positive Wirkungen ausgemacht, während sich in Ländern wie Frankreich, Italien, Spanien und Russland kein positiver Einfluss des Bankensektors auf das Wirtschafswachstum nachweisen ließ. Vgl. Grossman, 2010, S. 5 ff.

1567 Vgl. z. B. Easterly, 2001, S. 130. Als anekdotische Evidenz sei angemerkt, dass in 2010 im ruralen Sambia unter Bauern ein Zins von 100 Prozent genommen wurde – pro Woche! In der Hauptstadt musste ein gut beleumundeter Unternehmer immerhin noch einen Jahreszins im Korridor von 20 bis 30 Prozent tragen.

1568 Vgl. z. B. Grossman, 2010, S. 61. Dass Ökonomen mit ihrem Verständnis über die Kriterien bzw. Symptome einer schweren Banken- und Finanzkrise noch immer am Anfang stehen, verdeutlichen jüngere Aufsätze. Aus diesen geht allen voran hervor, dass Bankenkrisen lange Zeit eher als anekdotische Episoden betrachtet wurden (siehe Lektion 5), die soweit eher unsystematisch analysiert worden waren. Weiterhin besteht auch über die Bestimmung des Schweregrads einer Bankenkrise (geräuschlos vs. schwere) keine Einigkeit. Vgl. Baron/Dieckelmann, 2022, S. 209 ff. Bestritten wird allerdings nicht, dass es auch auf Ebene einzelner Länder große Finanzkrisen – jenseits der benannten weltweiten Krisen – gegeben hat, so in den Vereinigten Staaten in den Jahren 1819, 1837, 1884, 1893 und 1907. Vgl. Mishkin, 1992, S. 178.

dafür, dass von Finanz- und Bankenkrisen die politischen Ränder Aufwind erhalten. Wirtschaftskrisen, die eine andere Ursache haben, entwickeln dieses Muster nicht![1569]

15.2.4 Staatliche Optionen zur Vermeidung von Ineffizienzen und Instabilitäten

Die vorangegangen Darstellungen dieser Lektion legen nahe, dass der Staat auch auf Finanzmärkten Maßnahmen ergreifen kann, mit denen sich die Bedeutung asymmetrischer Informationen reduzieren und die sektorale Effizienz verbessern lässt. Welche konkreten Möglichkeiten dem Staat hierbei offenstehen, beleuchten wir in Kapitel 15.2.4.1.

Anders als auf dem Gebrauchtwagenmarkt, auf dem er sich ebenfalls komplementär zu den privaten Akteuren bemühen kann, marktliche Ineffizienzen zu überwinden (Lektion 14), verfolgt der Staat bei Bankgeschäften allerdings noch ein zweites, ihm gleichermaßen wichtig erscheinendes Ziel – nämlich die Vermeidung sektoraler Instabilitäten. Seine Ansatzpunkte, diesem Anliegen gerecht zu werden, kommen in Kapitel 15.2.4.2. zur Sprache. Ein Fazit zum staatlichen Handeln auf Märkten mit Finanzprodukten beendet diesen Abschnitt (Kapitel 15.2.4.3.).

15.2.4.1 Maßnahmen zur Erhöhung der marktlichen Allokationseffizienz

Auf Kredit- und Depositenmärkten eröffnet sich dem Gesetzgeber die Möglichkeit, den Abbau von Informationsasymmetrien zwischen Anbietern und Nachfragern zu unterstützen, indem er einen **wirksamen rechtlichen Rahmen** schafft und **Standards** setzt.

So lässt es sich leicht nachvollziehen, dass mit zunehmender Bedeutung von Bankgeschäften ein regulatorischer Bedarf hinsichtlich der Bereitstellung unternehmerischer Informationen aufkam: Wenn jedes Unternehmen nach eigenen Maßstäben Auskunft zu seinen Aktivitäten und seinem wirtschaftlichen Erfolg erteilt, wird dies die Einschätzung des individuellen Risikos erschweren, das die jeweils schlechter informierten Marktseite – etwa eine Bank im Kreditgeschäft – bei einem Vertragsabschluss eingeht.[1570] Fehlende Rapportierungsstandards stehen also einer angemessenen Interpretation der offengelegten Informationen im Wege und beeinträchtigen damit intra- und intersektorale Vergleiche.

Diese Schwierigkeiten reduzieren sich, sobald der Gesetzgeber allen Unternehmen einschließlich der Banken eine **Berichtspflicht** auferlegt und Grundsätze der **externen Rechnungslegung** definiert. Durch Inkrafttreten des Handelsgesetzbuchs (HGB) am 01.01.1900 ist beispielsweise im Deutschen Reich eine solche Grundlage geschaffen

---

1569 Vgl. Funke/Schularick/Trebesch, 2016.

1570 Lediglich zur anekdotischen Evidenz sei für die frühen kanadischen Banken festgestellt, dass diese in der ersten Hälfte des 19. Jahrhunderts keine Pflicht zur Veröffentlichung von Finanzberichten hatten. Einzig über ausländische Darlehen hatten sie zu berichten. Vgl. Bédard/Geloso, 2014, S. 4.

worden.[1571] Bei allen Vorzügen, die sich aus staatlich festgelegten Standards in der Rechnungslegung ergeben, darf nicht übersehen werden, dass diese Regelwerke ihre eigenen Kosten für die Beteiligten induzieren.

Versprechen Banken, Depositen bei Vorlage betreffender Dokumente prompt auszuhändigen, ist nicht gewährleistet, dass die Beteiligten in der Stunde der Wahrheit ein geteiltes *prompt-Verständnis* haben. Beispielhaft sei erwähnt, dass bei kanadischen Banken in den ersten Jahrzehnten des 19. Jahrhunderts die Konvertierung von Banknoten in Edelmetallmünzen dienstags und freitags ausgeschlossen war und damit *prompt* frühestens den nächsten Bankentag gemeint haben konnte.[1572]

Zur Vermeidung von Konflikten kann der Gesetzgeber also auch im Einlagegeschäft Mindeststandards setzen. Dabei reduzieren diese Vorgaben nicht nur die Kosten der Informationsbeschaffung; sie fördern unter Bankern und Depositären auch ein geteiltes Basisverständnis und bauen einem taktischen Verhalten der Bank zu Lasten des Einlegers im kritischen Moment vor.

Das stärkste Mittel zur Überwindung von Ineffizienzen auf Kreditmärkten dürfte in der Bereitschaft kreditsuchender Unternehmer bestehen, den potenziellen Darlehensgebern zur Sicherheit dingliche Pfänder in Aussicht zu stellen. Ein solche Offerte unterbreiten zu können, bedingt allerdings ein privates **Eigentumsrecht** an Produktionsmitteln. Ein Staat, der diese rechtliche Voraussetzung nicht schafft oder zu schaffen bereit ist, verunmöglicht also die Entfaltung dieser privateigentümlichen Wirkmacht im Rahmen von fremdfinanzierten Investitionsvorhaben.

Aus dieser Überlegung leitet sich ab, dass die Vergabe von Investitionskrediten im Kommunismus anderen Mechanismen gehorchen *muss*. Schließlich steht das beleihungsfähige Eigenkapital hier aus übergeordneten, ideologischen Gründen für eine *effiziente* Kreditbereitstellung nicht zur Verfügung: Ein aus Sicht der Kreditgeber zentraler Gestaltungsfaktor für den gelingenden Abschluss langfristiger Kreditverträge ist systembedingt deaktiviert (siehe Lektion 6).

Sind in einer solchen Gesellschaftsordnungen Privatbanken anfänglich noch geduldet, werden sich diese notgedrungen auf das Geschäft mit risikoarmen Handelskrediten begrenzen.[1573] Mangels pfändbarer Sicherheiten verlieren sie nämlich den Anreiz,

---

[1571] Angemerkt sei, dass das heutige HGB mit dem Allgemeinen Deutschen Handelsgesetzbuch (ADHGB) aus dem Jahr 1861 bereits einen Vorläufer hatte, das in allen Einzelstaaten des Deutschen Bundes rechtsgültig und daher als „Allgemein" bezeichnet worden war. Selbstverständlich haben gesetzliche Rapportierungsstandards für den Staat auch ihren ganz eigenen Nutzen – nämlich bei der Steuererhebung!

[1572] Vgl. Bédard/Geloso, 2014, S. 4.

[1573] Die Summe der Gegenstände des materiellen Anlagevermögens einer jeden Bank ist vernachlässigbar. Bei diesem Umstand drängt sich der faszinierende Gedanke direkt auf, dass Banken im Kommunismus doch in privater Hand hätten bleiben können – zumal ja die Replik der Marx-Anhänger auf dessen Kritiker wiederkehrend beinhaltet, dass die ihm unterstellte Befürwortung eines autoritären, zentralistischen Kommunismus der Grundlage entbehre bzw. unangemessen sei. Vgl. z. B. Lutz, 2022, S. 7.

sich an der Finanzierung riskanter Investitionsprojekte zu beteiligen.[1574] Zwangsläufig müssen jetzt staatliche Banken in die am „antikapitalistischen Finanzmarkt" entstandene Angebotslücke stoßen, wenn die ökonomische Verheißung des Kommunismus nicht frühzeitig Makulatur sein will – gegenüber dem Kapitalismus eine höhere Dynamik des technischen Fortschritts aufrechterhalten zu können.[1575]

Der Staat wird in einer sozialistischen Ordnung also nicht an der Vergabe langfristiger Darlehen vorbeikommen, wenn er nicht schon frühzeitig das ganze Bankenwesen verstaatlicht haben sollte, wie zum Beispiel in der DDR,[1576] wo „[d]ie Geschäftsbanken [...] das Hauptinstrument des sozialistischen Staates bei der [...] Durchsetzung einer auf hohen Nutzeffekt gerichteten aktiven Kreditpolitik [waren]."[1577]

Bislang in der Kreditvergabe ungeübt, bürden sich die kommunistischen Beamtenbankiers mit einem solch mehrdeutigen, mehrdimensionalen Bewertungsmaßstab („hoher Nutzeffekt") eine handwerkliche Aufgabe auf, an deren Komplexität sie über kurz oder lang scheitern müssen. Kurzum: Bei diesem selbstgesteckten Anspruch liegt die ineffiziente Kreditvergabe förmlich auf der Hand![1578]

1574 Die Relevanz der Beleihungsfähigkeit des Privateigentums verkannt zu haben, dürfte zu den größten Fehlleistungen von Marx gehören. Eine, die zudem kaum beachtet wird. Zwar erkennt Marx, dass „sich mit der kapitalistischen Produktion eine ganz neue Macht [bildet], das Kreditwesen. [...] Es ist die eigentliche Maschine zur Konzentration des Kapitals." Marx, 2018, S. 578. Doch die Bedeutung der dinglichen Sicherheit für funktionsfähige Kreditmärkte zu ermessen, ist weder ihm noch Engels gelungen. Ihre Grundhaltung zum privatwirtschaftlichen Eigentum könnte ihnen diese Sicht verbaut haben. Ungeachtet des hier akzentuierten blinden Fleckens, stellen auch andere, Marx prinzipiell wohlgesonnene Autoren fest, dass dieser im Finanzsektor nur ein „unproduktiv-parasitäres [...] Phänomen [sieht], das [...] selbst keinen Nutzen besitze." Lutz, 2022, S. 10. Zu den raren Autoren, die explizit auf das marxsche Unverständnis bezüglich der Beleihungsfähigkeit des Eigentums hinweisen, gehören Heinsohn/Steiger, 2010, S. 92. Es sei der Vollständigkeit halber darauf hingewiesen, dass auch neoklassisch inspirierte Ökonomen die Rolle der Beleihbarkeit des Eigentums für die wirtschaftliche Entwicklung übersehen haben. Vgl. auch Heinsohn/Steiger, 2010, S. 84 ff.
1575 Vgl. hierzu die Ausführungen in den Lektionen 6 und 11.
1576 Im offiziellen Wortlaut: „In der DDR befindet sich das Banksystem in der Hand des Staates. [...] Das Bankensystem [...] besteht aus der Staatsbank und den Geschäftsbanken [...] Die *Staatsbank* ist [...] das Organ des sozialistischen Staates für die Verwirklichung der Kreditpolitik." o. V., 1969, S. 406 f. Hinsichtlich der Geschäftsbanken fällt auf, dass diese in der zitierten Publikation nirgendwo als staatliche Organisationen klar bezeichnet werden, wenngleich unmissverständlich aus dem Text hervorgeht, dass diese Banken reine Erfüllungsgehilfen bei der Kreditvergabe nach staatlichen Plänen sind. Vgl. o. V., 1969, S. 399 ff.
1577 o. V., 1969, S. 407 f. Und in etwas anderen Worten heißt es auf Seite 410: „Das Wesen der aktiven Kreditpolitik liegt in der Kreditgewährung nach den Kriterien des Nutzeffekts der Investitionen."
1578 Es sei daran erinnert, dass der „kapitalistische" Banker sich *nicht* anmaßt, den *gesellschaftlichen* Nutzen einer Investition zu beurteilen. Dieser gibt sich weitaus bescheidener und überlässt es dem Unternehmer, den Nutzen abzuschätzen, der sich mit dem Investitionsvorhaben bei *dessen Kunden* einstellt. Der Banker beurteilt im Kapitalismus einzig das Risiko eines Kreditausfalls und den etwaigen Schaden, der ihm bzw. seiner Bank dabei entstehen kann. Seine Entscheidungsfindung wirkt geradezu eindimensional, die ein dingliches Pfand zudem vereinfacht.

Entsprechend bringt Martin die vom ideologischen Mehltau befreite, tatsächliche Rolle der Banken im real-existierenden Sozialismus auf den Punkt, indem er konstatiert, dass deren Aufgabe „nicht darin [bestand], finanzierungswürdige Projekte auszuwählen und die gewährten Darlehen zu überwachen, sondern schlicht darin, Geld auf Bestellung zu schöpfen, sobald ein Ingenieur an seinem Schreibtisch eine Zahlungsanweisung ausgestellt hatte."[1579]

Das Recht auf privates Produktionsmitteleigentum erhöht für sich genommen die Effizienz auf Kreditmärkten jedoch noch nicht. Seine volle Kraft wird dieses Recht hier erst entfalten, wenn in Ergänzung zu ihm auch eine effektive **Zwangsvollstreckungsordnung** existiert. Denn dingliche Pfänder verlieren für Darlehensgeber unverzüglich ihren Glanz, wenn sie die gestellten Sicherheiten beim Ausfall ihrer Kreditnehmer *de facto* nicht verwerten können. Eine solche Rechtskonstellation wäre einbeinig und damit einer effizienten Funktionsweise von Kapitalmärkten hinderlich.[1580]

15.2.4.2 Maßnahmen zur Verbesserung der sektoralen Resilienz

Nicht nur die Effizienz von Finanzmärkten kann der Staat mit gesetzgeberischen Maßnahmen erhöhen. Auch die Resilienz des Bankensektors lässt sich auf diese Weise verbessern. Hierzu entsprechende Anknüpfungspunkte wollen wir sogleich in Kapitel 15.2.4.2.1. beleuchten. Im Anschluss daran blicken wir auf die Möglichkeit, mit Hilfe einer Zentralbank als Kreditgeber in der Not das einstufige Bankensystem in ein zweistufiges zu transformieren, um mit diesem institutionellen Arrangement das Aufkommen von Finanzkrisen zu vermeiden (Kapitel 15.2.4.2.2.).

15.2.4.2.1 Rechtliche Maßnahmen

Gesetze und Verordnungen, die sektoralen Instabilitäten entgegenwirken wollen, können
- die Gestaltung krisenfester Geschäftsmodelle,
- die Einrichtung obligatorischer Sicherungsfonds auf Branchenebene und
- die Stärkung der Eigenkapitaldecke von Banken betreffen.

Das **Geschäftsmodell** einer Universalbank, bei dem alle Arten von Finanzprodukten seitens der Bank uneingeschränkt angeboten werden *können*, sind heute keine sek-

---

1579 Martin, 2014, S. 216.
1580 Priest beschreibt detailliert die Unterschiede, die zwischen England und dem kolonialen Nordamerika im 17./18. Jahrhundert bei der Durchsetzung von Gläubigerinteressen bestanden, wenn der Kreditdienst durch den Schuldner eingestellt wurde. In England, wo man u. a. durch Taktieren eine tatsächliche Landabtretung an einen Gläubiger lange Zeit zu verhindern vermochte, war genau dieses Gebaren der Entwicklung von Kreditmärkten abträglich. Ein balancierter Umgang mit Gläubiger- und Schuldnerinteressen hat in den USA schon vor der Unabhängigkeit dazu beigetragen, dass sich hier ein effizienter Kapitalmarkt herausbildet. Vgl. Priest, 2023, S. 59 ff. und S. 74 ff.

torale Seltenheit. Im Gegenteil! Historisch betrachtet haben solche Universalbanken jedoch nicht von Anbeginn dominiert, noch waren sie stets überall erlaubt. Beispielsweise hat es Ende 1847 in den drei Königreichen England, Schottland und Irland nahezu zweihundert reine Depositenbanken gegeben, die zudem keine Banknoten ausgeben durften.[1581] Es waren also auf das Verwahrgeschäft spezialisierte Einrichtungen, die für ihre Dienstleistung Gebühren nahmen.

Eine bilanzielle und rechtliche Trennung des Depositengeschäfts von anderen Bankgeschäften, nicht zuletzt vom Kreditgeschäft, hat für die Einleger – ungeachtet entgangener Zinseinnahmen – den Vorteil, dass sie durch diese organisatorische Maßnahme von Verlusten ihrer Bank in anderen Geschäftsfeldern abgeschirmt bleiben. Dies trägt dazu bei, dass mit Bekanntwerden von größeren Darlehensausfällen bei Kreditbanken kein Ansturm auf Depositenbanken einsetzt, was dem Ausbruch einer großflächigen Panik wiederum entgegenwirkt.

Folglich kann es nicht verwundern, dass ein solches Trennbankensystem mancherorts verordnet worden war, etwa in den USA. Nach der Weltwirtschaftskrise von 1929 hatte man dort ein solches System einzuführen beschlossen; es hatte bis Ende 1999 Bestand![1582]

Der Staat kann die Bankgesellschaften zudem verpflichten, einen branchenweiten **Sicherungsfonds** als Ausgleichsmechanismus für die Gläubiger insolventer oder von Zahlungsunfähigkeit bedrohter Institute einzurichten. Hält der Gesetzgeber eine bereits bestehende Fondslösung, die sich im Bankensektor selbstorganisatorisch herausgebildet hat, für unzureichend, um bei einem Krach die Einleger bankrottierter Institute zu entschädigen, so kann er verbindliche Vorgaben betreffend der Höhe dieser Fondsmittel machen. Darüber hinaus kann er jeder Bank die obligatorische Teilnahme an einem solchen Sicherungssystem verordnen.

Institutsübergreifende Vorbeugemaßnahmen – egal, ob als kollektives **Sondervermögen** oder in Form einer **Einlagenversicherung** organisiert – waren noch Anfang des 20. Jahrhunderts unbekannt: Sie betreten als Ausfluss der Weltwirtschaftskrise von 1929 die Bühne.[1583] Beispielsweise haben die deutschen Volks- und Raiffeisenbanken auf einer Tagung im Jahr 1934 die Einrichtung eines kreditgenossenschaftlichen Garantiefonds beschlossen, in den ab Juni 1938 erste Beiträge eingezahlt wurden.[1584]

1581 Vgl. hierzu Noback/Noback, 1851, S. 1761.

1582 In Kraft getreten war das Trennbankensystem in den USA letztlich im Jahr 1933. Durch den Gramm-Leach-Bliley Act (1999) ist es weitestgehend aufgehoben worden.

1583 Zu dieser Weltwirtschaftskrise siehe Lektion 5. Die weltweit erste Einlagensicherung gab es ab Mai 1933 in den USA, als die Federal Deposit Insurance Corporation (FDIC) zunächst Bankguthaben bis zu 2.500 US-Dollar absicherte. Bei der FDIC handelt es sich um eine Pflichtversicherung, der alle Mitglieder des Federal Reserve Systems angeschlossen sind.

1584 Vgl. hierzu https://genostory.de/sicherungseinrichtung-volksbanken-raiffeisenbanken-jubilaeum-mit-zweifeln-1678, zuletzt abgerufen am 30.05.2024.

Alle Aktivitäten der deutschen Privatbanken in Bezug auf diese „Feuerwehrfonds" beruhten bis Mitte der 1970er Jahre auf freiwilliger Basis. Erst als es sich beim Untergang der Kölner Herstatt-Bank (1974) zeigte, dass der Sicherungsfonds des Bundesverbands deutscher Banken mit lediglich 20.000 DM gespeist war,[1585] begann der Gesetzgeber einzugreifen.

Nach dem Einlagensicherungsgesetz vom 03. Juli 2015 beträgt die gesetzliche Deckungssumme in Deutschland gegenwärtig maximal 100.000 Euro je Einleger und Institut.[1586] Parallel zur staatlichen Einlagensicherung bestehen noch freiwillige Entschädigungssysteme auf Ebene der verschiedenen Bankenverbände.

Zur Reduzierung der Überschuldungsgefahr von Universal- und/oder reinen Darlehensbanken kann der Staat außerdem **Eigenkapitalvorschriften** erlassen, allen voran die Einhaltung minimaler Eigenkapitalquoten. Hierzu hatten die Zentralbanken und Bankaufsichten der zehn größten Industrieländer im Jahr 1974 den Baseler Ausschuss für Bankenaufsicht gegründet, der seitdem vier Eigenkapitalvereinbarungen veröffentlicht hat, die kurz als Basel I (1988), Basel II (2004), Basel III und Basel IV (2017) bezeichnet werden.[1587] Basel IV ist dabei als Finalisierung von Basel III zu verstehen, das als *vorläufige Endfassung* im Jahr 2010 veröffentlicht worden war.

In der Europäischen Union gilt Basel II seit 2007 verbindlich. Im Grundsatz hat sich bei den Eigenkapitalvorschriften mit Basel II gegenüber Basel I nichts geändert: War gemäß Basel I jeder Kredit mit einheitlich 8 Prozent Eigenmitteln zu unterlegen, sind mit Basel II die ausstehenden Forderungen einer Bank jetzt allerdings entsprechend dem Rating der Geschäftspartner mit einem Prozentsatz zwischen 1.250 und null zu gewichten.[1588]

Kaum in Kraft, zeigte sich mit Beginn der Lehman-Pleite (2008), dass das globale Bankensystem trotz Basel II ungenügend qualitativ hochwertiges Eigenkapital besaß. In Basel III fokussierte man sich daher auf das sogenannte *Kernkapital*, das bei Aktiengesellschaften in erster Linie aus dem eingezahlten Gesellschaftskapital und den Gewinnrücklagen besteht. In Europa wurde Basel III ab 2013 schrittweise eingeführt.

15.2.4.2.2 Die Installation einer Zentralbank

Die Institution der staatlichen Notenbank ist eine vergleichsweise junge Erscheinung, wenn auch die ersten von ihnen schon in vorindustrieller Zeit gegründet wurden.

Der Grund ihrer Institutionalisierung lag anfänglich ganz ausschließlich auf den öffentlichen Finanzen, sprich: auf dem Umgang mit der staatlichen Verschuldung. Doch

---

1585 Vgl. https://de.wikipedia.org/wiki/Einlagensicherung, zuletzt abgerufen am 30.05.2024.
1586 Es handelt sich bei diesem Gesetz um die Umsetzung der EU-Einlagensicherungsrichtlinie vom April 2014 in deutsches Recht. Eine Einlagensicherung in Höhe von 100.000 Euro gilt somit europaweit.
1587 Anlass der Gründung dieses Ausschusses war der Konkurs der Herstatt-Bank und anderer Bankhäuser. Vgl. https://www.bis.org/about/history_4global.htm, zuletzt abgerufen am 30.05.2024.
1588 Von dieser Regelung sind auch staatliche Wertpapiere betroffen, die Banken zum Liquiditätsmanagement halten. Auf diesen Aspekt kommen wir in Lektion 16 zurück.

mit der Industrialisierung, der simultan einsetzenden Transformation im Bankensektor (siehe Kapitel 15.2.3.1.2.) und dem Aufkommen der modernen Krisen (Lektion 5) kam zu ihrer Gründung das Motiv der Bankenstabilisierung hinzu. Mit einer Bank der Banken, die als **Kreditgeber in der Not** (engl. lender of last resort) fungiert, sollten einstürzende Geldhäuser verhindert und gesamtwirtschaftliche Verwerfungen vermieden werden.

Allen voran in Europa artikulierte sich in krisenhaften Momenten der Bedarf, eine staatliche Noten- bzw. Reservebank einzurichten – sofern man nicht schon über eine aus vorindustrieller Zeit verfügte, bei der man jetzt lediglich den Instrumentenkasten zu erweitern hatte. Mitte des 19. Jahrhunderts sprießt in der allgemeinen Dynamik des Finanzsektors also auch die Einrichtung der modernen Notenbank. Ihren weltweiten Abschluss findet diese institutionelle Evolution dann gut achtzig Jahre später. Seither liegt in ihrem Währungsgebiet das *alleinige* Privileg der Notenausgabe bei der jeweiligen Zentralbank; und in der Sicherstellung der ökonomischen Stabilität wird unvermindert ihre primäre Funktion gesehen.[1589] Die Struktur eines zweistufigen Bankensystems mit einer staatlichen Notenbank und vielen unabhängigen Geschäftsbanken gilt heute in allen marktwirtschaftlich orientierten Gesellschaften geradezu als naturgegeben.[1590]

Die Bank von England wird regelmäßig als erste moderne Zentralbank betrachtet, obgleich sie bei ihrer Gründung im Jahr 1694 weder die erste ihrer Art,[1591] noch im heute umfänglichen Sinne schon modern gewesen war. Innovativ als Public-Private-Partnership organisiert, verschmolz bei ihrer Konstituierung allerdings *erstmalig*

1589 Vgl. etwa Bordo/Siklos, 2017, S. 51.

1590 Eine zweistufige Struktur von Zentralbank und Geschäftsbanken bestand auch in den sozialistischen Ländern Osteuropas. Dort waren die Geschäftsbanken ihrer Natur nach jedoch keine selbständigen Organisationen, sondern lediglich Filialbetriebe der Notenbank. Dieser institutionelle Entwurf entsprach also genau dem, was Marx und Engels schon im Kommunistischen Manifest (1848) postulierten. Darin heißt es in unverkennbarer Anlehnung an die zehn Gebote unter fünftens: „Zentralisation des Kredits in die Händen des Staats durch eine Nationalbank mit Staatskapital und ausschließlichem Monopol." Marx/Engels, 2017, S. 59.

1591 Bereits im Jahr 1668 kam es zur Gründung der schwedischen Reichbank (Riksbank), die aus einer Bank hervorgegangen war, die als *öffentliche* Einrichtung in Stockholm bereits 1656 ihre Dienstleistungen angeboten hatte. Je nach Verständnis, was eine Zentralbank genau auszeichnet, wird die Riksbank als erste Zentralbank der Welt betrachtet. Vgl. z. B. Bordo/Siklos, 2017, S. 1. Allein die Tatsache, dass das Gründungsdatum der Bank von England im 17. Jahrhundert liegt, deutet darauf hin, dass ihr Hauptanliegen wohl im Umfeld öffentlicher Finanzen zu suchen ist. Und in der Tat, so war es! Die Staatsfinanzen waren zerrüttet, die Krone benötigte frisches Geld. Vgl. z. B. Martin, S. 154 ff. oder Hülsmann, der explizit anmerkt, dass „[i]n der bekannten Satzung der Bank von England [...] klipp und klar benannt [wurde]: Verabreichung eines Kredits von 1,2 Millionen Pfund an die englische Krone." Hülsmann, 2014, S. 217. Eine gute Übersicht über *öffentliche* Banken, die beginnend mit dem 15. Jahrhundert als frühe *Vorläufer* der modernen Zentralbanken betrachtet werden können, liefern Roberds und Velde. Die beiden Autoren stellen fest, dass vor Gründung der Bank von England (1694) bereits 25 Versuche europaweit mit öffentlichen Banken unternommen worden waren. Vgl. Roberds/Velde, 2014, S. 1 ff.

hoheitliches und *privates* Geld.[1592] Nachdem sie einhundertfünfzig Jahre später im Peel Act (1844/45) das Privileg der *alleinigen* Papiergeldausgabe im Vereinigten Königreich eingeräumt bekommen hatte und sie in den drei anschließenden Krisen (1847, 1857 und 1866) mit dieser einzigartigen Befugnis ausgestattet als Kreditgeberin in der Not einsprang, um den Zusammenbruch des Finanzsystems zu verhindern, da war dann tatsächlich die erste moderne Notenbank geboren.[1593]

In dieser instrumentellen Ausgestaltung wurde die Bank von England zum Vorbild vieler Notenbanken, etwa in Belgien (1850) und Deutschland, wo die Reichsbank ihren Dienst als Zentralbank im Januar 1876 aufgenommen hat. Die Reichsbank hatte von Anbeginn den klaren Auftrag, als Kreditgeber in der Not zu fungieren, wenn es zu einem Bankenansturm infolge eines Vertrauensverlusts im Teilreservesystem kommen sollte.[1594]

Japan (1882), Italien (1893) und die USA (1914)[1595] richteten ebenfalls eigene Zentralbanken noch vor dem ersten Weltkrieg ein, bevor als Begleiteffekt der Weltwirtschaftskrise von 1929 eine letzte Welle an Zentralbankgründungen Länder wie Argen-

---

1592 Vgl. Martin, 2014, S. 160. Mit dem institutionellen Konstrukt einer Public-Privat-Partnership haben der englische König und die Banker – wie Martin sich ausdrückt – den „monetären Stein des Weisen" entdeckt. Mit anderen Worten: Monarch und Finanziers gelang es mit dieser Organisationsform, eine klassische Win-Win-Situation zu generieren. Während die Banker dem Souverän den dringend benötigten Kredit gewährten, verlieh dieser ihrem Privatbankengeld seine Autorität, was die Noten der Bank von England im englischen Königreich zirkulationsfähiger machte als alle anderen Noten. Mit diesem souveränen Akt waren die Noten der Bank von England veredelt, ihre Akzeptanz im Publikum schlagartig erhöht. Da die Privatbankiers bei dieser Kooperation begannen, sich auf die Autorität des kredithungrigen Staates zum eigenen Vorteil stützten, wird von der „Großen Monetären Übereinkunft" gesprochen. Vgl. Martin, 2014, S. 156 f.

1593 Die erste Krise (1847) war eine rein englische. Bei der zweiten handelte es sich um die Weltwirtschaftskrise von 1857 (siehe Lektion 5). Die dritte ging mit dem Bankrott der Bank Overend, Gurney & Co. im Mai 1866 einher, die sich erneut auf das Vereinigte Königreich begrenzt hatte (siehe Kapitel 15.2.3.1.2.). Vgl. z. B. Martin, 2014, S. 269. Noback und Noback schreiben zum Peel Act von 1844: „Dieses neue Gesetz ist der Anfang eines Systems, die Geldverhältnisse des Landes den Händen der Privat-Etablissements zu entziehen und es unter die direkte Leitung der Regierung zu bringen. Daher enthält es auch die weitere wichtige Bestimmung, dass *Privat-Banken* nicht mehr Noten ausgeben dürfen, als der Durchschnitt-Betrag der vorhergegangenen zwei Jahre war; *neu entstehende Banken* aber dürfen *gar keine Noten emittiren.* [...] Während in Folge der Bankakte vom 19. Juli 1844 forthin an Privaten keine neue Erlaubniss zur Ausgabe von Noten ertheilt wird und die Licenzen aller übrigen Banken zu dieser Ausgabe am 1. August 1856 erlöschen, steht es dagegen den Privatbanken frei, sich mit der Bank von England zu einigen, um, mit Verzichtleistung auf das Recht eigner Zettel-Emission, sich für ihre Geschäfte der Noten dieser Bank zu bedienen, wogegen sie ihr eine kleine Provision (höchstens 1 Procent) zahlen." Noback/Noback, 1851, S. 1760 f.

1594 Die Gründung der Reichsbank, die organisatorisch aus der Preußischen Bank hervorging, war bereits im Dezember 1871 beschlossen worden, also noch im Jahr der Reichsgründung. Vgl. Polleit, 2020, S. 155.

1595 Der Anlass für die Gründung der Federal Reserve (1914) war die Krise von 1907, die in den USA besonders heftig war. Das entsprechende Gesetz zu ihrer Formung, der *Federal Reserve Act*, war am 23. Dezember 1913 verabschiedet worden. Vgl. Hayek, 2015, S. 55.

tinien (1933), Neuseeland (1934) und Kanada (1935) erfasste.[1596] Damit war Mitte der 1930er Jahre die weltweite Einrichtung von nationalen Notenbanken quasi vollendet.

Seitdem üben sie allesamt ihre Rolle als Kreditgeber letzter Zuflucht aus. Entsprechend weisen nahezu alle Geschäftsbanken in ihren Bilanzen heute Verbindlichkeiten gegenüber der Notenbank ihres Währungsgebietes aus (siehe Tabelle 15.8).

15.2.4.3 Ein Zwischenfazit zur Rolle des Staates

Vermuten zu wollen, dass staatliche Maßnahmen keinen Beitrag zur Steigerung der Effizienz im Bankensektor je geleistet haben könnten, ist abwegig. Allein die Einräumung und Wahrung des privatwirtschaftlichen Eigentumsrechts hat in marktorientierten Ländern zweifelsfrei Früchte getragen.

Auch auf anderen Rechtsgebieten hat eine sich über die Zeit veränderte Rechtsauffassung dazu beigetragen, die allokative Effizienz auf Kreditmärkten zu erhöhen. Dass im Mittelalter insolvente Bankiers schon mal vor ihrer Bank geköpft wurden, ist vielfach in Vergessenheit geraten.[1597] Damit wird bedauerlicherweise aber unterschätzt, welchen Einfluss ein modernes, ausbalanciertes Haftungs- und Gesellschaftsrecht auf das Gründen und Führen von Banken auszuüben vermochte.[1598]

Gleichwohl mag der Bogen beim Haftungsrecht inzwischen in die entgegengesetzte Richtung überspannt worden sein, weil dieses die heutige Architektur der Finanzmärkte zu destabilisieren droht. So ist nach Ansicht von Hans-Werner Sinn der Finanzmarkt mittlerweile „mit Institutionen [übersät], die unter beschränkter Haftung bei häufig nur minimalem Eigenkapital arbeiten und deswegen übermäßig riskante Projekte angehen."[1599] Das Konfliktpotenzial zwischen den beiden staatlichen Zielen der sektoralen Effizienzverbesserung und der Vermeidung von Instabilitäten im Bankenwesen tritt damit schon beim Haftungsrecht unverkennbar zu Tage.

Kurioserweise kann der Staat die Robustheit der Bankenbranche durch eben jene Maßnahmen gefährden, die er just zur Verbesserung ihrer sektoralen Resilienz inzwischen vielerorts ergriffen hat. So sind obligatorische Sicherungsfonds und/oder Versicherungen zum Schutz der Einleger aus dem Blickwinkel des moralischen Risikos alles,

---

[1596] Vgl. z. B. Bordo/Siklos, 2017, S. 54.

[1597] Nicht überall war die Pleite für den Bankier letal. Mancherorts hatten sie sich jedoch solange von Wasser und Brot zu ernähren, bis ihre Schulden bei ihren Einlegern beglichen waren. Vgl. Martin, 2014, S. 140.

[1598] Bis weit in das 19. Jahrhundert hinein waren Banken üblicherweise als Personengesellschaften mit unbegrenzter Haftung organisiert. In England waren Aktienbanken bis 1844 (Peel Act) sogar ausdrücklich verboten, bevor dann der Siegeszug der Kapitalgesellschaften mit beschränkter Haftung in allen sich industrialisierenden Ländern einsetzte, sowohl im Bankensektor als auch im produzierenden Gewerbe. Als erste Aktienbank in Deutschland firmierte die Kölner Bank Abraham Schaaffhausen (1848); die zweite Bank in dieser Rechtsform war die Darmstädter Bank (1858). Vgl. z. B. Bédard/Geloso, 2014, S. 3.

[1599] Sinn, 2021, S. 55.

nur nicht unbedenklich, da die Banken durch diese Einrichtungen doch geradezu animiert werden, höhere Geschäftsrisiken auf ihre Bilanz zu nehmen.[1600] Somit läuft der Gesetzgeber mit seinen Interventionen Gefahr, den Finanzsektor auf höherer Stufenleiter zu destabilisieren, obwohl er diesen widerstandsfähiger zu machen beabsichtigt.

Unter dem Gesichtspunkt des moralischen Risikos ist es nicht minder problematisch, wenn die staatliche Zentralbank den Geschäftsbanken den Eindruck vermittelt, ihnen auf alle Ewigkeit ein unverbrüchlicher Zufluchtsort zu sein: Die scheinbare Gewissheit, die Notenbank habe mit ihrer Liquiditätsreserve für sie gleichsam öffentlichen Gutscharakter, wird zweifelsfrei manch einem Bankverantwortlichen falsche Anreize setzen, was die Stabilität des Finanz- und Wirtschaftssystems aufs Neue herausfordern kann.[1601]

Kurzum: Das staatliche Eingreifen im Bankensektor ist ein zweischneidiges Schwert! Dissonanzen zwischen dem Effizienz- und Stabilitätsziel sind beim Instrumenteneinsatz nicht ausgeschlossen. Zugleich gibt es keine Garantie, dass mit einer stabilitätsorientierten Maßnahme die sektorale Widerstandskraft nicht andernorts schon wieder unterminiert wird. Insofern haben staatliche Eingriffe auch im Bankengewerbe das Potenzial, Reparaturdienstmaßnahmen in kaskadierender Abfolge zu initiieren – bei steigenden Kosten für die Marktteilnehmer.[1602] Schließlich ist zu fragen, ob von der monopolistischen Zentralbank nicht selbst eine ganz neue Bedrohung auf die gesamtwirtschaftliche Stabilität ausgeht, wenn diese noch zusätzlich als Geldbeschafferin der Regierung fungiert – sie also neben der sektoralen Stabilisierung ein weiteres Ziel verfolgt. Auf diesen Aspekt werden wir in der nachfolgenden Lektion zurückkommen!

15.3 Fazit und Ausblick

Anhand der Bankenbranche haben wir die spezifischen Herausforderungen kennengelernt, von denen marktliche Transaktionen bei Erfahrungs- und Vertrauensgüter begleitet sind, wenn strukturelle Informationsunterschiede zwischen Anbietern und Nachfragern existieren.

Analoge Einsichten wären selbstredend für die Versicherungsbranche gewinnbar gewesen, was aber den Rahmen gesprengt hätte. Ungeachtet dessen kann sich der Einzelne in der Praxis bequem davon überzeugen, dass die von uns in dieser Lektion eingeführten Phänomene – die Negativauswahl und das moralische Risiko – auch bei

---

1600 Vgl. z. B. Jordà, 2022, S. 125 oder auch Aschinger, 2001, S. 68 ff.

1601 Der Zusammenbruch der Lehman Brothers im September 2008 war insofern eine Besonderheit als die Federal Reserve Bank davon abgesehen hat, diese renommierte Investmentbank zu retten. Das Lehman-Management hingegen war bis kurz vor Schluss davon ausgegangen, dass die US-amerikanische Notenbank es sich wird nicht leisten können, ihr systemrelevantes Geldhaus einfach fallen zu lassen. Lehman wähnte sich „too big to fail" zu sein.

1602 Auf diese Problematik haben wir ganz allgemein schon in Lektion 9 hingewiesen!

Versicherungen von Bedeutung sind, etwa bei der Haftpflicht-, der Zahnzusatz- oder einer Rechtschutzversicherung. Unschwer lässt sich die Gefahr von leichtsinnigem und/ oder fahrlässigem Verhalten durch den Versicherungsnehmer nach Vertragsabschluss erkennen. Entsprechend entdeckt man auch bei diesen Dienstleistungsprodukten Screening- und Signaling-Aktivitäten der Marktbeteiligten, etwa in Form von Karenzzeiten oder Selbstbeteiligungen.[1603]

Die Vorstellung, Geschäftsbanken könnten in einem gedeckten Währungssystem ohne Notenbank zügellos Kredite vergeben und damit die Stabilität der Wirtschaft gefährden, ist unbegründet.

In einem solchen einstufigen Bankensystem wird in einem gedeckten Währungssystem die einzelne Geschäftsbank bei ihrer Vergabe unbarer Kredite von ihrem eigenen Leumund eingehegt: Schwindet die Zirkulationsfähigkeit ihrer emittierten Zettel aus Sorge um deren Konvertierbarkeit, kehren die Kreditsuchenden ihr den Rücken und wenden sich stattdessen den Banken mit tadelloser Reputation zu. Zugleich wird das Engagement einer Bank im Kreditgeschäft maßgeblich durch die Fähigkeit der Darlehensnehmer bestimmt, Sicherheiten zu stellen. Betätigt sich ein Bankinstitut zugleich im Depositengeschäft, wirkt sich auch die latente Drohung der Depositäre, die Liquidation der Bank durch einen Bankenansturm jederzeit erzwingen zu können, disziplinierend auf die Geschäftspraxis der Bank aus.[1604]

Im freien Spiel der Kräfte kommen also auch bei Geldgeschäften selbstregulierende Mechanismen zum Zuge. Zugleich kommen trotz aller Informationsasymmetrien Geschäfte zustande.

Der Notenbank als Teilnehmerin an der privaten Finanzindustrie fließt daher die Funktion als Garantin der sektoralen Stabilität zu. Allerdings wollen wir nicht übersehen, dass Notenbanken nicht zur Überwindung von Ineffizienzen oder Instabilitäten gegründet wurden; ihr ursprünglicher Anlass war doch regelmäßig die Staatsfinanzierung – auf die wir jetzt in Lektion 16 eingehen.

Kontrollfragen

–   Aufgrund welcher Gefahr tendiert – nach neoklassischem Maßstab – der Markt für Depositengeschäfte ineffizient zu sein?
–   Welche Maßnahmen können Kreditgeber unternehmen, damit potentielle Kreditgeschäfte trotz asymmetrischer Informationen verwirklicht werden?

1603 Abseits des Finanzdienstleistungssektors lässt sich zum Beispiel bei Mietverträgen im Stellen einer Kaution Signaling erkennen. Zugleich betreibt der Vermieter – also die schlechter informierte Seite – Screening, indem er sich von Mietinteressenten etwa Personalausweise und Gehaltsabrechnungen vorlegen lässt.
1604 Vgl. Aschinger, 2001, S. 72.

– Welche Maßnahmen kann der Stadt komplementär zu privaten Aktivitäten ergreifen, damit die Ineffizienz im Bankensektor abgebaut wird?
– Ab wann erlangt der Investitionskredit Bedeutung? Welches Finanzprodukt hat vorher die Bankenaktiva dominiert?
– Mitunter hört man, dass das Schöpfen von Giralgeld durch Banken auf das heutige Papiergeldsystem zurückzuführen ist. Erläutern Sie, was von dieser Behauptung zu halten ist.
– Es gibt zwei Insolvenzgründe! Nennen Sie diese und erläutern Sie im Kontext des Bankensektors eine dieser Form!
– Der Staat interessiert sich nicht nur für eine effiziente Funktionsweise des Bankensektors! Worauf achtet er gerade in diesem Sektor noch, warum?
– Besteht zwischen diesen beiden staatlichen Zielen für den Finanzsektor stets Zielharmonie? Wenn ja/nein, warum?
– Auf welchen Wegen kann sich eine Geschäftsbank Liquidität verschaffen, wenn es zu einem Bankenansturm kommt?
– Welche Bank gilt als die erste moderne Notenbank der Welt? Was hat sie hierzu gemacht?
– Seit wann lässt sich in allen marktorientierten Ländern ein zweistufiges Bankensystem beobachten?

Anhang: Der Zusammenbruch der Danat-Bank und die Bankenkrise von 1931

Welch verheerende Kettenreaktion ein in Schieflage geratenes Finanzinstitut auslösen kann, lässt sich anhand der Danat-Bank illustrieren,[1605] deren Zahlungsunfähigkeit im Juli 1931 den Ausbruch der Bankenkrise in Deutschland einläutete. Dem Ansturm der Einleger auf die damalige Großbank waren verschiedene Ereignisse im Mai 1931 vorausgelaufen, etwa der Zusammenbruch der Österreichischen Creditanstalt.[1606]

1605 Die *Danat*-Bank entstand aus der Fusion von *Da*rmständer Bank und *Nati*onalbank im Jahr 1922. Dadurch war eine der größten Banken der Weimarer Republik entstanden.
1606 Der Mai 1931 war ein turbulenter Monat gewesen. In Österreich hatte die Creditanstalt, die landesweit größte Bank, für das zurückliegende Geschäftsjahr einen Verlust in Höhe von 140 Mio. Schilling zu verkünden. Niemand hatte für dieses Institut, das als erste Bankadresse in Mitteleuropa galt, eine solche Verlusthöhe erwartet – mit der das *Grundkapital* des Instituts *nahezu aufgezehrt* wurde. Diese Hiobsbotschaft löste einen Ansturm vieler in- und ausländischer Gläubiger auf die Creditanstalt und auf andere Banken in Europa aus. Innert zwei Wochen nach der Verlustbekanntgabe reduzierten allein die Auslandsgläubiger ihre Depots um ca. 120 Millionen Schilling bei der Creditanstalt. Vgl. Jobst/Kernbauer, 2016, S. 178 f. und Lewinsohn, 2010, S. 38 ff. Unterdessen verzeichnete auch der deutsche Bankensektor wegen durchsickernder Gerüchte um die Solvenz von zwei großen Unternehmen (Nordwolle und Karstadt) schon im Mai 1931 Devisenabflüsse in Höhe von umgerechnet 288 Millionen Reichsmark (RM), wovon die wenigen Großbanken am meisten betroffen waren. Allein bei der Danat-Bank wurden

Gleichwohl brachte erst das Bekanntwerden eines drohenden Kreditausfalls in substanzieller Höhe das Fass bei der Danat-Bank zum Überlaufen: Ein prominenter, großer Schuldner der Bank, die international bekannte Norddeutsche Wollkämmerei und Kammgarnspinnerei AG in Bremen (kurz „Nordwolle"), hatte am 01. Juli 1931 den vollen Umfang eines Verlust in Höhe von 200 Mio. RM eingestanden. Dem waren über mehrere Wochen hinweg zunächst Spekulationen über einen möglichen Verlust sowie eine Verlust*ankündigung* in Höhe von 24 Millionen RM seitens des Unternehmens am 17. Juni 1931 vorausgegangen.[1607]

Zu dieser Zeit war Nordwolle ein Textilunternehmen, das von der Familie Lahusen in dritter Generation geführt wurde. Aus seiner Fertigung stammte ca. ein Drittel der deutschen Kammgarnproduktion, wovon ein bedeutender Teil exportiert wurde. Allein in Deutschland betrieb das Unternehmen zehn Produktionsstätten mit über 20.000 Mitarbeitern.[1608]

Nun hatte das Unternehmen Anfang des Jahres 1931 auf eine Preissteigerung bei Wolle spekuliert, was ihm – trotz aller Versuche die entsprechenden Verluste zu verschleiern – zum Verhängnis wurde.[1609] Die Danat-Bank, die sich im Vorjahr mit einem Neukredit in Höhe von 50 Mio. RM bei der Nordwolle engagiert hatte, erklärte noch am 10. Juni 1931, dass der Verlust des Unternehmens nicht größer als dessen Finanzreserven sei.[1610] Entsprechend schlug die Mitteilung vom 01.07.1931 über das unverschleierte Ausmaß des Verlusts der Nordwolle wie eine Bombe ein – der *Bankenansturm* war eröffnet; denn neben der Danat-Bank, deren Anteil an diesem Verlust auf 35 Millionen RM taxiert wurde, prognostizierten jetzt auch die Dresdner Bank 20 Millionen RM und die Commerzbank gut zehn Millionen RM durch ihre Engagements bei der Nordwolle abschreiben zu müssen.[1611]

Im Sog dieser Entwicklungen musste sich die Danat-Bank als damals zweitgrößte Bank Deutschlands Mitte Juli 1931 für zahlungsunfähig erklären.[1612] Zur Beruhigung der Situation verordnete die deutsche Reichsregierung zwei Bankenfeiertage und ging im Anschluss zur Devisenbewirtschaftung über.[1613]

---

knapp 100 Mio. RM abgezogen. Das Bekanntwerden der Schieflage des Versicherers Nordstern Ende des Monats tat sein Übriges. Vgl. Kindleberger, 1973, S. 155 ff. und insb. 163 ff. Zu Angaben über die einzelnen Kreditorenabzüge siehe Walter, 2011, S. 185. Vgl. Jobst/Kernbauer, 2016, S. 178 f.

1607 Vgl. Kindleberger, 1973, S. 161.

1608 Vgl. Lewinsohn, 2015, S. 81 ff.

1609 Vgl. Kindleberger, 1973, S. 161.

1610 Vgl. Lewinsohn, 2015, S. 82.

1611 Vgl. Lewinsohn, 2015, S. 82.

1612 Vgl. Walter, 2011, S. 186.

1613 Zum Aspekt Beruhigung: Schuss war eher nach hinten los gegangen; Vgl. Lewinsohn, 2010, S. 50! Zur Devisenbewirtschaftung: Anhaltspunkte zur eingesetzten Dynamik der Einlagenabzüge liefert Kindleberger (1973), S. 161: „Am 17. Juni kam es zum Stillstand, nachdem Deutschland für 1,4 Milliarden RM Gold und Devisen verloren hatte – mehr als die Hälfte seines Gesamtbestandes von Ende Mai." Vgl. auch Aschinger, 2001, S. 96 ff.

Später, als die Nordwolle-Insolvenz gerichtlich aufgearbeitet wurde, stellte sich heraus, dass die Lahusen-Brüder schon seit vielen Jahren die Bilanzen des Unternehmens gefälscht hatten. Darüber hinaus veruntreuten sie 30 Millionen RM für private Zwecke und vergeudeten weitere 170 Millionen RM in größenwahnsinnigen Prestigeprojekten.[1614] Kurzum: Nordwolle und die arrivierten Brüder Lahusen musste sich als *die Ausgeburt des moralischen Risikos* demaskieren lassen. Der ökonomische und gesellschaftliche Schaden blieb und reichte weit über Deutschland und die Danat-Bank hinaus, die mit der Dresdner Bank zwangsfusioniert wurde.[1615]

Der Vollständigkeit halber sei angemerkt, dass der Bankensektor zu dieser Zeit auch international fragil und angespannt war. So war im Dezember des Jahres 1930 in den USA die damals größte Geschäftsbank des Landes – die Bank of the United States – zusammengebrochen, die über 200 Mio. US-Dollar an Kundeneinlagen verwaltet hatte. Erhebliche Turbulenzen wurden im amerikanischen Bankensektor durch diese Pleite ausgelöst: Im Mittel gingen dort nicht weniger als 2.000 Banken zwischen 1930 und 1933 jährlich insolvent. Ein Drittel der damaligen US-Banken hatte damit innerhalb von vier Jahren seine Geschäftstätigkeit einstellen müssen.[1616]

1614 Vgl. Lewinsohn, 2015, S. 82 f.

1615 Umfangreiche Darstellungen der deutschen und/oder europäischen Bankenkrise von 1931 finden sich bei Aschinger, 2001, S. 89 ff. bzw. bei Kindleberger, 1973, S. 153 ff. und/oder bei Lewinsohn, 2010, S. 37 ff.

1616 Zur Einordnung dieser Zahlen: In den USA lag zwischen 1934 und 1981 die Anzahl durchschnittlicher Bankenpleiten bei zehn. Vgl. Mishkin, 1992, S. 231 und S. 381.

Lektion 16
Staatsverschuldung

16.1 Einleitung

Als Gesetzgeber sorgt der Staat für die Rahmenbedingungen, unter denen Marktaktivitäten in seinem Hoheitsgebiet stattfinden können. Er tritt aber auch als Akteur auf Finanzmärkten auf – und zwar als regelmäßiger Nachfrager von Krediten.

Indem die Regierung sich Fremdmittel auf dem Kapitalmarkt besorgt, verschuldet sie sich! Zu dieser Schuldenproblematik betrachten wir in Kapitel 16.2 zunächst einmal Grundlegendes wie ihre verschiedenen Formen. Darauf aufbauend fragen wir uns, was eine hohe oder zu hohe Staatsverschuldung bestimmt (Kapitel 16.3) und welche Wege aus ihr gegebenenfalls herausführen (Kapitel 16.4). Mit einem kurzen Fazit beenden wir diese Lektion (Kapitel 16.5).

https://doi.org/10.1515/9783111331607-020

16.2 Grundlegendes

Eine tiefere Beschäftigung mit der staatlichen Schuldenthematik verlangt, dass wir zu zentralen Begriffen des Untersuchungsgegenstandes ein geteiltes Verständnis haben. Diese Voraussetzung schaffen wir mit Kapitel 16.2.1. Anschließend blicken wir kurz auf die Rolle der Staatsverschuldung innerhalb des staatlichen Finanzwesens (Kapitel 16.2.2.), bevor uns drei zentrale Argumente beschäftigen, die in der Ökonomik *für* die staatliche Aufnahme von Schulden vorgebracht werden (Kapitel 16.2.3.). Mit einem Fazit schließen wir diesen Abschnitt (Kapitel 16.2.4.).

16.2.1 Arten staatlicher Verschuldung

Ein Staat, der im privaten Sektor der eigenen oder einer fremden Volkswirtschaft Kredit aufnimmt, verschuldet sich. Entsprechend diesem Befund lässt sich bereits zwischen einer **internen** und einer **externen** Staatsverschuldung unterscheiden.[1617] Von Belang ist diese Differenzierung allenthalben dort, wo sich ein Staat seinen ausländischen Gläubigern gegenüber zur Tilgung und Zinszahlung in *fremdländischer* Währung verpflichtet hat: Die hierzu notwendigen Devisen lassen sich schließlich nur durch Exporttätigkeit verdienen.[1618]

1617 Vgl. Wellisch, 2000, S. 27. Die vereinfachende Annahme, dass sich Staaten ausschließlich im Privatsektor verschulden, erleichtert nicht nur das Modellieren in der volkswirtschaftlichen Theoriebildung, sondern trifft auch hinreichend genau auf die Realität der Industrie- und fortschrittlichsten Entwicklungsländer zu. Blickt man heute allerdings auf die Staaten, die unter dem Gesichtspunkt des Pro-Kopf-Einkommens zu den ärmsten der Welt zählen, so offenbart sich ein ganz anderes Bild: Dort hat der Privatsektor als staatlicher Kreditgeber eine quantitativ vollkommen untergeordnete Bedeutung. Die Darlehen für die Regierungen dieser Staaten, etwa Äthiopien und Mosambik, stammen allen voran von *multilateralen* Organisationen wie der Weltbank, dem Internationale Währungsfonds (IWF) oder der Afrikanischen Entwicklungsbank. Dabei begann der Aufstieg dieser Institutionen als Kapitalgeber der ärmsten Nationen mit der Staatspleite von Mexiko im Jahr 1982 (siehe Kapitel 16.4.1). Darüber hinaus gewähren andere, wohlhabendere Staaten auf Regierungsebene *bilaterale* Kredite. Der Anteil privatwirtschaftlich gestellter Staatskredite bezifferte sich bei der Gruppe der ärmsten Länder im Jahr 2021 auf lediglich 13 Prozent, nach gerade einmal sieben Prozent in 2010. Klettert man hinauf an das untere Ende der Gruppe von Ländern mit mittleren Einkommen, so nimmt der Privatsektor als staatlicher Darlehensgeber schon eine bedeutend größere Stellung ein. Den sogenannten Lower-middle-income countries, darunter Honduras, Vietnam, Ghana und Sambia räumte der Privatsektor schon 41 Prozent (2021) aller Kredite ein, nach 24 Prozent in 2010. Das Gros der privaten Mittel wurde im Zuge von Wertpapieremissionen zur Verfügung gestellt. Vgl. UNCTAD, 2023, S. 120 und S. 67 für die Zuordnung der Länder nach Einkommensklasse.

1618 Gemäß den Angaben der Deutschen Finanzagentur GmbH, der die operative Abwicklung des Staatsschuldenmanagements in der Bundesrepublik obliegt, hat die Bundesregierung zwischen den Jahren 2000 und Ende 2023 nur zweimal für sehr kurze Zeit relativ niedrige Beträge in fremdländischer Währung aufgenommen: einmal für fünf Monate in 2010 und ein zweites Mal für drei Monate im vier-

Summiert man – ungeachtet ihrer konkreten Fälligkeit – die Nennwerte aller offenen Forderungen, die von einem Staat akzeptiert sind, dann erhält man dessen **akkumulierte** Verschuldung. Von dieser beachtet die Öffentlichkeit vielfach nur den **expliziten** Teil, der die verbrieften Verbindlichkeiten umfasst. Zu diesen staatlich emittierten Wertpapieren gehören in Deutschland allen voran die Anleihen, Obligationen und Schatzanweisungen des Bundes.[1619] Bei Emission haben Bundesanleihen eine Ursprungslaufzeit von 30, 15, 10 oder 7 Jahren und Bundesobligationen von fünf Jahren. Die Laufzeit von verzinslichen Schatzanweisungen beträgt zwei Jahre, die von unverzinslichen zwölf Monate. All diese unbesicherten Wertpapiere können börsentäglich gehandelt werden.[1620]

Mit Blick auf die späteren Diskussionen stelle man sich die kumulierte, verbriefte Staatsverschuldung bildlich am besten in Form von aneinandergereihten Jahresscheiben vor (siehe Abbildung 16.1).

Neben der expliziten Staatsverschuldung gibt es allerdings noch die **implizite**. Hierunter fallen alle staatlichen Verpflichtungen, die nicht direkt in der Haushaltsaufstellung des Bundes, der Länder und der Gemeinden stehen, sondern in **Nebenhaushalten** – die auch als Parafisci bezeichnet werden. Zu diesen zählen in der Bundesrepublik die Sozialversicherungen, d. h. die Träger der Renten-, Kranken- und Pflegekassen, die Bundesagentur für Arbeit, diverse Sondervermögen (z. B. für die Bundeswehr), weiter Organisationen des öffentlichen Rechts wie die Bundesbank und die Bafin sowie die vielen kommunalen Versorgungsunternehmen.[1621] Die implizite Staatsverschuldung übertrifft – wie Tabelle 16.1. exemplarisch verdeutlicht – in den meisten Industrieländern die explizite um ein Vielfaches.

---

ten Quartal 2012. Zusammen waren es Beträge von umgerechnet 6,74 Mrd. Euro. In fremdländischer, harter Währung müssen Schwellen- und Entwicklungsländer zumeist Schulden aufnehmen.

1619 Die drei genannten Wertpapier*arten* vereinen an der gesamten verbrieften Verschuldung des *Bundes* zumeist gute neunzig Prozent, etwa 90,8 Prozent im Jahr 2021. Die Wertpapierverschuldung umfasst wiederum mit Werten zwischen 85 und 92 Prozent den Löwenanteil an der expliziten Gesamtverschuldung des Bundes. Vgl. hierzu Deutsche Bundesbank, Monatsbericht September, 2023, S. 65. Die Aufteilung der expliziten Gesamtschulden auf Bund, Länder und Kommunen erfolgt in der Bundesrepublik seit den 1960er Jahren ganz grob nach der Faustformel 8:4:1. Vgl. Blankart, 2011, S. 368.

1620 Zu den Laufzeitangaben siehe https://www.deutsche-finanzagentur.de/, zuletzt abgerufen am 04.01.2024. Zinsen auf diese Papiere zahlt der Emittent (d. h. der Bundesfinanzminister) stets nachträglich zum Ende des Laufzeitjahres. Eine Rücknahme der Wertpapiere durch den Schuldner *vor* Fälligkeit ist nicht vorgesehen. Vgl. hierzu z. B. Ostendorf, 2014, S. 179 f. Die US-Pendants zu den deutschen Wertpapieren heißen T-Bonds (Laufzeit 30 bzw. 20 Jahre), T-Notes mit Laufzeiten von 10, 7, 5, 3 und 2 Jahre bzw. T-Bills (Laufzeit maximal 52 Wochen). Vgl. https://www.treasurydirect.gov/marketable-securities/, zuletzt abgerufen am 04.01.2024. Staatsanleihen mit einer Ursprungslaufzeit von über 30 Jahren sind noch immer Exoten, aber sie gibt es. So hat Österreich im Jahr 2017 eine 100-jährige Anleihe begeben. Vgl. https://www.wienerborse.at/news/wiener-boerse-news/100-jaehrige-staatsanleihe-ab-heute-an-der-wiener-boerse-laufend-handelbar/, zuletzt abgerufen am 04.01.2024.

1621 Vgl. z. B. Blankart, 2011, S. 7 f.

Volumen, z.B. in Mio. Euro

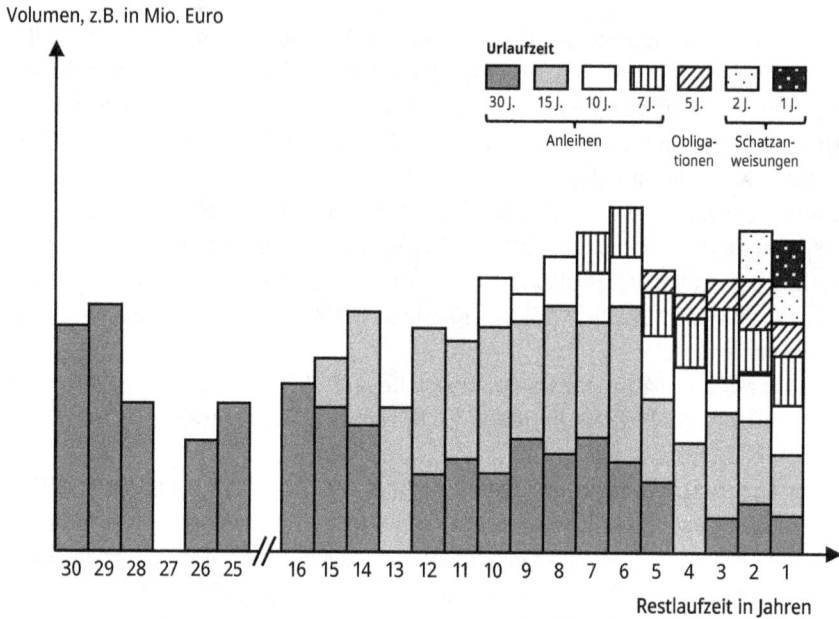

Abbildung 16.1: Emittierte Staatspapiere nach Restlaufzeit (stilisierte Darstellung).

Tabelle 16.1: Explizite und implizite Staatverschuldung in ausgewählten Länder in 2005 (in % BIP).[1622]

	Höhe der … . Staatsverschuldung		Generationenbilanz	
	expliziten	Impliziten	Blankart	Cato (2004)
Norwegen	40,9	−57,8	−17,0	
Schweiz	56,3	−11,7	44,7	
Österreich	61,9	164,5	226,3	409,8
USA	58,1	169,6	227,8	
Frankreich	62,4	169,7	232,1	549,2
Deutschland	64,7	229,4	294,1	418,2
UK	38,9	466,6	505,5	442,1

1622 Vgl. Blankart, 2011, S. 366. In der ersten Spalte der Generationenbilanz stehen die Summen aus den Einzelwerten von impliziter und expliziter Verschuldung. Die Cato-Daten stammen von Gokhale, 2009, S. 8.

Nach Raffelhüschen et al. war die implizite Staatsverschuldung in Deutschland zwischen 2006 und 2021 von fünf Ausnahmejahren abgesehen, stets mehr als doppelt so hoch wie die explizite![1623]

Addiert man die beiden Komponenten der Staatverschuldung, erhält man die sogenannte **Generationenbilanz** – ein Konzept, das Anfang der 1990er Jahre entwickelt wurde. Ihr jeweiliger Wert bringt – salopp gesprochen – das monetäre Erbe zum Ausdruck, das die heute lebenden Generationen in Bezug auf die Staatsfinanzen ihren Kindern und Enkelkindern hinterlassen. Ein positiver Wert weist darauf hin, dass eine fiskalische Last auf zukünftige Generationen abgewälzt wird; unter den getroffenen Modellannahmen kommt es in der Zukunft also zu einem Missverhältnis zwischen staatlichen Einnahmen und Ausgaben in der berechneten Größenordnung.[1624]

Die Tatsache, dass die implizite Staatsverschuldung die explizite in den meisten Industrieländern um ein Vielfaches überragt und damit die Generationenbilanz eine beachtliche Nachhaltigkeitslücke ausweist, begründet sich ganz maßgeblich mit den staatlichen Rentensystemen dieser Länder und den daraus ableitbaren Ansprüchen ihrer Bürger.[1625]

Da diese Rentenansprüche allerdings unter bestimmten Annahmen berechnet werden, darf es nicht verwundern, dass die implizite Staatverschuldung und damit auch die Generationenbilanz je nach Autorenschaft unterschiedlich hoch ausfällt (siehe Tabelle 16.1). Insofern muss das einzelne Studienergebnis mit Vorsicht interpretiert werden. Manch ein Ökonom geht gar so weit, in den impliziten Staatsschulden vorwiegend politisch motivierte Phantasiezahlen zu erkennen, weshalb er das Konzept der Generationenbilanz ganz grundsätzlich ablehnt.[1626]

16.2.2 Die Rolle der Staatsverschuldung im staatlichen Finanzwesen

Zur Bewältigung öffentlicher Aufgaben benötigt ein Staat finanzielle Mittel. Aus diesem Grund erhebt er regelmäßig Steuern und Abgaben. Seinen Ausgabeverpflichtungen kann er allerdings auch mit Hilfe von Finanzmitteln erfüllen, die er über Neukredite zu

---

1623 Die Ausnahmejahre waren 2008, 2012–2014 sowie 2018. Vgl. Raffelhüschen et al., 2022, S. 8.
1624 Vgl. hierzu und zu Hintergrundinformationen zur Genese der Generationenbilanz Moog/Raffelhüschen, 2009, S. 3.
1625 Vgl. Priewe, 2023, S. 198.
1626 So vertritt Priewe mit Blick auf die implizite Staatsschuld die Ansicht, dass „die entsprechenden Verpflichtungen des Staates nur dann bindend [wären], wenn die relevanten Gesetze und Regelungen nicht geändert werden (können). In den vergangenen Jahrzehnten wurden sie hingegen häufig geändert." Priewe, 2023, S. 198. Weiters werden nach Priewe bei beitragsfinanzierten Rentensystemen Kosten der Altersvorsorge nur dann zu Schulden, sofern „sie durch den Staatshaushalt im Wege der Kreditaufnahme finanziert werden." Priewe, 2023, S. 199. Das genau dies in Deutschland seit geraumer Zeit in maßgeblichem Umfang exerziert wird, geht aus Tabelle 16.2. in Kapitel 16.2.2. hervor.

generieren imstande ist. Folglich steht den Staaten mit ihrer Möglichkeit der Schuldenaufnahme ein *zusätzliches* Einnahmeinstrument zur Verfügung.

Bei dieser schlichten Erkenntnis haben wir gleichwohl unterstellt, dass die Staatsausgaben, die eine Regierung mit den beiden Hauptfinanzierungsinstrumenten, also den Steuern und den Krediten, irgendwie zu decken hat, quasi vorgegeben sind. Doch diese Annahme ist selbstredend trügerisch: Am Ende sind auch die staatlichen Ausgaben niemals in Stein gemeißelt!

Mit der Einnahmen- und Ausgabenaufstellung des Bundes weist die Tabelle 16.2 den Haushalt verschiedener Jahre für die oberste Gebietskörperschaftsebene in der Bundesrepublik Deutschland aus. Die Budgets der Länder und Kommunen bleiben damit unberücksichtigt.

Tabelle 16.2: Bundeshaushalt (Ist) verschiedene Jahre (in Mio. Euro).[1627]

	2022	2021	2020	2019	2013
Ausgaben (gesamt), davon	481.304	557.093	443.432	357.121	308.201
– Beitrag zur Rentenversicherung					
– Absolut[1628]	97.830	95.786	91.505	87.720	71.441
– in % der Ausgaben	20,3	17,2	20,6	24,6	23,2
– Zinsausgaben[1629]	17.812	15.294	18.237	17.718	31.375
Steuereinnahmen, davon	337.168	313.545	283.254	328.989	259.807
– Lohnsteuer	96.564	92.671	89.075	93.311	67.174
– Umsatzsteuer	92.412	84.633	72.551	89.536	79.177
– Einfuhrumsatzsteuer	40.401	28.493	21.840	29.408	25.906
– Energiesteuer	29.389	33.101	33.511	36.719	35.117
– Veranlagte Einkommensteuer	32.900	30.746	25.067	27.078	17.969
– Körperschaftsteuer	23.167	21.062	12.134	16.007	9.754
Nettokreditaufnahme					
– Absolut	115.442	215.379	130.464	0	22.072
– in % der Ausgaben	24,0	38,7	25,7	0,0	7,1
Bundesbankgewinn	0	0	0	5.851	4.591

1627 https://www.bundeshaushalt.de/DE/Bundeshaushalt-digital/bundeshaushalt-digital.html abgerufen am 17.11.2023.

1628 Die Werte spiegeln lediglich die vier größten Posten für die „Allgemeine Rentenversicherung" im Haushalt des Ministeriums für Arbeit und Soziales wider. Unter den vier großen Posten ist der „Zuschuss des Bundes an die allgemeine Rentenversicherung im Beitrittsgebiet" (ehemalige DDR) mit 11,3 Prozent (2022) bzw. 11,5 Prozent (2021) der kleinste. Ausgaben wie die „Erstattungen des Bundes für die Grundsicherung im Alter und bei Erwerbsminderung" oder die „Beteiligungen des Bundes an den knappschaftlichen Rentenversicherungen" und diverse andere Kleinposten sind nicht bedacht.

1629 Es wurden nur die reinen Zinsausgaben berücksichtigt. Damit sind weitere Kosten im Kapitalverkehr, z. B. Ausgaben im Wege der Kapitalbeschaffung oder Disagios unberücksichtigt.

Augenscheinlich speisen sich die jährlichen Steuereinnahmen des Bundes in den betrachteten Jahren ganz überwiegend aus sechs Steuerarten.[1630] Die verbleibenden Steuereinkünfte gehen auf zahlreiche Bagatellsteuern zurück, darunter die Schaumwein- und Alkopopsteuer.

Die Differenz zwischen den Ausgaben auf der einen und den Steuereinnahmen zuzüglich der Kreditaufnahme auf der anderen Seite erklärt sich durch Zuweisungen, etwa von der Europäischen Union. Diese restlichen Einnahmen sind insgesamt von nachrangiger Bedeutung.

Dieser Befund gilt auch für den Bundesbankgewinn, der im Jahr 2020 erstmals seit 1979 überhaupt ausgefallen war. Dieser Umstand wiederholte sich wegen „notwendiger Aufstockung der Risikovorsorge" auch in den beiden Folgejahren. Zuvor hatte die Bundesbank stets ihren vollen Gewinn an das Finanzministerium überwiesen.[1631] Dabei deckte dieser keine zwei Prozent der gesamten Bundesausgaben der Jahre 2013 und 2019.

16.2.3 Ökonomische Argumente zugunsten staatlicher Verschuldung

Über die Zeit haben sich mit dem Pay-as-you-use-Prinzip, der Konsum- und der Konjunkturglättung drei Argumente für die Aufnahme öffentlicher Schulden in der Ökonomie herausgebildet, auf die wir in umgekehrter Reihenfolge jetzt eingehen (Kapitel 16.2.3.1. bis 16.2.3.3).

16.2.3.1 Kurzfristige Stabilisierungspolitik bzw. Konjunkturglättung

Der jüngste Ansatz, staatliche Kredite fruchtbar in den Dienst einer kurzfristigen Stabilisierungspolitik zu stellen, ist unbestreitbar mit dem Namen John Maynard Keynes verknüpft, da dieser die Idee der **antizyklischen Konjunktursteuerung** im Jahr 1936 in den ökonomischen Diskurs eingebracht hat.[1632]

Konträr zur damals herrschenden Meinung hat der Staat nach Ansicht von Keynes eine *aktive* Rolle im Wirtschaftsgeschehen zu übernehmen: Ihm obliegt die Aufgabe, die notorischen Schwankungen im Wirtschaftsverlauf mit seinen negativen Begleiterscheinungen zu glätten. Ein damals wahrhaft revolutionärer Vorschlag, der ohne die Weltwirtschaftskrise von 1929 nicht verstanden werden kann.

1630 Die sechs gelisteten Steuerarten vereinen im Mittel der hier ausgewiesenen Jahre 91,0 Prozent aller Steuereinnahmen. Ihr jährlicher Gesamtbeitrag schwankt dabei zwischen 93,4 und 88,8 Prozent.
1631 Gemäß § 27 BBankG wird der Bundesbankgewinn eines Jahres in voller Höhe an den Bund abgeführt, sobald die gesetzliche Rücklage zum Jahresende den Stand von 2,5 Mrd. Euro entspricht.
1632 Im Jahr 1936 war das Buch *The General Theory of Employment, Interest, and Money* von Keynes (1883–1946) erschienen.

Denn Keynes bezweckt wegen dieser historischen Erfahrung, die von gravierenden Verwerfungen auf wirtschaftlicher und gesellschaftlicher Ebene gezeichnet ist (siehe Lektion 5, Kapitel 5.2.2.2.), die Höhe der Arbeitslosigkeit in der Rezession und die Inflation im Boom fortan einzudämmen. Gemäß seiner Theorie gelingt dem Staat die anvisierte Verstetigung der Wirtschaft mit Hilfe fiskal- und geldpolitischer Instrumente.[1633]

Im Abschwung hat die Regierung hierbei den konjunkturbedingten Rückgang privatwirtschaftlicher Investitionstätigkeit durch staatliche Investitionen zu kompensieren. Zudem kann mit der gezielten Herabsetzung einzelner Steuersätze, etwa auf das Einkommen und/oder den Verbrauch, der abflauenden Konsumbereitschaft privater Haushalte entgegengewirkt werden. Zur Finanzierung dieser Ausgaben und zum Ausgleich seiner Steuerausfälle soll sich der Staat *temporär* verschulden.

Komplementär zum fiskalpolitischen Instrumentarium sind die Zinsen im Abschwung zu senken, um privatwirtschaftliche Investitionen *trotz* konjunktureller Abkühlung anzuregen bzw. weniger stark austrocknen zu lassen. Im anschließenden Aufschwung hat das staatliche Konjunkturprogramm dann spiegelbildlich ausgestaltet zu sein, d. h. zur Vermeidung einer Überhitzung werden staatliche Ausgaben gesenkt, Steuersätze gegebenenfalls wieder erhöht und die *Staatsverschuldung abgebaut*.[1634]

Nach dem Zweiten Weltkrieg hat die Idee von der staatlichen Globalsteuerung der Wirtschaft viele Anhänger in Politik und Wissenschaft gefunden.[1635] Doch so plausibel sie im Allgemeinen und in Bezug auf das Schuldenmanagement im Besonderen klingt, so fragil und brüchig ist sie: Theoretische Schwächen und handwerkliche Herausforderungen setzen ihrem praktischen Gebrauch zu!

So wirft schon die Bedeutung von Zinssenkungen für das unternehmerische Investitionsverhalten erste theoretische Fragen auf: Sind die Absatzaussichten nicht relevanter als kurzfristig reduzierte Kapitalkosten?[1636] Ähnlich fraglich ist, ob Steuersenkungen in der Rezession bei privaten Haushalten zu Mehrausgaben führen oder sich deren Sparneigung stattdessen erhöht – die Zeiten könnten ja noch schlechter werden? Auf theoretischer Ebene lässt sich außerdem nicht vollständig ausschließen, dass die fiskalpolitischen Maßnahmen des Staates im Sinne des anvisierten Zieles wirkungslos verpuffen, da sie lediglich private Initiativen verdrängen. Man stelle sich nur vor, dass der

---

1633 Es sollte also nicht in einzelne Märkte interventionistisch eingegriffen werden, sondern die Wirtschaft sollte insgesamt gesteuert werden. Es wird daher von *Globalsteuerung* gesprochen. Eine ausführliche Darstellung der traditionellen Nachfragesteuerung findet sich z. B. bei Tichy, 1999, S. 76 ff.

1634 Der Staatshaushalt soll gemäß der keynesianischen Theorie damit über den gesamten Konjunkturzyklus hinweg ausgeglichen sein – eine Idee, die diametral zum klassischen Dogma eines jederzeit ausgeglichenen Budgets steht. Vgl. Lachmann, 1987, S. 32.

1635 Mit dem *Gesetz zur Förderung der Stabilität und des Wachstums der Wirtschaft* gab sich die Bundesrepublik Deutschland im Jahr 1967 sogar ein eigenes Gesetz, in dem die keynesianische Theorie verankert ist.

1636 Die Unwägbarkeit der zinspolitischen Wirkung bringt das Bonmot des früheren Finanzministers Schiller zum Ausdruck, *wonach man die Pferde zur Tränke führen könne, doch diese noch immer selbst saufen müssten.*

kreditaufnehmende Staat mit der Begebung einer Anleihe dem privaten Sektor Finanzmittel entzieht, die er zur Rezessionsbekämpfung in die flächendeckende Errichtung von E-Zapfsäulen einsetzt, die die Privatwirtschaft ohnehin zu installieren plante – und jetzt unterlässt! Außer sogenannten Crowding-out-Effekten hätte der Staat keine reale Wirkung erzeugt, d. h. er hätte der Konjunktur also keinen zusätzlichen, glättenden Impuls verschafft – wie von ihm intendiert![1637]

Im operativen Steuerungsprozess setzen die Herausforderungen schon damit ein, die konjunkturelle Phase bestimmen zu müssen, in der sich die Wirtschaft eines Landes gerade befindet. Wie kann ihr das *verlässlich* gelingen? Anhand welcher (Frühwarn-) Indikatoren?[1638]

Das Vorhaben, die Konjunktur durch antizyklische Politik feinsteuern zu wollen, wird stets durch verschiedene, den gesamten Steuerungsprozess begleitende Formen von Zeitverzerrungen (sog. time-lags) erschwert: Nach der möglicherweise schon verzögerten *Erkenntnis*, dass die konjunkturelle Lage der heimischen Wirtschaft umschlägt bzw. umgeschlagen hat, dauert es, bis eine Regierung mit konkreten stabilitätspolitischen Maßnahmen ins *Handeln* kommt. Schließlich beansprucht der Willensbildungsprozess in repräsentativen Demokratien regelmäßig Zeit. Zuletzt verlangt die Vorbereitung zur *Umsetzung* der Beschlüsse in den Verwaltungen ihren zeitlichen Tribut. Bis die beschlossenen Maßnahmen, etwa die Gewährung einer Abwrackprämie, tatsächlich in der Wirtschaft zu wirken beginnen, können so viele Monate verstrichen sein, dass das staatliche Stabilisierungsprogramm zum kontraproduktiven Überschießen der Konjunktur führt. Aus einer antizyklisch angelegten Politik wird dann de facto eine *prozyklische* Wirtschaftspolitik. Kurzum: Der Verlauf der Wirtschaft wäre durch diese Politik nicht stabiler, sondern gerade *wegen ihr* instabiler geworden (getreu dem Motto: Gut gedacht, schlecht gemacht).[1639]

1637 Eine Übersicht über die verschiedenen Arten von realen und finanziellen Verdrängungs- bzw. Crowding-out-Effekten und ihrer empirischen Bedeutung findet sich bei Tichy, 1999, S. 224 ff.

1638 Es wurden zahlreiche Indikatoren mit der Zeit herausgearbeitet. Von der Konjunkturforschung werden nach dem Kriterium ihres zeitlichen Auftretens im Konjunkturverlauf vor-, gleich- und nachlaufende Indikatoren unterschieden. Darüber hinaus lassen sich quantitative von qualitativen sowie Einzel- von Gesamtindikatoren trennen. Vgl. z. B. Oppenländer, 1996, S. 26 ff. und Tichy, 1999, S. 9.

1639 Vgl. z. B. Lachmann, 1987, S. 47 und S. 56 ff. Für die Wahl und die Dauer des wirtschaftspolitischen Instrumenteneinsatzes erhält sodann die Frage zur Zyklus- bzw. Phasenlänge Gewicht! Wie viele Monate oder Jahre umfasst der gesamte Konjunkturzyklus, wie lange währt die Rezession? Können diese feinzusteuernden Phänomene als zeitlich invariabel, sprich konstant eingestuft werden? Nach Tichy beschränkt sich im Zusammenhang mit der Stabilisierungspolitik „die Diskussion [heute] fast ausschließlich auf drei- bis siebenjährige Wellen." Tichy, 1999, S. 8. Tichy stellt an gleicher Stelle ferner fest, dass die durchschnittliche Konjunkturwelle *fünf Jahre* dauert; dabei ist die Phase des Aufschwungs signifikant länger als die des Abschwungs und in der Hochkonjunktur bestehe zudem eine Neigung zur Plateaubildung. An der Beständigkeit eines so stilisierten Konjunkturverlaufs keimen spätestens ein Vierteljahrhundert weiter allerdings Zweifel auf. Nach Ansicht manch eines Beobachters werden „die einzelnen Konjunkturphasen [...] kürzer, dafür extremer." Seufert-Heyne, 2023, S. 26.

In Bezug auf die uns in dieser Lektion interessierende Staatsverschuldung haftet der antizyklischen Wirtschaftspolitik in repräsentativen Demokratien ein weiterer, gravierender Makel an, da sie in dieser Staatsform kaum über den *gesamten* Konjunkturzyklus in aller Konsequenz betrieben werden dürfte! Während es der Politik im Abschwung noch leichtfällt, sich an der keynesianischen Theorie zu erwärmen, wird sie sich im Boom zieren, Ausgaben zu senken, Steuern zu erhöhen und die Schulden theoriekonform zurückzuführen: Schließlich werden Politiker nicht für das Unterlassen oder Sparen gewählt, sondern für das Versprechen „tatkräftig" zu handeln bzw. Geschenke zu verteilen. Infolgedessen tendiert der Einsatz des keynesianischen Instrumentenkastens *asymmetrisch* auszufallen – mit dem Begleiteffekt **säkular steigender Staatsverschuldung!**[1640]

Das betreffende Verhalten von Politikern, die sich wiederkehrend zur Wahl stellen müssen, hat vermutlich niemand griffiger, sprachbildlich schöner als Joseph Schumpeter (1883–1950) formuliert. Nach ihm legt sich der Mops eher einen Vorrat an Würstchen an als ein Politiker eine Budgetreserve.[1641]

16.2.3.2 Konsumglättung bei schweren Schicksalsschlägen

Das zweite Argument, staatliche Verschuldung zur Bewältigung öffentlicher Aufgaben zu nutzen, richtet sein Augenmerk auf die längerfristigen Wachstums- und Konsummöglichkeiten einer Gesellschaft im Kontext schwerer Schicksalsschläge, etwa von Naturkatastrophen.

Zerstört ein Erdbeben, ein Tropensturm oder ein Vulkanausbruch Teile der materiellen Infrastruktur eines Landes (z. B. See- und Flughäfen, Brücken, Straßen, Stromnetze und/oder Schulgebäude), wird im Nachgang eines solchen Unglücks zu klären sein, mit welcher Priorität die einzelnen Schäden zu beseitigen sind und der betreffende Wiederaufbau zu finanzieren ist!

Wird dieser *ohne* Neuverschuldung angegangen, dann belastet der Staat – so das Argument – die lebenden Generationen *übermäßig*. Schließlich besteht die einzige Alternative zum kreditfinanzierten Wiederaufbau in seiner Steuerfinanzierung. Steuern, zumal steigende, reduzieren gleichwohl die verfügbaren Einkommen, was wiederum die privaten Konsummöglichkeiten einengt. Um nun die Schultern der ohnehin Geplagten zu entlasten, sollen die anstehenden Rekonstruktionskosten der öffentlichen Hand daher über mehrere Generationen verteilt werden – frei nach der Devise, dass es besser sei, Schulden als einen Scherbenhaufen zu vererben.[1642]

1640 Vgl. z. B. hierzu auch Kirchhof, 2012, S. 35.

1641 Vgl. z. B. Lachmann, 1987, S. 63 oder https://gutezitate.com/autor/joseph-alois-schumpeter abgerufen am 09.11.2023.

1642 Dieses Argument ist mitnichten neu und wurde – zumindest in Deutschland – vor geraumer Zeit von Lorenz von Stein (1815–90) in die Debatte eingebracht. Nach ihm „[thut] ein Staat ohne Staatsschuld [...] entweder zu wenig für seine Zukunft, oder er fordert zu viel von seiner Gegenwart." Stein, 1875, S. 716.

Immerhin ermöglichen und verbessern funktionsfähige Verkehrs-, Energie- und Nachrichtennetze die Arbeitsteilung; sie induzieren wirtschaftliches Wachstum und steigern damit die Wohlfahrt (siehe Lektion 2).

Ungeachtet ihrer scheinbar bestechenden Logik umrankt diese ökonomische Begründung zugunsten der Staatsverschuldung eine Aura von Selbstgerechtigkeit: Schließlich nehmen weder Jugendliche, kleine Kinder noch Babys an der Entscheidung teil. Ein Befund, der sich nicht in Wohlgefallen auflöst, indem man zu klären versucht, was ein Schicksalsschlag, geschweige denn ein schwerer genau sein soll. Im Gegenteil!

Die theoretische Unmöglichkeit diese Fragen befriedigend zu beantworten, verschärfen den Eindruck, dass sich mit dem *Feigenblatt des Schicksalsschlages* die Tür öffnen lässt, nach Belieben zum Nachteil nachfolgender Generationen, ja vielfach noch Ungeborener, Schulden zu machen![1643]

War die primär kreditfinanzierte Wiedervereinigung Deutschlands ein solch schicksalhaftes Ereignis?[1644] Lassen sich Staatsschulden zur Bekämpfung einer Pandemie auf diese Weise rechtfertigen?[1645] Und ab wann mutiert ein saisonal wiederkehrendes Hochwasser zu einem atypischen, das zum nationalen Notstand deklariert werden darf, so dass die schuldenfinanzierten Aufräumarbeiten kommende Generationen mitzutragen haben?

Zu den heikelsten Ereignissen, an denen sich nachfolgende Generationen ungefragt finanziell beteiligen „dürfen", gehören unzweifelhaft die Kriege, die von den Regenten von jeher auf Pump finanziert wurden – in den beiden letzten Jahrhunderten auch aus psychologischen Gründen![1646] Der Moral an der Heimatfront sei es dienlich, so die Argumentation, wenn der eigenen Bevölkerung in ohnehin angespannten Zeiten nicht noch die Steuern erhöht werden. Ja, dies könne sich sogar destabilisierend auswirken, den Kriegsverlauf beeinträchtigen.[1647]

Blicken wir zum besseren Verständnis auf den ersten Weltkrieg (1914–1918). Kurz vor dessen Ausbruch lag die gesamte öffentliche Verschuldung im Deutschen Reich bei weniger als vierzig Prozent des Bruttoinlandsprodukts. Hiervon verantwortete das Reich selbst, also Berlin, nicht einmal zehn Prozent.[1648] Diese Reichsschulden haben sich nach Polleit bis Kriegsende „verzwanzigfacht. Die öffentliche Schuldenlast beläuft

---

1643 Nachdem das Bundesverfassungsgericht den Haushalt der Ampelregierung im November 2023 einkassiert hatte, erschallte reflexhaft aus den Reihen von SPD und Grünen, dass man eine neue nationale Notlage zu definieren habe, um die fehlenden 60 Mrd. Euro als Schulden aufnehmen zu können. Vgl. Fokuhl et al., 01.12.2023, S. 12.

1644 Vgl. z. B. Wellisch, 2000, S. 38.

1645 Zu Schulden gegen Corona siehe Sinn, 2021, S. 40 ff. u. insb. S. 150 ff.

1646 Im Mittelalter haben reiche Kaufmannsfamilien wie die Fugger die Kriege der Regenten fremdfinanziert. Vgl. z. B. Ogger, 1979, S. 179 ff. oder S. 311 ff. Die Staatspleiten, die sich in Europa zwischen 1294 und 1789 zugetragen hatten, gingen letztendlich alle auf Kriegsschulden zurück. Vgl. dazu auch Kapitel 16.3.1.

1647 Vgl. z. B. James, 2022, S. 150 f.

1648 Vgl. James, 2022, S. 154.

sich nun auf [...] fast 150 Prozent der Wirtschaftsleistung des Kaiserreiches"[1649] – und darin waren die Reparationszahlungen aus dem Versailler Vertrag noch gar nicht inkludiert.[1650] Die reinen Kriegsschulden machten in Deutschland im Jahr 1919 mehr als die Hälfte seiner Wirtschaftsleistung aus und „[d]ie Zinszahlungen für die Schulden im Haushaltsjahr 1918 (April 1918 bis März 1919) verschlangen fast 80 Prozent der regulären Steuereinnahmen."[1651]

Selbstredend hat die schuldenfinanzierte Kriegsführung ihre eigene Logik: So hatten *alle* am ersten Weltkrieg beteiligten Großmächte daraufgesetzt, dass sie die Schlachtfelder als Sieger verlassen würden und die Besiegten die Kosten in Form von Reparationszahlungen zu tragen hätten.[1652]

Doch am Ende haben alle damaligen Industrienationen ausgenommen der Vereinigten Staaten von Amerika diesen Weltenbrand als Schuldner verlassen.[1653] Infolgedessen war auch in anderen Ländern die öffentliche Schuldenlast im Kriegsverlauf rasant gestiegen, etwa in England. Hier allerdings „nur" um den Faktor zehn.[1654]

Man wird zweifelsfrei konstatieren können, dass Kriege keine Ereignisse sind, von denen ein Land wie vom Blitz unvorbereitet getroffen wird. Vielmehr sind Kriege und Kriegsdauer das Ergebnis politischer Entscheidungen der lebenden Generationen.[1655]

1649 Polleit, 2020, S. 157. Nach Stocker lag die Schuldenlast des Reiches nach Kriegsende sogar „bei circa 200 Prozent des Bruttoinlandsproduktes (BIP)." Stocker, 2022, S. 25. Die Abweichungen erklären sich wohl auch damit, dass die Reichsregierung mit Kriegsbeginn alles tat, um die deutsche Staatsverschuldung „von Anfang an [zu] verschleier[n], sodass es unmöglich war, das Ausmaß der gemachten Versprechungen wirklich zu beziffern: ein dramatischer Gegensatz zur britischen Tradition, die die fiskalische Transparenz betonte." James, 2022, S. 155.

1650 Die genau Höhe der von Deutschland zu leistenden Reparationszahlungen wurden im Jahr 1921 auf 132 Milliarden Mark festgesetzt. Vgl. z. B. Polleit, 2020, S. 157.

1651 James, 2022, S. 154 f.

1652 Vgl. Polleit, 2020, S. 156.

1653 Die USA hatten im Jahr 1919 Auslandforderungen in Höhe von ca. elf Mrd. US-Dollar angehäuft, darunter 4,3 Mrd. US-Dollar gegenüber England, 3,4 Mrd. US-Dollar gegenüber Frankreich und 1,7 Mrd. US-Dollar gegenüber Italien. Vgl. hierzu Wandel, 1988, S. 381, Leidinger, 2008, S. 78 und Jobst/Kernbauer, 2016, S. 145.

1654 Vgl. James, 2022, S. 151. Während nach Stocker das Deutsche Reich seine Kosten der Kriegsführung gerade mal zu *sechs Prozent* durch steuerliche Anpassungen und Kriegsabgaben decken konnte, hatte die britische Regierung zur Kriegsfinanzierung spürbare Steuererhöhungen durchgesetzt, so dass sich dort „[z]wischen 1914 und 1918 [...] das Aufkommen aus Einkommens- und Vermögenssteuern von 3,0 Prozent auf 9,6 Prozent des BIP [verdreifachte]." James, 2022, S. 151 und vgl. Stocker, 2022, S. 25. Interessanterweise war in Großbritannien *nach* den Napoleonischen Kriegen eine Debatte über die Kriegsfinanzierung geführt worden. Nach Ricardos Ansicht „kann [es] keine größere Sicherheit für den Fortbestand des Friedens geben, als dass den Ministern die Notwendigkeit auferlegt wird, das Volk um Steuern zur Finanzierung eines Krieges zu bitten." Vgl. James, 2022, S. 148.

1655 Vgl. Konrad/Zschäpitz, 2012, S. 123 ff. Die Autoren spielen in diesem Zusammenhang den Gedanken durch, die kreditfinanzierte Kriegsführung als Eintritt eines *Versicherungsereignisses* zu interpretieren. Der Krieg sei demnach ein zufälliges Ereignis, von dem eine bestimmte Generation getroffen worden sei. Wie bei jeder anderen Versicherung sind die Schadenskosten nun aus den Prämienzahlungen der

Jüngere Generationen mögen in Bezug auf den Krieg und die Kriegsführung eines Tages vielleicht mit Helmut Kohl „die Gnade der späten Geburt" für sich entdecken, doch als nachrückende Steuerzahler kann dieses Privileg ihnen noch einige Zeit verwehrt bleiben. Die letzte Rate an Reparationszahlung, die Deutschland des verlorenen ersten Weltkriegs wegen zu zahlen hatte, war schließlich erst im Jahr 2010 fällig geworden![1656]

Dass kriegerische Auseinandersetzungen und ihre Fremdfinanzierung die Wohlstandsgrundlage heranwachsender und zukünftiger Generationen massiv beeinträchtigen, bekamen in den letzten beiden Dekaden des 20. Jahrhunderts auch viele Schwellen- und Entwicklungsländer bitterlich zu spüren, gerade in Afrika: Ohnehin schon hoch verschuldet, trugen (Bürger-)Kriege vielerorts zu einer langjährigen Kreditrationierung durch internationale Kapitelgeber bei, so dass im Zusammenhang mit den 1980er und 1990er Jahren von *verlorenen Jahrzehnten* gesprochen wird.[1657] Auf diesen Aspekt, der allen voran die sogenannten HIPCs (= Heavily Indebted Poor Countries) betraf, kommen wir in Kapitel 16.4.1. zurück.

16.2.3.3 Pay-as-you-use-Prinzip

Ein drittes, weithin vorgebrachtes Argument für die Akzeptanz staatlicher Verschuldung beruht auf einer Fristenregel, die in der Privatwirtschaft anerkannt ist. Nämlich Investitionen in das langfristige Anlagevermögen langfristig zu finanzieren. Hiermit versteht es sich, warum Unternehmen zum Bau einer Fabrik oder Erwerb einer CNC-Drehbank ein Darlehen aufnehmen, das sie über die individuelle Nutzungsdauer dieser Güter tilgen. Beim hypothekarisch besicherten Immobilienerwerb privater Haushalte verhält es sich ähnlich: Die Bauherren tragen den betreffenden Kredit über viele Jahre ab.

Diese goldene Finanzierungsregel soll nun auch der Staat, so das Argument, bei seinen Aktivitäten berücksichtigen können. Denn dies befähigt ihn, Investitionen in Schulgebäude, Hospitäler und/oder Straßen unter Beachtung der erwartbaren Lebensdauer dieser Güter per Kreditaufnahme zu tätigen. Ansonsten bliebe ihm zur Umsetzung investiver Vorhaben, die mitunter große Kapitalsummen beanspruchen, ja nur,

---

Versicherten zu decken. Kurzum, die nächsten Generationen seien als Mitglieder einer Versicherungsgesellschaft zu betrachten, die sich an den Kriegskosten ihrer Vorväter beteiligen müssten. Die Autoren schließlich ihren Gedankengang mit der Feststellung, dass diese Argumentation hinkt!

1656 Mit dem 03. Oktober 2010 waren die letzten Reparationszahlungen aus dem ersten Weltkrieg erloschen. In den ersten zwanzig Jahren der Wiedervereinigung war eine offene Restsumme in Höhe von 130 Millionen Euro getilgt worden, die sich weitgehend aus unbedienten Anleihen aus dem Dawes- (1924) bzw. dem Young-Plan (1929) zusammensetzten. Die Bedienung dieser Schulden war nach der Teilung Deutschlands (nach 1945) ausgesetzt worden mit dem Argument, dass West-Deutschland nicht der ursprüngliche Vertragspartner sei und die Bedienung erst dann wieder einzusetzen habe, wenn das Land vereint sei! Vgl. hierzu https://www.deutschlandfunk.de/das-ende-der-reparationszahlungen-vom-1-weltkrieg-100.html zuletzt abgerufen am 06.12.2023.

1657 Vgl. Easterly, 2001, S. 131.

Ausgaben an anderer Stelle zu streichen oder eine einmalige Sondersteuer zu erheben. Sollte bei diesen Alternativen die Schuldenfinanzierung dem Staat tatsächlich kategorisch verwehrt sein, so liegt die Sorge nahe, dass selbst sinnvolle Projekte in die Infrastruktur unrealisiert bleiben.

Der Leitgedanke, der mit diesem finanzwirtschaftlichen Perspektivenschwenk einhergeht, überlappt argumentativ mit den beiden zuvor behandelten Begründungen. Relativ leicht erkennbar beruht die erste thematische Überschneidung auf der im Mittelpunkt stehenden Investitionstätigkeit des Staates. Gleichwohl ist der Zugang zu dieser jetzt von ganz prinzipieller Natur. Spezifische Anwendungsfälle, die im Dienste einer antizyklischen Stabilisierungspolitik oder eines Wiederaufbauprogramms zur Konsumglättung stehen, sind somit nicht ausdrücklich exkludiert.

Darüber hinaus ist dieser Finanzierungsgrundsatz im Kontext staatlichen Investitionsengagements immer mit der Generationengerechtigkeit verknüpft, einem Aspekt, dem wir bei der Konsumglättung in Kapitel 16.2.3.2. bereits begegnet sind. Nach dem Pay-as-you-use-Prinzip sollen nämlich die jeweiligen Nutznießer, und auch nur diese, zur Finanzierung öffentlicher Leistungen herangezogen werden. Umgekehrt leitet sich aus der *politischen* Forderung, generationenübergreifende Gerechtigkeit walten zu lassen, dieses eherne Finanzierungsprinzip selbst ab.[1658]

Die Rechtfertigung staatlicher Verschuldung mit Hilfe des Pay-as-you-use-Arguments hat ebenfalls ihre Tücken. Dabei hängen diese an den zentralen Begriffen ihrer Begründung. So ist bereits dehnbar, was eine staatliche Investition konkret sein soll![1659] Kann etwa der Bau eines städtischen Schwimmbads noch als eine solche gelten? Nicht wenige dürfte der Gedanke verschrecken, den Bau einer Badeanstalt als kreditfinanzierungsfähige Investition der öffentlichen Hand auslegen zu wollen, erkennen sie unzweideutig nichts anderes als ein Projekt lupenreinen Konsums. Doch irgendein Stimmenfänger wird ihnen erläutern, dass es sich sehr wohl um eine Investition handelt: Die Schwimmbadgäste ertüchtigen sich und tun etwas für ihr Wohlbefinden. Das sei eine Investition in die körperliche und geistige Gesundheit der Arbeitskräfte, von der nicht allein die aktuell lebende Generation profitiert!

[1658] Hiermit verbinden sich auch pragmatische Gründe: Ein staatliches Investitionsprojekt, dessen Kosten allesamt in den nächsten drei Jahren anfallen und dann erst in fünfzig Jahren einen Nutzen stiftet (Stichwort: Grundlagenforschung), würde politisch kaum eine Mehrheit unter den heute lebenden Wählern finden, sofern es steuerfinanziert werden müsste. Lässt sich das Projekt hingegen schuldenfinanziert realisieren, dann werden die Widerstände der Lebenden gegen das Vorhaben schwächer ausfallen.

[1659] Nach Auffassung des Verfassungs- und Steuerrechtlers Paul Kirchhof hinkt der Vergleich mit privaten Investitionstätigkeit schon allein deshalb, weil staatliche Investitionen regelmäßig keine Erträge generieren, mit denen die initialen Kapitalauslagen hereingeholt werden können. Vgl. z. B. Kirchhof, 2012, S. 32 f. Aus ökonomischer Sicht ist es allerdings nicht entscheidend, dass das Investitionsprojekt selbst direkt Einnahmen bzw. Gewinne erzielt. Die gesamtwirtschaftliche Rendite ist bedeutend! Man denke in diesem Zusammenhang an die Relevanz der materiellen Infrastruktur für die wirtschaftliche Prosperität eines Landes! Vgl. z. B. Konrad/Zschäpitz, 2012, S. 118 ff.

Dieses Beispiel illustriert, welch wachsweicher Umgang dem Investitionsbegriff im Bedarfsfall droht. Mit kommunikativem Geschick lässt sich am Ende *nahezu alles* als öffentliche Investition verkaufen, etwa die Ausrichtung der olympischen Spiele, einer Fußball-Weltmeisterschaft oder eines anderen Großevents globaler Strahlkraft wie der Weltausstellung: der Bau neuer Arenen und die gestiegene Reputation des Landes werden auch späteren Generationen zugutekommen!

Nicht minder problembehaftet als der Investitionsbegriff selbst ist auch das im Pay-as-you-use-Argument unterstellte Verständnis eines Generationenvertrags bzw. die Thematik mit der Generationengerechtigkeit. Kirchhoff sieht den Ansatz gänzlich verquert:

> Der Gedanke, die nachfolgende Generation müsse gegenwärtige Investitionen finanzieren, weil sie auch ihr zu gute kommen, ist grundsätzlich verfehlt. Jede Generation bemüht sich, ihre Lebensverhältnisse zu verbessern und die Ergebnisse ihres Fortschritts an ihre Kinder weiterzugeben. Jede Generation baut auf das Fundament, das die vorangegangene Generation um ihrer selbst willen geschaffen hat. Dieser Fortschritt muss nicht von der nächsten Generation finanziert, soll vielmehr von ihr zugunsten der übernächsten Generation fortgesetzt werden. Würden Eltern ihre Kinder zur Finanzierung des Elternhauses heranziehen, weil sie dieses Familiengut später erben, erschiene dieses kleinmütig, wäre ein Missverständnis des Generationsvertrags.[1660]

Verschärfend kommt hinzu, dass man heute nicht wissen kann, ob kreditfinanzierte Bahnstrecken und Fernstraßen, Schulgebäude, universitäre Labore oder Schwimmbäder auf eine Kindergeneration stoßen wird, die vielleicht ganz andere Mobilitätsbedarfe hat, andere Sportarten betreiben und andere Ausbildungsformate und Forschungsvorhaben beginnen will.[1661]

16.2.4 Zwischenfazit

Die Schatzkammer der Argumente zugunsten staatlicher Kreditaufnahme ist gut gefüllt! Ihre Befürworter haben sich allein mit den drei hier behandelten Begründungen nicht nur über jeden denkbaren Planungs- und Betrachtungshorizont hinweg, also über die kurze oder lange Sicht, sondern auch für quasi jeden denkbaren Sachverhalt argumentativ gewappnet, um Staatsverschuldung zu rechtfertigen.

Der ersten Nachvollziehbarkeit jeder einzelnen Begründung zum Trotz, überzeugt aber keine uneingeschränkt. Einmal auf dem Prüfstand, beginnen Schwierigkeiten auf der theoretischen Ebene mit zentralen Begriffen und Vorstellungen. Operative Herausforderungen trüben darüber hinaus den keynesianischen Vorschlag zugunsten einer temporären Kreditaufnahme ein. Dass die antizyklische Stabilisierungspolitik ab Mitte der 1970er Jahre ihren ursprünglichen Glanz zu verlieren begann und zunehmend in Misskredit geriet, hatten ja zu einem hohen Maße gerade die sukzessiv gestiegenen

---

1660 Kirchhof, 2012, S. 32.
1661 Vgl. Kirchhof, 2012, S. 33.

Schuldenstände zu verantworten.[1662] Sofern der Schuldenkaiser mit seinen Argumenten also noch nicht nackt ist, so steht er – das wurde unzweifelhaft deutlich – auf tönernen Füssen.

Ungeachtet dessen sollte man zwei Aspekte anerkennen. Zum einen kann man bei aller berechtigten Kritik, die sich zu den Gründen *für* öffentliche Kreditaufnahme vorbringen lässt, nicht im Umkehrschluss ableiten, dass Staatsverschuldung per se schlecht ist.[1663] Diese ist und bleibt zunächst einmal ein finanzpolitisches Instrument zur Steigerung staatlicher Einnahmen – und Instrumente sind prinzipiell neutral! Zum anderen sind selbst hohe Schulden nicht automatisch ein Problem.

Ob dieses Werkzeug von den politischen Entscheidungsträgern stets verantwortungsvoll eingesetzt wurde und ab wann staatliche Verschuldung zum gesellschaftlichen Problem wird, gilt es im nächsten Schritt zu prüfen!

16.3 Hohe und zu hohe Staatsverschuldung: Historische Relevanz, Anzeichen und Konsequenzen

Ungeachtet aller Mängel, die jedes einzelne Argument *für* staatliche Verschuldung letztendlich gebrechlich macht,[1664] findet sie statt: Staatverschuldung ist Realität – überall! Für ein Verständnis zur Häufigkeit zugespitzter Entwicklungen bei den Staatsfinanzen schauen wir zunächst historisch auf die Materie (Kapitel 16.3.1.). Dabei werden wir erkennen, dass hohe Verschuldungen und Staatspleiten kein neuzeitliches Phänomen sind und sich die Überwindung absolutistischer Regime auf den Staatskredit geradezu vorteilhaft ausgewirkt hat.

Eine dogmatische Diskussion in Bezug auf die Thematik der öffentlichen Verschuldung, zumal eine verhärtete, hilft der Kunst der praktischen Staatsführung wenig. Dieser dienlich ist hingegen die Kenntnis darüber, welche gesellschaftlichen Konsequenzen zu erwarten sind, wenn die Staatsschuld aus dem Ruder läuft. Aus diesem Grunde blicken wir in Kapitel 16.3.2. auf die Auswirkungen eines stilisierten Staatsbankrotts.

Da ein solcher die gesellschaftliche Stabilität gefährdet, stellen wir in Kapitel 16.3.3 gängige Kriterien vor, anhand derer sich die Tragfähigkeit der Staatsschuld beurteilen lässt. Zur Diskussion über die verschiedenen Möglichkeiten aus der Verschuldung herauszukommen (Kapitel 16.4), leiten wir mit einem kurzen Fazit in Kapitel 16.3.4. über.

1662 Nach der zweiten Erdölkrise hatte die antizyklische Konjunkturpolitik von Keynes ihre Salonfähigkeit eingebüßt. Ausgehend von England und den USA setzte die monetaristische Gegenrevolution ein.
1663 Gegen Staatsverschuldung wurde zum Beispiel vorgebracht, dass diese zu einer Aufwertung der Währung führt, was wiederum zu sinkenden privatwirtschaftlichen Exporten führt. Eine Aufwertung ist aber gerade für Schwellen- und Entwicklungsländer, die sich in Fremdwährungen verschulden müssen, alles andere als vorprogrammiert. Zudem wirken auf den Wechselkurs weitere Einflüsse ein.
1664 Angemerkt sei, dass auch die strikten Gegner staatlicher Verschuldung Argumente ins Feld geführt haben. Auch diese sind nicht durchgängig haltbar.

16.3.1 Drückende Verschuldung – Eine historische Einordnung staatlicher Realitäten

Hohe staatliche Schuldenstände durchziehen die Menschheitsgeschichte seit über zweitausend Jahren. So sind bereits die Gründungsgeschichten von Athen und Rom von diversen Schuldenkrisen durchzogen;[1665] und auch im antiken China haben die Kaiser der Han-Dynastie weit über ihre Verhältnisse gelebt, nachdem sie im Jahr 206 v. Chr. die Macht ergriffen hatten.[1666]

Vor diesem Hintergrund darf es nicht erstaunen, dass auch der Schlussakt einer untragbaren Schuldenlast, der Staatsbankrott, gelebte Realität mancher Gesellschaft ist und war.

Den ersten Bankrott eines modernen europäischen Staates verursachte dabei der englische König Eduard III. (1312–1377), als sich dieser gezwungen sah, den Kapitaldienst gegenüber seinen italienischen Geldgebern, den florentinischen Bankiersfamilien Peruzzi und Bardi, im Jahr 1340 einzustellen.[1667]

Zweieinhalb Jahrhunderte später brachte ihre notorische Geldnot die spanische Krone gar dazu, sich binnen neunzig Jahren sechsmal für zahlungsunfähig zu erklären: 1557, 1575, 1596, 1607, 1627 und 1647. Dabei war König Philipp II. (1527–1598), der nach der Abdankung seines Vaters, Karl V., den Thron im Jahr 1556 bestiegen und dessen zerrüttete Finanzen übernommen hatte,[1668] das einmalige Kunststück vorenthalten, sich gleich dreimal in seiner Regentschaft insolvent erklären zu müssen. Sein Sohn Philipp III., der zwischen 1598 und 1621 regierte, und sein Enkel Philipp IV. (1621–65) hielten diesem Ritual im Grundsatz die Treue, wodurch auch sie sich um den generationenüberspannenden Ruf der spanischen Krone als Serienpleitier verdient machen konnten.

Regelmäßige Finanznöte waren jedoch keine spanische Eigenheit. So war England noch vor der ersten Staatspleite Spaniens abermals in finanzielle Bedrängnis geraten,

---

1665 In Athen ereignete sich nach Graeber die erste Schuldenkrise bereits 594 v. Chr. Vgl. Graeber, 2011, S. 240. Die ersten Krisen in Athen und Rom waren so früh, „dass die Münzprägung dabei kaum eine Rolle gespielt haben kann. Auch in Rom lag die erste Krise anscheinend vor der Entstehung der Währung. In beiden Fällen [DK: Athen und Rom] erwies sich die Münzprägung als eine Lösung." Graeber, 2011, S. 240. Zu Athen und Griechenland siehe auch Easterly, 2001, S. 123.
1666 Vgl. Martin, 2014, S. 108.
1667 „Den Engländern war das Geld nach einer misslungenen Frankreich-Invasion ausgegangen, die zum Hundertjährigen Krieg führte. Aber nicht nur England war von der Staatspleite betroffen, auch in Florenz brachen große Finanzhäuser zusammen." Lochner, 21.06.2011. Vgl. auch Rademacher, 2016, S. 58 ff. oder Stasavage, 2016, S. 3. Ohne weitere Angaben datiert eine jüngere Studie mittlerweile die erste englische Staatspleite auf das Jahr 1294. Vgl. hierzu Burdekin/Sweeney, 2021, S. 31.
1668 Unter Karl V. (1500–58) waren schon im Jahr „1543 [...] 65 Prozent der königlichen Einkünfte für die jährlichen Abschlagszahlungen der Schuldenlasten bestimmt. Nur zu einem winzigen Teil kam das amerikanische Silber der spanischen Wirtschaft zugute; es wurde zwar offiziell in Sevilla registriert, endete jedoch in den Händen der Fugger [...] und anderer großer Geldverleiher der Zeit wie der Welser oder Grimaldi." Galeano, 2019, S. 40.

nachdem die Krone nach starker Kreditaufnahme an der Antwerpener Börse hohe Außenstände hatte, die mit zunehmender Abwertung des Pfunds immer schwerer wiegten;[1669] und später, im Jahr 1694, war die Gründung der Bank von England den finanziellen Schwierigkeiten des Königshauses geschuldet: Wegen hoher Kriegsausgaben hatten die Geldverlegenheiten von Wilhelm III. eine Dimension erreicht, dass „einer zu gründenden Gesellschaft von Zeichnern einer neuen Staatsanleihe von 1,2 Millionen Pfund das Recht verliehen werden sollte, bis zu diesem Betrag ihres zur Gänze dem Staat geliehenen Kapitals Noten auszugeben."[1670]

Eine knappe Dekade später (1703) veranlasste Österreich, der englischen Vorlage entsprechend, die Errichtung einer ersten Bank mit öffentlichem Auftrag, nachdem eine Schlüsselfigur der königlichen Finanzen, der Privatbankier Samuel Oppenheimer, verstorben war und dem Kaiserreich daraufhin die Zahlungsunfähigkeit drohte.[1671] Einen tatsächlichen Staatsbankrott ereilte die Habsburger Monarchie dann ein gutes Jahrhundert später, im Jahr 1811, in Folge der napoleonischen Kriege.

Chronisch marode Staatsfinanzen charakterisiert auch das absolutistische Frankreich. Hier neigt allen voran Beispiel Ludwig XIV. (1638–1715) mit seinem Hofstaat zur Verschwendung. Neben seinem maßlosen Konsum verwickelt der Sonnenkönig sein Land noch permanent in kostspielige Kriege, so dass sich die öffentlichen Finanzen bei seinem Tod in einem desaströsen Zustand befanden:[1672] Nach über siebzigjähriger Herrschaft war „[j]eder Morgen der königlichen Domänen [...] mit einer Hypothek belastet und jede Steuer verpfändet."[1673]

Da sich die von der Krone angehäuften Schulden auch für den optimistischsten aller Fälle als langfristig nicht tragfähig erwiesen, „bedurfte es [...] einer tiefgreifenden Neuordnung der öffentlichen Schulden."[1674] Unfreiwillig hatten diese etatistischen Verwerfungen damit dem Schotten John Law (1671–1729) den Weg für ein *staatlich orchestriertes* Experiment geebnet: In einem europäischen Land auf Basis theoretischer Überlegungen Papiergeld in großem Stil einzuführen.[1675]

1669 Der Außenwert des Pfunds hatte sich innerhalb von sieben Jahren (1544–51) halbiert! Vgl. Martin, 2014, S. 146 f.

1670 Hayek, 2015, S. 392.

1671 Vgl. Jobst/Kernbauer, 2016, S. 17. In Österreich verunglückte dieses erste Bank-Experiment allerdings rasch. Es wurde daraufhin „im Jahr 1707 die Wiener Stadtbank mit großem Erfolg ins Leben gerufen." Hayek, 2015, S. 415. Eine detaillierte Darstellung zur Entstehung der ersten österreichischen Bank mit erster Zentralbankfunktion findet sich auch bei Roberds/Velde, 2014, S. 69 f.

1672 Vgl. Martin, 2014, S. 223 ff. oder Hayek, 2015, S. 415.

1673 Martin, 2014, S. 223.

1674 Martin, 2014, S. 226.

1675 Vgl. Martin, 2014, S. 225 ff. Seine Theorie zum Papiergeld, das allein durch Boden – und damit nicht durch Edelmetall – gedeckt sein sollte, hatte Law in einer Schrift bereits im Jahr 1705 niedergelegt. Law vertrat die Auffassung, dass dieses hypothekarisch gedeckte Papiergeld sicherer als Metallgeld sei, das in jener Zeit noch immer durch die zwei Spielarten der Münzverschlechterung, nämlich die Verringerung des Edelmetallanteils und das Abschneiden – alles andere als wertstabil war. Vgl. z. B. Hayek, 2015,

Nach anfänglichem (Schein-)Erfolg scheiterte der unter der Regentschaft von Philippe II. (1715–1723) begonnene Feldversuch im Sommer 1720 kläglich und hinterließ eine inflationierte Wirtschaft in Trümmern.[1676] Permanent um den Staatbankrott herumlavierend blieben die Staatsfinanzen in Frankreich für weitere Jahrzehnte unverändert prekär.[1677] Das Pulverfass des monarchischen Schuldenmanagements explodiert schließlich und trug – oft übersehen – nicht unwesentlich zum Ausbruch der Französische Revolution (1789) bei.[1678]

Der anschließende Niedergang der absolutistischen Monarchien in Kontinentaleuropa, den die Französische Revolution bekanntermaßen einleitet, schlägt sich auch im staatlichen Finanzwesen auf vielfältige Weise nieder, etwa bei der Neuordnung der Steuereinnahmen.[1679] Die Staatsschulden, die bislang *ad personam* mit dem Herrscher verbunden waren, also persönliche Verbindlichkeiten des Monarchen darstellten, werden *überall* dem Volk jetzt auch *de jure* übertragen,[1680] in Preußen etwa mit der Verordnung vom 17. Januar 1820.[1681]

Der betreffende Reformwille war dabei *nicht* aus freien Stücken eingekehrt. Vielmehr sah sich auch das preußische Königreich nach Jahrzehnten zerrütteter, ungeordneter Staatsfinanzen zu diesem Schritt getrieben, da es seine Vertrauenswürdigkeit als Großschuldner zu verlieren drohte.[1682]

Wo immer diese konstitutionellen Reformen greifen, verbessert sich der Staatskredit meist schlagartig,[1683] da sich für die Geldgeber das Kreditausfallrisiko, das bislang allein von der Willkür des Regenten abhing, mit einer verfassungsrechtlichen Schuld-

S. 414. Hayek stellt ferner klar, was mitunter missverstanden wird: Papiergeld war in Europa längstens verbreitet, Banknoten existierten und zirkulierten (siehe im Text die Anmerkung zur Gründung der Bank von England (1694) oder Lektion 15 zur Genese der Banken)! Doch „[a]lle diese Formen von Papiergeld waren […] entweder das Produkt einer organischen Entwicklung oder eine Ausflucht aus finanziellen Schwierigkeiten." Hayek, 2015, S. 411.

1676 Vgl. Hayek, 2015, S. 417 f.

1677 Nach Dincecco bankrottierte das Land erneut in 1760 und 1770. Vgl. Dincecco, 2011, S. 37. Andere Autoren verbinden 1720, d. h. das Jahr in dem das Experiment von Law endet, als auch das Jahr 1788 mit weiteren französischen Bankrotten. Vgl. Burdekin/Sweeney, 2021, S. 31.

1678 Vgl. Hayek, 2015, S. 425.

1679 Der moderne Steuerstaat beginnt, da die feudalen Abgabepflichten abgeschafft werden. Gewiss, direkte und indirekte Steuereinnahmen hatte es bereits gegeben, doch die einzelnen Steuern waren bislang unsystematisch erhoben worden. Vgl. z. B. zu Preußen Wehler, 2008a, S. 434 ff.

1680 Vgl. z. B. Jobst/Kernbauer, 2016, S. 17 f. oder Wehler, 2008a, S. 441.

1681 Auf deutschem Territorium war mit einer Neuordnung des Staatsschuldenwesens insbesondere Baden (1808/1818) und Bayern (1811/1818) vorangegangen. In beiden Fällen waren entsprechende Klauseln in die Verfassungen aufgenommen worden. Vgl. Wehler, 2008a, S. 440 f. Zu Preußen siehe auch Roberds/Velde, 2014, S. 77 f.

1682 Vgl. Wehler, 2008a, S. 441.

1683 Vgl. z. B. Wehler, 2008a, S. 441.

klausel maßgeblich reduziert hat.[1684] Allein deshalb soufflierte manch Hoffinancier schon aus Eigeninteresse seinen Gläubigern, den verschuldeten Herrschaftshäusern, tiefgreifende Reformen doch anzupacken,[1685] selbst wenn durch parlamentarische Kontrolle die fürstliche Ausgabeneigung fortan gezähmt werden würde.[1686]

Ungeachtet dieser epochalen Änderungen im staatlichen Finanzwesen sind der Welt auch nach den politischen Umwälzungen des späten 18. bzw. frühen 19. Jahrhunderts die Staatsbankrotte nicht ausgegangen. So hat nach einer jüngeren Studie die Welt zwischen 1900 und 2022 im Mittel 1,1 Staatspleiten pro Jahr zu verzeichnen gehabt;[1687] und schon im 19. Jahrhundert, in dem die Ablösung absolutistischer Regime zu Beginn hochläuft, hat sie weitere Staaten bankrottieren gesehen, wie die folgende Tabelle 16.3 unzweifelhaft verdeutlicht.

Tabelle 16.3: Anzahl an Staatspleiten zwischen 1789 und 2005.[1688]

	1789–1819	1820–1971	1972–1979	1980–1985	1986–1995	1996–2005	1789–2005
Europa[1689]	12	22	0	0	1	1	36
Osmanisches Reich und Balkan		27	1	3	6	4	41
Lateinamerika und Karibik		95	2	20	9	10	136
Afrika		11	9	27	22	5	74
Asien		3	2	4	3	8	20

Jede einzelne Staatspleite, die Europa zwischen 1789 und 1819 heimsucht, steht im Zusammenhang mit den napoleonischen Kriegen. Auch Preußen, ohnehin schon hoch verschuldet, musste sich im Jahr 1807 bankrott melden, nachdem der siegreiche Napoleon (1806) dem preußischen Königreich die Zahlung von Besatzungskosten auferlegt hatte.[1690] Später, im Jahr 1826, setzt in Lateinamerika die erste Pleiteserie

---

[1684] Die Schulden wurden im Zeitalter des Feudalismus „meistens durch die Verpfändung gewisser dem Herrscher zustehender Einnahmen [besichert], etwa von Zöllen oder Mauterträgen." Jobst/Kernbauer, 2016, S. 18. Wie sehr die königlichen Financiers die Willkür der Monarchen zu spüren bekommen konnten, portraitiert im Zusammenhang mit Eduard III. Rademacher, 2016, S. 56 ff. Nicht übersehen darf man zudem, dass die fürstlichen Schulden aus Sicht der Gläubiger ziemlich illiquide waren, da sie ihre Ansprüche gegen die Krone nicht an einen Dritten veräußern konnten.

[1685] Die Rolle der Rothschilds als Reformberater deutscher Könige erwähnt zum Beispiel Dincecco, 2011, S. 60 f. Vgl. auch Jobst/Kernbauer, 2016, S. 18 f. und Wehler, 2008a, S. 441.

[1686] Vgl. z. B. Dincecco, 2011.

[1687] Zu dieser Einsicht kommt eine Studie der Weltbank, in der 131 Staatsbankrotte zwischen 1900 und 2020 Berücksichtigung fanden. Vgl. Farah-Yacoub et al., 2022, S. 3 ff.

[1688] Eigene Darstellung auf Basis von Burdekin/Sweeney, 2021.

[1689] Die Staatspleiten 1991 und 1998 betreffen Russland. Vgl. Burdekin/Sweeney, 2021.

[1690] Vgl. Wehler, 2008a, S. 428 ff. und insb. 434 ff. und siehe Roberds/Velde, 2014, S. 76 f. Nach Wehler gelang es Preußen zwar bis zum Beginn des Russlandfeldzuges (1812) den größten Teil der französischen

ein: Dort brechen in Folge der englischen Wirtschaftskrise von 1825/26 (Lektion 5, Kapitel 5.2.2.1.1.) zunächst die Exporte von vierzehn gerade unabhängig gewordenen Nationen derart stark ein, dass sie alle den Schuldendienst einstellen müssen. Zugleich erhalten sie am größten Finanzplatz der Welt, in London, keine Neukredite. Lateinamerika ist schlagartig kreditrationiert!

In der zweiten Hälfte des 19. Jahrhunderts lässt sich dann im Nachgang der Wirtschaftskrise von 1873 (Lektion 5, Kapitel 5.2.2.1.3.) eine weitere Konzentration an Staatsbankrotten beobachten. Betroffen sind erneut sieben lateinamerikanische Länder, aber auch das Osmanische Reich, Ägypten und Liberia.[1691]

Die vorerst jüngste Welle an Staatspleiten, von der Afrika und Lateinamerika in ganz besonderem Maße heimgesucht wurden, hatte sich zwischen 1980 und 1995 ereignet (siehe Tabelle 16.3). Auf diese Staatsschuldenkrisen kommen wir weiter unten in Kapitel 16.4.1.1. zurück.

16.3.2 Konsequenzen eines Staatsbankrotts

Die Staatspleite ist keine Utopie, auch wenn die einzelne Nation von ihr – zum Glück – nur selten heimgesucht wird (siehe Kapitel 16.3.1). Tritt sie jedoch in Erscheinung, dann sind die Auswirkungen für den bankrotten Staat verheerend. Ihre bitteren Konsequenzen liegen dabei auf drei verschiedenen Ebenen – der rein ökonomischen, der sozial-ökonomischen und der politischen. Blicken wir schrittweise auf diese Aspekte.

Aus einer rein *ökonomischen* Perspektive lässt sich konstatieren, dass ein Staatsbankrott das Wirtschaftswachstum des betroffenen Landes erheblich zu beeinträchtigen neigt. Dabei trübt sich die Prosperität nach jüngsten Erkenntnissen schon im Vorjahr des Eintrittsfalles ein – mutmaßlich in Antizipation des kommenden Unheils:[1692] In den drei Jahren, die sich der Bankrotterklärung anschließen, schrumpft die Wirtschaftsleistung des Landes dann um nicht weniger als kumulierte 8,4 Prozent. Sein am Vorabend der Staatspleite erwirtschaftetes Bruttoinlandsprodukt gelingt dem Land üblicherweise nicht vor Ablauf einer ganzen Dekade wieder zu erreichen![1693] Kurzum, der typische Staatbankrott wirft die Wohlstandsentwicklung schon aus rein ökonomischer Sicht empfindlich zurück.

Auch der um *sozio-ökonomische Aspekte* erweiterte Blickwinkel legt das geflügelte Wort vom „verlorenen Jahrzehnt" nahe. Schließlich steigt die Armut innerhalb der ersten vier Jahre nach dem Eintritt der staatlichen Insolvenz um 30 Prozent an. Dabei liegt diesem Befund allein die absolute Anzahl an Bedürftigen zugrunde, womit eine

---

Forderungen zu erfüllen. Doch es blieb in den fünf Jahren ein alljährlicher Balanceakt um den Bankrott herum. Vgl. Wehler, 2008a, S. 437.

1691 Vgl. Kaminsky/Vega-Garcia, 2012, S. 4.

1692 Vgl. Farah-Yacoub et al., 2022, S. 3 ff.

1693 Vgl. Farah-Yacoub et al., 2022, S. 16 ff.

gestiegene Bedürftigkeit unter denjenigen ausgeblendet bleibt, die sich schon *vor* der Staatspleite in der Gruppe der sozial Schwächsten befanden.[1694]

Ganz konkret verschlechtert sich im Gefolge eines „normalen" Staatsbankrotts die Strom- und Trinkwasserversorgung sowie die Ernährungslage der Bevölkerung. So konnte für Venezuela im Anschluss der letzten Staatspleite im Jahr 2017 festgestellt werden, dass die Bürger nahezu elf Kilogramm im Schnitt abgenommen hatten; angestiegen war in Folge der unzureichenden Versorgung mit Energie und Lebensmittel hingegen die Mütter- und Kindersterblichkeit.[1695] Aus all dem Genannten versteht sich, dass die Lebenserwartung in bankrottierten Ländern – wenn auch nicht unmittelbar mit der Pleite, aber mittelfristig – signifikant sinkt.[1696]

Diese wenigen stilisierten Fakten sollten genügen, um zu begreifen, dass es beim repräsentativen Staatsbankrott auf *politischer Ebene* spannungsgeladen, vielfach sogar hoch explosiv zugeht: Wo Regierungen der notwendigen Austeritätspolitik wegen nur noch Grausamkeiten ankündigen anstatt Wahlgeschenke verteilen können, da wird der soziale Kampf um die gerechte Lastenverteilungen zunehmend offen, harsch und unerbittlich geführt.[1697] Proteste, Plünderungen, bürgerkriegsähnliche Ausschreitungen, mitunter sogar Sezessionsabsichten wirtschaftsstarker Gliedstaaten und Putschversuche sind entsprechende Symptome.[1698] Gemeinsam ist all diesen Formen sozialer Auflösungserscheinungen, dass der Staatsführung in einem dynamischen, von ihr kaum noch steuerbaren Prozess das Vertrauenskapital entzogen wird.

Unter der Oberfläche können lang schwelende Generationenkonflikte aufbrechen, etwa wegen eines maroden staatlichen Rentensystems, das bei gravierenden Einschnitten zu Lasten der jüngeren, werktätigen Generationen reformiert werden muss.[1699]

Sitzen die staatlichen Gläubiger überwiegend im Ausland, weil der inländische Kapitalmarkt zu klein und/oder nur rudimentär entwickelt ist, dann kann auch leicht

---

1694 Der Höhepunkt der Armut wird im vierten Jahr üblicherweise erreicht. Vgl. Farah-Yacoub et al., 2022, S. 20 f.

1695 Vgl. Farah-Yacoub et al., 2022, S. 22 ff. In Bezug auf Venezuela sei die Feststellung erlaubt, dass es sich hierbei um das Land mit den größten nachgewiesenen Erdölreserven der Welt handelt (Stand 2020). Vgl. z. B. Bundesanstalt für Geowissenschaften und Rohstoffe, 2022, S. 73.

1696 Vgl. Farah-Yacoub et al., 2022, S. 25. Ganz prinzipiell lässt sich beobachten, dass Staaten des Globalen Südens, die in Bezug auf ihre Verschuldung als zumindest leicht kritisch eingestuft werden, im Schnitt pro Einwohner jährlich 370 US-Dollar für die Gesundheitsversorgung aufwenden. Für unkritisch verschuldete Staaten liegt dieser Wert bei etwas mehr als eintausend US-Dollar. Vgl. Stutz, 2023, S. 16.

1697 So machte Preußen, als es 1768 in Finanznöte geraten war, bei seiner fiskalischen Flickschusterei keinen Halt vor der Kasse der Kriegsversehrten, um die Liquidität der Krone zu wahren. Vgl. Roberds/Velde, 2014, S. 76.

1698 Es sei an den Sezessionsabsichten Bayerns, Sachsens und des Rheinlands im Herbst 1923 – im Gefolge der Staatsverschuldung und der Hyperinflation im Deutschen Reich – erinnert. Vgl. Stocker, 2022, S. 227 ff.

1699 Eine solche Gefahr sehen viele Ökonomen für Deutschland aufziehen, etwa Sinn: „So oder so wird es unangenehm für alle Beteiligten. Ein größerer Verteilungskonflikt zwischen den Generationen [...] ist vorprogrammiert." Sinn, 2021, S. 215.

das Gefühl aufflammen, dass den eigenen Politikern das Heft des Handelns entglitten ist und das Land seine **innere Souveränität** gänzlich zu verlieren droht – es also zum Vasallen ausländischer Gläubiger degradiert wird.[1700] Einmal vorhanden, wird sich ein solcher Eindruck unweigerlich verstärken, wenn die Financiers in Umschuldungs- verhandlungen (siehe Kapitel 16.4.1.1) die Gewährung von Neukrediten an die Umset- zung wirtschaftspolitischer und institutioneller Reformen knüpfen. Bei einer solchen Gemengelage werden die politischen Entscheidungsträger des Schuldners dann leicht als willfährige Marionetten internationaler Darlehensgeber wahrgenommen.[1701] Die Wut kann sich dabei unterschiedslos auf einzelne Gläubigerländer richten, zu denen bilaterale Kreditbeziehungen bestehen, oder auf multilaterale Organisationen wie den IWF und die Weltbank.[1702]

Fazit: Der wirtschaftliche Schaden des Staatbankrotts kann hoch, der gesellschaft- liche gewaltig sein!

16.3.3 Beurteilungskriterien der Schuldentragfähigkeit: Schuldendienst, Primärsaldo und Kapitalmarktzugang

Wie schon der Blick auf verschuldete Privathaushalte ohne Schwierigkeit erkennen lässt, erfordert die angemessene Beurteilung individueller Schulden deren kontextuale Einordnung: Ob ein berufstätiges Elternpaar die Restschuld in Höhe von 80.000 Euro

---

1700 Thomas Sankara, Staatschef von Burkina Faso, brachte mitten in der afrikanischen Schuldenkrise (siehe Kapitel 16.3.1.) das Gefühl von Fremdbestimmung auf den Punkt, in dem er davon sprach, dass die Schulden ein Mittel der Rekolonisierung Afrikas seien. Vgl. z. B. Schlözel, 15.10.2022, S. 15. Ohne kon- kreten Bezug auf die Herkunft der Gläubiger sieht auch Kirchhof „Formen moderner Feudalherrschaft" bei überbordender Verschuldung heranrücken. Vgl. Kirchhof, 2012, S. 38 ff. Einen Souveränitätsverlust besonderer Art bekam das Deutsche Reich mit der Besetzung des Ruhrgebiets im Januar 1923 durch französische und belgische Truppen zu spüren, nachdem sich die Reichsregierung nicht in der Lage sah, die Reparationszahlungen im Sinne der Reparationskommission wieder aufzunehmen. Vgl. Stocker, 2022, 87 f. und S. 117 ff. Zu aktuelleren Fällen von Souveränitätsverlust siehe Peer, 08.07.2022, S. 16 f.
1701 Es sei in diesem Zusammenhang an die Ermordungen von Matthias Erzberger (26. August 1921) und Walther Rathenau (24. Juni 1922) im Deutschen Reich erinnert. Im Sudan waren im Oktober 2021 Men- schen auf die Straße gegangen, die zum *Sturz* des amtierenden Ministerpräsidenten Abdullah Hamdok *auf- gerufen* hatten. Dessen Absetzung durch das Militär ist von den Demonstrationsteilnehmern gefordert wor- den, weil der ungeliebte Amtsinhaber „eine Reihe von ‚Reformen' auf den Weg [gebracht habe], um sich für einen Schuldenerlass des Internationalen Währungsfonds (IWF) zu qualifizieren." o. V., 18.10.2021, S. 6.
1702 Zur Zeit seiner Staatsschuldenkrise (2010/11) war beispielsweise in Griechenland die Troika aus IWF, EU und EZB nicht wohlgelitten; und auch in Argentinien ist der IWF mehr als verschrien: Diesen halten „[d]ie meisten Argentinier […] bis heute für den Auslöser der Rezession und der Schuldenkrise von 2001." Busch, 25.05.2018, S. 12. In diesem Zusammenhang darf man erwähnen, dass Einrichtungen wie der IWF, die Weltbank aber auch westliche Geschäftsbanken bei der Kreditvergabe an Schwellen- und Entwick- lungsländer mehrfach im besten Falle „unglücklich agiert" haben. Jüngere Beispiele betreffen abermals Ar- gentinien im Zusammenhang mit einem IWF-Kredit (2019) oder Mosambik, das einen Kredit von der Credit Suisse und der russischen VTR-Bank (2017) erhalten hatte. Zu Mosambik siehe z. B. Kaiser, 2017, S. 31 ff.

aus einem Hypothekarkredit in den nächsten neun Jahren bei seiner Bank abzuzahlen hat oder ein vermögensloser, zur Miete wohnender Rentner mit gleicher Summe bei Geldverleihern in der Kreide steht, sind zwei unterschiedliche Paar Schuhe! Denn Gläubiger setzen die Schuldenstände von Darlehensnehmern zu deren wirtschaftlicher Leistungsfähigkeit in Beziehung. Offenkundig werden Schulden also relativ betrachtet – *relativ* zur Tragfähigkeit des Schuldners.

Diese Feststellung trifft auch auf Länder zu – wodurch sich die mitunter verbreitete Vorstellung, die *absolute* Höhe staatlicher Schulden sei von Aussagekraft, schnell als haltlos erweist.[1703]

An dieser schlichten Einsicht muss nun die relevante Frage anknüpfen, was taugliche Bezugsgrößen sind, anhand derer man die Schuldentragfähigkeit eines Landes beurteilen kann?

Eine erste Möglichkeit besteht darin, dessen kumulierte öffentliche Schuld zum Bruttoinlandsprodukt in Bezug zu setzen. Die Entwicklung dieser **Schuldenquote** illustriert die Abbildung 16.2 für die Bundesrepublik Deutschland und die Euro-Zone seit der Jahrtausendwende.

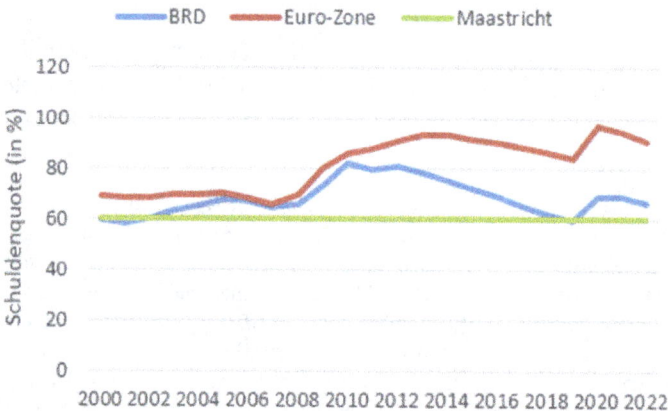

Abbildung 16.2: Schuldenquote (nach Maastricht) aller öffentlichen Haushalte der Bundesrepublik Deutschland und in der Euro-Zone seit dem Jahr 2000, in % zum BIP.[1704]

[1703] Auf der Website des Bund der Steuerzahler Deutschland e.V. findet sich zum Beispiel eine Schuldenuhr, die den absoluten Schuldenstand (auch pro Einwohner) anzeigt. Vgl. https://www.steuerzahler. de/. Derartige Indikatoren mögen interessant erscheinen, doch für sich genommen sagen sie alle nichts darüber aus, ob und wie weit die diagnostizierte Schuldenlast tragbar ist. Auch in politischen Debatten, etwa zur Sinnhaftigkeit einer Schuldenbremse, orientiert sich manch Diskutant an der absoluten statt an der relativen Schuldenhöhe.

[1704] Die Daten beziehen sich auf die sog. Maastricht-Verschuldung und stammen von der EZB und ihrem ECB Data Portal. Vgl. hiezu https://data.ecb.europa.eu/, zuletzt abgerufen am 19.07.2024. Die Gesamtheit aller öffentlichen Haushalte inkludiert die Sozialversicherungen.

Aus Abbildung 16.2 geht hervor, dass die Bundesrepublik in allen oben portraitierten Jahren eine unterdurchschnittliche Staatsverschuldung aufgewiesen hat, wenn man den Euroraum mit seinen beteiligten Ländern als Maßstab wählt. Lenkt man seinen Blick nach diesem ersten Befund auf die im Vertrag von Maastricht (1992) für die staatliche Schuldenquote festgelegte Marke von sechzig Prozent,[1705] dann trübt sich die Vorstellung, die deutschen Staatsfinanzen seien über jeden Zweifel erhaben, zumindest ein: Deutschland konnte diesen Schwellenwert seit dem Jahr 2000 nur viermal (2000–2002 und 2019) einhalten.

So gebräuchlich der in Abbildung 16.2 ausgewiesene Indikator in der Wirtschaftspolitik sein mag, so schnell kommt er an seine praktische Grenze. Aus Sicht der Gläubiger und der Gruppe potenzieller Kreditgeber rückt nämlich der **Schuldendienst** und dessen Erfüllung bzw. Erfüllbarkeit in den Vordergrund des Interesses. Mit anderen Worten: Kommt der verschuldete Staat seiner *vertraglich* vereinbarten **Zinspflicht** und der **Tilgung** termingerecht nach? Und darf erwartet werden, dass sich daran auch in absehbarer Zukunft nichts ändert?

In diesem Zusammenhang ist es nun wichtig zu verstehen, dass Staaten ihre Schulden im Grunde nie wirklich tilgen, sondern **refundieren**! D. h. ein maßgeblicher Anteil von neu aufgenommenen Darlehen wird direkt zur Bedienung fälliger Kredite herangezogen. Altkredite werden also durch Neukredite abgelöst![1706]

Dieser Gepflogenheit wegen müssen sich alle Regierungen weltweit den Zugang zum (internationalen) Kapitalmarkt ohne Unterbruch offenhalten.[1707] Andernfalls droht das Scheitern einer anstehenden Refinanzierungsrunde, womit ein Land dann **kreditrationiert** wäre – ein schmerzlicher Punkt, wie manche Staaten im Laufe der Moderne schon erfahren mussten (siehe Kapitel 16.3.1).

Aus der Praxis der Refundierung erschließt es sich nun, warum Gläubiger und staatliche Kreditnehmer zugleich der fristgerechten Zahlung vereinbarter Zinsen und der Tragfähigkeit zukünftiger Zinspflichten hohe Aufmerksamkeit schenken: Ohne termingerechte Zinszahlung droht sich die Tür zum Kapitalmarkt zu schließen, weil alle säumigen Schuldner – Regierungen eingeschlossen – das Vertrauen der Gläubiger belasten oder gänzlich verlieren.

1705 Um an der gemeinsamen Währung, dem Euro, als Land teilnehmen zu können, war es gemäß dem Vertrag von Maastricht notwendig, fünf Stabilitätskriterien zu erfüllen. Neben der kumulierten Staatsverschuldung war darunter auch das laufende Budgetdefizit, das nicht größer als 3,0 Prozent des BIP sein durfte. Die weiteren Konvergenzkriterien betrafen die Inflationsrate, die langfristigen Zinssätze und die Wechselkursstabilität.

1706 D. h. die in Abbildung 16.1 skizzierte letzte Scheibe mit einer Restlaufzeit von einem Jahr muss refundiert werden. Sie verschwindet damit quasi am rechten Bildrand und taucht prompt auf der linken Seite wieder auf.

1707 Den Zugang zum *internationalen* Kapitalmarkt müssen sich insbesondere Länder offenhalten, deren heimischer Kapitalmarkt noch klein und unzureichend entwickelt ist. Dieser Befund impliziert, dass hiervon allen voran Schwellen- und Entwicklungsländer betroffen sind. Auf diesen Aspekt gehen wir in Kürze ein.

Da die Kreditzinsen aus dem Staatshaushalt zu leisten sind, erlangt nun der sogenannte **Primärsaldo** Bedeutung. Unter diesem versteht man die gesamten öffentlichen
Einnahmen (insb. aus Steuern und Abgaben) *ohne* Neukredite abzüglich der Gesamt-
ausgaben *vor* Zinszahlung.[1708] Ist der Primärsaldo positiv, dann verfügt der Staat in der
betrachteten Periode über einen Einnahmenüberschuss zur vollständigen oder partiellen Bedienung seiner Zinspflicht.

Ungeachtet unserer vorherigen, differenzierenden Aussagen zu ihrer Relevanz,
lässt sich leicht feststellen, dass die *absolute* Gesamtverschuldung des Staates nur dann
abnimmt, wenn dessen positiver Primärsaldo die Zinslast *zugleich* überragt. Lediglich
in diesem Fall braucht die öffentliche Hand keine (!) Neukredite zur Bedienung der
Kapitalkosten aufzunehmen – vorausgesetzt die Zinsleistung ist in heimischer Währung
zu erbringen.

Bevor wir diesen letzten Gedanken gleich nochmal aufgreifen, wollen wir zunächst
auf Tabelle 16.4 blicken und festhalten, dass in Deutschland in den ersten 23 Jahren des
21. Jahrhunderts nur acht Mal – also in nur gut jedem dritten Jahr – die zu tragende
Zinslast *vollständig* aus dem Primärsaldo beglichen werden konnte.[1709] Dabei fallen
drei Viertel dieser Jahre in eine Periode (2014–2019) mit äußerst niedrigen Zinssätzen.
Im Umkehrschluss bedeutet dies, dass die öffentliche Hand in Deutschland in zwei von
drei Jahren am Kapitalmarkt Kredite aufzunehmen hatte, um ihrer Zinsverpflichtung
nachzukommen. In neun dieser 15 Fälle musste der Staat sogar seine *gesamte* jährliche
Zinslast kreditfinanzieren.

Mit Blick auf die Gruppe der Schwellen- und Entwicklungsländer ist anzufügen,
dass zu den soweit betrachteten Indikatoren weitere herangezogen werden, um die
jeweilige Schuldentragfähigkeit beurteilen zu können. Dies begründet sich damit,
dass diese Staaten ihre Kredite ganz überwiegend am internationalen Kapitalmarkt in
Fremdwährungen (insb. in Dollar) aufnehmen, wodurch sich der notwendige Kapitaldienst (Zinszahlung und Tilgung) *nicht* mit der landeseigenen Währung erbringen lässt.
Vielmehr werden hierzu Devisen benötigt, die sich allein im Exportgeschäft verdienen
lassen.

Wegen dieser finanziellen Verflechtung rückt als ergänzende Kennzahl zunächst
der Schuldenstand gegenüber dem Ausland in Bezug auf das Bruttoinlandsprodukt in
den Fokus. Für die Gesamtheit der Schwellen- und Entwicklungsländer sowie drei regionale Untergruppen bilden die Daten in Tabelle 16.5 diesen Indikator und seine Entwicklung zwischen den Jahren 2010 und 2021 ab.

1708 Zu den öffentlichen Einnahmen gehören allen voran die Steuereinnahmen, aber auch Abgaben wie Zolleinnahmen und Gebühren. In vielen Ländern ist der Staat zudem an Unternehmen
beteiligt. Daher zählen auch Gewinnausschüttungen an den Staat zu den Einnahmen. Einen solchen
Fall haben wir in Deutschland z.Zt. etwa mit der Commerzbank, an der der Staat zu ca. 15 Prozent
beteiligt ist.
1709 In 14 Jahren war der Primärsaldo positiv; in sechs dieser Jahre aber kleiner als die Zinslast!

Tabelle 16.4: Entwicklung des Primärsaldos, der Zinslast und des Budgetsaldos (in Mrd. Euro, nominale Werte) sowie der Schuldenquote in der Bundesrepublik Deutschland, 2000–2022.[1710]

Jahr	Primär saldo	Zinslast	Budget-Defizit/ Überschuss	Schulden- Quote (in %)
2000	84,4	−67,6	16,8	61,5
2001	4,9	−64,5	−59,6	62,5
2002	−15,6	−62,7	−78,3	65,1
2003	−23,0	−64,3	−87,3	63,9
2004	−21,2	−62,4	−83,6	65,7
2005	−11,0	−63,2	−74,2	68,0
2006	27,9	−66,1	−38,2	67,6
2007	74,0	−68,5	5,5	65,0
2008	66,9	−68,3	−1,4	65,9
2009	−14,6	−65,0	−79,6	72,5
2010	−45,0	−63,9	−108,9	81,0
2011	41,6	−67,5	−25,9	78,6
2012	62,2	−63,1	−0,9	79,8
2013	51,5	−55,5	−4,0	77,4
2014	64,1	−47,1	17,0	75,6
2015	71,3	−42,2	29,1	72,3
2016	73,6	−37,3	36,3	69,0
2017	77,4	−33,8	43,6	65,2
2018	96,8	−31,2	65,6	61,9
2019	80,6	−27,4	53,2	59,6
2020	−126,0	−21,5	−147,5	68,7
2021	−113,5	−20,8	−134,3	69,3
2022	−79,9	−26,2	−106,1	66,2

Hierbei fällt zunächst auf, dass unsere drei *Regionalgruppen* im Vergleich zur Gesamtheit der Länder im aktuellsten Jahr (2021) eine überdurchschnittlich hohe Auslandsverschuldung aufweisen. Darüber hinaus sind die Werte dieser drei Regionen im dargestellten Zeitraum überproportional angestiegen: Während die Schuldenquote für alle Schwellen- und Entwicklungsländer zwischen 2010 und 2021 um weniger als ein Fünftel zugenommen hat, haben sich die Werte dieses Indikators für Lateinamerika und den Mittleren Osten sogar mindestens verdoppelt.

1710 Eigene Berechnung auf Grundlage von Monatsberichten (Öffentliche Finanzen) verschiedener Jahrgänge der Deutschen Bundesbank.

Tabelle 16.5: Durchschnittlicher Stand an Auslandsschulden bestimmter Schwellen- und Entwicklungsländer (in % des BIP).[1711]

	2010	2017	2018	2019	2020	2021
Alle Schwellen- und Entwicklungsländer	22	26	26	27	29	26
Lateinamerika und Karibik	23	37	41	42	50	46
Subsahara Afrika	24	38	40	42	46	43
Mittlerer Osten und Nordafrika	14	24	28	29	34	30

Im nächsten Schritt lässt sich mit Bezug auf die Tabelle 16.6 konstatieren, dass gerade in Afrika und im Mittleren Osten, die Auslandsverschuldung ganz überwiegend *öffentliche Verschuldung* bedeutet, die allen voran in Subsahara Afrika noch ausschließlich von der Zentralregierung gehalten wird. Das bedeutet im Umkehrschluss, dass private Unternehmen, die in Afrika tätig sind, kaum Zugang zum internationalen Kapitelmarkt haben; und das in einer Region, in der die nationalen Kapitalmärkte vielfach nur als rudimentär bezeichnet werden dürfen. Beim Befund, dass die afrikanischen Zentralregierungen die maßgeblichen Schuldner dieser Staaten sind, muss beachtet werden, dass der Staat selbst prinzipiell keine Devisen verdient – zumindest, wenn man von einer real-existierenden Wirtschaftsordnung ausgeht, die sich nicht weit vom Ideal einer Marktwirtschaft entfernt hat![1712]

Tabelle 16.6: Anteil staatlicher Träger an den gesamten regionalen Langfristschulden (in %).[1713]

Zentralregierung	2010	2017	2018	2019	2020	2021
Alle Schwellen- und Entwicklungsländer	38,7	36,9	37,6	38,4	39,5	39,4
Lateinamerika und Karibik	39,2	36,5	37,2	37,8	39,1	38,8
Subsahara Afrika	66,3	69,5	70,4	70,9	72,7	74,1
Mittlerer Osten und Nordafrika	65,2	61,5	60,4	63,2	67,1	67,2
Gesamter öffentlicher Sektor						
Alle Schwellen- und Entwicklungsländer	51,8	51,1	52,4	52,7	53,7	53,9
Lateinamerika und Karibik	50,6	52,7	53,5	53,8	55,1	54,3
Subsahara Afrika	66,3	69,5	70,4	70,9	72,7	74,1
Mittlerer Osten und Nordafrika	80,1	81,0	79,5	81,9	85,6	87,5

1711 Die Daten sind entnommen World Bank, 2022.
1712 Dass der Staat in Schwellen- und Entwicklungsländern maßgeblich im Exportgeschäft unternehmerisch engagiert ist, zeigte schon das westafrikanische Kakao-Beispiel (Lektion 9), wo etwa in Ghana ein staatliches Marketing Board die Vermarktung des Kakaos auf dem Weltmarkt betreibt. Aber auch bei mineralischen Rohstoffen und deren Exporten ist der Staat in diesen Ländern zumeist beteiligt, etwa als Anteilseigner an den landesweit größten Erdölgesellschaften wie bei Petrobras in Brasilien oder bei Ecopetrol in Kolumbien.
1713 Die Daten sind entnommen World Bank, 2022.

In dem Wissen um die Notwendigkeit des Devisenerwerbs bringen die Werte aus Tabelle 16.7 ans Licht, dass sich das Verhältnis der Auslandsverschuldung in Bezug auf die Exportleistung ebenfalls ungünstig für die Entwicklungsländer verändert hat: Es ist im Beobachtungszeitraum angestiegen.

Tabelle 16.7: Kumulierte Auslandsschuld in % der Exporte.[1714]

	2010	2017	2018	2019	2020	2021
Alle Schwellen- und Entwicklungsländer	80	105	102	107	123	103
Lateinamerika und Karibik	120	168	166	167	193	160
Subsahara Afrika	79	160	153	165	212	179
Mittlerer Osten und Nordafrika	57	91	86	100	154	118

Diesen Umstand konnte man auf Basis der Erkenntnisse aus Tabelle 16.5 grundsätzlich erwarten, ist die Exporttätigkeit doch integraler Bestandteil des Bruttoinlandsproduktes. Weitaus interessanter ist daher die Frage, ob sich der in Tabelle 16.8 abgebildete Indikator in Bezug auf unsere drei Regionalgruppen proportional, unter- oder überproportional zur Verschlechterung der Auslandsverschuldung am BIP entwickelt hat. Denn der Vergleich dieser beiden Veränderungsraten gibt Aufschluss darüber, wie sich der Exportsektor in der jeweiligen Region entwickelt hat.

Für Lateinamerika lässt sich zunächst erkennen, dass die Auslandsverschuldung in Bezug auf den Wert der Exporte um ein Drittel angestiegen ist. Spiegelt man diesen Anstieg an der zeitgleichen Verdoppelung der am BIP gemessenen Auslandsverschuldung (Tabelle 16.5), so erkennt man, dass der Anteil des Exportsektors am regionalen Bruttoinlandsprodukt überdurchschnittlich gestiegen ist. Eine zusätzliche Erleichterung hinsichtlich der Schuldentragfähigkeit dürfte für Lateinamerika sein, dass knapp die Hälfte seiner Auslandsschuld von Privatunternehmen gehalten wird (Tabelle 16.6), von denen man vorsichtig vermuten darf, dass sie allesamt im Exportgeschäft tätig sind.

Ganz anders hierzu das Bild für Subsahara Afrika: Unter den ausgewählten Regionalgruppen verzeichnen diese Länder nicht nur die höchste an den Exporten gemessene Auslandsverschuldung Ende 2021 auf, sondern auch den steilsten Anstieg dieses Indikators während der ganzen Untersuchungsperiode – nämlich gute 126 Prozent. Da im gleichen Zeitraum die Auslandsschuld bezogen auf das BIP um lediglich 79 Prozent gewachsen ist (Tabelle 16.5), musste der Anteil der Exporttätigkeit an der regionalen Wirtschaftsleistung geschrumpft sein! Ermutigend mag sein, dass sich die Ausfuhrtätigkeit gegenüber 2020 – dem Beginn der Covid-19-Pandemie – erholt hat.

Ferner geht für die drei illuminierten Weltregionen aus Tabelle 16.8 hervor, dass der an den Exporten gemessene Schuldendienst im Jahr 2021 Niveaus aufweist, die von

---

[1714] Die Daten sind entnommen World Bank, 2022.

den Höchstständen dieses Indikators während der langwierigen Schuldenkrise in den 1980er Jahren weit entfernt liegen.

Tabelle 16.8: Schuldendienst in % der Exporte.[1715]

	1986	2010	2017	2018	2019	2020	2021
Alle Schwellen- und Entwicklungsländer		9	14	14	16	17	14
Lateinamerika und Karibik	44	14	25	23	28	30	26
Subsahara Afrika	29	5	13	17	17	20	19
Mittlerer Osten und Nordafrika	31	7	10	9	11	17	13

Bei der Interpretation dieser Zahlenwerte (Tabelle 16.8) ist jedoch zu beachten, dass sich die Zinsen auf den internationalen Kapitalmärkten nach dem Jahr 2010 im Sinkflug befanden und in den Jahren 2017 bis 2021 ein historisch tiefes Niveau erreicht hatten, bevor sie mit der Bekämpfung von Inflationstendenzen in den Industrieländern ab 2022 rasant zu steigen begannen. Gerade vor dem Hintergrund dieses sich gewandelten Zinsumfelds ist die zwischen 2010 und 2021 gewachsene Zinsbelastung alles, nur nicht zu verharmlosen. Denn eine nachhaltige Zinswende, zumal eine markante, in Verbindung mit sinkenden Exporterlösen und der Abwertung der eigenen Währung, können den „perfekten Sturm" für in US-Dollar oder in anderen Fremdwährungen verschuldete Entwicklungsländer zusammenbrauen lassen.[1716]

Diese Beobachtung verliert auch dadurch nicht an Richtigkeit, dass sich im Jahr 2021 für die von uns beleuchteten drei Weltregionen unter Nutzung der von Misereor und erlassjahr.de entwickelten *Stufen der Verschuldungsgefahr* (Tabelle 16.9) keine akute Gefahr hat feststellen lassen. Bedient man sich nämlich dieses Rasters, das erkennbar auf Indikatoren zurückgreift, die wir zuvor in der Diskussion eingeführt haben, und seiner Schwellenwerte, so hat sich für Lateinamerika (LA), Subsahara Afrika (SSA) sowie den Mittleren Osten und Nordafrika (MONA) im Jahr 2021 folgendes Bild ergeben (Tabelle 16.10):

1715 Die Daten zu den Jahren ab 2010 sind entnommen der World Bank, 2022. Die Werte aus dem Jahr 1986 stammen von Lachmann, 1994a, S. 166.

1716 Bei lahmender Weltwirtschaft und zunehmendem Protektionismus steigt für viele Schwellen- und Entwicklungsländer die Gefahr, dass ihre Exporterlöse mit den Anforderungen aus dem Schuldendienst nicht Schritt halten. Verliert die heimische Währungen zugleich noch an Wert, wiegt die Auslandsschuld zunehmend schwerer. Eine neue Schuldenkrise ist dann für einzelne Länder nicht mehr auszuschließen! So beruhten Argentiniens überraschende Schwierigkeiten, den Schuldendienst in 2019 zu erbringen, maßgeblich auf einer abrupten Abwertung des Peso gegenüber dem US-Dollar in Höhe von 30 Prozent. Vgl. Blume, 30.08.2019, S. 27. Eine starke Abwertung der heimischen Währung kann – wie es etwa bei Ausbruch der Covid-19-Pandemie einige Entwicklungsländer zu spüren bekamen – auch durch einen starken Kapitalabfluss ausgelöst werden. Zur Gefahr eines „perfekten Sturms" für Ägypten, Libanon, Jordanien und Tunesien siehe Mazarei, 2023, S. 39 ff.

Tabelle 16.9: Stufen der Überschuldungsgefahr (Angaben jeweils in %).[1717]

Kriterium	Keine Gefahr	Stufe 1	Stufe 2	Höchste Stufe
Auslandsschuldenstand am BIP	< 40	40 bis 60	> 60 bis 80	> 80
Auslandsschuldenstand zu jährlichen Exporterlösen	< 150	150 bis 225	> 225 bis 300	> 300
Schuldendienst zu jährlichen Exporteinnahmen	< 15	15 bis 22,5	> 22,5 bis 30	> 30

Tabelle 16.10: Einstufung von drei Weltregionen hinsichtlich ihrer Verschuldungsgefahr in 2021.

Kriterium	Keine Gefahr	Stufe 1	Stufe 2	Höchste Stufe
Auslandsschuldenstand am BIP	MONA	SSA, LA		
Auslandsschuldenstand zu jährlichen Exporterlösen	MONA	SSA, LA		
Schuldendienst zu jährlichen Exporteinnahmen	MONA	SSA	LA	

Günstig für diese drei Weltregionen ist ferner, dass der Anteil ihrer *kurzfristig* zu tilgenden Schulden relativ gering ist. Diese Beobachtung gilt allen voran für das südliche Afrika und Lateinamerika, wo jeweils nur elf Prozent aller Auslandsschulden von kurzer Natur sind.[1718]

Selbstredend dürfen wir bei all den empirischen Erkenntnissen nicht vergessen, dass wir Regionen betrachtet haben! Die Annahme, dass die Länder einer Region ökonomisch ziemlich homogen sind, mag verführerisch sein, stimmt aber mit Lebenswirklichkeiten selten überein. Kurzum: Es mag in jeder Region einzelne Länder geben, die erheblich vom regionalen Mittelwert abweichen. Damit könnte manch ein Staat schon wieder bis zur Halskrause in Schwierigkeiten stecken!

16.3.4 Fazit: Richtiger Blickwinkel – Schulden als relative Größe mit Bezug auf die Leistungskraft

Das Unwesen hoher und höchster Staatsverschuldung ist kein neuzeitliches Phänomen, sondern ein wiederkehrendes menschlicher Zivilisationen. Es ist weder an bestimmte

---

1717 Vgl. Stutz, 2023, S. 19.
1718 Im Jahr 2021 liegt dieser Anteil im Mittleren Osten und Nordafrika bei 17 Prozent. Auch dieser Wert liegt um neun Prozentpunkte noch deutlich unter dem aller Schwellen- und Entwicklungsländer in 2021. Vgl. hierzu World Bank, 2022.

Staatsformen gebunden noch auf einzelne Regionen oder Kontinente begrenzt. Staatenlenker neigen weltweit dazu, über den Verhältnissen zu leben!

Spitzt sich die öffentliche Verschuldung zu und der Staatsbankrott tritt ein, drohen die gesellschaftlichen Verhältnisse in raues Fahrwasser zu geraten und der Wohlstand abzurutschen.[1719]

Die absolute Höhe der Staatsschulden sagt nichts über den Grad der Gefährdung eines Landes aus. Denn es macht einen entscheidenden Unterschied, ob es sich bei dem betreffenden Land um ein Industrieland wie Deutschland, die USA oder ein Entwicklungsland wie Malawi oder Bolivien handelt. Die absolute Schuld muss also in Bezug zur Leistungsfähigkeit einer Ökonomie gesetzt werden.

Da der Schuldendienst, d. h. die Zinsen und die Tilgungen, letztlich aus dem BIP bestritten werden müssen, bilden der Schuldenstand zum BIP und der Primärsaldo relevante Kennzahlen, die Tragfähigkeit und Entwicklung der Verschuldung zu beurteilen. Die Grenzen sind hier erreicht, wenn der Schuldner weder die Zinsen zahlen noch fristgerecht tilgen kann – weil er keine Neukredite zur Revolvierung erhält. Spätestens dann muss nach einem Ausweg aus der Schuldenkrise gesucht werden.

16.4 Entschuldung – Wege aus einer zu hohen Staatsverschuldung

Die Ansätze, die Regierungen zur Verfügung haben, um sich aus der Umklammerung einer zu hohen Staatsverschuldung zu lösen, lassen sich zweiteilen. Auf der einen Seite steht der monetäre Weg, d. h. die Entwertung der Schulden über die Inflation. Diese Option betrachten wir in Kapitel 16.4.2. Zuvor blicken wir in Kapitel 16.4.1. auf die Möglichkeiten der anderen Seite – die nicht monetären Lösungen.

[1719] Diese Erkenntnis steht im Einklang mit dem Befund, dass die anfängliche Höhe der Schuldenquote das Wirtschaftswachstum maßgeblich beeinflusst. So konnte anhand einer Gruppe von 38 Ländern, darunter Schwellen- und Entwicklungsländer, über den Zeitraum von 1970 bis 2007 beobachtet werden, dass das durchschnittliche Wachstum des realen Pro-Kopf-Einkommens in den anschließenden fünf Jahren um mindestens 50 Prozent stärker ausfiel, wenn die staatliche Schuldenquote zum Ausgangszeitpunkt unter 30 Prozent anstatt über 90 Prozent lag. In der Untergruppe der Entwicklungsländer schlug der Unterschied zwischen gering und hoch verschuldeten Ländern besonders kräftig zu Buche: Während das Pro-Kopf-Einkommen in den Nationen mit niedriger Schuldenlast um durchschnittlich 7,2 Prozent pro Jahr wuchs, erreichten Länder mit einer hohen initialen Schuldenquote noch nicht mal ein Drittel dieses Wertes. Mit dieser empirischen Erkenntnis korrespondiert gerade für die Schwellen- und Entwicklungsländer die Beobachtung, dass die Inlandsinvestitionen in den fünf Folgejahren grob doppelt so hoch ausfallen, wenn die Schuldenquote zum Ausgangszeitpunkt niedrig und nicht hoch ist. Vgl. Kumar/Woo, 2010, S. 9 und 39.

16.4.1 Nicht-monetäre Lösungswege

Weiter vorne sprachen wir bereits davon, dass Regierungen den Staatsbankrott erklären müssen, wenn sie den Schuldendienst nicht mehr bedienen können. Auf die Möglichkeit, sich mit den ausländischen Gläubigern in den anschließenden Verhandlungen auf einen Schuldenverzicht zu verständigen, schauen wir sogleich in Kapitel 16.4.1.1.

Daran anschließend gehen wir auf die Optionen ein, die den Staatsführungen zur Reduzierung der Schuldenlast offenstehen, ohne sich erst in die Bredouille eines Staatsbankrotts und das folgende Procedere zu bringen. Eingangs beleuchten wir hierzu die charmante Idee, aus den Schulden einfach herauszuwachsen (Kapitel 16.4.1.2.), bevor wir auf die Konsolidierung des Staatshaushalts zu sprechen kommen (Kapitel 16.4.1.3.). Zum Abschluss diskutieren wir als weitere Alternative zur Senkung der Schuldenlast die finanzielle Repression (Kapitel 16.4.1.4.).

16.4.1.1 Bei Auslandsschulden: Erlass durch Verhandlung

Der Ansatz, die Rückzahlung gewährter Kredite gänzlich zu verweigern, darf als eher unkonventionell betrachtet werden. Dennoch hatte schon manche Regierung – gerade nach Revolutionen – in ihm den *vermeintlichen* Lösungsweg entdeckt, um einer drückenden Schuldenlast zu entkommen: Die neuen Machthaber lehnten schlichtweg ab, die Darlehensverpflichtungen anzuerkennen, welche die vom Hof gejagten Regenten eingegangen waren.

Eine solche Vorgehensweise ist beispielsweise aus Russland im Nachgang der Oktoberrevolution von 1917 bekannt. Dort hatten die Bolschewiki schlagartig alle Banken verstaatlicht und „nach drei Monaten […] alle öffentlichen Schulden annulliert."[1720] Auch gegenüber den ausländischen Gläubigern verlangte die im Dezember 1922 gegründete Sowjetunion einen Schuldenerlass, weil es sich für die Kredite des Zarenreichs nicht verantwortlich sah.[1721]

1720 Martin, 2014, S. 213.
1721 Vgl. Stocker, 2022, S. 84. Zur weiteren Einordnung sei angemerkt, dass sich das kommunistische Russland und das Deutsche Reich bereits im *Vertrag von Rapallo*, der am Ostersonntag des Jahres 1922 am Rande einer Konferenz zur Stabilisierung des europäischen Wirtschafts- und Finanzsystems geschlossen wurde, wechselseitig versichert haben, auf die Erstattung entstandener Kriegsschäden (1914–1918) zu verzichten. Das war ein Coup zweier Parier, denn Frankreich hatte es zuvor strikt abgelehnt, den von Russland verlangten Schuldenerlass auf die Agenda der Konferenz zu setzen. Vgl. Stocker, 2022, S. 84 f. Für ein Verständnis der französischen und postzaristischen Positionen sei noch erwähnt, dass das Zarenreich am Vorabend des Ersten Weltkriegs der mit Abstand größte Schuldner Europas war, der mit Außenständen von 6,8 Mrd. US-Dollar auch weltweit eine Spitzenposition eingenommen hatte. Der größte Gläubiger Russlands wiederum war Frankreich, das ab 1887 begonnen hatte, dem russischen *Staat* hohe Kapitalsummen zu leihen. Vgl. Pohl, 1989, S. 276. Vgl. auch Nelson, 2022, S. 204ff. und S. 210 für weitere Details zum französischen Kreditengagement in Russland ab Mitte der 1880er Jahre. Letztlich blieb Frankreich nur, seine russischen Anleihen abzuschreiben: Das rote Russland tilgte nicht! Vgl. Wandel, 1988, S. 381.

Ähnlich verlief es in China im Jahr 1949 nach der Machtübernahme von Mao oder in Kuba 1960. Aber nicht nur sozialistische Regierungen sahen keine Veranlassung, die Darlehen gestürzter Regierungen zu tragen. Auch der ghanaische Präsident Busia, der durch freie Wahlen im Jahr 1969 an die Macht kam und damit nach einer zwischenzeitlichen Phase von Militärregierungen seinem früheren, sozialistisch-marxistischen Gegenspieler Nkrumah nachfolgte, erklärte vor den Vereinten Nationen, dass seine Regierung die Schulden vorangegangener Amtsinhaber nicht akzeptieren könne.[1722]

Losgelöst von der Frage, ob die Altschulden nun von missliebigen, vielleicht sogar kleptomanisch veranlagten Despoten verursacht wurden oder nicht, dürften ausländische Gläubigeransprüche, denen die Anerkennung nach Gutsherrenart plump verweigert wird, nicht folgenlos für den *unkooperativen* Schuldner bleiben. Denn jeder, der den Schuldendienst einseitig aufkündigt, häckselt den Rest seines Vertrauenskapitals.[1723] Das gilt auch für jede Regierung! Eine ohnehin schon kleine Schlange potenzieller Geldverleiher wird damit noch kürzer – für länger: Das Land hat im Kreise der internationalen Kapitalgeber mit einer solchen Provokation definitiv seinen letzten Kredit verspielt.[1724] Damit droht eine weitreichende, wenn nicht gar vollständige Kreditrationierung!

Mit der schnöden Zahlungsverweigerung, so dünkt es einem, dürften Regierungen dem eigenen Land und sich selbst also keinen Gefallen erweisen – wohl eher einen Bärendienst. Deshalb bemühen sich hoch verschuldete und *über*schuldete Länder zumeist darum, ein temporäres Aussetzen des Schuldendienstes im Rahmen eines **Zahlungsmoratoriums** mit ihren Gläubigern auszuhandeln.[1725] So hatte auch der ghanaische Präsident Busia *vor* seinem UN-Auftritt bereits versucht, in bilateralen Verhandlungen mit ausländischen Gläubigern die jeweiligen Schulden seines Landes entweder annullieren oder umschulden zu lassen. Dabei war ihm allerdings nur mäßiger Erfolg beschieden: Lediglich Belgien und Jugoslawien erklärten sich zu Umschuldungen bereit.[1726]

[1722] Vgl. Jungfer, 1991, S. 382.

[1723] Die Frage, ob Gläubiger möglicherweise sogar Retorsionsmaßnahmen ergreifen können oder wollen, blenden wir hier aus!

[1724] Vgl. z. B. Mayer, 2015, S. 229. Es lohnt sich an dieser Stelle nochmal bewusst zu machen, was mitunter missverstanden wird. Von Kapitalgebern bekommt man keinen Kredit. Diesen hat man bereits! Man hat ihn, weil man Vermögenswerte besitzt oder einem seines Charakters wegen der betreffende Ruf vorauseilt. Vgl. hierzu z. B. Hazlitt, 2021, S. 51.

[1725] Mit dem Jahr 1956, als Argentinien mal wieder ein Schuldenproblem hatte, begann man sich zu solchen Umschuldungsverhandlungen in Paris zu treffen. Daher spricht man auch vom *Pariser Club*. Dieser ist weiterhin ein informelles Gremium, an dem sich heute die meisten Industrieländer als permanente Mitglieder sowie der IWF, die OECD, die Weltbank oder die Afrikanische Entwicklungsbank als Beobachter beteiligen. Fallweise stoßen noch sog. ad-hoc Mitglieder hinzu, etwa China, das mittlerweile ein nicht mehr zu übersehender Kreditgeber in zahlreichen Entwicklungsländern ist. Für weitere Details vgl. https://clubdeparis.org/.

[1726] Vgl. Jungfer, 1991, S. 382.

Bereits im Mai 1922 hatte Reichsaußenminister Walther Rathenau (1867–1922), um noch ein weiteres Beispiel aufzugreifen, nach zähen Verhandlungen die notwendige Zustimmung der Gläubiger zu einem Moratorium erwirken können, das es dem damaligen Deutschen Reich ermöglichte, von den im laufenden Kalenderjahr ursprünglich geplanten Reparationszahlungen nur knapp 72 Prozent leisten zu müssen.[1727]

Diese beiden historischen Fallbeispielen illustrieren bereits, dass auch Verhandlungen zum Umgang mit staatlichen Verbindlichkeiten ein heikles Unterfangen für den Schuldner darstellen. Dieser Befund gilt umso mehr, als noch immer keine international anerkannte Insolvenzordnung für Staatspleiten existiert, die Umsetzung einer Staatsinsolvenz damit von unsicherem Ausgang bleibt. Die Unsicherheiten betreffen nicht nur das konkrete Verhandlungsergebnis, sondern auch die Verhandlungsdauer – und damit unheilvoll verknüpft die Zeit der Kreditrationierung.[1728]

Mit Blick auf die jungen lateinamerikanischen Länder und ihre Staatspleiten zur Mitte der 1820er Jahre (siehe Lektion 5) sei angemerkt, dass die damaligen Auseinandersetzungen mit den britischen Gläubigern fast nirgendwo ihren Abschluss vor Ablauf

---

1727 Ursprünglich sollte das Deutsche Reich drei Mrd. Goldmark im Jahr 1922 als Reparationszahlung leisten; dabei war die erste Rate für Januar 1922 vorgesehen. Bereits im Herbst des Vorjahres war erkennbar, dass das Reich diesen Verpflichtungen nicht nachkommen wird können. Somit begann die Reichsregierung im November 1921 erste Gespräche zu führen. Auf einer Konferenz in Cannes wurde im Januar 1922 Deutschland zunächst ein kurzfristiges Moratorium eingeräumt, bevor am 31.05.1922 final festgelegt wurden, dass 720 Mio. Goldmark als Barleistung und 1.450 Mio. Goldmark in Form von Sachleistungen zu erbringen sind. Damit waren dem Reich mehr als ein Viertel seiner Schuld für das Jahr 1922 erlassen worden. Vgl. Stocker, 2022, S. 72 ff., insb. S. 76 und 87 f. Ein Jahr später, 1923, musste das Reich seinen Schuldendienst tatsächlich einstellen. Vgl. Martin, 2014, S. 186.

1728 Da im Pariser Club ein Schuldnerland lediglich mit seinen öffentlichen Gläubigern über deren Kredite oder Entwicklungshilfedarlehen verhandelt, werden die Forderungen seiner privaten Gläubiger (d. h. insb. von Banken und Geierfonds) hier prinzipiell nicht berücksichtigt. Im Nachgang einer Einigung verpflichtet das Verfahren des Pariser Clubs allerdings den Schuldner dazu, mit seinen übrigen Gläubigern gleiche Zugeständnisse im Anschluss auszuhandeln, wie sie die Mitglieder des Pariser Clubs ihm eingeräumt haben (sog. Comparability of Treatment-Klausel). Damit wollen die Gläubiger im Pariser Club sicherstellen, dass ihre Forderungen zu denen von Nichtmitgliedern (d. h. von öffentlichen Gläubigern aus Drittstaaten, allen voran China, oder privaten Gläubigern) *nicht nachrangig* behandelt werden. Die Schwierigkeiten, die sich aus der Umsetzung dieser Klausel in der Praxis ergeben, liegen allein auf den Schultern des Schuldners. Es verwundert bei diesem Konstrukt nicht, „dass eine effektive Einbeziehung privater Gläubiger [...] häufig nicht funktioniert hat." Rehbein/Schilder, 2023, S. 49. Damit verzögert sich für einen Schuldner, der zwar Gleichbehandlung ersucht, diese aber nicht erreicht, der Umschuldungsprozess. Seine Schuldenerlasse fallen zudem geringer aus. Da dieser Umstand als unbefriedigend anerkannt worden ist, haben die G20 Staaten im November 2020 einen neuen Rahmen im Umgang mit den Schulden von Entwicklungsländern verabschiedet, das sog. *Common Framework*. Noch bevor dieser Ansatz erstmals zur Anwendung kam, kritisierten ihn die Weltbank, der IWF und Organisationen der Zivilgesellschaft als unzureichende Verbesserung. Vgl. z. B. den Artikel vom 13.01.2022 unter: https://erlassjahr.de/news/weltbank-common-framework-ungenuegend/, zuletzt abgerufen am 28.05.2024. Insofern versteht es sich, dass auch die UNCTAD das Thema Schuldenverhandlung und -erlass in 2023 aufgegriffen und einen eigenen Vorschlag unterbreitet hat. Vgl. hierzu UNCTAD, 2023, S. 117–144.

von zwei Dekaden fanden. Die argentinische Regierung musste sich dabei am längsten mit Krediten inländischer Akteure begnügen, da ihrem Land nahezu dreißig Jahre der Zugang zum internationalen Kapitalmarkt verwehrt geblieben war.[1729]

Zugleich gibt es für die überschuldeten Staaten keine Gewähr, wie kräftig der Schuldenschnitt (engl. haircut) am Ende ausfällt. So wurde bereits den insolventen Staaten Lateinamerikas von den Krediten, die bei Einstellung der Schuldendienste in den 1820er Jahre offengeblieben waren, unterschiedlich hohe Anteile erlassen. Länderspezifisch fiel der Schuldenschnitt am Ende zwischen Null und 70 Prozent aus.[1730]

Als Mexiko im August 1982 erklärte, es sehe sich erneut nicht in der Lage, seinen Schuldendienst bei internationalen Geschäftsbanken vertragskonform zu erbringen, zogen sich die Verhandlungen ungeachtet erster Umschuldungsabschlüsse in den Jahren 1983/84 und 1986/87 letztendlich noch immer fast acht Jahre hin: Erst im März 1990 schloss Mexiko mit seinen kommerziellen Gläubigern eine Vereinbarung zu Umstrukturierung seiner Schulden. Unter anderem war vorgesehen, dass das Land bis 1994 von Nettotransferzahlungen ins Ausland in Höhe von circa vier Mrd. US-Dollar entlastet werden sollte. Zur Reduzierung der Schuldenlast wurden zudem nicht getilgte Anleihen zu günstigeren Zinskonditionen mit einer Endfälligkeit in 2019 prolongiert.[1731]

Die mexikanische Bankrotterklärung des Sommers 1982 sollte das Fanal einer lange währenden Schuldenkrise in den Schwellen- und Entwicklungsländern werden, da kommerzielle Banken die Gewährung neuer Kredite an diese Länder abrupt einstellten. Mit der Abgeschnittenheit vom internationalen Kapitalmarkt nahm die Schuldenkrise der 1980er und 1990er Jahre für die afrikanischen und lateinamerikanischen Länder mit *mittleren* Einkommen ihren Lauf. In den Ländern Afrikas mit *niedrigen* Einkommen spitzte sich eine ehedem prekäre Schuldenlage weiter zu.[1732]

In den Industriestaaten wurden die Krisenjahrzehnte der Entwicklungsländer von einer Diskussion zum Schuldenerlass für hochverschuldete Niedrigeinkommensländer

---

1729 Vgl. Kaminsky/Vega-Garcia, 2012, S. 3. Chile, das es ab 1827 unterlassen hatte, seiner halbjährlichen Zinspflicht auf die Anleihe bei Hullet Brothers & Comp. in London nachzukommen, fand als erstes Land in Lateinamerika eine Regelung im Umgang mit seiner englischen Schuld, die inklusive Zinsrückständen zwischenzeitlich auf 1,7 Mio. Pfund Sterling angewachsen waren. Ab 1842 begann das Land wieder seiner Zinspflicht auf die ausländische Anleihe nachzukommen. Unterdessen war es bei inländischen Anleihen, die z. B. im Jahr 1829 aufgenommen wurden, nie zu einer Stockung beim Kapitaldienst gekommen. Vgl. Noback/Noback, 1851, S. 1090 f. sowie S. 1616 zu Argentinien, wo es ebenfalls zu keinem Rückstand beim Schuldendienst auf inländische Anleihen kam.

1730 Der Verschuldungsgrad variierte selbstredend auch. Nach der Höhe der geschätzten Verschuldung am Export waren in aufsteigender Sortierung belastet: Brasilien mit 121 Prozent (1826), Chile mit 130 Prozent (1827), Argentinien mit 196 Prozent (1828), Mexiko mit 321 Prozent (1828), Kolumbien mit 1.355 Prozent (1826) und Peru mit unglaublichen 2.010 Prozent (1826)! Vgl. Kaminsky/Vega-Garcia, 2012, Anhang Tabelle 4 und Tabelle 5.

1731 Vgl. Weltbank, 1991, S. 153.

1732 Vgl. Easterly, 2001, S. 102.

(engl. heavily indebted poor countries (HIPCs))[1733] begleitet, deren Ursprung auf eine Zeit kurz vor der mexikanischen Staatspleite zurückgeht: Die Weltbank hatte nämlich in ihrem Afrika-Bericht bereits in 1981 die Notwendigkeit eines Schuldenschnitts für Liberia, Sierra Leone, Zaire, Sambia und den Sudan dezent anklingen lassen.[1734] Das zähe Ringen unter den Industriestaaten nach einer Lösung dauerte bis Sommer 2005, bis sie öffentlichkeitswirksam ihre „historische Einigung" verkündeten, dass 18 HIPC-Ländern vierzig Milliarden US-Dollar an Schulden sofort erlassen werden.[1735]

Bei aller Langwierigkeit, die mit solchen Verhandlungen einhergeht, ist der Staatsbankrott mitunter die einzige Alternative, allen voran dann, wenn einen Großteil der öffentlichen Schuld auf Fremdwährung lautet. Da gerade ökonomisch schwächere Länder oft nicht die Möglichkeit haben, sich in großem Stil in der eigenen Währung zu verschulden, sehen viele Ökonomen in diesem Umstand eine wichtige Ursache dafür, dass Schwellenländer überdurchschnittlich häufig in Konkurs gehen!

Spätestens nach einem Schuldenschnitt sollte sich ein ehemaliges Schuldnerland redlich bemühen, nicht den gleichen alten Mustern anheimzufallen, welche die Malaise herbeigeführt haben. Schmerzhafte wirtschaftspolitische Reformen werden damit unvermeidbar sein. Andernfalls wird bald gelten, dass *nach* dem Schuldenschnitt *vor* dem Schuldenschnitt ist – was die nächsten Verhandlungsrunden nicht unbedingt erleichtern wird.

16.4.1.2 Aus den Schulden herauswachsen

Die charmanteste Möglichkeit drückend hohen Schulden zu entrinnen, besteht im Wachstum. Da dieser Ansatz „Genuss ohne Reue [...] oder Schulden ohne Sühne"[1736] geradezu verspricht, lässt er die Herzen politischer Verantwortungsträger stets höherschlagen – ist er von allen Auswegen aus einer Schuldenmisere doch wahrlich der schmerzloseste.

Wächst die Wirtschaft nämlich ausreichend kräftig, kann sich selbst bei einer Zunahme der *absoluten* Staatsverschuldung deren *relative Belastung* reduzieren. Trotz permanenter Aufnahme staatlicher Neukredite sinkt also die Schuldenquote. Mit

---

[1733] Die Weltbank und der Internationale Währungsfonds (IWF) haben 41 Länder zu HIPCs deklariert, deren überwiegende Mehrheit (33 Staaten) aus Afrika stammte. Die asiatischen Länder, die diese Initiative betraf, waren Laos, Myanmar und Vietnam. Vgl. Easterly, 2001, S. 128. Eine detaillierte Abhandlung über die HIPC-Initiative und ihre Genese findet sich bei Kaiser, 2018, S. 40 ff.

[1734] Vgl. Easterly, 2001, S. 124 f.

[1735] Die Einigung im Juni 2005 sah zudem vor, dass die Industrieländer auf die Rückzahlung von weiteren 15 Mrd. US-Dollar verzichtet werden würde, wenn bestimmte HIPC-Staaten Fortschritt im Kampf gegen die Korruption nachweisen können. Vgl. https://www.spiegel.de/politik/ausland/armut-in-afrika-g8-finanzminister-feiern-historischen-schuldenerlass-a-360131.html zuletzt abgerufen am 18.12.2023. Den HIPCs war nach Easterly schon zwischen 1989 und 1997 die Summe von 33 Mrd. US-Dollar an Schulden *erlassen* worden, während man ihnen im gleichen Zeitraum neue Darlehen in Höhe von 41 Mrd. US-Dollar gewährt hatte. Vgl. Easterly, 2001, S. 128.

[1736] Konrad/Zschäpitz, 2012, S. 212.

anderen Worten: Ohne Austeritätsdruck kann man sich wie Baron von Münchhausen selbst aus dem Schuldensumpf ziehen![1737]

Den Kern dieser Idee wollen wir anhand eines Beispiels illustrieren. Dazu nehmen wir an, dass sich zu Beginn eine verbriefte Staatsverschuldung in Höhe von 1.800 Mrd. Euro angehäuft hat.[1738] Wie wir in Kapitel 16.3.3. angemerkt haben, werden fällige Staatspapiere üblicherweise nicht getilgt, sondern refinanziert. In unserem Gedankenspiel machen wir von dieser Praxis Gebrauch![1739] Die in Tabelle 16.11 unterstellten jährlichen Refinanzierungsbedarfe, sind gleichwohl willkürlich gewählt.[1740]

Ferner wollen wir der Einfachheit halber noch annehmen, dass auf dem anfänglichen Schuldenstand ein *durchschnittlicher* Zins in Höhe von fünf Prozent lastet und sich hieran im betrachteten Zeitraum nichts ändert.

Tabelle 16.11: Entwicklung der kumulierten Staatsschuld (in Mrd. Euro) und der Schuldenquote (in%).

	Akkumulierte Verschuldung, Schuldendienst und -entwicklung							
Jahr	Anfangs-bestand (01.01)	Zinsen	Re-finanz-ierungs-bedarf	Gesamter Finanz-ierungs-bedarf	Netto-kredit-aufnahme	End-bestand (31.12)	BIP (31.12)	Schulden-quote (31.12)
1	1.800,0	90,0	100,0	190,0	90,0	1.890,0	3.150,0	60,0
2	1.890,0	94,5	100,0	194,5	94,5	1.984,5	3.307,5	60,0
3	1.984,5	99,2	100,0	199,2	99,2	2.083,7	3.472,9	60,0
4	2.083,7	104,2	110,0	214,2	104,2	2.187,9	3.646,5	60,0
5	2.187,9	109,4	90,0	199,4	109,4	2.297,3	3.828,8	60,0
6	2.297,3	114,9	80,0	194,9	114,9	2.412,2	4.020,3	60,0
7	2.412,2	120,6	100,0	220,6	120,6	2.532,8	4.221,3	60,0
8	2.532,8	126,6	60,0	186,6	126,6	2.659,4	4.432,4	60,0
9	2.659,4	133,0	70,0	203,0	133,0	2.792,4	4.654,0	60,0
10	2.792,4	139,6	90,0	229,6	139,6	2.932,0	4.886,7	60,0

1737 Vgl. Konrad/Zschäpitz, 2012, S. 212. Die Idee des Herauswachsens erfreute sich auch bei den Schuldenkrisen der 1980er und 1990er Jahre großer Popularität, unter anderem bei der Weltbank und dem Internationalen Währungsfonds. Vgl. z. B. Easterly, 2001, S. 102.
1738 Analog zu Abbildung 16.1 dürfen wir uns dabei vorstellen, dass unter den zirkulierenden Wertpapieren Anleihen genauso wie Obligationen und Schatzanweisungen vertreten sind.
1739 Dazu mag man sich vorstellen, dass ein Teil der Wertpapierinhaber bei Fälligkeit einfach bereit ist, ein späteres Verfallsdatum zu akzeptieren, weil sie für den Moment keine bessere Anlagealternative für sich sehen. Für den verbleibenden Rest leiht sich der Staat am Kapitalmarkt die entsprechende Summe und händigt diese den Altgläubigern vereinbarungsgemäß zur Tilgung aus. Durch dieses Procedere hat am Ende auch der getilgte Teil de facto nur ein neues Verfallsdatum erhalten: Die Tilgung wurde im Grunde genommen verschoben.
1740 Das Beispiel wird zeigen, dass die Höhe der zur Refinanzierung notwendigen Beträge *unter den getroffenen Annahmen* unseres Gedankenexperiments vollkommen bedeutungslos ist.

Tabelle 16.11 verdeutlicht nun, dass die absolute Verschuldung um die jährliche **Netto-kreditaufnahme** zunimmt. Diese ist unter der getroffenen Refinanzierungs- bzw. Tilgungsannahme mit der jährlichen Zinslast identisch. In unserem Gedankenmodell also in Höhe von fünf Prozent pro Jahr.

Sofern über den betrachteten Zeitraum nun das Bruttoinlandsprodukt ebenfalls Jahr für Jahr um diese Rate wächst, bleibt die an der Wirtschaftskraft gemessene Verschuldung trotz kontinuierlich steigender Absolutwerte mit 60 Prozent konstant (siehe Tabelle 16.11).

Führt man diesen Gedanken nun einen kleinen Schritt weiter, dann bedarf es offenkundig nur einer Wirtschaft, die stärker als der *durchschnittliche* Zinssatz, der auf der *kumulierten* Staatsschuld liegt, wächst, um eine als zu hoch erachtete Schuldenquote auf ein erträglicheres Niveau zurückzuführen. In unserem Fallbeispiel würde ein jährliches Wirtschaftswachstum von sechs Prozent die anfängliche Schuldenquote von 60,0 Prozent nach zehn Jahren auf 54,6 gedrückt haben.

Diese Überlegungen deuten andererseits darauf hin, dass ein zum durchschnittlichen Zinssatz vergleichsweise geringes Wachstum zu einem Anstieg der relativen Verschuldung führen kann. Wächst die Ökonomie unseres Beispiels nur um 1,5 Prozent pro Jahr, dann steigt mit der positiven **Zins-Wachstumsraten-Differenz** in Höhe von 3,5 Prozentpunkten die Schuldenquote von anfänglich 60,0 Prozent auf 84,2 Prozent innerhalb einer Dekade.

Dass in der realen Welt die Wachstumsraten dazu tendieren geringer als die Zinssätze zu sein, ist betrüblicherweise ein besonders plausibles Szenario, auch wenn die Nominalzinsen im Zeitraum von 2013 bis 2021 historische Tiefstände erreicht hatten und damit auch zu einem temporären Rückgang der *durchschnittlichen* Zinslast beigetragen haben.[1741]

Im Umgang mit den hohen Schuldenständen sollte man daher weder in Deutschland noch in den anderen Ländern des Euroraums auf die Münchhausen-Lösung setzen – zumal in diesen Ländern schon wegen des Bevölkerungsrückgangs und der Alterung der Gesellschaften (sprich: wegen des demografischen Wandels) „ein besonderer Wachstumsoptimismus [kaum] begründet [ist].“[1742] Erschwerend kommt hinzu, dass Schuldenstände vom gegenwärtigen Niveau schon selbst das Wachstum auszubremsen tendieren.[1743]

Auch der Blick auf die Gruppe der Entwicklungsländer verdeutlicht einprägsam, wie überzogen die Erwartungen der Kreditgeber und -nehmer in Bezug auf das Wirt-

---

1741 Vgl. z. B. Görgens/Ruckriegel/Seitz, 2014, S. 362.

1742 Sinn, 2021, S. 215. Von einem niedrigen Potenzialwachstum sprechen auch Belke und Keil. Diese gehen gar soweit, eine Ursache der Schuldenkrise darin zu sehen, dass „einer rasch alternden Bevölkerung im Rahmen der sozialen Sicherungssysteme Versprechen gemacht wurden, die sich bei Annahme realistischer Wachstumsszenarien nicht erfüllen lassen.“ Belke/Keil, 2013, S. 956. Vgl. aber auch Mayer, 2015, S. 228 und/oder Konrad/Zschäpitz, 2012, S. 228 f.

1743 Vgl. z. B. Belke/Keil, 2013, S. 956.

schaftswachstum eines Landes vielfach sind und wie fatal manch prognostizierte Schuldentragfähigkeit damit schon gewesen war. Ein beachtlicher Anteil an den geplatzten Träumen ging in vielen dieser Länder schon in den 1970er und 1980er Jahren auf das Konto ihrer Regierungen, die das zufließende Auslandskapital so erschreckend unproduktiv zum Einsatz gebracht hatten, dass sich mit verstörenden Anekdoten Bände füllen ließen.[1744]

Musste die Weltbank beispielsweise im Jahr 1987 für Ägyptens staatliche Industriebetriebe, die immerhin ein Drittel des jährlichen Staatsdefizits in den 1980er Jahren zu verantworten hatten, bereits eine allgemeine Unterauslastung diagnostizieren,[1745] so verbietet sich jede Form von Euphemismus, wenn man auf den Fall der mit Auslandskrediten finanzierten Morogoro Schuhfabrik in Tansania blickt. Ungeschminkt lässt sich hierbei nur noch von einem finanziellen Desaster sprechen, da dieser Staatsbetrieb nie stärker als vier Prozent ausgelastet war.[1746]

Ein weiteres, hanebüchenes Extrembeispiel kann die Demokratische Republik Kongo beisteuern. Als sie noch den Namen Zaire unter dem kleptomanischen Präsident Mobutu Sese Seko trug,[1747] hatte die Zentralregierung in ein Wasserkraftwerk inklusive Übertragungsleitungen drei Mrd. US-Dollar investiert. Eine Summe, die

---

1744 Im Falle von zehn Ländern spricht Easterly sogar von echten Wachstumskatastrophen, darunter Guinea-Bissau, Mosambik, Sambia, Tschad und Zimbabwe. Vgl. Easterly, 2001, S. 42 ff. Weitere Länderbeispiele, in denen das Pro-Kopf-Einkommen zwischen 1980 und 1994 stagnierte, obwohl Weltbank und IWF mehrfach Kredite in dieser Zeit gewährt hatten, finden sich bei Easterly, 2001, S. 115. Die unproduktive Verwendung ausländischer Kredite ist bei Leibe kein neuzeitliches Phänomen, allen voran kein afrikanisches. Für das hoch verschuldete Osmanische Reich war beispielsweise bekannt, dass nur ein Zehntel des ab den 1850er Jahren importierten Kapitals für Produktivzwecke eingesetzt wurden. Die übrigen neunzig Prozent wurden für die Finanzierung von Kriegen, für die Rückzahlung früher Anleihen und die Verschwendung des Hofes verwendet. Vgl. Pohl, 1989, S. 276.
1745 Vgl. Weltbank 1987, S. 142.
1746 Die Fabrik, die die Weltbank in den 1970er Jahren mitfinanziert hat, sollte nicht nur den heimischen Markt bedienen, sondern auch für den Export nach Europa produzieren. Trotz neuester Produktionstechnologie wurde nie ein Schuh ausgeführt. Vgl. Easterly, 2001, S. 68. Im Jahr 1992 wurde die Schuhfabrik privatisiert. In 1997 hat sie ein Brand vollständig zerstört. Vgl. https://thecitizen.co.tz/tanzania/news/national/privatised-industries-in-the-list-of-government-s-little-black-book-2554568, zuletzt abgerufen am 24.04.2024.
1747 Die Demokratische Republik Kongo ist eine ehemalige belgische Kolonie, die ihre Unabhängigkeit im Jahr 1960 erlangte. Auf Veranlassung von Mobutu, der sich dort im Jahr 1965 an die Macht geputscht hatte und diese über 32 Jahre innehielt, trug sie ab 1971 den Name Zaire. Nach dem Ende seiner autokratischen Herrschaft im Jahr 1997 ersetzt man den Landesnamen durch den heutigen. Es wird geschätzt, dass sich Mobutu durch Korruption zwischen vier und fünf Mrd. US-Dollar in seiner Amtszeit angeeignet hat. Damit gehörte er zu den korruptesten Politikern Afrikas. Ungeachtet dessen ließ ihn der Westen als antikommunistisches Bollwerk gewähren. Am Ende seiner Regierungszeit bezifferte sich das kongolesische Pro-Kopf-Einkommen auf ca. 600 US-Dollar, obgleich das Land eines der rohstoffreichsten der Welt ist. Vgl. https://www.transparency.org/en/press/seize-mobutus-wealth-or-lose-your-own-money-western-governments-told und https://www.theguardian.com/world/2004/mar/26/indonesia.philippines, beide zuletzt abgerufen am 24.04.2024.

damals gut einem Drittel der Auslandsschulden des Landes entsprach. Im Jahr 1991, zehn Jahre nach Indienststellung, war bereits eine *umfassende Sanierungsphase* – wie sich die Weltbank ausdrückte – notwendig.[1748] Viel gravierender als dieser bittere Umstand war jedoch, dass dieses Kraftwerk „nie zu mehr als 30 Prozent ausgelastet [war].“[1749]

Überdimensionierte Leuchtturmprojekte wie das kongolesische, die wenig mehr als einen katastrophalen Abdruck in den Staatsfinanzen hinterlassen, mögen am Ende rar gesät und ungenutzte Fabriken wie in Tansania singuläre Extremfälle geblieben sein. Doch das darf uns nicht darüber hinwegtäuschen, dass vielen Schwellen- und Entwicklungsländern Kredite gewährt wurden, ohne dass die damit korrespondierenden Wachstumsversprechen ansatzweise eingelöst werden konnten: „[U]nproduktive Projekte [waren] nur allzu häufig anzutreffen.“[1750] Ernüchtert resümierte der ehemalige Weltbankökonom Easterly im Jahr 2001 daher, dass die Kredite gekommen seien, während sich das Wachstum vom typischen Entwicklungsland auffallend ferngehalten habe.[1751]

Mögen sich vielerorts die Verhältnisse mittlerweile zum Besseren gewandelt haben, so lässt sich andernorts doch eine erstaunliche Persistenz vergangener Fehler und Missstände beobachten. Die Gründe sind – wie so oft – vielfältig. Zu ihnen gehören auf Kreditgeberseite jedoch noch immer ein Unverständnis für die Komplexität des Wachstumsprozesses und auf Seite der Darlehensnehmer der eingeschwungene Griff in die Staatskasse durch korrupte Eliten.[1752] Auf beiden Seiten des Kreditmarktes fehlt es allen voran an der Haftung der direkten Vertragsbeteiligten!

In der Herleitung zur Bedeutung der Zins-Wachstumsraten-Differenz für die allgemeine Entwicklung der staatlichen Verschuldungslast haben wir – soweit unausgesprochen – einen ausgeglichenen Primärsaldo unterstellt. Andernfalls hätte in unserem Zahlenbeispiel in Tabelle 16.11 die Nettokreditaufnahme nicht deckungsgleich mit den anfallenden Zinszahlungen sein können.

1748 Vgl. Weltbank 1991, S. 169.

1749 Weltbank 1991, S. 169. Bereits zuvor hatte die Weltbank in ihrem Jahresbericht die *politische* Motivation für diesen Kraftwerksbau hervorgehoben, da dieser „darauf ab[zielte], die Regierungskontrolle über eine aufsässige Region zu vergrößern.“ Weltbank 1991, S. 158.

1750 Weltbank 1991, S. 169. Dort findet sich weitere, schaurige Beispiele.

1751 Mit Frustration und Sarkasmus stellt Easterly fest, dass zwischen 1980 und 1998 das Wachstum des Pro-Kopf-Einkommens des typischen Entwicklungslandes *null* war und die Weltbankprogramme der damaligen Zeit für alle außer den Patienten erfolgreich waren. Gleichwohl vermochte auch Easterly einzelne Erfolgsgeschichten zu erkennen, namentlich Ghana, Mauritius, Thailand und Korea. Vgl. Easterly, 2001, S. 101 ff.

1752 Ein aktuelles Beispiel zur Zweckentfremdung ausländischer Kredite (in Höhe von 2 Mrd. US-Dollar) „erfreut“ sich Mosambik beisteuern zu dürfen. Vgl. Selemane, 2019, S. 29 f. und Kaiser, 2017, S. 31 ff. oder auch Jones, 2019, S. 24. Und im Kongo beruht der Griff in die Staatskasse mittlerweile auf einem präsidentiellen Gewohnheitsrecht, von dem auch nach der Abdankung Mobutus der jeweilige Amtsinhaber Gebrauch zu machen weiß. Vgl. Seiz, 23.11.2021, S. 6.

Weicht nun der Primärsaldo von Null ab, d. h. die Einnahmen vor Neuverschuldung sind *nicht* deckungsgleich mit den Ausgaben vor Zinsen, dann muss sich dies in der Entwicklung der Schuldenquote ebenfalls niederschlagen.

So wird bei einem *negativen* Primärhaushalt die Staatsschuldenquote selbst dann klettern, wenn die Gesamtwirtschaft um die gleiche Rate wächst wie die durchschnittliche Zinsbelastung hoch ist, die Zins-Wachstums-Differenz demnach Null ist. Wird wirtschaftspolitisch angestrebt, eine bestehende Staatsschuldenquote konstant zu halten, dann bedarf es bei einem negativen Primärsaldo eines Wirtschaftswachstums, dessen Rate über dem durchschnittlichen Zinsniveau der Verschuldung liegt. Infolgedessen potenziert es sich mit Blick auf die relative Schuldenlast zum Schlechteren, wenn zu einer ohnehin positiven Zins-Wachstumsraten-Differenz ein negativer Primärsaldo hinzukommt.[1753]

Umgekehrt gilt aber auch, dass selbst bei einer negativen Zins-Wachstums-Differenz die relative Belastung der staatlichen Schulden immer noch stabil bleiben kann, sofern der Primärsaldo nur ausreichend positiv ist. Schließlich lässt sich mit dem Einnahmenüberschuss ein Teil der Zinspflicht tragen, wodurch die Nettokreditaufnahme geringer als die Zinslast ausfällt! Einen gesamthaften, tabellarischen Überblick über diese Zusammenhänge bietet Tabelle 16.12.

Tabelle 16.12: Die Wirkungsbeziehungen des Primärsaldos und der Zins-Wachstums-Differenz auf die Schuldenquote.

Primärsaldo	Zins-Wachstums-Differenz	Konsequenz auf die Entwicklung der Schuldenquote
Ausgeglichen	0	Bleibt konstant
	> 0	Steigt
	< 0	Sinkt
Negativ (< 0)	0	Steigt
	> 0	Steigt besonders ausgeprägt
	< 0	Unklar (abhängig von den einzelnen Impulsstärken)
Positiv (> 0)	0	Sinkt
	> 0	Unklar (abhängig von den einzelnen Impulsstärken)
	< 0	Sinkt besonders ausgeprägt

Mit diesen ergänzenden Einsichten zur Relevanz des Primärsaldos für die Entwicklung der Staatsschuldenquote blicken wir nun auf den Ansatz, den Staatshaushalt zu konsolidieren.

[1753] Zwei historische Fälle aus Afrika seien aufgegriffen: Die Elfenbeinküste hatte zwischen 1989 und 1993 ein durchschnittliches Budgetdefizit in Höhe von 14 Prozent des BIP. Es war weithin anerkannt, dass diese tiefen, notorischen Löcher im Staatshaushalt dem Wirtschaftswachstum des Landes abträglich waren. Ähnlich war es in Kenia, wo hartnäckig verlustmachende Staatsunternehmen, etwa die Eisenbahn, das wirtschaftliche Wachstum „auffraßen". Vgl. Easterly, 2001, S. 107 ff. Es darf also nicht verwundern, wenn in solchen Fällen die staatliche Schuldenquote steigt.

16.4.1.3 Konsolidierung der Staatshaushalts

Das unmittelbare Ziel einer Konsolidierung des Staatshaushalts besteht – technisch gesprochen – in einer Verbesserung des Primärsaldos. Der Standardfall bei zu hoch empfundener Staatsschuld ist, dass ein chronisch negativer Saldo, der den Anstieg der Schuldenquote maßgeblich unterstützt hat, in einen verwandelt werden soll, der anhaltend positiv ist.

Gelegentlich mag eine Regierung auch anstreben, einen bereits ausgeglichenen bzw. einen leicht überschüssigen Primärsaldo anschwellen zu lassen, weil sich die Schuldenquote wegen zu kleiner Wachstumsraten noch immer in die falsche Richtung entwickelt (siehe Tabelle 16.13).

Bei ihrem Bemühen stehen der öffentlichen Hand nun zwei prinzipielle Wege offen, die isoliert oder gemeinsam beschritten werden können. Zum einen kann sie die Einnahmen bei konstanten Ausgaben erhöhen; zum anderen kann sie Ausgaben bei unveränderten Einnahmen kürzen.

Obgleich in der Praxis die Kombination beider Ansätze die Norm ist, behandeln wir diese ausschließlich getrennt und konzentrieren uns hierbei auf das Wesentlichste. Mit der Einnahmenseite beginnen wir.

Zusätzlichen Einnahmen können – zumal in einer außerordentlichen Notlage – mittels einer einmaligen **Sondersteuer** oder **Sonderabgabe** zu generieren versucht werden. Beispielsweise hatte man im Deutschen Reich im Dezember 1919 wegen der enormen Schulden ein sogenanntes *Reichsnotopfer* beschlossen. „Alle Bürger mit einem Vermögen von mehr als 5.000 Mark sollten einen Teil davon an den Staat abführen. Berücksichtigt wurden Immobilie, Maschinen, Wertpapiere [...] Der Steuersatz betrug 10 Prozent und stieg dann progressiv an."[1754]

In ähnlicher Weise einigte man sich nach dem Zweiten Weltkrieg in West-Deutschland darauf, einen Vermögensausgleichs wegen Enteignung im und Vertreibung aus dem ehemaligen Reichsgebiet über eine Sonderabgabe zu finanzieren: den sogenannten *Lastenausgleich* von 1952. Die von der Abgabe Betroffenen, vorwiegend Eigentümer von kriegsverschonten Immobilien, konnten ihre Zahlungspflicht dabei über dreißig Jahre strecken. Hierdurch belief sich die tatsächliche Belastung auf einem Niveau, dass die Ausgleichszahlungen aus dem Ertragswert geleistet werden konnten.[1755]

1754 Stocker, 2022, S. 35. Anknüpfend an unser Zitat geht es bei Stocker weiter mit der Feststellung, dass „die Zahlungen über viele Jahre gestreckt [wurden], und im Nachhinein war es für die Betroffenen eine glückliche Fügung, dass das Gesetz aufgrund der Inflation letztlich ins Leere lief." Stocker, 2022, S. 35 f.
1755 „Die Höhe dieser Abgabe wurde nach der Höhe des Vermögens mit Stand vom 21. Juni 1948, dem Tag nach Einführung der D-Mark in den drei westlichen Besatzungszonen, berechnet. Die Abgabe belief sich auf 50 % des berechneten Vermögenswertes [...]. Durch die Verteilung auf viele Jahre betrug die Belastung nur 1,67 % pro Jahr, sodass sie aus dem Ertragswert des betroffenen Vermögens geleistet werden konnte, ohne die Vermögenssubstanz angreifen zu müssen. Das fiel den Betroffenen infolge der ständigen Inflation seit 1952 allmählich leichter." https://de.wikipedia.org/wiki/Lastenausgleichsgesetz zuletzt abgerufen am 02.02.2024.

Als weitere Option zur sporadischen Steigerung seiner Einnahmen steht dem Staat der Verkauf hoheitlicher Vermögensgegenstände zur Verfügung. Staatsoberhäupter und Regierungen in prekären Finanzlagen haben dabei noch jede denkbare Form von Tafelsilber veräußert oder verpfändet, etwa Insignien,[1756] Kunstwerke und Schürfrechte; aber auch Land – wie schon der Verkauf von Alaska an die Vereinigten Staaten von Amerika durch das russische Zarenreich im Jahr 1867 unzweifelhaft belegt.[1757]

Heute versilbern finanzbedürftige Regierungen ihre Unternehmensbeteiligungen oder privatisieren Unternehmen, die noch vollständig in öffentlicher Trägerschaft sind, etwa im Verkehrswesen oder in der Energieversorgung (siehe Lektion 11), um leere staatliche Schatullen aufzufüllen.

Gewiss atypisch, der Moderne aber noch immer eine Vertraute, geht dem Verkauf staatlicher Wertgegenstände deren gewaltsame Aneignung zuweilen voran. So hat die *Tschechoslowakei* nach dem Ersten Weltkrieg die Güter zuvor enteigneter Großgrundbesitzer in bedeutendem Umfang an Kleinbauern verkauft und mit den hieraus erzielten Einnahmen ihre Schulden getilgt. Die historischen Zeichen standen – ähnlich wie bei der Säkularisierung im Wege der Französischen Revolution – für eine solche Maßnahme günstig, weil es „einen inneren Feind [gab], der den Preis für Reformen und Stabilität zahlen konnte."[1758]

Ohne parallelen Angang **struktureller Finanzreformen** läuft jede Einmalaktion zur Steigerung der Staatseinnahmen Gefahr, sich rasch als reine Scheinlösung demaskieren lassen zu müssen, weil die Budgetdefizite mit den alten, eingeschliffenen Gewohnheiten zurückkehren. Kurzum, der mit einem punktuellen Kraftakt in Angriff genommenen Konsolidierungsbemühung fehlt es an Nachhaltigkeit, es kommt zum JoJo-Effekt! Beispielhaft mag man sich den Verkauf öffentlicher Gebäude vorstellen, die der Staat anschließend vom neuen Eigentümer anmietet (sog. „Sale-and-lease-back"-Geschäfte). Der Kosten-Boomerang kehrt zurück, sobald die einmaligen Privatisierungserlöse aufgebraucht sind!

Demgegenüber haben Strukturreformen, die das allgemeine steuerliche Aufkommensniveau zu heben beabsichtigen, ungleich bessere Voraussetzungen, den Staatsetat nachhaltig zu stabilisieren.

Eine besonders umfangreiche Steuer- und Finanzreform setzte Matthias Erzberger (1875–1921) als Reichsminister für Finanzen binnen eines Jahres ab Sommer 1919 durch, indem er „nicht weniger als 16 grundlegende Finanz- und Steuergesetze

---

[1756] Aus Geldnot hatte der englische König Eduard III. (siehe Kapitel 16.3.1.) seine Kronjuwelen und die Magna Corona (also die „große Krone") verpfändet. Der Kaufmann Tidemann Lemberg nahm diese im Jahr 1343 zum Pfand, als durch die deutsche Hanse ein Kredit für Eduard III. in Höhe von 45.000 Gulden arrangiert wurde. Vgl. Rademacher, 2016, S. 58 und S. 64.

[1757] Das Territorium, das den heutigen US-Bundesstaat Alaska bildet, hat das Zarenreich für 7,2 Mio. US-Dollar an die USA verkauft. Vgl. https://de.wikipedia.org/wiki/Kauf_Alaskas, zuletzt abgerufen am 02.02.2024.

[1758] James, 2022, S. 161. Der innere Feind in Frankreich am Ende des 18. Jahrhunderts war die Kirche.

[...] durchs Parlament brachte."[1759] Vollständig neu wurde hierbei die Umsatzsteuer in Deutschland eingeführt. Zudem vereinheitliche Erzberger reichsweit die Sätze der Grunderwerb-, Körperschaft- und Einkommensteuer. Bei Letzterer erreichte der Spitzensteuersatz jetzt „60 Prozent [...] – nach 4 Prozent, die zuvor in Preußen gegolten hatten."[1760]

Für jede zur Etatkonsolidierung gezwungene Regierung gesellt sich zur Notwendigkeit, die Einnahmen zu verbessern, die pflichtgetreue Suche nach Einsparpotenzialen – allen voran, wenn die Staatsausgaben nur noch zu einem Bruchteil durch reguläre Einnahmen gedeckt werden.

Einem dramatisch schlechten Deckungsverhältnis sah sich die Regierung im Deutschen Reich in den ersten Jahren nach Beendigung des Ersten Weltkriegs gegenüber als ungeachtet der von Erzberger eingeleiteten Finanzreformen Steuern, Zölle und Abgaben nur noch einem Drittel der staatlichen Ausgaben entsprachen. Ebenso zugespitzt war die Lage der öffentlichen Haushalte in jener Zeit im Nachbarland Österreich-Ungarn.[1761]

Trotz offenkundig desaströser Etatsituationen taten sich die Regierungen in beiden Staaten jedoch schwer, Ausgabenkürzungen vorzunehmen: Im Deutschen Reich kam es im Herbst 1921 mit der Ankündigung, vier Milliarden Mark an Getreidesubventionen einsparen zu wollen, prompt zu Protestkundgebungen.[1762] Da waren in Österreich-Ungarn die Lebensmittelsubventionen genauso wie die Ausgaben zur Unterstützung der Arbeitslosen bereits politisch sakrosankt.[1763]

Die Sorge, Revolten im Land durch Ausgabenkürzungen heraufzubeschwören, lässt politische Entscheidungsträger regelmäßig zögern, Austeritätsprogramme zu verfolgen, auch wenn diese aus etatistischer Sicht zwingend geboten wären. Selbst Militärs, einmal an der Macht, schrecken vor gravierenden Einschnitten zurück. So fand die ghanaische Militärregierung nach dem Sturz des ersten Präsidenten Nkrumah (1966) keinen Weg, ein zur dringlichen Sanierung des Budgets beschlossenes Sparprogramm umzusetzen, nachdem es bei Bekanntwerden prompt zu öffentlichen Unruhen gekommen war.[1764]

1759 Stocker, 2022, S. 34.

1760 Stocker, 2022, S. 35. Als Randnotiz sei erwähnt, dass der Spitzensteuersatz im Rahmen des Reichsnotopfers bei Vermögen von mehr als zwei Millionen Mark sogar auf 65 Prozent taxiert war. Wie im Text angesprochen, verlief diese Maßnahme wegen der Inflation im Sande. Mit den Erzberger Reformen setzte im Übrigen der direkte Steuerabzug vom Lohn in Deutschland ein. Vgl. Stocker, 2022, S. 34 f.

1761 Zu Österreich-Ungarn, wo die Budgeteinnahmen bis Sommer 1919 immerhin noch 84 Prozent der Ausgaben umfassten und dann auf 36 Prozent in 1921 sanken, siehe Jobst/Kernbauer, 2016, S. 154. Zum Deutschen Reich siehe Stocker, 2022, S. 64.

1762 Vgl. Stocker, 2022, S. 64.

1763 Vgl. Jobst/Kernbauer, 2016, S. 154.

1764 Vgl. Jungfer, 1991, S. 379. Unter Präsident Nkrumah klaffte in den Jahren von 1960 bis 1965 stets ein Budgetdefizit von mindestens 15 Prozent (bezogen auf die Einnahmen). Die Auslandsverschuldung Ghanas war dabei kontinuierlich gestiegen. Lag diese im Jahr 1962 noch bei knapp 24 US-Dollar pro

Als in Deutschland im November 2023 durch höchstrichterliches Urteil der amtierenden Regierung plötzlich 60 Mrd. Euro im Haushalt fehlten,[1765] bestand in weiten Gesellschaftskreisen trotz eines Sozialbudgets in Höhe von 172 Milliarden Euro schnell Gewissheit, dass bei diesem Etatposten kaum Sparpotenzial vorhanden sei.[1766] Zeitgleich umschifften ausgewiesene Unternehmensvertreter mehr oder weniger elegant das Wort der Subvention – ungeachtet der Tatsache, dass neutrale Beobachter Jahr für Jahr einen hohen Milliardenbetrag an Subventionszahlungen für wirtschaftlich schädlich bezeichnen (siehe Lektion 12, Kapitel 12.3).[1767]

Nachdem dann durchgesickert war, welche Privilegien die Regierung konkret abzubauen gedenkt, ertönte ein Wimperschlag später der sichere Aufschrei. Er schallte aus der Bauernschaft herbei, die über die Abschaffung von steuervergünstigtem Agrardiesel und die Beendigung der Kfz-Steuerbefreiung von landwirtschaftlichen Fahrzeugen erwartungskonform wenig Freude finden konnte. Prompt kam es mit den noch Kfz-steuerbefreiten Traktoren und dem vergünstigten Treibstoff zu einer Sternfahrt nach Berlin. Auf der entsprechenden Protestkundgebung sah sich Landwirtschaftsminister Özdemir dann zu dem Bekenntnis genötigt, dass „[e]r wisse, ‚unter welch hohem Druck Landwirte wirtschaften‘."[1768] Der Druck und Stress unter dem Industriearbeiter, Krankenschwestern, Pflegekräfte, Lehrer und/oder Selbständige außerhalb der Agrarwirtschaft täglich ihrer Arbeit nachgehen, war – wie immer bei Larmoyanz-Gipfeln dieser Art – ohne Belang.[1769]

Einwohner, so hatte sie beim Sturz Nkrumahs (1966) eine Höhe von 181,5 US-Dollar erreicht. Im Jahr danach kletterte dieser Wert sogar auf 233 US-Dollar, bei einem Pro-Kopf-Einkommen von 213 US-Dollar. In einem Zeitraum, in dem das Pro-Kopf-Einkommen stets geringer als 1,0 Prozent pro Jahr gewachsen ist, hat sich also die Auslandsverschuldung verzehnfacht! Verschärfend kam die Ineffizienz der Wirtschaft hinzu; nahezu jeder Staatsbetriebe machte hohe Verluste. Vgl. hierzu Jungfer, 1991, S.369 ff. Punktuell kommt es in Schwellen- und Entwicklungsländern noch immer zu Unruhen, wenn Regierungen hohe Subventionen auf Benzin oder Brot allein zu senken beabsichtigen.

1765 Vgl. Greive/Hildebrand, 16.11.2023, S. 1 und S. 4 f.

1766 Vgl. Anger/Specht, 30.11.2023, S. 6 f. und Anger et al., 16.11.2023, S. 1 ff. Die Sozialausgaben umfassen weit mehr als ein Drittel des deutschen Haushalts. Es werden „rund 170 verschiedene Sozialleistungen [...] von rund 30 Behörden verwaltet." Sigmund, 10.04.2024.

1767 Vgl. hierzu die jährlichen Kieler Subventionsberichte.

1768 o. V., 19.12.2023, S. 1.

1769 Gänzlich entglitten zu sein scheint aber das Wissen darüber, dass man wohl keinen zweiten Berufstand in Deutschland finden dürfte, der solange am Tropf des Staates hängt wie die Bauern (siehe Lektion 9)! In Bezug auf die bei den Landwirten Unmut erregenden Regierungsideen fanden sich im Kieler Subventionsbericht 2023 folgende Daten (also noch bevor die Regierung sich gezwungen sah, ihre Budgetplanung für 2024 anzupassen und dazu mit Kürzungsvorstellungen um die Ecke kam): „Die steuerliche Begünstigung der Landwirtschaft beträgt knapp 1,5 Mrd. Euro, wobei die Kraftfahrzeugsteuerbefreiung der Zugmaschinen und Sonderfahrzeuge mit 480 Mio. Euro und die Mineralölsteuerbegünstigung für Betriebe der Land- und Forstwirtschaft nach dem Agrardieselgesetz mit 440 Mio. Euro besonders zu Buche schlagen." Laaser/Rosenschon/Schrader, 2023, S. 37. Kurzum: Säkulare Subventionen sind dem Bauern gewiss, wie der Hahn auf dem Mist!

Diese gewiss blumigen Ausführungen deuten an, warum Regierungen trotz notorischer Budgetschwierigkeiten zurückschrecken, den Haushalt zu konsolidieren: Sie haben regelmäßig kein Verlangen nach einem unverdeckten Verteilungskampf und *grundsätzlichen* Gerechtigkeitsdebatten.[1770]

Ungeachtet dessen gehört zu den prominenten Thesen, dass Konsolidierungen, die überwiegend auf Einnahmeerhöhungen setzen, langfristig nicht erfolgreich waren und die Sanierungserfolge bei radikalen Ausgabenkürzungen von größerer Dauer sind. Dabei spielt auch eine Rolle, an welchen Stellen die Haushaltsdisziplin ansetzt. Als besonders erfolgsversprechend gelten Einschnitte, mit denen zugleich die *Struktur* öffentlicher Ausgaben verändert wird.

16.4.1.4 Finanzielle Repression

Mit der finanziellen Repression verfolgt der Staat zwei sich wechselseitig bedingende, sprich interdependente Ziele. Zum einen will er sich jenseits der direkten Besteuerung (Kapitel 16.4.1.3.) Zugang zu den Sparvermögen seiner Bürger verschaffen. Das gelingt ihm dadurch, dass er eine *künstliche* Nachfrage nach staatlichen Schuldtiteln initiiert und dem Etat damit *wiederkehrend* Finanzmittel zuführt, die er andernfalls nicht zu generieren im Stande wäre. Mit anderen Worten: Der Privatsektor würde staatlich emittierte Wertpapiere ohne gesetzgeberische „Unterstützungsmaßnahmen" ganz offensichtlich nicht in dem Umfang erwerben, wie dies dem Staat zu pass kommt.

Das soeben Geschilderte demonstriert Abbildung 16.3. Hier werden die unverzerrten, natürlichen Nachfragepläne der deutschen Haushalte nach neuen Bundesanleihen mit zehnjähriger Laufzeit durch die Nachfragekurve NF_0 repräsentiert. Ohne Intervention würde der Staat also die Menge M_0 zum Ausgabekurs von 94,10 Euro pro Stück am Primärmarkt[1771] platzieren können. Bei einem Nominalwert von 100 Euro beliefe sich das Disagio in diesem Falle also auf 5,90 Euro je Anleihe.

Im Zusammenspiel mit einer nahezu vollkommen elastischen Angebotskurve erhöht sich nun der Emissionsumfang auf die Menge M_1, wenn der Staat durch finanzielle Repressionsmaßnahmen die Nachfrage nach seinem Anlageprodukt auf die Menge

---

1770 Angemerkt sei, dass *Gerechtigkeit* kein ökonomisches Kriterium ist. Daher können Ökonomen nur die Wirkungen von Steuern auf die Allokation, das Wachstum und/oder die Verteilung benennen.

1771 An der Börse wird zwischen Primär- und Sekundärmarkt unterschieden. Neuemissionen aller Wertpapierkategorien (d. h. von Aktien und Anleihen) werden am Primärmarkt begeben. Unmittelbar nach Erstausgabe sind die neuen Titel am Sekundärmarkt handelbar. Die Deutsche Finanzagentur, die die Emission staatlicher Wertpapiere in der Bundesrepublik verantwortet, ist allmonatlich am Primärmarkt aktiv – und das in aller Regel mehrmals. Entsprechend dem staatlichen Kapitalbedarf platziert sie bei jedem Termin dann eine konkrete Wertpapierform, z. B. eine Anleihe mit zehnjähriger Laufzeit. Auf ihrer Internetseite veröffentlicht die Finanzagentur den Emissionskalender für mehrere Quartale im Voraus. Vgl. https://www.deutsche-finanzagentur.de/bundeswertpapiere/emissionen/emissionskalender, zuletzt abgerufen am 02.02.2024.

NF_1 auszudehnen vermag. Der Finanzminister hat damit sein *erstes* fiskalpolitisches Ziel erwirkt: Er steigert seine Einnahmen aus Kreditaufnahme. Der zusätzliche Emissionserlös beruht dabei nicht allein auf der erhöhten Stückzahl, sondern auch auf einem reduzierten Disagio: Der Ausgabekurs je Anleihe liegt jetzt bei 98,75 Euro.

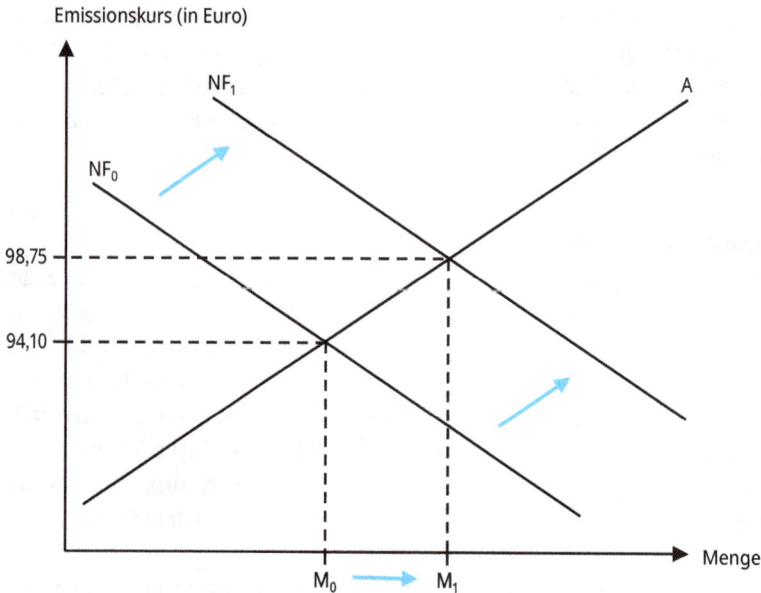

Abbildung 16.3: Primärmarkt für Staatsanleihen ohne bzw. mit finanziellen Repressionsmaßnahmen.

Doch auch das *zweite* fiskalische Anliegen, die eigene Zinslast zu reduzieren, wird im gleichen Atemzug vollbracht.[1772] Um dies zu verstehen, nehmen wir für unsere beispielhafte Anleihebegebung der Einfachheit halber an, dass der Nominalzins aufgrund des makroökonomischen Umfelds unabhängig vom finalen Emissionsvolumen auf 4,0 Prozent im Vorfeld festgelegt worden war.

Der auf finanzieller Repression beruhende Anstieg der Schuldtitelnachfrage hat – wie dargelegt – den Ausgabekurs um 4,65 Euro auf 98,75 Euro erhöht. Konsequenterweise sinkt damit der Realzins.[1773] Im Fallbeispiel um 0,2 Prozentpunkte – nämlich von

---

[1772] Vgl. Belke/Keil, 2013, S. 957. In Kapitel 16.4.1.2. haben wir auf die Bedeutung der Zins-Wachstums-Differenz in Bezug auf die Entwicklung der Schuldenquote hingewiesen. Man beachte nun, dass bei jedem angenommenen Wachstum der Staat auf diese Differenz mit Hilfe finanzieller Repression grundsätzlich einwirken kann.

[1773] Der Realzins ergibt sich aus dem Nominalzins bezogen auf den *tatsächlichen* Ausgabepreis. Nur wenn der Ausgabepreis dem Nominalwert einer Anleihe entspricht, sind Real- und Nominalzins identisch! Bei dieser Überlegung haben wir allerdings stillschweigend unterstellt, dass die *Inflation* bei null Prozent liegt. Da eine solche Konstellation in der Praxis nur in Ausnahmefällen anzutreffen ist, muss

4,25 Prozent auf 4,05 Prozent. Die Reduktion seines relativen Realzinsaufwands ist für den Staat also ein unvermeidlicher Beifang, wenn dieser zur „Kurspflege" die Nachfrage nach seinen Wertpapieren stimuliert.

Mit welchen Maßnahmen interveniert nun der Staat, um im privaten Sektor die Nachfrage nach seinen Schuldtiteln anzutreiben und den Realzins kleinzuhalten?

In Bezug auf diese Frage lässt sich zunächst feststellen, dass es ihm an konkreten Möglichkeiten zur zielgerichteten Intervention nicht mangelt. Tatsächlich steht dem Staat ein ganzes Bündel an Optionen zur Verfügung. Bevor wir auf diese sogleich eingehen, sei jedoch erwähnt, dass die instrumentelle Abgrenzung schon deshalb nicht ganz leichtfällt, weil die finanzielle Repression in ihrem Anliegen, die staatliche Zinsbelastung zu senken, symptomatisch mit einer *schleichenden* Inflation in Verbindung gebracht wird – womit man im Feld der klassischen Geldpolitik angekommen ist (siehe Kapitel 16.4.2.).[1774]

Für den Rest dieses Kapitels konzentrieren wir uns daher auf den Handwerkskasten der **nicht-monetären Instrumente** finanzieller Repression. In diesem befinden sich Gesetze und andere Regularien, die darauf abzielen
- Kapitalabflüsse zu verhindern,
- alternative Anlageformen offen oder verdeckt zu diskriminieren und
- Kapitalien in den Erwerb staatlicher Wertpapiere zu kanalisieren.[1775]

Obrigkeitliche Maßnahmen, die dem ersten Hebel zuzurechnen sind, versuchen den Abfluss inländischer Sparvermögen ins Ausland zu reduzieren, wenn nicht gar zu unterbinden. Zu diesem Zweck kann der Staat beispielsweise ein Verbot zur Führung von Auslandskonten und/oder von Devisenbesitz erteilen. In milderer Form lassen sich Devisenkontrollen einführen.[1776]

Hat der Staat mit **Kapitalverkehrskontrollen** das Verlangen seiner Bürger, Geldvermögen außer Landes zu schaffen, drosseln können bzw. auf legalem Wege sogar verunmöglicht, so fließen ihm die zurückgestauten Gelder noch lange nicht zu. Damit man sie ihm auch wirklich angedieht, bedarf es komplementärer Interventionen. Wozu sich der Staat im Einzelfall hierbei auch immer entscheiden mag, er sorgt sich fortan gewissenhaft um die **Diskriminierung alternativer Anlageprodukte**!

Eine erste, denkbare Maßnahme zugunsten seiner Schuldtitel entfaltet ein Staat mit dem etwaigen Erlass von Höchstzinsen auf Sparkonten. Doch die relative Attraktivität seiner Wertpapiere lässt sich für den Staat schon dadurch heben, dass er Aktien

---

also auch dieser Aspekt der monetären Entwertung in die Realzinsberechnung einfließen. Hierauf kommen wir weiter unten zurück.

1774 Bei schleichender Inflation drückt der Staat seine Zinsbelastung weiter. Die Absenkung des Realzinses kann sogar so weit erfolgen, dass sich ein Staat in die komfortable Situation *negativer* Realzinsen bringt!

1775 Vgl. Belke/Keil, 2013, S. 957.

1776 Vgl. z. B. Konrad/Zschäpitz, 2012, S. 237.

und andere Investitionsformen steuerrechtlich schlechter stellt oder ihren Erwerb mit reglementierenden Auflagen versieht, wie etwa den Handel mit Digitalwährungen (z. B. Bitcoin) oder Gold.[1777] Gerade der Goldbesitz ist in der Geschichte immer wieder beschränkt, temporär mitunter auch ganz verboten worden.[1778] US-Präsident Franklin D. Roosevelt dürfte im Jahr 1933 dabei das historisch bekannteste Goldbesitzverbot verhängt haben.[1779]

Zur Gewährleistung einer steigenden Nachfrage nach seinen Wertpapieren greift der Staat bei Bedarf auch auf gewieftere Methoden zurück. Exemplarisch hierzu können wir auf die Kriegsfinanzierung des Deutschen Reiches verweisen. Damit seine Staatsanleihe jenseits allem patriotischen Lametta für inländische Investoren auch wirklich alternativlos bleibt, war privatwirtschaftlichen Unternehmen ab dem Jahr 1916 einfach die Emission neuer Anleihen untersagt.[1780]

Genügen Manöver wie diese noch nicht, um auf dem heimischen Kapitalmarkt die dringlichen Finanzmittel in ausreichendem Maße zu generieren, so verhilft der Staat vielleicht als nächstes dem Zwangssparen bzw. Zwangskredit zum Auftritt. Mit anderen Worten: Er beginnt, „den Kauf von wenig rentierlichen Staatsschuldtiteln einfach vor[-zuschreiben];"[1781] auf direkte Weise kanalisiert er jetzt also unverhohlen Kapitalien aus dem einheimischen Privatsektor in seinen Schoß.

Diesen Weg zur Erhöhung der staatlichen Verschuldungsmöglichkeit schlug beispielsweise die sozialistische Regierung Nkrumah in Ghana ab dem Jahr 1961 ein, indem sie unter anderem alle „Lohnempfänger [verpflichtete], die im Staatssektor oder in Staatsbetrieben beschäftigt waren, [...] in Höhe von 5 % ihres Einkommens Staatsanleihen [zu] kaufen."[1782] Aber auch der Gouverneur von Kalifornien, Schwarzenegger, hat „im November 2009 zur Bekämpfung akuten Geldmangels [...] eine Zwangsanleihe von 10 % auf alle in seinem Hoheitsgebiet gezahlten Einkommensteuern [erhoben], welche im April 2010 zinslos zurückerstattet wurde. Diese Zwangsanleihe [...] betrug

---

1777 Für Privatpersonen hatte in Deutschland bis Ende 2019 die Möglichkeit bestanden, Edelmetall im Wert von bis zu 10.000 Euro ohne jedwede Registrierung der Personalien zu erwerben. Mit dem 02.01.2020 wurde diese Grenze auf 2.000 Euro abgesenkt.

1778 Vgl. z. B. Hülsmann, 2014, S. 213.

1779 Dieses Goldbesitzverbot hatte in den USA 41 Jahre Bestand, also bis ins Jahr 1974. Vgl. Nied, 2019, S. 20. Hülsmann sieht im „Kampf gegen den Goldbesitz ein mehr oder weniger zwangsläufiges Ziel der staatlichen Finanz- und Währungspolitik." Hülsmann, 2014, S. 213. Der Goldkurs selbst ist im Abkommen von Bretton Woods (1944) auf 35 US-Dollar pro Feinunze festgelegt worden. In den folgenden Jahrzehnten ist durch tatkräftige Unterstützung wichtiger Zentralbanken darauf eingewirkt worden, dass dieser Kur nicht überschritten wird. Vgl. Kromarek, 2019, S. 51.

1780 Dieser Schritt folgte einem Regierungserlass aus dem Vorjahr, der schon die Veröffentlichung von börsengehandelten Kriegsanleihen verboten hatte: Keiner sollte „sehen, dass deren Renditen allmählich stiegen, das Vertrauen also schwand." Stocker, 2022, S. 17.

1781 Konrad/Zschäpitz, 2012, S. 238.

1782 Jungfer, 1991, S. 372.

1,7 Milliarden US-Dollar und musste von Privatpersonen erworben werden, die alleinstehend 51.000 US-Dollar jährlich verdienten."[1783]

Doch bei allen non-monetären Maßnahmen, die in die dritte Rubrik von Eingriffen fallen, steht das Finanzdienstleistungsgewerbe zumeist im Mittelpunkt, weil sich der Staat der Banken und Versicherungen für seine Zwecke bedient: Er instrumentalisiert sie als Erfüllungsgehilfen!

Dazu greift er unter dem Deckmäntelchen, die Stabilität der Volkswirtschaft stärken zu wollen, in beide Branchen regulatorisch ein, um eine nicht versiegende, stetige Nachfrage nach seinen Papieren zu gewährleisten. Eine, die zweifelsfrei die natürliche übersteigt.

So sind Lebensversicherungen in vielen Ländern seit langem „gesetzlich gezwungen, in schlecht verzinste, aber vermeintlich sichere Staatsanleihen zu investieren."[1784] Mit Inkrafttreten ihres neuen Aufsichtsregimes für Versicherungen (Solvency II) billigt die Europäische Union *allen* staatlichen Schuldtiteln der Eurozone hierbei ein Ausfallrisiko von null zu.[1785] Gemäß diesem Regelwerk werden seit Januar 2016 damit niederländische, deutsche und/oder griechische Staatsanleihen in Bezug auf ihre Bonität unterschiedslos behandelt, obwohl die am Kapitalmarkt attestierten Ausfallrisiken dieser Papiere unübersehbar divergieren.[1786]

Mit der gesetzgeberisch anerkannten Mündelsicherheit aller europäischen Staatsschuldpapiere besteht damit für kein Assekuranzunternehmen noch eine Eigenkapital-

---

1783 https://de.wikipedia.org/wiki/Zwangsanleihe, zuletzt abgerufen am 02.02.2024. Technisch betrachtet, handelte es sich nicht um eine Steuererhöhung, weil eine Rückzahlung vorgesehen war. Historisch sind Zwangsanleihen immer wieder begeben worden. Das Mittel des Zwangskredits war vermutlich erstmals in Venedig zur Mitte des 12. Jahrhunderts vom Dogen Vital Michel eingesetzt worden, um auf diese Weise das Problem der erschöpften Schatzkammer des Stadtstaats zu beheben. Michel hatte dabei der vermögenden venezianischen Oberschicht einen Kredit zu einer Verzinsung von vier Prozent oktroyiert. Vgl. Grossmann, 2010, S. 39. Nicht unterschlagen wollen wir, dass sich der Staat nicht immer an sein ursprüngliches Versprechen hält. Die Vertragsbrüchigkeit kann sich dabei auf den Rückzahlungstermin und/oder die -form beziehen. Das Deutsche Reich, das 1923 eine Zwangsanleihe zu Goldbarren und -münzen begeben hatte, war „[e]inige Jahre später [...] auf die [...] Idee [gekommen], das Schuldversprechen in Gold in Reichsmark umzuwandeln. Der Rückgabeanspruch des Goldes wurde per Gesetz aufgehoben." Nied, 2019, S. 21.

1784 Belke/Keil, 2013, S. 960. Ähnlichen Regularien sind zum Teil auch Investmentfonds unterworfen.

1785 Zur allgemeinen Verwunderung der Versicherungsbranche über diese Regelung siehe zum Beispiel https://www.versicherungsbote.de/id/4843169/Versicherung-Staatsanleihen-Solvency2-BaFin/, zuletzt abgerufen am 02.02.2024.

1786 Anfang Februar 2024 waren beispielsweise zehnjährige deutsche Staatsanleihen mit Triple-A (AAA), also der höchsten Bonitätsstufe, versehen, während ihre griechische Pendants eine Bewertung von BBB- aufwiesen und damit einen Zinsaufschlag von 1,04 Prozentpunkten gegenüber den deutschen Anleihen hatten. Vgl. http://www.worldgovernmentbonds.com/, abgerufen am 05.02.2024. Dieser merkwürdige Umstand ist auch den Regulierungsbehörden wie der BaFin nicht verborgen geblieben. Sie begegnet bereits im Sommer 2016 mit dem halbherzig Appell auf „unternehmerische Vorsorge"

https://www.bafin.de/SharedDocs/Veroeffentlichung/DE/Auslegungsentscheidung/VA/
ae_170406_staatsrisiken_sII_ppp_va.html, zuletzt abgerufen am 02.02.2024.

hinterlegungspflicht für diese Wertpapiere – im Unterschied zu anderen Wertpapierinvestitionen. Mit Prämienzahlungen von Kunden Staatspapiere zu erwerben, ist im Anlagegeschäft also durch gesetzgeberisches Zutun einmal mehr begünstigt worden.[1787]

Durch die vom Baseler Ausschuss für Bankenaufsicht veröffentlichten Regelwerke *Basel II* bis Basel *IV* waren im Bankensektor ähnliche Eigenkapitalvorschriften schon weit früher eingezogen. Mit ähnlichen Effekten. In einer Zeit, in der – zugegeben – die allgemeine Staatsverschuldung in den Industrieländern noch auf vergleichsweise niedrigerem Niveau lag, zielte der Ausschluss mit *Basel II* (2004) darauf ab, die Widerstandsfähigkeit der einzelnen Bank zu stärken und die globalen Finanzmärkte damit insgesamt weniger krisenanfällig zu machen. Doch zugleich schuf er, bewusst oder unbewusst, Anreize für die einzelne Bank, Staatsschuldentitel auf ihre Bilanz zu nehmen. Anreize, die sich für die Staaten und den Bankensektor wenig später gleichermaßen als fruchtbar erweisen sollten.[1788]

Zum einen brauchen die Banken seit Basel II kein Eigenkapital als Sicherheit mehr vorhalten, wenn sie mit den Einlagen ihrer Kunden Schuldtitel der OECD-Staaten kaufen. Dieser Umstand hat für sich genommen schon die Wirkung, dass Banken bereitwillig den Anteil dieser Anlageklasse gegenüber anderen Wertpapierformen, etwa Unternehmensanleihen oder Aktien in ihren Portfolios erhöhen. Darüber hinaus haben die staatlichen Schuldtitel für Banken den schicken Vorzug, dass sie sich als Sicherheiten bei der Europäische Zentralbank (EZB) hinterlegen lassen, um von dieser neue, günstige Kredite zu erhalten. Mit den so gewährten Mittel können sich die Banken sodann neue Staatsanleihen kaufen, wenn das Zinsdifferential ihnen attraktive Gewinne verspricht.[1789]

Tatsächlich haben die Banken im Euroraum mit der Jahreswende 2011/12 auf diese Weise für drei Jahre schlafwandlerisch etwa 40 Milliarden Euro jährlich Gewinn gemacht. Die Regierungen der Euroländer wiederum waren einstweilen dankbar, dass sie in ihrem Streben, die europäische Schuldenkrise zu bewältigen, in den Banken willfährige Abnehmer ihrer Schuldtitel fanden. Während sich die Liaison zwischen Staat und Bankensektor einmal mehr in der Geschichte als furchtbar für beide Parteien erwiesen hat, war „[d]er Leidtragende dieses Geschäfts [...] der Steuerzahler in den Euroländern. Als Anteilseigner der EZB [hat] er angesichts der Dumping-Kredite an die Banken auf Staatseinnahmen aus Zentralbankgewinnen [verzichtet]. Andererseits [hat] der gleiche Steuerzahler mit seinen hohen Steuern die hohen Zinsen [gezahlt], die sich die Banken für die Staatskredite [haben] zahlen lassen."[1790]

1787 Letztlich muss man konstatieren, dass die Europäische Union diesen von ihr eingeschlagenen Pfad konsequent fortsetzt. Vgl. z. B. Konrad/Zschäpitz, 2012, S. 238.

1788 Zum Baseler Ausschuss und seinen Regelwerken Basel II bis IV siehe auch Lektion 15, Kapitel 15.2.4.2.1.

1789 Vgl. Konrad/Zschäpitz, 2012, S. 103.

1790 Konrad/Zschäpitz, 2012, S. 74 f. Dass zumindest partiell noch Anfang 2021 groteske Verhältnisse im Bankensektor des Euroraums zu Lasten des Steuerzahlers vorherrschen, illustriert auch Sinn 2021, S. 132.

16.4.2 Die monetäre Lösung – Entwertung durch Inflation

Wenn die Politik wegen der Sichtbarwerdung des gesellschaftlichen Umverteilungskampfes eine ausgeprägte Unlust zur Konsolidierung des Staatshaushalts verspürt, lässt sich die Last der öffentlichen Schuld bei einem notorisch niedrigen Wirtschaftswachstum auch mit Hilfe der Inflation reduzieren – sofern der verbriefte Teil der Staatsverschuldung in inländischer Währung besteht.

Die Wirksamkeit dieser Option ist allerdings an drei Bedingungen geknüpft. Bevor wir auf diese im Einzelnen eingehen, wollen wir uns den Effekt eines moderaten Inflationsanstiegs zunächst an einem Zahlenbeispiel ansehen.[1791]

Dazu nehmen wir an, dass die französische Regierung am heutigen Tag einen Kredit am Kapitalmarkt aufnimmt und eine Anleihe begibt. Das einzelne Wertpapier hat einen Nominalwert von 100 Euro und ist mit einem Kupon von fünf Prozent ausgestattet. Die Laufzeit dieses festverzinslichen Staatspapiers beträgt zehn Jahre.

Aristide Rougon, der jüngst eine kleine Erbschaft gemacht hat, zeichnet als risikoaverser Privatmann fünfhundert Stück dieser Anleihe. Hält er die staatlichen Wertpapiere bis zur Endfälligkeit, darf er für jedes dieser Papiere die folgenden Zahlungseingänge erwarten (Tabelle 16.13).

Tabelle 16.13: Nominale Zahlungsströme einer risikofreien Staatsanleihe mit zehnjähriger Laufzeit.

Jahr (nach Emission)										
1	2	3	4	5	6	7	8	9	10	Summe
5	5	5	5	5	5	5	5	5	105	150,00

Unterstellen wir nun, dass die Zentralbank zwei Tage nach dieser Anleiheemission auf einer turnusgemäßen Pressekonferenz bekundet, dass ihre geldpolitischen Maßnahmen der jüngeren Vergangenheit wider Erwarten der Kaufkraftstabilität zusetzen, weshalb sie – die Hüterin der Preisniveaustabilität – die inflationsfreie Zeit einstweilen für beendet sieht! Auf den Finanzmärkten werden damit die Inflationserwartungen prompt korrigiert und um drei Prozentpunkte nach oben gesetzt.

Diese Ereignisse implizieren, dass die jüngst emittierte Staatsanleihe inflationsbereinigt nur noch mit zwei Prozent rentiert. Für Herrn Rougon und für alle anderen Zeichner dieses Wertpapiers reduziert sich damit der Barwert ihrer Anlage (siehe Tabelle 16.14).

[1791] Das Beispiel ist inspiriert von Konrad/Zschäpitz, 2012, S. 234 f.

Tabelle 16.14: Barwerte einer zehnjährigen Staatsanleihe in Abhängigkeit der Inflationsrate.

Barwert	Jahr (nach Emission)										Summe
	1	**2**	**3**	**4**	**5**	**6**	**7**	**8**	**9**	**10**	
Inflationsfrei	4,76	4,54	4,32	4,11	3,92	3,73	3,55	3,38	3,22	64,46	100,00
Bei drei Prozent Inflation	4,62	4,25	3,89	3,56	3,23	2,92	2,62	2,33	2,06	37,59	67,06

Für den Fall, dass Herr Rougon in den kommenden Tagen von einem unerwarteten Liquiditätsbedarf heimgesucht wird, der ihn einen Teil dieser Wertpapiere sofort abzustoßen zwingt, dann wird er feststellen müssen, dass man an der Börse seine Staatsanleihe jetzt um knapp ein Drittel unter dem Ausgabekurs von 100 Euro handelt. Denn Anleger und Investoren wie Herr Lushin werden am Kapitalmarkt auf Kapitalsuchende stoßen, die im Nachgang der Presseerklärung der Notenbank ihre *Nominal*verzinsung um die jüngsten Inflationsprognosen unverzüglich angepasst haben, etwa die Emittenten neuer Unternehmensanleihen.

Damit das Staatspapier von Herrn Rougon an der Börse mit alternativen Anlagen vergleichbarer Laufzeit unter dem Gesichtspunkt der *Real*verzinsung konkurrieren kann, muss folglich sein Kurs sinken. Ohne eine Kurskorrektur in dieser Größenordnung wird es auf dem Sekundärmarkt keinen Kaufanreiz unter Kapitalanlegern erwecken können.

Was sich für die Halter dieser französischen Staatsanleihe geradewegs als Albtraum erweist, verzückt die Regierung: Die reale Staatsschuld wurde über Nacht durch veränderte Inflationserwartungen massiv entwertet! Voila!

Um diese Wunderwaffe im Umgang mit der staatlichen Verschuldung wirksam einsetzen zu können, müssen allerdings drei Voraussetzungen erfüllt sein – nämlich
– die Überraschung der Marktteilnehmer,
– lange Restlaufzeiten der verbrieften Staatsschuld und
– der Zugriff der Regierung auf die Notenbank.

Auf diese notwendigen Bedingungen gehen wir jetzt der Reihe nach ein und beginnen dabei mit dem Überraschungseffekt!
Hätten die Kapitalmarktteilnehmer vor der Marktplatzierung der Anleihe den zeitnahen Anstieg der Inflation antizipiert, dann darf man davon ausgehen, dass sie diesen Erwartungen entsprechend auf die Emissionskonditionen eingewirkt haben – in Form eines Disagios und höherer Nominalzinsen. Auf diesen Wegen hätten die Anleihezeichner der anstehenden, inflationsbedingten Entwertung ihrer Anlage vorbeugen bzw. entgegenwirken können.

Es bedarf also der **Überraschung** – wie es beispielsweise in den Vereinigten Staaten nach dem Zweiten Weltkrieg der Fall gewesen war. Dort wurden die Marktteilnehmer für gut eine Dekade von den tatsächlichen Preissteigerungen wiederholt unvorbereitet getroffen, so dass sich die amerikanische Schuldenquote *auch* mit

Hilfe der inflationären Entwertung bis 1954 um vierzig Prozentpunkte absenken ließ.[1792]

Doch frei nach Abraham Lincoln (1809–65) kann man nicht alle Menschen ständig zum Narren halten![1793] Die Geldgeber der Staaten begannen daher Kapitalschutz von diesen in Form von inflationsindexierten Staatsanleihen einzufordern.[1794] Diese vor geldpolitischen Manövern gefeiten Wertpapiere erfreuen sich in den Vereinigten Staaten ungeachtet eines Nominalzinsabschlags gegenüber herkömmlichen Anleihen seit ihrer Einführung im Jahr 1996 einer regen Nachfrage: Ihr Marktanteil lag unter allen US-amerikanischen Staatsanleihen in den Jahren 2021 und 2022 bei etwa 7,6 Prozent – nicht viel tiefer als zur Zeit ihres vorläufigen Hochs mit neun Prozent.[1795]

Demgegenüber sind inflationsindexierte Staatspapier in Deutschland vollkommen bedeutungslos: Sie vereinten am Emissionsvolumen der Jahre 2022 und 2023 lediglich den schmalen Anteil von je einem Prozent. Inzwischen hat die Deutsche Finanzagentur sogar verkündet, dass sie mit Beginn des Jahres 2024 bis auf Weiteres überhaupt keine Emission von inflationsgeschützten Wertpapieren mehr plane.[1796]

Fairerweise muss man konstatieren, dass gerade für die Vereinigten Staaten von Amerika die Schuldenentwertung durch Inflation besonders verlockend ist, weil ein hoher Anteil der US-Treasury-Bonds von Ausländern – also von Nichtwählern – gehalten wird![1797] Gleichwohl darf man bei dieser Betrachtungsweise nicht übersehen, dass für ausländische Halter amerikanischer Staatsanleihen weiterhin ein Wechselkursrisiko bestehen bleibt.

Damit der Trick mit dem Inflationssprung zur Schuldenbekämpfung aufgeht, braucht es neben dem Überraschungsmoment auch zirkulierende Staatspapiere mit **langen Restlaufzeiten**, da bei festverzinslichen Wertpapieren mit Ursprungslaufzeit

---

1792 Die US-amerikanische Schuldenquote lag bei Kriegsende bei deutlich über einhundert Prozent. Auch nach 1954 setze sich die Reduzierung der Schuldenquote in den USA fort. Mitte der 1970er Jahre erreichte sie mit etwas weniger als 40 Prozent ihren vorläufigen Tiefpunkt. Vgl. Aizenman/Marion, 2009, S. 19. Zur Notwendigkeit der Überraschungsinflation siehe auch Görgens/Ruckriegel/Seitz, 2014, S. 359.

1793 Obwohl es keine Belege dafür gibt, wird Abraham Lincoln (1809–65) vielfach als Urheber des folgenden Sprichworts ausgemacht: „You can fool all the people some of the time, and some of the people all the time, but you cannot fool all the people all the time." Vgl. https://quoteinvestigator.com/2013/12/11/cannot-fool/, zuletzt abgerufen am 26.05.2024.

1794 D. h. der Nominalwert einer Anleihe verändert sich jährlich mit dem Verbraucherpreisindex (VPI). Dieser Preisindex wird üblicherweise als Maß für die Inflationsentwicklung herangezogen, weil sich in ihm die Veränderung der Lebenshaltungskosten der Bürger widerspiegeln.

1795 Vgl. Aizenman/Marion, 2009, S. 21 sowie United States Government, 2023, S. 104.

1796 Mitte des Jahres 2024 zirkulierten noch vier inflationsindexierte Anleihen des Bundes. Drei von diesen hatten Ursprungslaufzeiten von rund zehn Jahren, eine vierte von dreißig Jahren. Das ausstehende Gesamtvolumen dieser Wertpapiere betrug gute 66 Mrd. Euro. Vgl. https://www.deutsche-finanzagentur.de/bundeswertpapiere/bundeswertpapierarten/inflationsindexierte-bundeswertpapiere, zuletzt abgerufen am 26.05.2024.

1797 Der Anteil lag zwischen 1965 und 1970 bei gut 5 Prozent und begann dann schrittweise auf knapp 50 Prozent zu klettern. Vgl. Aizenman/Marion, 2009, S. 22. Vgl. auch Konrad/Zschäpitz, 2012, S. 236.

von fünf Jahren und weniger der Effekt der inflationären Schuldenabwertung blutarm zu bleiben droht.[1798] Als Schuldenreduktionselixier ist die unvorhergesehene Inflation folglich umso kraftvoller, „je länger die Zeitspanne ist, in der die Halter von Staatsanleihen sich mit einer niedrigen Verzinsung begnügen müssen und je später das eingesetzte Kapital zurückgezahlt wird."[1799] Diese Zusammenhänge illustriert die nachfolgende Tabelle 16.15 für ein gestern emittiertes Staatspapier mit einem Nominalzins von fünf Prozent bei verschiedenen Endfälligkeiten. Anfängliche Preisstabilität haben wir wie zuvor unterstellt, womit für den gestrigen Anleihekäufer bei der Emission nominaler und realer Zins noch in Deckung waren. Durch die neuesten Erkenntnisse ist diese Deckungsgleichheit nun aufgebrochen, denn der Realzins reduziert sich bei einem unveränderten nominalen Zinssatz.

Tabelle 16.15: Kursverlust einer Staatsanleihen nach Bekanntgabe veränderter Inflationserwartungen im prompten Anschluss an die Emission (Angaben in %).[1800]

Erwartete Inflation	Neuer Realzins	Laufzeit			
		1 Jahr	4 Jahre	5 Jahre	10 Jahre
1	4	−1,0	−4,4	−5,6	−12,1
3	2	−3,1	−12,6	−15,8	−32,9
5	0	−4,6	−20,0	−25,0	−50,0

Direkt nach dem Zweiten Weltkrieg waren amerikanische Staatsanleihen im Mittel erst nach neun Jahren endfällig – was nicht sonderlich weit von unserem anfänglich gewählten Anschauungsbeispiel entfernt liegt. Anschließend hat sich in den USA die durchschnittliche Restlaufzeit dieser Wertpapier allerdings sukzessive verringert und Mitte der 1970er Jahre mit knapp vier Jahren einen Tiefstand erreicht. Obgleich dieser Wert dann länger wieder zwischen fünf und sechs Jahren schwankte, blieb er bis heute deutlich unter dem Niveau von 1946 zurück. Zugleich betrug der Anteil von Anleihen mit einer Restlaufzeit von maximal einem Jahr seit 1975 nie weniger als ein Drittel.[1801]

In der Bundesrepublik hatten im Dezember 2023 über die Hälfte (55,0 Prozent) aller verbrieften Staatspapiere eine verbleibende Laufzeit von mehr als vier Jahren. Da der Anteil der Staatsanleihen mit einer solchen Endfälligkeit seit dem Jahr 1995

1798 Zu den Ursprungslaufzeiten von Bundesobligationen und Bundesschatzanweisungen siehe Kapitel 16.2.1.
1799 Konrad/Zschäpitz, 2012, S. 235.
1800 Es wird unterstellt, dass sich die veränderte Inflationserwartung stets über den gesamten Zeitraum erstreckt. Das ist selbstredend unrealistisch. Gleichwohl dient es uns hier zur Illustration des eigentlichen Effekts – nämlich des in der Sonne der modifizierten Inflationserwartung dahinschmelzenden Barwerts.
1801 Vgl. Aizenman/Marion, 2009, S. 20 f.

nur sechsmal unter fünfzig Prozent gelegen war, darf das Bild aus Dezember 2023 als repräsentativ bezeichnet werden. Ein Tilgungsdatum binnen eines Jahres hatten Ende 2023 knapp 19 Prozent aller verbrieften Bundesschuldpapiere. Angaben über mittlere Restlaufzeiten machte die Deutsche Finanzagentur auf ihrer Webseite zuletzt nicht.[1802]

Zum Abbau der realen Schuldenlast bleiben die beiden vorgenannten Voraussetzungen gleichwohl stumpf, wenn die Politik nicht selbst auf das Preisniveau einzuwirken vermag. Der Einsatz der Überraschungsinflation zur Schuldenentwertung macht es also für eine Regierung unabdingbar, dass sie den Innen- und Außenwert ihrer Landeswährung beeinflussen kann. Insofern muss sie **Zugriff** auf die **Zentralbank** haben, um über deren Notenmonopol die Geldmenge entsprechend steuern zu können.

Wie ist es nun um die „Einwirkungsmöglichkeit" der Politik auf die Notenbank in der Praxis bestellt?

Zunächst einmal gilt festzustellen, dass nicht wenige Ökonomen nach dem Zweiten Weltkrieg sich in Bezug auf die Notenbanken *konträr* zu den institutionellen Ausgestaltungsnotwendigkeiten für eine Überraschungsinflation unmissverständlich für deren Unabhängigkeit ausgesprochen haben. Zu diesen Ökonomen gehörten die deutschen Ordoliberalen um Walter Eucken ebenso wie die sogenannten Monetaristen um Milton Friedman (1912–2006), deren Forderungen von empirischen und theoretischen Erwägungen gleichermaßen geleitet waren.

Zu den Praxiserfahrungen der deutschen Ökonomen gehörten zweifelsfrei die gravierenden wirtschaftlichen und gesellschaftlichen Verwerfungen ihrer Zeit. D.h., auf der einen Seite Hitlers Kriegsfinanzierung mit der Druckerpresse, zum anderen aber auch schon die Erfahrungen in den frühen 1920er Jahren mit den mitteleuropäischen Hyperinflationen.[1803] Darüber hinaus war nicht zuletzt Milton Friedman von der Weltwirtschaftskrise von 1929 geprägt – und der damaligen Rolle der noch jungen Institution des amerikanischen Federal Reserve Systems. Friedmans monetäre

---

1802 Vgl. https://www.deutsche-finanzagentur.de/finanzierung-des-bundes/schuldenstatistik/schuldenstand, zuletzt abgerufen am 19.07.2024.

1803 Die Vorstellung, allein im Deutschen Reich hätte in den 1920er Jahren eine Hyperinflation gewütet, mag heute in Deutschland verbreitet sein – sie ist aber nicht richtig! Auch Österreich (Okt. 1921 bis Sept. 1922), Russland/UdSSR (Jan. 1922 bis Feb. 1924), Polen (Jan. 1923 bis Jan. 1924) und Ungarn (März 1923 bis Feb. 1924) wurden von einer heimgesucht. Gemäß der unter Ökonomen anerkannten Definition von einer Hyperinflation, nach der das Preisniveau mindestens um 50 Prozent über dem Vorjahreswert liegen muss, hat das Deutsche Reich schon im Januar 1920 eine erste, einmonatige Hyperinflation gesehen, bevor diese sich ab August 1922 für 15 Monate vollständig Bahn brach. Wenn auch die Hyperinflation in dieser Zeit kein singulär deutsches Problem war, so betrieb sie im Deutschen Reich ihr Unwesen jedoch ungleich intensiver als in jedem anderen o. g. Land. Im Mittel verdoppelte sich hier zwischen August 1922 und Dezember 1923 das Preisniveau in weniger als vier Tagen! Diese Zeitspanne war in dem ebenfalls hart getroffenen Polen schon viermal größer! Vgl. Hanke/Krus, 2012, S. 10 ff.

Forschungsarbeiten und seine Neuformulierung der Quantitätstheorie in den 1950er Jahren sind ohne die „Mutter aller Krisen" nicht denkbar![1804]

Die Befürworter der Unabhängigkeit mögen ihre Begründungen teilweise unterschiedlich akzentuiert haben, in der Zielsetzung bestand unter ihnen gleichwohl Einigkeit:[1805] Zur Sicherung der Preisniveaustabilität in ihrem Währungsraum sollte eine Zentralbank *institutionell, personell* und *finanziell* von der Regierung unabhängig sein – aber eben auch *funktionell*.[1806] Diese vierte Form der Unabhängigkeit bedeutet, dass die Notenbank zur Finanzierung des staatlichen Budgets nicht verpflichtet ist. Mit anderen Worten: Die direkte Kreditvergabe an die Regierung ist der Notenbank mit diesem Teil ihrer Unabhängigkeit untersagt.[1807]

Verschiedene Studien zu den wichtigsten Industrieländern attestierten der im Jahre 1957 gegründete Deutsche Bundesbank sowie der im Jahr 1907 entstandenen Schweizer Nationalbank unbestritten den höchsten Grad an Unabhängigkeit unter den knapp zwanzig untersuchten Notenbanken. Gemessen an den durchschnittlichen Inflationsraten im jeweiligen Untersuchungszeitraum waren der Schweizer Franken und die Deutsche Mark zugleich die wertstabilsten Währungen.[1808] Insofern überrascht es nicht, dass die relative hohe Geldwertstabilität in der Bundesrepublik Deutschland

---

1804 Nach der Quantitätstheorie bestimmt die umlaufende Geldmenge das Preisniveau. Diese Theorie ist in Europa bereits Anfang des 16. Jahrhunderts von Nikolaus Kopernikus (1473–1543) angedacht worden. Später fand sie gerade bei klassischen Ökonomen Anklang, weil mit ihrer Hilfe die wiederkehrenden Instabilitäten in der Wirtschaft als monetäres Phänomen erklärt werden konnten. Der Quell der wirtschaftlichen Instabilität liegt ihr entsprechend also nicht in der Realwirtschaft! Damit wird zugleich das nach Ansicht von Marx zu überbetrieblicher Zusammenarbeit unkooperative Unternehmertum exkulpiert! Vgl. z. B. Graßmann, 2022, S. 75 ff. und S. 100 ff. Milton Friedmans Leistung war nun, diese Theorie vom mittelalterlichen Staub befreit und an die modernen Geldaggregate angepasst weiterentwickelt zu haben. Vgl. z. B. Sinn, 2021, S. 224.

1805 Vgl. hierzu etwa Eucken, 2004, S. 257. Zu Friedman siehe z. B. Blanchard/Illing, 2014, S. 832.

1806 Unter *institutioneller* Unabhängigkeit wird allen voran verstanden, dass die Notenbank weder einem Weisungsrecht Dritter (insb. der Regierung) unterliegt noch eine Verpflichtung für sie besteht, Dritte vor Entscheidungen konsultieren zu müssen. Mit der *personellen* Unabhängigkeit soll sichergestellt sein, dass die Organmitglieder der Notenbank bei Entscheidungen nicht unter Druck gesetzt werden können. Diese Form der Unabhängigkeit soll dadurch erwirkt werden, dass den Direktoriumsmitgliedern lange Amtszeiten eingeräumt werden und die Möglichkeit ihrer Wiederernennung ausgeschlossen wird. So müssen sie mit ihren Entscheidungen niemandem gefallen, von dessen Wohl ihre berufliche Entwicklung abhängt. Die *finanzielle* Unabhängigkeit gewährleistet, dass die Zentralbank arbeitsfähig ist und nicht durch knappe Zuteilung von Finanzmitteln an ihrer Arbeit von langer Hand ausgebremst wird. Diese Forderung zielt letztendlich darauf ab, dass die Notenbank einen eigenen Haushalt hat und selbstständig bilanziert. Vgl. z. B. Görgens/Ruckriegel/Seitz, 2014, S. 94.

1807 Vgl. Görgens/Ruckriegel/Seitz, 2014, S. 94.

1808 Eine Studie zu 16 Industrieländern über den Zeitraum von 1955 bis 1988 stammt von Alesina/Summers, 1993, S. 151 ff. Zu einer jüngeren Untersuchung mit 19 Ländern im Zeitraum von 1980 bis 1995 und einer leicht unterschiedlichen Methodik mit weitgehend analogen Ergebnissen siehe Görgens/Ruckriegel/Seitz, 2014, S. 92.

nach dem Zweiten Weltkrieg maßgeblich mit der Unabhängigkeit der Bundesbank in Verbindung gebracht wird.[1809]

Vor dieser Kulisse erklärt sich, warum es Deutschland bei den Planungen zur Einführung des Euro ein Anliegen war, die Europäische Zentralbank (EZB) als „Europäische Bundesbank" zu konzipieren.[1810] Dabei sollte die EZB als künftiger Garant der Preisstabilität im Euro-Raum auch das deutsche Inflationsziel übernehmen und „nach dem Vorbild der Bundesbank ihre Geldpolitik an der Steuerung der im Währungsraum umlaufenden Geldmenge ausrichte[n]."[1811] Kurzum: Formal ist die EZB als unabhängige Notenbank eingerichtet worden, womit den Regierungen im Euroraum ähnlich wie in der alten Bundesrepublik die notwendige Voraussetzung für eine Überraschungsinflation allem Anschein genommen war![1812]

Doch trotz ihres preisstabilitätsorientierten Auftrags und ihrer organisatorischen Konzeption erliegt die EZB mit der ersten, größeren Krise der Versuchung, in Not geratenen Regierungen als Kreditgeberin zur Seite zu springen: Sie beginnt in der Finanz- und Eurokrise ab Mai 2010 mit Hilfe eines sogenannten Securities Markets Programme (SMP) zunächst griechische, portugiesische und irische Staatsanleihen aufzukaufen, bevor sie dieses Programm ein Jahr später bereits auf Italien und Spanien ausdehnt. Unverkennbar hat sie mit diesem umfangreichen Kaufprogramm den Pfad der Bundesbanktradition in dem Moment verlassen, als erstmals ihre Courage gefordert war![1813]

Scheinbar auf den Geschmack gekommen, lanciert die EZB weitere Initiativen zum Aufkauf von Staatspapieren in den kommenden Jahren. Zur Abwehr einer vermeintlichen Deflationsgefahr startet sie im Sommer 2015 zunächst ihr neues Public Sector Purchase Programme (PSPP), dem wichtigsten Baustein innerhalb ihres Rahmenprogramms der quantitativen Lockerung (engl. Quantitative Easing).[1814] Gerade im Begriff sich wieder abzuflauen, fallen in Bezug auf die Lockerung der Geldmenge mit Ausbruch der Corona-Pandemie alle Hemmungen. Wie selbstverständlich greift die EZB den

---

1809 Den ordoliberalen Einfluss auf das im Sommer 1957 vom Parlament verabschiedete Bundesbankgesetz machen deutlich Görgens/Ruckriegel/Seitz, 2014, S. 91.

1810 Vgl. z. B. Rürup, 19.07.2024, S. 23. Die zuvor genannten Untersuchungen zum Grad der Unabhängigkeit der jeweiligen Notenbanken machen sichtbar, dass die Notenbanken Spaniens, Portugals, aber auch von Frankreich und Italien vor der Einführung des Euro deutlich weniger unabhängig von ihren Regierungen waren als ihr deutsches Pendant. Vgl. Alesina/Summers, 1993, S. 151 ff. und Görgens/Ruckriegel/Seitz, 2014, S. 92.

1811 Rürup, 19.07.2024, S. 23.

1812 Dass diese Konzeption der EZB nicht allen Regierungen geschmeckt haben kann, die sich mit ihren Ländern am Euro beteiligt haben, ist naheliegend. Schließlich hatten Länder wie Frankreich und Italien auf ihre nationalen Notenbanken in der Vergangenheit noch besser Einfluss nehmen können.

1813 Vgl. z. B. Rürup, 19.07.204, S. 23. Im Rahmen des SMP hat die EZB zwischen Mai 2010 und Februar 2012 Staatsanleihen von den fünf oben genannten Ländern in Höhe von 223 Mrd. Euro auf ihre Bilanz genommen. Vgl. hierzu Sinn, 2021, S. 110 oder auch Schnabl, 2023, S. 85 f.

1814 Zu weiteren Details zum QE-Programm, das der EZB-Rat im Januar 2015 beschlossen hatte, siehe Sinn, 2021, S. 120 ff. oder auch Schnabl, 2023, S. 86 f.

europäischen Regierungen erneut unter die Arme – jetzt mit PEPP. Mit dem Pandemic Emergency Purchase Programme (PEPP) erwirbt sie allein zwischen Sommer 2020 und Herbst 2021 Wertpapiere öffentlicher Emittenten in Höhe von 1.375 Mrd. Euro.[1815]

Im Ergebnis haben all diese geldpolitische Maßnahmen dazu beigetragen, dass sich die Zentralbankgeldmenge im Euroraum zwischen dem Zusammenbruch der Lehman Bank im Herbst 2008 und Ende 2021 nahezu versiebenfacht hat.[1816] Aus Abbildung 16.4. gehen die drei Schübe dieser explosionsartigen Zunahme der Zentralbankgeldmenge eindrucksvoll hervor: Während vor allem auf SMP der Anstieg der Geldmenge zwischen 2010 und 2012 zurückgeht, hat den dramatischen Anstieg von 2015 bis 2019 ganz überwiegend das PSPP zu verantworten. PEPP setzt ab Mitte 2020 dieser Entwicklung dann die einstweilige Krone sichtbar auf.

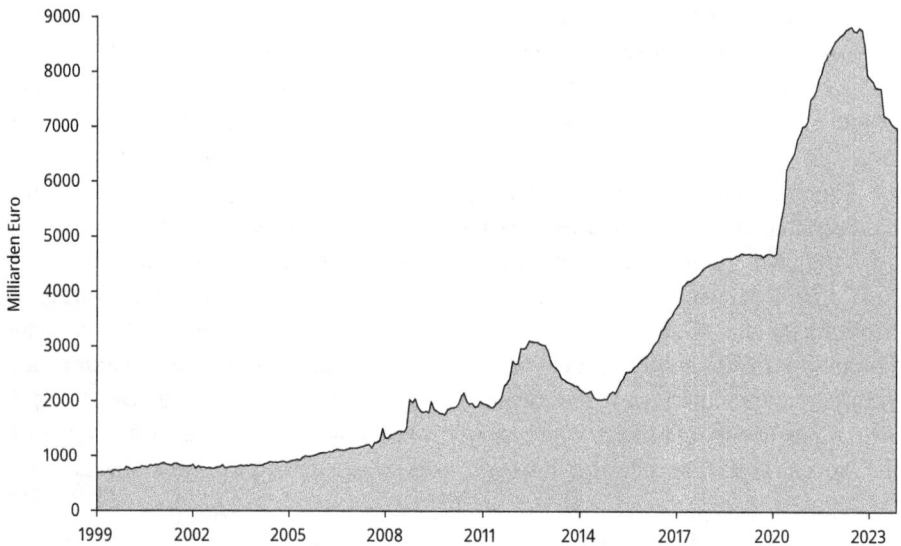

Abbildung 16.4: Entwicklung der EZB-Bilanzsumme (1999–2023).[1817]

Dass sich bei der EZB mit den diversen Programmen im Verlauf der letzten Jahre der Fokus verschoben hat, ist offenkundig:[1818] Das Ziel der Preisstabilität steht bei ihr erkennbar nicht mehr solitär im Vordergrund! Die Neuformulierung ihres Inflationsziels im Juli 2021 darf entsprechend als ein erstes verbales Eingeständnis der europä-

---

1815 Vgl. Sinn, 2021, S. 134 f. oder Schnabl, 2024, S. 86.
1816 Vgl. dazu etwa Sinn, 2021, S. 109.
1817 Die Daten stammen von der EZB und ihrem ECB Data Portal. Vgl. hiezu https://data.ecb.europa.eu/, zuletzt abgerufen am 19.07.2024.
1818 Am Rande sei noch erwähnt, dass mit dem Kauf von Unternehmensanleihen die EZB ein weiteres, vormaliges Tabu in 2016 zu brechen begann. Vgl. z. B. Cünnen/Mallien, 21.07.2016, S. 38 f.

ischen Währungshüter interpretiert werden. Faktisch strebt die EZB jetzt nicht mehr wie zuvor eine Inflation von „unter aber nahe bei zwei Prozent" an, sondern begnügt sich mit einer Inflationsrate, die mittelfristig „symmetrisch bei zwei Prozent" liegt.[1819]

Nachdem die EZB im Juni 2024 bei einer Inflationsrate im Euroraum von merklich über zwei Prozent ihre Leitzinsen senkte und weitere Zinssenkungen für das verbleibende Kalenderjahr in Aussicht stellte, bleibt Rürup nur mehr bestürzt festzustellen, die EZB sei zum Seefahrer ohne Kompass geworden.[1820]

Gleichwohl transportiert Rürups griffiges Bild die Idee, Geldpolitik könne zu jeder Zeit unabhängig von Fiskalpolitik erfolgen und einzig der Preisstabilität verpflichtet bleiben. Schließlich sind ja gerade dazu unabhängige Notenbanken eingerichtet worden. Doch diese Vorstellung von einer allzeit potenten Geldpolitik im Allgemeinen und der EZB im Besonderen ist ein wenig verquer. Denn wir müssen wahrscheinlich schmerzhaft anerkennen, dass wir einen Punkt erreicht haben, den Friedrich August von Hayek in der Verfassung der Freiheit schon 1971 (!) treffend in Aussicht gestellt hat:

> Eine von der Finanzpolitik unabhängige Geldpolitik ist möglich, solange die Staatsausgaben nur einen verhältnismäßig kleinen Teil aller Ausgaben bilden und die Staatsschulden (und insbesondere die kurzfristigen Verschuldungen) nur einen kleinen Teil aller Kreditmittel ausmachen. Heute ist diese Bedingung nicht mehr gegeben. Infolgedessen kann eine wirksame Geldpolitik nur in Koordination mit der Finanzpolitik der Regierung durchgeführt werden. Koordination bedeutet aber hier unvermeidlich, dass, sofern nominell unabhängige Währungsbehörden noch bestehen, sie ihre Politik tatsächlich der Politik der Regierung anpassen müssen. Die letztere wird daher, auch wenn wir es nicht wollen, notwendig der ausschlaggebende Faktor.[1821]

Kurzum: Die Regierungen der Euroländer werden sich im Umgang mit ihren Staatsschulden bis auf Weiteres der EZB an ihrer Seite wissen. Mit Sinn könnte man sich noch eher wundern, warum der Ketchup der Inflation nicht längstens aus der Flasche ist?[1822]

Die Antwort hierauf fällt – wie so oft – vielschichtig aus.[1823] Uns genügt zum Abschluss festzustellen, dass es die Ketchup-Metapher mit Blick auf den hier betrach-

---

1819 Zuvor lautete das Inflationsziel: „Unter aber nahe bei zwei Prozent". Vgl. Rürup, 19.07.2024, S. 23.

1820 Vgl. Rürup, 19.07.2024, S. 23.

1821 Hayek, 2005, S. 440 f.

1822 Entsprechend der Quantitätstheorie müsste man ja erwarten, dass durch den starken Anstieg der Zentralbankgeldmenge (um knapp den Faktor sieben) auch das Preisniveau in dieser Größenordnung ansteigen muss, schließlich hat sich die Wirtschaftsleistung im Zeitraum 2008 bis Ende 2021 im Euroraum erheblich langsamer entwickelt. Wo also ist die Inflation?

1823 Erstens gelten die Zusammenhänge der Quantitätstheorie nur langfristig – zum Glück, um mit Hans-Werner Sinn zu sprechen. Vgl. Sinn, 2021, S. 224. Zweitens sind die Zusammenhänge in den heute offenen Volkswirtschaften deutlich komplexer als in den in der Vergangenheit noch weitgehend geschlossenen. Mit dieser Einsicht ist allen voran die Frage verbunden, wo genau wird diese Geldmenge gehortet und wann wird sie wie schnell diese Horte verlassen? Vgl. hierzu ausführlich Sinn, 2021, S. 225–244. Drittens sollte nicht übersehen werden, dass schon vor 2021 ein Teil des Ketchups die Flasche verlassen hat. Doch dieser Teil schlug sich nicht im Index der Verbraucherpreise nieder. Zum Einen, weil er kein Bestandteil zur Berechnung des Indikators ist, etwa Luxusartikel und Kunstobjekte. Ähnlich

teten Untersuchungsgegenstand exzellent zusammenfasst: Man weiß es nie genau! Es bleibt eine Überraschung – gerade in der Menge! Mit garantierten Flecken!

16.5 Fazit

Staatsverschuldung ist allen zivilisierten Gesellschaften eine Konstante! Sie hat es immer gegeben und nirgendwo wird sie zukünftig verschwinden![1824] Zum Problem wird die öffentliche Verschuldung erst, wenn sie zu hoch ist.

Aus ihrer absoluten Größe lässt sich ihre Bedrohlichkeit nicht ermessen. Das Gefahrenpotenzial der öffentlichen Verschuldung erschließt sich erst, wenn man sie zur Leistungs- bzw. Tragfähigkeit der jeweiligen Volkswirtschaft in Bezug setzt.

In diversen Entwicklungsländern haben sich durch den Ausbruch der Covid-19-Pandemie im Frühjahr 2020 und den raschen Zinsanstieg in den Jahren 2022/23 die wirtschaftlichen Rahmenbedingungen spürbar verschlechtert, so dass manche unter ihnen gegenwärtig nicht weit davon entfernt sind, die Schwelle der Tragfähigkeit erneut zu überschreiten. Eine große Zahl an Industrieländern steht nicht besser da. Auch sie haben hohe Schulden aufgetürmt; ihre Schuldenquoten haben Mitte der 2020er Jahre Niveaus erreicht, die denen nach dem Zweiten Weltkrieg gleichen – also nach fünf Jahren des fremdfinanzierten Waffengangs.

Eine drückend hohe Staatsverschuldung belastet – etwa durch unterlassene Investitionen in die materielle Infrastruktur – das Gedeihen der Wirtschaft. Sie schränkt zugleich den politischen Handlungsspielraum der Regierenden ein und lenkt deren Energie zudem in falsche Kanäle, etwa dadurch, dass man sich in den Finanzministerien mit bislang ungenutzten buchhalterischen Kniffs zeitraubend zu beschäftigen beginnt.

Nicht minder besorgniserregend ist es, wenn Amtsträger und Parteisoldaten in ihrer Hilflosigkeit das Tor der kommunikativen Unredlichkeit scheunenweit aufreißen, indem sie zum Beispiel kreative Mogelbegriffe wie „Sondervermögen" für außerbudgetäre Schulden nonchalant in den öffentlichen Diskurs einführen. Im Ergebnis untergräbt Politik mit all diesen Aktionen auf fatale Weise das in sie gesetzte Vertrauen. Eine gefährliche, gesellschaftliche Abwärtsspirale ist nicht ausgeschlossen.

---

wie Preise bei diesen schraubten sich auch die Transfersummen und Gehälter im Profisport in schwindelerregende Höhen, nicht zuletzt im Fußball. Aspekte, die in der Breite der Bevölkerung nicht oder der eigenen Passion wegen nur schulterzuckend zur Kenntnis genommen werden. Zum anderen fließen gewisse Entwicklungen nur zeitversetzt in den Verbraucherpreisindex ein, etwa die Wohnkosten. Spürbar für viele sind die Immobilienpreise gestiegen, allen voran in Ballungsgebieten. Hierbei erregten sich die Gemüter in der Zivilgesellschaft – ohne allerdings in diesem Umstand einen Zusammenhang mit der Geldpolitik der EZB erkennen zu wollen. Vgl. hierzu etwa Sinn, 2021, S. 341 ff.

1824 Dieser Allgemeinplatz war schon vor gut einhundertfünfzig Jahren bekannt. Vgl. Stein von, 1875, S. 716.

Zu erwarten, dass sich die gegenwärtige Schuldenbelastung durch anhaltend hohe Wachstumsraten wie in den drei Jahrzehnten nach dem Zweiten Weltkrieg senken lassen, ist gewagt – um nicht zu sagen naiv. Als ausgesprochen mutig dürfte auch die Hoffnung bezeichnet werden, in der Politik könnte sich irgendwo für länger der Wille zum Sparen durchsetzen. Selbst wenn dies in Einzelfällen tatsächlich eintreten sollte, ist die Option des Heraussparens keine, die flächendeckend von allen hoch verschuldeten Industrieländern gleichzeitig angewandt werden kann. Schließlich würde in diesem Fall „die weltweite Nachfrage [...] dann dramatisch einbrechen."[1825]

Der Weg aus der hohen Staatsverschuldung wird in den Industrieländern also mit hoher Wahrscheinlichkeit von einer Kombination aus finanzieller Repression und Inflation gepflastert sein.

Nicht übersehen sollten wir zum Ende unserer Einführung, dass die Lähmungserscheinung in den reichen Ländern heute nicht das Unternehmertum (wie Marx meinte) zu verantwortlich hat. Es ist vielmehr die vermeintlich helfende Hand des Sozialstaats: Dieser hat dem vor zweihundertfünfzig Jahren verjagten Schreckgespenst der frevlerischen Verschwendungssucht absolutistischer Fürsten neuen Atem eingehaucht! Genau genommen ist es der sich zum Ammendasein verpflichtete Berufspolitiker in der parlamentarischen Demokratie. Denn niemand anderes als er hat die hohen öffentlichen Schuldenstände sukzessive aufgebaut und damit zu verantworten.

Wie wir heute merken, sind schuldenfinanzierte Sozialausgaben und industriepolitische Subventionen also nicht gleichbedeutend mit einem besseren und vor Instabilitäten gefeiten Gemeinwesen! Auch die Europäische Zentralbank begibt sich mit ihrer Geldpolitik zunehmend auf die abschüssige Bahn. Ja, es dünkt einem, sie führt die ursprüngliche Idee der Notenbank als Garant von Stabilität geradewegs ad absurdum![1826]

Der starke Staat braucht Gestaltungsspielraum! Ein Lösungsweg besteht unübersehbar darin, den ausgabesüchtigen Politiker mit direktdemokratischen Elementen stärker als heute einzuhegen. Aus dieser Perspektive ist – salopp formuliert – mehr

---

1825 Belke/Keil, 2013, S. 957.

1826 Zur Redlichkeit gehört, dass sie nicht die einzige Notenbank ist, die sich auf dieser Bahn bewegt. Es sei in diesem Zusammenhang erwähnt, dass der kleine Zirkel, der sich in den 1980er Jahren mit einer Bankenwelt ohne Zentralbank (engl. „Free-banking") zu beschäftigen begann, in den letzten Jahren Zulauf erhalten hat. Vgl. hierzu etwa Selgin (2017), Chabot/Moul (2014) und Dowd (2001) sowie die älteren Arbeiten von White (1989) und White (1984). Das gestiegene Interesse an „Free-banking" versteht sich nicht zuletzt aus der Krisentheorie der Österreichischen Schule, zu der die Vorstellung von einem *natürlichen* Zinssatz gehört. Weicht dieser natürliche Zinssatz vom *Geldzins* ab, kommt es in der Wirtschaft zu Unter- bzw. Überinvestitionen – beides Situationen, in denen das Potenzial gesamtwirtschaftlicher Instabilitäten schlummert. Da Notenbanken im Rahmen der Geldpolitik den Geldzins beeinflussen, haben sie qua ihrer instrumentellen Ausstattung und Machtfülle also die Fähigkeit, gesamtwirtschaftliche Krisen auszulösen und/oder zu deren Entstehen beizutragen. Entsprechend diesen Überlegungen verläuft die Wirtschaftsentwicklung also mit Zentralbanken nicht stabiler als ohne sie - weshalb man auf sie verzichten sollte!

Bern statt Brüssel oder Berlin die Losung! Die Schweiz – das sei der Vollständigkeit halber bemerkt – hatte im Jahr 2023 eine Staatsschuldenquote von unter 40 Prozent![1827]

Dass unser kleines Nachbarland die unabhängigste Notenbank und die umfassendste Direktdemokratie weltweit hat, dürfte für dieses Ergebnis kein Zufall sein!

Kontrollfragen

– Welche Form von Staatsverschuldung bildet mit der expliziten die sogenannte Generationenbilanz und welche der beiden Formen ist im Kontext der heutigen Industrieländer zumeist von größerer Bedeutung?
– Erklären Sie, worin die Relevanz des quantitativ größeren Teils besteht! Mit anderen Worten: was verbirgt sich konkret hinter dieser Form?
– Von den Befürwortern staatlicher Verschuldung werden drei ökonomische Argumente ins Feld geführt. Nennen Sie einen dieser Gründe und erläutern sie dessen theoretische Schwächen!
– Auf der Webseite des Bundes der Steuerzahler e.V. ticket eine Schuldenuhr. Diese weist den Stand der öffentlichen Verschuldung in Deutschland aus und wie sich diese Sekunde für Sekunde verändert. Wie ist die Informationskraft dieser Schuldenuhr einzuordnen? Begründen Sie Ihre Antwort!
– An welchen Kennzahlen orientieren sich die (potentiellen) Kreditgeber zur Beurteilung der Schuldentragfähigkeit eines Landes? Warum?
– Warum nehmen Regierungen von Entwicklungsländern im Ausland – d.h. allen voran in Industrieländern und bei multilateralen Organisationen – Kredit auf? Welche spezifische Herausforderung gehen diese Länder damit in Bezug auf den Schuldendienst ein?
– Die „typische" Staatspleite hat auch sozio-ökonomische Konsequenzen! Nennen Sie ein paar wesentliche von diesen!
– Was ist von dem Ansatz zu halten, seinen ausländischen Gläubigern den Schuldendienst einfach zu verweigern? Begründen Sie Ihre Antwort!
– Welche non-monetären Hebel stehen einem Staat zur Verfügung, um sich seiner drückenden Schulden zu entledigen?
– Welche dieser Optionen erfreut sich regelmäßig großer Beliebtheit, muss sich aber nur allzu häufig als frommes Wunschdenken entlarven lassen? Erklären Sie ihre Antwort!
– Die Last der öffentlichen Verschuldung kann auch durch Entwertung mittels Inflation gesenkt werden. Erklären Sie, welche Voraussetzungen gegeben sein müssen, damit einer Regierung dieser Weg offensteht!

[1827] Vgl. Eidgenössische Finanzverwaltung, 2023, S. 14.

Literatur

Absenger, Nadine et al.: Arbeitszeiten in Deutschland – Entwicklungstendenzen und Herausforderungen für eine moderne Arbeitszeitpolitik, in: WSI Report, Nr. 19, November 2014

Acemoglu, Daron et al.: Volkswirtschaftslehre, 2., aktualisierte Auflage, München: Pearson, 2020

Adam, Hans/Mayer, Peter: Europäische Integration – Einführung für Ökonomen, 2. Überarbeitete und erweiterte Auflage, Konstanz/München: UVK, 2016

Aizenman, Joshua/Marion, Nancy: Using Inflation to Erode the U.S. Public Debt, NBER Working Paper Series, Nr. 15562, December 2009

Akerlof, George A.: The Market for "Lemons": Quality Uncertainty and the Market Mechanism, in: Quarterly Journal of Economics, Vol. 84, Nr. 3, 1970, S. 488–500

Albers, Hans-Jürgen et al.: Volkswirtschaftslehre, 7. Auflage, Haan-Gruiten: Europa-Lehrmittel, 2006

Alesina, Alberto/Summers, Lawrence, H.: Central Bank Independence and Macroeconomics Performance – Some Comparative Evidence, in: Journal of Money, Credit, and Banking, Vol. 25, Nr. 2, 1993, S. 151–162

Alich, Holger/Slodczyk, Katharina: Goldhändler unter Kartell-Verdacht, in: Handelsblatt, 29.09.2015, S. 26–27

Anger, Heike et al.: Karlsruhe kassiert Haushalt, in: Handelsblatt, 16.11.2023, S. 1

Anger, Heike/Specht, Frank: 172 Milliarden Euro Ausgaben – aber kaum Sparpotenzial, in: Handelsblatt, 30.11.2023, S. 6 f.

Apolte, Thomas: Die politische Ökonomie von Massenprotesten und Revolution, in: Perspektiven der Wirtschaftspolitik, Band 22, Heft 4, 2021, S. 287–302

Applebaum, Anne: Roter Hunger – Stalins Krieg gegen die Ukraine, 2. Auflage, München: Siedler, 2017

Ariely, Dan: Predictably Irrational, Revised and expanded Edition, New York et al.: Harper Perennial, 2010

Aschinger, Gerhard: Währungs- und Finanzkrisen – Entstehung, Analyse und Beurteilung aktueller Krisen, München: Vahlen, 2001

Assenmacher, Walter: Konjunktur und Wachstum als ökonomische Phänomene, WISU 1/96, S. 73–78

Baader, Roland: Kreide für den Wolf – Die tödliche Illusion vom besiegten Sozialismus, Neuauflage mit einem aktuellen Geleitwort von Markus Krall, Grevenbroich: Lichtschlag, 2021

Bachinger, Karl/Matis, Herbert: Entwicklungsdimensionen des Kapitalismus, Wien/Köln/Weimar: Böhlau, 2009

Balibar, Étienne: Die drei Endspiele des Kapitalismus, in: Greffrath, Mathias (Hrsg.): Re. Das Kapital – Politische Ökonomie im 21. Jahrhundert, 2. Auflage, München: Kunstmann, 2017, S. 213–235

Balling, Stephan: Sozialphilosophie und Geldpolitik, Stuttgart: Lucius & Lucius, 2013

Banzhaf, Dieter: Sieben plus / minus zwei, in: Börsenblatt, 30.09.2009; verfügbar unter: https://www.boersenblatt.net/archiv/345667.html, zuletzt abgerufen am 29. Juni 2022

Baron, Michael: Das neue Kriterium „erhebliche Behinderung wirksamen Wettbewerbs" (SIEC) in der europäischen Fusionskontrolle – Anmerkungen zum Verhältnis von deutscher und europäischer Fusionskontrolle, in: Brinker, Ingo/Scheuing, Dieter H./Stockmann, Kurt (Hrsg.): Recht und Wettbewerb – Festschrift für Rainer Bechtold zum 65. Geburtstag, München: C.H.Beck, 2006, S. 9–20

Baron, Matthew/Dieckelmann, Daniel: Historical Banking Crises: A New Database and a Reassassment of Their Incidences and Severity, in: Schularick, Moritz (Ed.): Leveraged – The New Economics of Debt and Financial Fragility, Chicago/London: University of Chicago Press, 2022, S. 209–226

Baßeler, Ulrich/Heinrich, Jürgen/Utecht, Burkhard: Grundlagen und Probleme der Volkswirtschaft, 19. überarbeitete Auflage, Stuttgart: Schäffer-Poeschel, 2010

Bechtold, Rainer: EU-rechtliche Beschränkungen in der Ausgestaltung und Anwendung des GWB, in: Becker, Ulrich et al. (Hrsg.): Verfassung und Verwaltung in Europa – Festschrift für Jürgen Schwarze zum 70. Geburtstag, Baden-Baden: Nomos, 2014, S. 518–535

Becker, Benedikt et al.: Sanierungsfall Schule, in: Handelsblatt, 04.08.2017, S. 45–49

Beckmann, Jens: Die Entkernung des Service Public in Frankreich, in: Bieling, Hans-Jürgen/Deckwirth, Christina/Schmalz, Stefan (Hrsg.): Liberalisierung und Privatisierung in Europa – Die Reorganisation

https://doi.org/10.1515/9783111331607-021

der öffentlichen Infrastruktur in der Europäischen Union, Münster: Westfälisches Dampfboot, 2008, S. 126–151

Bédard, Mathieu/Geloso, Vincent: Free Banking and Economic Growth in Lower Canada, 1817–1851, August 28, 2014

Beeker, Detlef: Wirtschaftspolitik – Kompakt und praxisorientiert, Stuttgart: Kohlhammer, 2011

Belke, Ansgar/Keil, Jonas: Finanzielle Repression und Niedrigzinsen, in: WISU, Nr. 7, 2013, S. 956–963

Bieling, Hans-Jürgen/Deckwirth, Christina: Die Reorganisation der öffentlichen Infrastruktur in der Europäischen Union – Einleitung, in: Bieling, Hans-Jürgen/Deckwirth, Christina/Schmalz, Stefan (Hrsg.): Liberalisierung und Privatisierung in Europa – Die Reorganisation der öffentlichen Infrastruktur in der Europäischen Union, Münster: Westfälisches Dampfboot, 2008, S. 9–33

Bitterlich, Joachim/Reiser, Simon: Sechzig Jahre Europäisierung der Agrarpolitik – Interessen, Konflikte, Weichenstellungen: Eine historisch-politische Betrachtung, in: Möller, Horst et al. (Hrsg.): Agrarpolitik im 20. Jahrhundert, Berlin/Boston: De Gruyter, 2020, S. 651–704

Blanchard, Oliver/Illing, Gerhard: Makroökonomie, 6. aktualisierte Auflage, München et al.: Pearson, 2014

Blankart, Charles B.: Öffentliche Finanzen in der Demokratie, 8. Auflage, München: Vahlen, 2011

Blocher, Christoph: Urknall der Demokratie, in: Weltwoche, Nr. 23, 2024, S. 12–14

Blum, Ulrich: Grundlagen der Volkswirtschaftslehre, Berlin/Boston: De Gruyter, 2017

Blume, Jakob: Argentinien schockt seine Gläubiger, in: Handelsblatt, 30.08.2019, S. 27

Blume, Jakob/Nagel, Lars-Marten: PIM Gold – Insolvenzverfahren startet, in: Handelsblatt, 29.11.2019, S. 35

Bockenheimer, Eva: „Die Natur ist die Probe auf die Dialektik". Nachdenken mit Friedrich Engels über Dialektik und die ökologische Krise der Gegenwart, in: Lucas, Rainer/Pfriem, Reinhard/Westhoff, Hans-Dieter (Hrsg.): Arbeiten am Widerspruch – Friedrich Engels zum 200. Geburtstag, Marburg: Metropolis, 2020, S. 249–275

Böhm, Franz: Die außerstaatliche („natürliche") Gesetzmäßigkeit des wettbewerblichen Wirtschaftsprozesses, wiederabgedruckt in: Stützel, Wolfgang et al. (Hrsg.): Grundtexte zur Sozialen Marktwirtschaft, Stuttgart/New York: Gustav Fischer, [1933] 1981, S. 135–142

Bofinger, Peter: Grundzüge der Volkswirtschaftslehre, 4. aktualisierte Auflage, München et al.: Pearson, 2015

Bolldorf, Heiko: Umstrukturierung der öffentlichen Infrastruktur in Slowenien, in: Bieling, Hans-Jürgen/Deckwirth, Christina/Schmalz, Stefan (Hrsg.): Liberalisierung und Privatisierung in Europa – Die Reorganisation der öffentlichen Infrastruktur in der Europäischen Union, Münster: Westfälisches Dampfboot, 2008, S. 306–331

Bordo, Michael D.: Commentary, in: Review, Federal Reserve Bank of St. Louis, May/June 1998, S. 77–82

Bordo, Michael D./Siklos, Pierre L.: Central Banks – Evolution and Innovation in Historical Perspective, NBER Working Papier Series, Nr. 23847, September 2017

Brand, Diana: Agrarreformen, in: Dürr, Ernst (Hrsg.): Soziale Marktwirtschaft in Entwicklungs- und Schwellenländern, Bern/Stuttgart: Haupt, 1991, S. 239–287

Branscheid, Wolf: Kriminelle Knebelkredite, in: junge Welt, 07.12.2021, S. 12–13

Braun, Eduard: Pseudoliberale Staatsinterventionen und die Neoklassik – Gedanken zum Homo Oeconomicus und zum wahren Wert der Dinge, April 2022; verfügbar unter: https://www.misesde.org/2022/04/pseudoliberale-staatsinterventionen-und-die-neoklassik-gedanken-zum-homo-oeconomicus-und-zum-wahren-wert-der-dinge/, zuletzt abgerufen 18.05.2024

Braun, Hans-Joachim: Die 101 wichtigsten Erfindungen der Weltgeschichte, München: C.H.Beck, 2005

Braunberger, Gerald: Anleihen für die Ewigkeit, in: FAZ, 21.01.2012; verfügbar unter: https://www.faz.net/aktuell/finanzen/anleihen-zinsen/staatsanleihen-anleihen-fuer-die-ewigkeit-11616913.html, zuletzt abgerufen, 24.06.2026

Brealey, Richard A. et al.: Principles of Corporate Finance, Fourteenth Edition, New York: McGraw-Hill, 2023

Brunekreeft, Gert/Meyer, Roland: Anreizregulierung bei Stromverteilnetzen: Effizienz vs. Investitionen, in: Perspektiven der Wirtschaftspolitik, Band 17, Nr. 2, 2016, S. 172–187

Bundesanstalt für Geowissenschaften und Rohstoffe (Hrsg.): BGR Energiestudie 2021, Hannover: BGR, 2022

Burdekin, Richard C.K./Sweeney, Richard J.: The Evolution of Sovereign Debt Default: From the Thirteenth Century to the Modern Era, 2021 (verfügbar unter: https://papers.ssrn.com/sol3/papers.cfm?abstract_id=3885237, zuletzt abgerufen 03.01.2024)

Buchenau, Martin-W.: Batteriebetrieb und Brennstoffzelle: Warum es kein Entweder-oder ist, in: Handelsblatt, 28.10.2019, S. 22

Buchheim, Christoph: Einführung in die Wirtschaftsgeschichte, München: C.H.Beck, 1997

Bundeskartellamt: 60 Jahre Bundeskartellamt 1958–2018, Februar 2018; verfügbar unter: https://www.bundeskartellamt.de/SharedDocs/Publikation/DE/Broschueren/60_Jahre_Jubilaeumsbroschuere.pdf?__blob=publicationFile&v=3, zuletzt abgerufen am 12.05.2024

Busch, Alexander: Offenbarungseid in Buenos Aires, in: Handelsblatt, 04.09.2018, S. 10

Busch, Alexander: Schon wieder am Rande einer Krise, in: Handelsblatt, 25.05.2018, S. 12

Busch, Alexander: Chaos in Caracas, in: Handelsblatt, 18.05.2016, S. 11

Busch, Alexander: Wachwechsel bei Brasiliens Ölkonzern Petrobras, in: Handelsblatt, 05.02.2015, S. 19

Carlson, Mark: Comment, on: Historical Banking Crises – A New Database and a Reassessment of Their Incidence and Severity by Matthew Baron and Daniel Dieckelmann, in: Schularick, Moritz (Ed.): Leveraged – The New Economics of Debt and Financial Fragility, Chicago/London: University of Chicago Press, 2022, S. 227–232

Case, Karl E./Fair, Ray C: Principles of Economics, London et al: Prentice Hall, 1989

Chabot, Benjamin/Moul, Charles C.: Bank Panics, Government Guarantees, and the Long-Run Size of the Financial Sector: Evidence from Free-Banking America, in: Journal of Money, Credit and Banking, Vol. 46, Nr. 5 August 2014, S. 961–997

Clement, Reiner/Terlau, Wiltrud/Kiy, Manfred: Angewandte Makroökonomie, 5. vollständig überarbeitete Auflage, München: Vahlen, 2013

Coase, Ronald H.: The Problem of Social Cost, Journal of Law and Economics, Vol. 3, October 1960, S. 1–44

Coppik, Jürgen/Heimeshoff, Ulrich: Praxis der Kartellschadensermittlung – Ökonomische Evidenz zur Effektivität von Kartellen, Düsseldorf: Fachmedien Otto Schmidt, 2021

Core Economics Education: Die Wirtschaft – Volkswirtschaftslehre für eine sich ändernde Welt, Berlin/Boston: De Gruyter, 2024.

Corni, Gustavo/Frizzera, Francesco: Vom Ersten Weltkrieg bis zum Ende der Weimarer Republik, in: Möller, Horst et al. (Hrsg.): Agrarpolitik im 20. Jahrhundert, Berlin/Boston: De Gruyter, 2020, S. 11–95

Cünnen, Andrea/Mallien, Jan: Warum kauft die EZB Anleihen von Unternehmen?, in: Handelsblatt, 21.07.2016, S. 38–39

Czitrich-Stahl, Holger: Ein heller Jubelruf – Die internationale Solidarität mit der Pariser Kommune, in: Pariser Kommune – Beilage der Tageszeitung junge Welt, 17.03.2021, S. 7

Damodaran, Aswath: The Dark Side of Valuation, Prentice Hall: Upper Saddle River (New Jersey), 2001

Deckwirth, Christina: Der Erfolg der Global Player – Liberalisierung und Privatisierung in der Bundesrepublik Deutschland, in: Bieling, Hans-Jürgen/Deckwirth, Christina/Schmalz, Stefan (Hrsg.): Liberalisierung und Privatisierung in Europa – Die Reorganisation der öffentlichen Infrastruktur in der Europäischen Union, Münster: Westfälisches Dampfboot, 2008, S. 64–95

Deegen, Peter: Die Ich-Du-Er-Sie-Es-Wir-Gruppe, in: Schweizer Monat, Ausgabe 1089, September 2021, S. 59–61

Deegen, Peter: Economics of the external and the extended orders of marktes and politics and their application in forestry, in: Forest Policy and Economics, Vol. 35, 2013, S. 21–30

Delhaes, Daniel/Koenen, Jens: Codewort „Infra-Go", in: Handelsblatt, 28.11.2022, S. 8

Delhaes, D./Schlautmann, C.: Post gibt Fernbusse auf, in: Handelsblatt, 04.08.2016, S. 16

Dembowski, Hans: Teurer Weizen, in: Die Zeit, 25.08.1995, S. 26

Demircan, O./Peer, M./Specht, F.: Die Einwanderungsillusion, in: Handelsblatt, 27.09.2022, S. 12–15

Demsetz, Harold: Towards a Theory of Property Rights, in: American Economic Review, Vol. 57, Issue 2, 1967, S. 347–359

Dettelbacher, Werner: Handel und Gewerbe im 18. Jahrhundert, in: Pleticha, Heinrich (Hrsg.): Deutsche Geschichte, Band 8: Aufklärung und Ende des Deutschen Reichs, Lexikothek Verlag, 1986, S. 182–194

Deutsche Bundesbank, diverse Monatsberichte

Diemand, Stefanie: Wohnen in London – bald für jedermann?, in: Handelsblatt, 23.09.2016; verfügbar unter: https://www.torial.com/fr/stefanie.diemand/portfolio/154886, zuletzt abgerufen am 20.06.2024

Dietger, Reinhold: Untergang und Neugestaltung – Deutschland im Spannungsfeld von Revolution und Napoleon, in: Pleticha, Heinrich (Hrsg.): Deutsche Geschichte, Band 8, 1986, S. 287–361

Dillmann, Nils Peter: Kundenorientierte Digitalisierung im regionalen Stahlhandel, Köln: Rheinische Fachhochschule, 2021

Dincecco, Mark: Political Transformations and Public Finances – Europe, 1650–1913, Cambridge et al.: Cambridge University Press, 2011

DIW Econ: Gutachten zum Investitionsverhalten im Rahmen der ARegV – Im Auftrag der Bundesnetzagentur, Berlin, 30.10.2014

Dobelli, Rolf: Die Kunst des klaren Denkens, München: Hanser, 2011

Dörner, Astrid/Streit, Matthias: WeWorks langer Schatten, in: Handelsblatt, 04.10.2019, S. 33

Donges, Juergen B./Freytag, Andreas: Allgemeine Wirtschaftspolitik, 3. Auflage, Stuttgart: UTB, 2009

Dostojewski, Fjodor: Die Dämonen, 20. Auflage, München/Zürich: Piper, 1996

Dowd, Kevin: Central banks: Who needs them?, Policy Options, May 2001, S. 37–40

Drechsler, Wolfgang: Hilflos vor der Hungersnot, in: Handelsblatt, 27.02.2017, S. 14

Drews, Kathrin: Großbritannien – „TINA" oder Paradigma einer gescheiterten Reorganisation?, in: Bieling, Hans-Jürgen/Deckwirth, Christina/Schmalz, Stefan (Hrsg.): Liberalisierung und Privatisierung in Europa – Die Reorganisation der öffentlichen Infrastruktur in der Europäischen Union, Münster: Westfälisches Dampfboot, 2008, S. 34–63

Driessen, Christoph: Die Gründung Belgiens – Frühes Paradies des Liberalismus, in: Damals, 51. Jahrgang, Nr. 3, 2019, S. 58–63

Düperthal, Gitta: „Wir schlagen vor, Asklepios zu enteignen" – Interview mit Fabian Dzewas-Rehm, in: junge Welt, 09.11.2021, S. 8

Dürr, Ernst (Hrsg.): Soziale Marktwirtschaft in Entwicklungs- und Schwellenländern, Bern/Stuttgart: Haupt, 1991

Dürr, Ernst: Wachstumspolitik, Bern/Stuttgart: Haupt, 1977

Easterly, William: The Elusive Quest for Growth – Economists' Adventures and Misadventures in the Tropics, Cambridge/London: MIT Press, 3. Auflage, 2001

Ehringfeld, Klaus: Mexiko stützt taumelnden Ölriesen, in: Handelsblatt, 18.04.2016, S. 16

Eidgenössische Finanzverwaltung: Öffentliche Finanzen der Schweiz 2021–2024. Hauptpublikation der Finanzstatistik, Bern: Eidgenössische Finanzverwaltung, 12. Oktober 2023

Eliot, Thomas H.: Recollections of the New Deal – When the People Mattered, Boston: Northeastern University Press, 1992

Engels, Friedrich: Herrn Eugen Dührings Umwälzung der Wissenschaft, Neue Studienausgabe, 1. Auflage, Berlin: Dietz, 2020

Engels, Friedrich: Umrisse zu einer Kritik der Nationalökonomie, 1844

Erhard, Ludwig: Wohlstand für Alle, 8. Auflage, Berlin: Econ-Verlag, 1964

Erlei, Mathias/Leschke, Martin/Sauerland, Dirk: Institutionenökonomik, 3. Auflage, Stuttgart: Schäffer-Poeschel, 2016

Ernst, Dietmar/Häcker, Joachim: Applied International Corporate Finance, 2., komplett überarbeitet und erweiterte Auflage, München: Vahlen, 2011

Eschenbach, Rolf/Eschenbach, Sebastian/Kunesch, Hermann: Strategische Konzepte – Ideen und Instrumente von Igor Ansoff bis Hans Ulrich, 5. überarbeitete und erweiterte Auflage, Stuttgart: Schäffer-Poeschel, 2008

Eucken, Walter: Grundsätze der Wirtschaftspolitik, 7. Auflage, Tübingen: Mohr Siebeck, 2004

Eucken, Walter: Die Politik zur Herstellung der Wettbewerbsordnung, 1952, in: Stützel, Wolfgang et al. (Hrsg.): Grundtexte zur Sozialen Marktwirtschaft, Stuttgart/New York: Gustav Fischer, 1981, S. 143–162

Europäische Dokumentation: Eine Gemeinsame Agrarpolitik für die neunziger Jahre, Amt für amtliche Veröffentlichungen der Europäischen Gemeinschaften, Luxemburg, 1989

Europäische Kommission: Die Lage der Landwirtschaft in der Gemeinschaft – Bericht 1993, Brüssel/Luxemburg, 1994

Farah-Yacoub, Juan P. et al: The Social Costs of Sovereign Default, World Bank Group: Policy Research Working Paper, Nr. 10157, August 2022

Fasse, Markus/Hoppe, Till/Menzel, Stefan: Brüssel bittet zur Kasse, in: Handelsblatt, 20.07.2016, S. 14–15

Federico, Giovanni: Feeding the World – An Economic History of Agriculture (1800–2000), Princeton/Oxford: Princeton University Press, 2009

Feeny, David et al.: The Tragedy of the Commons: Twenty-Two Years Later, in: Human Ecology, Vol. 18., Nr. 1, 1990, S. 1–16

Fischer, Karin: Rohstoffe und Entwicklung – und was Entwicklungstheorien dazu sagen, in: Fischer, Karin/Jäger, Johannes/Schmidt, Lukas (Hrsg.): Rohstoffe und Entwicklung – Aktuelle Auseinandersetzungen im historischen Kontext, Wien: new acadamic press, 2016, S. 19–35

Flauger, Jürgen/Iwersen, Sönke: Das Netz wird geprüft, in: Handelsblatt, 17.02.2017, S. 16

Flauger Jürgen et al.: Mehr Markt, weniger Staat, in: Handelsblatt, 20.01.2016, S. 1

Flauger, Jürgen/Fockenbrock, Dieter: Bahn im Clinch mit EON, in: Handelsblatt, 29.12.2015, S. 14–15

Flynn, Sean Masaki: Wirtschaft für Dummies, 2. überarbeitete Auflage, Weinheim: Wiley, 2012

Fockenbrock, Dieter: Regionalbahnen droht die Pleite, in: Handelsblatt, 24.09.2020, S. 24

Foders, Federico: Handelspolitik und weltwirtschaftliche Integration von Entwicklungsländern: Das Beispiel Argentiniens, Brasiliens und Jamaikas, München/Köln/London: Weltforum, 1987

Fokuhl, Josefine et al.: Sechs Auswege aus dem Berliner Finanzchaos, in: Handelsblatt, 01.12.2023, S. 12–13

Freeman, Christopher: Lange Wellen und Arbeitslosigkeit, in: Thomas, Hans/Nefiodow, Leo A. (Hrsg.): Kondratieffs Zyklen der Wirtschaft, Herford: BusseSeewald, 1998, S. 121–154

Fredebeul-Krein, Markus et al., Grundlagen der Wirtschaftspolitik, 4. vollständig überarbeitete Auflage, Konstanz/München: UVK, 2014

Fries, Anja: Leopold II. von Belgien – Terror im Kongo, in: GEO Epoche: Der Kolonialismus – Die Welt im Griff Europas, Nr. 97, 2019, S. 88–89

Fritsch, Michael: Marktversagen und Wirtschaftspolitik, 9. Auflage, München: Vahlen, 2014

Fröndhoff, Bert/Knitterscheidt, Kevin: Der Rohstoffmangel legt die Produktion lahm, in: Handelsblatt, 19.07.2021, S. 16–17

Frontier Economics: Aktualisierung von Betawert und Fremdkapitalzuschlag für Eisenbahnunternehmen – Bericht für die Bundesnetzagentur, 31.03.2020

Fülberth, Georg: Ein Ende, in: Pariser Kommune – Beilage der Tageszeitung junge Welt, 17.03.2021, S. 8

Füth, Günter/Blasberg, Friedrich G.: Volkswirtschaftslehre – Eine problemorientierte Darstellung, 4. Auflage, Darmstadt: Winklers, 1978

Funke, Manuel/Schularick, Moritz/Trebesch, Christoph: Going to Extremes: Politics after Financial Crises, 1870–2014, in: European Economic Review, 2016

Gälweiler, Aloys: Strategische Unternehmensführung, 2. Auflage, Frankfurt a. M./ New York: Campus, 1990

Global Agricultural Information Network (GAIN): EU Sugar Processors Bracing for Post-Quota with Large Production Increase, in: GAIN-Report, Nr. E17030, 2017

Galbraith, John Kenneth: The Great Crash 1929, London et al.: Penguin, [1955] 2009

Galeano, Eduardo: Die offenen Adern Lateinamerikas – Die Geschichte eines Kontinents, 7. Auflage der Neuausgabe (2009), Wuppertal: Hammer, 2019

Gann, Mathis/Zimmermann, Konstantin: Nächste Verzögerung im Betriebsablauf, in: Die Zeit, 11.06.2024; verfügbar unter: https://www.zeit.de/mobilitaet/2024-06/stuttgart-21-bahnprojekt-verzoegerung-kosten-faq, zuletzt abgerufen am 12.06.2024

Gasdanow, Gaito: Nächtliche Wege, München: Hanser, 2018

Gassert, Philipp/Häberlein, Mark/Wala, Michael: Geschichte der USA, Ditzingen: Reclam, 2018

Gassmann, Michael/Dierig, Carsten: Wie das Zucker-Kartell die Verbraucher abzockte, in: Welt, 18.02.2014; verfügbar unter: http://www.welt.de/wirtschaft/article124981138/Wie-das-Zucker-Kartell-die-Verbraucher-abzockte.html, zuletzt abgerufen am 29. Juni 2022

Gasten, Jan: Kaufmännische und technische Optimierungsmöglichkeiten eines Stromverteilnetzbetreibers vor dem Hintergrund einer Kostenprüfung im regulatorischen Umfeld, 2016

GATT: Trends in International Trade – Report by a Panel of Experts, Genf, 1958

Göhler, Gerhard/Klein, Ansgar: Politische Theorien des 19. Jahrhunderts, in: Lieber, Hans J. (Hrsg.): Politische Theorien von der Antike bis zur Gegenwart, München: Olzog, 1991, S. 259–656

Görgens, Egon/Ruckriegel, Karlheinz/Seitz, Franz: Europäische Geldpolitik, 6., vollständig neu bearbeitete Auflage, Konstanz/München: UVK, 2014

Gokhale, Jagadeesh: Measuring the Unfunded Obligations of European Countries, in: National Center for Policy Analysis, Policy Report 319, January 2009

Goolsbee, Austan/Levitt, Steven/Syverson, Chad: Mikroökonomik, Stuttgart: Schäffer-Poeschel, 2014

Graeber, David: Schulden – Die ersten 5.000 Jahre, 7. Auflage, Stuttgart: Klett-Cotta, 2012

Grams, Florian: Uns aus dem Elend zu erlösen, in: Pariser Kommune – Beilage der Tageszeitung junge Welt, 17.03.2021, S. 2

Grass, Rolf-Dieter/Stützel, Wolfgang: Volkswirtschaftslehre, München: Vahlen, 1983

Graßmann, Timm: Der Eklat aller Widersprüche – Marx' Theorie und Studien der wiederkehrenden Wirtschaftskrisen, Berlin/Boston: De Gruyter, 2022

Grawitz, Madeleine: Bakunin – Ein Leben für die Freiheit, Hamburg: Nautilus, 1999

Greffrath, Mathias: Der Mehrwert der Geschichte, in: Greffrath, Mathias (Hrsg.): Re. Das Kapital – Politische Ökonomie im 21. Jahrhundert, 2. Auflage, München: Kunstmann, 2017, S. 12–27

Greive, Martin/Hildebrand, Jan: Karlsruhe kassiert Haushalt, in: Handelsblatt, 16.11.2023, S. 1 und S. 4f.

Grossman, Richard S.: Unsettled Account – The Evolution of Banking in the Industrialized World since 1800, Princeton: Princeton University Press, 2010

Haberler, Gottfried: Der internationale Handel, Berlin/Heidelberg/New York: Springer, [1933] 1970

Habermann, Gerd: Der Wohlfahrtsstaat – Ende einer Illusion, 2. Auflage, München: FinanzBuch, 2017

Häring, Norbert: Es droht eine globale Schuldenkrise, in: Handelsblatt, 06.04.2020, S. 12

Häring, Norbert: Markt und Macht, Stuttgart: Schäffer-Poeschel, 2010

Hanke, Steve H./Krus, Nicholas: World Hyperinflations, Cato Working Paper, 15. August 2012

Hardin, Garrett: The Tragedy of the Commons, in: Science, Vol.162, December 1968, S. 1243–1248

Hart, Thomas: Neue Politische Ökonomie – Eine systematische Analyse ihrer Forschungsfelder, Forum Finanzwissenschaft, Band 10, Nürnberg: Friedrich-Alexander-Universität, 1994

Hartwich, Hans-Hermann et al.: Politik im 20. Jahrhundert, 3. Auflage, Braunschweig: Westermann, 1972

Hayek, Friedrich August: Geschichte des Geldwesens, in: Bosch, Alfred et al. (Hrsg.): Friedrich A. von Hayek – Gesammelte Schriften in deutscher Sprache, Band 8, Tübingen: Mohr Siebeck, 2015, S. 387–498

Hayek, Friedrich August: Der Weg zur Knechtschaft, 1. Neuauflage, Reinbek/München: Lau [1944] 2014

Hayek, Friedrich August: Die Verfassung der Freiheit, 4. Auflage, Tübingen: Mohr Siebeck, [1971] 2005

Hazlitt, Henry: Die 24 wichtigsten Regeln der Wirtschaft, 3. Auflage, München: FinanzBuch Verlag, 2021

Heilbroner, Robert L.: Die Denker der Wirtschaft – Ideen und Konzepte der großen Wirtschaftsphilosophen, 1. Auflage, München: FinanzBuch Verlag, 2006

Heine, Michael/Herr, Hansjörg: Volkswirtschaftslehre – Paradigmenorientierte Einführung in die Mikro- und Makroökonomie, 4. vollständig überarbeitete Auflage, München: Oldenbourg, 2013

Heinrich, Mathis: Auf der Überholspur in die EU – Neoliberale Transformation in Estland, in: Bieling, Hans-Jürgen/Deckwirth, Christina/Schmalz, Stefan (Hrsg.): Liberalisierung und Privatisierung in Europa – Die Reorganisation der öffentlichen Infrastruktur in der Europäischen Union, Münster: Westfälisches Dampfboot, 2008, S. 245–276

Heinsohn, Gunnar: Wie kommt es zum Wirtschaften oder was sind Zins und Geld?, in: M.o.M. Malik on Management, Nr. 6, 2000, S. 84–102

Heinsohn, Gunnar/Steiger, Otto: Eigentum, Zins und Geld – Ungelöste Rätsel der Wirtschaftswissenschaft, 7. Auflage, Marburg: Metropolis, 2010

Hellwig, Michael/Hüschelrath, Kai: When do Firms Leave Cartels? Determinants and the Impact on Cartel Survial, ZEW Discussion Paper, Nr. 17–002, 2017

Helmedag, Fritz: Warenproduktion mittels Arbeit - Zur Rehabilitation des Wertgesetzes, 4., überarbeitete und ergänzte Auflage, Marburg: Metropolis, 2024

Henderson, Bruce: Industrie-Erfahrungskurve, in: Oetinger, Bolko v. (Hrsg.): Das Boston Consulting Group Strategie-Buch, 7., völlig überarbeitete und aktualisierte Auflage, Düsseldorf: Econ, 2000, S. 567–570

Henke, Judith: „Uns fehlen wichtige Metalle", in: Handelsblatt, 15.12.2023, S. 36–37

Herdzina, Klaus: Einführung in die Mikroökonomie. 6. verb. Auflage, München: Vahlen, 1999

Hergert, Stefani: Deutschland hat noch viel Nachholbedarf, in: Handelsblatt, 04.08.2017, S. 50–51

Hermsdorf, Volker: Gegen das Imperium – Pandemie, Klima und US-Blockade gegen Kuba: Lateinamerikas Staatschefs prangern auf UN-Generalversammlung globale Ungerechtigkeit an, in: junge Welt, 24.09.2021, S. 7

Hermann, Hansgeorg: Der Zorn der Cheminots, in: junge Welt, 02.07.2021, S. 9

Herrmann, Ulrike: Der Sieg des Kapitals, 3. Auflage, Frankfurt a. Main: Westend, 2013

Hersh, Seymour: Auf Tauchgang, in: junge Welt, 11.02.2023, S. 12–13

Herwartz, Christoph/Waschinski, Gregor: Wütende Landwirte auch in Frankreich, in: Handelsblatt, 30.01.2024, S. 8–9

Hessami, Gian: Ausgebremst!, in: Liberal, Nr. 4, 2017, S. 36–39

Heumann, Pierre: Gegen die Hardliner, in: Handelsblatt, 09.05.2016, S. 17

Hildebrand, Jan/Stratmann, Klaus: „Wir brauchen eine Preisbremse bei Energie" – Der bayerische Ministerpräsident warnt vor den Folgen einer Inflation und fordert Gegenmaßnahmen, in: Handelsblatt, 13.01.2022, S. 8–9

Hilferding, Rudolf: Das Finanzkapital, Wien: Brand & Co., 1910

Höhler, Gerd/Louven, Sandra/Kuchenbecker, Tanja: Ein Preisdeckel für Lebensmittel ist kein Tabu mehr, in: Handelsblatt, 12.10.2022, S. 13.

Hoekman, Geritt: Immobilienkonzerne unerwünscht – Niederlande: Tausende Menschen demonstrieren in Rotterdam gegen Wohnungsnot, in: junge Welt, 19.10.2021, S. 9

Hofen von, Mathias, Nord Stream – Die Diskussion wird heftiger, in: Smart Investor, Nr. 1, 2019, S. 16–19

Hofer, Joachim: Europas Hightech-Chance, in: Handelsblatt, 26.07.2021, S. 22

Hoffmann, Lutz/Fikentscher, Wolfgang R.: Zölle, I: Theorie und Politik, in: Albers, Willi et al. (Hrsg.): Handwörterbuch der Wirtschaftswissenschaft, Band 9, 1982, S. 630–648

Hoppe, Till et al.: Das Vertrauen verspielt, in: Handelsblatt, 07.08.2017, S. 4f.

Hoppe, Till/Kersting, Silke: EU prüft Quote für E-Autos, in: Handelsblatt, 07.08.2017, S. 1

Hülsmann, Jörg Guido: Krise der Inflationskultur, 2. Auflage, München: FBV Verlag, 2014

Huerta de Soto, Jesús: Money, Bank Credit, *and* Economic Cycles, Fourth Edition, Auburn (Alabama): Ludwig von Mises Institute, 2020a

Huerta de Soto, Jesús: Die Theorie der dynamischen Effizienz, Berlin: Duncker & Humblot, 2020b

Huerta de Soto, Jesús: Die Österreichische Schule der Nationalökonomie – Markt und unternehmerische Kreativität, 3. Auflage, Wien: Friedrich August von Hayek Institut, 2014

Institut für Weltwirtschaft: Kieler Subventionsbericht 2023 – Subventionen des Bundes in Zeiten von Ukrainekrieg und Energiekrise, Kiel, 2023

Institut für Weltwirtschaft: Kieler Subventionsbericht 2020 – Subventionen auf dem Vormarsch, Kiel, 2020

International Cocoa Organization (ICCO): https://www.icco.org/faq/57-cocoa-production/125-how-much-time-and-money-would-have-to-be-invested-to-get-a-cocoa-farm-operational-and-what-are-the-on-going-production-costs.html, der Bericht wurden abgerufen am 04.04.2020

International Labor Organization (ILO): Working Time and Work-Life Balance Around the World, 2022

Jäger, Johannes/Springler, Elisabeth: Ökonomie der internationalen Entwicklung – Eine kritische Einführung in die Volkswirtschaftslehre, 3. Auflage, Wien: Mandelbaum, 2015

Jakobs, Hans-Jürgen: Die neuen Monopole – Machtwirtschaft statt Marktwirtschaft, in: Handelsblatt, 07.10.2022, S. 44–51

James, Harold: Schockmomente – Eine Weltgeschichte von Inflation und Globalisierung 1850 bis heute, Freiburg im Breisgau: Herder, 2022

Jobst, Clemens/Kernbauer, Hans: Die Bank. Das Geld. Der Staat. Nationalbank und Währungspolitik in Österreich 1816–2016, Campus: Frankfurt am Main, 2016

Jones, Tim: Licht ins Dunkel bringen! in: Schuldenreport 2019, S. 24–28

Jordà, Òscar et al.: Bank Capital before and after Financial Crises, in: Schularick, Moritz (Ed.): Leveraged – The New Economics of Debt and Financial Fragility, Chicago/London: University of Chicago Press, 2022, S. 116–133

Jordà, Òscar/Schularick, Moritz/Taylor, Alan M.: The Great Mortgaging: Housing Finance, Crises, and Business Cycles, NBER Working Paper Series, Nr. 20501, September 2014

Joskow, Paul L.: Regulatory Failure, Regulatory Reform, and Structural Change in the Electrical Power Industry, Brooking Papers on Economic Activity, Microeconomics 1989, S. 127–199 (verfügbar unter: https://www.brookings.edu/articles/regulatory-failure-regulatory-reform-and-structural-change-in-the-electrical-power-industry/, zuletzt abgerufen am 20.06.2024)

Jung, Benjamin/Kohler, Wilhelm: Wie vorteilhaft ist internationaler Handel? Ein neuer Ansatz zur Vermessung der Gewinne, in: Perspektiven der Wirtschaftspolitik, Band 18, Nr. 1, 2017, S. 32–55

Jungfer, Joachim: Grundbedürfnisstrategie oder Ordnungspolitik als Wege zur Überwindung wirtschaftlicher Unterentwicklung, Bern/Stuttgart: Haupt, 1991

Kaiser, Jürgen: Die HIPC-Initiative, in: Schuldenreport, 2018, S. 40–47

Kaiser, Jürgen: Mosambik: Ein Land unter dem Ressourcenfluch, in: Schuldenreport 2017, S. 31–35

Kaltenborn, Wilhelm: Hermann Schulze-Delitzsch und die soziale Frage, in: Schriftenreihe des Fördervereins Hermann Schulze-Delitzsch, Heft 11, 2006

Kaminsky, Graciela Laura/Vega-García, Pablo: Varieties of Sovereign Crises – Latin America, 1820–1931, Working Paper: Washington D.C. (USA): George Washington University, 2012

Karl, Matthias: Prognoseentscheidungen in der Europäischen Fusionskontrolle – Beweisanforderungen an die Europäische Kommission für die Untersagung von Zusammenschlüssen, in: Brinker, Ingo/Scheuing, Dieter H./Stockmann, Kurt (Hrsg.): Recht und Wettbewerb – Festschrift für Rainer Bechtold zum 65. Geburtstag, München: C.H.Beck, 2006, S. 209–228

Kerkmann, Christof/Tuma, Thomas: Umkämpfter Ausbau, in: Handelsblatt, 19.11.2018, S. 16–17

Keynes, John Maynard: A Tract on Monetary Reform, London: Macmillan and Co., 1923

Kießling, Friedrich: Landwirtschaftsministerium und Agrarpolitik in der alten Bundesrepublik, in: Möller, Horst et al. (Hrsg.): Agrarpolitik im 20. Jahrhundert, Berlin/Boston: De Gruyter, 2020, S. 365–508

Kindleberger, Charles P.: Die Weltwirtschaftskrise, München: Deutscher Taschenbuch Verlag, 1973

Kirchhof, Paul: Deutschland im Schuldensog – Der Weg vom Bürgen zurück zum Bürger, München: C.H. Beck, 2012

Kirzner, Israel M.: Der ökonomische Blickwinkel, Berlin: Duncker & Humblot, 2017

Klaubert, David: Wahl in Argentinien – Nach dem großen Schlachten, 21.10.2015; verfügbar unter: https://www.faz.net/aktuell/politik/ausland/amerika/wahl-in-argentinien-die-rinderzucht-ist-in-der-krise-13865039.html, zuletzt abgerufen am 22.04.2020

Klein, Heribert: Freispruch für Alfred Müller-Armack, in: Frankfurter Allgemeine Zeitung, 26.04.1997, S. 15

Klöckner, Jürgen/Neuerfer, Dietmar: Neuer Subventions-Streit gefährdet Etatkompromiss, in: Handelsblatt, 19.12.2023, S. 4

Koch, Jens: Der kartellrechtliche Kronzeugenantrag im Konzern, in: Ackermann, Thomas/Köndgen, Johannes (Hrsg.): Privat- und Wirtschaftsrecht in Europa – Festschrift für Wulf-Hennig Roth, München: C.H.Beck, 2015, S. 279–297

Kolb, Gerhard: Geschichte der Volkswirtschaftslehre – Dogmenhistorische Positionen des ökonomischen Denkens, München: Vahlen, 1997

Komlosy, Andrea: Kapitalismus als *frontier*, in: Fischer, Karin/Jäger, Johannes/Schmidt, Lukas (Hrsg.): Rohstoffe und Entwicklung – Aktuelle Auseinandersetzungen im historischen Kontext, Wien: new acadamic press, 2016, S. 36–51

Kommission der Europäischen Gemeinschaften: 20. Finanzbericht über den Europäischen Ausrichtungs- und Garantiefonds für die Landwirtschaft EAGFL, Brüssel, 1991

Kommission der Europäischen Gemeinschaften: Die Lage der Landwirtschaft in der Gemeinschaft – Bericht 1989, Brüssel/Luxemburg, 1990

Konrad, Kai A./Zschäpitz, Holger: Schulden ohne Sühne – Was Europas Krise uns Bürger kostet, aktualisierte Ausgabe, München: dtv, 2012

Kotler, Philip/Keller, Kevin Lane/Bliemel, Friedhelm: Marketing-Management, 12. aktualisierte Auflage, München: Pearson, 2007

Krausmann, Fridolin/Langthaler, Ernst: Nahrungsregime und Umwelt in der Globalisierung (1870–2010), in: Fischer, Karin/Jäger, Johannes/Schmidt, Lukas (Hrsg.): Rohstoffe und Entwicklung – Aktuelle Auseinandersetzungen im historischen Kontext, Wien: new acadamic press, 2016, S. 85–103

Krausmann, Fridolin/Fischer-Kowalski; Marina: Gesellschaftliche Naturverhältnisse: Globale Transformation der Energie- und Materialflüsse, in: Sieder, Reinhard/Langthaler, Ernst (Hrsg.): Globalgeschichte 1800–2010, Wien/Köln/Weimar: Böhlau, 2010, S. 39–68

Kromarek, Rainer: Marktintervention und Manipulation. Das London Gold Fixing feiert 100-jähriges Jubiläum, in: Smart Investor, Nr. 11, 2019, S. 51–52

Kromarek, Rainer: Gold wird „gedruckt" wie Geld, in: Smart Investor, Nr. 8, 2018, S. 46–47

Krugman, Paul/Obstfeld, Maurice/Melitz, Marc: Internationale Wirtschaft – Theorie und Politik der Außenwirtschaft, 9. aktualisierte Auflage, München: Pearson, 2012

Krugman, Paul/Wells, Robin: Volkswirtschaftslehre, Stuttgart: Schäffer-Poeschel, 2010

Kuchenbecker, Tanja: Experiment Mietspiegel, in: Handelsblatt, 01.09.2017, S. 28f.

Kuhr, Daniela: Milchbauern warnen vor der „Katastrophe", in Süddeutsche Zeitung, 22.12.2014; verfügbar unter: https://www.sueddeutsche.de/wirtschaft/ende-des-quotensystems-milchbauern-warnen-vor-der-katastrophe-1.2277054, zuletzt abgerufen am 26.02.2024

Kumar, Manmohan S./Woo, Jaejoon: Debt and Growth, IMF Working Paper, Nr. 174, July 2010

Kunzmann, Marcel: Die Abhängigkeit verringern – Das Ende des staatlichen Monopols. Kuba setzt eine neue Landwirtschaftsreform um, in: junge Welt, 02.06.2021, S. 12–13

Kurz, Heinz D.: Der junge Engels über die „Bereicherungswissenschaft", die „Unsittlichkeit" von Privateigentum und Konkurrenz und die „Heuchelei der Oekonomen", in: Lucas, Rainer/Pfriem, Reinhard/Westhoff, Hans-Dieter (Hrsg.): Arbeiten am Widerspruch – Friedrich Engels zum 200. Geburtstag, Marburg: Metropolis, 2020, S. 65–120

Kurz, Heinz D.: Eigenliebe tut gut, in: ZEIT-Punkte: Zeit der Ökonomen – Eine kritische Bilanz volkswirtschaftlichen Denkens, Nr. 3, 1993, S. 11–13

Kuttenkeuler, Dirk: Gründungsverhalten und Direktinvestitionen, Frankfurt/Main et al.: Peter Lang, 2007

Laaser, Claus-Friedrich/Rosenschon, Astrid/Schrader, Klaus, in: Kieler Beiträge zur Wirtschaftspolitik: Subventionsbericht 2023, Nr. 44, 2023, S. 37

Lachmann, Werner: Entwicklungspolitik – Band 1: Grundlagen, München/Wien: Oldenbourg, 1994a

Lachmann, Werner: Entwicklungspolitik – Band 3: Außenwirtschaftliche Aspekte, München/Wien: Oldenbourg, 1994b

Lachmann, Werner: Fiskalpolitik, Berlin/Heidelberg: Springer-Verlag, 1987

Leggewie, Claus: Der Immobilienwahnsinn, in: Handelsblatt, 11.09.2017, S. 48

Leidinger, Hannes: Kapitalismus, 1. Auflage, Wien/Köln/Weimar: Böhlau, 2008

Lewinsohn, Richard: Financial Contagion – Lessons from the Great Depression, Zürich: Richard Lewinsohn-Morus-Stiftung, [1934] 2010

Lewinsohn, Richard: Geschichte der Krise, Leipzig/Wien: Tal, 1934

Lewinsohn-Morus, Richard: Die Großen der Weltwirtschaft, Berlin: Ullstein, 1955 (Anmerkung: Das Buch ist unter dem Pseudonym Morus erschienen)

List, Friedrich: Das nationale System der politischen Ökonomie, in: Beckerath von, Erwin et al. (Hrsg.): Friedrich List – Schriften, Reden, Briefe, Band 6, Berlin: Hobbing, 1930

Lochner, Mario: Wenn dem Staat das Geld ausgeht, in: Süddeutsche Zeitung, 21.06.2011; verfügbar unter: https://www.sueddeutsche.de/geld/historische-staatspleiten-wenn-dem-staat-das-geld-ausgeht-1.1110611 , zuletzt abgerufen am 17.11.2023

Louven, Sandra/Höhler, Gerd/Krieger, R.: Amigo-Alarm – In Südeuropa boomt nur die Vetternwirtschaft, in: Handelsblatt, 06.10.2016, S. 12

Lutz, Lukas: Karl Marx und die ökologische Krise, Berlin/Boston: De Gruyter, 2022

Malik, Fredmund: Führen Leisten Leben – Wirksames Management für eine neue Welt, Frankfurt am Main/New York: Campus, 2019

Malik, Fredmund: Strategie des Managements komplexer Systeme, 10. Auflage, Bern/Stuttgart/Wien: Haupt, 2008a

Malik, Fredmund: Unternehmenspolitik und Corporate Governance, Frankfurt/New York: Campus, 2008b

Malik, Fredmund: Management – Das A und O des Handwerks, Frankfurt/ New York: Campus, 2007

Malik, Satyajeet: Sieg gegen Modi, in: junge Welt, 20.11.2021, S. 7

Malik, Satyajeet: Blockiert und besetzt, in: junge Welt, 29.09.2021, S. 7

Mandel, Ernest: Die langen Wellen im Kapitalismus, 2. Auflage, Frankfurt/ Main: isp-Verlag, 1987

Mandeville, Bernard: Die Bienenfabel, 2. Auflage, Frankfurt am Main: Suhrkamp, 1980

Mandl, Stefan/Sukopp, Herbert: Bestäubungshandbuch für Gärtner, Landwirte und Imker, 2011

Mankiw, N. Gregory: Makroökonomik, 8. Auflage, Stuttgart: Schäffer-Poeschel, 2024

Mankiw, N. Gregory: Makroökonomik, 6. Auflage, Stuttgart: Schäffer-Poeschel, 2011

Mankiw, Gregory N./Taylor, Mark P.: Grundzüge der Volkswirtschaftslehre, 6. Auflage, Stuttgart: Schäffer-Poeschel, 2016

Mansfield, Edwin: Principles of Microeconomics, 2. Edition, New York: Norton, 1977

Marshall, Alfred: Principles of Economics, 8. Auflage, Prometheus: Amherst, [1920] 1997

Martin, Felix: Geld, die wahre Geschichte. Über den blinden Fleck des Kapitalismus, 1. Auflage, München: Deutsche Verlags-Anstalt, 2014

Marx, Karl: Das Kapital – Kritik der politischen Ökonomie, Dritter Band, 36. Aufl., Berlin: Dietz, [1894] 2023

Marx, Karl: Das Kapital – Kritik der politischen Ökonomie, ungekürzte Ausgabe nach der zweiten Auflage von 1872, Köln: Anaconda, [1872] 2018

Marx, Karl: Gewerksgenossenschaften. Ihre Vergangenheit, Gegenwart und Zukunft. Resolutions-Entwurf für den Generalrat der Internationale vom August 1866, in: MEW, Band 16, Berlin/ DDR, 1962, S. 196–198

Marx, Karl/Engels, Friedrich: Das Kommunistische Manifest, Böblingen: Ocean of Minds Media House, [1848] 2017

Mayer, Thomas: Die Neue Ordnung des Geldes – Warum wir eine Geldreform brauchen, 2. Auflage, München: FinanzBuch Verlag, 2015

Mazarei, Adnan: Debt Clouds over the Middle East, in: Finance & Development, Vol. 30, Nr. 3, September 2023, S. 37–41

Mazoyer, Marcel/Roudart, Laurence: A History of World Agriculture from the Neolithic Age to the Current Crisis, London: Earthscan, 2006

Meadows, Donella H. et al.: The Limits to Growth – A Report for the Club of Rome's Project on the Predicament of Mankind, New York: Universe Books, 1972

Meffert, Heribert et al.: Marketing – Grundlagen marktorientierter Unternehmensführung, 13., überarbeitete und erweiterte Auflage, Wiesbaden: Springer Gabler, 2019

Menger, Carl: Grundsätze der Volkswirtschaftslehre, London: Forgotten Books, [1871] 2018

Mestmäcker, Ernst-Joachim: Wettbewerbspolitik in der Industriegesellschaft, wiederabgedruckt in: Stützel, Wolfgang et al. (Hrsg.): Grundtexte zur Sozialen Marktwirtschaft, Stuttgart/New York: Gustav Fischer, [1973] 1981, S. 163–172

Meta, Ermal: Morgen und für Immer, München: hanserblau, 2023

Miksch, Leonhard: Wettbewerb und Wirtschafsverfassung, 1947, in: Stützel, Wolfgang et al. (Hrsg.): Grundtexte zur Sozialen Marktwirtschaft, Stuttgart/New York: Gustav Fischer, 1981, S. 177–182

Mises von, Ludwig: Kritik des Interventionismus, wiederabgedruckt in: Stützel, Wolfgang et al. (Hrsg.): Grundtexte zur Sozialen Marktwirtschaft, Stuttgart/New York: Gustav Fischer, [1926] 1981, S. 213–220

Mises von, Ludwig: Wirtschaftlicher Liberalismus, in: Handwörterbuch der Sozialwissenschaften, Bd. 6, 1959, S. 596–603

Mises, Ludwig: Die Gemeinwirtschaft – Untersuchungen über den Sozialismus, 2., umgearbeitete Auflage, Jena: Gustav Fischer, 1932

Mishkin, Frederic S.: The Economics of Money, Banking, and Financial Markets, Twelfth Edition, Global Edition: Harlow (UK), Pearson, 2019

Mishkin, Frederic S.: The Economics of Money, Banking, and Financial Markets, Third Edition, New York (USA): HarperCollins, 1992

Molino del, Sergio: Leeres Spanien – Reise in ein Land, das es nie gab, Berlin: Wagenbach, 2022

Moog, Stefan/Raffelhüschen, Bernd: Ehrbarer Staat? Die Generationenbilanz – Update 2009: Wirtschaftskrise trifft Tragfähigkeit, Diskussionsbeiträge, Nr. 38, Albert-Ludwigs-Universität Freiburg, Forschungszentrum Generationenverträge (FZG), Freiburg im Breisgau, 2009

Morgenthau, Henry Jr.: Germany Is Our Problem, New York/London: Harper & Brothers, 1945

Müller, Bernd: Bauern gegen Dumpingpreise, in: junge Welt, 27.10.2020, S. 9

Müller, Hans Christian/Schorn, André: Im Land der Mieter, in: Handelsblatt, 17.02.2017, S. 32 f.

Müller, Hans Christian/Ahmad, Imran/Rosenberger, Juraj: Umzug vertagt, in: Handelsblatt, 14.05.2018, S. 24 f.

Müller, Karsten: Credit Markets Around the World, 1910–2014, 2018 (verfügbar unter: https://ssrn.com/abstract=3259636, zuletzt abgerufen am 15.06.2024)

Münkel, Daniela/Heidenreich, Ronny: Das DDR-Landwirtschaftsministerium – Politik und Personal, in: Möller, Horst et al. (Hrsg.): Agrarpolitik im 20. Jahrhundert, Berlin/Boston: De Gruyter/Oldenbourgh, 2020, S. 513–647

Murphy, Martin/Buchenau, Martin/Wocher, Martin: Besuch der Kartellhüter, in: Handelsblatt, 06.07.2016, S. 4–5

Murphy, Robert P.: The Great Depression and the New Deal, Washington D.C.: Regnery Publishing, 2017

Musgrave, Richard A./Musgrave, Peggy B./Kullmer, Lore: Die öffentlichen Finanzen in Theorie und Praxis, 2. Band, 5. völlig überarb. Auflage, Tübingen: J.C.B. Mohr (Paul Siebeck), 1993

Mussel, Gerhard: Volkswirtschaftslehre – Eine Einführung, 2., aktualisierte Auflage, Frankfurt/New York: Campus, 1999

Neal, Larry: The Financial Crisis of 1825 and the Restructuring of the British Financial System, in: Review, Federal Reserve Bank of St. Louis, May/June 1998, S. 53–76 (verfügbar unter: https://files.stlouisfed.org/files/htdocs/publications/review/98/05/9805ln.pdf, zuletzt abgerufen am 15.06.2024)

Nelson, Scott Reynolds: Oceans of Grain – How American Wheat Remade the World, New York: Basic Books, 2022

Neumann, Manfred: Theoretische Volkswirtschaftslehre – Band 2, 3. Auflage, München: Vahlen, 1991

Nied, Volker: Goldverbot, in: Smart Investor, Nr. 11, 2019, S. 20–22

Niemietz, Kristian: Sozialismus – Die gescheiterte Idee, die niemals stirbt, München: FinanzBuch, 2021

Noback, Christian/Noback, Friedrich: Taschenbuch der Münz-, Maass- und Gewichts-Verhältnisse der Staatspapiere, des Wechsel- und Bankwesens und der Usanzen aller Länder und Handelsplätze, Zweite Abtheilung, Leipzig, Brockhaus, 1851

Obst, Werner: Reiz der Idee – Pleite der Praxis: Ein deutsch-deutscher Wirtschaftsvergleich, 2. Auflage, Zürich: Interfrom, 1983

Ogger, Günter: Kauf Dir einen Kaiser – Die Geschichte der Fugger, München: Knaur, 1979

Olk, Julian/Stratmann, Klaus: Was die Gaspreisbremse bringt, in Handelsblatt, 11.10.2022, S. 4–5

Oltmanns, Torsten: Ökonomie gegen die Armut, in: ZEIT-Punkte: Zeit der Ökonomen – Eine kritische Bilanz volkswirtschaftlichen Denkens, Nr. 3, 1993, S. 31–33

Oppenländer, Karl Heinrich: Eigenschaften und Einteilung von Konjunkturindikatoren, in: Oppenländer, Karl Heinrich (Hrsg.): Konjunkturindikatoren – Fakten, Analysen, Verwendung, 2. durchgesehene Auflage, München/Wien: Oldenbourg, 1996, S. 23–29

Oppenländer, Karl Heinrich (Hrsg.): Konjunkturindikatoren – Fakten, Analysen, Verwendung, 2. durchgesehene Auflage, München/Wien: Oldenbourg, 1996

Orengo, Markus: Kundenorientierung, 2. erweiterte Auflage, Hamburg: Tredition, 2017

O`Rourke, Kevin H.: The European Grain Invasion – 1870–1913, in: Journal of Economic History, Vol. 57, Nr. 4, 1997, S. 775–801

Ostrom, Elinor: Governing the Commons – The Evolution of Institutions for Collective Action, Cambridge: Cambridge University Press, 1990

o.V.: Habecks Verteidigungsrede, in: Handelsblatt, 19.12.2023, S. 1

o.V.: Infineon baut neues Werk in Dresden, in: Handelsblatt, 15.11.2022, S. 29

o.V.: Chipmangel – BMW unterbricht Produktion, in: Handelsblatt, 26.07.2021, S. 25

o.V.: Die Batterie-Lücke, in: Handelsblatt, 14.07.2021a, S. 1

o.V.: Altmaier erhöht Stromprognose, in: Handelsblatt, 14.07.2021b, S. 1

o.V.: Barley will Mietpreisbremse erneut verschärfen, in: Süddeutsche Zeitung, 12.05.2019; verfügbar unter: https://www.sueddeutsche.de/wirtschaft/barley-mietpreisbremse-vermieter-zurueckzahlen-1.4443290, zuletzt abgerufen am 26.02.2024

o.V.: Garantierenditen für Stromnetze vor Gericht, in: Frankfurter Allgemeine Zeitung, 17.01.2018, S. 18

o.V.: A bitter harvest, in: Economist, 29.07.2017, S. 57

o.V.: The last thing they need, in: Economist, 01.07.2017, S. 36–37

o.V.: Build pipelines, not walls, in: Economist, 17.06.2017, S. 59

o.V.: A very meaty scandal, in: Economist, 20.05.2017, S. 42–43

o.V.: Economist, 29.04.2017, S. 29

o.V.: Fachin victims, in: Economist, 22.04.2017, S. 41–42

o.V.: A sweet deal, in: Economist, 22.04.2017, S. 63

o.V.: Wirtschaftlicher Selbstmord in den Tropen, in: Handelsblatt, 19.07.2016; verfügbar unter: https://www.wiwo.de/politik/ausland/unternehmen-in-venezuela-wirtschaftlicher-selbstmord-in-den-tropen/13896958.html, zuletzt abgerufen am 26.02.2024

o.V.: Knallgelb und mautfrei gegen die Bahn, in: Handelsblatt, 24.01.2014, S. 6

o.V.: Schokoladen-Kartell in Kanada entlarvt, in: Frankfurter Allgemeine Zeitung, 08.06.2013, S. 17

o.V.: Völliger Umbau des Wirtschaftsrechts, in: Handelsblatt, 22.06.1948, wiederabgedruckt in: Stützel, Wolfgang et al. (Hrsg.): Grundtexte zur Sozialen Marktwirtschaft, Stuttgart/ New York: Gustav Fischer, [1948] 1981, S. 43–46

o.V.: Politische Ökonomie des Sozialismus und ihre Anwendung in der DDR, 1. Auflage, Berlin: Dietz, 1969

Peer, Mathias: Asiens Krisenstaaten werden zu Russlands Vasallen, in: Handelsblatt, 08.07.2022, S. 16–17

Peer, Mathias: Gefährlicher Reichtum, in: Handelsblatt, 20.06.2016, S. 34

Pfiffner, Martin: Die dritte Dimension des Organisierens, Wiesbaden: Springer Gabler, 2020

Pierenkemper, Toni: Wirtschaftsgeschichte – Die Entstehung der modernen Volkswirtschaft, 2. Auflage, Berlin/Boston: De Gruyter, 2015

Pigou, Arthur Cecil: The Economics of Welfare, London: MacMillan and Co., 1920

Pigou, Arthur Cecil: Wealth and Welfare, London: MacMillan and Co., 1912

Pindyck, Robert S./Rubinfeld, Daniel L.: Mikroökonomie, 8. aktualisierte Auflage, München et al.: Pearson, 2013

Pipes, Richard: Russian Patrimony and Ist Political Consequences, in: Steiger, Otto (Ed.): Property Economics – Property Rights, Creditor's Money and the Foundations oft he Economy, Marburg: Metropolis, 2008, S. 113–140

Pleticha, Heinrich (Hrsg.): Deutsche Geschichte, Band 9: Von der „Restauration" bis zur Reichsgründung (1815–1870), Gütersloh: Bertelsmann Lexikon, 1993

Pleticha, Heinrich (Hrsg.): Deutsche Geschichte, Band 11: Republik und Diktatur (1918–1945), Gütersloh: Bertelsmann, 1986

Pleticha, Heinrich (Hrsg.): Deutsche Geschichte, Band 10: Bismarck-Reich und Wilhelminische Zeit (1871–1918), Gütersloh: Bertelsmann, 1986

Plumpe, Werner: Vom Supernaturalisten zum Kommunisten. Der Weg des jungen Friedrich Engels zur Ökonomie, in: Lucas, Rainer/Pfriem, Reinhard/Westhoff, Hans-Dieter (Hrsg.): Arbeiten am Widerspruch – Friedrich Engels zum 200. Geburtstag, Marburg: Metropolis, 2020, S. 213–248

Pohl, Hans: Aufbruch der Weltwirtschaft: Geschichte der Weltwirtschaft von der Mitte des 19. Jahrhunderts bis zum Ersten Weltkrieg, Stuttgart: Steiner, 1989

Pohl, Hans: Zölle, II: Geschichte, in: Albers, Willi et al. (Hrsg.): Handwörterbuch der Wirtschaftswissenschaft, Band 9, 1982, S. 648–660

Polleit, Thorsten: Der Antikapitalist – Ein Weltverbesserer, der Keiner ist, München: FBV, 2020

Popp, Nico: Die Rote Fahne auf dem Rathaus, in: Pariser Kommune – Beilage der Tageszeitung junge Welt, 17.03.2021, S. 1

Popper, Karl: Die offene Gesellschaft und ihre Feinde, Band II, 8. Auflage, Tübingen: Mohr Siebeck, 2003

Postel-Vinay, Natacha: Was the U.S. Great Depression a Credit Boom Gone Wrong?, in: Schularick, Moritz (Ed.): Leveraged – The New Economics of Debt and Financial Fragility, Chicago/London: University of Chicago Press, 2022, S. 233–265

Priest, Claire: Credit Nation – Property Laws and Institutions in Early America, Princeton: Princeton University Press, 2023

Priewe, Jan: Schuldentragfähigkeit mit impliziten Staatsschulden – Leitbild oder Irrlicht?, in: Wirtschaftsdienst, 103. Jahrgang, Heft 3, 2023, S. 198–204

Prince-Smith, John: Die sogenannte Arbeiterfrage, Berlin, 1864

Prince-Smith, John: Ueber Handelsfeindseligkeit, Königsberg, 1843

Ptak, Ralf: Vom Ordoliberalismus zur Sozialen Marktwirtschaft, Wiesbaden: Springer Fachmedien, 2004

Püschel, Marc: Lenin liest Hegel, in: junge Welt, 22.01.2024, S. 12–13

Rademacher, Cay: Kampf den Konquistadoren, in: Der Kolonialismus – Die Welt im Griff Europas, GEO Epoche, Nr. 97, 2019, S. 26–37

Rademacher, Cay: Der Finanzier des Königs, in: Die Hanse, GEO Epoche, Nr. 82, 2016, S. 56–69

Raffelhüschen, Bernd et al.: Update 2022 der Generationenbilanz: Demografie und Wachstum – Zwei Krisen geben sich die Hand, Albert-Ludwigs-Universität Freiburg, Forschungszentrum Generationenverträge, Pressegespräch am 28. Juni 2022, Freiburg 2022 (verfügbar unter: https://www.stiftung-marktwirtschaft.de/fileadmin/user_upload/Pressemitteilungen/2022/Generationenbilanz_2022_Sommer/Update_2022_Praesentation_Sommer_2022_06_28.pdf, zuletzt abgerufen am 29.05.2024)

Rast, Oliver: Power to the Bauer, in: junge Welt, 09.01.2024, S. 1

Recktenwald, Horst Claus: Lexikon der Staats- und Geldwirtschaft, München: Vahlen, 1983

Reeves, Martin et al.: BCG Classics Revisited – The Rule of Three and Four, 2012 (verfügbar unter: https://www.bcg.com/publications/2012/business-unit-strategy-the-rule-of-three-and-four-bcg-classics-revisited abgerufen im Juni 2022, zuletzt abgerufen am 29. Juni 2023).

Rehbein, Kristina/Schilder, Klaus: Vom Common Framework zum Staateninsolvenzverfahren? Reformschritte zu einem neuen Schuldenmanagementkonsens, in: Schuldenreport 2023, S. 48–56

Reindl, Josef: Der Deutsch-Österreichische Telegraphenverein und die Entwicklung des deutschen Telegraphenwesens 1850–1871, Frankfurt a.M. et al, Peter Lang, 1993

Reinhart, Carmen M./Sbrnacia, M. Belen: The Liquidation of Government Debt, NBER Working Paper Series, Nr. 16893, 2011

Rentenbank: Die Liberalisierung des Zuckermarkts – Wohin führt der Weg der Zuckerrübe?, in: Agrarspezial, 2016

Rhonheimer, Martin: Wohlstand für alle durch Marktwirtschaft – Illusion oder Wirklichkeit?, in: Gesellschaft und Politik. Zeitschrift für soziales und wirtschaftliches Engagement, 53. Jahrgang, Juni 2017, Heft 1, S. 9–38

Roberds, William/Velde, Francois R.: Early Central Banks, Working Paper Nr. 3, Federal Reserve Bank of Chicago, July 2014

Rockoff, Hugh: O.M.W. Sprague (the Man Who "Wrote the Book" on Financial Crises) meets the Great Depression, in: Jahrbuch für Wirtschaftsgeschichte, Vol. 63, Nr. 2, 2022; S. 527–557

Roth, Steffen J.: VWL für Einsteiger, 4. überarbeitete Auflage, Konstanz/München: UVK, 2014

Rothbard, Murray N.: The Mystery of Banking, Second Edition, Auburn: Ludwig von Mises Institute, 2008

Rothbard, Murry N.: Power and Market, 4. Auflage, Auburn: Ludwig von Mises Institute, 2006

Ruch, Peter: Die ethische Sicht – der Mensch und seine Ökonomie, in: Reichmuth, Karl (Hrsg.): Neue Währungen in Sicht – Privates Geld gegen Geldblase der Notenbanken, Zürich: Ringier Axel Springer, 2021, S. 156–162

Rürup, Bert: Ein Schiff ohne Kompass, in: Handelsblatt, 19.07.2024, S. 23

Rürup, Bert: Über den Wolken, in: Handelsblatt, 05.12.2016, S. 12

Rüstow, Alexander: Liberale Interventionen, wiederabgedruckt in: Stützel, Wolfgang et al. (Hrsg.): Grundtexte zur Sozialen Marktwirtschaft, Stuttgart/ New York: Gustav Fischer, [1932] 1981, S. 221–225

Samuelson, Paul A. (1954): The Pure Theory of Public Expenditures, in: Review of Economics and Statistics, Vol. 36, Nr. 4, 387–389

Sanger, David E.: U.S. to Sell China More Wheat Despite Trade Rift, in: New York Times, 08.02.1995, Section D, S. 1

Schaefer, Barbara: Bon Voyage, Signac! – Eine impressionistische Reise durch die eigene Ausstellung, in: Wallraf im Fokus, Katalog Nr. 9, 2021, S. 141

Schalauske, Jan/Streb, Sebastian: Schweden – „Wettbewerbsmodernisierung" im Wohlfahrtsstaat, in: Bieling, Hans-Jürgen/Deckwirth, Christina/ Schmalz, Stefan (Hrsg.): Liberalisierung und Privatisierung in Europa – Die Reorganisation der öffentlichen Infrastruktur in der Europäischen Union, Münster: Westfälisches Dampfboot, 2008, S. 215–244

Schatt, Gerhard: Die Eisenbahn revolutioniert den Verkehr, in: Pleticha, Heinrich (Hrsg.): Deutsche Geschichte, Band 9, 1993, S. 130–143

Schatt, Gerhard: Handels- und Wirtschaftspolitik von 1871–1914, in: Pleticha, Heinrich (Hrsg.): Deutsche Geschichte, Band 10, 1984, S. 166–188

Scheer, Olga/Volkery, Carsten: Bei Subventionen ist Deutschland spitze, in: Handelsblatt, 10.01.2024, S. 6–7

Schlautmann, Christoph: Monopol ohne Aufsicht?, in: Handelsblatt, 04.08.2016, S. 27

Schlözel, Arnold: Der unflexible Herr Sankara, in: junge Welt, 15.10.2022, S. 15

Schmalz, Stefan: Portugal – Langsame Rückkehr zur europäischen Normalität, in: Bieling, Hans-Jürgen/ Deckwirth, Christina/Schmalz, Stefan (Hrsg.): Liberalisierung und Privatisierung in Europa – Die Reorganisation der öffentlichen Infrastruktur in der Europäischen Union, Münster: Westfälisches Dampfboot, 2008, S. 185–214

Schmoeckel, Mathias/Maetschke, Matthias: Rechtsgeschichte der Wirtschaft, 2. Auflage, Tübingen: Mohr Siebeck, 2016

Schnabl, Gunther: Seventy-five years West German currency reform: Crisis as catalyst for the erosion of the market order, in: Kyklos, Vol. 77, Nr. 1, 2023, S. 77–96

Schumpeter, Joseph A., Konjunkturzyklen, Göttingen: Vandenhoeck/Ruprecht, [1939] 2010

Schumpeter, Joseph A.: Kapitalismus, Sozialismus und Demokratie, 8. Auflage, Tübingen/Basel: A. Francke, [1947] 2005

Schwalbe, Ulrich/Zimmer, Daniel: Kartellrecht und Ökonomie – Moderne ökonomische Ansätze in der europäischen und deutschen Zusammenschlusskontrolle, 2. Überarbeitete und erweiterte Auflage, Frankfurt am Main: Recht und Wirtschaft, 2011

Schwalbe, Ulrich: Nichtkoordinierte Effekte horizontaler Zusammenschlüsse – Wirtschaftstheoretische Grundlagen und Prognose durch Simulationsmodelle, in: Brinker, Ingo/Scheuing, Dieter H./ Stockmann, Kurt (Hrsg.): Recht und Wettbewerb – Festschrift für Rainer Bechtold zum 65. Geburtstag, München: C.H.Beck, 2006, S. 465–481

Schwarzer, Oskar: Goldwährungssysteme und internationaler Zahlungsverkehr zwischen 1870 und 1914, in: Schremmer, Eckart (Hrsg.): Geld und Währung vom 16. Jahrhundert bis zur Gegenwart, Stuttgart: Franz Steiner, 1993, S. 191–228

Seeliger, Andreas: Energiepolitik – Einführung in die volkswirtschaftlichen Grundlagen, München: Vahlen, 2018

Seikel, Daniel: Spanien – Im Spannungsfeld zwischen europäischer Integration und nationalem Protektionismus, in: Bieling, Hans-Jürgen/Deckwirth, Christina/Schmalz, Stefan (Hrsg.): Liberalisierung und Privatisierung in Europa – Die Reorganisation der öffentlichen Infrastruktur in der Europäischen Union, Münster: Westfälisches Dampfboot, 2008, S. 152–184

Seitz, Volker: Afrika wird armregiert oder Wie man Afrika wirklich helfen kann, aktualisierte und erweiterte Auflage, München: Deutscher Taschenbuch Verlag, 2010

Seiz, Christian: Düstere Zeiten – Südafrikas Präsident ruft wegen anhaltender Stromkrise den Katastrophenfall aus, in: junge Welt, 13.02.2023, S. 7

Seiz, Christian: Geplünderte Staatskasse, in: junge Welt, 23.11.2021, S. 6

Seiz, Christian: Wenn das Licht ausgeht, in: junge Welt, 16.11.2021, S. 9

Selemane, Thomas: Die Mosambikaner wollen eine vollständige Aufklärung, in: Schuldenreport 2019, S. 29–30

Selgin, George: Financial Stability without Central Banks, London: The Institute of Economic Affairs, 2017

Sell, Friedrich L.: Aktuelle Probleme der europäischen Wirtschaftspolitik, 2. stark erweiterte Auflage, Stuttgart: Lucius & Lucius, 2007

Sen, Amartya: Development as Freedom, New York: Alfred A. Knopf, 1999

Sennholz, Hans F.: The Phantom Called „Monopoly", in: Bettina Bien Greaves (Ed.): Free Market Economics: A Basic Reader, Irvington/New York: Foundation for Economic Education, 1975, S. 162–169

Seufert-Heyne, Peter: Paradigmenwechsel bei den Konjunkturzyklen, Smart Investor, Nr. 11, 2023, S. 26–29

Sieron, Arkadiusz: Disaggregating the Credit Expansion: The Role of Changes in Banks' Asset Structure in the Business Cycle, in: Quarterly Journal of Austrian Economics, Vol. 18, Nr. 3, 2015, S. 247–271

Sigmund, Thomas: Der entgrenzte Sozialstaat, in: Handelsblatt, 10.04.2024; verfügbar unter: https://www. handelsblatt.com/meinung/kommentare/ampelkoalition-der-entgrenzte-sozialstaat/100031386.html, zuletzt abgerufen am 24.06.2024

Simon, Hermann/Fachnacht, Martin: Preismanagement, 4., vollst. neu bearb. u. erw. Auflage, Wiesbaden: Springer Gabler, 2016

Sinn, Hans-Werner: Die wundersame Geldvermehrung – Staatsverschuldung, Negativzinsen, Inflation: Freiburg: Herder, 2021

Sinn, Hans-Werner: Was uns Marx heute noch zu sagen hat, in: Greffrath, Mathias (Hrsg.): Re. Das Kapital – Politische Ökonomie im 21. Jahrhundert, 2. Auflage, München: Kunstmann, 2017, S. 73–90

Smith, Adam: An Inquiry into the Nature and Causes of the Wealth of Nations, Amsterdam et al.: Metalibri, [1776] 2007

Spiecker, Christoph: Ebbe und Flut – Die Reorganisation der öffentlichen Infrastruktur in den Niederlanden, in: Bieling, Hans-Jürgen/Deckwirth, Christina/Schmalz, Stefan (Hrsg.): Liberalisierung und

Privatisierung in Europa – Die Reorganisation der öffentlichen Infrastruktur in der Europäischen Union, Münster: Westfälisches Dampfboot, 2008, S. 96–125

Spohr, Frederic: Automat trifft auf Armut – Die Automatisierung stellt Schwellenländer vor enorme Herausforderungen – und könnte zu einer Migrationswelle führen, in: Handelsblatt, 11.07.2016, S. 11

Stadtmüller, Winfried: Gesellschaft und Wirtschaft zwischen den Kriegen, in: Pleticha, Heinrich (Hrsg.): Deutsche Geschichte, Band 11: Republik und Diktatur (1918–1945), 1984, S. 187–201

Starbatty, Joachim: Weltgeschichte mit Heilsplan, in: ZEIT-Punkte: Zeit der Ökonomen – Eine kritische Bilanz volkswirtschaftlichen Denkens, Nr. 3, 1993, S. 80–82

Stasavage, David: What We Can Learn From the Early History of Sovereign Debt, New York University, in: Explorations in Economic History, Vol. 59, January 2016

Steiger, Otto (Ed.): Property Economics – Property Rights, Creditor's Money and the Foundations of the Economy, Marburg: Metropolis, 2008

Stein von, Lorenz: Lehrbuch der Finanzwirtschaft, 3., vielfach verbesserte und vermehrte Auflage, Leipzig: Brockhaus, 1875

Stiel, Caroline/Cullmann, Astrid/Nieswand, Maria: Do Private Utilities Outperform Local Government-Owned Utilities? Evidence from German Retail Electricity, in: German Economic Review, Vol. 19, Nr. 4, November 2018, S. 401–425

Stiglitz, Joseph E./Walsh, Carl E.: Makroökonomie – Band II zur Volkswirtschaftslehre, 4. überarbeitete und aktualisierte Auflage, München: Oldenbourg, 2013

Stiglitz, Joseph E.: Die Chancen der Globalisierung, 2. Auflage, München: Pantheon, 2006

Stocker, Frank: Die Inflation von 1923 – Wie es zur größten deutschen Geldkatastrophe kam, München: Finanzbuch Verlag, 2022

Stratmann, Klaus: Schutz vor dem Kostenschock – Das Wirtschaftsministerium arbeitet an Konzepten für einen Industriestrompreis, in: Handelsblatt, 09.01.2023, S. 10

Stratmann, Klaus: EU-Regulierung würgt Wasserstoff-Wirtschaft ab – Interview mit Markus Krebber, in: Handelsblatt, 06.12.2022, S. 20–21

Stratmann, Klaus: Netzbetreiber müssen sich auf sinkende Renditen einstellen, in: Handelsblatt, 18.06.2021, S. 9

Stratmann, Klaus: Ladesäulen bleiben knapp, in: Handelsblatt, 15.12.2020, S. 11

Stratmann, Klaus: Der Kampf um das Wasserstoffnetz beginnt, in: Handelsblatt, 09.11.2020, S. 10

Stratmann, Klaus: Ein Investitionsplan für Jamaika, in: Handelsblatt, 07.11.2017, S. 10

Streeck, Wolfgang: Niemand wird freiwillig Arbeiter, in: Greffrath, Mathias (Hrsg.): Re. Das Kapital – Politische Ökonomie im 21. Jahrhundert, 2. Auflage, München: Kunstmann, 2017, S. 111–128

Streit, Manfred E.: Theorie der Wirtschaftspolitik, 4. neubearbeitete und erweiterte Auflage, Düsseldorf: Werner, 1991

Stutz, Malina: Verschuldete Staaten weltweit, in: Schuldenreport 2023, S. 8–19

Südwind e.V.: Strengthening the Competitiveness of Cocoa Production and Improving the Income of Cocoa Producers in West and Central Africa, Bonn, 2016

Suntum van, Ulrich: Reale Außenwirtschaftstheorie und Globalisierung, WISU, Heft 12, 2013, S. 1567 ff.

Suntum van, Ulrich: Angemessenes und stetiges Wirtschaftswachstum, in: Aus Politik und Zeitgeschichte B18/90, 1990, S. 3–8 (verfügbar unter: https://www.bpb.de/shop/zeitschriften/apuz/archiv/535223/angemessenes-und-stetiges-wirtschaftswachstum/, zuletzt abgerufen am 20.05.2024)

Susemihl, A. J./Schubert, Ernst: Das Eisenbahn-Bauwesen, 6. Auflage, Berlin/Heidelberg: Springer, 1899

Taghizadegan, Rahim: Alles, was Sie über die Österreichische Schule der Nationalökonomie wissen müssen, München: FinanzBuch, 2017

Telgheder, Maike: Wenn der Roboter das Skalpell führt, in: Handelsblatt, 20.06.2022, S. 22

Thomas, Ralf P.: Geburtstag eines Prinzips, in: Handelsblatt, 29.01.2016, S. 80

Tichy, Gunther: Konjunkturpolitik, 4. neubearbeitete Auflage, Berlin/Heidelberg/New York: Springer, 1999

Tietenberg, Thomas: Tradable Permits in Principle and Practice, 2006 (verfügbar unter: https://www. researchgate.net/publication/228388548, zuletzt abgerufen am 22.03.2024)

Tittor, Anne: Privatisierung von Staatsbetrieben in Ungarn – Vom „Gradualismus" zur Europäisierung, in: Bieling, Hans-Jürgen/Deckwirth, Christina/Schmalz, Stefan (Hrsg.): Liberalisierung und Privatisierung in Europa – Die Reorganisation der öffentlichen Infrastruktur in der Europäischen Union, Münster: Westfälisches Dampfboot, 2008, S. 277–305

Tolstoi, Lew: Wie viel Erde braucht der Mensch?, (verfügbar unter: https://www.plough.com/de/themen/ kultur/kurzgeschichten/wieviel-erde-braucht-der-mensch, zuletzt abgerufen am 04.03.2024)

Tugan-Baranowsky von, Michael: Studien zur Theorie und Geschichte der Handelskrisen in England, Jena: Gustav Fischer, 1901

Turaschwili, Dato: Westflug, Berlin: Wagenbach, 2014

UNCTAD, Trade and Development Report 2023, 2023

United States Government: Financial Report, Fiscal Year 2022, 23.02.2023 (verfügbar unter: https:// fiscal.treasury.gov/files/reports-statements/financial-report/2022/02-16-2023-FR-(Final).pdf, zuletzt abgerufen 15.06.2024)

Velasco, Gustavo R.: Intervention Leads to Total Control, in: Bettina Bien Greaves (Ed.): Free Market Economics: A Basic Reader, Irvington/New York: Foundation for Economic Education, 1975, S. 231–238

Verner, Emil: Reconsidering the Costs and Benefits of Debt Booms, in: Schularick, Moritz (Ed.): Leveraged – The New Economics of Debt and Financial Fragility, Chicago/London: University of Chicago Press, 2022, S. 32–53

Wälterlin, Urs: Vermieter werden Spender, in: Handelsblatt, 02.03.2018, S. 38 f.

Wagenknecht, Sahra: Reichtum ohne Gier – Wie wir uns vor dem Kapitalismus retten, aktualisierte Neuausgabe, Frankfurt/New York, 2018

Wagenknecht, Sahra: Geniale Prognose, in: Greffrath, Mathias (Hrsg.): Re. Das Kapital – Politische Ökonomie im 21. Jahrhundert, 2. Auflage, München: Kunstmann, 2017, S. 95–110

Wagenknecht, Sahra: Freiheit statt Kapitalismus, erweiterte und aktualisierte Neuauflage, Frankfurt am Main: Campus, 2012

Wagner, Norbert/Kaiser, Martin/Beimdiek, Fritz: Ökonomie der Entwicklungsländer, 2. Auflage, Stuttgart: Fischer, 1989

Wala, Michael: Die USA im 19. Jahrhundert, in: Gassert, Philipp/Häberlein, Mark/Wala, Michael: Geschichte der USA, Ditzingen: Reclam, 2018, S. 187–354

Wallace, Scott: Ecuador – Erdöl oder Regenwald?, in: National Geographic, Heft 1, 2013, S. 126–159

Walter, Rolf: Wirtschaftsgeschichte: Vom Merkantilismus bis zur Gegenwart, 5. Auflage, Köln/Weimar/Wien: Böhlau, 2011

Walter, Rolf: Geschichte der Weltwirtschaft – Eine Einführung, Köln/Weimar/Wien: Böhlau, 2006

Walterskirchen, Ewald: Arbeitszeiten im internationalen Vergleich, 2006; verfügbar unter: https://silo.tips/ download/arbeitszeiten-im-internationalen-vergleich, zuletzt abgerufen am 06.02.2024

Wambach, Achim/Müller, Hans Christian: Digitaler Wohlstand für Alle – Ein Update der Sozialen Marktwirtschaft ist möglich, Frankfurt a.M./New York: Campus, 2018

Wandel, Eckard: Internationale Kapitalbewegungen, in: Albers, Willi et al. (Hrsg.): Handwörterbuch der Wirtschaftswissenschaften, Bd. 4, Stuttgart: Gustav Fischer, 1988, S. 378–388

Wehler, Hans-Ulrich: Deutsche Gesellschaftsgeschichte, Band 1, München: C.H.Beck, 2008a

Wehler, Hans-Ulrich: Deutsche Gesellschaftsgeschichte, Band 2, München: C.H.Beck, 2008b

Wehler, Hans-Ulrich: Deutsche Gesellschaftsgeschichte, Band 3, München: C.H.Beck, 2008c

Wehler, Hans-Ulrich: Deutsche Gesellschaftsgeschichte, Band 4, München: C.H.Beck, 2008d

Weiguny, Bettina: Eine Limo verändert die Welt, Frankfurt am Main: Eichborn, 2009

Weitbrecht, Andreas: Die Europäisierung des Kartellrechts in Deutschland – Eine Erfolgsstory in der Krise, in: Becker, Ulrich et al. (Hrgs.): Verfassung und Verwaltung in Europa – Festschrift für Jürgen Schwarze zum 70. Geburtstag, Baden-Baden: Nomos, 2014, S. 886–904

Weizsäcker, Ernst Ulrich/Wijkmann Anders: Wir sind dran – Was wir ändern müssen, wenn wir bleiben wollen, München: Gütersloher Verlagshaus, 2017

Wellisch, Dietmar: Finanzwissenschaft III – Staatsverschuldung, München: Vahlen, 2000

Weltbank: Weltentwicklungsbericht 1991

Weltbank: Weltentwicklungsbericht 1987

Weltbank: Weltentwicklungsbericht 1983

Wessely, Thomas: Der Untersagungstatbestand des EU-Fusionskontrolle 10 Jahre nach Einführung des SIEC-Tests – eine Bestandsaufnahme, in: Ackermann, Thomas/Köndgen, Johannes (Hrsg.): Privat- und Wirtschaftsrecht in Europa – Festschrift für Wulf-Hennig Roth, München: C.H.Beck, 2015, S. 693–711

Weyer, Anselm: Die Insel der Seligen, Köln: Greven Verlag, 2022

White, Lawrence H.: Competition and Currency – Essays on Free Banking and Money, New York: New York University Press, 1989

White, Lawrence H.: Free Banking in Britain – Theory, Experience, and Debate, 1800–1845, Cambridge: Cambridge University Press, 1984

WIK Consult: Internationale Erfahrungen der ökonomischen Regulierungspraxis im Eisenbahnsektor – Endbericht an die Bundesnetzagentur, Bad Honnef, 2013

Wied-Nebbeling, Susanne: Preistheorie und Industrieökonomik, 5. überarbeitete und erweiterte Auflage, Berlin/Heidelberg: Springer, 2009

Witsch, Kathrin: Solarboom bringt das Netz an Belastungsgrenze, in: Handelsblatt, 30.01.2023, S. 22

Wolf, Dieter: Wettbewerbspolitik im Zeichen der Globalisierung – Brauchen wir eine weltweite Fusionskontrolle?, in: Schriftenreihe der Klaus-Dieter-Arndt-Stiftung e.V., Heft 29, 2000

Woll, Artur: Volkswirtschaftslehre, 16. Auflage, München: Vahlen, 2011

World Bank: International Debt Report 2022

World Bank: World Development Report 2020

Wright, Robert E.: The First Wall Street – Chestnut Street, Philadelphia, and the Birth of American Finance, Chicago/London: University Chicago Press, 2005

Yarbrough, Beth V./Yarbrough, Robert M.: The World Economy – Trade and Finance, 2. Auflage, Chicago et al.: Dryden Press, 1991

Zaslavsky, Victor: Der Sprengprofessor, Berlin: Wagenbach, 2013

Zeise, Lucas: In der Schuldenfalle, in: junge Welt, 27.11.2021, S. 9

Zeise, Simon: Korruptionsvorwürfe gegen Bahn AG, in: junge Welt, 27.11.2021, S. 1

Zeise, Simon: Markt regelt Bahnverkehr, in: junge Welt, 06.11.2021, S. 1

Zitelmann, Rainer: Die Idee vom „richtigen" Sozialismus ist ein Irrglaube, der niemals stirbt, in: NZZ, 21.10.2021; https://www.nzz.ch/meinung/die-idee-vom-richtigen-sozialismus-ist-ein-irrglaube-der-niemals-stirbt-ld.1651247, zuletzt abgerufen am 26.10.2021

Zöttl, Ines: Wie eine Bankenpleite 1857 eine globale Finanzkrise auslöste, in: Capital, 04.12.2021; https://www.capital.de/wirtschaft-politik/die-grossen-wirtschaftskrisen-finanzkrise-1857, zuletzt abgerufen am 22.09.2022

Zöttl, Ines: Philipp II. – Spanischer König des Serien-Staatsbankrotts, in: Capital, 29.08.2021; https://www.capital.de/wirtschaft-politik/philipp-ii-koenig-der-serienpleiten-46723, zuletzt abgerufen am 22.09.2022

Zola, Émile: Germinal, 3. Auflage, Berlin: Aufbau Taschenbuch, [1885] 1995

Abbildungsverzeichnis

https://doi.org/10.1515/9783111331607-022

Tabellenverzeichnis

https://doi.org/10.1515/9783111331607-023

Register

https://doi.org/10.1515/9783111331607-024

www.ingramcontent.com/pod-product-compliance
Lightning Source LLC
Chambersburg PA
CBHW081459190326
41458CB00015B/5283